CONSTITUIÇÃO FEDERAL

32ª edição 2024

Atualizada até:
Emenda Constitucional nº 132,
de 20 de dezembro de 2023
REFORMA TRIBUTÁRIA

O livro é a porta que se abre para a realização do homem.

Jair Lot Vieira

Supervisão editorial
JAIR LOT VIEIRA

CONSTITUIÇÃO FEDERAL

32ª edição 2024

Atualizada até:
Emenda Constitucional nº 132,
de 20 de dezembro de 2023
REFORMA TRIBUTÁRIA

INCLUI:

✓ Convenção Interamericana contra o Racismo,
a Discriminação Racial e Formas Correlatas de Intolerância
Decreto nº 10.932, de 10.1.2022
✓ Convenção sobre os Direitos das Pessoas com Deficiência
e Tratado de Marraqueche
✓ Emendas Constitucionais na íntegra
✓ Índice remissivo

Copyright desta edição © 2024 by Edipro Edições Profissionais Ltda.
Todos os direitos reservados. Nenhuma parte deste livro poderá ser reproduzida ou transmitida de qualquer forma ou por quaisquer meios, eletrônicos ou mecânicos, incluindo fotocópia, gravação ou qualquer sistema de armazenamento e recuperação de informações, sem permissão por escrito do editor.

Grafia conforme o novo Acordo Ortográfico da Língua Portuguesa.

32ª edição, 2024.
Atualizada até a EC nº 132, de 20.12.2023, e o *DOU* de 18.1.2024.

Editores: Jair Lot Vieira e Maíra Lot Vieira Micales
Produção editorial: Karine Moreto de Almeida
Revisão técnica e notas: Georgia Evelyn Franco e Valéria Maria Sant'Anna
Diagramação: Karina Tenório
Capa: Karine Moreto de Almeida
Adaptação de capa: Ana Luísa Regis Segala
Imagem de capa: Senado Fotos

Dados Internacionais de Catalogação na Publicação (CIP)
(Câmara Brasileira do Livro, SP, Brasil)

Constituição Federal / supervisão editorial Jair Lot Vieira. – 32. ed. – São Paulo : Edipro, 2024.

– Inclui: Convenção Interamericana contra o racismo, a discriminação racial e formas correlatas de intolerância Decreto n. 10.932, de 10.1.2022. – Convenção sobre os direitos das pessoas com deficiência e Tratado de Marraqueche – Emendas Constitucionais na íntegra. – Índice remissivo

ISBN 978-65-5660-135-9

1. Brasil – Constituição (1988) 2. Brasil – Constituição (1988) – Emenda Constitucional 3. Direito constitucional I. Vieira, Jair Lot.

23-178457   CDU-342.4(81)'1988'

Índice para catálogo sistemático:
1. Brasil : Constituição de 1988 : 342.4(81)'1988'

EDITORA AFILIADA

Eliane de Freitas Leite – Bibliotecária – CRB 8/8415

São Paulo: (11) 3107-7050 • Bauru: (14) 3234-4121
www.edipro.com.br • edipro@edipro.com.br
@editoraedipro   @editoraedipro

SUMÁRIO

CONSTITUIÇÃO DA REPÚBLICA FEDERATIVA DO BRASIL
Atualizada até a Emenda Constitucional nº 132, de 20.12.2023.

PREÂMBULO 17

TÍTULO I
DOS PRINCÍPIOS FUNDAMENTAIS
(arts. 1º ao 4º)

DOS PRINCÍPIOS FUNDAMENTAIS (arts. 1º ao 4º) 17

TÍTULO II
DOS DIREITOS E GARANTIAS FUNDAMENTAIS
(arts. 5º a 17)

Capítulo I – Dos Direitos e Deveres Individuais e Coletivos (art. 5º) 18
Capítulo II – Dos Direitos Sociais (arts. 6º a 11) 24
Capítulo III – Da Nacionalidade (arts. 12 e 13) 26
Capítulo IV – Dos Direitos Políticos (arts. 14 a 16) 27
Capítulo V – Dos Partidos Políticos (art. 17) 29

TÍTULO III
DA ORGANIZAÇÃO DO ESTADO
(arts. 18 a 43)

Capítulo I – Da Organização Político-Administrativa (arts. 18 e 19) 30
Capítulo II – Da União (arts. 20 a 24) 30
Capítulo III – Dos Estados Federados (arts. 25 a 28) 35
Capítulo IV – Dos Municípios (arts. 29 a 31) 36

SUMÁRIO — CONSTITUIÇÃO FEDERAL

Capítulo V – Do Distrito Federal e dos Territórios (arts. 32 e 33) 41
  Seção I – Do Distrito Federal (art. 32) 41
  Seção II – Dos Territórios (art. 33) 41
Capítulo VI – Da Intervenção (arts. 34 a 36) 41
Capítulo VII – Da Administração Pública (arts. 37 a 43) 42
  Seção I – Disposições Gerais (arts. 37 e 38) 42
  Seção II – Dos Servidores Públicos (arts. 39 a 41) 47
  Seção III – Dos Militares dos Estados, do Distrito Federal e dos Territórios (art. 42) 52
  Seção IV – Das Regiões (art. 43) 53

TÍTULO IV
DA ORGANIZAÇÃO DOS PODERES
(arts. 44 a 135)

Capítulo I – Do Poder Legislativo (arts. 44 a 75) 54
  Seção I – Do Congresso Nacional (arts. 44 a 47) 54
  Seção II – Das Atribuições do Congresso Nacional (arts. 48 a 50) 54
  Seção III – Da Câmara dos Deputados (art. 51) 56
  Seção IV – Do Senado Federal (art. 52) 56
  Seção V – Dos Deputados e dos Senadores (arts. 53 a 56) 57
  Seção VI – Das Reuniões (art. 57) 59
  Seção VII – Das Comissões (art. 58) 59
  Seção VIII – Do Processo Legislativo (arts. 59 a 69) 60
    Subseção I – Disposição Geral (art. 59) 60
    Subseção II – Da Emenda à Constituição (art. 60) 60
    Subseção III – Das Leis (arts. 61 a 69) 61
  Seção IX – Da Fiscalização Contábil, Financeira e Orçamentária (arts. 70 a 75) 63
Capítulo II – Do Poder Executivo (arts. 76 a 91) 66
  Seção I – Do Presidente e do Vice-Presidente da República (arts. 76 a 83) 66
  Seção II – Das Atribuições do Presidente da República (art. 84) 67
  Seção III – Da Responsabilidade do Presidente da República (arts. 85 e 86) 68
  Seção IV – Dos Ministros de Estado (arts. 87 e 88) 68
  Seção V – Do Conselho da República e do Conselho de Defesa Nacional (arts. 89 a 91) 69
    Subseção I – Do Conselho da República (arts. 89 e 90) 69
    Subseção II – Do Conselho de Defesa Nacional (art. 91) 69
Capítulo III – Do Poder Judiciário (arts. 92 a 126) 70
  Seção I – Disposições Gerais (arts. 92 a 100) 70
  Seção II – Do Supremo Tribunal Federal (arts. 101 a 103-B) 77
  Seção III – Do Superior Tribunal de Justiça (arts. 104 e 105) 82
  Seção IV – Dos Tribunais Regionais Federais e dos Juízes Federais (arts. 106 a 110) 83
  Seção V – Do Tribunal Superior do Trabalho, dos Tribunais Regionais do Trabalho e dos Juízes do Trabalho (arts. 111 a 117) 85
  Seção VI – Dos Tribunais e Juízes Eleitorais (arts. 118 a 121) 87

CONSTITUIÇÃO FEDERAL   SUMÁRIO

Seção VII – Dos Tribunais e Juízes Militares (arts. 122 a 124) 88
Seção VIII – Dos Tribunais e Juízes dos Estados (arts. 125 e 126) 89
Capítulo IV – Das Funções Essenciais à Justiça (arts. 127 a 135) 89
　Seção I – Do Ministério Público (arts. 127 a 130-A) 89
　Seção II – Da Advocacia Pública (arts. 131 e 132) 93
　Seção III – Da Advocacia (art. 133) 93
　Seção IV – Da Defensoria Pública (arts. 134 e 135) 93

TÍTULO V
DA DEFESA DO ESTADO
E DAS INSTITUIÇÕES DEMOCRÁTICAS
(arts. 136 a 144)

Capítulo I – Do Estado de Defesa e do Estado de Sítio (arts. 136 a 141) 94
　Seção I – Do Estado de Defesa (art. 136) 94
　Seção II – Do Estado de Sítio (arts. 137 a 139) 95
　Seção III – Disposições Gerais (arts. 140 e 141) 95
Capítulo II – Das Forças Armadas (arts. 142 e 143) 96
Capítulo III – Da Segurança Pública (art. 144) 97

TÍTULO VI
DA TRIBUTAÇÃO E DO ORÇAMENTO
(arts. 145 a 169)

Capítulo I – Do Sistema Tributário Nacional (arts. 145 a 162) 99
　Seção I – Dos Princípios Gerais (arts. 145 a 149-C) 99
　Seção II – Das Limitações do Poder de Tributar (arts. 150 a 152) 102
　Seção III – Dos Impostos da União (arts. 153 e 154) 104
　Seção IV – Dos Impostos dos Estados e do Distrito Federal (art. 155) 106
　Seção V – Dos Impostos dos Municípios (art. 156) 109
　Seção V-A – Do Imposto de Competência Compartilhada entre Estados,
　　Distrito Federal e Municípios (arts. 156-A e 156-B) 110
　Seção VI – Da Repartição das Receitas Tributárias (arts. 157 a 162) 114
Capítulo II – Das Finanças Públicas (arts. 163 a 169) 118
　Seção I – Normas Gerais (arts. 163 a 164-A) 118
　Seção II – Dos Orçamentos (arts. 165 a 169) 119

TÍTULO VII
DA ORDEM ECONÔMICA E FINANCEIRA
(arts. 170 a 192)

Capítulo I – Dos Princípios Gerais da Atividade Econômica (arts. 170 a 181) 128
Capítulo II – Da Política Urbana (arts. 182 e 183) 131
Capítulo III – Da Política Agrícola e Fundiária e da Reforma Agrária
　(arts. 184 a 191) 132
Capítulo IV – Do Sistema Financeiro Nacional (art. 192) 133

SUMÁRIO CONSTITUIÇÃO FEDERAL

TÍTULO VIII
DA ORDEM SOCIAL
(arts. 193 a 232)

Capítulo I – Disposição Geral (art. 193) 134
Capítulo II – Da Seguridade Social (arts. 194 a 204) 134
Seção I – Disposições Gerais (arts. 194 e 195) 134
Seção II – Da Saúde (arts. 196 a 200) 137
Seção III – Da Previdência Social (arts. 201 e 202) 140
Seção IV – Da Assistência Social (arts. 203 e 204) 142
Capítulo III – Da Educação, da Cultura e do Desporto (arts. 205 a 217) 143
Seção I – Da Educação (arts. 205 a 214) 143
Seção II – Da Cultura (arts. 215 a 216-A) 149
Seção III – Do Desporto (art. 217) 150
Capítulo IV – Da Ciência, Tecnologia e Inovação (arts. 218 a 219-B) 151
Capítulo V – Da Comunicação Social (arts. 220 a 224) 152
Capítulo VI – Do Meio Ambiente (art. 225) 153
Capítulo VII – Da Família, da Criança, do Adolescente, do Jovem e do Idoso
(arts. 226 a 230) 155
Capítulo VIII – Dos Índios (arts. 231 e 232) 157

TÍTULO IX
DAS DISPOSIÇÕES CONSTITUCIONAIS GERAIS
(arts. 233 a 250)

DAS DISPOSIÇÕES CONSTITUCIONAIS GERAIS (arts. 233 a 250) 158

ATO DAS DISPOSIÇÕES CONSTITUCIONAIS TRANSITÓRIAS
Atualizado até a Emenda Constitucional nº 132, de 20.12.2023.

ATO DAS DISPOSIÇÕES CONSTITUCIONAIS TRANSITÓRIAS (arts. 1º a 137) 165

ATOS DECORRENTES DO DISPOSTO NO § 3º DO ART. 5º DA CF

CONVENÇÃO SOBRE OS DIREITOS DAS PESSOAS COM DEFICIÊNCIA 211

Decreto Legislativo nº 186, de 2008 – *Aprova o texto da Convenção sobre os Direitos das Pessoas com Deficiência e de seu Protocolo Facultativo, assinados em Nova Iorque, em 30 de março de 2007* 211
Decreto nº 6.949, de 25.8.2009 – *Promulga a Convenção Internacional sobre os Direitos das Pessoas com Deficiência e seu Protocolo Facultativo, assinados em Nova York, em 30 de março de 2007* 211

TRATADO DE MARRAQUECHE PARA FACILITAR O ACESSO A OBRAS PUBLICADAS ÀS PESSOAS CEGAS, COM DEFICIÊNCIA VISUAL OU COM OUTRAS DIFICULDADES PARA TER ACESSO AO TEXTO IMPRESSO 228

Decreto Legislativo nº 261, de 25.11.2015 – *Aprova o texto do Tratado de Marraqueche para Facilitar o Acesso a Obras Publicadas às Pessoas Cegas, com Deficiência Visual ou com outras Dificuldades para Ter Acesso ao Texto Impresso, concluído no âmbito da Organização Mundial da Propriedade Intelectual (OMPI), celebrado em Marraqueche, em 28 de junho de 2013* 228

Decreto nº 9.522, de 8.10.2018 – *Promulga o Tratado de Marraqueche para Facilitar o Acesso a Obras Publicadas às Pessoas Cegas, com Deficiência Visual ou com Outras Dificuldades para Ter Acesso ao Texto Impresso, firmado em Marraqueche, em 27 de junho de 2013* 228

Decreto nº 10.882, de 3.12.2021 – *Regulamenta o Tratado de Marraqueche para Facilitar o Acesso a Obras Publicadas às Pessoas Cegas, com Deficiência Visual ou com Outras Dificuldades para Ter Acesso ao Texto Impresso.* 234

CONVENÇÃO INTERAMERICANA CONTRA O RACISMO, A DISCRIMINAÇÃO RACIAL E FORMAS CORRELATAS DE INTOLERÂNCIA 238

Decreto Legislativo nº 1, de 2021 – *Aprova o texto da Convenção Interamericana contra o Racismo, a Discriminação Racial e Formas Correlatas de Intolerância, adotada na Guatemala, por ocasião da 43ª Sessão Ordinária da Assembleia Geral da Organização dos Estados Americanos, em 5 de junho de 2013* 238

Decreto nº 10.932, de 10.1.2022 – *Promulga a Convenção Interamericana contra o Racismo, a Discriminação Racial e Formas Correlatas de Intolerância, firmado pela República Federativa do Brasil, na Guatemala, em 5 de junho de 2013* 239

EMENDAS CONSTITUCIONAIS DE REVISÃO

EC de Revisão nº 1, de 1º.3.1994 – *Acrescenta os arts. 71, 72 e 73 ao Ato das Disposições Constitucionais Transitórias* 244
EC de Revisão nº 2, de 7.6.1994 – *Altera o caput do art. 50 e seu § 2º, da Constituição Federal* ... 245
EC de Revisão nº 3, de 7.6.1994 – *Altera a alínea "c" do inciso I, a alínea "b" do inciso II, o § 1º e o inciso II do § 4º do art. 12 da Constituição Federal* 245
EC de Revisão nº 4, de 7.6.1994 – *Altera o § 9º do art. 14 da Constituição Federal* 246
EC de Revisão nº 5, de 7.6.1994 – *Altera o art. 82 da Constituição Federal* 246
EC de Revisão nº 6, de 7.6.1994 – *Acrescenta § 4º ao art. 55 da Constituição Federal* 246

EMENDAS CONSTITUCIONAIS

EC nº 1, de 31.3.1992 – *Dispõe sobre a remuneração dos Deputados Estaduais e dos Vereadores* 247
EC nº 2, de 25.8.1992 – *Dispõe sobre o plebiscito previsto no art. 2º do Ato das Disposições Constitucionais Transitórias* 247
EC nº 3, de 17.3.1993 – *Altera os arts. 40, 42, 102, 103, 155, 156, 160, 167 da Constituição Federal* 248
EC nº 4, de 14.9.1993 – *Dá nova redação ao art. 16 da Constituição Federal* 249
EC nº 5, de 15.8.1995 – *Altera o § 2º do art. 25 da Constituição Federal* 249
EC nº 6, de 15.8.1995 – *Altera o inciso IX do art. 170, o art. 171 e o § 1º do art. 176 da Constituição Federal* 249
EC nº 7, de 15.8.1995 – *Altera o art. 170 da Constituição Federal e dispõe sobre a adoção de medidas provisórias* 250

SUMÁRIO — CONSTITUIÇÃO FEDERAL

EC nº 8, de 15.8.1995 – Altera o inciso XI e a alínea "a" do inciso XII do art. 21 da Constituição Federal 250

EC nº 9, de 9.11.1995 – Dá nova redação ao art. 177 da Constituição Federal, alterando e inserindo parágrafos 251

EC nº 10, de 4.3.1996 – Altera os arts. 71 e 72 do Ato das Disposições Constitucionais Transitórias, introduzidos pela Emenda Constitucional de Revisão nº 1, de 1º de março de 1994 251

EC nº 11, de 30.4.1996 – Permite a admissão de professores, técnicos e cientistas estrangeiros pelas universidades brasileiras e concede autonomia às instituições de pesquisa científica e tecnológica 252

EC nº 12, de 15.8.1996 – Outorga competência à União, para instituir contribuição provisória sobre movimentação ou transmissão de valores e de créditos e direitos de natureza financeira 252

EC nº 13, de 21.8.1996 – Dá nova redação ao inciso II do art. 192 da Constituição Federal 252

EC nº 14, de 12.9.1996 – Modifica os arts. 34, 208, 211 e 212 da Constituição Federal e dá nova redação ao art. 60 do Ato das Disposições Constitucionais Transitórias 253

EC nº 15, de 12.9.1996 – Dá nova redação ao § 4º do art. 18 da Constituição Federal 254

EC nº 16, de 4.6.1997 – Dá nova redação ao § 5º do art. 14, ao caput do art. 28, ao inciso II do art. 29, ao caput do art. 77 e ao art. 82 da Constituição Federal 254

EC nº 17, de 22.11.1997 – Altera dispositivos dos arts. 71 e 72 do Ato das Disposições Constitucionais Transitórias, introduzidos pela Emenda Constitucional de Revisão nº 1, de 1º de março de 1994 254

EC nº 18, de 5.2.1998 – Dispõe sobre o regime constitucional dos militares 255

EC nº 19, de 4.6.1998 – Modifica o regime e dispõe sobre princípios e normas da Administração Pública, servidores e agentes políticos, controle de despesas e finanças públicas e custeio de atividades a cargo do Distrito Federal, e dá outras providências 256

EC nº 20, de 15.12.1998 – Modifica o sistema de previdência social, estabelece normas de transição e dá outras providências 263

EC nº 21, de 18.3.1999 – Prorroga, alterando a alíquota, a contribuição provisória sobre movimentação ou transmissão de valores e de créditos e de direitos de natureza financeira, a que se refere o art. 74 do Ato das Disposições Constitucionais Transitórias 267

EC nº 22, de 18.3.1999 – Acrescenta parágrafo único ao art. 98 e altera as alíneas "i" do inciso I do art. 102 e "c" do inciso I do art. 105 da Constituição Federal 268

EC nº 23, de 2.9.1999 – Altera os arts. 12, 52, 84, 91, 102 e 105 da Constituição Federal (criação do Ministério da Defesa) 268

EC nº 24, de 9.12.1999 – Altera dispositivos da Constituição Federal pertinentes à representação classistas na Justiça do Trabalho 269

EC nº 25, de 14.2.2000 – Altera o inciso VI do art. 29 e acrescenta o art. 29-A à Constituição Federal, que dispõem sobre limites de despesas com o Poder Legislativo Municipal 269

EC nº 26, de 14.2.2000 – Altera a redação do art. 6º da Constituição Federal 270

EC nº 27, de 21.3.2000 – Acrescenta o art. 76 ao Ato das Disposições Constitucionais Transitórias, instituindo a desvinculação de arrecadação de impostos e contribuições sociais da União 270

EC nº 28, de 25.5.2000 – Dá nova redação ao inciso XXIX do art. 7º e revoga o art. 233 da Constituição Federal 271

EC nº 29, de 13.9.2000 – Altera os arts. 34, 35, 156, 160, 167 e 198 da Constituição Federal e acrescenta artigo ao Ato das Disposições Constitucionais Transitórias, para assegurar os recursos mínimos para o financiamento das ações e serviços públicos de saúde 271

EC nº 30, de 13.9.2000 – Altera a redação do art. 100 da Constituição Federal e acrescenta o art. 78 no Ato das Disposições Constitucionais Transitórias, referente ao pagamento de precatórios judiciários 272

EC nº 31, de 14.12.2000 – Altera o Ato das Disposições Constitucionais Transitórias, introduzindo artigos que criam o Fundo de Combate e Erradicação da Pobreza 273

CONSTITUIÇÃO FEDERAL   SUMÁRIO

EC n° 32, de 11.9.2001 – *Altera dispositivos dos arts. 48, 57, 61, 62, 64, 66, 84, 88 e 246 da Constituição Federal, e dá outras providências* 274
EC n° 33, de 11.12.2001 – *Altera os arts. 149, 155 e 177 da Constituição Federal* 275
EC n° 34, de 13.12.2001 – *Dá nova redação à alínea "c" do inciso XVI do art. 37 da Constituição Federal* 277
EC n° 35, de 20.12.2001 – *Dá nova redação ao art. 53 da Constituição Federal* 277
EC n° 36, de 28.5.2002 – *Dá nova redação ao art. 222 da Constituição Federal, para permitir a participação de pessoas jurídicas no capital social de empresas jornalísticas e de radiodifusão sonora e de sons e imagens, nas condições que especifica* 277
EC n° 37, de 12.6.2002 – *Altera os arts. 100 e 156 da Constituição Federal e acrescenta os arts. 84, 85, 86, 87 e 88 ao Ato das Disposições Constitucionais Transitórias* 278
EC n° 38, de 12.6.2002 – *Acrescenta o art. 89 ao Ato das Disposições Constitucionais Transitórias, incorporando os Policiais Militares do extinto Território Federal de Rondônia aos Quadros da União* 279
EC n° 39, de 19.12.2002 – *Acrescenta o art. 149-A à Constituição Federal (Instituindo contribuição para custeio do serviço de iluminação pública nos Municípios e no Distrito Federal)* 280
EC n° 40, de 29.5.2003 – *Altera o inciso V do art. 163 e o art. 192 da Constituição Federal, e o caput do art. 52 do Ato das Disposições Constitucionais Transitórias* 280
EC n° 41, de 19.12.2003 – *Modifica os arts. 37, 40, 42, 48, 96, 149 e 201 da Constituição Federal, revoga o inciso IX do § 3° do art. 142 da Constituição Federal e dispositivos da Emenda Constitucional n° 20, de 15 de dezembro de 1998, e dá outras providências* 280
EC n° 42, de 19.12.2003 – *Altera o Sistema Tributário Nacional e dá outras providências* 284
EC n° 43, de 15.4.2004 – *Altera o art. 42 do Ato das Disposições Constitucionais Transitórias, prorrogando, por 10 (dez) anos, a aplicação, por parte da União, de percentuais mínimos do total dos recursos destinados à irrigação nas regiões Centro-Oeste e Nordeste* 287
EC n° 44, de 30.6.2004 – *Altera o Sistema Tributário Nacional e dá outras providências* 287
EC n° 45, de 30.12.2004 – *Altera dispositivos dos arts. 5°, 36, 52, 92, 93, 95, 98, 99, 102, 103, 104, 105, 107, 109, 111, 112, 114, 115, 125, 126, 127, 128, 129, 134 e 168 da Constituição Federal, e acrescenta os arts. 103-A, 103-B, 111-A e 130-A, e dá outras providências* 287
EC n° 46, de 5.5.2005 – *Altera o inciso IV do art. 20 da Constituição Federal* 294
EC n° 47, de 5.7.2005 – *Altera os arts. 37, 40, 195 e 201 da Constituição Federal, para dispor sobre a previdência social, e dá outras providências* 294
EC n° 48, de 10.8.2005 – *Acrescenta o § 3° ao art. 215 da Constituição Federal, instituindo o Plano Nacional de Cultura* 295
EC n° 49, de 8.2.2006 – *Altera a redação da alínea "b" e acrescenta alínea "c" ao inciso XXIII do caput do art. 21 e altera a redação do inciso V do caput do art. 177 da Constituição Federal para excluir do monopólio da União a produção, a comercialização e a utilização de radioisótopos de meia-vida curta, para usos médicos, agrícolas e industriais* 296
EC n° 50, de 14.2.2006 – *Modifica o art. 57 da Constituição Federal* 296
EC n° 51, de 14.2.2006 – *Acrescenta os §§ 4°, 5° e 6° ao art. 198 da Constituição Federal* 296
EC n° 52, de 8.3.2006 – *Dá nova redação ao § 1° do art. 17 da Constituição Federal para disciplinar as coligações eleitorais* 297
EC n° 53, de 19.12.2006 – *Dá nova redação aos arts. 7°, 23, 30, 206, 208, 211 e 212 da Constituição Federal e ao art. 60 do Ato das Disposições Constitucionais Transitórias* 297
EC n° 54, de 20.9.2007 – *Dá nova redação à alínea "c" do inciso I do art. 12 da Constituição Federal e acrescenta art. 95 ao Ato das Disposições Constitucionais Transitórias, assegurando o registro nos consulados de brasileiros nascidos no estrangeiro* 299
EC n° 55, de 20.9.2007 – *Altera o art. 159 da Constituição Federal, aumentando a entrega de recursos pela União ao Fundo de Participação dos Municípios* 300

EC nº 56, de 20.12.2007 – *Prorroga o prazo previsto no caput do art. 76 do Ato das Disposições Constitucionais Transitórias e dá outras providências* 300

EC nº 57, de 18.12.2008 – *Acrescenta artigo ao Ato das Disposições Constitucionais Transitórias para convalidar os atos de criação, fusão, incorporação e desmembramento de Municípios* 300

EC nº 58, de 23.9.2009 – *Altera a redação do inciso IV do caput do art. 29 e do art. 29-A da Constituição Federal, tratando das disposições relativas à recomposição das Câmaras Municipais* 301

EC nº 59, de 11.11.2009 – *Acrescenta § 3º ao art. 76 do Ato das Disposições Constitucionais Transitórias para reduzir, anualmente, a partir do exercício de 2009, o percentual da Desvinculação das Receitas da União incidente sobre os recursos destinados à manutenção e desenvolvimento do ensino de que trata o art. 212 da Constituição Federal, dá nova redação aos incisos I e VII do art. 208, de forma a prever a obrigatoriedade do ensino de quatro a dezessete anos e ampliar a abrangência dos programas suplementares para todas as etapas da educação básica, e dá nova redação ao § 4º do art. 211 e ao § 3º do art. 212 e ao caput do art. 214, com a inserção neste dispositivo de inciso VI* 302

EC nº 60, de 11.11.2009 – *Altera o art. 89 do Ato das Disposições Constitucionais Transitórias para dispor sobre o quadro de servidores civis e militares do ex-Território Federal de Rondônia* 303

EC nº 61, de 11.11.2009 – *Altera o art. 103-B da Constituição Federal, para modificar a composição do Conselho Nacional de Justiça* 303

EC nº 62, de 9.12.2009 – *Altera o art. 100 da Constituição Federal e acrescenta o art. 97 ao Ato das Disposições Constitucionais Transitórias, instituindo regime especial de pagamento de precatórios pelos Estados, Distrito Federal e Municípios* 303

EC nº 63, de 4.2.2010 – *Altera o § 5º do art. 198 da Constituição Federal para dispor sobre piso salarial profissional nacional e diretrizes para os Planos de Carreira de agentes comunitários de saúde e de agentes de combate às endemias* 307

EC nº 64, de 4.2.2010 – *Altera o art. 6º da Constituição Federal, para introduzir a alimentação como direito social* 307

EC nº 65, de 13.7.2010 – *Altera a denominação do Capítulo VII do Título VIII da Constituição Federal e modifica o seu art. 227, para cuidar dos interesses da juventude* 307

EC nº 66, de 13.7.2010 – *Dá nova redação ao § 6º do art. 226 da Constituição Federal, que dispõe sobre a dissolubilidade do casamento civil pelo divórcio, suprimindo o requisito de prévia separação judicial por mais de 1 (um) ano ou de comprovada separação de fato por mais de 2 (dois) anos* 308

EC nº 67, de 22.12.2010 – *Prorroga, por tempo indeterminado, o prazo de vigência do Fundo de Combate e Erradicação da Pobreza* 308

EC nº 68, de 21.12.2011 – *Altera o art. 76 do Ato das Disposições Constitucionais Transitórias* 309

EC nº 69, de 29.3.2012 – *Altera os arts. 21, 22 e 48 da Constituição Federal, para transferir da União para o Distrito Federal as atribuições de organizar e manter a Defensoria Pública do Distrito Federal* 309

EC nº 70, de 29.3.2012 – *Acrescenta art. 6º-A à Emenda Constitucional nº 41, de 2003, para estabelecer critérios para o cálculo e a correção dos proventos da aposentadoria por invalidez dos servidores públicos que ingressaram no serviço público até a data da publicação daquela Emenda Constitucional* 309

EC nº 71, de 29.11.2012 – *Acrescenta o art. 216-A à Constituição Federal para instituir o Sistema Nacional de Cultura* 310

EC nº 72, de 2.4.2013 – *Altera a redação do parágrafo único do art. 7º da Constituição Federal para estabelecer a igualdade de direitos trabalhistas entre os trabalhadores domésticos e os demais trabalhadores urbanos e rurais* 311

EC nº 73, de 6.6.2013 – *Cria os Tribunais Regionais Federais da 6ª, 7ª, 8ª e 9ª Regiões* 311

EC nº 74, de 6.8.2013 – *Altera o art. 134 da Constituição Federal* 311

EC nº 75, de 15.10.2013 – *Acrescenta a alínea "e" ao inciso VI do art. 150 da Constituição Federal, instituindo imunidade tributária sobre os fonogramas e videofonogramas*

CONSTITUIÇÃO FEDERAL SUMÁRIO

musicais produzidos no Brasil contendo obras musicais ou literomusicais de autores brasileiros e/ou obras em geral interpretadas por artistas brasileiros bem como os suportes materiais ou arquivos digitais que os contenham 312

EC nº 76, de 28.11.2013 – Altera o § 2º do art. 55 e o § 4º do art. 66 da Constituição Federal, para abolir a votação secreta nos casos de perda de mandato de Deputado ou Senador e de apreciação de veto 312

EC nº 77, de 11.2.2014 – Altera os incisos II, III e VIII do § 3º do art. 142 da Constituição Federal, para estender aos profissionais de saúde das Forças Armadas a possibilidade de cumulação de cargo a que se refere o art. 37, inciso XVI, alínea "c" 312

EC nº 78, de 14.5.2014 – Acrescenta art. 54-A ao Ato das Disposições Constitucionais Transitórias, para dispor sobre indenização devida aos seringueiros de que trata o art. 54 desse Ato 313

EC nº 79, de 27.5.2014 – Altera o art. 31 da Emenda Constitucional nº 19, de 4 de junho de 1998, para prever a inclusão, em quadro em extinção da Administração Federal, de servidores e policiais militares admitidos pelos Estados do Amapá e de Roraima, na fase de instalação dessas unidades federadas, e dá outras providências 313

EC nº 80, de 4.6.2014 – Altera o Capítulo IV – Das Funções Essenciais à Justiça, do Título IV – Da Organização dos Poderes, e acrescenta artigo ao Ato das Disposições Constitucionais Transitórias da Constituição Federal 314

EC nº 81, de 5.6.2014 – Dá nova redação ao art. 243 da Constituição Federal 315

EC nº 82, de 16.7.2014 – Inclui o § 10 ao art. 144 da Constituição Federal, para disciplinar a segurança viária no âmbito dos Estados, do Distrito Federal e dos Municípios 315

EC nº 83, de 5.8.2014 – Acrescenta o art. 92-A ao Ato das Disposições Constitucionais Transitórias – ADCT 316

EC nº 84, de 2.12.2014 – Altera o art. 159 da Constituição Federal para aumentar a entrega de recursos pela União para o Fundo de Participação dos Municípios 316

EC nº 85, de 26.2.2015 – Altera e adiciona dispositivos na Constituição Federal para atualizar o tratamento das atividades de ciência, tecnologia e inovação 316

EC nº 86, de 17.3.2015 – Altera os arts. 165, 166 e 198 da Constituição Federal, para tornar obrigatória a execução da programação orçamentária que especifica 317

EC nº 87, de 16.4.2015 – Altera o § 2º do art. 155 da Constituição Federal e inclui o art. 99 no Ato das Disposições Constitucionais Transitórias, para tratar da sistemática de cobrança do imposto sobre operações relativas à circulação de mercadorias e sobre prestações de serviços de transporte interestadual e intermunicipal e de comunicação incidente sobre as operações e prestações que destinem bens e serviços a consumidor final, contribuinte ou não do imposto, localizado em outro Estado 318

EC nº 88, de 7.5.2015 – Altera o art. 40 da Constituição Federal, relativamente ao limite de idade para a aposentadoria compulsória do servidor público em geral, e acrescenta dispositivo ao Ato das Disposições Constitucionais Transitórias 319

EC nº 89, de 15.9.2015 – Dá nova redação ao art. 42 do Ato das Disposições Constitucionais Transitórias, ampliando o prazo em que a União deverá destinar às regiões Centro-Oeste e Nordeste percentuais mínimos dos recursos destinados à irrigação 319

EC nº 90, de 15.9.2015 – Dá nova redação ao art. 6º da Constituição Federal, para introduzir o transporte como direito social 320

EC nº 91, de 18.2.2016 – Altera a Constituição Federal para estabelecer a possibilidade, excepcional e em período determinado, de desfiliação partidária, sem prejuízo do mandato 320

EC nº 92, de 12.7.2016 – Altera os arts. 92 e 111-A da Constituição Federal, para explicitar o Tribunal Superior do Trabalho como órgão do Poder Judiciário, alterar os requisitos para o provimento dos cargos de Ministros daquele Tribunal e modificar-lhe a competência 320

EC nº 93, de 8.9.2016 – Altera o Ato das Disposições Constitucionais Transitórias para prorrogar a desvinculação de receitas da União e estabelecer a desvinculação de receitas dos Estados, Distrito Federal e Municípios 321

EC nº 94, de 15.12.2016 – Altera o art. 100 da Constituição Federal, para dispor sobre o regime de pagamento de débitos públicos decorrentes de condenações judiciais;

SUMÁRIO CONSTITUIÇÃO FEDERAL

e acrescenta dispositivos ao Ato das Disposições Constitucionais Transitórias, para instituir regime especial de pagamento para os casos em mora 321

EC nº 95, de 15.12.2016 – *Altera o Ato das Disposições Constitucionais Transitórias, para instituir o Novo Regime Fiscal, e dá outras providências* 323

EC nº 96, de 6.6.2017 – *Acrescenta o § 7º ao art. 225 da Constituição Federal para determinar que práticas desportivas que utilizem animais não são consideradas cruéis, nas condições que especifica* 325

EC nº 97, de 4.10.2017 – *Altera a Constituição Federal para vedar as coligações partidárias nas eleições proporcionais, estabelecer normas sobre acesso dos partidos políticos aos recursos do fundo partidário e ao tempo de propaganda gratuito no rádio e na televisão e dispor sobre regras de transição* 326

EC nº 98, de 6.12.2017 – *Altera o art. 31 da Emenda Constitucional nº 19, de 4 de junho de 1998, para prever a inclusão, em quadro em extinção da administração pública federal, de servidor público, de integrante da carreira de policial, civil ou militar, e de pessoa que haja mantido relação ou vínculo funcional, empregatício, estatutário ou de trabalho com a administração pública dos ex-Territórios ou dos Estados do Amapá ou de Roraima, inclusive suas prefeituras, na fase de instalação dessas unidades federadas, e dá outras providências* 327

EC nº 99, de 14.12.2017 – *Altera o art. 101 do Ato das Disposições Constitucionais Transitórias, para instituir novo regime especial de pagamento de precatórios, e os arts. 102, 103 e 105 do Ato das Disposições Constitucionais Transitórias* 328

EC nº 100, de 26.6.2019 – *Altera os arts. 165 e 166 da Constituição Federal para tornar obrigatória a execução da programação orçamentária proveniente de emendas de bancada de parlamentares de Estado ou do Distrito Federal* 330

EC nº 101, de 3.7.2019 – *Acrescenta § 3º ao art. 42 da Constituição Federal para estender aos militares dos Estados, do Distrito Federal e dos Territórios o direito à acumulação de cargos públicos prevista no art. 37, inciso XVI* 331

EC nº 102, de 27.9.2019 – *Dá nova redação ao art. 20 da Constituição Federal e altera o art. 165 da Constituição Federal e o art. 107 do Ato das Disposições Constitucionais Transitórias* 331

EC nº 103, de 12.11.2019 – *Altera o sistema de previdência social e estabelece regras de transição e disposições transitórias* 332

EC nº 104, de 4.12.2019 – *Altera o inciso XIV do caput do art. 21, o § 4º do art. 32 e o art. 144 da Constituição Federal, para criar as polícias penais federal, estaduais e distrital* 348

EC nº 105, de 12.12.2019 – *Acrescenta o art. 166-A à Constituição Federal, para autorizar a transferência de recursos federais a Estados, ao Distrito Federal e a Municípios mediante emendas ao projeto de lei orçamentária anual* 349

EC nº 106, de 7.5.2020 – *Institui regime extraordinário fiscal, financeiro e de contratações para enfrentamento de calamidade pública nacional decorrente de pandemia* 349

EC nº 107, de 2.7.2020 – *Adia, em razão da pandemia da Covid-19, as eleições municipais de outubro de 2020 e os prazos eleitorais respectivos* 351

EC nº 108, de 26.8.2020 – *Altera a Constituição Federal para estabelecer critérios de distribuição da cota municipal do Imposto sobre Operações Relativas à Circulação de Mercadorias e sobre Prestações de Serviços de Transporte Interestadual e Intermunicipal e de Comunicação (ICMS), para disciplinar a disponibilização de dados contábeis pelos entes federados, para tratar do planejamento na ordem social e para dispor sobre o Fundo de Manutenção e Desenvolvimento da Educação Básica e de Valorização dos Profissionais da Educação (Fundeb); altera o Ato das Disposições Constitucionais Transitórias; e dá outras providências* 353

EC nº 109, de 15.3.2021 – *Altera os arts. 29-A, 37, 49, 84, 163, 165, 167, 168 e 169 da Constituição Federal e os arts. 101 e 109 do Ato das Disposições Constitucionais Transitórias; acrescenta à Constituição Federal os arts. 164-A, 167-A, 167-B, 167-C, 167-D, 167-E, 167-F e 167-G; revoga dispositivos do Ato das Disposições Constitucionais Transitórias e institui regras transitórias sobre redução de benefícios tributários; desvincula parcialmente o superávit financeiro de fundos públicos; e suspende condicionalidades*

CONSTITUIÇÃO FEDERAL   SUMÁRIO

para realização de despesas com concessão de auxílio emergencial residual para enfrentar as consequências sociais e econômicas da pandemia da Covid-19 356

EC nº 110, de 12.7.2021 – Acrescenta o art. 18-A ao Ato das Disposições Constitucionais Transitórias, para dispor sobre a convalidação de atos administrativos praticados no Estado do Tocantins entre 1º de janeiro de 1989 e 31 de dezembro de 1994 361

EC nº 111, de 28.9.2021 – Altera a Constituição Federal para disciplinar a realização de consultas populares concomitantes às eleições municipais, dispor sobre o instituto da fidelidade partidária, alterar a data de posse de Governadores e do Presidente da República e estabelecer regras transitórias para distribuição entre os partidos políticos dos recursos do fundo partidário e do Fundo Especial de Financiamento de Campanha (FEFC) e para o funcionamento dos partidos políticos 361

EC nº 112, de 27.10.2021 – Altera o art. 159 da Constituição Federal para disciplinar a distribuição de recursos pela União ao Fundo de Participação dos Municípios 362

EC nº 113, de 8.12.2021 – Altera a Constituição Federal e o Ato das Disposições Constitucionais Transitórias para estabelecer o novo regime de pagamentos de precatórios, modificar normas relativas ao Novo Regime Fiscal e autorizar o parcelamento de débitos previdenciários dos Municípios; e dá outras providências................. 362

EC nº 114, de 16.12.2021 – Altera a Constituição Federal e o Ato das Disposições Constitucionais Transitórias para estabelecer o novo regime de pagamentos de precatórios, modificar normas relativas ao Novo Regime Fiscal e autorizar o parcelamento de débitos previdenciários dos Municípios; e dá outras providências................. 365

EC nº 115, de 10.2.2022 – Altera a Constituição Federal para incluir a proteção de dados pessoais entre os direitos e garantias fundamentais e para fixar a competência privativa da União para legislar sobre proteção e tratamento de dados pessoais 367

EC nº 116, de 17.2.2022 – Acrescenta § 1º-A ao art. 156 da Constituição Federal para prever a não incidência sobre templos de qualquer culto do Imposto sobre a Propriedade Predial e Territorial Urbana (IPTU), ainda que as entidades abrangidas pela imunidade tributária sejam apenas locatárias do bem imóvel 367

EC nº 117, de 5.4.2022 – Altera o art. 17 da Constituição Federal para impor aos partidos políticos a aplicação de recursos do fundo partidário na promoção e difusão da participação política das mulheres, bem como a aplicação de recursos desse fundo e do Fundo Especial de Financiamento de Campanha e a divisão do tempo de propaganda gratuita no rádio e na televisão no percentual mínimo de 30% (trinta por cento) para candidaturas femininas 368

EC nº 118, de 26.4.2022 – Dá nova redação às alíneas "b" e "c" do inciso XXIII do caput do art. 21 da Constituição Federal, para autorizar a produção, a comercialização e a utilização de radioisótopos para pesquisa e uso médicos 368

EC nº 119, de 27.4.2022 – Altera o Ato das Disposições Constitucionais Transitórias para determinar a impossibilidade de responsabilização dos Estados, do Distrito Federal, dos Municípios e dos agentes públicos desses entes federados pelo descumprimento, nos exercícios financeiros de 2020 e 2021, do disposto no caput do art. 212 da Constituição Federal; e dá outras providências 369

EC nº 120, de 5.5.2022 – Acrescenta §§ 7º, 8º, 9º, 10 e 11 ao art. 198 da Constituição Federal, para dispor sobre a responsabilidade financeira da União, corresponsável pelo Sistema Único de Saúde (SUS), na política remuneratória e na valorização dos profissionais que exercem atividades de agente comunitário de saúde e de agente de combate às endemias 369

EC nº 121, de 10.5.2022 – Altera o inciso IV do § 2º do art. 4º da Emenda Constitucional nº 109, de 15 de março de 2021 370

EC nº 122, de 17.5.2022 – Altera a Constituição Federal para elevar para setenta anos a idade máxima para a escolha e nomeação de membros do Supremo Tribunal Federal, do Superior Tribunal de Justiça, dos Tribunais Regionais Federais, do Tribunal Superior do Trabalho, dos Tribunais Regionais do Trabalho, do Tribunal de Contas da União e dos Ministros civis do Superior Tribunal Militar 370

EC nº 123, de 14.7.2022 – Altera o art. 225 da Constituição Federal para estabelecer diferencial de competitividade para os biocombustíveis; inclui o art. 120 no Ato das Disposições Constitucionais Transitórias para reconhecer o estado de emergência decorrente da elevação extraordinária e imprevisível dos preços do petróleo, combustíveis e seus

SUMÁRIO — CONSTITUIÇÃO FEDERAL

derivados e dos impactos sociais dela decorrentes; autoriza a União a entregar auxílio financeiro aos Estados e ao Distrito Federal que outorgarem créditos tributários do Imposto sobre Operações relativas à Circulação de Mercadorias e sobre Prestações de Serviços de Transporte Interestadual e Intermunicipal e de Comunicação (ICMS) aos produtores e distribuidores de etanol hidratado; expande o auxílio Gás dos Brasileiros, de que trata a Lei nº 14.237, de 19 de novembro de 2021; institui auxílio para caminhoneiros autônomos; expande o Programa Auxílio Brasil, de que trata a Lei nº 14.284, de 29 de dezembro de 2021; e institui auxílio para entes da Federação financiarem a gratuidade do transporte público 371

EC nº 124, de 14.7.2022 – Institui o piso salarial nacional do enfermeiro, do técnico de enfermagem, do auxiliar de enfermagem e da parteira 374

EC nº 125, de 14.7.2022 – Altera o art. 105 da Constituição Federal para instituir no recurso especial o requisito da relevância das questões de direito federal infraconstitucional 374

EC nº 126, de 21.12.2022 – Altera a Constituição Federal, para dispor sobre as emendas individuais ao projeto de lei orçamentária, e o Ato das Disposições Constitucionais Transitórias para excluir despesas dos limites previstos no art. 107; define regras para a transição da Presidência da República aplicáveis à Lei Orçamentária de 2023; e dá outras providências 375

EC nº 127, de 22.12.2022 – Altera a Constituição Federal e o Ato das Disposições Constitucionais Transitórias para estabelecer que compete à União prestar assistência financeira complementar aos Estados, ao Distrito Federal e aos Municípios e às entidades filantrópicas, para o cumprimento dos pisos salariais profissionais nacionais para o enfermeiro, o técnico de enfermagem, o auxiliar de enfermagem e a parteira; altera a Emenda Constitucional nº 109, de 15 de março de 2021, para estabelecer o superávit financeiro dos fundos públicos do Poder Executivo como fonte de recursos para o cumprimento dos pisos salariais profissionais nacionais para o enfermeiro, o técnico de enfermagem, o auxiliar de enfermagem e a parteira; e dá outras providências 377

EC nº 128, de 22.12.2022 – Acrescenta § 7º ao art. 167 da Constituição Federal, para proibir a imposição e a transferência, por lei, de qualquer encargo financeiro decorrente da prestação de serviço público para a União, os Estados, o Distrito Federal e os Municípios 378

EC nº 129, de 5.7.2023 – Acrescenta o art. 123 ao Ato das Disposições Constitucionais Transitórias, para assegurar prazo de vigência adicional aos instrumentos de permissão lotérica 378

EC nº 130, de 3.10.2023 – Altera o art. 93 da Constituição Federal para permitir a permuta entre juízes de direito vinculados a diferentes tribunais 379

EC nº 131, de 3.10.2023 – Altera o art. 12 da Constituição Federal para suprimir a perda da nacionalidade brasileira em razão da mera aquisição de outra nacionalidade, incluir a exceção para situações de apatridia e acrescentar a possibilidade de uma pessoa requerer a perda da própria nacionalidade 379

EC nº 132, de 20.12.2023 – Altera o Sistema Tributário Nacional 379

ÍNDICE REMISSIVO 397

CONSTITUIÇÃO DA REPÚBLICA FEDERATIVA DO BRASIL

Atualizada até a Emenda Constitucional nº 132, de 20.12.2023.

PREÂMBULO

Nós, representantes do povo brasileiro, reunidos em Assembleia Nacional Constituinte para instituir um Estado Democrático, destinado a assegurar o exercício dos direitos sociais e individuais, a liberdade, a segurança, o bem-estar, o desenvolvimento, a igualdade e a justiça como valores supremos de uma sociedade fraterna, pluralista e sem preconceitos, fundada na harmonia social e comprometida, na ordem interna e internacional, com a solução pacífica das controvérsias, promulgamos, sob a proteção de Deus, a seguinte Constituição da República Federativa do Brasil:

TÍTULO I
DOS PRINCÍPIOS FUNDAMENTAIS

Art. 1º. A República Federativa do Brasil, formada pela união indissolúvel dos Estados e Municípios e do Distrito Federal, constitui-se em Estado Democrático de Direito e tem como fundamentos:

(*) *V. Lei nº 14.197, de 1º.9.2021 (Crimes contra o Estado Democrático de Direito).*

I – a soberania;

II – a cidadania;

(*) *V. Lei nº 14.534, de 11.1.2023 (CPF como número único de identificação do cidadão).*

III – a dignidade da pessoa humana;

(*) *V. Lei nº 14.321, de 31.3.2022 (Violência institucional – crime).*

(*) *V. art. 11.1 do Decreto nº 678, de 6.11.1992 (Pacto de São José da Costa Rica).*

IV – os valores sociais do trabalho e da livre iniciativa;

(*) *Vide arts. 7º e 170 da CF.*

(*) *V. Lei nº 13.874, de 20.9.2019 (Liberdade Econômica).*

V – o pluralismo político.

Parágrafo único. Todo o poder emana do povo, que o exerce por meio de representantes eleitos, ou diretamente, nos termos desta Constituição.

Art. 2º. São Poderes da União, independentes e harmônicos entre si, o Legislativo, o Executivo e o Judiciário.

Art. 3º. Constituem objetivos fundamentais da República Federativa do Brasil:

I – construir uma sociedade livre, justa e solidária;

(*) *Vide Preâmbulo.*

II – garantir o desenvolvimento nacional;

III – erradicar a pobreza e a marginalização e reduzir as desigualdades sociais e regionais;

ART. 4º CONSTITUIÇÃO DA REPÚBLICA FEDERATIVA DO BRASIL

IV – promover o bem de todos, sem preconceitos de origem, raça, sexo, cor, idade e quaisquer outras formas de discriminação.
(*) Vide art. 5º, caput e I, da CF.
(*) V. Lei nº 12.288, de 20.7.2010
(Estatuto da Igualdade Racial).
(*) V. Lei nº 14.532, de 11.1.2023
(Tipificação da injúria racial como racismo).

Art. 4º. A República Federativa do Brasil rege-se nas suas relações internacionais pelos seguintes princípios:
I – independência nacional;
II – prevalência dos direitos humanos;
III – autodeterminação dos povos;
IV – não intervenção;
V – igualdade entre os Estados;
VI – defesa da paz;
VII – solução pacífica dos conflitos;
(*) Vide Preâmbulo.
(*) V. arts. 3º, § 3º; e 165 a 175 do Código de Processo Civil.
(*) V. arts. 2º-A; 20, §§ 2º e 2º-A; e 20-A a 20-D da Lei nº 7.716, de 5.1.1989.

(*) V. Lei nº 13.140, de 26.6.2015
(Mediação entre particulares).
(*) V. Lei nº 13.988, de 14.4.2020
(Transação Tributária).
VIII – repúdio ao terrorismo e ao racismo;
(*) V. Lei nº 12.288, de 20.7.2020
(Estatuto da Igualdade Racial).
IX – cooperação entre os povos para o progresso da humanidade;
X – concessão de asilo político.
(*) V. Lei nº 13.445, de 24.5.2017
(Lei de Migração).
(*) V. art. 22.7 do Decreto nº 678, de 6.11.1992
(Pacto de São José da Costa Rica).

Parágrafo único. A República Federativa do Brasil buscará a integração econômica, política, social e cultural dos povos da América Latina, visando à formação de uma comunidade latino-americana de nações.
(*) V. Decreto nº 678, de 6.11.1992
(Pacto de São José da Costa Rica).
(*) V. Recomendação CNJ nº 123, de 7.1.2022.

TÍTULO II
DOS DIREITOS E GARANTIAS FUNDAMENTAIS

Capítulo I
DOS DIREITOS E DEVERES INDIVIDUAIS E COLETIVOS

Art. 5º. Todos são iguais perante a lei, sem distinção de qualquer natureza, garantindo-se aos brasileiros e aos estrangeiros residentes no País a inviolabilidade do direito à vida, à liberdade, à igualdade, à segurança e à propriedade, nos termos seguintes:
(*) V. art. 24 do Decreto nº 678, de 6.11.1992
(Pacto de São José da Costa Rica).

I – homens e mulheres são iguais em direitos e obrigações, nos termos desta Constituição;
(*) Vide art. 226, § 5º, da CF.
(*) V. art. 147-B do Código Penal.
(*) V. Lei nº 11.340, de 7.8.2006
(Lei Maria da Penha).
(*) V. Decreto nº 11.309, de 16.12.2022
(Programa Nacional Qualifica Mulher).

II – ninguém será obrigado a fazer ou deixar de fazer alguma coisa senão em virtude de lei;
(*) V. Lei nº 14.321, de 31.3.2022
(Tipificação de crime de violência institucional).

III – ninguém será submetido à tortura nem a tratamento desumano ou degradante;
(*) Vide art. 1º, III, da CF.
(*) V. Lei nº 9.455, de 7.4.1997
(Crimes de tortura).
(*) V. art. 5.2 do Decreto nº 678, de 6.11.1992
(Pacto de São José da Costa Rica).

IV – é livre a manifestação do pensamento, sendo vedado o anonimato;
(*) V. art. 13 do Decreto nº 678, de 6.11.1992
(Pacto de São José da Costa Rica).

V – é assegurado o direito de resposta, proporcional ao agravo, além da indenização por dano material, moral ou à imagem;
(*) V. art. 186 do Código Civil.
(*) V. art. 14 do Decreto nº 678, de 6.11.1992
(Pacto de São José da Costa Rica).
(*) V. Súmula 227 do STJ.

CONSTITUIÇÃO DA REPÚBLICA FEDERATIVA DO BRASIL   ART. 5º

VI – é inviolável a liberdade de consciência e de crença, sendo assegurado o livre exercício dos cultos religiosos e garantida, na forma da lei, a proteção aos locais de culto e a suas liturgias;
(*) Vide arts. 1º, III; e 150, VI, "b", c/c § 4º, da CF.
(*) V. arts. 1.1, 12 e 13.5 do Decreto nº 678, de 6.11.1992 (Pacto de São José da Costa Rica).

VII – é assegurada, nos termos da lei, a prestação de assistência religiosa nas entidades civis e militares de internação coletiva;

VIII – ninguém será privado de direitos por motivo de crença religiosa ou de convicção filosófica ou política, salvo se as invocar para eximir-se de obrigação legal a todos imposta e recusar-se a cumprir prestação alternativa, fixada em lei;
(*) Vide art. 15, IV, da CF.

IX – é livre a expressão da atividade intelectual, artística, científica e de comunicação, independentemente de censura ou licença;
(*) Vide art. 206, II, da CF.
(*) V. Lei nº 9.610, de 19.2.1998 (Direitos autorais).

X – são invioláveis a intimidade, a vida privada, a honra e a imagem das pessoas, assegurado o direito à indenização pelo dano material ou moral decorrente de sua violação;
(*) Vide art. 37, § 3º, II, da CF.
(*) V. art. 186 do Código Civil.
(*) V. art. 47-A do Código Penal.
(*) V. art. 400-A do Código de Processo Penal.
(*) V. Lei nº 13.709, de 14.8.2018 (Lei Geral de Proteção de Dados – LGPD).
(*) V. Lei nº 13.853, de 8.7.2019 (Autoridade Nacional de Proteção de Dados).
(*) V. Lei nº 14.289, de 3.1.2022 (Sigilo obrigatório sobre a condição de pessoas portadoras de HIV, hepatites crônicas, hanseníase e tuberculose).
(*) V. art. 11 do Decreto nº 678, de 6.11.1992 (Pacto de São José da Costa Rica).
(*) V. Súmula Vinculante 22 do STF.
(*) V. Súmulas 227 e 647 do STJ.

XI – a casa é asilo inviolável do indivíduo, ninguém nela podendo penetrar sem consentimento do morador, salvo em caso de flagrante delito ou desastre, ou para prestar socorro, ou, durante o dia, por determinação judicial;
(*) V. art. 212, § 2º, do Código de Processo Civil.
(*) V. arts. 245 a 248 do Código de Processo Penal.

XII – é inviolável o sigilo da correspondência e das comunicações telegráficas, de dados e das comunicações telefônicas, salvo, no último caso, por ordem judicial, nas hipóteses e na forma que a lei estabelecer para fins de investigação criminal ou instrução processual penal;
(*) V. Lei nº 9.296, de 24.7.1996 (Interceptação telefônica), que regulamenta a parte final deste inciso.

XIII – é livre o exercício de qualquer trabalho, ofício ou profissão, atendidas as qualificações profissionais que a lei estabelecer;
(*) Vide art. 170 da CF.
(*) V. art. 8º, IV, da Lei nº 8.906, de 4.7.1994.

XIV – é assegurado a todos o acesso à informação e resguardado o sigilo da fonte, quando necessário ao exercício profissional;

XV – é livre a locomoção no território nacional em tempo de paz, podendo qualquer pessoa, nos termos da lei, nele entrar, permanecer ou dele sair com seus bens;
(*) V. Lei nº 13.445, de 24.5.2017 (Lei de Migração).

XVI – todos podem reunir-se pacificamente, sem armas, em locais abertos ao público, independentemente de autorização, desde que não frustrem outra reunião anteriormente convocada para o mesmo local, sendo apenas exigido prévio aviso à autoridade competente;
(*) V. art. 15 do Decreto nº 678, de 6.11.1992 (Pacto de São José da Costa Rica).

XVII – é plena a liberdade de associação para fins lícitos, vedada a de caráter paramilitar;
(*) V. art. 16 do Decreto nº 678, de 6.11.1992 (Pacto de São José da Costa Rica).

XVIII – a criação de associações e, na forma da lei, a de cooperativas independem de autorização, sendo vedada a interferência estatal em seu funcionamento;

XIX – as associações só poderão ser compulsoriamente dissolvidas ou ter suas atividades suspensas por decisão judicial, exigindo-se, no primeiro caso, o trânsito em julgado;

XX – ninguém poderá ser compelido a associar-se ou a permanecer associado;

XXI – as entidades associativas, quando expressamente autorizadas, têm legitimidade para representar seus filiados judicial ou extrajudicialmente;
(*) V. art. 5º, V, da Lei nº 7.347, de 24.7.1985.

XXII – é garantido o direito de propriedade;
(*) *Vide art. 170, II, da CF.*
(*) *V. Lei nº 4.591, de 16.12.1964*
(Condomínio e incorporações imobiliárias).
(*) *V. Lei nº 8.245, de 18.10.1991*
(Locação de imóveis urbanos).
(*) *V. art. 21.1 do Decreto nº 678, de 6.11.1992*
(Pacto de São José da Costa Rica).

XXIII – a propriedade atenderá à sua função social;
(*) *Vide art. 170, III, da CF.*

XXIV – a lei estabelecerá o procedimento para desapropriação por necessidade ou utilidade pública, ou por interesse social, mediante justa e prévia indenização em dinheiro, ressalvados os casos previstos nesta Constituição;
(*) *V. Decreto-Lei nº 3.365, de 21.6.1941*
(Desapropriações por utilidade pública).
(*) *V. art. 21.2 do Decreto nº 678, de 6.11.1992*
(Pacto de São José da Costa Rica).

XXV – no caso de iminente perigo público, a autoridade competente poderá usar de propriedade particular, assegurada ao proprietário indenização ulterior, se houver dano;

XXVI – a pequena propriedade rural, assim definida em lei, desde que trabalhada pela família, não será objeto de penhora para pagamento de débitos decorrentes de sua atividade produtiva, dispondo a lei sobre os meios de financiar o seu desenvolvimento;

XXVII – aos autores pertence o direito exclusivo de utilização, publicação ou reprodução de suas obras, transmissível aos herdeiros pelo tempo que a lei fixar;
(*) *V. Lei nº 9.610, de 19.2.1998 (Direitos autorais).*

XXVIII – são assegurados, nos termos da lei:
a) a proteção às participações individuais em obras coletivas e à reprodução da imagem e voz humanas, inclusive nas atividades desportivas;
b) o direito de fiscalização do aproveitamento econômico das obras que criarem ou de que participarem aos criadores, aos intérpretes e às respectivas representações sindicais e associativas;

XXIX – a lei assegurará aos autores de inventos industriais privilégio temporário para sua utilização, bem como proteção às criações industriais, à propriedade das marcas, aos nomes de empresas e a outros signos distintivos, tendo em vista o interesse social e o desenvolvimento tecnológico e econômico do País;
(*) *V. Lei nº 9.279, de 14.5.1996*
(Propriedade industrial).

XXX – é garantido o direito de herança;

XXXI – a sucessão de bens de estrangeiros situados no País será regulada pela lei brasileira em benefício do cônjuge ou dos filhos brasileiros, sempre que não lhes seja mais favorável a lei pessoal do *de cujus*;
(*) *V. art. 10, § 1º, do Decreto-Lei nº 4.657, de 4.9.1942 (LINDB).*

XXXII – o Estado promoverá, na forma da lei, a defesa do consumidor;
(*) *V. Lei nº 8.078, de 11.9.1990*
(Código de Defesa do Consumidor).
(*) *V. Lei nº 14.181, de 1.7.2021 (Prevenção e tratamento do superendividamento).*
(*) *V. Súmula Vinculante 27 do STF.*

XXXIII – todos têm direito a receber dos órgãos públicos informações de seu interesse particular, ou de interesse coletivo ou geral, que serão prestadas no prazo da lei, sob pena de responsabilidade, ressalvadas aquelas cujo sigilo seja imprescindível à segurança da sociedade e do Estado;
(*) *Vide arts. 37, § 3º, II; e 216, § 2º, da CF.*
(*) *V. Lei nº 12.527, de 18.11.2011,*
que regulamenta este inciso;
e Decreto nº 7.724, de 16.5.2012,
que regulamenta a Lei nº 12.527, de 18.11.2011.
(*) *V. Decreto nº 7.845, de 14.11.2012.*

XXXIV – são a todos assegurados, independentemente do pagamento de taxas:
a) o direito de petição aos Poderes Públicos em defesa de direitos ou contra ilegalidade ou abuso de poder;
b) a obtenção de certidões em repartições públicas, para defesa de direitos e esclarecimento de situações de interesse pessoal;

XXXV – a lei não excluirá da apreciação do Poder Judiciário lesão ou ameaça a direito;

XXXVI – a lei não prejudicará o direito adquirido, o ato jurídico perfeito e a coisa julgada;
(*) *V. art. 6º, caput, da LINDB.*

XXXVII – não haverá juízo ou tribunal de exceção;
(*) V. art. 8.1 do Decreto nº 678, de 6.11.1992 (Pacto de São José da Costa Rica).

XXXVIII – é reconhecida a instituição do júri, com a organização que lhe der a lei, assegurados:
(*) V. Súmula Vinculante 45 do STF.

a) a plenitude de defesa;
b) o sigilo das votações;
c) a soberania dos veredictos;
d) a competência para o julgamento dos crimes dolosos contra a vida.

XXXIX – não há crime sem lei anterior que o defina, nem pena sem prévia cominação legal;
(*) V. art. 1º do Código Penal.

XL – a lei penal não retroagirá, salvo para beneficiar o réu;
(*) V. art. 2º, parágrafo único, do Código Penal.

XLI – a lei punirá qualquer discriminação atentatória dos direitos e liberdades fundamentais;
(*) V. ADO nº 26 do STF.

XLII – a prática do racismo constitui crime inafiançável e imprescritível, sujeito à pena de reclusão, nos termos da lei;
(*) Vide Decreto nº 10.932, de 10.1.2022 (Convenção Interamericana contra o Racismo).
(*) V. Lei nº 7.716, de 5.1.1989.
(*) V. Lei nº 12.288, de 20.7.2010 (Estatuto da Igualdade Racial).
(*) V. Lei nº 14.532, de 11.1.2023 (Tipificação de injúria racial como racismo).
(*) V. ADO nº 26 do STF.

XLIII – a lei considerará crimes inafiançáveis e insuscetíveis de graça ou anistia a prática da tortura, o tráfico ilícito de entorpecentes e drogas afins, o terrorismo e os definidos como crimes hediondos, por eles respondendo os mandantes, os executores e os que, podendo evitá-los, se omitirem;
(*) V. Lei nº 13.260, de 16.3.2016, que regulamenta este inciso.
(*) V. Lei nº 8.072, de 25.7.1990 (Lei dos crimes hediondos).

(*) V. Lei nº 13.964, de 24.12.2019 (Pacote anticrime).

XLIV – constitui crime inafiançável e imprescritível a ação de grupos armados, civis ou militares, contra a ordem constitucional e o Estado Democrático;

XLV – nenhuma pena passará da pessoa do condenado, podendo a obrigação de reparar o dano e a decretação do perdimento de bens ser, nos termos da lei, estendidas aos sucessores e contra eles executadas, até o limite do valor do patrimônio transferido;
(*) V. art. 5.3 do Decreto nº 678, de 6.11.1992 (Pacto de São José da Costa Rica).

XLVI – a lei regulará a individualização da pena e adotará, entre outras, as seguintes:
a) privação ou restrição da liberdade;
(*) V. art. 5.6 do Decreto nº 678, de 6.11.1992 (Pacto de São José da Costa Rica).

b) perda de bens;
(*) Vide art. 243, parágrafo único, da CF.

c) multa;
d) prestação social alternativa;
e) suspensão ou interdição de direitos;

XLVII – não haverá penas:
a) de morte, salvo em caso de guerra declarada, nos termos do art. 84, XIX;
(*) V. art. 4.3 do Decreto nº 678, de 6.11.1992 (Pacto de São José da Costa Rica).

b) de caráter perpétuo;
c) de trabalhos forçados;
(*) V. art. 6.2 do Decreto nº 678, de 6.11.1992 (Pacto de São José da Costa Rica).

d) de banimento;
e) cruéis;

XLVIII – a pena será cumprida em estabelecimentos distintos, de acordo com a natureza do delito, a idade e o sexo do apenado;

XLIX – é assegurado aos presos o respeito à integridade física e moral;
(*) V. art. 5.1 do Decreto nº 678, de 6.11.1992 (Pacto de São José da Costa Rica).

L – às presidiárias serão asseguradas condições para que possam permanecer com seus filhos durante o período de amamentação;

LI – nenhum brasileiro será extraditado, salvo o naturalizado, em caso de crime comum, praticado antes da naturalização ou de comprovado envolvimento em tráfico ilícito de entorpecentes e drogas afins, na forma da lei;

LII – não será concedida extradição de estrangeiro por crime político ou de opinião;

(*) V. Lei nº 13.445, de 24.5.2017 *(Lei de Migração)*.
(*) V. art. 22.8 do Decreto nº 678, de 6.11.1992 *(Pacto de São José da Costa Rica)*.

LIII – ninguém será processado nem sentenciado senão pela autoridade competente;

(*) V. art. 8.1 do Decreto nº 678, de 6.11.1992 *(Pacto de São José da Costa Rica)*.

LIV – ninguém será privado da liberdade ou de seus bens sem o devido processo legal;

(*) V. Súmula 704 do STF.
(*) V. Súmula 639 do STJ.

LV – aos litigantes, em processo judicial ou administrativo, e aos acusados em geral são assegurados o contraditório e a ampla defesa, com os meios e recursos a ela inerentes;

(*) V. art. 8.1 do Decreto nº 678, de 6.11.1992 *(Pacto de São José da Costa Rica)*.

LVI – são inadmissíveis, no processo, as provas obtidas por meios ilícitos;

LVII – ninguém será considerado culpado até o trânsito em julgado de sentença penal condenatória;

(*) V. art. 8.2 do Decreto nº 678, de 6.11.1992 *(Pacto de São José da Costa Rica)*.

LVIII – o civilmente identificado não será submetido a identificação criminal, salvo nas hipóteses previstas em lei;

(*) V. Lei nº 12.037, de 1º.10.2009, *que regulamenta este inciso.*
(*) V. Lei nº 12.654, de 28.5.2012.

LIX – será admitida ação privada nos crimes de ação pública, se esta não for intentada no prazo legal;

(*) V. art. 29 *do Código de Processo Penal.*

LX – a lei só poderá restringir a publicidade dos atos processuais quando a defesa da intimidade ou o interesse social o exigirem;

(*) Vide art. 93, IX, da CF.

LXI – ninguém será preso senão em flagrante delito ou por ordem escrita e fundamentada de autoridade judiciária competente, salvo nos casos de transgressão militar ou crime propriamente militar, definidos em lei;

(*) V. art. 7.2 do Decreto nº 678, de 6.11.1992 *(Pacto de São José da Costa Rica)*.
(*) V. Súmula Vinculante 11 do STF.

LXII – a prisão de qualquer pessoa e o local onde se encontre serão comunicados imediatamente ao Juiz competente e à família do preso ou à pessoa por ele indicada;

LXIII – o preso será informado de seus direitos, entre os quais o de permanecer calado, sendo-lhe assegurada a assistência da família e de advogado;

(*) V. art. 8.2, *"g", do Decreto nº 678, de* 6.11.1992 *(Pacto de São José da Costa Rica).*

LXIV – o preso tem direito à identificação dos responsáveis por sua prisão ou por seu interrogatório policial;

LXV – a prisão ilegal será imediatamente relaxada pela autoridade judiciária;

LXVI – ninguém será levado à prisão ou nela mantido, quando a lei admitir a liberdade provisória, com ou sem fiança;

LXVII – não haverá prisão civil por dívida, salvo a do responsável pelo inadimplemento voluntário e inescusável de obrigação alimentícia e a do depositário infiel;

(*) V. art. 7.7 do Decreto nº 678, de 6.11.1992 *(Pacto de São José da Costa Rica)*.
(*) V. Súmula Vinculante 25 do STF.
(*) V. Súmula 358 do STJ.

LXVIII – conceder-se-á *habeas corpus* sempre que alguém sofrer ou se achar ameaçado de sofrer violência ou coação em sua liberdade de locomoção, por ilegalidade ou abuso de poder;

(*) V. Súmula 648 do STJ.

LXIX – conceder-se-á mandado de segurança para proteger direito líquido e certo, não amparado por *habeas corpus* ou *habeas data*, quando o responsável pela ilegalidade ou abuso de poder for autoridade pública ou agente de pessoa jurídica no exercício de atribuições do Poder Público;

(*) V. Lei nº 12.016, de 7.8.2009.
(*) V. Súmula 701 do STF.

CONSTITUIÇÃO DA REPÚBLICA FEDERATIVA DO BRASIL   ART. 5º

LXX – o mandado de segurança coletivo pode ser impetrado por:
(*) V. Lei nº 12.016, de 7.8.2009.

a) partido político com representação no Congresso Nacional;

b) organização sindical, entidade de classe ou associação legalmente constituída e em funcionamento há pelo menos um ano, em defesa dos interesses de seus membros ou associados;

LXXI – conceder-se-á mandado de injunção sempre que a falta de norma regulamentadora torne inviável o exercício dos direitos e liberdades constitucionais e das prerrogativas inerentes à nacionalidade, à soberania e à cidadania;
(*) V. Lei nº 13.300, de 23.6.2016.

LXXII – conceder-se-á habeas data:

a) para assegurar o conhecimento de informações relativas à pessoa do impetrante, constantes de registros ou bancos de dados de entidades governamentais ou de caráter público;

b) para a retificação de dados, quando não se prefira fazê-lo por processo sigiloso, judicial ou administrativo;

LXXIII – qualquer cidadão é parte legítima para propor ação popular que vise a anular ato lesivo ao patrimônio público ou de entidade de que o Estado participe, à moralidade administrativa, ao meio ambiente e ao patrimônio histórico e cultural, ficando o autor, salvo comprovada má-fé, isento de custas judiciais e do ônus da sucumbência;
(*) V. Lei nº 4.717, de 29.6.1965 (Ação popular).
(*) V. Lei nº 14.399, de 8.7.2022 (Política Nacional Aldir Blanc de Fomento à Cultura).

LXXIV – o Estado prestará assistência jurídica integral e gratuita aos que comprovarem insuficiência de recursos;
(*) V. Lei nº 1.060, de 5.2.1950.
(*) V. Súmula 644 do STJ.

LXXV – o Estado indenizará o condenado por erro judiciário, assim como o que ficar preso além do tempo fixado na sentença;
(*) V. arts. 186, 187 e 927 do Código Civil.
(*) V. art. 10 do Decreto nº 678, de 6.11.1992 (Pacto de São José da Costa Rica).
(*) V. Súmulas 326 e 362 do STJ.

LXXVI – são gratuitos para os reconhecidamente pobres, na forma da lei:
(*) V. art. 30, §§ 1º e 2º, da Lei nº 6.015, de 31.12.1973.

a) o registro civil de nascimento;

b) a certidão de óbito;

LXXVII – são gratuitas as ações de habeas corpus e habeas data e, na forma da lei, os atos necessários ao exercício da cidadania;
(*) V. Lei nº 9.265, de 12.2.1996, que regulamenta este inciso.

LXXVIII – a todos, no âmbito judicial e administrativo, são assegurados a razoável duração do processo e os meios que garantam a celeridade de sua tramitação;
(*) Inciso LXXVIII acrescido pela EC nº 45, de 30.12.2004.
(*) V. arts. 4º e 6º do Código de Processo Civil.
(*) V. art. 8.1 do Decreto nº 678, de 6.11.1992 (Pacto de São José da Costa Rica).

LXXIX – é assegurado, nos termos da lei, o direito à proteção dos dados pessoais, inclusive nos meios digitais.
(*) Inciso LXXIX acrescido pela EC nº 115, de 10.2.2022.
(*) V. Lei nº 13.709, de 14.8.2018 (Lei Geral de Proteção de Dados Pessoais – LGPD).
(*) V. Lei nº 14.460, de 25.10.2022 (Transformação da ANPD em autarquia de natureza especial).

§ 1º. As normas definidoras dos direitos e garantias fundamentais têm aplicação imediata.

§ 2º. Os direitos e garantias expressos nesta Constituição não excluem outros decorrentes do regime e dos princípios por ela adotados, ou dos tratados internacionais em que a República Federativa do Brasil seja parte.
(*) V. Decreto nº 678, de 6.11.1992 (Pacto de São José da Costa Rica).
(*) V. Recomendação CNJ nº 123, de 7.1.2022.

§ 3º. Os tratados e convenções internacionais sobre direitos humanos que forem aprovados, em cada Casa do Congresso Nacional, em dois turnos, por três quintos dos votos dos respectivos membros, serão equivalentes às emendas constitucionais.
(*) § 3º acrescido pela EC nº 45, de 30.12.2004.
(*) Vide Atos aprovados na forma deste parágrafo: Convenção sobre os Direitos das

Pessoas com Deficiência e seu Protocolo Facultativo (Decreto Legislativo nº 186, de 2008, e Decreto nº 6.949, de 25.8.2009); Tratado de Marraqueche para Facilitar o Acesso a Obras Publicadas às Pessoas Cegas, com Deficiência Visual ou com outras Dificuldades para Ter Acesso ao Texto Impresso (Decreto Legislativo nº 261, de 2015, e Decreto nº 9.522, de 8 de outubro de 2018); Convenção Interamericana contra o Racismo, a Discriminação Racial e Formas Correlatas de Intolerância (Decreto Legislativo nº 1, de 2021, e Decreto nº 10.932, de 10.1.2022).
(*) V. Decreto nº 678, de 6.11.1992
(Pacto de São José da Costa Rica).
(*) V. Recomendação CNJ nº 123, de 7.1.2022.

§ 4º. O Brasil se submete à jurisdição de Tribunal Penal Internacional a cuja criação tenha manifestado adesão.
(*) § 4º acrescido pela EC nº 45, de 30.12.2004.

Capítulo II
DOS DIREITOS SOCIAIS

Art. 6º. São direitos sociais a educação, a saúde, a alimentação, o trabalho, a moradia, o transporte, o lazer, a segurança, a previdência social, a proteção à maternidade e à infância, a assistência aos desamparados, na forma desta Constituição.
(*) Art. 6º, caput, alterado pela EC nº 26, de 14.2.2000, e pela EC nº 64, de 4.2.2010, e com redação dada pela EC nº 90, de 15.9.2015.
(*) Vide arts. 196 a 200 da CF.
(*) V. art. 83, § 2º, da Lei nº 7.210, de 11.7.1984
(Lei de Execução Penal).
(*) V. Lei nº 8.069, de 13.7.1990
(Estatuto da Criança e do Adolescente).
(*) V. Lei nº 8.212, de 24.7.1991
(Seguridade Social).
(*) V. Lei nº 8.245, de 18.10.1991
(Locação de imóveis urbanos).
(*) V. Lei nº 8.742, de 7.12.1993
(Assistência Social).
(*) V. Lei nº 13.872, de 17.9.2019
(Amamentação durante concursos públicos).
(*) V. Lei nº 14.442, de 2.9.2022
(Auxílio-alimentação e teletrabalho).
(*) V. Lei nº 14.510, de 27.12.2022
(Serviços de saúde à distância – telessaúde).
(*) V. Lei nº 14.533, de 11.1.2023
(Política Nacional de Educação Digital).

Parágrafo único. Todo brasileiro em situação de vulnerabilidade social terá direito a uma renda básica familiar, garantida pelo poder público em programa permanente de transferência de renda, cujas normas e requisitos de acesso serão determinados em lei, observada a legislação fiscal e orçamentária.
(*) Parágrafo único acrescido pela EC nº 114, de 16.12.2021.

Art. 7º. São direitos dos trabalhadores urbanos e rurais, além de outros que visem à melhoria de sua condição social:
(*) V. Lei nº 14.442, de 2.9.2022
(Auxílio-alimentação e teletrabalho).

I – relação de emprego protegida contra despedida arbitrária ou sem justa causa, nos termos de lei complementar, que preverá indenização compensatória, dentre outros direitos;
(*) Vide art. 10 do ADCT.

II – seguro-desemprego, em caso de desemprego involuntário;

III – fundo de garantia do tempo de serviço;

IV – salário mínimo, fixado em lei, nacionalmente unificado, capaz de atender a suas necessidades vitais básicas e às de sua família, com moradia, alimentação, educação, saúde, lazer, vestuário, higiene, transporte e previdência social, com reajustes periódicos que lhe preservem o poder aquisitivo, sendo vedada sua vinculação para qualquer fim;
(*) V. Súmula Vinculante 6 do STF.

V – piso salarial proporcional à extensão e à complexidade do trabalho;
(*) V. Lei Complementar nº 103, de 14.7.2000
(Autoriza os Estados e o Distrito Federal a instituir o piso salarial).

VI – irredutibilidade do salário, salvo o disposto em convenção ou acordo coletivo;

VII – garantia de salário, nunca inferior ao mínimo, para os que percebem remuneração variável;

VIII – décimo-terceiro salário com base na remuneração integral ou no valor da aposentadoria;

IX – remuneração do trabalho noturno superior à do diurno;

X – proteção do salário na forma da lei, constituindo crime sua retenção dolosa;

XI – participação nos lucros, ou resultados, desvinculada da remuneração, e, excepcionalmente, participação na gestão da empresa, conforme definido em lei;

XII – salário-família pago em razão do dependente do trabalhador de baixa renda nos termos da lei;

(*) *Inciso XII com redação dada pela EC nº 20, de 15.12.1998.*

XIII – duração do trabalho normal não superior a oito horas diárias e quarenta e quatro semanais, facultada a compensação de horários e a redução da jornada, mediante acordo ou convenção coletiva de trabalho;

XIV – jornada de seis horas para o trabalho realizado em turnos ininterruptos de revezamento, salvo negociação coletiva;

XV – repouso semanal remunerado, preferencialmente aos domingos;

XVI – remuneração do serviço extraordinário superior, no mínimo, em cinquenta por cento à do normal;

XVII – gozo de férias anuais remuneradas com, pelo menos, um terço a mais do que o salário normal;

XVIII – licença à gestante, sem prejuízo do emprego e do salário, com a duração de cento e vinte dias;

(*) *Vide art. 10, II, "b", do ADCT.*
(*) *V. art. 313, IX, do Código de Processo Civil.*

XIX – licença-paternidade, nos termos fixados em lei;

(*) *Vide art. 10, § 1º, do ADCT.*

XX – proteção do mercado de trabalho da mulher, mediante incentivos específicos, nos termos da lei;

XXI – aviso prévio proporcional ao tempo de serviço, sendo no mínimo de trinta dias, nos termos da lei;

XXII – redução dos riscos inerentes ao trabalho, por meio de normas de saúde, higiene e segurança;

XXIII – adicional de remuneração para as atividades penosas, insalubres ou perigosas, na forma da lei;

XXIV – aposentadoria;

XXV – assistência gratuita aos filhos e dependentes desde o nascimento até 5 (cinco) anos de idade em creches e pré-escolas;

(*) *Inciso XXV com redação dada pela EC nº 53, de 19.12.2006.*
(*) *Vide art. 208, IV, da CF.*

XXVI – reconhecimento das convenções e acordos coletivos de trabalho;

XXVII – proteção em face da automação, na forma da lei;

XXVIII – seguro contra acidentes de trabalho, a cargo do empregador, sem excluir a indenização a que este está obrigado, quando incorrer em dolo ou culpa;

XXIX – ação, quanto aos créditos resultantes das relações de trabalho, com prazo prescricional de cinco anos para os trabalhadores urbanos e rurais, até o limite de dois anos após a extinção do contrato de trabalho;

a) (revogada);

b) (revogada);

(*) *Inciso XXIX com redação dada pela EC nº 28, de 25.5.2000.*

XXX – proibição de diferença de salários, de exercício de funções e de critério de admissão por motivo de sexo, idade, cor ou estado civil;

XXXI – proibição de qualquer discriminação no tocante a salário e critérios de admissão do trabalhador portador de deficiência;

(*) *V. Lei nº 13.146, de 6.7.2015*
(Estatuto da Pessoa com Deficiência).

XXXII – proibição de distinção entre trabalho manual, técnico e intelectual ou entre os profissionais respectivos;

XXXIII – proibição de trabalho noturno, perigoso ou insalubre a menores de dezoito e de qualquer trabalho a menores de dezesseis anos, salvo na condição de aprendiz, a partir de quatorze anos;

(*) *Inciso XXXIII com redação dada pela EC nº 20, de 15.12.1998.*

XXXIV – igualdade de direitos entre o trabalhador com vínculo empregatício permanente e o trabalhador avulso.

Parágrafo único. São assegurados à categoria dos trabalhadores domésticos os direitos previstos nos incisos IV, VI, VII, VIII, X, XIII, XV, XVI, XVII, XVIII, XIX, XXI, XXII, XXIV, XXVI, XXX, XXXI e XXXIII e, atendidas as condições estabelecidas em lei e observada a simplificação do cumprimento das obrigações tributárias, principais e acessórias, decorrentes da relação de trabalho e suas peculiaridades, os previstos nos incisos I, II, III, IX, XII, XXV e XXVIII, bem como a sua integração à previdência social.

(*) *Parágrafo único com redação dada pela EC n° 72, de 2.4.2013.*
(*) *V. Lei Complementar n° 150, de 1°.6.2015 (Contrato de trabalho doméstico).*

Art. 8°. É livre a associação profissional ou sindical, observado o seguinte:

I – a lei não poderá exigir autorização do Estado para a fundação de sindicato, ressalvado o registro no órgão competente, vedadas ao Poder Público a interferência e a intervenção na organização sindical;

II – é vedada a criação de mais de uma organização sindical, em qualquer grau, representativa de categoria profissional ou econômica, na mesma base territorial, que será definida pelos trabalhadores ou empregadores interessados, não podendo ser inferior à área de um Município;

III – ao sindicato cabe a defesa dos direitos e interesses coletivos ou individuais da categoria, inclusive em questões judiciais ou administrativas;

IV – a assembleia-geral fixará a contribuição que, em se tratando de categoria profissional, será descontada em folha, para custeio do sistema confederativo da representação sindical respectiva, independentemente da contribuição prevista em lei;

(*) *V. Súmula Vinculante 40 do STF.*

V – ninguém será obrigado a filiar-se ou a manter-se filiado a sindicato;

VI – é obrigatória a participação dos sindicatos nas negociações coletivas de trabalho;

VII – o aposentado filiado tem direito a votar e ser votado nas organizações sindicais;

VIII – é vedada a dispensa do empregado sindicalizado, a partir do registro da candidatura a cargo de direção ou representação sindical e, se eleito, ainda que suplente, até um ano após o final do mandato, salvo se cometer falta grave nos termos da lei.

Parágrafo único. As disposições deste artigo aplicam-se à organização de sindicatos rurais e de colônias de pescadores, atendidas as condições que a lei estabelecer.

Art. 9°. É assegurado o direito de greve, competindo aos trabalhadores decidir sobre a oportunidade de exercê-lo e sobre os interesses que devam por meio dele defender.

(*) *Vide art. 142, § 3°, IV, da CF.*
(*) *V. Lei n° 7.783, de 28.6.1989.*

§ 1°. A lei definirá os serviços ou atividades essenciais e disporá sobre o atendimento das necessidades inadiáveis da comunidade.

§ 2°. Os abusos cometidos sujeitam os responsáveis às penas da lei.

Art. 10. É assegurada a participação dos trabalhadores e empregadores nos colegiados dos órgãos públicos em que seus interesses profissionais ou previdenciários sejam objeto de discussão e deliberação.

Art. 11. Nas empresas de mais de duzentos empregados, é assegurada a eleição de um representante destes com a finalidade exclusiva de promover-lhes o entendimento direto com os empregadores.

Capítulo III
DA NACIONALIDADE

(*) *V. art. 20 do Decreto n° 678, de 6.11.1992 (Pacto de São José da Costa Rica).*

Art. 12. São brasileiros:

I – natos:

a) os nascidos na República Federativa do Brasil, ainda que de pais estrangeiros, desde que estes não estejam a serviço de seu país;

b) os nascidos no estrangeiro, de pai brasileiro ou mãe brasileira, desde que qualquer deles esteja a serviço da República Federativa do Brasil;

c) os nascidos no estrangeiro de pai brasileiro ou de mãe brasileira, desde que sejam registrados em repartição brasileira competente ou venham a residir na República Federativa do Brasil e optem, em qualquer tempo, depois de atingida a maioridade, pela nacionalidade brasileira;

(*) *Alínea "c" alterada pela ECR n° 3, de 7.6.1994, e com redação dada pela EC n° 54, de 20.9.2007.*

II – naturalizados:

a) os que, na forma da lei, adquiram a nacionalidade brasileira, exigidas aos originários de países de língua portuguesa apenas residência por um ano ininterrupto e idoneidade moral;

b) os estrangeiros de qualquer nacionalidade, residentes na República Federativa do Brasil há mais de quinze anos ininterruptos e sem condenação penal, desde que requeiram a nacionalidade brasileira.

(*) *Alínea "b" com redação dada pela ECR n° 3, de 7.6.1994.*

§ 1º. Aos portugueses com residência permanente no País, se houver reciprocidade em favor de brasileiros, serão atribuídos os direitos inerentes ao brasileiro, salvo os casos previstos nesta Constituição.
(*) § 1º com redação dada pela ECR nº 3, de 7.6.1994.

§ 2º. A lei não poderá estabelecer distinção entre brasileiros natos e naturalizados, salvo nos casos previstos nesta Constituição.

§ 3º. São privativos de brasileiro nato os cargos:
I – de Presidente e Vice-Presidente da República;
II – de Presidente da Câmara dos Deputados;
III – de Presidente do Senado Federal;
IV – de Ministro do Supremo Tribunal Federal;
V – da carreira diplomática;
VI – de oficial das Forças Armadas;
VII – de Ministro de Estado da Defesa.
(*) Inciso VII acrescido pela EC nº 23, de 2.9.1999.

§ 4º. Será declarada a perda da nacionalidade do brasileiro que:
I – tiver cancelada sua naturalização, por sentença judicial, em virtude de fraude relacionada ao processo de naturalização ou de atentado contra a ordem constitucional e o Estado Democrático;
(*) Inciso I com redação dada pela EC nº 131, de 3.10.2023.

II – fizer pedido expresso de perda da nacionalidade brasileira perante autoridade brasileira competente, ressalvadas situações que acarretem apatridia.
(*) Inciso II com redação dada pela ECR nº 3, de 7.6.1994, e com redação dada pela EC nº 131, de 3.10.2023.

a) (revogada);
(*) Alínea "a" acrescida pela ECR nº 3, de 7.6.1994, e revogada pela EC nº 131, de 3.10.2023.

b) (revogada).
(*) Alínea "b" acrescida pela ECR nº 3, de 7.6.1994, e revogada pela EC nº 131, de 3.10.2023.

§ 5º. A renúncia da nacionalidade, nos termos do inciso II do § 4º deste artigo, não impede o interessado de readquirir sua nacionalidade brasileira originária, nos termos da lei.
(*) § 5º acrescido pela EC nº 131, de 3.10.2023.

Art. 13. A língua portuguesa é o idioma oficial da República Federativa do Brasil.

§ 1º. São símbolos da República Federativa do Brasil a bandeira, o hino, as armas e o selo nacionais.

§ 2º. Os Estados, o Distrito Federal e os Municípios poderão ter símbolos próprios.

Capítulo IV
DOS DIREITOS POLÍTICOS

Art. 14. A soberania popular será exercida pelo sufrágio universal e pelo voto direto e secreto, com valor igual para todos, e, nos termos da lei, mediante:
(*) Vide art. 5º, LXXVII, da CF.
(*) V. art. 1º, I, da Lei nº 9.265, de 12.2.1996.
(*) V. Lei nº 9.709, de 18.11.1998.

I – plebiscito;
(*) Vide art. 49, XV, da CF.
(*) V. art. 1º, I, da Lei nº 9.709, de 18.11.1998.

II – referendo;
(*) Vide art. 49, XV, da CF.
(*) V. art. 1º, II, da Lei nº 9.709, de 18.11.1998.

III – iniciativa popular.
(*) Vide art. 49, XV, da CF.
(*) V. art. 1º, III, da Lei nº 9.709, de 18.11.1998.

§ 1º. O alistamento eleitoral e o voto são:
I – obrigatórios para os maiores de dezoito anos;
II – facultativos para:
a) os analfabetos;
b) os maiores de setenta anos;
c) os maiores de dezesseis anos e menores de dezoito anos.

§ 2º. Não podem alistar-se como eleitores os estrangeiros e, durante o período do serviço militar obrigatório, os conscritos.

§ 3º. São condições de elegibilidade, na forma da lei:
I – a nacionalidade brasileira;
II – o pleno exercício dos direitos políticos;
III – o alistamento eleitoral;
IV – o domicílio eleitoral na circunscrição;
V – a filiação partidária;
(*) V. Lei nº 9.096, de 19.9.1995 (Partidos Políticos), que regulamenta este inciso.

VI – a idade mínima de:

a) trinta e cinco anos para Presidente e Vice-Presidente da República e Senador;

b) trinta anos para Governador e Vice-Governador de Estado e do Distrito Federal;

c) vinte e um anos para Deputado Federal, Deputado Estadual ou Distrital, Prefeito, Vice-Prefeito e Juiz de Paz;

(*) *V. Súmula 703 do STF.*

d) dezoito anos para Vereador.

§ 4º. São inelegíveis os inalistáveis e os analfabetos.

§ 5º. O Presidente da República, os Governadores de Estado e do Distrito Federal, os Prefeitos e quem os houver sucedido, ou substituído no curso dos mandatos poderão ser reeleitos para um único período subsequente.

(*) *§ 5º com redação dada pela EC nº 16, de 4.6.1997.*

§ 6º. Para concorrerem a outros cargos, o Presidente da República, os Governadores de Estado e do Distrito Federal e os Prefeitos devem renunciar aos respectivos mandatos até seis meses antes do pleito.

§ 7º. São inelegíveis, no território de jurisdição do titular, o cônjuge e os parentes consanguíneos ou afins, até o segundo grau ou por adoção, do Presidente da República, de Governador de Estado ou Território, do Distrito Federal, de Prefeito ou de quem os haja substituído dentro dos seis meses anteriores ao pleito, salvo se já titular de mandato eletivo e candidato à reeleição.

§ 8º. O militar alistável é elegível, atendidas as seguintes condições:

I – se contar menos de dez anos de serviço, deverá afastar-se da atividade;

II – se contar mais de dez anos de serviço, será agregado pela autoridade superior e, se eleito, passará automaticamente, no ato da diplomação, para a inatividade.

(*) *Vide art. 42, § 1º, da CF.*

§ 9º. Lei complementar estabelecerá outros casos de inelegibilidade e os prazos de sua cessação, a fim de proteger a probidade administrativa, a moralidade para o exercício do mandato considerada a vida pregressa do candidato, e a normalidade e legitimidade das eleições contra a influência do poder econômico ou o abuso do exercício de função, cargo ou emprego na Administração direta ou indireta.

(*) *§ 9º com redação dada pela ECR nº 4, de 7.6.1994.*

(*) *V. art. 3º da Lei Complementar nº 135, de 4.6.2010.*

§ 10. O mandato eletivo poderá ser impugnado ante a Justiça Eleitoral no prazo de quinze dias contados da diplomação, instruída a ação com provas de abuso do poder econômico, corrupção ou fraude.

§ 11. A ação de impugnação de mandato tramitará em segredo de justiça, respondendo o autor, na forma da lei, se temerária ou de manifesta má-fé.

§ 12. Serão realizadas concomitantemente às eleições municipais as consultas populares sobre questões locais aprovadas pelas Câmaras Municipais e encaminhadas à Justiça Eleitoral até 90 (noventa) dias antes da data das eleições, observados os limites operacionais relativos ao número de quesitos.

(*) *§ 12 acrescido pela EC nº 111, de 28.9.2021.*

§ 13. As manifestações favoráveis e contrárias às questões submetidas às consultas populares nos termos do § 12 ocorrerão durante as campanhas eleitorais, sem a utilização de propaganda gratuita no rádio e na televisão.

(*) *§ 13 acrescido pela EC nº 111, de 28.9.2021.*

Art. 15. É vedada a cassação de direitos políticos, cuja perda ou suspensão só se dará nos casos de:

I – cancelamento da naturalização por sentença transitada em julgado;

II – incapacidade civil absoluta;

III – condenação criminal transitada em julgado, enquanto durarem seus efeitos;

IV – recusa de cumprir obrigação a todos imposta ou prestação alternativa, nos termos do art. 5º, VIII;

V – improbidade administrativa, nos termos do art. 37, § 4º.

(*) *V. Lei nº 8.429, de 2.6.1992 (Improbidade Administrativa).*

Art. 16. A lei que alterar o processo eleitoral entrará em vigor na data de sua

publicação, não se aplicando à eleição que ocorra até um ano da data de sua vigência.
(*) *Art. 16 com redação dada pela EC nº 4, de 14.9.1993.*
(*) *Vide arts. 4º, § 1º; e 5º, caput, do ADCT.*
(*) *Vide art. 2º da EC nº 107, de 2.7.2020.*

Capítulo V
DOS PARTIDOS POLÍTICOS

Art. 17. É livre a criação, fusão, incorporação e extinção de partidos políticos, resguardados a soberania nacional, o regime democrático, o pluripartidarismo, os direitos fundamentais da pessoa humana e observados os seguintes preceitos:
(*) *Vide art. 3º da EC nº 111, de 28.9.2021.*
(*) *V. Lei nº 9.096, de 19.9.1995 (Partidos Políticos).*

I – caráter nacional;
II – proibição de recebimento de recursos financeiros de entidade ou governo estrangeiros ou de subordinação a estes;
III – prestação de contas à Justiça Eleitoral;
IV – funcionamento parlamentar de acordo com a lei.

§ 1º. É assegurada aos partidos políticos autonomia para definir sua estrutura interna e estabelecer regras sobre escolha, formação e duração de seus órgãos permanentes e provisórios e sobre sua organização e funcionamento e para adotar os critérios de escolha e o regime de suas coligações nas eleições majoritárias, vedada a sua celebração nas eleições proporcionais, sem obrigatoriedade de vinculação entre as candidaturas em âmbito nacional, estadual, distrital ou municipal, devendo seus estatutos estabelecer normas de disciplina e fidelidade partidária.
(*) *§ 1º alterado pela EC nº 52, de 8.3.2006, e com redação dada pela EC nº 97, de 4.10.2017.*
(*) *Vide EC nº 91, de 18.2.2016 (Desligamento de detentor de mandato eletivo).*
(*) *Vide art. 2º da EC nº 97, de 4.10.2017 (Vigência: determina a aplicação da vedação contida neste § 1º a partir das eleições de 2020).*

§ 2º. Os partidos políticos, após adquirirem personalidade jurídica, na forma da lei civil, registrarão seus estatutos no Tribunal Superior Eleitoral.

§ 3º. Somente terão direito a recursos do fundo partidário e acesso gratuito ao rádio e à televisão, na forma da lei, os partidos políticos que alternativamente:
(*) *§ 3º, caput, com redação dada pela EC nº 97, de 4.10.2017.*
(*) *Vide § 5º deste artigo.*
(*) *Vide art. 3º da EC nº 97, de 4.10.2017 (Vigência: determina, nos termos do caput deste parágrafo, a aplicação a partir das eleições de 2030; e em seu parágrafo único regulamenta o acesso).*
(*) *Vide art. 2º da EC nº 111, de 28.9.2021.*

I – obtiverem, nas eleições para a Câmara dos Deputados, no mínimo, 3% (três por cento) dos votos válidos, distribuídos em pelo menos um terço das unidades da Federação, com um mínimo de 2% (dois por cento) dos votos válidos em cada uma delas; ou
(*) *Inciso I acrescido pela EC nº 97, de 4.10.2017.*

II – tiverem elegido pelo menos quinze Deputados Federais distribuídos em pelo menos um terço das unidades da Federação.
(*) *Inciso II acrescido pela EC nº 97, de 4.10.2017.*

§ 4º. É vedada a utilização pelos partidos políticos de organização paramilitar.

§ 5º. Ao eleito por partido que não preencher os requisitos previstos no § 3º deste artigo é assegurado o mandato e facultada a filiação, sem perda do mandato, a outro partido que os tenha atingido, não sendo essa filiação considerada para fins de distribuição dos recursos do fundo partidário e de acesso gratuito ao tempo de rádio e de televisão.
(*) *§ 5º acrescido pela EC nº 97, de 4.10.2017.*

§ 6º. Os Deputados Federais, os Deputados Estaduais, os Deputados Distritais e os Vereadores que se desligarem do partido pelo qual tenham sido eleitos perderão o mandato, salvo nos casos de anuência do partido ou de outras hipóteses de justa causa estabelecidas em lei, não computada, em qualquer caso, a migração de partido para fins de distribuição de recursos do fundo partidário ou de outros fundos públicos e de acesso gratuito ao rádio e à televisão.
(*) *§ 6º acrescido pela EC nº 111, de 28.9.2021.*

§ 7º. Os partidos políticos devem aplicar no mínimo 5% (cinco por cento) dos recursos do fundo partidário na criação e na manutenção de programas de promoção e difusão da participação política das mulheres, de acordo com os interesses intrapartidários.
(*) § 7º acrescido pela EC nº 117, de 5.4.2022.

§ 8º. O montante do Fundo Especial de Financiamento de Campanha e da parcela do fundo partidário destinada a campanhas eleitorais, bem como o tempo de propaganda gratuita no rádio e na televisão a ser distribuído pelos partidos às respectivas candidatas, deverão ser de no mínimo 30% (trinta por cento), proporcional ao número de candidatas, e a distribuição deverá ser realizada conforme critérios definidos pelos respectivos órgãos de direção e pelas normas estatutárias, considerados a autonomia e o interesse partidário.
(*) § 8º acrescido pela EC nº 117, de 5.4.2022.

TÍTULO III
DA ORGANIZAÇÃO DO ESTADO

Capítulo I
DA ORGANIZAÇÃO POLÍTICO-ADMINISTRATIVA

Art. 18. A organização político-administrativa da República Federativa do Brasil compreende a União, os Estados, o Distrito Federal e os Municípios, todos autônomos, nos termos desta Constituição.

§ 1º. Brasília é a Capital Federal.

§ 2º. Os Territórios Federais integram a União, e sua criação, transformação em Estado ou reintegração ao Estado de origem serão reguladas em lei complementar.

§ 3º. Os Estados podem incorporar-se entre si, subdividir-se ou desmembrar-se para se anexarem a outros, ou formarem novos Estados ou Territórios Federais, mediante aprovação da população diretamente interessada, através de plebiscito, e do Congresso Nacional, por lei complementar.

§ 4º. A criação, a incorporação, a fusão e o desmembramento de Municípios, far-se-ão por lei estadual, dentro do período determinado por Lei Complementar Federal, e dependerão de consulta prévia, mediante plebiscito, às populações dos Municípios envolvidos, após divulgação dos Estudos de Viabilidade Municipal, apresentados e publicados na forma da lei.

(*) § 4º com redação dada pela EC nº 15, de 12.9.1996.
(*) Vide art. 96 do ADCT.

(*) V. Lei nº 10.521, de 18.7.2002 (Instalação de Municípios cujo processo de criação teve início antes da promulgação da EC nº 15).
(*) V. Lei nº 14.341, de 18.5.2022.

Art. 19. É vedado à União, aos Estados, ao Distrito Federal e aos Municípios:

I – estabelecer cultos religiosos ou igrejas, subvencioná-los, embaraçar-lhes o funcionamento ou manter com eles ou seus representantes relações de dependência ou aliança, ressalvada, na forma da lei, a colaboração de interesse público;

II – recusar fé aos documentos públicos;

III – criar distinções entre brasileiros ou preferências entre si.

Capítulo II
DA UNIÃO

Art. 20. São bens da União:

I – os que atualmente lhe pertencem e os que lhe vierem a ser atribuídos;

II – as terras devolutas indispensáveis à defesa das fronteiras, das fortificações e construções militares, das vias federais de comunicação e à preservação ambiental, definidas em lei;

III – os lagos, rios e quaisquer correntes de água em terrenos de seu domínio, ou que banhem mais de um Estado, sirvam de limites com outros países, ou se estendam a território estrangeiro ou dele provenham, bem como os terrenos marginais e as praias fluviais;

IV – as ilhas fluviais e lacustres nas zonas limítrofes com outros países; as praias marítimas; as ilhas oceânicas e as costeiras, excluídas, destas, as que contenham a sede de Municípios, exceto aquelas áreas afetadas ao serviço público e a unidade ambiental federal, e as referidas no art. 26, II;
(*) Inciso IV com redação dada pela EC nº 46, de 5.5.2005.

V – os recursos naturais da plataforma continental e da zona econômica exclusiva;

VI – o mar territorial;

VII – os terrenos de marinha e seus acrescidos;

VIII – os potenciais de energia hidráulica;

IX – os recursos minerais, inclusive os do subsolo;

X – as cavidades naturais subterrâneas e os sítios arqueológicos e pré-históricos;

XI – as terras tradicionalmente ocupadas pelos índios.

§ 1º. É assegurada, nos termos da lei, à União, aos Estados, ao Distrito Federal e aos Municípios a participação no resultado da exploração de petróleo ou gás natural, de recursos hídricos para fins de geração de energia elétrica e de outros recursos minerais no respectivo território, plataforma continental, mar territorial ou zona econômica exclusiva, ou compensação financeira por essa exploração.
(*) § 1º com redação dada pela EC nº 102, de 26.9.2019.
(*) V. Lei nº 14.300, de 6.1.2022 (Marco legal da microgeração e minigeração distribuída; Sistema de Compensação de Energia Elétrica – SCEE).

§ 2º. A faixa de até cento e cinquenta quilômetros de largura, ao longo das fronteiras terrestres, designada como faixa de fronteira, é considerada fundamental para defesa do território nacional, e sua ocupação e utilização serão reguladas em lei.

Art. 21. Compete à União:

I – manter relações com Estados estrangeiros e participar de organizações internacionais;

II – declarar a guerra e celebrar a paz;

III – assegurar a defesa nacional;

IV – permitir, nos casos previstos em lei complementar, que forças estrangeiras transitem pelo território nacional ou nele permaneçam temporariamente;
(*) V. Lei Complementar nº 90, de 1º.10.1997 (Determina os casos em que forças estrangeiras possam transitar pelo território nacional ou nele permanecer temporariamente).

V – decretar o estado de sítio, o estado de defesa e a intervenção federal;

VI – autorizar e fiscalizar a produção e o comércio de material bélico;

VII – emitir moeda;

VIII – administrar as reservas cambiais do País e fiscalizar as operações de natureza financeira, especialmente as de crédito, câmbio e capitalização, bem como as de seguros e de previdência privada;

IX – elaborar e executar planos nacionais e regionais de ordenação do território e de desenvolvimento econômico e social;

X – manter o serviço postal e o correio aéreo nacional;

XI – explorar, diretamente ou mediante autorização, concessão ou permissão, os serviços de telecomunicações, nos termos da lei, que disporá sobre a organização dos serviços, a criação de um órgão regulador e outros aspectos institucionais;
(*) Inciso XI com redação dada pela EC nº 8, de 15.8.1995.
(*) Vide art. 2º da EC nº 8, de 15.6.1995.
(*) V. Lei nº 13.709, de 14.8.2018 (Lei Geral de Proteção de Dados Pessoais – LGPD).

XII – explorar, diretamente ou mediante autorização, concessão ou permissão:

a) os serviços de radiodifusão sonora, e de sons e imagens;
(*) Alínea "a" com redação dada pela EC nº 8, de 15.8.1995.

b) os serviços e instalações de energia elétrica e o aproveitamento energético dos cursos de água, em articulação com os Estados onde se situam os potenciais hidroenergéticos;
(*) V. Lei nº 14.300, de 6.1.2022 (Marco legal da microgeração e minigeração distribuída; Sistema de Compensação de Energia Elétrica – SCEE).

c) a navegação aérea, aeroespacial e a infraestrutura aeroportuária;

d) os serviços de transporte ferroviário e aquaviário entre portos brasileiros e fronteiras nacionais, ou que transponham os limites de Estado ou Território;

ART. 22 CONSTITUIÇÃO DA REPÚBLICA FEDERATIVA DO BRASIL

e) os serviços de transporte rodoviário interestadual e internacional de passageiros;
f) os portos marítimos, fluviais e lacustres;
XIII – organizar e manter o Poder Judiciário, o Ministério Público do Distrito Federal e dos Territórios e a Defensoria Pública dos Territórios;
(*) *Inciso XIII com redação dada pela EC nº 69, de 29.3.2012.*
(*) *Vide arts. 2º ao 4º da EC nº 69, de 29.3.2012.*

XIV – organizar e manter a polícia civil, a polícia penal, a polícia militar e o corpo de bombeiros militar do Distrito Federal, bem como prestar assistência financeira ao Distrito Federal para a execução de serviços públicos, por meio de fundo próprio;
(*) *Inciso XIV alterado pela EC nº 19, de 4.6.1998, e com redação dada pela EC nº 104, de 4.12.2019.*
(*) *Vide art. 25 da EC nº 19, de 4.6.1998.*
(*) *Vide arts. 5º; e 10, § 2º, I, e § 6º, da EC nº 103, de 12.11.2019.*
(*) *Vide art. 4º da EC nº 104, de 4.12.2019.*

XV – organizar e manter os serviços oficiais de estatística, geografia, geologia e cartografia de âmbito nacional;
XVI – exercer a classificação, para efeito indicativo, de diversões públicas e de programas de rádio e televisão;
(*) *Vide art. 23 do ADCT.*

XVII – conceder anistia;
XVIII – planejar e promover a defesa permanente contra as calamidades públicas, especialmente as secas e as inundações;
(*) *Vide EC nº 106, de 7.5.2020 (Orçamento de guerra).*

XIX – instituir sistema nacional de gerenciamento de recursos hídricos e definir critérios de outorga de direitos de seu uso;
(*) *V. Lei nº 9.433, de 8.1.1997 (Recursos Hídricos), que regulamenta este inciso; e Decreto nº 4.613, de 11.3.2003, que regulamenta a Lei nº 9.433, de 8.1.1997.*

XX – instituir diretrizes para o desenvolvimento urbano, inclusive habitação, saneamento básico e transportes urbanos;
(*) *V. Lei nº 14.026, de 15.7.2020 (Marco legal do saneamento básico).*

XXI – estabelecer princípios e diretrizes para o sistema nacional de viação;

XXII – executar os serviços de polícia marítima, aeroportuária e de fronteiras;
(*) *Inciso XXII com redação dada pela EC nº 19, de 4.6.1998.*

XXIII – explorar os serviços e instalações nucleares de qualquer natureza e exercer monopólio estatal sobre a pesquisa, a lavra, o enriquecimento e reprocessamento, a industrialização e o comércio de minérios nucleares e seus derivados, atendidos os seguintes princípios e condições:
a) toda atividade nuclear em território nacional somente será admitida para fins pacíficos e mediante aprovação do Congresso Nacional;
b) sob regime de permissão, são autorizadas a comercialização e a utilização de radioisótopos para pesquisa e uso agrícolas e industriais;
(*) *Alínea "b" alterada pela EC nº 49, de 8.2.2006, e com redação dada pela EC nº 118, de 26.4.2022.*

c) sob regime de permissão, são autorizadas a produção, a comercialização e a utilização de radioisótopos para pesquisa e uso médicos;
(*) *Alínea "c" alterada pela EC nº 49, de 8.2.2006, e com redação dada pela EC nº 118, de 26.4.2022.*

d) a responsabilidade civil por danos nucleares independe da existência de culpa;
(*) *Alínea "d" acrescida pela EC nº 49, de 8.2.2006.*

XXIV – organizar, manter e executar a inspeção do trabalho;
XXV – estabelecer as áreas e as condições para o exercício da atividade de garimpagem, em forma associativa;
XXVI – organizar e fiscalizar a proteção e o tratamento de dados pessoais, nos termos da lei.
(*) *Inciso XXVI acrescido pela EC nº 115, de 10.2.2022.*

Art. 22. Compete privativamente à União legislar sobre:
I – direito civil, comercial, penal, processual, eleitoral, agrário, marítimo, aeronáutico, espacial e do trabalho;
(*) *V. Lei nº 14.010, de 10.6.2020 (Regime Jurídico Emergencial e Transitório – RJET).*

II – desapropriação;
III – requisições civis e militares, em caso de iminente perigo e em tempo de guerra;
IV – águas, energia, informática, telecomunicações e radiodifusão;
(*) V. Lei nº 13.709, de 14.8.2018 (Lei Geral de Proteção de Dados Pessoais – LGPD).

V – serviço postal;
VI – sistema monetário e de medidas, títulos e garantias dos metais;
VII – política de crédito, câmbio, seguros e transferência de valores;
VIII – comércio exterior e interestadual;
IX – diretrizes da política nacional de transportes;
X – regime dos portos, navegação lacustre, fluvial, marítima, aérea e aeroespacial;
XI – trânsito e transporte;
XII – jazidas, minas, outros recursos minerais e metalurgia;
XIII – nacionalidade, cidadania e naturalização;
(*) Vide art. 12 da CF.
(*) V. Lei nº 13.445, de 24.5.2017 (Lei de Migração).

XIV – populações indígenas;
(*) Vide art. 231 da CF.

XV – emigração e imigração, entrada, extradição e expulsão de estrangeiros;
(*) V. Lei nº 13.445, de 24.5.2017 (Lei de Migração).

XVI – organização do sistema nacional de emprego e condições para o exercício de profissões;
(*) Vide art. 170, VIII, da CF.

XVII – organização judiciária, do Ministério Público do Distrito Federal e dos Territórios e da Defensoria Pública dos Territórios, bem como organização administrativa destes;
(*) Inciso XVII com redação dada pela EC nº 69, de 29.3.2012.

XVIII – sistema estatístico, sistema cartográfico e de geologia nacionais;
XIX – sistemas de poupança, captação e garantia da poupança popular;
XX – sistemas de consórcios e sorteios;
(*) V. Súmula Vinculante 2 do STF.

XXI – normas gerais de organização, efetivos, material bélico, garantias, convocação, mobilização, inatividades e pensões das polícias militares e dos corpos de bombeiros militares;
(*) Inciso XXI com redação dada pela EC nº 103, de 12.11.2019.

XXII – competência da polícia federal e das polícias rodoviária e ferroviária federais;
XXIII – seguridade social;
(*) V. Lei nº 8.212, de 24.7.1991 (Seguridade Social).
(*) V. Lei nº 8.213, de 24.7.1991 (Previdência Social).

XXIV – diretrizes e bases da educação nacional;
XXV – registros públicos;
(*) V. Lei nº 6.015, de 31.12.1973 (Lei de Registros Públicos).
(*) V. Lei nº 14.382, de 27.6.2022 (Sistema Eletrônico dos Registros Públicos – SERP).

XXVI – atividades nucleares de qualquer natureza;
XXVII – normas gerais de licitação e contratação, em todas as modalidades, para as administrações públicas diretas, autárquicas e fundacionais da União, Estados, Distrito Federal e Municípios, obedecido o disposto no art. 37, XXI, e para as empresas públicas e sociedades de economia mista, nos termos do art. 173, § 1º, III;
(*) Inciso XXVII com redação dada pela EC nº 19, de 4.6.1998.
(*) Vide art. 37, caput, da CF.
(*) V. Lei nº 14.133, de 1º.4.2021 (Lei de Licitações e Contratos Administrativos).
(*) V. Lei nº 10.024, de 20.9.2019 (Pregão eletrônico).
(*) V. Decreto nº 10.922, de 20.12.2021 (Atualiza valores estabelecidos na Lei nº 14.133, de 1º.4.2021 – Lei de Licitações e Contratos Administrativos).

XXVIII – defesa territorial, defesa aeroespacial, defesa marítima, defesa civil e mobilização nacional;
XXIX – propaganda comercial;
XXX – proteção e tratamento de dados pessoais.
(*) Inciso XXX acrescido pela EC nº 115, de 10.2.2022.

Parágrafo único. Lei complementar poderá autorizar os Estados a legislar sobre questões específicas das matérias relacionadas neste artigo.

Art. 23. É competência comum da União, dos Estados, do Distrito Federal e dos Municípios:

I – zelar pela guarda da Constituição, das leis e das instituições democráticas e conservar o patrimônio público;
(*) Vide Preâmbulo.
(*) Vide arts. 1º, caput; e 60, § 4º, da CF.

II – cuidar da saúde e assistência pública, da proteção e garantia das pessoas portadoras de deficiência;
(*) Vide art. 6º, caput, da CF.
(*) V. Lei nº 13.146, de 6.7.2015 (Estatuto da Pessoa com Deficiência).

III – proteger os documentos, as obras e outros bens de valor histórico, artístico e cultural, os monumentos, as paisagens naturais notáveis e os sítios arqueológicos;

IV – impedir a evasão, a destruição e a descaracterização de obras de arte e de outros bens de valor histórico, artístico ou cultural;

V – proporcionar os meios de acesso à cultura, à educação, à ciência, à tecnologia, à pesquisa e à inovação;
(*) Inciso V com redação dada pela EC nº 85, de 26.2.2015.
(*) V. Lei nº 12.761, de 27.12.2012 (Vale Cultura).

VI – proteger o meio ambiente e combater a poluição em qualquer de suas formas;

VII – preservar as florestas, a fauna e a flora;
(*) V. Lei nº 12.651, de 25.5.2012 (Código Florestal).

VIII – fomentar a produção agropecuária e organizar o abastecimento alimentar;

IX – promover programas de construção de moradias e a melhoria das condições habitacionais e de saneamento básico;
(*) V. Lei nº 14.026, de 15.7.2020 (Marco legal do saneamento básico).

X – combater as causas da pobreza e os fatores de marginalização, promovendo a integração social dos setores desfavorecidos;
(*) Vide art. 3º, III, da CF.
(*) Vide arts. 79 a 82 do ADCT.

XI – registrar, acompanhar e fiscalizar as concessões de direitos de pesquisa e exploração de recursos hídricos e minerais em seus territórios;

XII – estabelecer e implantar política de educação para a segurança do trânsito.
(*) V. Lei nº 9.503, de 23.9.1997 (Código de Trânsito Brasileiro).

Parágrafo único. Leis complementares fixarão normas para a cooperação entre a União e os Estados, o Distrito Federal e os Municípios, tendo em vista o equilíbrio do desenvolvimento e do bem-estar em âmbito nacional.
(*) Parágrafo único com redação dada pela EC nº 53, de 19.12.2006.

Art. 24. Compete à União, aos Estados e ao Distrito Federal legislar concorrentemente sobre:

I – direito tributário, financeiro, penitenciário, econômico e urbanístico;
(*) V. Lei nº 5.172, de 25.10.1966 (Código Tributário Nacional).
(*) V. Lei nº 13.874, de 20.9.2019 (Liberdade Econômica).

II – orçamento;

III – juntas comerciais;

IV – custas dos serviços forenses;

V – produção e consumo;

VI – florestas, caça, pesca, fauna, conservação da natureza, defesa do solo e dos recursos naturais, proteção do meio ambiente e controle da poluição;

VII – proteção ao patrimônio histórico, cultural, artístico, turístico e paisagístico;
(*) V. Lei nº 4.717, de 29.6.1965 (Ação popular).

VIII – responsabilidade por dano ao meio ambiente, ao consumidor, a bens e direitos de valor artístico, estético, histórico, turístico e paisagístico;
(*) V. Lei nº 7.347, de 24.7.1985 (Ação civil pública).
(*) V. Lei nº 8.078, de 11.9.1990 (Código de Defesa do Consumidor).
(*) V. Lei nº 12.651, de 25.5.2012 (Código Florestal).

IX – educação, cultura, ensino, desporto, ciência, tecnologia, pesquisa, desenvolvimento e inovação;
(*) Inciso IX com redação dada pela EC nº 85, de 26.2.2015.
(*) V. Lei nº 9.394, de 20.12.1996 (LDB).
(*) V. Lei nº 9.615, de 24.3.1998 (Código Brasileiro de Justiça Desportiva).

X – criação, funcionamento e processo do juizado de pequenas causas;
(*) *V. Lei nº 9.099, de 26.9.1995 (Juizado Especial de Causas Cíveis e Criminais).*
(*) *V. Lei nº 10.259, de 12.7.2001 (Juizados Federais).*

XI – procedimentos em matéria processual;

XII – previdência social, proteção e defesa da saúde;
(*) *V. Lei nº 8.213, de 24.7.1991 (Previdência Social).*

XIII – assistência jurídica e Defensoria pública;
(*) *V. Lei Complementar nº 80, de 12.1.1994 (Defensoria Pública).*
(*) *V. Lei Complementar nº 132, de 7.10.2009.*
(*) *V. Lei nº 1.060, de 5.2.1950 (Assistência judiciária).*

XIV – proteção e integração social das pessoas portadoras de deficiência;
(*) *V. Lei nº 13.146, de 6.7.2015 (Estatuto da Pessoa com Deficiência).*

XV – proteção à infância e à juventude;
(*) *V. Lei nº 8.069, de 13.7.1990 (Estatuto da Criança e do Adolescente).*
(*) *V. Lei nº 12.852, de 5.8.2013 (Estatuto da Juventude).*

XVI – organização, garantias, direitos e deveres das polícias civis.
(*) *Vide art. 144, IV, da CF.*

§ 1º. No âmbito da legislação concorrente, a competência da União limitar-se-á a estabelecer normas gerais.

§ 2º. A competência da União para legislar sobre normas gerais não exclui a competência suplementar dos Estados.

§ 3º. Inexistindo lei federal sobre normas gerais, os Estados exercerão a competência legislativa plena, para atender a suas peculiaridades.

§ 4º. A superveniência de lei federal sobre normas gerais suspende a eficácia da lei estadual, no que lhe for contrário.
(*) *V. Lei nº 13.874, de 20.9.2019 (Liberdade Econômica).*

Capítulo III
DOS ESTADOS FEDERADOS
(*) *V. Lei nº 14.341, de 18.5.2022.*

Art. 25. Os Estados organizam-se e regem-se pelas Constituições e leis que adotarem, observados os princípios desta Constituição.

§ 1º. São reservadas aos Estados as competências que não lhes sejam vedadas por esta Constituição.

§ 2º. Cabe aos Estados explorar diretamente, ou mediante concessão, os serviços locais de gás canalizado, na forma da lei, vedada a edição de medida provisória para a sua regulamentação.
(*) *§ 2º com redação dada pela EC nº 5, de 15.8.1995.*

§ 3º. Os Estados poderão, mediante lei complementar, instituir regiões metropolitanas, aglomerações urbanas e microrregiões, constituídas por agrupamentos de municípios limítrofes, para integrar a organização, o planejamento e a execução de funções públicas de interesse comum.

Art. 26. Incluem-se entre os bens dos Estados:

I – as águas superficiais ou subterrâneas, fluentes, emergentes e em depósito, ressalvadas, neste caso, na forma da lei, decorrentes de obras da União;

II – as áreas, nas ilhas oceânicas e costeiras, que estiverem no seu domínio, excluídas aquelas sob domínio da União, municípios ou terceiros;
(*) *Vide art. 20, IV, da CF.*

III – as ilhas fluviais e lacustres não pertencentes à União;

IV – as terras devolutas não compreendidas entre as da União.

Art. 27. O número de Deputados à Assembleia Legislativa corresponderá ao triplo da representação do Estado na Câmara dos Deputados e, atingido o número de trinta e seis, será acrescido de tantos quantos forem os Deputados Federais acima de doze.

ART. 28 CONSTITUIÇÃO DA REPÚBLICA FEDERATIVA DO BRASIL

§ 1º. Será de quatro anos o mandato dos Deputados Estaduais, aplicando-se-lhes as regras desta Constituição sobre sistema eleitoral, inviolabilidade, imunidades, remuneração, perda de mandato, licença, impedimentos e incorporação às Forças Armadas.

§ 2º. O subsídio dos Deputados Estaduais será fixado por lei de iniciativa da Assembleia Legislativa, na razão de, no máximo, setenta e cinco por cento daquele estabelecido, em espécie, para os Deputados Federais, observado o que dispõem os arts. 39, § 4º, 57, § 7º, 150, II, 153, III e 153, § 2º, I.

(*) § 2º alterado pela EC nº 1, de 31.3.1992, e com redação dada pela EC nº 19, de 4.6.1998.

§ 3º. Compete às Assembleias Legislativas dispor sobre seu regimento interno, polícia e serviços administrativos de sua secretaria, e prover os respectivos cargos.

§ 4º. A lei disporá sobre a iniciativa popular no processo legislativo estadual.

Art. 28. A eleição do Governador e do Vice-Governador de Estado, para mandato de 4 (quatro) anos, realizar-se-á no primeiro domingo de outubro, em primeiro turno, e no último domingo de outubro, em segundo turno, se houver, do ano anterior ao término do mandato de seus antecessores, e a posse ocorrerá em 6 de janeiro do ano subsequente, observado, quanto ao mais, o disposto no art. 77 desta Constituição.

(*) Art. 28, caput, alterado pela EC nº 16, de 4.6.1997, e com redação dada pela EC nº 111, de 28.9.2021.
(*) Vide art. 4º da EC nº 111, de 28.9.2021.
(*) Vide art. 5º da EC nº 111, de 28.9.2021 (Vigência: produção de efeito a partir das eleições de 2026).
(*) Texto anterior à alteração promovida pela EC nº 111/2021: **Art. 28.** A eleição do Governador e do Vice-Governador de Estado, para mandato de quatro anos, realizar-se-á no primeiro domingo de outubro, em primeiro turno, e no último domingo de outubro, em segundo turno, se houver, do ano anterior ao do término do mandato de seus antecessores, e a posse ocorrerá em primeiro de janeiro do ano subsequente, observado, quanto ao mais, o disposto no art. 77.

§ 1º. Perderá o mandato o Governador que assumir outro cargo ou função na administração pública direta ou indireta, ressalvada a posse em virtude de concurso público e observado o disposto no art. 38, I, IV e V.

(*) § 1º, primitivo parágrafo único, renumerado pela EC nº 19, de 4.6.1998.

§ 2º. Os subsídios do Governador, do Vice-Governador e dos Secretários de Estado serão fixados por lei de iniciativa da Assembleia Legislativa, observado o que dispõem os arts. 37, XI, 39, § 4º, 150, II, 153, III, e 153, § 2º, I.

(*) § 2º acrescido pela EC nº 19, de 4.6.1998.

Capítulo IV
DOS MUNICÍPIOS

(*) V. Lei nº 14.341, de 18.5.2022.

Art. 29. O Município reger-se-á por lei orgânica, votada em dois turnos, com o interstício mínimo de dez dias, e aprovada por dois terços dos membros da Câmara Municipal, que a promulgará, atendidos os princípios estabelecidos nesta Constituição, na Constituição do respectivo Estado e os seguintes preceitos:

I – eleição do Prefeito, do Vice-Prefeito e dos Vereadores, para mandato de quatro anos, mediante pleito direto e simultâneo realizado em todo o País;

II – eleição do Prefeito e do Vice-Prefeito realizada no primeiro domingo de outubro do ano anterior ao término do mandato dos que devam suceder, aplicadas as regras do art. 77, no caso de Municípios com mais de duzentos mil eleitores;

(*) Inciso II com redação dada pela EC nº 16, de 4.6.1997.

III – posse do Prefeito e do Vice-Prefeito no dia 1º de janeiro do ano subsequente ao da eleição;

IV – para a composição das Câmaras Municipais, será observado o limite máximo de:

(*) Inciso IV, caput, com redação dada pela EC nº 58, de 23.9.2009.
(*) Vide art. 3º, I, da EC nº 58, de 23.9.2009 (Vigência: produção de efeito a partir do processo eleitoral de 2008).

a) 9 (nove) Vereadores, nos Municípios de até 15.000 (quinze mil) habitantes;
(*) Alínea "a" com redação dada pela EC nº 58, de 23.9.2009.

b) 11 (onze) Vereadores, nos Municípios de mais de 15.000 (quinze mil) habitantes e de até 30.000 (trinta mil) habitantes;
(*) Alínea "b" com redação dada pela EC nº 58, de 23.9.2009.

c) 13 (treze) Vereadores, nos Municípios com mais de 30.000 (trinta mil) habitantes e de até 50.000 (cinquenta mil) habitantes;
(*) Alínea "c" com redação dada pela EC nº 58, de 23.9.2009.

d) 15 (quinze) Vereadores, nos Municípios de mais de 50.000 (cinquenta mil) habitantes e de até 80.000 (oitenta mil) habitantes;
(*) Alínea "d" acrescida pela EC nº 58, de 23.9.2009.

e) 17 (dezessete) Vereadores, nos Municípios de mais de 80.000 (oitenta mil) habitantes e de até 120.000 (cento e vinte mil) habitantes;
(*) Alínea "e" acrescida pela EC nº 58, de 23.9.2009.

f) 19 (dezenove) Vereadores, nos Municípios de mais de 120.000 (cento e vinte mil) habitantes e de até 160.000 (cento e sessenta mil) habitantes;
(*) Alínea "f" acrescida pela EC nº 58, de 23.9.2009.

g) 21 (vinte e um) Vereadores, nos Municípios de mais de 160.000 (cento e sessenta mil) habitantes e de até 300.000 (trezentos mil) habitantes;
(*) Alínea "g" acrescida pela EC nº 58, de 23.9.2009.

h) 23 (vinte e três) Vereadores, nos Municípios de mais de 300.000 (trezentos mil) habitantes e de até 450.000 (quatrocentos e cinquenta mil) habitantes;
(*) Alínea "h" acrescida pela EC nº 58, de 23.9.2009.

i) 25 (vinte e cinco) Vereadores, nos Municípios de mais de 450.000 (quatrocentos e cinquenta mil) habitantes e de até 600.000 (seiscentos mil) habitantes;
(*) Alínea "i" acrescida pela EC nº 58, de 23.9.2009.

j) 27 (vinte e sete) Vereadores, nos Municípios de mais de 600.000 (seiscentos mil) habitantes e de até 750.000 (setecentos e cinquenta mil) habitantes;
(*) Alínea "j" acrescida pela EC nº 58, de 23.9.2009.

k) 29 (vinte e nove) Vereadores, nos Municípios de mais de 750.000 (setecentos e cinquenta mil) habitantes e de até 900.000 (novecentos mil) habitantes;
(*) Alínea "k" acrescida pela EC nº 58, de 23.9.2009.

l) 31 (trinta e um) Vereadores, nos Municípios de mais de 900.000 (novecentos mil) habitantes e de até 1.050.000 (um milhão e cinquenta mil) habitantes;
(*) Alínea "l" acrescida pela EC nº 58, de 23.9.2009.

m) 33 (trinta e três) Vereadores, nos Municípios de mais de 1.050.000 (um milhão e cinquenta mil) habitantes e de até 1.200.000 (um milhão e duzentos mil) habitantes;
(*) Alínea "m" acrescida pela EC nº 58, de 23.9.2009.

n) 35 (trinta e cinco) Vereadores, nos Municípios de mais de 1.200.000 (um milhão e duzentos mil) habitantes e de até 1.350.000 (um milhão e trezentos e cinquenta mil) habitantes;
(*) Alínea "n" acrescida pela EC nº 58, de 23.9.2009.

o) 37 (trinta e sete) Vereadores, nos Municípios de 1.350.000 (um milhão e trezentos e cinquenta mil) habitantes e de até 1.500.000 (um milhão e quinhentos mil) habitantes;
(*) Alínea "o" acrescida pela EC nº 58, de 23.9.2009.

p) 39 (trinta e nove) Vereadores, nos Municípios de mais de 1.500.000 (um milhão e quinhentos mil) habitantes e de até 1.800.000 (um milhão e oitocentos mil) habitantes;
(*) Alínea "p" acrescida pela EC nº 58, de 23.9.2009.

q) 41 (quarenta e um) Vereadores, nos Municípios de mais de 1.800.000 (um milhão e oitocentos mil) habitantes e de até 2.400.000 (dois milhões e quatrocentos mil) habitantes;
(*) Alínea "q" acrescida pela EC nº 58, de 23.9.2009.

r) 43 (quarenta e três) Vereadores, nos Municípios de mais de 2.400.000 (dois milhões e quatrocentos mil) habitantes e de até 3.000.000 (três milhões) de habitantes;
(*) Alínea "r" acrescida pela EC nº 58, de 23.9.2009.

s) 45 (quarenta e cinco) Vereadores, nos Municípios de mais de 3.000.000 (três milhões) de habitantes e de até 4.000.000 (quatro milhões) de habitantes;
(*) Alínea "s" acrescida pela EC nº 58, de 23.9.2009.

t) 47 (quarenta e sete) Vereadores, nos Municípios de mais de 4.000.000 (quatro milhões) de habitantes e de até 5.000.000 (cinco milhões) de habitantes;
(*) Alínea "t" acrescida pela EC nº 58, de 23.9.2009.

u) 49 (quarenta e nove) Vereadores, nos Municípios de mais de 5.000.000 (cinco milhões) de habitantes e de até 6.000.000 (seis milhões) de habitantes;
(*) Alínea "u" acrescida pela EC nº 58, de 23.9.2009.

v) 51 (cinquenta e um) Vereadores, nos Municípios de mais de 6.000.000 (seis milhões) de habitantes e de até 7.000.000 (sete milhões) de habitantes;
(*) Alínea "v" acrescida pela EC nº 58, de 23.9.2009.

w) 53 (cinquenta e três) Vereadores, nos Municípios de mais de 7.000.000 (sete milhões) de habitantes e de até 8.000.000 (oito milhões) de habitantes; e
(*) Alínea "w" acrescida pela EC nº 58, de 23.9.2009.

x) 55 (cinquenta e cinco) Vereadores, nos Municípios de mais de 8.000.000 (oito milhões) de habitantes;
(*) Alínea "x" acrescida pela EC nº 58, de 23.9.2009.

V – subsídios do Prefeito, do Vice-Prefeito e dos Secretários Municipais fixados por lei de iniciativa da Câmara Municipal, observado o que dispõem os arts. 37, XI, 39, § 4º, 150, II, 153, III, e 153, § 2º, I;
(*) Inciso V com redação dada pela EC nº 19, de 4.6.1998.

VI – o subsídio dos Vereadores será fixado pelas respectivas Câmaras Municipais em cada legislatura para a subsequente, observado o que dispõe esta Constituição, observados os critérios estabelecidos na respectiva Lei Orgânica e os seguintes limites máximos:
(*) Inciso VI, caput, acrescido pela EC nº 1, de 31.3.1992, renumerando-se os demais; alterado pela EC nº 19, de 4.6.1998, e com redação dada pela EC nº 25, de 14.2.2000.

a) em Municípios de até dez mil habitantes, o subsídio máximo dos Vereadores corresponderá a vinte por cento do subsídio dos Deputados Estaduais;
(*) Alínea "a" acrescida pela EC nº 25, de 14.2.2000.

b) em Municípios de dez mil e um a cinquenta mil habitantes, o subsídio máximo dos Vereadores corresponderá a trinta por cento do subsídio dos Deputados Estaduais;
(*) Alínea "b" acrescida pela EC nº 25, de 14.2.2000.

c) em Municípios de cinquenta mil e um a cem mil habitantes, o subsídio máximo dos Vereadores corresponderá a quarenta por cento do subsídio dos Deputados Estaduais;
(*) Alínea "c" acrescida pela EC nº 25, de 14.2.2000.

d) em Municípios de cem mil e um a trezentos mil habitantes, o subsídio máximo dos Vereadores corresponderá a cinquenta por cento do subsídio dos Deputados Estaduais;
(*) Alínea "d" acrescida pela EC nº 25, de 14.2.2000.

e) em Municípios de trezentos mil e um a quinhentos mil habitantes, o subsídio máximo dos Vereadores corresponderá a

sessenta por cento do subsídio dos Deputados Estaduais;
(*) *Alínea "e" acrescida pela EC nº 25, de 14.2.2000.*

f) em Municípios de mais de quinhentos mil habitantes, o subsídio máximo dos Vereadores corresponderá a setenta e cinco por cento do subsídio dos Deputados Estaduais;
(*) *Alínea "f" acrescida pela EC nº 25, de 14.2.2000.*

VII – o total da despesa com a remuneração dos Vereadores não poderá ultrapassar o montante de cinco por cento da receita do município;
(*) *Inciso VII acrescido pela EC nº 1, de 31.3.1992, renumerando-se os demais.*

VIII – inviolabilidade dos Vereadores por suas opiniões, palavras e votos no exercício do mandato e na circunscrição do Município;
(*) *Inciso VIII, primitivo inciso VI, renumerado pela EC nº 1, de 31.3.1992.*

IX – proibições e incompatibilidades, no exercício da vereança, similares, no que couber, ao disposto nesta Constituição para os membros do Congresso Nacional e, na Constituição do respectivo Estado, para os membros da Assembleia Legislativa;
(*) *Inciso IX, primitivo inciso VII, renumerado pela EC nº 1, de 31.3.1992.*

X – julgamento do Prefeito perante o Tribunal de Justiça;
(*) *Inciso X, primitivo inciso VIII, renumerado pela EC nº 1, de 31.3.1992.*

XI – organização das funções legislativas e fiscalizadoras da Câmara Municipal;
(*) *Inciso XI, primitivo inciso IX, renumerado pela EC nº 1, de 31.3.1992.*

XII – cooperação das associações representativas no planejamento Municipal;
(*) *Inciso XII, primitivo inciso X, renumerado pela EC nº 1, de 31.3.1992.*

XIII – iniciativa popular de projetos de lei de interesse específico do Município, da cidade ou de bairros, através de manifestação de, pelo menos, cinco por cento do eleitorado;
(*) *Inciso XIII, primitivo inciso XI, renumerado pela EC nº 1, de 31.3.1992.*

XIV – perda do mandato do Prefeito, nos termos do art. 28, parágrafo único♦.
(*) *Inciso XIV, primitivo inciso XII, renumerado pela EC nº 1, de 31.3.1992.*
♦ *O parágrafo único do art. 28 foi renumerado para § 1º pela EC nº 19, de 4.6.1998.*

Art. 29-A. O total da despesa do Poder Legislativo Municipal, incluídos os subsídios dos Vereadores e os demais gastos com pessoal inativo e pensionistas, não poderá ultrapassar os seguintes percentuais, relativos ao somatório da receita tributária e das transferências previstas no § 5º do art. 153 e nos arts. 158 e 159 desta Constituição, efetivamente realizado no exercício anterior:
(*) *Art. 29-A, caput, acrescido pela EC nº 25, de 14.2.2000, e com redação dada pela EC nº 109, de 15.3.2021* (**com vigência a partir do início da primeira legislatura municipal após a data de publicação da EC nº 109, de 15.3.2021, publicada no DOU de 16.3.2021**).
(*) Redação anterior: **Art. 29-A.** *O total da despesa do Poder Legislativo Municipal, incluídos os subsídios dos Vereadores e excluídos os gastos com inativos, não poderá ultrapassar os seguintes percentuais, relativos ao somatório da receita tributária e das transferências previstas no § 5º do art. 153 e nos arts. 158 e 159, efetivamente realizado no exercício anterior: (...).*
(*) *Vide art. 3º, II, da EC nº 58, de 23.9.2009 (Vigência: produção de efeito a partir de 1º de janeiro de 2010).*

I – 7% (sete por cento) para Municípios com população de até 100.000 (cem mil) habitantes;
(*) *Inciso I acrescido pela EC nº 25, de 14.2.2000, e com redação dada pela EC nº 58, de 23.9.2009 (Vigência: produção de efeitos a partir de 1º.1.2010).*

II – 6% (seis por cento) para Municípios com população entre 100.000 (cem mil) e 300.000 (trezentos mil) habitantes;
(*) *Inciso II acrescido pela EC nº 25, de 14.2.2000, e com redação dada pela EC nº 58, de 23.9.2009 (Vigência: produção de efeitos a partir de 1º.1.2010).*

III – 5% (cinco por cento) para Municípios com população entre 300.001 (trezen-

tos mil e um) e 500.000 (quinhentos mil) habitantes;
(*) Inciso III acrescido pela EC nº 25, de 14.2.2000, e com redação dada pela EC nº 58, de 23.9.2009 (Vigência: produção de efeitos a partir de 1º.1.2010).

IV – 4,5% (quatro inteiros e cinco décimos por cento) para Municípios com população entre 500.001 (quinhentos mil e um) e 3.000.000 (três milhões) de habitantes;
(*) Inciso IV acrescido pela EC nº 25, de 14.2.2000, e com redação dada pela EC nº 58, de 23.9.2009 (Vigência: produção de efeitos a partir de 1º.1.2010).

V – 4% (quatro por cento) para Municípios com população entre 3.000.001 (três milhões e um) e 8.000.000 (oito milhões) de habitantes;
(*) Inciso V acrescido pela EC nº 25, de 14.2.2000, e com redação dada pela EC nº 58, de 23.9.2009 (Vigência: produção de efeitos a partir de 1º.1.2010).

VI – 3,5% (três inteiros e cinco décimos por cento) para Municípios com população acima de 8.000.001 (oito milhões e um) habitantes.
(*) Inciso VI acrescido pela EC nº 25, de 14.2.2000, e com redação dada pela EC nº 58, de 23.9.2009 (Vigência: produção de efeitos a partir de 1º.1.2010).

§ 1º. A Câmara Municipal não gastará mais de setenta por cento de sua receita com folha de pagamento, incluído o gasto com o subsídio de seus Vereadores.
(*) § 1º acrescido pela EC nº 25, de 14.2.2000.
(*) Vide § 3º deste artigo.
(*) V. Lei Complementar nº 25, de 2.7.1975 (Critério e limites para fixação da remuneração de Vereadores).
(*) V. Lei Complementar nº 45, de 14.12.1983 (Critério para a remuneração de Vereadores).

§ 2º. Constitui crime de responsabilidade do Prefeito Municipal:
(*) § 2º acrescido pela EC nº 25, de 14.2.2000.

I – efetuar repasse que supere os limites definidos neste artigo;
(*) Inciso I acrescido pela EC nº 25, de 14.2.2000.

II – não enviar o repasse até o dia vinte de cada mês; ou
(*) Inciso II acrescido pela EC nº 25, de 14.2.2000.

III – enviá-lo a menor em relação à proporção fixada na Lei Orçamentária.
(*) Inciso III acrescido pela EC nº 25, de 14.2.2000.

§ 3º. Constitui crime de responsabilidade do Presidente da Câmara Municipal o desrespeito ao § 1º deste artigo.
(*) § 3º acrescido pela EC nº 25, de 14.2.2000.

Art. 30. Compete aos Municípios:

I – legislar sobre assuntos de interesse local;

II – suplementar a legislação federal e a estadual no que couber;

III – instituir e arrecadar os tributos de sua competência, bem como aplicar suas rendas, sem prejuízo da obrigatoriedade de prestar contas e publicar balancetes nos prazos fixados em lei;

IV – criar, organizar e suprimir distritos, observada a legislação estadual;

V – organizar e prestar, diretamente ou sob regime de concessão ou permissão, os serviços públicos de interesse local, incluído o de transporte coletivo, que tem caráter essencial;

VI – manter, com a cooperação técnica e financeira da União e do Estado, programas de educação infantil e de ensino fundamental;
(*) Inciso VI com redação dada pela EC nº 53, de 19.12.2006.

VII – prestar, com a cooperação técnica e financeira da União e do Estado, serviços de atendimento à saúde da população;

VIII – promover, no que couber, adequado ordenamento territorial, mediante planejamento e controle do uso, do parcelamento e da ocupação do solo urbano;

IX – promover a proteção do patrimônio histórico-cultural local, observada a legislação e a ação fiscalizadora federal e estadual.

Art. 31. A fiscalização do Município será exercida pelo Poder Legislativo Municipal, mediante controle externo, e pelos sistemas de controle interno do Poder Executivo Municipal, na forma da lei.

§ 1º. O controle externo da Câmara Municipal será exercido com o auxílio dos Tribunais de Contas dos Estados ou do Município ou dos Conselhos ou Tribunais de Contas dos Municípios, onde houver.

§ 2º. O parecer prévio, emitido pelo órgão competente sobre as contas que o Prefeito deve anualmente prestar, só deixará de prevalecer por decisão de dois terços dos membros da Câmara Municipal.

§ 3º. As contas dos Municípios ficarão, durante sessenta dias, anualmente, à disposição de qualquer contribuinte, para exame e apreciação, o qual poderá questionar-lhes a legitimidade, nos termos da lei.

§ 4º. É vedada a criação de Tribunais, Conselhos ou órgãos de Contas Municipais.

Capítulo V
DO DISTRITO FEDERAL E DOS TERRITÓRIOS

Seção I
Do Distrito Federal

Art. 32. O Distrito Federal, vedada sua divisão em municípios, reger-se-á por lei orgânica, votada em dois turnos com interstício mínimo de dez dias, e aprovada por dois terços da Câmara Legislativa, que a promulgará, atendidos os princípios estabelecidos nesta Constituição.

§ 1º. Ao Distrito Federal são atribuídas as competências legislativas reservadas aos Estados e Municípios.

§ 2º. A eleição do Governador e do Vice-Governador, observadas as regras do art. 77, e dos Deputados Distritais coincidirá com a dos Governadores e Deputados Estaduais, para mandato de igual duração.

(*) Vide art. 16 do ADCT.

§ 3º. Aos Deputados Distritais e à Câmara Legislativa aplica-se o disposto no art. 27.

§ 4º. Lei federal disporá sobre a utilização, pelo Governo do Distrito Federal, da polícia civil, da polícia penal, da polícia militar e do corpo de bombeiros militar.

(*) § 4º com redação dada pela EC nº 104, de 4.12.2019.

Seção II
Dos Territórios

Art. 33. A lei disporá sobre a organização administrativa e judiciária dos Territórios.

§ 1º. Os Territórios poderão ser divididos em Municípios, aos quais se aplicará, no que couber, o disposto no Capítulo IV deste Título.

§ 2º. As contas do Governo do Território serão submetidas ao Congresso Nacional, com parecer prévio do Tribunal de Contas da União.

(*) Vide art. 16 do ADCT.

§ 3º. Nos Territórios Federais com mais de cem mil habitantes, além do Governador nomeado na forma desta Constituição, haverá órgãos judiciários de primeira e segunda Instâncias, membros do Ministério Público e defensores públicos federais; a lei disporá sobre as eleições para a Câmara Territorial e sua competência deliberativa.

Capítulo VI
DA INTERVENÇÃO

Art. 34. A União não intervirá nos Estados nem no Distrito Federal, exceto para:

I – manter a integridade nacional;

II – repelir invasão estrangeira ou de uma unidade da Federação em outra;

III – pôr termo a grave comprometimento da ordem pública;

IV – garantir o livre exercício de qualquer dos Poderes nas unidades da federação;

V – reorganizar as finanças da unidade da Federação que:

a) suspender o pagamento da dívida fundada por mais de dois anos consecutivos, salvo motivo de força maior;

b) deixar de entregar aos Municípios receitas tributárias fixadas nesta Constituição, dentro dos prazos estabelecidos em lei;

VI – prover a execução de lei federal, ordem ou decisão judicial;

(*) *Vide art. 36, § 3º, da CF.*

VII – assegurar a observância dos seguintes princípios constitucionais:

(*) *Vide art. 36, § 3º, da CF.*

a) forma republicana, sistema representativo e regime democrático;
b) direitos da pessoa humana;
c) autonomia municipal;
d) prestação de contas da administração pública, direta e indireta.
e) aplicação do mínimo exigido da receita resultante de impostos estaduais, compreendida a proveniente de transferências, na manutenção e desenvolvimento do ensino e nas ações e serviços públicos de saúde.

(*) *Alínea "e" acrescida pela EC nº 14, de 12.9.1996, e com redação dada pela EC nº 29, de 13.9.2000.*

Art. 35. O Estado não intervirá em seus Municípios, nem a União nos Municípios localizados em Território Federal, exceto quando:

I – deixar de ser paga, sem motivo de força maior, por dois anos consecutivos, a dívida fundada;

II – não forem prestadas contas devidas, na forma da lei;

III – não tiver sido aplicado o mínimo exigido da receita municipal na manutenção e desenvolvimento do ensino e nas ações e serviços públicos de saúde;

(*) *Inciso III com redação dada pela EC nº 29, de 13.9.2000.*

(*) *Vide art. 2º, parágrafo único, da EC nº 119, de 27.4.2022.*

IV – o Tribunal de Justiça der provimento a representação para assegurar a observância de princípios indicados na Constituição Estadual, ou para prover a execução de lei, de ordem ou de decisão judicial.

(*) *Vide art. 36, § 3º, da CF.*

Art. 36. A decretação da intervenção dependerá:

I – no caso do art. 34, IV, de solicitação do Poder Legislativo ou do Poder Executivo coacto ou impedido, ou de requisição do Supremo Tribunal Federal, se a coação for exercida contra o Poder Judiciário;

II – no caso de desobediência a ordem ou decisão judiciária, de requisição do Supremo Tribunal Federal, do Superior Tribunal de Justiça ou do Tribunal Superior Eleitoral;

III – de provimento, pelo Supremo Tribunal Federal, de representação do Procurador-Geral da República, na hipótese do art. 34, VII, e no caso de recusa à execução de lei federal;

(*) *Inciso III com redação dada pela EC nº 45, de 30.12.2004.*

IV – (revogado).

(*) *Inciso IV revogado pela EC nº 45, de 30.12.2004.*

§ 1º. O decreto de intervenção, que especificará a amplitude, o prazo e as condições de execução e que, se couber, nomeará o interventor, será submetido à apreciação do Congresso Nacional ou da Assembleia Legislativa do Estado, no prazo de vinte e quatro horas.

§ 2º. Se não estiver funcionando o Congresso Nacional ou a Assembleia Legislativa, far-se-á convocação extraordinária, no mesmo prazo de vinte e quatro horas.

§ 3º. Nos casos do art. 34, VI e VII, ou do art. 35, IV, dispensada a apreciação pelo Congresso Nacional ou pela Assembleia Legislativa, o decreto limitar-se-á a suspender a execução do ato impugnado, se essa medida bastar ao restabelecimento da normalidade.

§ 4º. Cessados os motivos da intervenção, as autoridades afastadas de seus cargos a estes voltarão, salvo impedimento legal.

Capítulo VII
DA ADMINISTRAÇÃO PÚBLICA

Seção I
Disposições Gerais

(*) *Vide arts. 3º e ss da EC nº 20, de 15.12.1988.*

(*) *Vide arts. 2º e ss da EC nº 41, de 19.12.2003.*

Art. 37. A administração pública direta e indireta de qualquer dos Poderes da

União, dos Estados, do Distrito Federal e dos Municípios obedecerá aos princípios de legalidade, impessoalidade, moralidade, publicidade e eficiência e, também, ao seguinte:

(*) Art. 37, caput, com redação dada pela EC nº 19, de 4.6.1998.
(*) V. Lei Complementar nº 178, de 13.1.2021 (Programa de Acompanhamento e Transparência Fiscal e Plano de Promoção do Equilíbrio Fiscal).
(*) V. Lei nº 8.429, de 2.6.1992 (Improbidade Administrativa).
(*) V. Lei nº 9.784, de 29.1.1999 (Processo Administrativo Federal).
(*) V. Lei nº 13.655, de 25.4.2018.
(*) V. Decreto nº 9.830, de 10.6.2019.
(*) V. art. 5º da Lei nº 14.133, de 1º.4.2021 (Lei de Licitações e Contratos Administrativos).
(*) V. Lei nº 14.230, de 25.10.2021.
(*) V. ARE 843.989.

I – os cargos, empregos e funções públicas são acessíveis aos brasileiros que preencham os requisitos estabelecidos em lei, assim como aos estrangeiros, na forma de lei;

(*) Inciso I com redação dada pela EC nº 19, de 4.6.1998.

II – a investidura em cargo ou emprego público depende de aprovação prévia em concurso público de provas ou de provas e títulos, de acordo com a natureza e a complexidade do cargo ou emprego, na forma prevista em lei, ressalvadas as nomeações para cargo em comissão declarado em lei de livre nomeação e exoneração;

(*) Inciso II com redação dada pela EC nº 19, de 4.6.1998.
(*) Vide art. 19 do ADCT.
(*) V. art. 23.1, "c", do Decreto nº 678, de 6.11.1992 (Pacto de São José da Costa Rica).

III – o prazo de validade do concurso público será de até dois anos, prorrogável uma vez, por igual período;

IV – durante o prazo improrrogável previsto no edital de convocação, aquele aprovado em concurso público de provas ou de provas e títulos será convocado com prioridade sobre novos concursados para assumir cargo ou emprego, na carreira;

V – as funções de confiança, exercidas exclusivamente por servidores ocupantes de cargo efetivo, e os cargos em comissão, a serem preenchidos por servidores de carreira nos casos, condições e percentuais mínimos previstos em lei, destinam-se apenas às atribuições de direção, chefia e assessoramento;

(*) Inciso V com redação dada pela EC nº 19, de 4.6.1998.

VI – é garantido ao servidor público civil o direito à livre associação sindical;

VII – o direito de greve será exercido nos termos e nos limites definidos em lei específica;

(*) Inciso VII com redação dada pela EC nº 19, de 4.6.1998.

VIII – a lei reservará percentual dos cargos e empregos públicos para as pessoas portadoras de deficiência e definirá os critérios de sua admissão;

IX – a lei estabelecerá os casos de contratação por tempo determinado para atender a necessidade temporária de excepcional interesse público;

(*) Vide art. 2º da EC nº 106, de 7.5.2020 (Regime extraordinário fiscal, financeiro e de contratações para enfrentamento de calamidade pública nacional decorrente de pandemia).
(*) V. Lei nº 8.745, de 9.12.1993 (Contratação por tempo determinado).
(*) V. art. 27.1 do Decreto nº 678, de 6.11.1992 (Pacto de São José da Costa Rica).
(*) V. Decreto nº 10.060, de 14.10.2019 (Regulamento do trabalho temporário).

X – a remuneração dos servidores públicos e o subsídio de que trata o § 4º do art. 39 somente poderão ser fixados ou alterados por lei específica, observada a iniciativa privativa em cada caso, assegurada revisão geral anual, sempre na mesma data e sem distinção de índices;

(*) Inciso X com redação dada pela EC nº 19, de 4.6.1998.
(*) V. Lei nº 10.331, de 18.12.2001, que regulamenta este inciso.

XI – a remuneração e o subsídio dos ocupantes de cargos, funções e empregos públicos da administração direta, autárquica e fundacional, dos membros de qualquer dos Poderes da União, dos Estados, do Distrito Federal e dos Municípios, dos detentores de mandato eletivo e dos demais agentes políticos e os proventos, pensões ou outra espécie remuneratória, percebidos cumulativamente ou não, incluídas as vantagens pessoais ou de qualquer outra natureza, não poderão exceder o subsídio mensal, em espécie, dos Ministros do Supremo Tribunal Federal, aplicando-se como limite, nos Municípios, o subsídio do Prefeito, e nos Estados e no Distrito Federal, o subsídio mensal do Governador no âmbito do Poder Executivo, o subsídio dos Deputados Estaduais e Distritais no âmbito do Poder Legislativo e o subsídio dos Desembargadores do Tribunal de Justiça, limitado a noventa inteiros e vinte e cinco centésimos por cento do subsídio mensal, em espécie, dos Ministros do Supremo Tribunal Federal, no âmbito do Poder Judiciário, aplicável este limite aos membros do Ministério Público, aos Procuradores e aos Defensores Públicos;

(*) *Inciso XI com redação dada pela EC nº 41, de 19.12.2003.*

(*) *V. Lei nº 8.852, de 4.2.1994, que dispõe sobre a aplicação deste inciso.*

(*) *V. Lei nº 8.448, de 21.7.1992, que regulamenta este inciso.*

(*) *Vide §§ 9º, 11 e 12 deste artigo.*

(*) *Vide art. 40, § 11, da CF.*

XII – os vencimentos dos cargos do Poder Legislativo e do Poder Judiciário não poderão ser superiores aos pagos pelo Poder Executivo;

(*) *V. Lei nº 8.852, de 4.2.1994, que dispõe sobre a aplicação deste inciso.*

XIII – é vedada a vinculação ou equiparação de quaisquer espécies remuneratórias para o efeito de remuneração de pessoal do serviço público;

(*) *Inciso XIII com redação dada pela EC nº 19, de 4.6.1998.*

XIV – os acréscimos pecuniários percebidos por servidor público não serão computados nem acumulados para fins de concessão de acréscimos ulteriores;

(*) *Inciso XIV com redação dada pela EC nº 19, de 4.6.1998.*

XV – o subsídio e os vencimentos dos ocupantes de cargos e empregos públicos são irredutíveis, ressalvado o disposto nos incisos XI e XIV deste artigo e nos arts. 39, § 4º, 150, II, 153, III, e 153, § 2º, I;

(*) *Inciso XV com redação dada pela EC nº 19, de 4.6.1998.*

XVI – é vedada a acumulação remunerada de cargos públicos, exceto, quando houver compatibilidade de horários, observado em qualquer caso o disposto no inciso XI:

(*) *Inciso XVI, caput, com redação dada pela EC nº 19, de 4.6.1998.*

(*) *Vide art. 42, § 3º, da CF.*

a) a de dois cargos de professor;

(*) *Alínea "a" com redação dada pela EC nº 19, de 4.6.1998.*

b) a de um cargo de professor com outro, técnico ou científico;

(*) *Alínea "b" com redação dada pela EC nº 19, de 4.6.1998.*

c) a de dois cargos ou empregos privativos de profissionais de saúde, com profissões regulamentadas;

(*) *Alínea "c" alterada pela EC nº 19, de 4.6.1998, e com redação dada pela EC nº 34, de 13.12.2001.*

XVII – a proibição de acumular estende-se a empregos e funções e abrange autarquias, fundações, empresas públicas, sociedades de economia mista, suas subsidiárias e sociedades controladas, direta ou indiretamente, pelo poder público;

(*) *Inciso XVII com redação dada pela EC nº 19, de 4.6.1998.*

XVIII – a administração fazendária e seus servidores fiscais terão, dentro de suas áreas de competência e jurisdição, precedência sobre os demais setores administrativos, na forma da lei;

XIX – somente por lei específica poderá ser criada autarquia e autorizada a instituição de empresa pública, de sociedade de economia mista e de fundação, cabendo à lei complementar, neste último caso, definir as áreas de sua atuação;

(*) *Inciso XIX com redação dada pela EC nº 19, de 4.6.1998.*

(*) *V. Lei nº 14.460, de 25.10.2022.*

XX – depende de autorização legislativa, em cada caso, a criação de subsidiárias das entidades mencionadas no inciso anterior assim como a participação de qualquer delas em empresa privada;

XXI – ressalvados os casos especificados na legislação, as obras, serviços, compras e alienações serão contratados mediante processo de licitação pública que assegure igualdade de condições a todos os concorrentes, com cláusulas que estabeleçam obrigações de pagamento, mantidas as condições efetivas da proposta, nos termos da lei, o qual somente permitirá as exigências de qualificação técnica e econômica indispensáveis à garantia do cumprimento das obrigações;

(*) V. Lei nº 14.133, de 1º.4.2021 (Lei de Licitações e Contratos Administrativos).

XXII – as administrações tributárias da União, dos Estados, do Distrito Federal e dos Municípios, atividades essenciais ao funcionamento do Estado, exercidas por servidores de carreiras específicas, terão recursos prioritários para a realização de suas atividades e atuarão de forma integrada, inclusive com o compartilhamento de cadastros e de informações fiscais, na forma da lei ou convênio.

(*) Inciso XXII acrescido pela EC nº 42, de 19.12.2003.

§ 1º. A publicidade dos atos, programas, obras, serviços e campanhas dos órgãos públicos deverá ter caráter educativo, informativo ou de orientação social, dela não podendo constar nomes, símbolos ou imagens que caracterizem promoção pessoal de autoridades ou servidores públicos.

§ 2º. A não observância do disposto nos incisos II e III implicará a nulidade do ato e a punição da autoridade responsável, nos termos da lei.

§ 3º. A lei disciplinará as formas de participação do usuário na administração pública direta e indireta, regulando especialmente:

(*) § 3º, caput, com redação dada pela EC nº 19, de 4.6.1998.

(*) V. Lei nº 13.460, de 26.6.2017 (Lei de proteção e defesa do usuário do serviço público).

I – as reclamações relativas à prestação dos serviços públicos em geral, asseguradas a manutenção de serviços de atendimento ao usuário e a avaliação periódica, externa e interna, da qualidade dos serviços;

(*) Inciso I acrescido pela EC nº 19, de 4.6.1998.
(*) V. Lei nº 13.460, de 26.6.2017.

II – o acesso dos usuários a registros administrativos e a informações sobre atos de governo, observado o disposto no art. 5º, X e XXXIII;

(*) Inciso II acrescido pela EC nº 19, de 4.6.1998.
(*) V. Lei nº 12.527, de 18.11.2011, que regulamenta este inciso; e Decreto nº 7.724, de 16.5.2012, que regulamenta a Lei nº 12.527, de 18.11.2011.
(*) V. Decreto nº 7.845, de 14.11.2012.

III – a disciplina da representação contra o exercício negligente ou abusivo de cargo, emprego ou função na administração pública.

(*) Inciso III acrescido pela EC nº 19, de 4.6.1998.

§ 4º. Os atos de improbidade administrativa importarão a suspensão dos direitos políticos, a perda da função pública, a indisponibilidade dos bens e o ressarcimento ao erário, na forma e gradação previstas em lei, sem prejuízo da ação penal cabível.

(*) Vide art. 15, V, da CF.
(*) V. Lei nº 8.429, de 2.6.1992 (Improbidade administrativa).

§ 5º. A lei estabelecerá os prazos de prescrição para ilícitos praticados por qualquer agente, servidor ou não, que causem prejuízos ao erário, ressalvadas as respectivas ações de ressarcimento.

§ 6º. As pessoas jurídicas de direito público e as de direito privado prestadoras de serviços públicos responderão pelos danos que seus agentes, nessa qualidade, causarem a terceiros, assegurado o direito de regresso contra o responsável nos casos de dolo ou culpa.

§ 7º. A lei disporá sobre os requisitos e as restrições ao ocupante de cargo ou emprego da administração direta e indireta que possibilite o acesso a informações privilegiadas.
(*) § 7º acrescido pela EC nº 19, de 4.6.1998.

§ 8º. A autonomia gerencial, orçamentária e financeira dos órgãos e entidades da administração direta e indireta poderá ser ampliada mediante contrato, a ser firmado entre seus administradores e o poder público, que tenha por objeto a fixação de metas de desempenho para o órgão ou entidade, cabendo à lei dispor sobre:

I – o prazo de duração do contrato;

II – os controles e critérios de avaliação de desempenho, direitos, obrigações e responsabilidade dos dirigentes;

III – a remuneração do pessoal.
(*) § 8º acrescido pela EC nº 19, de 4.6.1998.
(*) V. Lei nº 13.934, de 11.12.2019, que regulamenta este parágrafo.

§ 9º. O disposto no inciso XI aplica-se às empresas públicas e às sociedades de economia mista, e suas subsidiárias, que receberem recursos da União, dos Estados, do Distrito Federal ou dos Municípios para pagamento de despesas de pessoal ou de custeio em geral.
(*) § 9º acrescido pela EC nº 19, de 4.6.1998.

§ 10. É vedada a percepção simultânea de proventos de aposentadoria decorrentes do art. 40 ou dos arts. 42 e 142 com a remuneração de cargo, emprego ou função pública, ressalvados os cargos acumuláveis na forma desta Constituição, os cargos eletivos e os cargos em comissão declarados em lei de livre nomeação e exoneração.
(*) § 10 acrescido pela EC nº 20, de 15.12.1998.
(*) Vide art. 11 da EC nº 20, de 15.12.1998.

§ 11. Não serão computadas, para efeito dos limites remuneratórios de que trata o inciso XI do caput deste artigo, as parcelas de caráter indenizatório previstas em lei.
(*) § 11 acrescido pela EC nº 47, de 5.7.2005.
(*) Vide art. 4º da EC nº 47, de 5.7.2005.

§ 12. Para os fins do disposto no inciso XI do caput deste artigo, fica facultado aos Estados e ao Distrito Federal fixar, em seu âmbito, mediante emenda às respectivas Constituições e Lei Orgânica, como limite único, o subsídio mensal dos Desembargadores do respectivo Tribunal de Justiça, limitado a noventa inteiros e vinte e cinco centésimos por cento do subsídio mensal dos Ministros do Supremo Tribunal Federal, não se aplicando o disposto neste parágrafo aos subsídios dos Deputados Estaduais e Distritais e dos Vereadores.
(*) § 12 acrescido pela EC nº 47, de 5.7.2005.

§ 13. O servidor público titular de cargo efetivo poderá ser readaptado para exercício de cargo cujas atribuições e responsabilidades sejam compatíveis com a limitação que tenha sofrido em sua capacidade física ou mental, enquanto permanecer nesta condição, desde que possua a habilitação e o nível de escolaridade exigidos para o cargo de destino, mantida a remuneração do cargo de origem.
(*) § 13 acrescido pela EC nº 103, de 12.11.2019.

§ 14. A aposentadoria concedida com a utilização de tempo de contribuição decorrente de cargo, emprego ou função pública, inclusive do Regime Geral de Previdência Social, acarretará o rompimento do vínculo que gerou o referido tempo de contribuição.
(*) § 14 acrescido pela EC nº 103, de 12.11.2019.
(*) Vide art. 6º da EC nº 103, de 12.11.2019.

§ 15. É vedada a complementação de aposentadorias de servidores públicos e de pensões por morte a seus dependentes que não seja decorrente do disposto nos §§ 14 a 16 do art. 40 ou que não seja prevista em lei que extinga regime próprio de previdência social.
(*) § 15 acrescido pela EC nº 103, de 12.11.2019.
(*) Vide art. 7º da EC nº 103, de 12.11.2019

§ 16. Os órgãos e entidades da administração pública, individual ou conjuntamen-

te, devem realizar avaliação das políticas públicas, inclusive com divulgação do objeto a ser avaliado e dos resultados alcançados, na forma da lei.
(*) § 16 acrescido pela EC nº 109, de 15.3.2021.

§ 17. Lei complementar estabelecerá normas gerais aplicáveis às administrações tributárias da União, dos Estados, do Distrito Federal e dos Municípios, dispondo sobre deveres, direitos e garantias dos servidores das carreiras de que trata o inciso XXII do caput.
(*) § 17 acrescido pela EC nº 132, de 20.12.2023.
Com vigência a partir de 2027.

§ 18. Para os fins do disposto no inciso XI do caput deste artigo, os servidores de carreira das administrações tributárias dos Estados, do Distrito Federal e dos Municípios sujeitam-se ao limite aplicável aos servidores da União.
(*) § 18 acrescido pela EC nº 132, de 20.12.2023.
Com vigência a partir de 2027.

Art. 38. Ao servidor público da administração direta, autárquica e fundacional, no exercício de mandato eletivo, aplicam-se as seguintes disposições:
(*) Art. 38, caput, com redação dada pela EC nº 19, de 4.6.1998.

I – tratando-se de mandato eletivo federal, estadual ou distrital, ficará afastado de seu cargo, emprego ou função;

II – investido no mandato de Prefeito, será afastado do cargo, emprego ou função, sendo-lhe facultado optar pela sua remuneração;

III – investido no mandato de Vereador, havendo compatibilidade de horários, perceberá as vantagens de seu cargo, emprego ou função, sem prejuízo da remuneração do cargo eletivo, e, não havendo compatibilidade, será aplicada a norma do inciso anterior;

IV – em qualquer caso que exija o afastamento para o exercício de mandato eletivo, seu tempo de serviço será contado para todos os efeitos legais, exceto para promoção por merecimento;

V – na hipótese de ser segurado de regime próprio de previdência social, permanece

cerá filiado a esse regime, no ente federativo de origem.
(*) Inciso V com redação dada pela EC nº 103, de 12.11.2019.

Seção II
Dos Servidores Públicos
(*) Seção II com denominação dada pela EC nº 18, de 5.2.1998.
(*) V. Lei nº 13.460, de 26.6.2017
(Lei de proteção e defesa do usuário do serviço público).

Art. 39. A União, os Estados, o Distrito Federal e os Municípios instituirão, no âmbito de sua competência, regime jurídico único e planos de carreira para os servidores da administração pública direta, das autarquias e das fundações públicas.
(*) Vide art. 24 do ADCT.
(*) O caput do art. 39 teve redação dada pela EC nº 19, de 4.6.1998, e eficácia suspensa em liminar por força da ADI nº 2.135-4 (DJ de 7.3.2008), sem decisão definitiva até a data de fechamento desta edição.
(*) Redação anterior: **Art. 39.** A União, os Estados, o Distrito Federal e os Municípios instituirão conselho de política de administração e remuneração de pessoal, integrado por servidores designados pelos respectivos Poderes.

§ 1º. A fixação dos padrões de vencimento e dos demais componentes do sistema remuneratório observará:
(*) § 1º, caput, com redação dada pela EC nº 19, de 4.6.1998.
(*) V. Lei nº 8.448, de 21.7.1992.
(*) V. Lei nº 8.852, de 4.2.1994.

I – a natureza, o grau de responsabilidade e a complexidade dos cargos componentes de cada carreira;
(*) Inciso I acrescido pela EC nº 19, de 4.6.1998.

II – os requisitos para a investidura;
(*) Inciso II acrescido pela EC nº 19, de 4.6.1998.

III – as peculiaridades dos cargos.
(*) Inciso III acrescido pela EC nº 19, de 4.6.1998.

§ 2º. A União, os Estados e o Distrito Federal manterão escolas de governo para a formação e o aperfeiçoamento dos servidores públicos, constituindo-se a participação nos cursos um dos requisitos para a promoção na carreira, facultada, para isso, a celebração de convênios ou contratos entre os entes federados.
(*) § 2º com redação dada pela EC nº 19, de 4.6.1998.

§ 3º. Aplica-se aos servidores ocupantes de cargo público o disposto no art. 7º, IV, VII, VIII, IX, XII, XIII, XV, XVI, XVII, XVIII, XIX, XX, XXII, e XXX, podendo a lei estabelecer requisitos diferenciados de admissão quando a natureza do cargo o exigir.
(*) § 3º acrescido pela EC nº 19, de 4.6.1998.
(*) V. Súmula Vinculante 44 do STF.

§ 4º. O membro de Poder, o detentor de mandato eletivo, os Ministros de Estado e os Secretários Estaduais e Municipais serão remunerados exclusivamente por subsídio fixado em parcela única, vedado o acréscimo de qualquer gratificação, adicional, abono, prêmio, verba de representação ou outra espécie remuneratória, obedecido, em qualquer caso, o disposto no art. 37, X e XI.
(*) § 4º acrescido pela EC nº 19, de 4.6.1998.
(*) V. Súmula Vinculante 44 do STF.

§ 5º. Lei da União, dos Estados, do Distrito Federal e dos Municípios poderá estabelecer a relação entre a maior e a menor remuneração dos servidores públicos, obedecido, em qualquer caso, o disposto no art. 37, XI.
(*) § 5º acrescido pela EC nº 19, de 4.6.1998.

§ 6º. Os Poderes Executivo, Legislativo e Judiciário publicarão anualmente os valores do subsídio e da remuneração dos cargos e empregos públicos.
(*) § 6º acrescido pela EC nº 19, de 4.6.1998.

§ 7º. Lei da União, dos Estados, do Distrito Federal e dos Municípios disciplinará a aplicação de recursos orçamentários provenientes da economia com despesas correntes em cada órgão, autarquia e fundação, para aplicação no desenvolvimento de programas de qualidade e produtividade, treinamento e desenvolvimento, modernização, reaparelhamento e racionalização do serviço público, inclusive sob a forma de adicional ou prêmio de produtividade.
(*) § 7º acrescido pela EC nº 19, de 4.6.1998.

§ 8º. A remuneração dos servidores públicos organizados em carreira poderá ser fixada nos termos do § 4º.
(*) § 8º acrescido pela EC nº 20, de 15.12.1998.

§ 9º. É vedada a incorporação de vantagens de caráter temporário ou vinculadas ao exercício de função de confiança ou de cargo em comissão à remuneração do cargo efetivo.
(*) § 9º acrescido pela EC nº 103, de 12.11.2019.
(*) Vide art. 13 da EC nº 103, de 12.11.2019.

Art. 40. O regime próprio de previdência social dos servidores titulares de cargos efetivos terá caráter contributivo e solidário, mediante contribuição do respectivo ente federativo, de servidores ativos, de aposentados e de pensionistas, observados critérios que preservem o equilíbrio financeiro e atuarial.
(*) Art. 40, caput, alterado pela EC nº 20, de 15.12.1998, pela EC nº 41, de 19.12.2003, e com redação dada pela EC nº 103, de 12.11.2019.
(*) Vide arts. 73, § 3º; 201; e 202 da CF.
(*) Vide arts. 3º e 4º da EC nº 41, de 19.12.2003.
(*) Vide arts. 3º a 10 e 20 a 22 da EC nº 103, de 12.11.2019.

§ 1º. O servidor abrangido por regime próprio de previdência social será aposentado:
(*) § 1º, caput, alterado pela EC nº 41, de 19.12.2003, e com redação dada pela EC nº 103, de 12.11.2019.
(*) Vide art. 100 do ADCT.
(*) Vide art. 2º da EC nº 70, de 29.3.2012.

I – por incapacidade permanente para o trabalho, no cargo em que estiver investido, quando insuscetível de readaptação, hipótese em que será obrigatória a realização de avaliações periódicas para verificação da continuidade das condições que ensejaram

CONSTITUIÇÃO DA REPÚBLICA FEDERATIVA DO BRASIL ART. 40

a concessão da aposentadoria, na forma de lei do respectivo ente federativo;
(*) Inciso I alterado pela EC nº 41, de 19.12.2003, e com redação dada pela EC nº 103, de 12.11.2019.
(*) Vide art. 10, § 1º, II, da EC nº 103, de 12.11.2019.

II – compulsoriamente, com proventos proporcionais ao tempo de contribuição, aos 70 (setenta) anos de idade, ou aos 75 (setenta e cinco) anos de idade, na forma de lei complementar;
(*) Inciso II com redação dada pela EC nº 88, de 7.5.2015.
(*) Vide art. 201, § 16, da CF.
(*) Vide art. 100 do ADCT.
(*) Vide art. 10, § 1º, III, da EC nº 103, de 12.11.2019.
(*) V. Lei Complementar nº 152, de 3.12.2015 (Aposentadoria compulsória por idade, com proventos proporcionais).

III – no âmbito da União, aos 62 (sessenta e dois) anos de idade, se mulher, e aos 65 (sessenta e cinco) anos de idade, se homem, e, no âmbito dos Estados, do Distrito Federal e dos Municípios, na idade mínima estabelecida mediante emenda às respectivas Constituições e Leis Orgânicas, observados o tempo de contribuição e os demais requisitos estabelecidos em lei complementar do respectivo ente federativo.
(*) Inciso III alterado pela EC nº 20, de 15.12.1998, e com redação dada pela EC nº 103, de 12.11.2019.
(*) Vide § 5º deste artigo.
(*) Vide art. 10, § 1º, I, da EC nº 103, de 12.11.2019.

§ 2º. Os proventos de aposentadoria não poderão ser inferiores ao valor mínimo a que se refere o § 2º do art. 201 ou superiores ao limite máximo estabelecido para o Regime Geral de Previdência Social, observado o disposto nos §§ 14 a 16.
(*) § 2º alterado pela EC nº 20, de 15.12.1998, e com redação dada pela EC nº 103, de 12.11.2019.

§ 3º. As regras para cálculo de proventos de aposentadoria serão disciplinadas em lei do respectivo ente federativo.
(*) § 3º alterado pela EC nº 41, de 19.12.2003, e com redação dada pela EC nº 103, de 12.11.2019.

(*) Vide § 17 deste artigo.
(*) V. Lei nº 10.887, de 18.6.2004 (Cálculo dos proventos de aposentadoria dos servidores de cargo efetivo de qualquer dos Poderes da União, dos Estados, do Distrito Federal e dos Municípios, incluídas suas autarquias e fundações).

§ 4º. É vedada a adoção de requisitos ou critérios diferenciados para concessão de benefícios em regime próprio de previdência social, ressalvado o disposto nos §§ 4º-A, 4º-B, 4º-C e 5º.
(*) § 4º alterado pela EC nº 47, de 5.7.2005, e com redação dada pela EC nº 103, de 12.11.2019.
(*) Vide art. 4º, § 6º, I, e § 10, da EC nº 103, de 12.11.2019.
(*) V. Lei Complementar nº 51, de 20.12.1985 (Aposentadoria do servidor público policial).

§ 4º-A. Poderão ser estabelecidos por lei complementar do respectivo ente federativo idade e tempo de contribuição diferenciados para aposentadoria de servidores com deficiência, previamente submetidos a avaliação biopsicossocial realizada por equipe multiprofissional e interdisciplinar.
(*) § 4º-A acrescido pela EC nº 103, de 12.11.2019.
(*) Vide arts. 4º, § 10; e 22 da EC nº 103, de 12.11.2019.

§ 4º-B. Poderão ser estabelecidos por lei complementar do respectivo ente federativo idade e tempo de contribuição diferenciados para aposentadoria de ocupantes do cargo de agente penitenciário, de agente socioeducativo ou de policial dos órgãos de que tratam o inciso IV do caput do art. 51, o inciso XIII do caput do art. 52 e os incisos I a IV do caput do art. 144.
(*) § 4º-B acrescido pela EC nº 103, de 12.11.2019.
(*) Vide arts. 4º, § 10; 5º, § 2º; e 10, § 2º, da EC nº 103, de 12.11.2019.

§ 4º-C. Poderão ser estabelecidos por lei complementar do respectivo ente federativo idade e tempo de contribuição diferenciados para aposentadoria de servidores cujas atividades sejam exercidas com efetiva exposição a agentes químicos, físicos e biológicos prejudiciais à saúde, ou associação

ART. 40 — CONSTITUIÇÃO DA REPÚBLICA FEDERATIVA DO BRASIL

desses agentes, vedada a caracterização por categoria profissional ou ocupação.
(*) § 4º-C acrescido pela EC nº 103, de 12.11.2019.
(*) Vide arts. 4º, § 10; 10, §§ 2º e 3º; e 21, § 3º, da EC nº 103, de 12.11.2019.

§ 5º. Os ocupantes do cargo de professor terão idade mínima reduzida em 5 (cinco) anos em relação às idades decorrentes da aplicação do disposto no inciso III do § 1º, desde que comprovem tempo de efetivo exercício das funções de magistério na educação infantil e no ensino fundamental e médio fixado em lei complementar do respectivo ente federativo.
(*) § 5º alterado pela EC nº 20, de 15.12.1998, e com redação dada pela EC nº 103, de 12.11.2019.
(*) Vide art. 10, § 2º, da EC nº 103, de 12.11.2019.

§ 6º. Ressalvadas as aposentadorias decorrentes dos cargos acumuláveis na forma desta Constituição, é vedada a percepção de mais de uma aposentadoria à conta de regime próprio de previdência social, aplicando-se outras vedações, regras e condições para a acumulação de benefícios previdenciários estabelecidas no Regime Geral de Previdência Social.
(*) § 6º alterado pela EC nº 20, de 15.12.1998, e com redação dada pela EC nº 103, de 12.11.2019.

§ 7º. Observado o disposto no § 2º do art. 201, quando se tratar da única fonte de renda formal auferida pelo dependente, o benefício de pensão por morte será concedido nos termos de lei do respectivo ente federativo, a qual tratará de forma diferenciada a hipótese de morte dos servidores de que trata o § 4º-B decorrente de agressão sofrida no exercício ou em razão da função.
(*) § 7º, caput, acrescido pela EC nº 20, de 15.12.1998, alterado pela EC nº 41, de 19.12.2003, e com redação dada pela EC nº 103, de 12.11.2019.

§ 8º. É assegurado o reajustamento dos benefícios para preservar-lhes, em caráter permanente, o valor real, conforme critérios estabelecidos em lei.
(*) § 8º acrescido pela EC nº 20, de 15.12.1998, e com redação dada pela EC nº 41, de 19.12.2003.

§ 9º. O tempo de contribuição federal, estadual, distrital ou municipal será contado para fins de aposentadoria, observado o disposto nos §§ 9º e 9º-A do art. 201, e o tempo de serviço correspondente será contado para fins de disponibilidade.
(*) § 9º acrescido pela EC nº 20, de 15.12.1998, e com redação dada pela EC nº 103, de 12.11.2019.
(*) Vide art. 42, § 1º, da CF.

§ 10. A lei não poderá estabelecer qualquer forma de contagem de tempo de contribuição fictício.
(*) § 10 acrescido pela EC nº 20, de 15.12.1998.

§ 11. Aplica-se o limite fixado no art. 37, XI, à soma total dos proventos de inatividade, inclusive quando decorrentes da acumulação de cargos ou empregos públicos, bem como de outras atividades sujeitas a contribuição para o regime geral de previdência social, e ao montante resultante da adição de proventos de inatividade com remuneração de cargo acumulável na forma desta Constituição, cargo em comissão declarado em lei de livre nomeação e exoneração, e de cargo eletivo.
(*) § 11 acrescido pela EC nº 20, de 15.12.1998.

§ 12. Além do disposto neste artigo, serão observados, em regime próprio de previdência social, no que couber, os requisitos e critérios fixados para o Regime Geral de Previdência Social.
(*) § 12 acrescido pela EC nº 20, de 15.12.1998, e com redação dada pela EC nº 103, de 12.11.2019.

§ 13. Aplica-se ao agente público ocupante, exclusivamente, de cargo em comissão declarado em lei de livre nomeação e exoneração, de outro cargo temporário, inclusive mandato eletivo, ou de emprego público, o Regime Geral de Previdência Social.
(*) § 13 acrescido pela EC nº 20, de 15.12.1998, e com redação dada pela EC nº 103, de 12.11.2019.

§ 14. A União, os Estados, o Distrito Federal e os Municípios instituirão, por lei de iniciativa do respectivo Poder Executivo, regime de previdência complementar para servidores públicos ocupantes de cargo efetivo, observado o limite máximo dos benefícios do Regime Geral de Previdência Social para o valor das aposentadorias e das pensões em regime próprio de previdência social, ressalvado o disposto no § 16.

(*) § 14 acrescido pela EC nº 20, de 15.12.1998, e com redação dada pela EC nº 103, de 12.11.2019.
(*) Vide § 15 deste artigo.

§ 15. O regime de previdência complementar de que trata o § 14 oferecerá plano de benefícios somente na modalidade contribuição definida, observará o disposto no art. 202 e será efetivado por intermédio de entidade fechada de previdência complementar ou de entidade aberta de previdência complementar.

(*) § 15 acrescido pela EC nº 20, de 15.12.1998, alterado pela EC nº 41, de 19.12.2003, e com redação dada pela EC nº 103, de 12.11.2019.
(*) Vide § 16 deste artigo.

§ 16. Somente mediante sua prévia e expressa opção, o disposto nos §§ 14 e 15 poderá ser aplicado ao servidor que tiver ingressado no serviço público até a data da publicação do ato de instituição do correspondente regime de previdência complementar.

(*) § 16 acrescido pela EC nº 20, de 15.12.1998.
(*) Vide arts. 4º, § 6º, I; e 20, § 2º, I, da EC nº 103, de 12.11.2019.

§ 17. Todos os valores de remuneração considerados para o cálculo do benefício previsto no § 3º serão devidamente atualizados, na forma da lei.

(*) § 17 acrescido pela EC nº 41, de 19.12.2003.

§ 18. Incidirá contribuição sobre os proventos de aposentadorias e pensões concedidas pelo regime de que trata este artigo que superem o limite máximo estabelecido para os benefícios do regime geral de previdência social de que trata o art. 201, com percentual igual ao estabelecido para os servidores titulares de cargos efetivos.

(*) § 18 acrescido pela EC nº 41, de 19.12.2003.

§ 19. Observados critérios a serem estabelecidos em lei do respectivo ente federativo, o servidor titular de cargo efetivo que tenha completado as exigências para a aposentadoria voluntária e que opte por permanecer em atividade poderá fazer jus a um abono de permanência equivalente, no máximo, ao valor da sua contribuição previdenciária, até completar a idade para aposentadoria compulsória.

(*) § 19 acrescido pela EC nº 41, de 19.12.2003, e com redação dada pela EC nº 103, de 12.11.2019.
(*) Vide arts. 3º, § 3º; 8º; e 10, § 5º, da EC nº 103, de 12.11.2019.

§ 20. É vedada a existência de mais de um regime próprio de previdência social e de mais de um órgão ou entidade gestora desse regime em cada ente federativo, abrangidos todos os poderes, órgãos e entidades autárquicas e fundacionais, que serão responsáveis pelo seu financiamento, observados os critérios, os parâmetros e a natureza jurídica definidos na lei complementar de que trata o § 22.

(*) § 20 acrescido pela EC nº 41, de 19.12.2003, e com redação dada pela EC nº 103, de 12.11.2019.

§ 21. (Revogado).

(*) § 21 acrescido pela EC nº 47, de 5.7.2005, e revogado pela EC nº 103, de 12.11.2019 (com vigência a partir da data de publicação da lei de iniciativa do respectivo Poder Executivo que a referende integralmente).
(*) Redação anterior: Art. 40. (...)
§ 21. A contribuição prevista no § 18 deste artigo incidirá apenas sobre as parcelas de proventos de aposentadoria e pensão que superem o dobro do limite máximo estabelecido para os benefícios do regime geral de previdência social de que trata o art. 201 desta Constituição, quando o beneficiário, na forma da lei, for portador de doença incapacitante. (...).

§ 22. Vedada a instituição de novos regimes próprios de previdência social, lei complementar federal estabelecerá, para os que já existam, normas gerais de organização, de funcionamento e de responsabilidade em sua gestão, dispondo, entre outros aspectos, sobre:

I – requisitos para sua extinção e consequente migração para o Regime Geral de Previdência Social;

II – modelo de arrecadação, de aplicação e de utilização dos recursos;

III – fiscalização pela União e controle externo e social;

IV – definição de equilíbrio financeiro e atuarial;

V – condições para instituição do fundo com finalidade previdenciária de que trata o art. 249 e para vinculação a ele dos recursos provenientes de contribuições e dos bens, direitos e ativos de qualquer natureza;

VI – mecanismos de equacionamento do *deficit* atuarial;

VII – estruturação do órgão ou entidade gestora do regime, observados os princípios relacionados com governança, controle interno e transparência;

VIII – condições e hipóteses para responsabilização daqueles que desempenhem atribuições relacionadas, direta ou indiretamente, com a gestão do regime;

IX – condições para adesão a consórcio público;

X – parâmetros para apuração da base de cálculo e definição de alíquota de contribuições ordinárias e extraordinárias.

(*) § 22 acrescido pela EC nº 103, de 12.11.2019.

(*) Vide art. 9º, caput, da EC nº 103, de 12.11.2019.

Art. 41. São estáveis, após três anos de efetivo exercício os servidores nomeados para cargo de provimento efetivo em virtude de concurso público.

(*) Art. 41, caput, com redação dada pela EC nº 19, de 4.6.1998.

§ 1º. O servidor público estável só perderá o cargo:

(*) § 1º, caput, com redação dada pela EC nº 19, de 4.6.1998.

I – em virtude de sentença judicial transitada em julgado;

(*) Inciso I acrescido pela EC nº 19, de 4.6.1998.

II – mediante processo administrativo em que lhe seja assegurada ampla defesa;

(*) Inciso II acrescido pela EC nº 19, de 4.6.1998.

(*) Vide art. 5º, LV, da CF.

III – mediante procedimento de avaliação periódica de desempenho, na forma de lei complementar, assegurada ampla defesa.

(*) Inciso III acrescido EC nº 19, de 4.6.1998.

(*) Vide art. 247 da CF.

§ 2º. Invalidada por sentença judicial a demissão do servidor estável, será ele reintegrado, e o eventual ocupante da vaga, se estável, reconduzido ao cargo de origem, sem direito a indenização, aproveitado em outro cargo ou posto em disponibilidade com remuneração proporcional ao tempo de serviço.

(*) § 2º com redação dada pela EC nº 19, de 4.6.1998.

§ 3º. Extinto o cargo ou declarada sua desnecessidade, o servidor estável ficará em disponibilidade, com remuneração proporcional ao tempo de serviço, até seu adequado aproveitamento em outro cargo.

(*) § 3º com redação dada pela EC nº 19, de 4.6.1998.

§ 4º. Como condição para a aquisição da estabilidade, é obrigatória a avaliação especial de desempenho por comissão instituída para essa finalidade.

(*) § 4º acrescido pela EC nº 19, de 4.6.1998.

Seção III
Dos Militares dos Estados, do Distrito Federal e dos Territórios

(*) Seção III com denominação dada pela EC nº 18, de 5.2.1998.

Art. 42. Os membros das Polícias Militares e Corpos de Bombeiros Militares, instituições organizadas com base na hierarquia e disciplina, são militares dos Estados, do Distrito Federal e dos Territórios.

(*) Art. 42, caput, com redação dada pela EC nº 18, de 5.2.1998.

(*) Vide art. 201, § 9º-A, da CF.

§ 1º. Aplicam-se aos militares dos Estados, do Distrito Federal e dos Territórios, além do que vier a ser fixado em lei, as disposições do art. 14, § 8º; do art. 40, § 9º; e do art. 142, §§ 2º e 3º, cabendo a lei estadual específica dispor sobre as matérias do

CONSTITUIÇÃO DA REPÚBLICA FEDERATIVA DO BRASIL   ART. 43

art. 142, § 3°, inciso X, sendo as patentes dos oficiais conferidas pelos respectivos governadores.
(*) § 1º com redação dada pela EC nº 20, de 15.12.1998.

§ 2º. Aos pensionistas dos militares dos Estados, do Distrito Federal e dos Territórios aplica-se o que for fixado em lei específica do respectivo ente estatal.
(*) § 2º alterado pela EC nº 18, de 5.2.1998, pela EC nº 20, de 15.12.1998, e com redação dada pela EC nº 41, de 19.12.2003.

§ 3º. Aplica-se aos militares dos Estados, do Distrito Federal e dos Territórios o disposto no art. 37, inciso XVI, com prevalência da atividade militar.
(*) § 3º acrescido pela EC nº 101, de 3.7.2019.

Seção IV
Das Regiões

Art. 43. Para efeitos administrativos, a União poderá articular sua ação em um mesmo complexo geoeconômico e social, visando a seu desenvolvimento e à redução das desigualdades regionais.
(*) V. Lei Complementar nº 14, de 8.6.1973 (Regiões Metropolitanas de São Paulo, Belo Horizonte, Porto Alegre, Recife, Salvador, Curitiba, Belém e Fortaleza).
(*) V. Lei Complementar nº 94, de 19.2.1998 (Região Integrada de Desenvolvimento do Distrito Federal e Entorno – RIDE); e Decreto nº 7.469, de 4.5.2011, que regulamenta a Lei Complementar nº 94, de 19.2.1998.
(*) V. Lei Complementar nº 112, de 19.9.2001 (Região Integrada de Desenvolvimento da Grande Teresina); e Decreto nº 4.367, de 9.9.2002, que regulamenta a Lei Complementar nº 112, de 19.9.2001.
(*) V. Lei Complementar nº 113, de 19.9.2001 (Região Administrativa Integrada de Desenvolvimento do Pólo Petrolina/PE e Juazeiro/BA); e Decreto nº 4.366, de 9.9.2002, que regulamenta a

Lei Complementar nº 113, de 19.9.2001.
(*) V. Lei Complementar nº 124, de 3.1.2007 (SUDAM); e Decreto nº 8.275, de 27.6.2014, que aprova sua estrutura regimental e quadro demonstrativo dos cargos em comissão e funções gratificadas.
(*) V. Lei Complementar nº 125, de 3.1.2007 (SUDENE); e Decreto nº 8.276, de 27.6.2014, que aprova sua estrutura regimental e quadro demonstrativo dos cargos em comissão e funções gratificadas.
(*) V. Lei Complementar nº 129, de 8.1.2009 (SUDECO).

§ 1º. Lei complementar disporá sobre:

I – as condições para integração de regiões em desenvolvimento;

II – a composição dos organismos regionais que executarão, na forma da lei, os planos regionais, integrantes dos planos nacionais de desenvolvimento econômico e social, aprovados juntamente com estes.

§ 2º. Os incentivos regionais compreenderão, além de outros, na forma da lei:

I – igualdade de tarifas, fretes, seguros e outros itens de custos e preços de responsabilidade do Poder Público;

II – juros favorecidos para financiamento de atividades prioritárias;

III – isenções, reduções ou diferimento temporário de tributos federais devidos por pessoas físicas ou jurídicas;

IV – prioridade para o aproveitamento econômico e social dos rios e das massas de água represadas ou represáveis nas regiões de baixa renda, sujeitas a secas periódicas.

§ 3º. Nas áreas a que se refere o § 2º, IV, a União incentivará a recuperação de terras áridas e cooperará com os pequenos e médios proprietários rurais para o estabelecimento, em suas glebas, de fontes de água e de pequena irrigação.

§ 4º. Sempre que possível, a concessão dos incentivos regionais a que se refere o § 2º, III, considerará critérios de sustentabilidade ambiental e redução das emissões de carbono.
(*) § 4º acrescido pela EC nº 132, de 20.12.2023.

ART. 44 CONSTITUIÇÃO DA REPÚBLICA FEDERATIVA DO BRASIL

TÍTULO IV
DA ORGANIZAÇÃO DOS PODERES
(*) *Título IV com denominação dada pela EC nº 80, de 4.6.2014.*

Capítulo I
DO PODER LEGISLATIVO

Seção I
Do Congresso Nacional

Art. 44. O Poder Legislativo é exercido pelo Congresso Nacional, que se compõe da Câmara dos Deputados e do Senado Federal.

Parágrafo único. Cada legislatura terá a duração de quatro anos.

Art. 45. A Câmara dos Deputados compõe-se de representantes do povo, eleitos pelo sistema proporcional, em cada Estado, em cada Território e no Distrito Federal.

§ 1º. O número total de Deputados, bem como a representação por Estado e pelo Distrito Federal, será estabelecido por lei complementar, proporcionalmente à população, procedendo-se aos ajustes necessários, no ano anterior às eleições, para que nenhuma daquelas unidades da Federação tenha menos de oito ou mais de setenta Deputados.

(*) *V. arts. 1º ao 3º da Lei Complementar nº 78, de 30.12.1993 (Fixação do número de Deputados).*

§ 2º. Cada Território elegerá quatro Deputados.

Art. 46. O Senado Federal compõe-se de representantes dos Estados e do Distrito Federal, eleitos segundo o princípio majoritário.

§ 1º. Cada Estado e o Distrito Federal elegerão três Senadores, com mandato de oito anos.

§ 2º. A representação de cada Estado e do Distrito Federal será renovada de quatro em quatro anos, alternadamente, por um e dois terços.

§ 3º. Cada Senador será eleito com dois suplentes.

Art. 47. Salvo a disposição constitucional em contrário, as deliberações de cada Casa e de suas Comissões serão tomadas por maioria dos votos, presente a maioria absoluta de seus membros.

Seção II
Das Atribuições
do Congresso Nacional

Art. 48. Cabe ao Congresso Nacional, com a sanção do Presidente da República, não exigida esta para o especificado nos arts. 49, 51 e 52, dispor sobre todas as matérias de competência da União, especialmente sobre:

I – sistema tributário, arrecadação e distribuição de rendas;

(*) *Vide arts. 145 e ss da CF.*
(*) *V. Lei nº 5.172, de 25.10.1966 (Código Tributário Nacional).*
(*) *V. Ato Complementar nº 36, de 13.3.1967.*

II – plano plurianual, diretrizes orçamentárias, orçamento anual, operações de crédito, dívida pública e emissões de curso forçado;

III – fixação e modificação do efetivo das Forças Armadas;

IV – planos e programas nacionais, regionais e setoriais de desenvolvimento;

V – limites do território nacional, espaço aéreo e marítimo e bens do domínio da União;

VI – incorporação, subdivisão ou desmembramento de áreas de Territórios ou Estados, ouvidas as respectivas Assembleias Legislativas;

VII – transferência temporária da sede do Governo Federal;

VIII – concessão de anistia;

IX – organização administrativa, judiciária, do Ministério Público e da Defensoria Pública da União e dos Territórios e organização judiciária e do Ministério Público do Distrito Federal;

(*) *Inciso IX com redação dada pela EC nº 69, de 29.3.2012.*

X – criação, transformação e extinção de cargos, empregos e funções públicas, observado o que estabelece o art. 84, VI, "b";
(*) *Inciso X com redação dada pela EC n° 32, de 11.9.2001.*

XI – criação e extinção de Ministérios e órgãos da administração pública;
(*) *Inciso XI com redação dada pela EC n° 32, de 11.9.2001.*

XII – telecomunicações e radiodifusão;

XIII – matéria financeira, cambial e monetária, instituições financeiras e suas operações;

XIV – moeda, seus limites de emissão, e montante da dívida mobiliária federal;

XV – fixação do subsídio dos Ministros do Supremo Tribunal Federal, observado o que dispõem os arts. 39, § 4°; 150, II; 153, III; e 153, § 2°, I.
(*) *Inciso XV acrescido pela EC n° 19, de 4.6.1998, e com redação dada pela EC n° 41, de 19.12.2003.*

Art. 49. É da competência exclusiva do Congresso Nacional:

I – resolver definitivamente sobre tratados, acordos ou atos internacionais que acarretem encargos ou compromissos gravosos ao patrimônio nacional;

II – autorizar o Presidente da República a declarar guerra, a celebrar a paz, a permitir que forças estrangeiras transitem pelo Território Nacional ou nele permaneçam temporariamente, ressalvados os casos previstos em lei complementar;
(*) *V. Lei Complementar n° 90, de 1°.10.1997.*

III – autorizar o Presidente e o Vice-Presidente da República a se ausentarem do País, quando a ausência exceder a quinze dias;

IV – aprovar o estado de defesa e a intervenção federal, autorizar o estado de sítio, ou suspender qualquer uma dessas medidas;

V – sustar os atos normativos do Poder Executivo que exorbitem do poder regulamentar ou dos limites de delegação legislativa;

VI – mudar temporariamente sua sede;

VII – fixar idêntico subsídio para os Deputados Federais e os Senadores, observado o que dispõem os arts. 37, XI, 39, § 4°, 150, II, 153, III, e 153, § 2°, I;
(*) *Inciso VII com redação dada pela EC n° 19, de 4.6.1998.*

VIII – fixar os subsídios do Presidente e do Vice-Presidente da República e dos Ministros de Estado, observado o que dispõem os arts. 37, XI, 39, § 4°, 150, II, 153, III, e 153, § 2°, I;
(*) *Inciso VIII com redação dada pela EC n° 19, de 4.6.1998.*

IX – julgar anualmente as contas prestadas pelo Presidente da República e apreciar os relatórios sobre a execução dos planos de governo;

X – fiscalizar e controlar, diretamente, ou por qualquer de suas Casas, os atos do Poder Executivo, incluídos os da administração indireta;

XI – zelar pela preservação de sua competência legislativa em face da atribuição normativa dos outros Poderes;

XII – apreciar os atos de concessão e renovação de concessão de emissoras de rádio e televisão;

XIII – escolher dois terços dos membros do Tribunal de Contas da União;

XIV – aprovar iniciativas do Poder Executivo referentes a atividades nucleares;

XV – autorizar referendo e convocar plebiscito;
(*) *Vide art. 14, I a III, da CF.*

XVI – autorizar, em terras indígenas, a exploração e o aproveitamento de recursos hídricos e a pesquisa e lavra de riquezas minerais;

XVII – aprovar, previamente, a alienação ou concessão de terras públicas com área superior a dois mil e quinhentos hectares.

XVIII – decretar o estado de calamidade pública de âmbito nacional previsto nos arts. 167-B, 167-C, 167-D, 167-E, 167-F e 167-G desta Constituição.
(*) *Inciso XVIII acrescido pela EC n° 109, de 15.3.2021.*
(*) *V. art. 27.1 do Decreto n° 678, de 6.11.1992 (Pacto de São José da Costa Rica).*

Art. 50. A Câmara dos Deputados e o Senado Federal, ou qualquer de suas Comissões, poderão convocar Ministro de Estado, quaisquer titulares de órgãos diretamente subordinados à Presidência da República ou o Presidente do Comitê Gestor do Imposto sobre Bens e Serviços para prestarem, pessoalmente, informações sobre assunto previamente determinado, importando crime de responsabilidade a ausência sem justificação adequada.

(*) Art. 50, caput, alterado pela ECR nº 2, de 7.6.1994, e com redação dada pela EC nº 132, de 20.12.2023.

§ 1º. Os Ministros de Estado poderão comparecer ao Senado Federal, à Câmara dos Deputados, ou a qualquer de suas Comissões, por sua iniciativa e mediante entendimentos com a Mesa respectiva, para expor assunto de relevância de seu Ministério.

§ 2º. As Mesas da Câmara dos Deputados e do Senado Federal poderão encaminhar pedidos escritos de informações a Ministros de Estado ou a qualquer das pessoas referidas no caput deste artigo, importando em crime de responsabilidade a recusa, ou o não atendimento, no prazo de trinta dias, bem como a prestação de informações falsas.

(*) § 2º com redação dada pela ECR nº 2, de 7.6.1994.

Seção III
Da Câmara dos Deputados

Art. 51. Compete privativamente à Câmara dos Deputados:

I – autorizar, por dois terços de seus membros, a instauração de processo contra o Presidente e o Vice-Presidente da República e os Ministros de Estado;

II – proceder à tomada de contas do Presidente da República, quando não apresentadas ao Congresso Nacional dentro de sessenta dias após a abertura da sessão legislativa;

III – elaborar seu regimento interno;

IV – dispor sobre sua organização, funcionamento, polícia, criação, transformação ou extinção dos cargos, empregos e funções de seus serviços e a iniciativa de lei para fixação da respectiva remuneração, observados os parâmetros estabelecidos na lei de diretrizes orçamentárias;

(*) Inciso IV com redação dada pela EC nº 19, de 4.6.1998.
(*) Vide arts. 107 a 114 do ADCT.
(*) Vide arts. 5º; e 10, § 2º, I, e § 6º, da EC nº 103, de 12.11.2019.

V – eleger membros do Conselho da República, nos termos do art. 89, VII.

Seção IV
Do Senado Federal

Art. 52. Compete privativamente ao Senado Federal:

I – processar e julgar o Presidente e o Vice-Presidente da República nos crimes de responsabilidade, bem como os Ministros de Estado e os Comandantes da Marinha, do Exército e da Aeronáutica nos crimes da mesma natureza conexos com aqueles;

(*) Inciso I com redação dada pela EC nº 23, de 2.9.1999.

II – processar e julgar os Ministros do Supremo Tribunal Federal, os membros do Conselho Nacional de Justiça e do Conselho Nacional do Ministério Público, o Procurador-Geral da República e o Advogado-Geral da União nos crimes de responsabilidade;

(*) Inciso II com redação dada pela EC nº 45, de 30.12.2004.

III – aprovar previamente, por voto secreto, após arguição pública, a escolha de:
a) Magistrados, nos casos estabelecidos nesta Constituição;
b) Ministros do Tribunal de Contas da União indicados pelo Presidente da República;
c) Governador de Território;
d) Presidente e diretores do banco central;
e) Procurador-Geral da República;
f) titulares de outros cargos que a lei determinar;

IV – aprovar previamente, por voto secreto, após arguição em sessão secreta, a escolha dos chefes de missão diplomática de caráter permanente;

V – autorizar operações externas de natureza financeira, de interesse da União, dos Estados, do Distrito Federal, dos Territórios e dos Municípios;

VI – fixar, por proposta do Presidente da República, limites globais para o montante da dívida consolidada da União, dos Estados, do Distrito Federal e dos Municípios;

VII – dispor sobre limites globais e condições para as operações de crédito externo e interno da União, dos Estados, do Distrito

Federal e dos Municípios, de suas autarquias e demais entidades controladas pelo Poder Público Federal;

VIII – dispor sobre limites e condições para a concessão de garantia da União em operações de crédito externo e interno;

IX – estabelecer limites globais e condições para o montante da dívida mobiliária dos Estados, do Distrito Federal e dos Municípios;

X – suspender a execução, no todo ou em parte, de lei declarada inconstitucional por decisão definitiva do Supremo Tribunal Federal;

XI – aprovar, por maioria absoluta e por voto secreto, a exoneração, de ofício, do Procurador-Geral da República antes do término de seu mandato;

XII – elaborar seu regimento interno;

XIII – dispor sobre sua organização, funcionamento, polícia, criação, transformação ou extinção dos cargos, empregos e funções de seus serviços, e a iniciativa de lei para fixação da respectiva remuneração, observados os parâmetros estabelecidos na lei de diretrizes orçamentárias;

(*) *Inciso XIII com redação dada pela EC nº 19, de 4.6.1998.*
(*) *Vide arts. 107 a 114 do ADCT.*
(*) *Vide arts. 5º; e 10, § 2º, I, e § 6º, da EC nº 103, de 12.11.2019.*

XIV – eleger membros do Conselho da República, nos termos do art. 89, VII;

XV – avaliar periodicamente a funcionalidade do Sistema Tributário Nacional, em sua estrutura e seus componentes, e o desempenho das administrações tributárias da União, dos Estados e do Distrito Federal e dos Municípios.

(*) *Inciso XV acrescido pela EC nº 42, de 19.12.2003.*

Parágrafo único. Nos casos previstos nos incisos I e II, funcionará como Presidente o do Supremo Tribunal Federal, limitando-se a condenação, que somente será proferida por dois terços dos votos do Senado Federal, à perda do cargo, com inabilitação, por oito anos, para o exercício de função pública, sem prejuízo das demais sanções judiciais cabíveis.

Seção V
Dos Deputados e dos Senadores

Art. 53. Os Deputados e Senadores são invioláveis, civil e penalmente, por quaisquer de suas opiniões, palavras e votos.

(*) Art. 53, caput, *com redação dada pela EC nº 35, de 20.12.2001.*

§ 1º. Os Deputados e Senadores, desde a expedição do diploma, serão submetidos a julgamento perante o Supremo Tribunal Federal.

(*) *§ 1º com redação dada pela EC nº 35, de 20.12.2001.*

§ 2º. Desde a expedição do diploma, os membros do Congresso Nacional não poderão ser presos, salvo em flagrante de crime inafiançável. Nesse caso, os autos serão remetidos dentro de vinte e quatro horas à Casa respectiva, para que, pelo voto da maioria de seus membros, resolva sobre a prisão.

(*) *§ 2º com redação dada pela EC nº 35, de 20.12.2001.*

§ 3º. Recebida a denúncia contra o Senador ou Deputado, por crime ocorrido após a diplomação, o Supremo Tribunal Federal dará ciência à Casa respectiva, que, por iniciativa de partido político nela representado e pelo voto da maioria de seus membros, poderá, até a decisão final, sustar o andamento da ação.

(*) *§ 3º com redação dada pela EC nº 35, de 20.12.2001.*

§ 4º. O pedido de sustação será apreciado pela Casa respectiva no prazo improrrogável de quarenta e cinco dias do seu recebimento pela Mesa Diretora.

(*) *§ 4º com redação dada pela EC nº 35, de 20.12.2001.*

§ 5º. A sustação do processo suspende a prescrição, enquanto durar o mandato.

(*) *§ 5º com redação dada pela EC nº 35, de 20.12.2001.*

§ 6º. Os Deputados e Senadores não serão obrigados a testemunhar sobre informações recebidas ou prestadas em razão do exercício do mandato, nem sobre as pessoas que lhes confiaram ou deles receberam informações.

(*) *§ 6º com redação dada pela EC nº 35, de 20.12.2001.*

ART. 54 CONSTITUIÇÃO DA REPÚBLICA FEDERATIVA DO BRASIL

§ 7º. A incorporação às Forças Armadas de Deputados e Senadores, embora militares e ainda que em tempo de guerra, dependerá de prévia licença da Casa respectiva.
(*) § 7º com redação dada pela EC nº 35, de 20.12.2001.

§ 8º. As imunidades de Deputados ou Senadores subsistirão durante o estado de sítio, só podendo ser suspensas mediante o voto de dois terços dos membros da Casa respectiva, nos casos de atos praticados fora do recinto do Congresso Nacional, que sejam incompatíveis com a execução da medida.
(*) § 8º acrescido pela EC nº 35, de 20.12.2001.

Art. 54. Os Deputados e Senadores não poderão:

I – desde a expedição do diploma:

a) firmar ou manter contrato com pessoa jurídica de direito público, autarquia, empresa pública, sociedade de economia mista ou empresa concessionária de serviço público, salvo quando o contrato obedecer a cláusulas uniformes;

b) aceitar ou exercer cargo, função ou emprego remunerado, inclusive os de que sejam demissíveis *ad nutum*, nas entidades constantes da alínea anterior;

II – desde a posse:

a) ser proprietários, controladores ou diretores de empresa que goze de favor decorrente de contrato com pessoa jurídica de direito público, ou nela exercer função remunerada;

b) ocupar cargo ou função de que sejam demissíveis *ad nutum*, nas entidades referidas no inciso I, "a";

c) patrocinar causa em que seja interessada qualquer das entidades a que se refere o inciso I, "a";

d) ser titulares de mais de um cargo ou mandato público eletivo.

Art. 55. Perderá o mandato o Deputado ou Senador:

I – que infringir qualquer das proibições estabelecidas no artigo anterior;
(*) Vide § 2º deste artigo.

II – cujo procedimento for declarado incompatível com o decoro parlamentar;
(*) Vide § 2º deste artigo.

III – que deixar de comparecer, em cada sessão legislativa, à terça parte das sessões ordinárias da Casa a que pertencer, salvo licença ou missão por esta autorizada;
(*) Vide § 3º deste artigo.

IV – que perder ou tiver suspensos os direitos políticos;
(*) Vide § 3º deste artigo.

V – quando o decretar a Justiça Eleitoral, nos casos previstos nesta Constituição;
(*) Vide § 3º deste artigo.

VI – que sofrer condenação criminal em sentença transitada em julgado.
(*) Vide § 2º deste artigo.

§ 1º. É incompatível com o decoro parlamentar, além dos casos definidos no regimento interno, o abuso das prerrogativas asseguradas a membro do Congresso Nacional ou a percepção de vantagens indevidas.

§ 2º. Nos casos dos incisos I, II e VI, a perda do mandato será decidida pela Câmara dos Deputados ou pelo Senado Federal, por maioria absoluta, mediante provocação da respectiva Mesa ou de partido político representado no Congresso Nacional, assegurada ampla defesa.
(*) § 2º com redação dada pela EC nº 76, de 28.11.2013.

§ 3º. Nos casos previstos nos incisos III a V, a perda será declarada pela Mesa da Casa respectiva, de ofício ou mediante provocação de qualquer de seus membros ou de partido político representado no Congresso Nacional, assegurada ampla defesa.

§ 4º. A renúncia de parlamentar submetido a processo que vise ou possa levar à perda do mandato, nos termos deste artigo, terá seus efeitos suspensos até as deliberações finais de que tratam os §§ 2º e 3º.
(*) § 4º acrescido pela ECR nº 6, de 7.6.1994.

Art. 56. Não perderá o mandato o Deputado ou Senador:

I – investido no cargo de Ministro de Estado, Governador de Território, Secretário de Estado, do Distrito Federal, de Território, de Prefeitura de Capital ou chefe de missão diplomática temporária;

II – licenciado pela respectiva Casa por motivo de doença, ou para tratar, sem remuneração, de interesse particular, desde que, neste caso, o afastamento não ultrapasse cento e vinte dias por sessão legislativa.

§ 1º. O suplente será convocado nos casos de vaga, de investidura em funções previstas neste artigo ou de licença superior a cento e vinte dias.

§ 2º. Ocorrendo vaga e não havendo suplente, far-se-á eleição para preenchê-la se faltarem mais de quinze meses para o término do mandato.

§ 3º. Na hipótese do inciso I, o Deputado ou Senador poderá optar pela remuneração do mandato.

Seção VI
Das Reuniões

Art. 57. O Congresso Nacional reunir-se-á, anualmente, na Capital Federal, de 2 de fevereiro a 17 de julho e de 1º de agosto a 22 de dezembro.

(*) *Art. 57, caput, com redação dada pela EC nº 50, de 14.2.2006.*

§ 1º. As reuniões marcadas para essas datas serão transferidas para o primeiro dia útil subsequente, quando recaírem em sábados, domingos ou feriados.

§ 2º. A sessão legislativa não será interrompida sem a aprovação do projeto de lei de diretrizes orçamentárias.

§ 3º. Além de outros casos previstos nesta Constituição, a Câmara dos Deputados e o Senado Federal reunir-se-ão em sessão conjunta para:

I – inaugurar a sessão legislativa;

II – elaborar o regimento comum e regular a criação de serviços comuns às duas Casas;

III – receber o compromisso do Presidente e do Vice-Presidente da República;

IV – conhecer do veto e sobre ele deliberar.

§ 4º. Cada uma das Casas reunir-se-á em sessões preparatórias, a partir de 1º de fevereiro, no primeiro ano da legislatura, para a posse de seus membros e eleição das respectivas Mesas, para mandato de 2 (dois) anos, vedada a recondução para o mesmo cargo na eleição imediatamente subsequente.

(*) *§ 4º com redação dada pela EC nº 50, de 14.2.2006.*

§ 5º. A Mesa do Congresso Nacional será presidida pelo Presidente do Senado Federal, e os demais cargos serão exercidos, alternadamente, pelos ocupantes de cargos equivalentes na Câmara dos Deputados e no Senado Federal.

§ 6º. A convocação extraordinária do Congresso Nacional far-se-á:

(*) *§ 6º, caput, com redação dada pela EC nº 50, de 14.2.2006.*

I – pelo Presidente do Senado Federal, em caso de decretação de estado de defesa ou de intervenção federal, de pedido de autorização para a decretação de estado de sítio e para o compromisso e a posse do Presidente e do Vice-Presidente da República;

II – pelo Presidente da República, pelos Presidentes da Câmara dos Deputados e do Senado Federal ou a requerimento da maioria dos membros de ambas as Casas, em caso de urgência ou interesse público relevante, em todas as hipóteses deste inciso com a aprovação da maioria absoluta de cada uma das Casas do Congresso Nacional.

(*) *Inciso II com redação dada pela EC nº 50, de 14.2.2006.*

§ 7º. Na sessão legislativa extraordinária, o Congresso Nacional somente deliberará sobre a matéria para a qual foi convocado, ressalvada a hipótese do § 8º deste artigo, vedado o pagamento de parcela indenizatória, em razão da convocação.

(*) *§ 7º alterado pela EC nº 19, de 4.6.1998, pela EC nº 32, de 11.9.2001, e com redação dada pela EC nº 50, de 14.2.2006.*

§ 8º. Havendo medidas provisórias em vigor na data de convocação extraordinária do Congresso Nacional, serão elas automaticamente incluídas na pauta da convocação.

(*) *§ 8º com redação dada pela EC nº 32, de 11.9.2001.*

Seção VII
Das Comissões

Art. 58. O Congresso Nacional e suas Casas terão comissões permanentes e temporárias, constituídas na forma e com as atribuições previstas no respectivo regimento ou no ato de que resultar sua criação.

§ 1º. Na constituição das Mesas e de cada Comissão, é assegurada, tanto quanto possível, a representação proporcional dos partidos ou dos blocos parlamentares que participam da respectiva Casa.

§ 2º. Às comissões, em razão da matéria de sua competência, cabe:

I – discutir e votar projeto de lei que dispensar, na forma do Regimento, a competência do Plenário, salvo se houver recurso de um décimo dos membros da Casa;

II – realizar audiências públicas com entidades da sociedade civil;

III – convocar Ministros de Estado para prestar informações sobre assuntos inerentes a suas atribuições;

IV – receber petições, reclamações, representações ou queixas de qualquer pessoa contra atos ou omissões das autoridades ou entidades públicas;

V – solicitar depoimento de qualquer autoridade ou cidadão;

VI – apreciar programas de obras, planos nacionais, regionais e setoriais de desenvolvimento e sobre eles emitir parecer.

§ 3º. As comissões parlamentares de Inquérito, que terão poderes de investigação próprios das autoridades judiciais, além de outros previstos nos regimentos das respectivas Casas, serão criadas pela Câmara dos Deputados e pelo Senado Federal, em conjunto ou separadamente, mediante requerimento de um terço de seus membros, para a apuração de fato determinado e por prazo certo, sendo suas conclusões, se for o caso, encaminhadas ao Ministério Público, para que promova a responsabilidade civil ou criminal dos infratores.

(*) *V. Lei nº 1.579, de 18.3.1952*
(Comissões Parlamentares de Inquérito – CPIs).
(*) *V. Lei nº 10.001, de 4.9.2000.*

§ 4º. Durante o recesso, haverá uma Comissão representativa do Congresso Nacional, eleita por suas Casas na última sessão ordinária do período legislativo, com atribuições definidas no Regimento comum, cuja composição reproduzirá, quanto possível, a proporcionalidade da representação partidária.

Seção VIII
Do Processo Legislativo

Subseção I
Disposição Geral

Art. 59. O processo legislativo compreende a elaboração de:

I – emendas à Constituição;

II – leis complementares;

III – leis ordinárias;

IV – leis delegadas;

V – medidas provisórias;

(*) *Vide arts. 62; e 84, XXVI, da CF.*
(*) *Vide art. 73 do ADCT.*

VI – decretos legislativos;

VII – resoluções.

Parágrafo único. Lei complementar disporá sobre a elaboração, redação, alteração e consolidação das leis.

(*) *Vide art. 114 do ADCT.*
(*) *V. Lei Complementar nº 95, de 26.2.1998.*
(*) *V. Decreto nº 9.191, de 1º.11.2017.*

Subseção II
Da Emenda à Constituição

(*) *V. Lei Complementar nº 95, de 26.2.1998.*

Art. 60. A Constituição poderá ser emendada mediante proposta:

I – de um terço, no mínimo, dos membros da Câmara dos Deputados ou do Senado Federal;

II – do Presidente da República;

III – de mais da metade das Assembleias Legislativas das unidades da Federação, manifestando-se, cada uma delas, pela maioria relativa de seus membros.

§ 1º. A Constituição não poderá ser emendada na vigência de intervenção federal, de estado de defesa ou de estado de sítio.

§ 2º. A proposta será discutida e votada em cada Casa do Congresso Nacional, em dois turnos, considerando-se aprovada se obtiver, em ambos, três quintos dos votos dos respectivos membros.

§ 3º. A emenda à Constituição será promulgada pelas Mesas da Câmara dos

Deputados e do Senado Federal, com o respectivo número de ordem.

§ 4º. Não será objeto de deliberação a proposta de emenda tendente a abolir:

I – a forma federativa de Estado;

II – o voto direto, secreto, universal e periódico;

(*) V. art. 23 do Decreto nº 678, de 6.11.1992 (Pacto de São José da Costa Rica).

III – a separação dos Poderes;

IV – os direitos e garantias individuais.

§ 5º. A matéria constante de proposta de emenda rejeitada ou havida por prejudicada não pode ser objeto de nova proposta na mesma sessão legislativa.

Subseção III
Das Leis

Art. 61. A iniciativa das leis complementares e ordinárias cabe a qualquer membro ou Comissão da Câmara dos Deputados, do Senado Federal ou do Congresso Nacional, ao Presidente da República, ao Supremo Tribunal Federal, aos Tribunais Superiores, ao Procurador-Geral da República e aos cidadãos, na forma e nos casos previstos nesta Constituição.

§ 1º. São de iniciativa privativa do Presidente da República as leis que:

I – fixem ou modifiquem os efetivos das Forças Armadas;

II – disponham sobre:

a) criação de cargos, funções ou empregos públicos na administração direta e autárquica ou aumento de sua remuneração;

b) organização administrativa e judiciária, matéria tributária e orçamentária, serviços públicos e pessoal da administração dos Territórios;

c) servidores públicos da União e Territórios, seu regime jurídico, provimento de cargos, estabilidade e aposentadoria;

(*) Alínea "c" com redação dada pela EC nº 18, de 5.2.1998.

d) organização do Ministério Público e da Defensoria Pública da União, bem como normas gerais para a organização do Ministério Público e da Defensoria Pública dos Estados, do Distrito Federal e dos Territórios;

e) criação e extinção de Ministérios e órgãos da administração pública, observado o disposto no art. 84, VI;

(*) Alínea "e" com redação dada pela EC nº 32, de 11.9.2001.

f) militares das Forças Armadas, seu regime jurídico, provimento de cargos, promoções, estabilidade, remuneração, reforma e transferência para a reserva.

(*) Alínea "f" acrescida pela EC nº 18, de 5.2.1998.

§ 2º. A iniciativa popular pode ser exercida pela apresentação à Câmara dos Deputados de projeto de lei subscrito por, no mínimo, um por cento do eleitorado nacional, distribuído pelo menos por cinco Estados, com não menos de três décimos por cento dos eleitores de cada um deles.

Art. 62. Em caso de relevância e urgência, o Presidente da República poderá adotar medidas provisórias, com força de lei, devendo submetê-las de imediato ao Congresso Nacional.

(*) Art. 62, caput, com redação dada pela EC nº 32, de 11.9.2001.
(*) Vide art. 167, § 3º, da CF.

§ 1º. É vedada a edição de medidas provisórias sobre matéria:

I – relativa a:

a) nacionalidade, cidadania, direitos políticos, partidos políticos e direito eleitoral;

b) direito penal, processual penal e processual civil;

c) organização do Poder Judiciário e do Ministério Público, a carreira e a garantia de seus membros;

d) planos plurianuais, diretrizes orçamentárias, orçamento e créditos adicionais e suplementares, ressalvado o previsto no art. 167, § 3º;

II – que vise a detenção ou sequestro de bens, de poupança popular ou qualquer outro ativo financeiro;

III – reservada a lei complementar;

IV – já disciplinada em projeto de lei aprovado pelo Congresso Nacional e pendente de sanção ou veto do Presidente da República.

(*) § 1º acrescido pela EC nº 32, de 11.9.2001.

§ 2º. Medida provisória que implique instituição ou majoração de impostos, exceto os previstos nos arts. 153, I, II, IV, V, e 154, II, só produzirá efeitos no exercício financeiro seguinte se houver sido convertida em lei até o último dia daquele em que foi editada.
(*) § 2º acrescido pela EC nº 32, de 11.9.2001.

§ 3º. As medidas provisórias, ressalvado o disposto nos §§ 11 e 12 perderão eficácia, desde a edição, se não forem convertidas em lei no prazo de sessenta dias, prorrogável, nos termos do § 7º, uma vez por igual período, devendo o Congresso Nacional disciplinar, por decreto legislativo, as relações jurídicas delas decorrentes.
(*) § 3º acrescido pela EC nº 32, de 11.9.2001.
(*) Vide art. 2º da EC nº 32, de 11.9.2001.

§ 4º. O prazo a que se refere o § 3º contar-se-á da publicação da medida provisória, suspendendo-se durante os períodos de recesso do Congresso Nacional.
(*) § 4º acrescido pela EC nº 32, de 11.9.2001.

§ 5º. A deliberação de cada uma das Casas do Congresso Nacional sobre o mérito das medidas provisórias dependerá de juízo prévio sobre o atendimento de seus pressupostos constitucionais.
(*) § 5º acrescido pela EC nº 32, de 11.9.2001.

§ 6º. Se a medida provisória não for apreciada em até quarenta e cinco dias contados de sua publicação, entrará em regime de urgência, subsequentemente, em cada uma das Casas do Congresso Nacional, ficando sobrestadas, até que se ultime a votação, todas as demais deliberações legislativas da Casa em que estiver tramitando.
(*) § 6º acrescido pela EC nº 32, de 11.9.2001.

§ 7º. Prorrogar-se-á uma única vez por igual período a vigência de medida provisória que, no prazo de sessenta dias, contado de sua publicação, não tiver a sua votação encerrada nas duas Casas do Congresso Nacional.
(*) § 7º acrescido pela EC nº 32, de 11.9.2001.

§ 8º. As medidas provisórias terão sua votação iniciada na Câmara dos Deputados.
(*) § 8º acrescido pela EC nº 32, de 11.9.2001.

§ 9º. Caberá à comissão mista de Deputados e Senadores examinar as medidas provisórias e sobre elas emitir parecer, antes de serem apreciadas, em sessão separada, pelo plenário de cada uma das Casas do Congresso Nacional.
(*) § 9º acrescido pela EC nº 32, de 11.9.2001.

§ 10. É vedada a reedição, na mesma sessão legislativa, de medida provisória que tenha sido rejeitada ou que tenha perdido sua eficácia por decurso de prazo.
(*) § 10 acrescido pela EC nº 32, de 11.9.2001.

§ 11. Não editado o decreto legislativo a que se refere o § 3º até sessenta dias após a rejeição ou perda de eficácia de medida provisória, as relações jurídicas constituídas e decorrentes de atos praticados durante sua vigência conservar-se-ão por ela regidas.
(*) § 11 acrescido pela EC nº 32, de 11.9.2001.

§ 12. Aprovado projeto de lei de conversão alterando o texto original da medida provisória, esta manter-se-á integralmente em vigor até que seja sancionado ou vetado o projeto.
(*) § 12 acrescido pela EC nº 32, de 11.9.2001.
(*) Vide § 3º deste artigo.

Art. 63. Não será admitido aumento da despesa prevista:

I – nos projetos de iniciativa exclusiva do Presidente da República, ressalvado o disposto no art. 166, §§ 3º e 4º;

II – nos projetos sobre organização dos serviços administrativos da Câmara dos Deputados, do Senado Federal, dos Tribunais Federais e do Ministério Público.

Art. 64. A discussão e votação dos projetos de lei de iniciativa do Presidente da República, do Supremo Tribunal Federal e dos Tribunais Superiores terão início na Câmara dos Deputados.

§ 1º. O Presidente da República poderá solicitar urgência para apreciação de projetos de sua iniciativa.

§ 2º. Se, no caso do § 1º, a Câmara dos Deputados e o Senado Federal não se manifestarem sobre a proposição, cada qual sucessivamente, em até quarenta e cinco dias, sobrestar-se-ão todas as demais deliberações legislativas da respectiva Casa, com exceção das que tenham prazo constitucional determinado, até que se ultime a votação.

(*) § 2º com redação dada pela EC nº 32, de 11.9.2001.
(*) Vide § 4º deste artigo.

§ 3º. A apreciação das emendas do Senado Federal pela Câmara dos Deputados far-se-á no prazo de dez dias, observado quanto ao mais o disposto no parágrafo anterior.

§ 4º. Os prazos do § 2º não correm nos períodos de recesso do Congresso Nacional, nem se aplicam aos projetos de código.

Art. 65. O projeto de lei aprovado por uma Casa será revisto pela outra, em um só turno de discussão e votação, e enviado à sanção ou promulgação, se a Casa revisora o aprovar, ou arquivado, se o rejeitar.

Parágrafo único. Sendo o projeto emendado, voltará à Casa iniciadora.

Art. 66. A Casa na qual tenha sido concluída a votação enviará o projeto de lei ao Presidente da República, que, aquiescendo, o sancionará.

§ 1º. Se o Presidente da República considerar o projeto, no todo ou em parte, inconstitucional ou contrário ao interesse público, vetá-lo-á total ou parcialmente, no prazo de quinze dias úteis, contados da data do recebimento, e comunicará, dentro de quarenta e oito horas, ao Presidente do Senado Federal os motivos do veto.

§ 2º. O veto parcial somente abrangerá texto integral de artigo, de parágrafo, de inciso ou de alínea.

§ 3º. Decorrido o prazo de quinze dias, o silêncio do Presidente da República importará sanção.

§ 4º. O veto será apreciado em sessão conjunta, dentro de trinta dias a contar de seu recebimento, só podendo ser rejeitado pelo voto da maioria absoluta dos Deputados e Senadores.

(*) § 4º com redação dada pela EC nº 76, de 28.11.2013.
(*) Vide § 6º deste artigo.

§ 5º. Se o veto não for mantido, será o projeto enviado, para promulgação, ao Presidente da República.

§ 6º. Esgotado sem deliberação o prazo estabelecido no § 4º, o veto será colocado na ordem do dia da sessão imediata, sobrestadas as demais proposições, até sua votação final.

(*) § 6º com redação dada pela EC nº 32, de 11.9.2001.

§ 7º. Se a lei não for promulgada dentro de quarenta e oito horas pelo Presidente da República, nos casos dos § 3º e 5º, o Presidente do Senado a promulgará, e, se este não o fizer em igual prazo, caberá ao Vice-Presidente do Senado fazê-lo.

Art. 67. A matéria constante de projeto de lei rejeitado somente poderá constituir objeto de novo projeto, na mesma sessão legislativa, mediante proposta da maioria absoluta dos membros de qualquer das Casas do Congresso Nacional.

Art. 68. As leis delegadas serão elaboradas pelo Presidente da República, que deverá solicitar a delegação ao Congresso Nacional.

§ 1º. Não serão objeto de delegação os atos de competência exclusiva do Congresso Nacional, os de competência privativa da Câmara dos Deputados ou do Senado Federal, a matéria reservada à lei complementar, nem a legislação sobre:

I – organização do Poder Judiciário e do Ministério Público, a carreira e a garantia de seus membros;

II – nacionalidade, cidadania, direitos individuais, políticos e eleitorais;

III – planos plurianuais, diretrizes orçamentárias e orçamentos.

§ 2º. A delegação ao Presidente da República terá a forma da resolução do Congresso Nacional, que especificará seu conteúdo e os termos de seu exercício.

§ 3º. Se a resolução determinar a apreciação do projeto pelo Congresso Nacional, este fará em votação única, vedada qualquer emenda.

Art. 69. As leis complementares serão aprovadas por maioria absoluta.

Seção IX
Da Fiscalização Contábil, Financeira e Orçamentária

Art. 70. A fiscalização contábil, financeira, orçamentária, operacional e patrimonial da União e das entidades da administração direta e indireta, quanto à legalidade, legitimidade, economicidade, aplicação das subvenções e renúncia de receitas, será exercida pelo Congresso Nacional, mediante controle externo, e pelo sistema de controle interno de cada Poder.

Parágrafo único. Prestará contas qualquer pessoa física ou jurídica, pública ou privada, que utilize, arrecade, guarde, gerencie ou administre dinheiros, bens e valores públicos ou pelos quais a União responda, ou que, em nome desta, assuma obrigações de natureza pecuniária.

(*) *Parágrafo único com redação dada pela EC nº 19, de 4.6.1998.*

Art. 71. O controle externo, a cargo do Congresso Nacional, será exercido com o auxílio do Tribunal de Contas da União, ao qual compete:

I – apreciar as contas prestadas anualmente pelo Presidente da República, mediante parecer prévio que deverá ser elaborado em sessenta dias a contar de seu recebimento;

II – julgar as contas dos administradores e demais responsáveis por dinheiros, bens e valores públicos da administração direta e indireta, incluídas as fundações e sociedades instituídas e mantidas pelo Poder Público federal, e as contas daqueles que derem causa a perda, extravio ou outra irregularidade de que resulte prejuízo ao erário público;

(*) *Vide inciso IV deste artigo.*

III – apreciar, para fins de registro, a legalidade dos atos de admissão de pessoal, a qualquer título, na Administração Direta e Indireta, incluídas as fundações instituídas e mantidas pelo Poder Público, excetuadas as nomeações para cargo de provimento em comissão, bem como a das concessões de aposentadorias, reformas e pensões, ressalvadas as melhorias posteriores que não alterem o fundamento legal do ato concessório;

IV – realizar, por iniciativa própria, da Câmara dos Deputados, do Senado Federal, de Comissão técnica ou de inquérito, inspeções e auditorias de natureza contábil, financeira, orçamentária, operacional e patrimonial, nas unidades administrativas dos Poderes Legislativo, Executivo e Judiciário, e demais entidades referidas no inciso II;

V – fiscalizar as contas nacionais das empresas supranacionais de cujo capital social a União participe, de forma direta ou indireta, nos termos do tratado constitutivo;

VI – fiscalizar a aplicação de quaisquer recursos repassados pela União mediante convênio, acordo, ajuste ou outros instrumentos congêneres, a Estado, ao Distrito Federal ou a Município;

VII – prestar as informações solicitadas pelo Congresso Nacional, por qualquer de suas Casas, ou por qualquer das respectivas Comissões, sobre a fiscalização contábil, financeira, orçamentária, operacional e patrimonial e sobre resultados de auditorias e inspeções realizadas;

VIII – aplicar aos responsáveis, em caso de ilegalidade de despesa ou irregularidade de contas, as sanções previstas em lei, que estabelecerá, entre outras cominações, multa proporcional ao dano causado ao erário;

IX – assinar prazo para que o órgão ou entidade adote as providências necessárias ao exato cumprimento da lei, se verificada ilegalidade;

X – sustar, se não atendido, a execução do ato impugnado, comunicando a decisão à Câmara dos Deputados e ao Senado Federal;

XI – representar ao Poder competente sobre irregularidades ou abusos apurados.

§ 1º. No caso de contrato, o ato de sustação será adotado diretamente pelo Congresso Nacional, que solicitará, de imediato, ao Poder Executivo as medidas cabíveis.

§ 2º. Se o Congresso Nacional ou o Poder Executivo, no prazo de noventa dias, não efetivar as medidas previstas no parágrafo anterior, o Tribunal decidirá a respeito.

§ 3º. As decisões do Tribunal de que resulte imputação de débito ou multa terão eficácia de título executivo.

§ 4º. O Tribunal encaminhará ao Congresso Nacional, trimestral e anualmente, relatório de suas atividades.

Art. 72. A Comissão mista permanente a que se refere o art. 166, § 1º, diante de indícios de despesas não autorizadas, ainda que sob a forma de investimentos não programados ou de subsídios não aprovados, poderá solicitar à autoridade governamental responsável que, no prazo de cinco dias, preste os esclarecimentos necessários.

§ 1º. Não prestados os esclarecimentos, ou considerados estes insuficientes, a Comissão solicitará ao Tribunal pronunciamento conclusivo sobre a matéria, no prazo de trinta dias.

§ 2º. Entendendo o Tribunal irregular a despesa, a Comissão, se julgar que o gasto possa causar dano irreparável ou grave lesão à economia pública, proporá ao Congresso Nacional sua sustação.

Art. 73. O Tribunal de Contas da União, integrado por nove Ministros, tem sede no Distrito Federal, quadro próprio de pessoal e jurisdição em todo o território nacional, exercendo, no que couber, as atribuições previstas no art. 96.

(*) *V. Lei nº 8.443, de 16.7.1992 (Lei Orgânica do TCU).*

(*) *V. Resolução TCU nº 246, de 30.11.2011 (Regimento Interno).*

§ 1º. Os Ministros do Tribunal de Contas da União serão nomeados dentre brasileiros que satisfaçam os seguintes requisitos:

I – mais de trinta e cinco e menos de setenta anos de idade;

(*) *Inciso I com redação dada pela EC nº 122, de 17.5.2022.*

II – idoneidade moral e reputação ilibada;

III – notórios conhecimentos jurídicos, contábeis, econômicos e financeiros ou de administração pública;

IV – mais de dez anos de exercício de função ou de efetiva atividade profissional que exija os conhecimentos mencionados no inciso anterior.

(*) *Vide Decreto Legislativo nº 6, de 22.4.1993.*

§ 2º. Os Ministros do Tribunal de Contas da União serão escolhidos:

I – um terço pelo Presidente da República, com aprovação do Senado Federal, sendo dois alternadamente dentre auditores e membros do Ministério Público junto ao Tribunal, indicados em lista tríplice pelo Tribunal, segundo os critérios de antiguidade e merecimento;

II – dois terços pelo Congresso Nacional.

§ 3º. Os Ministros do Tribunal de Contas da União terão as mesmas garantias, prerrogativas, impedimentos, vencimentos e vantagens dos Ministros do Superior Tribunal de Justiça, aplicando-se-lhes, quanto à aposentadoria e pensão, as normas constantes do art. 40.

(*) *§ 3º com redação dada pela EC nº 20, de 15.12.1998.*

§ 4º. O auditor, quando em substituição a Ministro, terá as mesmas garantias e impedimentos do titular e, quando no exercício das demais atribuições da judicatura, as de Juiz de Tribunal Regional Federal.

Art. 74. Os Poderes Legislativo, Executivo e Judiciário manterão, de forma integrada, sistema de controle interno com a finalidade de:

I – avaliar o cumprimento das metas previstas no plano plurianual, a execução dos programas de governo e dos orçamentos da União;

II – comprovar a legalidade e avaliar os resultados, quanto à eficácia e eficiência, da gestão orçamentária, financeira e patrimonial nos órgãos e entidades da administração federal, bem como da aplicação de recursos públicos por entidades de direito privado;

III – exercer o controle das operações de crédito, avais e garantias, bem como dos direitos e haveres da União;

IV – apoiar o controle externo no exercício de sua missão institucional.

§ 1º. Os responsáveis pelo controle interno, ao tomarem conhecimento de qualquer irregularidade ou ilegalidade, dela darão ciência ao Tribunal de Contas da União, sob pena de responsabilidade solidária.

§ 2º. Qualquer cidadão, partido político, associação ou sindicato é parte legítima para, na forma da lei, denunciar irregularidades ou ilegalidades perante o Tribunal de Contas da União.

Art. 75. As normas estabelecidas nesta seção aplicam-se, no que couber, à organização, composição e fiscalização dos Tribunais de Contas dos Estados e do Distrito Federal, bem como dos Tribunais e Conselhos de Contas dos Municípios.

Parágrafo único. As Constituições estaduais disporão sobre os Tribunais de Contas respectivos, que serão integrados por sete Conselheiros.

Capítulo II
DO PODER EXECUTIVO

Seção I
Do Presidente
e do Vice-Presidente da República

Art. 76. O Poder Executivo é exercido pelo Presidente da República, auxiliado pelos Ministros de Estado.

Art. 77. A eleição do Presidente e do Vice-Presidente da República realizar-se-á, simultaneamente, no primeiro domingo de outubro, em primeiro turno, e no último domingo de outubro, em segundo turno, se houver, do ano anterior ao do término do mandato presidencial vigente.
(*) Art. 77, caput, com redação dada pela EC nº 16, de 4.6.1997.
(*) Vide art. 5º do ADCT.

§ 1º. A eleição do Presidente da República importará a do Vice-Presidente com ele registrado.

§ 2º. Será considerado eleito Presidente o candidato que, registrado por partido político, obtiver a maioria absoluta de votos, não computados os em branco e os nulos.

§ 3º. Se nenhum candidato alcançar maioria absoluta na primeira votação, far-se-á nova eleição em até vinte dias após a proclamação do resultado, concorrendo os dois candidatos mais votados e considerando-se eleito aquele que obtiver a maioria dos votos válidos.

§ 4º. Se, antes de realizado o segundo turno, ocorrer morte, desistência ou impedimento legal de candidato, convocar-se-á, dentre os remanescentes, o de maior votação.

§ 5º. Se, na hipótese dos parágrafos anteriores, remanescer, em segundo lugar, mais de um candidato com a mesma votação, qualificar-se-á o mais idoso.

Art. 78. O Presidente e o Vice-Presidente da República tomarão posse em sessão do Congresso Nacional, prestando o compromisso de manter, defender e cumprir a Constituição, observar as leis, promover o bem geral do povo brasileiro, sustentar a união, a integridade e a independência do Brasil.

Parágrafo único. Se, decorridos dez dias da data fixada para a posse, o Presidente ou o Vice-Presidente, salvo motivo de força maior, não tiver assumido o cargo, este será declarado vago.

Art. 79. Substituirá o Presidente, no caso de impedimento, e suceder-lhe-á, no de vaga, o Vice-Presidente.

Parágrafo único. O Vice-Presidente da República, além de outras atribuições que lhe forem conferidas por lei complementar, auxiliará o Presidente, sempre que por ele convocado para missões especiais.

Art. 80. Em caso de impedimento do Presidente e do Vice-Presidente, ou vacância dos respectivos cargos, serão sucessivamente chamados ao exercício da Presidência o Presidente da Câmara dos Deputados, o do Senado Federal e o do Supremo Tribunal Federal.

Art. 81. Vagando os cargos de Presidente e Vice-Presidente da República, far-se-á eleição noventa dias depois de aberta a última vaga.

§ 1º. Ocorrendo a vacância nos últimos dois anos do período presidencial, a eleição para ambos os cargos será feita trinta dias depois da última vaga, pelo Congresso Nacional, na forma da lei.

§ 2º. Em qualquer dos casos, os eleitos deverão completar o período de seus antecessores.

Art. 82. O mandato do Presidente da República é de 4 (quatro) anos e terá início em 5 de janeiro do ano seguinte ao de sua eleição.
(*) Art. 82 alterado pela ECR nº 5, de 7.6.1994, e pela EC nº 16, de 4.6.1997, e com redação dada pela EC nº 111, de 28.9.2021.
(*) Vide art. 4º da EC nº 111, de 28.9.2021.
(*) Vide art. 5º da EC nº 111, de 28.9.2021 (Vigência: produção de efeito a partir das eleições de 2026.).
(*) Texto anterior à alteração promovida pela EC nº 111/2021: **Art. 82.** O mandato do Presidente da República é de quatro anos e terá início em primeiro de janeiro do ano seguinte ao da sua eleição.

Art. 83. O Presidente e o Vice-Presidente da República não poderão, sem licença do Congresso Nacional, ausentar-se do País por período superior a quinze dias, sob pena de perda do cargo.

Seção II
Das Atribuições
do Presidente da República

Art. 84. Compete privativamente ao Presidente da República:

I – nomear e exonerar os Ministros de Estado;

II – exercer, com o auxílio dos Ministros de Estado, a direção superior da administração federal;

III – iniciar o processo legislativo, na forma e nos casos previstos nesta Constituição;

IV – sancionar, promulgar e fazer publicar as leis, bem como expedir decretos e regulamentos para sua fiel execução;

V – vetar projetos de lei, total ou parcialmente;

VI – dispor, mediante decreto, sobre:
(*) Inciso VI, caput, com redação dada pela EC nº 32, de 11.9.2001.
(*) Vide parágrafo único deste artigo.
(*) Vide art. 61, II, "e", da CF.

a) organização e funcionamento da administração federal, quando não implicar aumento de despesa nem criação ou extinção de órgãos públicos;
(*) Alínea "a" acrescida pela EC nº 32, de 11.9.2001.

b) extinção de funções ou cargos públicos, quando vagos;
(*) Alínea "c" acrescida pela EC nº 32, de 11.9.2001.

VII – manter relações com Estados estrangeiros e acreditar seus representantes diplomáticos;

VIII – celebrar tratados, convenções e atos internacionais, sujeitos a referendo do Congresso Nacional;

IX – decretar o estado de defesa e o estado de sítio;

X – decretar e executar a intervenção federal;

XI – remeter mensagem e plano de governo ao Congresso Nacional por ocasião da abertura da sessão legislativa, expondo a situação do País e solicitando as providências que julgar necessárias;

XII – conceder indulto e comutar penas, com audiência, se necessário, dos órgãos instituídos em lei;
(*) Vide parágrafo único deste artigo.
(*) V. Súmula 631 do STJ.

XIII – exercer o comando supremo das Forças Armadas, nomear os Comandantes da Marinha, do Exército e da Aeronáutica, promover seus oficiais-generais e nomeá-los para os cargos que lhes são privativos;
(*) Inciso XIII com redação dada pela EC nº 23, de 2.9.1999.

XIV – nomear, após aprovação pelo Senado Federal, os Ministros do Supremo Tribunal Federal e dos Tribunais Superiores, os Governadores de Territórios, o Procurador-Geral da República, o presidente e os diretores do banco central e outros servidores, quando determinado em lei;

XV – nomear, observado o disposto no art. 73, os Ministros do Tribunal de Contas da União;

XVI – nomear os magistrados, nos casos previstos nesta Constituição, e o Advogado-Geral da União;

XVII – nomear membros do Conselho da República, nos termos do art. 89, VII;

XVIII – convocar e presidir o Conselho da República e o Conselho de Defesa Nacional;

XIX – declarar guerra, no caso de agressão estrangeira, autorizado pelo Congresso Nacional ou referendado por ele, quando ocorrida no intervalo das sessões legislativas, e, nas mesmas condições, decretar, total ou parcialmente, a mobilização nacional;
(*) Vide art. 5º, XLVII, "a", da CF.

XX – celebrar a paz, autorizado ou com o referendo do Congresso Nacional;

XXI – conferir condecorações e distinções honoríficas;

XXII – permitir, nos casos previstos em lei complementar, que forças estrangeiras transitem pelo território nacional ou nele permaneçam temporariamente;
(*) V. Lei Complementar nº 90, de 1º.10.1997.

XXIII – enviar ao Congresso Nacional o plano plurianual, o projeto de lei de diretrizes orçamentárias e as propostas de orçamento previstos nesta Constituição;

XXIV – prestar, anualmente, ao Congresso Nacional, dentro de sessenta dias após a abertura da sessão legislativa, as contas referentes ao exercício anterior;

XXV – prover e extinguir os cargos públicos federais, na forma da lei;

(*) Vide parágrafo único deste artigo.

XXVI – editar medidas provisórias com força de lei, nos termos do art. 62;

XXVII – exercer outras atribuições previstas nesta Constituição.

XXVIII – propor ao Congresso Nacional a decretação do estado de calamidade pública de âmbito nacional previsto nos arts. 167-B, 167-C, 167-D, 167-E, 167-F e 167-G desta Constituição.

(*) Inciso XXVIII acrescido pela EC nº 109, de 15.3.2021.

Parágrafo único. O Presidente da República poderá delegar as atribuições mencionadas nos incisos VI, XII e XXV, primeira parte, aos Ministros de Estado, ao Procurador-Geral da República ou ao Advogado-Geral da União, que observarão os limites traçados nas respectivas delegações.

Seção III
Da Responsabilidade do Presidente da República

Art. 85. São crimes de responsabilidade os atos do Presidente da República que atentem contra a Constituição Federal e, especialmente, contra:

I – a existência da União;

II – o livre exercício do Poder Legislativo, do Poder Judiciário, do Ministério Público e dos Poderes constitucionais das unidades da Federação;

III – o exercício dos direitos políticos, individuais e sociais;

IV – a segurança interna do País;

V – a probidade na administração;

(*) V. Lei nº 8.429, de 2.6.1992 (Improbidade Administrativa).

(*) V. ADI nºs 7042 e 7043.

VI – a lei orçamentária;

VII – o cumprimento das leis e das decisões judiciais.

Parágrafo único. Esses crimes serão definidos em lei especial, que estabelecerá as normas de processo e julgamento.

Art. 86. Admitida a acusação contra o Presidente da República, por dois terços da Câmara dos Deputados, será ele submetido a julgamento perante o Supremo Tribunal Federal, nas infrações penais comuns, ou perante o Senado Federal, nos crimes de responsabilidade.

§ 1º. O Presidente ficará suspenso de suas funções:

I – nas infrações penais comuns, se recebida a denúncia ou queixa-crime pelo Supremo Tribunal Federal;

II – nos crimes de responsabilidade, após a instauração do processo pelo Senado Federal.

§ 2º. Se, decorrido o prazo de cento e oitenta dias, o julgamento não estiver concluído, cessará o afastamento do Presidente, sem prejuízo do regular prosseguimento do processo.

§ 3º. Enquanto não sobrevier sentença condenatória, nas infrações comuns, o Presidente da República não estará sujeito a prisão.

§ 4º. O Presidente da República, na vigência de seu mandato, não pode ser responsabilizado por atos estranhos ao exercício de suas funções.

Seção IV
Dos Ministros de Estado

Art. 87. Os Ministros de Estado serão escolhidos dentre brasileiros maiores de vinte e um anos e no exercício dos direitos políticos.

Parágrafo único. Compete ao Ministro de Estado, além de outras atribuições estabelecidas nesta Constituição e na lei:

I – exercer a orientação, coordenação e supervisão dos órgãos e entidades da administração federal na área de sua competência e referendar os atos e decretos assinados pelo Presidente da República;

II – expedir instruções para a execução das leis, decretos e regulamentos;

III – apresentar ao Presidente da República relatório anual de sua gestão no Ministério;

IV – praticar os atos pertinentes às atribuições que lhe forem outorgadas ou delegadas pelo Presidente da República.

Art. 88. A lei disporá sobre a criação e extinção de Ministérios e órgãos da administração pública.

(*) *Art. 88 com redação dada pela EC nº 32, de 11.9.2001.*

Seção V
Do Conselho da República e do Conselho de Defesa Nacional

Subseção I
Do Conselho da República

Art. 89. O Conselho da República é órgão superior de consulta do Presidente da República, e dele participam:

I – o Vice-Presidente da República;

II – o Presidente da Câmara dos Deputados;

III – o Presidente do Senado Federal;

IV – os líderes da maioria e da minoria na Câmara dos Deputados;

V – os líderes da maioria e da minoria no Senado Federal;

VI – o Ministro da Justiça;

VII – seis cidadãos brasileiros natos, com mais de trinta e cinco anos de idade, sendo dois nomeados pelo Presidente da República, dois eleitos pelo Senado Federal e dois eleitos pela Câmara dos Deputados, todos com mandato de três anos, vedada a recondução.

(*) *Vide arts. 51, V; 52, XIV; e 84, XVII, da CF.*

Art. 90. Compete ao Conselho da República pronunciar-se sobre:

I – intervenção federal, estado de defesa e estado de sítio;

II – as questões relevantes para a estabilidade das instituições democráticas.

§ 1º. O Presidente da República poderá convocar Ministro de Estado para participar da reunião do Conselho, quando constar da pauta questão relacionada com o respectivo Ministério.

§ 2º. A lei regulará a organização e o funcionamento do Conselho da República.

(*) *V. Lei nº 8.041, de 5.6.1990.*

Subseção II
Do Conselho de Defesa Nacional

Art. 91. O Conselho de Defesa Nacional é órgão de consulta do Presidente da República nos assuntos relacionados com a soberania nacional e a defesa do Estado democrático, e dele participam como membros natos:

I – o Vice-Presidente da República;

II – o Presidente da Câmara dos Deputados;

III – o Presidente do Senado Federal;

IV – o Ministro da Justiça;

V – o Ministro de Estado da Defesa;

(*) *Inciso V com redação dada pela EC nº 23, de 2.9.1999.*

VI – o Ministro das Relações Exteriores;

VII – o Ministro do Planejamento;

VIII – os Comandantes da Marinha, do Exército e da Aeronáutica.

(*) *Inciso VIII acrescido pela EC nº 23, de 2.9.1999.*

§ 1º. Compete ao Conselho de Defesa Nacional:

I – opinar nas hipóteses de declaração de guerra e de celebração da paz, nos termos desta Constituição;

II – opinar sobre a decretação do estado de defesa, do estado de sítio e da intervenção federal;

III – propor os critérios e condições de utilização de áreas indispensáveis à segurança do território nacional e opinar sobre seu efetivo uso, especialmente na faixa de fronteira e nas relacionadas com a preservação e a exploração dos recursos naturais de qualquer tipo;

IV – estudar, propor e acompanhar o desenvolvimento de iniciativas necessárias a garantir a independência nacional e a defesa do Estado democrático.

§ 2º. A lei regulará a organização e o funcionamento do Conselho de Defesa Nacional.

(*) *V. Lei nº 8.183, de 11.4.1991.*

(*) *V. Decreto nº 893, de 12.8.1993.*

Capítulo III
DO PODER JUDICIÁRIO

Seção I
Disposições Gerais

Art. 92. São órgãos do Poder Judiciário:

I – o Supremo Tribunal Federal;

I-A – o Conselho Nacional de Justiça;

(*) *Inciso I-A acrescido pela EC nº 45, de 30.12.2004.*

II – o Superior Tribunal de Justiça;

II-A – o Tribunal Superior do Trabalho;

(*) *Inciso II-A acrescido pela EC nº 92, de 12.7.2016.*

III – os Tribunais Regionais Federais e Juízes Federais;

IV – os Tribunais e Juízes do Trabalho;

V – os Tribunais e Juízes Eleitorais;

VI – os Tribunais e Juízes Militares;

VII – os Tribunais e Juízes dos Estados e do Distrito Federal e Territórios.

§ 1º. O Supremo Tribunal Federal, o Conselho Nacional de Justiça e os Tribunais Superiores têm sede na Capital Federal.

(*) *§ 1º, primitivo parágrafo único, renumerado e com redação dada pela EC nº 45, de 30.12.2004.*

§ 2º. O Supremo Tribunal Federal e os Tribunais Superiores têm jurisdição em todo o território nacional.

(*) *§ 2º acrescido pela EC nº 45, de 30.12.2004.*

Art. 93. Lei complementar, de iniciativa do Supremo Tribunal Federal, disporá sobre o Estatuto da Magistratura, observados os seguintes princípios:

(*) *V. Lei Complementar nº 35, de 14.3.1979 (Lei Orgânica da Magistratura Nacional).*

I – ingresso na carreira, cujo cargo inicial será o de juiz substituto, mediante concurso público de provas e títulos, com a participação da Ordem dos Advogados do Brasil em todas as fases, exigindo-se do bacharel em direito, no mínimo, três anos de atividade jurídica e obedecendo-se, nas nomeações, à ordem de classificação;

(*) *Inciso I com redação dada pela EC nº 45, de 30.12.2004.*

II – promoção de entrância para entrância, alternadamente, por antiguidade e merecimento, atendidas as seguintes normas:

a) é obrigatória a promoção do juiz que figure por três vezes consecutivas ou cinco alternadas em lista de merecimento;

b) a promoção por merecimento pressupõe dois anos de exercício na respectiva entrância e integrar o juiz a primeira quinta parte da lista de antiguidade desta, salvo se não houver, com tais requisitos, quem aceite o lugar vago;

c) aferição do merecimento conforme o desempenho e pelos critérios objetivos de produtividade e presteza no exercício da jurisdição e pela frequência e aproveitamento em cursos oficiais ou reconhecidos de aperfeiçoamento;

(*) *Alínea "c" com redação dada pela EC nº 45, de 30.12.2004.*

d) na apuração de antiguidade, o tribunal somente poderá recusar o juiz mais antigo pelo voto fundamentado de dois terços de seus membros, conforme procedimento próprio, e assegurada ampla defesa, repetindo-se a votação até fixar-se a indicação;

(*) *Alínea "d" com redação dada pela EC nº 45, de 30.12.2004.*

e) não será promovido o juiz que, injustificadamente, retiver autos em seu poder além do prazo legal, não podendo devolvê-los ao cartório sem o devido despacho ou decisão;

(*) *Alínea "e" acrescida pela EC nº 45, de 30.12.2004.*

III – o acesso aos tribunais de segundo grau far-se-á por antiguidade e merecimento, alternadamente, apurados na última ou única entrância;

(*) *Inciso III com redação dada pela EC nº 45, de 30.12.2004.*

IV – previsão de cursos oficiais de preparação, aperfeiçoamento e promoção de magistrados, constituindo etapa obrigatória do processo de vitaliciamento a participação em curso oficial ou reconhecido por escola nacional de formação e aperfeiçoamento de magistrados;

(*) *Inciso IV com redação dada pela EC nº 45, de 30.12.2004.*

V – o subsídio dos Ministros dos Tribunais Superiores corresponderá a noventa e cinco por cento do subsídio mensal fixado para os Ministros do Supremo Tribunal Federal e os subsídios dos demais magistrados serão fixados em lei e escalonados, em nível federal e estadual, conforme as respectivas categorias da estrutura judiciária nacional, não podendo a diferença entre uma e outra ser superior a dez por cento ou inferior a cinco por cento, nem exceder a noventa e cinco por cento do subsídio mensal dos Ministros dos Tribunais Superiores, obedecido, em qualquer caso, o disposto nos arts. 37, XI, e 39, § 4°;

(*) Inciso V com redação dada pela EC n° 19, de 4.6.1998.
(*) V. Lei n° 9.655, de 2.6.1998.

VI – a aposentadoria dos magistrados e a pensão de seus dependentes observarão o disposto no art. 40;

(*) Inciso VI com redação dada pela EC n° 20, de 15.12.1998.

VII – o juiz titular residirá na respectiva comarca, salvo autorização do tribunal;

(*) Inciso VII com redação dada pela EC n° 45, de 30.12.2004.

VIII – o ato de remoção ou de disponibilidade do magistrado, por interesse público, fundar-se-á em decisão por voto da maioria absoluta do respectivo tribunal ou do Conselho Nacional de Justiça, assegurada ampla defesa;

(*) Inciso VIII alterado pela EC n° 45, de 30.12.2004, e com redação dada pela EC n° 103, de 12.11.2019.

VIII-A – a remoção a pedido de magistrados de comarca de igual entrância atenderá, no que couber, ao disposto nas alíneas "a", "b", "c" e "e" do inciso II do caput deste artigo e no art. 94 desta Constituição;

(*) Inciso VIII-A acrescido pela EC n° 45, de 30.12.2004, e com redação dada pela EC n° 130, de 3.10.2023.

VIII-B – a permuta de magistrados de comarca de igual entrância, quando for o caso, e dentro do mesmo segmento de justiça, inclusive entre os juízes de segundo grau, vinculados a diferentes tribunais, na esfera da justiça estadual, federal ou do trabalho, atenderá, no que couber, ao disposto nas alíneas "a", "b", "c" e "e" do inciso II do caput deste artigo e no art. 94 desta Constituição;

(*) Inciso VIII-B acrescido pela EC n° 130, de 3.10.2023.

IX – todos os julgamentos dos órgãos do Poder Judiciário serão públicos, e fundamentadas todas as decisões, sob pena de nulidade, podendo a lei limitar a presença, em determinados atos, às próprias partes e a seus advogados, ou somente a estes, em casos nos quais a preservação do direito à intimidade do interessado no sigilo não prejudique o interesse público à informação;

(*) Inciso IX com redação dada pela EC n° 45, de 30.12.2004.
(*) V. arts. 11; e 489, § 1°, I a VI, do Código de Processo Civil.
(*) V. art. 8.5 do Decreto n° 678, de 6.11.1992 (Pacto de São José da Costa Rica).
(*) V. Súmulas 718 e 727 do STF.
(*) V. Recomendação CNJ n° 123, de 7.1.2022.

X – as decisões administrativas dos tribunais serão motivadas e em sessão pública, sendo as disciplinares tomadas pelo voto da maioria absoluta de seus membros;

(*) Inciso X com redação dada pela EC n° 45, de 30.12.2004.

XI – nos tribunais com número superior a vinte e cinco julgadores, poderá ser constituído órgão especial, com o mínimo de onze e o máximo de vinte e cinco membros, para o exercício das atribuições administrativas e jurisdicionais delegadas da competência do tribunal pleno, provendo-se metade das vagas por antiguidade e a outra metade por eleição pelo tribunal pleno;

(*) Inciso XI com redação dada pela EC n° 45, de 30.12.2004.

XII – a atividade jurisdicional será ininterrupta, sendo vedado férias coletivas nos juízos e tribunais de segundo grau, funcionando, nos dias em que não houver expediente forense normal, juízes em plantão permanente;

(*) Inciso XII acrescido pela EC n° 45, de 30.12.2004.

XIII – o número de juízes na unidade jurisdicional será proporcional à efetiva demanda judicial e à respectiva população;

(*) Inciso XIII acrescido pela EC n° 45, de 30.12.2004.

XIV – os servidores receberão delegação para a prática de atos de administração e atos de mero expediente sem caráter decisório;
(*) *Inciso XIV acrescido pela EC nº 45, de 30.12.2004.*

XV – a distribuição de processos será imediata, em todos os graus de jurisdição.
(*) *Inciso XV acrescido pela EC nº 45, de 30.12.2004.*

Art. 94. Um quinto dos lugares dos Tribunais Regionais Federais, dos Tribunais dos Estados, e do Distrito Federal e Territórios será composto de membros, do Ministério Público, com mais de dez anos de carreira, e de advogados de notório saber jurídico e de reputação ilibada, com mais de dez anos de efetiva atividade profissional, indicados em lista sêxtupla pelos órgãos de representação das respectivas classes.

Parágrafo único. Recebidas as indicações, o tribunal formará lista tríplice, enviando-a ao Poder Executivo, que, nos vinte dias subsequentes, escolherá um de seus integrantes para nomeação.

Art. 95. Os juízes gozam das seguintes garantias:

I – vitaliciedade, que, no primeiro grau, só será adquirida após dois anos de exercício, dependendo a perda do cargo, nesse período, de deliberação do tribunal a que o juiz estiver vinculado, e, nos demais casos, de sentença judicial transitada em julgado;

II – inamovibilidade, salvo por motivo de interesse público, na forma do art. 93, VIII;

III – irredutibilidade de subsídio, ressalvado o disposto nos arts. 37, X e XI, 39, § 4º, 150, II, 153, III, e 153, § 2º, I.
(*) *Inciso III com redação dada pela EC nº 19, de 4.6.1998.*

Parágrafo único. Aos juízes é vedado:

I – exercer, ainda que em disponibilidade, outro cargo ou função, salvo uma de magistério;

II – receber, a qualquer título ou pretexto, custas ou participação em processo;

III – dedicar-se à atividade político-partidária;

IV – receber, a qualquer título ou pretexto, auxílios ou contribuições de pessoas físicas, entidades públicas ou privadas, ressalvadas as exceções previstas em lei;
(*) *Inciso IV acrescido pela EC nº 45, de 30.12.2004.*

V – exercer a advocacia no juízo ou tribunal do qual se afastou, antes de decorridos três anos do afastamento do cargo por aposentadoria ou exoneração.
(*) *Inciso V acrescido pela EC nº 45, de 30.12.2004.*

Art. 96. Compete privativamente:
(*) *Vide art. 73 da CF.*

I – aos Tribunais:

a) eleger seus órgãos diretivos e elaborar seus regimentos internos, com observância das normas de processo e das garantias processuais das partes, dispondo sobre a competência e o funcionamento dos respectivos órgãos jurisdicionais e administrativos;

b) organizar suas secretarias e serviços auxiliares e os dos juízos que lhes forem vinculados, velando pelo exercício da atividade correicional respectiva;

c) prover, na forma prevista nesta Constituição, os cargos de juiz de carreira da respectiva jurisdição;

d) propor a criação de novas varas judiciárias;

e) prover, por concurso público de provas, ou de provas e títulos, obedecido o disposto no art. 169, parágrafo único, os cargos necessários à administração da Justiça, exceto os de confiança assim definidos em lei;
(*) *V. art. 169, § 1º, da CF.*

f) conceder licença, férias e outros afastamentos a seus membros e aos juízes e servidores que lhes forem imediatamente vinculados;

II – ao Supremo Tribunal Federal, aos Tribunais Superiores e aos Tribunais de Justiça propor ao Poder Legislativo respectivo, observado o disposto no art. 169:

a) a alteração do número de membros dos tribunais inferiores;

b) a criação e a extinção de cargos e a remuneração dos seus serviços auxiliares e dos juízos que lhes forem vinculados, bem como a fixação do subsídio de seus membros e dos juízes, inclusive dos tribunais inferiores, onde houver;

(*) Alínea "b" alterada pela EC nº 19, de 4.6.1998, e com redação dada pela EC nº 41, de 19.12.2003.

c) a criação ou extinção dos tribunais inferiores;

d) a alteração da organização e da divisão judiciária;

III – aos Tribunais de Justiça julgar os juízes estaduais e do Distrito Federal e Territórios, bem como os membros do Ministério Público, nos crimes comuns e de responsabilidade, ressalvada a competência da Justiça Eleitoral.

Art. 97. Somente pelo voto da maioria absoluta de seus membros ou dos membros do respectivo órgão especial poderão os Tribunais declarar a inconstitucionalidade de lei ou ato normativo do Poder Público.

Art. 98. A União, no Distrito Federal e nos Territórios, e os Estados criarão:

I – juizados especiais, providos por juízes togados, ou togados e leigos, competentes para a conciliação, o julgamento e a execução de causas cíveis de menor complexidade e infrações penais de menor potencial ofensivo, mediante os procedimentos oral e sumariíssimo, permitidos, nas hipóteses previstas em lei, a transação e o julgamento de recursos por turmas de juízes de primeiro grau;

(*) V. arts. 3º, §§ 2º e 3º; 165 a 175; 319, VII; e 334 do Código de Processo Civil.
(*) V. Lei nº 9.099, de 26.9.1995 (Juizados Especiais Cíveis e Criminais).
(*) V. Lei nº 10.259, de 12.7.2001 (Juizados Especiais Cíveis e Criminais na Justiça Federal).
(*) V. Lei nº 13.140, de 26.6.2015 (Mediação).
(*) V. Resolução CNJ nº 125/2010.
(*) V. Súmula 727 do STF.

II – justiça de paz, remunerada, composta de cidadãos eleitos pelo voto direto, universal e secreto, com mandato de quatro anos e competência para, na forma da lei, celebrar casamentos, verificar, de ofício ou em face de impugnação apresentada, o processo de habilitação e exercer atribuições conciliatórias, sem caráter jurisdicional, além de outras previstas na legislação.

§ 1º. Lei federal disporá sobre a criação de juizados especiais no âmbito da Justiça Federal.

(*) § 1º, primitivo parágrafo único, acrescido pela EC nº 22, de 18.3.1999, e renumerado pela EC nº 45, de 30.12.2004.

§ 2º. As custas e emolumentos serão destinados exclusivamente ao custeio dos serviços afetos às atividades específicas da Justiça.

(*) § 2º acrescido pela EC nº 45, de 30.12.2004.

Art. 99. Ao Poder Judiciário é assegurada autonomia administrativa e financeira.

§ 1º. Os tribunais elaborarão suas propostas orçamentárias dentro dos limites estipulados conjuntamente com os demais Poderes na lei de diretrizes orçamentárias.

(*) Vide §§ 3º e 4º deste artigo.
(*) Vide arts. 107 a 114 do ADCT.

§ 2º. O encaminhamento da proposta, ouvidos os outros tribunais interessados, compete:

I – no âmbito da União, aos Presidentes do Supremo Tribunal Federal e dos Tribunais Superiores, com a aprovação dos respectivos tribunais;

II – no âmbito dos Estados e no do Distrito Federal e Territórios, aos Presidentes dos Tribunais de Justiça, com a aprovação dos respectivos tribunais.

§ 3º. Se os órgãos referidos no § 2º não encaminharem as respectivas propostas orçamentárias dentro do prazo estabelecido na lei de diretrizes orçamentárias, o Poder Executivo considerará, para fins de consolidação da proposta orçamentária anual, os valores aprovados na lei orçamentária vigente, ajustados de acordo com os limites estipulados na forma do § 1º deste artigo.

(*) § 3º acrescido pela EC nº 45, de 30.12.2004.

§ 4º. Se as propostas orçamentárias de que trata este artigo forem encaminhadas em desacordo com os limites estipulados na forma do § 1º, o Poder Executivo procederá aos ajustes necessários para fins de consolidação da proposta orçamentária anual.

(*) § 4º acrescido pela EC nº 45, de 30.12.2004.

§ 5º. Durante a execução orçamentária do exercício, não poderá haver a realização de despesas ou a assunção de obrigações que extrapolem os limites estabelecidos na lei de diretrizes orçamentárias, exceto se previamente autorizadas, mediante a abertura do créditos suplementares ou especiais.

(*) § 5º acrescido pela EC nº 45, de 30.12.2004.

Art. 100. Os pagamentos devidos pelas Fazendas Públicas Federal, Estaduais, Distrital e Municipais, em virtude de sentença judiciária, far-se-ão exclusivamente na ordem cronológica de apresentação dos precatórios e à conta dos créditos respectivos, proibida a designação de casos ou de pessoas nas dotações orçamentárias e nos créditos adicionais abertos para este fim.

(*) Art. 100, caput, com redação dada pela EC nº 62, de 9.12.2009.
(*) Vide § 3º deste artigo.
(*) Vide arts. 33, 78, 86, 97 e 101 a 105 do ADCT.

§ 1º. Os débitos de natureza alimentícia compreendem aqueles decorrentes de salários, vencimentos, proventos, pensões e suas complementações, benefícios previdenciários e indenizações por morte ou por invalidez, fundadas em responsabilidade civil, em virtude de sentença judicial transitada em julgado, e serão pagos com preferência sobre todos os demais débitos, exceto sobre aqueles referidos no § 2º deste artigo.

(*) § 1º alterado pela EC nº 30, de 13.9.2000, e com redação dada pela EC nº 62, de 9.12.2009.

§ 1º-A. (Suprimido).
(*) § 1º-A acrescido pela EC nº 30, de 13.9.2000, e suprimido pela EC nº 62, de 11.11.2009.

§ 2º. Os débitos de natureza alimentícia cujos titulares, originários ou por sucessão hereditária, tenham 60 (sessenta) anos de idade, ou sejam portadores de doença grave, ou pessoas com deficiência, assim definidos na forma da lei, serão pagos com preferência sobre todos os demais débitos, até o valor equivalente ao triplo fixado em lei para os fins do disposto no § 3º deste artigo, admitido o fracionamento para essa finalidade, sendo que o restante será pago na ordem cronológica de apresentação do precatório.

(*) § 2º alterado pela EC nº 30, de 13.9.2000, pela EC nº 62, de 9.12.2009, e com redação dada pela EC nº 94, de 15.12.2016.
(*) Vide art. 97 do ADCT.

§ 3º. O disposto no *caput* deste artigo relativamente à expedição de precatórios não se aplica aos pagamentos de obrigações definidas em leis como de pequeno valor que as Fazendas referidas devam fazer em virtude de sentença judicial transitada em julgado.

(*) § 3º acrescido pela EC nº 20, de 15.12.1998, alterado pela EC nº 30, de 13.9.2000, e com redação dada pela EC nº 62, de 11.11.2009.
(*) Vide § 8º deste artigo.
(*) Vide arts. 87 e 97 do ADCT.

§ 4º. Para os fins do disposto no § 3º, poderão ser fixados, por leis próprias, valores distintos às entidades de direito público, segundo as diferentes capacidades econômicas, sendo o mínimo igual ao valor do maior benefício do regime geral de previdência social.

(*) § 4º acrescido pela EC nº 37, de 12.6.2002, e com redação dada pela EC nº 62, de 9.12.2009.

§ 5º. É obrigatória a inclusão no orçamento das entidades de direito público de verba necessária ao pagamento de seus débitos oriundos de sentenças transitadas em julgado constantes de precatórios judiciários apresentados até 2 de abril, fazendo-se o pagamento até o final do exercício seguinte, quando terão seus valores atualizados monetariamente.

(*) § 5º acrescido pela EC nº 30, de 13.9.2000, renumerado pela EC nº 37, de 12.6.2002, alterado pela EC nº 62, de 9.12.2009, e com redação dada pela EC nº 114, de 16.12.2021 (Vigência: com entrada em vigor a partir de 2022.).

§ 6º. As dotações orçamentárias e os créditos abertos serão consignados diretamente ao Poder Judiciário, cabendo ao Presidente do Tribunal que proferir a decisão exequenda determinar o pagamento integral e autorizar, a requerimento do credor e exclusivamente para os casos de preterimento de seu direito de precedência ou de não alocação orçamentária do valor necessário à satisfação do seu débito, o sequestro da quantia respectiva.

(*) § 6º acrescido pela EC nº 30, de 13.9.2000, renumerado pela EC nº 37, de 12.6.2002, e com redação dada pela EC nº 62, de 9.12.2009.

§ 7º. O Presidente do Tribunal competente que, por ato comissivo ou omissivo, retardar ou tentar frustrar a liquidação regular de precatórios incorrerá em crime de responsabilidade e responderá, também, perante o Conselho Nacional de Justiça.

(*) § 7º acrescido pela EC nº 62, de 9.12.2009.

§ 8º. É vedada a expedição de precatórios complementares ou suplementares de valor pago, bem como o fracionamento, repartição ou quebra do valor da execução para fins de enquadramento de parcela do total ao que dispõe o § 3º deste artigo.

(*) § 8º acrescido pela EC nº 62, de 9.12.2009.

§ 9º. Sem que haja interrupção no pagamento do precatório e mediante comunicação da Fazenda Pública ao Tribunal, o valor correspondente aos eventuais débitos inscritos em dívida ativa contra o credor do requisitório e seus substituídos deverá ser depositado à conta do juízo responsável pela ação de cobrança, que decidirá pelo seu destino definitivo.

(*) § 9º acrescido pela EC nº 62, de 9.12.2009, e com redação dada pela EC nº 113, de 8.12.2021.

(*) V. ADI nº 4.425, que, em julgamento conjunto das ADI nºs 4.357, 4.372, 4.400 e 4.426, de inconstitucionalidade da EC nº 62, declarou: a inconstitucionalidade da expressão "na data de expedição do precatório", contida no § 2º; inconstitucionais os §§ 9º e 10; inconstitucional a expressão "índice oficial de remuneração básica da caderneta de poupança" constante do § 12, bem como dando interpretação, para esse § 12, para que os mesmos critérios de fixação de juros moratórios prevaleçam para devedores públicos e privados nos limites da natureza de cada relação jurídica analisada; a inconstitucionalidade do § 15, todos do art. 100 da CF, e do artigo 97 do Ato das Disposições Constitucionais Transitórias.

§ 10. Antes da expedição dos precatórios, o Tribunal solicitará à Fazenda Pública devedora, para resposta em até 30 (trinta) dias, sob pena de perda do direito de abatimento, informação sobre os débitos que preencham as condições estabelecidas no § 9º, para os fins nele previstos.

(*) § 10 acrescido pela EC nº 62, de 9.12.2009.

(*) V. ADI nº 4.425, que, em julgamento conjunto das ADI nºs 4.357, 4.372, 4.400 e 4.426, de inconstitucionalidade da EC nº 62, declarou: a inconstitucionalidade da expressão "na data de expedição do precatório", contida no § 2º; inconstitucionais os §§ 9º e 10; inconstitucional a expressão "índice oficial de remuneração básica da caderneta de poupança" constante do § 12, bem como dando interpretação, para esse § 12, para que os mesmos critérios de fixação de juros moratórios prevaleçam para devedores públicos e privados nos limites da natureza de cada relação jurídica analisada; a inconstitucionalidade do § 15, todos do art. 100 da CF, e do artigo 97 do Ato das Disposições Constitucionais Transitórias.

§ 11. É facultada ao credor, conforme estabelecido em lei do ente federativo devedor, com autoaplicabilidade para a União, a oferta de créditos líquidos e certos que originalmente lhe são próprios ou adquiridos de terceiros reconhecidos pelo ente federativo ou por decisão judicial transitada em julgado para:

I – quitação de débitos parcelados ou débitos inscritos em dívida ativa do ente federativo devedor, inclusive em transação resolutiva de litígio, e, subsidiariamente, débitos com a administração autárquica e fundacional do mesmo ente;

II – compra de imóveis públicos de propriedade do mesmo ente disponibilizados para venda;

III – pagamento de outorga de delegações de serviços públicos e demais espécies de concessão negocial promovidas pelo mesmo ente;

IV – aquisição, inclusive minoritária, de participação societária, disponibilizada para venda, do respectivo ente federativo; ou

V – compra de direitos, disponibilizados para cessão, do respectivo ente federativo, inclusive, no caso da União, da antecipação de valores a serem recebidos a título de excedente em óleo em contratos de partilha de petróleo.

(*) § 11 acrescido pela EC nº 62, de 9.12.2009, e com redação dada pela EC nº 113, de 8.12.2021.

(*) Vide art. 97 do ADCT.

§ 12. A partir da promulgação desta Emenda Constitucional, a atualização de valores de requisitórios, após sua expedição, até o efetivo pagamento, independentemente de sua natureza, será feita pelo índice oficial de remuneração básica da caderneta do poupança, e, para fins de compensação da mora, incidirão juros simples no mesmo percentual de juros incidentes sobre a caderneta de poupança, ficando excluída a incidência de juros compensatórios.

(*) § 12 acrescido pela EC nº 62, de 9.12.2009.
(*) Vide art. 97 do ADCT.
(*) V. ADI nº 4.425, que, em julgamento conjunto das ADI nºs 4.357, 4.372, 4.400 e 4.426, de inconstitucionalidade da EC nº 62, declarou: a inconstitucionalidade da expressão "na data de expedição do precatório", contida no § 2º; inconstitucionais os §§ 9º e 10; inconstitucional a expressão "índice oficial de remuneração básica da caderneta de poupança" constante do § 12, bem como dando interpretação, para esse § 12, para que os mesmos critérios de fixação de juros moratórios prevaleçam para devedores públicos e privados nos limites da natureza de cada relação jurídica analisada; a inconstitucionalidade do § 15, todos do art. 100 da CF, e do artigo 97 do Ato das Disposições Constitucionais Transitórias.

§ 13. O credor poderá ceder, total ou parcialmente, seus créditos em precatórios a terceiros, independentemente da concordância do devedor, não se aplicando ao cessionário o disposto nos §§ 2º e 3º.

(*) § 13 acrescido pela EC nº 62, de 9.12.2009.
(*) Vide art. 97 do ADCT.

§ 14. A cessão de precatórios, observado o disposto no § 9º deste artigo, somente produzirá efeitos após comunicação, por meio de petição protocolizada, ao Tribunal de origem e ao ente federativo devedor.

(*) § 14 acrescido pela EC nº 62, de 9.12.2009, e com redação dada pela EC nº 113, de 8.12.2021.
(*) Vide art. 97 do ADCT.

§ 15. Sem prejuízo do disposto neste artigo, lei complementar a esta Constituição Federal poderá estabelecer regime especial para pagamento de crédito de precatórios de Estados, Distrito Federal e Municípios, dispondo sobre vinculações à receita corrente líquida e forma e prazo de liquidação.

(*) § 15 acrescido pela EC nº 62, de 9.12.2009.
(*) Vide art. 97 do ADCT.
(*) V. ADI nº 4.425, que, em julgamento conjunto das ADI nºs 4.357, 4.372, 4.400 e 4.426, de inconstitucionalidade da EC nº 62, declarou: a inconstitucionalidade da expressão "na data de expedição do precatório", contida no § 2º; inconstitucionais os §§ 9º e 10; inconstitucional a expressão "índice oficial de remuneração básica da caderneta de poupança" constante do § 12, bem como dando interpretação, para esse § 12, para que os mesmos critérios de fixação de juros moratórios prevaleçam para devedores públicos e privados nos limites da natureza de cada relação jurídica analisada; a inconstitucionalidade do § 15, todos do art. 100 da CF, e do artigo 97 do Ato das Disposições Constitucionais Transitórias.

§ 16. A seu critério exclusivo e na forma de lei, a União poderá assumir débitos, oriundos de precatórios, de Estados, Distrito Federal e Municípios, refinanciando-os diretamente.

(*) § 16 acrescido pela EC nº 62, de 9.12.2009.

§ 17. A União, os Estados, o Distrito Federal e os Municípios aferirão mensalmente, em base anual, o comprometimento de suas respectivas receitas correntes líquidas com o pagamento de precatórios e obrigações de pequeno valor.

(*) § 17 acrescido pela EC nº 94, de 15.12.2016.

§ 18. Entende-se como receita corrente líquida, para os fins de que trata o § 17, o somatório das receitas tributárias, patrimoniais, industriais, agropecuárias, de contribuições e de serviços, de transferências correntes e outras receitas correntes, incluindo as oriundas do § 1º do art. 20 da Constituição Federal, verificado no período compreendido pelo segundo mês imediatamente anterior ao de referência e os 11 (onze) meses precedentes, excluídas as duplicidades, e deduzidas:

I – na União, as parcelas entregues aos Estados, ao Distrito Federal e aos Municípios por determinação constitucional;

II – nos Estados, as parcelas entregues aos Municípios por determinação constitucional;

III – na União, nos Estados, no Distrito Federal e nos Municípios, a contribuição dos servidores para custeio de seu sistema de previdência e assistência social e as receitas provenientes da compensação financeira referida no § 9º do art. 201 da Constituição Federal.

(*) § 18 acrescido pela EC nº 94, de 15.12.2016.
(*) V. Lei nº 14.332, de 4.5.2022 (Arrecadação de recursos por entidades beneficentes de assistência social por meio de títulos de capitalização).

§ 19. Caso o montante total de débitos decorrentes de condenações judiciais em precatórios e obrigações de pequeno valor, em período de 12 (doze) meses, ultrapasse a média do comprometimento percentual da receita corrente líquida nos 5 (cinco) anos imediatamente anteriores, a parcela que exceder esse percentual poderá ser financiada, excetuada dos limites de endividamento de que tratam os incisos VI e VII do art. 52 da Constituição Federal e de quaisquer outros limites de endividamento previstos, não se aplicando a esse financiamento a vedação de vinculação de receita prevista no inciso IV do art. 167 da Constituição Federal.

(*) § 19 acrescido pela EC nº 94, de 15.12.2016.

§ 20. Caso haja precatório com valor superior a 15% (quinze por cento) do montante dos precatórios apresentados nos termos do § 5º deste artigo, 15% (quinze por cento) do valor deste precatório serão pagos até o final do exercício seguinte e o restante em parcelas iguais nos cinco exercícios subsequentes, acrescidas de juros de mora e correção monetária, ou mediante acordos diretos, perante Juízos Auxiliares de Conciliação de Precatórios, com redução máxima de 40% (quarenta por cento) do valor do crédito atualizado, desde que em relação ao crédito não penda recurso ou defesa judicial e que sejam observados os requisitos definidos na regulamentação editada pelo ente federado.

(*) § 20 acrescido pela EC nº 94, de 15.12.2016.

§ 21. Ficam a União e os demais entes federativos, nos montantes que lhes são próprios, desde que aceito por ambas as partes, autorizados a utilizar valores objeto de sentenças transitadas em julgado devidos a pessoa jurídica de direito público para amortizar dívidas, vencidas ou vincendas:

I – nos contratos de refinanciamento cujos créditos sejam detidos pelo ente federativo que figure como devedor na sentença de que trata o *caput* deste artigo;

II – nos contratos em que houve prestação de garantia a outro ente federativo;

III – nos parcelamentos de tributos ou de contribuições sociais; e

IV – nas obrigações decorrentes do descumprimento de prestação de contas ou de desvio de recursos.

(*) § 21 acrescido pela EC nº 113, de 8.12.2021.

§ 22. A amortização de que trata o § 21 deste artigo:

I – nas obrigações vencidas, será imputada primeiramente às parcelas mais antigas;

II – nas obrigações vincendas, reduzirá uniformemente o valor de cada parcela devida, mantida a duração original do respectivo contrato ou parcelamento.

(*) § 22 acrescido pela EC nº 113, de 8.12.2021.

Seção II
Do Supremo Tribunal Federal

Art. 101. O Supremo Tribunal Federal compõe-se de onze Ministros, escolhidos dentre cidadãos com mais de trinta e cinco e menos de setenta anos de idade, de notável saber jurídico e reputação ilibada.

(*) Art. 101, caput, com redação dada pela EC nº 122, de 17.5.2022.

Parágrafo único. Os Ministros do Supremo Tribunal Federal serão nomeados pelo Presidente da República, depois de aprovada a escolha pela maioria absoluta do Senado Federal.

Art. 102. Compete ao Supremo Tribunal Federal, precipuamente, a guarda da Constituição, cabendo-lhe:

ART. 102 CONSTITUIÇÃO DA REPÚBLICA FEDERATIVA DO BRASIL

I – processar e julgar, originariamente:

a) a ação direta de inconstitucionalidade de lei ou ato normativo federal ou estadual e a ação declaratória de constitucionalidade de lei ou ato normativo federal;

(*) *Alínea "a" com redação dada pela EC n° 3, de 17.3.1993.*

b) nas infrações penais comuns, o Presidente da República, o Vice-Presidente, os membros do Congresso Nacional, seus próprios Ministros e o Procurador-Geral da República;

c) nas infrações penais comuns e nos crimes de responsabilidade, os Ministros de Estado e os Comandantes da Marinha, do Exército e da Aeronáutica, ressalvado o disposto no art. 52, I, os membros dos Tribunais Superiores, os do Tribunal de Contas da União e os chefes de missão diplomática de caráter permanente;

(*) *Alínea "c" com redação dada pela EC n° 23, de 2.9.1999.*

d) o *habeas corpus*, sendo paciente qualquer das pessoas referidas nas alíneas anteriores; o mandado de segurança e o *habeas data* contra atos do Presidente da República, das Mesas da Câmara dos Deputados e do Senado Federal, do Tribunal de Contas da União, do Procurador--Geral da República e do próprio Supremo Tribunal Federal;

e) o litígio entre Estado estrangeiro ou organismo internacional e a União, o Estado, o Distrito Federal ou o Território;

f) as causas e os conflitos entre a União e os Estados, a União e o Distrito Federal, ou entre uns e outros, inclusive as respectivas entidades da administração indireta;

g) a extradição solicitada por Estado estrangeiro;

(*) *V. art. 44, III, da Lei n° 13.445, de 24.5.2017 (Lei de Migração).*

h) (revogada);

(*) *Alínea "h" revogada pela EC n° 45, de 30.12.2004.*

i) o *habeas corpus*, quando o coator for Tribunal Superior ou quando o coator ou o paciente for autoridade ou funcionário cujos atos estejam sujeitos diretamente à jurisdição do Supremo Tribunal Federal, ou se trate de crime sujeito à mesma jurisdição em uma única instância;

(*) *Alínea "i" com redação dada pela EC n° 22, de 18.3.1999.*

j) a revisão criminal e a ação rescisória de seus julgados;

l) a reclamação para a preservação de sua competência e garantia da autoridade de suas decisões;

m) a execução de sentença nas causas de sua competência originária, facultada a delegação de atribuições para a prática de atos processuais;

n) a ação em que todos os membros da magistratura sejam direta ou indiretamente interessados, e aquela em que mais da metade dos membros do tribunal de origem estejam impedidos ou sejam direta ou indiretamente interessados;

o) os conflitos de competência entre o Superior Tribunal de Justiça e quaisquer tribunais, entre Tribunais Superiores, ou entre estes e qualquer outro tribunal;

p) o pedido de medida cautelar das ações diretas de inconstitucionalidade;

q) o mandado de injunção, quando a elaboração da norma regulamentadora for atribuição do Presidente da República, do Congresso Nacional, da Câmara dos Deputados, do Senado Federal, das Mesas de uma dessas Casas Legislativas, do Tribunal de Contas da União, de um dos Tribunais Superiores, ou do próprio Supremo Tribunal Federal;

r) as ações contra o Conselho Nacional de Justiça e contra o Conselho Nacional do Ministério Público;

(*) *Alínea "r" acrescida pela EC n° 45, de 30.12.2004.*

II – julgar, em recurso ordinário:

a) o *habeas corpus*, o mandado de segurança, o *habeas data* e o mandado de injunção decididos em única instância pelos Tribunais Superiores, se denegatória a decisão;

b) o crime político;

III – julgar, mediante recurso extraordinário, as causas decididas em única ou última instância, quando a decisão recorrida:

a) contrariar dispositivo desta Constituição;

b) declarar a inconstitucionalidade de tratado ou lei federal;
c) julgar válida lei ou ato de governo local contestado em face desta Constituição;
d) julgar válida lei local contestada em face de lei federal.
(*) *Alínea "d" acrescida pela EC nº 45, de 30.12.2004.*

§ 1º. A arguição de descumprimento de preceito fundamental decorrente desta Constituição será apreciada pelo Supremo Tribunal Federal, na forma da lei.
(*) *§ 1º, primitivo parágrafo único, renumerado pela EC nº 3, de 17.3.1993.*
(*) *V. Lei nº 9.882, de 3.12.1999.*

§ 2º. As decisões definitivas de mérito, proferidas pelo Supremo Tribunal Federal, nas ações diretas de inconstitucionalidade e nas ações declaratórias de constitucionalidade produzirão eficácia contra todos e efeito vinculante, relativamente aos demais órgãos do Poder Judiciário e à administração pública direta e indireta, nas esferas federal, estadual e municipal.
(*) *§ 2º acrescido pela EC nº 3, de 17.3.1993, e com redação dada pela EC nº 45, de 30.12.2004.*

§ 3º. No recurso extraordinário o recorrente deverá demonstrar a repercussão geral das questões constitucionais discutidas no caso, nos termos da lei, a fim de que o Tribunal examine a admissão do recurso, somente podendo recusá-lo pela manifestação de dois terços de seus membros.
(*) *§ 3º acrescido pela EC nº 45, de 30.12.2004.*
(*) *V. arts. 1.035 e 1.036 do Código de Processo Civil.*

Art. 103. Podem propor a ação direta de inconstitucionalidade e a ação declaratória de constitucionalidade:
(*) *Art. 103, caput, com redação dada pela EC nº 45, de 30.12.2004.*

I – o Presidente da República;
II – a Mesa do Senado Federal;
III – a Mesa da Câmara dos Deputados;
IV – a Mesa de Assembleia Legislativa ou da Câmara Legislativa do Distrito Federal;
(*) *Inciso IV com redação dada pela EC nº 45, de 30.12.2004.*

V – o Governador de Estado ou do Distrito Federal;
(*) *Inciso V com redação dada pela EC nº 45, de 30.12.2004.*

VI – o Procurador-Geral da República;
VII – o Conselho Federal da Ordem dos Advogados do Brasil;
VIII – partido político com representação no Congresso Nacional;
IX – confederação sindical ou entidade de classe de âmbito nacional.

§ 1º. O Procurador-Geral da República deverá ser previamente ouvido nas ações de inconstitucionalidade e em todos os processos de competência do Supremo Tribunal Federal.

§ 2º. Declarada a inconstitucionalidade por omissão de medida para tornar efetiva norma constitucional, será dada ciência ao Poder competente para a adoção das providências necessárias e, em se tratando de órgão administrativo, para fazê-lo em trinta dias.

§ 3º. Quando o Supremo Tribunal Federal apreciar a inconstitucionalidade, em tese, de norma legal ou ato normativo, citará, previamente, o Advogado-Geral da União, que defenderá o ato ou texto impugnado.

§ 4º. (Revogado).
(*) *§ 4º acrescido pela EC nº 3, de 17.3.1993, e revogado pela EC nº 45, de 30.12.2004.*

Art. 103-A. O Supremo Tribunal Federal poderá, de ofício ou por provocação, mediante decisão de dois terços dos seus membros, após reiteradas decisões sobre matéria constitucional, aprovar súmula que, a partir de sua publicação na imprensa oficial, terá efeito vinculante em relação aos demais órgãos do Poder Judiciário e à administração pública direta e indireta, nas esferas federal, estadual e municipal, bem como proceder à sua revisão ou cancelamento, na forma estabelecida em lei.
(*) *V. Lei nº 11.417, de 19.12.2006, que regulamenta este artigo.*
(*) *Vide art. 8º da EC nº 45, de 30.12.2004.*

§ 1º. A súmula terá por objetivo a validade, a interpretação e a eficácia de normas determinadas, acerca das quais haja controvérsia atual entre órgãos judiciários ou entre esses e a administração pública que acarrete grave insegurança jurídica e relevante multiplicação de processos sobre questão idêntica.

§ 2º. Sem prejuízo do que vier a ser estabelecido em lei, a aprovação, revisão ou cancelamento de súmula poderá ser provocada por aqueles que podem propor a ação direta de inconstitucionalidade.

§ 3º. Do ato administrativo ou decisão judicial que contrariar a súmula aplicável ou que indevidamente a aplicar, caberá reclamação ao Supremo Tribunal Federal que, julgando-a procedente, anulará o ato administrativo ou cassará a decisão judicial reclamada, e determinará que outra seja proferida com ou sem a aplicação da súmula, conforme o caso.
(*) Art. 103-A acrescido pela EC nº 45, de 30.12.2004.

Art. 103-B. O Conselho Nacional de Justiça compõe-se de 15 (quinze) membros com mandato de 2 (dois) anos, admitida 1 (uma) recondução, sendo:
(*) Art. 103-B, caput, acrescido pela EC nº 45, de 30.12.2004, e com redação dada pela EC nº 61, de 11.11.2009.

I – o Presidente do Supremo Tribunal Federal;
(*) Inciso I acrescido pela EC nº 45, de 30.12.2004, e com redação dada pela EC nº 61, de 11.11.2009.

II – um Ministro do Superior Tribunal de Justiça, indicado pelo respectivo tribunal;
(*) Inciso II acrescido pela EC nº 45, de 30.12.2004.

III – um Ministro do Tribunal Superior do Trabalho, indicado pelo respectivo tribunal;
(*) Inciso III acrescido pela EC nº 45, de 30.12.2004.

IV – um desembargador de Tribunal de Justiça, indicado pelo Supremo Tribunal Federal;
(*) Inciso IV acrescido pela EC nº 45, de 30.12.2004.

V – um juiz estadual, indicado pelo Supremo Tribunal Federal;

(*) Inciso V acrescido pela EC nº 45, de 30.12.2004.

VI – um juiz de Tribunal Regional Federal, indicado pelo Superior Tribunal de Justiça;
(*) Inciso VI acrescido pela EC nº 45, de 30.12.2004.

VII – um juiz federal, indicado pelo Superior Tribunal de Justiça;
(*) Inciso VII acrescido pela EC nº 45, de 30.12.2004.

VIII – um juiz de Tribunal Regional do Trabalho, indicado pelo Tribunal Superior do Trabalho;
(*) Inciso VIII acrescido pela EC nº 45, de 30.12.2004.

IX – um juiz do trabalho, indicado pelo Tribunal Superior do Trabalho;
(*) Inciso IX acrescido pela EC nº 45, de 30.12.2004.

X – um membro do Ministério Público da União, indicado pelo Procurador-Geral da República;
(*) Inciso X acrescido pela EC nº 45, de 30.12.2004.

XI – um membro do Ministério Público estadual, escolhido pelo Procurador-Geral da República dentre os nomes indicados pelo órgão competente de cada instituição estadual;
(*) Inciso XI acrescido pela EC nº 45, de 30.12.2004.

XII – dois advogados, indicados pelo Conselho Federal da Ordem dos Advogados do Brasil;
(*) Inciso XII acrescido pela EC nº 45, de 30.12.2004.

XIII – dois cidadãos, de notável saber jurídico e reputação ilibada, indicados um pela Câmara dos Deputados e outro pelo Senado Federal.
(*) Inciso XIII acrescido pela EC nº 45, de 30.12.2004.

§ 1º. O Conselho será presidido pelo Presidente do Supremo Tribunal Federal e, nas suas ausências e impedimentos, pelo Vice-Presidente do Supremo Tribunal Federal.
(*) § 1º acrescido pela EC nº 45, de 30.12.2004, e com redação dada pela EC nº 61, de 11.11.2009.

CONSTITUIÇÃO DA REPÚBLICA FEDERATIVA DO BRASIL   ART. 103-B

§ 2º. Os demais membros do Conselho serão nomeados pelo Presidente da República, depois de aprovada a escolha pela maioria absoluta do Senado Federal.
(*) § 2º acrescido pela EC nº 45, de 30.12.2004, e com redação dada pela EC nº 61, de 11.11.2009.

§ 3º. Não efetuadas, no prazo legal, as indicações previstas neste artigo, caberá a escolha ao Supremo Tribunal Federal.
(*) § 3º acrescido pela EC nº 45, de 30.12.2004.

§ 4º. Compete ao Conselho o controle da atuação administrativa e financeira do Poder Judiciário e do cumprimento dos deveres funcionais dos juízes, cabendo-lhe, além de outras atribuições que lhe forem conferidas pelo Estatuto da Magistratura:
(*) § 4º, caput, acrescido pela EC nº 45, de 30.12.2004.

I – zelar pela autonomia do Poder Judiciário e pelo cumprimento do Estatuto da Magistratura, podendo expedir atos regulamentares, no âmbito de sua competência, ou recomendar providências;
(*) Inciso I acrescido pela EC nº 45, de 30.12.2004.

II – zelar pela observância do art. 37 e apreciar, de ofício ou mediante provocação, a legalidade dos atos administrativos praticados por membros ou órgãos do Poder Judiciário, podendo desconstituí-los, revê-los ou fixar prazo para que se adotem as providências necessárias ao exato cumprimento da lei, sem prejuízo da competência do Tribunal de Contas da União;
(*) Inciso II acrescido pela EC nº 45, de 30.12.2004.

III – receber e conhecer das reclamações contra membros ou órgãos do Poder Judiciário, inclusive contra seus serviços auxiliares, serventias e órgãos prestadores de serviços notariais e de registro que atuem por delegação do poder público ou oficializados, sem prejuízo da competência disciplinar e correicional dos tribunais, podendo avocar processos disciplinares em curso, determinar a remoção ou a disponibilidade e aplicar outras sanções administrativas, assegurada ampla defesa;
(*) Inciso III acrescido pela EC nº 45, de 30.12.2004, e com redação dada pela EC nº 103, de 12.11.2019.

IV – representar ao Ministério Público, no caso de crime contra a administração pública ou de abuso de autoridade;
(*) Inciso IV acrescido pela EC nº 45, de 30.12.2004.

V – rever, de ofício ou mediante provocação, os processos disciplinares de juízes e membros de tribunais julgados há menos de um ano;
(*) Inciso V acrescido pela EC nº 45, de 30.12.2004.

VI – elaborar semestralmente relatório estatístico sobre processos e sentenças prolatadas, por unidade da Federação, nos diferentes órgãos do Poder Judiciário;
(*) Inciso VI acrescido pela EC nº 45, de 30.12.2004.

VII – elaborar relatório anual, propondo as providências que julgar necessárias, sobre a situação do Poder Judiciário no País e as atividades do Conselho, o qual deve integrar mensagem do Presidente do Supremo Tribunal Federal a ser remetida ao Congresso Nacional, por ocasião da abertura da sessão legislativa.
(*) Inciso VII acrescido pela EC nº 45, de 30.12.2004.

§ 5º. O Ministro do Superior Tribunal de Justiça exercerá a função de Ministro-Corregedor e ficará excluído da distribuição de processos no Tribunal, competindo-lhe, além das atribuições que lhe forem conferidas pelo Estatuto da Magistratura, as seguintes:

I – receber as reclamações e denúncias, de qualquer interessado, relativas aos magistrados e aos serviços judiciários;

II – exercer funções executivas do Conselho, de inspeção e de correição geral;

III – requisitar e designar magistrados, delegando-lhes atribuições, e requisitar servidores de juízos ou tribunais, inclusive nos Estados, Distrito Federal e Territórios.
(*) § 5º acrescido pela EC nº 45, de 30.12.2004.

§ 6º. Junto ao Conselho oficiarão o Procurador-Geral da República e o Presidente do Conselho Federal da Ordem dos Advogados do Brasil.
(*) § 6º acrescido pela EC nº 45, de 30.12.2004.

ART. 104 CONSTITUIÇÃO DA REPÚBLICA FEDERATIVA DO BRASIL

§ 7º. A União, inclusive no Distrito Federal e nos Territórios, criará ouvidorias de justiça, competentes para receber reclamações e denúncias de qualquer interessado contra membros ou órgãos do Podor Judiciário, ou contra seus serviços auxiliares, representando diretamente ao Conselho Nacional de Justiça.
(*) § 7º acrescido pela EC nº 45, de 30.12.2004.

Seção III
Do Superior Tribunal de Justiça
(*) Vide art. 27 do ADCT.

Art. 104. O Superior Tribunal de Justiça compõe-se de, no mínimo, trinta e três Ministros.

Parágrafo único. Os Ministros do Superior Tribunal de Justiça serão nomeados pelo Presidente da República, dentre brasileiros com mais de trinta e cinco e menos de setenta anos de idade, de notável saber jurídico e reputação ilibada, depois de aprovada a escolha pela maioria absoluta do Senado Federal, sendo:
(*) Parágrafo único, caput, alterado pela EC nº 45, de 30.12.2004, e com redação dada pela EC nº 122, de 17.5.2022.

I – um terço dentre juízes dos Tribunais Regionais Federais e um terço dentre desembargadores dos Tribunais de Justiça, indicados em lista tríplice elaborada pelo próprio Tribunal;

II – um terço, em partes iguais, dentre advogados e membros do Ministério Público Federal, Estadual, do Distrito Federal e Territórios, alternadamente, indicados na forma do art. 94.

Art. 105. Compete ao Superior Tribunal de Justiça:

I – processar e julgar, originariamente:

a) nos crimes comuns, os Governadores dos Estados e do Distrito Federal, e, nestes e nos de responsabilidade, os Desembargadores dos Tribunais de Justiça dos Estados e do Distrito Federal, os membros dos Tribunais de Contas dos Estados e do Distrito Federal, os dos Tribunais Regionais Federais, dos Tribunais Regionais Eleitorais e do Trabalho, os membros dos Conselhos ou Tribunais de Contas dos Municípios e os do Ministério Público da União que oficiem perante Tribunais;

b) os mandados de segurança e os habeas data contra ato de Ministro de Estado, dos Comandantes da Marinha, do Exército e da Aeronáutica ou do próprio Tribunal;
(*) Alínea "b" com redação dada pela EC nº 23, de 2.9.1999.

c) os habeas corpus, quando o coator ou paciente for qualquer das pessoas mencionadas na alínea "a", ou quando o coator for tribunal sujeito à sua jurisdição, Ministro de Estado ou Comandante da Marinha, do Exército ou da Aeronáutica, ressalvada a competência da Justiça Eleitoral;
(*) Alínea "c" alterada pela EC nº 22, de 18.3.1999, e com redação dada pela EC nº 23, de 2.9.1999.

d) os conflitos de competência entre quaisquer tribunais, ressalvado o disposto no art. 102, I, "o", bem como entre Tribunal e juízes a ele não vinculados e entre juízes vinculados a Tribunais diversos;

e) as revisões criminais e as ações rescisórias de seus julgados;

f) a reclamação para a preservação de sua competência e garantia da autoridade de suas decisões;

g) os conflitos de atribuições entre autoridades administrativas e judiciárias da União, ou entre autoridades judiciárias de um Estado e administrativas de outro, ou do Distrito Federal, ou entre as deste e da União;

h) o mandado de injunção, quando a elaboração da norma regulamentadora for atribuição de órgão, entidade ou autoridade federal, da administração direta ou indireta, excetuados os casos de competência do Supremo Tribunal Federal e dos órgãos da Justiça Militar, da Justiça Eleitoral, da Justiça do Trabalho e da Justiça Federal;

i) a homologação de sentenças estrangeiras e a concessão de exequatur às cartas rogatórias;
(*) Alínea "i" acrescida pela EC nº 45, de 30.12.2004.

j) os conflitos entre entes federativos, ou entre estes e o Comitê Gestor do Imposto

sobre Bens e Serviços, relacionados aos tributos previstos nos arts. 156-A e 195, V;
(*) Alínea "j" acrescida pela EC nº 132, de 20.12.2023.

II – julgar, em recurso ordinário:
a) os *habeas corpus* decididos em única ou última instância pelos Tribunais Regionais Federais ou pelos tribunais dos Estados, do Distrito Federal e Territórios, quando a decisão for denegatória;
b) os mandados de segurança decididos em única instância pelos Tribunais Regionais Federais ou pelos tribunais dos Estados, do Distrito Federal e Territórios, quando denegatória a decisão;
(*) V. Lei nº 12.016, de 7.8.2009 (Mandado de Segurança).

c) as causas em que forem partes Estado estrangeiro ou organismo internacional, de um lado, e, do outro, Município ou pessoa residente ou domiciliada no País;

III – julgar, em recurso especial, as causas decididas, em única ou última instância, pelos Tribunais Regionais Federais ou pelos tribunais dos Estados, do Distrito Federal e Territórios, quando a decisão recorrida:
a) contrariar tratado ou lei federal, ou negar-lhes vigência;
b) julgar válido ato de governo local contestado em face de lei federal;
(*) Alínea "b" com redação dada pela EC nº 45, de 30.12.2004.

c) der a lei federal interpretação divergente da que lhe haja atribuído outro Tribunal.

§ 1º. Funcionarão junto ao Superior Tribunal de Justiça:
(*) § 1º, primitivo parágrafo único, com redação dada pela EC nº 45, de 30.12.2004, e renumerado pela EC nº 125, de 14.7.2022.

I – a Escola Nacional de Formação e Aperfeiçoamento de Magistrados, cabendo-lhe, dentre outras funções, regulamentar os cursos oficiais para o ingresso e promoção na carreira;
(*) Inciso I acrescido pela EC nº 45, de 30.12.2004.

II – o Conselho da Justiça Federal, cabendo-lhe exercer, na forma da lei, a supervisão administrativa e orçamentária da Justiça Federal de primeiro e segundo graus, como órgão central do sistema e com poderes correicionais, cujas decisões terão caráter vinculante.
(*) Inciso II acrescido pela EC nº 45, de 30.12.2004.
(*) V. Lei nº 11.798, de 29.10.2008, que dispõe sobre a composição e a competência do Conselho da Justiça Federal, e o Regimento Interno do Conselho de Justiça Federal.

§ 2º. No recurso especial, o recorrente deve demonstrar a relevância das questões de direito federal infraconstitucional discutidas no caso, nos termos da lei, a fim de que a admissão do recurso seja examinada pelo Tribunal, o qual somente pode dele não conhecer com base nesse motivo pela manifestação de 2/3 (dois terços) dos membros do órgão competente para o julgamento.
(*) § 2º acrescido pela EC nº 125, de 14.7.2022.
(*) V. art. 994, VI, c/c art. 1.029 e ss do Código de Processo Civil.

§ 3º. Haverá a relevância de que trata o § 2º deste artigo nos seguintes casos:
I – ações penais;
II – ações de improbidade administrativa;
III – ações cujo valor da causa ultrapasse 500 (quinhentos) salários mínimos;
IV – ações que possam gerar inelegibilidade;
V – hipóteses em que o acórdão recorrido contrariar jurisprudência dominante do Superior Tribunal de Justiça;
VI – outras hipóteses previstas em lei.
(*) § 3º acrescido pela EC nº 125, de 14.7.2022.
(*) Vide art. 2º da EC nº 125, de 14.7.2022.
(*) V. art. 994, VI, c/c art. 1.029 e ss do Código de Processo Civil.

Seção IV
Dos Tribunais Regionais Federais e dos Juízes Federais

(*) Vide art. 4º da EC nº 45, de 30.12.2004 (Extinção dos Tribunais de Alçada).

Art. 106. São órgãos da Justiça Federal:
I – os Tribunais Regionais Federais;
II – os Juízes Federais.

Art. 107. Os Tribunais Regionais Federais compõem-se de, no mínimo, sete juízes, recrutados, quando possível, na respectiva região e nomeados pelo Presidente da República dentre brasileiros com mais de trinta e menos de setenta anos de idade, sendo:

(*) Art. 107, caput, com redação dada pela EC n° 122, de 17.5.2022.

I – um quinto dentre advogados com mais de dez anos de efetiva atividade profissional e membros do Ministério Público Federal com mais de dez anos de carreira;

II – os demais, mediante promoção de juízes federais com mais de cinco anos de exercício, por antiguidade e merecimento, alternadamente.

(*) Vide art. 27, § 9°, do ADCT.

§ 1°. A lei disciplinará a remoção ou a permuta de Juízes dos Tribunais Regionais Federais e determinará sua jurisdição e sede.

(*) § 1°, primitivo parágrafo único, renumerado pela EC n° 45, de 30.12.2004.

§ 2°. Os Tribunais Regionais Federais instalarão a justiça itinerante, com a realização de audiências e demais funções da atividade jurisdicional, nos limites territoriais da respectiva jurisdição, servindo-se de equipamentos públicos e comunitários.

(*) § 2° acrescido pela EC n° 45, de 30.12.2004.

§ 3°. Os Tribunais Regionais Federais poderão funcionar descentralizadamente, constituindo Câmaras regionais, a fim de assegurar o pleno acesso do jurisdicionado à justiça em todas as fases do processo.

(*) § 3° acrescido pela EC n° 45, de 30.12.2004.

Art. 108. Compete aos Tribunais Regionais Federais:

I – processar e julgar, originariamente:

a) os juízes federais da área de sua jurisdição, incluídos os da Justiça Militar e da Justiça do Trabalho, nos crimes comuns e de responsabilidade, e os membros do Ministério Público da União, ressalvada a competência da Justiça Eleitoral;

b) as revisões criminais e as ações rescisórias de julgados seus ou dos juízes federais da região;

c) os mandados de segurança e os *habeas data* contra ato do próprio Tribunal ou de juiz federal;

d) os *habeas corpus*, quando a autoridade coatora for juiz federal;

e) os conflitos de competência entre juízes federais vinculados ao Tribunal;

II – julgar, em grau de recurso, as causas decididas pelos juízes federais e pelos juízes estaduais no exercício da competência federal da área de sua jurisdição.

Art. 109. Aos Juízes Federais compete processar e julgar:

I – as causas em que a União, entidade autárquica ou empresa pública federal forem interessadas na condição de autoras, rés, assistentes ou oponentes, exceto as de falência, as de acidentes de trabalho e as sujeitas à Justiça Eleitoral e à Justiça do Trabalho;

II – as causas entre Estado estrangeiro ou organismo internacional e Município ou pessoa domiciliada ou residente no País;

III – as causas fundadas em tratado ou contrato da União com Estado estrangeiro ou organismo internacional;

IV – os crimes políticos e as infrações penais praticadas em detrimento de bens, serviços ou interesse da União ou de suas entidades autárquicas ou empresas públicas, excluídas as contravenções e ressalvada a competência da Justiça Militar e da Justiça Eleitoral;

(*) V. art. 11 da Lei n° 13.260, de 16.3.2016.

V – os crimes previstos em tratado ou convenção internacional, quando, iniciada a execução no País, o resultado tenha ou devesse ter ocorrido no estrangeiro, ou reciprocamente;

V-A – as causas relativas a direitos humanos a que se refere o § 5° deste artigo;

(*) Inciso V-A acrescido pela EC n° 45, de 30.12.2004.

VI – os crimes contra a organização do trabalho e, nos casos determinados por lei, contra o sistema financeiro e a ordem econômico-financeira;

VII – os *habeas corpus*, em matéria criminal de sua competência ou quando o constrangimento provier de autoridade cujos atos não estejam diretamente sujeitos a outra jurisdição;

VIII – os mandados de segurança e os *habeas data* contra ato de autoridade federal, excetuados os casos de competência dos tribunais federais;

IX – os crimes cometidos a bordo de navios ou aeronaves, ressalvada a competência da Justiça Militar;

X – os crimes de ingresso ou permanência irregular de estrangeiro, a execução de carta rogatória, após o *exequatur*, e de sentença estrangeira, após a homologação, as causas referentes à nacionalidade, inclusive a respectiva opção, e à naturalização;

XI – a disputa sobre direitos indígenas.

(*) *V. Lei nº 6.001, de 19.12.1972.*

§ 1º. As causas em que a União for autora serão aforadas na seção judiciária onde tiver domicílio a outra parte.

§ 2º. As causas intentadas contra a União poderão ser aforadas na seção judiciária em que for domiciliado o autor, naquela onde houver ocorrido o ato ou fato que deu origem à demanda ou onde esteja situada a coisa, ou, ainda, no Distrito Federal.

§ 3º. Lei poderá autorizar que as causas de competência da Justiça Federal em que forem parte instituição de previdência social e segurado possam ser processadas e julgadas na justiça estadual quando a comarca do domicílio do segurado não for sede de vara federal.

(*) *§ 3º com redação dada pela EC nº 103, de 12.11.2019.*

§ 4º. Na hipótese do parágrafo anterior, o recurso cabível será sempre para o Tribunal Regional Federal na área de jurisdição do juiz de primeiro grau.

§ 5º. Nas hipóteses de grave violação de direitos humanos, o Procurador-Geral da República, com a finalidade de assegurar o cumprimento de obrigações decorrentes de tratados internacionais de direitos humanos dos quais o Brasil seja parte, poderá suscitar, perante o Superior Tribunal de Justiça, em qualquer fase do inquérito ou processo, incidente de deslocamento de competência para a Justiça Federal.

(*) *§ 5º acrescido pela EC nº 45, de 30.12.2004.*

(*) *Vide inciso V-A deste artigo.*

Art. 110. Cada Estado, bem como o Distrito Federal, constituirá uma seção judiciária que terá por sede a respectiva Capital, e varas localizadas segundo o estabelecido em lei.

Parágrafo único. Nos Territórios Federais, a jurisdição e as atribuições cometidas aos juízes federais caberão aos juízes da justiça local, na forma da lei.

Seção V
Do Tribunal Superior do Trabalho, dos Tribunais Regionais do Trabalho e dos Juízes do Trabalho

(*) *Seção V com denominação dada pela EC nº 92, de 12.7.2016.*

Art. 111. São órgãos da Justiça do Trabalho:

I – o Tribunal Superior do Trabalho;

II – os Tribunais Regionais do Trabalho;

III – Juízes do Trabalho.

(*) *Inciso III com redação dada pela EC nº 24, de 9.12.1999.*

§ 1º. (Revogado).

(*) *§ 1º alterado pela EC nº 24, de 9.12.1999, e revogado pela EC nº 45, de 30.12.2004.*

§ 2º. (Revogado).

(*) *§ 2º alterado pela EC nº 24, de 9.12.1999, e revogado pela EC nº 45, de 30.12.2004.*

§ 3º. (Revogado).

(*) *§ 3º revogado pela EC nº 45, de 30.12.2004.*

Art. 111-A. O Tribunal Superior do Trabalho compõe-se de vinte e sete Ministros, escolhidos dentre brasileiros com mais de trinta e cinco e menos de setenta anos de idade, de notável saber jurídico e reputação ilibada, nomeados pelo Presidente da República após aprovação pela maioria absoluta do Senado Federal, sendo:

(*) *Art. 111-A, caput, acrescido pela EC nº 45, de 30.12.2004, alterado pela EC nº 92, de 12.7.2016, e com redação dada pela EC nº 122, de 17.5.2022.*

I – um quinto dentre advogados com mais de dez anos de efetiva atividade profissional e membros do Ministério Público do Trabalho com mais de dez anos de efetivo exercício, observado o disposto no art 94;

(*) *Inciso I acrescido pela EC nº 45, de 30.12.2004.*

II – os demais dentre juízes dos Tribunais Regionais do Trabalho, oriundos da magistratura da carreira, indicados pelo próprio Tribunal Superior.

(*) *Inciso II acrescido pela EC n° 45, de 30.12.2004.*

§ 1º. A lei disporá sobre a competência do Tribunal Superior do Trabalho.

(*) *§ 1º acrescido pela EC n° 45, de 30.12.2004.*

§ 2º. Funcionarão junto ao Tribunal Superior do Trabalho:

(*) *§ 2º, caput, acrescido pela EC n° 45, de 30.12.2004.*

I – a Escola Nacional de Formação e Aperfeiçoamento de Magistrados do Trabalho, cabendo-lhe, dentre outras funções, regulamentar os cursos oficiais para o ingresso e promoção na carreira;

(*) *Inciso I acrescido pela EC n° 45, de 30.12.2004.*

II – o Conselho Superior da Justiça do Trabalho, cabendo-lhe exercer, na forma da lei, a supervisão administrativa, orçamentária, financeira e patrimonial da Justiça do Trabalho de primeiro e segundo graus, como órgão central do sistema, cujas decisões terão efeito vinculante.

(*) *Inciso II acrescido pela EC n° 45, de 30.12.2004.*
(*) *Vide art. 6º da EC n° 45, de 30.12.2004.*

§ 3º. Compete ao Tribunal Superior do Trabalho processar e julgar, originariamente, a reclamação para a preservação de sua competência e garantia da autoridade de suas decisões.

(*) *§ 3º acrescido pela EC n° 92, de 12.7.2016.*

Art. 112. A lei criará varas da Justiça do Trabalho, podendo, nas comarcas não abrangidas por sua jurisdição, atribuí-la aos juízes de direito, com recurso para o respectivo Tribunal Regional do Trabalho.

(*) *Art. 112 alterado pela EC n° 24, de 9.12.1999, e com redação dada pela EC n° 45, de 30.12.2004.*

Art. 113. A lei disporá sobre a constituição, investidura, jurisdição, competência, garantias e condições de exercício dos órgãos da Justiça do Trabalho.

(*) *Art. 113 com redação dada pela EC n° 24, de 9.12.1999.*

Art. 114. Compete à Justiça do Trabalho processar e julgar:

(*) *Art. 114, caput, com redação dada pela EC n° 45, de 30.12.2004.*

I – as ações oriundas da relação do trabalho, abrangidos os entes de direito público externo e da administração pública direta e indireta da União, dos Estados, do Distrito Federal e dos Municípios;

(*) *Inciso I acrescido pela EC n° 45, de 30.12.2004.*

II – as ações que envolvam exercício do direito de greve;

(*) *Inciso II acrescido pela EC n° 45, de 30.12.2004.*

III – as ações sobre representação sindical, entre sindicatos, entre sindicatos e trabalhadores, e entre sindicatos e empregadores;

(*) *Inciso III acrescido pela EC n° 45, de 30.12.2004.*

IV – os mandados de segurança, *habeas corpus* e *habeas data*, quando o ato questionado envolver matéria sujeita à sua jurisdição;

(*) *Inciso IV acrescido pela EC n° 45, de 30.12.2004.*
(*) *V. Súmula 648 do STJ.*

V – os conflitos de competência entre órgãos com jurisdição trabalhista, ressalvado o disposto no art. 102, I, "o";

(*) *Inciso V acrescido pela EC n° 45, de 30.12.2004.*

VI – as ações de indenização por dano moral ou patrimonial, decorrentes da relação de trabalho;

(*) *Inciso VI acrescido pela EC n° 45, de 30.12.2004.*

VII – as ações relativas às penalidades administrativas impostas aos empregadores pelos órgãos de fiscalização das relações de trabalho;

(*) *Inciso VII acrescido pela EC n° 45, de 30.12.2004.*

VIII – a execução, de ofício, das contribuições sociais previstas no art. 195, I, "a", e II, e seus acréscimos legais, decorrentes das sentenças que proferir;

(*) *Inciso VIII acrescido pela EC n° 45, de 30.12.2004.*
(*) *V. Súmula Vinculante 53 do STF.*

IX – outras controvérsias decorrentes da relação de trabalho, na forma da lei.
(*) Inciso IX com redação dada pela EC nº 45, de 30.12.2004.
(*) V. Lei nº 8.984, de 7.2.1995.

§ 1º. Frustrada a negociação coletiva, as partes poderão eleger árbitros.

§ 2º. Recusando-se qualquer das partes à negociação coletiva ou à arbitragem, é facultado às mesmas, de comum acordo, ajuizar dissídio coletivo de natureza econômica, podendo a Justiça do Trabalho decidir o conflito, respeitadas as disposições mínimas legais de proteção ao trabalho, bem como as convencionadas anteriormente.
(*) § 2º com redação dada pela EC nº 45, de 30.12.2004.

§ 3º. Em caso de greve em atividade essencial, com possibilidade de lesão do interesse público, o Ministério Público do Trabalho poderá ajuizar dissídio coletivo, competindo à Justiça do Trabalho decidir o conflito.
(*) § 3º acrescido pela EC nº 20, de 15.12.1998, e com redação dada pela EC nº 45, de 30.12.2004.

Art. 115. Os Tribunais Regionais do Trabalho compõem-se de, no mínimo, sete juízes, recrutados, quando possível, na respectiva região e nomeados pelo Presidente da República dentre brasileiros com mais de trinta e menos de setenta anos de idade, sendo:
(*) Art. 115, caput, alterado pela EC nº 24, de 9.12.1999, e pela EC nº 45, de 30.12.2004, e com redação dada pela EC nº 122, de 17.5.2022.

I – um quinto dentre advogados com mais de dez anos de efetiva atividade profissional e membros do Ministério Público do Trabalho com mais de dez anos de efetivo exercício, observado o disposto no art. 94;
(*) Inciso I com redação dada pela EC nº 45, de 30.12.2004.

II – os demais, mediante promoção de juízes do trabalho por antiguidade e merecimento, alternadamente.
(*) Inciso II com redação dada pela EC nº 45, de 30.12.2004.

III – (revogado).
(*) Inciso III revogado pela EC nº 24, de 9.12.1999.

§ 1º. Os Tribunais Regionais do Trabalho instalarão a justiça itinerante, com a realização de audiências e demais funções de atividade jurisdicional, nos limites territoriais da respectiva jurisdição, servindo-se de equipamentos públicos e comunitários.
(*) § 1º, primitivo parágrafo único, com redação dada pela EC nº 45, de 30.12.2004.

§ 2º. Os Tribunais Regionais do Trabalho poderão funcionar descentralizadamente, constituindo Câmaras regionais, a fim de assegurar o pleno acesso do jurisdicionado à justiça em todas as fases do processo.
(*) § 2º acrescido pela EC nº 45, de 30.12.2004.

Art. 116. Nas Varas do Trabalho, a jurisdição será exercida por um juiz singular.
(*) Art. 116, caput, com redação dada pela EC nº 24, de 9.12.1999.

Parágrafo único. (Revogado).
(*) Parágrafo único revogado pela EC nº 24, de 9.12.1999.

Art. 117. (Revogado).
(*) Art. 117 revogado pela EC nº 24, de 9.12.1999.

Seção VI
Dos Tribunais e
Juízes Eleitorais

Art. 118. São órgãos da Justiça Eleitoral:

I – o Tribunal Superior Eleitoral;
II – os Tribunais Regionais Eleitorais;
III – os Juízes Eleitorais;
IV – as Juntas Eleitorais.

Art. 119. O Tribunal Superior Eleitoral compor-se-á, no mínimo, de sete membros, escolhidos:

I – mediante eleição, pelo voto secreto:
a) três juízes dentre os Ministros do Supremo Tribunal Federal;
b) dois juízes dentre os Ministros do Superior Tribunal de Justiça;

ART. 120 CONSTITUIÇÃO DA REPÚBLICA FEDERATIVA DO BRASIL

II – por nomeação do Presidente da República, dois juízes dentre seis advogados de notável saber jurídico e idoneidade moral, indicados pelo Supremo Tribunal Federal.

Parágrafo único. O Tribunal Superior Eleitoral elegerá seu Presidente e Vice-Presidente dentre os Ministros do Supremo Tribunal Federal, e o Corregedor Eleitoral dentre os Ministros do Superior Tribunal de Justiça.

Art. 120. Haverá um Tribunal Regional Eleitoral na Capital de cada Estado e no Distrito Federal.

§ 1º. Os Tribunais Regionais Eleitorais compor-se-ão:

I – mediante eleição, pelo voto secreto:

a) de dois juízes dentre os desembargadores do Tribunal de Justiça;

b) de dois juízes, dentre juízes de direito, escolhidos pelo Tribunal de Justiça;

II – de um juiz do Tribunal Regional Federal com sede na Capital do Estado ou no Distrito Federal, ou, não havendo, de juiz federal, escolhido, em qualquer caso, pelo Tribunal Regional Federal respectivo;

III – por nomeação, pelo Presidente da República, de dois juízes dentre seis advogados de notável saber jurídico e idoneidade moral, indicados pelo Tribunal de Justiça.

§ 2º. O Tribunal Regional Eleitoral elegerá seu Presidente e o Vice-Presidente dentre os desembargadores.

Art. 121. Lei complementar disporá sobre a organização e competência dos tribunais, dos juízes de direito e das juntas eleitorais.

§ 1º. Os membros dos tribunais, os juízes de direito e os integrantes das juntas eleitorais, no exercício de suas funções, e no que lhes for aplicável gozarão de plenas garantias e serão inamovíveis.

§ 2º. Os juízes dos tribunais eleitorais, salvo motivo justificado, servirão por dois anos, no mínimo, e nunca por mais de dois biênios consecutivos, sendo os substitutos escolhidos na mesma ocasião e pelo mesmo processo, em número igual para cada categoria.

§ 3º. São irrecorríveis as decisões do Tribunal Superior Eleitoral, salvo as que contrariarem esta Constituição e as denegatórias de *habeas corpus* ou mandado de segurança.

§ 4º. Das decisões dos Tribunais Regionais Eleitorais somente caberá recurso quando:

I – forem proferidas contra disposição expressa desta Constituição ou de lei;

II – ocorrer divergência na interpretação de lei entre dois ou mais tribunais eleitorais;

III – versarem sobre inelegibilidade ou expedição de diplomas nas eleições federais ou estaduais;

IV – anularem diplomas ou decretarem a perda de mandatos eletivos federais ou estaduais;

V – denegarem *habeas corpus*, mandado de segurança, *habeas data* ou mandado de injunção.

Seção VII
Dos Tribunais e Juízes Militares

Art. 122. São órgãos da Justiça Militar:

I – o Superior Tribunal Militar;

II – os Tribunais e Juízes Militares instituídos por lei.

Art. 123. O Superior Tribunal Militar compor-se-á de quinze Ministros vitalícios, nomeados pelo Presidente da República, depois de aprovada a indicação pelo Senado Federal, sendo três dentre oficiais-generais da Marinha, quatro dentre oficiais-generais do Exército, três dentre oficiais-generais da Aeronáutica, todos da ativa e do posto mais elevado da carreira, e cinco dentre civis.

Parágrafo único. Os Ministros civis serão escolhidos pelo Presidente da República dentre brasileiros com mais de trinta e cinco e menos de setenta anos de idade, sendo:

(*) *Parágrafo único, caput, com redação dada pela EC nº 122, de 17.5.2022.*

I – três dentre advogados de notório saber jurídico e conduta ilibada, com mais de dez anos de efetiva atividade profissional;

II – dois, por escolha paritária, dentre juízes auditores e membros do Ministério Público da Justiça Militar.

Art. 124. À Justiça Militar compete processar e julgar os crimes militares definidos em lei.

Parágrafo único. A lei disporá sobre a organização, o funcionamento e a competência da Justiça Militar.

Seção VIII
Dos Tribunais e Juízes dos Estados

Art. 125. Os Estados organizarão sua Justiça, observados os princípios estabelecidos nesta Constituição.

§ 1º. A competência dos tribunais será definida na Constituição do Estado, sendo a lei de organização judiciária de iniciativa do Tribunal de Justiça.
(*) *Vide art. 70 do ADCT.*

§ 2º. Cabe aos Estados a instituição de representação de inconstitucionalidade de leis ou atos normativos estaduais ou municipais em face da Constituição Estadual, vedada a atribuição da legitimação para agir a um único órgão.

§ 3º. A lei estadual poderá criar, mediante proposta do Tribunal de Justiça, a Justiça Militar estadual, constituída, em primeiro grau, pelos juízes de direito e pelos Conselhos de Justiça e, em segundo grau, pelo próprio Tribunal de Justiça, ou por Tribunal de Justiça Militar nos Estados em que o efetivo militar seja superior a vinte mil integrantes.
(*) § *3º com redação dada pela EC nº 45, de 30.12.2004.*

§ 4º. Compete à Justiça Militar estadual processar e julgar os militares dos Estados, nos crimes militares definidos em lei e as ações judiciais contra atos disciplinares militares, ressalvada a competência do júri quando a vítima for civil, cabendo ao tribunal competente decidir sobre a perda do posto e da patente dos oficiais e da graduação das praças.
(*) § *4º com redação dada pela EC nº 45, de 30.12.2004.*

§ 5º. Compete aos juízes de direito do juízo militar processar e julgar, singularmente, os crimes militares cometidos contra civis e as ações judiciais contra atos disciplinares militares, cabendo ao Conselho de Justiça, sob a presidência de juiz de direito, processar e julgar os demais crimes militares.
(*) § *5º acrescido pela EC nº 45, de 30.12.2004.*

§ 6º. O Tribunal de Justiça poderá funcionar descentralizadamente, constituindo Câmaras regionais, a fim de assegurar o pleno acesso do jurisdicionado à justiça em todas as fases do processo.
(*) § *6º acrescido pela EC nº 45, de 30.12.2004.*

§ 7º. O Tribunal de Justiça instalará a justiça itinerante, com a realização de audiências e demais funções da atividade jurisdicional, nos limites territoriais da respectiva jurisdição, servindo-se de equipamentos públicos e comunitários.
(*) § *7º acrescido pela EC nº 45, de 30.12.2004.*

Art. 126. Para dirimir conflitos fundiários, o Tribunal de Justiça proporá a criação de varas especializadas, com competência exclusiva para questões agrárias.
(*) *Art. 126, caput, com redação dada pela EC nº 45, de 30.12.2004.*

Parágrafo único. Sempre que necessário à eficiente prestação jurisdicional, o juiz far-se-á presente no local do litígio.

Capítulo IV
DAS FUNÇÕES ESSENCIAIS À JUSTIÇA
(*) *Capítulo IV com denominação dada pela EC nº 80, de 4.6.2014.*

Seção I
Do Ministério Público
(*) *V. Lei Complementar nº 75, de 20.5.1993 (Estatuto do Ministério Público da União).*
(*) *V. arts. 176 a 181 do Código de Processo Civil.*
(*) *V. art. 5º, I, da Lei nº 7.347, de 24.7.1985 (Ação civil pública).*
(*) *V. Lei nº 8.625, de 12.2.1993 (Lei Orgânica Nacional do Ministério Público).*
(*) *V. Súmula 643 do STF.*

Art. 127. O Ministério Público é instituição permanente, essencial à função jurisdicional do Estado, incumbindo-lhe a defesa da ordem jurídica, do regime democrático e dos interesses sociais e individuais indisponíveis.

§ 1º. São princípios institucionais do Ministério Público a unidade, a indivisibilidade e a independência funcional.

§ 2º. Ao Ministério Público é assegurada autonomia funcional e administrativa, podendo, observado o disposto no art. 169, propor ao Poder Legislativo a criação e extinção de seus cargos e serviços auxiliares, provendo-os por concurso público de provas ou de provas e títulos, a política remuneratória e os planos de carreira; a lei disporá sobre sua organização e funcionamento.

(*) § 2º com redação dada pela EC nº 19, de 4.6.1998.

§ 3º. O Ministério Público elaborará sua proposta orçamentária dentro dos limites estabelecidos na lei de diretrizes orçamentárias.

(*) Vide arts. 107 a 114 do ADCT.

§ 4º. Se o Ministério Público não encaminhar a respectiva proposta orçamentária dentro do prazo estabelecido na lei de diretrizes orçamentárias, o Poder Executivo considerará, para fins de consolidação da proposta orçamentária anual, os valores aprovados na lei orçamentária vigente, ajustados de acordo com os limites estipulados na forma do § 3º.

(*) § 4º acrescido pela EC nº 45, de 30.12.2004.

§ 5º. Se a proposta orçamentária de que trata este artigo for encaminhada em desacordo com os limites estipulados na forma do § 3º, o Poder Executivo procederá aos ajustes necessários para fins de consolidação da proposta orçamentária anual.

(*) § 5º acrescido pela EC nº 45, de 30.12.2004.

§ 6º. Durante a execução orçamentária do exercício, não poderá haver a realização de despesas ou a assunção de obrigações que extrapolem os limites estabelecidos na lei de diretrizes orçamentárias, exceto se previamente autorizadas, mediante a abertura de créditos suplementares ou especiais.

(*) § 6º acrescido pela EC nº 45, de 30.12.2004.

Art. 128. O Ministério Público abrange:

I – o Ministério Público da União, que compreende:
a) o Ministério Público Federal;
b) o Ministério Público do Trabalho;
c) o Ministério Público Militar;
d) o Ministério Público do Distrito Federal e Territórios;

II – os Ministérios Públicos dos Estados.

§ 1º. O Ministério Público da União tem por chefe o Procurador-Geral da República, nomeado pelo Presidente da República dentre integrantes da carreira, maiores de trinta e cinco anos, após a aprovação de seu nome pela maioria absoluta dos membros do Senado Federal, para mandato de dois anos, permitida a recondução.

§ 2º. A destituição do Procurador-Geral da República, por iniciativa do Presidente da República, deverá ser precedida de autorização da maioria absoluta do Senado Federal.

§ 3º. Os Ministérios Públicos dos Estados e o do Distrito Federal e Territórios formarão lista tríplice dentre integrantes da carreira, na forma da lei respectiva, para escolha de seu Procurador-Geral, que será nomeado pelo Chefe do Poder Executivo, para mandato de dois anos, permitida uma recondução.

§ 4º. Os Procuradores-Gerais nos Estados e no Distrito Federal e Territórios poderão ser destituídos por deliberação da maioria absoluta do Poder Legislativo, na forma da lei complementar respectiva.

§ 5º. Leis complementares da União e dos Estados, cuja iniciativa é facultada aos respectivos Procuradores-Gerais, estabelecerão a organização, as atribuições e o estatuto de cada Ministério Público, observadas, relativamente a seus membros:

I – as seguintes garantias:

a) vitaliciedade, após dois anos de exercício, não podendo perder o cargo senão por sentença judicial transitada em julgado;

b) inamovibilidade, salvo por motivo de interesse público, mediante decisão do órgão colegiado competente do Ministério Público, pelo voto da maioria absoluta de seus membros, assegurada ampla defesa;

(*) Alínea "b" com redação dada pela EC nº 45, de 30.12.2004.

c) irredutibilidade de subsídio, fixado na forma do art. 39, § 4º, e ressalvado o disposto nos arts. 37, X e XI, 150, II, 153, III, 153, § 2º, I;

(*) Alínea "c" com redação dada pela EC nº 19, de 4.6.1998.

II – as seguintes vedações:

a) receber, a qualquer título e sob qualquer pretexto, honorários, percentagens ou custas processuais;

b) exercer a advocacia;

c) participar de sociedade comercial, na forma da lei;

d) exercer, ainda que em disponibilidade, qualquer outra função pública, salvo uma de magistério;

e) exercer atividade político-partidária;

(*) Alínea "e" com redação dada pela EC nº 45, de 30.12.2004.

f) receber, a qualquer título ou pretexto, auxílios ou contribuições de pessoas físicas, entidades públicas ou privadas, ressalvadas as exceções previstas em lei.

(*) Alínea "f" acrescida pela EC nº 45, de 30.12.2004.

§ 6º. Aplica-se aos membros do Ministério Público o disposto no art. 95, parágrafo único, V.

(*) § 6º acrescido pela EC nº 45, de 30.12.2004.

Art. 129. São funções institucionais do Ministério Público:

I – promover, privativamente, a ação penal pública, na forma da lei;

II – zelar pelo efetivo respeito dos Poderes Públicos e dos serviços de relevância pública aos direitos assegurados nesta Constituição, promovendo as medidas necessárias à sua garantia;

III – promover o inquérito civil e a ação civil pública, para a proteção do patrimônio público e social, do meio ambiente e de outros interesses difusos e coletivos;

(*) V. Lei nº 7.347, de 24.7.1985 (Ação civil pública).

IV – promover a ação de inconstitucionalidade ou representação para fins de intervenção da União e dos Estados, nos casos previstos nesta Constituição;

V – defender judicialmente os direitos e interesses das populações indígenas;

(*) Vide art. 232 da CF.

VI – expedir notificações nos procedimentos administrativos de sua competência, requisitando informações e documentos para instruí-los, na forma da lei complementar respectiva;

(*) V. Lei Complementar nº 75, de 20.5.1993 (Estatuto do Ministério Público da União).

VII – exercer o controle externo da atividade policial, na forma da lei complementar mencionada no artigo anterior;

VIII – requisitar diligências investigatórias e a instauração de inquérito policial, indicados os fundamentos jurídicos de suas manifestações processuais;

(*) V. art. 5º, II, do Código de Processo Penal.

IX – exercer outras funções que lhe forem conferidas, desde que compatíveis com sua finalidade, sendo-lhe vedada a representação judicial e a consultoria jurídica de entidades públicas.

§ 1º. A legitimação do Ministério Público para as ações civis previstas neste artigo não impede a de terceiros, nas mesmas hipóteses, segundo o disposto nesta Constituição e na lei.

§ 2º. As funções do Ministério Público só podem ser exercidas por integrantes da carreira, que deverão residir na comarca da respectiva lotação, salvo autorização do chefe da instituição.

(*) § 2º com redação dada pela EC nº 45, de 30.12.2004.

§ 3º. O ingresso na carreira do Ministério Público far-se-á mediante concurso público de provas e títulos, assegurada a participação da Ordem dos Advogados do Brasil em sua realização, exigindo-se de bacharel em direito, no mínimo, três anos de atividade jurídica e observando-se, nas nomeações, a ordem de classificação.

(*) § 3º com redação dada pela EC nº 45, de 30.12.2004.

§ 4º. Aplica-se ao Ministério Público, no que couber, o disposto no art. 93.

(*) § 4º com redação dada pela EC nº 45, de 30.12.2004.

§ 5º. A distribuição de processos no Ministério Público será imediata.

(*) § 5º acrescido pela EC nº 45, de 30.12.2004.

Art. 130. Aos membros do Ministério Público junto aos Tribunais de Contas aplicam-se as disposições desta Seção pertinentes a direitos, vedações e forma de investidura.

Art. 130-A. O Conselho Nacional do Ministério Público compõe-se de quatorze membros nomeados pelo Presidente da República, depois de aprovada a escolha pela maioria absoluta do Senado Federal, para um mandato de dois anos, admitida uma recondução, sendo:

I – o Procurador-Geral da República, que o preside;

II – quatro membros do Ministério Público da União, assegurada a representação de cada uma de suas carreiras;

III – três membros do Ministério Público dos Estados;

IV – dois juízes, indicados um pelo Supremo Tribunal Federal e outro pelo Superior Tribunal de Justiça;

V – dois advogados, indicados pelo Conselho Federal da Ordem dos Advogados do Brasil;

VI – dois cidadãos de notável saber jurídico e reputação ilibada, indicados um pela Câmara dos Deputados e outro pelo Senado Federal.

§ 1º. Os membros do Conselho oriundos do Ministério Público serão indicados pelos respectivos Ministérios Públicos, na forma da lei.

(*) *V. Lei nº 11.372, de 28.11.2006, que regulamenta este parágrafo.*

§ 2º. Compete ao Conselho Nacional do Ministério Público o controle da atuação administrativa e financeira do Ministério Público e do cumprimento dos deveres funcionais de seus membros, cabendo-lhe:

I – zelar pela autonomia funcional e administrativa do Ministério Público, podendo expedir atos regulamentares, no âmbito de sua competência, ou recomendar providências;

II – zelar pela observância do art. 37 e apreciar, de ofício ou mediante provocação, a legalidade dos atos administrativos praticados por membros ou órgãos do Ministério Público da União e dos Estados, podendo desconstituí-los, revê-los ou fixar prazo para que se adotem as providências necessárias ao exato cumprimento da lei, sem prejuízo da competência dos Tribunais de Contas;

III – receber e conhecer das reclamações contra membros ou órgãos do Ministério Público da União ou dos Estados, inclusive contra seus serviços auxiliares, sem prejuízo da competência disciplinar e correicional da instituiçao, podendo avocar processos disciplinares em curso, determinar a remoção ou a disponibilidade e aplicar outras sanções administrativas, assegurada ampla defesa;

(*) *Inciso III com redação dada pela EC nº 103, de 12.11.2019.*

IV – rever, de ofício ou mediante provocação, os processos disciplinares de membros do Ministério Público da União ou dos Estados julgados há menos de um ano;

V – elaborar relatório anual, propondo as providências que julgar necessárias sobre a situação do Ministério Público no País e as atividades do Conselho, o qual deve integrar a mensagem prevista no art. 84, XI.

§ 3º. O Conselho escolherá, em votação secreta, um Corregedor nacional, dentre os membros do Ministério Público que o integram, vedada a recondução, competindo-lhe, além das atribuições que lhe forem conferidas pela lei, as seguintes:

I – receber reclamações e denúncias, de qualquer interessado, relativas aos membros do Ministério Público e dos seus serviços auxiliares;

II – exercer funções executivas do Conselho, de inspeção e correição geral;

III – requisitar e designar membros do Ministério Público, delegando-lhes atribuições, e requisitar servidores de órgãos do Ministério Público.

§ 4º. O Presidente do Conselho Federal da Ordem dos Advogados do Brasil oficiará junto ao Conselho.

§ 5º. Leis da União e dos Estados criarão ouvidorias do Ministério Público, competentes para receber reclamações e denúncias de qualquer interessado contra membros ou órgãos do Ministério Público, inclusive contra seus serviços auxiliares, representando diretamente ao Conselho Nacional do Ministério Público.

(*) *Art. 130-A acrescido pela EC nº 45, de 30.12.2004.*

Seção II
Da Advocacia Pública

(*) Seção II com denominação dada pela EC nº 19, de 4.6.1998.
(*) V. Lei Complementar nº 73, de 10.2.1993 (Lei Orgânica da Advocacia-Geral da União); e Lei nº 9.469, de 10.7.1997, que regulamenta o art. 4º, VI, da Lei Complementar nº 73, de 10.2.1993.
(*) V. Lei nº 8.682, de 14.7.1993 (Remuneração de cargos de provimento em comissão da AGU).
(*) V. Lei nº 9.028, de 12.4.1995 (Exercício das atribuições institucionais da Advocacia-Geral da União em caráter emergencial e provisório).
(*) V. Lei nº 9.366, de 16.12.1996 (Quadros de cargos do grupo-direção e assessoramento superiores da AGU).

Art. 131. A Advocacia-Geral da União é a instituição que, diretamente ou através de órgão vinculado, representa a União, judicial e extrajudicialmente, cabendo-lhe, nos termos da lei complementar que dispuser sobre sua organização e funcionamento, as atividades de consultoria e assessoramento jurídico do Poder Executivo.

§ 1º. A Advocacia-Geral da União tem por chefe o Advogado-Geral da União, de livre nomeação pelo Presidente da República dentre cidadãos maiores de trinta e cinco anos, de notável saber jurídico e reputação ilibada.

§ 2º. O ingresso nas classes iniciais das carreiras da instituição de que trata este artigo far-se-á mediante concurso público de provas e títulos.

§ 3º. Na execução da dívida ativa de natureza tributária, a representação da União cabe à Procuradoria-Geral da Fazenda Nacional, observado o disposto em lei.

Art. 132. Os Procuradores dos Estados e do Distrito Federal, organizados em carreira, na qual o ingresso dependerá de concurso público de provas e títulos, com a participação da Ordem dos Advogados do Brasil em todas as suas fases, exercerão a representação judicial e a consultoria jurídica das respectivas unidades federadas.

(*) Art. 132, caput, com redação dada pela EC nº 19, de 4.6.1998.

Parágrafo único. Aos procuradores referidos neste artigo é assegurada a estabilidade após três anos de efetivo exercício, mediante avaliação de desempenho perante os órgãos próprios, após relatório circunstanciado das corregedorias.

(*) Parágrafo único acrescido pela EC nº 19, de 4.6.1998.

Seção III
Da Advocacia

(*) Seção III com denominação dada pela EC nº 80, de 4.6.2014.
(*) V. Lei nº 8.906, de 4.7.1994 (Estatuto da Advocacia e Ordem dos Advogados do Brasil – OAB).

Art. 133. O advogado é indispensável à administração da Justiça, sendo inviolável por seus atos e manifestações no exercício da profissão, nos limites da lei.

(*) V. art. 3º, § 3º, do Código de Processo Civil.
(*) V. arts. 2º e 3º da Lei nº 8.906, de 4.7.1994 (Estatuto da Advocacia e Ordem dos Advogados do Brasil).
(*) V. Resolução CFOAB nº 2, de 19.10.2015 (Código de Ética e Disciplina da OAB).

Seção IV
Da Defensoria Pública

(*) Seção IV acrescida pela EC nº 80, de 4.6.2014.
(*) V. Lei Complementar nº 80, de 12.1.1994 (Organiza a Defensoria Pública da União, do Distrito Federal e dos Territórios e prescreve normas gerais para sua organização nos Estados).
(*) V. Lei Complementar nº 132, de 7.10.2009 (Altera a Lei Complementar nº 80 e prescreve normas gerais para a organização dos Estados).

Art. 134. A Defensoria Pública é instituição permanente, essencial à função jurisdicional do Estado, incumbindo-lhe, como expressão e instrumento do regime democrático, fundamentalmente, a orientação jurídica, a promoção dos direitos humanos e a defesa, em todos os graus, judicial e extrajudicial, dos direitos individuais e coletivos, de forma integral e gratuita, aos necessitados,

ART. 135 CONSTITUIÇÃO DA REPÚBLICA FEDERATIVA DO BRASIL

na forma do inciso LXXIV do art. 5º desta Constituição Federal.
(*) Art. 134, caput, com redação dada pela EC nº 80, de 4.6.2014.

§ 1º. Lei complementar organizará a Defensoria Pública da União e do Distrito Federal e dos Territórios, e prescreverá normas gerais para sua organização nos Estados, em cargos de carreira, providos, na classe inicial, mediante concurso público de provas e títulos, assegurada a seus integrantes a garantia da inamovibilidade e vedado o exercício da advocacia fora das atribuições institucionais.
(*) § 1º, primitivo parágrafo único, renumerado pela EC nº 45, de 30.12.2004.
(*) Vide art. 98 do ADCT.

§ 2º. Às Defensorias Públicas Estaduais são asseguradas autonomia funcional e administrativa e a iniciativa de sua proposta orçamentária dentro dos limites estabelecidos na lei de diretrizes orçamentárias e subordinação ao disposto no art. 99, § 2º.
(*) § 2º acrescido pela EC nº 45, de 30.12.2004.

§ 3º. Aplica-se o disposto no § 2º às Defensorias Públicas da União e do Distrito Federal.
(*) § 3º acrescido pela EC nº 74, de 6.8.2013.
(*) Vide arts. 107 a 114 do ADCT.

§ 4º. São princípios institucionais da Defensoria Pública a unidade, a indivisibilidade e a independência funcional, aplicando-se também, no que couber, o disposto no art. 93 e no inciso II do art. 96 desta Constituição Federal.
(*) § 4º acrescido pela EC nº 80, de 4.6.2014.

Art. 135. Os servidores integrantes das carreiras disciplinadas nas Seções II e III deste Capítulo serão remunerados na forma do art. 39, § 4º.
(*) Art. 135 com redação dada pela EC nº 19, de 4.6.1998.

TÍTULO V
DA DEFESA DO ESTADO
E DAS INSTITUIÇÕES DEMOCRÁTICAS

Capítulo I
DO ESTADO DE DEFESA
E DO ESTADO DE SÍTIO

Seção I
Do Estado de Defesa

Art. 136. O Presidente da República, ouvidos o Conselho da República e o Conselho de Defesa Nacional, decretar estado de defesa para preservar ou prontamente restabelecer, em locais restritos e determinados, a ordem pública ou a paz social ameaçadas por grave e iminente instabilidade institucional ou atingidas por calamidades de grandes proporções na natureza.

§ 1º. O decreto que instituir o estado de defesa determinará o tempo de sua duração, especificará as áreas a serem abrangidas e indicará, nos termos e limites da lei, as medidas coercitivas a vigorarem, dentre as seguintes:

I – restrições aos direitos de:
a) reunião, ainda que exercida no seio das associações;
b) sigilo de correspondência;
c) sigilo de comunicação telegráfica e telefônica;

II – ocupação e uso temporário de bens e serviços públicos, na hipótese de calamidade pública, respondendo a União pelos danos e custos decorrentes.

§ 2º. O tempo de duração do estado de defesa não será superior a trinta dias, podendo ser prorrogado uma vez, por igual período, se persistirem as razões que justificaram a sua decretação.

§ 3º. Na vigência do estado de defesa:

I – a prisão por crime contra o Estado, determinada pelo executor da medida, será por este comunicada imediatamente ao juiz competente, que a relaxará, se não for legal, facultado ao preso requerer exame de corpo de delito à autoridade policial;

II – a comunicação será acompanhada de declaração, pela autoridade, do estado físico e mental do detido no momento de sua autuação;

III – a prisão ou detenção de qualquer pessoa não poderá ser superior a dez dias, salvo quando autorizada pelo Poder Judiciário;

IV – é vedada a incomunicabilidade do preso.

§ 4º. Decretado o estado de defesa ou sua prorrogação, o Presidente da República, dentro de vinte e quatro horas, submeterá o ato com a respectiva justificação ao Congresso Nacional, que decidirá por maioria absoluta.

§ 5º. Se o Congresso Nacional estiver em recesso, será convocado, extraordinariamente, no prazo de cinco dias.

§ 6º. O Congresso Nacional apreciará o decreto dentro de dez dias contados de seu recebimento, devendo continuar funcionando enquanto vigorar o estado de defesa.

§ 7º. Rejeitado o decreto, cessa imediatamente o estado de defesa.

Seção II
Do Estado de Sítio

Art. 137. O Presidente da República pode, ouvidos o Conselho da República e o Conselho de Defesa Nacional, solicitar ao Congresso Nacional autorização para decretar o estado de sítio nos casos de:

I – comoção grave de repercussão nacional ou ocorrência de fatos que comprovem a ineficácia de medida tomada durante o estado de defesa;

(*) Vide arts. 138, § 1º, parte inicial; e 139 da CF.

II – declaração de estado de guerra ou resposta à agressão armada estrangeira.

(*) Vide art. 138, § 1º, parte final, da CF.

Parágrafo único. O Presidente da República, ao solicitar autorização para decretar o estado de sítio ou sua prorrogação, relatará os motivos determinantes do pedido, devendo o Congresso Nacional decidir por maioria absoluta.

Art. 138. O decreto do estado de sítio indicará sua duração, as normas necessárias à sua execução e as garantias constitucionais que ficarão suspensas, e, depois de publicado, o Presidente da República designará o executor das medidas específicas e as áreas abrangidas.

§ 1º. O estado de sítio, no caso do art. 137, I, não poderá ser decretado por mais de trinta dias, nem prorrogado, de cada vez, por prazo superior; no do inciso II, poderá ser decretado por todo o tempo que perdurar a guerra ou a agressão armada estrangeira.

§ 2º. Solicitada autorização para decretar o estado de sítio durante o recesso parlamentar, o Presidente do Senado Federal, de imediato, convocará extraordinariamente o Congresso Nacional para se reunir dentro de cinco dias, a fim de apreciar o ato.

§ 3º. O Congresso Nacional permanecerá em funcionamento até o término das medidas coercitivas.

Art. 139. Na vigência do estado de sítio decretado com fundamento no art. 137, I, só poderão ser tomadas contra as pessoas as seguintes medidas:

I – obrigação de permanência em localidade determinada;

II – detenção em edifício não destinado a acusados ou condenados por crimes comuns;

III – restrições relativas à inviolabilidade da correspondência, ao sigilo das comunicações, à prestação de informações e à liberdade de imprensa, radiodifusão e televisão, na forma da lei;

(*) Vide parágrafo único deste artigo.

IV – suspensão da liberdade de reunião;

V – busca e apreensão em domicílio;

VI – intervenção nas empresas de serviços públicos;

VII – requisição de bens.

Parágrafo único. Não se inclui nas restrições do inciso III a difusão de pronunciamentos de parlamentares efetuados em suas Casas Legislativas, desde que liberada pela respectiva Mesa.

Seção III
Disposições Gerais

Art. 140. A Mesa do Congresso Nacional, ouvidos os líderes partidários, designará Comissão composta de cinco de seus membros para acompanhar e fiscalizar a execução das medidas referentes ao estado de defesa e ao estado de sítio.

Art. 141. Cessado o estado de defesa ou o estado de sítio, cessarão também seus efeitos, sem prejuízo da responsabilidade pelos ilícitos cometidos por seus executores ou agentes.

Parágrafo único. Logo que cesse o estado de defesa ou o estado de sítio, as medidas aplicadas em sua vigência serão relatadas pelo Presidente da República, em mensagem ao Congresso Nacional, com especificação e justificação das providências adotadas, com relação nominal dos atingidos e indicação das restrições aplicadas.

Capítulo II
DAS FORÇAS ARMADAS
(*) V. Lei Complementar nº 97, de 9.6.1999.
(*) V. Lei Complementar nº 117, de 2.9.2004.
(*) V. Lei Complementar nº 136, de 25.8.2010.
(*) V. Decreto nº 3.897, de 24.8.2001
(Emprego das Forças Armadas na garantia da lei e da ordem).

Art. 142. As Forças Armadas, constituídas pela Marinha, pelo Exército e pela Aeronáutica, são instituições nacionais permanentes e regulares, organizadas com base na hierarquia e na disciplina, sob a autoridade suprema do Presidente da República, e destinam-se à defesa da Pátria, à garantia dos poderes constitucionais e, por iniciativa de qualquer destes, da lei e da ordem.

(*) Vide art. 201, § 9º-A, da CF.

§ 1º. Lei complementar estabelecerá as normas gerais a serem adotadas na organização, no preparo e no emprego das Forças Armadas.

§ 2º. Não caberá *habeas corpus* em relação a punições disciplinares militares.

(*) Vide art. 42, § 1º, da CF.

§ 3º. Os membros das Forças Armadas são denominados militares, aplicando-se-lhes, além das que vierem a ser fixadas em lei, as seguintes disposições:

(*) § 3º, caput, acrescido pela EC nº 18, de 5.2.1998.
(*) Vide art. 42, § 1º, da CF.

I – as patentes, com prerrogativas, direitos e deveres a elas inerentes, são conferidas pelo Presidente da República e asseguradas em plenitude aos oficiais da ativa, da reserva ou reformados, sendo-lhes privativos os títulos e postos militares e, juntamente com os demais membros, o uso dos uniformes das Forças Armadas;
(*) Inciso I acrescido pela EC nº 18, de 5.2.1998.

II – o militar em atividade que tomar posse em cargo ou emprego público civil permanente, ressalvada a hipótese prevista no art. 37, inciso XVI, alínea "c", será transferido para a reserva, nos termos da lei;
(*) Inciso II acrescido pela EC nº 18, de 5.2.1998, e com redação dada pela EC nº 77, de 11.2.2014.

III – o militar da ativa que, de acordo com a lei, tomar posse em cargo, emprego ou função pública civil temporária, não eletiva, ainda que da administração indireta, ressalvada a hipótese prevista no art. 37, inciso XVI, alínea "c", ficará agregado ao respectivo quadro e somente poderá, enquanto permanecer nessa situação, ser promovido por antiguidade, contando-se-lhe o tempo de serviço apenas para aquela promoção e transferência para a reserva, sendo depois de dois anos de afastamento, contínuos ou não, transferido para a reserva, nos termos da lei;
(*) Inciso III acrescido pela EC nº 18, de 5.2.1998, e com redação dada pela EC nº 77, de 11.2.2014.

IV – ao militar são proibidas a sindicalização e a greve;
(*) Inciso IV acrescido pela EC nº 18, de 5.2.1998.

V – o militar, enquanto em serviço ativo, não pode estar filiado a partidos políticos;
(*) Inciso V acrescido pela EC nº 18, de 5.2.1998.

VI – o oficial só perderá o posto e a patente se for julgado indigno do oficialato ou com ele incompatível, por decisão de tribunal militar de caráter permanente, em tempo de paz, ou de tribunal especial, em tempo de guerra;
(*) Inciso VI acrescido pela EC nº 18, de 5.2.1998.

VII – o oficial condenado na justiça comum ou militar a pena privativa de liberdade

superior a dois anos, por sentença transitada em julgado, será submetido ao julgamento previsto no inciso anterior;
(*) *Inciso VII acrescido pela EC nº 18, de 5.2.1998.*
(*) *V. Súmula 78 do STJ.*

VIII – aplica-se aos militares o disposto no art. 7º, incisos VIII, XII, XVII, XVIII, XIX e XXV, e no art. 37, incisos XI, XIII, XIV e XV, bem como, na forma da lei e com prevalência da atividade militar, no art. 37, inciso XVI, alínea "c";
(*) *Inciso VIII acrescido pela EC nº 18, de 5.2.1998, e com redação dada pela EC nº 77, de 11.2.2014.*

IX – (revogado);
(*) *Inciso IX acrescido pela EC nº 18, de 5.2.1998, alterado pela EC nº 20, de 15.12.1998, e revogado pela EC nº 41, de 19.12.2003.*

X – a lei disporá sobre o ingresso nas Forças Armadas, os limites de idade, a estabilidade e outras condições de transferência do militar para a inatividade, os direitos, os deveres, a remuneração, as prerrogativas e outras situações especiais dos militares, consideradas as peculiaridades de suas atividades, inclusive aquelas cumpridas por força de compromissos internacionais e de guerra.
(*) *Inciso X acrescido pela EC nº 18, de 5.2.1998.*
(*) *Vide art. 40, § 20, da CF.*
(*) *V. Lei nº 4.375, de 17.8.1964 (Lei do Serviço Militar); e Decreto nº 57.654, de 20.1.1966, que regulamenta a Lei nº 4.375, de 17.8.1964.*

Art. 143. O serviço militar é obrigatório nos termos da lei.
(*) *Vide art. 201, § 9º-A, da CF.*

§ 1º. Às Forças Armadas compete, na forma da lei, atribuir serviço alternativo aos que, em tempo de paz, após alistados, alegarem imperativo de consciência, entendendo-se como tal o decorrente de crença religiosa e de convicção filosófica ou política, para se eximirem de atividades de caráter essencialmente militar.
(*) *V. Lei nº 8.239, de 4.10.1991, que regulamenta este parágrafo.*
(*) *V. Portaria COSEMI nº 2.681, de 28.7.1992 (Regulamenta a lei de prestação de serviço alternativo ao serviço militar obrigatório).*

§ 2º. As mulheres e os eclesiásticos ficam isentos do serviço militar obrigatório em tempo de paz, sujeitos, porém, a outros encargos que a lei lhes atribuir.
(*) *V. Lei nº 8.239, de 4.10.1991, que regulamenta este parágrafo.*
(*) *V. Portaria COSEMI nº 2.681, de 28.7.1992 (Regulamenta a lei de prestação de serviço alternativo ao serviço militar obrigatório).*

Capítulo III
DA SEGURANÇA PÚBLICA

Art. 144. A segurança pública, dever do Estado, direito e responsabilidade de todos, é exercida para a preservação da ordem pública e da incolumidade das pessoas e do patrimônio, através dos seguintes órgãos:
(*) *V. art. 7.1 do Decreto nº 678, de 6.11.1992 (Pacto de São José da Costa Rica).*

I – polícia federal;
(*) *Vide arts. 5º; e 10, § 2º, I, e § 6º, da EC nº 103, de 12.11.2019.*

II – polícia rodoviária federal;
(*) *Vide arts. 5º; e 10, § 2º, I, e § 6º, da EC nº 103, de 12.11.2019.*

III – polícia ferroviária federal;
(*) *Vide arts. 5º; e 10, § 2º, I, e § 6º, da EC nº 103, de 12.11.2019.*

IV – polícias civis;
(*) *V. Lei nº 12.830, de 20.6.2013 (Investigação criminal conduzida pelo delegado de polícia).*

V – polícias militares e corpos de bombeiros militares;

VI – polícias penais federal, estaduais e distrital.
(*) *Inciso VI acrescido pela EC nº 104, de 4.12.2019.*

§ 1º. A polícia federal, instituída por lei como órgão permanente, organizado e mantido pela União e estruturado em carreira, destina-se a:
(*) *§ 1º, caput, com redação dada pela EC nº 19, de 4.6.1998.*
(*) *V. Portaria MJ nº 2.877, de 30.12.2011 (Regimento Interno do Departamento de Polícia Federal).*

I – apurar infrações penais contra a ordem política e social ou em detrimento de bens, serviços e interesses da União ou de suas entidades autárquicas e empresas públicas, assim como outras infrações cuja prática tenha repercussão interestadual ou internacional e exija repressão uniforme, segundo se dispuser em lei;
(*) V. Lei nº 10.446, de 8.5.2002.

II – prevenir e reprimir o tráfico ilícito de entorpecentes e drogas afins, o contrabando e o descaminho, sem prejuízo da ação fazendária e de outros órgãos públicos nas respectivas áreas de competência;
(*) V. Lei nº 11.343, de 23.8.2006 (Lei de Drogas).

III – exercer as funções de polícia marítima, aeroportuária e de fronteiras;
(*) Inciso III com redação dada pela EC nº 19, de 4.6.1998.

IV – exercer, com exclusividade, as funções de polícia judiciária da União.

§ 2º. A polícia rodoviária federal, órgão permanente, organizado e mantido pela União e estruturado em carreira, destina-se, na forma da lei, ao patrulhamento ostensivo das rodovias federais.
(*) § 2º com redação dada pela EC nº 19, de 4.6.1998.

§ 3º. A polícia ferroviária federal, órgão permanente, organizado e mantido pela União e estruturado em carreira, destina-se, na forma da lei, ao patrulhamento ostensivo das ferrovias federais.
(*) § 3º com redação dada pela EC nº 19, de 4.6.1998.

§ 4º. Às polícias civis, dirigidas por delegados de polícia de carreira, incumbem, ressalvada a competência da União, as funções de polícia judiciária e a apuração de infrações penais, exceto as militares.

§ 5º. Às polícias militares cabem a polícia ostensiva e a preservação da ordem pública; aos corpos de bombeiros militares, além das atribuições definidas em lei, incumbe a execução de atividades de defesa civil.

§ 5º-A. Às polícias penais, vinculadas ao órgão administrador do sistema penal da unidade federativa a que pertencem, cabe a segurança dos estabelecimentos penais.
(*) § 5º-A acrescido pela EC nº 104, de 4.12.2019.

§ 6º. As polícias militares e os corpos de bombeiros militares, forças auxiliares e reserva do Exército subordinam-se, juntamente com as polícias civis e as polícias penais estaduais e distrital, aos Governadores dos Estados, do Distrito Federal e dos Territórios.
(*) § 6º com redação dada pela EC nº 104, de 4.12.2019.

§ 7º. A lei disciplinará a organização e o funcionamento dos órgãos responsáveis pela segurança pública, de maneira a garantir a eficiência de suas atividades.
(*) V. Lei nº 13.675, de 11.6.2018.

§ 8º. Os municípios poderão constituir guardas municipais destinadas à proteção de seus bens, serviços e instalações, conforme dispuser a lei.
(*) V. Lei nº 13.022, de 8.8.2014 (Estatuto Geral das Guardas Municipais).

§ 9º. A remuneração dos servidores policiais integrantes dos órgãos relacionados neste artigo será fixada na forma do § 4º do art. 39.
(*) § 9º acrescido pela EC nº 19, de 4.6.1998.

§ 10. A segurança viária, exercida para a preservação da ordem pública e da incolumidade das pessoas e do seu patrimônio nas vias públicas:
(*) § 10, caput, acrescido pela EC nº 82, de 16.7.2014.

I – compreende a educação, engenharia e fiscalização de trânsito, além de outras atividades previstas em lei, que assegurem ao cidadão o direito à mobilidade urbana eficiente; e
(*) Inciso I acrescido pela EC nº 82, de 16.7.2014.

II – compete, no âmbito dos Estados, do Distrito Federal e dos Municípios, aos respectivos órgãos ou entidades executivos e seus agentes de trânsito, estruturados em Carreira, na forma da lei.
(*) Inciso II acrescido pela EC nº 82, de 16.7.2014.

TÍTULO VI
DA TRIBUTAÇÃO E DO ORÇAMENTO

Capítulo I
DO SISTEMA TRIBUTÁRIO NACIONAL

Seção I
Dos Princípios Gerais

(*) Vide art. 1º, caput, da CF.
(*) V. Lei nº 4.320, de 17.3.1964 (Normas gerais de direito financeiro).
(*) V. Lei nº 5.172, de 25.10.1966 (Código Tributário Nacional).
(*) V. Decreto nº 11.379, de 12.1.2023 (Institui o Conselho de Acompanhamento e Monitoramento de Riscos Fiscais Judiciais).

Art. 145. A União, os Estados, o Distrito Federal e os Municípios poderão instituir os seguintes tributos:

I – impostos;

II – taxas, em razão do exercício do poder de polícia ou pela utilização, efetiva ou potencial, de serviços públicos específicos e divisíveis, prestados ao contribuinte ou postos a sua disposição;

III – contribuição de melhoria, decorrente de obras públicas.

(*) Vide arts. 148 e 149 da CF.
(*) V. Decreto-Lei nº 195, de 24.2.1967.

§ 1º. Sempre que possível, os impostos terão caráter pessoal e serão graduados segundo a capacidade econômica do contribuinte, facultado à administração tributária, especialmente para conferir efetividade a esses objetivos, identificar, respeitados os direitos individuais e nos termos da lei, o patrimônio, os rendimentos e as atividades econômicas do contribuinte.

§ 2º. As taxas não poderão ter base de cálculo própria de impostos.

§ 3º. O Sistema Tributário Nacional deve observar os princípios da simplicidade, da transparência, da justiça tributária, da cooperação e da defesa do meio ambiente.

(*) § 3º acrescido pela EC nº 132, de 20.12.2023.

§ 4º. As alterações na legislação tributária buscarão atenuar efeitos regressivos.

(*) § 4º acrescido pela EC nº 132, de 20.12.2023.

Art. 146. Cabe à lei complementar:

(*) V. Lei nº 5.172, de 25.10.1966 (Código Tributário Nacional).

I – dispor sobre conflitos de competência em matéria tributária, entre a União, os Estados, o Distrito Federal e os Municípios;

II – regular as limitações constitucionais ao poder de tributar;

III – estabelecer normas gerais em matéria de legislação tributária, especialmente sobre:

a) definição de tributos e de suas espécies, bem como, em relação aos impostos discriminados nesta Constituição, a dos respectivos fatos geradores, bases de cálculo e contribuintes;

b) obrigação, lançamento, crédito, prescrição e decadência tributários;

c) adequado tratamento tributário ao ato cooperativo praticado pelas sociedades cooperativas, inclusive em relação aos tributos previstos nos arts. 156-A e 195, V;

(*) Alínea "c" com redação dada pela EC nº 132, de 20.12.2023.

d) definição de tratamento diferenciado e favorecido para as microempresas e para as empresas de pequeno porte, inclusive regimes especiais ou simplificados no caso dos impostos previstos nos arts. 155, II, e 156-A, das contribuições sociais previstas no art. 195, I e V, e § 12 e da contribuição a que se refere o art. 239.

(*) Alínea "d" acrescida pela EC nº 42, de 19.12.2003, e com redação dada pela EC nº 132, de 20.12.2023.
(*) A EC nº 132, de 20.12.2023, em seu art. 3º, altera esta alínea "d" para, a partir de 2027, nos termos de seu art. 23, I, vigorar com a seguinte redação: **Art. 146.** [...] III – [...] d) definição de tratamento diferenciado e favorecido para as microempresas e para as empresas de pequeno porte, inclusive regimes

especiais ou simplificados no caso dos impostos previstos nos arts. 155, II, e 156-A e das contribuições previstas no art. 195, I e V. [...].
(*) A EC nº 132, de 20.12.2023, em seu art. 4º, altera esta alínea "d" para, a partir de 2033, nos termos de seu art. 23, II, vigorar com a seguinte redação: *Art. 146.* [...] *III* – [...]
d) definição de tratamento diferenciado e favorecido para as microempresas e para as empresas de pequeno porte, inclusive regimes especiais ou simplificados no caso do imposto previsto no art. 156-A e das contribuições sociais previstas no art. 195, I e V. [...].
(*) *Vide art. 94 do ADCT.*
(*) *V. Lei Complementar nº 48, de 10.12.1984 (Isenção do ICM e do ISS para as Microempresas).*
(*) *V. Lei Complementar nº 123, de 14.12.2006 (Estatuto Nacional da Microempresa e da Empresa de Pequeno Porte); e Decreto nº 8.538, de 6.10.2015, que regulamenta os arts. 42 a 45 e 47 a 49 da Lei Complementar nº 123, de 14.12.2006.*
(*) *V. Lei Complementar nº 147, de 7.8.2014.*
(*) *V. Lei Complementar nº 162, de 2.4.2018 (Programa Especial de Regularização Tributária das Microempresas e Empresas de Pequeno Porte optantes pelo Simples Nacional – Pert-SN).*
(*) *V. Lei Complementar nº 168, de 12.6.2019 (Retorno ao Regime Especial Unificado de Arrecadação de Tributos e Contribuições devidos pelas Microempresas e Empresas de Pequeno Porte – Simples Nacional – dos optantes excluídos desse regime tributário em 1º de janeiro de 2018).*
(*) *V. Lei Complementar nº 188, de 31.12.2021.*

§ 1º. A lei complementar de que trata o inciso III, "d", também poderá instituir um regime único de arrecadação dos impostos e contribuições da União, dos Estados, do Distrito Federal e dos Municípios, observado que:

(*) *§ 1º, primitivo parágrafo único, caput, acrescido pela EC nº 42, de 19.12.2003, e renumerado pela EC nº 132, de 20.12.2023.*

I – será opcional para o contribuinte;
(*) *Inciso I acrescido pela EC nº 42, de 19.12.2003.*

II – poderão ser estabelecidas condições de enquadramento diferenciadas por Estado;
(*) *Inciso II acrescido pela EC nº 42, de 19.12.2003.*

III – o recolhimento será unificado e centralizado e a distribuição da parcela de recursos pertencentes aos respectivos entes federados será imediata, vedada qualquer retenção ou condicionamento;
(*) *Inciso III acrescido pela EC nº 42, de 19.12.2003.*

IV – a arrecadação, a fiscalização e a cobrança poderão ser compartilhadas pelos entes federados, adotado cadastro nacional único de contribuintes.
(*) *Inciso IV acrescido pela EC nº 42, de 19.12.2003.*

§ 2º. É facultado ao optante pelo regime único de que trata o § 1º apurar e recolher os tributos previstos nos arts. 156-A e 195, V, nos termos estabelecidos nesses artigos, hipótese em que as parcelas a eles relativas não serão cobradas pelo regime único.
(*) *§ 2º acrescido pela EC nº 132, de 20.12.2023.*

§ 3º. Na hipótese de o recolhimento dos tributos previstos nos arts. 156-A e 195, V, ser realizado por meio do regime único de que trata o § 1º, enquanto perdurar a opção:

I – não será permitida a apropriação de créditos dos tributos previstos nos arts. 156-A e 195, V, pelo contribuinte optante pelo regime único; e

II – será permitida a apropriação de créditos dos tributos previstos nos arts. 156-A e 195, V, pelo adquirente não optante pelo regime único de que trata o § 1º de bens materiais ou imateriais, inclusive direitos, e de serviços do optante, em montante equivalente ao cobrado por meio do regime único.
(*) *§ 3º acrescido pela EC nº 132, de 20.12.2023.*

Art. 146-A. Lei complementar poderá estabelecer critérios especiais de tributação, com o objetivo de prevenir desequilíbrios da concorrência, sem prejuízo da competência da União, por lei, estabelecer normas de igual objetivo.
(*) *Art. 146-A acrescido pela EC nº 42, de 19.12.2003.*

Art. 147. Competem à União, em Território Federal, os impostos estaduais e, se o Território não for dividido em Municípios, cumulativamente, os impostos municipais; ao Distrito Federal cabem os impostos municipais.

Art. 148. A União, mediante lei complementar, poderá instituir empréstimos compulsórios:

(*) *Vide art. 34, § 1º, do ADCT.*

I – para atender a despesas extraordinárias, decorrentes de calamidade pública, de guerra externa ou sua iminência;

II – no caso de investimento público de caráter urgente e de relevante interesse nacional, observado o disposto no art. 150, III, "b".

(*) *Vide art. 34, § 12, do ADCT.*

Parágrafo único. A aplicação dos recursos provenientes do empréstimo compulsório será vinculada à despesa que fundamentou sua instituição.

Art. 149. Compete exclusivamente à União instituir contribuições sociais, de intervenção no domínio econômico e de interesse das categorias profissionais ou econômicas, como instrumento de sua atuação nas respectivas áreas, observado o disposto nos arts. 146, III, e 150, I e III, e sem prejuízo do previsto no art. 195, § 6º, relativamente às contribuições a que alude o dispositivo.

(*) *Vide arts. 34, § 1º; 75 a 76-B; e 79 a 83 (Instituição do Fundo de Combate e Erradicação da Pobreza) do ADCT.*

§ 1º. A União, os Estados, o Distrito Federal e os Municípios instituirão, por meio de lei, contribuições para custeio de regime próprio de previdência social, cobradas dos servidores ativos, dos aposentados e dos pensionistas, que poderão ter alíquotas progressivas de acordo com o valor da base de contribuição ou dos proventos de aposentadoria e de pensões.

(*) *§ 1º, primitivo parágrafo único, renumerado pela EC nº 33, de 11.12.2001, alterado pela EC nº 41, de 19.12.2003, e com redação dada pela EC nº 103, de 12.11.2019* (com vigência a partir da data de publicação da lei de iniciativa do respectivo Poder Executivo que a referende integralmente).

(*) Redação anterior: **Art. 149.** (...) § 1º. *Os Estados, o Distrito Federal e os Municípios instituirão contribuição, cobrada de seus servidores, para o custeio, em benefício destes, do regime previdenciário de que trata o art. 40, cuja alíquota não será inferior à da contribuição dos servidores titulares de cargos efetivos da União.* (...).

§ 1º-A. Quando houver *deficit* atuarial, a contribuição ordinária dos aposentados e pensionistas poderá incidir sobre o valor dos proventos de aposentadoria e de pensões que supere o salário mínimo.

(*) *§ 1º-A acrescido pela EC nº 103, de 12.11.2019* (com vigência a partir da data de publicação da lei de iniciativa do respectivo Poder Executivo que a referende integralmente).

§ 1º-B. Demonstrada a insuficiência da medida prevista no § 1º-A para equacionar o *deficit* atuarial, é facultada a instituição de contribuição extraordinária, no âmbito da União, dos servidores públicos ativos, dos aposentados e dos pensionistas.

(*) *§ 1º-B acrescido pela EC nº 103, de 12.11.2019* (com vigência a partir da data de publicação da lei de iniciativa do respectivo Poder Executivo que a referende integralmente).

(*) *Vide art. 9º, § 8º, da EC nº 103, de 12.11.2019.*

§ 1º-C. A contribuição extraordinária de que trata o § 1º-B deverá ser instituída simultaneamente com outras medidas para equacionamento do *deficit* e vigorará por período determinado, contado da data de sua instituição.

(*) *§ 1º-C acrescido pela EC nº 103, de 12.11.2019* (com vigência a partir da data de publicação da lei de iniciativa do respectivo Poder Executivo que a referende integralmente).

(*) *Vide art. 9º, § 8º, da EC nº 103, de 12.11.2019.*

§ 2º. As contribuições sociais e de intervenção no domínio econômico de que trata o *caput* deste artigo:

(*) *§ 2º, caput, acrescido pela EC nº 33, de 11.12.2001.*

I – não incidirão sobre as receitas decorrentes de exportação;

(*) *Inciso I acrescido pela EC nº 33, de 11.12.2001.*

II – incidirão também sobre a importação de produtos estrangeiros ou serviços;

(*) *Inciso II acrescido pela EC nº 33, de 11.12.2001, e com redação dada pela EC nº 42, de 19.12.2003.*

ART. 149-A CONSTITUIÇÃO DA REPÚBLICA FEDERATIVA DO BRASIL

III – poderão ter alíquotas:
a) *ad valorem*, tendo por base o faturamento, a receita bruta ou o valor da operação e, no caso de importação, o valor aduaneiro;
b) ocpecífica, tendo por base a unidade de medida adotada.
(*) *Inciso III acrescido pela EC nº 33, de 11.12.2001.*

§ 3º. A pessoa natural destinatária das operações de importação poderá ser equiparada a pessoa jurídica, na forma da lei.
(*) *§ 3º acrescido pela EC nº 33, de 11.12.2001.*

§ 4º. A lei definirá as hipóteses em que as contribuições incidirão uma única vez.
(*) *§ 4º acrescido pela EC nº 33, de 11.12.2001.*

Art. 149-A. Os Municípios e o Distrito Federal poderão instituir contribuição, na forma das respectivas leis, para o custeio, a expansão e a melhoria do serviço de iluminação pública e de sistemas de monitoramento para segurança e preservação de logradouros públicos, observado o disposto no art. 150, I e III.
(*) *Art. 149-A*, caput, *acrescido pela EC nº 39, de 19.12.2002, e com redação dada pela EC nº 132, de 20.12.2023.*
(*) *V. Súmula 670 do STF.*

Parágrafo único. É facultada a cobrança da contribuição a que se refere o *caput*, na fatura de consumo de energia elétrica.
(*) *Parágrafo único acrescido pela EC nº 39, de 19.12.2002.*
(*) *V. Lei nº 14.300, de 6.1.2022 (Marco legal da microgeração e minigeração distribuída; Sistema de Compensação de Energia Elétrica – SCEE).*
(*) *V. Súmula Vinculante 41 do STF.*

Art. 149-B. Os tributos previstos nos arts. 156-A e 195, V, observarão as mesmas regras em relação a:
I – fatos geradores, bases de cálculo, hipóteses de não incidência e sujeitos passivos;
II – imunidades;
III – regimes específicos, diferenciados ou favorecidos de tributação;
IV – regras de não cumulatividade e de creditamento.

Parágrafo único. Os tributos de que trata o *caput* observarão as imunidades previstas no art. 150, VI, não se aplicando a ambos os tributos o disposto no art. 195, § 7º.
(*) *Art. 149-B acrescido pela EC nº 132, de 20.12.2023.*

Art. 149-C. O produto da arrecadação do imposto previsto no art. 156-A e da contribuição prevista no art. 195, V, incidentes sobre operações contratadas pela administração pública direta, por autarquias e por fundações públicas, inclusive suas importações, será integralmente destinado ao ente federativo contratante, mediante redução a zero das alíquotas do imposto e da contribuição devidos aos demais entes e equivalente elevação da alíquota do tributo devido ao ente contratante.

§ 1º. As operações de que trata o *caput* poderão ter alíquotas reduzidas de modo uniforme, nos termos de lei complementar.

§ 2º. Lei complementar poderá prever hipóteses em que não se aplicará o disposto no *caput* e no § 1º.

§ 3º. Nas importações efetuadas pela administração pública direta, por autarquias e por fundações públicas, o disposto no art. 150, VI, "a", será implementado na forma do disposto no *caput* e no § 1º, assegurada a igualdade de tratamento em relação às aquisições internas.
(*) *Art. 149-C acrescido pela EC nº 132, de 20.12.2023.*

Seção II
Das Limitações
do Poder de Tributar

(*) *Vide art. 34 do ADCT.*
(*) *V. Lei Complementar nº 178, de 13.1.2021 (Programa de Acompanhamento e Transparência Fiscal e Plano de Promoção do Equilíbrio Fiscal).*
(*) *V. Lei nº 5.172, de 25.10.1966 (Código Tributário Nacional).*
(*) *V. Lei nº 13.988, de 14.4.2020 (Transação tributária).*

Art. 150. Sem prejuízo de outras garantias asseguradas ao contribuinte, é vedado à União, aos Estados, ao Distrito Federal e aos Municípios:
(*) *Vide art. 34, § 1º, do ADCT.*

I – exigir ou aumentar tributo sem lei que o estabeleça;

II – instituir tratamento desigual entre contribuintes que se encontrem em situação equivalente, proibida qualquer distinção em razão de ocupação profissional ou função por eles exercida, independentemente da denominação jurídica dos rendimentos, títulos ou direitos;

III – cobrar tributos:

a) em relação a fatos geradores ocorridos antes do início da vigência da lei que os houver instituído ou aumentado;

b) no mesmo exercício financeiro em que haja sido publicada a lei que os instituiu ou aumentou;
(*) Vide § 1º deste artigo.
(*) Vide art. 34, § 6º, do ADCT.
(*) Vide art. 2º da EC nº 3, de 17.3.1993.

c) antes de decorridos noventa dias da data em que haja sido publicada a lei que os instituiu ou aumentou, observado o disposto na alínea "b";
(*) Alínea "c" acrescida pela EC nº 42, de 19.12.2003.
(*) Vide § 1º deste artigo.

IV – utilizar tributo com efeito de confisco;
(*) Vide art. 5º, caput e XXII, da CF.

V – estabelecer limitações ao tráfego de pessoas ou bens, por meio de tributos interestaduais ou intermunicipais, ressalvada a cobrança de pedágio pela utilização de vias conservadas pelo Poder Público;

VI – instituir impostos sobre:

a) patrimônio, renda ou serviços, uns dos outros;
(*) Vide §§ 2º e 3º deste artigo.
(*) Vide art. 2º da EC nº 3, de 17.3.1993.

b) entidades religiosas e templos de qualquer culto, inclusive suas organizações assistenciais e beneficentes;
(*) Alínea "b" com redação dada pela EC nº 132, de 20.12.2023.
(*) Vide § 4º deste artigo.
(*) Vide art. 156, § 1º-A, da CF.
(*) V. Súmula Vinculante 51 do STF.

c) patrimônio, renda ou serviços dos partidos políticos, inclusive suas fundações, das entidades sindicais dos trabalhadores, das instituições de educação e de assistência social, sem fins lucrativos, atendidos os requisitos da lei;
(*) Vide § 4º deste artigo.

d) livros, jornais, periódicos e o papel destinado à sua impressão,
(*) V. Súmula Vinculante 57 do STF.

e) fonogramas e videofonogramas musicais produzidos no Brasil contendo obras musicais ou literomusicais de autores brasileiros e/ou obras em geral interpretadas por artistas brasileiros bem como os suportes materiais ou arquivos digitais que os contenham, salvo na etapa de replicação industrial de mídias ópticas de leitura a laser.
(*) Alínea "e" acrescida pela EC nº 75, de 15.10.2013.

§ 1º. A vedação do inciso III, "b", não se aplica aos tributos previstos nos arts. 148, I, 153, I, II, IV e V; e 154, II; e a vedação do inciso III, "c", não se aplica aos tributos previstos nos arts. 148, I, 153, I, II, III e V; e 154, II, nem à fixação da base de cálculo dos impostos previstos nos arts. 155, III, e 156, I.
(*) § 1º com redação dada pela EC nº 42, de 19.12.2003.

§ 2º. A vedação do inciso VI, "a", é extensiva às autarquias e às fundações instituídas e mantidas pelo poder público e à empresa pública prestadora de serviço postal, no que se refere ao patrimônio, à renda e aos serviços vinculados a suas finalidades essenciais ou às delas decorrentes.
(*) § 2º com redação dada pela EC nº 132, de 20.12.2023.

§ 3º. As vedações do inciso VI, "a", e do parágrafo anterior não se aplicam ao patrimônio, à renda e aos serviços, relacionados com exploração de atividades econômicas regidas pelas normas aplicáveis a empreendimentos privados, ou em que haja contraprestação ou pagamento de preços ou tarifas pelo usuário, nem exonera o promitente comprador da obrigação de pagar imposto relativamente ao bem imóvel.

§ 4º. As vedações expressas no inciso VI, alíneas "b" e "c", compreendem somente o patrimônio, a renda e os serviços, relacionados com as finalidades essenciais das entidades nelas mencionadas.

§ 5º. A lei determinará medidas para que os consumidores sejam esclarecidos acerca dos impostos que incidam sobre mercadorias e serviços.

§ 6º. Qualquer subsídio ou isenção, redução de base de cálculo, concessão de crédito presumido, anistia ou remissão, relativos a impostos, taxas ou contribuições, só poderá ser concedido mediante lei específica, federal, estadual ou municipal, que regule exclusivamente as matérias acima enumeradas ou o correspondente tributo ou contribuição, sem prejuízo do disposto no art. 155, § 2º, XII, "g".

(*) § 6º com redação dada pela EC nº 3, de 17.3.1993.
(*) A EC nº 132, de 20.12.2023, em seu art. 4º, altera este § 6º para, a partir de 2033, nos termos de seu art. 23, II, vigorar com a seguinte redação: **Art. 150.** [...] *§ 6º. Qualquer subsídio ou isenção, redução de base de cálculo, concessão de crédito presumido, anistia ou remissão, relativos a impostos, taxas ou contribuições, só poderá ser concedido mediante lei específica, federal, estadual ou municipal, que regule exclusivamente as matérias acima enumeradas ou o correspondente tributo ou contribuição.* [...].

§ 7º. A lei poderá atribuir a sujeito passivo de obrigação tributária a condição de responsável pelo pagamento de imposto ou contribuição, cujo fato gerador deva ocorrer posteriormente, assegurada a imediata e preferencial restituição da quantia paga, caso não se realize o fato gerador presumido.

(*) § 7º acrescido pela EC nº 3, de 17.3.1993.

Art. 151. É vedado à União:

I – instituir tributo que não seja uniforme em todo o território nacional ou que implique distinção ou preferência em relação a Estado, ao Distrito Federal ou a Município, em detrimento de outro, admitida a concessão de incentivos fiscais destinados a promover o equilíbrio do desenvolvimento socioeconômico entre as diferentes regiões do País;

II – tributar a renda das obrigações da dívida pública dos Estados, do Distrito Federal e dos Municípios, bem como a remuneração e os proventos dos respectivos agentes públicos, em níveis superiores aos que fixar para suas obrigações e para seus agentes;

III – instituir isenções de tributos da competência dos Estados, do Distrito Federal ou dos Municípios.

Art. 152. É vedado aos Estados, ao Distrito Federal e aos Municípios estabelecer diferença tributária entre bens e serviços, de qualquer natureza, em razão de sua procedência ou destino.

Seção III
Dos Impostos da União

Art. 153. Compete à União instituir impostos sobre:

I – importação de produtos estrangeiros;
(*) Vide § 1º deste artigo.
(*) Vide art. 62, § 2º, da CF.

II – exportação, para o exterior, de produtos nacionais ou nacionalizados;
(*) Vide § 1º deste artigo.
(*) Vide art. 62, § 2º, da CF.
(*) V. Súmula 649 do STJ.

III – renda e proventos de qualquer natureza;
(*) Vide § 2º deste artigo.
(*) Vide art. 34, § 2º, I, do ADCT.
(*) Vide art. 3º da EC nº 3, de 17.3.1993.
(*) V. Decreto nº 9.580, de 22.11.2018 (Regulamento do Imposto de Renda).

IV – produtos industrializados;
(*) Vide §§ 1º e 3º deste artigo.
(*) Vide art. 62, § 2º, da CF.
(*) Vide art. 34, § 2º, I, do ADCT.
(*) V. Decreto nº 7.212, de 15.6.2010 (Regulamento do Imposto sobre Produtos Industrializados).
(*) V. Decreto nº 8.950, de 29.12.2016 (TIPI – Tabela de Incidência do Imposto sobre Produtos Industrializados).
(*) V. Súmula Vinculante 58 do STF.

V – operações de crédito, câmbio e seguro, ou relativas a títulos ou valores mobiliários;
(*) A EC nº 132, de 20.12.2023, em seu art. 3º, altera este inciso V para, a partir de 2027, nos termos de seu art. 23, I, vigorar com a seguinte redação: **Art. 153.** [...] *V – operações de crédito e câmbio ou relativas a títulos ou valores mobiliários;* [...].
(*) Vide §§ 1º e 5º deste artigo.
(*) Vide art. 62, § 2º, da CF.

VI – propriedade territorial rural;
(*) Vide § 4º deste artigo.

VII – grandes fortunas, nos termos de lei complementar;

CONSTITUIÇÃO DA REPÚBLICA FEDERATIVA DO BRASIL ART. 154

VIII – produção, extração, comercialização ou importação de bens e serviços prejudiciais à saúde ou ao meio ambiente, nos termos de lei complementar.
(*) Inciso VIII acrescido pela EC nº 132, de 20.12.2023.

§ 1º. É facultado ao Poder Executivo, atendidas as condições e os limites estabelecidos em lei, alterar as alíquotas dos impostos enumerados nos incisos I, II, IV e V.

§ 2º. O imposto previsto no inciso III:
I – será informado pelos critérios da generalidade, da universalidade e da progressividade, na forma da lei;
II – (revogado).
(*) Inciso II revogado pela EC nº 20, de 15.12.1998.

§ 3º. O imposto previsto no inciso IV:
I – será seletivo, em função da essencialidade do produto;
II – será não cumulativo, compensando-se o que for devido em cada operação com o montante cobrado nas anteriores;
III – não incidirá sobre produtos industrializados destinados ao exterior;
IV – terá reduzido seu impacto sobre a aquisição de bens de capital pelo contribuinte do imposto, na forma da lei.
(*) Inciso IV acrescido pela EC nº 42, de 19.12.2003.

§ 4º. O imposto previsto no inciso VI do caput:
(*) § 4º, caput, com redação dada pela EC nº 42, de 19.12.2003.
I – será progressivo e terá suas alíquotas fixadas de forma a desestimular a manutenção de propriedades improdutivas;
(*) Inciso I acrescido pela EC nº 42, de 19.12.2003.
II – não incidirá sobre pequenas glebas rurais, definidas em lei, quando as explore o proprietário que não possua outro imóvel;
(*) Inciso II acrescido pela EC nº 42, de 19.12.2003.
III – será fiscalizado e cobrado pelos Municípios que assim optarem, na forma da lei, desde que não implique redução do imposto ou qualquer outra forma de renúncia fiscal.
(*) Inciso III acrescido pela EC nº 42, de 19.12.2003.

(*) V. Lei nº 11.250, de 27.12.2005, que regulamenta este inciso.

§ 5º. O ouro, quando definido em lei como ativo financeiro ou instrumento cambial, sujeita-se exclusivamente à incidência do imposto de que trata o inciso V do caput deste artigo, devido na operação de origem; a alíquota mínima será de um por cento, assegurada a transferência do montante da arrecadação nos seguintes termos:
(*) Vide art. 2º da EC nº 3, de 17.3.1993.
I – trinta por cento para o Estado, o Distrito Federal ou o Território, conforme a origem;
II – setenta por cento para o Município de origem.
(*) Vide arts. 72, § 3º; 74, § 2º; 75; e 76 do ADCT.

§ 6º. O imposto previsto no inciso VIII do caput deste artigo:
I – não incidirá sobre as exportações nem sobre as operações com energia elétrica e com telecomunicações;
II – incidirá uma única vez sobre o bem ou serviço;
III – não integrará sua própria base de cálculo;
IV – integrará a base de cálculo dos tributos previstos nos arts. 155, II, 156, III, 156-A e 195, V;
(*) A EC nº 132, de 20.12.2023, em seu art. 4º, altera este inciso IV para, a partir de 2033, nos termos de seu art. 23, II, vigorar com a seguinte redação: **Art. 153.** [...] § 6º. [...] IV – integrará a base de cálculo dos tributos previstos nos arts. 156-A e 195, V; [...].
V – poderá ter o mesmo fato gerador e base de cálculo de outros tributos;
VI – terá suas alíquotas fixadas em lei ordinária, podendo ser específicas, por unidade de medida adotada, ou ad valorem;
VII – na extração, o imposto será cobrado independentemente da destinação, caso em que a alíquota máxima corresponderá a 1% (um por cento) do valor de mercado do produto.
(*) § 6º acrescido pela EC nº 132, de 20.12.2023.

Art. 154. A União poderá instituir:
I – mediante lei complementar, impostos não previstos no artigo anterior, desde que

sejam não cumulativos e não tenham fato gerador ou base de cálculo próprios dos discriminados nesta Constituição;

(*) Vide arts. 34, § 1º; 74; 75; 84; e 85 do ADCT.
(*) Vide art. 2º da EC nº 3, do 17.3.1993,

II – na iminência ou no caso de guerra externa, impostos extraordinários, compreendidos ou não em sua competência tributária, os quais serão suprimidos, gradativamente, cessadas as causas de sua criação.

(*) Vide art. 62, § 2º, da CF.

Seção IV
Dos Impostos dos Estados e do Distrito Federal

Art. 155. Compete aos Estados e ao Distrito Federal instituir impostos sobre:
(*) Art. 155, caput, com redação dada pela EC nº 3, de 17.3.1993.

I – transmissão *causa mortis* e doação, de quaisquer bens ou direitos;
(*) Inciso I com redação dada pela EC nº 3, de 17.3.1993.
(*) Vide § 1º deste artigo.

II – operações relativas à circulação de mercadorias e sobre prestações de serviços de transporte interestadual e intermunicipal e de comunicação, ainda que as operações e as prestações se iniciem no exterior;
(*) Inciso II com redação dada pela EC nº 3, de 17.3.1993.
(*) A EC nº 132, de 20.12.2023, em seu art. 22, II, "a", revoga este inciso II a partir de 2033.
(*) Vide § 1º deste artigo.
(*) V. Lei Complementar nº 87, de 13.9.1996.
(*) V. Lei Complementar nº 99, de 20.12.1999.
(*) V. Lei Complementar nº 102, de 11.7.2000.
(*) V. Lei Complementar nº 115, de 26.12.2002.
(*) V. Lei Complementar nº 120, de 29.12.2005.
(*) V. Súmula Vinculante 48 do STF.

III – propriedade de veículos automotores.
(*) Inciso III com redação dada pela EC nº 3, de 17.3.1993.
(*) Vide art. 34, § 10, do ADCT.

§ 1º. O imposto previsto no inciso I:
(*) § 1º, caput, com redação dada pela EC nº 3, de 17.3.1993.

I – relativamente a bens imóveis e respectivos direitos, compete ao Estado da situação do bem, ou ao Distrito Federal;

II – relativamente a bens móveis, títulos e créditos, compete ao Estado onde era domiciliado o *de cujus*, ou tiver domicílio o doador, ou ao Distrito Federal;
(*) Inciso II com redação dada pela EC nº 132, de 20.12.2023.

III – terá a competência para sua instituição regulada por lei complementar:
a) se o doador tiver domicílio ou residência no exterior;
b) se o *de cujus* possuía bens, era residente ou domiciliado ou teve o seu inventário processado no exterior;

IV – terá suas alíquotas máximas fixadas pelo Senado Federal.

V – não incidirá sobre as doações destinadas, no âmbito do Poder Executivo da União, a projetos socioambientais ou destinados a mitigar os efeitos das mudanças climáticas e às instituições federais de ensino.
(*) Inciso V acrescido pela EC nº 126, de 21.12.2022.

VI – será progressivo em razão do valor do quinhão, do legado ou da doação;
(*) Inciso VI acrescido pela EC nº 132, de 20.12.2023.

VII – não incidirá sobre as transmissões e as doações para as instituições sem fins lucrativos com finalidade de relevância pública e social, inclusive as organizações assistenciais e beneficentes de entidades religiosas e institutos científicos e tecnológicos, e por elas realizadas na consecução dos seus objetivos sociais, observadas as condições estabelecidas em lei complementar.
(*) Inciso VII acrescido pela EC nº 132, de 20.12.2023.

§ 2º. O imposto previsto no inciso II, atenderá ao seguinte:
(*) § 2º, caput, com redação dada pela EC nº 3, de 17.3.1993.
(*) A EC nº 132, de 20.12.2023, em seu art. 22, II, "a", revoga este § 2º a partir de 2033.

I – será não cumulativo, compensando--se o que for devido em cada operação relativa à circulação de mercadorias ou prestação de serviços com o montante cobrado nas anteriores pelo mesmo ou outro Estado ou pelo Distrito Federal;

CONSTITUIÇÃO DA REPÚBLICA FEDERATIVA DO BRASIL — ART. 155

II – a isenção ou não incidência, salvo determinação em contrário da legislação:
a) não implicará crédito para compensação com o montante devido nas operações ou prestações seguintes;
b) acarretará a anulação do crédito relativo às operações anteriores;

III – poderá ser seletivo, em função da essencialidade das mercadorias e dos serviços;
(*) V. Lei Complementar nº 194, de 23.6.2022 (Incidência do ICMS sobre bens e serviços essenciais e indispensáveis).

IV – resolução do Senado Federal, de iniciativa do Presidente da República ou de um terço dos Senadores, aprovada pela maioria absoluta de seus membros, estabelecerá as alíquotas aplicáveis às operações e prestações, interestaduais e de exportação;
(*) V. Resolução do Senado Federal nº 22, de 19.5.1989.

V – é facultado ao Senado Federal:
a) estabelecer alíquotas mínimas nas operações internas, mediante resolução de iniciativa de um terço e aprovada pela maioria absoluta de seus membros;
b) fixar alíquotas máximas nas mesmas operações para resolver conflito específico que envolva interesse de Estados, mediante resolução de iniciativa da maioria absoluta e aprovada por dois terços de seus membros;

VI – salvo deliberação em contrário dos Estados e do Distrito Federal, nos termos do disposto no inciso XII, "g", as alíquotas internas, nas operações relativas à circulação de mercadorias e nas prestações de serviços, não poderão ser inferiores às previstas para as operações interestaduais;
(*) Vide art. 4º, § 5º, da EC nº 123, de 14.7.2022.

VII – nas operações e prestações que destinem bens e serviços a consumidor final, contribuinte ou não do imposto, localizado em outro Estado, adotar-se-á a alíquota interestadual e caberá ao Estado de localização do destinatário o imposto correspondente à diferença entre a alíquota interna do Estado destinatário e a alíquota interestadual;
(*) Inciso VII com redação dada pela EC nº 87, de 16.4.2015.
(*) Vide art. 99 do ADCT.

a) (revogada);
(*) Alínea "a" revogada pela EC nº 87, de 16.4.2015.

b) (revogada);
(*) Alínea "b" revogada pela EC nº 87, de 16.4.2015.

VIII – a responsabilidade pelo recolhimento do imposto correspondente à diferença entre a alíquota interna e a interestadual de que trata o inciso VII será atribuída:
(*) Inciso VIII, caput, com redação dada pela EC nº 87, de 16.4.2015.

a) ao destinatário, quando este for contribuinte do imposto;
(*) Alínea "a" acrescida pela EC nº 87, de 16.4.2015.

b) ao remetente, quando o destinatário não for contribuinte do imposto;
(*) Alínea "b" acrescida pela EC nº 87, de 16.4.2015.

IX – incidirá também:
a) sobre a entrada de bem ou mercadoria importados do exterior por pessoa física ou jurídica, ainda que não seja contribuinte habitual do imposto, qualquer que seja a sua finalidade, assim como sobre o serviço prestado no exterior, cabendo o imposto ao Estado onde estiver situado o domicílio ou o estabelecimento do destinatário da mercadoria, bem ou serviço;
(*) Alínea "a" com redação dada pela EC nº 33, de 11.12.2001.

b) sobre o valor total da operação, quando mercadorias forem fornecidas com serviços não compreendidos na competência tributária dos Municípios;

X – não incidirá:
a) sobre operações que destinem mercadorias para o exterior, nem sobre serviços prestados a destinatários no exterior, assegurada a manutenção e o aproveitamento do montante do imposto cobrado nas operações e prestações anteriores;
(*) Alínea "a" com redação dada pela EC nº 42, de 19.12.2003.
(*) V. Lei Complementar nº 65, de 15.4.1991.

b) sobre operações que destinem a outros Estados petróleo, inclusive lubrifican-

ART. 155

CONSTITUIÇÃO DA REPÚBLICA FEDERATIVA DO BRASIL

tes, combustíveis líquidos e gasosos dele derivados, e energia elétrica;

(*) V. Lei nº 14.300, de 6.1.2022 (Marco legal da microgeração e minigeração distribuída; Sistema de Compensação de Energia Elétrica – SCEE).

c) sobre o ouro, nas hipóteses definidas no art. 153, § 5º;

d) nas prestações de serviço de comunicação nas modalidades de radiodifusão sonora e de sons e imagens de recepção livre e gratuita;

(*) Alínea "d" acrescida pela EC nº 42, de 19.12.2003.

XI – não compreenderá, em sua base de cálculo, o montante do Imposto sobre produtos industrializados, quando a operação, realizada entre contribuintes e relativa a produto destinado à industrialização ou à comercialização, configure fato gerador dos dois impostos;

XII – cabe à lei complementar:

(*) Vide art. 4º da EC nº 42, de 19.12.2003.

a) definir seus contribuintes;

b) dispor sobre substituição tributária;

c) disciplinar o regime de compensação do imposto;

d) fixar, para efeito de sua cobrança e definição do estabelecimento responsável, o local das operações relativas à circulação de mercadorias e das prestações de serviços;

e) excluir da incidência do imposto, nas exportações para o exterior, serviços e outros produtos além dos mencionados no inciso X, "a";

f) prever casos de manutenção de crédito, relativamente à remessa para outro Estado e exportação para o exterior, de serviços e de mercadorias;

g) regular a forma como, mediante deliberação dos Estados e do Distrito Federal, isenções, incentivos e benefícios fiscais serão concedidos e revogados;

(*) V. Lei Complementar nº 160, de 7.8.2017.

h) definir os combustíveis e lubrificantes sobre os quais o imposto incidirá uma única vez, qualquer que seja a sua finalidade, hipótese em que não se aplicará o disposto no inciso X, "b";

(*) Alínea "h" acrescida pela EC nº 33, de 11.12.2001.

(*) Vide § 4º deste artigo.
(*) Vide art. 4º da EC nº 33, de 11.12.2001.
(*) Vide EC nº 123, de 14.7.2022 (Regime fiscal favorecido dos biocombustíveis e estado de emergência dos preços dos combustíveis).

i) fixar a base de cálculo, de modo que o montante do imposto a integre, também na importação do exterior de bem, mercadoria ou serviço.

(*) Alínea "i" acrescida pela EC nº 33, de 11.12.2001.

§ 3º. À exceção dos impostos de que tratam o inciso II do caput deste artigo e os arts. 153, I e II, e 156-A, nenhum outro imposto poderá incidir sobre operações relativas a energia elétrica e serviços de telecomunicações e, à exceção destes e do previsto no art. 153, VIII, nenhum outro imposto poderá incidir sobre operações relativas a derivados de petróleo, combustíveis e minerais do País.

(*) § 3º alterado pela EC nº 33, de 11.12.2001, e com redação dada pela EC nº 132, de 20.12.2023.
(*) A EC nº 132, de 20.12.2023, em seu art. 22, II, "a", revoga este § 3º a partir de 2033.
(*) V. Lei nº 14.300, de 6.1.2022 (Marco legal da microgeração e minigeração distribuída; Sistema de Compensação de Energia Elétrica – SCEE).

§ 4º. Na hipótese do inciso XII, "h", observar-se-á o seguinte:

I – nas operações com os lubrificantes e combustíveis derivados de petróleo, o imposto caberá ao Estado onde ocorrer o consumo;

II – nas operações interestaduais, entre contribuintes, com gás natural e seus derivados, e lubrificantes e combustíveis não incluídos no inciso I deste parágrafo, o imposto será repartido entre os Estados de origem e de destino, mantendo-se a mesma proporcionalidade que ocorre nas operações com as demais mercadorias;

III – nas operações interestaduais com gás natural e seus derivados, e lubrificantes e combustíveis não incluídos no inciso I deste parágrafo, destinadas a não contribuinte, o imposto caberá ao Estado de origem;

IV – as alíquotas do imposto serão definidas mediante deliberação dos Estados e Distrito Federal, nos termos do § 2º, XII, "g", observando-se o seguinte:

a) serão uniformes em todo o território nacional, podendo ser diferenciadas por produto;

b) poderão ser específicas, por unidade de medida adotada, ou *ad valorem*, incidindo sobre o valor da operação ou sobre o preço que o produto ou seu similar alcançaria em uma venda em condições de livre concorrência;

c) poderão ser reduzidas e restabelecidas, não se lhes aplicando o disposto no art. 150, III, "b".

(*) § 4º acrescido pela EC nº 33, de 11.12.2001.
(*) A EC nº 132, de 20.12.2023, em seu art. 22, II, "a", revoga este § 4º a partir de 2033.

§ 5º. As regras necessárias à aplicação do disposto no § 4º, inclusive as relativas à apuração e à destinação do imposto, serão estabelecidas mediante deliberação dos Estados e do Distrito Federal, nos termos do § 2º, XII, "g".

(*) § 5º acrescido pela EC nº 33, de 11.12.2001.
(*) A EC nº 132, de 20.12.2023, em seu art. 22, II, "a", revoga este § 5º a partir de 2033.

§ 6º. O imposto previsto no inciso III:
(*) § 6º, caput, acrescido pela EC nº 42, de 19.12.2003.

I – terá alíquotas mínimas fixadas pelo Senado Federal;
(*) Inciso I acrescido pela EC nº 42, de 19.12.2003.

II – poderá ter alíquotas diferenciadas em função do tipo, do valor, da utilização e do impacto ambiental;
(*) Inciso II acrescido pela EC nº 42, de 19.12.2003, e com redação dada pela EC nº 132, de 20.12.2023.

III – incidirá sobre a propriedade de veículos automotores terrestres, aquáticos e aéreos, excetuados:

a) aeronaves agrícolas e de operador certificado para prestar serviços aéreos a terceiros;

b) embarcações de pessoa jurídica que detenha outorga para prestar serviços de transporte aquaviário ou de pessoa física ou jurídica que pratique pesca industrial, artesanal, científica ou de subsistência;

c) plataformas suscetíveis de se locomoverem na água por meios próprios, inclusive aquelas cuja finalidade principal seja a exploração de atividades econômicas em águas territoriais e na zona econômica exclusiva e embarcações que tenham essa mesma finalidade principal;

d) tratores e máquinas agrícolas.
(*) Inciso III acrescido pela EC nº 132, de 20.12.2023.

Seção V
Dos Impostos dos Municípios

Art. 156. Compete aos Municípios instituir impostos sobre:

I – propriedade predial e territorial urbana;
(*) Vide § 1º deste artigo.

II – transmissão *inter vivos*, a qualquer título, por ato oneroso, de bens imóveis, por natureza ou acessão física, e de direitos reais sobre imóveis, exceto os de garantia, bem como cessão de direitos a sua aquisição;
(*) Vide § 2º deste artigo.

III – serviços de qualquer natureza, não compreendidos no art. 155, II, definidos em lei complementar.
(*) Inciso III com redação dada pela EC nº 3, de 17.3.1993.
(*) A EC nº 132, de 20.12.2023, em seu art. 22, II, "a", revoga este inciso III a partir de 2033.
(*) Vide § 3º deste artigo.
(*) Vide art. 34, § 1º, do ADCT.
(*) V. Lei Complementar nº 116, de 31.7.2003 (ISSQN).

IV – (revogado).
(*) Inciso IV revogado pela EC nº 3, de 17.3.1993.

§ 1º. Sem prejuízo da progressividade no tempo a que se refere o art. 182, § 4º, inciso II, o imposto previsto no inciso I poderá:
(*) § 1º com redação dada pela EC nº 29, de 13.9.2000.

I – ser progressivo em razão do valor do imóvel; e
(*) Inciso I acrescido pela EC nº 29, de 13.9.2000.

II – ter alíquotas diferentes de acordo com a localização e o uso do imóvel;
(*) Inciso II acrescido pela EC nº 29, de 13.9.2000.

III – ter sua base de cálculo atualizada pelo Poder Executivo, conforme critérios estabelecidos em lei municipal.
(*) *Inciso III acrescido pela EC nº 132, de 20.12.2023.*

§ 1º-A. O imposto previsto no inciso I do *caput* deste artigo não incide sobre templos de qualquer culto, ainda que as entidades abrangidas pela imunidade de que trata a alínea "b" do inciso VI do *caput* do art. 150 desta Constituição sejam apenas locatárias do bem imóvel.
(*) *§ 1º-A acrescido pela EC nº 116, de 17.2.2022.*
(*) *Vide art. 150, VI, "b", da CF.*

§ 2º. O imposto previsto no inciso II:

I – não incide sobre a transmissão de bens ou direitos incorporados ao patrimônio de pessoa jurídica em realização de capital, nem sobre a transmissão de bens ou direitos decorrente de fusão, incorporação, cisão ou extinção de pessoa jurídica, salvo se, nesses casos, a atividade preponderante do adquirente for a compra e venda desses bens ou direitos, locação de bens imóveis ou arrendamento mercantil;

II – compete ao Município da situação do bem.

§ 3º. Em relação ao imposto previsto no inciso III do *caput* deste artigo, cabe à lei complementar:
(*) *§ 3º, caput, alterado pela EC nº 3, de 17.3.1993, e com redação dada pela EC nº 37, de 12.6.2002.*
(*) *A EC nº 132, de 20.12.2023, em seu art. 22, II, "a", revoga este § 3º a partir de 2033.*
(*) *Vide art. 88 do ADCT.*

I – fixar as suas alíquotas máximas e mínimas;
(*) *Inciso I acrescido pela EC nº 3, de 17.3.1993, e com redação dada pela EC nº 37, de 12.6.2002.*

II – excluir da sua incidência exportações de serviços para o exterior;
(*) *Inciso II acrescido pela EC nº 3, de 17.3.1993.*

III – regular a forma e as condições como isenções, incentivos e benefícios fiscais serão concedidos e revogados.
(*) *Inciso III acrescido pela EC nº 37, de 12.6.2002.*

§ 4º. (Revogado).
(*) *§ 4º revogado pela EC nº 3, de 17.3.1993.*

Seção V-A
Do Imposto de Competência Compartilhada entre Estados, Distrito Federal e Municípios
(*) *Seção V-A acrescida pela EC nº 132, de 20.12.2023.*

Art. 156-A. Lei complementar instituirá imposto sobre bens e serviços de competência compartilhada entre Estados, Distrito Federal e Municípios.

§ 1º. O imposto previsto no *caput* será informado pelo princípio da neutralidade e atenderá ao seguinte:

I – incidirá sobre operações com bens materiais ou imateriais, inclusive direitos, ou com serviços;

II – incidirá também sobre a importação de bens materiais ou imateriais, inclusive direitos, ou de serviços realizada por pessoa física ou jurídica, ainda que não seja sujeito passivo habitual do imposto, qualquer que seja a sua finalidade;

III – não incidirá sobre as exportações, assegurados ao exportador a manutenção e o aproveitamento dos créditos relativos às operações nas quais seja adquirente de bem material ou imaterial, inclusive direitos, ou serviço, observado o disposto no § 5º, III;

IV – terá legislação única e uniforme em todo o território nacional, ressalvado o disposto no inciso V;

V – cada ente federativo fixará sua alíquota própria por lei específica;

VI – a alíquota fixada pelo ente federativo na forma do inciso V será a mesma para todas as operações com bens materiais ou imateriais, inclusive direitos, ou com serviços, ressalvadas as hipóteses previstas nesta Constituição;

VII – será cobrado pelo somatório das alíquotas do Estado e do Município de destino da operação;

VIII – será não cumulativo, compensando-se o imposto devido pelo contribuinte com o montante cobrado sobre todas as operações nas quais seja adquirente de bem material ou imaterial, inclusive direito, ou de serviço, excetuadas exclusivamente as consideradas de uso ou consumo pessoal especificadas em lei complementar e as hipóteses previstas nesta Constituição;

IX – não integrará sua própria base de cálculo nem a dos tributos previstos nos arts. 153, VIII, e 195, I, "b", IV e V, e da contribuição para o Programa de Integração Social de que trata o art. 239;

(*) A EC nº 132, de 20.12.2023, em seu art. 3º, altera este inciso IX para, a partir de 2027, nos termos de seu art. 23, I, vigorar com a seguinte redação: *Art. 156-A.* [...] § 1º. [...] IX – não integrará sua própria base de cálculo nem a dos tributos previstos nos arts. 153, VIII, e 195, V; [...].

(*) A EC nº 132, de 20.12.2023, em seu art. 4º, altera este inciso IX para, a partir de 2033, nos termos de seu art. 23, II, vigorar com a seguinte redação: *Art. 156-A.* [...] § 1º. [...] IX – não integrará sua própria base de cálculo nem a dos tributos previstos nos arts. 153, VIII, e 195, V; [...].

X – não será objeto de concessão de incentivos e benefícios financeiros ou fiscais relativos ao imposto ou de regimes específicos, diferenciados ou favorecidos de tributação, excetuadas as hipóteses previstas nesta Constituição;

XI – não incidirá nas prestações de serviço de comunicação nas modalidades de radiodifusão sonora e de sons e imagens de recepção livre e gratuita;

XII – resolução do Senado Federal fixará alíquota de referência do imposto para cada esfera federativa, nos termos de lei complementar, que será aplicada em outra não houver sido estabelecida pelo próprio ente federativo;

XIII – sempre que possível, terá seu valor informado, de forma específica, no respectivo documento fiscal.

§ 2º. Para fins do disposto no § 1º, V, o Distrito Federal exercerá as competências estadual e municipal na fixação de suas alíquotas.

§ 3º. Lei complementar poderá definir como sujeito passivo do imposto a pessoa que concorrer para a realização, a execução ou o pagamento da operação, ainda que residente ou domiciliada no exterior.

§ 4º. Para fins de distribuição do produto da arrecadação do imposto, o Comitê Gestor do Imposto sobre Bens e Serviços:

I – reterá montante equivalente ao saldo acumulado de créditos do imposto não compensados pelos contribuintes e não ressarcidos ao final de cada período de apuração e aos valores decorrentes do cumprimento do § 5º, VIII;

II – distribuirá o produto da arrecadação do imposto, deduzida a retenção de que trata o inciso I deste parágrafo, ao ente federativo de destino das operações que não tenham gerado creditamento.

§ 5º. Lei complementar disporá sobre:

I – as regras para a distribuição do produto da arrecadação do imposto, disciplinando, entre outros aspectos:

a) a sua forma de cálculo;

b) o tratamento em relação às operações em que o imposto não seja recolhido tempestivamente;

c) as regras de distribuição aplicáveis aos regimes favorecidos, específicos e diferenciados de tributação previstos nesta Constituição;

II – o regime de compensação, podendo estabelecer hipóteses em que o aproveitamento do crédito ficará condicionado à verificação do efetivo recolhimento do imposto incidente sobre a operação com bens materiais ou imateriais, inclusive direitos, ou com serviços, desde que:

a) o adquirente possa efetuar o recolhimento do imposto incidente nas suas aquisições de bens ou serviços; ou

b) o recolhimento do imposto ocorra na liquidação financeira da operação;

III – a forma e o prazo para ressarcimento de créditos acumulados pelo contribuinte;

IV – os critérios para a definição do destino da operação, que poderá ser, inclusive, o local da entrega, da disponibilização ou da localização do bem, o da prestação ou da disponibilização do serviço ou o do domicílio ou da localização do adquirente ou destinatário do bem ou serviço, admitidas diferenciações em razão das características da operação;

ART. 156-A CONSTITUIÇÃO DA REPÚBLICA FEDERATIVA DO BRASIL

V – a forma de desoneração da aquisição de bens de capital pelos contribuintes, que poderá ser implementada por meio de:
a) crédito integral e imediato do imposto;
b) diferimento; ou
c) redução em 100% (cem por cento) das alíquotas do imposto;

VI – as hipóteses de diferimento e desoneração do imposto aplicáveis aos regimes aduaneiros especiais e às zonas de processamento de exportação;

VII – o processo administrativo fiscal do imposto;

VIII – as hipóteses de devolução do imposto a pessoas físicas, inclusive os limites e os beneficiários, com o objetivo de reduzir as desigualdades de renda;

IX – os critérios para as obrigações tributárias acessórias, visando à sua simplificação.

§ 6º. Lei complementar disporá sobre regimes específicos de tributação para:

I – combustíveis e lubrificantes sobre os quais o imposto incidirá uma única vez, qualquer que seja a sua finalidade, hipótese em que:
a) serão as alíquotas uniformes em todo o território nacional, específicas por unidade de medida e diferenciadas por produto, admitida a não aplicação do disposto no § 1º, V a VII;
b) será vedada a apropriação de créditos em relação às aquisições dos produtos de que trata este inciso destinados a distribuição, comercialização ou revenda;
c) será concedido crédito nas aquisições dos produtos de que trata este inciso por sujeito passivo do imposto, observado o disposto na alínea "b" e no § 1º, VIII;

II – serviços financeiros, operações com bens imóveis, planos de assistência à saúde e concursos de prognósticos, podendo prever:
a) alterações nas alíquotas, nas regras de creditamento e na base de cálculo, admitida, em relação aos adquirentes dos bens e serviços de que trata este inciso, a não aplicação do disposto no § 1º, VIII;
b) hipóteses em que o imposto incidirá sobre a receita ou o faturamento, com alíquota uniforme em todo o território nacional,

admitida a não aplicação do disposto no § 1º, V a VII, e, em relação aos adquirentes dos bens e serviços de que trata este inciso, também do disposto no § 1º, VIII;

III – sociedades cooperativas, que será optativo, com vistas a assegurar sua competitividade, observados os princípios da livre concorrência e da isonomia tributária, definindo, inclusive:
a) as hipóteses em que o imposto não incidirá sobre as operações realizadas entre a sociedade cooperativa e seus associados, entre estes e aquela e pelas sociedades cooperativas entre si quando associadas para a consecução dos objetivos sociais;
b) o regime de aproveitamento do crédito das etapas anteriores;

IV – serviços de hotelaria, parques de diversão e parques temáticos, agências de viagens e de turismo, bares e restaurantes, atividade esportiva desenvolvida por Sociedade Anônima do Futebol e aviação regional, podendo prever hipóteses de alterações nas alíquotas, nas bases de cálculo e nas regras de creditamento, admitida a não aplicação do disposto no § 1º, V a VIII;

V – operações alcançadas por tratado ou convenção internacional, inclusive referentes a missões diplomáticas, repartições consulares, representações de organismos internacionais e respectivos funcionários acreditados;

VI – serviços de transporte coletivo de passageiros rodoviário intermunicipal e interestadual, ferroviário e hidroviário, podendo prever hipóteses de alterações nas alíquotas e nas regras de creditamento, admitida a não aplicação do disposto no § 1º, V a VIII.

§ 7º. A isenção e a imunidade:

I – não implicarão crédito para compensação com o montante devido nas operações seguintes;

II – acarretarão a anulação do crédito relativo às operações anteriores, salvo, na hipótese da imunidade, inclusive em relação ao inciso XI do § 1º, quando determinado em contrário em lei complementar.

§ 8º. Para fins do disposto neste artigo, a lei complementar de que trata o *caput* poderá estabelecer o conceito de operações com serviços, seu conteúdo e alcance, admitida essa definição para qualquer operação que não se ja classificada como operação com bens materiais ou imateriais, inclusive direitos.

§ 9º. Qualquer alteração na legislação federal que reduza ou eleve a arrecadação do imposto:

I – deverá ser compensada pela elevação ou redução, pelo Senado Federal, das alíquotas de referência de que trata o § 1º, XII, de modo a preservar a arrecadação das esferas federativas, nos termos de lei complementar;

II – somente entrará em vigor com o início da produção de efeitos do ajuste das alíquotas de referência de que trata o inciso I deste parágrafo.

§ 10. Os Estados, o Distrito Federal e os Municípios poderão optar por vincular suas alíquotas à alíquota de referência de que trata o § 1º, XII.

§ 11. Projeto de lei complementar em tramitação no Congresso Nacional que reduza ou aumente a arrecadação do imposto somente será apreciado se acompanhado de estimativa de impacto no valor das alíquotas de referência de que trata o § 1º, XII.

§ 12. A devolução de que trata o § 5º, VIII, não será considerada nas bases de cálculo de que tratam os arts. 29-A, 198, § 2º, 204, parágrafo único, 212, 212-A, II, e 216, § 6º, não se aplicando a ela, ainda, o disposto no art. 158, IV, "b".

§ 13. A devolução de que trata o § 5º, VIII, será obrigatória nas operações de fornecimento de energia elétrica e de gás liquefeito de petróleo ao consumidor de baixa renda, podendo a lei complementar determinar que seja calculada e concedida no momento da cobrança da operação.

(*) *Art. 156-A acrescido pela EC nº 132, de 20.12.2023.*

Art. 156-B. Os Estados, o Distrito Federal e os Municípios exercerão de forma integrada, exclusivamente por meio do Comitê Gestor do Imposto sobre Bens e Serviços, nos termos e limites estabelecidos nesta Constituição e em lei complementar, as seguintes competências administrativas relativas ao imposto de que trata o art. 156-A:

I – editar regulamento único e uniformizar a interpretação e a aplicação da legislação do imposto;

II – arrecadar o imposto, efetuar as compensações e distribuir o produto da arrecadação entre Estados, Distrito Federal e Municípios;

III – decidir o contencioso administrativo.

§ 1º. O Comitê Gestor do Imposto sobre Bens e Serviços, entidade pública sob regime especial, terá independência técnica, administrativa, orçamentária e financeira.

§ 2º. Na forma da lei complementar:

I – os Estados, o Distrito Federal e os Municípios serão representados, de forma paritária, na instância máxima de deliberação do Comitê Gestor do Imposto sobre Bens e Serviços;

II – será assegurada a alternância na presidência do Comitê Gestor entre o conjunto dos Estados e o Distrito Federal e o conjunto dos Municípios e o Distrito Federal;

III – o Comitê Gestor será financiado por percentual do produto da arrecadação do imposto destinado a cada ente federativo;

IV – o controle externo do Comitê Gestor será exercido pelos Estados, pelo Distrito Federal e pelos Municípios;

V – a fiscalização, o lançamento, a cobrança, a representação administrativa e a representação judicial relativos ao imposto serão realizados, no âmbito de suas respectivas competências, pelas administrações tributárias e procuradorias dos Estados, do Distrito Federal e dos Municípios, que poderão definir hipóteses de delegação ou de compartilhamento de competências, cabendo ao Comitê Gestor a coordenação dessas atividades administrativas com vistas à integração entre os entes federativos;

VI – as competências exclusivas das carreiras da administração tributária e das procuradorias dos Estados, do Distrito Federal e dos Municípios serão exercidas, no Comitê Gestor e na representação deste, por servidores das referidas carreiras;

VII – serão estabelecidas a estrutura e a gestão do Comitê Gestor, cabendo ao regimento interno dispor sobre sua organização e funcionamento.

§ 3º. A participação dos entes federativos na instância máxima de deliberação do Comitê Gestor do Imposto sobre Bens e Serviços observará a seguinte composição:

I – 27 (vinte e sete) membros, representando cada Estado e o Distrito Federal;

II – 27 (vinte e sete) membros, representando o conjunto dos Municípios e do Distrito Federal, que serão eleitos nos seguintes termos:

a) 14 (quatorze) representantes, com base nos votos de cada Município, com valor igual para todos; e

b) 13 (treze) representantes, com base nos votos de cada Município ponderados pelas respectivas populações.

§ 4º. As deliberações no âmbito do Comitê Gestor do Imposto sobre Bens e Serviços serão consideradas aprovadas se obtiverem, cumulativamente, os votos:

I – em relação ao conjunto dos Estados e do Distrito Federal:

a) da maioria absoluta de seus representantes; e

b) de representantes dos Estados e do Distrito Federal que correspondam a mais de 50% (cinquenta por cento) da população do País; e

II – em relação ao conjunto dos Municípios e do Distrito Federal, da maioria absoluta de seus representantes.

§ 5º. O Presidente do Comitê Gestor do Imposto sobre Bens e Serviços deverá ter notórios conhecimentos de administração tributária.

§ 6º. O Comitê Gestor do Imposto sobre Bens e Serviços, a administração tributária da União e a Procuradoria-Geral da Fazenda Nacional compartilharão informações fiscais relacionadas aos tributos previstos nos arts. 156-A e 195, V, e atuarão com vistas a harmonizar normas, interpretações, obrigações acessórias e procedimentos a eles relativos.

§ 7º. O Comitê Gestor do Imposto sobre Bens e Serviços e a administração tributária da União poderão implementar soluções integradas para a administração e cobrança dos tributos previstos nos arts. 156-A e 195, V.

§ 8º. Lei complementar poderá prever a integração do contencioso administrativo relativo aos tributos previstos nos arts. 156-A e 195, V.

(*) Art. 156-B acrescido pela EC nº 132, de 20.12.2023.

Seção VI
Da Repartição
das Receitas Tributárias

Art. 157. Pertencem aos Estados e ao Distrito Federal:

I – o produto da arrecadação do imposto da União sobre renda e proventos de qualquer natureza, incidente na fonte, sobre rendimentos pagos, a qualquer título, por eles, suas autarquias e pelas fundações que instituírem e mantiverem;

II – vinte por cento do produto da arrecadação do imposto que a União instituir no exercício da competência que lhe é atribuída pelo art. 154, I.

Art. 158. Pertencem aos Municípios:

I – o produto da arrecadação do imposto da União sobre renda e proventos de qualquer natureza, incidente na fonte, sobre rendimentos pagos, a qualquer título, por eles, suas autarquias e pelas fundações que instituírem e mantiverem;

II – cinquenta por cento do produto da arrecadação do imposto da União sobre a propriedade territorial rural, relativamente aos imóveis neles situados, cabendo a totalidade na hipótese da opção a que se refere o art. 153, § 4º, III;

(*) Inciso II com redação dada pela EC nº 42, de 19.12.2003.
(*) V. Decreto nº 7.827, de 16.10.2012, que regulamenta este inciso.

III – 50% (cinquenta por cento) do produto da arrecadação do imposto do Estado sobre a propriedade de veículos automotores licenciados em seus territórios, em relação a veículos aquáticos e aéreos, cujos proprietários sejam domiciliados em seus territórios;

(*) Inciso III com redação dada pela EC nº 132, de 20.12.2023.
(*) V. Lei Complementar nº 63, de 11.1.1990.

IV – 25% (vinte e cinco por cento):
(*) Inciso IV, caput, com redação dada pela EC nº 132, de 20.12.2023.
(*) V. Lei Complementar nº 63, de 11.1.1990.

a) do produto da arrecadação do imposto do Estado sobre operações relativas à circulação de mercadorias e sobre prestações de

serviços de transporte interestadual e intermunicipal e de comunicação;
(*) Alínea "a" acrescida pela EC nº 132, de 20.12.2023.
(*) A EC nº 132, de 20.12.2023, em seu art. 22, II, "a", revoga esta alínea "a" a partir de 2033.
(*) Vide § 1º deste artigo.

b) do produto da arrecadação do imposto previsto no art. 156-A distribuída aos Estados.
(*) Alínea "b" acrescida pela EC nº 132, de 20.12.2023.
(*) Vide § 2º deste artigo.

§ 1º. As parcelas de receita pertencentes aos Municípios mencionadas no inciso IV, "a", serão creditadas conforme os seguintes critérios:
(*) § 1º, primitivo parágrafo único, caput, renumerado e com redação dada pela EC nº 132, de 20.12.2023.
(*) A EC nº 132, de 20.12.2023, em seu art. 22, II, "a", revoga este § 1º a partir de 2033.

I – 65% (sessenta e cinco por cento), no mínimo, na proporção do valor adicionado nas operações relativas à circulação de mercadorias e nas prestações de serviços, realizadas em seus territórios;
(*) Inciso I com redação dada pela EC nº 108, de 26.8.2020.

II – até 35% (trinta e cinco por cento), de acordo com o que dispuser lei estadual, observada, obrigatoriamente, a distribuição de, no mínimo, 10 (dez) pontos percentuais com base em indicadores de melhoria nos resultados de aprendizagem e de aumento da equidade, considerado o nível socioeconômico dos educandos.
(*) Inciso II com redação dada pela EC nº 108, de 26.8.2020.

§ 2º. As parcelas de receita pertencentes aos Municípios mencionadas no inciso IV, "b", serão creditadas conforme os seguintes critérios:
I – 80% (oitenta por cento) na proporção da população;
II – 10% (dez por cento) com base em indicadores de melhoria nos resultados de aprendizagem e de aumento da equidade, considerado o nível socioeconômico dos educandos, de acordo com o que dispuser lei estadual;

III – 5% (cinco por cento) com base em indicadores de preservação ambiental, de acordo com o que dispuser lei estadual;
IV – 5% (cinco por cento) em montantes iguais para todos os Municípios do Estado.
(*) § 2º acrescido pela EC nº 132, de 20.12.2023.

Art. 159. A União entregará:
(*) Vide arts. 34, § 2º; 72, §§ 2º e 4º; e 80 do ADCT.
(*) Vide art. 2º da EC nº 55, de 20.9.2007.

I – do produto da arrecadação dos impostos sobre renda e proventos de qualquer natureza e sobre produtos industrializados e do imposto previsto no art. 153, VIII, 50% (cinquenta por cento), da seguinte forma:
(*) Inciso I, caput, alterado pela EC nº 84, de 2.12.2014, e pela EC nº 112, de 27.10.2021, e com redação dada pela EC nº 132, de 20.12.2023.
(*) Vide art. 3º da EC nº 17, de 22.11.1997.
(*) V. Lei Complementar nº 62, de 28.12.1989.

a) vinte e um inteiros e cinco décimos por cento ao Fundo de Participação dos Estados e do Distrito Federal;
(*) V. Decreto nº 7.827, de 16.10.2012, que regulamenta esta alínea.
(*) Vide art. 34, § 2º, II, do ADCT.
(*) V. Lei Complementar nº 62, de 28.12.1989.
(*) V. Lei Complementar nº 143, de 17.7.2013.

b) vinte e dois inteiros e cinco décimos por cento ao Fundo de Participação dos Municípios;
(*) V. Decreto nº 7.827, de 16.10.2012, que regulamenta esta alínea.
(*) Vide art. 34, § 2º, III, do ADCT.
(*) V. Lei Complementar nº 62, de 28.12.1989.
(*) V. Lei Complementar nº 91, de 22.12.1997.

c) três por cento, para aplicação em programas de financiamento ao setor produtivo das Regiões Norte, Nordeste e Centro-Oeste, através de suas instituições financeiras de caráter regional, de acordo com os planos regionais de desenvolvimento, ficando assegurada ao semiárido do Nordeste a metade dos recursos destinados à Região, na forma que a lei estabelecer;
(*) V. Lei nº 7.827, de 27.9.1989, que regulamenta esta alínea e instituiu o FNO, o FNE e o FCO.
(*) Vide art. 34, §§ 1º e 11, do ADCT.

ART. 159-A

d) um por cento ao Fundo de Participação dos Municípios, que será entregue no primeiro decêndio do mês de dezembro de cada ano;
(*) Alínea "d" acrescida pela EC n° 55, de 20.9.2007.

e) 1% (um por cento) ao Fundo de Participação dos Municípios, que será entregue no primeiro decêndio do mês de julho de cada ano;
(*) Alínea "e" acrescida pela EC n° 84, de 2.12.2014.
(*) Vide art. 2° da EC n° 84, de 2.12.2014.

f) 1% (um por cento) ao Fundo de Participação dos Municípios, que será entregue no primeiro decêndio do mês de setembro de cada ano;
(*) Alínea "f" acrescida pela EC n° 112, de 27.10.2021.
(*) Vide art. 2° da EC n° 112, de 27.10.2021.
(*) Vide art. 3° da EC n° 112, de 27.10.2021
(Vigência: produção de efeitos financeiros a partir de 1° de janeiro do exercício subsequente).

II – do produto da arrecadação do imposto sobre produtos industrializados e do imposto previsto no art. 153, VIII, 10% (dez por cento) aos Estados e ao Distrito Federal, proporcionalmente ao valor das respectivas exportações de produtos industrializados;
(*) Inciso II com redação dada pela EC n° 132, de 20.12.2023.
(*) V. Decreto n° 7.827, de 16.10.2012, que regulamenta este inciso.
(*) Vide §§ 2° e 3° deste artigo.
(*) V. Lei Complementar n° 61, de 26.12.1989.

III – do produto da arrecadação da contribuição de intervenção no domínio econômico prevista no art. 177, § 4°, 29% (vinte e nove por cento) para os Estados e o Distrito Federal, distribuídos na forma da lei, observadas as destinações a que se referem as alíneas "c" e "d" do inciso II do referido parágrafo.
(*) Inciso III acrescido pela EC n° 42, de 19.12.2003, alterado pela EC n° 44, de 30.6.2004, e com redação dada pela EC n° 132, de 20.12.2023.
(*) Vide art. 93 do ADCT.

§ 1°. Para efeito de cálculo da entrega a ser efetuada de acordo com o previsto no inciso I, excluir-se-á a parcela da arrecadação do imposto sobre a renda e proventos de qualquer natureza pertencentes aos Estados, ao Distrito Federal e aos Municípios, nos termos do disposto nos arts. 157, I, e 158, I.

§ 2°. A nenhuma unidade federada poderá ser destinada parcela superior a vinte por cento do montante a que se refere o inciso II, devendo o eventual excedente ser distribuído entre os demais participantes, mantido, em relação a esses, o critério de partilha nele estabelecido.

§ 3°. Os Estados entregarão aos respectivos Municípios 25% (vinte e cinco por cento) dos recursos que receberem nos termos do inciso II do caput deste artigo, observados os critérios estabelecidos no art. 158, § 1°, para a parcela relativa ao imposto sobre produtos industrializados, e no art. 158, § 2°, para a parcela relativa ao imposto previsto no art. 153, VIII.
(*) § 3° com redação dada pela EC n° 132, de 20.12.2023.
(*) A EC n° 132, de 20.12.2023, em seu art. 4°, altera este § 3° para, a partir de 2033, nos termos de seu art. 23, II, vigorar com a seguinte redação: **Art. 159.** [...] § 3°. Os Estados entregarão aos respectivos Municípios 25% (vinte e cinco por cento) dos recursos que receberem nos termos do inciso II do caput deste artigo, observados os critérios estabelecidos no art. 158, § 2°. [...].
(*) V. Lei Complementar n° 63, de 11.1.1990.

§ 4°. Do montante de recursos de que trata o inciso III que cabe a cada Estado, vinte e cinco por cento serão destinados aos seus Municípios, na forma da lei a que se refere o mencionado inciso.
(*) § 4° acrescido pela EC n° 42, de 19.12.2003.

Art. 159-A. Fica instituído o Fundo Nacional de Desenvolvimento Regional, com o objetivo de reduzir as desigualdades regionais e sociais, nos termos do art. 3°, III, mediante a entrega de recursos da União aos Estados e ao Distrito Federal para:

I – realização de estudos, projetos e obras de infraestrutura;

II – fomento a atividades produtivas com elevado potencial de geração de emprego e renda, incluindo a concessão de subvenções econômicas e financeiras; e

III – promoção de ações com vistas ao desenvolvimento científico e tecnológico e à inovação.

§ 1º. É vedada a retenção ou qualquer restrição ao recebimento dos recursos de que trata o *caput*.

§ 2º. Na aplicação dos recursos de que trata o *caput*, os Estados e o Distrito Federal priorizarão projetos que prevejam ações de sustentabilidade ambiental e redução das emissões de carbono.

§ 3º. Observado o disposto neste artigo, caberá aos Estados e ao Distrito Federal a decisão quanto à aplicação dos recursos de que trata o *caput*.

§ 4º. Os recursos de que trata o *caput* serão entregues aos Estados e ao Distrito Federal de acordo com coeficientes individuais de participação, calculados com base nos seguintes indicadores e com os seguintes pesos:

I – população do Estado ou do Distrito Federal, com peso de 30% (trinta por cento);

II – coeficiente individual de participação do Estado ou do Distrito Federal nos recursos de que trata o art. 159, I, "a", da Constituição Federal, com peso de 70% (setenta por cento).

§ 5º. O Tribunal de Contas da União será o órgão responsável por regulamentar e calcular os coeficientes individuais de participação de que trata o § 4º.

(*) *Art. 159-A acrescido pela EC nº 132, de 20.12.2023.*

Art. 160.
É vedada a retenção ou qualquer restrição à entrega e ao emprego dos recursos atribuídos, nesta Seção, aos Estados, ao Distrito Federal e aos Municípios, neles compreendidos adicionais e acréscimos relativos a impostos.

§ 1º. A vedação prevista neste artigo não impede a União e os Estados de condicionarem a entrega de recursos:

(*) *§ 1º, primitivo parágrafo único, caput, com redação dada pela EC nº 29, de 13.9.2000, e renumerado pela EC nº 113, de 8.12.2021.*

I – ao pagamento de seus créditos, inclusive de suas autarquias;

(*) *Inciso I acrescido pela EC nº 29, de 13.9.2000.*

II – ao cumprimento do disposto no art. 198, § 2º, incisos II e III.

(*) *Inciso II acrescido pela EC nº 29, de 13.9.2000.*

§ 2º. Os contratos, os acordos, os ajustes, os convênios, os parcelamentos ou as renegociações de débitos de qualquer espécie, inclusive tributários, firmados pela União com os entes federativos conterão cláusulas para autorizar a dedução dos valores devidos dos montantes a serem repassados relacionados às respectivas cotas nos Fundos de Participação ou aos precatórios federais.

(*) *§ 2º acrescido pela EC nº 113, de 8.12.2021.*
(*) *V. Súmula Vinculante 47 do STF.*

Art. 161.
Cabe à lei complementar:

I – definir valor adicionado para fins do disposto no art. 158, § 1º, I;

(*) *Inciso I com redação dada pela EC nº 132, de 20.12.2023.*
(*) *A EC nº 132, de 20.12.2023, em seu art. 22, II, "a", revoga este inciso I a partir de 2033.*

II – estabelecer normas sobre a entrega dos recursos de que trata o art. 159, especialmente sobre os critérios de rateio dos fundos previstos em seu inciso I, objetivando promover o equilíbrio socioeconômico entre Estados e entre Municípios;

(*) *Vide art. 39, parágrafo único, do ADCT.*
(*) *V. Lei Complementar nº 62, de 28.12.1989.*

III – dispor sobre o acompanhamento, pelos beneficiários, do cálculo das quotas e da liberação das participações previstas nos arts. 157, 158 e 159.

(*) *V. Lei Complementar nº 62, de 28.12.1989.*

Parágrafo único. O Tribunal de Contas da União efetuará o cálculo das quotas referentes aos fundos de participação a que alude o inciso II.

Art. 162.
A União, os Estados, o Distrito Federal e os Municípios divulgarão, até o último dia do mês subsequente ao da arrecadação, os montantes de cada um dos

tributos arrecadados, os recursos recebidos, os valores de origem tributária entregues e a entregar, e a expressão numérica dos critérios de rateio.

Parágrafo único. Os dados divulgados pela União serão discriminados por Estado e por Município; os dos Estados, por Município.

Capítulo II
DAS FINANÇAS PÚBLICAS

(*) V. Lei Complementar nº 101, de 4.5.2000 (Normas de finanças públicas voltadas para a responsabilidade na gestão fiscal).
(*) V. Lei Complementar nº 148, de 25.11.2014 (Normas de finanças públicas voltadas para a responsabilidade na gestão fiscal; critérios de indexação dos contratos de refinanciamento da dívida celebrados entre a União, os Estados, o Distrito Federal e os Municípios).
(*) V. Lei Complementar nº 159, de 19.5.2017 (Regime de Recuperação Fiscal dos Estados e do Distrito Federal).

Seção I
Normas Gerais

Art. 163. Lei complementar disporá sobre:

I – finanças públicas;

II – dívida pública externa e interna, incluída a das autarquias, fundações e demais entidades controladas pelo Poder Público;

III – concessão de garantias pelas entidades públicas;

IV – emissão e resgate de títulos da dívida pública;

V – fiscalização financeira da administração pública direta e indireta;

(*) Inciso V com redação dada pela EC nº 40, de 29.5.2003.

VI – operações de câmbio realizadas por órgãos e entidades da União, dos Estados, do Distrito Federal e dos Municípios;

VII – compatibilização das funções das instituições oficiais de crédito da União, resguardadas as características e condições operacionais plenas das voltadas ao desenvolvimento regional.

VIII – sustentabilidade da dívida, especificando:

a) indicadores de sua apuração;
b) níveis de compatibilidade dos resultados fiscais com a trajetória da dívida;
c) trajetória de convergência do montante da dívida com os limites definidos em legislação;
d) medidas de ajuste, suspensões e vedações;
e) planejamento de alienação de ativos com vistas à redução do montante da dívida.

(*) Inciso VIII acrescido pela EC nº 109, de 15.3.2021.

Parágrafo único. A lei complementar de que trata o inciso VIII do *caput* deste artigo pode autorizar a aplicação das vedações previstas no art. 167-A desta Constituição.

(*) Parágrafo único acrescido pela EC nº 109, de 15.3.2021.

Art. 163-A. A União, os Estados, o Distrito Federal e os Municípios disponibilizarão suas informações e dados contábeis, orçamentários e fiscais, conforme periodicidade, formato e sistema estabelecidos pelo órgão central de contabilidade da União, de forma a garantir a rastreabilidade, a comparabilidade e a publicidade dos dados coletados, os quais deverão ser divulgados em meio eletrônico de amplo acesso público.

(*) Art. 163-A acrescido pela EC nº 108, de 26.8.2020.
(*) Vide art. 37, caput, da CF.

Art. 164. A competência da União para emitir moeda será exercida exclusivamente pelo banco central.

(*) V. Lei Complementar nº 179, de 24.2.2021 (Objetivos do Banco Central, autonomia, nomeação e exoneração de seu Presidente e de seus Diretores).

§ 1º. É vedado ao banco central conceder, direta ou indiretamente, empréstimos ao Tesouro Nacional e a qualquer órgão ou entidade que não seja instituição financeira.

§ 2º. O banco central poderá comprar e vender títulos de emissão do Tesouro

Nacional, com o objetivo de regular a oferta de moeda ou a taxa de juros.

§ 3º. As disponibilidades de caixa da União serão depositadas no banco central; as dos Estados, do Distrito Federal, dos Municípios e dos órgãos ou entidades do Poder Público e das empresas por ele controladas, em instituições financeiras oficiais, ressalvados os casos previstos em lei.

Art. 164-A. A União, os Estados, o Distrito Federal e os Municípios devem conduzir suas políticas fiscais de forma a manter a dívida pública em níveis sustentáveis, na forma da lei complementar referida no inciso VIII do *caput* do art. 163 desta Constituição.

Parágrafo único. A elaboração e a execução de planos e orçamentos devem refletir a compatibilidade dos indicadores fiscais com a sustentabilidade da dívida.

(*) *Art. 164-A acrescido pela EC nº 109, de 15.3.2021.*

Seção II
Dos Orçamentos

Art. 165. Leis de iniciativa do Poder Executivo estabelecerão:

I – o plano plurianual;

II – as diretrizes orçamentárias;

III – os orçamentos anuais.

§ 1º. A lei que instituir o plano plurianual estabelecerá, de forma regionalizada, as diretrizes, objetivos e metas da administração pública federal para as despesas de capital e outras delas decorrentes e para as relativas aos programas de duração continuada.

§ 2º. A lei de diretrizes orçamentárias compreenderá as metas e prioridades da administração pública federal, estabelecerá as diretrizes de política fiscal e respectivas metas, em consonância com trajetória sustentável da dívida pública, orientará a elaboração da lei orçamentária anual, disporá sobre as alterações na legislação tributária e estabelecerá a política de aplicação das agências financeiras oficiais de fomento.

(*) *§ 2º com redação dada pela EC nº 109, de 15.3.2021.*

§ 3º. O Poder Executivo publicará, até trinta dias após o encerramento de cada bimestre, relatório resumido da execução orçamentária.

(*) *Vide art. 5º, II, da EC nº 106, de 7.5.2020 (Regime extraordinário fiscal, financeiro e de contratações para enfrentamento de calamidade pública nacional decorrente de pandemia).*

(*) *V. Decreto nº 6.976, de 7.10.2009.*

§ 4º. Os planos e programas nacionais, regionais e setoriais previstos nesta Constituição serão elaborados em consonância com o plano plurianual e apreciados pelo Congresso Nacional.

(*) *V. Decreto nº 2.829, de 29.10.1998.*

§ 5º. A lei orçamentária anual compreenderá:

I – o orçamento fiscal referente aos Poderes da União, seus fundos, órgãos e entidades da administração direta e indireta, inclusive fundações instituídas e mantidas pelo Poder Público;

II – o orçamento de investimento das empresas em que a União, direta ou indiretamente, detenha a maioria do capital social com direito a voto;

III – o orçamento da seguridade social, abrangendo todas as entidades e órgãos a ela vinculados, da administração direta ou indireta, bem como os fundos e fundações instituídos e mantidos pelo Poder Público.

§ 6º. O projeto de lei orçamentária será acompanhado de demonstrativo regionalizado do efeito, sobre as receitas e despesas, decorrente de isenções, anistias, remissões, subsídios e benefícios de natureza financeira, tributária e creditícia.

§ 7º. Os orçamentos previstos no § 5º, I e II, deste artigo compatibilizados com o plano plurianual, terão entre suas funções a de reduzir desigualdades inter-regionais, segundo critério populacional.

(*) *Vide art. 35 do ADCT.*

§ 8º. A lei orçamentária anual não conterá dispositivo estranho à previsão da receita e à fixação da despesa, não se incluindo na proibição a autorização para abertura de créditos suplementares e contratação de operações de crédito, ainda que por antecipação de receita, nos termos da lei.

§ 9º. Cabe à lei complementar:

I – dispor sobre o exercício financeiro, a vigência, os prazos, a elaboração e a organi-

zação do plano plurianual, da lei de diretrizes orçamentárias e da lei orçamentária anual;
(*) *Vide art. 35, § 2º, do ADCT.*

II – estabelecer normas de gestão financeira e patrimonial da Administração Direta e Indireta, bem como condições para a instituição e funcionamento de fundos;
(*) *Vide arts. 71, § 1º; 35, § 2º; e 81, § 3º, do ADCT.*

III – dispor sobre critérios para a execução equitativa, além de procedimentos que serão adotados quando houver impedimentos legais e técnicos, cumprimento de restos a pagar e limitação das programações de caráter obrigatório, para a realização do disposto nos §§ 11 e 12 do art. 166.
(*) *Inciso III acrescido pela EC nº 86, de 17.3.2015, e com redação dada pela EC nº 100, de 26.6.2019.*

§ 10. A administração tem o dever de executar as programações orçamentárias, adotando os meios e as medidas necessários, com o propósito de garantir a efetiva entrega de bens e serviços à sociedade.
(*) *§ 10 acrescido pela EC nº 100, de 26.6.2019.*

§ 11. O disposto no § 10 deste artigo, nos termos da lei de diretrizes orçamentárias:

I – subordina-se ao cumprimento de dispositivos constitucionais e legais que estabeleçam metas fiscais ou limites de despesas e não impede o cancelamento necessário à abertura de créditos adicionais;

II – não se aplica nos casos de impedimentos de ordem técnica devidamente justificados;

III – aplica-se exclusivamente às despesas primárias discricionárias.
(*) *§ 11 acrescido pela EC nº 102, de 26.9.2019.*

§ 12. Integrará a lei de diretrizes orçamentárias, para o exercício a que se refere e, pelo menos, para os 2 (dois) exercícios subsequentes, anexo com previsão de agregados fiscais e a proporção dos recursos para investimentos que serão alocados na lei orçamentária anual para a continuidade daqueles em andamento.
(*) *§ 12 acrescido pela EC nº 102, de 26.9.2019.*

§ 13. O disposto no inciso III do § 9º e nos §§ 10, 11 e 12 deste artigo aplica-se exclusivamente aos orçamentos fiscal e da seguridade social da União.
(*) *§ 13 acrescido pela EC nº 102, de 26.9.2019.*

§ 14. A lei orçamentária anual poderá conter previsões de despesas para exercícios seguintes, com a especificação dos investimentos plurianuais e daqueles em andamento.
(*) *§ 14 acrescido pela EC nº 102, de 26.9.2019.*

§ 15. A União organizará e manterá registro centralizado de projetos de investimento contendo, por Estado ou Distrito Federal, pelo menos, análises de viabilidade, estimativas de custos e informações sobre a execução física e financeira.
(*) *§ 15 acrescido pela EC nº 102, de 26.9.2019.*

§ 16. As leis de que trata este artigo devem observar, no que couber, os resultados do monitoramento e da avaliação das políticas públicas previstos no § 16 do art. 37 desta Constituição.
(*) *§ 16 acrescido pela EC nº 109, de 15.3.2021.*

Art. 166. Os projetos de lei relativos ao plano plurianual, às diretrizes orçamentárias, ao orçamento anual e aos créditos adicionais serão apreciados pelas duas Casas do Congresso Nacional, na forma do regimento comum.

§ 1º. Caberá a uma Comissão mista permanente de Senadores e Deputados:
(*) *Vide art. 72 da CF.*
(*) *V. Resolução do Congresso Nacional nº 1, de 22.12.2006 (Comissão Mista Permanente e tramitação de matérias a que se refere este § 1º).*

I – examinar e emitir parecer sobre os projetos referidos neste artigo e sobre as contas apresentadas anualmente pelo Presidente da República;

II – examinar e emitir parecer sobre os planos e programas nacionais, regionais e setoriais previstos nesta Constituição e exercer o acompanhamento e a fiscalização orçamentária, sem prejuízo da atuação das demais comissões do Congresso Nacional e de suas Casas, criadas de acordo com o art. 58.

§ 2º. As emendas serão apresentadas na Comissão mista, que sobre elas emitirá parecer, e apreciadas, na forma regimental, pelo Plenário das duas Casas do Congresso Nacional.

§ 3º. As emendas ao projeto de lei do orçamento anual ou aos projetos que o modifiquem somente podem ser aprovadas caso:

I – sejam compatíveis com o plano plurianual e com a lei de diretrizes orçamentárias;

II – indiquem os recursos necessários, admitidos apenas os provenientes de anulação de despesa, excluídas as que incidam sobre:
a) dotações para pessoal e seus encargos;
b) serviço da dívida;
c) transferências tributárias constitucionais para Estados, Municípios e Distrito Federal; ou
III – sejam relacionadas:
a) com a correção de erros ou omissões; ou
b) com os dispositivos do texto do projeto de lei.

§ 4º. As emendas ao projeto de lei de diretrizes orçamentárias não poderão ser aprovadas quando incompatíveis com o plano plurianual.

§ 5º. O Presidente da República poderá enviar mensagem ao Congresso Nacional para propor modificação nos projetos a que se refere este artigo enquanto não iniciada a votação, na Comissão mista, da parte cuja alteração é proposta.

§ 6º. Os projetos de lei do plano plurianual, das diretrizes orçamentárias e do orçamento anual serão enviados pelo Presidente da República ao Congresso Nacional, nos termos da lei complementar a que se refere o art. 165, § 9º.

§ 7º. Aplicam-se aos projetos mencionados neste artigo, no que não contrariar o disposto nesta seção, as demais normas relativas ao processo legislativo.

§ 8º. Os recursos que, em decorrência de veto, emenda ou rejeição do projeto de lei orçamentária anual, ficarem sem despesas correspondentes poderão ser utilizados, conforme o caso, mediante créditos especiais ou suplementares, com prévia e específica autorização legislativa.

§ 9º. As emendas individuais ao projeto de lei orçamentária serão aprovadas no limite de 2% (dois por cento) da receita corrente líquida do exercício anterior ao do encaminhamento do projeto, observado que a metade desse percentual será destinada a ações e serviços públicos de saúde.
(*) § 9º acrescido pela EC nº 86, de 17.3.2015, e com redação dada pela EC nº 126, de 21.12.2022.

§ 9º-A. Do limite de que se refere o § 9º deste artigo, 1,55% (um inteiro e cinquenta e cinco centésimos por cento) caberá às emendas de Deputados e 0,45% (quarenta e cinco centésimos por cento) às de Senadores.
(*) § 9º-A acrescido pela EC nº 126, de 21.12.2022.

§ 10. A execução do montante destinado a ações e serviços públicos de saúde previsto no § 9º, inclusive custeio, será computada para fins do cumprimento do inciso I do § 2º do art. 198, vedada a destinação para pagamento de pessoal ou encargos sociais.
(*) § 10 acrescido pela EC nº 86, de 17.3.2015.

§ 11. É obrigatória a execução orçamentária e financeira das programações oriundas de emendas individuais, em montante correspondente ao limite a que se refere o § 9º deste artigo, conforme os critérios para a execução equitativa da programação definidos na lei complementar prevista no § 9º do art. 165 desta Constituição, observado o disposto no § 9º-A deste artigo.
(*) § 11 acrescido pela EC nº 86, de 17.3.2015, e com redação dada pela EC nº 126, de 21.12.2022.

§ 12. A garantia de execução de que trata o § 11 deste artigo aplica-se também às programações incluídas por todas as emendas de iniciativa de bancada de parlamentares de Estado ou do Distrito Federal, no montante de até 1% (um por cento) da receita corrente líquida realizada no exercício anterior.
(*) § 12 acrescido pela EC nº 86, de 17.3.2015, e com redação dada pela EC nº 100, de 26.6.2019.
(*) Vide arts. 2º e 3º da EC nº 100, de 26.6.2019.

§ 13. As programações orçamentárias previstas nos §§ 11 e 12 deste artigo não serão de execução obrigatória nos casos dos impedimentos de ordem técnica.
(*) § 13 acrescido pela EC nº 86, de 17.3.2015, e com redação dada pela EC nº 100, de 26.6.2019.

§ 14. Para fins de cumprimento do disposto nos §§ 11 e 12 deste artigo, os órgãos de execução deverão observar, nos termos da lei de diretrizes orçamentárias, cronograma para análise e verificação de eventuais impedimentos das programações e demais procedimentos necessários à viabilização da execução dos respectivos montantes.

(*) § 14, caput, acrescido pela EC nº 86, de 17.3.2015, e com redação dada pela EC nº 100, de 26.6.2019.

I – (revogado);
(*) Inciso I acrescido pela EC nº 86, de 17.3.2015, e revogado pela EC nº 100, de 26.6.2019.

II – (revogado);
(*) Inciso II acrescido pela EC nº 86, de 17.3.2015, e revogado pela EC nº 100, de 26.6.2019.

III – (revogado);
(*) Inciso III acrescido pela EC nº 86, de 17.3.2015, e revogado pela EC nº 100, de 26.6.2019.

IV – (revogado).
(*) Inciso IV acrescido pela EC nº 86, de 17.3.2015, e revogado pela EC nº 100, de 26.6.2019.

§ 15. (Revogado).
(*) § 15 acrescido pela EC nº 86, de 17.3.2015, e revogado pela EC nº 100, de 26.6.2019.

§ 16. Quando a transferência obrigatória da União para a execução da programação prevista nos §§ 11 e 12 deste artigo for destinada a Estados, ao Distrito Federal e a Municípios, independerá da adimplência do ente federativo destinatário e não integrará a base de cálculo da receita corrente líquida para fins de aplicação dos limites de despesa de pessoal de que trata o caput do art. 169.
(*) § 16 acrescido pela EC nº 86, de 17.3.2015, e com redação dada pela EC nº 100, de 26.6.2019.

§ 17. Os restos a pagar provenientes das programações orçamentárias previstas nos §§ 11 e 12 deste artigo poderão ser considerados para fins de cumprimento da execução financeira até o limite de 1% (um por cento) da receita corrente líquida do exercício anterior ao do encaminhamento do projeto de lei orçamentária, para as programações das emendas individuais, e até o limite de 0,5% (cinco décimos por cento), para as programações das emendas de iniciativa de bancada de parlamentares de Estado ou do Distrito Federal.
(*) § 17 acrescido pela EC nº 86, de 17.3.2015, alterado pela EC nº 100, de 26.6.2019,

e com redação dada pela EC nº 126, de 21.12.2022.

§ 18. Se for verificado que a reestimativa da receita e da despesa poderá resultar no não cumprimento da meta de resultado fiscal estabelecida na lei de diretrizes orçamentárias, os montantes previstos nos §§ 11 e 12 deste artigo poderão ser reduzidos em até a mesma proporção da limitação incidente sobre o conjunto das demais despesas discricionárias.
(*) § 18 acrescido pela EC nº 86, de 17.3.2015, e com redação dada pela EC nº 100, de 26.6.2019.

§ 19. Considera-se equitativa a execução das programações de caráter obrigatório que observe critérios objetivos e imparciais e que atenda de forma igualitária e impessoal às emendas apresentadas, independentemente da autoria, observado o disposto no § 9º-A deste artigo.
(*) § 19 acrescido pela EC nº 100, de 26.6.2019, e com redação dada pela EC nº 126, de 21.12.2022.

§ 20. As programações de que trata o § 12 deste artigo, quando versarem sobre o início de investimentos com duração de mais de 1 (um) exercício financeiro ou cuja execução já tenha sido iniciada, deverão ser objeto de emenda pela mesma bancada estadual, a cada exercício, até a conclusão da obra ou do empreendimento.
(*) § 20 acrescido pela EC nº 100, de 26.6.2019.

Art. 166-A. As emendas individuais impositivas apresentadas ao projeto de lei orçamentária anual poderão alocar recursos a Estados, ao Distrito Federal e a Municípios por meio de:

I – a transferência especial; ou

II – transferência com finalidade definida.

§ 1º. Os recursos transferidos na forma do caput deste artigo não integrarão a receita do Estado, do Distrito Federal e dos Municípios para fins de repartição e para o cálculo dos limites da despesa com pessoal ativo e inativo, nos termos do § 16 do art. 166, e de endividamento do ente federado, vedada, em qualquer caso, a aplicação dos recursos a que se refere o caput deste artigo no pagamento de:

I – despesas com pessoal e encargos sociais relativas a ativos e inativos, e com pensionistas; e

II – encargos referentes ao serviço da dívida.

§ 2º. Na transferência especial a que se refere o inciso I do *caput* deste artigo, os recursos:
I – serão repassados diretamente ao ente federado beneficiado, independentemente de celebração de convênio ou de instrumento congênere;
II – pertencerão ao ente federado no ato da efetiva transferência financeira; e
III – serão aplicadas em programações finalísticas das áreas de competência do Poder Executivo do ente federado beneficiado, observado o disposto no § 5º deste artigo.

§ 3º. O ente federado beneficiado da transferência especial a que se refere o inciso I do *caput* deste artigo poderá firmar contratos de cooperação técnica para fins de subsidiar o acompanhamento da execução orçamentária na aplicação dos recursos.

§ 4º. Na transferência com finalidade definida a que se refere o inciso II do *caput* deste artigo, os recursos serão:
I – vinculados à programação estabelecida na emenda parlamentar; e
II – aplicados nas áreas de competência constitucional da União.

§ 5º. Pelo menos 70% (setenta por cento) das transferências especiais de que trata o inciso I do *caput* deste artigo deverão ser aplicadas em despesas de capital, observada a restrição a que se refere o inciso II do § 1º deste artigo.

(*) *Art. 166-A acrescido pela EC nº 105, de 12.12.2019.*
(*) *Vide art. 2º da EC nº 105, de 12.12.2019.*

Art. 167. São vedados:

I – o início de programas ou projetos não incluídos na lei orçamentária anual;
II – a realização de despesas ou a assunção de obrigações diretas que excedam os créditos orçamentários ou adicionais;
III – a realização de operações de créditos que excedam o montante das despesas de capital, ressalvadas as autorizadas mediante créditos suplementares ou especiais com finalidade precisa, aprovados pelo Poder Legislativo por maioria absoluta;

(*) *Vide art. 37 do ADCT.*
(*) *Vide art. 4º da EC nº 106, de 7.5.2020 (Regime extraordinário fiscal, financeiro e de contratações para enfrentamento de calamidade pública nacional decorrente de pandemia).*

IV – a vinculação de receita de impostos a órgão, fundo ou despesa, ressalvadas a repartição do produto da arrecadação dos impostos a que se referem os arts. 158 e 159, a destinação de recursos para as ações e serviços públicos de saúde, para manutenção e desenvolvimento do ensino e para realização de atividades da administração tributária, como determinado, respectivamente, pelos arts. 198, § 2º, 212 e 37, XXII, e a prestação de garantias às operações de crédito por antecipação de receita, previstas no art. 165, § 8º, bem como o disposto no § 4º deste artigo;

(*) *Inciso IV alterado pela EC nº 3, de 17.3.1993, pela EC nº 29, de 13.9.2000, e com redação dada pela EC nº 42, de 19.12.2003.*

V – a abertura de crédito suplementar ou especial sem prévia autorização legislativa e sem indicação dos recursos correspondentes;
VI – a transposição, o remanejamento ou a transferência de recursos de uma categoria de programação para outra ou de um órgão para outro, sem prévia autorização legislativa;
VII – a concessão ou utilização de créditos ilimitados;
VIII – a utilização, sem autorização legislativa específica, de recursos dos orçamentos fiscal e da seguridade social para suprir necessidade ou cobrir déficit de empresas, fundações e fundos, inclusive dos mencionados no art. 165, § 5º;
IX – a instituição de fundos de qualquer natureza, sem prévia autorização legislativa;
X – a transferência voluntária de recursos e a concessão de empréstimos, inclusive por antecipação de receita, pelos Governos Federal e Estaduais e suas instituições financeiras, para pagamento de despesas com pessoal ativo, inativo e pensionista, dos Estados, do Distrito Federal e dos Municípios;

(*) *Inciso X acrescido pela EC nº 19, de 4.6.1998.*

XI – a utilização dos recursos provenientes das contribuições sociais de que trata o art. 195, I, "a", e II, para a realização de despesas distintas do pagamento de benefícios do regime geral de previdência social de que trata o art. 201.

(*) *Inciso XI acrescido pela EC nº 20, de 15.12.1998.*

XII – na forma estabelecida na lei complementar de que trata o § 22 do art. 40, a utilização de recursos de regime próprio de previdência social, incluídos os valores integrantes dos fundos previstos no art. 249, para a realização de despesas distintas do pagamento dos benefícios previdenciários do respectivo fundo vinculado àquele regime e das despesas necessárias à sua organização e ao seu funcionamento;

(*) *Inciso XII acrescido pela EC nº 103, de 12.11.2019.*

XIII – a transferência voluntária de recursos, a concessão de avais, as garantias e as subvenções pela União e a concessão de empréstimos e de financiamentos por instituições financeiras federais aos Estados, ao Distrito Federal e aos Municípios na hipótese de descumprimento das regras gerais de organização e de funcionamento de regime próprio de previdência social.

(*) *Inciso XIII acrescido pela EC nº 103, de 12.11.2019.*

XIV – a criação de fundo público, quando seus objetivos puderem ser alcançados mediante a vinculação de receitas orçamentárias específicas ou mediante a execução direta por programação orçamentária e financeira de órgão ou entidade da administração pública.

(*) *Inciso XIV acrescido pela EC nº 109, de 15.3.2021.*

§ 1º. Nenhum investimento cuja execução ultrapasse um exercício financeiro poderá ser iniciado sem prévia inclusão no plano plurianual, ou sem lei que autorize a inclusão, sob pena de crime de responsabilidade.

§ 2º. Os créditos especiais e extraordinários terão vigência no exercício financeiro em que forem autorizados, salvo se o ato de autorização for promulgado nos últimos quatro meses daquele exercício, caso em que, reabertos nos limites de seus saldos, serão incorporados ao orçamento do exercício financeiro subsequente.

§ 3º. A abertura de crédito extraordinário somente será admitida para atender a despesas imprevisíveis e urgentes, como as decorrentes de guerra, comoção interna ou calamidade pública, observado o disposto no art. 62.

(*) *V. Resolução do Congresso Nacional nº 1, de 8.5.2002.*

§ 4º. É permitida a vinculação das receitas a que se referem os arts. 155, 156, 156-A, 157, 158 e as alíneas "a", "b", "d", "e" e "f" do inciso I e o inciso II do *caput* do art. 159 desta Constituição para pagamento de débitos com a União e para prestar-lhe garantia ou contragarantia.

(*) *§ 4º acrescido pela EC nº 3, de 17.3.1993, alterado pela EC nº 109, de 15.3.2021, e com redação dada pela EC nº 132, de 20.12.2023.*

§ 5º. A transposição, o remanejamento ou a transferência de recursos de uma categoria de programação para outra poderão ser admitidos, no âmbito das atividades de ciência, tecnologia e inovação, com o objetivo de viabilizar os resultados de projetos restritos a essas funções, mediante ato do Poder Executivo, sem necessidade da prévia autorização legislativa prevista no inciso VI deste artigo.

(*) *§ 5º acrescido pela EC nº 85, de 26.2.2015.*

§ 6º. Para fins da apuração ao término do exercício financeiro do cumprimento do limite de que trata o inciso III do *caput* deste artigo, as receitas das operações de crédito efetuadas no contexto da gestão da dívida pública mobiliária federal somente serão consideradas no exercício financeiro em que for realizada a respectiva despesa.

(*) *§ 6º acrescido pela EC nº 109, de 15.3.2021.*

§ 7º. A lei não imporá nem transferirá qualquer encargo financeiro decorrente da prestação de serviço público, inclusive despesas de pessoal e seus encargos, para a União, os Estados, o Distrito Federal ou os Municípios, sem a previsão de fonte orçamentária e financeira necessária à realização da despesa ou sem a previsão da correspondente transferência de recursos financeiros necessários ao seu custeio, ressalvadas as obrigações assumidas espontaneamente pelos entes federados e aquelas decorrentes da fixação do salário mínimo, na forma do inciso IV do *caput* do art. 7º desta Constituição.

(*) *§ 7º acrescido pela EC nº 128, de 22.12.2022.*

Art. 167-A. Apurado que, no período de 12 (doze) meses, a relação entre despesas correntes e receitas correntes supera 95% (noventa e cinco por cento), no âmbito dos Estados, do Distrito Federal e dos Municípios, é facultado aos Poderes

Executivo, Legislativo e Judiciário, ao Ministério Público, ao Tribunal de Contas e à Defensoria Pública do ente, enquanto permanecer a situação, aplicar o mecanismo de ajuste fiscal de vedação da:

I – concessão, a qualquer título, de vantagem, aumento, reajuste ou adequação de remuneração de membros de Poder ou de órgão, de servidores e empregados públicos e de militares, exceto dos derivados de sentença judicial transitada em julgado ou de determinação legal anterior ao início da aplicação das medidas de que trata este artigo;

II – criação de cargo, emprego ou função que implique aumento de despesa;

III – alteração de estrutura de carreira que implique aumento de despesa;

IV – admissão ou contratação de pessoal, a qualquer título, ressalvadas:

a) as reposições de cargos de chefia e de direção que não acarretem aumento de despesa;

b) as reposições decorrentes de vacâncias de cargos efetivos ou vitalícios;

c) as contratações temporárias de que trata o inciso IX do caput do art. 37 desta Constituição; e

d) as reposições de temporários para prestação de serviço militar e de alunos de órgãos de formação de militares;

V – realização de concurso público, exceto para as reposições de vacâncias previstas no inciso IV deste caput;

VI – criação ou majoração de auxílios, vantagens, bônus, abonos, verbas de representação ou benefícios de qualquer natureza, inclusive os de cunho indenizatório, em favor de membros de Poder, do Ministério Público ou da Defensoria Pública e de servidores e empregados públicos e de militares, ou ainda de seus dependentes, exceto quando derivados de sentença judicial transitada em julgado ou de determinação legal anterior ao início da aplicação das medidas de que trata este artigo;

VII – criação de despesa obrigatória;

VIII – adoção de medida que implique reajuste de despesa obrigatória acima da variação da inflação, observada a preservação do poder aquisitivo referida no inciso IV do caput do art. 7º desta Constituição;

IX – criação ou expansão de programas e linhas de financiamento, bem como remissão, renegociação ou refinanciamento de dívidas que impliquem ampliação das despesas com subsídios e subvenções;

X – concessão ou ampliação de incentivo ou benefício de natureza tributária.

§ 1º. Apurado que a despesa corrente supera 85% (oitenta e cinco por cento) da receita corrente, sem exceder o percentual mencionado no caput deste artigo, as medidas nele indicadas podem ser, no todo ou em parte, implementadas por atos do Chefe do Poder Executivo com vigência imediata, facultado aos demais Poderes e órgãos autônomos implementá-las em seus respectivos âmbitos.

§ 2º. O ato de que trata o § 1º deste artigo deve ser submetido, em regime de urgência, à apreciação do Poder Legislativo.

§ 3º. O ato perde a eficácia, reconhecida a validade dos atos praticados na sua vigência, quando:

I – rejeitado pelo Poder Legislativo;

II – transcorrido o prazo de 180 (cento e oitenta) dias sem que se ultime a sua apreciação; ou

III – apurado que não mais se verifica a hipótese prevista no § 1º deste artigo, mesmo após a sua aprovação pelo Poder Legislativo.

§ 4º. A apuração referida neste artigo deve ser realizada bimestralmente.

§ 5º. As disposições de que trata este artigo:

I – não constituem obrigação de pagamento futuro pelo ente da Federação ou direitos de outrem sobre o erário;

II – não revogam, dispensam ou suspendem o cumprimento de dispositivos constitucionais e legais que disponham sobre metas fiscais ou limites máximos de despesas.

§ 6º. Ocorrendo a hipótese de que trata o caput deste artigo, até que todas as medidas nele previstas tenham sido adotadas por todos os Poderes e órgãos nele mencionados, de acordo com declaração do respectivo Tribunal de Contas, é vedada:

I – a concessão, por qualquer outro ente da Federação, de garantias ao ente envolvido;

II – a tomada de operação de crédito por parte do ente envolvido com outro ente da Federação, diretamente ou por intermédio de seus fundos, autarquias, fundações ou empresas estatais dependentes, ainda que sob a forma de novação, refinanciamento ou postergação de dívida contraída anteriormente, ressalvados os financiamentos destinados a projetos específicos celebrados na forma de operações típicas das agências financeiras oficiais de fomento.

(*) *Art. 167-A acrescido pela EC nº 109, de 15.3.2021.*

Art. 167-B. Durante a vigência de estado de calamidade pública de âmbito nacional, decretado pelo Congresso Nacional por iniciativa privativa do Presidente da República, a União deve adotar regime extraordinário fiscal, financeiro e de contratações para atender às necessidades dele decorrentes, somente naquilo em que a urgência for incompatível com o regime regular, nos termos definidos nos arts. 167-C, 167-D, 167-E, 167-F e 167-G desta Constituição.

(*) *Art. 167-B acrescido pela EC nº 109, de 15.3.2021.*

Art. 167-C. Com o propósito exclusivo de enfrentamento da calamidade pública e de seus efeitos sociais e econômicos, no seu período de duração, o Poder Executivo federal pode adotar processos simplificados de contratação de pessoal, em caráter temporário e emergencial, e de obras, serviços e compras que assegurem, quando possível, competição e igualdade de condições a todos os concorrentes, dispensada a observância do § 1º do art. 169 na contratação de que trata o inciso IX do *caput* do art. 37 desta Constituição, limitada a dispensa às situações de que trata o referido inciso, sem prejuízo do controle dos órgãos competentes.

(*) *Art. 167-C acrescido pela EC nº 109, de 15.3.2021.*

Art. 167-D. As proposições legislativas e os atos do Poder Executivo com propósito exclusivo de enfrentar a calamidade e suas consequências sociais e econômicas, com vigência e efeitos restritos à sua duração, desde que não impliquem despesa obrigatória de caráter continuado, ficam dispensados da observância das limitações legais quanto à criação, à expansão ou ao aperfeiçoamento de ação governamental que acarrete aumento de despesa e à concessão ou à ampliação de incentivo ou benefício de natureza tributária da qual decorra renúncia de receita.

Parágrafo único. Durante a vigência da calamidade pública de âmbito nacional de que trata o art. 167-B, não se aplica o disposto no § 3º do art. 195 desta Constituição.

(*) *Art. 167-D acrescido pela EC nº 109, de 15.3.2021.*

Art. 167-E. Fica dispensada, durante a integralidade do exercício financeiro em que vigore a calamidade pública de âmbito nacional, a observância do inciso III do *caput* do art. 167 desta Constituição.

(*) *Art. 167-E acrescido pela EC nº 109, de 15.3.2021.*

Art. 167-F. Durante a vigência da calamidade pública de âmbito nacional de que trata o art. 167-B desta Constituição:

I – são dispensados, durante a integralidade do exercício financeiro em que vigore a calamidade pública, os limites, as condições e demais restrições aplicáveis à União para a contratação de operações de crédito, bem como sua verificação;

II – o superávit financeiro apurado em 31 de dezembro do ano imediatamente anterior ao reconhecimento pode ser destinado à cobertura de despesas oriundas das medidas de combate à calamidade pública de âmbito nacional e ao pagamento da dívida pública.

§ 1º. Lei complementar pode definir outras suspensões, dispensas e afastamentos aplicáveis durante a vigência do estado de calamidade pública de âmbito nacional.

§ 2º. O disposto no inciso II do *caput* deste artigo não se aplica às fontes de recursos:

I – decorrentes de repartição de receitas a Estados, ao Distrito Federal e a Municípios;

II – decorrentes das vinculações estabelecidas pelos arts. 195, 198, 201, 212, 212-A e 239 desta Constituição;

III – destinadas ao registro de receitas oriundas da arrecadação de doações ou de empréstimos compulsórios, de transferências recebidas para o atendimento de finalidades determinadas ou das receitas de capital produto de operações de financiamento celebradas com finalidades contratualmente determinadas.

(*) *Art. 167-F acrescido pela EC nº 109, de 15.3.2021.*

Art. 167-G. Na hipótese de que trata o art. 167-B, aplicam-se à União, até o término da calamidade pública, as vedações previstas no art. 167-A desta Constituição.

§ 1º. Na hipótese de medidas de combate à calamidade pública cuja vigência e efeitos não ultrapassem a sua duração, não se aplicam as vedações referidas nos incisos II, IV, VII, IX e X do *caput* do art. 167-A desta Constituição.

§ 2º. Na hipótese de que trata o art. 167-B, não se aplica a alínea "c" do inciso I do *caput* do art. 159 desta Constituição, devendo a transferência a que se refere aquele dispositivo ser efetuada nos mesmos montantes transferidos no exercício anterior à decretação da calamidade.

§ 3º. É facultada aos Estados, ao Distrito Federal e aos Municípios a aplicação das vedações referidas no *caput*, nos termos deste artigo, e, até que as tenham adotado na integralidade, estarão submetidos às restrições do § 6º do art. 167-A desta Constituição, enquanto perdurarem seus efeitos para a União.

(*) *Art. 167-G acrescido pela EC nº 109, de 15.3.2021.*

Art. 168. Os recursos correspondentes às dotações orçamentárias, compreendidos os créditos suplementares e especiais, destinados aos órgãos dos Poderes Legislativo e Judiciário, do Ministério Público e da Defensoria Pública, ser-lhes-ão entregues até o dia vinte de cada mês, em duodécimos, na forma da lei complementar a que se refere o art. 165, § 9º.

(*) *Art. 168, caput, com redação dada pela EC nº 45, de 30.12.2004.*

§ 1º. É vedada a transferência a fundos de recursos financeiros oriundos de repasses duodecimais.

(*) *§ 1º acrescido pela EC nº 109, de 15.3.2021.*

§ 2º. O saldo financeiro decorrente dos recursos entregues na forma do *caput* deste artigo deve ser restituído ao caixa único do Tesouro do ente federativo, ou terá seu valor deduzido das primeiras parcelas duodecimais do exercício seguinte.

(*) *§ 2º acrescido pela EC nº 109, de 15.3.2021.*

Art. 169. A despesa com pessoal ativo e inativo e pensionistas da União, dos Estados, do Distrito Federal e dos Municípios não pode exceder os limites estabelecidos em lei complementar.

(*) *Art. 169, caput, alterado pela EC nº 19, de 4.6.1998, e com redação dada pela EC nº 109, de 15.3.2021.*
(*) *Vide art. 38 do ADCT.*
(*) *V. art. 19 da Lei Complementar nº 101, de 4.5.2000.*

§ 1º. A concessão de qualquer vantagem ou aumento de remuneração, a criação de cargos, empregos e funções ou alteração de estrutura de carreiras, bem como a admissão ou contratação de pessoal, a qualquer título, pelos órgãos e entidades da administração direta ou indireta, inclusive fundações instituídas e mantidas pelo poder público, só poderão ser feitas:

(*) *Vide art. 2º da EC nº 106, de 7.5.2020 (Regime extraordinário fiscal, financeiro e de contratações para enfrentamento de calamidade pública nacional decorrente de pandemia).*

I – se houver prévia dotação orçamentária suficiente para atender às projeções de despesa de pessoal e aos acréscimos dela decorrentes;

II – se houver autorização específica na lei de diretrizes orçamentárias, ressalvadas as empresas públicas e as sociedades de economia mista.

(*) *§ 1º, primitivo parágrafo único, renumerado e com redação dada pela EC nº 19, de 4.6.1998.*

§ 2º. Decorrido o prazo estabelecido na lei complementar referida neste artigo para a adaptação aos parâmetros ali previstos, serão imediatamente suspensos todos os repasses de verbas federais ou estaduais aos Estados, ao Distrito Federal e aos Municípios que não observarem os referidos limites.

(*) *§ 2º acrescido pela EC nº 19, de 4.6.1998.*

§ 3º. Para o cumprimento dos limites estabelecidos com base neste artigo, durante o prazo fixado na lei complementar referida no *caput*, a União, os Estados, o Distrito Federal e os Municípios adotarão as seguintes providências:

I – redução em pelo menos vinte por cento das despesas com cargos em comissão e funções de confiança;

II – exoneração dos servidores não estáveis.
(*) § 3º acrescido pela EC nº 19, de 4.6.1998.
(*) Vide art. 33 da EC nº 19, de 4.6.1998.

§ 4º. Se as medidas adotadas com base no parágrafo anterior não forem suficientes para assegurar o cumprimento da determinação da lei complementar referida neste artigo, o servidor estável poderá perder o cargo, desde que ato normativo motivado de cada um dos Poderes especifique a atividade funcional, o órgão ou unidade administrativa objeto da redução de pessoal.
(*) § 4º acrescido pela EC nº 19, de 4.6.1998.

§ 5º. O servidor que perder o cargo na forma do parágrafo anterior fará jus à indenização correspondente a um mês de remuneração por ano de serviço.
(*) § 5º acrescido pela EC nº 19, de 4.6.1998.

§ 6º. O cargo objeto da redução prevista nos parágrafos anteriores será considerado extinto, vedada a criação de cargo, emprego ou função com atribuições iguais ou assemelhadas pelo prazo de quatro anos.
(*) § 6º acrescido pela EC nº 19, de 4.6.1998.

§ 7º. Lei federal disporá sobre as normas gerais a serem obedecidas na efetivação do disposto no § 4º.
(*) § 7º acrescido pela EC nº 19, de 4.6.1998.
(*) Vide art. 247 da CF.

TÍTULO VII
DA ORDEM ECONÔMICA E FINANCEIRA

Capítulo I
DOS PRINCÍPIOS GERAIS
DA ATIVIDADE ECONÔMICA

(*) V. Lei Complementar nº 182, de 1.6.2021 (Marco legal das startups).
(*) V. Lei nº 13.874, de 20.9.2019 (Liberdade Econômica).
(*) V. Lei nº 14.382, de 27.6.2022 (Sistema Eletrônico dos Registros Públicos – SERP).
(*) V. Lei nº 14.478, de 21.12.2022 (Serviços de ativos virtuais).

Art. 170. A ordem econômica, fundada na valorização do trabalho humano e na livre iniciativa, tem por fim assegurar a todos existência digna, conforme os ditames da justiça social, observados os seguintes princípios:

I – soberania nacional;
II – propriedade privada;
III – função social da propriedade;
(*) Vide art. 5º, XXIII, da CF.

IV – livre concorrência;
(*) V. Lei Complementar nº 123, de 14.12.2006 (Estatuto Nacional da Microempresa e da Empresa de Pequeno Porte).
(*) V. Lei Complementar nº 182, de 1.6.2021 (Marco legal das startups).
(*) V. Súmula 649 do STJ.
(*) V. Súmula Vinculante 49 do STF.

V – defesa do consumidor;
(*) V. Lei nº 8.078, de 11.9.1990.

VI – defesa do meio ambiente, inclusive mediante tratamento diferenciado conforme o impacto ambiental dos produtos e serviços e de seus processos de elaboração e prestação;
(*) Inciso VI com redação dada pela EC nº 42, de 19.12.2003.
(*) V. arts. 225 e ss da CF.

VII – redução das desigualdades regionais e sociais;

VIII – busca do pleno emprego;

IX – tratamento favorecido para as empresas de pequeno porte constituídas sob as leis brasileiras e que tenham sua sede e administração no País.
(*) Inciso IX com redação dada pela EC nº 6, de 15.8.1995.
(*) V. Lei Complementar nº 123, de 14.12.2006 (Estatuto Nacional da Microempresa e da Empresa de Pequeno Porte).
(*) V. Lei Complementar nº 188, de 31.12.2021.

Parágrafo único. É assegurado a todos o livre exercício de qualquer atividade econômica, independentemente de autorização de órgãos públicos, salvo nos casos previstos em lei.
(*) V. Lei nº 13.874, de 20.9.2019 (Liberdade Econômica).

Art. 171. (Revogado).
(*) Art. 171 revogado pela EC nº 6, de 15.8.1995.

Art. 172. A lei disciplinará, com base no interesse nacional, os investimentos de capital estrangeiro, incentivará os reinvestimentos e regulará a remessa de lucros.

Art. 173. Ressalvados os casos previstos nesta Constituição, a exploração direta de atividade econômica pelo Estado só será permitida quando necessária aos imperativos da segurança nacional ou a relevante interesse coletivo, conforme definidos em lei.

§ 1º. A lei estabelecerá o estatuto jurídico da empresa pública, da sociedade de economia mista e de suas subsidiárias que explorem atividade econômica de produção ou comercialização de bens ou de prestação de serviços, dispondo sobre:
(*) § 1º, caput, com redação dada pela EC nº 19, de 4.6.1998.

I – sua função social e formas de fiscalização pelo Estado e pela sociedade;
(*) Inciso I acrescido pela EC nº 19, de 4.6.1998.

II – a sujeição ao regime jurídico próprio das empresas privadas, inclusive quanto aos direitos e obrigações civis, comerciais, trabalhistas e tributários;
(*) Inciso II acrescido pela EC nº 19, de 4.6.1998.

III – licitação e contratação de obras, serviços, compras e alienações, observados os princípios da administração pública;
(*) Inciso III acrescido pela EC nº 19, de 4.6.1998.

IV – a constituição e o funcionamento dos conselhos de administração e fiscal, com a participação de acionistas minoritários;
(*) Inciso IV acrescido pela EC nº 19, de 4.6.1998.

V – os mandatos, a avaliação de desempenho e a responsabilidade dos administradores.
(*) Inciso V acrescido pela EC nº 19, de 4.6.1998.

§ 2º. As empresas públicas e as sociedades de economia mista não poderão gozar de privilégios fiscais não extensivos às do setor privado.

§ 3º. A lei regulamentará as relações da empresa pública com o Estado e a sociedade.

§ 4º. A lei reprimirá o abuso do poder econômico que vise à dominação dos mercados, à eliminação da concorrência e ao aumento arbitrário dos lucros.
(*) V. Lei nº 12.529, de 30.11.2011.

§ 5º. A lei, sem prejuízo da responsabilidade individual dos dirigentes da pessoa jurídica, estabelecerá a responsabilidade desta, sujeitando-a às punições compatíveis com sua natureza, nos atos praticados contra a ordem econômica e financeira e contra a economia popular.

Art. 174. Como agente normativo e regulador da atividade econômica, o Estado exercerá, na forma da lei, as funções de fiscalização, incentivo e planejamento, sendo este determinante para o setor público e indicativo para o setor privado.
(*) V. Lei nº 13.874, de 20.9.2019
(Liberdade Econômica).

§ 1º. A lei estabelecerá as diretrizes e bases do planejamento do desenvolvimento nacional equilibrado, o qual incorporará e compatibilizará os planos nacionais e regionais de desenvolvimento.

§ 2º. A lei apoiará e estimulará o cooperativismo e outras formas de associativismo.
(*) Vide arts. 5º, XVII; e 170, VIII, da CF.

§ 3º. O Estado favorecerá a organização da atividade garimpeira em cooperativas, levando em conta a proteção do meio ambiente e a promoção econômico-social dos garimpeiros.

§ 4º. As cooperativas a que se refere o parágrafo anterior terão prioridade na autorização ou concessão para pesquisa e lavra dos recursos e jazidas de minerais garimpáveis, nas áreas onde estejam atuando, e naquelas fixadas de acordo com o art. 21, XXV, na forma da lei.
(*) V. Lei nº 13.874, de 20.9.2019
(Liberdade Econômica).

Art. 175. Incumbe ao Poder Público, na forma da lei, diretamente ou sob regime de concessão ou permissão, sempre através de licitação, a prestação de serviços públicos.

(*) *V. Lei nº 14.133, de 1º.4.2021 (Lei de Licitações e Contratos Administrativos).*
(*) *V. Lei nº 8.987, de 13.2.1995.*
(*) *V. Lei nº 9.074, de 7.7.1995.*
(*) *V. Lei nº 13.979, de 6.2.2020 (lei temporária).*

Parágrafo único. A lei disporá sobre:

I – o regime das empresas concessionárias e permissionárias de serviços públicos, o caráter especial de seu contrato e de sua prorrogação, bem como as condições de caducidade, fiscalização e rescisão da concessão ou permissão;

II – os direitos dos usuários;

III – política tarifária;

IV – a obrigação de manter serviço adequado.

Art. 176. As jazidas, em lavra ou não, e demais recursos minerais e os potenciais de energia hidráulica constituem propriedade distinta da do solo, para efeito de exploração ou aproveitamento, e pertencem à União, garantida ao concessionário a propriedade do produto da lavra.

§ 1º. A pesquisa e a lavra de recursos minerais e o aproveitamento dos potenciais a que se refere o *caput* deste artigo somente poderão ser efetuados mediante autorização ou concessão da União, no interesse nacional, por brasileiros ou empresa constituída sob as leis brasileiras e que tenha sua sede e administração no País, na forma da lei, que estabelecerá as condições específicas quando essas atividades se desenvolverem em faixa de fronteira ou terras indígenas.

(*) § *1º com redação dada pela EC nº 6, de 15.8.1995.*
(*) *Vide art. 44 do ADCT.*

§ 2º. É assegurada participação ao proprietário do solo nos resultados da lavra, na forma e no valor que dispuser a lei.

(*) *V. Lei nº 8.901, de 30.6.1994, que regulamenta este parágrafo.*

§ 3º. A autorização de pesquisa será sempre por prazo determinado e as autorizações e concessões previstas neste artigo não poderão ser cedidas ou transferidas, total ou parcialmente, sem prévia anuência do poder concedente.

§ 4º. Não dependerá de autorização ou concessão o aproveitamento do potencial de energia renovável de capacidade reduzida.

Art. 177. Constituem monopólio da União:

(*) *Vide art. 3º da EC nº 9, de 9.11.1995.*

I – a pesquisa e a lavra das jazidas de petróleo e gás natural e outros hidrocarbonetos fluidos;

II – a refinação do petróleo nacional ou estrangeiro;

(*) *Vide art. 45, caput, do ADCT.*

III – a importação e exportação dos produtos e derivados básicos resultantes das atividades previstas nos incisos anteriores;

IV – o transporte marítimo do petróleo bruto de origem nacional ou de derivados básicos de petróleo produzidos no País, bem assim o transporte, por meio de conduto, de petróleo bruto, seus derivados e gás natural de qualquer origem;

V – a pesquisa, a lavra, o enriquecimento, o reprocessamento, a industrialização e o comércio de minérios e minerais nucleares e seus derivados, com exceção dos radioisótopos cuja produção, comercialização e utilização poderão ser autorizadas sob regime de permissão, conforme as alíneas "b" e "c" do inciso XXIII do *caput* do art. 21 desta Constituição Federal.

(*) *Inciso V com redação dada pela EC nº 49, de 8.2.2006.*

§ 1º. A União poderá contratar com empresas estatais ou privadas a realização das atividades previstas nos incisos I a IV deste artigo, observadas as condições estabelecidas em lei.

(*) § *1º com redação dada pela EC nº 9, de 9.11.1995.*
(*) *Vide art. 45, parágrafo único, do ADCT.*
(*) *Vide art. 3º da EC nº 9, de 9.11.1995.*

§ 2º. A lei a que se refere § 1º disporá sobre:

(*) *Vide art. 3º da EC nº 9, de 9.11.1995.*

I – a garantia do fornecimento dos derivados de petróleo em todo o território nacional;

II – as condições de contratação;
III – a estrutura e atribuições do órgão regulador do monopólio da União.
(*) § 2º acrescido pela EC nº 9, de 9.11.1995.

§ 3º. A lei disporá sobre o transporte e a utilização de materiais radioativos no território nacional.
(*) § 3º, primitivo § 2º, renumerado pela EC nº 9, de 9.11.1995.

§ 4º. A lei que instituir contribuição de intervenção no domínio econômico relativa às atividades de importação ou comercialização de petróleo e seus derivados, gás natural e seus derivados e álcool combustível deverá atender aos seguintes requisitos:
(*) § 4º, caput, acrescido pela EC nº 33, de 11.12.2001.
(*) V. Lei nº 10.336, de 19.12.2001.
(*) V. Lei nº 10.453, de 13.5.2002.
(*) V. Decreto nº 5.987, de 19.12.2006.

I – a alíquota da contribuição poderá ser:
a) diferenciada por produto ou uso;
b) reduzida e restabelecida por ato do Poder Executivo, não se lhe aplicando o disposto no art. 150, III, "b";
(*) Inciso I acrescido pela EC nº 33, de 11.12.2001.

II – os recursos arrecadados serão destinados:
(*) Inciso II, caput, acrescido pela EC nº 33, de 11.12.2001.

a) ao pagamento de subsídios a preços ou transporte de álcool combustível, gás natural e seus derivados e derivados de petróleo;
(*) Alínea "a" acrescida pela EC nº 33, de 11.12.2001.

b) ao financiamento de projetos ambientais relacionados com a indústria do petróleo e do gás;
(*) Alínea "b" acrescida pela EC nº 33, de 11.12.2001.

c) ao financiamento de programas de infraestrutura de transportes;
(*) Alínea "c" acrescida pela EC nº 33, de 11.12.2001.

d) ao pagamento de subsídios a tarifas de transporte público coletivo de passageiros.
(*) Alínea "d" acrescida pela EC nº 132, de 20.12.2023.

Art. 178. A lei disporá sobre a ordenação dos transportes aéreo, aquático e terrestre, devendo, quanto à ordenação do transporte internacional, observar os acordos firmados pela União, atendido o princípio da reciprocidade.
(*) Art. 178, caput, com redação dada pela EC nº 7, de 15.8.1995.

Parágrafo único. Na ordenação do transporte aquático, a lei estabelecerá as condições em que o transporte de mercadorias na cabotagem e a navegação interior poderão ser feitos por embarcações estrangeiras.
(*) Parágrafo único com redação dada pela EC nº 7, de 15.8.1995.

Art. 179. A União, os Estados, o Distrito Federal e os Municípios dispensarão às microempresas e às empresas de pequeno porte, assim definidas em lei, tratamento jurídico diferenciado visando a incentivá-las pela simplificação de suas obrigações administrativas, tributárias, previdenciárias e creditícias, ou pela eliminação ou redução destas por meio de lei.
(*) V. Lei Complementar nº 123, de 14.12.2006.
(*) V. Lei nº 13.311, de 11.7.2016.
(*) V. Lei nº 14.382, de 27.6.2022 (Sistema Eletrônico dos Registros Públicos – SERP).

Art. 180. A União, os Estados, o Distrito Federal e os Municípios promoverão e incentivarão o turismo como fator de desenvolvimento social e econômico.
(*) Vide art. 24, VII e VIII, da CF.

Art. 181. O atendimento de requisição de documento ou informação de natureza comercial, feito por autoridade administrativa ou judiciária estrangeira, a pessoa física ou jurídica residente ou domiciliada no País dependerá de autorização do Poder competente.

Capítulo II
DA POLÍTICA URBANA
(*) V. Decreto nº 5.790, de 25.5.2006.

Art. 182. A política de desenvolvimento urbano, executada pelo Poder Público Municipal, conforme diretrizes gerais fixadas

em lei, tem por objetivo ordenar o pleno desenvolvimento das funções sociais da cidade e garantir o bem-estar de seus habitantes.
(*) V. Lei nº 10.257, de 10.7.2001 (Estatuto das Cidades).
(*) Vide art. 23, parágrafo único, da CF.
(*) V. Lei nº 13.311, de 11.7.2016.

§ 1º. O plano diretor, aprovado pela Câmara Municipal, obrigatório para cidades com mais de vinte mil habitantes, é o instrumento básico da política de desenvolvimento e de expansão urbana.

§ 2º. A propriedade urbana cumpre sua função social quando atende às exigências fundamentais de ordenação da cidade expressas no plano diretor.

§ 3º. As desapropriações de imóveis urbanos serão feitas com prévia e justa indenização em dinheiro.

§ 4º. É facultado ao Poder Público municipal, mediante lei específica para área incluída no plano diretor, exigir, nos termos da lei federal, do proprietário do solo urbano não edificado, subutilizado ou não utilizado, que promova seu adequado aproveitamento, sob pena, sucessivamente, de:
(*) Vide art. 156, § 1º, da CF.

I – parcelamento ou edificação compulsórios;

II – imposto sobre a propriedade predial e territorial urbana progressivo no tempo;
(*) Vide arts. 5º, XXXIII; e 170, III, da CF.

III – desapropriação com pagamento mediante títulos da dívida pública de emissão previamente aprovada pelo Senado Federal, com prazo de resgate de até dez anos, em parcelas anuais, iguais e sucessivas, assegurados o valor real da indenização e os juros legais.

Art. 183. Aquele que possuir como sua área urbana de até duzentos e cinquenta metros quadrados, por cinco anos, ininterruptamente e sem oposição, utilizando-a para sua moradia ou de sua família, adquirir-lhe-á o domínio, desde que não seja proprietário de outro imóvel urbano ou rural.
(*) V. Lei nº 10.257, de 10.7.2001, que regulamenta este artigo.

§ 1º. O título de domínio e a concessão de uso serão conferidos ao homem ou à mulher, ou a ambos, independentemente do estado civil.
(*) V. Medida Provisória nº 2.220, de 4.9.2001 (Conselho Nacional de Desenvolvimento Urbano – CNDU).

§ 2º. Esse direito não será reconhecido ao mesmo possuidor mais de uma vez.

§ 3º. Os imóveis públicos não serão adquiridos por usucapião.

Capítulo III
DA POLÍTICA AGRÍCOLA E FUNDIÁRIA E DA REFORMA AGRÁRIA
(*) V. Lei nº 8.629, de 25.2.1993 (Reforma agrária).
(*) V. Decreto nº 9.311, de 15.3.2018.

Art. 184. Compete à União desapropriar por interesse social, para fins de reforma agrária, o imóvel rural que não esteja cumprindo sua função social, mediante prévia e justa indenização em títulos da dívida agrária, com cláusula de preservação do valor real, resgatáveis no prazo de até vinte anos, a partir do segundo ano de sua emissão, e cuja utilização será definida em lei.

§ 1º. As benfeitorias úteis e necessárias serão indenizadas em dinheiro.

§ 2º. O decreto que declarar o imóvel como de interesse social, para fins de reforma agrária, autoriza a União a propor a ação de desapropriação.

§ 3º. Cabe à lei complementar estabelecer procedimento contraditório especial, de rito sumário, para o processo judicial de desapropriação.
(*) V. Lei Complementar nº 76, de 6.7.1993.
(*) V. Instrução Normativa INCRA nº 34, de 23.5.2006.

§ 4º. O orçamento fixará anualmente o volume total de títulos da dívida agrária, assim como o montante de recursos para atender ao programa de reforma agrária no exercício.

§ 5º. São isentas de impostos federais, estaduais e municipais as operações de transferência de imóveis desapropriados para fins de reforma agrária.

Art. 185. São insuscetíveis de desapropriação para fins de reforma agrária:

I – a pequena e média propriedade rural, assim definida em lei, desde que seu proprietário não possua outra;

II – a propriedade produtiva.

Parágrafo único. A lei garantirá tratamento especial à propriedade produtiva e fixará normas para o cumprimento dos requisitos relativos a sua função social.

Art. 186. A função social é cumprida quando a propriedade rural atende, simultaneamente, segundo critérios e graus de exigência estabelecidos em lei, aos seguintes requisitos:
(*) Vide art. 5º, XXIII, da CF.

I – aproveitamento racional e adequado;

II – utilização adequada dos recursos naturais disponíveis e preservação do meio ambiente;

III – observância das disposições que regulam as relações de trabalho;

IV – exploração que favoreça o bem-estar dos proprietários e dos trabalhadores.

Art. 187. A política agrícola será planejada e executada na forma da lei, com a participação efetiva do setor de produção, envolvendo produtores e trabalhadores rurais, bem como dos setores de comercialização, de armazenamento e de transportes, levando em conta, especialmente:

I – os instrumentos creditícios e fiscais;

II – os preços compatíveis com os custos de produção e a garantia de comercialização;

III – o incentivo à pesquisa e à tecnologia;

IV – a assistência técnica e extensão rural;

V – o seguro agrícola;

VI – o cooperativismo;

VII – a eletrificação rural e irrigação;

VIII – a habitação para o trabalhador rural.

§ 1º. Incluem-se no planejamento agrícola as atividades agroindustriais, agropecuárias, pesqueiras e florestais.

§ 2º. Serão compatibilizadas as ações de política agrícola e de reforma agrária.

Art. 188. A destinação de terras públicas e devolutas será compatibilizada com a política agrícola e com o plano nacional de reforma agrária.

§ 1º. A alienação ou a concessão, a qualquer título, de terras públicas com área superior a dois mil e quinhentos hectares a pessoa física ou jurídica, ainda que por interposta pessoa, dependerá de prévia aprovação do Congresso Nacional.

§ 2º. Excetuam-se do disposto no parágrafo anterior as alienações ou as concessões de terras públicas para fins de reforma agrária.

Art. 189. Os beneficiários da distribuição de imóveis rurais pela reforma agrária receberão títulos de domínio ou de concessão de uso, inegociáveis pelo prazo de dez anos.

Parágrafo único. O título de domínio e a concessão de uso serão conferidos ao homem ou à mulher, ou a ambos, independentemente do estado civil, nos termos e condições previstos em lei.

Art. 190. A lei regulará e limitará a aquisição ou o arrendamento de propriedade rural por pessoa física ou jurídica estrangeira e estabelecerá os casos que dependerão de autorização do Congresso Nacional.

Art. 191. Aquele que, não sendo proprietário de imóvel rural ou urbano, possua como seu, por cinco anos ininterruptos, sem oposição, área de terra, em zona rural, não superior a cinquenta hectares, tornando-a produtiva por seu trabalho ou de sua família, tendo nela sua moradia, adquirir-lhe-á a propriedade.

Parágrafo único. Os imóveis públicos não serão adquiridos por usucapião.

Capítulo IV
DO SISTEMA FINANCEIRO NACIONAL

Art. 192. O sistema financeiro nacional, estruturado de forma a promover o desenvolvimento equilibrado do País e a servir aos interesses da coletividade, em todas as partes que o compõem, abrangendo as cooperativas de crédito, será regulado por leis complementares que disporão, inclusive, sobre a participação do capital estrangeiro nas instituições que o integram.
(*) Vide art. 52 do ADCT.
(*) V. Lei nº 14.478, de 21.12.2022 (Serviços de ativos virtuais).
(*) V. art. 171-A do CP.

I – (revogado);
II – (revogado);
III – (revogado);
IV – (revogado);
V – (revogado);
VI – (revogado);
VII – (revogado);
VIII – (revogado).
§ 1º. (Revogado).
§ 2º. (Revogado).
§ 3º. (Revogado).
(*) Art. 192 com redação dada pela EC nº 40, de 29.5.2003.

TÍTULO VIII
DA ORDEM SOCIAL

Capítulo I
DISPOSIÇÃO GERAL

Art. 193. A ordem social tem como base o primado do trabalho, e como objetivo o bem-estar e a justiça sociais.

(*) Vide arts. 3º e 170 da CF.

Parágrafo único. O Estado exercerá a função de planejamento das políticas sociais, assegurada, na forma da lei, a participação da sociedade nos processos de formulação, de monitoramento, de controle e de avaliação dessas políticas.

(*) Parágrafo único acrescido pela EC nº 108, de 26.8.2020.

Capítulo II
DA SEGURIDADE SOCIAL

(*) V. Lei nº 8.212, de 24.7.1991 (Seguridade Social).
(*) V. Decreto nº 3.048, de 6.5.1999 (Regulamento da Previdência Social).

Seção I
Disposições Gerais

Art. 194. A seguridade social compreende um conjunto integrado de ações de iniciativa dos Poderes Públicos e da sociedade, destinadas a assegurar os direitos relativos à saúde, à previdência e à assistência social.

(*) Vide arts. 55 a 59 do ADCT.
(*) V. Lei nº 8.213, de 24.7.1991 (Previdência Social).
(*) V. Lei nº 8.742, de 7.12.1993 (Assistência Social).

Parágrafo único. Compete ao Poder Público, nos termos da lei, organizar a seguridade social, com base nos seguintes objetivos:

I – universalidade da cobertura e do atendimento;

II – uniformidade e equivalência dos benefícios e serviços às populações urbanas e rurais;

III – seletividade e distributividade na prestação dos benefícios e serviços;

IV – irredutibilidade do valor dos benefícios;

V – equidade na forma de participação no custeio;

VI – diversidade da base de financiamento, identificando-se, em rubricas contábeis específicas para cada área, as receitas e as despesas vinculadas a ações de saúde, previdência e assistência social, preservado o caráter contributivo da previdência social;

(*) Inciso VI com redação dada pela EC nº 103, de 12.11.2019.

VII – caráter democrático e descentralizado da administração, mediante gestão quadripartite, com participação dos trabalhadores, dos empregadores, dos aposentados e do Governo nos órgãos colegiados.

(*) Inciso VII com redação dada pela EC nº 20, de 15.12.1998.

Art. 195. A seguridade social será financiada por toda a sociedade, de forma direta e indireta, nos termos da lei, mediante recursos provenientes dos orçamentos da União, dos Estados, do Distrito Federal e dos Municípios, e das seguintes contribuições sociais:

I – do empregador, da empresa e da entidade a ela equiparada na forma da lei, incidentes sobre:

(*) Inciso I com redação dada pela EC nº 20, de 15.12.1998.

a) a folha de salários e demais rendimentos do trabalho pagos ou creditados, a qualquer título, à pessoa física que lhe preste serviço, mesmo sem vínculo empregatício;
(*) Alínea "a" acrescida pela EC nº 20, de 15.12.1998.
(*) Vide § 11 deste artigo.

b) a receita ou o faturamento;
(*) Alínea "b" acrescida pela EC nº 20, de 15.12.1998.
(*) A EC nº 132, de 20.12.2023, em seu art. 22, I, revoga esta alínea "b" a partir de 2027.
(*) Vide § 9º deste artigo.

c) o lucro;
(*) Alínea "c" acrescida pela EC nº 20, de 15.12.1998.
(*) Vide §§ 9º e 11 deste artigo.
(*) V. Lei Complementar nº 70, de 30.12.1991 (Contribuição para financiamento da Seguridade Social e alíquota de contribuição social sobre o lucro das instituições financeiras).
(*) V. Decreto nº 4.524, de 17.12.2002 (Contribuição para PIS/PASEP/COFINS).

II – do trabalhador e dos demais segurados da previdência social, podendo ser adotadas alíquotas progressivas de acordo com o valor do salário de contribuição, não incidindo contribuição sobre aposentadoria e pensão concedidas pelo Regime Geral de Previdência Social;
(*) Inciso II alterado pela EC nº 20, de 15.12.1998, e com redação dada pela EC nº 103, de 12.11.2019.
(*) Vide § 11 deste artigo.

III – sobre a receita de concursos de prognósticos;

IV – do importador de bens ou serviços do exterior, ou de quem a lei a ele equiparar;
(*) Inciso IV acrescido pela EC nº 42, de 19.12.2003.
(*) A EC nº 132, de 20.12.2023, em seu art. 22, I, revoga este inciso IV a partir de 2027.

V – sobre bens e serviços, nos termos de lei complementar.
(*) Inciso V acrescido pela EC nº 132, de 20.12.2023.

§ 1º. As receitas dos Estados, do Distrito Federal e dos Municípios destinadas à seguridade social constarão dos respectivos orçamentos, não integrando o orçamento da União.

§ 2º. A proposta de orçamento da seguridade social será elaborada de forma integrada pelos órgãos responsáveis pela saúde, previdência social e assistência social, tendo em vista as metas e prioridades estabelecidas na lei de diretrizes orçamentárias, assegurada a cada área a gestão de seus recursos.

§ 3º. A pessoa jurídica em débito com o sistema da seguridade social, como estabelecido em lei, não poderá contratar com o Poder Público nem dele receber benefícios ou incentivos fiscais ou creditícios.
(*) Vide art. 3º, parágrafo único, da EC nº 106, de 7.5.2020 (Regime extraordinário fiscal, financeiro e de contratações para enfrentamento de calamidade pública nacional decorrente de pandemia).

§ 4º. A lei poderá instituir outras fontes destinadas a garantir a manutenção ou expansão da seguridade social, obedecido o disposto no art. 154, I.

§ 5º. Nenhum benefício ou serviço da seguridade social poderá ser criado, majorado ou estendido sem a correspondente fonte de custeio total.

§ 6º. As contribuições sociais de que trata este artigo só poderão ser exigidas após decorridos noventa dias da data da publicação da lei que as houver instituído ou modificado, não se lhes aplicando o disposto no art. 150, III, "b".

§ 7º. São isentas de contribuição para seguridade social as entidades beneficentes de assistência social que atendam às exigências estabelecidas em lei.
(*) V. Lei Complementar nº 187, de 16.12.2021, que regulamenta este parágrafo.

§ 8º. O produtor, o parceiro, o meeiro e o arrendatário rurais e o pescador artesanal, bem como os respectivos cônjuges, que exerçam suas atividades em regime de economia familiar, sem empregados permanentes, contribuirão para a seguridade social mediante a aplicação de uma alíquota sobre o resultado da comercialização da produção e farão jus aos benefícios nos termos da lei.
(*) § 8º com redação dada pela EC nº 20, de 15.12.1998.

§ 9º. As contribuições sociais previstas no inciso I do caput deste artigo poderão ter alíquotas diferenciadas em razão da atividade econômica, da utilização intensiva de mão de obra, do porte da empresa ou da condição estrutural do mercado de trabalho, sendo também autorizada a adoção de bases de cálculo diferenciadas apenas no caso das alíneas "b" e "c" do inciso I do *caput*.

(*) § 9º acrescido pela EC nº 20, de 15.12.1998, alterado pela EC nº 47, de 5.7.2005, e com redação dada pela EC nº 103, de 12.11.2019.
(*) A EC nº 132, de 20.12.2023, em seu art. 3º, altera este § 9º para, a partir de 2027, nos termos de seu art. 23, I, vigorar com a seguinte redação: **Art. 195.** [...] § 9º. *As contribuições sociais previstas no inciso I do* caput *deste artigo poderão ter alíquotas diferenciadas em razão da atividade econômica, da utilização intensiva de mão de obra, do porte da empresa ou da condição estrutural do mercado de trabalho, sendo também autorizada a adoção de bases de cálculo diferenciadas apenas no caso da alínea "c" do inciso I do* caput. *[...]*.
(*) Vide art. 30 da EC nº 103, de 12.11.2019.

§ 10. A lei definirá os critérios de transferência de recursos para o sistema único de saúde e ações de assistência social da União para os Estados, o Distrito Federal e os Municípios, e dos Estados para os Municípios, observada a respectiva contrapartida de recursos.

(*) § 10 acrescido pela EC nº 20, de 15.12.1998.

§ 11. São vedados a moratória e o parcelamento em prazo superior a 60 (sessenta) meses e, na forma de lei complementar, a remissão e a anistia das contribuições sociais de que tratam a alínea "a" do inciso I e o inciso II do *caput*.

(*) § 11 acrescido pela EC nº 20, de 15.12.1998, e com redação dada pela EC nº 103, de 12.11.2019.
(*) Vide arts. 9º, § 9º; e 31 da EC nº 103, de 12.11.2019.

§ 12. A lei definirá os setores de atividade econômica para os quais as contribuições incidentes na forma dos incisos I, "b"; e IV do *caput*, serão não cumulativas.

(*) § 12 acrescido pela EC nº 42, de 19.12.2003.
(*) A EC nº 132, de 20.12.2023, em seu art. 22, I, revoga este § 12 a partir de 2027.

§ 13. (Revogado).

(*) § 13 acrescido pela EC nº 42, de 19.12.2003, e revogado pela EC nº 103, de 12.11.2019.

§ 14. O segurado somente terá reconhecida como tempo de contribuição ao Regime Geral de Previdência Social a competência cuja contribuição seja igual ou superior à contribuição mínima mensal exigida para sua categoria, assegurado o agrupamento de contribuições.

(*) § 14 acrescido pela EC nº 103, de 12.11.2019.
(*) Vide art. 29 da EC nº 103, de 12.11.2019.

§ 15. A contribuição prevista no inciso V do *caput* poderá ter sua alíquota fixada em lei ordinária.

(*) § 15 acrescido pela EC nº 132, de 20.12.2023.

§ 16. Aplica-se à contribuição prevista no inciso V do *caput* o disposto no art. 156-A, § 1º, I a VI, VIII, X a XIII, § 3º, § 5º, II a VI e IX, e §§ 6º a 11 e 13.

(*) § 16 acrescido pela EC nº 132, de 20.12.2023.

§ 17. A contribuição prevista no inciso V do *caput* não integrará sua própria base de cálculo nem a dos tributos previstos nos arts. 153, VIII, 156-A e 195, I, "b", IV, e da contribuição para o Programa de Integração Social de que trata o art. 239.

(*) § 17 acrescido pela EC nº 132, de 20.12.2023.
(*) A EC nº 132, de 20.12.2023, em seu art. 3º, altera este § 17 para, a partir de 2027, nos termos de seu art. 23, I, vigorar com a seguinte redação: **Art. 195.** [...] § 17. *A contribuição prevista no inciso V do* caput *não integrará sua própria base de cálculo nem a dos impostos previstos nos arts. 153, VIII, e 156-A.* [...].
(*) A EC nº 132, de 20.12.2023, em seu art. 4º, altera este § 17 para, a partir de 2033, nos termos de seu art. 23, II, vigorar com a seguinte redação: **Art. 195.** [...] § 17. *A contribuição prevista no inciso V do* caput *não integrará sua própria base de cálculo nem a dos impostos previstos nos arts. 153, VIII, e 156-A.* [...].

§ 18. Lei estabelecerá as hipóteses de devolução da contribuição prevista no inciso V do *caput* a pessoas físicas, inclusive em relação a limites e beneficiários, com o objetivo de reduzir as desigualdades de renda.

(*) § 18 acrescido pela EC nº 132, de 20.12.2023.

§ 19. A devolução de que trata o § 18 não será computada na receita corrente líquida da União para os fins do disposto

nos arts. 100, § 15, 166, §§ 9°, 12 e 17, e 198, § 2°.
(*) § 19 acrescido pela EC nº 132, de 20.12.2023.
(*) A EC nº 132, de 20.12.2023, em seu art. 3°, altera este § 19 para, a partir de 2027, nos termos de seu art. 23, I, vigorar com a seguinte redação:
Art. 195. [...] § 19. A devolução de que trata o § 18: I – não será computada na receita corrente líquida da União para os fins do disposto nos arts. 100, § 15, 166, §§ 9º, 12 e 17, e 198, § 2º; II – não integrará a base de cálculo para fins do disposto no art. 239.

Seção II
Da Saúde

(*) V. Lei nº 8.080, de 19.9.1990
(Lei Orgânica da Saúde).
(*) V. Lei nº 14.536, de 20.1.2023
(Profissionais de saúde: agentes comunitários de saúde e agentes de combate às endemias).

Art. 196. A saúde é direito de todos e dever do Estado, garantido mediante políticas sociais e econômicas que visem à redução do risco de doença e de outros agravos e ao acesso universal e igualitário às ações e serviços para sua promoção, proteção e recuperação.
(*) Vide art. 6º da CF.
(*) V. Lei nº 14.238, de 19.11.2021
(Estatuto da pessoa com câncer).
(*) V. Lei nº 14.289, de 3.1.2022
(Sigilo obrigatório sobre a condição de pessoas portadoras de HIV, hepatites crônicas, hanseníase e tuberculose).

Art. 197. São de relevância pública as ações e serviços de saúde, cabendo ao Poder Público dispor, nos termos da lei, sobre sua regulamentação, fiscalização e controle, devendo sua execução ser feita diretamente ou através de terceiros e, também, por pessoa física ou jurídica de direito privado.

Art. 198. As ações e serviços públicos de saúde integram uma rede regionalizada e hierarquizada e constituem um sistema único, organizado de acordo com as seguintes diretrizes:

I – descentralização, com direção única em cada esfera de governo;

II – atendimento integral, com prioridade para as atividades preventivas, sem prejuízo dos serviços assistenciais;

III – participação da comunidade.

§ 1°. O sistema único de saúde será financiado, nos termos do art. 195, com recursos do orçamento da seguridade social, da União, dos Estados, do Distrito Federal e dos Municípios, além de outras fontes.
(*) § 1º, primitivo parágrafo único, renumerado pela EC nº 29, de 13.9.2000.
(*) V. Lei nº 8.142, de 28.12.1990
(Participação comunitária na gestão do SUS – Sistema Único de Saúde e transferências intergovernamentais de recursos financeiros).
(*) V. art. 9º, § 4º, da Lei nº 11.340, de 7.8.2006
(Lei Maria da Penha).

§ 2°. A União, os Estados, o Distrito Federal e os Municípios aplicarão, anualmente, em ações e serviços públicos de saúde recursos mínimos derivados da aplicação de percentuais calculados sobre:
(*) § 2º, caput, acrescido pela EC nº 29, de 13.9.2000.
(*) Vide art. 77 do ADCT.

I – no caso da União, a receita corrente líquida do respectivo exercício financeiro, não podendo ser inferior a 15% (quinze por cento);
(*) Inciso I com redação dada pela EC nº 86, de 17.3.2015.
(*) Vide art. 3º da EC nº 86, de 17.3.2015.

II – no caso dos Estados e do Distrito Federal, o produto da arrecadação dos impostos a que se referem os arts. 155 e 156-A e dos recursos de que tratam os arts. 157 e 159, I, "a", e II, deduzidas as parcelas que forem transferidas aos respectivos Municípios;
(*) Inciso II acrescido pela EC nº 29, de 13.9.2000, e com redação dada pela EC nº 132, de 20.12.2023.

III – no caso dos Municípios e do Distrito Federal, o produto da arrecadação dos impostos a que se referem os arts. 156 e 156-A e dos recursos de que tratam os arts. 158 e 159, I, "b", e § 3º.
(*) Inciso III acrescido pela EC nº 29, de 13.9.2000, e com redação dada pela EC nº 132, de 20.12.2023.

§ 3º. Lei complementar, que será reavaliada pelo menos a cada cinco anos, estabelecerá:
(*) § 3º, caput, acrescido pela EC nº 29, de 13.9.2000.
(*) Vide art. 77, § 4º, do ADCT.
(*) V. Lei Complementar nº 141, de 13.1.2012.
(*) V. Lei Complementar nº 172, de 15.4.2020.
(*) V. Decreto nº 7.827, de 16.10.2012.

I – os percentuais de que tratam os incisos II e III do § 2º;
(*) Inciso I acrescido pela EC nº 29, de 13.9.2000, e com redação dada pela EC nº 86, de 17.3.2015.

II – os critérios de rateio dos recursos da União vinculados à saúde destinados aos Estados, ao Distrito Federal e aos Municípios, e dos Estados destinados a seus respectivos Municípios, objetivando a progressiva redução das disparidades regionais;
(*) Inciso II acrescido pela EC nº 29, de 13.9.2000.

III – as normas de fiscalização, avaliação e controle das despesas com saúde nas esferas federal, estadual, distrital e municipal;
(*) Inciso III acrescido pela EC nº 29, de 13.9.2000.

IV – (revogado).
(*) Inciso IV acrescido pela EC nº 29, de 13.9.2000, e revogado pela EC nº 86, de 17.3.2015.

§ 4º. Os gestores locais do sistema único de saúde poderão admitir agentes comunitários de saúde e agentes de combate às endemias por meio de processo seletivo público, de acordo com a natureza e complexidade de suas atribuições e requisitos específicos para sua atuação.
(*) § 4º acrescido pela EC nº 51, de 14.2.2006.

§ 5º. Lei federal disporá sobre o regime jurídico, o piso salarial profissional nacional, as diretrizes para os Planos de Carreira e a regulamentação das atividades de agente comunitário de saúde e agente de combate às endemias, competindo à União, nos termos da lei, prestar assistência financeira complementar aos Estados, ao Distrito Federal e aos Municípios, para o cumprimento do referido piso salarial.
(*) § 5º acrescido pela EC nº 51, de 14.2.2006, e com redação dada pela EC nº 63, de 4.2.2010.

(*) V. Lei nº 11.350, de 5.10.2006, que regulamenta este parágrafo.

§ 6º. Além das hipóteses previstas no § 1º do art. 41 e no § 4º do art. 169 da Constituição Federal, o servidor que exerça funções equivalentes às de agente comunitário de saúde ou de agente de combate às endemias poderá perder o cargo em caso de descumprimento dos requisitos específicos, fixados em lei, para o seu exercício.
(*) § 6º acrescido pela EC nº 51, de 14.2.2006.

§ 7º. O vencimento dos agentes comunitários de saúde e dos agentes de combate às endemias fica sob responsabilidade da União, e cabe aos Estados, ao Distrito Federal e aos Municípios estabelecer, além de outros consectários e vantagens, incentivos, auxílios, gratificações e indenizações, a fim de valorizar o trabalho desses profissionais.
(*) § 7º acrescido pela EC nº 120, de 5.5.2022.

§ 8º. Os recursos destinados ao pagamento do vencimento dos agentes comunitários de saúde e dos agentes de combate às endemias serão consignados no orçamento geral da União com dotação própria e exclusiva.
(*) § 8º acrescido pela EC nº 120, de 5.5.2022.

§ 9º. O vencimento dos agentes comunitários de saúde e dos agentes de combate às endemias não será inferior a 2 (dois) salários mínimos, repassados pela União aos Municípios, aos Estados e ao Distrito Federal.
(*) § 9º acrescido pela EC nº 120, de 5.5.2022.

§ 10. Os agentes comunitários de saúde e os agentes de combate às endemias terão também, em razão dos riscos inerentes às funções desempenhadas, aposentadoria especial e, somado aos seus vencimentos, adicional de insalubridade.
(*) § 10 acrescido pela EC nº 120, de 5.5.2022.

§ 11. Os recursos financeiros repassados pela União aos Estados, ao Distrito Federal e aos Municípios para pagamento do vencimento ou de qualquer outra vantagem dos agentes comunitários de saúde e dos agentes de combate às endemias não serão objeto de inclusão no cálculo para fins do limite de despesa com pessoal.
(*) § 11 acrescido pela EC nº 120, de 5.5.2022.

§ 12. Lei federal instituirá pisos salariais profissionais nacionais para o enfermeiro, o técnico de enfermagem, o auxiliar de enfermagem e a parteira, a serem observados por pessoas jurídicas de direito público e de direito privado.
(*) § 12 acrescido pela EC nº 124, de 14.7.2022.

§ 13. A União, os Estados, o Distrito Federal e os Municípios, até o final do exercício financeiro em que for publicada a lei de que trata o § 12 deste artigo, adequarão a remuneração dos cargos ou dos respectivos planos de carreiras, quando houver, de modo a atender aos pisos estabelecidos para cada categoria profissional.
(*) § 13 acrescido pela EC nº 124, de 14.7.2022.

§ 14. Compete à União, nos termos da lei, prestar assistência financeira complementar aos Estados, ao Distrito Federal e aos Municípios e às entidades filantrópicas, bem como aos prestadores de serviços contratualizados que atendam, no mínimo, 60% (sessenta por cento) de seus pacientes pelo sistema único de saúde, para o cumprimento dos pisos salariais de que trata o § 12 deste artigo.
(*) § 14 acrescido pela EC nº 127, de 22.12.2022.

§ 15. Os recursos federais destinados aos pagamentos da assistência financeira complementar aos Estados, ao Distrito Federal e aos Municípios e às entidades filantrópicas, bem como aos prestadores de serviços contratualizados que atendam, no mínimo, 60% (sessenta por cento) de seus pacientes pelo sistema único de saúde, para o cumprimento dos pisos salariais de que trata o § 12 deste artigo serão consignados no orçamento geral da União com dotação própria e exclusiva.
(*) § 15 acrescido pela EC nº 127, de 22.12.2022.

Art. 199. A assistência à saúde é livre à iniciativa privada.
(*) Vide art. 170, caput, da CF.

§ 1º. As instituições privadas poderão participar de forma complementar do sistema único de saúde, segundo diretrizes deste, mediante contrato de direito público ou convênio, tendo preferência as entidades filantrópicas e as sem fins lucrativos.
(*) V. Lei nº 14.334, de 10.5.2022.
(Impenhorabilidade de bens de hospitais filantrópicos e Santas Casas de Misericórdia).

§ 2º. É vedada a destinação de recursos públicos para auxílios ou subvenções às instituições privadas com fins lucrativos.

§ 3º. É vedada a participação direta ou indireta de empresas ou capitais estrangeiros na assistência à saúde no País, salvo nos casos previstos em lei.

§ 4º. A lei disporá sobre as condições e os requisitos que facilitem a remoção de órgãos, tecidos e substâncias humanas para fins de transplante, pesquisa e tratamento, bem como a coleta, processamento e transfusão de sangue e seus derivados, sendo vedado todo tipo de comercialização.
(*) V. Lei nº 10.205, de 21.3.2001, que regulamenta este parágrafo.
(*) V. Lei nº 9.434, de 4.2.1997; e Decreto nº 9.175, de 18.10.2017, que regulamenta a Lei nº 9.434, de 4.2.1997.

Art. 200. Ao sistema único de saúde compete, além de outras atribuições, nos termos da lei:
(*) Vide art. 6º, caput, da CF.

I – controlar e fiscalizar procedimentos, produtos e substâncias de interesse para a saúde e participar da produção de medicamentos, equipamentos, imunobiológicos, hemoderivados e outros insumos;

II – executar as ações de vigilância sanitária e epidemiológica, bem como as de saúde do trabalhador;

III – ordenar a formação de recursos humanos na área de saúde;

IV – participar da formulação da política e da execução das ações de saneamento básico;
(*) V. Lei nº 14.026, de 15.7.2020
(Marco legal do saneamento básico).

V – incrementar, em sua área de atuação, o desenvolvimento científico e tecnológico e a inovação;
(*) Inciso V com redação dada pela EC nº 85, de 26.2.2015.

VI – fiscalizar e inspecionar alimentos, compreendido o controle de seu teor nutricional, bem como bebidas e águas para consumo humano;

VII – participar do controle e fiscalização da produção, transporte, guarda e utilização de substâncias e produtos psicoativos, tóxicos e radioativos;

VIII – colaborar na proteção do meio ambiente, nele compreendido o do trabalho.

Seção III
Da Previdência Social

Art. 201. A previdência social será organizada sob a forma do Regime Geral de Previdência Social, de caráter contributivo e de filiação obrigatória, observados critérios que preservem o equilíbrio financeiro e atuarial, e atenderá, na forma da lei, a:

(*) Art. 201, caput, alterado pela EC nº 20, de 15.12.1998, e com redação dada pela EC nº 103, de 12.11.2019.

I – cobertura dos eventos de incapacidade temporária ou permanente para o trabalho e idade avançada;

(*) Inciso I alterado pela EC nº 20, de 15.12.1998, e com redação dada pela EC nº 103, de 12.11.2019.

II – proteção à maternidade, especialmente à gestante;

(*) Inciso II com redação dada pela EC nº 20, de 15.12.1998.
(*) V. art. 313, IX e § 6º, do Código de Processo Civil.

III – proteção ao trabalhador em situação de desemprego involuntário;

(*) Inciso III com redação dada pela EC nº 20, de 15.12.1998.

IV – salário-família e auxílio-reclusão para os dependentes dos segurados de baixa renda;

(*) Inciso IV com redação dada pela EC nº 20, de 15.12.1998.
(*) Vide art. 27 da EC nº 103, de 12.11.2019.

V – pensão por morte do segurado, homem ou mulher, ao cônjuge ou companheiro e dependentes, observado o disposto no § 2º.

(*) Inciso V com redação dada pela EC nº 20, de 15.12.1998.
(*) Vide art. 5º da EC nº 41, de 19.12.2003.

§ 1º. É vedada a adoção de requisitos ou critérios diferenciados para concessão de benefícios, ressalvada, nos termos de lei complementar, a possibilidade de previsão de idade e tempo de contribuição distintos da regra geral para concessão de aposentadoria exclusivamente em favor dos segurados:

(*) § 1º alterado pela EC nº 47, de 5.7.2005, e com redação dada pela EC nº 103, de 12.11.2019.
(*) V. Lei Complementar nº 142, de 8.5.2013 (Regime Geral de Previdência Social – RGPS).

I – com deficiência, previamente submetidos a avaliação biopsicossocial realizada por equipe multiprofissional e interdisciplinar;

(*) Inciso I acrescido pela EC nº 103, de 12.11.2019.
(*) Vide art. 22 da EC nº 103, de 12.11.2019.

II – cujas atividades sejam exercidas com efetiva exposição a agentes químicos, físicos e biológicos prejudiciais à saúde, ou associação desses agentes, vedada a caracterização por categoria profissional ou ocupação.

(*) Inciso II acrescido pela EC nº 103, de 12.11.2019.

§ 2º. Nenhum benefício que substitua o salário de contribuição ou o rendimento do trabalho do segurado terá valor mensal inferior ao salário mínimo.

(*) § 2º com redação dada pela EC nº 20, de 15.12.1998.

§ 3º. Todos os salários de contribuição considerados para o cálculo de benefício serão devidamente atualizados, na forma da lei.

(*) § 3º com redação dada pela EC nº 20, de 15.12.1998.

§ 4º. É assegurado o reajustamento dos benefícios para preservar-lhes, em caráter permanente, o valor real, conforme critérios definidos em lei.

(*) § 4º com redação dada pela EC nº 20, de 15.12.1998.

§ 5º. É vedada a filiação ao regime geral de previdência social, na qualidade de segurado facultativo, de pessoa participante de regime próprio de previdência.

(*) § 5º com redação dada pela EC nº 20, de 15.12.1998.

§ 6º. A gratificação natalina dos aposentados e pensionistas terá por base o valor dos proventos do mês de dezembro de cada ano.

(*) § 6º com redação dada pela EC nº 20, de 15.12.1998.

§ 7º. É assegurada aposentadoria no regime geral de previdência social, nos termos da lei, obedecidas as seguintes condições:
(*) § 7º, caput, com redação dada pela EC nº 20, de 15.12.1998.
(*) Vide arts. 15 a 19 da EC nº 103, de 12.11.2019.

I – 65 (sessenta e cinco) anos de idade, se homem, e 62 (sessenta e dois) anos de idade, se mulher, observado tempo mínimo de contribuição;
(*) Inciso I acrescido pela EC nº 20, de 15.12.1998, e com redação dada pela EC nº 103, de 12.11.2019.
(*) Vide § 8º deste artigo.

II – 60 (sessenta) anos de idade, se homem, e 55 (cinquenta e cinco) anos de idade, se mulher, para os trabalhadores rurais e para os que exerçam suas atividades em regime de economia familiar, nestes incluídos o produtor rural, o garimpeiro e o pescador artesanal.
(*) Inciso II acrescido pela EC nº 20, de 15.12.1998, e com redação dada pela EC nº 103, de 12.11.2019.

§ 8º. O requisito de idade a que se refere o inciso I do § 7º será reduzido em 5 (cinco) anos, para o professor que comprove tempo de efetivo exercício das funções de magistério na educação infantil e no ensino fundamental e médio fixado em lei complementar.
(*) § 8º alterado pela EC nº 20, de 15.12.1998, e com redação dada pela EC nº 103, 12.11.2019.

§ 9º. Para fins de aposentadoria, será assegurada a contagem recíproca do tempo de contribuição entre o Regime Geral de Previdência Social e os regimes próprios de previdência social, e destes entre si, observada a compensação financeira, de acordo com os critérios estabelecidos em lei.
(*) § 9º acrescido pela EC nº 20, de 15.12.1998, e com redação dada pela EC nº 103, de 12.11.2019.
(*) Vide art. 101, § 1º, II, do ADCT.

§ 9º-A. O tempo de serviço militar exercido nas atividades de que tratam os arts. 42, 142 e 143 e o tempo de contribuição ao Regime Geral de Previdência Social ou a regime próprio de previdência social terão contagem recíproca para fins de inativação militar ou

aposentadoria, e a compensação financeira será devida entre as receitas de contribuição referentes aos militares e as receitas de contribuição aos demais regimes.
(*) § 9º-A acrescido pela EC nº 103, de 12.11.2019.

§ 10. Lei complementar poderá disciplinar a cobertura de benefícios não programados, inclusive os decorrentes de acidente do trabalho, a ser atendida concorrentemente pelo Regime Geral de Previdência Social e pelo setor privado.
(*) § 10 acrescido pela EC nº 20, de 15.12.1998, e com redação dada pela EC nº 103, de 12.11.2019.

§ 11. Os ganhos habituais do empregado, a qualquer título, serão incorporados ao salário para efeito de contribuição previdenciária e consequente repercussão em benefícios, nos casos e na forma da lei.
(*) § 11 acrescido pela EC nº 20, de 15.12.1998.

§ 12. Lei instituirá sistema especial de inclusão previdenciária, com alíquotas diferenciadas, para atender aos trabalhadores de baixa renda, inclusive os que se encontram em situação de informalidade, e àqueles sem renda própria que se dediquem exclusivamente ao trabalho doméstico no âmbito de sua residência, desde que pertencentes a famílias de baixa renda.
(*) § 12 acrescido pela EC nº 41, de 19.12.2003, alterado pela EC nº 47, de 5.7.2005, e com redação dada pela EC nº 103, de 12.11.2019.
(*) V. Lei Complementar nº 150, de 1º.6.2015 (Contrato de trabalho doméstico).

§ 13. A aposentadoria concedida ao segurado de que trata o § 12 terá valor de 1 (um) salário mínimo.
(*) § 13 acrescido pela EC nº 47, de 5.7.2005, e com redação dada pela EC nº 103, de 12.11.2019.

§ 14. É vedada a contagem de tempo de contribuição fictício para efeito de concessão dos benefícios previdenciários e de contagem recíproca.
(*) § 14 acrescido pela EC nº 103, de 12.11.2019.

§ 15. Lei complementar estabelecerá vedações, regras e condições para a acumulação de benefícios previdenciários.
(*) § 15 acrescido pela EC nº 103, de 12.11.2019.

§ 16. Os empregados dos consórcios públicos, das empresas públicas, das sociedades de economia mista e das suas subsidiárias serão aposentados compulsoriamente, observado o cumprimento do tempo mínimo de contribuição, ao atingir a idade máxima de que trata o inciso II do § 1º do art. 40, na forma estabelecida em lei.

(*) § 16 acrescido pela EC nº 103, de 12.11.2019.

Art. 202. O regime de previdência privada, de caráter complementar e organizado de forma autônoma em relação ao regime geral de previdência social, será facultativo, baseado na constituição de reservas que garantam o benefício contratado, e regulado por lei complementar.

(*) Art. 202, caput, com redação dada pela EC nº 20, de 15.12.1998.
(*) Vide art. 40, § 15, da CF.
(*) Vide art. 7º da EC nº 20, de 15.12.1998.
(*) V. Lei Complementar nº 109, de 29.5.2001 (Regime de Previdência Complementar); e Decretos nº 4.942, de 30.12.2003, e nº 7.123, de 3.3.2010, que regulamentam a Lei Complementar nº 109, de 29.5.2001.

§ 1º. A lei complementar de que trata este artigo assegurará ao participante de planos de benefícios de entidades de previdência privada o pleno acesso às informações relativas à gestão de seus respectivos planos.

(*) § 1º com redação dada pela EC nº 20, de 15.12.1998.

§ 2º. As contribuições do empregador, os benefícios e as condições contratuais previstas nos estatutos, regulamentos e planos de benefícios das entidades de previdência privada não integram o contrato de trabalho dos participantes, assim como, à exceção dos benefícios concedidos, não integram a remuneração dos participantes, nos termos da lei.

(*) § 2º com redação dada pela EC nº 20, de 15.12.1998.

§ 3º. É vedado o aporte de recursos a entidade de previdência privada pela União, Estados, Distrito Federal e Municípios, suas autarquias, fundações, empresas públicas, sociedades de economia mista e outras entidades públicas, salvo na qualidade de patrocinador, situação na qual, em hipótese alguma, sua contribuição normal poderá exceder a do segurado.

(*) § 3º acrescido pela EC nº 20, de 15.12.1998.
(*) V. Lei Complementar nº 108, de 29.5.2001, que regulamenta este parágrafo.
(*) Vide arts. 5º e ss da EC nº 20, de 15.12.1998.

§ 4º. Lei complementar disciplinará a relação entre a União, Estados, Distrito Federal ou Municípios, inclusive suas autarquias, fundações, sociedades de economia mista e empresas controladas direta ou indiretamente, enquanto patrocinadores de planos de benefícios previdenciários, e as entidades de previdência complementar.

(*) § 4º acrescido pela EC nº 20, de 15.12.1998, e com redação dada pela EC nº 103, de 12.11.2019.
(*) V. Lei Complementar nº 108, de 29.5.2001, que regulamenta este parágrafo.
(*) Vide art. 33 da EC nº 103, de 12.11.2019.

§ 5º. A lei complementar de que trata o § 4º aplicar-se-á, no que couber, às empresas privadas permissionárias ou concessionárias de prestação de serviços públicos, quando patrocinadoras de planos de benefícios em entidades de previdência complementar.

(*) § 5º acrescido pela EC nº 20, de 15.12.1998, e com redação dada pela EC nº 103, de 12.11.2019.
(*) Vide art. 33 da EC nº 103, de 12.11.2019.

§ 6º. Lei complementar estabelecerá os requisitos para a designação dos membros das diretorias das entidades fechadas de previdência complementar instituídas pelos patrocinadores de que trata o § 4º e disciplinará a inserção dos participantes nos colegiados e instâncias de decisão em que seus interesses sejam objeto de discussão e deliberação.

(*) § 6º acrescido pela EC nº 20, de 15.12.1998, e com redação dada pela EC nº 103, de 12.11.2019.

Seção IV
Da Assistência Social

(*) V. Lei nº 8.742, de 7.12.1993 (Assistência Social).
(*) V. Lei nº 14.029, de 28.7.2020 (lei temporária).

Art. 203. A assistência social será prestada a quem dela necessitar, indepen-

dentemente de contribuição à seguridade social, e tem por objetivos:
(*) Vide art. 1º, III, da CF.

I – a proteção à família, à maternidade, à infância, à adolescência e à velhice;
(*) Vide art. 227 da CF.
(*) V. Lei nº 8.069, de 13.7.1990 (Estatuto da Criança e do Adolescente).
(*) V. Lei nº 10.741, de 1º.10.2003 (Estatuto da Pessoa Idosa).
(*) V. Lei nº 14.423, de 22.7.2022.

II – o amparo às crianças e adolescentes carentes;
(*) V. Lei nº 8.069, de 13.7.1990 (Estatuto da Criança e do Adolescente).

III – a promoção da integração ao mercado de trabalho;
(*) V. Lei nº 11.692, de 10.6.2008 (Programa Nacional de Inclusão de Jovens – Projovem).

IV – a habilitação e reabilitação das pessoas portadoras de deficiência e a promoção de sua integração à vida comunitária;
(*) V. Lei nº 13.146, de 6.7.2015 (Estatuto da Pessoa com Deficiência).

V – a garantia de um salário mínimo de benefício mensal à pessoa portadora de deficiência e ao idoso que comprovem não possuir meios de prover a própria manutenção ou de tê-la provida por sua família, conforme dispuser a lei.

VI – a redução da vulnerabilidade socioeconômica de famílias em situação de pobreza ou de extrema pobreza.
(*) Inciso VI acrescido pela EC nº 114, de 16.12.2021.

Art. 204. As ações governamentais na área da assistência social serão realizadas com recursos do orçamento da seguridade social, previstos no art. 195, além de outras fontes, e organizadas com base nas seguintes diretrizes:

I – descentralização político-administrativa, cabendo a coordenação e as normas gerais à esfera federal e a coordenação e a execução dos respectivos programas às esferas estadual e municipal, bem como a entidades beneficentes e de assistência social;

II – participação da população, por meio de organizações representativas, na formulação das políticas e no controle das ações em todos os níveis.

Parágrafo único. É facultado aos Estados e ao Distrito Federal vincular a programa de apoio à inclusão e promoção social até cinco décimos por cento de sua receita tributária líquida, vedada a aplicação desses recursos no pagamento de:

I – despesas com pessoal e encargos sociais;

II – serviço da dívida;

III – qualquer outra despesa corrente não vinculada diretamente aos investimentos ou ações apoiados.
(*) Parágrafo único acrescido pela EC nº 42, de 19.12.2003.

Capítulo III
DA EDUCAÇÃO, DA CULTURA E DO DESPORTO

Seção I
Da Educação
(*) Vide art. 6º da CF.
(*) V. Lei nº 9.394, de 20.12.1996 (Lei de Diretrizes e Bases – LDB).

Art. 205. A educação, direito de todos e dever do Estado e da família, será promovida e incentivada com a colaboração da sociedade, visando ao pleno desenvolvimento da pessoa, seu preparo para o exercício da cidadania e sua qualificação para o trabalho.

Art. 206. O ensino será ministrado com base nos seguintes princípios:

I – igualdade de condições para o acesso e permanência na escola;

II – liberdade de aprender, ensinar, pesquisar e divulgar o pensamento, a arte e o saber;
(*) Vide art. 5º, IX, da CF.

III – pluralismo de ideias e de concepções pedagógicas, e coexistência de instituições públicas e privadas de ensino;

IV – gratuidade do ensino público em estabelecimentos oficiais;
(*) Vide art. 242 da CF.

ART. 207 CONSTITUIÇÃO DA REPÚBLICA FEDERATIVA DO BRASIL

V – valorização dos profissionais da educação escolar, garantidos, na forma da lei, planos de carreira, com ingresso exclusivamente por concurso público de provas e títulos, aos das redes públicas;
(*) *Inciso V alterado pela EC nº 19, de 4.6.1998, e com redação dada pela EC nº 53, de 19.12.2006.*

VI – gestão democrática do ensino público, na forma da lei;

VII – garantia de padrão de qualidade;

VIII – piso salarial profissional nacional para os profissionais da educação escolar pública, nos termos de lei federal;
(*) *Inciso VIII acrescido pela EC nº 53, de 19.12.2006.*

IX – garantia do direito à educação e à aprendizagem ao longo da vida.
(*) *Inciso IX acrescido pela EC nº 108, de 26.8.2020.*

Parágrafo único. A lei disporá sobre as categorias de trabalhadores considerados profissionais da educação básica e sobre a fixação de prazo para a elaboração ou adequação de seus planos de carreira, no âmbito da União, dos Estados, do Distrito Federal e dos Municípios.
(*) *Parágrafo único acrescido pela EC nº 53, de 19.12.2006.*

Art. 207. As universidades gozam de autonomia didático-científica, administrativa e de gestão financeira e patrimonial, e obedecerão ao princípio de indissociabilidade entre ensino, pesquisa e extensão.

§ 1º. É facultado às universidades admitir professores, técnicos e cientistas estrangeiros, na forma da lei.
(*) *§ 1º acrescido pela EC nº 11, de 30.4.1996.*

§ 2º. O disposto neste artigo aplica-se às instituições de pesquisa científica e tecnológica.
(*) *§ 2º acrescido pela EC n º 11, de 30.4.1996.*

Art. 208. O dever do Estado com a educação será efetivado mediante a garantia de:

I – educação básica obrigatória e gratuita dos 4 (quatro) aos 17 (dezessete) anos de idade, assegurada inclusive sua oferta gratuita para todos os que a ela não tiveram acesso na idade própria;
(*) *Inciso I alterado pela EC nº 14, de 12.9.1996, e com redação dada pela EC nº 59, de 11.11.2009.*
(*) *Vide art. 6º da EC nº 59, de 11.11.2009.*

II – progressiva universalização do ensino médio gratuito;
(*) *Inciso II com redação dada pela EC nº 14, de 12.9.1996.*

III – atendimento educacional especializado aos portadores de deficiência, preferencialmente na rede regular de ensino;

IV – educação infantil, em creche e pré-escola, às crianças até 5 (cinco) anos de idade;
(*) *Inciso IV com redação dada pela EC nº 53, de 19.12.2006.*

V – acesso aos níveis mais elevados do ensino, da pesquisa e da criação artística, segundo a capacidade de cada um;

VI – oferta de ensino noturno regular, adequado às condições do educando;

VII – atendimento ao educando, em todas as etapas da educação básica, por meio de programas suplementares de material didático-escolar, transporte, alimentação e assistência à saúde.
(*) *Inciso VII com redação dada pela EC nº 59, de 11.11.2009.*

§ 1º. O acesso ao ensino obrigatório e gratuito é direito público subjetivo.

§ 2º. O não oferecimento do ensino obrigatório pelo Poder Público, ou sua oferta irregular, importa responsabilidade da autoridade competente.

§ 3º. Compete ao Poder Público recensear os educandos no ensino fundamental, fazer-lhes a chamada e zelar, junto aos pais ou responsáveis, pela frequência à escola.

Art. 209. O ensino é livre à iniciativa privada, atendidas as seguintes condições:
(*) *Vide art. 170 da CF.*

I – cumprimento das normas gerais da educação nacional;

II – autorização e avaliação de qualidade pelo Poder Público.

Art. 210. Serão fixados conteúdos mínimos para o ensino fundamental, de maneira a assegurar formação básica comum e respeito aos valores culturais e artísticos, nacionais e regionais.

CONSTITUIÇÃO DA REPÚBLICA FEDERATIVA DO BRASIL — ART. 212

§ 1º. O ensino religioso, de matrícula facultativa, constituirá disciplina dos horários normais das escolas públicas de ensino fundamental.

§ 2º. O ensino fundamental regular será ministrado em língua portuguesa, assegurada às comunidades indígenas também a utilização de suas línguas maternas e processos próprios de aprendizagem.

Art. 211. A União, os Estados, o Distrito Federal e os Municípios organizarão em regime de colaboração seus sistemas de ensino.

§ 1º. A União organizará o sistema federal de ensino e o dos territórios, financiará as instituições de ensino públicas federais e exercerá, em matéria educacional, função redistributiva e supletiva, de forma a garantir equalização de oportunidades educacionais e padrão mínimo de qualidade do ensino mediante assistência técnica e financeira aos Estados, ao Distrito Federal e aos Municípios.

(*) § 1º com redação dada pela EC nº 14, de 12.9.1996.

§ 2º. Os Municípios atuarão prioritariamente no ensino fundamental e na educação infantil.

(*) § 2º com redação dada pela EC nº 14, de 12.9.1996.

§ 3º. Os Estados e o Distrito Federal atuarão prioritariamente no ensino fundamental e médio.

(*) § 3º acrescido pela EC nº 14, de 12.9.1996.

§ 4º. Na organização de seus sistemas de ensino, a União, os Estados, o Distrito Federal e os Municípios definirão formas de colaboração, de forma a assegurar a universalização, a qualidade e a equidade do ensino obrigatório.

(*) § 4º acrescido pela EC nº 14, de 12.9.1996, alterada pela EC nº 59, de 11.11.2009, e com redação dada pela EC nº 108, de 26.8.2020.

§ 5º. A educação básica pública atenderá prioritariamente ao ensino regular.

(*) § 5º acrescido pela EC nº 53, de 19.12.2006.

§ 6º. A União, os Estados, o Distrito Federal e os Municípios exercerão ação redistributiva em relação a suas escolas.

(*) § 6º acrescido pela EC nº 108, de 26.8.2020.

§ 7º. O padrão mínimo de qualidade de que trata o § 1º deste artigo considerará as condições adequadas de oferta e terá como referência o Custo Aluno Qualidade (CAQ), pactuados em regime de colaboração na forma disposta em lei complementar, conforme o parágrafo único do art. 23 desta Constituição.

(*) § 7º acrescido pela EC nº 108, de 26.8.2020.

Art. 212. A União aplicará, anualmente, nunca menos de dezoito, e os Estados, o Distrito Federal e os Municípios, vinte e cinco por cento, no mínimo, da receita resultante de impostos, compreendida a proveniente de transferências, na manutenção e desenvolvimento do ensino.

(*) Vide § 2º deste artigo.
(*) Vide art. 60 do ADCT
(Disciplina a destinação dos recursos).
(*) V. Instrução Normativa nº 60, de 4.11.2009, do Tribunal de Contas da União.

§ 1º. A parcela da arrecadação de impostos transferida pela União aos Estados, ao Distrito Federal e aos Municípios, ou pelos Estados aos respectivos Municípios, não é considerada, para efeito do cálculo previsto neste artigo, receita do governo que a transferir.

§ 2º. Para efeito do cumprimento do disposto no caput deste artigo, serão considerados os sistemas de ensino federal, estadual e municipal e os recursos aplicados na forma do art. 213.

§ 3º. A distribuição dos recursos públicos assegurará prioridade ao atendimento das necessidades do ensino obrigatório, no que se refere a universalização, garantia de padrão de qualidade e equidade, nos termos do plano nacional de educação.

(*) § 3º com redação dada pela EC nº 59, de 11.11.2009.

§ 4º. Os programas suplementares de alimentação e assistência à saúde previstos no art. 208, VII, serão financiados com

ART. 212-A CONSTITUIÇÃO DA REPÚBLICA FEDERATIVA DO BRASIL

recursos provenientes de contribuições sociais e outros recursos orçamentários.

§ 5º. A educação básica pública terá como fonte adicional de financiamento a contribuição social do salário-educação, recolhida pelas empresas na forma da lei.

(*) § 5º alterado pela EC nº 14, de 12.9.1996, e com redação dada pela EC nº 53, de 19.12.2006.
(*) V. Decreto nº 6.003, de 28.12.2006, que regulamenta este parágrafo.

§ 6º. As cotas estaduais e municipais da arrecadação da contribuição social do salário-educação serão distribuídas proporcionalmente ao número de alunos matriculados na educação básica nas respectivas redes públicas de ensino.

(*) § 6º acrescido pela EC nº 53, de 19.12.2006.

§ 7º. É vedado o uso dos recursos referidos no caput e nos §§ 5º e 6º deste artigo para pagamento de aposentadorias e de pensões.

(*) § 7º acrescido pela EC nº 108, de 26.8.2020.

§ 8º. Na hipótese de extinção ou de substituição de impostos, serão redefinidos os percentuais referidos no caput deste artigo e no inciso II do caput do art. 212-A, de modo que resultem recursos vinculados à manutenção e ao desenvolvimento do ensino, bem como os recursos subvinculados aos fundos de que trata o art. 212-A desta Constituição, em aplicações equivalentes às anteriormente praticadas.

(*) § 8º acrescido pela EC nº 108, de 26.8.2020.

§ 9º. A lei disporá sobre normas de fiscalização, de avaliação e de controle das despesas com educação nas esferas estadual, distrital e municipal.

(*) § 9º acrescido pela EC nº 108, de 26.8.2020.

Art. 212-A. Os Estados, o Distrito Federal e os Municípios destinarão parte dos recursos a que se refere o caput do art. 212 desta Constituição à manutenção e ao desenvolvimento do ensino na educação básica e à remuneração condigna de seus profissionais, respeitadas as seguintes disposições:

(*) Art. 212-A, caput, acrescido pela EC nº 108, de 26.8.2020.

I – a distribuição dos recursos e de responsabilidades entre o Distrito Federal, os Estados e seus Municípios é assegurada mediante a instituição, no âmbito de cada Estado e do Distrito Federal, de um Fundo de Manutenção e Desenvolvimento da Educação Básica e de Valorização dos Profissionais da Educação (Fundeb), de natureza contábil;

(*) Inciso I acrescido pela EC nº 108, de 26.8.2020.

II – os fundos referidos no inciso I do caput deste artigo serão constituídos por 20% (vinte por cento):

(*) Inciso II, caput, acrescido pela EC nº 108, de 26.8.2020, e com redação dada pela EC nº 132, de 20.12.2023.

a) das parcelas dos Estados no imposto de que trata o art. 156-A;

(*) Alínea "a" acrescida pela EC nº 132, de 20.12.2023.

b) da parcela do Distrito Federal no imposto de que trata o art. 156-A, relativa ao exercício de sua competência estadual, nos termos do art. 156-A, § 2º; e

(*) Alínea "b" acrescida pela EC nº 132, de 20.12.2023.

c) dos recursos a que se referem os incisos I, II e III do caput do art. 155, o inciso II do caput do art. 157, os incisos II, III e IV do caput do art. 158 e as alíneas "a" e "b" do inciso I e o inciso II do caput do art. 159 desta Constituição;

(*) Alínea "c" acrescida pela EC nº 132, de 20.12.2023.

(*) A EC nº 132, de 20.12.2023, em seu art. 4º, altera esta alínea "c" para, a partir de 2033, nos termos de seu art. 23, II, vigorar com a seguinte redação: **Art. 212-A.** [...] II – [...] c) dos recursos a que se referem os incisos I e III do caput do art. 155, o inciso II do caput do art. 157, os incisos II, III e IV do caput do art. 158 e as alíneas "a" e "b" do inciso I e o inciso II do caput do art. 159 desta Constituição; [...].

III – os recursos referidos no inciso II do caput deste artigo serão distribuídos entre cada Estado e seus Municípios, proporcionalmente ao número de alunos das diversas etapas e modalidades da educação básica presencial matriculados nas respectivas redes, nos âmbitos de atuação prioritária, conforme estabelecido nos §§ 2º e 3º do art. 211

desta Constituição, observadas as ponderações referidas na alínea "a" do inciso X do *caput* e no § 2° deste artigo;

(*) *Inciso III acrescido pela EC n° 108, de 26.8.2020.*

IV – a União complementará os recursos dos fundos a que se refere o inciso II do *caput* deste artigo;

(*) *Inciso IV acrescido pela EC n° 108, de 26.8.2020.*

V – a complementação da União será equivalente a, no mínimo, 23% (vinte e três por cento) do total de recursos a que se refere o inciso II do *caput* deste artigo, distribuída da seguinte forma:

a) 10 (dez) pontos percentuais no âmbito de cada Estado e do Distrito Federal, sempre que o valor anual por aluno (VAAF), nos termos do inciso III do *caput* deste artigo, não alcançar o mínimo definido nacionalmente;

b) no mínimo, 10,5 (dez inteiros e cinco décimos) pontos percentuais em cada rede pública de ensino municipal, estadual ou distrital, sempre que o valor anual total por aluno (VAAT), referido no inciso VI do *caput* deste artigo, não alcançar o mínimo definido nacionalmente;

c) 2,5 (dois inteiros e cinco décimos) pontos percentuais nas redes públicas que, cumpridas condicionalidades de melhoria de gestão previstas em lei, alcançarem evolução de indicadores a serem definidos, de atendimento e melhoria da aprendizagem com redução das desigualdades, nos termos do sistema nacional de avaliação da educação básica;

(*) *Inciso V acrescido pela EC n° 108, de 26.8.2020.*

VI – o VAAT será calculado, na forma da lei de que trata o inciso X do *caput* deste artigo, com base nos recursos a que se refere o inciso II do *caput* deste artigo, acrescidos de outras receitas e de transferências vinculadas à educação, observado o disposto no § 1° e consideradas as matrículas nos termos do inciso III do *caput* deste artigo;

(*) *Inciso VI acrescido pela EC n° 108, de 26.8.2020.*

VII – os recursos de que tratam os incisos II e IV do *caput* deste artigo serão aplicados pelos Estados e pelos Municípios exclusivamente nos respectivos âmbitos de atuação prioritária, conforme estabelecido nos §§ 2° e 3° do art. 211 desta Constituição;

(*) *Inciso VII acrescido pela EC n° 108, de 26.8.2020.*

VIII – a vinculação de recursos à manutenção e ao desenvolvimento do ensino estabelecida no art. 212 desta Constituição suportará, no máximo, 30% (trinta por cento) da complementação da União, considerados para os fins deste inciso os valores previstos no inciso V do *caput* deste artigo;

(*) *Inciso VIII acrescido pela EC n° 108, de 26.8.2020.*

IX – o disposto no *caput* do art. 160 desta Constituição aplica-se aos recursos referidos nos incisos II e IV do *caput* deste artigo, e seu descumprimento pela autoridade competente importará em crime de responsabilidade;

(*) *Inciso IX acrescido pela EC n° 108, de 26.8.2020.*

X – a lei disporá, observadas as garantias estabelecidas nos incisos I, II, III e IV do *caput* e no § 1° do art. 208 e as metas pertinentes do plano nacional de educação, nos termos previstos no art. 214 desta Constituição, sobre:

a) a organização dos fundos referidos no inciso I do *caput* deste artigo e a distribuição proporcional de seus recursos, as diferenças e as ponderações quanto ao valor anual por aluno entre etapas, modalidades, duração da jornada e tipos de estabelecimento de ensino, observados as respectivas especificidades e os insumos necessários para a garantia de sua qualidade;

b) a forma de cálculo do VAAF decorrente do inciso III do *caput* deste artigo e do VAAT referido no inciso VI do *caput* deste artigo;

c) a forma de cálculo para distribuição prevista na alínea "c" do inciso V do *caput* deste artigo;

d) a transparência, o monitoramento, a fiscalização e o controle interno, externo e social dos fundos referidos no inciso I do *caput* deste artigo, assegurada a criação, a autonomia, a manutenção e a consolidação de conselhos de acompanhamento e controle social, admitida sua integração aos conselhos de educação;

e) o conteúdo e a periodicidade da avaliação, por parte do órgão responsável, dos efeitos redistributivos, da melhoria dos indicadores educacionais e da ampliação do atendimento;

(*) *Inciso X acrescido pela EC nº 108, de 26.8.2020.*

XI – proporção não inferior a 70% (setenta por cento) de cada fundo referido no inciso I do *caput* deste artigo, excluídos os recursos de que trata a alínea "c" do inciso V do *caput* deste artigo, será destinada ao pagamento dos profissionais da educação básica em efetivo exercício, observado, em relação aos recursos previstos na alínea "b" do inciso V do *caput* deste artigo, o percentual mínimo de 15% (quinze por cento) para despesas de capital;

(*) *Inciso XI acrescido pela EC nº 108, de 26.8.2020.*

XII – lei específica disporá sobre o piso salarial profissional nacional para os profissionais do magistério da educação básica pública;

(*) *Inciso XII acrescido pela EC nº 108, de 26.8.2020.*

XIII – a utilização dos recursos a que se refere o § 5º do art. 212 desta Constituição para a complementação da União ao Fundeb, referida no inciso V do *caput* deste artigo, é vedada.

(*) *Inciso XIII acrescido pela EC nº 108, de 26.8.2020.*

§ 1º. O cálculo do VAAT, referido no inciso VI do *caput* deste artigo, deverá considerar, além dos recursos previstos no inciso II do *caput* deste artigo, pelo menos, as seguintes disponibilidades:

I – receitas de Estados, do Distrito Federal e de Municípios vinculadas à manutenção e ao desenvolvimento do ensino não integrantes dos fundos referidos no inciso I do *caput* deste artigo;

II – cotas estaduais e municipais da arrecadação do salário-educação de que trata o § 6º do art. 212 desta Constituição;

III – complementação da União transferida a Estados, ao Distrito Federal e a Municípios nos termos da alínea "a" do inciso V do *caput* deste artigo.

(*) *§ 1º acrescido pela EC nº 108, de 26.8.2020.*

§ 2º. Além das ponderações previstas na alínea "a" do inciso X do *caput* deste artigo, a lei definirá outras relativas ao nível socioeconômico dos educandos e aos indicadores de disponibilidade de recursos vinculados à educação e de potencial de arrecadação tributária de cada ente federado, bem como seus prazos de implementação.

(*) *§ 2º acrescido pela EC nº 108, de 26.8.2020.*

§ 3º. Será destinada à educação infantil a proporção de 50% (cinquenta por cento) dos recursos globais a que se refere a alínea "b" do inciso V do *caput* deste artigo, nos termos da lei.

(*) *§ 3º acrescido pela EC nº 108, de 26.8.2020.*

Art. 213. Os recursos públicos serão destinados às escolas públicas, podendo ser dirigidos a escolas comunitárias, confessionais ou filantrópicas, definidas em lei, que:

(*) *Vide art. 61 do ADCT.*
(*) *V. Lei nº 14.334, de 10.5.2022 (Impenhorabilidade de bens de hospitais filantrópicos e Santas Casas de Misericórdia).*

I – comprovem finalidade não lucrativa e apliquem seus excedentes financeiros em educação;

II – assegurem a destinação de seu patrimônio a outra escola comunitária, filantrópica ou confessional, ou ao Poder Público, no caso de encerramento de suas atividades.

§ 1º. Os recursos de que trata este artigo poderão ser destinados a bolsas de estudo para o ensino fundamental e médio, na forma da lei, para os que demonstrarem insuficiência de recursos, quando houver falta de vagas e cursos regulares da rede pública na localidade da residência do educando, ficando o Poder Público obrigado a investir prioritariamente na expansão de sua rede na localidade.

§ 2º. As atividades de pesquisa, de extensão e de estímulo e fomento à inovação realizadas por universidades e/ou por instituições de educação profissional e tecno-

lógica poderão receber apoio financeiro do Poder Público.
(*) § 2º com redação dada pela EC nº 85, de 26.2.2015.

Art. 214. A lei estabelecerá o plano nacional de educação, de duração decenal, com o objetivo de articular o sistema nacional de educação em regime de colaboração e definir diretrizes, objetivos, metas e estratégias de implementação para assegurar a manutenção e desenvolvimento do ensino em seus diversos níveis, etapas e modalidades por meio de ações integradas dos poderes públicos das diferentes esferas federativas que conduzam a:
(*) Art. 214, caput, com redação dada pela EC nº 59, de 11.11.2009.

I – erradicação do analfabetismo;

II – universalização do atendimento escolar;

III – melhoria da qualidade do ensino;
(*) V. Lei nº 13.415, de 16.2.2017 (Reforma do ensino médio).

IV – formação para o trabalho;

V – promoção humanística, científica e tecnológica do País;

VI – estabelecimento de meta de aplicação de recursos públicos em educação como proporção do produto interno bruto.
(*) Inciso VI acrescido pela EC nº 59, de 11.11.2009.

Seção II
Da Cultura
(*) V. Lei nº 12.761, de 26.12.2012 (Vale cultura).

Art. 215. O Estado garantirá a todos o pleno exercício dos direitos culturais e acesso às fontes da cultura nacional, e apoiará e incentivará a valorização e a difusão das manifestações culturais.

§ 1º. O Estado protegerá as manifestações das culturas populares, indígenas e afro-brasileiras, e das de outros grupos participantes do processo civilizatório nacional.

§ 2º. A lei disporá sobre a fixação de datas comemorativas de alta significação para os diferentes segmentos étnicos nacionais.

§ 3º. A lei estabelecerá o Plano Nacional de Cultura, de duração plurianual, visando ao desenvolvimento cultural do País e à integração das ações do poder público que conduzem à:

I – defesa e valorização do patrimônio cultural brasileiro;

II – produção, promoção e difusão de bens culturais;

III – formação de pessoal qualificado para a gestão da cultura em suas múltiplas dimensões;

IV – democratização do acesso aos bens de cultura;

V – valorização da diversidade étnica e regional.
(*) § 3º acrescido pela EC nº 48, de 10.8.2005.

Art. 216. Constituem patrimônio cultural brasileiro os bens de natureza material e imaterial, tomados individualmente ou em conjunto, portadores de referência à identidade, à ação, à memória dos diferentes grupos formadores da sociedade brasileira, nos quais se incluem:

I – as formas de expressão;

II – os modos de criar, fazer e viver;

III – as criações científicas, artísticas e tecnológicas;

IV – as obras, objetos, documentos, edificações e demais espaços destinados às manifestações artístico-culturais;

V – os conjuntos urbanos e sítios de valor histórico, paisagístico, artístico, arqueológico, paleontológico, ecológico e científico.
(*) V. Lei nº 3.924, de 26.7.1961 (Monumentos arqueológicos e pré-históricos).

§ 1º. O Poder Público, com a colaboração da comunidade, promoverá e protegerá o patrimônio cultural brasileiro, por meio de inventários, registros, vigilância, tombamento e desapropriação, e de outras formas de acautelamento e preservação.

§ 2º. Cabem à administração pública, na forma da lei, a gestão da documentação governamental e as providências para franquear sua consulta a quantos dela necessitem.
(*) Vide art. 5º, XXXIII, da CF.
(*) V. Lei nº 12.527, de 18.11.2011, que regulamenta este parágrafo; e Decreto nº 7.724, de 16.5.2012, que regulamenta a Lei nº 12.527, de 18.11.2011.
(*) V. Decreto nº 7.845, de 14.11.2012.

ART. 216-A CONSTITUIÇÃO DA REPÚBLICA FEDERATIVA DO BRASIL

§ 3º. A lei estabelecerá incentivos para a produção e o conhecimento de bens e valores culturais.
(*) V. Lei nº 7.505, de 2.7.1986 (Lei Sarney).
(*) V. Lei nº 8.313, de 23.12.1991 (Lei Rouanet); e Decreto nº 5.761, de 27.4.2006, que regulamenta a Lei nº 8.313, de 23.12.1991.

§ 4º. Os danos e ameaças ao patrimônio cultural serão punidos, na forma da lei.

§ 5º. Ficam tombados todos os documentos e os sítios detentores de reminiscências históricas dos antigos quilombos.
(*) Vide art. 68 do ADCT.

§ 6º. É facultado aos Estados e ao Distrito Federal vincular a fundo estadual de fomento à cultura até cinco décimos por cento de sua receita tributária líquida, para o financiamento de programas e projetos culturais, vedada a aplicação desses recursos no pagamento de:
I – despesas com pessoal e encargos sociais;
II – serviço da dívida;
III – qualquer outra despesa corrente não vinculada diretamente aos investimentos ou ações apoiados.
(*) § 6º acrescido pela EC nº 42, de 19.12.2003.

Art. 216-A. O Sistema Nacional de Cultura, organizado em regime de colaboração, de forma descentralizada e participativa, institui um processo de gestão e promoção conjunta de políticas públicas de cultura, democráticas e permanentes, pactuadas entre os entes da Federação e a sociedade, tendo por objetivo promover o desenvolvimento humano, social e econômico com pleno exercício dos direitos culturais.

§ 1º. O Sistema Nacional de Cultura fundamenta-se na política nacional de cultura e nas suas diretrizes, estabelecidas no Plano Nacional de Cultura, e rege-se pelos seguintes princípios:
I – diversidade das expressões culturais;
II – universalização do acesso aos bens e serviços culturais;
III – fomento à produção, difusão e circulação de conhecimento e bens culturais;
IV – cooperação entre os entes federados, os agentes públicos e privados atuantes na área cultural;

V – integração e interação na execução das políticas, programas, projetos e ações desenvolvidas;
VI – complementaridade nos papéis dos agentes culturais;
VII – transversalidade das políticas culturais;
VIII – autonomia dos entes federados e das instituições da sociedade civil;
IX – transparência e compartilhamento das informações;
X – democratização dos processos decisórios com participação e controle social;
XI – descentralização articulada e pactuada da gestão, dos recursos e das ações;
XII – ampliação progressiva dos recursos contidos nos orçamentos públicos para a cultura.

§ 2º. Constitui a estrutura do Sistema Nacional de Cultura, nas respectivas esferas da Federação:
I – órgãos gestores da cultura;
II – conselhos de política cultural;
III – conferências de cultura;
IV – comissões intergestores;
V – planos de cultura;
VI – sistemas de financiamento à cultura;
VII – sistemas de informações e indicadores culturais;
VIII – programas de formação na área da cultura; e
IX – sistemas setoriais de cultura.

§ 3º. Lei federal disporá sobre a regulamentação do Sistema Nacional de Cultura, bem como de sua articulação com os demais sistemas nacionais ou políticas setoriais de governo.

§ 4º. Os Estados, o Distrito Federal e os Municípios organizarão seus respectivos sistemas de cultura em leis próprias.
(*) Art. 216-A acrescido pela EC nº 71, de 29.11.2012.

Seção III
Do Desporto

(*) V. Lei nº 9.615, de 24.3.1998 (Código Brasileiro de Justiça Desportiva).

Art. 217. É dever do Estado fomentar práticas desportivas formais e não formais, como direito de cada um, observados:

I – a autonomia das entidades desportivas dirigentes e associações, quanto à sua organização e funcionamento;

II – a destinação de recursos públicos para a promoção prioritária do desporto educacional e, em casos específicos, para a do desporto de alto rendimento;

III – o tratamento diferenciado para o desporto profissional e o não profissional;

IV – a proteção e o incentivo às manifestações desportivas de criação nacional.

§ 1º. O Poder Judiciário só admitirá ações relativas à disciplina e às competições desportivas após esgotarem-se as instâncias da Justiça Desportiva, regulada em lei.

§ 2º. A Justiça Desportiva terá o prazo máximo de sessenta dias, contados da instauração do processo, para proferir decisão final.

§ 3º. O Poder Público incentivará o lazer, como forma de promoção social.

Capítulo IV
DA CIÊNCIA, TECNOLOGIA E INOVAÇÃO

(*) Capítulo IV com denominação dada pela EC nº 85, de 26.2.2015.
(*) V. Lei Complementar nº 182, de 1.6.2021 (Marco legal das startups).
(*) V. Lei nº 9.257, de 9.1.1996 (Conselho Nacional de Ciência e Tecnologia).

Art. 218. O Estado promoverá e incentivará o desenvolvimento científico, a pesquisa, a capacitação científica e tecnológica e a inovação.

(*) Art. 218, caput, com redação dada pela EC nº 85, de 26.2.2015.

§ 1º. A pesquisa científica básica e tecnológica receberá tratamento prioritário do Estado, tendo em vista o bem público e o progresso da ciência, tecnologia e inovação.

(*) § 1º com redação dada pela EC nº 85, de 26.2.2015.

§ 2º. A pesquisa tecnológica voltar-se-á preponderantemente para a solução dos problemas brasileiros e para o desenvolvimento do sistema produtivo nacional e regional.

§ 3º. O Estado apoiará a formação de recursos humanos nas áreas de ciência, pesquisa, tecnologia e inovação, inclusive por meio do apoio às atividades de extensão tecnológica, e concederá aos que delas se ocupem meios e condições especiais de trabalho.

(*) § 3º com redação dada pela EC nº 85, de 26.2.2015.

§ 4º. A lei apoiará e estimulará as empresas que invistam em pesquisa, criação de tecnologia adequada ao País, formação e aperfeiçoamento de seus recursos humanos e que pratiquem sistemas de remuneração que assegurem ao empregado, desvinculada do salário, participação nos ganhos econômicos resultantes da produtividade de seu trabalho.

§ 5º. É facultado aos Estados e ao Distrito Federal vincular parcela de sua receita orçamentária a entidades públicas de fomento ao ensino e à pesquisa científica e tecnológica.

§ 6º. O Estado, na execução das atividades previstas no *caput*, estimulará a articulação entre entes, tanto públicos quanto privados, nas diversas esferas de governo.

(*) § 6º acrescido pela EC nº 85, de 26.2.2015.

§ 7º. O Estado promoverá e incentivará a atuação no exterior das instituições públicas de ciência, tecnologia e inovação, com vistas à execução das atividades previstas no *caput*.

(*) § 7º acrescido pela EC nº 85, de 26.2.2015.

Art. 219. O mercado interno integra o patrimônio nacional e será incentivado de modo a viabilizar o desenvolvimento cultural e socioeconômico, o bem-estar da população e a autonomia tecnológica do País, nos termos de lei federal.

Parágrafo único. O Estado estimulará a formação e o fortalecimento da inovação nas empresas, bem como nos demais entes, públicos ou privados, a constituição e a manutenção de parques e polos tecnológicos e de demais ambientes promotores da inovação, a atuação dos inventores independentes e a criação, absorção, difusão e transferência de tecnologia.

(*) Parágrafo único acrescido pela EC nº 85, de 26.2.2015.

Art. 219-A. A União, os Estados, o Distrito Federal e os Municípios poderão firmar instrumentos de cooperação com órgãos e entidades públicos e com entidades privadas, inclusive para o compartilhamento de recursos humanos especializados e capacidade instalada, para a execução de projetos de pesquisa, de desenvolvimento científico e tecnológico e de inovação, mediante contrapartida financeira ou não financeira assumida pelo ente beneficiário, na forma da lei.

(*) Art. 219-A acrescido pela EC nº 85, de 26.2.2015.

Art. 219-B. O Sistema Nacional de Ciência, Tecnologia e Inovação (SNCTI) será organizado em regime de colaboração entre entes, tanto públicos quanto privados, com vistas a promover o desenvolvimento científico e tecnológico e a inovação.

§ 1º. Lei federal disporá sobre as normas gerais do SNCTI.

§ 2º. Os Estados, o Distrito Federal e os Municípios legislarão concorrentemente sobre suas peculiaridades.

(*) Art. 219-B acrescido pela EC nº 85, de 26.2.2015.

Capítulo V
DA COMUNICAÇÃO SOCIAL

Art. 220. A manifestação do pensamento, a criação, a expressão e a informação, sob qualquer forma, processo ou veículo não sofrerão qualquer restrição, observado o disposto nesta Constituição.

(*) V. Lei nº 9.610, de 19.2.1998 (Direitos autorais).

§ 1º. Nenhuma lei conterá dispositivo que possa constituir embaraço à plena liberdade de informação jornalística em qualquer veículo de comunicação social, observado o disposto no art. 5º, IV, V, X, XIII e XIV.

§ 2º. É vedada toda e qualquer censura de natureza política, ideológica e artística.

§ 3º. Compete à lei federal:

I – regular as diversões e espetáculos públicos, cabendo ao Poder Público informar sobre a natureza deles, as faixas etárias a que não se recomendem, locais e horários em que sua apresentação se mostre inadequada;

II – estabelecer os meios legais que garantam à pessoa e à família a possibilidade de se defenderem de programas ou programações de rádio e televisão que contrariem o disposto no art. 221, bem como da propaganda de produtos, práticas e serviços que possam ser nocivos à saúde e ao meio ambiente.

§ 4º. A propaganda comercial de tabaco, bebidas alcoólicas, agrotóxicos, medicamentos e terapias estará sujeita a restrições legais, nos termos do inciso II do parágrafo anterior, e conterá, sempre que necessário, advertência sobre os malefícios decorrentes de seu uso.

(*) Vide art. 65 do ADCT.
(*) V. Lei nº 9.294, de 15.7.1996; e Decreto nº 2.018, de 1º.10.1996, que regulamenta a Lei nº 9.294, de 15.7.1996.

§ 5º. Os meios de comunicação social não podem, direta ou indiretamente, ser objeto de monopólio ou oligopólio.

§ 6º. A publicação de veículo impresso de comunicação independe de licença de autoridade.

Art. 221. A produção e a programação das emissoras de rádio e televisão atenderão aos seguintes princípios:

I – preferência a finalidades educativas, artísticas, culturais e informativas;

II – promoção da cultura nacional e regional e estímulo à produção independente que objetive sua divulgação;

III – regionalização da produção cultural, artística e jornalística, conforme percentuais estabelecidos em lei;

IV – respeito aos valores éticos e sociais da pessoa e da família.

Art. 222. A propriedade de empresa jornalística e de radiodifusão sonora e de sons e imagens é privativa de brasileiros natos ou naturalizados há mais de dez anos, ou de pessoas jurídicas constituídas sob as leis brasileiras e que tenham sede no País.

(*) Art. 222, caput, com redação dada pela EC nº 36, de 28.5.2002.

§ 1º. Em qualquer caso, pelo menos setenta por cento do capital total e do capital votante das empresas jornalísticas e de radiodifusão sonora e de sons e imagens deverá pertencer, direta ou indiretamente, a brasileiros natos ou naturalizados há mais de dez anos, que exercerão obrigatoriamente a gestão das atividades e estabelecerão o conteúdo da programação.

(*) § 1º com redação dada pela EC nº 36, de 28.5.2002.

§ 2º. A responsabilidade editorial e as atividades de seleção e direção da programação veiculada são privativas de brasileiros natos ou naturalizados há mais de dez anos, em qualquer meio de comunicação social.
(*) § 2º com redação dada pela EC nº 36, de 28.5.2002.

§ 3º. Os meios de comunicação social eletrônica, independentemente da tecnologia utilizada para a prestação do serviço, deverão observar os princípios enunciados no art. 221, na forma de lei específica, que também garantirá a prioridade de profissionais brasileiros na execução de produções nacionais.
(*) § 3º acrescido pela EC nº 36, de 28.5.2002.

§ 4º. Lei disciplinará a participação de capital estrangeiro nas empresas de que trata o § 1º.
(*) § 4º acrescido pela EC nº 36, de 28.5.2002.
(*) V. Lei nº 10.610, de 20.12.2002.

§ 5º. As alterações de controle societário das empresas de que trata o § 1º serão comunicadas ao Congresso Nacional.
(*) § 5º acrescido pela EC nº 36, de 28.5.2002.

Art. 223. Compete ao Poder Executivo outorgar e renovar concessão, permissão e autorização para o serviço de radiodifusão sonora e de sons e imagens, observado o princípio da complementariedade dos sistemas privado, público e estatal.

§ 1º. O Congresso Nacional apreciará o ato no prazo do art. 64, §§ 2º e 4º, a contar do recebimento da mensagem.

§ 2º. A não renovação da concessão ou permissão dependerá de aprovação de, no mínimo, dois quintos do Congresso Nacional, em votação nominal.

§ 3º. O ato de outorga ou renovação somente produzirá efeitos legais após deliberação do Congresso Nacional, na forma dos parágrafos anteriores.

§ 4º. O cancelamento da concessão ou permissão, antes de vencido o prazo, dependerá de decisão judicial.

§ 5º. O prazo da concessão ou permissão será de dez anos para as emissoras de rádio e de quinze anos para as de televisão.

Art. 224. Para os efeitos do disposto neste Capítulo, o Congresso Nacional instituirá, como órgão auxiliar, o Conselho de Comunicação Social, na forma da lei.
(*) V. Lei nº 8.389, de 30.12.1991
(Conselho de Comunicação Social).

Capítulo VI
DO MEIO AMBIENTE

(*) V. Lei nº 9.605, de 12.2.1998
(Sanções penais e administrativas derivadas de condutas e atividades lesivas ao meio ambiente).
(*) V. Lei nº 14.064, de 29.9.2020
(Aumenta as penas cominadas a crime de maus-tratos contra cão ou gato).

Art. 225. Todos têm direito ao meio ambiente ecologicamente equilibrado, bem de uso comum do povo e essencial à sadia qualidade de vida, impondo-se ao Poder Público e à coletividade o dever de defendê-lo e preservá-lo para as presentes e futuras gerações.

§ 1º. Para assegurar a efetividade desse direito, incumbe ao Poder Público:

I – preservar e restaurar os processos ecológicos essenciais e prover o manejo ecológico das espécies e ecossistemas;
(*) V. Lei nº 9.985, de 18.7.2000,
que regulamenta este inciso.

II – preservar a diversidade e a integridade do patrimônio genético do País e fiscalizar as entidades dedicadas à pesquisa e manipulação de material genético;
(*) V. Lei nº 9.985, de 18.7.2000,
que regulamenta este inciso.
(*) V. Lei nº 11.105, de 24.3.2005,
que regulamenta este inciso; e Decreto nº 5.591, de 22.11.2005, que regulamenta a Lei nº 11.105, de 24.3.2005.
(*) V. Lei nº 13.123, de 20.5.2015,
que regulamenta este inciso.

III – definir, em todas as unidades da Federação, espaços territoriais e seus componentes a serem especialmente protegidos, sendo a alteração e a supressão permitidas somente através de lei, vedada qualquer utilização que comprometa a integridade dos atributos que justifiquem sua proteção;
(*) V. Lei nº 9.985, de 18.7.2000,
que regulamenta este inciso.

IV – exigir, na forma da lei, para instalação de obra ou atividade potencialmente

ART. 225 CONSTITUIÇÃO DA REPÚBLICA FEDERATIVA DO BRASIL

causadora de significativa degradação do meio ambiente, estudo prévio de impacto ambiental, a que se dará publicidade;

V – controlar a produção, a comercialização e o emprego de técnicas, métodos e substâncias que comportem risco para a vida, a qualidade de vida e o meio ambiente;
(*) V. Lei nº 11.105, de 24.3.2005, que regulamenta este inciso.

VI – promover a educação ambiental em todos os níveis de ensino e a conscientização pública para a preservação do meio ambiente;
(*) V. Lei nº 9.795, de 27.4.1999 (Política Nacional de Educação Ambiental); e Decreto nº 4.281, de 25.6.2002, que regulamenta a Lei nº 9.795, de 27.4.1999.

VII – proteger a fauna e a flora, vedadas, na forma da lei, as práticas que coloquem em risco sua função ecológica, provoquem a extinção de espécies ou submetam os animais a crueldade.
(*) V. Lei nº 9.985, de 18.7.2000, que regulamenta este inciso.

VIII – manter regime fiscal favorecido para os biocombustíveis e para o hidrogênio de baixa emissão de carbono, na forma de lei complementar, a fim de assegurar-lhes tributação inferior à incidente sobre os combustíveis fósseis, capaz de garantir diferencial competitivo em relação a estes, especialmente em relação às contribuições de que tratam o art. 195, I, "b", IV e V, e o art. 239 e aos impostos a que se referem os arts. 155, II, e 156-A.
(*) Inciso VIII acrescido pela EC nº 123, de 14.7.2022, e com redação dada pela EC nº 132, de 20.12.2023.
(*) A EC nº 132, de 20.12.2023, em seu art. 3º, altera este inciso VIII para, a partir de 2027, nos termos de seu art. 23, I, vigorar com a seguinte redação: *Art. 225.* [...] § 1º.
[...] *VIII – manter regime fiscal favorecido para os biocombustíveis e para o hidrogênio de baixa emissão de carbono, na forma de lei complementar, a fim de assegurar-lhes tributação inferior à incidente sobre os combustíveis fósseis, capaz de garantir diferencial competitivo em relação a estes, especialmente em relação à contribuição de que trata o art. 195, V, e ao imposto a que se referem os arts. 155, II, e 156-A.* [...].
(*) A EC nº 132, de 20.12.2023, em seu art. 4º, altera este inciso VIII para, a partir de 2033,

nos termos de seu art. 23, II, vigorar com a seguinte redação: *Art. 225.* [...] § 1º. [...]
VIII – manter regime fiscal favorecido para os biocombustíveis e para o hidrogênio de baixa emissão de carbono, na forma de lei complementar, a fim de assegurar-lhes tributação inferior à incidente sobre os combustíveis fósseis, capaz de garantir diferencial competitivo em relação a estes, especialmente em relação à contribuição de que trata o art. 195, V, e ao imposto a que se refere o art. 156-A. [...].
(*) Vide art. 4º, § 4º, da EC nº 123, de 14.7.2022.

§ 2º. Aquele que explorar recursos minerais fica obrigado a recuperar o meio ambiente degradado, de acordo com solução técnica exigida pelo órgão público competente, na forma da lei.
(*) V. Decreto-Lei nº 227, de 28.2.1967 (Código de Mineração).
(*) V. Decreto nº 9.406, de 12.6.2018.

§ 3º. As condutas e atividades consideradas lesivas ao meio ambiente sujeitarão os infratores, pessoas físicas ou jurídicas, a sanções penais e administrativas, independentemente da obrigação de reparar os danos causados.

§ 4º. A Floresta Amazônica brasileira, a Mata Atlântica, a serra do Mar, o Pantanal Mato-Grossense e a Zona Costeira são patrimônio nacional, e sua utilização far-se-á, na forma da lei, dentro de condições que assegurem a preservação do meio ambiente, inclusive quanto ao uso dos recursos naturais.
(*) V. Lei nº 13.123, de 20.5.2015, que regulamenta este parágrafo.

§ 5º. São indisponíveis as terras devolutas ou arrecadadas pelos Estados, por ações discriminatórias, necessárias à proteção dos ecossistemas naturais.

§ 6º. As usinas que operem com reator nuclear deverão ter sua localização definida em lei federal, sem o que não poderão ser instaladas.
(*) V. Lei nº 12.731, de 21.11.2012 (SIPRON – Sistema de Proteção ao Programa Nuclear Brasileiro).
(*) V. Lei nº 14.514, de 29.12.2022 (Indústrias Nucleares do Brasil – INB).

§ 7º. Para fins do disposto na parte final do inciso VII do § 1º deste artigo, não se consideram cruéis as práticas desportivas que utilizem animais, desde que sejam manifestações culturais, conforme o § 1º do art. 215 desta Constituição Federal, registradas como bem de natureza imaterial integrante do patrimônio cultural brasileiro, devendo ser regulamentadas por lei específica que assegure o bem-estar dos animais envolvidos.

(*) § 7º acrescido pela EC nº 96, de 6.6.2017.

Capítulo VII
DA FAMÍLIA, DA CRIANÇA, DO ADOLESCENTE, DO JOVEM E DO IDOSO

(*) Capítulo VII com denomição dada pela EC nº 65, de 13.7.2010.
(*) V. Lei nº 8.069, de 13.7.1990 (Estatuto da Criança e do Adolescente).
(*) V. Lei nº 10.741, de 1º.10.2003 (Estatuto da Pessoa Idosa).
(*) V. Lei nº 11.804, de 5.11.2008 (Alimentos Gravídicos).
(*) V. Lei nº 12.318, de 26.8.2010 (Alienação parental).
(*) V. Lei nº 12.852, de 5.8.2013 (Estatuto da Juventude).
(*) V. Lei nº 14.344, de 24.5.2022 (Prevenção e enfrentamento da violência doméstica e familiar contra a criança e o adolescente).
(*) V. arts. 19 e 32.1 do Decreto nº 678, de 6.11.1992 (Pacto de São José da Costa Rica).

Art. 226. A família, base da sociedade, tem especial proteção do Estado.

(*) V. art. 17 do Decreto nº 678, de 6.11.1992 (Pacto de São José da Costa Rica).
(*) V. RE 883.168 no STF.

§ 1º. O casamento é civil e gratuita a celebração.

§ 2º. O casamento religioso tem efeito civil, nos termos da lei.

§ 3º. Para efeito da proteção do Estado, é reconhecida a união estável entre homem e mulher como entidade familiar, devendo a lei facilitar sua conversão em casamento.

(*) V. Lei nº 9.278, de 10.5.1996, que regulamenta este parágrafo.
(*) V. art. 1.723 e ss do Código Civil.
(*) V. Lei nº 8.971, de 29.12.1994.
(*) V. Resolução CNJ nº 175/2013.
(*) V. RE 883.168/SC.

§ 4º. Entende-se, também, como entidade familiar a comunidade formada por qualquer dos pais e seus descendentes.

§ 5º. Os direitos e deveres referentes à sociedade conjugal são exercidos igualmente pelo homem e pela mulher.

(*) Vide art. 5º, I, da CF.

§ 6º. O casamento civil pode ser dissolvido pelo divórcio.

(*) § 6º com redação dada pela EC nº 66, de 13.7.2010.

§ 7º. Fundado nos princípios da dignidade da pessoa humana e da paternidade responsável, o planejamento familiar é livre decisão do casal, competindo ao Estado propiciar recursos educacionais e científicos para o exercício desse direito, vedada qualquer forma coercitiva por parte de instituições oficiais ou privadas.

(*) Vide art. 1º, III, da CF.
(*) V. Lei nº 9.263, de 12.1.1996, que regulamenta este parágrafo.

§ 8º. O Estado assegurará a assistência à família na pessoa de cada um dos que a integram, criando mecanismos para coibir a violência no âmbito de suas relações.

(*) V. arts. 147-B; e 149-A, § 1º, II, do Código Penal.
(*) V. Lei nº 8.069, de 13.7.1990 (Estatuto da Criança e do Adolescente).
(*) V. Lei nº 10.741, de 1º.10.2003 (Estatuto da Pessoa Idosa).
(*) V. Lei nº 11.340, de 7.8.2006 (Lei Maria da Penha).
(*) V. Lei nº 12.852, de 5.8.2013 (Estatuto da Juventude).
(*) V. art. 25, § 9º, I, da Lei nº 14.133, de 1º.4.2021 (Lei de Licitações e Contratos Administrativos).
(*) V. Lei nº 14.232, de 28.10.2021 (Política Nacional de Dados e Informações relacionadas à Violência contra as Mulheres – PNAINFO).
(*) V. Lei nº 14.344, de 24.5.2022 (Prevenção e enfrentamento de violência doméstica contra a criança e o adolescente).
(*) V. Súmula 600 do STJ.

Art. 227. É dever da família, da sociedade e do Estado assegurar à criança, ao adolescente e ao jovem, com absoluta prioridade, o direito à vida, à saúde, à alimentação, à educação, ao lazer, à profissionalização, à cultura, à dignidade, ao respeito, à liberdade e à convivência familiar e comunitária, além de colocá-los a salvo de toda forma de negligência, discriminação, exploração, violência, crueldade e opressão.

(*) Art. 227, caput, com redação dada pela EC nº 65, de 13.7.2010.
(*) V. Lei nº 8.069, de 13.7.1990 (Estatuto da Criança e do Adolescente).
(*) V. Lei nº 14.344, de 24.5.2022 (Prevenção e enfrentamento de violência doméstica contra a criança e o adolescente).
(*) V. arts. 5.5 e 19 do Decreto nº 678, de 6.11.1992 (Pacto de São José da Costa Rica).

§ 1º. O Estado promoverá programas de assistência integral à saúde da criança, do adolescente e do jovem, admitida a participação de entidades não governamentais, mediante políticas específicas e obedecendo aos seguintes preceitos:

(*) § 1º, caput, com redação dada pela EC nº 65, de 13.7.2010.
(*) V. Lei nº 8.642, de 31.3.1993 (Programa Nacional de Atenção Integral à Criança e ao Adolescente – PRONAICA); e Decreto nº 1.056, de 11.2.1994, que regulamenta a Lei nº 8.642, de 31.3.1993.

I – aplicação de percentual dos recursos públicos destinados à saúde na assistência materno-infantil;

II – criação de programas de prevenção e atendimento especializado para as pessoas portadoras de deficiência física, sensorial ou mental, bem como de integração social do adolescente e do jovem portador de deficiência, mediante o treinamento para o trabalho e a convivência, e a facilitação do acesso aos bens e serviços coletivos, com a eliminação de obstáculos arquitetônicos e de todas as formas de discriminação.

(*) Inciso II com redação dada pela EC nº 65, de 13.7.2010.

§ 2º. A lei disporá sobre normas de construção dos logradouros e dos edifícios de uso público e de fabricação de veículos de transporte coletivo, a fim de garantir acesso adequado às pessoas portadoras de deficiência.

(*) Vide art. 244 da CF.

§ 3º. O direito a proteção especial abrangerá os seguintes aspectos:

I – idade mínima de quatorze anos para admissão ao trabalho, observado o disposto no art. 7º, XXXIII;

II – garantia de direitos previdenciários e trabalhistas;

III – garantia de acesso do trabalhador adolescente e jovem à escola;

(*) Inciso III com redação dada pela EC nº 65, de 13.7.2010.
(*) V. Lei nº 12.852, de 5.8.2013 (Estatuto da Juventude).

IV – garantia de pleno e formal conhecimento da atribuição de ato infracional, igualdade na relação processual e defesa técnica por profissional habilitado, segundo dispuser a legislação tutelar específica;

(*) V. art. 5.5 do Decreto nº 678, de 6.11.1992 (Pacto de São José da Costa Rica).

V – obediência aos princípios de brevidade, excepcionalidade e respeito à condição peculiar de pessoa em desenvolvimento, quando da aplicação de qualquer medida privativa da liberdade;

(*) V. Lei nº 12.318, de 26.8.2010 (Alienação parental).

VI – estímulo do Poder Público, através de assistência jurídica, incentivos fiscais e subsídios, nos termos da lei, ao acolhimento, sob a forma de guarda, de criança ou adolescente órfão ou abandonado;

(*) V. Lei nº 1.060, de 5.2.1950.
(*) V. Súmula 644 do STJ.

VII – programas de prevenção e atendimento especializado à criança, ao adolescente e ao jovem dependente de entorpecentes e drogas afins.

(*) Inciso VII com redação dada pela EC nº 65, de 13.7.2010.

§ 4º. A lei punirá severamente o abuso, a violência e a exploração sexual da criança e do adolescente.

(*) V. art. 149-A, § 1º, II, do Código Penal.

§ 5º. A adoção será assistida pelo Poder Público, na forma da lei, que estabelecerá casos e condições de sua efetivação por parte de estrangeiros.

(*) V. art. 39, § 1º, da Lei nº 8.069, de 13.7.1990 (Estatuto da Criança e do Adolescente).
(*) V. Lei nº 13.509, de 22.11.2017.

§ 6º. Os filhos, havidos ou não da relação do casamento, ou por adoção, terão os mesmos direitos e qualificações, proibidas quaisquer designações discriminatórias relativas à filiação.
(*) V. art. 19 da Lei nº 8.069, de 13.7.1990
(Estatuto da Criança e do Adolescente).
(*) V. Lei nº 13.509, de 22.11.2017.
(*) V. art. 17.5 do Decreto nº 678, de 6.11.1992
(Pacto de São José da Costa Rica).

§ 7º. No atendimento dos direitos da criança e do adolescente levar-se-á em consideração o disposto no art. 204.

§ 8º. A lei estabelecerá:
I – o estatuto da juventude, destinado a regular os direitos dos jovens;
(*) V. Lei nº 12.852, de 5.8.2013
(Estatuto da Juventude).

II – o plano nacional de juventude, de duração decenal, visando à articulação das várias esferas do poder público para a execução de políticas públicas.
(*) § 8º acrescido pela EC nº 65, de 13.7.2010.

Art. 228. São penalmente inimputáveis os menores de dezoito anos, sujeitos às normas da legislação especial.
(*) V. Lei nº 8.069, de 13.7.1990
(Estatuto da Criança e do Adolescente).

Art. 229. Os pais têm o dever de assistir, criar e educar os filhos menores, e os filhos maiores têm o dever de ajudar e amparar os pais na velhice, carência ou enfermidade.
(*) V. art. 1.694 e ss do Código Civil.
(*) V. Lei nº 5.478, de 25.7.1968
(Lei de Alimentos).
(*) V. Lei nº 11.804, de 5.11.2008
(Alimentos Gravídicos).

Art. 230. A família, a sociedade e o Estado têm o dever de amparar as pessoas idosas, assegurando sua participação na comunidade, defendendo sua dignidade e bem-estar e garantindo-lhes o direito à vida.

§ 1º. Os Programas de Amparo aos Idosos serão executados preferencialmente em seus lares.

§ 2º. Aos maiores de sessenta e cinco anos é garantida a gratuidade dos transportes coletivos urbanos.

Capítulo VIII
DOS ÍNDIOS
(*) V. Lei nº 6.001, de 19.12.1973
(Estatuto do Índio).

Art. 231. São reconhecidos aos índios sua organização social, costumes, línguas, crenças e tradições, e os direitos originários sobre as terras que tradicionalmente ocupam, competindo à União demarcá-las, proteger e fazer respeitar todos os seus bens.
(*) Vide art. 67 do ADCT.
(*) V. Lei nº 14.701, de 20.10.2023
(Reconhecimento, demarcação, uso e gestão de terras indígenas).

§ 1º. São terras tradicionalmente ocupadas pelos índios as por eles habitadas em caráter permanente, as utilizadas para suas atividades produtivas, as imprescindíveis à preservação dos recursos ambientais necessários a seu bem-estar e as necessárias a sua reprodução física e cultural, segundo seus usos, costumes e tradições.

§ 2º. As terras tradicionalmente ocupadas pelos índios destinam-se a sua posse permanente, cabendo-lhes o usufruto exclusivo das riquezas do solo, dos rios e dos lagos nelas existentes.

§ 3º. O aproveitamento dos recursos hídricos, incluídos os potenciais energéticos, a pesquisa e a lavra das riquezas minerais em terras indígenas só podem ser efetivados com autorização do Congresso Nacional, ouvidas as comunidades afetadas, ficando-lhes assegurada participação nos resultados da lavra, na forma da lei.

§ 4º. As terras de que trata este artigo são inalienáveis e indisponíveis, e os direitos sobre elas, imprescritíveis.

§ 5º. É vedada a remoção dos grupos indígenas de suas terras, salvo, ad referendum do Congresso Nacional, em caso de catástrofe ou epidemia que ponha em risco sua população, ou no interesse da soberania do País, após deliberação no Congresso Nacional, garantido, em qualquer hipótese, o retorno imediato logo que cesse o risco.

§ 6º. São nulos e extintos, não produzindo efeitos jurídicos, os atos que tenham por objeto a ocupação, o domínio e a posse das terras a que se refere este artigo, ou a exploração das riquezas naturais do solo, dos rios e dos lagos nelas existentes, ressalvado relevante interesse público da União, segundo o que dispuser lei complementar, não gerando a nulidade e a extinção direito à indenização ou a ações contra a União, salvo, na forma da lei, quanto às benfeitorias derivadas da ocupação de boa-fé.

§ 7º. Não se aplica às terras indígenas o disposto no art. 174, §§ 3º e 4º.

Art. 232. Os índios, suas comunidades e organizações são partes legítimas para ingressar em juízo em defesa de seus direitos e interesses, intervindo o Ministério Público em todos os atos do processo.

(*) V. art. 178, III, do Código de Processo Civil.

TÍTULO IX
DAS DISPOSIÇÕES CONSTITUCIONAIS GERAIS

Art. 233. (Revogado).
(*) Art. 233 revogado pela EC nº 28, de 25.5.2000.

Art. 234. É vedado à União, direta ou indiretamente, assumir, em decorrência da criação de Estado, encargos referentes a despesas com pessoal inativo e com encargos e amortizações da dívida interna ou externa da Administração Pública, inclusive da Indireta.

Art. 235. Nos dez primeiros anos da criação de Estado, serão observadas as seguintes normas básicas:

I – a Assembleia Legislativa será composta de dezessete Deputados se a população do Estado for inferior a seiscentos mil habitantes, e de vinte e quatro, se igual ou superior a esse número, até um milhão e quinhentos mil;

II – o Governo terá no máximo dez Secretarias;

III – o Tribunal de Contas terá três membros, nomeados, pelo Governador eleito, dentre brasileiros de comprovada idoneidade e notório saber;

IV – o Tribunal de Justiça terá sete Desembargadores;

V – os primeiros Desembargadores serão nomeados pelo Governador eleito, escolhidos da seguinte forma:

a) cinco dentre os magistrados com mais de trinta e cinco anos de idade, em exercício na área do novo Estado ou do Estado originário;

b) dois dentre promotores, nas mesmas condições, e advogados de comprovada idoneidade e saber jurídico, com dez anos, no mínimo, de exercício profissional, obedecido o procedimento fixado na Constituição;

VI – no caso de Estado proveniente de Território Federal, os cinco primeiros Desembargadores poderão ser escolhidos dentre juízes de direito de qualquer parte do País;

VII – em cada Comarca, o primeiro Juiz de Direito, o primeiro Promotor de Justiça e o primeiro Defensor Público serão nomeados pelo Governador eleito após concurso público de provas e títulos;

VIII – até a promulgação da Constituição Estadual, responderão pela Procuradoria-Geral, pela Advocacia-Geral e pela Defensoria-Geral do Estado advogados de notório saber, com trinta e cinco anos de idade, no mínimo, nomeados pelo Governador eleito e demissíveis *ad nutum*;

IX – se o novo Estado for resultado de transformação de Território Federal, a transferência de encargos financeiros da União para pagamento dos servidores optantes que pertenciam à Administração Federal ocorrerá da seguinte forma:

a) no sexto ano de instalação, o Estado assumirá vinte por cento dos encargos financeiros para fazer face ao pagamento dos servidores públicos, ficando ainda o restante sob a responsabilidade da União;

b) no sétimo ano, os encargos do Estado serão acrescidos de trinta por cento e, no oitavo, dos restantes cinquenta por cento;

CONSTITUIÇÃO DA REPÚBLICA FEDERATIVA DO BRASIL — ART. 239

X – as nomeações que se seguirem às primeiras, para os cargos mencionados neste artigo, serão disciplinadas na Constituição Estadual;

XI – as despesas orçamentárias com pessoal não poderão ultrapassar cinquenta por cento da receita do Estado.

Art. 236. Os serviços notariais e de registro são exercidos em caráter privado, por delegação do Poder Público.

(*) *V. Lei nº 8.935, de 18.11.1994 (Lei dos cartórios), que regulamenta este artigo.*
(*) *V. Lei nº 14.382, de 27.6.2022 (Sistema Eletrônico dos Serviços Públicos – SERP).*

§ 1º. Lei regulará as atividades, disciplinará a responsabilidade civil e criminal dos notários, dos oficiais de registro e de seus prepostos, definirá a fiscalização de seus atos pelo Poder Judiciário.

(*) *Vide art. 37, § 6º, da CF.*
(*) *V. art. 186 do Código Civil.*
(*) *V. art. 22 da Lei nº 8.935, de 18.11.1994.*

§ 2º. Lei federal estabelecerá normas gerais para fixação de emolumentos relativos aos atos praticados pelos serviços notariais e de registro.

(*) *V. Lei nº 10.169, de 29.12.2000, que regulamenta este parágrafo.*

§ 3º. O ingresso na atividade notarial e de registro depende de concurso público de provas e títulos, não se permitindo que qualquer serventia fique vaga, sem abertura de concurso de provimento ou de remoção, por mais de seis meses.

(*) *Vide art. 32 do ADCT.*

Art. 237. A fiscalização e o controle sobre o comércio exterior, essenciais à defesa dos interesses fazendários nacionais, serão exercidos pelo Ministério da Fazenda.

Art. 238. A lei ordenará a venda e revenda de combustíveis de petróleo, álcool carburante e outros combustíveis derivados de matérias-primas renováveis, respeitados os princípios desta Constituição.

Art. 239. A arrecadação decorrente das contribuições para o Programa de Integração Social, criado pela Lei Complementar nº 7, de 7 de setembro de 1970, e para o Programa de Formação do Patrimônio do Servidor Público, criado pela Lei Complementar nº 8, de 3 de dezembro de 1970, passa, a partir da promulgação desta Constituição, a financiar, nos termos que a lei dispuser, o programa do seguro-desemprego, outras ações da previdência social e o abono de que trata o § 3º deste artigo.

(*) *Art. 239, caput, com redação dada pela EC nº 103, de 12.11.2019.*
(*) *A EC nº 132, de 20.12.2023, em seu art. 3º, altera o caput deste art. 239 para, a partir de 2027, nos termos de seu art. 23, I, vigorar com a seguinte redação:* **Art. 239.** *A arrecadação correspondente a 18% (dezoito por cento) da contribuição prevista no art. 195, V, e a decorrente da contribuição para o Programa de Formação do Patrimônio do Servidor Público, criado pela Lei Complementar nº 8, de 3 de dezembro de 1970, financiarão, nos termos em que a lei dispuser, o programa do seguro-desemprego, outras ações da previdência social e o abono de que trata o § 3º deste artigo. [...].*

§ 1º. Dos recursos mencionados no *caput*, no mínimo 28% (vinte e oito por cento) serão destinados para o financiamento de programas de desenvolvimento econômico, por meio do Banco Nacional de Desenvolvimento Econômico e Social, com critérios de remuneração que preservem o seu valor.

(*) *§ 1º com redação dada pela EC nº 103, de 12.11.2019.*
(*) *Vide § 5º deste artigo.*

§ 2º. Os patrimônios acumulados do Programa de Integração Social e do Programa de Formação do Patrimônio do Servidor Público são preservados, mantendo-se os critérios de saque nas situações previstas nas leis específicas, com exceção da retirada por motivo de casamento, ficando vedada a distribuição da arrecadação de que trata o *caput* deste artigo, para depósito nas contas individuais dos participantes.

§ 3º. Aos empregados que percebam de empregadores que contribuem para o Programa de Integração Social ou para o Programa de Formação do Patrimônio do Servidor Público, até dois salários mínimos de remuneração mensal, é assegurado o pagamento de um salário mínimo anual, computado neste valor o rendimento das contas individuais, no caso daqueles que já participavam dos referidos programas, até a data da promulgação desta Constituição.

(*) *A EC nº 132, de 20.12.2023, em seu art. 3º, altera este § 3º para, a partir de 2027, nos*

ART. 240 — CONSTITUIÇÃO DA REPÚBLICA FEDERATIVA DO BRASIL

termos de seu art. 23, I, vigorar com a seguinte redação: *Art. 239. [...] § 3º. Aos empregados que percebam de empregadores que recolhem a contribuição prevista no art. 195, V, ou a contribuição para o Programa de Formação do Patrimônio do Servidor Público até 2 (dois) salários mínimos de remuneração mensal é assegurado o pagamento de 1 (um) salário mínimo anual, computado neste valor o rendimento das contas individuais, no caso daqueles que já participavam dos referidos programas, até a data de promulgação desta Constituição. [...].*

§ 4º. O financiamento do seguro-desemprego receberá uma contribuição adicional da empresa cujo índice de rotatividade da força de trabalho superar o índice médio da rotatividade do setor, na forma estabelecida por lei.

(*) *V. Lei nº 7.998, de 11.1.1990*
(Fundo de Amparo ao Trabalhador – FAT).

§ 5º. Os programas de desenvolvimento econômico financiados na forma do § 1º e seus resultados serão anualmente avaliados e divulgados em meio de comunicação social eletrônico e apresentados em reunião da comissão mista permanente de que trata o § 1º do art. 166.

(*) *§ 5º acrescido pela EC nº 103, de 12.11.2019.*

Art. 240. Ficam ressalvadas do disposto no art. 195, as atuais contribuições compulsórias dos empregadores sobre a folha de salários, destinadas às entidades privadas de serviço social e de formação profissional vinculadas ao sistema sindical.

Art. 241. A União, os Estados, o Distrito Federal e os Municípios disciplinarão por meio de lei os consórcios públicos e os convênios de cooperação entre os entes federados, autorizando a gestão associada de serviços públicos, bem como a transferência total ou parcial de encargos, serviços, pessoal e bens essenciais à continuidade dos serviços transferidos.

(*) *Art. 241 com redação dada pela EC nº 19, de 4.6.1998.*

Art. 242. O princípio do art. 206, IV, não se aplica às instituições educacionais oficiais criadas por lei estadual ou municipal e existentes na data da promulgação desta Constituição, que não sejam total ou preponderantemente mantidas com recursos públicos.

§ 1º. O ensino da História do Brasil levará em conta as contribuições das diferentes culturas e etnias para a formação do povo brasileiro.

§ 2º. O Colégio Pedro II, localizado na Cidade do Rio de Janeiro, será mantido na órbita federal.

Art. 243. As propriedades rurais e urbanas de qualquer região do País onde forem localizadas culturas ilegais de plantas psicotrópicas ou a exploração de trabalho escravo na forma da lei serão expropriadas e destinadas à reforma agrária e a programas de habitação popular, sem qualquer indenização ao proprietário e sem prejuízo de outras sanções previstas em lei, observado, no que couber, o disposto no art. 5º.

(*) *Art. 243, caput, com redação dada pela EC nº 81, de 5.6.2014.*
(*) *V. Lei nº 8.257, de 26.11.1991*
(Expropriação das glebas nas quais se localizam culturas ilegais de plantas psicotrópicas).

Parágrafo único. Todo e qualquer bem de valor econômico apreendido em decorrência do tráfico ilícito de entorpecentes e drogas afins e da exploração de trabalho escravo será confiscado e reverterá a fundo especial com destinação específica, na forma da lei.

(*) *Parágrafo único com redação dada pela EC nº 81, de 5.6.2014.*

Art. 244. A lei disporá sobre a adaptação dos logradouros, dos edifícios de uso público e dos veículos de transporte coletivo atualmente existentes a fim de garantir acesso adequado às pessoas portadoras de deficiência, conforme o disposto no art. 227, § 2º.

(*) *V. Lei nº 13.146, de 6.7.2015*
(Estatuto da Pessoa com Deficiência).

Art. 245. A lei disporá sobre as hipóteses e condições em que o Poder Público dará assistência aos herdeiros e dependentes carentes de pessoas vitimadas por crime doloso, sem prejuízo da responsabilidade civil do autor do ilícito.

Art. 246. É vedada a adoção de medida provisória na regulamentação de artigo da Constituição cuja redação tenha sido alterada por meio de emenda promulgada entre 1º de janeiro de 1995 até a promulgação desta emenda, inclusive.

(*) *Art. 246 acrescido pela EC nº 6, de 15.8.1995 (a EC nº 7, da mesma data, repete a inclusão), e com redação dada pela EC nº 32, de 11.9.2001.*

Art. 247. As leis previstas no inciso III do § 1º do art. 41 e no § 7º do art. 169 estabelecerão critérios e garantias especiais para a perda do cargo pelo servidor público estável que, em decorrência das atribuições de seu cargo efetivo, desenvolva atividades exclusivas de Estado.

Parágrafo único. Na hipótese de insuficiência de desempenho, a perda do cargo somente ocorrerá mediante processo administrativo em que lhe sejam assegurados o contraditório e a ampla defesa.

(*) *Art. 247 acrescido pela EC nº 19, de 4.6.1998.*
(*) *V. Lei nº 8.429, de 2.6.1992 (Improbidade Administrativa).*
(*) *V. Lei nº 9.784, de 29.1.1999 (Processo administrativo na Administração Pública Federal).*

Art. 248. Os benefícios pagos, a qualquer título, pelo órgão responsável pelo regime geral de previdência social, ainda que à conta do Tesouro Nacional, e os não sujeitos ao limite máximo de valor fixado para os benefícios concedidos por esse regime observarão os limites fixados no art. 37, XI.

(*) *Art. 248 acrescido pela EC nº 20, de 15.12.1998.*

Art. 249. Com o objetivo de assegurar recursos para o pagamento de proventos de aposentadoria e pensões concedidas aos respectivos servidores e seus dependentes, em adição aos recursos dos respectivos tesouros, a União, os Estados, o Distrito Federal e os Municípios poderão constituir fundos integrados pelos recursos provenientes de contribuições e por bens, direitos e ativos de qualquer natureza, mediante lei que disporá sobre a natureza e administração desses fundos.

(*) *Art. 249 acrescido pela EC nº 20, de 15.12.1998.*

Art. 250. Com o objetivo de assegurar recursos para o pagamento dos benefícios concedidos pelo regime geral de previdência social, em adição aos recursos de sua arrecadação, a União poderá constituir fundo integrado por bens, direitos e ativos de qualquer natureza, mediante lei que disporá sobre a natureza e administração desse fundo.

(*) *Art. 250 acrescido pela EC nº 20, de 15.12.1998.*

Brasília, 5 de outubro de 1988.

Ulisses Guimarães, Presidente – Mauro Benevides, 1º Vice-Presidente – Jorge Arbage, 2º Vice-Presidente – Marcelo Cordeiro, 1º Secretário – Mário Maia, 2º Secretário – Arnaldo Faria de Sá, 3º Secretário – Benedita da Silva, 1º Suplente de Secretário – Luiz Soyer, 2º Suplente de Secretário – Sotero Cunha, 3º Suplente de Secretário – Bernardo Cabral, Relator Geral – Adolfo Oliveira, Relator Adjunto – Antônio Carlos Konder Reis, Relator Adjunto – José Fogaça, Relator Adjunto – Abigail Feitosa – Acival Gomes – Adauto Pereira – Ademir Andrade – Adhemar de Barros Filho – Adroaldo Streck – Adylson Motta – Aécio de Borba – Aécio Neves – Affonso Camargo – Afif Domingos – Afonso Arinos – Afonso Sancho – Agassiz Almeida – Agripino de Oliveira Lima – Airton Cordeiro – Airton Sandoval – Alarico Abib – Albano Franco – Albérico Cordeiro – Albérico Filho – Alceni Guerra – Alcides Saldanha – Aldo Arantes – Alércio Dias – Alexandre Costa – Alexandre Puzyna – Alfredo Campos – Almir Gabriel – Aloísio Vasconcelos – Aloysio Chaves – Aloysio Teixeira – Aluízio Bezerra – Aluízio Campos – Álvaro Antônio – Álvaro Pacheco – Álvaro Valle – Alysson Paulinelli – Amaral Netto – Amaury Muller – Amilcar Moreira – Ângelo Magalhães – Anna Maria Rattes – Annibal Barcellos – Antero de Barros – Antônio Câmara – Antônio Carlos Franco – Antonio Carlos Mendes Thame – Antônio de Jesus – Antonio Ferreira – Antonio Gaspar – Antonio Mariz – Antonio Perosa – Antônio Salim Curiati – Antonio Ueno – Arnaldo Martins – Arnaldo Moraes – Arnaldo Prieto – Arnold Fioravante – Arolde de Oliveira – Artenir Werner – Artur da Távola – Asdrubal Bentes – Assis Canuto – Átila Lira – Augusto Carvalho – Áureo Mello – Basílio Villani – Benedicto Monteiro – Benito Gama – Beth Azize – Bezerra de Melo – Bocayuva Cunha – Bonifácio de Andrada – Bosco França – Brandão Monteiro – Caio Pompeu – Carlos Alberto – Carlos Alberto Caó – Carlos Benevides – Carlos Cardinal – Carlos Chiarelli – Carlos Cotta – Carlos De'Carli – Carlos Mosconi – Carlos Sant'Anna – Carlos Vinagre – Carlos Virgílio – Carrel Benevides – Cássio Cunha Lima – Célio de Castro – Celso Dourado – César Cals Neto – César Maia – Chagas Duarte – Chagas Neto – Chagas Rodrigues – Chico Humberto – Christóvam Chiaradia – Cid Carvalho – Cid Sabóia de Carvalho – Cláudio Ávila – Cleonâncio Fonseca – Costa Ferreira

CONSTITUIÇÃO DA REPÚBLICA FEDERATIVA DO BRASIL

– Cristina Tavares – Cunha Bueno – Dálton Canabrava – Darcy Deitos – Darcy Pozza – Daso Coimbra – Davi Alves Silva – Del Bosco Amaral – Delfim Netto – Délio Braz – Denisar Arneiro – Dionisio Dal Prá – Dionísio Hage – Dirce Tutu Quadros – Dirceu Carneiro – Divaldo Suruagy – Djenal Gonçalves – Domingos Juvenil – Domingos Leonelli – Doreto Campanari – Edésio Frias – Edison Lobão – Edivaldo Motta – Edme Tavares – Edmilson Valentim – Eduardo Bonfim – Eduardo Jorge – Eduardo Moreira – Egídio Ferreira Lima – Elias Murad – Eliel Rodrigues – Eliézer Moreira – Enoc Vieira – Eraldo Tinoco – Eraldo Trindade – Erico Pegoraro – Ervin Bonkoski – Etevaldo Nogueira – Euclides Scalco – Eunice Michiles – Evaldo Gonçalves – Expedido Machado – Ézio Ferreira – Fábio Feldmann – Fábio Raunheitti – Farabulini Júnior – Fausto Fernandes – Fausto Rocha – Felipe Mendes – Feres Nader – Fernando Bezerra Coelho – Fernando Cunha – Fernando Gasparian – Fernando Gomes – Fernando Henrique Cardoso – Fernando Lyra – Fernando Santana – Fernando Velasco – Firmo de Castro – Flábio Palmier da Veiga – Flávio Rocha – Florestan Fernandes – Floriceno Paixão – França Teixeira – Francisco Amaral – Francisco Benjamim – Francisco Carneiro – Francisco Coelho – Francisco Diógenes – Francisco Dornelles – Francisco Kuster – Francisco Pinto – Francisco Rollemberg – Francisco Rossi – Francisco Sales – Furtado Leite – Gabriel Guerreiro – Gandi Jamil – Gastone Righi – Genebaldo Correia – Genésio Bernardino – Geovani Borges – Geraldo Alckmin Filho – Geraldo Bulhões – Geraldo Campos – Geraldo Fleming – Geraldo Melo – Gerson Camata – Gerson Marcondes – Gerson Peres – Gidel Dantas – Gil César – Gilson Machado – Gonzaga Patriota – Guilherme Palmeira – Gumercindo Milhomem – Gustavo de Faria – Harlan Gadelha – Haroldo Lima – Haroldo Sabóia – Hélio Costa – Hélio Duque – Hélio Manhães – Hélio Rosas – Henrique Córdova – Henrique Eduardo Alves – Heráclito Fortes – Hermes Zaneti – Hilário Braun – Homero Santos – Humberto Lucena – Humberto Souto – Iberê Ferreira – Ibsen Pinheiro – Inocêncio Oliveira – Irajá Rodrigues – Iram Saraiva – Irapuan Costa Júnior – Irma Passoni – Ismael Wanderley – Israel Pinheiro – Itamar Franco – Ivo Gersósimo – Ivo Lech – Ivo Mainardi – Ivo Vanderlinde – Jacy Scanagatta – Jairo Azi – Jairo Carneiro – Jalles Fontoura – Jamil Haddad – Jarbas Passarinho – Jayme Paliarin – Jayme Santana – Jesualdo Cavalcanti – Jesus Tajra – Joaci Góes – João Agripino – João Alves – João Calmon – João Carlos Bacelar – João Castelo – João Cunha – João da Mata – João de Deus Antunes – João Herrmann Neto – João Lobo – João Machado Rollemberg – João Menezes – João Natal – João Paulo – João Rezek – Joaquim Bevilácqua – Joaquim Francisco Joaquim Hayckel – Joaquim Sucena – Jofran Frejat – Jonas Pinheiro – Jonival Lucas – Jorge Bornhausen – Jorge Hage – Jorge Leite – Jorge Uequed – Jorge Vianna – José Agripino – José Camargo – José Carlos Coutinho – José Carlos Grecco – José Carlos Martinez – José Carlos Sabóia – José Carlos Vasconcelos – José Costa – José da Conceição – José Dutra – José Egreja – José Elias – José Fernandes – José Freire – José Genoíno – osé Geraldo – José Guedes – José Ignácio Ferreira – José Jorge – José Lins – José Lourenço – José Luiz de Sá – José Luiz Maia – José Maranhão – José Maria Eymael – José Maurício – José Melo – José Mendonça Bezerra – José Moura – José Paulo Bisol – José Queiroz – José Richa – José Santana de Vasconcellos – José Serra – José Tavares – José Teixeira – José Thomaz Nonô – José Tinoco – José Ulisses de Oliveira – José Viana – José Yunes – Jovanni Masini – Juarez Antunes – Júlio Campos – Júlio Costamilan – Jutahy Júnior – Jutahy Magalhães – Koyu Iha – Lael Varella – Lavoisier Maia – Leite Chaves – Lélio Souza – Leopoldo Peres – Leur Lomanto – Levy Dias – Lézio Sathler – Lídice da Mata – Louremberg Nunes Rocha – Lourival Baptista – Lúcia Braga – Lúcia Vânia – Lúcio Alcântara – Luís Eduardo – Luís Roberto Ponte – Luiz Alberto Rodrigues – Luiz Freire – Luiz Gushiken – Luiz Henrique – Luiz Inácio Lula da Silva – Luiz Leal – Luiz Marques – Luiz Salomão – Luiz Viana – Luiz Viana Neto – Lysâneas Maciel – Maguito Vilela – Maluly Neto – Manoel Castro – Manoel Moreira – Manoel Ribeiro – Mansueto de Lavor – Manuel Viana – Márcia Kubitschek – Márcio Braga – Márcio Lacerda – Marco Maciel – Marcondes Gadelha – Marcos Lima – Marcos Queiroz – Maria de Lourdes Abadia – Maria Lúcia – Mário Assad – Mário Covas – Mário de Oliveira – Mário Lima – Marluce Pinto – Matheus Iensen – Mattos Leão – Maurício Campos – Maurício Corrêa – Maurício Fruet – Maurício Nasser – Maurício Pádua, Maurílio Ferreira Lima – Mauro Borges – Mauro Campos – Mauro Miranda – Mauro Sampaio – Max Rosenmann – Meira Filho – Melo Freire – Mello Reis – Mendes Botelho – Mendes Canale – Mendes Ribeiro – Messias Góis – Messias Soares – Michel Temer – Milton Barbosa – Milton Lima – Milton Reis – Miraldo Gomes – Miro Teixeira – Moema São Thiago – Moysés Pimentel – Mozarildo Cavalcanti – Mussa Demes – Myriam Portella – Nabor Júnior – Naphtali Alves de Souza – Narciso Mendes – Nelson Aguiar – Nelson Carneiro – Nelson Jobim – Nelson Sabrá – Nelson Seixas – Nelson Wedekin – Nelton Friedrich – Nestor Duarte – Ney Maranhão – Nilso Sguarezi – Nilson Gibson – Nion Albernaz – Noel de Carvalho – Nyder Barbosa – Octávio Elísio – Odacir Soares – Olavo Pires – Olívio Dutra – Onofre Corrêa – Orlando Bezerra – Orlando Pacheco – Oscar Corrêa – Osmar Leitão – Osmir Lima – Osmundo Rebouças – Osvaldo Bender – Osvaldo Coelho – Osvaldo Macedo – Osvaldo Sobrinho – Oswaldo Almeida – Oswaldo Trevisan – Ottomar Pinto – Paes de Andrade – Paes Landim – Paulo Delgado – Paulo Macarini – Paulo Marques – Paulo Mincarone – Paulo Paim – Paulo Pimentel – Paulo Ramos – Paulo Roberto – Paulo Roberto Cunha – Paulo Silva – Paulo Zarzur – Pedro Canedo – Pedro Ceolin – Percival Muniz – Pimenta da Veiga – Plínio Arruda Sampaio – Plínio Martins – Pompeu de Sousa – Rachid Saldanha Derzi – Raimundo Bezerra – Raimundo Lira – Raimundo Rezende – Raquel Cândido – Raquel Capiberibe – Raul Belém – Raul Ferraz -Renan Calheiros – Renato Bernardi – Renato Johnsson – Renato Viana – Ricardo Fiuza – Ricardo Izar – Rita Camata – Rita Furtado – Roberto Augusto – Roberto Balestra – Roberto Brant

– Roberto Campos – Roberto D'Avila – Roberto Freire – Roberto Jefferson – Roberto Rollemberg – Roberto Torres – Roberto Vital – Robson Marinho – Rodrigues Palma – Ronaldo Aragão – Ronaldo Carvalho – Ronaldo Cezar Coelho – Ronan Tito – Ronaro Corrêa – Rosa Prata – Rose de Freitas – Rospide Netto – Rubem Branquinho – Rubem Medina – Ruben Figueiró – Ruberval Pilotto – Ruy Bacelar – Ruy Nedel – Sadie Hauache – Salatiel Carvalho – Samir Achôa – Sandra Cavalcanti – Santinho Furtado – Sarney Filho – Saulo Queiroz – Sérgio Brito – Sérgio Spada – Sérgio Werneck – Severo Gomes – Sigmaringa Seixas – Sílvio Abreu – Simão Sessim – Siqueira Campos – Sólon Borges dos Reis – Stélio Dias – Tadeu França – Telmo Kirst – Teotonio Vilela Filho – Theodoro Mendes – Tito Costa – Ubiratan Aguiar – Ubiratan Spinelli – Uldurico Pinto – Valmir Campelo – Valter Pereira – Vasco Alves – Vicente Bogo – Victor Faccioni – Victor Fontana – Victor Trovão – Vieira da Silva – Vilson Souza – Vingt Rosado – Vinicius Cansanção – Virgildásio de Senna – Virgílio Galassi – Virgílio Guimarães – Vitor Buaiz – Vivaldo Barbosa – Vladimir Palmeira – Wagner Lago – Waldeck Ornélas – Waldyr Pugliesi – Walmor de Luca – Wilma Maia – Wilson Campos – Wilson Martins – Ziza Valadares.

Participantes: *Álvaro Dias – Antônio Britto – Bete Mendes – Borges da Silveira – Cardoso Alves – Edivaldo Holanda – Expedito Júnior – Fadah Gattass – Francisco Dias – Geovah Amarante – Hélio Gueiros – Horácio Ferraz – Hugo Napoleão – Iturival Nascimento – Ivan Bonato – Jorge Medauar – José Mendonça de Morais – Leopoldo Bessone – Marcelo Miranda – Mauro Fecury – Neuto de Conto – Nivaldo Machado – Oswaldo Lima Filho – Paulo Almada – Prisco Viana – Ralph Biasi – Rosário Congro Neto – Sérgio Naya – Tidei de Lima.* **In Memoriam:** *Alair Ferreira – Antônio Farias – Fábio Lucena – Norbert Schwantes – Virgílio Távora.*

ATO DAS DISPOSIÇÕES CONSTITUCIONAIS TRANSITÓRIAS

Atualizado até a Emenda Constitucional nº 132, de 20.12.2023.

Art. 1º. O Presidente da República, o Presidente do Supremo Tribunal Federal e os membros do Congresso Nacional prestarão o compromisso de manter, defender e cumprir a Constituição, no ato e na data de sua promulgação.

Art. 2º. No dia 7 de setembro de 1993 o eleitorado definirá, através de plebiscito, a forma (república ou monarquia constitucional) e o sistema de governo (parlamentarismo ou presidencialismo) que devem vigorar no País.♦
♦ *A EC nº 2, de 25.8.1992, determinou que o plebiscito se realizaria no dia 21 de abril de 1993, e a forma e o sistema de governo ali definidos teriam vigência a partir de 1º de janeiro de 1995.*

§ 1º. Será assegurada gratuidade na livre divulgação dessas formas e sistemas, através dos meios de comunicação de massa cessionários de serviço público.

§ 2º. O Tribunal Superior Eleitoral, promulgada a Constituição, expedirá as normas regulamentadoras deste artigo.

Art. 3º. A revisão constitucional será realizada após cinco anos, contados da promulgação da Constituição, pelo voto da maioria absoluta dos membros do Congresso Nacional, em sessão unicameral.

Art. 4º. O mandato do atual Presidente da República terminará em 15 de março de 1990.

§ 1º. A primeira eleição para Presidente da República após a promulgação da Constituição será realizada no dia 15 de novembro de 1989, não se lhe aplicando o disposto no art. 16 da Constituição.

§ 2º. É assegurada a irredutibilidade da atual representação dos Estados e do Distrito Federal, na Câmara dos Deputados.

§ 3º. Os mandatos dos Governadores e dos Vice-Governadores eleitos em 15 de novembro de 1986 terminarão em 15 de março de 1991.

§ 4º. Os mandatos dos atuais Prefeitos, Vice-Prefeitos e Vereadores terminarão no dia 1º de janeiro de 1989, com a posse dos eleitos.

Art. 5º. Não se aplicam às eleições previstas para 15 de novembro de 1988 o disposto no art. 16 e as regras do art. 77 da Constituição.

§ 1º. Para as eleições de 15 de novembro de 1988, será exigido domicílio eleitoral na circunscrição pelo menos durante os quatro meses anteriores ao pleito, podendo os candidatos que preencham este requisito, atendidas as demais exigências da lei, ter seu registro efetivado pela Justiça Eleitoral após a promulgação da Constituição.

§ 2º. Na ausência de norma legal específica, caberá ao Tribunal Superior Eleitoral editar as normas necessárias à realização das eleições de 1988, respeitada a legislação vigente.

§ 3º. Os atuais parlamentares federais e estaduais eleitos Vice-Prefeitos, se convocados a exercer a função de Prefeito, não perderão o mandato parlamentar.

§ 4º. O número de vereadores por Município será fixado, para a representação a ser eleita em 1988, pelo respectivo Tribunal Regional Eleitoral, respeitados os limites estipulados no art. 29, IV, da Constituição.

§ 5º. Para as eleições de 15 de novembro de 1988, ressalvados os que já exercem mandato eletivo, são inelegíveis para qualquer cargo, no território de jurisdição do titular, o cônjuge e os parentes por consanguinidade ou afinidade, até o segundo grau, ou por adoção, do Presidente da República, do Governador de Estado, do Governador do Distrito Federal e do Prefeito que tenham exercido mais da metade do mandato.

Art. 6º. Nos seis meses posteriores à promulgação da Constituição, parlamentares federais, reunidos em número não inferior a trinta, poderão requerer ao Tribunal Superior Eleitoral o registro de novo partido político, juntando ao requerimento o manifesto, o estatuto e o programa devidamente assinados pelos requerentes.

§ 1º. O registro provisório, que será concedido de plano pelo Tribunal Superior Eleitoral, nos termos deste artigo, defere ao novo partido todos os direitos, deveres e prerrogativas dos atuais, entre eles o de participar, sob legenda própria, das eleições que vierem a ser realizadas nos doze meses seguintes à sua formação.

§ 2º. O novo partido perderá automaticamente seu registro provisório se, no prazo de vinte e quatro meses, contados de sua formação, não obtiver registro definitivo no Tribunal Superior Eleitoral, na forma que a lei dispuser.

Art. 7º. O Brasil propugnará pela formação de um tribunal internacional dos direitos humanos.

(*) *V. Decreto nº 678, de 6.11.1992*
(Pacto de São José da Costa Rica).

Art. 8º. É concedida anistia aos que, no período de 18 de setembro de 1946 até a data da promulgação da Constituição, foram atingidos, em decorrência de motivação exclusivamente política, por atos de exceção, institucionais ou complementares, aos que foram abrangidos pelo Decreto Legislativo nº 18, de 15 de dezembro de 1961, e aos atingidos pelo Decreto-Lei nº 864, de 12 de setembro de 1969, asseguradas as promoções, na inatividade, ao cargo, emprego, posto ou graduação a que teriam direito se estivessem em serviço ativo, obedecidos os prazos de permanência em atividade previstos nas leis e regulamentos vigentes, respeitadas as características e peculiaridades das carreiras dos servidores públicos civis e militares e observados os respectivos regimes jurídicos.

(*) *V. Lei nº 10.559, de 13.11.2002, que regulamenta este artigo; e Decreto nº 4.987, de 25.11.2003, que regulamenta o parágrafo único do art. 9º da Lei nº 10.559, de 13.11.2002.*
(*) *V. Lei nº 13.954, de 16.12.2019.*
(*) *V. Súmula 647 do STJ.*

§ 1º. O disposto neste artigo somente gerará efeitos financeiros a partir da promulgação da Constituição, vedada a remuneração de qualquer espécie em caráter retroativo.

§ 2º. Ficam assegurados os benefícios estabelecidos neste artigo aos trabalhadores do setor privado, dirigentes e representantes sindicais que, por motivos exclusivamente políticos, tenham sido punidos, demitidos ou compelidos ao afastamento das atividades remuneradas que exerciam, bem como aos que foram impedidos de exercer atividades profissionais em virtude de pressões ostensivas ou expedientes oficiais sigilosos.

§ 3º. Aos cidadãos que foram impedidos de exercer, na vida civil, atividade profissional específica, em decorrência das Portarias Reservadas do Ministério da Aeronáutica nº S-50-GM5, de 19 de junho de 1964, e nº S-285-GM5 será concedida reparação de natureza econômica, na forma que dispuser lei de iniciativa do Congresso Nacional e a entrar em vigor no prazo de doze meses a contar da promulgação da Constituição.

§ 4º. Aos que, por força de atos institucionais, tenham exercido gratuitamente mandato eletivo de vereador, serão computados, para efeito de aposentadoria no serviço público e previdência social, os respectivos períodos.

§ 5º. A anistia concedida nos termos deste artigo aplica-se aos servidores públicos civis e aos empregados em todos os níveis de governo ou em suas fundações, empresas públicas ou empresas mistas sob controle estatal, exceto nos Ministérios Militares, que tenham sido punidos ou demitidos por atividades profissionais interrompidas em virtude de decisão de seus trabalhadores,

ATO DAS DISPOSIÇÕES CONSTITUCIONAIS TRANSITÓRIAS — ART. 12

bem como em decorrência do Decreto-Lei nº 1.632, de 4 de agosto de 1978, ou por motivos exclusivamente políticos, assegurada a readmissão dos que foram atingidos a partir de 1979, observado o disposto no § 1º.

Art. 9º. Os que, por motivos exclusivamente políticos, foram cassados ou tiveram seus direitos políticos suspensos no período de 15 de julho a 31 de dezembro de 1969, por ato do então Presidente da República, poderão requerer ao Supremo Tribunal Federal o reconhecimento dos direitos e vantagens interrompidos pelos atos punitivos, desde que comprovem terem sido estes eivados de vício grave.

Parágrafo único. O Supremo Tribunal Federal proferirá a decisão no prazo de cento e vinte dias, a contar do pedido do interessado.

Art. 10. Até que seja promulgada a lei complementar a que se refere o art. 7º, I, da Constituição:

I – fica limitada a proteção nele referida ao aumento, para quatro vezes, da porcentagem prevista no art. 6º, *caput* e § 1º, da Lei nº 5.107, de 13 de setembro de 1966*;

♦ *A Lei nº 5.107, de 13.9.1966, foi revogada pela Lei nº 7.839, de 12.10.1989, que foi posteriormente revogada pela Lei nº 8.036, de 11.5.1990.*

II – fica vedada a dispensa arbitrária ou sem justa causa:

a) do empregado eleito para cargo de direção de comissões internas de prevenção de acidentes, desde o registro de sua candidatura até um ano após o final de seu mandato;

b) da empregada gestante, desde a confirmação da gravidez até cinco meses após o parto.

(*) *V. Lei Complementar nº 146, de 25.6.2014, que, em caso de morte da trabalhadora gestante, estende a estabilidade provisória prevista nesta alínea a quem detiver a guarda de seu filho.*

§ 1º. Até que a lei venha a disciplinar o disposto no art. 7º, XIX, da Constituição, o prazo da licença-paternidade a que se refere o inciso é de cinco dias.

§ 2º. Até ulterior disposição legal, a cobrança das contribuições para o custeio das atividades dos sindicatos rurais será feita juntamente com a do imposto territorial rural, pelo mesmo órgão arrecadador.

(*) *Nos termos da Lei nº 8.847, de 28.1.1994, a competência de administração da Contribuição Sindical Rural pela Secretaria da Receita Federal cessou em dezembro de 1996. Por força da Súmula 396 do STJ, a Confederação Nacional da Agricultura passou a ter legitimidade ativa para a cobrança de tal contribuição.*

§ 3º. Na primeira comprovação do cumprimento das obrigações trabalhistas pelo empregador rural, na forma do art. 233*, após a promulgação da Constituição, será certificada perante a Justiça do Trabalho a regularidade do contrato e das atualizações das obrigações trabalhistas de todo o período.

♦ *O art. 233 da CF foi revogado pela EC nº 28, de 25.5.2000.*

Art. 11. Cada Assembleia Legislativa, com poderes constituintes, elaborará a Constituição do Estado, no prazo de um ano, contado da promulgação da Constituição Federal, obedecidos os princípios desta.

Parágrafo único. Promulgada a Constituição do Estado, caberá à Câmara Municipal, no prazo de seis meses, votar a Lei Orgânica respectiva, em dois turnos de discussão e votação, respeitado o disposto na Constituição Federal e na Constituição Estadual.

Art. 12. Será criada, dentro de noventa dias da promulgação da Constituição, Comissão de Estudos Territoriais, com dez membros indicados pelo Congresso Nacional e cinco pelo Poder Executivo, com a finalidade de apresentar estudos sobre o território nacional e anteprojetos relativos a novas unidades territoriais, notadamente na Amazônia Legal e em áreas pendentes de solução.

§ 1º. No prazo de um ano, a Comissão submeterá ao Congresso Nacional os resultados de seus estudos para, nos termos da Constituição, serem apreciados nos doze meses subsequentes, extinguindo-se logo após.

§ 2º. Os Estados e os Municípios deverão, no prazo de três anos, a contar da promulgação da Constituição, promover, mediante acordo ou arbitramento, a demarcação de suas linhas divisórias atualmente litigiosas, podendo para isso fazer alterações e compensações de área que atendam aos acidentes naturais, critérios históricos, conveniências administrativas e comodidade das populações limítrofes.

§ 3º. Havendo solicitação dos Estados e Municípios interessados, a União poderá encarregar-se dos trabalhos demarcatórios.

§ 4º. Se, decorrido o prazo de três anos, a contar da promulgação da Constituição, os trabalhos demarcatórios não tiverem sido concluídos, caberá à União determinar os limites das áreas litigiosas.

§ 5º. Ficam reconhecidos e homologados os atuais limites do Estado do Acre com os Estados do Amazonas e de Rondônia, conforme levantamentos cartográficos e geodésicos realizados pela Comissão Tripartite integrada por representantes dos Estados e dos serviços técnico-especializados do Instituto Brasileiro de Geografia e Estatística.

Art. 13. É criado o Estado do Tocantins, pelo desmembramento da área descrita neste artigo, dando-se sua instalação no quadragésimo sexto dia após a eleição prevista no § 3º, mas não antes de 1º de janeiro de 1989.

§ 1º. O Estado do Tocantins integra a Região Norte, e limita-se com o Estado de Goiás pelas divisas norte dos Municípios de São Miguel do Araguaia, Porangatu, Formoso, Minaçu, Cavalcante, Monte Alegre de Goiás e Campos Belos, conservando a leste, norte e oeste as divisas atuais de Goiás com os Estados da Bahia, Piauí, Maranhão, Pará e Mato Grosso.

§ 2º. O Poder Executivo designará uma das cidades do Estado para sua Capital provisória até a aprovação da sede definitiva do Governo pela Assembleia Constituinte.

§ 3º. O Governador, o Vice-Governador, os Senadores, os Deputados Federais e os Deputados Estaduais serão eleitos, em um único turno, até setenta e cinco dias após a promulgação da Constituição, mas não antes de 15 de novembro de 1988, a critério do Tribunal Superior Eleitoral, obedecidas, entre outras, as seguintes normas:

I – o prazo de filiação partidária dos candidatos será encerrado setenta e cinco dias antes da data das eleições;

II – as datas das convenções regionais partidárias destinadas a deliberar sobre coligações e escolha de candidatos, e apresentação de requerimento de registro dos candidatos escolhidos e dos demais procedimentos legais serão fixadas, em calendário especial, pela Justiça Eleitoral;

III – são inelegíveis os ocupantes de cargos estaduais ou municipais que não se tenham deles afastado, em caráter definitivo, setenta e cinco dias antes da data das eleições previstas neste parágrafo;

IV – ficam mantidos os atuais diretórios regionais dos partidos políticos do Estado de Goiás, cabendo às comissões executivas nacionais designar comissões provisórias no Estado do Tocantins, nos termos e para os fins previstos na lei.

§ 4º. Os mandatos do Governador, do Vice-Governador, dos Deputados Federais e Estaduais eleitos na forma do parágrafo anterior extinguir-se-ão concomitantemente aos das demais unidades da Federação; o mandato do Senador eleito menos votado extinguir-se-á nessa mesma oportunidade, e os dos outros dois, juntamente com os dos Senadores eleitos em 1986 nas demais Estados.

§ 5º. A Assembleia Estadual Constituinte será instalada no quadragésimo sexto dia da eleição de seus integrantes, mas não antes de 1º de janeiro de 1989, sob a presidência do Presidente do Tribunal Regional Eleitoral do Estado de Goiás, e dará posse, na mesma data, ao Governador e ao Vice-Governador eleitos.

§ 6º. Aplicam-se à criação e instalação do Estado do Tocantins, no que couber, as normas legais disciplinadoras da divisão do Estado de Mato Grosso, observado o disposto no art. 234 da Constituição.

§ 7º. Fica o Estado de Goiás liberado dos débitos e encargos decorrentes de empreendimentos no território do novo Estado, e autorizada a União, a seu critério, a assumir os referidos débitos.

Art. 14. Os Territórios Federais de Roraima e do Amapá são transformados em Estados Federados, mantidos seus atuais limites geográficos.

§ 1º. A instalação dos Estados dar-se-á com a posse dos governadores eleitos em 1990.

§ 2º. Aplicam-se à transformação e instalação dos Estados de Roraima e Amapá as normas e critérios seguidos na criação do Estado de Rondônia, respeitado o disposto na Constituição e neste Ato.

§ 3º. O Presidente da República, até quarenta e cinco dias após a promulgação da Constituição, encaminhará à apreciação do Senado Federal os nomes dos Governadores dos Estados de Roraima e do Amapá que exercerão o Poder Executivo até a instalação dos novos Estados, com a posse dos Governadores eleitos.

§ 4º. Enquanto não concretizada a transformação em Estados, nos termos deste artigo, os Territórios Federais de Roraima e do Amapá serão beneficiados pela transferência de recursos prevista nos arts. 159, I, "a", da Constituição, e 34, § 2º, II, deste Ato.

Art. 15. Fica extinto o Território Federal de Fernando de Noronha, sendo sua área reincorporada ao Estado de Pernambuco.

Art. 16. Até que se efetive o disposto no art. 32, § 2º, da Constituição, caberá ao Presidente da República, com a aprovação do Senado Federal, indicar o Governador e o Vice-Governador do Distrito Federal.

§ 1º. A competência da Câmara Legislativa do Distrito Federal, até que se instale, será exercida pelo Senado Federal.

§ 2º. A fiscalização contábil, financeira, orçamentária, operacional e patrimonial do Distrito Federal, enquanto não for instalada a Câmara Legislativa, será exercida pelo Senado Federal, mediante controle externo, com o auxílio do Tribunal de Contas do Distrito Federal, observado o disposto no art. 72 da Constituição.

§ 3º. Incluem-se entre os bens do Distrito Federal aqueles que lhe vierem a ser atribuídos pela União na forma da lei.

Art. 17. Os vencimentos, a remuneração, as vantagens e os adicionais, bem como os proventos de aposentadoria que estejam sendo percebidos em desacordo com a Constituição serão imediatamente reduzidos aos limites dela decorrentes, não se admitindo, neste caso, invocação de direito adquirido ou percepção de excesso a qualquer título.

(*) Vide art. 9º da EC nº 41, de 19.12.2003.

§ 1º. É assegurado o exercício cumulativo de dois cargos ou empregos privativos de médico que estejam sendo exercidos por médico militar na administração pública direta ou indireta.

§ 2º. É assegurado o exercício cumulativo de dois cargos ou empregos privativos de profissionais de saúde que estejam sendo exercidos na administração pública direta ou indireta.

Art. 18. Ficam extintos os efeitos jurídicos de qualquer ato legislativo ou administrativo, lavrado a partir da instalação da Assembleia Nacional Constituinte, que tenha por objeto a concessão de estabilidade a servidor admitido sem concurso público, da administração direta ou indireta, inclusive das fundações instituídas e mantidas pelo Poder Público.

Art. 18-A. Os atos administrativos praticados no Estado do Tocantins, decorrentes de sua instalação, entre 1º de janeiro de 1989 e 31 de dezembro de 1994, eivados de qualquer vício jurídico e dos quais decorram efeitos favoráveis para os destinatários ficam convalidados após 5 (cinco) anos, contados da data em que foram praticados, salvo comprovada má-fé.

(*) Art. 18-A acrescido pela EC nº 110, de 12.7.2021.

Art. 19. Os servidores públicos civis da União, dos Estados, do Distrito Federal e dos Municípios, da administração direta, autárquica e das fundações públicas, em exercício na data da promulgação da Constituição, há pelo menos cinco anos continuados, e que não tenham sido admitidos na forma regulada no art. 37, da Constituição, são considerados estáveis no serviço público.

§ 1º. O tempo de serviço dos servidores referidos neste artigo será contado como título quando se submeterem a concurso para fins de efetivação, na forma da lei.

§ 2º. O disposto neste artigo não se aplica aos ocupantes de cargos, funções e empregos de confiança ou em comissão, nem aos que a lei declare de livre exoneração, cujo tempo de serviço não será computado para os fins do caput deste artigo, exceto se se tratar de servidor.

§ 3º. O disposto neste artigo não se aplica aos professores de nível superior, nos termos da lei.

Art. 20. Dentro de cento e oitenta dias, proceder-se-á à revisão dos direitos dos servidores públicos inativos e pensionistas e à atualização dos proventos e pensões a eles devidos, a fim de ajustá-los ao disposto na Constituição.

Art. 21. Os juízes togados de investidura limitada no tempo, admitidos mediante concurso público de provas e títulos e que estejam em exercício na data da promulgação da Constituição, adquirem estabilidade, observado o estágio probatório, e passam a compor quadro em extinção, mantidas as competências, prerrogativas e restrições da legislação a que se achavam submetidos, salvo as inerentes à transitoriedade da investidura.

Parágrafo único. A aposentadoria dos juízes de que trata este artigo regular-se-á pelas normas fixadas para os demais juízes estaduais.

Art. 22. É assegurado aos defensores públicos investidos na função até a data de instalação da Assembleia Nacional Constituinte o direito de opção pela carreira, com a observância das garantias e vedações previstas no art. 134, parágrafo único, da Constituição*.

♦ *O parágrafo único do art. 134 da Constituição foi renumerado para § 1º pela EC nº 45, de 30.12.2004.*

Art. 23. Até que se edite a regulamentação do art. 21, XVI, da Constituição, os atuais ocupantes do cargo de censor federal continuarão exercendo funções com este compatíveis, no Departamento de Polícia Federal, observadas as disposições constitucionais.

Parágrafo único. A lei referida disporá sobre o aproveitamento dos Censores Federais, nos termos deste artigo.

(*) *V. Lei nº 9.688, de 6.7.1998 (Extinção dos cargos de censor federal).*

Art. 24. A União, os Estados, o Distrito Federal e os Municípios editarão leis que estabeleçam critérios para a compatibilização de seus quadros de pessoal ao disposto no art. 39 da Constituição e à reforma administrativa dela decorrente, no prazo de dezoito meses, contados da sua promulgação.

Art. 25. Ficam revogados, a partir de cento e oitenta dias da promulgação da Constituição, sujeito este prazo a prorrogação por lei, todos os dispositivos legais que atribuam ou deleguem a órgão do Poder Executivo competência assinalada pela Constituição ao Congresso Nacional, especialmente no que tange à:

I – ação normativa;

II – alocação ou transferência de recursos de qualquer espécie.

§ 1º. Os decretos-leis em tramitação no Congresso Nacional e por este não apreciados até a promulgação da Constituição terão seus efeitos regulados da seguinte forma:

I – se editados até 2 de setembro de 1988, serão apreciados pelo Congresso Nacional no prazo de até cento e oitenta dias a contar da promulgação da Constituição, não computado o recesso parlamentar;

II – decorrido o prazo definido no inciso anterior, e não havendo apreciação, os decretos-leis ali mencionados serão considerados rejeitados;

III – nas hipóteses definidas nos incisos I e II, terão plena validade os atos praticados na vigência dos respectivos decretos-leis, podendo o Congresso Nacional, se necessário, legislar sobre os efeitos deles remanescentes.

§ 2º. Os decretos-leis editados entre 3 de setembro de 1988 e a promulgação da Constituição serão convertidos, neste data, em medidas provisórias, aplicando-se-lhes as regras estabelecidas no art. 62, parágrafo único.

Art. 26. No prazo de um ano a contar da promulgação da Constituição, o Congresso Nacional promoverá, através de Comissão mista, exame analítico e pericial dos atos e fatos geradores do endividamento externo brasileiro.

§ 1º. A Comissão terá a força legal de Comissão parlamentar de inquérito para os fins de requisição e convocação, e atuará com o auxílio do Tribunal de Contas da União.

§ 2º. Apurada irregularidade, o Congresso Nacional proporá ao Poder Executivo a declaração de nulidade do ato e encaminhará o processo ao Ministério Público Federal, que formalizará, no prazo de sessenta dias, a ação cabível.

Art. 27. O Superior Tribunal de Justiça será instalado sob a Presidência do Supremo Tribunal Federal.

§ 1º. Até que se instale o Superior Tribunal de Justiça, o Supremo Tribunal Federal exercerá as atribuições e competências definidas na ordem constitucional precedente.

§ 2º. A composição inicial do Superior Tribunal de Justiça far-se-á:

I – pelo aproveitamento dos Ministros do Tribunal Federal de Recursos;

II – pela nomeação dos Ministros que sejam necessários para completar o número estabelecido na Constituição.

§ 3º. Para os efeitos do disposto na Constituição, os atuais Ministros do Tribunal Federal de Recursos serão considerados pertencentes à classe de que provieram, quando de sua nomeação.

§ 4º. Instalado o Tribunal, os Ministros aposentados do Tribunal Federal de Recursos tornar-se-ão, automaticamente, Ministros aposentados do Superior Tribunal de Justiça.

§ 5º. Os Ministros a que se refere o § 2º, II, serão indicados em lista tríplice pelo Tribunal Federal de Recursos, observado o disposto no art. 104, parágrafo único, da Constituição.

§ 6º. Ficam criados cinco Tribunais Regionais Federais, a serem instalados no prazo de seis meses a contar da promulgação da Constituição, com a jurisdição e sede que lhes fixar o Tribunal Federal de Recursos, tendo em conta o número de processos e sua localização geográfica.

§ 7º. Até que se instalem os Tribunais Regionais Federais, o Tribunal Federal de Recursos exercerá a competência a eles atribuída em todo o território nacional, cabendo-lhe promover sua instalação e indicar os candidatos a todos os cargos da composição inicial, mediante lista tríplice, podendo desta constar juízes federais de qualquer região, observado o disposto no § 9º.

§ 8º. É vedado, a partir da promulgação da Constituição, o provimento de vagas de Ministros do Tribunal Federal de Recursos.

§ 9º. Quando não houver juiz federal que conte o tempo mínimo previsto no art. 107, II, da Constituição, a promoção poderá contemplar juiz com menos de cinco anos no exercício do cargo.

§ 10. Compete à Justiça Federal julgar as ações nela propostas até a data da promulgação da Constituição, e aos Tribunais Regionais Federais bem como ao Superior Tribunal de Justiça julgar as ações rescisórias das decisões até então proferidas pela Justiça Federal, inclusive daquelas cuja matéria tenha passado à competência de outro ramo do Judiciário.

§ 11. São criados, ainda, os seguintes Tribunais Regionais Federais: o da 6ª Região, com sede em Curitiba, Estado do Paraná, e jurisdição nos Estados do Paraná, Santa Catarina e Mato Grosso do Sul; o da 7ª Região, com sede em Belo Horizonte, Estado de Minas Gerais, e jurisdição no Estado de Minas Gerais; o da 8ª Região, com sede em Salvador, Estado da Bahia, e jurisdição nos Estados da Bahia e Sergipe; e o da 9ª Região, com sede em Manaus, Estado do Amazonas, e jurisdição nos Estados do Amazonas, Acre, Rondônia e Roraima.

(*) § 11 acrescido pela EC nº 73, de 6.6.2013.
(*) A ADI nº 5.017, de 2013, questiona a constitucionalidade da EC nº 73, de 6.6.2013, sem decisão definitiva até a data de fechamento desta edição.

Art. 28. Os juízes federais de que trata o art. 123, § 2º, da Constituição de 1967, com a redação dada pela EC nº 7, de 13 de abril de 1977, ficam investidos na titularidade de varas na Seção Judiciária para a qual tenham sido nomeados ou designados; na inexistência de vagas, proceder-se-á ao desdobramento das varas existentes.

Parágrafo único. Para efeito de promoção por antiguidade, o tempo de serviço desses juízes será computado a partir do dia de sua posse.

Art. 29. Enquanto não aprovadas as leis complementares relativas ao Ministério Público e à Advocacia-Geral da União, o Ministério Público Federal, a Procuradoria-Geral da Fazenda Nacional, as Consultorias Jurídicas dos Ministérios, as Procuradorias e Departamentos Jurídicos de autarquias federais com representação própria e os membros das Procuradorias das Universidades fundacionais públicas continuarão a exercer suas atividades na área das respectivas atribuições.

(*) V. Lei Complementar nº 73, de 10.2.1993 (Lei Orgânica da Advocacia-Geral da União).
(*) V. Lei Complementar nº 75, de 20.5.1993 (Organização, atribuições e Estatuto do Ministério Público da União).

ART. 30 ATO DAS DISPOSIÇÕES CONSTITUCIONAIS TRANSITÓRIAS

§ 1º. O Presidente da República, no prazo de cento e vinte dias, encaminhará ao Congresso Nacional projeto de lei complementar dispondo sobre a organização e funcionamento da Advocacia-Geral da União.

§ 2º. Aos atuais Procuradores da República, nos termos da lei complementar, será facultada a opção, de forma irretratável, entre as carreiras do Ministério Público Federal e da Advocacia-Geral da União.

§ 3º. Poderá optar pelo regime anterior, no que respeita às garantias e vantagens, o membro do Ministério Público admitido antes da promulgação da Constituição, observando-se, quanto às vedações, a situação jurídica na data desta.

§ 4º. Os atuais integrantes do quadro suplementar dos Ministérios Públicos do Trabalho e Militar que tenham adquirido estabilidade nessas funções passam a integrar o quadro da respectiva carreira.

§ 5º. Cabe à atual Procuradoria-Geral da Fazenda Nacional, diretamente ou por delegação, que pode ser ao Ministério Público Estadual, representar judicialmente a União nas causas de natureza fiscal, na área da respectiva competência, até a promulgação das leis complementares previstas neste artigo.

Art. 30. A legislação que criar a Justiça de Paz manterá os atuais juízes de paz até a posse dos novos titulares, assegurando-lhes os direitos e atribuições conferidos a estes, e designará o dia para a eleição prevista no art. 98, II, da Constituição.

Art. 31. Serão estatizadas as serventias do foro judicial, assim definidas em lei, respeitados os direitos dos atuais titulares.

Art. 32. O disposto no art. 236 não se aplica aos serviços notariais e de registro que já tenham sido oficializados pelo Poder Público, respeitando-se o direito de seus servidores.

Art. 33. Ressalvados os créditos de natureza alimentar, o valor dos precatórios judiciais pendentes de pagamento na data da promulgação da Constituição, incluído o remanescente de juros e correção monetária, poderá ser pago em moeda corrente, com atualização, em prestações anuais, iguais e sucessivas, no prazo máximo de oito anos, a partir de 1º de julho de 1989, por decisão editada pelo Poder Executivo até cento e oitenta dias da promulgação da Constituição.

(*) *Vide arts. 78; 86; e 97, § 15º, do ADCT.*

Parágrafo único. Poderão as entidades devedoras, para o cumprimento do disposto neste artigo, emitir, em cada ano, no exato montante do dispêndio, títulos de dívida pública não computáveis para efeito do limite global de endividamento.

(*) *Vide art. 5º da EC nº 3, de 17.3.1993.*

Art. 34. O sistema tributário nacional entrará em vigor a partir do primeiro dia do quinto mês seguinte ao da promulgação da Constituição, mantido, até então, o da Constituição de 1967, com a redação dada pela Emenda nº 1, de 17 de outubro de 1969, e pelas posteriores.

§ 1º. Entrarão em vigor com a promulgação da Constituição os arts. 148, 149, 150, 154, I, 156, III, e 159, I, "c",* revogadas as disposições em contrário da Constituição de 1967 e das emendas que a modificaram, especialmente de seu art. 25, III.

♦ *V. Lei nº 7.827, de 27.9.1989,*
que regulamenta a alínea "c" do inciso I
do art. 159 da CF.

§ 2º. O Fundo de Participação dos Estados e do Distrito Federal e o Fundo de Participação dos Municípios obedecerão às seguintes determinações:

I – a partir da promulgação da Constituição, os percentuais serão, respectivamente, de dezoito por cento e de vinte por cento, calculados sobre o produto da arrecadação dos impostos referidos no art. 153, III e IV, mantidos os atuais critérios de rateio até a entrada em vigor da lei complementar a que se refere o art. 161, II;

II – o percentual relativo ao Fundo de Participação dos Estados e do Distrito Federal será acrescido de um ponto percentual no exercício financeiro de 1989 e, a partir de 1990, inclusive, à razão de meio ponto por exercício, até 1992, inclusive, atingindo em 1993 o percentual estabelecido no art. 159, I, "a"*;

♦ *V. Decreto nº 7.827, de 16.10.2012,*
que regulamenta a alínea "a" do inciso I
do art. 159 da CF.

III – o percentual relativo ao Fundo de Participação dos Municípios, a partir de 1989, inclusive, será elevado à razão de meio ponto percentual por exercício financeiro, até atingir o estabelecido no art. 159, I, "b"*.
♦ *V. Decreto nº 7.827, de 16.10.2012, que regulamenta a alínea "b" do inciso I do art. 159 da CF.*

§ 3º. Promulgada a Constituição, a União, os Estados, o Distrito Federal e os Municípios poderão editar as leis necessárias à aplicação do sistema tributário nacional nela previsto.

§ 4º. As leis editadas nos termos do parágrafo anterior produzirão efeitos a partir da entrada em vigor do sistema tributário nacional previsto na Constituição.

§ 5º. Vigente o novo sistema tributário nacional, fica assegurada a aplicação da legislação anterior, no que não seja incompatível com ele e com a legislação referida nos §§ 3º e 4º.

§ 6º. Até 31 de dezembro de 1989, o disposto no art. 150, III, "b", não se aplica aos impostos de que tratam os arts. 155, I, "a" e "b",* e 156, II e III, que podem ser cobrados trinta dias após a publicação da lei que os tenha instituído ou aumentado.
♦ *Com o advento da EC nº 3, de 17.3.1993, suprimiram-se as alíneas do inciso I do art. 155 da Constituição, passando a referência à alínea "a" ser ao art. 155, I; à alínea "b", ao art. 155, II; e à alínea "c", ao art. 155, III.*

§ 7º. Até que sejam fixadas em lei complementar, as alíquotas máximas do imposto municipal sobre vendas a varejo de combustíveis líquidos e gasosos não excederão a três por cento.

§ 8º. Se, no prazo de sessenta dias contados da promulgação da Constituição, não for editada a lei complementar necessária à instituição do imposto de que trata o art. 155, I, "b"*, os Estados e o Distrito Federal, mediante convênio celebrado nos termos da Lei Complementar nº 24, de 7 de janeiro de 1975, fixarão normas para regular provisoriamente a matéria.
♦ *Com o advento da EC nº 3, de 17.3.1993, suprimiram-se as alíneas do inciso I do art. 155, passando a referência à alínea "b" ser ao art. 155, II.*
(*) *A Lei Complementar nº 24, de 7.1.1975, trata de convênios para a concessão de isenções do imposto sobre operações relativas à circulação de mercadorias.*

§ 9º. Até que lei complementar disponha sobre a matéria, as empresas distribuidoras de energia elétrica, na condição de contribuintes ou de substitutos tributários, serão as responsáveis, por ocasião da saída do produto de seus estabelecimentos, ainda que destinado a outra unidade da Federação, pelo pagamento do imposto sobre operações relativas à circulação de mercadorias incidentes sobre energia elétrica, desde a produção ou importação até a última operação, calculado o imposto sobre o preço então praticado na operação final e assegurado seu recolhimento ao Estado ou ao Distrito Federal, conforme o local onde deva ocorrer essa operação.
(*) *V. Lei nº 14.300, de 6.1.2022 (Marco legal da microgeração e minigeração distribuída; Sistema de Compensação de Energia Elétrica – SCEE).*

§ 10. Enquanto não entrar em vigor a lei prevista no art. 159, I, "c"* cuja promulgação se fará até 31 de dezembro de 1989, é assegurada a aplicação dos recursos previstos naquele dispositivo da seguinte maneira:
♦ *V. Lei nº 7.827, de 27.9.1989, que regulamenta a alínea "c" do inciso I do art. 159 da CF.*

I – seis décimos por cento na Região Norte, através do Banco da Amazônia S.A.;

II – um inteiro e oito décimos por cento na Região Nordeste, através do Banco do Nordeste do Brasil S.A.;

III – seis décimos por cento na Região Centro-Oeste, através do Banco do Brasil S.A.

§ 11. Fica criado, nos termos da lei, o Banco de Desenvolvimento do Centro-Oeste, para dar cumprimento, na referida região, ao que determinam os arts. 159, I, "c",* e 192, § 2º,** da Constituição.
♦ *V. Lei nº 7.827, de 27.9.1989, que regulamenta a alínea "c" do inciso I do art. 159 da CF.*
♦♦ *O § 2º do art. 192 da CF foi revogado pela EC nº 40, de 29.5.2003.*

§ 12. A urgência prevista no art. 148, II, não prejudica a cobrança do empréstimo compulsório instituído em benefício das Centrais Elétricas Brasileiras S.A. – (Eletrobrás), pela Lei nº 4.156, de 28 de novembro de 1962, com as alterações posteriores.

ART. 35 — ATO DAS DISPOSIÇÕES CONSTITUCIONAIS TRANSITÓRIAS

Art. 35. O disposto no art. 165, § 7º, será cumprido de forma progressiva, no prazo de até dez anos, distribuindo-se os recursos entre as regiões macroeconômicas em razão proporcional à população, a partir da situação verificada no biênio 1986/1987.

§ 1º. Para aplicação dos critérios de que trata este artigo excluem-se das despesas totais as relativas:

I – aos projetos considerados prioritários no plano plurianual;

II – à segurança e defesa nacional;

III – à manutenção dos órgãos federais no Distrito Federal;

IV – ao Congresso Nacional, ao Tribunal de Contas da União e ao Poder Judiciário;

V – ao serviço da dívida da administração direta e indireta da união, inclusive fundações instituídas e mantidas pelo Poder Público federal.

§ 2º. Até a entrada em vigor da lei complementar a que se refere o art. 165, § 9º, I e II, serão obedecidas as seguintes normas:

I – o projeto do plano plurianual, para vigência até o final do primeiro exercício financeiro do mandato presidencial subsequente, será encaminhado até quatro meses antes do encerramento do primeiro exercício financeiro e devolvido para sanção até o encerramento da sessão legislativa;

II – o projeto de lei de diretrizes orçamentárias será encaminhado até oito meses e meio antes do encerramento do exercício financeiro e devolvido para sanção até o encerramento do primeiro período da sessão legislativa;

III – o projeto de lei orçamentária da União será encaminhado até quatro meses antes do encerramento do exercício financeiro e devolvido para sanção até o encerramento da sessão legislativa.

Art. 36. Os fundos existentes na data da promulgação da Constituição, excetuados os resultantes de isenções fiscais que passem a integrar patrimônio privado e os que interessem à defesa nacional, extinguir-se-ão, se não forem ratificados pelo Congresso Nacional no prazo de dois anos.

(*) *V. Decreto Legislativo nº 66, de 1990, do Congresso Nacional, que ratifica, nos termos deste artigo, os Fundos que menciona.*

Art. 37. A adaptação ao que estabelece o art. 167, III, deverá processar-se no prazo de cinco anos, reduzindo-se o excesso à base de, pelos menos, um quinto por ano.

Art. 38. Até a promulgação da lei complementar referida no art. 169, a União, os Estados, o Distrito Federal e os Municípios não poderão despender com pessoal mais do que sessenta e cinco por cento do valor das respectivas receitas correntes.

(*) *V. Lei Complementar nº 101, de 4.5.2000 (Disciplina os limites de despesas com pessoal – Lei de Responsabilidade Fiscal).*

§ 1º. A União, os Estados, o Distrito Federal e os Municípios, quando a respectiva despesa de pessoal exceder o limite previsto neste artigo, deverão retornar àquele limite, reduzindo o percentual excedente à razão de um quinto por ano.

(*) *§ 1º, primitivo parágrafo único, renumerado pela EC nº 127, de 22.12.2022.*

§ 2º. As despesas com pessoal resultantes do cumprimento do disposto nos §§ 12, 13, 14 e 15 do art. 198 da Constituição Federal serão contabilizadas, para fins dos limites de que trata o art. 169 da Constituição Federal, da seguinte forma:

I – até o fim do exercício financeiro subsequente ao da publicação deste dispositivo, não serão contabilizadas para esses limites;

II – no segundo exercício financeiro subsequente ao da publicação deste dispositivo, serão deduzidas em 90% (noventa por cento) do seu valor;

III – entre o terceiro e o décimo segundo exercício financeiro subsequente ao da publicação deste dispositivo, a dedução de que trata o inciso II deste parágrafo será reduzida anualmente na proporção de 10% (dez por cento) de seu valor.

(*) *§ 2º acrescido pela EC nº 127, de 22.12.2022.*

Art. 39. Para efeito do cumprimento das disposições constitucionais que impliquem variações de despesas e receitas da União, após a promulgação da Constituição, o Poder Executivo deverá elaborar e o Poder Legislativo apreciar projeto de revi-

ATO DAS DISPOSIÇÕES CONSTITUCIONAIS TRANSITÓRIAS — ART. 44

são da lei orçamentária referente ao exercício financeiro de 1989.

Parágrafo único. O Congresso Nacional deverá votar, no prazo de doze meses a lei complementar prevista no art. 161, II.

(*) V. Lei Complementar nº 62, de 28.12.1989.

Art. 40. É mantida a Zona Franca de Manaus, com suas características de área livre de comércio, de exportação e importação, e de incentivos fiscais, pelo prazo de vinte e cinco anos, a partir da promulgação da Constituição.

(*) Vide arts. 92 e 92-A do ADCT.

Parágrafo único. Somente por lei federal podem ser modificados os critérios que disciplinaram ou venham a disciplinar a aprovação dos projetos na Zona Franca de Manaus.

Art. 41. Os Poderes Executivos da União, dos Estados, do Distrito Federal e dos Municípios reavaliarão todos os incentivos fiscais de natureza setorial ora em vigor, propondo aos Poderes Legislativos respectivos as medidas cabíveis.

§ 1º. Considerar-se-ão revogados após dois anos, a partir da data da promulgação da Constituição, os incentivos que não forem confirmados por lei.

§ 2º. A revogação não prejudicará os direitos que já tiverem sido adquiridos, àquela data, em relação a incentivos concedidos sob condição e com prazo certo.

§ 3º. Os incentivos concedidos por convênio entre Estados, celebrados nos termos do art. 23, § 6º, da Constituição de 1967, com a redação da Ementa nº 1, de 17 de outubro de 1969, também deverão ser reavaliados e reconfirmados nos prazos deste artigo.

Art. 42. Durante 40 (quarenta) anos, a União aplicará dos recursos destinados à irrigação:

(*) Art. 42, caput, alterado pela EC nº 43, de 15.4.2004, e com redação dada pela EC nº 89, de 15.9.2015.

I – 20% (vinte por cento) na Região Centro-Oeste;

(*) Inciso I acrescido pela EC nº 43, de 15.4.2004, e com redação dada pela EC nº 89, de 15.9.2015.

II – 50% (cinquenta por cento) na Região Nordeste, preferencialmente no Semiárido.

(*) Inciso II acrescido pela EC nº 43, de 15.4.2004, e com redação dada pela EC nº 89, de 15.9.2015.

Parágrafo único. Dos percentuais previstos nos incisos I e II do caput, no mínimo 50% (cinquenta por cento) serão destinados a projetos de irrigação que beneficiem agricultores familiares que atendam aos requisitos previstos em legislação específica.

(*) Parágrafo único acrescido pela EC nº 89, de 15.9.2015.

Art. 43. Na data da promulgação da lei que disciplinar a pesquisa e a lavra de recursos e jazidas minerais, ou no prazo de um ano, a contar da promulgação da Constituição, tornar-se-ão sem efeito as autorizações, concessões e demais títulos atributivos de direitos minerários, caso os trabalhos de pesquisa ou de lavra não hajam sido comprovadamente iniciados nos prazos legais ou estejam inativos.

(*) V. Lei nº 7.886, de 20.11.1989, que regulamenta este artigo.

Art. 44. As atuais empresas brasileiras titulares de autorização de pesquisa, concessão de lavra de recursos minerais e de aproveitamento dos potenciais de energia hidráulica em vigor terão quatro anos, a partir da promulgação da Constituição, para cumprir os requisitos do art. 176, § 1º.

§ 1º. Ressalvadas as disposições de interesse nacional previstas no texto constitucional, as empresas brasileiras ficarão dispensadas do cumprimento do disposto no art. 176, § 1º, desde que, no prazo de até quatro anos da data da promulgação da Constituição, tenham o produto de sua lavra e beneficiamento destinado à industrialização no território nacional, em seus próprios estabelecimentos ou em empresa industrial controladora ou controlada.

§ 2º. Ficarão também dispensadas do cumprimento do disposto no art. 176, § 1º, as empresas brasileiras titulares de concessão de energia hidráulica para uso em seu processo de industrialização.

§ 3º. As empresas brasileiras referidas no § 1º somente poderão ter autorizações

ART. 45

ATO DAS DISPOSIÇÕES CONSTITUCIONAIS TRANSITÓRIAS

de pesquisa e concessões de lavra ou potenciais de energia hidráulica, desde que a energia e o produto da lavra sejam utilizados nos respectivos processos industriais.

Art. 45. Ficam excluídas do monopólio estabelecido pelo art. 177, II, da Constituição as refinarias em funcionamento no País amparadas pelo art. 43 e nas condições do art. 45 da Lei nº 2.004, de 3 de outubro de 1953*.

♦ *A Lei nº 2.004, de 3 de outubro de 1953, foi revogada pela Lei nº 9.478, de 6.8.1997.*
(*) *V. Lei nº 9.478, de 6.8.1997 (Conselho Nacional de Política Energética e Agência Nacional do Petróleo).*
(*) *V. Lei nº 9.847, de 26.10.1999 (Fiscalização relativa às atividades de que trata a Lei nº 9.478, de 6.8.1997.*
(*) *V. Lei nº 13.723, de 4.10.2018 (Concessão de subvenção econômica à comercialização de óleo diesel).*

Parágrafo único. Ficam ressalvados da vedação do art. 177, § 1º, os contratos de risco feitos com a Petróleo Brasileiro S.A. – (Petrobrás), para pesquisa de petróleo, que estejam em vigor na data da promulgação da Constituição.

Art. 46. São sujeitos à correção monetária desde o vencimento, até seu efetivo pagamento, sem interrupção ou suspensão, os créditos junto a entidades submetidas aos regimes de intervenção ou liquidação extrajudicial, mesmo quando esses regimes sejam convertidos em falência.

Parágrafo único. O disposto neste artigo aplica-se também:

I – às operações realizadas posteriormente à decretação dos regimes referidos no *caput* deste artigo;

II – às operações de empréstimo, financiamento, refinanciamento, assistência financeira de liquidez, cessão ou sub-rogação de créditos ou cédulas hipotecárias, efetivação de garantia de depósitos do público ou de compra de obrigações passivas, inclusive as realizadas com recursos de fundos que tenham essas destinações;

III – aos créditos anteriores à promulgação da Constituição;

IV – aos créditos das entidades da administração pública anteriores à promulgação da Constituição, não liquidados até 1º de janeiro de 1988.

Art. 47. Na liquidação dos débitos, inclusive suas renegociações e composições posteriores, ainda que ajuizados, decorrentes de quaisquer empréstimos concedidos por bancos e por instituições financeiras, não existirá correção monetária desde que o empréstimo tenha sido concedido:

I – aos micro e pequenos empresários ou seus estabelecimentos no período de 28 de fevereiro de 1986 a 28 de fevereiro de 1987;

II – aos mini, pequenos e médios produtores rurais no período de 28 de fevereiro de 1986 a 31 de dezembro de 1987, desde que relativos a crédito rural.

§ 1º. Consideram-se, para efeito deste artigo, microempresas as pessoas jurídicas e as firmas individuais com receitas anuais de até dez mil Obrigações do Tesouro Nacional, e pequenas empresas as pessoas jurídicas e as firmas individuais com receita anual de até vinte e cinco mil Obrigações do Tesouro Nacional.

§ 2º. A classificação do mini, pequeno e médio produtor rural será feita obedecendo-se às normas de crédito rural vigentes à época do contrato.

§ 3º. A isenção da correção monetária a que se refere este artigo só será concedida nos seguintes casos:

I – se a liquidação do débito inicial, acrescido de juros legais e taxas judiciais, vier a ser efetivada no prazo de noventa dias, a contar da data de promulgação da Constituição;

II – se a aplicação dos recursos não contrariar a finalidade do financiamento, cabendo o ônus da prova à instituição credora;

III – se não for demonstrado pela instituição credora que o mutuário dispõe de meios para o pagamento de seu débito, excluído dessa demonstração seu estabelecimento, a casa de moradia e os instrumentos de trabalho e produção;

IV – se o financiamento inicial não ultrapassar o limite de cinco mil Obrigações do Tesouro Nacional;

V – se o beneficiário não for proprietário de mais de cinco módulos rurais.

§ 4º. Os benefícios de que trata este artigo não se estendem aos débitos já quitados e aos devedores que sejam constituintes.

§ 5º. No caso de operações com prazos de vencimento posteriores à data-limite de liquidação da dívida, havendo interesse do mutuário, os bancos e as instituições financeiras promoverão, por instrumento próprio, alteração nas condições contratuais originais de forma a ajustá-las ao presente benefício.

§ 6º. A concessão do presente benefício por bancos comerciais privados em nenhuma hipótese acarretará ônus para o Poder Público, ainda que através de refinanciamento e repasse de recursos pelo banco central.

§ 7º. No caso de repasse a agentes financeiros oficiais ou cooperativas de crédito, o ônus recairá sobre a fonte de recursos originária.

Art. 48. O Congresso Nacional, dentro de cento e vinte dias da promulgação da Constituição, elaborará Código de Defesa do Consumidor.

(*) *V. Lei nº 8.078, de 11.9.1990*
(Código de Defesa do Consumidor).

Art. 49. A lei disporá sobre o instituto da enfiteuse em imóveis urbanos, sendo facultada aos foreiros, no caso de sua extinção, a remição dos aforamentos mediante aquisição do domínio direto, na conformidade do que dispuserem os respectivos contratos.

§ 1º. Quando não existir cláusula contratual, serão adotados os critérios e bases hoje vigentes na legislação especial dos imóveis da União.

§ 2º. Os direitos dos atuais ocupantes inscritos ficam assegurados pela aplicação de outra modalidade de contrato.

§ 3º. A enfiteuse continuará sendo aplicada aos terrenos de marinha e seus acrescidos, situados na faixa de segurança, a partir da orla marítima.

§ 4º. Remido o foro, o antigo titular do domínio direto deverá, no prazo de noventa dias, sob pena de responsabilidade, confiar à guarda do registro de imóveis competente toda a documentação a ele relativa.

(*) *V. art. 2.038 do Código Civil.*
(*) *V. Decreto-Lei nº 9.760,*
de 5.9.1946.

Art. 50. Lei agrícola a ser promulgada no prazo de um ano disporá, nos termos da Constituição, sobre os objetivos e instrumentos de política agrícola, prioridades, planejamento de safras, comercialização, abastecimento interno, mercado externo e instituição de crédito fundiário.

(*) *V. Lei nº 8.171, de 17.1.1991.*
(*) *V. Decreto nº 175,*
de 10.7.1991 (Proagro).

Art. 51. Serão revistos pelo Congresso Nacional, através de Comissão mista, nos três anos a contar da data da promulgação da Constituição, todas as doações, vendas e concessões de terras públicas com área superior a três mil hectares, realizadas no período de 1º de janeiro de 1962 a 31 de dezembro de 1987.

§ 1º. No tocante às vendas, a revisão será feita com base exclusivamente no critério de legalidade da operação.

§ 2º. No caso de concessões e doações, a revisão obedecerá aos critérios de legalidade e de conveniência do interesse público.

§ 3º. Nas hipóteses previstas nos parágrafos anteriores, comprovada a ilegalidade, ou havendo interesse público, as terras reverterão ao patrimônio da União, dos Estados, do Distrito Federal ou dos Municípios.

Art. 52. Até que sejam fixadas as condições do art. 192, são vedados:

(*) *Art. 52, caput, com redação dada pela EC nº 40, de 29.5.2003.*

I – a instalação, no País, de novas agências de instituições financeiras domiciliadas no exterior;

II – o aumento do percentual de participação, no capital de instituições financeiras com sede no País, de pessoas físicas ou jurídicas residentes ou domiciliadas no exterior.

Parágrafo único. A vedação a que se refere este artigo não se aplica às autorizações resultantes de acordos internacionais, de reciprocidade, ou de interesse do Governo Brasileiro.

Art. 53. Ao ex-combatente que tenha efetivamente participado de operações bélicas durante a Segunda Guerra Mundial, nos termos da Lei nº 5.315, de 12 de setembro

ART. 54

de 1967, serão assegurados os seguintes direitos:
(*) V. Lei nº 8.059, de 4.7.1990.

I – aproveitamento no serviço público, sem a exigência de concurso, com estabilidade;

II – pensão especial correspondente à deixada por segundo tenente das Forças Armadas, que poderá ser requerida a qualquer tempo, sendo inacumulável com quaisquer rendimentos recebidos dos cofres públicos, exceto os benefícios previdenciários, ressalvado o direito de opção;

III – em caso de morte, pensão à viúva ou companheira ou dependente, de forma proporcional, de valor igual à do inciso anterior;

IV – assistência médica, hospitalar e educacional gratuita, extensiva aos dependentes;

V – aposentadoria com proventos integrais aos vinte e cinco anos de serviço efetivo, em qualquer regime jurídico;

VI – prioridade na aquisição da casa própria, para os que não a possuam ou para suas viúvas ou companheiras.

Parágrafo único. A concessão da pensão especial do inciso II substitui, para todos os efeitos legais, qualquer outra pensão já concedida ao ex-combatente.

Art. 54. Os seringueiros recrutados nos termos do Decreto-Lei nº 5.813, de 14 de setembro de 1943, e amparados pelo Decreto-Lei nº 9.882, de 16 de setembro de 1946, receberão, quando carentes, pensão mensal vitalícia no valor de dois salários mínimos.
(*) V. Lei nº 7.986, de 28.12.1989, que regulamenta este artigo.
(*) Vide art. 54-A do ADCT.

§ 1º. O benefício é estendido aos seringueiros que, atendendo a apelo do Governo brasileiro, contribuíram para o esforço de guerra, trabalhando na produção de borracha, na Região Amazônica, durante a Segunda Guerra Mundial.

§ 2º. Os benefícios estabelecidos neste artigo são transferíveis aos dependentes reconhecidamente carentes.

§ 3º. A concessão do benefício far-se-á conforme lei a ser proposta pelo Poder Executivo dentro de cento e cinquenta dias da promulgação da Constituição.

Art. 54-A. Os seringueiros de que trata o art. 54 deste Ato das Disposições Constitucionais Transitórias receberão indenização, em parcela única, no valor de R$ 25.000,00 (vinte e cinco mil reais).
(*) Art. 54-A acrescido pela EC nº 78, de 14.5.2014.
(*) Vide art. 2º da EC nº 78, de 14.5.2014.

Art. 55. Até que seja aprovada a lei de diretrizes orçamentárias trinta por cento, no mínimo, do orçamento da seguridade social, excluído o seguro-desemprego, serão destinados ao setor de saúde.

Art. 56. Até que a lei disponha sobre o art. 195, I, a arrecadação decorrente de, no mínimo, cinco dos seis décimos percentuais correspondentes à alíquota da contribuição de que trata o Decreto-Lei nº 1.940, de 25 de maio de 1982*, alterada pelo Decreto-Lei nº 2.049, de 1º de agosto de 1983**, pelo Decreto nº 91.236, de 8 de maio de 1985***, e pela Lei nº 7.611, de 8 de julho de 1987, passa a integrar a receita da seguridade social ressalvados, exclusivamente no exercício de 1988, os compromissos assumidos com programas e projetos em andamento.
♦ Decreto-Lei nº 1.940, de 25.5.1982, institui contribuição social e cria o FINSOCIAL – Fundo de Investimento Social.
♦♦ Decreto-Lei nº 2.049, de 1º.8.1983, dispõe sobre as contribuições para o FINSOCIAL.
♦♦♦ Decreto nº 91.236, de 8.5.1985, dispõe sobre a execução financeira do FINSOCIAL.
(*) V. Lei Complementar nº 70, de 30.12.1991, que instituiu a contribuição para financiamento da Seguridade Social e elevou a alíquota da contribuição social sobre o lucro das instituições financeiras.
(*) V. Decreto nº 4.524, de 17.12.2002 (Regulamenta a Contribuição PIS/Pasep e Cofins).

Art. 57. Os débitos dos Estados e dos Municípios relativos às contribuições previdenciárias até 30 de junho de 1988 serão liquidados, com correção monetária, em cento e vinte parcelas mensais, dispensados os juros e multa sobre eles incidentes, desde que os devedores requeiram o parcelamento e iniciem seu pagamento no prazo de cento e oitenta dias a contar da promulgação da Constituição.

§ 1º. O montante a ser pago em cada um dos dois primeiros anos não será inferior a cinco por cento do total do débito consolidado e atualizado, sendo o restante dividido em parcelas mensais de igual valor.

§ 2º. A liquidação poderá incluir pagamentos na forma de cessão de bens e prestação de serviços, nos termos da Lei nº 7.578, de 23 de dezembro de 1986.

§ 3º. Em garantia do cumprimento do parcelamento, os Estados e os Municípios consignarão, anualmente, nos respectivos orçamentos, as dotações necessárias ao pagamento de seus débitos.

§ 4º. Descumprida qualquer das condições estabelecidas para concessão do parcelamento, o débito será considerado vencido em sua totalidade, sobre ele incidindo juros de mora; nesta hipótese, parcela dos recursos correspondentes aos Fundos de Participação, destinada aos Estados e Municípios devedores, será bloqueada e repassada à previdência social para pagamento de seus débitos.

Art. 58. Os benefícios de prestação continuada, mantidos pela previdência social, na data da promulgação da Constituição, terão seus valores revistos, a fim de que seja restabelecido o poder aquisitivo, expresso em número de salários mínimos, que tinham na data de sua concessão, obedecendo-se a esse critério de atualização até a implantação do plano de custeio e benefícios referidos no artigo seguinte.

Parágrafo único. As prestações mensais dos benefícios atualizados de acordo com este artigo serão devidas e pagas a partir do sétimo mês a contar da promulgação da Constituição.

Art. 59. Os projetos de lei relativos à organização da seguridade social e aos planos de custeio e de benefício serão apresentados no prazo máximo de seis meses da promulgação da Constituição ao Congresso Nacional, que terá seis meses para apreciá-los.

(*) *V. Lei nº 8.212, de 24.7.1991.*
(*) *V. Lei nº 8.213, de 24.7.1991.*
(*) *V. Decreto nº 3.048, de 6.5.1999 (Regulamento da Previdência Social).*

Parágrafo único. Aprovados pelo Congresso Nacional, os planos serão implantados progressivamente nos dezoito meses seguintes.

Art. 60. A complementação da União referida no inciso IV do *caput* do art. 212-A da Constituição Federal será implementada progressivamente até alcançar a proporção estabelecida no inciso V do *caput* do mesmo artigo, a partir de 1º de janeiro de 2021, nos seguintes valores mínimos:

I – 12% (doze por cento), no primeiro ano;

II – 15% (quinze por cento), no segundo ano;

III – 17% (dezessete por cento), no terceiro ano;

IV – 19% (dezenove por cento), no quarto ano;

V – 21% (vinte e um por cento), no quinto ano;

VI – 23% (vinte e três por cento), no sexto ano.

§ 1º. A parcela da complementação de que trata a alínea "b" do inciso V do *caput* do art. 212-A da Constituição Federal observará, no mínimo, os seguintes valores:

I – 2 (dois) pontos percentuais, no primeiro ano;

II – 5 (cinco) pontos percentuais, no segundo ano;

III – 6,25 (seis inteiros e vinte e cinco centésimos) pontos percentuais, no terceiro ano;

IV – 7,5 (sete inteiros e cinco décimos) pontos percentuais, no quarto ano;

V – 9 (nove) pontos percentuais, no quinto ano;

VI – 10,5 (dez inteiros e cinco décimos) pontos percentuais, no sexto ano.

§ 2º. A parcela da complementação de que trata a alínea "c" do inciso V do *caput* do art. 212-A da Constituição Federal observará os seguintes valores:

I – 0,75 (setenta e cinco centésimos) ponto percentual, no terceiro ano;

II – 1,5 (um inteiro e cinco décimos) ponto percentual, no quarto ano;

III – 2 (dois) pontos percentuais, no quinto ano;

IV – 2,5 (dois inteiros e cinco décimos) pontos percentuais, no sexto ano.
(*) Art. 60 com redação dada pela EC nº 108, de 26.8.2020.

Art. 60-A. Os critérios de distribuição da complementação da União e dos fundos a que se refere o inciso I do *caput* do art. 212-A da Constituição Federal serão revistos em seu sexto ano de vigência e, a partir dessa primeira revisão, periodicamente, a cada 10 (dez) anos.
(*) Art. 60-A acrescido pela EC nº 108, de 26.8.2020.

Art. 61. As entidades educacionais a que se refere o art. 213, bem como as fundações de ensino e pesquisa cuja criação tenha sido autorizada por lei, que preencham os requisitos dos incisos I e II do referido artigo e que, nos últimos três anos, tenham recebido recursos públicos, poderão continuar a recebê-los, salvo disposição legal em contrário.

Art. 62. A lei criará o Serviço Nacional de Aprendizagem Rural (SENAR) nos moldes da legislação relativa ao Serviço Nacional de Aprendizagem Industrial (SENAI) e ao Serviço Nacional de Aprendizagem do Comércio (SENAC), sem prejuízo das atribuições dos órgãos públicos que atuam na área.
(*) V. Lei nº 8.315, de 23.12.1991
(Cria o SENAR).
(*) V. Decreto-Lei nº 4.048, de 22.1.1942
(Cria o SENAI).
(*) V. Decreto-Lei nº 8.621, de 10.1.1946
(Cria o SENAC).
(*) V. Decreto nº 566, de 10.6.1992
(Regulamenta o SENAR).

Art. 63. É criada uma Comissão composta de nove membros, sendo três do Poder Legislativo, três do Poder Judiciário e três do Poder Executivo, para promover as comemorações do centenário da proclamação da República e da promulgação da primeira Constituição republicana do País, podendo, a seu critério, desdobrar-se em tantas subcomissões quantas forem necessárias.

Parágrafo único. No desenvolvimento de suas atribuições, a Comissão promoverá estudos, debates e avaliações sobre a evolução política, social, econômica e cultural do País, podendo articular-se com os governos estaduais e municipais e com instituições públicas e privadas que desejem participar dos eventos.

Art. 64. A Imprensa Nacional e demais gráficas da União, dos Estados, do Distrito Federal e dos Municípios, da administração direta ou indireta, inclusive fundações instituídas e mantidas pelo Poder Público, promoverão edição popular do texto integral da Constituição, que será posta à disposição das escolas e dos cartórios, dos sindicatos, dos quartéis, das igrejas e de outras instituições representativas da comunidade, gratuitamente, de modo que cada cidadão brasileiro possa receber do Estado um exemplar da Constituição do Brasil.

Art. 65. O Poder Legislativo regulamentará, no prazo de doze meses, o art. 220, § 4º.

Art. 66. São mantidas as concessões de serviços públicos de telecomunicações atualmente em vigor, nos termos da lei.

Art. 67. A União concluirá a demarcação das terras indígenas no prazo de cinco anos a partir da promulgação da Constituição.

Art. 68. Aos remanescentes das comunidades dos quilombos que estejam ocupando suas terras é reconhecida a propriedade definitiva, devendo o Estado emitir-lhes os títulos respectivos.

Art. 69. Será permitido aos Estados manter consultorias jurídicas separadas de suas Procuradorias-Gerais ou Advocacias-Gerais, desde que, na data da promulgação da Constituição, tenham órgãos distintos para as respectivas funções.

Art. 70. Fica mantida a atual competência dos tribunais estaduais até que a mesma seja definida na Constituição do Estado, nos termos do art. 125, § 1º, da Constituição.

Art. 71. É instituído, nos exercícios financeiros de 1994 e 1995, bem assim nos períodos de 1.1.1996 a 30.6.1997 e 1.7.1997 a 31.12.1999, o Fundo Social de Emergência, com o objetivo de saneamento financeiro da

ATO DAS DISPOSIÇÕES CONSTITUCIONAIS TRANSITÓRIAS — ART. 72

Fazenda Pública Federal e de estabilização econômica, cujos recursos serão aplicados prioritariamente no custeio das ações dos sistemas de saúde e educação, incluindo a complementação de recursos de que trata o § 3º do art. 60 do Ato das Disposições Constitucionais Transitórias, benefícios previdenciários e auxílios assistenciais de prestação continuada, inclusive liquidação de passivo previdenciário, e despesas orçamentárias associadas a programas de relevante interesse econômico e social.

(*) Art. 71 acrescido pela ECR nº 1, de 1º.3.1994, alterado pela EC nº 10, de 4.3.1996, e com redação dada pela EC nº 17, de 22.11.1997.
(*) Vide arts. 3º ao 5º da EC nº 17, de 22.11.1997.

§ 1º. Ao Fundo criado por este artigo não se aplica o disposto na parte final do inciso II do § 9º do art. 165 da Constituição.

(*) § 1º, primitivo parágrafo único, acrescido pela ECR nº 1, de 1.3.1994, e renumerado pela EC nº 10, de 4.3.1996.

§ 2º. O Fundo criado por este artigo passa a ser denominado Fundo de Estabilização Fiscal a partir do início do exercício financeiro de 1996.

(*) § 2º acrescido pela EC nº 10, de 4.3.1996.

§ 3º. O Poder Executivo publicará demonstrativo da execução orçamentária, de periodicidade bimestral, no qual se discriminarão as fontes e usos do Fundo criado por este artigo.

(*) § 3º acrescido pela EC nº 10, de 4.3.1996.

Art. 72. Integram o Fundo Social de Emergência:

(*) Art. 72, caput, acrescido pela ECR nº 1, de 1º.3.1994.
(*) Vide arts. 3º ao 5º da EC nº 17, de 22.11.1997.

I – o produto da arrecadação do imposto sobre a renda e proventos de qualquer natureza incidente na fonte sobre pagamentos efetuados, a qualquer título, pela União, inclusive suas autarquias e fundações;

(*) Inciso I acrescido pela ECR nº 1, de 1º.3.1994

II – a parcela do produto da arrecadação do imposto sobre a renda e proventos de qualquer natureza e do imposto sobre operações de crédito, câmbio e seguro, ou relativas a títulos ou valores mobiliários, decorrente das alterações produzidas pela Lei nº 8.894, de 21 de junho de 1994, e pelas Leis nºs 8.849 e 8.848, ambas de 28 de janeiro de 1994, e modificações posteriores;

(*) Inciso II acrescido pela ECR nº 1, de 1º.3.1994, e com redação dada pela EC nº 10, de 4.3.1996.

III – a parcela do produto da arrecadação resultante da elevação da alíquota da contribuição social sobre o lucro dos contribuintes a que se refere o § 1º do art. 22 da Lei nº 8.212, de 24 de julho de 1991, a qual, nos exercícios financeiros de 1994 e 1995, bem assim no período de 1º de janeiro de 1996 a 30 de junho de 1997, passa a ser de trinta por cento, sujeita a alteração por lei ordinária, mantidas as demais normas da Lei nº 7.689, de 15 de dezembro de 1988;

(*) Inciso III acrescido pela ECR nº 1, de 1º.3.1994, e com redação dada pela EC nº 10, de 4.3.1996.

IV – vinte por cento do produto da arrecadação de todos os impostos e contribuições da União, já instituídos ou a serem criados, excetuado o previsto nos incisos I, II e III, observado o disposto nos §§ 3º e 4º;

(*) Inciso IV acrescido pela ECR nº 1, de 1º.3.1994, e com redação dada pela EC nº 10, de 4.3.1996.

V – a parcela do produto da arrecadação da contribuição de que trata a Lei Complementar nº 7, de 7 de setembro de 1970, devida pelas pessoas jurídicas a que se refere o inciso III deste artigo, a qual será calculada, nos exercícios financeiros de 1994 e 1995, bem assim nos períodos de 1º de janeiro de 1996 a 30 de junho de 1997 e de 1º de julho de 1997 a 31 de dezembro de 1999, mediante a aplicação da alíquota de setenta e cinco centésimos por cento, sujeita a alteração por lei ordinária posterior, sobre a receita bruta operacional, como definida na legislação do imposto sobre a renda e proventos de qualquer natureza.

(*) Inciso V acrescido pela ECR nº 1, de 1º.3.1994, alterado pela EC nº 10, de 4.3.1996,

ART. 73

e com redação dada pela EC nº 17, de 22.11.1997.
(*) Vide art. 3º da EC nº 17, de 22.11.1997.

VI – outras receitas previstas em lei específica.
(*) Inciso VI acrescido pela ECR nº 1, de 1º.3.1994.

§ 1º. As alíquotas e a base de cálculo previstas nos incisos III e V aplicar-se-ão a partir do primeiro dia do mês seguinte aos noventa dias posteriores à promulgação desta Emenda.
(*) § 1º acrescido pela ECR nº 1, de 1º.3.1994.

§ 2º. As parcelas de que tratam os incisos I, II, III e V serão previamente deduzidas da base de cálculo de qualquer vinculação ou participação constitucional ou legal, não se lhes aplicando o disposto nos arts. 159, 212 e 239 da Constituição.
(*) § 2º acrescido pela ECR nº 1, de 1º.3.1994, e com redação dada pela EC nº 10, de 4.3.1996.

§ 3º. A parcela de que trata o inciso IV será previamente deduzida da base de cálculo das vinculações ou participações constitucionais previstas nos arts. 153, § 5º, 157, II, 212 e 239 da Constituição.
(*) § 3º acrescido pela ECR nº 1, de 1º.3.1994, e com redação dada pela EC nº 10, de 4.3.1996.

§ 4º. O disposto no parágrafo anterior não se aplica aos recursos previstos nos arts. 158, II, e 159 da Constituição.
(*) § 4º acrescido pela ECR nº 1, de 1º.3.1994, e com redação dada pela EC nº 10, de 4.3.1996.

§ 5º. A parcela dos recursos provenientes do imposto sobre a renda e proventos de qualquer natureza, destinada ao Fundo Social de Emergência, nos termos do inciso II deste artigo, não poderá exceder a cinco inteiros e seis décimos por cento do total do produto da sua arrecadação.
(*) § 5º acrescido pela ECR nº 1, de 1º.3.1994, e com redação dada pela EC nº 10, de 4.3.1996.

Art. 73. Na regulação do Fundo Social de Emergência não poderá ser utilizado o instrumento previsto no inciso V do art. 59 da Constituição.
(*) Art. 73 acrescido pela ECR nº 1, de 1º.3.1994.

Art. 74. A União poderá instituir contribuição provisória sobre movimentação ou transmissão de valores e de créditos e direitos de natureza financeira.
(*) Vide art. 84 do ADCT.

§ 1º. A alíquota da contribuição de que trata este artigo não excederá a vinte e cinco centésimos por cento, facultado ao Poder Executivo reduzi-la ou restabelecê-la, total ou parcialmente, nas condições e limites fixados em lei.
(*) Vide EC nº 21, de 18.3.1999, que alterou a referida alíquota.
(*) Vide art. 75 do ADCT.

§ 2º. À contribuição de que trata este artigo não se aplica o disposto nos arts. 153, § 5º, e 154, I, da Constituição.

§ 3º. O produto da arrecadação da contribuição de que trata este artigo será destinado integralmente ao Fundo Nacional de Saúde, para financiamento das ações e serviços de saúde.

§ 4º. A contribuição de que trata este artigo terá sua exigibilidade subordinada ao disposto no art. 195, § 6º, da Constituição, e não poderá ser cobrada por prazo superior a dois anos.
(*) Art. 74 acrescido pela EC nº 12, de 15.8.1996.

Art. 75. É prorrogada, por trinta e seis meses, a cobrança da contribuição provisória sobre movimentação ou transmissão de valores e de créditos e direitos de natureza financeira de que trata o art. 74, instituída pela Lei nº 9.311, de 24 de outubro de 1996, modificada pela Lei nº 9.539, de 12 de dezembro de 1997, cuja vigência é também prorrogada por idêntico prazo.
(*) Vide art. 84 do ADCT.

§ 1º. Observado o disposto no § 6º do art. 195 da Constituição Federal, a alíquota da contribuição será de trinta e oito centésimos por cento, nos primeiros doze meses,

ATO DAS DISPOSIÇÕES CONSTITUCIONAIS TRANSITÓRIAS — ART. 76-B

e de trinta centésimos, nos meses subsequentes, facultado ao Poder Executivo reduzi-la total ou parcialmente, nos limites aqui definidos.

§ 2º. O resultado do aumento da arrecadação, decorrente da alteração da alíquota, nos exercícios financeiros de 1999, 2000 e 2001, será destinado ao custeio da previdência social.

§ 3º. É a União autorizada a emitir títulos da dívida pública interna, cujos recursos serão destinados ao custeio da saúde e da previdência social, em montante equivalente ao produto da arrecadação da contribuição, prevista e não realizada em 1999.

(*) V. ADI nº 2.031-5, de 3.10.2002, que declara a inconstitucionalidade deste parágrafo.
(*) Art. 75 acrescido pela EC nº 21, de 18.3.1999.

Art. 76. São desvinculados de órgão, fundo ou despesa, até 31 de dezembro de 2024, 30% (trinta por cento) da arrecadação da União relativa às contribuições sociais, sem prejuízo do pagamento das despesas do Regime Geral de Previdência Social, às contribuições de intervenção no domínio econômico e às taxas, já instituídas ou que vierem a ser criadas até a referida data.

(*) Art. 76, caput, acrescido pela EC nº 27, de 21.3.2000, alterado pela EC nº 42, de 19.12.2003, pela EC nº 56, de 20.12.2007, pela EC nº 68, de 21.12.2011, e pela EC nº 93, de 8.9.2016, e com redação dada pela EC nº 126, de 21.12.2022.
(*) Vide § 4º deste artigo.

§ 1º. (Revogado).
(*) § 1º acrescido pela EC nº 27, de 21.3.2000, e revogado pela EC nº 93, de 8.9.2016.

§ 2º. Excetua-se da desvinculação de que trata o caput a arrecadação da contribuição social do salário-educação a que se refere o § 5º do art. 212 da Constituição Federal.

(*) § 2º acrescido pela EC nº 27, de 21.3.2000, e com redação dada pela EC nº 68, de 21.12.2011.

§ 3º. (Revogado).
(*) § 3º acrescido pela EC nº 59, de 11.11.2009, alterado pela EC nº 68, de 21.12.2011, e revogado pela EC nº 93, de 8.9.2016.

§ 4º. A desvinculação de que trata o caput não se aplica às receitas das contribuições sociais destinadas ao custeio da seguridade social.

(*) § 4º acrescido pela EC nº 103, de 12.11.2019.

Art. 76-A. São desvinculados de órgão, fundo ou despesa, até 31 de dezembro de 2032, 30% (trinta por cento) das receitas dos Estados e do Distrito Federal relativas a impostos, taxas e multas já instituídos ou que vierem a ser criados até a referida data, seus adicionais e respectivos acréscimos legais, e outras receitas correntes.

(*) Art. 76-A, caput, acrescido pela EC nº 93, de 8.9.2016, e com redação dada pela EC nº 132, de 20.12.2023.

Parágrafo único. Excetuam-se da desvinculação de que trata o caput:

I – recursos destinados ao financiamento das ações e serviços públicos de saúde e à manutenção e desenvolvimento do ensino de que tratam, respectivamente, os incisos II e III do § 2º do art. 198 e o art. 212 da Constituição Federal;

II – receitas que pertencem aos Municípios decorrentes de transferências previstas na Constituição Federal;

III – receitas de contribuições previdenciárias e de assistência à saúde dos servidores;

IV – demais transferências obrigatórias e voluntárias entre entes da Federação com destinação especificada em lei;

V – fundos instituídos pelo Poder Judiciário, pelos Tribunais de Contas, pelo Ministério Público, pelas Defensorias Públicas e pelas Procuradorias-Gerais dos Estados e do Distrito Federal.

(*) Parágrafo único acrescido pela EC nº 93, de 8.9.2016.

Art. 76-B. São desvinculados de órgão, fundo ou despesa, até 31 de dezembro de 2032, 30% (trinta por cento) das receitas dos Municípios relativas a impostos, taxas e multas, já instituídos ou que vierem a ser criados até a referida data, seus adicionais e respectivos acréscimos legais, e outras receitas correntes.

(*) Art. 76-B, caput, acrescido pela EC nº 93, de 8.9.2016, e com redação dada pela EC nº 132, de 20.12.2023.

ART. 77 ATO DAS DISPOSIÇÕES CONSTITUCIONAIS TRANSITÓRIAS

Parágrafo único. Excetuam-se da desvinculação de que trata o *caput*:

I – recursos destinados ao financiamento das ações e serviços públicos de saúde e à manutenção e desenvolvimento do ensino de que tratam, respectivamente, os incisos II e III do § 2º do art. 198 e o art. 212 da Constituição Federal;

II – receitas de contribuições previdenciárias e de assistência à saúde dos servidores;

III – transferências obrigatórias e voluntárias entre entes da Federação com destinação especificada em lei;

IV – fundos instituídos pelo Tribunal de Contas do Município.

(*) *Parágrafo único acrescido pela EC nº 93, de 8.9.2016.*

Art. 77. Até o exercício financeiro de 2004, os recursos mínimos aplicados nas ações e serviços públicos de saúde serão equivalentes:

I – no caso da União:

a) no ano 2000, o montante empenhado em ações e serviços públicos de saúde no exercício financeiro de 1999 acrescido de, no mínimo, cinco por cento;

b) do ano 2001 ao ano 2004, o valor apurado no ano anterior, corrigido pela variação nominal do Produto Interno Bruto – PIB;

II – no caso dos Estados e do Distrito Federal, doze por cento do produto da arrecadação dos impostos a que se refere o art. 155 e dos recursos de que tratam os arts. 157 e 159, inciso I, alínea "a", e inciso II*, deduzidas as parcelas que forem transferidas aos respectivos Municípios; e

♦ *V. Decreto nº 7.827, de 16.10.2012, que regulamenta a alínea "a" do inciso I e o inciso II do art. 159 da CF.*

III – no caso dos Municípios e do Distrito Federal, quinze por cento do produto da arrecadação dos impostos a que se refere o art. 156 e dos recursos de que tratam os arts. 158 e 159, inciso I, alínea "b"♦ e § 3º.

♦ *V. Decreto nº 7.827, de 16.10.2012, que regulamenta a alínea "b" do inciso I do art. 159 da CF.*

§ 1º. Os Estados, o Distrito Federal e os Municípios que apliquem percentuais inferiores aos fixados nos incisos II e III deverão elevá-los gradualmente, até o exercício financeiro de 2004, reduzida a diferença à razão de, pelo menos, um quinto por ano, sendo que, a partir de 2000, a aplicação será de pelo menos sete por cento.

§ 2º. Dos recursos da União apurados nos termos deste artigo, quinze por cento, no mínimo, serão aplicados nos Municípios, segundo o critério populacional, em ações e serviços básicos de saúde, na forma da lei.

§ 3º. Os recursos dos Estados, do Distrito Federal e dos Municípios destinados às ações e serviços públicos de saúde e os transferidos pela União para a mesma finalidade serão aplicados por meio de Fundo de Saúde que será acompanhado e fiscalizado por Conselho de Saúde, sem prejuízo do disposto no art. 74 da Constituição Federal.

§ 4º. Na ausência da lei complementar a que se refere o art. 198, § 3º, a partir do exercício financeiro de 2005, aplicar-se-á à União, aos Estados, ao Distrito Federal e aos Municípios o disposto neste artigo.

(*) *Art. 77 acrescido pela EC nº 29, de 13.9.2000.*

Art. 78. Ressalvados os créditos definidos em lei como de pequeno valor, os de natureza alimentícia, os de que trata o art. 33 deste Ato das Disposições Constitucionais Transitórias e suas complementações e os que já tiverem os seus respectivos recursos liberados ou depositados em juízo, os precatórios pendentes na data de promulgação desta Emenda e os que decorram de ações iniciais ajuizadas até 31 de dezembro de 1999 serão liquidados pelo seu valor real, em moeda corrente, acrescido de juros legais, em prestações anuais, iguais e sucessivas, no prazo máximo de dez anos, permitida a cessão dos créditos.

(*) *Vide arts. 86; e 97, § 15, do ADCT.*

§ 1º. É permitida a decomposição de parcelas, a critério do credor.

§ 2º. As prestações anuais a que se refere o *caput* deste artigo terão, se não liquidadas até o final do exercício a que se referem, poder liberatório do pagamento de tributos da entidade devedora.

(*) *Vide art. 6º da EC nº 62, de 9.12.2009.*

§ 3º. O prazo referido no *caput* deste artigo fica reduzido para dois anos, nos casos de precatórios judiciais originários de desapropriação de imóvel residencial do credor, desde que comprovadamente único à época da imissão na posse.

§ 4º. O Presidente do Tribunal competente deverá, vencido o prazo ou em caso de omissão no orçamento, ou preterição ao direito de precedência, a requerimento do credor, requisitar ou determinar o sequestro de recursos financeiros da entidade executada, suficientes à satisfação da prestação.
(*) *Art. 78 acrescido pela EC nº 30, de 13.9.2000.*

Art. 79. É instituído, para vigorar até o ano de 2010*, no âmbito do Poder Executivo Federal, o Fundo de Combate e Erradicação da Pobreza, a ser regulado por lei complementar com o objetivo de viabilizar a todos os brasileiros acesso a níveis dignos de subsistência, cujos recursos serão aplicados em ações suplementares de nutrição, habitação, educação, saúde, reforço de renda familiar e outros programas de relevante interesse social voltados para melhoria da qualidade de vida.
♦ *A EC nº 67, de 22.12.2010, prorroga, por tempo indeterminado, o prazo de vigência do Fundo de Combate e Erradicação da Pobreza e da Lei Complementar nº 111, de 6.7.2001.*
(*) *Vide art. 4º da EC nº 42, de 19.12.2003.*
(*) *V. Lei Complementar nº 111, de 6.7.2001 (Fundo de Combate e Erradicação da Pobreza).*

Parágrafo único. O Fundo previsto neste artigo terá Conselho Consultivo e de Acompanhamento que conte com a participação de representantes da sociedade civil, nos termos da lei.
(*) *Art 79 acrescido pela EC nº 31, de 14.12.2000.*

Art. 80. Compõem o Fundo de Combate e Erradicação da Pobreza:

I – a parcela do produto da arrecadação correspondente a um adicional de oito centésimos por cento, aplicável de 18 de junho de 2000 a 17 de junho de 2002, na alíquota da contribuição social de que trata o art. 75 do Ato das Disposições Constitucionais Transitórias;
(*) *Vide art. 84 do ADCT.*

II – a parcela do produto da arrecadação correspondente a um adicional de cinco pontos percentuais na alíquota do Imposto sobre Produtos Industrializados – IPI, ou do imposto que vier a substituí-lo, incidente sobre produtos supérfluos e aplicável até a extinção do Fundo;
(*) *A EC nº 132, de 20.12.2023, em seu art. 22, II, "b", revoga este inciso II a partir de 2033.*

III – o produto da arrecadação do imposto de que trata o art. 153, inciso VII, da Constituição;

IV – dotações orçamentárias;

V – doações, de qualquer natureza, de pessoas físicas ou jurídicas do País ou do exterior;

VI – outras receitas, a serem definidas na regulamentação do referido Fundo.

§ 1º. Aos recursos integrantes do Fundo de que trata este artigo não se aplica o disposto nos arts. 159 e 167, inciso IV, da Constituição, assim como qualquer desvinculação de recursos orçamentários.

§ 2º. A arrecadação decorrente do disposto no inciso I deste artigo, no período compreendido entre 18 de junho de 2000 e o início da vigência da lei complementar a que se refere o art. 79, será integralmente repassada ao Fundo, preservado o seu valor real, em títulos públicos federais, progressivamente resgatáveis após 18 de junho de 2002, na forma da lei.
(*) *Art. 80 acrescido pela EC nº 31, de 14.12.2000.*

Art. 81. É instituído Fundo constituído pelos recursos recebidos pela União em decorrência da desestatização de sociedades de economia mista ou empresas públicas por ela controladas, direta ou indiretamente, quando a operação envolver a alienação do respectivo controle acionário a pessoa ou entidade não integrante da Administração Pública, ou de participação societária remanescente após alienação, cujos rendimentos, gerados a partir de 18 de junho de 2002, reverterão ao Fundo de Combate e Erradicação da Pobreza*.
♦ *A EC nº 67, de 22.12.2010, prorroga, por tempo indeterminado, o prazo de vigência do Fundo de Combate e Erradição da Pobreza.*

ART. 82 — ATO DAS DISPOSIÇÕES CONSTITUCIONAIS TRANSITÓRIAS

§ 1º. Caso o montante anual previsto nos rendimentos transferidos ao Fundo de Combate e Erradicação da Pobreza, na forma deste artigo, não alcance o valor de quatro bilhões de reais, far-se-á complementação na forma do art. 80, inciso IV, do Ato das Disposições Constitucionais Transitórias.

§ 2º. Sem prejuízo do disposto no § 1º, o Poder Executivo poderá destinar ao Fundo a que se refere este artigo outras receitas decorrentes da alienação de bens da União.

(*) V. Lei nº 14.011, de 10.6.2020.

§ 3º. A constituição do Fundo a que se refere o caput, a transferência de recursos ao Fundo de Combate e Erradicação da Pobreza e as demais disposições referentes ao § 1º deste artigo serão disciplinadas em lei, não se aplicando o disposto no art. 165, § 9º, inciso II, da Constituição.

(*) Art. 81 acrescido pela EC nº 31, de 14.12.2000.

Art. 82. Os Estados, o Distrito Federal e os Municípios devem instituir Fundos de Combate à Pobreza, com os recursos de que trata este artigo e outros que vierem a destinar, devendo os referidos Fundos ser geridos por entidades que contem com a participação da sociedade civil.

(*) Art. 82, caput, acrescido pela EC nº 31, de 14.12.2000.

(*) A EC nº 132, de 20.12.2023, em seu art. 5º, altera o caput deste art. 82 para, a partir de 2033, nos termos do seu art. 23, II, vigorar com a seguinte redação: **Art. 82.** Os Estados, o Distrito Federal e os Municípios devem instituir Fundos de Combate à Pobreza, devendo os referidos Fundos ser geridos por entidades que contem com a participação da sociedade civil.[...].

§ 1º. Para o financiamento dos Fundos Estaduais e Distrital, poderá ser criado adicional de até dois pontos percentuais na alíquota do Imposto sobre Circulação de Mercadorias e Serviços – ICMS, sobre os produtos e serviços supérfluos e nas condições definidas na lei complementar de que trata o art. 155, § 2º, XII, da Constituição, não se aplicando, sobre este percentual, o disposto no art. 158, IV, da Constituição.

(*) § 1º acrescido pela EC nº 31, de 14.12.2000, e com redação dada pela EC nº 42, de 19.12.2003.

(*) A EC nº 132, de 20.12.2023, em seu art. 5º, altera este § 1º para, a partir de 2033, nos termos de seu art. 23, II, vigorar com a seguinte redação: **Art. 82.** [...] § 1º. Para o financiamento dos Fundos Estaduais, Distrital e Municipais, poderá ser destinado percentual do imposto previsto no art. 156-A da Constituição Federal e dos recursos distribuídos nos termos dos arts. 131 e 132 deste Ato das Disposições Constitucionais Transitórias, nos limites definidos em lei complementar, não se aplicando, sobre estes valores, o disposto no art. 158, IV, da Constituição Federal. [...].

§ 2º. Para o financiamento dos Fundos Municipais, poderá ser criado adicional de até meio ponto percentual na alíquota do Imposto sobre Serviços ou do imposto que vier a substituí-lo, sobre serviços supérfluos.

(*) § 2º acrescido pela EC nº 31, de 14.12.2000.

(*) A EC nº 132, de 20.12.2023, em seu art. 22, II, "b", revoga este §2º a partir de 2033.

Art. 83. Lei federal definirá os produtos e serviços supérfluos a que se referem os arts. 80, II, e 82, § 2º.

(*) Art. 83 acrescido pela EC nº 31, de 14.12.2000, e com redação dada pela EC nº 42, de 19.12.2003.

(*) A EC nº 132, de 20.12.2023, em seu art. 22, II, "b", revoga este art. 83 a partir de 2033.

Art. 84. A contribuição provisória sobre movimentação ou transmissão de valores e de créditos e direitos de natureza financeira, prevista nos arts. 74, 75 e 80, I, deste Ato das Disposições Constitucionais Transitórias, será cobrada até 31 de dezembro de 2004.

(*) Art. 84, caput, acrescido pela EC nº 37, de 12.6.2002.

(*) Vide art. 90 do ADCT.

§ 1º. Fica prorrogada, até a data referida no caput deste artigo, a vigência da Lei nº 9.311, de 24 de outubro de 1996, e suas alterações.

(*) § 1º acrescido pela EC nº 37, de 12.6.2002.

§ 2º. Do produto da arrecadação da contribuição social de que trata este artigo será destinada a parcela correspondente à alíquota de:

I – vinte centésimos por cento ao Fundo Nacional de Saúde, para financiamento das ações e serviços de saúde;

II – dez centésimos por cento ao custeio da previdência social;

III – oito centésimos por cento ao Fundo de Combate e Erradicação da Pobreza, de que tratam os arts. 80 e 81 deste Ato das Disposições Constitucionais Transitórias.
(*) § 2º acrescido pela EC nº 37, de 12.6.2002.

§ 3º. A alíquota da contribuição de que trata este artigo será de:
(*) 3º, caput, acrescido pela EC nº 37, de 12.6.2002.

I – trinta e oito centésimos por cento, nos exercícios financeiros de 2002 e 2003;
(*) Inciso I acrescido pela EC nº 37, de 12.6.2002.

II – (revogado).
(*) Inciso II acrescido pela EC nº 37, de 12.6.2002, e revogado pela EC nº 42, de 19.12.2003.

Art. 85. A contribuição a que se refere o art. 84 deste Ato das Disposições Constitucionais Transitórias não incidirá, a partir do trigésimo dia da data de publicação desta Emenda Constitucional, nos lançamentos:

I – em contas correntes de depósito especialmente abertas e exclusivamente utilizadas para operações de:

a) câmaras e prestadoras de serviços de compensação e de liquidação de que trata o parágrafo único do art. 2º da Lei nº 10.214, de 27 de março de 2001;

b) companhias securitizadoras de que trata a Lei nº 9.514, de 20 de novembro de 1997;

c) sociedades anônimas que tenham por objeto exclusivo a aquisição de créditos oriundos de operações praticadas no mercado financeiro;

II – em contas correntes de depósito, relativos a:

a) operações de compra e venda de ações, realizadas em recintos ou sistemas de negociação de bolsas de valores e no mercado de balcão organizado;

b) contratos referenciados em ações ou índices de ações, em suas diversas modalidades, negociados em bolsas de valores, de mercadorias e de futuros;

III – em contas de investidores estrangeiros, relativos a entradas no País e a remessas para o exterior de recursos financeiros empregados, exclusivamente, em operações e contratos referidos no inciso II deste artigo.

§ 1º. O Poder Executivo disciplinará o disposto neste artigo no prazo de trinta dias da data de publicação desta Emenda Constitucional.

§ 2º. O disposto no inciso I deste artigo aplica-se somente às operações relacionadas em ato do Poder Executivo, dentre aquelas que constituam o objeto social das referidas entidades.

§ 3º. O disposto no inciso II deste artigo aplica-se somente a operações e contratos efetuados por intermédio de instituições financeiras, sociedades corretoras de títulos e valores mobiliários, sociedades distribuidoras de títulos e valores mobiliários e sociedades corretoras de mercadorias.
(*) Art. 85 acrescido pela EC nº 37, de 12.6.2002.

Art. 86. Serão pagos conforme disposto no art. 100 da Constituição Federal, não se lhes aplicando a regra de parcelamento estabelecida no *caput* do art. 78 deste Ato das Disposições Constitucionais Transitórias, os débitos da Fazenda Federal, Estadual, Distrital ou Municipal oriundos de sentenças transitadas em julgado, que preencham, cumulativamente, as seguintes condições:

I – ter sido objeto de emissão de precatórios judiciários;

II – ter sido definidos como de pequeno valor pela lei de que trata o § 3º do art. 100 da Constituição Federal ou pelo art. 87 deste Ato das Disposições Constitucionais Transitórias;

III – estar, total ou parcialmente, pendentes de pagamento na data da publicação desta Emenda Constitucional.

§ 1º. Os débitos a que se refere o *caput* deste artigo, ou os respectivos saldos, serão pagos na ordem cronológica de apresentação dos respectivos precatórios, com precedência sobre os de maior valor.

§ 2º. Os débitos a que se refere o *caput* deste artigo, se ainda não tiverem sido objeto de pagamento parcial, nos termos do art. 78 deste Ato das Disposições Constitucionais Transitórias, poderão ser pagos em duas parcelas anuais, se assim dispuser a lei.

§ 3º. Observada a ordem cronológica de sua apresentação, os débitos de natureza alimentícia previstos neste artigo terão pre-

ART. 87 — ATO DAS DISPOSIÇÕES CONSTITUCIONAIS TRANSITÓRIAS

cedência para pagamento sobre todos os demais.

(*) Art. 86 acrescido pela EC nº 37, de 12.6.2002.

Art. 87. Para efeito do que dispõem o § 3º do art. 100 da Constituição Federal e o art. 78 deste Ato das Disposições Constitucionais Transitórias serão considerados de pequeno valor, até que se dê a publicação oficial das respectivas leis definidoras pelos entes da Federação, observado o disposto no 4º do art. 100 da Constituição Federal, os débitos ou obrigações consignados em precatório judiciário, que tenham valor igual ou inferior a:

I – quarenta salários mínimos, perante a Fazenda dos Estados e do Distrito Federal;

II – trinta salários mínimos, perante a Fazenda dos Municípios.

Parágrafo único. Se o valor da execução ultrapassar o estabelecido neste artigo, o pagamento far-se-á, sempre, por meio de precatório, sendo facultada à parte exequente a renúncia ao crédito do valor excedente, para que possa optar pelo pagamento do saldo sem o precatório, da forma prevista no § 3º do art. 100.

(*) Art. 87 acrescido pela EC nº 37, de 12.6.2002.

Art. 88. Enquanto lei complementar não disciplinar o disposto nos incisos I e III do § 3º do art. 156 da Constituição Federal, o imposto a que se refere o inciso III do *caput* do mesmo artigo:

I – terá alíquota mínima de dois por cento, exceto para os serviços a que se referem os itens 32, 33 e 34 da Lista de Serviços anexa ao Decreto-Lei nº 406, de 31 de dezembro de 1968;

(*) V. Lei Complementar nº 116, de 31.7.2003 (Imposto Sobre Serviços de Qualquer Natureza, de competência dos Municípios e do Distrito Federal).

II – não será objeto de concessão de isenções, incentivos e benefícios fiscais, que resulte, direta ou indiretamente, na redução da alíquota mínima estabelecida no inciso I.

(*) Art. 88 acrescido pela EC nº 37, de 12.6.2002.

Art. 89. Os integrantes da carreira policial militar e os servidores municipais do ex-Território Federal de Rondônia que, comprovadamente, se encontravam no exercício regular de suas funções prestando serviço àquele ex-Território na data em que foi transformado em Estado, bem como os servidores e os policiais militares alcançados pelo disposto no art. 36 da Lei Complementar nº 41, de 22 de dezembro de 1981, e aqueles admitidos regularmente nos quadros do Estado de Rondônia até a data de posse do primeiro Governador eleito, em 15 de março de 1987, constituirão, mediante opção, quadro em extinção da administração federal, assegurados os direitos e as vantagens a eles inerentes, vedado o pagamento, a qualquer título, de diferenças remuneratórias.

(*) Art. 89, caput, acrescido pela EC nº 38, de 12.6.2002, e com redação dada pela EC nº 60, de 11.11.2009♦.

♦ O art. 1º da EC nº 60, de 11.11.2009, veda o pagamento, a qualquer título, em virtude da alteração deste artigo, de ressarcimentos ou indenizações, de qualquer espécie, referentes a períodos anteriores à data da publicação da EC nº 60.

(*) Vide arts. 2º ao 9º da EC nº 79, de 27.5.2014.

(*) V. Lei nº 13.681, de 18.6.2018.

§ 1º. Os membros da Polícia Militar continuarão prestando serviços ao Estado de Rondônia, na condição de cedidos, submetidos às corporações da Polícia Militar, observadas as atribuições de função compatíveis com o grau hierárquico.

(*) § 1º, primitivo parágrafo único, acrescido pela EC nº 38, de 12.6.2002, renumerado e com redação dada pela EC nº 60, de 11.11.2009.

§ 2º. Os servidores a que se refere o *caput* continuarão prestando serviços ao Estado de Rondônia na condição de cedidos, até seu aproveitamento em órgão ou entidade da administração federal direta, autárquica ou fundacional.

(*) § 2º acrescido pela EC nº 60, de 11.11.2009.
(*) V. Lei nº 13.681, de 18.6.2018.

Art. 90. O prazo previsto no *caput* do art. 84 deste Ato das Disposições Constucionais Transitórias fica prorrogado até 31 de dezembro de 2007.

§ 1º. Fica prorrogada, até a data referida no *caput* deste artigo, a vigência da Lei nº 9.311, de 24 de outubro de 1996, e suas alterações.

§ 2º. Até a data referida no *caput* deste artigo, a alíquota da contribuição de que trata o art. 84 deste Ato das Disposições Constitucionais Transitórias será de trinta e oito centésimos por cento.

(*) *Art. 90 acrescido pela EC nº 42, de 19.12.2003.*

Art. 91. (Revogado).

(*) *Art. 91 acrescido pela EC nº 42, de 19.12.2003, e revogado pela EC nº 109, de 15.3.2021.*

Art. 92.
São acrescidos dez anos ao prazo fixado no art. 40 deste Ato das Disposições Constitucionais Transitórias.

(*) *Art. 92 acrescido pela EC nº 42, de 19.12.2003.*

Art. 92-A.
São acrescidos 50 (cinquenta) anos ao prazo fixado pelo art. 92 deste Ato das Disposições Constitucionais Transitórias.

(*) *Art. 92-A acrescido pela EC nº 83, de 5.8.2014.*

Art. 92-B.
As leis instituidoras dos tributos previstos nos arts. 156-A e 195, V, da Constituição Federal estabelecerão os mecanismos necessários, com ou sem contrapartidas, para manter, em caráter geral, o diferencial competitivo assegurado à Zona Franca de Manaus pelos arts. 40 e 92-A e às áreas de livre comércio existentes em 31 de maio de 2023, nos níveis estabelecidos pela legislação relativa aos tributos extintos a que se referem os arts. 126 a 129, todos deste Ato das Disposições Constitucionais Transitórias.

§ 1º. Para assegurar o disposto no *caput*, serão utilizados, isolada ou cumulativamente, instrumentos fiscais, econômicos ou financeiros.

§ 2º. Lei complementar instituirá Fundo de Sustentabilidade e Diversificação Econômica do Estado do Amazonas, que será constituído com recursos da União e por ela gerido, com a efetiva participação do Estado do Amazonas na definição das políticas, com o objetivo de fomentar o desenvolvimento e a diversificação das atividades econômicas no Estado.

§ 3º. A lei complementar de que trata o § 2º:

I – estabelecerá o montante mínimo de aporte anual de recursos ao Fundo, bem como os critérios para sua correção;

II – preverá a possibilidade de utilização dos recursos do Fundo para compensar eventual perda de receita do Estado do Amazonas em função das alterações no sistema tributário decorrentes da instituição dos tributos previstos nos arts. 156-A e 195, V, da Constituição Federal.

§ 4º. A União, mediante acordo com o Estado do Amazonas, poderá reduzir o alcance dos instrumentos previstos no § 1º, condicionado ao aporte de recursos adicionais ao Fundo de que trata o § 2º, asseguradas a diversificação das atividades econômicas e a antecedência mínima de 3 (três) anos.

§ 5º. Não se aplica aos mecanismos previstos no *caput* o disposto nos incisos III e IV do *caput* do art. 149-B da Constituição Federal.

§ 6º. Lei complementar instituirá Fundo de Desenvolvimento Sustentável dos Estados da Amazônia Ocidental e do Amapá, que será constituído com recursos da União e por ela gerido, com a efetiva participação desses Estados na definição das políticas, com o objetivo de fomentar o desenvolvimento e a diversificação de suas atividades econômicas.

§ 7º. O Fundo de que trata o § 6º será integrado pelos Estados onde estão localizadas as áreas de livre comércio de que trata o *caput* e observará, no que couber, o disposto no § 3º, I e II, sendo, quanto a este inciso, considerados os respectivos Estados, e no § 4º.

(*) *Art. 92-B acrescido pela EC nº 132, de 20.12.2023.*

Art. 93.
A vigência do disposto no art. 159, III, e § 4º, iniciará somente após a edição da lei de que trata o referido inciso III.

(*) *Art. 93 acrescido pela EC nº 42, de 19.12.2003.*

ART. 94 — ATO DAS DISPOSIÇÕES CONSTITUCIONAIS TRANSITÓRIAS

Art. 94. Os regimes especiais de tributação para microempresas e empresas de pequeno porte próprios da União, dos Estados, do Distrito Federal e dos Municípios cessarão a partir da entrada em vigor do regime previsto no art. 146, III, "d", da Constituição.
(*) *Art. 94 acrescido pela EC nº 42, de 19.12.2003.*

Art. 95. Os nascidos no estrangeiro entre 7 de junho de 1994 e a data da promulgação desta Emenda Constitucional, filhos de pai brasileiro ou mãe brasileira, poderão ser registrados em repartição diplomática ou consular brasileira competente ou em ofício de registro, se vierem a residir na República Federativa do Brasil.
(*) *Art. 95 acrescido pela EC nº 54, de 20.9.2007.*
(*) *V. Lei nº 13.445, de 24.5.2017 (Lei de Migração).*

Art. 96. Ficam convalidados os atos de criação, fusão, incorporação e desmembramento de Municípios, cuja lei tenha sido publicada até 31 de dezembro de 2006, atendidos os requisitos estabelecidos na legislação do respectivo Estado à época de sua criação.
(*) *Art. 96 acrescido pela EC nº 57, de 18.12.2008.*

Art. 97. Até que seja editada a lei complementar de que trata o § 15 do art. 100* da Constituição Federal, os Estados, o Distrito Federal e os Municípios que, na data de publicação desta Emenda Constitucional, estejam em mora na quitação de precatórios vencidos, relativos às suas administrações direta e indireta, inclusive os emitidos durante o período de vigência do regime especial instituído por este artigo, farão esses pagamentos de acordo com as normas a seguir estabelecidas, sendo inaplicável o disposto no art. 100 desta Constituição Federal, exceto em seus §§ 2º, 3º, 9º, 10, 11, 12, 13 e 14, e sem prejuízo dos acordos de juízos conciliatórios já formalizados na data de promulgação desta Emenda Constitucional.
♦ *A ADI nº 4.425, em julgamento conjunto das ADIs nºs 4.357, 4.372, 4.400 e 4.428, de inconstitucionalidade da EC nº 62, declarou,* dentre outros, a inconstitucionalidade dos §§ 9º, 10 e 15 do art. 100 da CF.
(*) *Vide arts. 3º ao 6º da EC nº 62, de 9.12.2009.*

§ 1º. Os Estados, o Distrito Federal e os Municípios sujeitos ao regime especial de que trata este artigo optarão, por meio de ato do Poder Executivo:
I – pelo depósito em conta especial do valor referido pelo § 2º deste artigo; ou
II – pela adoção do regime especial pelo prazo de até 15 (quinze) anos, caso em que o percentual a ser depositado na conta especial a que se refere o § 2º deste artigo corresponderá, anualmente, ao saldo total dos precatórios devidos, acrescido do índice oficial de remuneração básica da caderneta de poupança e de juros simples no mesmo percentual de juros incidentes sobre a caderneta de poupança para fins de compensação da mora, excluída a incidência de juros compensatórios, diminuído das amortizações e dividido pelo número de anos restantes no regime especial de pagamento.
(*) *Vide § 10 deste artigo.*

§ 2º. Para saldar os precatórios, vencidos e a vencer, pelo regime especial, os Estados, o Distrito Federal e os Municípios devedores depositarão mensalmente, em conta especial criada para tal fim, 1/12 (um doze avos) do valor calculado percentualmente sobre as respectivas receitas correntes líquidas, apuradas no segundo mês anterior ao mês de pagamento, sendo que esse percentual, calculado no momento de opção pelo regime e mantido fixo até o final do prazo a que se refere o § 14 deste artigo, será:
(*) *Vide § 10 deste artigo.*

I – para os Estados e para o Distrito Federal:
a) de, no mínimo, 1,5% (um inteiro e cinco décimos por cento), para os Estados das regiões Norte, Nordeste e Centro-Oeste, além do Distrito Federal, ou cujo estoque de precatórios pendentes das suas administrações direta e indireta corresponder a até 35% (trinta e cinco por cento) do total da receita corrente líquida;
b) de, no mínimo, 2% (dois por cento), para os Estados das regiões Sul e Sudeste, cujo estoque de precatórios pendentes das

ATO DAS DISPOSIÇÕES CONSTITUCIONAIS TRANSITÓRIAS — ART. 97

suas administrações direta e indireta corresponder a mais de 35% (trinta e cinco por cento) da receita corrente líquida;

II – para Municípios:

a) de, no mínimo, 1% (um por cento), para Municípios das regiões Norte, Nordeste e Centro-Oeste, ou cujo estoque de precatórios pendentes das suas administrações direta e indireta corresponder a até 35% (trinta e cinco por cento) da receita corrente líquida;

b) de, no mínimo, 1,5% (um inteiro e cinco décimos por cento), para Municípios das regiões Sul e Sudeste, cujo estoque de precatórios pendentes das suas administrações direta e indireta corresponder a mais de 35% (trinta e cinco por cento) da receita corrente líquida.

§ 3º. Entende-se como receita corrente líquida, para os fins de que trata este artigo, o somatório das receitas tributárias, patrimoniais, industriais, agropecuárias, de contribuições e de serviços, transferências correntes e outras receitas correntes, incluindo as oriundas do § 1º do art. 20 da Constituição Federal, verificado no período compreendido pelo mês de referência e os 11 (onze) meses anteriores, excluídas as duplicidades, e deduzidas:

I – nos Estados, as parcelas entregues aos Municípios por determinação constitucional;

II – nos Estados, no Distrito Federal e nos Municípios, a contribuição dos servidores para custeio do seu sistema de previdência e assistência social e as receitas provenientes da compensação financeira referida no § 9º do art. 201 da Constituição Federal.

§ 4º. As contas especiais de que tratam os §§ 1º e 2º serão administradas pelo Tribunal de Justiça local, para pagamento de precatórios expedidos pelos tribunais.

§ 5º. Os recursos depositados nas contas especiais de que tratam os §§ 1º e 2º deste artigo não poderão retornar para Estados, Distrito Federal e Municípios devedores.

§ 6º. Pelo menos 50% (cinquenta por cento) dos recursos de que tratam os §§ 1º e 2º deste artigo serão utilizados para pagamento de precatórios em ordem cronológica de apresentação, respeitadas as preferências definidas no § 1º, para os requisitórios do mesmo ano e no § 2º do art. 100, para requisitórios de todos os anos.

(*) Vide § 10 deste artigo.

§ 7º. Nos casos em que não se possa estabelecer a precedência cronológica entre 2 (dois) precatórios, pagar-se-á primeiramente o precatório de menor valor.

§ 8º. A aplicação dos recursos restantes dependerá de opção a ser exercida por Estados, Distrito Federal e Municípios devedores, por ato do Poder Executivo, obedecendo à seguinte forma, que poderá ser aplicada isoladamente ou simultaneamente:

I – destinados ao pagamento dos precatórios por meio do leilão;

(*) Vide § 9º deste artigo.

II – destinados a pagamento a vista de precatórios não quitados na forma do § 6º e do inciso I, em ordem única e crescente de valor por precatório;

III – destinados a pagamento por acordo direto com os credores, na forma estabelecida por lei própria da entidade devedora, que poderá prever criação e forma de funcionamento de câmara de conciliação.

§ 9º. Os leilões de que trata o inciso I do § 8º deste artigo:

I – serão realizados por meio de sistema eletrônico administrado por entidade autorizada pela Comissão de Valores Mobiliários ou pelo Banco Central do Brasil;

II – admitirão a habilitação de precatórios, ou parcela de cada precatório indicada pelo seu detentor, em relação aos quais não esteja pendente, no âmbito do Poder Judiciário, recurso ou impugnação de qualquer natureza, permitida por iniciativa do Poder Executivo a compensação com débitos líquidos e certos, inscritos ou não em dívida ativa e constituídos contra devedor originário pela Fazenda Pública devedora até a data da expedição do precatório, ressalvados aqueles cuja exigibilidade esteja suspensa nos termos da legislação, ou que já tenham sido objeto de abatimento nos termos do § 9º do art. 100 da Constituição Federal*;

♦ A ADI nº 4.425, em julgamento conjunto das ADI nºs 4.357, 4.372, 4.400 e 4.428, de inconstitucionalidade da EC nº 62, declarou, dentre outros, a inconstitucionalidade dos §§ 9º, 10 e 15 do art. 100 da CF.

III – ocorrerão por meio de oferta pública a todos os credores habilitados pelo respectivo ente federativo devedor;

IV – considerarão automaticamente habilitado o credor que satisfaça o que consta no inciso II;

V – serão realizados tantas vezes quanto necessário em função do valor disponível;

VI – a competição por parcela do valor total ocorrerá a critério do credor, com deságio sobre o valor desta;

VII – ocorrerão na modalidade deságio, associado ao maior volume ofertado cumulado ou não com o maior percentual de deságio, pelo maior percentual de deságio, podendo ser fixado valor máximo por credor, ou por outro critério a ser definido em edital;

VIII – o mecanismo de formação de preço constará nos editais publicados para cada leilão;

IX – a quitação parcial dos precatórios será homologada pelo respectivo Tribunal que o expediu.

§ 10. No caso de não liberação tempestiva dos recursos de que tratam o inciso II do § 1º e os §§ 2º e 6º deste artigo:

I – haverá o sequestro de quantia nas contas de Estados, Distrito Federal e Municípios devedores, por ordem do Presidente do Tribunal referido no § 4º, até o limite do valor não liberado;

II – constituir-se-á, alternativamente, por ordem do Presidente do Tribunal requerido, em favor dos credores de precatórios, contra Estados, Distrito Federal e Municípios devedores, direito líquido e certo, autoaplicável e independentemente de regulamentação, à compensação automática com débitos líquidos lançados por esta contra aqueles, e, havendo saldo em favor do credor, o valor terá automaticamente poder liberatório do pagamento de tributos de Estados, Distrito Federal e Municípios devedores, até onde se compensarem;

III – o chefe do Poder Executivo responderá na forma da legislação de responsabilidade fiscal e de improbidade administrativa;

IV – enquanto perdurar a omissão, a entidade devedora:

a) não poderá contrair empréstimo externo ou interno;

b) ficará impedida de receber transferências voluntárias;

V – a União reterá os repasses relativos ao Fundo de Participação dos Estados e do Distrito Federal e ao Fundo de Participação dos Municípios, e os depositará nas contas especiais referidas no § 1º, devendo sua utilização obedecer ao que prescreve o § 5º, ambos deste artigo.

§ 11. No caso de precatórios relativos a diversos credores, em litisconsórcio, admite-se o desmembramento do valor, realizado pelo Tribunal de origem do precatório, por credor, e, por este, a habilitação do valor total a que tem direito, não se aplicando, neste caso, a regra do § 3º do art. 100 da Constituição Federal.

§ 12. Se a lei a que se refere o § 4º do art. 100 não estiver publicada em até 180 (cento e oitenta) dias, contados da data de publicação desta Emenda Constitucional, será considerado, para os fins referidos, em relação a Estados, Distrito Federal e Municípios devedores, omissos na regulamentação, o valor de:

I – 40 (quarenta) salários mínimos para Estados e para o Distrito Federal;

II – 30 (trinta) salários mínimos para Municípios.

§ 13. Enquanto Estados, Distrito Federal e Municípios devedores estiverem realizando pagamentos de precatórios pelo regime especial, não poderão sofrer sequestro de valores, exceto no caso de não liberação tempestiva dos recursos de que tratam o inciso II do § 1º e o § 2º deste artigo.

§ 14. O regime especial de pagamento de precatório previsto no inciso I do § 1º vigorará enquanto o valor dos precatórios devidos for superior ao valor dos recursos vinculados, nos termos do § 2º, ambos deste artigo, ou pelo prazo fixo de até 15 (quinze) anos, no caso da opção prevista no inciso II do § 1º.

§ 15. Os precatórios parcelados na forma do art. 33 ou do art. 78 deste Ato das Disposições Constitucionais Transitórias e ainda pendentes de pagamento ingressarão no regime especial com o valor atualizado das parcelas não pagas relativas a cada precatório, bem como o saldo dos acordos judiciais e extrajudiciais.

ATO DAS DISPOSIÇÕES CONSTITUCIONAIS TRANSITÓRIAS — ART. 101

§ 16. A partir da promulgação desta Emenda Constitucional, a atualização de valores de requisitórios, até o efetivo pagamento, independentemente de sua natureza, será feita pelo índice oficial de remuneração básica da caderneta de poupança, e, para fins de compensação da mora, incidirão juros simples no mesmo percentual de juros incidentes sobre a caderneta de poupança, ficando excluída a incidência de juros compensatórios.

§ 17. O valor que exceder o limite previsto no § 2º do art. 100 da Constituição Federal será pago, durante a vigência do regime especial, na forma prevista nos §§ 6º e 7º ou nos incisos I, II e III do § 8° deste artigo, devendo os valores dispendidos para o atendimento do disposto no § 2º do art. 100 da Constituição Federal serem computados para efeito do § 6º deste artigo.

§ 18. Durante a vigência do regime especial a que se refere este artigo, gozarão também da preferência a que se refere o § 6º os titulares originais de precatórios que tenham completado 60 (sessenta) anos de idade até a data da promulgação desta Emenda Constitucional.

(*) Art. 97 acrescido pela EC nº 62, de 9.12.2009.

Art. 98. O número de defensores públicos na unidade jurisdicional será proporcional à efetiva demanda pelo serviço da Defensoria Pública e à respectiva população.

§ 1º. No prazo de 8 (oito) anos, a União, os Estados e o Distrito Federal deverão contar com defensores públicos em todas as unidades jurisdicionais, observado o disposto no caput deste artigo.

§ 2º. Durante o decurso do prazo previsto no § 1º deste artigo, a lotação dos defensores públicos ocorrerá, prioritariamente, atendendo as regiões com maiores índices de exclusão social e adensamento populacional.

(*) Art. 98 acrescido pela EC nº 80, de 4.6.2014.

Art. 99. Para efeito do disposto no inciso VII do § 2º do art. 155, no caso de operações e prestações que destinem bens e serviços a consumidor final não contribuinte localizado em outro Estado, o imposto correspondente à diferença entre a alíquota interna e a interestadual será partilhado entre os Estados de origem e de destino, na seguinte proporção:

I – para o ano de 2015: 20% (vinte por cento) para o Estado de destino e 80% (oitenta por cento) para o Estado de origem;

II – para o ano de 2016: 40% (quarenta por cento) para o Estado de destino e 60% (sessenta por cento) para o Estado de origem;

III – para o ano de 2017: 60% (sessenta por cento) para o Estado de destino e 40% (quarenta por cento) para o Estado de origem;

IV – para o ano de 2018: 80% (oitenta por cento) para o Estado de destino e 20% (vinte por cento) para o Estado de origem;

V – a partir do ano de 2019: 100% (cem por cento) para o Estado de destino.

(*) Art. 99 acrescido pela EC nº 87, de 16.4.2015.

Art. 100. Até que entre em vigor a lei complementar de que trata o inciso II do § 1º do art. 40 da Constituição Federal, os Ministros do Supremo Tribunal Federal, dos Tribunais Superiores e o Tribunal de Contas da União aposentar-se-ão, compulsoriamente, aos 75 (setenta e cinco) anos de idade, nas condições do art. 52 da Constituição Federal.

(*) Art. 100 acrescido pela EC nº 88, de 7.5.2015.

Art. 101. Os Estados, o Distrito Federal e os Municípios que, em 25 de março de 2015, se encontravam em mora no pagamento de seus precatórios quitarão, até 31 de dezembro de 2029, seus débitos vencidos e os que vencerão dentro desse período, atualizados pelo Índice Nacional de Preços ao Consumidor Amplo Especial (IPCA-E), ou por outro índice que venha a substituí-lo, depositando mensalmente em conta especial do Tribunal de Justiça local, sob única e exclusiva administração deste, 1/12 (um doze avos) do valor calculado percentualmente sobre suas receitas correntes líquidas apuradas no segundo mês anterior ao mês de pagamento, em percentual suficiente para a quitação de seus débitos e, ainda que variável, nunca inferior, em cada exercício, ao percentual praticado na data da entrada em vigor do regime especial a que se refere este artigo, em conformidade com plano de pa-

ART. 101
ATO DAS DISPOSIÇÕES CONSTITUCIONAIS TRANSITÓRIAS

gamento a ser anualmente apresentado ao Tribunal de Justiça local.

(*) *Art. 101, caput, acrescido pela EC n° 94, de 15.12.2016, alterado pela EC n° 99, de 14.12.2017, e com redação dada pela EC n° 109, de 15.3.2021.*

§ 1º. Entende-se como receita corrente líquida, para os fins de que trata este artigo, o somatório das receitas tributárias, patrimoniais, industriais, agropecuárias, de contribuições e de serviços, de transferências correntes e outras receitas correntes, incluindo as oriundas do § 1º do art. 20 da Constituição Federal, verificado no período compreendido pelo segundo mês imediatamente anterior ao de referência e os 11 (onze) meses precedentes, excluídas as duplicidades, e deduzidas:

I – nos Estados, as parcelas entregues aos Municípios por determinação constitucional;

II – nos Estados, no Distrito Federal e nos Municípios, a contribuição dos servidores para custeio de seu sistema de previdência e assistência social e as receitas provenientes da compensação financeira referida no § 9º do art. 201 da Constituição Federal.

(*) *§ 1º acrescido pela EC n° 94, de 15.12.2016.*

§ 2º. O débito de precatórios será pago com recursos orçamentários próprios provenientes das fontes de receita corrente líquida referidas no § 1º deste artigo e, adicionalmente, poderão ser utilizados recursos dos seguintes instrumentos:

(*) *§ 2º, caput, acrescido pela EC n° 94, de 15.12.2016, e com redação dada pela EC n° 99, de 14.12.2017.*

I – até 75% (setenta e cinco por cento) dos depósitos judiciais e dos depósitos administrativos em dinheiro referentes a processos judiciais ou administrativos, tributários ou não tributários, nos quais sejam parte os Estados, o Distrito Federal ou os Municípios, e as respectivas autarquias, fundações e empresas estatais dependentes, mediante a instituição de fundo garantidor em montante equivalente a 1/3 (um terço) dos recursos levantados, constituído pela parcela restante dos depósitos judiciais e remunerado pela taxa referencial do Sistema Especial de Liquidação e de Custódia (Selic) para títulos federais, nunca inferior aos índices e critérios aplicados aos depósitos levantados;

(*) *Inciso I acrescido pela EC n° 94, de 15.12.2016, e com redação dada pela EC n° 99, de 14.12.2017.*

II – até 30% (trinta por cento) dos demais depósitos judiciais da localidade sob jurisdição do respectivo Tribunal de Justiça, mediante a instituição de fundo garantidor em montante equivalente aos recursos levantados, constituído pela parcela restante dos depósitos judiciais e remunerado pela taxa referencial do Sistema Especial de Liquidação e de Custódia (Selic) para títulos federais, nunca inferior aos índices e critérios aplicados aos depósitos levantados, destinando-se:

(*) *Inciso II acrescido pela EC n° 94, de 15.12.2016, e com redação dada pela EC n° 99, de 14.12.2017.*

a) no caso do Distrito Federal, 100% (cem por cento) desses recursos ao próprio Distrito Federal;

(*) *Alínea "a" acrescida pela EC n° 94, de 15.12.2016.*

b) no caso dos Estados, 50% (cinquenta por cento) desses recursos ao próprio Estado e 50% (cinquenta por cento) aos respectivos Municípios, conforme a circunscrição judiciária onde estão depositados os recursos, e, se houver mais de um Município na mesma circunscrição judiciária, os recursos serão rateados entre os Municípios concorrentes, proporcionalmente às respectivas populações, utilizado como referência o último levantamento censitário ou a mais recente estimativa populacional da Fundação Instituto Brasileiro de Geografia e Estatística (IBGE);

(*) *Alínea "b" acrescida pela EC n° 94, de 15.12.2016, e com redação dada pela EC n° 99, de 14.12.2017.*

III – empréstimos, excetuados para esse fim os limites de endividamento de que tratam os incisos VI e VII do caput do art. 52 da Constituição Federal e quaisquer outros limites de endividamento previstos em lei, não se aplicando a esses empréstimos a vedação de vinculação de receita prevista

no inciso IV do *caput* do art. 167 da Constituição Federal;
(*) *Inciso III acrescido pela EC n° 94, de 15.12.2016, e com redação dada pela EC n° 99, de 14.12.2017.*

IV – a totalidade dos depósitos em precatórios e requisições diretas de pagamento de obrigações de pequeno valor efetuados até 31 de dezembro de 2009 e ainda não levantados, com o cancelamento dos respectivos requisitórios e a baixa das obrigações, assegurada a revalidação dos requisitórios pelos juízos dos processos perante os Tribunais, a requerimento dos credores e após a oitiva da entidade devedora, mantidas a posição de ordem cronológica original e a remuneração de todo o período.
(*) *Inciso IV acrescido pela EC n° 99, de 14.12.2017.*

§ 3º. Os recursos adicionais previstos nos incisos I, II e IV do § 2º deste artigo serão transferidos diretamente pela instituição financeira depositária para a conta especial referida no *caput* deste artigo, sob única e exclusiva administração do Tribunal de Justiça local, e essa transferência deverá ser realizada em até sessenta dias contados a partir da entrada em vigor deste parágrafo, sob pena de responsabilização pessoal do dirigente da instituição financeira por improbidade.
(*) *§ 3° acrescido pela EC n° 99, de 14.12.2017.*
(*) *V. Lei n° 8.429, 2.6.1992.*

§ 4º. (Revogado).
I – (revogado);
II – (revogado);
III – (revogado);
IV – (revogado).
(*) *§ 4° acrescido pela EC n° 99, de 14.12.2017, e revogado pela EC n° 109, de 15.3.2021.*

§ 5º. Os empréstimos de que trata o inciso III do § 2º deste artigo poderão ser destinados, por meio de ato do Poder Executivo, exclusivamente ao pagamento de precatórios por acordo direto com os credores, na forma do disposto no inciso III do § 8º do art. 97 deste Ato das Disposições Constitucionais Transitórias.
(*) *§ 5° acrescido pela EC n° 113, de 8.12.2021.*

Art. 102. Enquanto viger o regime especial previsto nesta Emenda Constitucional, pelo menos 50% (cinquenta por cento) dos recursos que, nos termos do art. 101 deste Ato das Disposições Constitucionais Transitórias, forem destinados ao pagamento dos precatórios em mora serão utilizados no pagamento segundo a ordem cronológica de apresentação, respeitadas as preferências dos créditos alimentares, e, nessas, as relativas à idade, ao estado de saúde e à deficiência, nos termos do § 2º do art. 100 da Constituição Federal, sobre todos os demais créditos de todos os anos.
(*) *Art. 102, caput, acrescido pela EC n° 94, de 15.12.2016.*

§ 1º. A aplicação dos recursos remanescentes, por opção a ser exercida por Estados, Distrito Federal e Municípios, por ato do respectivo Poder Executivo, observada a ordem de preferência dos credores, poderá ser destinada ao pagamento mediante acordos diretos, perante Juízos Auxiliares de Conciliação de Precatórios, com redução máxima de 40% (quarenta por cento) do valor do crédito atualizado, desde que em relação ao crédito não penda recurso ou defesa judicial e que sejam observados os requisitos definidos na regulamentação editada pelo ente federado.
(*) *§ 1º, primitivo parágrafo único, acrescido pela EC n° 94, de 15.12.2016, e renumerado pela EC n° 99, de 14.12.2017.*

§ 2º. Na vigência do regime especial previsto no art. 101 deste Ato das Disposições Constitucionais Transitórias, as preferências relativas à idade, ao estado de saúde e à deficiência serão atendidas até o valor equivalente ao quíntuplo fixado em lei para os fins do disposto no § 3º do art. 100 da Constituição Federal, admitido o fracionamento para essa finalidade, e o restante será pago em ordem cronológica de apresentação do precatório.
(*) *§ 2° acrescido pela EC n° 99, de 14.12.2017.*

Art. 103. Enquanto os Estados, o Distrito Federal e os Municípios estiverem efetuando o pagamento da parcela mensal devida como previsto no *caput* do art. 101 deste Ato das Disposições Constitucionais Transitórias, nem eles, nem as respectivas

ART. 104 — ATO DAS DISPOSIÇÕES CONSTITUCIONAIS TRANSITÓRIAS

autarquias, fundações e empresas estatais dependentes poderão sofrer sequestro de valores, exceto no caso de não liberação tempestiva dos recursos.
(*) Art. 103, caput, acrescido pela EC nº 94, de 15.12.2016.

Parágrafo único. Na vigência do regime especial previsto no art. 101 deste Ato das Disposições Constitucionais Transitórias, ficam vedadas desapropriações pelos Estados, pelo Distrito Federal e pelos Municípios, cujos estoques de precatórios ainda pendentes de pagamento, incluídos os precatórios a pagar de suas entidades da administração indireta, sejam superiores a 70% (setenta por cento) das respectivas receitas correntes líquidas, excetuadas as desapropriações para fins de necessidade pública nas áreas de saúde, educação, segurança pública, transporte público, saneamento básico e habitação de interesse social.
(*) Parágrafo único acrescido pela EC nº 99, de 14.12.2017.
(*) V. Lei nº 14.026, de 15.7.2020 (Marco legal do saneamento básico).

Art. 104. Se os recursos referidos no art. 101 deste Ato das Disposições Constitucionais Transitórias para o pagamento de precatórios não forem tempestivamente liberados, no todo ou em parte:
(*) Art. 104, caput, acrescido pela EC nº 94, de 15.12.2016.

I – o Presidente do Tribunal de Justiça local determinará o sequestro, até o limite do valor não liberado, das contas do ente federado inadimplente;
(*) Inciso I acrescido pela EC nº 94, de 15.12.2016.

II – o chefe do Poder Executivo do ente federado inadimplente responderá, na forma da legislação de responsabilidade fiscal e de improbidade administrativa;
(*) Inciso II acrescido pela EC nº 94, de 15.12.2016.

III – a União reterá os recursos referentes aos repasses ao Fundo de Participação dos Estados e do Distrito Federal e ao Fundo de Participação dos Municípios e os depositará na conta especial referida no art. 101 deste Ato das Disposições Constitucionais Transitórias, para utilização como nele previsto;
(*) Inciso III acrescido pela EC nº 94, de 15.12.2016.

IV – os Estados e o Comitê Gestor do Imposto sobre Bens e Serviços reterão os repasses previstos, respectivamente, nos §§ 1º e 2º do art. 158 da Constituição Federal e os depositarão na conta especial referida no art. 101 deste Ato das Disposições Constitucionais Transitórias, para utilização como nele previsto.
(*) Inciso IV acrescido pela EC nº 94, de 15.12.2016, e com redação dada pela EC nº 132, de 20.12.2023.
(*) A EC nº 132, de 20.12.2023, em seu art. 5º, altera este inciso IV para, a partir de 2033, nos termos de seu art. 23, II, vigorar com a seguinte redação: *Art. 104. [...] IV – o Comitê Gestor do Imposto sobre Bens e Serviços reterá os repasses previstos no § 2º do art. 158 da Constituição Federal e os depositará na conta especial referida no art. 101 deste Ato das Disposições Constitucionais Transitórias, para utilização como nele previsto. [...]*.

Parágrafo único. Enquanto perdurar a omissão, o ente federado não poderá contrair empréstimo externo ou interno, exceto para os fins previstos no § 2º do art. 101 deste Ato das Disposições Constitucionais Transitórias, e ficará impedido de receber transferências voluntárias.
(*) Parágrafo único acrescido pela EC nº 94, de 15.12.2016.

Art. 105. Enquanto viger o regime de pagamento de precatórios previsto no art. 101 deste Ato das Disposições Constitucionais Transitórias, é facultada aos credores de precatórios, próprios ou de terceiros, a compensação com débitos de natureza tributária ou de outra natureza que até 25 de março de 2015 tenham sido inscritos na dívida ativa dos Estados, do Distrito Federal ou dos Municípios, observados os requisitos definidos em lei própria do ente federado.
(*) Art. 105, caput, acrescido pela EC nº 94, de 15.12.2016.

§ 1º. Não se aplica às compensações referidas no *caput* deste artigo qualquer tipo de vinculação, como as transferências a outros entes e as destinadas à educação, à saúde e a outras finalidades.

(*) § 1º, primitivo parágrafo único, acrescido pela EC nº 94, de 15.12.2016, e renumerado pela EC nº 99, de 14.12.2017.

§ 2º. Os Estados, o Distrito Federal e os Municípios regulamentarão nas respectivas leis o disposto no caput deste artigo em até cento e vinte dias a partir de 1º de janeiro de 2018.

(*) § 2º acrescido pela EC nº 99, de 14.12.2017.

§ 3º. Decorrido o prazo estabelecido no § 2º deste artigo sem a regulamentação nele prevista, ficam os credores de precatórios autorizados a exercer a faculdade a que se refere o caput deste artigo.

(*) § 3º acrescido pela EC nº 99, de 14.12.2017.

Art. 106.
Fica instituído o Novo Regime Fiscal no âmbito dos Orçamentos Fiscal e da Seguridade Social da União, que vigorará por vinte exercícios financeiros, nos termos dos arts. 107 a 114 deste Ato das Disposições Constitucionais Transitórias.

(*) Art. 106 acrescido pela EC nº 95, de 15.12.2016.
(*) Vide art. 9º da EC nº 126, de 21.12.2022, que revoga este artigo após a sanção da lei complementar prevista em seu art. 6º.

Art. 107.
Ficam estabelecidos, para cada exercício, limites individualizados para as despesas primárias:

(*) Vide art. 3º da EC nº 126, de 21.12.2022.
(*) Vide art. 9º da EC nº 126, de 21.12.2022, que revoga este artigo após a sanção da lei complementar prevista em seu art. 6º.

I – do Poder Executivo;

(*) Vide art. 5º da EC nº 126, de 21.12.2022.

II – do Supremo Tribunal Federal, do Superior Tribunal de Justiça, do Conselho Nacional de Justiça, da Justiça do Trabalho, da Justiça Federal, da Justiça Militar da União, da Justiça Eleitoral e da Justiça do Distrito Federal e Territórios, no âmbito do Poder Judiciário;

III – do Senado Federal, da Câmara dos Deputados e do Tribunal de Contas da União, no âmbito do Poder Legislativo;

IV – do Ministério Público da União e do Conselho Nacional do Ministério Público; e

V – da Defensoria Pública da União.

(*) Art. 107, caput, acrescido pela EC nº 95, de 15.12.2016.
(*) Vide art. 4º da EC nº 114, de 16.12.2021.

§ 1º. Cada um dos limites a que se refere o caput deste artigo equivalerá:

(*) § 1º, caput, acrescido pela EC nº 95, de 15.12.2016.
(*) Vide art. 7º da EC nº 126, de 21.12.2022.

I – para o exercício de 2017, à despesa primária paga no exercício de 2016, incluídos os restos a pagar pagos e demais operações que afetam o resultado primário, corrigida em 7,2% (sete inteiros e dois décimos por cento); e

(*) Inciso I acrescido pela EC nº 95, de 15.12.2016.

II – para os exercícios posteriores, ao valor do limite referente ao exercício imediatamente anterior, corrigido pela variação do Índice Nacional de Preços ao Consumidor Amplo (IPCA), publicado pela Fundação Instituto Brasileiro de Geografia e Estatística, ou de outro índice que vier a substituí-lo, apurado no exercício anterior a que se refere a lei orçamentária.

(*) Inciso II acrescido pela EC nº 95, de 15.12.2016, e com redação dada pela EC nº 113, de 8.12.2021.
(*) Vide art. 4º da EC nº 113, de 8.12.2021 (Vigência: aplicável a partir do exercício de 2021).

§ 2º. Os limites estabelecidos na forma do inciso IV do caput do art. 51, do inciso XIII do caput do art. 52, do § 1º do art. 99, do § 3º do art. 127 e do § 3º do art. 134 da Constituição Federal não poderão ser superiores aos estabelecidos nos termos deste artigo.

(*) § 2º acrescido pela EC nº 95, de 15.12.2016.

§ 3º. A mensagem que encaminhar o projeto de lei orçamentária demonstrará os valores máximos de programação compatíveis com os limites individualizados calculados na forma do § 1º deste artigo, observados os §§ 7º a 9º deste artigo.

(*) § 3º acrescido pela EC nº 95, de 15.12.2016.

§ 4º. As despesas primárias autorizadas na lei orçamentária anual sujeitas aos limites de que trata este artigo não poderão

ART. 107 ATO DAS DISPOSIÇÕES CONSTITUCIONAIS TRANSITÓRIAS

exceder os valores máximos demonstrados nos termos do § 3º deste artigo.
(*) § 4º acrescido pela EC nº 95, de 15.12.2016.

§ 5º. É vedada a abertura de crédito suplementar ou especial que amplie o montante total autorizado de despesa primária sujeita aos limites de que trata este artigo.
(*) § 5º acrescido pela EC nº 95, de 15.12.2016.

§ 6º. Não se incluem na base de cálculo e nos limites estabelecidos neste artigo:
(*) § 6º, caput, acrescido pela EC nº 95, de 15.12.2016.

I – transferências constitucionais estabelecidas no § 1º do art. 20, no inciso III do parágrafo único do art. 146, no § 5º do art. 153, no art. 157, nos incisos I e II do *caput* do art. 158, no art. 159 e no § 6º do art. 212, as despesas referentes ao inciso XIV do *caput* do art. 21 e as complementações de que tratam os incisos IV e V do *caput* do art. 212-A, todos da Constituição Federal;
(*) Inciso I acrescido pela EC nº 95, de 15.12.2016, e com redação dada pela EC nº 108, de 26.8.2020.

II – créditos extraordinários a que se refere o § 3º do art. 167 da Constituição Federal;
(*) Inciso II acrescido pela EC nº 95, de 15.12.2016.

III – despesas não recorrentes da Justiça Eleitoral com a realização de eleições; e
(*) Inciso III acrescido pela EC nº 95, de 15.12.2016.

IV – despesas com aumento de capital de empresas estatais não dependentes.
(*) Inciso IV acrescido pela EC nº 95, de 15.12.2016.

V – transferências a Estados, Distrito Federal e Municípios de parte dos valores arrecadados com os leilões dos volumes excedentes ao limite a que se refere o § 2º do art. 1º da Lei nº 12.276, de 30 de junho de 2010, e a despesa decorrente da revisão do contrato de cessão onerosa de que trata a mesma Lei.
(*) Inciso V acrescido pela EC nº 102, de 26.9.2019.

VI – despesas correntes ou transferências aos fundos de saúde dos Estados, do Distrito Federal e dos Municípios, destinadas ao pagamento de despesas com pessoal para cumprimento dos pisos nacionais salariais para o enfermeiro, o técnico de enfermagem, o auxiliar de enfermagem e a parteira, de acordo com os §§ 12, 13, 14 e 15 do art. 198 da Constituição Federal.
(*) Inciso VI acrescido pela EC nº 127, de 22.12.2022.

§ 6º-A. Não se incluem no limite estabelecido no inciso I do *caput* deste artigo, a partir do exercício financeiro de 2023:

I – despesas com projetos socioambientais ou relativos às mudanças climáticas custeadas com recursos de doações, bem como despesas com projetos custeados com recursos decorrentes de acordos judiciais ou extrajudiciais firmados em função de desastres ambientais;

II – despesas das instituições federais de ensino e das Instituições Científicas, Tecnológicas e de Inovação (ICTs) custeadas com receitas próprias, de doações ou de convênios, contratos ou outras fontes, celebrados com os demais entes da Federação ou entidades privadas;

III – despesas custeadas com recursos oriundos de transferências dos demais entes da Federação para a União destinados à execução direta de obras e serviços de engenharia.
(*) § 6º-A acrescido pela EC nº 126, de 21.12.2022.

§ 6º-B. Não se incluem no limite estabelecido no inciso I do *caput* deste artigo as despesas com investimentos em montante que corresponda ao excesso de arrecadação de receitas correntes do exercício anterior ao que se refere a lei orçamentária, limitadas a 6,5% (seis inteiros e cinco décimos por cento) do excesso de arrecadação de receitas correntes do exercício de 2021.
(*) § 6º-B acrescido pela EC nº 126, de 21.12.2022.

§ 6º-C. As despesas previstas no § 6º-B deste artigo não serão consideradas para fins de verificação do cumprimento da meta de resultado primário estabelecida no *caput* do art. 2º da Lei nº 14.436, de 9 de agosto de 2022.
(*) § 6º-C acrescido pela EC nº 126, de 21.12.2022.

ATO DAS DISPOSIÇÕES CONSTITUCIONAIS TRANSITÓRIAS — ART. 107-A

§ 7º. Nos três primeiros exercícios financeiros da vigência do Novo Regime Fiscal, o Poder Executivo poderá compensar com redução equivalente na sua despesa primária, consoante os valores estabelecidos no projeto de lei orçamentária encaminhado pelo Poder Executivo no respectivo exercício, o excesso de despesas primárias em relação aos limites de que tratam os incisos II a V do *caput* deste artigo.

(*) *§ 7º acrescido pela EC nº 95, de 15.12.2016.*

§ 8º. A compensação de que trata o § 7º deste artigo não excederá a 0,25% (vinte e cinco centésimos por cento) do limite do Poder Executivo.

(*) *§ 8º acrescido pela EC nº 95, de 15.12.2016.*

§ 9º. Respeitado o somatório em cada um dos incisos de II a IV do *caput* deste artigo, a lei de diretrizes orçamentárias poderá dispor sobre a compensação entre os limites individualizados dos órgãos elencados em cada inciso.

(*) *§ 9º acrescido pela EC nº 95, de 15.12.2016.*

§ 10. Para fins de verificação do cumprimento dos limites de que trata este artigo, serão consideradas as despesas primárias pagas, incluídos os restos a pagar pagos e demais operações que afetam o resultado primário no exercício.

(*) *§ 10 acrescido pela EC nº 95, de 15.12.2016.*

§ 11. O pagamento de restos a pagar inscritos até 31 de dezembro de 2015 poderá ser excluído da verificação do cumprimento dos limites de que trata este artigo, até o excesso de resultado primário dos Orçamentos Fiscal e da Seguridade Social do exercício em relação à meta fixada na lei de diretrizes orçamentárias.

(*) *§ 11 acrescido pela EC nº 95, de 15.12.2016.*

§ 12. Para fins da elaboração do projeto de lei orçamentária anual, o Poder Executivo considerará o valor realizado até junho do índice previsto no inciso II do § 1º deste artigo, relativo ao ano de encaminhamento do projeto, e o valor estimado até dezembro desse mesmo ano.

(*) *§ 12 acrescido pela EC nº 113, de 8.12.2021.*

§ 13. A estimativa do índice a que se refere o § 12 deste artigo, juntamente com os demais parâmetros macroeconômicos, serão elaborados mensalmente pelo Poder Executivo e enviados à comissão mista de que trata o § 1º do art. 166 da Constituição Federal.

(*) *§ 13 acrescido pela EC nº 113, de 8.12.2021.*

§ 14. O resultado da diferença aferida entre as projeções referidas nos §§ 12 e 13 deste artigo e a efetiva apuração do índice previsto no inciso II do § 1º deste artigo será calculado pelo Poder Executivo, para fins de definição da base de cálculo dos respectivos limites do exercício seguinte, a qual será comunicada aos demais Poderes por ocasião da elaboração do projeto de lei orçamentária.

(*) *§ 14 acrescido pela EC nº 113, de 8.12.2021.*

Art. 107-A. Até o fim de 2026, fica estabelecido, para cada exercício financeiro, limite para alocação na proposta orçamentária das despesas com pagamentos em virtude de sentença judiciária de que trata o art. 100 da Constituição Federal, equivalente ao valor da despesa paga no exercício de 2016, incluídos os restos a pagar pagos, corrigido, para o exercício de 2017, em 7,2% (sete inteiros e dois décimos por cento) e, para os exercícios posteriores, pela variação do Índice Nacional de Preços ao Consumidor Amplo (IPCA), publicado pela Fundação Instituto Brasileiro de Geografia e Estatística, ou de outro índice que vier a substituí-lo, apurado no exercício anterior a que se refere a lei orçamentária, devendo o espaço fiscal decorrente da diferença entre o valor dos precatórios expedidos e o respectivo limite ser destinado ao programa previsto no parágrafo único do art. 6º e à seguridade social, nos termos do art. 194, ambos da Constituição Federal, a ser calculado da seguinte forma:

(*) *Art. 107-A, caput, acrescido pela EC nº 114, de 16.12.2021, e com redação dada pela EC nº 126, de 21.12.2022.*

(*) *Vide art. 4º da EC nº 114, de 16.12.2021.*

I – no exercício de 2022, o espaço fiscal decorrente da diferença entre o valor dos precatórios expedidos e o limite estabelecido no *caput* deste artigo deverá ser destinado ao programa previsto no parágrafo único do art. 6º e à seguridade social, nos termos do art. 194, ambos da Constituição Federal;

(*) *Inciso I acrescido pela EC nº 114, de 16.12.2021.*

II - no exercício de 2023, pela diferença entre o total de precatórios expedidos entre 2 de julho de 2021 e 2 de abril de 2022 e o limite de que trata o *caput* deste artigo válido para o exercício de 2023; e
(*) *Inciso II acrescido pela EC nº 114, de 16.12.2021.*

III - nos exercícios de 2024 a 2026, pela diferença entre o total de precatórios expedidos entre 3 de abril de dois anos anteriores e 2 de abril do ano anterior ao exercício e o limite de que trata o *caput* deste artigo válido para o mesmo exercício.
(*) *Inciso III acrescido pela EC nº 114, de 16.12.2021.*

§ 1º. O limite para o pagamento de precatórios corresponderá, em cada exercício, ao limite previsto no *caput* deste artigo, reduzido da projeção para a despesa com o pagamento de requisições de pequeno valor para o mesmo exercício, que terão prioridade no pagamento.
(*) *§ 1º acrescido pela EC nº 114, de 16.12.2021.*

§ 2º. Os precatórios que não forem pagos em razão do previsto neste artigo terão prioridade para pagamento em exercícios seguintes, observada a ordem cronológica e o disposto no § 8º deste artigo.
(*) *§ 2º acrescido pela EC nº 114, de 16.12.2021.*

§ 3º. É facultado ao credor de precatório que não tenha sido pago em razão do disposto neste artigo, além das hipóteses previstas no § 11 do art. 100 da Constituição Federal e sem prejuízo dos procedimentos previstos nos §§ 9º e 21 do referido artigo, optar pelo recebimento, mediante acordos diretos perante Juízos Auxiliares de Conciliação de Pagamento de Condenações Judiciais contra a Fazenda Pública Federal, em parcela única, até o final do exercício seguinte, com renúncia de 40% (quarenta por cento) do valor desse crédito.
(*) *§ 3º acrescido pela EC nº 114, de 16.12.2021.*

§ 4º. O Conselho Nacional de Justiça regulamentará a atuação dos Presidentes dos Tribunais competentes para o cumprimento deste artigo.
(*) *§ 4º acrescido pela EC nº 114, de 16.12.2021.*

§ 5º. Não se incluem no limite estabelecido neste artigo as despesas para fins de cumprimento do disposto nos §§ 11, 20 e 21 do art. 100 da Constituição Federal e no § 3º deste artigo, bem como a atualização monetária dos precatórios inscritos no exercício.
(*) *§ 5º acrescido pela EC nº 114, de 16.12.2021.*

§ 6º. Não se incluem nos limites estabelecidos no art. 107 deste Ato das Disposições Constitucionais Transitórias o previsto nos §§ 11, 20 e 21 do art. 100 da Constituição Federal e no § 3º deste artigo.
(*) *§ 6º acrescido pela EC nº 114, de 16.12.2021.*

§ 7º. Na situação prevista no § 3º deste artigo, para os precatórios não incluídos na proposta orçamentária de 2022, os valores necessários à sua quitação serão providenciados pela abertura de créditos adicionais durante o exercício de 2022.
(*) *§ 7º acrescido pela EC nº 114, de 16.12.2021.*

§ 8º. Os pagamentos em virtude de sentença judiciária de que trata o art. 100 da Constituição Federal serão realizados na seguinte ordem:

I - obrigações definidas em lei como de pequeno valor, previstas no § 3º do art. 100 da Constituição Federal;

II - precatórios de natureza alimentícia cujos titulares, originários ou por sucessão hereditária, tenham no mínimo 60 (sessenta) anos de idade, ou sejam portadores de doença grave ou pessoas com deficiência, assim definidos na forma da lei, até o valor equivalente ao triplo do montante fixado em lei como obrigação de pequeno valor;

III - demais precatórios de natureza alimentícia até o valor equivalente ao triplo do montante fixado em lei como obrigação de pequeno valor;

IV - demais precatórios de natureza alimentícia além do valor previsto no inciso III deste parágrafo;

V - demais precatórios.
(*) *§ 8º acrescido pela EC nº 114, de 16.12.2021.*

Art. 108. (Revogado).
(*) *Art. 108 acrescido pela EC nº 95, de 15.12.2016, e revogado pela EC nº 113, de 8.12.2021.*

ART. 109

Art. 109. Se verificado, na aprovação da lei orçamentária, que, no âmbito das despesas sujeitas aos limites do art. 107 deste Ato das Disposições Constitucionais Transitórias, a proporção da despesa obrigatória primária em relação à despesa primária total foi superior a 95% (noventa e cinco por cento), aplicam-se ao respectivo Poder ou órgão, até o final do exercício a que se refere a lei orçamentária, sem prejuízo de outras medidas, as seguintes vedações:
(*) *Art. 109, caput, acrescido pela EC nº 95, de 15.12.2016, e com redação dada pela EC nº 109, de 15.3.2021.*
(*) *Vide art. 9º da EC nº 126, de 21.12.2022, que revoga este artigo após a sanção da lei complementar prevista em seu art. 6º.*

I – concessão, a qualquer título, de vantagem, aumento, reajuste ou adequação de remuneração de membros de Poder ou de órgão, de servidores e empregados públicos e de militares, exceto dos derivados de sentença judicial transitada em julgado ou de determinação legal anterior ao início da aplicação das medidas de que trata este artigo;
(*) *Inciso I acrescido pela EC nº 95, de 15.12.2016, e com redação dada pela EC nº 109, de 15.3.2021.*

II – criação de cargo, emprego ou função que implique aumento de despesa;
(*) *Inciso II acrescido pela EC nº 95, de 15.12.2016.*

III – alteração de estrutura de carreira que implique aumento de despesa;
(*) *Inciso III acrescido pela EC nº 95, de 15.12.2016.*

IV – admissão ou contratação de pessoal, a qualquer título, ressalvadas:
(*) *Inciso IV, caput, acrescido pela EC nº 95, de 15.12.2016, e com redação dada pela EC nº 109, de 15.3.2021.*

a) as reposições de cargos de chefia e de direção que não acarretem aumento de despesa;
(*) *Alínea "a" acrescida pela EC nº 109, de 15.3.2021.*

b) as reposições decorrentes de vacâncias de cargos efetivos ou vitalícios;
(*) *Alínea "b" acrescida pela EC nº 109, de 15.3.2021.*

c) as contratações temporárias de que trata o inciso IX do *caput* do art. 37 da Constituição Federal; e
(*) *Alínea "c" acrescida pela EC nº 109, de 15.3.2021.*

d) as reposições de temporários para prestação de serviço militar e de alunos de órgãos de formação de militares;
(*) *Alínea "d" acrescida pela EC nº 109, de 15.3.2021.*

V – realização de concurso público, exceto para as reposições de vacâncias previstas no inciso IV;
(*) *Inciso V acrescido pela EC nº 95, de 15.12.2016.*

VI – criação ou majoração de auxílios, vantagens, bônus, abonos, verbas de representação ou benefícios de qualquer natureza, inclusive os de cunho indenizatório, em favor de membros de Poder, do Ministério Público ou da Defensoria Pública, de servidores e empregados públicos e de militares, ou ainda de seus dependentes, exceto quando derivados de sentença judicial transitada em julgado ou de determinação legal anterior ao início da aplicação das medidas de que trata este artigo;
(*) *Inciso VI acrescido pela EC nº 95, de 15.12.2016, e com redação dada pela EC nº 109, de 15.3.2021.*

VII – criação de despesa obrigatória; e
(*) *Inciso VII acrescido pela EC nº 95, de 15.12.2016.*

VIII – adoção de medida que implique reajuste de despesa obrigatória acima da variação da inflação, observada a preservação do poder aquisitivo referida no inciso IV do *caput* do art. 7º da Constituição Federal.
(*) *Inciso VIII acrescido pela EC nº 95, de 15.12.2016.*

IX – aumento do valor de benefícios de cunho indenizatório destinados a qualquer membro de Poder, servidor ou empregado da administração pública e a seus dependentes, exceto quando derivado de sentença judicial transitada em julgado ou de determinação legal anterior ao início da aplicação das medidas de que trata este artigo.
(*) *Inciso IX acrescido pela EC nº 109, de 15.3.2021.*

ART. 110 ATO DAS DISPOSIÇÕES CONSTITUCIONAIS TRANSITÓRIAS

§ 1º. As vedações previstas nos incisos I, III e VI do *caput* deste artigo, quando acionadas as vedações para qualquer dos órgãos elencados nos incisos II, III e IV do *caput* do art. 107 deste Ato das Disposições Constitucionais Transitórias, aplicam-se ao conjunto dos órgãos referidos em cada inciso.
(*) § 1º *acrescido pela EC nº 95, de 15.12.2016, e com redação dada pela EC nº 109, de 15.3.2021.*

§ 2º. Caso as vedações de que trata o *caput* deste artigo sejam acionadas para o Poder Executivo, ficam vedadas:
(*) § 2º, caput, *acrescido pela EC nº 95, de 15.12.2016, e com redação dada pela EC nº 109, de 15.3.2021.*

I – a criação ou expansão de programas e linhas de financiamento, bem como a remissão, renegociação ou refinanciamento de dívidas que impliquem ampliação das despesas com subsídios e subvenções; e
(*) Inciso I *acrescido pela EC nº 95, de 15.12.2016.*

II – a concessão ou a ampliação de incentivo ou benefício de natureza tributária.
(*) Inciso II *acrescido pela EC nº 95, de 15.12.2016.*

§ 3º. Caso as vedações de que trata o *caput* deste artigo sejam acionadas, fica vedada a concessão da revisão geral prevista no inciso X do *caput* do art. 37 da Constituição Federal.
(*) § 3º *acrescido pela EC nº 95, de 15.12.2016, e com redação dada pela EC nº 109, de 15.3.2021.*

§ 4º. As disposições deste artigo:
(*) § 4º, caput, *acrescido pela EC nº 95, de 15.12.2016, e com redação dada pela EC nº 109, de 15.3.2021.*

I – não constituem obrigação de pagamento futuro pela União ou direitos de outrem sobre o erário;
(*) Inciso I *acrescido pela EC nº 109, de 15.3.2021.*

II – não revogam, dispensam ou suspendem o cumprimento de dispositivos constitucionais e legais que disponham sobre metas fiscais ou limites máximos de despesas; e
(*) Inciso II *acrescido pela EC nº 109, de 15.3.2021.*

III – aplicam-se também a proposições legislativas.
(*) Inciso III *acrescido pela EC nº 109, de 15.3.2021.*

§ 5º. O disposto nos incisos II, IV, VII e VIII do *caput* e no § 2º deste artigo não se aplica a medidas de combate à calamidade pública nacional cuja vigência e efeitos não ultrapassem a sua duração.
(*) § 5º *acrescido pela EC nº 109, de 15.3.2021.*

Art. 110. Na vigência do Novo Regime Fiscal, as aplicações mínimas em ações e serviços públicos de saúde e em manutenção e desenvolvimento do ensino equivalerão:
(*) Vide art. 9º *da EC nº 126, de 21.12.2022, que revoga este artigo após a sanção da lei complementar prevista em seu art. 6º.*

I – no exercício de 2017, às aplicações mínimas calculadas nos termos do inciso I do § 2º do art. 198 e do *caput* do art. 212, da Constituição Federal; e

II – nos exercícios posteriores, aos valores calculados para as aplicações mínimas do exercício imediatamente anterior, corrigidos na forma estabelecida pelo inciso II do § 1º do art. 107 deste Ato das Disposições Constitucionais Transitórias.
(*) Art. 110 *acrescido pela EC nº 95, de 15.12.2016.*

Art. 111. A partir do exercício financeiro de 2018, até o exercício financeiro de 2022, a aprovação e a execução previstas nos §§ 9º e 11 do art. 166 da Constituição Federal corresponderão ao montante de execução obrigatória para o exercício de 2017, corrigido na forma estabelecida no inciso II do § 1º do art. 107 deste Ato das Disposições Constitucionais Transitórias.
(*) Art. 111 *acrescido pela EC nº 95, de 15.12.2016, e com redação dada pela EC nº 126, de 21.12.2022.*
(*) Vide art. 9º *da EC nº 126, de 21.12.2022, que revoga este artigo após a sanção da lei complementar prevista em seu art. 6º.*

Art. 111-A. A partir do exercício financeiro de 2024, até o último exercício de vigência do Novo Regime Fiscal, a aprovação e a execução previstas nos §§ 9º e 11 do art. 166 da Constituição Federal corresponderão ao montante de execução obrigatória para o exercício de 2023, corrigido na forma estabelecida no inciso II do § 1º do art. 107 deste Ato das Disposições Constitucionais Transitórias.
(*) Art. 111-A *acrescido pela EC nº 126, de 21.12.2022.*

(*) *Vide art. 9º da EC nº 126, de 21.12.2022, que revoga este artigo após a sanção da lei complementar prevista em seu art. 6º.*

Art. 112. As disposições introduzidas pelo Novo Regime Fiscal:

I – não constituirão obrigação de pagamento futuro pela União ou direitos de outrem sobre o erário; e

II – não revogam, dispensam ou suspendem o cumprimento de dispositivos constitucionais e legais que disponham sobre metas fiscais ou limites máximos de despesas.

(*) *Art. 112 acrescido pela EC nº 95, de 15.12.2016.*

(*) *Vide art. 9º da EC nº 126, de 21.12.2022, que revoga este artigo após a sanção da lei complementar prevista em seu art. 6º.*

Art. 113. A proposição legislativa que crie ou altere despesa obrigatória ou renúncia de receita deverá ser acompanhada da estimativa do seu impacto orçamentário e financeiro.

(*) *Art. 113 acrescido pela EC nº 95, de 15.12.2016.*

Art. 114. A tramitação de proposição elencada no *caput* do art. 59 da Constituição Federal, ressalvada a referida no seu inciso V, quando acarretar aumento de despesa ou renúncia de receita, será suspensa por até vinte dias, a requerimento de um quinto dos membros da Casa, nos termos regimentais, para análise de sua compatibilidade com o Novo Regime Fiscal.

(*) *Art. 114 acrescido pela EC nº 95, de 15.12.2016.*

(*) *Vide art. 9º da EC nº 126, de 21.12.2022, que revoga este artigo após a sanção da lei complementar prevista em seu art. 6º.*

Art. 115. Fica excepcionalmente autorizado o parcelamento das contribuições previdenciárias e dos demais débitos dos Municípios, incluídas suas autarquias e fundações, com os respectivos regimes próprios de previdência social, com vencimento até 31 de outubro de 2021, inclusive os parcelados anteriormente, no prazo máximo de 240 (duzentos e quarenta) prestações mensais, mediante autorização em lei municipal específica, desde que comprovem ter alterado a legislação do regime próprio de previdência social para atendimento das seguintes condições, cumulativamente:

I – adoção de regras de elegibilidade, de cálculo e de reajustamento dos benefícios que contemplem, nos termos previstos nos incisos I e III do § 1º e nos §§ 3º a 5º, 7º e 8º do art. 40 da Constituição Federal, regras assemelhadas às aplicáveis aos servidores públicos do regime próprio de previdência social da União e que contribuam efetivamente para o atingimento e a manutenção do equilíbrio financeiro e atuarial;

II – adequação do rol de benefícios ao disposto nos §§ 2º e 3º do art. 9º da Emenda Constitucional nº 103, de 12 de novembro de 2019;

III – adequação da alíquota de contribuição devida pelos servidores, nos termos do § 4º do art. 9º da Emenda Constitucional nº 103, de 12 de novembro de 2019; e

IV – instituição do regime de previdência complementar e adequação do órgão ou entidade gestora do regime próprio de previdência social, nos termos do § 6º do art. 9º da Emenda Constitucional nº 103, de 12 de novembro de 2019.

Parágrafo único. Ato do Ministério do Trabalho e Previdência, no âmbito de suas competências, definirá os critérios para o parcelamento previsto neste artigo, inclusive quanto ao cumprimento do disposto nos incisos I, II, III e IV do *caput* deste artigo, bem como disponibilizará as informações aos Municípios sobre o montante das dívidas, as formas de parcelamento, os juros e os encargos incidentes, de modo a possibilitar o acompanhamento da evolução desses débitos.

(*) *Art. 115 acrescido pela EC nº 113, de 8.12.2021.*

Art. 116. Fica excepcionalmente autorizado o parcelamento dos débitos decorrentes de contribuições previdenciárias dos Municípios, incluídas suas autarquias e fundações, com o Regime Geral de Previdência Social, com vencimento até 31 de outubro de 2021, ainda que em fase de execução fiscal ajuizada, inclusive os decorrentes do descumprimento de obrigações acessórias e os parcelados anteriormente, no prazo máximo de 240 (duzentos e quarenta) prestações mensais.

§ 1º Os Municípios que possuam regime próprio de previdência social deverão comprovar, para fins de formalização do parcelamento com o Regime Geral de Previdência Social, de que trata este artigo, terem atendido as condições estabelecidas nos incisos I,

ART. 117 ATO DAS DISPOSIÇÕES CONSTITUCIONAIS TRANSITÓRIAS

II, III e IV do *caput* do art. 115 deste Ato das Disposições Constitucionais Transitórias.

§ 2º. Os débitos parcelados terão redução de 40% (quarenta por cento) das multas de mora, de ofício e isoladas, de 80% (oitenta por cento) dos juros de mora, de 40% (quarenta por cento) dos encargos legais e de 25% (vinte e cinco por cento) dos honorários advocatícios.

§ 3º. O valor de cada parcela será acrescido de juros equivalentes à taxa referencial do Sistema Especial de Liquidação e de Custódia (Selic), acumulada mensalmente, calculados a partir do mês subsequente ao da consolidação até o mês anterior ao do pagamento.

§ 4º. Não constituem débitos dos Municípios aqueles considerados prescritos ou atingidos pela decadência.

§ 5º. A Secretaria Especial da Receita Federal do Brasil e a Procuradoria-Geral da Fazenda Nacional, no âmbito de suas competências, deverão fixar os critérios para o parcelamento previsto neste artigo, bem como disponibilizar as informações aos Municípios sobre o montante das dívidas, as formas de parcelamento, os juros e os encargos incidentes, de modo a possibilitar o acompanhamento da evolução desses débitos.

(*) *Art. 116 acrescido pela EC nº 113, de 8.12.2021.*

Art. 117. A formalização dos parcelamentos de que tratam os arts. 115 e 116 deste Ato das Disposições Constitucionais Transitórias deverá ocorrer até 30 de junho de 2022 e ficará condicionada à autorização de vinculação do Fundo de Participação dos Municípios para fins de pagamento das prestações acordadas nos termos de parcelamento, observada a seguinte ordem de preferência:

I – a prestação de garantia ou de contragarantia à União ou os pagamentos de débitos em favor da União, na forma do § 4º do art. 167 da Constituição Federal;

II – as contribuições parceladas devidas ao Regime Geral de Previdência Social;

III – as contribuições parceladas devidas ao respectivo regime próprio de previdência social.

(*) *Art. 117 acrescido pela EC nº 113, de 8.12.2021.*

Art. 118. Os limites, as condições, as normas de acesso e os demais requisitos para o atendimento do disposto no parágrafo único do art. 6º e no inciso VI do *caput* do art.

203 da Constituição Federal serão determinados, na forma da lei e respectivo regulamento, até 31 de dezembro de 2022, dispensada, exclusivamente no exercício de 2022, a observância das limitações legais quanto à criação, à expansão ou ao aperfeiçoamento de ação governamental que acarrete aumento de despesa no referido exercício.

(*) *Art. 118 acrescido pela EC nº 114, de 16.12.2021.*

Art. 119. Em decorrência do estado de calamidade pública provocado pela pandemia da Covid-19, os Estados, o Distrito Federal, os Municípios e os agentes públicos desses entes federados não poderão ser responsabilizados administrativa, civil ou criminalmente pelo descumprimento, exclusivamente nos exercícios financeiros de 2020 e 2021, do disposto no *caput* do art. 212 da Constituição Federal.

Parágrafo único. Para efeitos do disposto no *caput* deste artigo, o ente deverá complementar na aplicação da manutenção e desenvolvimento do ensino, até o exercício financeiro de 2023, a diferença a menor entre o valor aplicado, conforme informação registrada no sistema integrado de planejamento e orçamento, e o valor mínimo exigível constitucionalmente para os exercícios de 2020 e 2021.

(*) *Art. 119 acrescido pela EC nº 119, de 27.4.2022.*

Art. 120. Fica reconhecido, no ano de 2022, o estado de emergência decorrente da elevação extraordinária e imprevisível dos preços do petróleo, combustíveis e seus derivados e dos impactos sociais dela decorrentes.

Parágrafo único. Para enfretamento* ou mitigação dos impactos decorrentes do estado de emergência reconhecido, as medidas implementadas, até os limites de despesas previstos em uma única e exclusiva norma constitucional observarão o seguinte:

♦ *Publicação oficial: "enfretamento".*
Entendemos que seria "enfrentamento". (N.E.)

I – quanto às despesas:

a) serão atendidas por meio de crédito extraordinário;

b) não serão consideradas para fins de apuração da meta de resultado primário estabelecida no *caput* do art. 2º da Lei nº 14.194, de 20 de agosto de 2021, e do limite estabelecido para as despesas primárias, conforme disposto no inciso I do *caput* do art. 107 do Ato das Disposições Constitucionais Transitórias; e

c) ficarão ressalvadas do disposto no inciso III do *caput* do art. 167 da Constituição Federal;

II – a abertura do crédito extraordinário para seu atendimento dar-se-á independentemente da observância dos requisitos exigidos no § 3º do art. 167 da Constituição Federal; e

III – a dispensa das limitações legais, inclusive quanto à necessidade de compensação:

a) à criação, à expansão ou ao aperfeiçoamento de ação governamental que acarrete aumento de despesa; e

b) à renúncia de receita que possa ocorrer.

(*) *Art. 120 acrescido pela EC nº 123, de 14.7.2022.*

(*) *Vide art. 5º da EC nº 123, de 14.7.2022.*

Art. 121. As contas referentes aos patrimônios acumulados de que trata o § 2º do art. 239 da Constituição Federal cujos recursos não tenham sido reclamados por prazo superior a 20 (vinte) anos serão encerradas após o prazo de 60 (sessenta) dias da publicação de aviso no Diário Oficial da União, ressalvada reivindicação por eventual interessado legítimo dentro do referido prazo.

Parágrafo único. Os valores referidos no *caput* deste artigo serão tidos por abandonados, nos termos do inciso III do *caput* do art. 1.275 da Lei nº 10.406, de 10 de janeiro de 2002 (Código Civil), e serão apropriados pelo Tesouro Nacional como receita primária para realização de despesas de investimento de que trata o § 6º-B do art. 107, que não serão computadas nos limites previstos no art. 107, ambos deste Ato das Disposições Constitucionais Transitórias, podendo o interessado reclamar ressarcimento à União no prazo de até 5 (cinco) anos do encerramento das contas.

(*) *Art. 121 acrescido pela EC nº 126, de 21.12.2022.*

Art. 122. As transferências financeiras realizadas pelo Fundo Nacional de Saúde e pelo Fundo Nacional de Assistência Social diretamente aos fundos de saúde e assistência social estaduais, municipais e distritais, para enfrentamento da pandemia da Covid-19, poderão ser executadas pelos entes federativos até 31 de dezembro de 2023.

(*) *Art. 122 acrescido pela EC nº 126, de 21.12.2022.*

Art. 123. Todos os termos de credenciamentos, contratos, aditivos e outras formas de ajuste de permissão lotérica, em vigor, indistintamente, na data de publicação deste dispositivo, destinados a viabilizar a venda de serviços lotéricos, disciplinados em lei ou em outros instrumentos de alcance específico, terão assegurado prazo de vigência adicional, contado do término do prazo do instrumento vigente, independentemente da data de seu termo inicial.

(*) *Art. 123 acrescido pela EC nº 129, de 5.7.2023.*

Art. 124. A transição para os tributos previstos no art. 156-A e no art. 195, V, todos da Constituição Federal, atenderá aos critérios estabelecidos nos arts. 125 a 133 deste Ato das Disposições Constitucionais Transitórias.

Parágrafo único. A contribuição prevista no art. 195, V, será instituída pela mesma lei complementar de que trata o art. 156-A, ambos da Constituição Federal.

(*) *Art. 124 acrescido pela EC nº 132, de 20.12.2023.*

Art. 125. Em 2026, o imposto previsto no art. 156-A será cobrado à alíquota estadual de 0,1% (um décimo por cento), e a contribuição prevista no art. 195, V, ambos da Constituição Federal, será cobrada à alíquota de 0,9% (nove décimos por cento).

§ 1º. O montante recolhido na forma do *caput* será compensado com o valor devido das contribuições previstas no art. 195, I, "b", e IV, e da contribuição para o Programa de Integração Social a que se refere o art. 239, ambos da Constituição Federal.

§ 2º. Caso o contribuinte não possua débitos suficientes para efetuar a compensação de que trata o § 1º, o valor recolhido poderá ser compensado com qualquer outro tributo federal ou ser ressarcido em até 60 (sessenta) dias, mediante requerimento.

§ 3º. A arrecadação do imposto previsto no art. 156-A da Constituição Federal decorrente do disposto no *caput* deste artigo não observará as vinculações, repartições e destinações previstas na Constituição Federal, devendo ser aplicada, integral e sucessivamente, para:

ART. 126 — ATO DAS DISPOSIÇÕES CONSTITUCIONAIS TRANSITÓRIAS

I – o financiamento do Comitê Gestor do Imposto sobre Bens e Serviços, nos termos do art. 156-B, § 2º, III, da Constituição Federal;

II – compor o Fundo de Compensação de Benefícios Fiscais ou Financeiro-Fiscais do imposto de que trata o art. 155, II, da Constituição Federal.

§ 4º. Durante o período de que trata o *caput*, os sujeitos passivos que cumprirem as obrigações acessórias relativas aos tributos referidos no *caput* poderão ser dispensados do seu recolhimento, nos termos de lei complementar.

(*) Art. 125 acrescido pela EC nº 132, de 20.12.2023.

Art. 126. A partir de 2027:

I – serão cobrados:
a) a contribuição prevista no art. 195, V, da Constituição Federal;
b) o imposto previsto no art. 153, VIII, da Constituição Federal;

II – serão extintas as contribuições previstas no art. 195, I, "b", e IV, e a contribuição para o Programa de Integração Social de que trata o art. 239, todos da Constituição Federal, desde que instituída a contribuição referida na alínea "a" do inciso I;

III – o imposto previsto no art. 153, IV, da Constituição Federal:
a) terá suas alíquotas reduzidas a zero, exceto em relação aos produtos que tenham industrialização incentivada na Zona Franca de Manaus, conforme critérios estabelecidos em lei complementar; e
b) não incidirá de forma cumulativa com o imposto previsto no art. 153, VIII, da Constituição Federal.

(*) Art. 126 acrescido pela EC nº 132, de 20.12.2023.

Art. 127. Em 2027 e 2028, o imposto previsto no art. 156-A da Constituição Federal será cobrado à alíquota estadual de 0,05% (cinco centésimos por cento) e à alíquota municipal de 0,05% (cinco centésimos por cento).

Parágrafo único. No período referido no *caput*, a alíquota da contribuição prevista no art. 195, V, da Constituição Federal, será reduzida em 0,1 (um décimo) ponto percentual.

(*) Art. 127 acrescido pela EC nº 132, de 20.12.2023.

Art. 128. De 2029 a 2032, as alíquotas dos impostos previstos nos arts. 155, II, e 156, III, da Constituição Federal, serão fixadas nas seguintes proporções das alíquotas fixadas nas respectivas legislações:

I – 9/10 (nove décimos), em 2029;
II – 8/10 (oito décimos), em 2030;
III – 7/10 (sete décimos), em 2031;
IV – 6/10 (seis décimos), em 2032.

§ 1º. Os benefícios ou os incentivos fiscais ou financeiros relativos aos impostos previstos nos arts. 155, II, e 156, III, da Constituição Federal não alcançados pelo disposto no *caput* deste artigo serão reduzidos na mesma proporção.

§ 2º. Os benefícios e incentivos fiscais ou financeiros referidos no art. 3º da Lei Complementar nº 160, de 7 de agosto de 2017, serão reduzidos na forma deste artigo, não se aplicando a redução prevista no § 2º-A do art. 3º da referida Lei Complementar.

§ 3º. Ficam mantidos em sua integralidade, até 31 de dezembro de 2032, os percentuais utilizados para calcular os benefícios ou incentivos fiscais ou financeiros já reduzidos por força da redução das alíquotas, em decorrência do disposto no *caput*.

(*) Art. 128 acrescido pela EC nº 132, de 20.12.2023.

Art. 129. Ficam extintos, a partir de 2033, os impostos previstos nos arts. 155, II, e 156, III, da Constituição Federal.

(*) Art. 129 acrescido pela EC nº 132, de 20.12.2023.

Art. 130. Resolução do Senado Federal fixará, para todas as esferas federativas, as alíquotas de referência dos tributos previstos nos arts. 156-A e 195, V, da Constituição Federal, observados a forma de cálculo e os limites previstos em lei complementar, de forma a assegurar:

I – de 2027 a 2033, que a receita da União com a contribuição prevista no art. 195, V, e com o imposto previsto no art. 153, VIII, todos da Constituição Federal, seja equivalente à redução da receita:
a) das contribuições previstas no art. 195, I, "b", e IV, e da contribuição para o Programa de Integração Social de que trata o art. 239, todos da Constituição Federal;
b) do imposto previsto no art. 153, IV; e

c) do imposto previsto no art. 153, V, da Constituição Federal, sobre operações de seguros;

II – de 2029 a 2033, que a receita dos Estados e do Distrito Federal com o imposto previsto no art. 156-A da Constituição Federal seja equivalente à redução:

a) da receita do imposto previsto no art. 155, II, da Constituição Federal; e

b) das receitas destinadas a fundos estaduais financiados por contribuições estabelecidas como condição à aplicação de diferimento, regime especial ou outro tratamento diferenciado, relativos ao imposto de que trata o art. 155, II, da Constituição Federal, em funcionamento em 30 de abril de 2023, excetuadas as receitas dos fundos mantidas na forma do art. 136 deste Ato das Disposições Constitucionais Transitórias;

III – de 2029 a 2033, que a receita dos Municípios e do Distrito Federal com o imposto previsto no art. 156-A seja equivalente à redução da receita do imposto previsto no art. 156, III, ambos da Constituição Federal.

§ 1º. As alíquotas de referência serão fixadas no ano anterior ao de sua vigência, não se aplicando o disposto no art. 150, III, "c", da Constituição Federal, com base em cálculo realizado pelo Tribunal de Contas da União.

§ 2º. Na fixação das alíquotas de referência, deverão ser considerados os efeitos sobre a arrecadação dos regimes específicos, diferenciados ou favorecidos e de qualquer outro regime que resulte em arrecadação menor do que a que seria obtida com a aplicação da alíquota padrão.

§ 3º. Para fins do disposto nos §§ 4º a 6º, entende-se por:

I – Teto de Referência da União: a média da receita no período de 2012 a 2021, apurada como proporção do PIB, do imposto previsto no art. 153, IV, das contribuições previstas no art. 195, I, "b", e IV, da contribuição para o Programa de Integração Social de que trata o art. 239 e do imposto previsto no art. 153, V, sobre operações de seguro, todos da Constituição Federal;

II – Teto de Referência Total: a média da receita no período de 2012 a 2021, apurada como proporção do PIB, dos impostos previstos nos arts. 153, IV, 155, II e 156, III, das contribuições previstas no art. 195, I, "b", e IV, da contribuição para o Programa de Integração Social de que trata o art. 239 e do imposto previsto no art. 153, V, sobre operações de seguro, todos da Constituição Federal;

III – Receita-Base da União: a receita da União com a contribuição prevista no art. 195, V, e com o imposto previsto no art. 153, VIII, ambos da Constituição Federal, apurada como proporção do PIB;

IV – Receita-Base dos Entes Subnacionais: a receita dos Estados, do Distrito Federal e dos Municípios com o imposto previsto no art. 156-A da Constituição Federal, deduzida da parcela a que se refere a alínea "b" do inciso II do caput, apurada como proporção do PIB;

V – Receita-Base Total: a soma da Receita-Base da União com a Receita-Base dos Entes Subnacionais, sendo essa última:

a) multiplicada por 10 (dez) em 2029;
b) multiplicada por 5 (cinco) em 2030;
c) multiplicada por 10 (dez) e dividida por 3 (três) em 2031;
d) multiplicada por 10 (dez) e dividida por 4 (quatro) em 2032;
e) multiplicada por 1 (um) em 2033.

§ 4º. A alíquota de referência da contribuição a que se refere o art. 195, V, da Constituição Federal será reduzida em 2030 caso a média da Receita-Base da União em 2027 e 2028 exceda o Teto de Referência da União.

§ 5º. As alíquotas de referência da contribuição a que se refere o art. 195, V, e do imposto a que se refere o art. 156-A, ambos da Constituição Federal, serão reduzidas em 2035 caso a média da Receita-Base Total entre 2029 e 2033 exceda o Teto de Referência Total.

§ 6º. As reduções de que tratam os §§ 4º e 5º serão:

I – definidas de forma a que a Receita-Base seja igual ao respectivo Teto de Referência;

II – no caso do § 5º, proporcionais para as alíquotas de referência federal, estadual e municipal.

§ 7º. A revisão das alíquotas de referência em função do disposto nos §§ 4º, 5º e 6º não implicará cobrança ou restituição de tributo relativo a anos anteriores ou transferência de recursos entre os entes federativos.

§ 8º. Os entes federativos e o Comitê Gestor do Imposto sobre Bens e Serviços fornecerão ao Tribunal de Contas da União as informações necessárias para o cálculo a que se referem os §§ 1º, 4º e 5º.

§ 9º. Nos cálculos das alíquotas de que trata o *caput*, deverá ser considerada a arrecadação dos tributos previstos nos arts. 156-A e 195, V, da Constituição Federal, cuja cobrança tenha sido iniciada antes dos períodos de que tratam os incisos I, II e III do *caput*.

§ 10. O cálculo das alíquotas a que se refere este artigo será realizado com base em propostas encaminhadas pelo Poder Executivo da União e pelo Comitê Gestor do Imposto sobre Bens e Serviços, que deverão fornecer ao Tribunal de Contas da União todos os subsídios necessários, mediante o compartilhamento de dados e informações, nos termos de lei complementar.

(*) *Art. 130 acrescido pela EC nº 132, de 20.12.2023.*

Art. 131. De 2029 a 2077, o produto da arrecadação dos Estados, do Distrito Federal e dos Municípios com o imposto de que trata o art. 156-A da Constituição Federal será distribuído a esses entes federativos conforme o disposto neste artigo.

§ 1º. Serão retidos do produto da arrecadação do imposto de cada Estado, do Distrito Federal e de cada Município apurada com base nas alíquotas de referência de que trata o art. 130 deste Ato das Disposições Constitucionais Transitórias, nos termos dos arts. 149-C e 156-A, § 4º, II, e § 5º, I e IV, antes da aplicação do disposto no art. 158, IV, "b", todos da Constituição Federal:

I – de 2029 a 2032, 80% (oitenta por cento);

II – em 2033, 90% (noventa por cento);

III – de 2034 a 2077, percentual correspondente ao aplicado em 2033, reduzido à razão de 1/45 (um quarenta e cinco avos) por ano.

§ 2º. Na forma estabelecida em lei complementar, o montante retido nos termos do § 1º será distribuído entre os Estados, o Distrito Federal e os Municípios proporcionalmente à receita média de cada ente federativo, devendo ser consideradas:

II – no caso dos Estados:

a) a arrecadação do imposto previsto no art. 155, II, após aplicação do disposto no art. 158, IV, "a", todos da Constituição Federal; e

b) as receitas destinadas aos fundos estaduais de que trata o art. 130, II, "b", deste Ato das Disposições Constitucionais Transitórias;

II – no caso do Distrito Federal:

a) a arrecadação do imposto previsto no art. 155, II, da Constituição Federal; e

b) a arrecadação do imposto previsto no art. 156, III, da Constituição Federal;

III – no caso dos Municípios:

a) a arrecadação do imposto previsto no art. 156, III, da Constituição Federal; e

b) a parcela creditada na forma do art. 158, IV, "a", da Constituição Federal.

§ 3º. Não se aplica o disposto no art. 158, IV, "b", da Constituição Federal aos recursos distribuídos na forma do § 2º, I, deste artigo.

§ 4º. A parcela do produto da arrecadação do imposto não retida nos termos do § 1º, após a retenção de que trata o art. 132 deste Ato das Disposições Constitucionais Transitórias, será distribuída a cada Estado, ao Distrito Federal e a cada Município de acordo com os critérios da lei complementar de que trata o art. 156-A, § 5º, I, da Constituição Federal, nela computada a variação de alíquota fixada pelo ente em relação à de referência.

§ 5º. Os recursos de que trata este artigo serão distribuídos nos termos estabelecidos em lei complementar, aplicando-se o seguinte:

I – constituirão a base de cálculo dos fundos de que trata o art. 212-A, II, da Constituição Federal, observado que:

a) para os Estados, o percentual de que trata o art. 212-A, II, será aplicado proporcionalmente à razão entre a soma dos valores distribuídos a cada ente nos termos do § 2º, I, "a", e do § 4º, e a soma dos valores distribuídos nos termos do § 2º, I e do § 4º;

b) para o Distrito Federal, o percentual de que trata o art. 212-A, II, será aplicado proporcionalmente à razão entre a soma dos valores distribuídos nos termos do § 2º, II, "a", e do § 4º, e a soma dos valores distribuídos nos termos do § 2º, II, e do § 4º, considerada, em ambas as somas, somente a parcela estadual nos valores distribuídos nos termos do § 4º;

c) para os Municípios, o percentual de que trata o art. 212-A, II, será aplicado proporcionalmente à razão entre a soma dos valores distribuídos nos termos do § 2º, III, "b", e a soma dos valores distribuídos nos termos do § 2º, III;

ATO DAS DISPOSIÇÕES CONSTITUCIONAIS TRANSITÓRIAS   ART. 134

II – constituirão as bases de cálculo de que tratam os arts. 29-A, 198, § 2º, 204, parágrafo único, 212 e 216, § 6º, da Constituição Federal, excetuados os valores distribuídos nos termos do § 2º, I, "b";

III – poderão ser vinculados para prestação de garantias às operações de crédito por antecipação de receita previstas no art. 165, § 8º, para pagamento de débitos com a União e para prestar-lhe garantia ou contragarantia, nos termos do art. 167, § 4º, todos da Constituição Federal.

§ 6º. Durante o período de que trata o *caput* deste artigo, é vedado aos Estados, ao Distrito Federal e aos Municípios fixar alíquotas próprias do imposto de que trata o art. 156-A da Constituição Federal inferiores às necessárias para garantir as retenções de que tratam o § 1º deste artigo e o art. 132 deste Ato das Disposições Constitucionais Transitórias.

(*) Art. 131 acrescido pela EC nº 132, de 20.12.2023.

Art. 132. Do imposto dos Estados, do Distrito Federal e dos Municípios apurado com base nas alíquotas de referência de que trata o art. 130 deste Ato das Disposições Constitucionais Transitórias, deduzida a retenção de que trata o art. 131,

§ 1º, será retido montante correspondente a 5% (cinco por cento) para distribuição aos entes com as menores razões entre:

I – o valor apurado nos termos dos arts. 149-C e 156-A, § 4º, II, e § 5º, I e IV, com base nas alíquotas de referência, após a aplicação do disposto no art. 158, IV, "b", todos da Constituição Federal; e

II – a respectiva receita média, apurada nos termos do art. 131, § 2º, I, II e III, deste Ato das Disposições Constitucionais Transitórias, limitada a 3 (três) vezes a média nacional por habitante da respectiva esfera federativa.

§ 1º. Os recursos serão distribuídos, sequencial e sucessivamente, aos entes com as menores razões de que trata o *caput,* de maneira que, ao final da distribuição, para todos os entes que receberem recursos, seja observada a mesma a razão entre:

I – a soma do valor apurado nos termos do inciso I do *caput* com o valor recebido nos termos deste artigo; e

II – a receita média apurada na forma do inciso II do *caput*.

§ 2º. Aplica-se aos recursos distribuídos na forma deste artigo o disposto no art. 131, § 5º deste Ato das Disposições Constitucionais Transitórias.

§ 3º. Lei complementar estabelecerá os critérios para a redução gradativa, entre 2078 e 2097, do percentual de que trata o *caput*, até a sua extinção.

(*) Art. 132 acrescido pela EC nº 132, de 20.12.2023.

Art. 133. Os tributos de que tratam os arts. 153, IV, 155, II, 156, III, e 195, I, "b", e IV, e a contribuição para o Programa de Integração Social a que se refere o art. 239 não integrarão a base de cálculo do imposto de que trata o art. 156-A e da contribuição de que trata o art. 195, V, todos da Constituição Federal.

(*) Art. 133 acrescido pela EC nº 132, de 20.12.2023.

Art. 134. Os saldos credores relativos ao imposto previsto no art. 155, II, da Constituição Federal, existentes ao final de 2032 serão aproveitados pelos contribuintes na forma deste artigo e nos termos de lei complementar.

§ 1º. O disposto neste artigo alcança os saldos credores cujo aproveitamento ou ressarcimento sejam admitidos pela legislação em vigor em 31 de dezembro de 2032 e que tenham sido homologados pelos respectivos entes federativos, observadas as seguintes diretrizes:

I – apresentado o pedido de homologação, o ente federativo deverá se pronunciar no prazo estabelecido na lei complementar a que se refere o *caput*;

II – na ausência de resposta ao pedido de homologação no prazo a que se refere o inciso I deste parágrafo, os respectivos saldos credores serão considerados homologados.

§ 2º. Aplica-se o disposto neste artigo também aos créditos reconhecidos após o prazo previsto no *caput*.

§ 3º. O saldo dos créditos homologados será informado pelos Estados e pelo Distrito Federal ao Comitê Gestor do Imposto sobre Bens e Serviços para que seja compensado com o imposto de que trata o art. 156-A da Constituição Federal:

I – pelo prazo remanescente, apurado nos termos do art. 20, § 5º, da Lei Complementar nº 87, de 13 de setembro de 1996, para os créditos relativos à entrada de mercadorias destinadas ao ativo permanente;

II – em 240 (duzentos e quarenta) parcelas mensais, iguais e sucessivas, nos demais casos.

§ 4º. O Comitê Gestor do Imposto sobre Bens e Serviços deduzirá do produto da arrecadação do imposto previsto no art. 156-A devido ao respectivo ente federativo o valor compensado na forma do § 3º, o qual não comporá base de cálculo para fins do disposto nos arts. 158, IV, 198, § 2º, 204, parágrafo único, 212, 212-A, II, e 216, § 6º, todos da Constituição Federal.

§ 5º. A partir de 2033, os saldos credores serão atualizados pelo IPCA ou por outro índice que venha a substituí-lo.

§ 6º. Lei complementar disporá sobre:

I – as regras gerais de implementação do parcelamento previsto no § 3º;

II – a forma pela qual os titulares dos créditos de que trata este artigo poderão transferi-los a terceiros;

III – a forma pela qual o crédito de que trata este artigo poderá ser ressarcido ao contribuinte pelo Comitê Gestor do Imposto sobre Bens e Serviços, caso não seja possível compensar o valor da parcela nos termos do § 3º.

(*) *Art. 134 acrescido pela EC nº 132, de 20.12.2023.*

Art. 135. Lei complementar disciplinará a forma de utilização dos créditos, inclusive presumidos, do imposto de que trata o art. 153, IV, e das contribuições de que tratam o art. 195, I, "b", e IV, e da contribuição para o Programa de Integração Social a que se refere o art. 239, todos da Constituição Federal, não apropriados ou não utilizados até a extinção, mantendo-se, apenas para os créditos que cumpram os requisitos estabelecidos na legislação vigente na data da extinção de tais tributos, a permissão para compensação com outros tributos federais, inclusive com a contribuição prevista no inciso V do *caput* do art. 195 da Constituição Federal, ou ressarcimento em dinheiro.

(*) *Art. 135 acrescido pela EC nº 132, de 20.12.2023.*

Art. 136. Os Estados que possuíam, em 30 de abril de 2023, fundos destinados a investimentos em obras de infraestrutura e habitação e financiados por contribuições sobre produtos primários e semielaborados estabelecidas como condição à aplicação de diferimento, regime especial ou outro tratamento diferenciado, relativos ao imposto de que trata o art. 155, II, da Constituição Federal, poderão instituir contribuições semelhantes, não vinculadas ao referido imposto, observado que:

I – a alíquota ou o percentual de contribuição não poderão ser superiores e a base de incidência não poderá ser mais ampla que os das respectivas contribuições vigentes em 30 de abril de 2023;

II – a instituição de contribuição nos termos deste artigo implicará a extinção da contribuição correspondente, vinculada ao imposto de que trata o art. 155, II, da Constituição Federal, vigente em 30 de abril de 2023;

III – a destinação de sua receita deverá ser a mesma das contribuições vigentes em 30 de abril de 2023;

IV – a contribuição instituída nos termos do *caput* será extinta em 31 de dezembro de 2043.

Parágrafo único. As receitas das contribuições mantidas nos termos deste artigo não serão consideradas como receita do respectivo Estado para fins do disposto nos arts. 130, II, "b", e 131, § 2º, I, "b", deste Ato das Disposições Constitucionais Transitórias.

(*) *Art. 136 acrescido pela EC nº 132, de 20.12.2023.*

Art. 137. Os saldos financeiros dos recursos transferidos pelo Fundo Nacional de Saúde e pelo Fundo Nacional de Assistência Social, para enfrentamento da pandemia de Covid-19 no período de 2020 a 2022, aos fundos de saúde e assistência social estaduais, municipais e do Distrito Federal poderão ser aplicados, até 31 de dezembro de 2024, para o custeio de ações e serviços públicos de saúde e de assistência social, observadas, respectivamente, as diretrizes emanadas do Sistema Único de Saúde e do Sistema Único de Assistência Social.

(*) *Art. 137 acrescido pela EC nº 132, de 20.12.2023.*

Brasília, 5 de outubro de 1988.

As mesmas assinaturas da Constituição.

ATOS DECORRENTES DO DISPOSTO NO § 3º DO ART. 5º DA CF

CONVENÇÃO SOBRE OS DIREITOS DAS PESSOAS COM DEFICIÊNCIA

DECRETO LEGISLATIVO Nº 186, DE 2008

Aprova o texto da Convenção sobre os Direitos das Pessoas com Deficiência e de seu Protocolo Facultativo, assinados em Nova Iorque, em 30 de março de 2007.
(*) V. Lei nº 13.146, de 6.7.2015 (Estatuto da Pessoa com Deficiência).

Faço saber que o Congresso Nacional aprovou, e eu, Garibaldi Alves Filho, Presidente do Senado Federal, conforme o disposto no art. 5º, § 3º, da Constituição Federal e nos termos do art. 48, inciso XXVIII, do Regimento Interno, promulgo o seguinte

O Congresso Nacional decreta:

Art. 1º. Fica aprovado, nos termos do § 3º do art. 5º da Constituição Federal, o texto da Convenção sobre os Direitos das Pessoas com Deficiência e de seu Protocolo Facultativo, assinados em Nova Iorque, em 30 de março de 2007.

Parágrafo único. Ficam sujeitos à aprovação do Congresso Nacional quaisquer atos que alterem a referida Convenção e seu Protocolo Facultativo, bem como quaisquer outros ajustes complementares que, nos termos do inciso I do caput do art. 49 da Constituição Federal, acarretem encargos ou compromissos gravosos ao patrimônio nacional.

Art. 2º. Este Decreto Legislativo entra em vigor na data de sua publicação.

Senado Federal, em 9 de julho de 2008.
Senador Garibaldi Alves Filho, Presidente do Senado Federal – DOU de 10.7.2008.
(*) Anexo a este Decreto Legislativo está o texto da Convenção, aqui presente na página a seguir.

DECRETO Nº 6.949, DE 25 DE AGOSTO DE 2009

Promulga a Convenção Internacional sobre os Direitos das Pessoas com Deficiência e seu Protocolo Facultativo, assinados em Nova York, em 30 de março de 2007.
(*) V. Lei nº 13.146, de 6.7.2015 (Estatuto da Pessoa com Deficiência).

O Presidente da República, no uso da atribuição que lhe confere o art. 84, inciso IV, da Constituição, e Considerando que o Congresso Nacional aprovou, por meio do Decreto Legislativo nº 186, de 9 de julho de 2008, conforme o procedimento do § 3º do art. 5º da Constituição, a Convenção sobre os Direitos das Pessoas com Deficiência e seu Protocolo Facultativo, assinados em Nova York, em 30 de março de 2007;

Considerando que o Governo brasileiro depositou o instrumento de ratificação dos referidos atos junto ao Secretário-Geral das Nações Unidas em 1º de agosto de 2008;

Considerando que os atos internacionais em apreço entraram em vigor para o Brasil, no plano jurídico externo, em 31 de agosto de 2008;

ART. 1º CONVENÇÃO SOBRE OS DIREITOS DAS PESSOAS COM DEFICIÊNCIA

Decreta:

Art. 1º. A Convenção sobre os Direitos das Pessoas com Deficiência e seu Protocolo Facultativo, apensos por cópia ao presente Decreto, serão executados e cumpridos tão inteiramente como neles se contém.

Art. 2º. São sujeitos à aprovação do Congresso Nacional quaisquer atos que possam resultar em revisão dos referidos diplomas internacionais ou que acarretem encargos ou compromissos gravosos ao patrimônio nacional, nos termos do art. 49, inciso I, da Constituição.

Art. 3º. Este Decreto entra em vigor na data de sua publicação.

Brasília, 25 de agosto de 2009; 188º da Independência e 121º da República.

Luiz Inácio Lula da Silva – DOU de 26.8.2009.

Convenção sobre os Direitos das Pessoas com Deficiência

Preâmbulo

Os Estados Partes da presente Convenção,

a) Relembrando os princípios consagrados na Carta das Nações Unidas, que reconhecem a dignidade e o valor inerentes e os direitos iguais e inalienáveis de todos os membros da família humana como o fundamento da liberdade, da justiça e da paz no mundo,

b) Reconhecendo que as Nações Unidas, na Declaração Universal dos Direitos Humanos e nos Pactos Internacionais sobre Direitos Humanos, proclamaram e concordaram que toda pessoa faz jus a todos os direitos e liberdades ali estabelecidos, sem distinção de qualquer espécie,

c) Reafirmando a universalidade, a indivisibilidade, a interdependência e a inter-relação de todos os direitos humanos e liberdades fundamentais, bem como a necessidade de garantir que todas as pessoas com deficiência os exerçam plenamente, sem discriminação,

d) Relembrando o Pacto Internacional dos Direitos Econômicos, Sociais e Culturais, o Pacto Internacional dos Direitos Civis e Políticos, a Convenção Internacional sobre a Eliminação de Todas as Formas de Discriminação Racial, a Convenção sobre a Eliminação de todas as Formas de Discriminação contra a Mulher, a Convenção contra a Tortura e Outros Tratamentos ou Penas Cruéis, Desumanos ou Degradantes, a Convenção sobre os Direitos da Criança e a Convenção Internacional sobre a Proteção dos Direitos de Todos os Trabalhadores Migrantes e Membros de suas Famílias,

e) Reconhecendo que a deficiência é um conceito em evolução e que a deficiência resulta da interação entre pessoas com deficiência e as barreiras devidas às atitudes e ao ambiente que impedem a plena e efetiva participação dessas pessoas na sociedade em igualdade de oportunidades com as demais pessoas,

f) Reconhecendo a importância dos princípios e das diretrizes de política, contidos no Programa de Ação Mundial para as Pessoas Deficientes e nas Normas sobre a Equiparação de Oportunidades para Pessoas com Deficiência, para influenciar a promoção, a formulação e a avaliação de políticas, planos, programas e ações em níveis nacional, regional e internacional para possibilitar maior igualdade de oportunidades para pessoas com deficiência,

g) Ressaltando a importância de trazer questões relativas à deficiência ao centro das preocupações da sociedade como parte integrante das estratégias relevantes de desenvolvimento sustentável,

h) Reconhecendo também que a discriminação contra qualquer pessoa, por motivo de deficiência, configura violação da dignidade e do valor inerentes ao ser humano,

i) Reconhecendo ainda a diversidade das pessoas com deficiência,

j) Reconhecendo a necessidade de promover e proteger os direitos humanos de todas as pessoas com deficiência, inclusive daquelas que requerem maior apoio,

k) Preocupados com o fato de que, não obstante esses diversos instrumentos e compromissos, as pessoas com deficiência continuam a enfrentar barreiras contra sua participação como membros iguais da sociedade e violações de seus direitos humanos em todas as partes do mundo,

l) Reconhecendo a importância da cooperação internacional para melhorar as condições de vida das pessoas com deficiência em todos os países, particularmente naqueles em desenvolvimento,

m) Reconhecendo as valiosas contribuições existentes e potenciais das pessoas com deficiência ao bem-estar comum e à diversidade de suas comunidades, e que a promoção do pleno exercício, pelas pessoas com deficiência, de seus direitos humanos e liberdades fundamentais e de sua plena participação na sociedade resultará no fortalecimento de seu senso de pertencimento à sociedade e no significativo avanço do desenvolvimento humano, social e econômico da sociedade, bem como na erradicação da pobreza,

n) Reconhecendo a importância, para as pessoas com deficiência, de sua autonomia e independência individuais, inclusive da liberdade para fazer as próprias escolhas,

o) Considerando que as pessoas com deficiência devem ter a oportunidade de participar ativamente das decisões relativas a programas e políticas, inclusive aos que lhes dizem respeito diretamente,

p) Preocupados com as difíceis situações enfrentadas por pessoas com deficiência que estão sujeitas a formas múltiplas ou agravadas de discriminação por causa de raça, cor, sexo, idioma, religião, opiniões políticas ou de outra natureza, origem nacional, étnica, nativa ou social, propriedade, nascimento, idade ou outra condição,

q) Reconhecendo que mulheres e meninas com deficiência estão frequentemente expostas a maiores riscos, tanto no lar como fora dele, de sofrer violência, lesões ou abuso, descaso ou tratamento negligente, maus-tratos ou exploração,

r) Reconhecendo que as crianças com deficiência devem gozar plenamente de todos os direitos humanos e liberdades fundamentais em igualdade de oportunidades com as outras crianças e relembrando as obrigações assumidas com esse fim pelos Estados Partes na Convenção sobre os Direitos da Criança,

s) Ressaltando a necessidade de incorporar a perspectiva de gênero aos esforços para promover o pleno exercício dos direitos humanos e liberdades fundamentais por parte das pessoas com deficiência,

t) Salientando o fato de que a maioria das pessoas com deficiência vive em condições de pobreza e, nesse sentido, reconhecendo a necessidade crítica de lidar com o impacto negativo da pobreza sobre pessoas com deficiência,

u) Tendo em mente que as condições de paz e segurança baseadas no pleno respeito aos propósitos e princípios consagrados na Carta das Nações Unidas e a observância dos instrumentos de direitos humanos são indispensáveis para a total proteção das pessoas com deficiência, particularmente durante conflitos armados e ocupação estrangeira,

v) Reconhecendo a importância da acessibilidade aos meios físico, social, econômico e cultural, à saúde, à educação e à informação e comunicação, para possibilitar às pessoas com deficiência o pleno gozo de todos os direitos humanos e liberdades fundamentais,

w) Conscientes de que a pessoa tem deveres para com outras pessoas e para com a comunidade a que pertence e que, portanto, tem a responsabilidade de esforçar-se para a promoção e a observância dos direitos reconhecidos na Carta Internacional dos Direitos Humanos,

x) Convencidos de que a família é o núcleo natural e fundamental da sociedade e tem o direito de receber a proteção da sociedade e do Estado e de que as pessoas com deficiência e seus familiares devem receber a proteção e a assistência necessárias para tornar as famílias capazes de contribuir para o exercício pleno e equitativo dos direitos das pessoas com deficiência,

y) Convencidos de que uma convenção internacional geral e integral para promover e proteger os direitos e a dignidade das pessoas com deficiência prestará significativa contribuição para corrigir as profundas desvantagens sociais das pessoas com deficiência e para promover sua participação na vida econômica, social e cultural, em igualdade de oportunidades, tanto nos países em desenvolvimento como nos desenvolvidos,

Acordaram o seguinte:

Artigo 1
Propósito

O propósito da presente Convenção é promover, proteger e assegurar o exercício pleno e equitativo de todos os direitos humanos e liberdades fundamentais por todas as pessoas com deficiência e promover o respeito pela sua dignidade inerente.

Pessoas com deficiência são aquelas que têm impedimentos de longo prazo de natureza física, mental, intelectual ou sensorial, os quais, em interação com diversas barreiras, podem obstruir sua participação plena e efetiva na sociedade em igualdade de condições com as demais pessoas.

Artigo 2
Definições

Para os propósitos da presente Convenção:

"Comunicação" abrange as línguas, a visualização de textos, o braille, a comunicação tátil, os caracteres ampliados, os dispositivos de multimídia acessível, assim como a linguagem simples, escrita e oral, os sistemas auditivos e os meios de voz digitalizada e os modos, meios e formatos aumentativos e alternativos de comunicação, inclusive a tecnologia da informação e comunicação acessíveis;

"Língua" abrange as línguas faladas e de sinais e outras formas de comunicação não falada;

"Discriminação por motivo de deficiência" significa qualquer diferenciação, exclusão ou restrição baseada em deficiência, com o propósito ou efeito de impedir ou impossibilitar o reconhecimento, o desfrute ou o exercício, em igualdade de oportunidades com as demais pessoas, de todos os direitos humanos e liberdades fundamentais nos âmbitos político, econômico, social, cultural, civil ou qualquer outro. Abrange todas as formas de discriminação, inclusive a recusa de adaptação razoável;

"Adaptação razoável" significa as modificações e os ajustes necessários e adequados que não acarretem ônus desproporcional ou indevido, quando requeridos em cada caso, a fim de assegurar que as pessoas com deficiência possam gozar ou exercer, em igualdade de oportunidades com as demais pessoas, todos os direitos humanos e liberdades fundamentais;

"Desenho universal" significa a concepção de produtos, ambientes, programas e serviços a serem usados, na maior medida possível, por todas as pessoas, sem necessidade de adaptação ou projeto específico. O "desenho universal" não excluirá as ajudas técnicas para grupos específicos de pessoas com deficiência, quando necessárias.

Artigo 3
Princípios gerais

Os princípios da presente Convenção são:

a) O respeito pela dignidade inerente, a autonomia individual, inclusive a liberdade de fazer as próprias escolhas, e a independência das pessoas;

b) A não discriminação;

c) A plena e efetiva participação e inclusão na sociedade;

d) O respeito pela diferença e pela aceitação das pessoas com deficiência como parte da diversidade humana e da humanidade;

e) A igualdade de oportunidades;

f) A acessibilidade;

g) A igualdade entre o homem e a mulher;

h) O respeito pelo desenvolvimento das capacidades das crianças com deficiência e pelo direito das crianças com deficiência de preservar sua identidade.

Artigo 4
Obrigações gerais

1. Os Estados Partes se comprometem a assegurar e promover o pleno exercício de todos os direitos humanos e liberdades fundamentais por todas as pessoas com deficiência, sem qualquer tipo de discriminação por causa de sua deficiência. Para tanto, os Estados Partes se comprometem a:

a) Adotar todas as medidas legislativas, administrativas e de qualquer outra natureza, necessárias para a realização dos direitos reconhecidos na presente Convenção;

b) Adotar todas as medidas necessárias, inclusive legislativas, para modificar ou revogar leis, regulamentos, costumes e práticas vigentes, que constituírem discriminação contra pessoas com deficiência;

c) Levar em conta, em todos os programas e políticas, a proteção e a promoção dos direitos humanos das pessoas com deficiência;

d) Abster-se de participar em qualquer ato ou prática incompatível com a presente Convenção e assegurar que as autoridades públicas e instituições atuem em conformidade com a presente Convenção;

e) Tomar todas as medidas apropriadas para eliminar a discriminação baseada em deficiência, por parte de qualquer pessoa, organização ou empresa privada;

f) Realizar ou promover a pesquisa e o desenvolvimento de produtos, serviços, equipamentos e instalações com desenho universal, conforme definidos no Artigo 2 da presente Convenção, que exijam o mínimo possível de adaptação e cujo custo seja o mínimo possível, destinados a atender às necessidades específicas de pessoas com deficiência, a promover sua disponibilidade e seu uso e a promover o desenho universal quando da elaboração de normas e diretrizes;

g) Realizar ou promover a pesquisa e o desenvolvimento, bem como a disponibilidade e o emprego de novas tecnologias, inclusive as tecnologias da informação e comunicação, ajudas técnicas para locomoção, dispositivos e tecnologias assistivas, adequados a pessoas com deficiência, dando prioridade a tecnologias de custo acessível;

h) Propiciar informação acessível para as pessoas com deficiência a respeito de ajudas técnicas para locomoção, dispositivos e tecnologias assistivas, incluindo novas tecnologias bem como outras formas de assistência, serviços de apoio e instalações;

i) Promover a capacitação em relação aos direitos reconhecidos pela presente Convenção dos profissionais e equipes que trabalham com pessoas com deficiência, de forma a melhorar a prestação de assistência e serviços garantidos por esses direitos.

2. Em relação aos direitos econômicos, sociais e culturais, cada Estado Parte se compromete a tomar medidas, tanto quanto permitirem os recursos disponíveis e, quando necessário, no âmbito da cooperação internacional, a fim de assegurar progressivamente o pleno exercício desses direitos, sem prejuízo das obrigações contidas na presente Convenção que forem imediatamente aplicáveis de acordo com o direito internacional.

3. Na elaboração e implementação de legislação e políticas para aplicar a presente Convenção e em outros processos de tomada de decisão relativos às pessoas com deficiência, os Estados Partes realizarão consultas estreitas e envolverão ativamente pessoas com deficiência, inclusive crianças com deficiência, por intermédio de suas organizações representativas.

4. Nenhum dispositivo da presente Convenção afetará quaisquer disposições mais propícias à realização dos direitos das pessoas com deficiência, as quais possam estar contidas na legislação do Estado Parte ou no direito internacional em vigor para esse Estado. Não haverá nenhuma restrição ou derrogação de qualquer dos direitos humanos e liberdades fundamentais reconhecidos ou vigentes em qualquer Estado Parte da presente Convenção, em conformidade com leis, convenções, regulamentos ou costumes, sob a alegação de que a presente Convenção não reconhece tais direitos e liberdades ou que os reconhece em menor grau.

5. As disposições da presente Convenção se aplicam, sem limitação ou exceção, a todas as unidades constitutivas dos Estados federativos.

Artigo 5
Igualdade e não discriminação

1. Os Estados Partes reconhecem que todas as pessoas são iguais perante e sob a lei e que fazem jus, sem qualquer discriminação, a igual proteção e igual benefício da lei.

2. Os Estados Partes proibirão qualquer discriminação baseada na deficiência e garantirão às pessoas com deficiência igual e efetiva proteção legal contra a discriminação por qualquer motivo.

3. A fim de promover a igualdade e eliminar a discriminação, os Estados Partes adotarão todas as medidas apropriadas para garantir que a adaptação razoável seja oferecida.

4. Nos termos da presente Convenção, as medidas específicas que forem necessárias para acelerar ou alcançar a efetiva igualdade das pessoas com deficiência não serão consideradas discriminatórias.

Artigo 6
Mulheres com deficiência

1. Os Estados Partes reconhecem que as mulheres e meninas com deficiência estão sujeitas a múltiplas formas de discriminação e, portanto, tomarão medidas para assegurar às mulheres e meninas com deficiência o pleno e igual exercício de todos os direitos humanos e liberdades fundamentais.

2. Os Estados Partes tomarão todas as medidas apropriadas para assegurar o pleno desenvolvimento, o avanço e o empoderamento das mulheres, a fim de garantir-lhes o exercício e o gozo dos direitos humanos e liberdades fundamentais estabelecidos na presente Convenção.

Artigo 7
Crianças com deficiência

1. Os Estados Partes tomarão todas as medidas necessárias para assegurar às crianças com deficiência o pleno exercício de todos os direitos humanos e liberdades fundamentais, em igualdade de oportunidades com as demais crianças.

2. Em todas as ações relativas às crianças com deficiência, o superior interesse da criança receberá consideração primordial.

3. Os Estados Partes assegurarão que as crianças com deficiência tenham o direito de expressar livremente sua opinião sobre todos os assuntos que lhes disserem respeito, tenham a sua opinião devidamente valorizada de acordo com sua idade e maturidade, em igualdade de oportunidades com as demais crianças, e recebam atendimento adequado à sua deficiência e idade, para que possam exercer tal direito.

Artigo 8
Conscientização

1. Os Estados Partes se comprometem a adotar medidas imediatas, efetivas e apropriadas para:

a) Conscientizar toda a sociedade, inclusive as famílias, sobre as condições das pessoas com deficiência e fomentar o respeito pelos direitos e pela dignidade das pessoas com deficiência;

b) Combater estereótipos, preconceitos e práticas nocivas em relação a pessoas com deficiência, inclusive aqueles relacionados a sexo e idade, em todas as áreas da vida;

c) Promover a conscientização sobre as capacidades e contribuições das pessoas com deficiência.

2. As medidas para esse fim incluem:

a) Lançar e dar continuidade a efetivas campanhas de conscientização públicas, destinadas a:

I) Favorecer atitude receptiva em relação aos direitos das pessoas com deficiência;

II) Promover percepção positiva e maior consciência social em relação às pessoas com deficiência;

III) Promover o reconhecimento das habilidades, dos méritos e das capacidades das pessoas com deficiência e de sua contribuição ao local de trabalho e ao mercado laboral;

b) Fomentar em todos os níveis do sistema educacional, incluindo neles todas as crianças desde tenra idade, uma atitude de respeito para com os direitos das pessoas com deficiência;

c) Incentivar todos os órgãos da mídia a retratar as pessoas com deficiência de maneira compatível com o propósito da presente Convenção;

d) Promover programas de formação sobre sensibilização a respeito das pessoas com deficiência e sobre os direitos das pessoas com deficiência.

Artigo 9
Acessibilidade

1. A fim de possibilitar às pessoas com deficiência viver de forma independente e participar plenamente de todos os aspectos da vida, os Estados Partes tomarão as medidas apropriadas para assegurar às pessoas com deficiência o acesso, em igualdade de oportunidades com as demais pessoas, ao meio físico, ao transporte, à informação e comunicação, inclusive aos sistemas e tecnologias da informação e comunicação, bem como a outros serviços e instalações abertos ao público ou de uso público, tanto na zona urbana como na rural. Essas medidas, que incluirão a identificação e a eliminação de obstáculos e barreiras à acessibilidade, serão aplicadas, entre outros, a:

a) Edifícios, rodovias, meios de transporte e outras instalações internas e externas, inclusive escolas, residências, instalações médicas e local de trabalho;

b) Informações, comunicações e outros serviços, inclusive serviços eletrônicos e serviços de emergência.

2. Os Estados Partes também tomarão medidas apropriadas para:

a) Desenvolver, promulgar e monitorar a implementação de normas e diretrizes mínimas para a acessibilidade das instalações e dos serviços abertos ao público ou de uso público;

b) Assegurar que as entidades privadas que oferecem instalações e serviços abertos ao público ou de uso público levem em consideração todos os aspectos relativos à acessibilidade para pessoas com deficiência;

c) Proporcionar, a todos os atores envolvidos, formação em relação às questões de acessibilidade com as quais as pessoas com deficiência se confrontam;

d) Dotar os edifícios e outras instalações abertas ao público ou de uso público de sinalização em braille e em formatos de fácil leitura e compreensão;

e) Oferecer formas de assistência humana ou animal e serviços de mediadores, incluindo guias, ledores e intérpretes profissionais da língua de sinais, para facilitar o acesso aos edifícios e outras instalações abertas ao público ou de uso público;

f) Promover outras formas apropriadas de assistência e apoio a pessoas com deficiência, a fim de assegurar a essas pessoas o acesso a informações;

g) Promover o acesso de pessoas com deficiência a novos sistemas e tecnologias da informação e comunicação, inclusive à Internet;

h) Promover, desde a fase inicial, a concepção, o desenvolvimento, a produção e a disseminação de sistemas e tecnologias de informação e comunicação, a fim de que esses sistemas e tecnologias se tornem acessíveis a custo mínimo.

4. Os Estados Partes assegurarão que todas as medidas relativas ao exercício da capacidade legal incluam salvaguardas apropriadas e efetivas para prevenir abusos, em conformidade com o direito internacional dos direitos humanos. Essas salvaguardas assegurarão que as medidas relativas ao exercício da capacidade legal respeitem os direitos, a vontade e as preferências da pessoa, sejam isentas de conflito de interesses e de influência indevida, sejam proporcionais e apropriadas às circunstâncias da pessoa, se apliquem pelo período mais curto possível e sejam submetidas à revisão regular por uma autoridade ou órgão judiciário competente, independente e imparcial. As salvaguardas serão proporcionais ao grau em que tais medidas afetarem os direitos e interesses da pessoa.

5. Os Estados Partes, sujeitos ao disposto neste Artigo, tomarão todas as medidas apropriadas e efetivas para assegurar às pessoas com deficiência o igual direito de possuir ou herdar bens, de controlar as próprias finanças e de ter igual acesso a empréstimos bancários, hipotecas e outras formas de crédito financeiro, e assegurarão que as pessoas com deficiência não sejam arbitrariamente destituídas de seus bens.

Artigo 10
Direito à vida

Os Estados Partes reafirmam que todo ser humano tem o inerente direito à vida e tomarão todas as medidas necessárias para assegurar o efetivo exercício desse direito pelas pessoas com deficiência, em igualdade de oportunidades com as demais pessoas.

Artigo 11
Situações de risco e emergências humanitárias

Em conformidade com suas obrigações decorrentes do direito internacional, inclusive do direito humanitário internacional e do direito internacional dos direitos humanos, os Estados Partes tomarão todas as medidas necessárias para assegurar a proteção e a segurança das pessoas com deficiência que se encontrarem em situações de risco, inclusive situações de conflito armado, emergências humanitárias e ocorrência de desastres naturais.

Artigo 12
Reconhecimento igual perante a lei

1. Os Estados Partes reafirmam que as pessoas com deficiência têm o direito de ser reconhecidas em qualquer lugar como pessoas perante a lei.

2. Os Estados Partes reconhecerão que as pessoas com deficiência gozam de capacidade legal em igualdade de condições com as demais pessoas em todos os aspectos da vida.

3. Os Estados Partes tomarão medidas apropriadas para prover o acesso de pessoas com deficiência ao apoio que necessitarem no exercício de sua capacidade legal.

Artigo 13
Acesso à justiça

1. Os Estados Partes assegurarão o efetivo acesso das pessoas com deficiência à justiça, em igualdade de condições com as demais pessoas, inclusive mediante a provisão de adaptações processuais adequadas à idade, a fim de facilitar o efetivo papel das pessoas com deficiência como participantes diretos ou indiretos, inclusive como testemunhas, em todos os procedimentos jurídicos, tais como investigações e outras etapas preliminares.

2. A fim de assegurar às pessoas com deficiência o efetivo acesso à justiça, os Estados Partes promoverão a capacitação apropriada daqueles que trabalham na área de administração da justiça, inclusive a polícia e os funcionários do sistema penitenciário.

Artigo 14
Liberdade e segurança da pessoa

1. Os Estados Partes assegurarão que as pessoas com deficiência, em igualdade de oportunidades com as demais pessoas:

a) Gozem do direito à liberdade e à segurança da pessoa; e

b) Não sejam privadas ilegal ou arbitrariamente de sua liberdade e que toda privação de liberdade esteja em conformidade com a lei, e que a existência de deficiência não justifique a privação de liberdade.

2. Os Estados Partes assegurarão que, se pessoas com deficiência forem privadas de liberdade mediante algum processo, elas, em igualdade de oportunidades com as demais pessoas, façam jus a garantias de acordo com o direito internacional dos direitos humanos e sejam tratadas em conformidade com os objetivos e princípios da presente Convenção, inclusive mediante a provisão de adaptação razoável.

deficiência sejam identificados, investigados e, caso necessário, julgados.

Artigo 15
Prevenção contra tortura ou tratamentos ou penas cruéis, desumanos ou degradantes

1. Nenhuma pessoa será submetida à tortura ou a tratamentos ou penas cruéis, desumanos ou degradantes. Em especial, nenhuma pessoa deverá ser sujeita a experimentos médicos ou científicos sem seu livre consentimento.

2. Os Estados Partes tomarão todas as medidas efetivas de natureza legislativa, administrativa, judicial ou outra para evitar que pessoas com deficiência, do mesmo modo que as demais pessoas, sejam submetidas à tortura ou a tratamentos ou penas cruéis, desumanos ou degradantes.

Artigo 16
Prevenção contra a exploração, a violência e o abuso

1. Os Estados Partes tomarão todas as medidas apropriadas de natureza legislativa, administrativa, social, educacional e outras para proteger as pessoas com deficiência, tanto dentro como fora do lar, contra todas as formas de exploração, violência e abuso, incluindo aspectos relacionados a gênero.

2. Os Estados Partes também tomarão todas as medidas apropriadas para prevenir todas as formas de exploração, violência e abuso, assegurando, entre outras coisas, formas apropriadas de atendimento e apoio que levem em conta o gênero e a idade das pessoas com deficiência e de seus familiares e atendentes, inclusive mediante a provisão de informação e educação sobre a maneira de evitar, reconhecer e denunciar casos de exploração, violência e abuso. Os Estados Partes assegurarão que os serviços de proteção levem em conta a idade, o gênero e a deficiência das pessoas.

3. A fim de prevenir a ocorrência de quaisquer formas de exploração, violência e abuso, os Estados Partes assegurarão que todos os programas e instalações destinados a atender pessoas com deficiência sejam efetivamente monitorados por autoridades independentes.

4. Os Estados Partes tomarão todas as medidas apropriadas para promover a recuperação física, cognitiva e psicológica, inclusive mediante a provisão de serviços de proteção, a reabilitação e a reinserção social de pessoas com deficiência que forem vítimas de qualquer forma de exploração, violência ou abuso. Tais recuperação e reinserção ocorrerão em ambientes que promovam a saúde, o bem-estar, o auto-respeito, a dignidade e a autonomia da pessoa e levem em consideração as necessidades de gênero e idade.

5. Os Estados Partes adotarão leis e políticas efetivas, inclusive legislação e políticas voltadas para mulheres e crianças, a fim de assegurar que os casos de exploração, violência e abuso contra pessoas com

Artigo 17
Proteção da integridade da pessoa

Toda pessoa com deficiência tem o direito a que sua integridade física e mental seja respeitada, em igualdade de condições com as demais pessoas.

Artigo 18
Liberdade de movimentação e nacionalidade

1. Os Estados Partes reconhecerão os direitos das pessoas com deficiência à liberdade de movimentação, à liberdade de escolher sua residência e à nacionalidade, em igualdade de oportunidades com as demais pessoas, inclusive assegurando que as pessoas com deficiência:

a) Tenham o direito de adquirir nacionalidade e mudar de nacionalidade e não sejam privadas arbitrariamente de sua nacionalidade em razão de sua deficiência.

b) Não sejam privadas, por causa de sua deficiência, da competência de obter, possuir e utilizar documento comprovante de sua nacionalidade ou outro documento de identidade, ou de recorrer a processos relevantes, tais como procedimentos relativos à imigração, que forem necessários para facilitar o exercício de seu direito à liberdade de movimentação.

c) Tenham liberdade de sair de qualquer país, inclusive do seu; e

d) Não sejam privadas, arbitrariamente ou por causa de sua deficiência, do direito de entrar no próprio país.

2. As crianças com deficiência serão registradas imediatamente após o nascimento e terão, desde o nascimento, o direito a um nome, o direito de adquirir nacionalidade e, tanto quanto possível, o direito de conhecer seus pais e de ser cuidadas por eles.

Artigo 19
Vida independente e inclusão na comunidade

Os Estados Partes desta Convenção reconhecem o igual direito de todas as pessoas com deficiência de viver na comunidade, com a mesma liberdade de escolha que as demais pessoas, e tomarão medidas efetivas e apropriadas para facilitar às pessoas com deficiência o pleno gozo desse direito e sua plena inclusão e participação na comunidade, inclusive assegurando que:

a) As pessoas com deficiência possam escolher seu local de residência e onde e com quem morar, em igualdade de oportunidades com as demais pessoas, e que não sejam obrigadas a viver em determinado tipo de moradia;

b) As pessoas com deficiência tenham acesso a uma variedade de serviços de apoio em domicílio ou em instituições residenciais ou a outros serviços comunitários de apoio, inclusive os serviços de atendentes pessoais que forem necessários como apoio para que as pessoas com deficiência vivam e sejam incluídas na comunidade e para evitar que fiquem isoladas ou segregadas da comunidade;

c) Os serviços e instalações da comunidade para a população em geral estejam disponíveis às pessoas com deficiência, em igualdade de oportunidades, e atendam às suas necessidades.

**Artigo 20
Mobilidade pessoal**

Os Estados Partes tomarão medidas efetivas para assegurar às pessoas com deficiência sua mobilidade pessoal com a máxima independência possível:

a) Facilitando a mobilidade pessoal das pessoas com deficiência, na forma e no momento em que elas quiserem, e a custo acessível;

b) Facilitando às pessoas com deficiência o acesso a tecnologias assistivas, dispositivos e ajudas técnicas de qualidade, e formas de assistência humana ou animal e de mediadores, inclusive tornando-os disponíveis a custo acessível;

c) Propiciando às pessoas com deficiência e ao pessoal especializado uma capacitação em técnicas de mobilidade;

d) Incentivando entidades que produzem ajudas técnicas de mobilidade, dispositivos e tecnologias assistivas a levarem em conta todos os aspectos relativos à mobilidade de pessoas com deficiência.

**Artigo 21
Liberdade de expressão e de opinião e acesso à informação**

Os Estados Partes tomarão todas as medidas apropriadas para assegurar que as pessoas com deficiência possam exercer seu direito à liberdade de expressão e opinião, inclusive à liberdade de buscar, receber e compartilhar informações e ideias, em igualdade de oportunidades com as demais pessoas e por intermédio de todas as formas de comunicação de sua escolha, conforme o disposto no Artigo 2 da presente Convenção, entre as quais:

a) Fornecer, prontamente e sem custo adicional, às pessoas com deficiência, todas as informações destinadas ao público em geral, em formatos acessíveis e tecnologias apropriadas aos diferentes tipos de deficiência;

b) Aceitar e facilitar, em trâmites oficiais, o uso de línguas de sinais, braille, comunicação aumentativa e alternativa, e de todos os demais meios, modos e formatos acessíveis de comunicação, à escolha das pessoas com deficiência;

c) Urgir as entidades privadas que oferecem serviços ao público em geral, inclusive por meio da Internet, a fornecer informações e serviços em formatos acessíveis, que possam ser usados por pessoas com deficiência;

d) Incentivar a mídia, inclusive os provedores de informação pela Internet, a tornar seus serviços acessíveis a pessoas com deficiência;

e) Reconhecer e promover o uso de línguas de sinais.

**Artigo 22
Respeito à privacidade**

1. Nenhuma pessoa com deficiência, qualquer que seja seu local de residência ou tipo de moradia, estará sujeita a interferência arbitrária ou ilegal em sua privacidade, família, lar, correspondência ou outros tipos de comunicação, nem a ataques ilícitos à sua honra e reputação. As pessoas com deficiência têm o direito à proteção da lei contra tais interferências ou ataques.

2. Os Estados Partes protegerão a privacidade dos dados pessoais e dados relativos à saúde e à reabilitação de pessoas com deficiência, em igualdade de condições com as demais pessoas.

**Artigo 23
Respeito pelo lar
e pela família**

1. Os Estados Partes tomarão medidas efetivas e apropriadas para eliminar a discriminação contra pessoas com deficiência, em todos os aspectos relativos a casamento, família, paternidade e relacionamentos, em igualdade de condições com as demais pessoas, de modo a assegurar que:

a) Seja reconhecido o direito das pessoas com deficiência, em idade de contrair matrimônio, de casar-se e estabelecer família, com base no livre e pleno consentimento dos pretendentes;

b) Sejam reconhecidos os direitos das pessoas com deficiência de decidir livre e responsavelmente sobre o número de filhos e o espaçamento entre esses filhos e de ter acesso a informações adequadas à idade e a educação em matéria de reprodução e de planejamento familiar, bem como os meios necessários para exercer esses direitos.

c) As pessoas com deficiência, inclusive crianças, conservem sua fertilidade, em igualdade de condições com as demais pessoas.

2. Os Estados Partes assegurarão os direitos e responsabilidades das pessoas com deficiência, relativos à guarda, custódia, curatela e adoção de crianças ou instituições semelhantes, caso esses conceitos constem na legislação nacional. Em todos os casos, prevalecerá o superior interesse da criança. Os Estados Partes prestarão a devida assistência às pessoas com deficiência para que essas pessoas possam exercer suas responsabilidades na criação dos filhos.

3. Os Estados Partes assegurarão que as crianças com deficiência terão iguais direitos em relação à vida familiar. Para a realização desses direitos e para evitar ocultação, abandono, negligência e segregação de crianças com deficiência, os Estados Partes fornecerão prontamente informações abrangentes sobre serviços e apoios a crianças com deficiência e suas famílias.

4. Os Estados Partes assegurarão que uma criança não será separada de seus pais contra a vontade destes, exceto quando autoridades competentes, sujeitas a controle jurisdicional, determinarem, em conformidade com as leis e procedimentos aplicáveis, que a separação é necessária, no superior interesse da criança. Em nenhum caso, uma criança será separada dos pais sob alegação de deficiência da criança ou de um ou ambos os pais.

5. Os Estados Partes, no caso em que a família imediata de uma criança com deficiência não tenha condições de cuidar da criança, farão todo esforço para que cuidados alternativos sejam oferecidos por outros parentes e, se isso não for possível, dentro de ambiente familiar, na comunidade.

Artigo 24
Educação

1. Os Estados Partes reconhecem o direito das pessoas com deficiência à educação. Para efetivar esse direito sem discriminação e com base na igualdade de oportunidades, os Estados Partes assegurarão sistema educacional inclusivo em todos os níveis, bem como o aprendizado ao longo de toda a vida, com os seguintes objetivos:

a) O pleno desenvolvimento do potencial humano e do senso de dignidade e autoestima, além do fortalecimento do respeito pelos direitos humanos, pelas liberdades fundamentais e pela diversidade humana;

b) O máximo desenvolvimento possível da personalidade e dos talentos e da criatividade das pessoas com deficiência, assim como de suas habilidades físicas e intelectuais;

c) A participação efetiva das pessoas com deficiência em uma sociedade livre.

2. Para a realização desse direito, os Estados Partes assegurarão que:

a) As pessoas com deficiência não sejam excluídas do sistema educacional geral sob alegação de deficiência e que as crianças com deficiência não sejam excluídas do ensino primário gratuito e compulsório ou do ensino secundário, sob alegação de deficiência;

b) As pessoas com deficiência possam ter acesso ao ensino primário inclusivo, de qualidade e gratuito, e ao ensino secundário, em igualdade de condições com as demais pessoas na comunidade em que vivem;

c) Adaptações razoáveis de acordo com as necessidades individuais sejam providenciadas;

d) As pessoas com deficiência recebam o apoio necessário, no âmbito do sistema educacional geral, com vistas a facilitar sua efetiva educação;

e) Medidas de apoio individualizadas e efetivas sejam adotadas em ambientes que maximizem o desenvolvimento acadêmico e social, de acordo com a meta de inclusão plena.

3. Os Estados Partes assegurarão às pessoas com deficiência a possibilidade de adquirir as competências práticas e sociais necessárias de modo a facilitar às pessoas com deficiência sua plena e igual participação no sistema de ensino e na vida em comunidade. Para tanto, os Estados Partes tomarão medidas apropriadas, incluindo:

a) Facilitação do aprendizado do braile, escrita alternativa, modos, meios e formatos de comunicação aumentativa e alternativa, e habilidades de orientação e mobilidade, além de facilitação do apoio e aconselhamento de pares;

b) Facilitação do aprendizado da língua de sinais e promoção da identidade linguística da comunidade surda;

c) Garantia de que a educação de pessoas, em particular crianças cegas, surdocegas e surdas, seja ministrada nas línguas e nos modos e meios de comunicação mais adequados ao indivíduo e em ambientes que favoreçam ao máximo seu desenvolvimento acadêmico e social.

4. A fim de contribuir para o exercício desse direito, os Estados Partes tomarão medidas apropriadas para empregar professores, inclusive professores com deficiência, habilitados para o ensino da língua de sinais e/ou do braile, e para capacitar profissionais e equipes atuantes em todos os níveis de ensino. Essa capacitação incorporará a conscientização da deficiência e a utilização de modos, meios e formatos apropriados de comunicação aumentativa e alternativa, e técnicas e materiais pedagógicos, como apoios para pessoas com deficiência.

5. Os Estados Partes assegurarão que as pessoas com deficiência possam ter acesso ao ensino superior em geral, treinamento profissional de acordo com sua vocação, educação para adultos e formação continuada, sem discriminação e em igualdade de condições. Para tanto, os Estados Partes assegurarão a provisão de adaptações razoáveis para pessoas com deficiência.

Artigo 25
Saúde

Os Estados Partes reconhecem que as pessoas com deficiência têm o direito de gozar do estado de saúde mais elevado possível, sem discriminação baseada na deficiência. Os Estados Partes tomarão todas as medidas apropriadas para assegurar às pessoas com deficiência o acesso a serviços de saúde, incluindo os serviços de reabilitação, que levarão em conta as especificidades de gênero. Em especial, os Estados Partes:

a) Oferecerão às pessoas com deficiência programas e atenção à saúde gratuitos ou a custos acessíveis da mesma variedade, qualidade e padrão que são oferecidos às demais pessoas, inclusive na área de saúde sexual e reprodutiva e de programas de saúde pública destinados à população em geral;

b) Propiciarão serviços de saúde que as pessoas com deficiência necessitam especificamente por causa de sua deficiência, inclusive diagnóstico e interven-

ART. 26 CONVENÇÃO SOBRE OS DIREITOS DAS PESSOAS COM DEFICIÊNCIA

ção precoces, bem como serviços projetados para reduzir ao máximo e prevenir deficiências adicionais, inclusive entre crianças e idosos;

c) Propiciarão esses serviços de saúde às pessoas com deficiência, o mais próximo possível de suas comunidades, inclusive na zona rural;

d) Exigirão dos profissionais de saúde que dispensem às pessoas com deficiência a mesma qualidade de serviços dispensada às demais pessoas e, principalmente, que obtenham o consentimento livre e esclarecido das pessoas com deficiência concernentes. Para esse fim, os Estados Partes realizarão atividades de formação e definirão regras éticas para os setores de saúde público e privado, de modo a conscientizar os profissionais de saúde acerca dos direitos humanos, da dignidade, autonomia e das necessidades das pessoas com deficiência;

e) Proibirão a discriminação contra pessoas com deficiência na provisão de seguro de saúde e seguro de vida, caso tais seguros sejam permitidos pela legislação nacional, os quais deverão ser providos de maneira razoável e justa;

f) Prevenirão que se negue, de maneira discriminatória, os serviços de saúde ou de atenção à saúde ou a administração de alimentos sólidos ou líquidos por motivo de deficiência.

Artigo 26
Habilitação e reabilitação

1. Os Estados Partes tomarão medidas efetivas e apropriadas, inclusive mediante apoio dos pares, para possibilitar que as pessoas com deficiência conquistem e conservem o máximo de autonomia e plena capacidade física, mental, social e profissional, bem como plena inclusão e participação em todos os aspectos da vida. Para tanto, os Estados Partes organizarão, fortalecerão e ampliarão serviços e programas completos de habilitação e reabilitação, particularmente nas áreas de saúde, emprego, educação e serviços sociais, de modo que esses serviços e programas:

a) Comecem no estágio mais precoce possível e sejam baseados em avaliação multidisciplinar das necessidades e pontos fortes de cada pessoa;

b) Apoiem a participação e a inclusão na comunidade e em todos os aspectos da vida social, sejam oferecidos voluntariamente e estejam disponíveis às pessoas com deficiência o mais próximo possível de suas comunidades, inclusive na zona rural.

2. Os Estados Partes promoverão o desenvolvimento da capacitação inicial e continuada de profissionais e de equipes que atuam nos serviços de habilitação e reabilitação.

3. Os Estados Partes promoverão a disponibilidade, o conhecimento e o uso de dispositivos e tecnologias assistivas, projetados para pessoas com deficiência e relacionados a habilitação e a reabilitação.

Artigo 27
Trabalho e emprego

1. Os Estados Partes reconhecem o direito das pessoas com deficiência ao trabalho, em igualdade de oportunidades com as demais pessoas. Esse direito abrange o direito à oportunidade de se manter com um trabalho de sua livre escolha ou aceitação no mercado laboral, em ambiente de trabalho que seja aberto, inclusivo e acessível a pessoas com deficiência. Os Estados Partes salvaguardarão e promoverão a realização do direito ao trabalho, inclusive daqueles que tiverem adquirido uma deficiência no emprego, adotando medidas apropriadas, incluídas na legislação, com o fim de, entre outros:

a) Proibir a discriminação baseada na deficiência com respeito a todas as questões relacionadas com as formas de emprego, inclusive condições de recrutamento, contratação e admissão, permanência no emprego, ascensão profissional e condições seguras e salubres de trabalho;

b) Proteger os direitos das pessoas com deficiência, em condições de igualdade com as demais pessoas, às condições justas e favoráveis de trabalho, incluindo iguais oportunidades e igual remuneração por trabalho de igual valor, condições seguras e salubres de trabalho, além de reparação de injustiças e proteção contra o assédio no trabalho;

c) Assegurar que as pessoas com deficiência possam exercer seus direitos trabalhistas e sindicais, em condições de igualdade com as demais pessoas;

d) Possibilitar às pessoas com deficiência o acesso efetivo a programas de orientação técnica e profissional e a serviços de colocação no trabalho e de treinamento profissional e continuado;

e) Promover oportunidades de emprego e ascensão profissional para pessoas com deficiência no mercado de trabalho, bem como assistência na procura, obtenção e manutenção do emprego e no retorno ao emprego;

f) Promover oportunidades de trabalho autônomo, empreendedorismo, desenvolvimento de cooperativas e estabelecimento de negócio próprio;

g) Empregar pessoas com deficiência no setor público;

h) Promover o emprego de pessoas com deficiência no setor privado, mediante políticas e medidas apropriadas, que poderão incluir programas de ação afirmativa, incentivos e outras medidas;

i) Assegurar que adaptações razoáveis sejam feitas para pessoas com deficiência no local de trabalho;

j) Promover a aquisição de experiência de trabalho por pessoas com deficiência no mercado aberto de trabalho;

k) Promover reabilitação profissional, manutenção do emprego e programas de retorno ao trabalho para pessoas com deficiência.

2. Os Estados Partes assegurarão que as pessoas com deficiência não serão mantidas em escravidão ou servidão e que serão protegidas, em igualdade de condições com as demais pessoas, contra o trabalho forçado ou compulsório.

Artigo 28
Padrão de vida e proteção social adequados

1. Os Estados Partes reconhecem o direito das pessoas com deficiência a um padrão adequado de vida para si e para suas famílias, inclusive alimentação, vestuário e moradia adequados, bem como à melhoria contínua de suas condições de vida, e tomarão as providências necessárias para salvaguardar e promover a realização desse direito sem discriminação baseada na deficiência.

2. Os Estados Partes reconhecem o direito das pessoas com deficiência à proteção social e ao exercício desse direito sem discriminação baseada na deficiência, e tomarão as medidas apropriadas para salvaguardar e promover a realização desse direito, tais como:

a) Assegurar igual acesso de pessoas com deficiência a serviços de saneamento básico e assegurar o acesso aos serviços, dispositivos e outros atendimentos apropriados para as necessidades relacionadas com a deficiência;

b) Assegurar o acesso de pessoas com deficiência, particularmente mulheres, crianças e idosos com deficiência, a programas de proteção social e de redução da pobreza;

c) Assegurar o acesso de pessoas com deficiência e suas famílias em situação de pobreza à assistência do Estado em relação a seus gastos ocasionados pela deficiência, inclusive treinamento adequado, aconselhamento, ajuda financeira e cuidados de repouso;

d) Assegurar o acesso de pessoas com deficiência a programas habitacionais públicos;

e) Assegurar igual acesso de pessoas com deficiência a programas e benefícios de aposentadoria.

Artigo 29
Participação na vida política e pública

Os Estados Partes garantirão às pessoas com deficiência direitos políticos e oportunidade de exercê-los em condições de igualdade com as demais pessoas, e deverão:

a) Assegurar que as pessoas com deficiência possam participar efetiva e plenamente na vida política e pública, em igualdade de oportunidades com as demais pessoas, diretamente ou por meio de representantes livremente escolhidos, incluindo o direito e a oportunidade de votarem e serem votadas, mediante, entre outros:

I) Garantia de que os procedimentos, instalações e materiais e equipamentos para votação serão apropriados, acessíveis e de fácil compreensão e uso;

II) Proteção do direito das pessoas com deficiência ao voto secreto em eleições e plebiscitos, sem intimidação, e a candidatar-se nas eleições, efetivamente ocupar cargos eletivos e desempenhar quaisquer funções públicas em todos os níveis de governo, usando novas tecnologias assistivas, quando apropriado;

III) Garantia da livre expressão de vontade das pessoas com deficiência como eleitores e, para tanto, sempre que necessário e a seu pedido, permissão para que elas sejam auxiliadas na votação por uma pessoa de sua escolha;

b) Promover ativamente um ambiente em que as pessoas com deficiência possam participar efetiva e plenamente na condução das questões públicas, sem discriminação e em igualdade de oportunidades com as demais pessoas, e encorajar sua participação nas questões públicas, mediante:

I) Participação em organizações não governamentais relacionadas com a vida pública e política do país, bem como em atividades e administração de partidos políticos;

II) Formação de organizações para representar pessoas com deficiência em níveis internacional, regional, nacional e local, bem como a filiação de pessoas com deficiência a tais organizações.

Artigo 30
Participação na vida cultural e em recreação, lazer e esporte

1. Os Estados Partes reconhecem o direito das pessoas com deficiência de participar na vida cultural, em igualdade de oportunidades com as demais pessoas, e tomarão todas as medidas apropriadas para que as pessoas com deficiência possam:

a) Ter acesso a bens culturais em formatos acessíveis;

b) Ter acesso a programas de televisão, cinema, teatro e outras atividades culturais, em formatos acessíveis; e

c) Ter acesso a locais que ofereçam serviços ou eventos culturais, tais como teatros, museus, cinemas, bibliotecas e serviços turísticos, bem como, tanto quanto possível, ter acesso a monumentos e locais de importância cultural nacional.

2. Os Estados Partes tomarão medidas apropriadas para as pessoas com deficiência tenham a oportunidade de desenvolver e utilizar seu potencial criativo, artístico e intelectual, não somente em benefício próprio, mas também para o enriquecimento da sociedade.

3. Os Estados Partes deverão tomar todas as providências, em conformidade com o direito internacional, para assegurar que a legislação de proteção dos direitos de propriedade intelectual não constitua barreira excessiva ou discriminatória ao acesso de pessoas com deficiência a bens culturais.

4. As pessoas com deficiência farão jus, em igualdade de oportunidades com as demais pessoas, a que sua identidade cultural e linguística específica seja reconhecida e apoiada, incluindo as línguas de sinais e a cultura surda.

5. Para que as pessoas com deficiência participem, em igualdade de oportunidades com as demais pessoas, de atividades recreativas, esportivas

ART. 31

CONVENÇÃO SOBRE OS DIREITOS DAS PESSOAS COM DEFICIÊNCIA

e de lazer, os Estados Partes tomarão medidas apropriadas para:

a) Incentivar e promover a maior participação possível das pessoas com deficiência nas atividades esportivas comuns em todos os níveis;

b) Assegurar que as pessoas com deficiência tenham a oportunidade de organizar, desenvolver e participar em atividades esportivas e recreativas específicas às deficiências e, para tanto, incentivar a provisão de instrução, treinamento e recursos adequados, em igualdade de oportunidades com as demais pessoas;

c) Assegurar que as pessoas com deficiência tenham acesso a locais de eventos esportivos, recreativos e turísticos;

d) Assegurar que as crianças com deficiência possam, em igualdade de condições com as demais crianças, participar de jogos e atividades recreativas, esportivas e de lazer, inclusive no sistema escolar;

e) Assegurar que as pessoas com deficiência tenham acesso aos serviços prestados por pessoas ou entidades envolvidas na organização de atividades recreativas, turísticas, esportivas e de lazer.

Artigo 31
Estatísticas e coleta de dados

1. Os Estados Partes coletarão dados apropriados, inclusive estatísticos e de pesquisas, para que possam formular e implementar políticas destinadas a por em prática a presente Convenção. O processo de coleta e manutenção de tais dados deverá:

a) Observar as salvaguardas estabelecidas por lei, inclusive pelas leis relativas à proteção de dados, a fim de assegurar a confidencialidade e o respeito pela privacidade das pessoas com deficiência;

b) Observar as normas internacionalmente aceitas para proteger os direitos humanos, as liberdades fundamentais e os princípios éticos na coleta de dados e utilização de estatísticas.

2. As informações coletadas de acordo com o disposto neste Artigo serão desagregadas, de maneira apropriada, e utilizadas para avaliar o cumprimento, por parte dos Estados Partes, de suas obrigações na presente Convenção e para identificar e enfrentar as barreiras com as quais as pessoas com deficiência se deparam no exercício de seus direitos.

3. Os Estados Partes assumirão responsabilidade pela disseminação das referidas estatísticas e assegurarão que elas sejam acessíveis às pessoas com deficiência e a outros.

Artigo 32
Cooperação internacional

1. Os Estados Partes reconhecem a importância da cooperação internacional e de sua promoção, em apoio aos esforços nacionais para a consecução do propósito e dos objetivos da presente Convenção e, sob este aspecto, adotarão medidas apropriadas e efetivas entre os Estados e, de maneira adequada, em parceria com organizações internacionais e regionais relevantes e com a sociedade civil e, em particular, com organizações de pessoas com deficiência.

Estas medidas poderão incluir, entre outras:

a) Assegurar que a cooperação internacional, incluindo os programas internacionais de desenvolvimento, sejam inclusivos e acessíveis para pessoas com deficiência;

b) Facilitar e apoiar a capacitação, inclusive por meio do intercâmbio e compartilhamento de informações, experiências, programas de treinamento e melhores práticas;

c) Facilitar a cooperação em pesquisa e o acesso a conhecimentos científicos e técnicos;

d) Propiciar, de maneira apropriada, assistência técnica e financeira, inclusive mediante facilitação do acesso a tecnologias assistivas e acessíveis e seu compartilhamento, bem como por meio de transferência de tecnologias.

2. O disposto neste Artigo se aplica sem prejuízo das obrigações que cabem a cada Estado Parte em decorrência da presente Convenção.

Artigo 33
Implementação e monitoramento nacionais

1. Os Estados Partes, de acordo com seu sistema organizacional, designarão um ou mais de um ponto focal no âmbito do Governo para assuntos relacionados com a implementação da presente Convenção e darão a devida consideração ao estabelecimento ou designação de um mecanismo de coordenação no âmbito do Governo, a fim de facilitar ações correlatas nos diferentes setores e níveis.

2. Os Estados Partes, em conformidade com seus sistemas jurídico e administrativo, manterão, fortalecerão, designarão ou estabelecerão estrutura, incluindo um ou mais de um mecanismo independente, de maneira apropriada, para promover, proteger e monitorar a implementação da presente Convenção. Ao designar ou estabelecer tal mecanismo, os Estados Partes levarão em conta os princípios relativos ao *status* e funcionamento das instituições nacionais de proteção e promoção dos direitos humanos.

3. A sociedade civil, e particularmente, as pessoas com deficiência e suas organizações representativas serão envolvidas e participarão plenamente no processo de monitoramento.

Artigo 34
Comitê sobre os Direitos das Pessoas com Deficiência

1. Um Comitê sobre os Direitos das Pessoas com Deficiência (doravante denominado "Comitê") será estabelecido, para desempenhar as funções aqui definidas.

2. O Comitê será constituído, quando da entrada em vigor da presente Convenção, de 12 peritos. Quando a presente Convenção alcançar 60 ratificações ou adesões, o Comitê será acrescido em seis membros, perfazendo o total de 18 membros.

3. Os membros do Comitê atuarão a título pessoal e apresentarão elevada postura moral, competência e experiência reconhecidas no campo abrangido pela presente Convenção. Ao designar seus candidatos, os Estados Partes são instados a dar a devida consideração ao disposto no Artigo 4.3 da presente Convenção.

4. Os membros do Comitê serão eleitos pelos Estados Partes, observando-se uma distribuição geográfica equitativa, representação de diferentes formas de civilização e dos principais sistemas jurídicos, representação equilibrada de gênero e participação de peritos com deficiência.

5. Os membros do Comitê serão eleitos por votação secreta em sessões da Conferência dos Estados Partes, a partir de uma lista de pessoas designadas pelos Estados Partes entre seus nacionais. Nessas sessões, cujo *quorum* será de dois terços dos Estados Partes, os candidatos eleitos para o Comitê serão aqueles que obtiverem o maior número de votos e a maioria absoluta dos votos dos representantes dos Estados Partes presentes e votantes.

6. A primeira eleição será realizada, o mais tardar, até seis meses após a data de entrada em vigor da presente Convenção. Pelo menos quatro meses antes de cada eleição, o Secretário-Geral das Nações Unidas dirigirá carta aos Estados Partes, convidando-os a submeter os nomes de seus candidatos no prazo de dois meses. O Secretário-Geral, subsequentemente, preparará lista em ordem alfabética de todos os candidatos apresentados, indicando que foram designados pelos Estados Partes, e submeterá essa lista aos Estados Partes da presente Convenção.

7. Os membros do Comitê serão eleitos para mandato de quatro anos, podendo ser candidatos à reeleição uma única vez. Contudo, o mandato de seis dos membros eleitos na primeira eleição expirará ao fim de dois anos; imediatamente após a primeira eleição, os nomes desses seis membros serão selecionados por sorteio pelo presidente da sessão a que se refere o parágrafo 5 deste Artigo.

8. A eleição dos seis membros adicionais do Comitê será realizada por ocasião das eleições regulares, de acordo com as disposições pertinentes deste Artigo.

9. Em caso de morte, demissão ou declaração de um membro de que, por algum motivo, não poderá continuar a exercer suas funções, o Estado Parte que o tiver indicado designará um outro perito que tenha as qualificações e satisfaça aos requisitos estabelecidos pelos dispositivos pertinentes deste Artigo, para concluir o mandato em questão.

10. O Comitê estabelecerá suas próprias normas de procedimento.

11. O Secretário-Geral das Nações Unidas proverá o pessoal e as instalações necessários para o efetivo desempenho das funções do Comitê segundo a presente Convenção e convocará sua primeira reunião.

12. Com a aprovação da Assembleia Geral, os membros do Comitê estabelecido sob a presente Convenção receberão emolumentos dos recursos das Nações Unidas, sob termos e condições que a Assembleia possa decidir, tendo em vista a importância das responsabilidades do Comitê.

13. Os membros do Comitê terão direito aos privilégios, facilidades e imunidades dos peritos em missões das Nações Unidas, em conformidade com as disposições pertinentes da Convenção sobre Privilégios e Imunidades das Nações Unidas.

Artigo 35
Relatórios dos Estados Partes

1. Cada Estado Parte, por intermédio do Secretário-Geral das Nações Unidas, submeterá relatório abrangente sobre as medidas adotadas em cumprimento de suas obrigações estabelecidas pela presente Convenção e sobre o progresso alcançado nesse aspecto, dentro do período de dois anos após a entrada em vigor da presente Convenção para o Estado Parte concernente.

2. Depois disso, os Estados Partes submeterão relatórios subsequentes, ao menos a cada quatro anos, ou quando o Comitê o solicitar.

3. O Comitê determinará as diretrizes aplicáveis ao teor dos relatórios.

4. Um Estado Parte que tiver submetido ao Comitê um relatório inicial abrangente não precisará, em relatórios subsequentes, repetir informações já apresentadas. Ao elaborar os relatórios ao Comitê, os Estados Partes são instados a fazê-lo de maneira franca e transparente e a levar em consideração o disposto no Artigo 4.3 da presente Convenção.

5. Os relatórios poderão apontar os fatores e as dificuldades que tiverem afetado o cumprimento das obrigações decorrentes da presente Convenção.

Artigo 36
Consideração dos relatórios

1. Os relatórios serão considerados pelo Comitê, que fará as sugestões e recomendações gerais que julgar pertinentes e as transmitirá aos respectivos Estados Partes. O Estado Parte poderá responder ao Comitê com as informações que julgar pertinentes. O Comitê poderá pedir informações adicionais ao Estados Partes, referentes à implementação da presente Convenção.

2. Se um Estado Parte atrasar consideravelmente a entrega de seu relatório, o Comitê poderá notificar esse Estado de que examinará a aplicação da presente Convenção com base em informações confiáveis de que disponha, a menos que o relatório devido seja apresentado pelo Estado dentro do período de três meses após a notificação. O Comitê convidará o Estado Parte interessado a participar desse exame. Se

ART. 37

CONVENÇÃO SOBRE OS DIREITOS DAS PESSOAS COM DEFICIÊNCIA

o Estado Parte responder entregando seu relatório, aplicar-se-á o disposto no parágrafo 1 do presente artigo.

3. O Secretário-Geral das Nações Unidas colocará os relatórios à disposição de todos os Estados Partes.

4. Os Estados Partes tornarão seus relatórios amplamente disponíveis ao público em seus países e facilitarão o acesso à possibilidade de sugestões e de recomendações gerais a respeito desses relatórios.

5. O Comitê transmitirá às agências, fundos e programas especializados das Nações Unidas e a outras organizações competentes, da maneira que julgar apropriada, os relatórios dos Estados Partes que contenham demandas ou indicações de necessidade de consultoria ou de assistência técnica, acompanhados de eventuais observações e sugestões do Comitê em relação às referidas demandas ou indicações, a fim de que possam ser consideradas.

Artigo 37
Cooperação entre os Estados Partes e o Comitê

1. Cada Estado Parte cooperará com o Comitê e auxiliará seus membros no desempenho de seu mandato.

2. Em suas relações com os Estados Partes, o Comitê dará a devida consideração aos meios e modos de aprimorar a capacidade de cada Estado Parte para a implementação da presente Convenção, inclusive mediante cooperação internacional.

Artigo 38
Relações do Comitê com outros órgãos

A fim de promover a efetiva implementação da presente Convenção e de incentivar a cooperação internacional na esfera abrangida pela presente Convenção:

a) As agências especializadas e outros órgãos das Nações Unidas terão o direito de se fazer representar quando da consideração da implementação de disposições da presente Convenção que disserem respeito aos seus respectivos mandatos. O Comitê poderá convidar as agências especializadas e outros órgãos competentes, segundo julgar apropriado, a oferecer consultoria de peritos sobre a implementação da Convenção em áreas pertinentes a seus respectivos mandatos. O Comitê poderá convidar agências especializadas e outros órgãos das Nações Unidas a apresentar relatórios sobre a implementação da Convenção em áreas pertinentes às suas respectivas atividades;

b) No desempenho de seu mandato, o Comitê consultará, de maneira apropriada, outros órgãos pertinentes instituídos ao amparo de tratados internacionais de direitos humanos, a fim de assegurar a consistência de suas respectivas diretrizes de elaboração de relatórios, sugestões e recomendações gerais e de evitar duplicação e superposição no desempenho de suas funções.

Artigo 39
Relatório do Comitê

A cada dois anos, o Comitê submeterá à Assembleia Geral e ao Conselho Econômico e Social um relatório de suas atividades e poderá fazer sugestões e recomendações gerais baseadas no exame dos relatórios e nas informações recebidas dos Estados Partes. Estas sugestões e recomendações gerais serão incluídas no relatório do Comitê, acompanhadas, se houver, de comentários dos Estados Partes.

Artigo 40
Conferência dos Estados Partes

1. Os Estados Partes reunir-se-ão regularmente em Conferência dos Estados Partes a fim de considerar matérias relativas à implementação da presente Convenção.

2. O Secretário-Geral das Nações Unidas convocará, dentro do período de seis meses após a entrada em vigor da presente Convenção, a Conferência dos Estados Partes. As reuniões subsequentes serão convocadas pelo Secretário-Geral das Nações Unidas a cada dois anos ou conforme a decisão da Conferência dos Estados Partes.

Artigo 41
Depositário

O Secretário-Geral das Nações Unidas será o depositário da presente Convenção.

Artigo 42
Assinatura

A presente Convenção será aberta à assinatura de todos os Estados e organizações de integração regional na sede das Nações Unidas em Nova York, a partir de 30 de março de 2007.

Artigo 43
Consentimento em comprometer-se

A presente Convenção será submetida à ratificação pelos Estados signatários e à confirmação formal por organizações de integração regional signatárias. Ela estará aberta à adesão de qualquer Estado ou organização de integração regional que não houver assinado.

Artigo 44
Organizações de integração regional

1. "Organização de integração regional" será entendida como organização constituída por Estados soberanos de determinada região, à qual seus Estados membros tenham delegado competência sobre

matéria abrangida pela presente Convenção. Essas organizações declararão, em seus documentos de confirmação formal ou adesão, o alcance de sua competência em relação à matéria abrangida pela presente Convenção. Subsequentemente, as organizações informarão ao depositário qualquer alteração substancial no âmbito de sua competência.

2. As referências a "Estados Partes" na presente Convenção serão aplicáveis a essas organizações, nos limites da competência destas.

3. Para os fins do parágrafo 1 do Artigo 45 e dos parágrafos 2 e 3 do Artigo 47, nenhum instrumento depositado por organização de integração regional será computado.

4. As organizações de integração regional, em matérias de sua competência, poderão exercer o direito de voto na Conferência dos Estados Partes, tendo direito ao mesmo número de votos quanto for o número de seus Estados membros que forem Partes da presente Convenção. Essas organizações não exercerão seu direito de voto, se qualquer de seus Estados membros exercer seu direito de voto, e vice-versa.

Artigo 45
Entrada em vigor

1. A presente Convenção entrará em vigor no trigésimo dia após o depósito do vigésimo instrumento de ratificação ou adesão.

(*) Vide artigo 44, parágrafo 3, desta Convenção.

2. Para cada Estado ou organização de integração regional que ratificar ou formalmente confirmar a presente Convenção ou a ela aderir após o depósito do referido vigésimo instrumento, a Convenção entrará em vigor no trigésimo dia a partir da data em que esse Estado ou organização tenha depositado seu instrumento de ratificação, confirmação formal ou adesão.

Artigo 46
Reservas

1. Não serão permitidas reservas incompatíveis com o objeto e o propósito da presente Convenção.

2. As reservas poderão ser retiradas a qualquer momento.

Artigo 47
Emendas

1. Qualquer Estado Parte poderá propor emendas à presente Convenção e submetê-las ao Secretário-Geral das Nações Unidas. O Secretário-Geral comunicará aos Estados Partes quaisquer emendas propostas, solicitando-lhes que o notifiquem se são favoráveis a uma Conferência dos Estados Partes para considerar as propostas e tomar decisão a respeito delas. Se, até quatro meses após a data da referida comunicação, pelo menos um terço dos Estados Partes se manifestar favorável a essa Conferência, o Secretário-Geral das Nações Unidas convocará a Conferência, sob os auspícios das Nações Unidas. Qualquer emenda adotada por maioria de dois terços dos Estados Partes presentes e votantes será submetida pelo Secretário-Geral à aprovação da Assembléia Geral das Nações Unidas e, posteriormente, à aceitação de todos os Estados Partes.

2. Qualquer emenda adotada e aprovada conforme o disposto no parágrafo 1 do presente artigo entrará em vigor no trigésimo dia após a data na qual o número de instrumentos de aceitação tenha atingido dois terços do número de Estados Partes na data de adoção da emenda. Posteriormente, a emenda entrará em vigor para todo Estado Parte no trigésimo dia após o depósito por esse Estado do seu instrumento de aceitação. A emenda será vinculante somente para os Estados Partes que a tiverem aceitado.

(*) Vide artigo 44, parágrafo 3, desta Convenção.

3. Se a Conferência dos Estados Partes assim o decidir por consenso, qualquer emenda adotada e aprovada em conformidade com o disposto no parágrafo 1 deste Artigo, relacionada exclusivamente com os artigos 34, 38, 39 e 40, entrará em vigor para todos os Estados Partes no trigésimo dia a partir da data em que o número de instrumentos de aceitação depositados tiver atingido dois terços do número de Estados Partes na data de adoção da emenda.

(*) Vide artigo 44, parágrafo 3, desta Convenção.

Artigo 48
Denúncia

Qualquer Estado Parte poderá denunciar a presente Convenção mediante notificação por escrito ao Secretário-Geral das Nações Unidas. A denúncia tornar-se-á efetiva um ano após a data de recebimento da notificação pelo Secretário-Geral.

Artigo 49
Formatos acessíveis

O texto da presente Convenção será colocado à disposição em formatos acessíveis.

Artigo 50
Textos autênticos

Os textos em árabe, chinês, espanhol, francês, inglês e russo da presente Convenção serão igualmente autênticos.

EM FÉ DO QUE os plenipotenciários abaixo assinados, devidamente autorizados para tanto por seus respectivos Governos, firmaram a presente Convenção.

ART. 1 PROTOCOLO FACULTATIVO (...)

PROTOCOLO FACULTATIVO À CONVENÇÃO SOBRE OS DIREITOS DAS PESSOAS COM DEFICIÊNCIA

Os Estados Partes do presente Protocolo acordaram o seguinte:

Artigo 1

1. Qualquer Estado Parte do presente Protocolo ("Estado Parte") reconhece a competência do Comitê sobre os Direitos das Pessoas com Deficiência ("Comitê") para receber e considerar comunicações submetidas por pessoas ou grupos de pessoas, ou em nome deles, sujeitos à sua jurisdição, alegando serem vítimas de violação das disposições da Convenção pelo referido Estado Parte.

2. O Comitê não receberá comunicação referente a qualquer Estado Parte que não seja signatário do presente Protocolo.

Artigo 2

O Comitê considerará inadmissível a comunicação quando:

a) A comunicação for anônima;

b) A comunicação constituir abuso do direito de submeter tais comunicações ou for incompatível com as disposições da Convenção;

c) A mesma matéria já tenha sido examinada pelo Comitê ou tenha sido ou estiver sendo examinada sob outro procedimento de investigação ou resolução internacional;

d) Não tenham sido esgotados todos os recursos internos disponíveis, salvo no caso em que a tramitação desses recursos se prolongue injustificadamente, ou seja improvável que se obtenha com eles solução efetiva;

e) A comunicação estiver precariamente fundamentada ou não for suficientemente substanciada; ou

f) Os fatos que motivaram a comunicação tenham ocorrido antes da entrada em vigor do presente Protocolo para o Estado Parte em apreço, salvo se os fatos continuaram ocorrendo após aquela data.

Artigo 3

Sujeito ao disposto no Artigo 2 do presente Protocolo, o Comitê levará confidencialmente ao conhecimento do Estado Parte concernente qualquer comunicação submetida ao Comitê. Dentro do período de seis meses, o Estado concernente submeterá ao Comitê explicações ou declarações por escrito, esclarecendo a matéria e a eventual solução adotada pelo referido Estado.

Artigo 4

1. A qualquer momento após receber uma comunicação e antes de decidir o mérito dessa comunicação, o Comitê poderá transmitir ao Estado Parte concernente, para sua urgente consideração, um pedido para que o Estado Parte tome as medidas de natureza cautelar que forem necessárias para evitar possíveis danos irreparáveis à vítima ou às vítimas da violação alegada.

2. O exercício pelo Comitê de suas faculdades discricionárias em virtude do parágrafo 1 do presente Artigo não implicará prejuízo algum sobre a admissibilidade ou sobre o mérito da comunicação.

Artigo 5

O Comitê realizará sessões fechadas para examinar comunicações a ele submetidas em conformidade com o presente Protocolo. Depois de examinar uma comunicação, o Comitê enviará suas sugestões e recomendações, se houver, ao Estado Parte concernente e ao requerente.

Artigo 6

1. Se receber informação confiável indicando que um Estado Parte está cometendo violação grave ou sistemática de direitos estabelecidos na Convenção, o Comitê convidará o referido Estado Parte a colaborar com a verificação da informação e, para tanto, a submeter suas observações a respeito da informação em pauta.

2. Levando em conta quaisquer observações que tenham sido submetidas pelo Estado Parte concernente, bem como quaisquer outras informações confiáveis em poder do Comitê, este poderá designar um ou mais de seus membros para realizar investigação e apresentar, em caráter de urgência, relatório ao Comitê. Caso se justifique e o Estado Parte o consinta, a investigação poderá incluir uma visita ao território desse Estado.

3. Após examinar os resultados da investigação, o Comitê os comunicará ao Estado Parte concernente, acompanhados de eventuais comentários e recomendações.

4. Dentro do período de seis meses após o recebimento dos resultados, comentários e recomendações transmitidos pelo Comitê, o Estado Parte concernente submeterá suas observações ao Comitê.

5. A referida investigação será realizada confidencialmente e a cooperação do Estado Parte será solicitada em todas as fases do processo.

Artigo 7

1. O Comitê poderá convidar o Estado Parte concernente a incluir em seu relatório, submetido em conformidade com o disposto no Artigo 35 da Convenção, pormenores a respeito das medidas tomadas em consequência da investigação realizada em conformidade com o Artigo 6 do presente Protocolo.

2. Caso necessário, o Comitê poderá, encerrado o período de seis meses a que se refere o parágrafo 4 do Artigo 6, convidar o Estado Parte concernente a informar o Comitê a respeito das medidas tomadas em consequência da referida investigação.

Artigo 8

Qualquer Estado Parte poderá, quando da assinatura ou ratificação do presente Protocolo ou de sua adesão a ele, declarar que não reconhece a competência do Comitê, a que se referem os Artigos 6 e 7.

Artigo 9

O Secretário-Geral das Nações Unidas será o depositário do presente Protocolo.

Artigo 10

O presente Protocolo será aberto à assinatura dos Estados e organizações de integração regional signatários da Convenção, na sede das Nações Unidas em Nova York, a partir de 30 de março de 2007.

Artigo 11

O presente Protocolo estará sujeito à ratificação pelos Estados signatários do presente Protocolo que tiverem ratificado a Convenção ou aderido a ela. Ele estará sujeito à confirmação formal por organizações de integração regional signatárias do presente Protocolo que tiverem formalmente confirmado a Convenção ou a ela aderido. O Protocolo ficará aberto à adesão de qualquer Estado ou organização de integração regional que tiver ratificado ou formalmente confirmado a Convenção ou a ela aderido e que não tiver assinado o Protocolo.

Artigo 12

1. "Organização de integração regional" será entendida como organização constituída por Estados soberanos de determinada região, à qual seus Estados membros tenham delegado competência sobre matéria abrangida pela Convenção e pelo presente Protocolo. Essas organizações declararão, em seus documentos de confirmação formal ou adesão, o alcance de sua competência em relação à matéria abrangida pela Convenção e pelo presente Protocolo. Subsequentemente, as organizações informarão ao depositário qualquer alteração substancial no alcance de sua competência.

2. As referências a "Estados Partes" no presente Protocolo serão aplicáveis a essas organizações, nos limites da competência de tais organizações.

3. Para os fins do parágrafo 1 do Artigo 13 e do parágrafo 2 do Artigo 15, nenhum instrumento depositado por organização de integração regional será computado.

4. As organizações de integração regional, em matérias de sua competência, poderão exercer o direito de voto na Conferência dos Estados Partes, tendo direito ao mesmo número de votos que seus Estados membros que forem Partes do presente Protocolo. Essas organizações não exercerão seu direito de voto se qualquer de seus Estados membros exercer seu direito de voto, e vice-versa.

Artigo 13

1. Sujeito à entrada em vigor da Convenção, o presente Protocolo entrará em vigor no trigésimo dia após o depósito do décimo instrumento de ratificação ou adesão.

(*) *Vide artigo 12, parágrafo 3, desta Convenção.*

2. Para cada Estado ou organização de integração regional que ratificar ou formalmente confirmar o presente Protocolo ou a ele aderir depois do depósito do décimo instrumento dessa natureza, o Protocolo entrará em vigor no trigésimo dia a partir da data em que esse Estado ou organização tenha depositado seu instrumento de ratificação, confirmação formal ou adesão.

Artigo 14

1. Não serão permitidas reservas incompatíveis com o objeto e o propósito do presente Protocolo.

2. As reservas poderão ser retiradas a qualquer momento.

Artigo 15

1. Qualquer Estado Parte poderá propor emendas ao presente Protocolo e submetê-las ao Secretário-Geral das Nações Unidas. O Secretário-Geral comunicará aos Estados Partes quaisquer emendas propostas, solicitando-lhes que o notifiquem se são favoráveis a uma Conferência dos Estados Partes para considerar as propostas e tomar decisão a respeito delas. Se, até quatro meses após a data da referida comunicação, pelo menos um terço dos Estados Partes se manifestar favorável a essa Conferência, o Secretário-Geral das Nações Unidas convocará a Conferência, sob os auspícios das Nações Unidas. Qualquer emenda adotada por maioria de dois terços dos Estados Partes presentes e votantes será submetida pelo Secretário-Geral à aprovação da Assembleia Geral das Nações Unidas e, posteriormente, à aceitação de todos os Estados Partes.

2. Qualquer emenda adotada e aprovada conforme o disposto no parágrafo 1 do presente artigo entrará em vigor no trigésimo dia após a data na qual o número de instrumentos de aceitação tenha atingido dois terços do número de Estados Partes na data de

ART. 16 PROTOCOLO FACULTATIVO (...)

adoção da emenda. Posteriormente, a emenda entrará em vigor para todo Estado Parte no trigésimo dia após o depósito por esse Estado do seu instrumento de aceitação. A emenda será vinculante somente para os Estados Partes que a tiverem aceitado.

(*) Vide artigo 12, parágrafo 3, desta Convenção.

Artigo 16

Qualquer Estado Parte poderá denunciar o presente Protocolo mediante notificação por escrito ao Secretário-Geral das Nações Unidas. A denúncia tornar-se-á efetiva um ano após a data de recebimento da notificação pelo Secretário-Geral.

Artigo 17

O texto do presente Protocolo será colocado à disposição em formatos acessíveis.

Artigo 18

Os textos em árabe, chinês, espanhol, francês, inglês e russo e do presente Protocolo serão igualmente autênticos.

EM FÉ DO QUE os plenipotenciários abaixo assinados, devidamente autorizados para tanto por seus respectivos governos, firmaram o presente Protocolo.

TRATADO DE MARRAQUECHE PARA FACILITAR O ACESSO A OBRAS PUBLICADAS ÀS PESSOAS CEGAS, COM DEFICIÊNCIA VISUAL OU COM OUTRAS DIFICULDADES PARA TER ACESSO AO TEXTO IMPRESSO

DECRETO LEGISLATIVO Nº 261, DE 25 DE NOVEMBRO DE 2015

Aprova o texto do Tratado de Marraqueche para Facilitar o Acesso a Obras Publicadas às Pessoas Cegas, com Deficiência Visual ou com outras Dificuldades para Ter Acesso ao Texto Impresso, concluído no âmbito da Organização Mundial da Propriedade Intelectual (OMPI), celebrado em Marraqueche, em 28 de junho de 2013.

O Congresso Nacional decreta:

Art. 1º. Fica aprovado, nos termos do § 3º do art. 5º da Constituição Federal, o texto do Tratado de Marraqueche para Facilitar o Acesso a Obras Publicadas às Pessoas Cegas, com Deficiência Visual ou com outras Dificuldades para Ter Acesso ao Texto Impresso, celebrado em Marraqueche, em 28 de junho de 2013.

Parágrafo único. Ficam sujeitos à aprovação do Congresso Nacional quaisquer atos que possam resultar em revisão do referido Tratado, bem como quaisquer ajustes complementares que, nos termos do inciso I do art. 49 da Constituição Federal, acarretem encargos ou compromissos gravosos ao patrimônio nacional.

Art. 2º. Este Decreto Legislativo entra em vigor na data de sua publicação.

Senado Federal, em 25 de novembro de 2015.

Senador Renan Calheiros, Presidente do Senado Federal – DOU de 26.11.2015.

DECRETO Nº 9.522, DE 8 DE OUTUBRO DE 2018

Promulga o Tratado de Marraqueche para Facilitar o Acesso a Obras Publicadas às Pessoas Cegas, com Deficiência Visual ou com Outras Dificuldades para Ter Acesso ao Texto Impresso, firmado em Marraqueche, em 27 de junho de 2013.

O Presidente da República, no uso da atribuição que lhe confere o art. 84, *caput*, inciso IV, da Constituição, e

Considerando que a República Federativa do Brasil firmou o Tratado de Marraqueche para Facilitar o Acesso a Obras Publicadas às Pessoas Cegas, com Deficiência Visual ou com Outras Dificuldades para Ter Acesso ao Texto Impresso, em Marraqueche, em 27 de junho de 2013;

Considerando que o Congresso Nacional aprovou o Tratado por meio do Decreto Legislativo nº 261, de 25 de novembro de 2015, conforme o procedimento de que trata o § 3º do art. 5º da Constituição; e

TRATADO DE MARRAQUECHE (...)   PREÂMBULO

Considerando que o Governo brasileiro depositou, junto ao Diretor-Geral da Organização Mundial da Propriedade Intelectual, em 11 de dezembro de 2015, o instrumento de ratificação ao Tratado e que este entrou em vigor para a República Federativa do Brasil, no plano jurídico externo, em 30 de setembro de 2016;

Decreta:

Art. 1º. Fica promulgado o Tratado de Marraqueche para Facilitar o Acesso a Obras Publicadas às Pessoas Cegas, com Deficiência Visual ou com Outras Dificuldades para Ter Acesso ao Texto Impresso, firmado em Marraqueche, em 27 de junho de 2013, anexo a este Decreto.

Art. 2º. São sujeitos à aprovação do Congresso Nacional atos que possam resultar em revisão do Tratado e ajustes complementares que acarretem encargos ou compromissos gravosos ao patrimônio nacional, nos termos do inciso I do caput do art. 49 da Constituição.

Art. 3º. Este Decreto entra em vigor na data de sua publicação.

Brasília, 8 de outubro de 2018; 197º da Independência e 130º da República.

Michel Temer – DOU de 9.10.2018.

Tratado de Marraqueche para Facilitar o Acesso a Obras Publicadas às Pessoas Cegas, com Deficiência Visual ou com Outras Dificuldades para ter Acesso ao Texto Impresso

Marraqueche, 17 a 28 de junho de 2013

Adotado pela Conferência Diplomática

Preâmbulo

As Partes Contratantes,

Recordando os princípios da não discriminação, da igualdade de oportunidades, da acessibilidade e da participação e inclusão plena e efetiva na sociedade, proclamados na declaração Universal dos Direitos Humanos e na Convenção das Nações Unidas sobre os Direitos das Pessoas com Deficiência,

Cientes dos desafios que são prejudiciais ao desenvolvimento pleno das pessoas com deficiência visual ou com outras dificuldades para ter acesso ao texto impresso, que limitam a sua liberdade de expressão, incluindo a liberdade de procurar, receber e difundir informações e ideias de toda espécie em condições de igualdade com as demais pessoas mediante todas as formas de comunicação de sua escolha, assim como o gozo do seu direito à educação e a oportunidade de realizar pesquisas,

Enfatizando a importância da proteção ao direito de autor como incentivo e recompensa para as criações literárias e artísticas e a de incrementar as oportunidades para todas as pessoas, inclusive as pessoas com deficiência visual ou com outras dificuldades para ter acesso ao texto impresso, de participar na vida cultural da comunidade, desfrutar das artes e compartilhar o progresso científico e seus benefícios,

Cientes das barreiras que enfrentam as pessoas com deficiência visual ou com outras dificuldades para ter acesso ao texto impresso para alcançarem oportunidades iguais na sociedade, e da necessidade de ampliar o número de obras em formatos acessíveis e de aperfeiçoar a circulação de tais obras,

Considerando que a maioria das pessoas com deficiência visual ou com outras dificuldades para ter acesso ao texto impresso vive em países em desenvolvimento e em países de menor desenvolvimento relativo,

Reconhecendo que, apesar das diferenças existentes nas legislações nacionais de direito de autor, o impacto positivo das novas tecnologias de informação e comunicação na vida das pessoas com deficiência visual ou com outras dificuldades para ter acesso ao texto impresso pode ser reforçado por um marco jurídico aprimorado no plano internacional,

Reconhecendo que muitos Estados Membros estabeleceram exceções e limitações em suas legislações nacionais de direito de autor destinadas a pessoas com deficiência visual ou com outras dificuldades para ter acesso ao texto impresso, mas que ainda há uma escassez permanente de exemplares disponíveis em formato acessível para essas pessoas; que são necessários recursos consideráveis em seus esforços para tornar as obras acessíveis a essas pessoas; e que a falta de possibilidade de intercâmbio transfronteiriço de exemplares em formato acessível exige a duplicação desses esforços,

Reconhecendo tanto a importância do papel dos titulares de direitos em tornar suas obras acessíveis a pessoas com deficiência visual ou com outras dificuldades para ter acesso ao texto impresso, como a importância de limitações e exceções adequadas para tornar as obras acessíveis a essas pessoas, em particular quando o mercado é incapaz de prover tal acesso,

Reconhecendo a necessidade de se manter um equilíbrio entre a proteção efetiva dos direitos dos autores e o interesse público mais amplo, em especial no que diz respeito à educação, pesquisa e acesso à informação, e que esse equilíbrio deve facilitar às pessoas com deficiência visual ou com outras dificuldades para ter acesso ao texto impresso o acesso efetivo e tempestivo às obras,

ART. 1º   TRATADO DE MARRAQUECHE (...)

Reafirmando as obrigações contraídas pelas Partes Contratantes em virtude de tratados internacionais vigentes em matéria de proteção ao direito de autor, bem como a importância e a flexibilidade da regra dos três passos relativa às limitações e exceções, prevista no Artigo 9.2 da Convenção de Berna sobre a Proteção de Obras Literárias e Artísticas e em outros instrumentos internacionais,

Recordando a importância das recomendações da Agenda do Desenvolvimento, adotada em 2007 pela Assembleia Geral da Organização Mundial da Propriedade Intelectual (OMPI), que visa a assegurar que as considerações relativas ao desenvolvimento sejam parte integrante do trabalho da Organização,

Reconhecendo a importância do sistema internacional de direito de autor e visando harmonizar as limitações e exceções com vistas a facilitar o acesso e o uso de obras por pessoas com deficiência visual ou com outras dificuldades para ter acesso ao texto impresso,

Acordaram o seguinte:

Artigo 1º
Relação com outras convenções e tratados

Nenhuma disposição do presente Tratado derrogará quaisquer obrigações que as Partes Contratantes tenham entre si em virtude de outros tratados, nem prejudicará quaisquer direitos que uma Parte Contratante tenha em virtude de outros tratados.

Artigo 2º
Definições

Para os efeitos do presente Tratado:
a) "obras" significa as obras literárias e artísticas no sentido do Artigo 2.1 da Convenção de Berna sobre a Proteção de Obras Literárias e Artísticas, em forma de texto, notação e/ou ilustrações conexas, que tenham sido publicadas ou tornadas disponíveis publicamente por qualquer meio[1].

b) "exemplar em formato acessível" significa a reprodução de uma obra de uma maneira ou forma alternativa que dê aos beneficiários acesso à obra, inclusive para permitir que a pessoa tenha acesso de maneira tão prática e cômoda como uma pessoa sem deficiência visual ou sem outras dificuldades para ter acesso ao texto impresso. O exemplar em formato acessível é utilizado exclusivamente por beneficiários e deve respeitar a integridade da obra original, levando em devida consideração as alterações necessárias para tornar a obra acessível no formato alternativo e as necessidades de acessibilidade dos beneficiários.

c) "entidade autorizada" significa uma entidade que é autorizada ou reconhecida pelo governo para prover aos beneficiários, sem intuito de lucro, educação, formação pedagógica, leitura adaptada ou acesso à informação. Inclui, também, instituição governamental ou organização sem fins lucrativos que preste os mesmos serviços aos beneficiários como uma de suas atividades principais ou obrigações institucionais[2].

A entidade autorizada estabelecerá suas próprias práticas e as aplicará:
i) para determinar que as pessoas a que serve são beneficiárias;
ii) para limitar aos beneficiários e/ou às entidades autorizadas a distribuição e colocação à disposição de exemplares em formato acessível;
iii) para desencorajar a reprodução, distribuição e colocação à disposição de exemplares não autorizados; e
iv) para exercer o devido cuidado no uso dos exemplares das obras e manter os registros deste uso, respeitando a privacidade dos beneficiários em conformidade com o Artigo 8º.

Artigo 3º
Beneficiários

Será beneficiário toda pessoa:
a) cega;
b) que tenha deficiência visual ou outra deficiência de percepção ou de leitura que não possa ser corrigida para se obter uma acuidade visual substancialmente equivalente à de uma pessoa que não tenha esse tipo de deficiência ou dificuldade, e para quem é impossível ver material impresso de uma forma substancialmente equivalente à de uma pessoa sem deficiência ou dificuldade; ou[3]
c) que esteja, impossibilitada, de qualquer outra maneira, devido a uma deficiência física, de sustentar ou manipular um livro ou focar ou mover os olhos da forma que normalmente seria apropriado para a leitura; independentemente de quaisquer outras deficiências.

Artigo 4º
Limitações e Exceções na Legislação Nacional sobre Exemplares em Formato Acessível

1.(a) As Partes Contratantes estabelecerão na sua legislação nacional de direito de autor uma limitação ou exceção aos direitos de reprodução, de distribuição, bem como de colocação à disposição do público, tal como definido no Tratado da OMPI sobre Direito de Autor, para facilitar a disponibilidade de obras em formatos acessíveis aos beneficiários. A limitação ou exceção prevista na legislação nacional deve permitir as alterações necessárias para tornar a obra acessível em formato alternativo.

(b) As Partes Contratantes podem também estabelecer uma exceção ao direito de representação ou execução pública para facilitar o acesso a obras para beneficiários.

2. Uma Parte Contratante poderá cumprir o disposto no Artigo 4(1) para todos os direitos nele previstos, mediante o estabelecimento de uma limitação ou exceção em sua legislação nacional de direitos de autor de tal forma que:

(a) Seja permitido às entidades autorizadas, sem a autorização do titular dos direitos de autor, produzir

---

[1] Declaração acordada relativa ao Artigo 2º(a): Para os efeitos do presente Tratado, fica entendido que nesta definição se encontram compreendidas as obras em formato áudio, como os audiolivros.

[2] Declaração acordada relativa ao Artigo 2º(c): Para os efeitos do presente Tratado, fica entendido que "entidades reconhecidas pelo governo" poderão incluir entidades que recebam apoio financeiro do governo para fornecer aos beneficiários, sem fins lucrativos, educação, formação pedagógica, leitura adaptada ou acesso à informação.

[3] Declaração acordada relativa ao Artigo 3º(b): Nada nessa linguagem implica que "não pode ser corrigida" requer o uso de todos os procedimentos de diagnóstico e tratamentos médicos possíveis.

um exemplar em formato acessível de uma obra obter de outra entidade autorizada uma obra em formato acessível e fornecer tais exemplares para o beneficiário, por qualquer meio, inclusive por empréstimo não comercial ou mediante comunicação eletrônica por fio ou sem fio; e realizar todas as medidas intermediárias para atingir esses objetivos, quando todas as seguintes condições forem atendidas:
(i) a entidade autorizada que pretenda realizar tal atividade tenha acesso legal à obra ou a um exemplar da obra;
(ii) a obra seja convertida para um exemplar em formato acessível, o que pode incluir quaisquer meios necessários para consultar a informação nesse formato, mas não a introdução de outras mudanças que não as necessárias para tornar a obra acessível aos beneficiários;
(iii) os exemplares da obra no formato acessível sejam fornecidos exclusivamente para serem utilizados por beneficiários; e
(iv) a atividade seja realizada sem fins lucrativos; e
(b) Um beneficiário, ou alguém agindo em seu nome, incluindo a pessoa principal que cuida do beneficiário ou se ocupe de seu cuidado, poderá produzir um exemplar em formato acessível de uma obra para o uso pessoal do beneficiário ou de outra forma poderá ajudar o beneficiário a produzir e utilizar exemplares em formato acessível, quando o beneficiário tenha acesso legal a essa obra ou a um exemplar dessa obra.

3. Uma Parte Contratante poderá cumprir o disposto no Artigo 4(1) estabelecendo outras limitações ou exceções em sua legislação nacional de direito de autor nos termos dos Artigos 10 e 11[4].

4. Uma Parte Contratante poderá restringir as limitações ou exceções nos termos deste Artigo às obras que, no formato acessível em questão, não possam ser obtidas comercialmente sob condições razoáveis para os beneficiários naquele mercado. Qualquer Parte Contratante que exercer essa faculdade deverá declará-la em uma notificação depositada junto ao Diretor-Geral da OMPI no momento da ratificação, aceitação ou adesão a esse Tratado ou em qualquer momento posterior[5].

5. Caberá à lei nacional determinar se as exceções ou limitações a que se refere o presente artigo estão sujeitas à remuneração.

Artigo 5º
Intercâmbio Transfronteiriço de Exemplares em Formato Acessível

1. As Partes Contratantes estabelecerão que, se um exemplar em formato acessível de uma obra é produzido ao amparo de uma limitação ou exceção ou de outros meios legais, este exemplar em formato acessível poderá ser distribuído ou colocado à disposição por uma entidade autorizada a um beneficiário ou a uma entidade autorizada em outra Parte Contratante[6].

2. Uma Parte Contratante poderá cumprir o disposto no Artigo 5(1) instituindo uma limitação ou exceção em sua legislação nacional de direito de autor de tal forma que:
(a) será permitido às entidades autorizadas, sem a autorização do titular do direito, distribuir ou colocar à disposição para o uso exclusivo dos beneficiários exemplares em formato acessível a uma entidade autorizada em outra Parte Contratante; e
(b) será permitido às entidades autorizadas, sem a autorização do titular do direito e em conformidade com o disposto no Artigo 2º(c), distribuir ou colocar à disposição exemplares em formato acessível a um beneficiário em outra Parte Contratante; desde que antes da distribuição ou colocação à disposição, a entidade autorizada originária não saiba ou tenha motivos razoáveis para saber que o exemplar em formato acessível seria utilizado por outras pessoas que não os beneficiários[7].

3. Uma Parte Contratante poderá cumprir o disposto no Artigo 5(1) instituindo outras limitações ou exceções em sua legislação nacional de direito de autor nos termos do Artigos 5(4), 10 e 11.

4.(a) Quando uma entidade autorizada em uma Parte Contratante receber um exemplar em formato acessível nos termos do artigo 5(1) e essa Parte Contratante não tiver as obrigações decorrentes do Artigo 9 da Convenção de Berna, a Parte Contratante garantirá, de acordo com suas práticas e seu sistema jurídico, que os exemplares em formato acessível serão reproduzidos, distribuídos ou colocados à disposição apenas para o proveito dos beneficiários na jurisdição dessa Parte Contratante.
(b) A distribuição e a colocação à disposição de exemplares em formato acessível por uma entidade autorizada nos termos do Artigo 5(1) deverá ser limitada a essa jurisdição, salvo se a Parte Contratante for parte do Tratado da OMPI sobre Direito de Autor ou de outra forma limitar as exceções e limitações ao direito de distribuição e ao direito de colocação à disposição do público que implementam este Tratado a determinados casos especiais, que não conflitem com a exploração normal da obra e não prejudiquem injustificadamente os interesses legítimos do titular do direito[8, 9].
(c) Nada neste Artigo afeta a determinação do que constitui um ato de distribuição ou de colocação à disposição do público.

---

4   Declaração acordada relativa ao Artigo 4º(3): Fica entendido que este parágrafo não reduz nem estende o âmbito de aplicação das limitações e exceções permitidas pela Convenção de Berna no que diz respeito ao direito de tradução, com referência a pessoas com deficiência visual ou com outras dificuldades para ter acesso ao texto impresso.
5   Declaração acordada relativa ao Artigo 4º(4): Fica entendido que o requisito da disponibilidade comercial não prejulga se a limitação ou exceção nos termos deste artigo é ou não consistente com o teste dos três passos.
6   Declaração acordada relativa ao Artigo 5º(1): Fica entendido ainda que nada neste Tratado reduz ou estende o âmbito de direitos exclusivos sob qualquer outro Tratado.
7   Declaração acordada relativa ao Artigo 5º(2): Fica entendido que, para distribuir ou colocar à disposição exemplares em formato acessível diretamente a beneficiários em outra Parte Contratante, pode ser apropriado para uma entidade autorizada aplicar medidas adicionais para confirmar que a pessoa que ela está servindo é uma pessoa beneficiária e para seguir suas práticas conforme o Artigo 2º(c).
8   Declaração acordada relativa ao Artigo 5º(4)(b): Fica entendido que nada neste Tratado requer ou implica que uma Parte Contratante adote ou aplique o teste dos três passos além de suas obrigações decorrentes deste instrumento ou de outros tratados internacionais.
9   Declaração acordada relativa ao Artigo 5º(4)(b): Fica entendido que nada neste Tratado cria quaisquer obrigações para uma Parte Contratante ratificar ou aceder ao Tratado da OMPI sobre Direito de Autor (WCT) ou de cumprir quaisquer de seus dispositivos e nada neste Tratado prejudica quaisquer direitos, limitações ou exceções contidos no Tratado da OMPI sobre Direito de Autor (WCT).

ART. 6º TRATADO DE MARRAQUECHE (...)

5. Nada neste Tratado será utilizado para tratar da questão da exaustão de direitos.

Artigo 6º
Importação de Exemplares em Formato Acessível

Na medida em que a legislação nacional de uma Parte Contratante permita que um beneficiário, alguém agindo em seu nome, ou uma entidade autorizada produza um exemplar em formato acessível de uma obra, a legislação nacional dessa Parte Contratante permitirá, também, que eles possam importar um exemplar em formato acessível para o proveito dos beneficiários, sem a autorização do titular do direito[10].

Artigo 7º
Obrigações Relativas a Medidas Tecnológicas

As Partes Contratantes adotarão medidas adequadas que sejam necessárias, para assegurar que, quando estabeleçam proteção legal adequada e recursos jurídicos efetivos contra a neutralização de medidas tecnológicas efetivas, essa proteção legal não impeça que os beneficiários desfrutem das limitações e exceções previstas neste Tratado[11].

Artigo 8º
Respeito à Privacidade

Na implementação das limitações e exceções previstas neste Tratado, as Partes Contratantes empenhar-se-ão para proteger a privacidade dos beneficiários em condições de igualdade com as demais pessoas.

Artigo 9º
Cooperação para Facilitar o Intercâmbio Transfronteiriço

1. As Partes Contratantes envidarão esforços para promover o intercâmbio transfronteiriço de exemplares em formato acessível incentivando o compartilhamento voluntário de informações para auxiliar as entidades autorizadas a se identificarem. O Escritório Internacional da OMPI estabelecerá um ponto de acesso à informação para essa finalidade.
2. As Partes Contratantes comprometem-se a auxiliar suas entidades autorizadas envolvidas em atividades nos termos do Artigo 5º a disponibilizarem informações sobre suas práticas conforme o Artigo 2º(c), tanto pelo compartilhamento de informações entre entidades autorizadas como pela disponibilização de informações sobre as suas políticas e práticas, inclusive as relacionadas com o intercâmbio transfronteiriço de exemplares em formato acessível, às partes interessadas e membros do público, conforme apropriado.
3. O Escritório Internacional da OMPI é convidado a compartilhar informações, quando disponíveis, sobre o funcionamento do presente Tratado.
4. As Partes Contratantes reconhecem a importância da cooperação internacional e de sua promoção em apoio aos esforços nacionais para a realização do propósito e dos objetivos deste Tratado[12].

Artigo 10
Princípios Gerais sobre Implementação

1. As Partes Contratantes comprometem-se a adotar as medidas necessárias para garantir a aplicação do presente Tratado.
2. Nada impedirá que as Partes Contratantes determinem a forma mais adequada de implementar as disposições do presente Tratado no âmbito de seus ordenamentos jurídicos e práticas legais[13].
3. As Partes Contratantes poderão exercer os seus direitos e cumprir com as obrigações previstas neste Tratado por meio de limitações ou exceções específicas em favor dos beneficiários, outras exceções ou limitações, ou uma combinação de ambas no âmbito de seus ordenamentos jurídicos e práticas legais nacionais. Estas poderão incluir decisões judiciais, administrativas ou regulatórias em favor dos beneficiários, relativa a práticas, atos ou usos justos que permitam satisfazer as suas necessidades, em conformidade com os direitos e obrigações que as Partes Contratantes tenham em virtude da Convenção de Berna, de outros tratados internacionais e do Artigo 11.

Artigo 11
Obrigações Gerais sobre Limitações e Exceções

Ao adotar as medidas necessárias para assegurar a aplicação do presente Tratado, uma Parte Contratante poderá exercer os direitos e deverá cumprir com as obrigações que essa Parte Contratante tenha no âmbito da Convenção de Berna, do Acordo Relativo aos Aspectos do Direito da Propriedade Intelectual Relacionados com o Comércio e do Tratado da OMPI sobre Direito de Autor, incluindo os acordos interpretativos dos mesmos, de modo que:

(a) em conformidade com o Artigo 9(2) da Convenção de Berna, a Parte Contratante pode permitir a reprodução de obras em certos casos especiais, contanto que tal reprodução não afete a exploração normal da obra nem cause prejuízo injustificado aos interesses legítimos do autor;

---

10 Declaração acordada relativa ao Artigo 6º: Fica entendido que as Partes Contratantes têm as mesmas flexibilidades previstas no Artigo 4º na implementação de suas obrigações decorrentes do Artigo 6º.
11 Declaração acordada relativa ao Artigo 7º: Fica entendido que as entidades autorizadas, em diversas circunstâncias, optam por aplicar medidas tecnológicas na produção, distribuição e colocação à disposição de exemplares em formato acessível e que nada aqui afeta tais práticas, quando estiverem em conformidade com a legislação nacional.
12 Declaração acordada relativa ao Artigo 9º: Fica entendido que o Artigo 9º não implica um registro obrigatório para as entidades autorizadas nem constitui uma condição prévia para que as entidades autorizadas exerçam atividades reconhecidas pelo presente Tratado; confere, contudo, a possibilidade de compartilhamento de informações para facilitar o intercâmbio transfronteiriço de exemplares em formato acessível.
13 Declaração acordada relativa ao Artigo 10(2): Fica entendido que quando uma obra se qualifica como uma obra nos termos do Artigo 2º(a), incluindo as obras em formato de áudio, as limitações e as exceções previstas pelo presente Tratado se aplicam mutatis mutandis aos direitos conexos, conforme necessário para fazer o exemplar em formato acessível, para distribuí-lo e para colocá-lo à disposição dos beneficiários.

(b) em conformidade com o Artigo 13 do Acordo Relativo aos Aspectos do Direito da Propriedade Intelectual Relacionados com o Comércio, a Parte Contratante deverá restringir as limitações ou exceções aos direitos exclusivos a determinados casos especiais, que não conflitem com a exploração normal da obra e não prejudiquem injustificadamente os interesses legítimos do titular do direito;
(c) em conformidade com o Artigo 10(1) do Tratado da OMPI sobre Direito de Autor, a Parte Contratante pode prever limitações ou exceções aos direitos concedidos aos autores no âmbito do Tratado da OMPI sobre Direito de Autor em certoscasos especiais, que não conflitem com a exploração normal da obra e não prejudiquem os interesses legítimos do autor;
(d) em conformidade com o Artigo 10(2) do Tratado da OMPI sobre Direito de Autor, a Parte Contratante deve restringir, ao aplicar a Convenção de Berna, qualquer limitação ou exceção aos direitos a determinados casos especiais que não conflitem com a exploração normal da obra e não prejudiquem injustificadamente os interesses legítimos do autor.

Artigo 12
Outras Limitações e Exceções

1. As Partes Contratantes reconhecem que uma Parte Contratante pode implementar em sua legislação nacional outras limitações e exceções ao direito de autor para o proveito dos beneficiários além das previstas por este Tratado, tendo em vista a situação econômica dessa Parte Contratante e suas necessidades sociais e culturais, em conformidade com os direitos e obrigações internacionais dessa Parte Contratante, e, no caso de um país de menor desenvolvimento relativo, levando em consideração suas necessidades especiais, seus direitos e obrigações internacionais particulares e as flexibilidades derivadas destes últimos.
2. Este Tratado não prejudica outras limitações e exceções para pessoas com deficiência previstas pela legislação nacional.

Artigo 13
Assembleia

1.(a) As Partes Contratantes terão uma Assembleia.
(b) Cada Parte Contratante será representada na Assembleia por um delegado, que poderá ser assistido por suplentes, assessores ou especialistas.
(c) Os gastos de cada delegação serão custeados pela Parte Contratante que tenha designado o delegação. A Assembleia pode pedir à OMPI que conceda assistência financeira para facilitar a participação de delegações de Partes Contratantes consideradas países em desenvolvimento, em conformidade com a prática estabelecida pela Assembleia Geral das Nações Unidas, ou que sejam países em transição para uma economia de mercado.
2.(a) A Assembleia tratará das questões relativas à manutenção e desenvolvimento deste Tratado e da aplicação e operação deste Tratado.
(b) A Assembleia realizará a função a ela atribuída pelo Artigo 15 no que diz respeito à admissão de certas organizações intergovernamentais como Parte do presente Tratado.

(c) A Assembleia decidirá a convocação de qualquer conferência diplomática para a revisão deste Tratado e dará as instruções necessárias ao Diretor-Geral da OMPI para a preparação de tal conferência diplomática.
3.(a) Cada Parte Contratante que seja um Estado terá um voto e votará apenas em seu próprio nome.
(b) Toda Parte Contratante que seja uma organização intergovernamental poderá participar na votação, no lugar de seus Estados Membros, com um número de votos igual ao número de seus Estados Membros que sejam parte deste Tratado. Nenhuma dessas organizações intergovernamentais poderá participar na votação se qualquer um de seus Estados Membros exercer seu direito ao voto e viceversa.
4. A Assembleia se reunirá mediante convocação do Diretor-Geral e, na ausência de circunstâncias excepcionais, durante o mesmo período e no mesmo local que a Assembleia Geral da OMPI.
5. A Assembleia procurará tomar as suas decisões por consenso e estabelecerá suas próprias regras de procedimento, incluindo a convocação de sessões extraordinárias, os requisitos de quórum e, sujeita às disposições do presente Tratado, a maioria exigida para os diversos tipos de decisões.

Artigo 14
Escritório Internacional

O Escritório Internacional da OMPI executará as tarefas administrativas relativas a este Tratado.

Artigo 15
Condições para se tornar Parte do Tratado

(1) Qualquer Estado Membro da OMPI poderá se tornar parte deste Tratado.
(2) A Assembleia poderá decidir a admissão de qualquer organização intergovernamental para ser parte do Tratado que declare ter competência e ter sua própria legislação vinculante para todos seus Estados Membros sobre os temas contemplados neste Tratado e que tenha sido devidamente autorizada, em conformidade com seus procedimentos internos, a se tornar parte deste Tratado.
(3) A União Europeia, tendo feito a declaração mencionada no parágrafo anterior na Conferência Diplomática que adotou este Tratado, poderá se tornar parte deste Tratado.

Artigo 16
Direitos e Obrigações do Tratado

Salvo qualquer dispositivo específico em contrário neste Tratado, cada Parte Contratante gozará de todos os direitos e assumirá todas as obrigações decorrentes deste Tratado.

Artigo 17
Assinatura do Tratado

Este Tratado ficará aberto para assinatura na Conferência Diplomática de Marraqueche, e, depois disso, na sede da OMPI, por qualquer parte que reúna as condições para tal fim, durante um ano após sua adoção.

Artigo 18
Entrada em Vigor do Tratado

Este Tratado entrará em vigor três meses após 20 partes que reúnam as condições referidas no Artigo 15 tenham depositado seus instrumentos de ratificação ou adesão.

Artigo 19
Data da Produção de Efeitos das Obrigações do Tratado

O presente Tratado produzirá efeitos:
(a) para as 20 Partes referidas no Artigo 18, a partir da data de entrada em vigor do Tratado;
(b) para qualquer outra Parte referida no Artigo 15, a partir do término do prazo de três meses contados da data em que tenha sido feito o depósito do instrumento de ratificação ou adesão junto ao Diretor-Geral da OMPI;

Artigo 20
Denúncia do Tratado

Qualquer Parte Contratante poderá denunciar o presente Tratado mediante notificação dirigida ao Diretor-Geral da OMPI. A denúncia produzirá efeitos após um ano da data em que o Diretor-Geral da OMPI tenha recebido a notificação.

Artigo 21
Línguas do Tratado

(1) O presente tratado é assinado em um único exemplar original nas línguas inglesa, árabe, chinesa, francesa, russa e espanhola, sendo todas elas igualmente autênticas.

(2) A pedido de uma parte interessada, o Diretor-Geral da OMPI estabelecerá um texto oficial em qualquer outra língua não referida no Artigo 21(1), após consulta com todas as partes interessadas.

Para efeitos do disposto neste parágrafo, por "parte interessada" se entende qualquer Estado Membro da OMPI cuja língua oficial, ou uma das línguas oficiais, esteja implicada e a União Europeia, bem como qualquer outra organização intergovernamental que possa se tornar Parte do presente Tratado, se estiver implicada uma de suas línguas oficiais.

Artigo 22
Depositário

O Diretor-Geral da OMPI é o depositário do presente Tratado.

Feito em Marraqueche, no dia 27 de junho de 2013.

Regulamento do Tratado de Marraqueche para Facilitar o Acesso a Obras Publicadas às Pessoas Cegas, com Deficiência Visual ou com Outras Dificuldades para ter Acesso ao Texto Impresso

DECRETO Nº 10.882, DE 3 DE DEZEMBRO DE 2021

Regulamenta o Tratado de Marraqueche para Facilitar o Acesso a Obras Publicadas às Pessoas Cegas, com Deficiência Visual ou com Outras Dificuldades para Ter Acesso ao Texto Impresso.

O Presidente da República, no uso das atribuições que lhe confere o art. 84, *caput*, incisos IV e VI, alínea "a", da Constituição, Decreta:

Art. 1º. Este Decreto regulamenta o Tratado de Marraqueche para Facilitar o Acesso a Obras Publicadas às Pessoas Cegas, com Deficiência Visual ou com Outras Dificuldades para Ter Acesso ao Texto Impresso, promulgado pelo Decreto nº 9.522, de 8 de outubro de 2018, para dispor sobre o processo administrativo de reconhecimento e de fiscalização de entidades autorizadas a realizarem o intercâmbio transfronteiriço e a importação de exemplares em formatos acessíveis, e as obrigações relativas a medidas tecnológicas de proteção, ao respeito à privacidade e à cooperação.

Capítulo I
DAS DEFINIÇÕES

Art. 2º. Para fins deste Decreto, considera-se:

I – beneficiário – independentemente de qualquer outra deficiência ou dificuldade, a pessoa:
a) cega;
b) com deficiência visual que não possa ser corrigida ou para quem é impossível realizar a leitura de material impresso de forma substancialmente equivalente à de uma pessoa sem essa deficiência;

c) com dificuldade de percepção ou de leitura considerada incorrigível, ou para quem é impossível realizar a leitura de material impresso de forma substancialmente equivalente à de uma pessoa sem essa dificuldade; ou
d) com deficiência física que torne impossível sustentar ou manipular um livro, focar ou mover os olhos de forma apropriada à leitura.
II – obra – a obra literária ou artística em forma de texto, de notação ou de ilustrações conexas, que tenha sido publicada, distribuída, comunicada ou colocada à disposição do público por qualquer meio, inclusive a fixada em fonogramas, como os audiolivros;
III – exemplar em formato acessível – a reprodução de uma obra em meio ou em formato alternativo que dê aos beneficiários acesso à obra, inclusive para permitir que a pessoa tenha acesso de maneira semelhante a uma pessoa sem deficiência visual ou outras dificuldades para ter acesso ao texto impresso; e
IV – entidade autorizada – organização pública ou privada sem fins lucrativos, reconhecida pela administração pública federal para, de acordo com as limitações previstas no Tratado de Marraqueche:
a) produzir e disponibilizar aos beneficiários exemplares de obras em formatos acessíveis; e
b) obter ou ter acesso a obras em formatos acessíveis, por meio de outras entidades autorizadas, sem a necessidade de autorização ou de remuneração ao autor ou ao titular da obra.
§ 1º. Até à implementação da avaliação biopsicossocial de que trata o § 1º do art. 2º da Lei nº 13.146, de 6 de julho de 2015, a comprovação das deficiências ou dificuldades previstas no inciso I do *caput* poderá ser realizada por meio de:
a) laudo assinado por profissional habilitado em área de conhecimento relevante para a caracterização da deficiência; ou
b) avaliação psicopedagógica realizada por profissionais ou equipes da escola ou do sistema de ensino, quando aplicável.
§ 2º. O exemplar em formato acessível de que trata o inciso III do *caput* será utilizado exclusivamente por beneficiários e observará a integridade da obra original, consideradas as alterações necessárias para tornar a obra acessível no formato alternativo e as necessidades de acessibilidade dos beneficiários.
§ 3º. As entidades autorizadas de que trata o inciso IV do *caput*, como bibliotecas, arquivos, museus, estabelecimentos de ensino, instituições de assistência social, instituições representativas das pessoas com deficiência, e outras organizações, atuam em benefício da sociedade e desempenham, dentre suas obrigações institucionais ou atividades, serviços nas áreas de
I – educação;
II – formação pedagógica;
III – leitura adaptada; ou
IV – acesso à informação.

Capítulo II
DO EXERCÍCIO DA ATIVIDADE DE INTERCÂMBIO TRANSFRONTEIRIÇO E DA IMPORTAÇÃO DE EXEMPLARES EM FORMATOS ACESSÍVEIS

Art. 3º. Os exemplares em formatos acessíveis, produzidos nos termos do disposto no Capítulo IV do Título III da Lei nº 9.610, de 19 de fevereiro de 1998, poderão ser distribuídos, comunicados ou colocados à disposição dos beneficiários ou das entidades autorizadas situadas em outra Parte Contratante do Tratado de Marraqueche.

Art. 4º. As entidades autorizadas ou os beneficiários poderão importar exemplares em formatos acessíveis sem a necessidade de autorização do titular do direito autoral sobre a obra, desde que para proveito exclusivo dos referidos beneficiários.

Capítulo III
DO PROCESSO ADMINISTRATIVO DE RECONHECIMENTO DE ENTIDADES AUTORIZADAS

Art. 5º. O intercâmbio transfronteiriço e a importação de exemplares em formato acessível nos termos do disposto no Capítulo II deste Decreto, e no § 1º do art. 5º e art. 6º do Tratado de Marraqueche, dependem da edição de ato administrativo de reconhecimento ou de renovação de reconhecimento de entidades autorizadas, pelo Ministro de Estado da Mulher, da Família e dos Direitos Humanos♦.
♦ *Atual denominação: "Ministro de Estado dos Direitos Humanos e da Cidadania", nos termos do Decreto nº 11.341, de 1º.1.2023.*

Art. 6º. No processo administrativo de reconhecimento, as entidades demonstrarão:
I – a prestação de serviços em favor dos beneficiários, sem fins lucrativos, nas áreas de que tratam os incisos de I a IV do § 3º do art. 2º; e
II – a capacidade técnica para estabelecer e aplicar medidas para:
a) verificar se as pessoas atendidas são beneficiárias;
b) limitar aos beneficiários ou a outras entidades autorizadas a distribuição e a disponibilização de exemplares em formatos acessíveis;

c) desencorajar a reprodução, a distribuição e a disponibilização de exemplares não autorizados; e

d) zelar pelo uso dos exemplares das obras e manter os registros deste uso, observada a privacidade dos beneficiários, nos termos do disposto na Lei nº 13.709, de 14 de agosto de 2018; e

III – que estão legalmente constituídas e em funcionamento regular por, no mínimo, doze meses, imediatamente anteriores à data de apresentação do requerimento.

§ 1º. Os atos administrativos de reconhecimento e as suas renovações terão o prazo de cinco anos, contado da data de publicação da decisão de deferimento, no Diário Oficial da União.

§ 2º. O período de que trata o inciso III do *caput* poderá ser reduzido na hipótese de necessidade atestada pelo Ministério da Mulher, da Família e dos Direitos Humanos*.

♦ *Atual denominação: "Ministério dos Direitos Humanos e da Cidadania", nos termos do Decreto nº 11.341, de 1º.1.2023.*

§ 3º. A entidade protocolará pedido de renovação com antecedência mínima de seis meses do prazo de validade do ato administrativo de reconhecimento e deverá demonstrar a manutenção dos requisitos previstos no *caput*.

§ 4º. A não renovação do ato administrativo de reconhecimento impossibilitará o exercício das atividades previstas no Capítulo II deste Decreto.

§ 5º. Na hipótese de não apreciação do pedido de reconhecimento ou de renovação pela administração pública federal, o reconhecimento será prorrogado automaticamente até a publicação da decisão.

Art. 7º. Ao protocolar o pedido de reconhecimento, a entidade requerente assinará Termo de Conduta em que se comprometerá a cumprir o disposto no inciso II do art. 6º e a:

I – manter registro de exemplares em formatos acessíveis constantes em seu catálogo, incluída a descrição das principais características dos formatos disponíveis; e

II – fornecer ao Ministério da Mulher, da Família e dos Direitos Humanos* e, mediante solicitação, a outras entidades autorizadas, beneficiários ou titulares de direitos autorais, a relação de exemplares disponíveis em formatos acessíveis e os dados das entidades autorizadas com as quais tenham realizado o intercâmbio desses exemplares.

♦ *Atual denominação: "Ministério dos Direitos Humanos e da Cidadania", nos termos do Decreto nº 11.341, de 1º.1.2023.*

Parágrafo único. A entidade autorizada atenderá às exigências previstas neste Capítulo durante todo o período de validade da autorização, sob pena de cancelamento do reconhecimento.

Art. 8º. Os pedidos de reconhecimento e de sua renovação serão protocolados no Ministério da Mulher, da Família e dos Direitos Humanos*, acompanhados dos documentos obrigatórios de que tratam os art. 6º e art. 7º.

Parágrafo único. O Ministério da Mulher, da Família e dos Direitos Humanos* disporá sobre a forma e o prazo de apresentação dos pedidos a que se refere o *caput*, e os demais procedimentos relativos aos processos administrativos.

♦ *Atual denominação: "Ministério dos Direitos Humanos e da Cidadania", nos termos do Decreto nº 11.341, de 1º.1.2023.*

Art. 9º. Recebido o pedido de reconhecimento, o Ministério da Mulher, da Família e dos Direitos Humanos* publicará extrato do requerimento no Diário Oficial da União, para vista e manifestação da sociedade no prazo de quinze dias.

Parágrafo único. A decisão sobre o pedido de reconhecimento ou de sua renovação será publicada no Diário Oficial da União e no sítio eletrônico do Ministério da Mulher, da Família e dos Direitos Humanos*, sem prejuízo de comunicação às entidades, por escrito ou em meio eletrônico.

♦ *Atual denominação: "Ministério dos Direitos Humanos e da Cidadania", nos termos do Decreto nº 11.341, de 1º.1.2023.*

Art. 10. Caberá recurso da decisão que indeferir o pedido de reconhecimento ou de renovação, no prazo de trinta dias, contado da data de sua publicação.

§ 1º. O recurso será dirigido à autoridade que proferiu a decisão, que poderá:

I – reconsiderar a decisão no prazo de dez dias; ou

II – encaminhar ao Ministro de Estado da Mulher, da Família e dos Direitos Humanos* para julgamento.

♦ *Atual denominação: "Ministro de Estado dos Direitos Humanos e da Cidadania", nos termos do Decreto nº 11.341, de 1º.1.2023.*

§ 2º. Não será conhecido o recurso protocolado fora do prazo previsto no *caput*.

**Capítulo IV
DA SUPERVISÃO DE ENTIDADES AUTORIZADAS E DO CANCELAMENTO DO RECONHECIMENTO**

Art. 11. O Ministério da Mulher, da Família e dos Direitos Humanos* fiscalizará as atividades das entidades autorizadas, de acordo com o disposto no inciso IV do *caput* do art. 2º, e

poderá atuar, a qualquer tempo, de ofício ou a partir do recebimento de representação.
♦ *Atual denominação: "Ministério dos Direitos Humanos e da Cidadania", nos termos do Decreto nº 11.341, de 1º.1.2023.*

§ 1º. É dever das entidades autorizadas atenderem, no prazo estabelecido, as comunicações do órgão competente, em especial quando motivadas por apurações sobre o cumprimento de suas obrigações legais, sob pena de revogação do reconhecimento como entidade autorizada.

§ 2º. A representação de que trata o *caput* conterá:
I – a qualificação do representante;
II – a descrição clara e precisa dos fatos a serem apurados;
III – a documentação probatória; e
IV – os demais elementos relevantes para o esclarecimento do seu objeto.

§ 3º. Não será admitida a representação anônima, exceto por decisão do Ministério da Mulher, da Família e dos Direitos Humanos*, que poderá atribuir tratamento sigiloso à representação cujo autor apresente fatos e fundamentos que o exponham à situação de vulnerabilidade em face de terceiros.
♦ *Atual denominação: "Ministério dos Direitos Humanos e da Cidadania", nos termos do Decreto nº 11.341, de 1º.1.2023.*

§ 4º. Ato do Ministro de Estado da Mulher, da Família e dos Direitos Humanos* disporá sobre os procedimentos de fiscalização previstos no *caput*.
♦ *Atual denominação: "Ministro de Estado dos Direitos Humanos e da Cidadania", nos termos do Decreto nº 11.341, de 1º.1.2023.*

Art. 12. Serão consideradas irregularidades administrativas, passíveis de aplicação de penalidade, nos termos do disposto neste Decreto, as seguintes condutas:
I – descumprir o disposto nos art. 6º e art. 7º;
II – exercer a atividade de intercâmbio transfronteiriço ou de importação de exemplares em formato acessível em desacordo com o disposto no Capítulo II;
III – tratar beneficiários de forma desigual ou discriminatória;
IV – impedir, obstruir ou dificultar, de qualquer forma ou a qualquer pretexto, o acesso a exemplares em formatos acessíveis às pessoas que tenham comprovado sua qualidade de beneficiárias;
V – cobrar valores abusivos ou desproporcionais ao custo efetivo das atividades relacionadas à produção, ao intercâmbio transfronteiriço e à importação de exemplares em formato acessível; e
VI – negar o acesso ou não garantir a publicidade e a transparência das informações previstas nos art. 17 e art. 18.

Art. 13. A prática de infração administrativa sujeitará as entidades à sanção de cancelamento do reconhecimento.

Parágrafo único. A apuração da infração e a imposição da sanção se dará por meio de instauração de processo administrativo em que sejam assegurados o contraditório e a ampla defesa, nos termos do ato a ser editado pelo Ministro de Estado da Mulher, da Família e dos Direitos Humanos*.
♦ *Atual denominação: "Ministro de Estado dos Direitos Humanos e da Cidadania", nos termos do Decreto nº 11.341, de 1º.1.2023.*

Art. 14. O Ministério da Mulher, da Família e dos Direitos Humanos* dará ciência da abertura do procedimento à entidade, que poderá se manifestar, no prazo de quinze dias, por meio da apresentação de documentação comprobatória, pela insubsistência da irregularidade ou requerer a concessão de prazo para saneamento.
♦ *Atual denominação: "Ministério dos Direitos Humanos e da Cidadania", nos termos do Decreto nº 11.341, de 1º.1.2023.*

Art. 15. Após análise, o Ministério da Mulher, da Família e dos Direitos Humanos* poderá:
♦ *Atual denominação: "Ministério dos Direitos Humanos e da Cidadania", nos termos do Decreto nº 11.341, de 1º.1.2023.*

I – determinar as medidas corretivas e os prazos de atendimento, na hipótese de identificação de irregularidades ou vícios sanáveis;
II – cancelar o reconhecimento da entidade na hipótese de identificação de irregularidades ou vícios insanáveis ou de não atendimento dos prazos a que se refere o inciso I do *caput*; ou
III – arquivar o procedimento, na hipótese de não serem confirmadas as irregularidades apontadas no ato de instauração do processo administrativo ou na representação, ou, ainda, nas hipóteses previstas no art. 52 da Lei nº 9.784, de 29 de janeiro de 1999.

§ 1º. A não apresentação de defesa ou o abandono do processo administrativo não suspende o seu curso e não impede a aplicação da sanção prevista no inciso II do *caput*.

§ 2º. Aplica-se o disposto no art. 10 ao recurso contra a decisão prevista neste artigo.

Capítulo V
DOS GRUPOS DE TRABALHO

Art. 16. O Ministério do Turismo ou o Ministério da Mulher, da Família e dos Direitos Humanos* poderão criar Grupos de Trabalho para esclarecimento de temas ou formulação de proposições relacionados ao aperfeiçoamento das atividades regulamentadas neste Decreto, observado o disposto no Decreto nº 9.759, de 11 de abril de 2019.
♦ *Atual denominação: "Ministério dos Direitos Humanos e da Cidadania", nos termos do Decreto nº 11.341, de 1º.1.2023.*

Capítulo VI
DISPOSIÇÕES FINAIS

Art. 17. Caberá às entidades autorizadas manter e atualizar os registros:
I – dos exemplares disponíveis em formatos acessíveis;
II – dos beneficiários; e
III – das atividades relacionadas ao cumprimento do Tratado de Marraqueche.

§ 1º. As entidades autorizadas deverão se prevenir contra o falseamento de dados e as fraudes, e assumir, para todos os efeitos, a responsabilidade pelos dados cadastrados.

§ 2º. O Ministério do Turismo ou o Ministério da Mulher, da Família e dos Direitos Humanos♦ poderão solicitar acesso às informações previstas no caput.

♦ *Atual denominação: "Ministério dos Direitos Humanos e da Cidadania", nos termos do Decreto nº 11.341, de 1º.1.2023.*

Art. 18. Cabe às entidades autorizadas adotar medidas de publicidade e de transparência às suas atividades, incluída a divulgação, em seus sítios eletrônicos, das informações consolidadas sobre os exemplares disponíveis em formatos acessíveis, com a indicação, no mínimo:
I – da quantidade de exemplares;
II – dos formatos acessíveis disponíveis;
III – da autoria e da titularidade das obras;
IV – do ano da publicação; e
V – da especificação do suporte.

§ 1º. Para o cumprimento da obrigação prevista no caput, as entidades observarão o disposto no art. 63 da Lei nº 13.146, de 2015.

§ 2º. O Ministério do Turismo ou o Ministério da Mulher, da Família e dos Direitos Humanos♦ poderão disponibilizar, em seus sítios eletrônicos, com o objetivo de centralizar as informações existentes no País, as relações:

♦ *Atual denominação: "Ministério dos Direitos Humanos e da Cidadania", nos termos do Decreto nº 11.341, de 1º.1.2023.*

I – de exemplares em formatos acessíveis; e
II – de entidades autorizadas.

Art. 19. A utilização dos dispositivos técnicos e dos sinais codificados de que tratam os incisos I e II do caput do art. 107 da Lei nº 9.610, de 1998, não poderá constituir obstáculo à fruição e ao exercício das limitações dispostas no Capítulo IV do Título III da referida Lei ou no Tratado de Marraqueche.

Art. 20. O disposto neste Decreto será interpretado com o objetivo de garantir a completa e efetiva participação e inclusão das pessoas com deficiência na sociedade, em conformidade com as diretrizes constantes na Lei nº 13.146, de 2015.

Art. 21. Os direitos e as obrigações previstos neste Decreto não excluem os estabelecidos em outros atos normativos, inclusive em pactos, tratados, convenções e declarações internacionais aprovados e promulgados pelo Congresso Nacional, e serão aplicados de forma mais favorável aos beneficiários de que tratam as alíneas de "a" a "d" do inciso I do caput do art. 2º.

Art. 22. As informações pessoais disponibilizadas ao Ministério do Turismo ou ao Ministério da Mulher, da Família e dos Direitos Humanos♦ terão seu acesso restrito, de acordo com o disposto no art. 31 da Lei nº 12.527, de 18 de novembro de 2011.

♦ *Atual denominação: "Ministério dos Direitos Humanos e da Cidadania", nos termos do Decreto nº 11.341, de 1º.1.2023.*

Art. 23. O processo administrativo previsto neste Decreto observará o disposto na Lei nº 9.784, de 1999.

Art. 24. Este Decreto entra em vigor em 3 de janeiro de 2022.

Brasília, 3 de dezembro de 2021; 200º da Independência e 133º da República.
Jair Messias Bolsonaro – DOU de 6.12.2021.

CONVENÇÃO INTERAMERICANA CONTRA O RACISMO, A DISCRIMINAÇÃO RACIAL E FORMAS CORRELATAS DE INTOLERÂNCIA

DECRETO LEGISLATIVO Nº 1, DE 2021

Aprova o texto da Convenção Interamericana contra o Racismo, a Discriminação Racial e Formas Correlatas de Intolerância, adotada na Guatemala, por ocasião da 43ª Sessão Ordinária da Assembleia Geral da Organização dos Estados Americanos, em 5 de junho de 2013.

O Congresso Nacional decreta:

Art. 1º. Fica aprovado, nos termos do § 3º do art. 5º da Constituição Federal, o texto da Convenção Interamericana contra o Racismo, a Discriminação Racial e Formas Correlatas de Intolerância, adotada na Guatemala, por ocasião da 43ª Sessão Ordinária da Assembleia Geral da Organização dos Estados Americanos, em 5 de junho de 2013.

Parágrafo único. Nos termos do inciso I do *caput* do art. 49 da Constituição Federal, ficam sujeitos à aprovação do Congresso Nacional quaisquer atos que possam resultar em revisão da referida Convenção, bem como quaisquer ajustes complementares que acarretem encargos ou compromissos gravosos ao patrimônio nacional.

Art. 2º. Este Decreto Legislativo entra em vigor na data de sua publicação.

Senado Federal, em 18 de fevereiro de 2021
Senador Rodrigo Pacheco, Presidente do Senado Federal – DOU de 19.2.2021.

DECRETO Nº 10.932, DE 10 DE JANEIRO DE 2022

Promulga a Convenção Interamericana contra o Racismo, a Discriminação Racial e Formas Correlatas de Intolerância, firmado pela República Federativa do Brasil, na Guatemala, em 5 de junho de 2013.

O Presidente da República, no uso da atribuição que lhe confere o art. 84, *caput*, inciso IV, da Constituição, e

Considerando que a República Federativa do Brasil firmou a Convenção Interamericana contra o Racismo, a Discriminação Racial e Formas Correlatas de Intolerância, na Guatemala, em 5 de junho de 2013;

Considerando que o Congresso Nacional aprovou a Convenção, por meio do Decreto Legislativo nº 1, de 18 de fevereiro de 2021, conforme o procedimento de que trata o § 3º do art. 5º da Constituição;

Considerando que o Governo brasileiro depositou, junto à Secretaria-Geral da Organização dos Estados Americanos, em 28 de maio de 2021, o instrumento de ratificação à Convenção e que esta entrou em vigor para a República Federativa do Brasil, no plano jurídico externo, em 27 de junho de 2021;

Decreta:

Art. 1º. Fica promulgada a Convenção Interamericana contra o Racismo, a Discriminação Racial e Formas Correlatas de Intolerância, firmada na 43ª Sessão Ordinária da Assembleia Geral da Organização dos Estados Americanos, na Guatemala, em 5 de junho de 2013, anexa a este Decreto.

Art. 2º. São sujeitos à aprovação do Congresso Nacional atos que possam resultar em revisão da Convenção e ajustes complementares que acarretem encargos ou compromissos gravosos ao patrimônio nacional, nos termos do inciso I do *caput* do art. 49 da Constituição.

Art. 3º. Este Decreto entra em vigor na data de sua publicação.

Brasília, 10 de janeiro de 2022; 201º da Independência e 134º da República.
Jair Messias Bolsonaro – DOU de 11.1.2022.

Convenção Interamericana contra o Racismo, a Discriminação Racial e Formas Correlatas de Intolerância

Os Estados Partes nesta Convenção,

Considerando que a dignidade inerente e a igualdade de todos os membros da família humana são princípios básicos da Declaração Universal dos Direitos Humanos, da Declaração Americana dos Direitos e Deveres do Homem, da Convenção Americana sobre Direitos Humanos e da Convenção Internacional sobre a Eliminação de Todas as Formas de Discriminação Racial;

Reafirmando o firme compromisso dos Estados membros da Organização dos Estados Americanos com a erradicação total e incondicional do racismo, da discriminação racial e de todas as formas de intolerância, e sua convicção de que essas atitudes discriminatórias representam a negação dos valores universais e dos direitos inalienáveis e invioláveis da pessoa humana e dos propósitos e princípios consagrados na Carta da Organização dos Estados Americanos, na Declaração Americana dos Direitos e Deveres do Homem, na Convenção Americana sobre Direitos Humanos, na Carta Social das Américas, na Carta Democrática Interamericana, na Declaração Universal dos Direitos Humanos, na Convenção Internacional sobre a Eliminação de Todas as Formas de Discriminação Racial e na Declaração Universal sobre o Genoma Humano e os Direitos Humanos;

Reconhecendo o dever de se adotarem medidas nacionais e regionais para promover e incentivar o respeito e a observância dos direitos humanos e das liberdades fundamentais de todos os indivíduos e grupos sujeitos a sua jurisdição, sem distinção de raça, cor, ascendência ou origem nacional ou étnica;

Convencidos de que os princípios da igualdade e da não discriminação entre os seres humanos são conceitos democráticos dinâmicos que propiciam a promoção da igualdade jurídica efetiva e pressupõem uma obrigação por parte do Estado de adotar medidas especiais para proteger os direitos de indivíduos ou

ART. 1 — CONVENÇÃO INTERAMERICANA CONTRA O RACISMO (...)

grupos que sejam vítimas da discriminação racial em qualquer esfera de atividade, seja pública ou privada, com vistas a promover condições equitativas para a igualdade de oportunidades, bem como combater a discriminação racial em todas as suas manifestações individuais, estruturais e institucionais;

Conscientes de que o fenômeno do racismo demonstra uma capacidade dinâmica de renovação que lhe permite assumir novas formas pelas quais se dissemina e se expressa política, social, cultural e linguisticamente;

Levando em conta que as vítimas do racismo, da discriminação racial e de outras formas correlatas de intolerância nas Américas são, entre outras, afrodescendentes, povos indígenas, bem como outros grupos e minorias raciais e étnicas ou grupos que por sua ascendência ou origem nacional ou étnica são afetados por essas manifestações;

Convencidos de que determinadas pessoas e grupos vivenciam formas múltiplas ou extremas de racismo, discriminação e intolerância, motivadas por uma combinação de fatores como raça, cor, ascendência, origem nacional ou étnica, ou outros reconhecidos em instrumentos internacionais;

Levando em conta que uma sociedade pluralista e democrática deve respeitar a raça, cor, ascendência e origem nacional ou étnica de toda pessoa, pertencente ou não a uma minoria, bem como criar condições adequadas que lhe possibilitem expressar, preservar e desenvolver sua identidade;

Considerando que a experiência individual e coletiva de discriminação deve ser levada em conta para combater a exclusão e a marginalização com base em raça, grupo étnico ou nacionalidade e para proteger o projeto de vida de indivíduos e comunidades em risco de exclusão e marginalização;

Alarmados com o aumento dos crimes de ódio motivados por raça, cor, ascendência e origem nacional ou étnica;

Ressaltando o papel fundamental da educação na promoção do respeito aos direitos humanos, da igualdade, da não discriminação e da tolerância; e

Tendo presente que, embora o combate ao racismo e à discriminação racial tenha sido priorizado em um instrumento internacional anterior, a Convenção Internacional sobre a Eliminação de Todas as Formas de Discriminação Racial, de 1965, os direitos nela consagrados devem ser reafirmados, desenvolvidos, aperfeiçoados e protegidos, a fim de que se consolide nas Américas o conteúdo democrático dos princípios da igualdade jurídica e da não discriminação,

Acordam o seguinte:

Capítulo I
DEFINIÇÕES

Artigo 1

Para os efeitos desta Convenção:

1. Discriminação racial é qualquer distinção, exclusão, restrição ou preferência, em qualquer área da vida pública ou privada, cujo propósito ou efeito seja anular ou restringir o reconhecimento, gozo ou exercício, em condições de igualdade, de um ou mais direitos humanos e liberdades fundamentais consagrados nos instrumentos internacionais aplicáveis aos Estados Partes. A discriminação racial pode basear-se em raça, cor, ascendência ou origem nacional ou étnica.

2. Discriminação racial indireta é aquela que ocorre, em qualquer esfera da vida pública ou privada, quando um dispositivo, prática ou critério aparentemente neutro tem a capacidade de acarretar uma desvantagem particular para pessoas pertencentes a um grupo específico, com base nas razões estabelecidas no Artigo 1.1, ou as coloca em desvantagem, a menos que esse dispositivo, prática ou critério tenha um objetivo ou justificativa razoável e legítima à luz do Direito Internacional dos Direitos Humanos.

3. Discriminação múltipla ou agravada é qualquer preferência, distinção, exclusão ou restrição baseada, de modo concomitante, em dois ou mais critérios dispostos no Artigo 1.1, ou outros reconhecidos em instrumentos internacionais, cujo objetivo ou resultado seja anular ou restringir o reconhecimento, gozo ou exercício, em condições de igualdade, de um ou mais direitos humanos e liberdades fundamentais consagrados nos instrumentos internacionais aplicáveis aos Estados Partes, em qualquer área da vida pública ou privada.

4. Racismo consiste em qualquer teoria, doutrina, ideologia ou conjunto de ideias que enunciam um vínculo causal entre as características fenotípicas ou genotípicas de indivíduos ou grupos e seus traços intelectuais, culturais e de personalidade, inclusive o falso conceito de superioridade racial. O racismo ocasiona desigualdades raciais e a noção de que as relações discriminatórias entre grupos são moral e cientificamente justificadas. Toda teoria, doutrina, ideologia e conjunto de ideias racistas descritas neste Artigo são cientificamente falsas, moralmente censuráveis, socialmente injustas e contrárias aos princípios fundamentais do Direito Internacional e, portanto, perturbam gravemente a paz e a segurança internacional, sendo, dessa maneira, condenadas pelos Estados Partes.

5. As medidas especiais ou de ação afirmativa adotadas com a finalidade de assegurar o gozo ou exercício, em condições de igualdade, de um ou mais direitos humanos e liberdades fundamentais de grupos que requeiram essa proteção não constituirão discriminação racial, desde que essas medidas não levem à manutenção de direitos separados para grupos diferentes e não se perpetuem uma vez alcançados seus objetivos.

6. Intolerância é um ato ou conjunto de atos ou manifestações que denotam desrespeito, rejeição ou desprezo à dignidade, características, convicções ou opiniões de pessoas por serem diferentes ou contrárias. Pode manifestar-se como a marginalização e a exclusão de grupos em condições de vulnerabilidade da participação em qualquer esfera da vida pública e privada ou como violência contra esses grupos.

Capítulo II
DIREITOS PROTEGIDOS

Artigo 2

Todo ser humano é igual perante a lei e tem direito à igual proteção contra o racismo, a discriminação racial e formas correlatas de intolerância, em qualquer esfera da vida pública ou privada.

Artigo 3

Todo ser humano tem direito ao reconhecimento, gozo, exercício e proteção, em condições de igualdade, tanto no plano individual como no coletivo, de todos os direitos humanos e liberdades fundamentais consagrados na legislação interna e nos instrumentos internacionais aplicáveis aos Estados Partes.

Capítulo III
DEVERES DO ESTADO

Artigo 4

Os Estados comprometem-se a prevenir, eliminar, proibir e punir, de acordo com suas normas constitucionais e com as disposições desta Convenção, todos os atos e manifestações de racismo, discriminação racial e formas correlatas de intolerância, inclusive:

i. apoio público ou privado a atividades racialmente discriminatórias e racistas ou que promovam a intolerância, incluindo seu financiamento;

ii. publicação, circulação ou difusão, por qualquer forma e/ou meio de comunicação, inclusive a internet, de qualquer material racista ou racialmente discriminatório que:
 a) defenda, promova ou incite o ódio, a discriminação e a intolerância; e
 b) tolere, justifique ou defenda atos que constituam ou tenham constituído genocídio ou crimes contra a humanidade, conforme definidos pelo Direito Internacional, ou promova ou incite a prática desses atos;

iii. violência motivada por qualquer um dos critérios estabelecidos no Artigo 1.1;

iv. atividade criminosa em que os bens da vítima sejam alvos intencionais, com base em qualquer um dos critérios estabelecidos no Artigo 1.1;

v. qualquer ação repressiva fundamentada em qualquer dos critérios enunciados no Artigo 1.1, em vez de basear-se no comportamento da pessoa ou em informações objetivas que identifiquem seu envolvimento em atividades criminosas;

vi. restrição, de maneira indevida ou não razoável, do exercício dos direitos individuais à propriedade, administração e disposição de bens de qualquer tipo, com base em qualquer dos critérios enunciados no Artigo 1.1;

vii. qualquer distinção, exclusão, restrição ou preferência aplicada a pessoas, devido a sua condição de vítima de discriminação múltipla ou agravada, cujo propósito ou resultado seja negar ou prejudicar o reconhecimento, gozo, exercício ou proteção, em condições de igualdade, dos direitos e liberdades fundamentais;

viii. qualquer restrição racialmente discriminatória do gozo dos direitos humanos consagrados nos instrumentos internacionais e regionais aplicáveis e pela jurisprudência dos tribunais internacionais e regionais de direitos humanos, especialmente com relação a minorias ou grupos em situação de vulnerabilidade e sujeitos à discriminação racial;

ix. qualquer restrição ou limitação do uso de idioma, tradições, costumes e cultura das pessoas em atividades públicas ou privadas;

x. elaboração e implementação de material, métodos ou ferramentas pedagógicas que reproduzam estereótipos ou preconceitos, com base em qualquer critério estabelecido no Artigo 1.1 desta Convenção;

xi. negação do acesso à educação pública ou privada, bolsas de estudo ou programas de financiamento educacional, com base em qualquer critério estabelecido no Artigo 1.1 desta Convenção;

xii. negação do acesso a qualquer direito econômico, social e cultural, com base em qualquer critério estabelecido no Artigo 1.1 desta Convenção;

xiii. realização de pesquisas ou aplicação dos resultados de pesquisas sobre o genoma humano, especialmente nas áreas da biologia, genética e medicina, com vistas à seleção ou à clonagem humana, que extrapolem o respeito aos direitos humanos, às liberdades fundamentais e à dignidade humana, gerando qualquer forma de discriminação fundamentada em características genéticas;

xiv. restrição ou limitação, com base em qualquer dos critérios enunciados no Artigo 1.1 desta Convenção, do direito de toda pessoa de obter acesso à água, aos recursos naturais, aos ecossistemas, à biodiversidade e aos serviços ecológicos que constituem o patrimônio natural de cada Estado, protegido pelos instrumentos internacionais pertinentes e suas próprias legislações nacionais, bem como de usá-los de maneira sustentável; e

xv. restrição do acesso a locais públicos e locais privados franqueados ao público pelos motivos enunciados no Artigo 1.1 desta Convenção.

Artigo 5

Os Estados Partes comprometem-se a adotar as políticas especiais e ações afirmativas necessárias para assegurar o gozo ou o exercício dos direitos e liberdades fundamentais das pessoas ou grupos sujeitos ao racismo, à discriminação racial e formas correlatas de intolerância, com o propósito de promover condições equitativas para a igualdade de oportunidades, inclusão e progresso para essas pessoas ou grupos. Tais medidas ou políticas não serão consideradas discriminatórias ou incompatíveis com o propósito ou objeto desta Convenção, não resultarão na manutenção de direitos separados para grupos distintos e não se estenderão além de um período razoável ou após terem alcançado seu objetivo.

Artigo 6

Os Estados Partes comprometem-se a formular e implementar políticas cujo propósito seja proporcionar tratamento equitativo e gerar igualdade de oportunidades para todas as pessoas, em conformidade com o alcance desta Convenção; entre elas políticas de caráter educacional, medidas trabalhistas ou sociais, ou qualquer outro tipo de política promocional, e a divulgação da legislação sobre o assunto por todos os meios possíveis, inclusive pelos meios de comunicação de massa e pela internet.

Artigo 7

Os Estados Partes comprometem-se a adotar legislação que defina e proíba expressamente o racismo, a discriminação racial e formas correlatas de intolerância, aplicável a todas as autoridades públicas, e a todos os indivíduos ou pessoas físicas e jurídicas, tanto no setor público como no privado, especialmente nas áreas de emprego, participação em organizações profissionais, educação, capacitação, moradia, saúde, proteção social, exercício de atividade econômica e acesso a serviços públicos, entre outras, bem como revogar ou reformar toda legislação que constitua ou produza racismo, discriminação racial e formas correlatas de intolerância.

Artigo 8

Os Estados Partes comprometem-se a garantir que a adoção de medidas de qualquer natureza, inclusive aquelas em matéria de segurança, não discrimine direta ou indiretamente pessoas ou grupos com base em qualquer critério mencionado no Artigo 1.1 desta Convenção.

Artigo 9

Os Estados Partes comprometem-se a garantir que seus sistemas políticos e jurídicos reflitam adequadamente a diversidade de suas sociedades, a fim de atender às necessidades legítimas de todos os setores da população, de acordo com o alcance desta Convenção.

Artigo 10

Os Estados Partes comprometem-se a garantir às vítimas do racismo, discriminação racial e formas correlatas de intolerância um tratamento equitativo e não discriminatório, acesso igualitário ao sistema de justiça, processo ágeis e eficazes e reparação justa nos âmbitos civil e criminal, conforme pertinente.

Artigo 11

Os Estados Partes comprometem-se a considerar agravantes os atos que resultem em discriminação múltipla ou atos de intolerância, ou seja, qualquer distinção, exclusão ou restrição baseada em dois ou mais critérios enunciados nos Artigos 1.1 e 1.3 desta Convenção.

Artigo 12

Os Estados Partes comprometem-se a realizar pesquisas sobre a natureza, as causas e as manifestações do racismo, da discriminação racial e formas correlatas de intolerância em seus respectivos países, em âmbito local, regional e nacional, bem como coletar, compilar e divulgar dados sobre a situação de grupos ou indivíduos que sejam vítimas do racismo, da discriminação racial e formas correlatas de intolerância.

Artigo 13

Os Estados Partes comprometem-se a estabelecer ou designar, de acordo com sua legislação interna, uma instituição nacional que será responsável por monitorar o cumprimento desta Convenção, devendo informar essa instituição à Secretaria-Geral da OEA.

Artigo 14

Os Estados Partes comprometem-se a promover a cooperação internacional com vistas ao intercâmbio de ideias e experiências, bem como a executar programas voltados à realização dos objetivos desta Convenção.

Capítulo IV
MECANISMOS DE PROTEÇÃO E ACOMPANHAMENTO DA CONVENÇÃO

Artigo 15

A fim de monitorar a implementação dos compromissos assumidos pelos Estados Partes na Convenção:

i. qualquer pessoa ou grupo de pessoas, ou entidade não governamental juridicamente reconhecida em um ou mais Estados membros da Organização dos Estados Americanos, pode apresentar à Comissão Interamericana de Direitos Humanos petições que contenham denúncias ou queixas de violação desta Convenção por um Estado Parte. Além disso, qualquer Estado Parte pode, quando do depósito de seu instrumento de ratificação desta Convenção ou de adesão a ela, ou em qualquer momento posterior, declarar que reconhece a competência da Comissão para receber e examinar as comunicações em que um Estado Parte alegue que outro Estado Parte incorreu em violações dos direitos humanos dispostas nesta Convenção. Nesse caso, serão aplicáveis todas as normas de procedimento pertinentes constantes da Convenção Americana sobre Direitos Humanos assim como o Estatuto e o Regulamento da Comissão;

ii. os Estados Partes poderão consultar a Comissão sobre questões relacionadas com a aplicação efetiva desta Convenção. Poderão também solicitar à Comissão assessoria e cooperação técnica para assegurar a aplicação efetiva de qualquer disposição desta Convenção. A Comissão, na medida de sua capacidade, proporcionará aos Estados Partes os serviços de assessoria e assistência solicitados;

iii. qualquer Estado Parte poderá, ao depositar seu instrumento de ratificação desta Convenção ou de adesão a ela, ou em qualquer momento posterior, declarar que acorda especial, a competência da Corte Interamericana de Direitos Humanos em todas as matérias referentes à interpretação ou aplicação desta Convenção. Nesse caso, serão aplicáveis todas as normas de procedimento pertinentes constantes da Convenção Americana sobre Direitos Humanos, bem como o Estatuto e o Regulamento da Corte;

iv. será estabelecido um Comitê Interamericano para a Prevenção e Eliminação do Racismo, Discriminação Racial e Todas as Formas de Discriminação e Intolerância, o qual será constituído por um perito nomeado por cada Estado Parte, que exercerá suas funções de maneira independente e cuja tarefa será monitorar os compromissos assumidos nesta Convenção. O Comitê também será responsável por monitorar os compromissos assumidos pelos Estados que são partes na Convenção Interamericana contra Toda Forma de Discriminação e Intolerância. O Comitê será criado quando a primeira das Convenções entrar em vigor, e sua primeira reunião será convocada pela Secretaria-Geral da OEA uma vez recebido o décimo instrumento de ratificação de qualquer das Convenções. A primeira reunião do Comitê será realizada na sede da Organização, três meses após sua convocação, para declará-lo constituído, aprovar seu Regulamento e metodologia de trabalho e eleger suas autoridades. Essa reunião será presidida pelo representante do país que depositar o primeiro instrumento de ratificação da Convenção que estabelecer o Comitê; e

v. o Comitê será o foro para intercambiar ideias e experiências, bem como examinar o progresso alcançado pelos Estados Partes na implementação desta Convenção, e qualquer circunstância ou dificuldade que afete seu cumprimento em alguma medida. O referido Comitê poderá recomendar aos Estados Partes que adotem as medidas apropriadas. Com esse propósito, os Estados Partes comprometem-se a apresentar um relatório ao Comitê, transcorrido um ano da realização da primeira reunião, com o cumprimento das obrigações constantes desta Convenção. Dos relatórios que os Estados Partes apresentarem ao Comitê também constarão dados e estatísticas desagregados sobre os grupos vulneráveis. Posteriormente, os Estados Partes apresentarão relatórios a cada quatro anos. A Secretaria-Geral da OEA proporcionará ao Comitê o apoio necessário para o cumprimento de suas funções.

Capítulo V
DISPOSIÇÕES GERAIS

Artigo 16
Interpretação

1. Nenhuma disposição desta Convenção será interpretada no sentido de restringir ou limitar a legislação interna de um Estado Parte que ofereça proteção e garantias iguais ou superiores às estabelecidas nesta Convenção.

2. Nenhuma disposição desta Convenção será interpretada no sentido de restringir ou limitar as convenções internacionais sobre direitos humanos que ofereçam proteção igual ou superior nessa matéria.

Artigo 17
Depósito

O instrumento original desta Convenção, cujos textos em espanhol, francês, inglês e português são igualmente autênticos, será depositado na Secretaria-Geral da Organização dos Estados Americanos.

Artigo 18
Assinatura e ratificação

1. Esta Convenção está aberta à assinatura e ratificação por parte de todos os Estados membros da Organização dos Estados Americanos. Uma vez em vigor, esta Convenção será aberta à adesão de todos os Estados que não a tenham assinado.

2. Esta Convenção está sujeita à ratificação pelos Estados signatários de acordo com seus respectivos procedimentos constitucionais. Os instrumentos de ratificação ou adesão serão depositados na Secretaria-Geral da Organização dos Estados Americanos.

Artigo 19
Reservas

Os Estados Partes poderão apresentar reservas a esta Convenção quando da assinatura, ratificação ou adesão, desde que não sejam incompatíveis com seu objetivo e propósito e se refiram a uma ou mais disposições específicas.

Artigo 20
Entrada em vigor

1. Esta Convenção entrará em vigor no trigésimo dia a partir da data em que se depositar o segundo instrumento de ratificação ou de adesão na Secretaria-Geral da Organização dos Estados Americanos.

2. Para cada Estado que ratificar esta Convenção, ou a ela aderir, após o depósito do segundo instrumento de ratificação ou adesão, a Convenção entrará em vigor no trigésimo dia a partir da data em que tal Estado tenha depositado o respectivo instrumento.

Artigo 21
Denúncia

Esta Convenção permanecerá em vigor indefinidamente, mas qualquer Estado Parte poderá denunciá-la mediante notificação por escrito dirigida ao Secretário-Geral da Organização dos Estados Americanos. Os efeitos da Convenção cessarão para o Estado que a denunciar um ano após a data de depósito do instrumento de denúncia, permanecendo em vigor para os demais Estados Partes. A denúncia não eximirá o Estado Parte das obrigações a ele impostas por esta Convenção com relação a toda ação ou omissão anterior à data em que a denúncia produziu efeito.

Artigo 22
Protocolos adicionais

Qualquer Estado Parte poderá submeter à consideração dos Estados Partes reunidos em Assembleia Geral projetos de protocolos adicionais a esta Convenção, com a finalidade de incluir gradualmente outros direitos em seu regime de proteção. Cada protocolo determinará a maneira de sua entrada em vigor e se aplicará somente aos Estados que nele sejam partes.

EMENDAS CONSTITUCIONAIS DE REVISÃO

(*) Todas as alterações constantes nas Emendas já estão efetuadas no corpo da Constituição, do ADCT e das Emendas Constitucionais.

EMENDA CONSTITUCIONAL DE REVISÃO Nº 1, DE 1º.3.1994

Acrescenta os arts. 71, 72 e 73 ao Ato das Disposições Constitucionais Transitórias.

A Mesa do Congresso Nacional, nos termos do art. 60 da Constituição Federal, combinado com o art. 3º do Ato das Disposições Constitucionais Transitórias, promulga a seguinte Emenda Constitucional:

Art. 1º. Ficam incluídos os arts. 71, 72 e 73 no Ato das Disposições Constitucionais Transitórias, com a seguinte redação:

"Art. 71. Fica instituído, nos exercícios financeiros de 1994 e 1995, o Fundo Social de Emergência, com o objetivo de saneamento financeiro da Fazenda Pública Federal e de estabilização econômica, cujos recursos serão aplicados no custeio das ações dos sistemas de saúde e educação, benefícios previdenciários e auxílios assistenciais de prestação continuada, inclusive liquidação de passivo previdenciário, e outros programas de relevante interesse econômico e social.

Parágrafo único. Ao Fundo criado por este artigo não se aplica, no exercício financeiro de 1994, o disposto na parte final do inciso II do § 9º do art. 165 da Constituição."

"Art. 72. Integram o Fundo Social de Emergência:

I – o produto da arrecadação do imposto sobre renda e proventos de qualquer natureza incidente na fonte sobre pagamentos efetuados, a qualquer título, pela União, inclusive suas autarquias e fundações;

II – a parcela do produto da arrecadação do imposto sobre propriedade territorial rural, do imposto sobre renda e proventos de qualquer natureza e do imposto sobre operações de crédito, câmbio e seguro, ou relativas a títulos ou valores mobiliários, decorrente das alterações produzidas pela Medida Provisória nº 419 e pelas Leis nºs 8.847, 8.849, e 8.848, todas de 28 de janeiro de 1994, estendendo-se a vigência da última delas até 31 de dezembro de 1995;

III – a parcela do produto da arrecadação resultante da elevação da alíquota da contribuição social sobre o lucro dos contribuintes a que se refere o § 1º do art. 22 da Lei nº 8.212, de 24 de julho de 1991, a qual, nos exercícios financeiros de 1994 e 1995, passa a ser de trinta por cento, mantidas as demais normas da Lei nº 7.689, de 15 de dezembro de 1988;

IV – vinte por cento do produto da arrecadação de todos os impostos e contribuições da União, excetuado o previsto nos incisos I, II e III;

V – a parcela do produto da arrecadação da contribuição de que trata a LC nº 7, de 7 de setembro de 1970, devida pelas pessoas jurídicas a que se refere o inciso III deste artigo, a qual será calculada, nos exercícios financeiros de 1994 e 1995, mediante a aplicação da alíquota de setenta e cinco centésimos por cento sobre a receita bruta operacional, como definida na legislação do imposto sobre renda e proventos de qualquer natureza;

VI – outras receitas previstas em lei específica.

§ 1º. As alíquotas e a base de cálculo previstas nos incisos III e V aplicar-se-ão a partir do primeiro dia do mês seguinte aos noventa dias posteriores à promulgação desta emenda.

§ 2º. As parcelas de que tratam os incisos I, II, III e V serão previamente deduzidas da base de cálculo de qualquer vinculação ou participação constitucional ou legal, não se lhes aplicando o disposto nos arts. 158, II, 159, 212 e 239 da Constituição.

§ 3º. A parcela de que trata o inciso IV será previamente deduzida da base de cálculo das vinculações ou participações constitucionais previstas nos arts. 153, § 5º, 157, II, 158, II, 212 e 239 da Constituição.

§ 4º. O disposto no parágrafo anterior não se aplica aos recursos previstos no art. 159 da Constituição.

EMENDAS CONSTITUCIONAIS DE REVISÃO   Nº 3

§ 5º. A parcela dos recursos provenientes do imposto sobre propriedade territorial rural e do imposto sobre renda e proventos de qualquer natureza, destinada ao Fundo Social de Emergência, nos termos do inciso II deste artigo, não poderá exceder:

I – no caso do imposto sobre propriedade territorial rural, a oitenta e seis inteiros e dois décimos por cento do total do produto da sua arrecadação;

II – no caso do imposto sobre renda e proventos de qualquer natureza, a cinco inteiros e seis décimos por cento do total do produto da sua arrecadação."

"Art. 73. Na regulação do Fundo Social de Emergência não poderá ser utilizado instrumento previsto no inciso V do art. 59 da Constituição."

Art. 2º. Fica revogado o § 4º do art. 2º da Emenda Constitucional nº 3, de 1993.

Art. 3º. Esta Emenda entra em vigor na data de sua publicação.

Brasília, 1º de março de 1994.

Humberto Lucena, Presidente; Adylson Motta, 1º Vice-Presidente; Levy Dias, 2º Vice-Presidente; Wilson Campos, 1º Secretário; Nabor Júnior, 2º Secretário; Aécio Neves, 3º Secretário; Nelson Wedekin, 4º Secretário – DOU de 2.3.1994.

EMENDA CONSTITUCIONAL DE REVISÃO Nº 2, DE 7.6.1994

Altera o caput do art. 50 e seu § 2º, da Constituição Federal.

A Mesa do Congresso Nacional, nos termos do art. 60 da Constituição Federal, combinado com o art. 3º do Ato das Disposições Constitucionais Transitórias, promulga a seguinte Emenda Constitucional:

Art. 1º. É acrescentada a expressão "ou quaisquer titulares de órgãos diretamente subordinados à Presidência da República" ao texto do art. 50 da Constituição, que passa a vigorar com a redação seguinte:

"Art. 50. A Câmara dos Deputados e o Senado Federal, ou qualquer de suas comissões, poderão convocar Ministro de Estado ou quaisquer titulares de órgãos diretamente subordinados à Presidência da República para prestarem, pessoalmente, informações sobre assunto previamente determinado, importando em crime de responsabilidade a ausência sem justificação adequada."

Art. 2º. É acrescentada a expressão "ou a qualquer das pessoas referidas no caput deste artigo" ao § 2º do art. 50, que passa a vigorar com a redação seguinte:

"Art. 50. (...)

§ 2º. As Mesas da Câmara dos Deputados e do Senado Federal poderão encaminhar pedidos escritos de informações a Ministros de Estado; ou a qualquer das pessoas referidas no caput deste artigo, importando em crime de responsabilidade a recusa, ou o não atendimento no prazo de trinta dias, bem como a prestação de informações falsas."

Art. 3º. Esta Emenda Constitucional entra em vigor na data de sua publicação.

Brasília, 7 de junho de 1994.

Humberto Lucena, Presidente; Adylson Motta, 1º Vice-Presidente; Levy Dias, 2º Vice-Presidente; Wilson Campos, 1º Secretário; Nabor Júnior, 2º Secretário; Aécio Neves, 3º Secretário; Nelson Wedekin, 4º Secretário – DOU de 9.6.1994.

EMENDA CONSTITUCIONAL DE REVISÃO Nº 3, DE 7.6.1994

Altera a alínea "c" do inciso I, a alínea "b" do inciso II, o § 1º e o inciso II do § 4º do art. 12 da Constituição Federal.

A Mesa do Congresso Nacional, nos termos do art. 60 da Constituição Federal, combinado com o art. 3º do Ato das Disposições Constitucionais Transitórias, promulga a seguinte Emenda Constitucional:

Art. 1º. A alínea "c" do inciso I, a alínea "b" do inciso II, o § 1º e o inciso II do § 4º do art. 12 da Constituição Federal passam a vigorar com a seguinte redação:

"Art. 12. (...)

I – (...)

a) (...)

b) (...)

c) os nascidos no estrangeiro, de pai brasileiro ou de mãe brasileira, desde que venham a residir na República Federativa do Brasil e optem, em qualquer tempo, pela nacionalidade brasileira.

II – (...)

a) (...)

b) os estrangeiros de qualquer nacionalidade, residentes na República Federativa do Brasil há mais de quinze anos ininterruptos e sem condenação penal, desde que requeiram a nacionalidade brasileira.

§ 1º. Aos portugueses com residência permanente no País, se houver reciprocidade em favor de brasileiros, serão atribuídos os direitos inerentes ao brasileiro, salvo nos casos previstos nesta Constituição.

§ 2º. (...)

§ 3º. (...)

§ 4º. (...)

I – (...)

II – adquirir outra nacionalidade, salvo nos casos:

a) de reconhecimento de nacionalidade originária pela lei estrangeira;

b) *de imposição de naturalização, pela norma estrangeira, ao brasileiro residente em Estado estrangeiro, como condição para permanência em seu território ou para o exercício de direitos civis."*

Art. 2°. Esta Emenda Constitucional entra em vigor na data de sua publicação.

Brasília, 7 de junho de 1994.

Humberto Lucena, Presidente; Adylson Motta, 1° Vice-Presidente; Levy Dias, 2° Vice-Presidente; Wilson Campos, 1° Secretário; Nabor Júnior, 2° Secretário; Aécio Neves, 3° Secretário; Nelson Wedekin, 4° Secretário – DOU de 9.6.1994.

EMENDA CONSTITUCIONAL DE REVISÃO N° 4, DE 7.6.1994

Altera o § 9° do art. 14 da Constituição Federal.

A Mesa do Congresso Nacional, nos termos do art. 60 da Constituição Federal, combinado com o art. 3° do Ato das Disposições Constitucionais Transitórias, promulga a seguinte Emenda Constitucional:

Art. 1°. São acrescentadas ao § 9° do art. 14 da Constituição as expressões: "a probidade administrativa, a moralidade para o exercício do mandato, considerada a vida pregressa do candidato, e", após a expressão "a fim de proteger", passando o dispositivo a vigorar com a seguinte redação:

"Art. 14. (...)

§ 9°. Lei complementar estabelecerá outros casos de inelegibilidade e os prazos de sua cessação, a fim de proteger a probidade administrativa, a moralidade para o exercício do mandato, considerada a vida pregressa do candidato, e a normalidade e legitimidade das eleições contra a influência do poder econômico ou o abuso do exercício de função, cargo ou emprego na administração direta ou indireta.

.."

Art. 2°. Esta Emenda Constitucional entra em vigor na data de sua publicação.

Brasília, 7 de junho de 1994.

Humberto Lucena, Presidente; Adylson Motta, 1° Vice-Presidente; Levy Dias, 2° Vice-Presidente; Wilson Campos, 1° Secretário; Nabor Júnior, 2° Secretário; Aécio Neves, 3° Secretário – DOU de 9.6.1994.

EMENDA CONSTITUCIONAL DE REVISÃO N° 5, DE 7.6.1994

Altera o art. 82 da Constituição Federal.

A Mesa do Congresso Nacional, nos termos do art. 60 da Constituição Federal, combinado com o art. 3° do Ato das Disposições Constitucionais Transitórias, promulga a seguinte Emenda Constitucional:

Art. 1°. No art. 82 fica substituída a expressão "cinco anos" por "quatro anos".

Art. 2°. Esta Emenda Constitucional entra em vigor no dia 1°.1.1995.

Brasília, 7 de junho de 1994.

Humberto Lucena, Presidente; Adylson Motta, 1° Vice-Presidente; Levy Dias, 2° Vice-Presidente; Wilson Campos, 1° Secretário; Nabor Júnior, 2° Secretário; Aécio Neves, 3° Secretário; Nelson Wedekin, 4° Secretário – DOU de 9.6.1994.

EMENDA CONSTITUCIONAL DE REVISÃO N° 6, DE 7.6.1994

Acrescenta § 4° ao art. 55 da Constituição Federal.

A Mesa do Congresso Nacional, nos termos do art. 60 da Constituição Federal, combinado com o art. 3° do Ato das Disposições Constitucionais Transitórias, promulga a seguinte Emenda Constitucional:

Art. 1°. Fica acrescido, no art. 55, o § 4°, com a seguinte redação:

"Art. 55. (...)

§ 4°. A renúncia de parlamentar submetido a processo que vise ou possa levar à perda do mandato, nos termos deste artigo, terá seus efeitos suspensos até as deliberações finais de que tratam os §§ 2° e 3°."

Art. 2°. Esta Emenda Constitucional entra em vigor na data de sua publicação.

Brasília, 7 de junho de 1994.

Humberto Lucena, Presidente; Adylson Motta, 1° Vice-Presidente; Levy Dias, 2° Vice-Presidente; Wilson Campos, 1° Secretário; Nabor Júnior, 2° Secretário; Aécio Neves, 3° Secretário; Nelson Wedekin, 4° Secretário – DOU de 9.6.1994.

EMENDAS CONSTITUCIONAIS

(*) Todas as alterações constantes nas Emendas já estão efetuadas no corpo da Constituição, do ADCT e das Emendas Constitucionais.

EMENDA CONSTITUCIONAL Nº 1, DE 31.3.1992

Dispõe sobre a remuneração dos Deputados Estaduais e dos Vereadores.

As Mesas da Câmara dos Deputados e do Senado Federal, nos termos do § 3º do art. 60, da Constituição Federal, promulgam a seguinte Emenda ao texto constitucional:

Art. 1º. O § 2º do art. 27 da Constituição passa a vigorar com a seguinte redação:

"*Art. 27. (...)*

§ 2º. A renumeração dos Deputados Estaduais será fixada em cada legislatura, para a subsequente, pela Assembleia Legislativa, observado o que dispõem os arts. 150, II; 153, III e 153, § 2º, I, na razão de, no máximo, setenta e cinco por cento daquela estabelecida, em espécie, para os Deputados Federais.

Art. 2º. São acrescentados ao art. 29 da Constituição os seguintes incisos, VI e VII, renumerando-se os demais:

"*Art. 29. (...)*

VI – a renumeração dos Vereadores corresponderá a, no máximo, setenta e cinco por cento daquela estabelecida, em espécie, para os Deputados Estaduais, ressalvado o que dispõe o art. 37, XI;

VII – o total da despesa com a remuneração dos Vereadores não poderá ultrapassar o montante de cinco por cento da receita do município;

Art. 3º. Esta Emenda Constitucional entra em vigor na data de sua publicação.

Brasília, 31 de março de 1992.

Mesa da Câmara dos Deputados: Ibsen Pinheiro, Presidente – Mesa do Senado Federal: Mauro Benevides, Presidente – DOU de 6.4.1992.

EMENDA CONSTITUCIONAL Nº 2, DE 25.8.1992

Dispõe sobre o plebiscito previsto no art. 2º do Ato das Disposições Constitucionais Transitórias.

As Mesas da Câmara dos Deputados e do Senado Federal, nos termos do § 3º do art. 60 da Constituição Federal, promulgam a seguinte Emenda ao texto constitucional:

Artigo único. O plebiscito de que trata o art. 2º do Ato das Disposições Constitucionais Transitórias realizar-se-á no dia 21 de abril de 1993.

§ 1º. A forma e o sistema de governo definidos pelo plebiscito terão vigência em 1º de janeiro de 1995.

§ 2º. A lei poderá dispor sobre a realização do plebiscito, inclusive sobre a gratuidade da livre divulgação das formas e sistemas de governo, através dos meios de comunicação de massa concessionários ou permissionários de serviço público, assegurada igualdade de tempo e paridade de horários.

§ 3º. A norma constante do parágrafo anterior não exclui a competência do Tribunal Superior Eleitoral para expedir instruções necessárias à realização da consulta plebiscitária.

Brasília, 25 de agosto de 1992.

EMENDAS CONSTITUCIONAIS

Mesa da Câmara dos Deputados: Deputado Ibsen Pinheiro, Presidente – Mesa do Senado Federal: Senador Mauro Benevides, Presidente – DOU de 1°.9.1992.

EMENDA CONSTITUCIONAL N° 3, DE 17.3.1993

Altera os arts. 40, 42, 102, 103, 155, 156, 160, 167 da Constituição Federal.

As Mesas da Câmara dos Deputados e do Senado Federal, nos termos do § 3° do art. 60 da Constituição Federal, promulgam a seguinte Emenda ao texto constitucional:

Art. 1°. Os dispositivos da Constituição Federal abaixo enumerados passam a vigorar com as seguintes alterações:

"Art. 40. (...)

§ 6°. As aposentadorias e pensões dos servidores públicos federais serão custeadas com recursos provenientes da União e das contribuições dos servidores, na forma da lei."

"Art. 42. (...)

§ 10. Aplica-se aos servidores a que se refere este artigo, e a seus pensionistas, o disposto no art. 40, §§ 4°, 5° e 6°.

"Art. 102. (...)

I – (...)

a) a ação direta de inconstitucionalidade de lei ou ato normativo federal ou estadual e a ação declaratória de constitucionalidade de lei ou ato normativo federal;

§ 1°. A arguição de descumprimento de preceito fundamental, decorrente desta Constituição, será apreciada pelo Supremo Tribunal Federal, na forma da lei.

§ 2°. As decisões definitivas de mérito, proferidas pelo Supremo Tribunal Federal, nas ações declaratórias de constitucionalidade de lei ou ato normativo federal, produzirão eficácia contra todos e efeito vinculante, relativamente aos demais órgãos do Poder Judiciário e ao Poder Executivo."

"Art. 103. (...)

§ 4°. A ação declaratória de constitucionalidade poderá ser proposta pelo Presidente da República, pela Mesa do Senado Federal, pela Mesa da Câmara dos Deputados ou pelo Procurador--Geral da República."

"Art. 150. (...)

§ 6°. Qualquer subsídio ou isenção, redução de base de cálculo, concessão de crédito presumido, anistia ou remissão, relativos a impostos, taxas ou contribuições, só poderá ser concedido mediante lei específica, federal, estadual ou municipal, que regule exclusivamente as matérias acima enumeradas ou o correspondente tributo ou contribui-

ção, sem prejuízo do disposto no art. 155, § 2°, XII, g.

§ 7°. A lei poderá atribuir a sujeito passivo de obrigação tributária a condição de responsável pelo pagamento de imposto ou contribuição, cujo fato gerador deva concorrer posteriormente, assegurada a imediata e preferencial restituição da quantia paga, caso não se realize o fato gerador presumido."

"Art. 155. Compete aos Estados e ao Distrito Federal instituir impostos sobre:

I – transmissão causa mortis e doação, de quaisquer bens ou direitos;

II – operações relativas à circulação de mercadorias e sobre prestações de serviços de transporte interestadual e intermunicipal e de comunicação, ainda que as operações e as prestações se iniciem no exterior;

III – propriedade de veículos automotores.

§ 1°. O imposto previsto no inciso I:

....

§ 2°. O imposto previsto no inciso II atenderá ao seguinte:

....

§ 3°. À exceção dos impostos de que tratam o inciso II do caput deste artigo e o art. 153, I e II, nenhum outro tributo poderá incidir sobre operações relativas a energia elétrica, serviços de telecomunicações, derivados de petróleo, combustíveis e minerais do País."

"Art. 156. (...)

III – serviços de qualquer natureza, não compreendidos no art. 155, II, definidos em lei complementar.

§ 3°. Em relação ao imposto previsto no inciso III, cabe à lei complementar:

I – fixar as suas alíquotas máximas;

II – excluir da sua incidência exportações de serviços para o exterior."

"Art. 160. (...)

Parágrafo único. A vedação prevista neste artigo não impede a União e os Estados de condicionarem a entrega de recursos ao pagamento de seus créditos, inclusive de suas autarquias."

"Art. 167. (...)

IV – a vinculação de receita de impostos a órgão, fundo ou despesa, ressalvadas a repartição do produto da arrecadação dos impostos a que se referem os arts. 158 e 159, a destinação de recursos para manutenção e desenvolvimento do ensino, como determinado pelo art. 212, e a prestação de garantias às operações de crédito por antecipação de receita, previstas no art. 165, § 8°, bem assim o disposto no § 4° deste artigo;

....

§ 4°. É permitida a vinculação de receitas próprias geradas pelos impostos a que se referem os arts. 155 e 156, e dos recursos de que tratam os arts. 157, 158 e 159, I, "a" e "b", e II, para a prestação

EMENDAS CONSTITUCIONAIS   Nº 6

de garantia ou contragarantia à União e para pagamento de débitos para com esta."

Art. 2º. A União poderá instituir, nos termos de lei complementar, com vigência até 31 de dezembro de 1994, imposto sobre movimentação ou transmissão de valores e de créditos e direitos de natureza financeira.

§ 1º. A alíquota do imposto de que trata este artigo não excederá a vinte e cinco centésimos por cento, facultado ao Poder Executivo reduzi-la ou restabelecê-la, total ou parcialmente, nas condições e limites fixados em lei.

§ 2º. Ao imposto de que trata este artigo não se aplica o art. 150, III,"b", e VI, nem o dispositivo no § 5º do art. 153 da Constituição.

§ 3º. O produto da arrecadação do imposto de que trata este artigo não se encontra sujeito a qualquer modalidade de repartição com outra entidade federada.

§ 4º. (Revogado).

(*) § 4º revogado pela ECR nº 1, de 1º.3.1994.

Art. 3º. A eliminação do adicional ao imposto sobre a renda, de competência dos Estados, decorrente desta Emenda Constitucional, somente produzirá efeitos a partir de 1º de janeiro de 1996, reduzindo-se a correspondente alíquota, pelo menos, a dois e meio por cento no exercício financeiro de 1995.

Art. 4º. A eliminação do imposto sobre vendas a varejo de combustíveis líquidos e gasosos, de competência dos Municípios, decorrente desta Emenda Constitucional, somente produzirá efeitos a partir de 1º de janeiro de 1996, reduzindo-se a correspondente alíquota, pelo menos, a um e meio por cento no exercício financeiro de 1995.

Art. 5º. Até 31 de dezembro de 1999, os Estados, o Distrito Federal e os Municípios somente poderão emitir títulos da dívida pública no montante necessário ao refinanciamento do principal devidamente atualizado de suas obrigações, representadas por essa espécie de títulos, ressalvado o disposto no art. 33, parágrafo único, do Ato das Disposições Constitucionais Transitórias.

Art. 6º. Revogam-se o inciso IV e o § 4º do art. 156 da Constituição Federal.

Brasília, 17 de março de 1993.

Mesa da Câmara dos Deputados: Inocêncio Oliveira, Presidente – Mesa do Senado Federal: Humberto Lucena, Presidente – DOU de 18.3.1993.

EMENDA CONSTITUCIONAL Nº 4, DE 14.9.1993

Dá nova redação ao art. 16 da Constituição Federal.

As Mesas da Câmara dos Deputados e do Senado Federal, nos termos do § 3º do art. 60 da Constituição Federal, promulgam a seguinte Emenda ao texto constitucional:

Artigo único. O art. 16 da Constituição Federal passa a vigorar com a seguinte redação:

"Art. 16. A lei que alterar o processo eleitoral entrará em vigor na data de sua publicação, não se aplicando à eleição que ocorra até um ano da data de sua vigência."

Brasília, 14 de setembro de 1993.

Mesa da Câmara dos Deputados: Inocêncio Oliveira, Presidente – Mesa do Senado Federal: Humberto Lucena, Presidente – DOU de 15.9.1993.

EMENDA CONSTITUCIONAL Nº 5, DE 15.8.1995

Altera o § 2º do art. 25 da Constituição Federal.

As Mesas da Câmara dos Deputados e do Senado Federal, nos termos do § 3º do art. 60 da Constituição Federal, promulgam a seguinte Emenda ao texto constitucional:

Artigo único. O § 2º do art. 25 da Constituição Federal passa a vigorar com a seguinte redação:

"Art. 25. (...)

§ 2º. Cabe aos Estados explorar diretamente, ou mediante concessão, os serviços locais de gás canalizado, na forma da lei, vedada a edição de medida provisória para a sua regulamentação."

Brasília, 15 de agosto de 1995.

Mesa da Câmara dos Deputados: Deputado Luís Eduardo, Presidente – Mesa do Senado Federal: Senador José Sarney, Presidente – DOU de 16.8.1995.

EMENDA CONSTITUCIONAL Nº 6, DE 15.8.1995

Altera o inciso IX do art. 170, o art. 171 e o § 1º do art. 176 da Constituição Federal.

Nº 7 EMENDAS CONSTITUCIONAIS

As Mesas da Câmara dos Deputados e do Senado Federal, nos termos do § 3º do art. 60 da Constituição Federal, promulgam a seguinte Emenda ao texto constitucional:

Art. 1º. O inciso IX do art. 170 e o § 1º do art. 176 da Constituição Federal passam a vigorar com a seguinte redação:

"Art. 170. (...)

IX – tratamento favorecido para as empresas de pequeno porte constituídas sob as leis brasileiras e que tenham sua sede e administração no País."

"Art. 176. (...)

§ 1º. A pesquisa e a lavra de recursos minerais e o aproveitamento dos potenciais a que se refere o caput deste artigo somente poderão ser efetuados mediante autorização ou concessão da União, no interesse nacional, por brasileiros ou empresa constituída sob as leis brasileiras e que tenha sua sede e administração no País, na forma da lei, que estabelecerá as condições específicas quando essas atividades se desenvolverem em faixa de fronteira ou terras indígenas."

Art. 2º. Fica incluído o seguinte art. 246 no Título IX – Das Disposições Constitucionais Gerais:

"Art. 246. É vedada a adoção de medida provisória na regulamentação de artigo da Constituição cuja redação tenha sido alterada por meio de emenda promulgada a partir de 1995."

Art. 3º. Fica revogado o art. 171 da Constituição Federal.

Brasília, 15 de agosto de 1995.

Mesa da Câmara dos Deputados: Deputado Luís Eduardo, Presidente – Mesa do Senado Federal: Senador José Sarney, Presidente – DOU de 16.8.1995.

EMENDA CONSTITUCIONAL Nº 7, DE 15.8.1995

Altera o art. 178 da Constituição Federal e dispõe sobre a adoção de medidas provisórias.

As Mesas da Câmara dos Deputados e do Senado Federal, nos termos do § 3º do art. 60 da Constituição Federal, promulgam, a seguinte Emenda ao texto constitucional:

Art. 1º. O art. 178 da Constituição Federal passa a vigorar com a seguinte redação:

"Art. 178. A lei disporá sobre a ordenação dos transportes aéreo, aquático e terrestre, devendo, quanto à ordenação do transporte internacional, observar os acordos firmados pela União, atendido o princípio da reciprocidade.

Parágrafo único. Na ordenação do transporte aquático, a lei estabelecerá as condições em que o transporte de mercadorias na cabotagem e a navegação interior poderão ser feitos por embarcações estrangeiras."

Art. 2º. Fica incluído o seguinte art. 246 no Título IX – Das Disposições Constitucionais Gerais:

"Art. 246. É vedada a adoção de medida provisória na regulamentação de artigo da Constituição cuja redação tenha sido alterada por meio de emenda promulgada a partir de 1995."

Brasília, 15 de agosto de 1995.

Mesa da Câmara dos Deputados: Deputado Luís Eduardo, Presidente – Mesa do Senado Federal: Senador José Sarney, Presidente – DOU de 16.8.1995.

EMENDA CONSTITUCIONAL Nº 8, DE 15.8.1995

Altera o inciso XI e a alínea "a" do inciso XII do art. 21 da Constituição Federal.

As Mesas da Câmara dos Deputados e do Senado Federal, nos termos do § 3º do art. 60 da Constituição Federal, promulgam, a seguinte Emenda ao texto constitucional:

Art. 1º. O inciso XI e a alínea "a" do inciso XII do art. 21 da Constituição Federal passam a vigorar com a seguinte redação:

"Art. 21. Compete à União:

XI – explorar, diretamente ou mediante autorização, concessão ou permissão, os serviços de telecomunicações, nos termos da lei, que disporá sobre a organização dos serviços, a criação de um órgão regulador e outros aspectos institucionais;

XII – (...)

a) os serviços de radiodifusão sonora e de sons e imagens;

...."*

Art. 2º. É vedada a adoção de medida provisória para regulamentar o disposto no inciso XI do art. 21 com a redação dada por esta Emenda Constitucional.

Brasília, 15 de agosto de 1995.

Mesa da Câmara dos Deputados: Deputado Luís Eduardo, Presidente – Mesa do Senado Federal: Senador José Sarney, Presidente – DOU de 16.8.1995.

EMENDA CONSTITUCIONAL Nº 9, DE 9.11.1995

Dá nova redação ao art. 177 da Constituição Federal, alterando e inserindo parágrafos.

As Mesas da Câmara dos Deputados e do Senado Federal, nos termos do § 3º do art. 60 da Constituição Federal, promulgam a seguinte Emenda ao texto constitucional:

Art. 1º. O § 1º do art. 177 da Constituição Federal passa a vigorar com a seguinte redação:

"Art. 177. (...)

§ 1º. A União poderá contratar com empresas estatais ou privadas a realização das atividades previstas nos incisos I a IV deste artigo, observadas as condições estabelecidas em lei."

Art. 2º. Inclua-se um parágrafo, a ser numerado como § 2º com a redação seguinte, passando o atual § 2º para § 3º, no art. 177 da Constituição Federal:

"Art. 177. (...)

§ 2º. A lei a que se refere o § 1º disporá sobre:

I – a garantia do fornecimento dos derivados de petróleo em todo o Território Nacional;

II – as condições de contratação;

III – a estrutura e atribuições do órgão regulador do monopólio da União."

Art. 3º. É vedada a edição de medida provisória para a regulamentação da matéria prevista nos incisos I a IV e dos §§ 1º e 2º do art. 177 da Constituição Federal.

Brasília, 9 de novembro de 1995.

Mesa da Câmara dos Deputados: Deputado Luís Eduardo, Presidente – Mesa do Senado Federal: Senador José Sarney, Presidente – DOU de 10.11.1995.

EMENDA CONSTITUCIONAL Nº 10, DE 4.3.1996

Altera os arts. 71 e 72 do Ato das Disposições Constitucionais Transitórias, introduzidos pela Emenda Constitucional de Revisão nº 1, de 1º de março de 1994.

As Mesas da Câmara dos Deputados e do Senado Federal, nos termos do § 3º do art. 60 da Constituição Federal, promulgam a seguinte Emenda ao texto constitucional:

Art. 1º. O art. 71 do Ato das Disposições Constitucionais Transitórias passa a vigorar com a seguinte redação:

"Art. 71. Fica instituído, nos exercícios financeiros de 1994 e 1995, bem assim no período de 1º de janeiro de 1996 a 30 de junho de 1997, o Fundo Social de Emergência, com o objetivo de saneamento financeiro da Fazenda Pública Federal e de estabilização econômica, cujos recursos serão aplicados prioritariamente no custeio das ações dos sistemas de saúde e educação, benefícios previdenciários e auxílios assistenciais de prestação continuada, inclusive liquidação de passivo previdenciário, e despesas orçamentárias associadas a programas de relevante interesse econômico e social.

§ 1º. Ao Fundo criado por este artigo não se aplica o disposto na parte final do inciso II do § 9º do art. 165 da Constituição.

§ 2º. O Fundo criado por este artigo passa a ser denominado Fundo de Estabilização Fiscal a partir do início do exercício financeiro de 1996.

§ 3º. O Poder Executivo publicará demonstrativo da execução orçamentária, de periodicidade bimestral, no qual se discriminarão as fontes e usos do Fundo criado por este artigo."

Art. 2º. O art. 72 do Ato das Disposições Constitucionais Transitórias passa a vigorar com a seguinte redação:

"Art. 72. Integram o Fundo Social de Emergência:

I – (...)

II – a parcela do produto da arrecadação do imposto sobre renda e proventos de qualquer natureza e do imposto sobre operações de crédito, câmbio e seguro, ou relativas a títulos ou valores mobiliários, decorrente das alterações produzidas pela Lei nº 8.894, de 21 de junho de 1994, e pelas Leis nºs 8.849 e 8.848, ambas de 28 de janeiro de 1994, e modificações posteriores;

III – a parcela do produto da arrecadação resultante da elevação da alíquota da contribuição social sobre o lucro dos contribuintes a que se refere o § 1º do art. 22 da Lei nº 8.212, de 24 de julho de 1991, a qual, nos exercícios financeiros de 1994 e 1995, bem assim no período de 1º de janeiro de 1996 a 30 de junho de 1997, passa a ser de trinta por cento, sujeita a alteração por lei ordinária, mantidas as demais normas da Lei nº 7.689, de 15 de dezembro de 1988;

IV – vinte por cento do produto da arrecadação de todos os impostos e contribuições da União, já instituídos ou a serem criados, excetuado o previsto nos incisos I, II e III, observado o disposto nos §§ 3º e 4º;

V – a parcela do produto da arrecadação da contribuição de que trata a Lei Complementar nº 7, de 7 de setembro de 1970, devida pelas pessoas jurídicas a que se refere o inciso III deste artigo, a qual será calculada, nos exercícios financeiros de 1994 e 1995, bem assim no período de 1º de janeiro de 1996 a 30 de junho de 1997, mediante a aplicação da alíquota de setenta e cinco centési-

mos por cento, sujeita a alteração por lei ordinária, sobre a receita bruta operacional, como definida na legislação do imposto sobre renda e proventos de qualquer natureza; e
VI – (...)
§ 1°. (...)
§ 2°. As parcelas de que tratam os incisos I, II, III e V serão previamente deduzidas da base de cálculo de qualquer vinculação ou participação constitucional ou legal, não se lhes aplicando o disposto nos arts. 159, 212 e 239 da Constituição.
§ 3°. A parcela de que trata o inciso IV será previamente deduzida da base de cálculo das vinculações ou participações constitucionais previstas nos arts. 153, § 5°, 157, II, 212 e 239 da Constituição.
§ 4°. O disposto no parágrafo anterior não se aplica aos recursos previstos nos arts. 158, II, e 159 da Constituição.
§ 5°. A parcela dos recursos provenientes do imposto sobre renda e proventos de qualquer natureza, destinada ao Fundo Social de Emergência, nos termos do inciso II deste artigo, não poderá exceder a cinco inteiros e seis décimos por cento do total do produto da sua arrecadação."

Art. 3°. Esta Emenda Constitucional entra em vigor na data de sua publicação.

Brasília, 4 de março de 1996.

Mesa da Câmara dos Deputados: Deputado Luiz Eduardo, Presidente – Mesa do Senado Federal: Senador José Sarney, Presidente – DOU de 7.3.1996.

EMENDA CONSTITUCIONAL Nº 11, DE 30.4.1996

Permite a admissão de professores, técnicos e cientistas estrangeiros pelas universidades brasileiras e concede autonomia às instituições de pesquisa científica e tecnológica.

As Mesas da Câmara dos Deputados e do Senado Federal, nos termos do § 3° do art. 60 da Constituição Federal, promulgam a seguinte Emenda ao texto constitucional:

Art. 1°. São acrescentados ao art. 207 da Constituição Federal dois parágrafos com a seguinte redação:
"**Art. 207.** (...)
§ 1°. É facultado às universidades admitir professores, técnicos e cientistas estrangeiros, na forma da lei.
§ 2°. O disposto neste artigo aplica-se às instituições de pesquisa científica e tecnológica."

Art. 2°. Esta Emenda Constitucional entra em vigor na data de sua publicação.

Brasília, 30 de abril de 1996.

Mesa da Câmara dos Deputados: Deputado Luís Eduardo, Presidente – Mesa do Senado Federal: Senador José Sarney, Presidente – DOU de 2.5.1996.

EMENDA CONSTITUCIONAL Nº 12, DE 15.8.1996

Outorga competência à União, para instituir contribuição provisória sobre movimentação ou transmissão de valores e de créditos e direitos de natureza financeira.

As Mesas da Câmara dos Deputados e do Senado Federal, promulgam, nos termos do § 3° do art. 60 da Constituição Federal, a seguinte Emenda ao texto constitucional:
Artigo único. Inclui o art. 74 no ADCT:
"**Art. 74.** A União poderá instituir contribuição provisória sobre movimentação ou transmissão de valores e de créditos e direitos de natureza financeira.
§ 1°. A alíquota da contribuição de que trata este artigo não excederá a vinte e cinco centésimos por cento, facultado ao Poder Executivo reduzi-la ou restabelecê-la, total ou parcialmente, nas condições e limites fixados em lei.
§ 2°. À contribuição de que trata este artigo não se aplica o disposto nos arts. 153, § 5°, e 154, I, da Constituição.
§ 3°. O produto da arrecadação da contribuição de que trata este artigo será destinado integralmente ao Fundo Nacional de Saúde, para financiamento das ações e serviços de saúde.
§ 4°. A contribuição de que trata este artigo terá sua exigibilidade subordinada ao disposto no art. 195, § 6°, da Constituição, e não poderá ser cobrada por prazo superior a dois anos."

Brasília, 15 de agosto de 1996.

Mesa da Câmara dos Deputados: Deputado Luís Eduardo, Presidente – Mesa do Senado Federal: Senador José Sarney, Presidente – DOU de 16.8.1996.

EMENDA CONSTITUCIONAL Nº 13, DE 21.8.1996

Dá nova redação ao inciso II do art. 192 da Constituição Federal.

As Mesas da Câmara dos Deputados e do Senado Federal, nos termos do § 3° do art. 60

EMENDAS CONSTITUCIONAIS

Nº 14

da Constituição Federal, promulgam a seguinte Emenda ao texto constitucional:

Artigo único. O inciso II do art. 192 da Constituição Federal passa a vigorar com a seguinte redação:

> "*Art. 192. (...)*
>
> *II – autorização e funcionamento dos estabelecimentos de seguro, resseguro, previdência e capitalização, bem como do órgão oficial fiscalizador;"*

Brasília, 21 de agosto de 1996.

Mesa da Câmara dos Deputados: Deputado Luís Eduardo, Presidente – Mesa do Senado Federal: Senador José Sarney, Presidente – DOU de 22.8.1996.

EMENDA CONSTITUCIONAL Nº 14, DE 12.9.1996

Modifica os arts. 34, 208, 211 e 212 da Constituição Federal e dá nova redação ao art. 60 do Ato das Disposições Constitucionais Transitórias.

As Mesas da Câmara dos Deputados e do Senado Federal, nos termos do § 3º do art. 60 da Constituição Federal, promulgam a seguinte Emenda ao texto constitucional:

Art. 1º. É acrescentada no inciso VII do art. 34, da Constituição Federal, a alínea "e":

> "*Art. 34. (...)*
>
> *VII – (...)*
>
> *e) aplicação do mínimo exigido da receita resultante de impostos estaduais, compreendida a proveniente de transferência, na manutenção e desenvolvimento do ensino."*

Art. 2º. É dada nova redação aos incisos I e II do art. 208 da Constituição Federal:

> "*Art. 208. (...)*
>
> *I – ensino fundamental, obrigatório e gratuito, assegurada, inclusive, sua oferta gratuita para todos os que a ele não tiveram acesso na idade própria;*
>
> *II – progressiva universalização do ensino médio gratuito;"*

Art. 3º. É dada nova redação aos §§ 1º e 2º do art. 211 da Constituição Federal e nele são inseridos mais dois parágrafos:

> "*Art. 211. (...)*
>
> *§ 1º. A União organizará o sistema federal de ensino e o dos Territórios, financiará as instituições de ensino públicas federais e exercerá, em matéria educacional, função redistributiva e supletiva, de forma a garantir equalização de oportunidades educacionais e padrão mínimo de qualidade do ensino mediante assistência técnica e financeira aos Estados, ao Distrito Federal e aos Municípios.*
>
> *§ 2º. Os Municípios atuarão prioritariamente no ensino fundamental e na educação infantil.*
>
> *§ 3º. Os Estados e o Distrito Federal atuarão prioritariamente no ensino fundamental e médio.*
>
> *§ 4º. Na organização de seus sistemas de ensino, os Estados e os Municípios definirão formas de colaboração, de modo a assegurar a universalização do ensino obrigatório."*

Art. 4º. É dada nova redação ao § 5º do art. 212 da Constituição Federal nos seguintes termos:

> "*Art. 212. (...)*
>
> *§ 5º. O ensino fundamental público terá como fonte adicional de financiamento a contribuição social do salário educação, recolhida pelas empresas, na forma da lei."*

Art. 5º. É alterado o art. 60 do ADCT e nele são inseridos novos parágrafos, passando o artigo a ter a seguinte redação:

> "*Art. 60. Nos dez primeiros anos da promulgação desta emenda, os Estados, o Distrito Federal e os Municípios destinarão não menos de sessenta por cento dos recursos a que se refere o caput do art. 212 da Constituição Federal, a manutenção e ao desenvolvimento do ensino fundamental, com o objetivo de assegurar a universalização de seu atendimento e a remuneração condigna do magistério.*
>
> *§ 1º. A distribuição de responsabilidade e recursos entre os estados e seus municípios a ser concretizada com parte dos recursos definidos neste artigo, na forma do disposto no art. 211 da Constituição Federal, é assegurada mediante a criação, no âmbito de cada Estado e do Distrito Federal, de um fundo de manutenção e desenvolvimento do ensino fundamental e de valorização do magistério, de natureza contábil.*
>
> *§ 2º. O Fundo referido no parágrafo anterior será constituído por, pelo menos, quinze por cento dos recursos a que se referem os arts. 155, inciso II; 158, inciso IV; e 159, inciso I, alíneas "a" e "b"; e inciso II, da Constituição Federal, e será distribuído entre cada Estado e seus Municípios, proporcionalmente ao número de alunos nas respectivas redes de ensino fundamental.*
>
> *§ 3º. A União complementará os recursos dos Fundos a que se refere o § 1º, sempre que, em cada Estado e no Distrito Federal, seu valor por aluno não alcançar o mínimo definido nacionalmente.*
>
> *§ 4º. A União, os Estados, o Distrito Federal e os Municípios ajustarão progressivamente, em um prazo de cinco anos, suas contribuições ao Fundo, de forma a garantir um valor por aluno correspondente a um padrão mínimo de qualidade de ensino, definido nacionalmente.*
>
> *§ 5º. Uma proporção não inferior a sessenta por cento dos recursos de cada Fundo referido no § 1º será destinada ao pagamento dos professores do ensino fundamental em efetivo exercício no magistério.*
>
> *§ 6º. A União aplicará na erradicação do analfabetismo e na manutenção e no desenvolvimento do*

ensino fundamental, inclusive na complementação a que se refere o § 3º, nunca menos que o equivalente a trinta por cento dos recursos a que se refere o caput do art. 212 da Constituição Federal.

§ 7º. A lei disporá sobre a organização dos Fundos, a distribuição proporcional de seus recursos, sua fiscalização e controle, bem como sobre a forma de cálculo do valor mínimo nacional por aluno."

Art. 6º. Esta Emenda entra em vigor a primeiro de janeiro do ano subsequente ao de sua promulgação.

Brasília, 12 de setembro de 1996.

Mesa da Câmara dos Deputados: Deputado Luís Eduardo, Presidente – Mesa do Senado Federal: Senador José Sarney, Presidente – DOU de 13.9.1996.

EMENDA CONSTITUCIONAL Nº 15, DE 12.9.1996

Dá nova redação ao § 4º do art. 18 da Constituição Federal.

As Mesas da Câmara dos Deputados e do Senado Federal, nos termos do § 3º do art. 60 da Constituição Federal, promulgam a seguinte Emenda ao texto constitucional:

Artigo único. O § 4º do art. 18 da Constituição Federal passa a vigorar com a seguinte redação:

"Art. 18. (...)

§ 4º. A criação, a incorporação, a fusão e o desmembramento de Municípios, far-se-ão por lei estadual, dentro do período determinado por lei complementar federal, e dependerão de consulta prévia, mediante plebiscito, às populações dos Municípios envolvidos, após divulgação dos Estudos de Viabilidade Municipal, apresentados e publicados na forma da lei."

Brasília, 12 de setembro de 1996.

Mesa da Câmara dos Deputados: Deputado Luís Eduardo, Presidente – Mesa do Senado Federal: Senador José Sarney, Presidente – DOU de 13.9.1996.

EMENDA CONSTITUCIONAL Nº 16, DE 4.6.1997

Dá nova redação ao § 5º do art. 14, ao caput do art. 28, ao inciso II do art. 29, ao caput do art. 77 e ao art. 82 da Constituição Federal.

As Mesas da Câmara dos Deputados e do Senado Federal, nos termos do § 3º do art. 60 da Constituição Federal, promulgam a seguinte Emenda ao texto constitucional:

Art. 1º. O § 5º do art. 14, o *caput* do art. 28, o inciso II do art. 29, o *caput* do art. 77 e o art. 82 da Constituição Federal passam a vigorar com a seguinte redação:

"Art. 14. (...)

§ 5º. O Presidente da República, os Governadores de Estado e do Distrito Federal, os Prefeitos e quem os houver sucedido ou substituído no curso dos mandatos poderão ser reeleitos para um único período subsequente.

...."

"Art. 28. A eleição do Governador e do Vice-Governador de Estado, para mandato de quatro anos, realizar-se-á no primeiro domingo de outubro, em primeiro turno, e no último domingo de outubro, em segundo turno, se houver, do ano anterior ao do término do mandato de seus antecessores, e a posse ocorrerá em primeiro de janeiro do ano subsequente, observado, quanto ao mais, o disposto no art. 77."

"Art. 29. (...)

"II – eleição do Prefeito e do Vice-Prefeito realizada no primeiro domingo de outubro do ano anterior ao término do mandato dos que devam suceder, aplicadas as regras do art. 77 no caso de Municípios com mais de duzentos mil eleitores.

...."

"Art. 77. A eleição do Presidente e do Vice-Presidente da República realizar-se-á, simultaneamente, no primeiro domingo de outubro, em primeiro turno, e no último domingo de outubro, em segundo turno, se houver, do ano anterior ao do término do mandato presidencial vigente.

...."

"Art. 82. O mandato do Presidente da República é de quatro anos e terá início em primeiro de janeiro do ano seguinte ao da sua eleição."

Art. 2º. Esta Emenda Constitucional entra em vigor na data de sua publicação.

Brasília, 4 de junho de 1997.

Mesa da Câmara dos Deputados: Deputado Michel Temer, Presidente. Mesa do Senado Federal: Senador Antonio Carlos Magalhães, Presidente – DOU de 5.6.1997.

EMENDA CONSTITUCIONAL Nº 17, DE 22.11.1997

Altera dispositivos dos arts. 71 e 72 do Ato das Disposições Constitucionais Transitórias, introduzidos pela Emenda Constitucional de Revisão nº 1, de 1º de março de 1994.

EMENDAS CONSTITUCIONAIS   Nº 18

As Mesas da Câmara dos Deputados e do Senado Federal, nos termos do § 3º do art. 60 da Constituição Federal, promulgam a seguinte Emenda ao texto constitucional:

Art. 1º. O *caput* do art. 71 do Ato das Disposições Constitucionais Transitórias passa a vigorar com a seguinte redação:

"**Art. 71.** É instituído, nos exercícios financeiros de 1994 e 1995, bem assim nos períodos de 01/01/1996 a 30/06/1997 e de 01/07/1997 a 31/12/1999, o Fundo Social de Emergência, com o objetivo de saneamento financeiro da Fazenda Pública Federal e de estabilização econômica, cujos recursos serão aplicados prioritariamente no custeio das ações dos sistemas de saúde e educação, incluindo a complementação de recursos de que trata o § 3º do art. 60 do Ato das Disposições Constitucionais Transitórias, benefícios previdenciários e auxílios assistenciais de prestação continuada, inclusive liquidação de passivo previdenciário, e despesas orçamentárias associadas a programas de relevante interesse econômico e social."

Art. 2º. O inciso V do art. 72 do Ato das Disposições Constitucionais Transitórias passa a vigorar com a seguinte redação:

"**Art. 72.** (...)

V – a parcela do produto da arrecadação da contribuição de que trata a Lei Complementar nº 7, de 7 de setembro de 1970, devida pelas pessoas jurídicas a que se refere o inciso III deste artigo, à qual será calculada, nos exercícios financeiros de 1994 a 1995, bem assim nos períodos de 1º de janeiro de 1996 a 30 de junho de 1997 e de 1º de julho de 1997 a 31 de dezembro de 1999, mediante a aplicação da alíquota de setenta e cinco centésimos por cento, sujeita à alteração por lei ordinária posterior, sobre a receita bruta operacional, como definida na legislação do imposto sobre a renda e proventos de qualquer natureza;"

Art. 3º. A União repassará aos Municípios, do produto da arrecadação do Imposto sobre a Renda e Proventos de qualquer natureza, tal como considerado na constituição dos fundos de que trata o art. 159, I, da Constituição, excluída a parcela referida no art. 72, I, do Ato das Disposições Constitucionais Transitórias, os seguintes percentuais:

I – um inteiro e cinquenta e seis centésimos por cento, no período de 01/07/1997 a 31/12/1997;

II – um inteiro e oitocentos e setenta e cinco milésimos por cento, no período de 01/01/1998 a 31/12/1998;

III – dois inteiros e cinco décimos por cento, no período de 01/01/1999 a 31/12/1999.

Parágrafo único. O repasse dos recursos de que trata este artigo obedecerá à mesma periodicidade e aos mesmos critérios de repartição e normas adotadas no Fundo de Participação dos Municípios, observado o disposto no art. 160 da Constituição.

Art. 4º. Os efeitos do disposto nos arts. 71 e 72 do Ato das Disposições Constitucionais Transitórias, com a redação dada pelos arts. 1º e 2º desta Emenda, são retroativos a 01/07/1997.

Parágrafo único. As parcelas de recursos destinados ao Fundo de Estabilização Fiscal e entregues na forma do art. 159, I, da Constituição, no período compreendido entre 01/07/1997 de 1997 e a data de promulgação desta Emenda, serão deduzidas das cotas subsequentes, limitada a dedução a um décimo do valor total entregue em cada mês.

Art. 5º. Observado o disposto no artigo anterior, a União aplicará as disposições do art. 3º desta Emenda retroativamente a 01/07/1997.

Art. 6º. Esta Emenda Constitucional entra em vigor na data de sua publicação.

Brasília, 22 de novembro de 1997.

Mesa da Câmara dos Deputados: Deputado Michel Temer, Presidente – Mesa do Senado Federal: Senador Antonio Carlos Magalhães, Presidente – DOU de 25.11.1997.

EMENDA CONSTITUCIONAL Nº 18, DE 5.2.1998

Dispõe sobre o regime constitucional dos militares.

As Mesas da Câmara dos Deputados e do Senado Federal, nos termos do § 3º do art. 60 da Constituição Federal, promulgam a seguinte Emenda ao texto constitucional:

Art. 1º. O art. 37, inciso XV, da Constituição passa a vigorar com a seguinte redação:

"**Art. 37.** (...)

XV – os vencimentos dos servidores públicos são irredutíveis, e a remuneração observará o que dispõem os arts. 37, XI e XII, 150, II, 153, III e § 2º, I;

Art. 2º. A Seção II do Capítulo VII do Título III da Constituição passa a denominar-se "DOS SERVIDORES PÚBLICOS" e a Seção III do Capítulo VII do Título III da Constituição Federal passa a denominar-se "DOS MILITARES DOS ESTADOS, DO DISTRITO FEDERAL E DOS TERRITÓRIOS", dando-se ao art. 42 a seguinte redação:

"**Art. 42.** Os membros das Polícias Militares e Corpos de Bombeiros Militares, Instituições orga-

Nº 19 EMENDAS CONSTITUCIONAIS

nizadas com base na hierarquia e disciplina, são militares dos Estados, do Distrito Federal e dos Territórios.

§ 1º. Aplicam-se aos militares dos Estados, do Distrito Federal e dos Territórios, além do que vier a ser fixado em lei, as disposições do art. 14, § 8º; do art. 40, § 3º; e do art. 142, §§ 2º e 3º, cabendo a lei estadual específica dispor sobre as matérias do art. 142, § 3º, inciso X, sendo as patentes dos oficiais conferidas pelos respectivos Governadores.

§ 2º. Aos militares dos Estados, do Distrito Federal e dos Territórios e a seus pensionistas, aplica-se o disposto no art. 40, §§ 4º e 5º; e aos militares do Distrito Federal e dos Territórios, o disposto no art. 40, § 6º."

Art. 3º. O inciso II do § 1º do art. 61 da Constituição passa a vigorar com as seguintes alterações:
"Art. 61. (...)
§ 1º. (...)
II – (...)
c) servidores públicos da União e Territórios, seu regime jurídico, provimento de cargos, estabilidade e aposentadoria;
....
f) militares das Forças Armadas, seu regime jurídico, provimento de cargos, promoções, estabilidade, remuneração, reforma e transferência para a reserva."

Art. 4º. Acrescente-se § 3º ao art. 142 da Constituição:
"Art. 142. (...)
§ 3º. Os membros das Forças Armadas são denominados militares, aplicando-se-lhes, além das que vierem a ser fixadas em lei, as seguintes disposições:

I – as patentes, com prerrogativas, direitos e deveres a elas inerentes, são conferidas pelo Presidente da República e asseguradas em plenitude aos oficiais da ativa, da reserva ou reformados, sendo-lhes privativos os títulos e postos militares e, juntamente com os demais membros, o uso dos uniformes das Forças Armadas;

II – o militar em atividade que tomar posse em cargo ou emprego público civil permanente será transferido para a reserva, nos termos da lei;

III – o militar da ativa que, de acordo com a lei, tomar posse em cargo, emprego ou função pública civil temporária, não eletiva, ainda que da administração indireta, ficará agregado ao respectivo quadro e somente poderá, enquanto permanecer nessa situação, ser promovido por antiguidade, contando-se-lhe o tempo de serviço apenas para aquela promoção e transferência para a reserva, sendo depois de dois anos de afastamento, contínuos ou não, transferido para a reserva, nos termos da lei;

IV – ao militar são proibidas a sindicalização e a greve;

V – o militar, enquanto em serviço ativo, não pode estar filiado a partidos políticos;

VI – o oficial só perderá o posto e a patente se for julgado indigno do oficialato ou com ele incompatível, por decisão de tribunal militar de caráter permanente, em tempo de paz, ou de tribunal especial, em tempo de guerra;

VII – o oficial condenado na justiça comum ou militar a pena privativa de liberdade superior a dois anos, por sentença transitada em julgado, será submetido ao julgamento previsto no inciso anterior;

VIII – aplica-se ao militares o disposto no art. 7º, incisos VIII, XII, XVII, XVIII, XIX, e XXV e no art. 37, incisos XI, XIII, XIV e XV;

IX – aplica-se aos militares e a seus pensionistas o disposto no art. 40, §§ 4º, 5º e 6º;

X – a lei disporá sobre o ingresso nas Forças Armadas, os limites de idade, a estabilidade e outras condições de transferência do militar para a inatividade, os direitos, os deveres, a remuneração, as prerrogativas e outras situações especiais dos militares, consideradas as peculiaridades de suas atividades, inclusive aquelas cumpridas por força de compromissos internacionais e de guerra."

Art. 5º. Esta Emenda Constitucional entra em vigor na data de sua publicação.

Brasília, 5 de fevereiro de 1998.

Mesa da Câmara dos Deputados: Deputado Michel Temer, Presidente – Mesa do Senado Federal: Senador Antonio Carlos Magalhães, Presidente – DOU de 6.2.1998 – Ratificada no DOU de 16.2.1998.

EMENDA CONSTITUCIONAL Nº 19, DE 4.6.1998

Modifica o regime e dispõe sobre princípios e normas da Administração Pública, servidores e agentes políticos, controle de despesas e finanças públicas e custeio de atividades a cargo do Distrito Federal, e dá outras providências.

As Mesas da Câmara dos Deputados e do Senado Federal, nos termos do § 3º do art. 60 da Constituição Federal, promulgam esta Emenda ao texto constitucional:

Art. 1º. Os incisos XIV e XXII do art. 21 e XXVII do art. 22 da Constituição Federal passam a vigorar com a seguinte redação:
"Art. 21. Compete à União:
....
XIV – organizar e manter a polícia civil, a polícia militar e o corpo de bombeiros militar do Distrito Federal, bem como prestar assistência financeira ao Distrito Federal para a execução de serviços públicos, por meio de fundo próprio;

XXII – executar os serviços de polícia marítima, aeroportuária e de fronteiras;
"

"*Art. 22.* Compete privativamente à União legislar sobre:

XXVII – normas gerais de licitação e contratação, em todas as modalidades, para as administrações públicas diretas, autárquicas e fundacionais da União, Estados, Distrito Federal e Municípios, obedecido o disposto no art. 37, XXI, e para as empresas públicas e sociedades de economia mista, nos termos do art. 173, § 1º, III;
"

Art. 2º. O § 2º do art. 27 e os incisos V e VI do art. 29 da Constituição Federal passam a vigorar com a seguinte redação, inserindo-se § 2º no art. 28 e renumerando-se para § 1º o atual parágrafo único:

"*Art. 27. (...)*

§ 2º. O subsídio dos Deputados Estaduais será fixado por lei de iniciativa da Assembleia Legislativa, na razão de, no máximo, setenta e cinco por cento daquele estabelecido, em espécie, para os Deputados Federais, observado o que dispõem os arts. 39, § 4º, 57, § 7º, 150, II, 153, III, e 153, § 2º, I.
"

"*Art. 28. (...)*

§ 1º. Perderá o mandato o Governador que assumir outro cargo ou função na administração pública direta ou indireta, ressalvada a posse em virtude de concurso público e observado o disposto no art. 38, I, IV e V.

§ 2º. Os subsídios do Governador, do Vice-Governador e dos Secretários de Estado serão fixados por lei de iniciativa da Assembleia Legislativa, observado o que dispõem os arts. 37, XI, 39, § 4º, 150, II, 153, III, e 153, § 2º, I."

"*Art. 29. (...)*

V – subsídios do Prefeito, do Vice-Prefeito e dos Secretários Municipais fixados por lei de iniciativa da Câmara Municipal, observado o que dispõem os arts. 37, XI, 39, § 4º, 150, II, 153, III, e 153, § 2º, I;

VI – subsídio dos Vereadores fixado por lei de iniciativa da Câmara Municipal, na razão de, no máximo, setenta e cinco por cento daquele estabelecido, em espécie, para os Deputados Estaduais, observado o que dispõem os arts. 39, § 4º, 57, § 7º, 150, II, 153, III, e 153, § 2º, I;
"

Art. 3º. O caput, os incisos I, II, V, VII, X, XI, XIII, XIV, XV, XVI, XVII e XIX e o § 3º do art. 37 da Constituição Federal passam a vigorar com a seguinte redação, acrescentando-se ao artigo os §§ 7º a 9º:

"*Art. 37.* A administração pública direta e indireta de qualquer dos Poderes da União, dos Estados, do Distrito Federal e dos Municípios obodocerá

aos princípios de legalidade, impessoalidade, moralidade, publicidade e eficiência e, também, ao seguinte:

I – os cargos, empregos e funções públicas são acessíveis aos brasileiros que preencham os requisitos estabelecidos em lei, assim como aos estrangeiros, na forma da lei;

II – a investidura em cargo ou emprego público depende de aprovação prévia em concurso público de provas ou de provas e títulos, de acordo com a natureza e a complexidade do cargo ou emprego, na forma prevista em lei, ressalvadas as nomeações para cargo em comissão declarado em lei de livre nomeação e exoneração;

V – as funções de confiança, exercidas exclusivamente por servidores ocupantes de cargo efetivo, e os cargos em comissão, a serem preenchidos por servidores de carreira nos casos, condições e percentuais mínimos previstos em lei, destinam-se apenas às atribuições de direção, chefia e assessoramento;

VII – o direito de greve será exercido nos termos e nos limites definidos em lei específica;

X – a remuneração dos servidores públicos e o subsídio de que trata o § 4º do art. 39 somente poderão ser fixados ou alterados por lei específica, observada a iniciativa privativa em cada caso, assegurada revisão geral anual, sempre na mesma data e sem distinção de índices;

XI – a remuneração e o subsídio dos ocupantes de cargos, funções e empregos públicos da administração direta, autárquica e fundacional, dos membros de qualquer dos Poderes da União, dos Estados, do Distrito Federal e dos Municípios, dos detentores de mandato eletivo e dos demais agentes políticos e dos proventos, pensões ou outra espécie remuneratória, percebidos cumulativamente ou não, incluídas as vantagens pessoais ou de qualquer outra natureza, não poderão exceder o subsídio mensal, em espécie, dos Ministros do Supremo Tribunal Federal;

XIII – é vedada a vinculação ou equiparação de quaisquer espécies remuneratórias para o efeito de remuneração de pessoal do serviço público;

XIV – os acréscimos pecuniários percebidos por servidor público não serão computados nem acumulados para fins de concessão de acréscimos ulteriores;

XV – o subsídio e os vencimentos dos ocupantes de cargos e empregos públicos são irredutíveis, ressalvado o disposto nos incisos XI e XIV deste artigo e nos arts. 39, § 4º, 150, II, 153, III, e 153, § 2º, I;

XVI – é vedada a acumulação remunerada de cargos públicos, exceto, quando houver compatibilidade de horários, observado em qualquer caso o disposto no inciso XI:

a) a de dois cargos de professor;

b) a de um cargo de professor com outro, técnico ou científico;

c) a de dois cargos privativos de médico,

XVII – a proibição de acumular estende-se a empregos e funções e abrange autarquias, fundações, empresas públicas, sociedades de economia mista, suas subsidiárias, e sociedades controladas, direta ou indiretamente, pelo poder público;

....

XIX – somente por lei específica poderá ser criada autarquia e autorizada a instituição de empresa pública, de sociedade de economia mista e de fundação, cabendo à lei complementar, neste último caso, definir as áreas de sua atuação;

....

§ 3º. A lei disciplinará as formas de participação do usuário na administração pública direta e indireta, regulando especialmente:

I – as reclamações relativas à prestação dos serviços públicos em geral, asseguradas a manutenção de serviços de atendimento ao usuário e a avaliação periódica, externa e interna, da qualidade dos serviços;

II – o acesso dos usuários a registros administrativos e a informações sobre atos de governo, observado o disposto no art. 5º, X e XXXIII;

III – a disciplina da representação contra o exercício negligente ou abusivo de cargo, emprego ou função na administração pública.

....

§ 7º. A lei disporá sobre os requisitos e as restrições ao ocupante de cargo ou emprego da administração direta e indireta que possibilite o acesso a informações privilegiadas.

§ 8º. A autonomia gerencial, orçamentária e financeira dos órgãos e entidades da administração direta e indireta poderá ser ampliada mediante contrato, a ser firmado entre seus administradores e o poder público, que tenha por objeto a fixação de metas de desempenho para o órgão ou entidade, cabendo à lei dispor sobre:

I – o prazo de duração do contrato;

II – os controles e critérios de avaliação de desempenho, direitos, obrigações e responsabilidade dos dirigentes;

III – a remuneração do pessoal.

§ 9º. O disposto no inciso XI aplica-se às empresas públicas e às sociedades de economia mista, e suas subsidiárias, que receberem recursos da União, dos Estados, do Distrito Federal ou dos Municípios para pagamento de despesas de pessoal ou de custeio em geral."

Art. 4º. O *caput* do art. 38 da Constituição Federal passa a vigorar com a seguinte redação:

"**Art. 38.** Ao servidor público da administração direta, autárquica e fundacional, no exercício de mandato eletivo, aplicam-se as seguintes disposições:

...."

Art. 5º. O art. 39 da Constituição Federal passa a vigorar com a seguinte redação:

"**Art. 39.** A União, os Estados, o Distrito Federal e os Municípios instituirão conselho de política de administração e remuneração de pessoal, integrado por servidores designados pelos respectivos Poderes.

§ 1º. A fixação dos padrões de vencimento e dos demais componentes do sistema remuneratório observará:

I – a natureza, o grau de responsabilidade e a complexidade dos cargos componentes de cada carreira;

II – os requisitos para a investidura;

III – as peculiaridades dos cargos.

§ 2º. A União, os Estados e o Distrito Federal manterão escolas de governo para a formação e o aperfeiçoamento dos servidores públicos, constituindo-se a participação nos cursos um dos requisitos para a promoção na carreira, facultada, para isso, a celebração de convênios ou contratos entre os entes federados.

§ 3º. Aplica-se aos servidores ocupantes de cargo público o disposto no art. 7º, IV, VII, VIII, IX, XII, XIII, XV, XVI, XVII, XVIII, XIX, XX, XXII, e XXX, podendo a lei estabelecer requisitos diferenciados de admissão quando a natureza do cargo o exigir.

§ 4º. O membro de Poder, o detentor de mandato eletivo, os Ministros de Estado e os Secretários Estaduais e Municipais serão remunerados exclusivamente por subsídio fixado em parcela única, vedado o acréscimo de qualquer gratificação, adicional, abono, prêmio, verba de representação ou outra espécie remuneratória, obedecido, em qualquer caso, o disposto no art. 37, X e XI.

§ 5º. Lei da União, dos Estados, do Distrito Federal e dos Municípios poderá estabelecer a relação entre a maior e a menor remuneração dos servidores públicos, obedecido, em qualquer caso, o disposto no art. 37, XI.

§ 6º. Os Poderes Executivo, Legislativo e Judiciário publicarão anualmente os valores do subsídio e da remuneração dos cargos e empregos públicos.

§ 7º. Lei da União, dos Estados, do Distrito Federal e dos Municípios disciplinará a aplicação de recursos orçamentários provenientes da economia com despesas correntes em cada órgão, autarquia e fundação, para aplicação no desenvolvimento de programas de qualidade e produtividade, treinamento e desenvolvimento, modernização, reaparelhamento e racionalização do serviço público, inclusive sob a forma de adicional ou prêmio de produtividade.

§ 8º. A remuneração dos servidores públicos organizados em carreira poderá ser fixada nos termos do § 4º."

Art. 6º. O art. 41 da Constituição Federal passa a vigorar com a seguinte redação:

"**Art. 41.** São estáveis, após três anos de efetivo exercício os servidores nomeados para cargo de provimento efetivo em virtude de concurso público.

§ 1º. O servidor público estável só perderá o cargo:

I – em virtude de sentença judicial transitada em julgado;

EMENDAS CONSTITUCIONAIS

Nº 19

II – mediante processo administrativo em que lhe seja assegurada ampla defesa;

III – mediante procedimento de avaliação periódica de desempenho, na forma de lei complementar, assegurada ampla defesa.

§ 2º. Invalidada por sentença judicial a demissão do servidor estável, será ele reintegrado, e o eventual ocupante da vaga, se estável, reconduzido ao cargo de origem, sem direito à indenização, aproveitado em outro cargo ou posto em disponibilidade com remuneração proporcional ao tempo de serviço.

§ 3º. Extinto o cargo ou declarada sua desnecessidade, o servidor estável ficará em disponibilidade, com remuneração proporcional ao tempo de serviço, até seu adequado aproveitamento em outro cargo.

§ 4º. Como condição para a aquisição da estabilidade, é obrigatória a avaliação especial de desempenho por comissão instituída para essa finalidade."

Art. 7º. O art. 48 da Constituição Federal passa a vigorar acrescido do seguinte inciso XV:

"Art. 48. Cabe ao Congresso Nacional, com a sanção do Presidente da República, não exigida esta para o especificado nos arts. 49, 51 e 52, dispor sobre todas as matérias de competência da União, especialmente sobre:

XV – fixação do subsídio dos Ministros do Supremo Tribunal Federal, por lei de iniciativa conjunta dos Presidentes da República, da Câmara dos Deputados, do Senado Federal e do Supremo Tribunal Federal, observado o que dispõem os arts. 39, § 4º, 150, II, 153, III, e 153, § 2º, I."

Art. 8º. Os incisos VII e VIII do art. 49 da Constituição Federal passam a vigorar com a seguinte redação:

"Art. 49. É da competência exclusiva do Congresso Nacional:

VII – fixar idêntico subsídio para os Deputados Federais e os Senadores, observado o que dispõem os arts. 37, XI, 39, § 4º, 150, II, 153, III, e 153, § 2º, I;

VIII – fixar os subsídios do Presidente e do Vice-Presidente da República e dos Ministros de Estado, observado o que dispõem os arts. 37, XI, 39, § 4º, 150, II, 153, III, e 153, § 2º, I;

Art. 9º. O inciso IV do art. 51 da Constituição Federal passa a vigorar com a seguinte redação:

"Art. 51. Compete privativamente à Câmara dos Deputados:

IV – dispor sobre sua organização, funcionamento, polícia, criação, transformação ou extinção dos cargos, empregos e funções de seus serviços, e a iniciativa de lei para fixação da respectiva remuneração, observados os parâmetros estabelecidos na lei de diretrizes orçamentárias;

Art. 10. O inciso XIII do art. 52 da Constituição Federal passa a vigorar com a seguinte redação:

"Art. 52. Compete privativamente ao Senado Federal:

XIII – dispor sobre sua organização, funcionamento, polícia, criação, transformação ou extinção dos cargos, empregos e funções de seus serviços, e a iniciativa de lei para fixação da respectiva remuneração, observados os parâmetros estabelecidos na lei de diretrizes orçamentárias;

Art. 11. O § 7º do art. 57 da Constituição Federal passa a vigorar com a seguinte redação:

"Art. 57. (...)

§ 7º. Na sessão legislativa extraordinária, o Congresso Nacional somente deliberará sobre a matéria para a qual foi convocado, vedado o pagamento de parcela indenizatória em valor superior ao do subsídio mensal."

Art. 12. O parágrafo único do art. 70 da Constituição Federal passa a vigorar com a seguinte redação:

"Art. 70. (...)

Parágrafo único. Prestará contas qualquer pessoa física ou jurídica, pública ou privada, que utilize, arrecade, guarde, gerencie ou administre dinheiros, bens e valores públicos ou pelos quais a União responda, ou que, em nome desta, assuma obrigações de natureza pecuniária."

Art. 13. O inciso V do art. 93, o inciso III do art. 95 e a alínea "b" do inciso II do art. 96 da Constituição Federal passam a vigorar com a seguinte redação:

"Art. 93. (...)

V – o subsídio dos Ministros dos Tribunais Superiores corresponderá a noventa e cinco por cento do subsídio mensal fixado para os Ministros do Supremo Tribunal Federal e os subsídios dos demais magistrados serão fixados em lei e escalonados, em nível federal e estadual, conforme as respectivas categorias da estrutura judiciária nacional, não podendo a diferença entre uma e outra ser superior a dez por cento ou inferior a cinco por cento, nem exceder a noventa e cinco por cento do subsídio mensal dos Ministros dos Tribunais Superiores, obedecido, em qualquer caso, o disposto nos arts. 37, XI, e 39, § 4º;

"Art. 95. Os juízes gozam das seguintes garantias:

III – irredutibilidade de subsídio, ressalvado o disposto nos arts. 37, X e XI, 39, § 4º, 150, II, 153, III, e 153, § 2º, I.

"Art. 96. Compete privativamente:

II – ao Supremo Tribunal Federal, aos Tribunais Superiores e aos Tribunais de Justiça propor ao

Poder Legislativo respectivo, observado o disposto no art. 169:

....
b) a criação e a extinção de cargos e a remuneração dos seus serviços auxiliares e dos juízos que lhes forem vinculados, bem como a fixação do subsídio de seus membros e dos juizes, inclusive dos tribunais inferiores, onde houver, ressalvado o disposto no art. 48, XV;
...."

Art. 14. O § 2° do art. 127 da Constituição Federal passa a vigorar com a seguinte redação:
"*Art. 127. (...)*
§ 2°. *Ao Ministério Público é assegurada autonomia funcional e administrativa, podendo, observado o disposto no art. 169, propor ao Poder Legislativo a criação e extinção de seus cargos e serviços auxiliares, provendo-os por concurso público de provas ou de provas e títulos, a política remuneratória e os planos de carreira; a lei disporá sobre sua organização e funcionamento.*
...."

Art. 15. A alínea "c" do inciso I do § 5° do art. 128 da Constituição Federal passa a vigorar com a seguinte redação:
"*Art. 128. (...)*
§ 5°. *Leis complementares da União e dos Estados, cuja iniciativa é facultada aos respectivos Procuradores-Gerais, estabelecerão a organização, as atribuições e o estatuto de cada Ministério Público, observadas, relativamente a seus membros:*
I – as seguintes garantias:
....
c) irredutibilidade de subsídio, fixado na forma do art. 39, § 4°, e ressalvado o disposto nos arts. 37, X e XI, 150, II, 153, III, 153, § 2°, I;
...."

Art. 16. A Seção II do Capítulo IV do Título IV da Constituição Federal passa a denominar-se "DA ADVOCACIA PÚBLICA".

Art. 17. O art. 132 da Constituição Federal passa a vigorar com a seguinte redação:
"*Art. 132. Os Procuradores dos Estados e do Distrito Federal, organizados em carreira, na qual o ingresso dependerá de concurso público de provas e títulos, com a participação da Ordem dos Advogados do Brasil em todas as suas fases, exercerão a representação judicial e a consultoria jurídica das respectivas unidades federadas.*
Parágrafo único. Aos procuradores referidos neste artigo é assegurada a estabilidade após três anos de efetivo exercício, mediante avaliação de desempenho perante os órgãos próprios, após relatório circunstanciado das corregedorias."

Art. 18. O art. 135 da Constituição Federal passa a vigorar com a seguinte redação:
"*Art. 135. Os servidores integrantes das carreiras disciplinadas nas Seções II e III deste Capítulo serão remunerados na forma do art. 39, § 4°.*"

Art. 19. O § 1° e seu inciso III e os §§ 2° e 3° do art. 144 da Constituição Federal passam a vigorar com a seguinte redação, inserindo-se no art. § 9°:
"*Art. 144. (...)*
§ 1°. *A polícia federal, instituída por lei como órgão permanente, organizado e mantido pela União e estruturado em carreira, destina-se a:*
....
III – exercer as funções de polícia marítima, aeroportuária e de fronteiras;

§ 2°. *A polícia rodoviária federal, órgão permanente, organizado e mantido pela União e estruturado em carreira, destina-se, na forma da lei, ao patrulhamento ostensivo das rodovias federais.*
§ 3°. *A polícia ferroviária federal, órgão permanente, organizado e mantido pela União e estruturado em carreira, destina-se, na forma da lei, ao patrulhamento ostensivo das ferrovias federais.*

§ 9°. *A remuneração dos servidores policiais integrantes dos órgãos relacionados neste artigo será fixada na forma do § 4° do art. 39.*"

Art. 20. O caput do art. 167 da Constituição Federal passa a vigorar acrescido de inciso X, com a seguinte redação:
"*Art. 167. São vedados:*

X – a transferência voluntária de recursos e a concessão de empréstimos, inclusive por antecipação de receita, pelos Governos Federal e Estaduais e suas instituições financeiras, para pagamento de despesas com pessoal ativo, inativo e pensionista, dos Estados, do Distrito Federal e dos Municípios."

Art. 21. O art. 169 da Constituição Federal passa a vigorar com a seguinte redação:
"*Art. 169. A despesa com pessoal ativo e inativo da União, dos Estados, do Distrito Federal e dos Municípios não poderá exceder os limites estabelecidos em lei complementar.*

§ 1°. *A concessão de qualquer vantagem ou aumento de remuneração, a criação de cargos, empregos e funções ou alteração de estrutura de carreiras, bem como a admissão ou contratação de pessoal, a qualquer título, pelos órgãos e entidades da administração direta ou indireta, inclusive fundações instituídas e mantidas pelo poder público, só poderão ser feitas:*
I – se houver prévia dotação orçamentária suficiente para atender às projeções de despesa de pessoal e aos acréscimos dela decorrentes;
II – se houver autorização específica na lei de diretrizes orçamentárias, ressalvadas as empresas públicas e as sociedades de economia mista.

§ 2°. *Decorrido o prazo estabelecido na lei complementar referida neste artigo para a adaptação aos parâmetros ali previstos, serão imediatamente* suspensos todos os repasses de verbas federais ou estaduais aos Estados, ao Distrito Federal e aos Municípios que não observarem os referidos limites.

§ 3º. Para o cumprimento dos limites estabelecidos com base neste artigo, durante o prazo fixado na lei complementar referida no caput, a União, os Estados, o Distrito Federal e os Municípios adotarão as seguintes providências:

I – redução em pelo menos vinte por cento das despesas com cargos em comissão e funções de confiança;

II – exoneração dos servidores não estáveis.

§ 4º. Se as medidas adotadas com base no parágrafo anterior não forem suficientes para assegurar o cumprimento da determinação da lei complementar referida neste artigo, o servidor estável poderá perder o cargo, desde que ato normativo motivado de cada um dos Poderes especifique a atividade funcional, o órgão ou unidade administrativa objeto da redução de pessoal.

§ 5º. O servidor que perder o cargo na forma do parágrafo anterior fará jus à indenização correspondente a um mês de remuneração por ano de serviço.

§ 6º. O cargo objeto da redução prevista nos parágrafos anteriores será considerado extinto, vedada a criação de cargo, emprego ou função com atribuições iguais ou assemelhadas pelo prazo de quatro anos.

§ 7º. Lei federal disporá sobre as normas gerais a serem obedecidas na efetivação do disposto no § 4º."

Art. 22. O § 1º do art. 173 da Constituição Federal passa a vigorar com a seguinte redação:

"Art. 173. (...)

§ 1º. A lei estabelecerá o estatuto jurídico da empresa pública, da sociedade de economia mista e de suas subsidiárias que explorem atividade econômica de produção ou comercialização de bens ou de prestação de serviços, dispondo sobre:

I – sua função social e formas de fiscalização pelo Estado e pela sociedade;

II – a sujeição ao regime jurídico próprio das empresas privadas, inclusive quanto aos direitos e obrigações civis, comerciais, trabalhistas e tributários;

III – licitação e contratação de obras, serviços, compras e alienações, observados os princípios da administração pública;

IV – a constituição e o funcionamento dos conselhos de administração e fiscal, com a participação de acionistas minoritários;

V – os mandatos, a avaliação de desempenho e a responsabilidade dos administradores.
.... "

Art. 23. O inciso V do art. 206 da Constituição Federal passa a vigorar com a seguinte redação:

"Art. 206. O ensino será ministrado com base nos seguintes princípios:

....

V – valorização dos profissionais do ensino, garantidos, na forma da lei, planos de carreira para o magistério público, com piso salarial profissional e ingresso exclusivamente por concurso público de provas e títulos;
.... "

Art. 24. O art. 241 da Constituição Federal passa a vigorar com a seguinte redação:

"Art. 241. A União, os Estados, o Distrito Federal e os Municípios disciplinarão por meio de lei os consórcios públicos e os convênios de cooperação entre os entes federados, autorizando a gestão associada de serviços públicos, bem como a transferência total ou parcial de encargos, serviços, pessoal e bens essenciais à continuidade dos serviços transferidos."

Art. 25. Até a instituição do fundo a que se refere o inciso XIV do art. 21 da Constituição Federal, compete à União manter os atuais compromissos financeiros com a prestação de serviços públicos do Distrito Federal.

Art. 26. No prazo de dois anos da promulgação desta Emenda, as entidades da administração indireta terão seus estatutos revistos quanto à respectiva natureza jurídica, tendo em conta a finalidade e as competências efetivamente executadas.

Art. 27. O Congresso Nacional, dentro de cento e vinte dias da promulgação desta Emenda, elaborará lei de defesa do usuário de serviços públicos.

Art. 28. É assegurado o prazo de dois anos de efetivo exercício para aquisição da estabilidade aos atuais servidores em estágio probatório, sem prejuízo da avaliação a que se refere o § 4º do art. 41 da Constituição Federal.

Art. 29. Os subsídios, vencimentos, remuneração, proventos da aposentadoria e pensões e quaisquer outras espécies remuneratórias adequar-se-ão, a partir da promulgação desta Emenda, aos limites decorrentes da Constituição Federal, não se admitindo a percepção de excesso a qualquer título.

Art. 30. O projeto de lei complementar a que se refere o art. 163 da Constituição Federal será apresentado pelo Poder Executivo ao Congresso Nacional no prazo máximo de cento e oitenta dias da promulgação desta Emenda.

Art. 31. A pessoa que revestiu a condição de servidor público federal da administração direta, autárquica ou fundacional, de servidor municipal ou de integrante da carreira de policial, civil ou militar, dos ex-Territórios Federais do Amapá e de Roraima e que, comprovadamente, encontrava-se no exercício de suas funções, prestando serviço à administração pública dos ex-Territórios ou de prefeituras neles localizadas, na data em que foram transformados em Estado, ou a condição de servidor ou de policial, civil ou militar, admitido pelos Estados do Amapá e de Roraima, entre a data de sua transformação em Estado e outubro de 1993, bem como a pessoa que comprove ter mantido, nesse período, relação ou vínculo funcional, de caráter efetivo ou não, ou relação ou vínculo empregatício, estatutário ou de trabalho com a administração pública dos ex-Territórios, dos Estados ou das prefeituras neles localizadas ou com empresa pública ou sociedade de economia mista que haja sido constituída pelo ex-Território ou pela União para atuar no âmbito do ex-Território Federal, inclusive as extintas, poderão integrar, mediante opção, quadro em extinção da administração pública federal.

(*) Art. 31, caput, alterado pela EC nº 79, de 27.5.2014, e com redação dada pela EC nº 98, de 6.12.2017.

(*) Vide arts. 2º ao 9º da EC nº 79, de 27.5.2014.

(*) Vide arts. 2º ao 7º da EC nº 98, de 6.12.2017.

§ 1º. O enquadramento referido no caput deste artigo, para os servidores, para os policiais, civis ou militares, e para as pessoas que tenham revestido essa condição, entre a transformação e a instalação dos Estados em outubro de 1993, dar-se-á no cargo em que foram originariamente admitidos ou em cargo equivalente.

(*) § 1º alterado pela EC nº 79, de 27.5.2014, e com redação dada pela EC nº 98, de 6.12.2017.

§ 2º. Os integrantes da carreira policial militar a que se refere o caput continuarão prestando serviços aos respectivos Estados, na condição de cedidos, submetidos às disposições estatutárias a que estão sujeitas as corporações das respectivas Polícias Militares, observados as atribuições de função compatíveis com seu grau hierárquico e o direito às devidas promoções.

(*) § 2º com redação dada pela EC nº 79, de 27.5.2014.

§ 3º. As pessoas a que se refere este artigo prestarão serviços aos respectivos Estados ou a seus Municípios, na condição de servidores cedidos, sem ônus para o cessionário, até seu aproveitamento em órgão ou entidade da administração federal direta, autárquica ou fundacional, podendo os Estados, por conta e delegação da União, adotar os procedimentos necessários à cessão de servidores a seus Municípios.

(*) § 3º acrescido pela EC nº 79, de 27.5.2014, e com redação dada pela EC nº 98, de 6.12.2017.

§ 4º. Para fins do disposto no caput deste artigo, são meios probatórios de relação ou vínculo funcional, empregatício, estatutário ou de trabalho, independentemente da existência de vínculo atual, além dos admitidos em lei:

I – o contrato, o convênio, o ajuste ou o ato administrativo por meio do qual a pessoa tenha revestido a condição de profissional, empregado, servidor público, prestador de serviço ou trabalhador e tenha atuado ou desenvolvido atividade laboral diretamente com o ex-Território, o Estado ou a prefeitura neles localizada, inclusive mediante a interveniência de cooperativa;

II – a retribuição, a remuneração ou o pagamento documentado ou formalizado, à época, mediante depósito em conta-corrente bancária ou emissão de ordem de pagamento, de recibo, de nota de empenho ou de ordem bancária em que se identifique a administração pública do ex-Território, do Estado ou de prefeitura neles localizada como fonte pagadora ou origem direta dos recursos, assim como aquele realizado à conta de recursos oriundos de fundo de participação ou de fundo especial, inclusive em proveito do pessoal integrante das tabelas especiais.

(*) § 4º acrescido pela EC nº 98, de 6.12.2017.

§ 5º. Além dos meios probatórios de que trata o § 4º deste artigo, sem prejuízo daqueles admitidos em lei, o enquadramento referido no caput deste artigo dependerá de a pessoa ter mantido relação ou vínculo funcional, empregatício, estatutário ou de trabalho com o ex-Território ou o Estado que o tenha sucedido por, pelo menos, noventa dias.

(*) § 5º acrescido pela EC nº 98, de 6.12.2017.

§ 6º. As pessoas a que se referem este artigo, para efeito de exercício em órgão ou entidade da administração pública estadual ou municipal dos Estados do Amapá e de Roraima, farão jus à percepção de todas as gratificações e dos demais valores que componham a estrutura remuneratória dos cargos em que tenham sido enquadradas, vedando-se reduzi-los ou

EMENDAS CONSTITUCIONAIS

Nº 20

suprimi-los por motivo de cessão ao Estado ou a seu Município.
(*) § 6º acrescido pela EC nº 98, de 6.12.2017.
(*) V. Lei nº 13.681, de 18.6.2018.

Art. 32. A Constituição Federal passa a vigorar acrescida do seguinte artigo:
"**Art. 247.** As leis previstas no inciso III do § 1º do art. 41 e no § 7º do art. 169 estabelecerão critérios e garantias especiais para a perda do cargo pelo servidor público estável que, em decorrência das atribuições de seu cargo efetivo, desenvolva atividades exclusivas de Estado.
Parágrafo único. Na hipótese de insuficiência de desempenho, a perda do cargo somente ocorrerá mediante processo administrativo em que lhe sejam assegurados o contraditório e a ampla defesa."

Art. 33. Consideram-se servidores não estáveis, para aos fins do art. 169, § 3º, II, da Constituição Federal aqueles admitidos na administração direta, autárquica e fundacional sem concurso público de provas ou de provas e títulos após o dia 5 de outubro de 1983.

Art. 34. Esta Emenda Constitucional entra em vigor na data de sua promulgação.

Brasília, 4 de junho de 1998.

Mesa da Câmara dos Deputados: Deputado Michel Temer, Presidente – Mesa do Senado Federal: Senador Antonio Carlos Magalhães, Presidente – DOU de 5.6.1998.

EMENDA CONSTITUCIONAL Nº 20, DE 15.12.1998

Modifica o sistema de previdência social, estabelece normas de transição e dá outras providências.

As Mesas da Câmara dos Deputados e do Senado Federal, nos termos do § 3º do art. 60 da Constituição Federal, promulgam a seguinte emenda ao texto constitucional:

Art. 1º. A Constituição Federal passa a vigorar com as seguintes alterações:

"*Art. 7º. (...)*

XII – salário-família pago em razão do dependente do trabalhador de baixa renda nos termos da lei;
....
XXXIII – proibição de trabalho noturno, perigoso ou insalubre a menores de dezoito e de qualquer trabalho a menores de dezesseis anos, salvo na condição de aprendiz, a partir de quatorze anos;
...."

"*Art. 37. (...)*
§ 10. É vedada a percepção simultânea de proventos de aposentadoria decorrentes do art. 40 ou dos arts. 42 e 142 com a remuneração de cargo, emprego ou função pública, ressalvados os cargos acumuláveis na forma desta Constituição, os cargos eletivos e os cargos em comissão declarados em lei de livre nomeação e exoneração."

"*Art. 40.* Aos servidores titulares de cargos efetivos da União, dos Estados, do Distrito Federal e dos Municípios, incluídas suas autarquias e fundações, é assegurado regime de previdência de caráter contributivo, observados critérios que preservem o equilíbrio financeiro e atuarial e o disposto neste artigo.

§ 1º. Os servidores abrangidos pelo regime de previdência de que trata este artigo serão aposentados, calculados os seus proventos a partir dos valores fixados na forma do § 3º:

I – por invalidez permanente, sendo os proventos proporcionais ao tempo de contribuição, exceto se decorrente de acidente em serviço, moléstia profissional ou doença grave, contagiosa ou incurável, especificadas em lei;

II – compulsoriamente, aos setenta anos de idade, com proventos proporcionais ao tempo de contribuição;

III – voluntariamente, desde que cumprido tempo mínimo de dez anos de efetivo exercício no serviço público e cinco anos no cargo efetivo em que se dará a aposentadoria, observadas as seguintes condições:

a) sessenta anos de idade e trinta e cinco de contribuição, se homem, e cinquenta e cinco anos de idade e trinta de contribuição, se mulher;

b) sessenta e cinco anos de idade, se homem, e sessenta anos de idade, se mulher, com proventos proporcionais ao tempo de contribuição.

§ 2º. Os proventos de aposentadoria e as pensões, por ocasião de sua concessão, não poderão exceder a remuneração do respectivo servidor, no cargo efetivo em que se deu a aposentadoria ou que serviu de referência para a concessão da pensão.

§ 3º. Os proventos de aposentadoria, por ocasião da sua concessão, serão calculados com base na remuneração do servidor no cargo efetivo em que se der a aposentadoria e, na forma da lei, corresponderão à totalidade da remuneração.

§ 4º. É vedada a adoção de requisitos e critérios diferenciados para a concessão de aposentadoria aos abrangidos pelo regime de que trata este artigo, ressalvados os casos de atividades exercidas exclusivamente sob condições especiais que prejudiquem a saúde ou a integridade física, definidos em lei complementar.

§ 5º. Os requisitos de idade e de tempo de contribuição serão reduzidos em cinco anos, em relação ao disposto no § 1º, III, "a", para o professor que comprove exclusivamente tempo de efetivo exercício das funções de magistério na educação infantil e no ensino fundamental e médio.

§ 6º. Ressalvadas as aposentadorias decorrentes dos cargos acumuláveis na forma desta Constituição, é vedada a percepção de mais de uma aposentadoria à conta do regime de previdência previsto neste artigo.

§ 7º. Lei disporá sobre a concessão do benefício da pensão por morte, que será igual ao valor dos proventos do servidor falecido ou ao valor dos proventos a que teria direito o servidor em atividade na data de seu falecimento, observado o disposto no § 3º.

§ 8º. Observado o disposto no art. 37, XI, os proventos de aposentadoria e as pensões serão revistos na mesma proporção e na mesma data, sempre que se modificar a remuneração dos servidores em atividade, sendo também estendidos aos aposentados e aos pensionistas quaisquer benefícios ou vantagens posteriormente concedidos aos servidores em atividade, inclusive quando decorrentes da transformação ou reclassificação do cargo ou função em que se deu a aposentadoria ou que serviu de referência para a concessão da pensão, na forma da lei.

§ 9º. O tempo de contribuição federal, estadual ou municipal será contado para efeito de aposentadoria e o tempo de serviço correspondente para efeito de disponibilidade.

§ 10. A lei não poderá estabelecer qualquer forma de contagem de tempo de contribuição fictício.

§ 11. Aplica-se o limite fixado no art. 37, XI, à soma total dos proventos de inatividade, inclusive quando decorrentes da acumulação de cargos ou empregos públicos, bem como de outras atividades sujeitas a contribuição para o regime geral de previdência social, e ao montante resultante da adição de proventos de inatividade com remuneração de cargo acumulável na forma desta Constituição, cargo em comissão declarado em lei de livre nomeação e exoneração, e de cargo eletivo.

§ 12. Além do disposto neste artigo, o regime de previdência dos servidores públicos titulares de cargo efetivo observará, no que couber, os requisitos e critérios fixados para o regime geral de previdência social.

§ 13. Ao servidor ocupante, exclusivamente, de cargo em comissão declarado em lei de livre nomeação e exoneração bem como de outro cargo temporário ou de emprego público, aplica-se o regime geral de previdência social.

§ 14. A União, os Estados, o Distrito Federal e os Municípios, desde que instituam regime de previdência complementar para os seus respectivos servidores titulares de cargo efetivo, poderão fixar, para o valor das aposentadorias e pensões a serem concedidas pelo regime de que trata este artigo, o limite máximo estabelecido para os benefícios do regime geral de previdência social de que trata o art. 201.

§ 15. Observado o disposto no art. 202, lei complementar disporá sobre as normas gerais para a instituição de regime de previdência complementar pela União, Estados, Distrito Federal e Municípios, para atender aos seus respectivos servidores titulares de cargo efetivo.

§ 16. Somente mediante sua prévia e expressa opção, o disposto nos §§ 14 e 15 poderá ser aplicado ao servidor que tiver ingressado no serviço público até a data da publicação do ato de instituição do correspondente regime de previdência complementar."

"Art. 42. (...)

§ 1º. Aplicam-se aos militares dos Estados, do Distrito Federal e dos Territórios, além do que vier a ser fixado em lei, as disposições do art. 14, § 8º; do art. 40, § 9º; e do art. 142, §§ 2º e 3º, cabendo a lei estadual específica dispor sobre as matérias do art. 142, § 3º, inciso X, sendo as patentes dos oficiais conferidas pelos respectivos governadores.

§ 2º. Aos militares dos Estados, do Distrito Federal e dos Territórios e a seus pensionistas, aplica-se o disposto no art. 40, §§ 7º e 8º."

"Art. 73. (...)

§ 3º. Os Ministros do Tribunal de Contas da União terão as mesmas garantias, prerrogativas, impedimentos, vencimentos e vantagens dos Ministros do Superior Tribunal de Justiça, aplicando-se-lhes, quanto à aposentadoria e pensão, as normas constantes do art. 40.

...."

"Art. 93. (...)

VI – a aposentadoria dos magistrados e a pensão de seus dependentes observarão o disposto no art. 40;

...."

"Art. 100. (...)

§ 3º. O disposto no caput deste artigo, relativamente à expedição de precatórios, não se aplica aos pagamentos de obrigações definidas em lei como de pequeno valor que a Fazenda Federal, Estadual ou Municipal deva fazer em virtude de sentença judicial transitada em julgado."

"Art. 114. (...)

§ 3º. Compete ainda à Justiça do Trabalho executar, de ofício, as contribuições sociais previstas no art. 195, I, "a", e II, e seus acréscimos legais, decorrentes das sentenças que proferir."

"Art. 142. (...)

§ 3º. (...)

IX – aplica-se aos militares e a seus pensionistas o disposto no art. 40, §§ 7º e 8º;

...."

"Art. 167. (...)

XI – a utilização dos recursos provenientes das contribuições sociais de que trata o art. 195, I, "a", e II, para a realização de despesas distintas do pagamento de benefícios do regime geral de previdência social de que trata o art. 201.

...."

"Art. 194. (...)

Parágrafo único. (...)

VII – caráter democrático e descentralizado da administração, mediante gestão quadripartite, com participação dos trabalhadores, dos empregadores, dos aposentados e do Governo nos órgãos colegiados."

"Art. 195. (...)

I – do empregador, da empresa e da entidade a ela equiparada na forma da lei, incidentes sobre:

a) a folha de salários e demais rendimentos do trabalho pagos ou creditados, a qualquer título, à pessoa física que lhe preste serviço, mesmo sem vínculo empregatício;

b) a receita ou o faturamento;
c) o lucro;

II – do trabalhador e dos demais segurados da previdência social, não incidindo contribuição sobre aposentadoria e pensão concedidas pelo regime geral de previdência social de que trata o art. 201;
....

§ 8º. O produtor, o parceiro, o meeiro e o arrendatário rurais e o pescador artesanal, bem como os respectivos cônjuges, que exerçam suas atividades em regime de economia familiar, sem empregados permanentes, contribuirão para a seguridade social mediante a aplicação de uma alíquota sobre o resultado da comercialização da produção e farão jus aos benefícios nos termos da lei.

§ 9º. As contribuições sociais previstas no inciso I deste artigo poderão ter alíquotas ou bases de cálculo diferenciadas, em razão da atividade econômica ou da utilização intensiva de mão de obra.

§ 10. A lei definirá os critérios de transferência de recursos para o sistema único de saúde e ações de assistência social da União para os Estados, o Distrito Federal e os Municípios, e dos Estados para os Municípios, observada a respectiva contrapartida de recursos.

§ 11. É vedada a concessão de remissão ou anistia das contribuições sociais de que tratam os incisos I, "a", e II deste artigo, para débitos em montante superior ao fixado em lei complementar."

"Art. 201. A previdência social será organizada sob a forma de regime geral, de caráter contributivo e de filiação obrigatória, observados critérios que preservem o equilíbrio financeiro e atuarial, e atenderá, nos termos da lei, a:

I – cobertura dos eventos de doença, invalidez, morte e idade avançada;

II – proteção à maternidade, especialmente à gestante;

III – proteção ao trabalhador em situação de desemprego involuntário;

IV – salário-família e auxílio-reclusão para os dependentes dos segurados de baixa renda;

V – pensão por morte do segurado, homem ou mulher, ao cônjuge ou companheiro e dependentes, observado o disposto no § 2º.

§ 1º. É vedada a adoção de requisitos e critérios diferenciados para a concessão de aposentadoria aos beneficiários do regime geral de previdência social, ressalvados os casos de atividades exercidas sob condições especiais que prejudiquem a saúde ou a integridade física, definidos em lei complementar.

§ 2º. Nenhum benefício que substitua o salário de contribuição ou o rendimento do trabalho do segurado terá valor mensal inferior ao salário mínimo.

§ 3º. Todos os salários de contribuição considerados para o cálculo de benefício serão devidamente atualizados, na forma da lei.

§ 4º. É assegurado o reajustamento dos benefícios para preservar-lhes, em caráter permanente, o valor real, conforme critérios definidos em lei.

§ 5º. É vedada a filiação ao regime geral de previdência social, na qualidade de segurado facultativo, de pessoa participante de regime próprio de previdência.

§ 6º. A gratificação natalina dos aposentados e pensionistas terá por base o valor dos proventos do mês de dezembro de cada ano.

§ 7º. É assegurada aposentadoria no regime geral de previdência social, nos termos da lei, obedecidas as seguintes condições:

I – trinta e cinco anos de contribuição, se homem, e trinta anos de contribuição, se mulher;

II – sessenta e cinco anos de idade, se homem, e sessenta anos de idade, se mulher, reduzido em cinco anos o limite para os trabalhadores rurais de ambos os sexos e para os que exerçam suas atividades em regime de economia familiar, nestes incluídos o produtor rural, o garimpeiro e o pescador artesanal.

§ 8º. Os requisitos a que se refere o inciso I do parágrafo anterior serão reduzidos em cinco anos, para o professor que comprove exclusivamente tempo de efetivo exercício das funções de magistério na educação infantil e no ensino fundamental e médio.

§ 9º. Para efeito de aposentadoria, é assegurada a contagem recíproca do tempo de contribuição na administração pública e na atividade privada, rural e urbana, hipótese em que os diversos regimes de previdência social se compensarão financeiramente, segundo critérios estabelecidos em lei.

§ 10. Lei disciplinará a cobertura do risco de acidente do trabalho, a ser atendida concorrentemente pelo regime geral de previdência social e pelo setor privado.

§ 11. Os ganhos habituais do empregado, a qualquer título, serão incorporados ao salário para efeito de contribuição previdenciária e consequente repercussão em benefícios, nos casos e na forma da lei."

"Art. 202. O regime de previdência privada, de caráter complementar e organizado de forma autônoma em relação ao regime geral de previdência social, será facultativo, baseado na constituição de reservas que garantam o benefício contratado, e regulado por lei complementar.

§ 1º. A lei complementar de que trata este artigo assegurará ao participante de planos de benefícios de entidades de previdência privada o pleno acesso às informações relativas à gestão de seus respectivos planos.

§ 2º. As contribuições do empregador, os benefícios e as condições contratuais previstas nos estatutos, regulamentos e planos de benefícios das entidades de previdência privada não integram o contrato de trabalho dos participantes, assim como, à exceção dos benefícios concedidos, não integram a remuneração dos participantes, nos termos da lei.

§ 3º. É vedado o aporte de recursos a entidade de previdência privada pela União, Estados, Distrito Federal e Municípios, suas autarquias, fundações, empresas públicas, sociedades de economia mista e outras entidades públicas, salvo na qualidade de patrocinador, situação na qual, em hipótese alguma, sua contribuição normal poderá exceder a do segurado.

§ 4º. Lei complementar disciplinará a relação entre a União, Estados, Distrito Federal ou Municípios, inclusive suas autarquias, fundações, sociedades de economia mista e empresas controladas direta ou indiretamente, enquanto patrocinadoras de entidades fechadas de previdência privada, e suas respectivas entidades fechadas de previdência privada.

§ 5º. A lei complementar de que trata o parágrafo anterior aplicar-se-á, no que couber, às empresas privadas permissionárias ou concessionárias de prestação de serviços públicos, quando patrocinadoras de entidades fechadas de previdência privada.

§ 6º. A lei complementar a que se refere o § 4º deste artigo estabelecerá os requisitos para a designação dos membros das diretorias das entidades fechadas de previdência privada e disciplinará a inserção dos participantes nos colegiados e instâncias de decisão em que seus interesses sejam objeto de discussão e deliberação."

Art. 2º. A Constituição Federal, nas Disposições Constitucionais Gerais, é acrescida dos seguintes artigos:

"*Art. 248.* Os benefícios pagos, a qualquer título, pelo órgão responsável pelo regime geral de previdência social, ainda que à conta do Tesouro Nacional, e os não sujeitos ao limite máximo de valor fixado para os benefícios concedidos por esse regime observarão os limites fixados no art. 37, XI.

Art. 249. Com o objetivo de assegurar recursos para o pagamento de proventos de aposentadoria e pensões concedidas aos respectivos servidores e seus dependentes, em adição aos recursos dos respectivos tesouros, a União, os Estados, o Distrito Federal e os Municípios poderão constituir fundos integrados pelos recursos provenientes de contribuições e por bens, direitos e ativos de qualquer natureza, mediante lei que disporá sobre a natureza e administração desses fundos.

Art. 250. Com o objetivo de assegurar recursos para o pagamento dos benefícios concedidos pelo regime geral de previdência social, em adição aos recursos de sua arrecadação, a União poderá constituir fundo integrado por bens, direitos e ativos de qualquer natureza, mediante lei que disporá sobre a natureza e administração desse fundo."

Art. 3º. É assegurada a concessão de aposentadoria e pensão, a qualquer tempo, aos servidores públicos e aos segurados do regime geral de previdência social, bem como aos seus dependentes, que, até a data da publicação desta Emenda, tenham cumprido os requisitos para a obtenção destes benefícios, com base nos critérios da legislação então vigente.

§ 1º. O servidor de que trata este artigo, que tenha completado as exigências para aposentadoria integral e que opte por permanecer em atividade fará jus à isenção da contribuição previdenciária até completar as exigências para aposentadoria contidas no art. 40, § 1º, III, "a", da Constituição Federal.

§ 2º. Os proventos da aposentadoria a ser concedida aos servidores públicos referidos no *caput*, em termos integrais ou proporcionais ao tempo de serviço já exercido até a data de publicação desta Emenda, bem como as pensões de seus dependentes, serão calculados de acordo com a legislação em vigor à época em que foram atendidas as prescrições nela estabelecidas para a concessão destes benefícios ou nas condições da legislação vigente.

§ 3º. São mantidos todos os direitos e garantias assegurados nas disposições constitucionais vigentes à data de publicação desta Emenda aos servidores e militares, inativos e pensionistas, aos anistiados e aos ex-combatentes, assim como àqueles que já cumpriram, até aquela data, os requisitos para usufruírem tais direitos, observado o disposto no art. 37, XI, da Constituição Federal.

Art. 4º. Observado o disposto no art. 40, § 10, da Constituição Federal, o tempo de serviço considerado pela legislação vigente para efeito de aposentadoria, cumprido até que a lei discipline a matéria, será contado como tempo de contribuição.

(*) Vide art. 9º desta EC nº 20, de 15.12.1998.
(*) Vide art. 2º da EC nº 41, de 19.12.2003.

Art. 5º. O disposto no art. 202, § 3º, da Constituição Federal, quanto à exigência de paridade entre a contribuição da patrocinadora e a contribuição do segurado, terá vigência no prazo de dois anos a partir da publicação desta Emenda, ou, caso ocorra antes, na data de publicação da lei complementar a que se refere o § 4º do mesmo artigo.

Art. 6º. As entidades fechadas de previdência privada patrocinadas por entidades públicas, inclusive empresas públicas e sociedades de economia mista, deverão rever, no prazo de dois anos, a contar da publicação desta Emenda, seus planos de benefícios e serviços, de modo a ajustá-los atuarialmente a seus ativos, sob pena de intervenção, sendo seus dirigentes e os de suas respectivas patrocinadoras responsáveis civil e criminalmente pelo descumprimento do disposto neste artigo.

Art. 7º. Os projetos das leis complementares previstas no art. 202 da Constituição Federal deverão ser apresentados ao Congresso Nacional no prazo máximo de noventa dias após a publicação desta Emenda.

Art. 8º. (Revogado).
(*) *Art. 8º revogado pela EC nº 41, de 19.12.2003.*

Art. 9º. (Revogado).
(*) *Art. 9º revogado pela EC nº 103, de 12.11.2019.*

Art. 10. (Revogado).
(*) *Art. 10 revogado pela EC nº 41, de 19.12.2003.*

Art. 11. A vedação prevista no art. 37, § 10, da Constituição Federal, não se aplica aos membros de poder e aos inativos, servidores e militares, que, até a publicação desta Emenda, tenham ingressado novamente no serviço público por concurso público de provas ou de provas e títulos, e pelas demais formas previstas na Constituição Federal, sendo-lhes proibida a percepção de mais de uma aposentadoria pelo regime de previdência a que se refere o art. 40 da Constituição Federal, aplicando-se-lhes, em qualquer hipótese, o limite de que trata o § 11 deste mesmo artigo.

Art. 12. Até que produzam efeitos as leis que irão dispor sobre as contribuições de que trata o art. 195 da Constituição Federal, são exigíveis as estabelecidas em lei, destinadas ao custeio da seguridade social e dos diversos regimes previdenciários.

Art. 13. (Revogado).
(*) *Art. 13 revogado pela EC nº 103, de 12.11.2019.*

Art. 14. O limite máximo para o valor dos benefícios do regime geral de previdência social de que trata o art. 201 da Constituição Federal é fixado em R$ 1.200,00 (um mil e duzentos reais), devendo, a partir da data da publicação desta Emenda, ser reajustado de forma a preservar, em caráter permanente, seu valor real, atualizado pelos mesmos índices aplicados aos benefícios do regime geral de previdência social.

Art. 15. (Revogado).
(*) *Art. 15 revogado pela EC nº 103, de 12.11.2019.*

Art. 16. Esta Emenda Constitucional entra em vigor na data de sua publicação.

Art. 17. Revoga-se o inciso II do § 2º do art. 153 da Constituição Federal.

Brasília, 15 de dezembro de 1998.

Mesa da Câmara dos Deputados: Deputado Michel Temer, Presidente – Mesa do Senado Federal: Senador Antonio Carlos Magalhães, Presidente – DOU de 16.12.1998.

EMENDA CONSTITUCIONAL Nº 21, DE 18.3.1999

Prorroga, alterando a alíquota, a contribuição provisória sobre movimentação ou transmissão de valores e de créditos e de direitos de natureza financeira, a que se refere o art. 74 do Ato das Disposições Constitucionais Transitórias.

As Mesas da Câmara dos Deputados e do Senado Federal, nos termos do § 3º do art. 60 da Constituição Federal, promulgam a seguinte Emenda ao texto constitucional:

Art. 1º. Fica incluído o art. 75 no Ato das Disposições Constitucionais Transitórias, com a seguinte redação:

"*Art. 75. É prorrogada, por trinta e seis meses, a cobrança da contribuição provisória sobre movimentação ou transmissão de valores e de créditos e direitos de natureza financeira de que trata o art. 74, instituída pela Lei nº 9.311, de 24 de outubro de 1996, modificada pela Lei nº 9.539, de 12 de dezembro de 1997, cuja vigência é também prorrogada por idêntico prazo.*

§ 1º. Observado o disposto no § 6º do art. 195 da Constituição Federal, a alíquota da contribuição será de trinta e oito centésimos por cento, nos primeiros doze meses, e de trinta centésimos, nos meses subsequentes, facultado ao Poder Executivo reduzi-la total ou parcialmente, nos limites aqui definidos.

§ 2º. O resultado do aumento da arrecadação, decorrente da alteração da alíquota, nos exercícios financeiros de 1999, 2000 e 2001, será destinado ao custeio da previdência social.

§ 3º. É a União autorizada a emitir títulos da dívida pública interna, cujos recursos serão destinados ao custeio da saúde e da previdência social, em montante equivalente ao produto da arrecadação da contribuição, prevista e não realizada em 1999."

Art. 2º. Esta Emenda entra em vigor na data de sua publicação.

Brasília, 18 de março de 1999.

Mesa da Câmara dos Deputados: Deputado Michel Temer, Presidente – Mesa do Senado

EMENDA CONSTITUCIONAL Nº 22, DE 18.3.1999

Federal: Senador Antonio Carlos Magalhães, Presidente – DOU de 19.3.1999.

Acrescenta parágrafo único ao art. 98 e altera as alíneas "i" do inciso I do art. 102 e "c" do inciso I do art. 105 da Constituição Federal.

As Mesas da Câmara dos Deputados e do Senado Federal, nos termos do § 3º do art. 60 da Constituição Federal, promulgam a seguinte Emenda ao texto constitucional:

Art. 1º. É acrescentado ao art. 98 da Constituição Federal o seguinte parágrafo único:

"*Art. 98. (...)*

Parágrafo único. Lei federal disporá sobre a criação de juizados especiais no âmbito da Justiça Federal."

Art. 2º. A alínea "i" do inciso I do art. 102 da Constituição Federal passa a vigorar com a seguinte redação:

"*Art. 102. (...)*

I – (...)

i) o habeas corpus, quando o coator for Tribunal Superior ou quando o coator ou o paciente for autoridade ou funcionário cujos atos estejam sujeitos diretamente à jurisdição do Supremo Tribunal Federal, ou se trate de crime sujeito à mesma jurisdição em uma única instância;

...."

Art. 3º. A alínea "c" do inciso I do art. 105 da Constituição Federal passa a vigorar com a seguinte redação:

"*Art. 105. (...)*

I – (...)

c) os habeas corpus, quando o coator ou o paciente for qualquer das pessoas mencionadas na alínea "a", quando coator for tribunal, sujeito à sua jurisdição, ou Ministro de Estado, ressalvada a competência da Justiça Eleitoral;

...."

Art. 4º. Esta Emenda Constitucional entra em vigor na data de sua publicação.

Brasília, 18 de março de 1999.

Mesa da Câmara dos Deputados: Deputado Michel Temer, Presidente – Mesa do Senado Federal: Senador Antonio Carlos Magalhães, Presidente – DOU de 19.3.1999.

EMENDA CONSTITUCIONAL Nº 23, DE 2.9.1999

Altera os arts. 12, 52, 84, 91, 102 e 105 da Constituição Federal (criação do Ministério da Defesa).

As Mesas da Câmara dos Deputados e do Senado Federal, nos termos do § 3º do art. 60 da Constituição Federal, promulgam a seguinte Emenda ao texto constitucional:

Art. 1º. Os arts. 12, 52, 84, 91, 102 e 105 da Constituição Federal, passam a vigorar com as seguintes alterações:

"*Art. 12. (...)*

§ 3º. (...)

VII – de Ministro de Estado da Defesa.

...."

"*Art. 52. (...)*

I – processar e julgar o Presidente e o Vice-Presidente da República nos crimes de responsabilidade, bem como os Ministros de Estado e os Comandantes da Marinha, do Exército e da Aeronáutica nos crimes da mesma natureza conexos com aqueles;

...."

"*Art. 84. (...)*

XIII – exercer o comando supremo das Forças Armadas, nomear os Comandantes da Marinha, do Exército e da Aeronáutica, promover seus oficiais-generais e nomeá-los para os cargos que lhes são privativos;

...."

"*Art. 91. (...)*

V – o Ministro de Estado da Defesa;

....

VIII – os Comandantes da Marinha, do Exército e da Aeronáutica.

...."

"*Art. 102. (...)*

I – (...)

c) nas infrações penais comuns e nos crimes de responsabilidade, os Ministros de Estado e os Comandantes da Marinha, do Exército e da Aeronáutica, ressalvado o disposto no art. 52, I, os membros dos Tribunais Superiores, os do Tribunal de Contas da União e os chefes de missão diplomática de caráter permanente;

...."

"*Art. 105. (...)*

I – (...)

b) os mandados de segurança e os habeas data contra ato de Ministro de Estado, dos Comandantes da Marinha, do Exército e da Aeronáutica ou do próprio Tribunal;

c) os habeas corpus, quando o coator ou paciente for qualquer das pessoas mencionadas na alínea "a", ou quando o coator for tribunal sujeito à sua jurisdição, Ministro de Estado ou Comandante da

Marinha, do Exército ou da Aeronáutica, ressalvada a competência da Justiça Eleitoral;

...."

Art. 2º. Esta Emenda Constitucional entra em vigor na data de sua publicação.

Brasília, 2 de setembro de 1999.

Mesa da Câmara dos Deputados: Deputado Michel Temer, Presidente – Mesa do Senado Federal: Senador Antonio Carlos Magalhães, Presidente – DOU de 3.9.1999.

EMENDA CONSTITUCIONAL Nº 24, DE 9.12.1999

Altera dispositivos da Constituição Federal pertinentes à representação classistas na Justiça do Trabalho.

As Mesas da Câmara dos Deputados e do Senado Federal, nos termos do § 3º do art. 60 da Constituição Federal, promulgam a seguinte Emenda ao texto constitucional:

Art. 1º. Os arts. 111, 112, 113, 115 e 116 da Constituição Federal passam a vigorar com a seguinte redação:

"*Art. 111. (...)*

III – Juízes do Trabalho.

§ 1º. O Tribunal Superior do Trabalho compor-se-á de dezessete Ministros, togados e vitalícios, escolhidos dentre brasileiros com mais de trinta e cinco e menos de sessenta e cinco anos, nomeados pelo Presidente da República, após aprovação pelo Senado Federal, dos quais onze escolhidos dentre juízes dos Tribunais Regionais do Trabalho, integrantes da carreira da magistratura trabalhista, três dentre advogados e três dentre membros do Ministério Público do Trabalho.

I – (revogado).

II – (revogado).

§ 2º. O Tribunal encaminhará ao Presidente da República listas tríplices, observando-se, quanto às vagas destinadas aos advogados e aos membros do Ministério Público, o disposto no art. 94; as listas tríplices para o provimento de cargos destinados aos juízes da magistratura trabalhista de carreira deverão ser elaboradas pelos Ministros togados e vitalícios.

...."

"Art. 112. Haverá pelo menos um Tribunal Regional do Trabalho em cada Estado e no Distrito Federal, e a lei instituirá as Varas do Trabalho, podendo, nas comarcas onde não forem instituídas, atribuir sua jurisdição aos juízes de direito."

"Art. 113. A lei disporá sobre a constituição, investidura, jurisdição, competência, garantias e condições de exercício dos órgãos da Justiça do Trabalho."

"Art. 115. Os Tribunais Regionais do Trabalho serão compostos de juízes nomeados pelo Presidente da República, observada a proporcionalidade estabelecida no § 2º do art. 111.

Parágrafo único. (...)

III – (revogado)."

"Art. 116. Nas Varas do Trabalho, a jurisdição será exercida por um juiz singular.

Parágrafo único. (Revogado)."

Art. 2º. É assegurado o cumprimento dos mandatos dos atuais ministros classistas temporários do Tribunal Superior do Trabalho e dos atuais juízes classistas temporários dos Tribunais Regionais do Trabalho e das Juntas de Conciliação e Julgamento.

Art. 3º. Esta Emenda Constitucional entra em vigor na data de sua publicação.

Art. 4º. Revoga-se o art. 117 da Constituição Federal.

Brasília, em 9 de dezembro de 1999.

Mesa da Câmara dos Deputados: Deputado Michel Temer, Presidente – Mesa do Senado Federal: Senador Antonio Carlos Magalhães, Presidente – DOU de 10.12.1999.

EMENDA CONSTITUCIONAL Nº 25, DE 14.2.2000

Altera o inciso VI do art. 29 e acrescenta o art. 29-A à Constituição Federal, que dispõem sobre limites de despesas com o Poder Legislativo Municipal.

As Mesas da Câmara dos Deputados e do Senado Federal, nos termos do § 3º do art. 60 da Constituição Federal, promulgam a seguinte Emenda ao texto constitucional:

Art. 1º. O inciso VI do art. 29 da Constituição Federal passa a vigorar com a seguinte redação:

"*Art. 29. (...)*

VI – o subsídio dos Vereadores será fixado pelas respectivas Câmaras Municipais em cada legislatura para a subsequente, observado o que dispõe esta Constituição, observados os critérios estabelecidos na respectiva Lei Orgânica e os seguintes limites máximos:

a) em Municípios de até dez mil habitantes, o subsídio máximo dos Vereadores corresponderá a vinte por cento do subsídio dos Deputados Estaduais;

b) em Municípios de dez mil e um a cinquenta mil habitantes, o subsídio máximo dos Vereadores corresponderá a trinta por cento do subsídio dos Deputados Estaduais;

c) em Municípios de cinquenta mil e um a cem mil habitantes, o subsídio máximo dos Vereadores corresponderá a quarenta por cento do subsídio dos Deputados Estaduais;

d) em Municípios de cem mil e um a trezentos mil habitantes, o subsídio máximo dos Vereadores corresponderá a cinquenta por cento do subsídio dos Deputados Estaduais;

e) em Municípios de trezentos mil e um a quinhentos mil habitantes, o subsídio máximo dos Vereadores corresponderá a sessenta por cento do subsídio dos Deputados Estaduais;

f) em Municípios de mais de quinhentos mil habitantes, o subsídio máximo dos Vereadores corresponderá a setenta e cinco por cento do subsídio dos Deputados Estaduais;
...."

Art. 2º. A Constituição Federal passa a vigorar acrescida do seguinte art. 29-A:

"**Art. 29-A.** O total da despesa do Poder Legislativo Municipal, incluídos os subsídios dos Vereadores e excluídos os gastos com inativos, não poderá ultrapassar os seguintes percentuais, relativos ao somatório da receita tributária e das transferências previstas no § 5º do art. 153 e nos arts. 158 e 159, efetivamente realizado no exercício anterior:

I – oito por cento para Municípios com população de até cem mil habitantes;

II – sete por cento para Municípios com população entre cem mil e um e trezentos mil habitantes;

III – seis por cento para Municípios com população entre trezentos mil e um e quinhentos mil habitantes;

IV – cinco por cento para Municípios com população acima de quinhentos mil habitantes.

§ 1º. A Câmara Municipal não gastará mais de setenta por cento de sua receita com folha de pagamento, incluído o gasto com o subsídio de seus Vereadores.

§ 2º. Constitui crime de responsabilidade do Prefeito Municipal:

I – efetuar repasse que supere os limites definidos neste artigo;

II – não enviar o repasse até o dia vinte de cada mês; ou

III – enviá-lo a menor em relação à proporção fixada na Lei Orçamentária.

§ 3º. Constitui crime de responsabilidade do Presidente da Câmara Municipal o desrespeito ao § 1º deste artigo."

Art. 3º. Esta Emenda Constitucional entra em vigor em 1º de janeiro de 2001.

Brasília, 14 de fevereiro de 2000.

Mesa da Câmara dos Deputados: Deputado Michel Temer, Presidente – Mesa do Senado Federal: Senador Antonio Carlos Magalhães, Presidente – DOU de 15.2.2000.

EMENDA CONSTITUCIONAL Nº 26, DE 14.2.2000

Altera a redação do art. 6º da Constituição Federal.

As Mesas da Câmara dos Deputados e do Senado Federal, nos termos do § 3º do art. 60 da Constituição Federal, promulgam a seguinte Emenda ao texto constitucional:

Art. 1º. O art. 6º da Constituição Federal passa a vigorar com a seguinte redação:

"**Art. 6º.** São direitos sociais a educação, a saúde, o trabalho, a moradia, o lazer, a segurança, a previdência social, a proteção à maternidade e à infância, a assistência aos desamparados, na forma desta Constituição."

Art. 2º. Esta Emenda Constitucional entra em vigor na data de sua publicação.

Brasília, 14 de fevereiro de 2000.

Mesa da Câmara dos Deputados: Deputado Michel Temer, Presidente – Mesa do Senado Federal: Senador Antonio Carlos Magalhães, Presidente – DOU de 15.2.2000.

EMENDA CONSTITUCIONAL Nº 27, DE 21.3.2000

Acrescenta o art. 76 ao Ato das Disposições Constitucionais Transitórias, instituindo a desvinculação de arrecadação de impostos e contribuições sociais da União.

As Mesas da Câmara dos Deputados e do Senado Federal, nos termos do § 3º do art. 60 da Constituição Federal, promulgam a seguinte Emenda ao texto constitucional:

Art. 1º. É incluído o art. 76 ao Ato das Disposições Constitucionais Transitórias, com a seguinte redação:

"**Art. 76.** É desvinculado de órgão, fundo ou despesa, no período de 2000 a 2003, vinte por cento da arrecadação de impostos e contribuições sociais da União, já instituídos ou que vierem a ser criados no referido período, seus adicionais e respectivos acréscimos legais.

§ 1º. O disposto no caput deste artigo não reduzirá a base de cálculo das transferências a Estados, Distrito Federal e Municípios na forma dos arts. 153, § 5º; 157, I; l58, I e II; e 159, I, "a" e "b", e II, da Constituição, bem como a base de cálculo das aplicações em programas de financiamento ao setor produtivo das regiões Norte, Nordeste e Centro-Oeste a que se refere o art. 159, I, "c", da Constituição.

§ 2°. *Excetua-se da desvinculação de que trata o caput deste artigo a arrecadação da contribuição social do salário-educação a que se refere o art. 212, § 5°, da Constituição."*

Art. 2°. Esta Emenda Constitucional entra em vigor na data de sua publicação.

Brasília, 21 de março de 2000.

Mesa da Câmara dos Deputados: Deputado Michel Temer, Presidente – Mesa do Senado Federal: Senador Antônio Carlos Magalhães, Presidente – DOU de 22.3.2000.

EMENDA CONSTITUCIONAL N° 28, DE 25.5.2000

Dá nova redação ao inciso XXIX do art. 7° e revoga o art. 233 da Constituição Federal.

As Mesas da Câmara dos Deputados e do Senado Federal, nos termos do § 3° do art. 60 da Constituição Federal, promulgam a seguinte emenda ao texto constitucional:

Art. 1°. O inciso XXIX do art. 7° da Constituição Federal passa a vigorar com a seguinte redação:

"Art. 7°. (...)

XXIX – ação, quanto aos créditos resultantes das relações de trabalho, com prazo prescricional de cinco anos para os trabalhadores urbanos e rurais, até o limite de dois anos após a extinção do contrato de trabalho; (NR)

a) (revogada);
b) (revogada)."

Art. 2°. Revoga-se o art. 233 da Constituição Federal.

Art. 3°. Esta Emenda Constitucional entra em vigor na data de sua publicação.

Brasília, em 25 de maio de 2000.

Mesa da Câmara dos Deputados: Deputado Michel Temer, Presidente – Mesa do Senado Federal: Senador Antonio Carlos Magalhães, Presidente – DOU de 26.5.2000 – Retificado em 29.5.2000.

EMENDA CONSTITUCIONAL N° 29, DE 13.9.2000

Altera os arts. 34, 35, 156, 160, 167 e 198 da Constituição Federal e acrescenta artigo ao Ato das Disposições Constitucionais Transitórias, para assegurar os recursos mínimos para o financiamento das ações e serviços públicos de saúde.

As Mesas da Câmara dos Deputados e do Senado Federal, nos termos do § 3° do art. 60 da Constituição Federal, promulgam a seguinte Emenda ao texto constitucional:

Art. 1°. A alínea "e" do inciso VII do art. 34 passa a vigorar com a seguinte redação:

"Art. 34. (...)
VII – (...)
e) aplicação do mínimo exigido da receita resultante de impostos estaduais, compreendida a proveniente de transferências, na manutenção e desenvolvimento do ensino e nas ações e serviços públicos de saúde."

Art. 2°. O inciso III do art. 35 passa a vigorar com a seguinte redação:

"Art. 35. (...)
III – não tiver sido aplicado o mínimo exigido da receita municipal na manutenção e desenvolvimento do ensino e nas ações e serviços públicos de saúde;"

Art. 3°. O § 1° do art. 156 da Constituição Federal passa a vigorar com a seguinte redação:

"Art. 156. (...)
§ 1°. Sem prejuízo da progressividade no tempo a que se refere o art. 182, § 4°, inciso II, o imposto previsto no inciso I poderá:
I – ser progressivo em razão do valor do imóvel; e
II – ter alíquotas diferentes de acordo com a localização e o uso do imóvel.
...."

Art. 4°. O parágrafo único do art. 160 passa a vigorar com a seguinte redação:

"Art. 160. (...)
Parágrafo único. A vedação prevista neste artigo não impede a União e os Estados de condicionarem a entrega de recursos:
I – ao pagamento de seus créditos, inclusive de suas autarquias;
II – ao cumprimento do disposto no art. 198, § 2°, incisos II e III."

Art. 5°. O inciso IV do art. 167 passa a vigorar com a seguinte redação:

"Art. 167. (...)
IV – a vinculação de receita de impostos a órgão, fundo ou despesa, ressalvadas a repartição do produto da arrecadação dos impostos a que se referem os arts. 158 e 159, a destinação de recursos para as ações e serviços públicos de saúde e para manutenção e desenvolvimento do ensino, como determinado, respectivamente, pelos arts. 198, § 2°, e 212, e a prestação de garantias às operações de crédito por antecipação de receita, previstas no art. 165, § 8°, bem como o disposto no § 4° deste artigo;
...."

Art. 6°. O art. 198 passa a vigorar acrescido dos seguintes §§ 2° e 3°, numerando-se o atual parágrafo único como § 1°:

N° 30 — EMENDAS CONSTITUCIONAIS

"Art. 198. (...)

§ 1°. (parágrafo único original). (...)

§ 2°. A União, os Estados, o Distrito Federal e os Municípios aplicarão, anualmente, em ações e serviços públicos de saúde recursos mínimos derivados da aplicação de percentuais calculados sobre:

I – no caso da União, na forma definida nos termos da lei complementar prevista no § 3°;

II – no caso dos Estados e do Distrito Federal, o produto da arrecadação dos impostos a que se refere o art. 155 e dos recursos de que tratam os arts. 157 e 159, inciso I, alínea "a", e inciso II, deduzidas as parcelas que forem transferidas aos respectivos Municípios;

III – no caso dos Municípios e do Distrito Federal, o produto da arrecadação dos impostos a que se refere o art. 156 e dos recursos de que tratam os arts. 158 e 159, inciso I, alínea "b" e § 3°.

§ 3°. Lei complementar, que será reavaliada pelo menos a cada cinco anos, estabelecerá:

I – os percentuais de que trata o § 2°;

II – os critérios de rateio dos recursos da União vinculados à saúde destinados aos Estados, ao Distrito Federal e aos Municípios, e dos Estados destinados a seus respectivos Municípios, objetivando a progressiva redução das disparidades regionais;

III – as normas de fiscalização, avaliação e controle das despesas com saúde nas esferas federal, estadual, distrital e municipal;

IV – as normas de cálculo do montante a ser aplicado pela União."

Art. 7°. O Ato das Disposições Constitucionais Transitórias passa a vigorar acrescido do seguinte art. 77:

"Art. 77. Até o exercício financeiro de 2004, os recursos mínimos aplicados nas ações e serviços públicos de saúde serão equivalentes:

I – no caso da União:

a) no ano 2000, o montante empenhado em ações e serviços públicos de saúde no exercício financeiro de 1999 acrescido de, no mínimo, cinco por cento;

b) do ano 2001 ao ano 2004, o valor apurado no ano anterior, corrigido pela variação nominal do Produto Interno Bruto – PIB;

II – no caso dos Estados e do Distrito Federal, doze por cento do produto da arrecadação dos impostos a que se refere o art. 155 e dos recursos de que tratam os arts. 157 e 159, inciso I, alínea "a", e inciso II, deduzidas as parcelas que forem transferidas aos respectivos Municípios; e

III – no caso dos Municípios e do Distrito Federal, quinze por cento do produto da arrecadação dos impostos a que se refere o art. 156 e dos recursos de que tratam os arts. 158 e 159, inciso I, alínea "b" e § 3°.

§ 1°. Os Estados, o Distrito Federal e os Municípios que apliquem percentuais inferiores aos fixados nos incisos II e III deverão elevá-los gradualmente, até o exercício financeiro de 2004, reduzida a diferença à razão de, pelo menos, um quinto por ano, sendo que, a partir de 2000, a aplicação será de pelo menos sete por cento.

§ 2°. Dos recursos da União apurados nos termos deste artigo, quinze por cento, no mínimo, serão aplicados nos Municípios, segundo o critério populacional, em ações e serviços básicos de saúde, na forma da lei.

§ 3°. Os recursos dos Estados, do Distrito Federal e dos Municípios destinados às ações e serviços públicos de saúde e os transferidos pela União para a mesma finalidade serão aplicados por meio de Fundo de Saúde que será acompanhado e fiscalizado por Conselho de Saúde, sem prejuízo do disposto no art. 74 da Constituição Federal.

§ 4°. Na ausência da lei complementar a que se refere o art. 198, § 3°, a partir do exercício financeiro de 2005, aplicar-se-á à União, aos Estados, ao Distrito Federal e aos Municípios o disposto neste artigo."

Art. 8°. Esta Emenda Constitucional entra em vigor na data de sua publicação.

Brasília, 13 de setembro de 2000.

Mesa da Câmara dos Deputados: Deputado Michel Temer, Presidente – Mesa do Senado Federal: Senador Antonio Carlos Magalhães, Presidente – DOU de 14.9.2000.

EMENDA CONSTITUCIONAL N° 30, DE 13.9.2000

Altera a redação do art. 100 da Constituição Federal e acrescenta o art. 78 ao Ato das Disposições Constitucionais Transitórias, referente ao pagamento de precatórios judiciários.

As Mesas da Câmara dos Deputados e do Senado Federal, nos termos do § 3° do art. 60 da Constituição Federal, promulgam a seguinte Emenda ao texto constitucional:

Art. 1°. O art. 100 da Constituição Federal passa a vigorar com a seguinte redação:

"Art. 100. (...)

§ 1°. É obrigatória a inclusão, no orçamento das entidades de direito público, de verba necessária ao pagamento de seus débitos oriundos de sentenças transitadas em julgado, constantes de precatórios judiciários, apresentados até 1° de julho, fazendo-se o pagamento até o final do exercício seguinte, quando terão seus valores atualizados monetariamente.

§ 1°-A. Os débitos de natureza alimentícia compreendem aqueles decorrentes de salários, vencimentos, proventos, pensões e suas complementações, benefícios previdenciários e indenizações por morte ou invalidez, fundadas na responsabili-

EMENDAS CONSTITUCIONAIS N° 31

dade civil, em virtude de sentença transitada em julgado.

§ 2°. As dotações orçamentárias e os créditos abertos serão consignados diretamente ao Poder Judiciário, cabendo ao Presidente do Tribunal que proferir a decisão exequenda determinar o pagamento segundo as possibilidades do depósito, e autorizar, a requerimento do credor, e exclusivamente para o caso de preterimento de seu direito de precedência, o sequestro da quantia necessária à satisfação do débito.

§ 3°. O disposto no caput deste artigo, relativamente à expedição de precatórios, não se aplica aos pagamentos de obrigações definidas em lei como de pequeno valor que a Fazenda Federal, Estadual, Distrital ou Municipal deva fazer em virtude de sentença judicial transitada em julgado.

§ 4°. A lei poderá fixar valores distintos para o fim previsto no § 3° deste artigo, segundo as diferentes capacidades das entidades de direito público.

§ 5°. O Presidente do Tribunal competente que, por ato comissivo ou omissivo, retardar ou tentar frustrar a liquidação regular de precatório incorrerá em crime de responsabilidade."

Art. 2°. É acrescido, no Ato das Disposições Constitucionais Transitórias, o art. 78, com a seguinte redação:

"*Art. 78.* Ressalvados os créditos definidos em lei como de pequeno valor, os de natureza alimentícia, os de que trata o art. 33 deste Ato das Disposições Constitucionais Transitórias e suas complementações e os que já tiverem os seus respectivos recursos liberados ou depositados em juízo, os precatórios pendentes na data de promulgação desta Emenda e os que decorram de ações iniciais ajuizadas até 31 de dezembro de 1999 serão liquidados pelo seu valor real, em moeda corrente, acrescido de juros legais, em prestações anuais, iguais e sucessivas, no prazo máximo de dez anos, permitida a cessão dos créditos.

§ 1°. É permitida a decomposição de parcelas, a critério do credor.

§ 2°. As prestações anuais a que se refere o caput deste artigo terão, se não liquidadas até o final do exercício a que se referem, poder liberatório do pagamento de tributos da entidade devedora.

§ 3°. O prazo referido no caput deste artigo fica reduzido para dois anos, nos casos de precatórios judiciais originários de desapropriação de imóvel residencial do credor, desde que comprovadamente único à época da imissão na posse.

§ 4°. O Presidente do Tribunal competente deverá, vencido o prazo ou em caso de omissão no orçamento, ou preterição do direito de precedência, a requerimento do credor, requisitar ou determinar o sequestro de recursos financeiros da entidade executada, suficientes à satisfação da prestação."

Art. 3°. Esta Emenda Constitucional entra em vigor na data de sua publicação.

Brasília, em 13 de setembro de 2000.

Mesa da Câmara dos Deputados: Deputado Michel Temer, Presidente – Mesa do Senado Federal: Senador Antonio Carlos Magalhães, Presidente – DOU de 14.9.2000.

EMENDA CONSTITUCIONAL N° 31, DE 14.12.2000

Altera o Ato das Disposições Constitucionais Transitórias, introduzindo artigos que criam o Fundo de Combate e Erradicação da Pobreza.

As Mesas da Câmara dos Deputados e do Senado Federal, nos termos do § 3° do art. 60 da Constituição Federal, promulgam a seguinte emenda ao texto constitucional:

Art. 1°. A Constituição Federal, no Ato das Disposições Constitucionais Transitórias, é acrescida dos seguintes artigos:

"*Art. 79.* É instituído, para vigorar até o ano de 2010, no âmbito do Poder Executivo Federal, o Fundo de Combate e Erradicação da Pobreza, a ser regulado por lei complementar com o objetivo de viabilizar a todos os brasileiros acesso a níveis dignos de subsistência, cujos recursos serão aplicados em ações suplementares de nutrição, habitação, educação, saúde, reforço de renda familiar e outros programas de relevante interesse social voltados para melhoria da qualidade de vida.

Parágrafo único. O Fundo previsto neste artigo terá Conselho Consultivo e de Acompanhamento que conte com a participação de representantes da sociedade civil, nos termos da lei.

Art. 80. Compõem o Fundo de Combate e Erradicação da Pobreza:

I – a parcela do produto da arrecadação correspondente a um adicional de oito centésimos por cento, aplicável de 18 de junho de 2000 a 17 de junho de 2002, na alíquota da contribuição social de que trata o art. 75 do Ato das Disposições Constitucionais Transitórias;

II – a parcela do produto da arrecadação correspondente a um adicional de cinco pontos percentuais na alíquota do Imposto sobre Produtos Industrializados – IPI, ou do imposto que vier a substituí-lo, incidente sobre produtos supérfluos e aplicável até a extinção do Fundo;

III – o produto da arrecadação do imposto de que trata o art. 153, inciso VII, da Constituição;

IV – dotações orçamentárias;

V – doações, de qualquer natureza, de pessoas físicas ou jurídicas do País ou do exterior;

VI – outras receitas, a serem definidas na regulamentação do referido Fundo.

§ 1°. Aos recursos integrantes do Fundo de que trata este artigo não se aplica o disposto nos arts. 159 e 167, inciso IV, da Constituição, assim como qualquer desvinculação de recursos orçamentários.

§ 2°. A arrecadação decorrente do disposto no inciso I deste artigo, no período compreendido entre

18 de junho de 2000 e o início da vigência da lei complementar a que se refere a art. 79, será integralmente repassada ao Fundo, preservado o seu valor real, em títulos públicos federais, progressivamente resgatáveis após 18 de junho de 2002, na forma da lei.

Art. 81. É instituído Fundo constituído pelos recursos recebidos pela União em decorrência da desestatização de sociedades de economia mista ou empresas públicas por ela controladas, direta ou indiretamente, quando a operação envolver a alienação do respectivo controle acionário a pessoa ou entidade não integrante da Administração Pública, ou de participação societária remanescente após a alienação, cujos rendimentos, gerados a partir de 18 de junho de 2002, reverterão ao Fundo de Combate e Erradicação de Pobreza.

§ 1º. Caso o montante anual previsto nos rendimentos transferidos ao Fundo de Combate e Erradicação da Pobreza, na forma deste artigo, não alcance o valor de quatro bilhões de reais, far-se-á complementação na forma do art. 80, inciso IV, do Ato das Disposições Constitucionais Transitórias.

§ 2º. Sem prejuízo do disposto no § 1º, o Poder Executivo poderá destinar ao Fundo a que se refere este artigo outras receitas decorrentes da alienação de bens da União.

§ 3º. A constituição do Fundo a que se refere o caput, a transferência de recursos ao Fundo de Combate e Erradicação da Pobreza e as demais disposições referentes ao § 1º deste artigo serão disciplinadas em lei, não se aplicando o disposto no art. 165, § 9º, inciso II, da Constituição.

Art. 82. Os Estados, o Distrito Federal e os Municípios devem instituir Fundos de Combate à Pobreza, com os recursos de que trata este artigo e outros que vierem a destinar, devendo os referidos Fundos ser geridos por entidades que contem com a participação da sociedade civil.

§ 1º. Para o financiamento dos Fundos Estaduais e Distrital, poderá ser criado adicional de até dois pontos percentuais na alíquota do Imposto sobre Circulação de Mercadorias e Serviços – ICMS, ou do imposto que vier a substituí-lo, sobre os produtos e serviços supérfluos, não se aplicando, sobre este adicional, o disposto no art. 158, inciso IV, da Constituição.

§ 2º. Para o financiamento dos Fundos Municipais, poderá ser criado adicional de até meio ponto percentual na alíquota do Imposto sobre Serviços ou do imposto que vier a substituí-lo, sobre serviços supérfluos.

Art. 83. Lei federal definirá os produtos e serviços supérfluos a que se referem os arts. 80, inciso II, e 82, §§ 1º e 2º."

Art. 2º. Esta Emenda Constitucional entra em vigor na data de sua publicação.

Brasília, 14 de dezembro de 2000.

Mesa da Câmara dos Deputados: Deputado Michel Temer, Presidente – Mesa do Senado Federal: Senador Antonio Carlos Magalhães, Presidente – DOU de 18.12.2000.

EMENDA CONSTITUCIONAL Nº 32, DE 11.9.2001

Altera dispositivos dos arts. 48, 57, 61, 62, 64, 66, 84, 88 e 246 da Constituição Federal, e dá outras providências.

As Mesas da Câmara dos Deputados e do Senado Federal, nos termos do § 3º do art. 60 da Constituição Federal, promulgam a seguinte Emenda ao texto constitucional:

Art. 1º. Os arts. 48, 57, 61, 62, 64, 66, 84, 88 e 246 da Constituição Federal passam a vigorar com as seguintes alterações:

"*Art. 48. (...)*

X – criação, transformação e extinção de cargos, empregos e funções públicas, observado o que estabelece o art. 84, VI, "b";

XI – criação e extinção de Ministérios e órgãos da administração pública;

...."

"*Art. 57. (...)*

§ 7º. Na sessão legislativa extraordinária, o Congresso Nacional somente deliberará sobre a matéria para a qual foi convocado, ressalvada a hipótese do § 8º, vedado o pagamento de parcela indenizatória em valor superior ao subsídio mensal.

§ 8º. Havendo medidas provisórias em vigor na data de convocação extraordinária do Congresso Nacional, serão elas automaticamente incluídas na pauta da convocação."

"*Art. 61. (...)*

§ 1º. (...)

II – (...)

e) criação e extinção de Ministérios e órgãos da administração pública, observado o disposto no art. 84, VI;

...."

"*Art. 62.* Em caso de relevância e urgência, o Presidente da República poderá adotar medidas provisórias, com força de lei, devendo submetê-las de imediato ao Congresso Nacional.

§ 1º. É vedada a edição de medidas provisórias sobre matéria:

I – relativa a:

a) nacionalidade, cidadania, direitos políticos, partidos políticos e direito eleitoral;

b) direito penal, processual penal e processual civil;

c) organização do Poder Judiciário e do Ministério Público, a carreira e a garantia de seus membros;

d) planos plurianuais, diretrizes orçamentárias, orçamento e créditos adicionais e suplementares, ressalvado o previsto no art. 167, § 3º;

II – que vise a detenção ou sequestro de bens, de poupança popular ou qualquer outro ativo financeiro;

III – reservada a lei complementar;

IV – já disciplinada em projeto de lei aprovado pelo Congresso Nacional e pendente de sanção ou veto do Presidente da República.

§ 2º. Medida provisória que implique instituição ou majoração de impostos, exceto os previstos nos arts. 153, I, II, IV, V, e 154, II, só produzirá efeitos no exercício financeiro seguinte se houver sido convertida em lei até o último dia daquele em que foi editada.

§ 3º. As medidas provisórias, ressalvado o disposto nos §§ 11 e 12 perderão eficácia, desde a edição, se não forem convertidas em lei no prazo de sessenta dias, prorrogável, nos termos do § 7º, uma vez por igual período, devendo o Congresso Nacional disciplinar, por decreto legislativo, as relações jurídicas delas decorrentes.

§ 4º. O prazo a que se refere o § 3º contar-se-á da publicação da medida provisória, suspendendo-se durante os períodos de recesso do Congresso Nacional.

§ 5º. A deliberação de cada uma das Casas do Congresso Nacional sobre o mérito das medidas provisórias dependerá de juízo prévio sobre o atendimento de seus pressupostos constitucionais.

§ 6º. Se a medida provisória não for apreciada em até quarenta e cinco dias contados de sua publicação, entrará em regime de urgência, subsequentemente, em cada uma das Casas do Congresso Nacional, ficando sobrestadas, até que se ultime a votação, todas as demais deliberações legislativas da Casa em que estiver tramitando.

§ 7º. Prorrogar-se-á uma única vez por igual período a vigência de medida provisória que, no prazo de sessenta dias, contado de sua publicação, não tiver a sua votação encerrada nas duas Casas do Congresso Nacional.

§ 8º. As medidas provisórias terão sua votação iniciada na Câmara dos Deputados.

§ 9º. Caberá à comissão mista de Deputados e Senadores examinar as medidas provisórias e sobre elas emitir parecer, antes de serem apreciadas, em sessão separada, pelo plenário de cada uma das Casas do Congresso Nacional.

§ 10. É vedada a reedição, na mesma sessão legislativa, de medida provisória que tenha sido rejeitada ou que tenha perdido sua eficácia por decurso de prazo.

§ 11. Não editado o decreto legislativo a que se refere o § 3º até sessenta dias após a rejeição ou perda de eficácia de medida provisória, as relações jurídicas constituídas e decorrentes de atos praticados durante sua vigência conservar-se-ão por ela regidas.

§ 12. Aprovado projeto de lei de conversão alterando o texto original da medida provisória, esta manter-se-á integralmente em vigor até que seja sancionado ou vetado o projeto."

"Art. 64. (...)

§ 2º. Se, no caso do § 1º, a Câmara dos Deputados e o Senado Federal não se manifestarem sobre a proposição, cada qual sucessivamente, em até quarenta e cinco dias, sobrestar-se-ão todas as demais deliberações legislativas da respectiva Casa, com exceção das que tenham prazo constitucional determinado, até que se ultime a votação."

"Art. 66. (...)

§ 6º. Esgotado sem deliberação o prazo estabelecido no § 4º, o veto será colocado na ordem do dia da sessão imediata, sobrestadas as demais proposições, até sua votação final."

"Art. 84. (...)

VI – dispor, mediante decreto, sobre:

a) organização e funcionamento da administração federal, quando não implicar aumento de despesa nem criação ou extinção de órgãos públicos;

b) extinção de funções ou cargos públicos, quando vagos;

...."

"Art. 88. A lei disporá sobre a criação e extinção de Ministérios e órgãos da administração pública."

"Art. 246. É vedada a adoção de medida provisória na regulamentação de artigo da Constituição cuja redação tenha sido alterada por meio de emenda promulgada entre 1º de janeiro de 1995 até a promulgação desta emenda, inclusive."

Art. 2º. As medidas provisórias editadas em data anterior à da publicação desta emenda continuam em vigor até que medida provisória ulterior as revogue explicitamente ou até deliberação definitiva do Congresso Nacional.

Art. 3º. Esta Emenda Constitucional entra em vigor na data de sua publicação.

Brasília, 11 de setembro de 2001.

Mesa da Câmara dos Deputados: Deputado Aécio Neves, Presidente – Mesa do Senado Federal: Senador Edison Lobão, Presidente Interino – DOU de 12.9.2001.

EMENDA CONSTITUCIONAL Nº 33, DE 11.12.2001

Altera os arts. 149, 155 e 177 da Constituição Federal.

As Mesas da Câmara dos Deputados e do Senado Federal, nos termos do § 3º do art. 60 da Constituição Federal, promulgam a seguinte Emenda ao texto constitucional:

Art. 1º. O art. 149 da Constituição Federal passa a vigorar acrescido dos seguintes parágrafos, renumerando-se o atual parágrafo único para § 1º:

"Art. 149. (...)

§ 1º. (...)

N° 33 — EMENDAS CONSTITUCIONAIS

§ 2°. As contribuições sociais e de intervenção no domínio econômico de que trata o caput deste artigo:

I – não incidirão sobre as receitas decorrentes de exportação;

II – poderão incidir sobre a importação de petróleo e seus derivados, gás natural e seus derivados e álcool combustível;

III – poderão ter alíquotas:

a) ad valorem, tendo por base o faturamento, a receita bruta ou o valor da operação e, no caso de importação, o valor aduaneiro;

b) específica, tendo por base a unidade de medida adotada.

§ 3°. A pessoa natural destinatária das operações de importação poderá ser equiparada a pessoa jurídica, na forma da lei.

§ 4°. A lei definirá as hipóteses em que as contribuições incidirão uma única vez."

Art. 2°. O art. 155 da Constituição Federal passa a vigorar com as seguintes alterações:

"Art. 155. (...)

§ 2°. (...)

IX – (...)

a) sobre a entrada de bem ou mercadoria importados do exterior por pessoa física ou jurídica, ainda que não seja contribuinte habitual do imposto, qualquer que seja a sua finalidade, assim como sobre o serviço prestado no exterior, cabendo o imposto ao Estado onde estiver situado o domicílio ou o estabelecimento do destinatário da mercadoria, bem ou serviço;

....

XII – (...)

h) definir os combustíveis e lubrificantes sobre os quais o imposto incidirá uma única vez, qualquer que seja a sua finalidade, hipótese em que não se aplicará o disposto no inciso X, b;

i) fixar a base de cálculo, de modo que o montante do imposto a integre, também na importação do exterior de bem, mercadoria ou serviço.

§ 3°. À exceção dos impostos de que tratam o inciso II do caput deste artigo e o art. 153, I e II, nenhum outro imposto poderá incidir sobre operações relativas a energia elétrica, serviços de telecomunicações, derivados de petróleo, combustíveis e minerais do País.

§ 4°. Na hipótese do inciso XII, "h", observar-se-á o seguinte:

I – nas operações com os lubrificantes e combustíveis derivados de petróleo, o imposto caberá ao Estado onde ocorrer o consumo;

II – nas operações interestaduais, entre contribuintes, com gás natural e seus derivados, e lubrificantes e combustíveis não incluídos no inciso I deste parágrafo, o imposto será repartido entre os Estados de origem e de destino, mantendo-se a mesma proporcionalidade que ocorre nas operações com as demais mercadorias;

III – nas operações interestaduais com gás natural e seus derivados, e lubrificantes e combustíveis não incluídos no inciso I deste parágrafo, destinadas a não contribuinte, o imposto caberá ao Estado de origem;

IV – as alíquotas do imposto serão definidas mediante deliberação dos Estados e Distrito Federal, nos termos do § 2°, XII, "g", observando-se o seguinte:

a) serão uniformes em todo o território nacional, podendo ser diferenciadas por produto;

b) poderão ser específicas, por unidade de medida adotada, ou ad valorem, incidindo sobre o valor da operação ou sobre o preço que o produto ou seu similar alcançaria em uma venda em condições de livre concorrência;

c) poderão ser reduzidas e restabelecidas, não se lhes aplicando o disposto no art. 150, III, b.

§ 5°. As regras necessárias à aplicação do disposto no § 4°, inclusive as relativas à sua apuração e à destinação do imposto, serão estabelecidas mediante deliberação dos Estados e do Distrito Federal, nos termos do § 2°, XII, "g"."

Art. 3°. O art. 177 da Constituição Federal passa a vigorar acrescido do seguinte parágrafo:

"Art. 177. (...)

§ 4°. A lei que instituir contribuição de intervenção no domínio econômico relativa às atividades de importação ou comercialização de petróleo e seus derivados, gás natural e seus derivados e álcool combustível deverá atender aos seguintes requisitos:

I – a alíquota da contribuição poderá ser:

a) diferenciada por produto ou uso;

b) reduzida e restabelecida por ato do Poder Executivo, não se lhe aplicando o disposto no art. 150, III, b;

II – os recursos arrecadados serão destinados:

a) ao pagamento de subsídios a preços ou transporte de álcool combustível, gás natural e seus derivados e derivados de petróleo;

b) ao financiamento de projetos ambientais relacionados com a indústria do petróleo e do gás;

c) ao financiamento de programas de infraestrutura de transportes."

Art. 4°. Enquanto não entrar em vigor a lei complementar de que trata o art. 155, § 2°, XII, "h", da Constituição Federal, os Estados e o Distrito Federal, mediante convênio celebrado nos termos do § 2°, XII, "g", do mesmo artigo, fixarão normas para regular provisoriamente a matéria.

Art. 5°. Esta Emenda Constitucional entra em vigor na data de sua promulgação.

Brasília, 11 de dezembro de 2001.

Mesa da Câmara dos Deputados: Deputado Aécio Neves, Presidente – Mesa do Senado Federal: Senador Ramez Tebet, Presidente – DOU de 12.12.2001.

EMENDA CONSTITUCIONAL Nº 34, DE 13.12.2001

Dá nova redação à alínea "c" do inciso XVI do art. 37 da Constituição Federal.

As Mesas da Câmara dos Deputados e do Senado Federal, nos termos do § 3º do art. 60 da Constituição Federal, promulgam a seguinte Emenda ao texto constitucional:

Art. 1º. A alínea "c" do inciso XVI do art. 37 da Constituição Federal passa a vigorar com a seguinte redação:

"*Art. 37. (...)*

XVI – (...)

c) a de dois cargos ou empregos privativos de profissionais de saúde, com profissões regulamentadas;

...."

Art. 2º. Esta Emenda Constitucional entra em vigor na data de sua publicação.

Brasília, 13 de dezembro de 2001.

Mesa da Câmara dos Deputados: Deputado Aécio Neves, Presidente – Mesa do Senado Federal: Senador Ramez Tebet, Presidente – DOU de 14.12.2001.

EMENDA CONSTITUCIONAL Nº 35, DE 20.12.2001

Dá nova redação ao art. 53 da Constituição Federal.

As Mesas da Câmara dos Deputados e do Senado Federal, nos termos do § 3º do art. 60 da Constituição Federal, promulgam a seguinte Emenda ao texto constitucional:

Art. 1º. O art. 53 da Constituição Federal passa a vigorar com as seguintes alterações:

"*Art. 53. Os Deputados e Senadores são invioláveis, civil e penalmente, por quaisquer de suas opiniões, palavras e votos.*

§ 1º. Os Deputados e Senadores, desde a expedição do diploma, serão submetidos a julgamento perante o Supremo Tribunal Federal.

§ 2º. Desde a expedição do diploma, os membros do Congresso Nacional não poderão ser presos, salvo em flagrante de crime inafiançável. Nesse caso, os autos serão remetidos dentro de vinte e quatro horas à Casa respectiva, para que, pelo voto da maioria de seus membros, resolva sobre a prisão.

§ 3º. Recebida a denúncia contra o Senador ou Deputado, por crime ocorrido após a diplomação, o Supremo Tribunal Federal dará ciência à Casa respectiva, que, por iniciativa de partido político nela representado e pelo voto da maioria de seus membros, poderá, até a decisão final, sustar o andamento da ação.

§ 4º. O pedido de sustação será apreciado pela Casa respectiva no prazo improrrogável de quarenta e cinco dias do seu recebimento pela Mesa Diretora.

§ 5º. A sustação do processo suspende a prescrição, enquanto durar o mandato.

§ 6º. Os Deputados e Senadores não serão obrigados a testemunhar sobre informações recebidas ou prestadas em razão do exercício do mandato, nem sobre as pessoas que lhes confiaram ou deles receberam informações.

§ 7º. A incorporação às Forças Armadas de Deputados e Senadores, embora militares e ainda que em tempo de guerra, dependerá de prévia licença da Casa respectiva.

§ 8º. As imunidades de Deputados ou Senadores subsistirão durante o estado de sítio, só podendo ser suspensas mediante o voto de dois terços dos membros da Casa respectiva, nos casos de atos praticados fora do recinto do Congresso Nacional, que sejam incompatíveis com a execução da medida."

Art. 2º. Esta Emenda Constitucional entra em vigor na data de sua publicação.

Brasília, 20 de dezembro de 2001.

Mesa da Câmara dos Deputados: Deputado Aécio Neves, Presidente – Mesa do Senado Federal: Senador Ramez Tebet, Presidente – DOU de 21.12.2001.

EMENDA CONSTITUCIONAL Nº 36, DE 28.5.2002

Dá nova redação ao art. 222 da Constituição Federal, para permitir a participação de pessoas jurídicas no capital social de empresas jornalísticas e de radiodifusão sonora e de sons e imagens, nas condições que especifica.

As Mesas da Câmara dos Deputados e do Senado Federal, nos termos do § 3º do art. 60 da Constituição Federal, promulgam a seguinte Emenda ao texto constitucional:

Art. 1º. O art. 222 da Constituição Federal passa a vigorar com a seguinte redação:

"*Art. 222. A propriedade de empresa jornalística e de radiodifusão sonora e de sons e imagens é privativa de brasileiros natos ou naturalizados há*

Nº 37 EMENDAS CONSTITUCIONAIS

mais de dez anos, ou de pessoas jurídicas constituídas sob as leis brasileiras e que tenham sede no País.

§ 1º. Em qualquer caso, pelo menos setenta por cento do capital total e do capital votante das empresas jornalísticas e de radiodifusão sonora e de sons e imagens deverá pertencer, direta ou indiretamente, a brasileiros natos ou naturalizados há mais de dez anos, que exercerão obrigatoriamente a gestão das atividades e estabelecerão o conteúdo da programação.

§ 2º. A responsabilidade editorial e as atividades de seleção e direção da programação veiculada são privativas de brasileiros natos ou naturalizados há mais de dez anos, em qualquer meio de comunicação social.

§ 3º. Os meios de comunicação social eletrônica, independentemente da tecnologia utilizada para a prestação do serviço, deverão observar os princípios enunciados no art. 221, na forma de lei específica, que também garantirá a prioridade de profissionais brasileiros na execução de produções nacionais.

§ 4º. Lei disciplinará a participação de capital estrangeiro nas empresas de que trata o § 1º.

§ 5º. As alterações de controle societário das empresas de que trata o § 1º serão comunicadas ao Congresso Nacional."

Art. 2º. Esta Emenda Constitucional entra em vigor na data de sua publicação.

Brasília, 28 de maio de 2002.

Mesa da Câmara dos Deputados: Deputado Aécio Neves, Presidente – Mesa do Senado Federal: Senador Ramez Tebet, Presidente – DOU de 29.5.2002.

EMENDA CONSTITUCIONAL Nº 37, DE 12.6.2002

Altera os arts. 100 e 156 da Constituição Federal e acrescenta os arts. 84, 85, 86, 87 e 88 ao Ato das Disposições Constitucionais Transitórias.

As Mesas da Câmara dos Deputados e do Senado Federal, nos termos do § 3º do art. 60 da Constituição Federal, promulgam a seguinte Emenda ao texto constitucional:

Art. 1º. O art. 100 da Constituição Federal passa a vigorar acrescido do seguinte § 4º, renumerando-se os subsequentes:

"Art. 100. (...)

§ 4º. São vedados a expedição de precatório complementar ou suplementar de valor pago, bem como fracionamento, repartição ou quebra do valor da execução, a fim de que seu pagamento não se faça, em parte, na forma estabelecida no § 3º deste artigo e, em parte, mediante expedição de precatório.

...."

Art. 2º. O § 3º do art. 156 da Constituição Federal passa a vigorar com a seguinte redação:

"Art. 156. (...)

§ 3º. Em relação ao imposto previsto no inciso III do caput deste artigo, cabe à lei complementar:

I – fixar as suas alíquotas máximas e mínimas;

....

III – regular a forma e as condições como isenções, incentivos e benefícios fiscais serão concedidos e revogados."

Art. 3º. O Ato das Disposições Constitucionais Transitórias passa a vigorar acrescido dos seguintes arts. 84, 85, 86, 87 e 88:

"Art. 84. A contribuição provisória sobre movimentação ou transmissão de valores e de créditos e direitos de natureza financeira, prevista nos arts. 74, 75 e 80, I, deste Ato das Disposições Constitucionais Transitórias, será cobrada até 31 de dezembro de 2004.

§ 1º. Fica prorrogada, até a data referida no caput deste artigo, a vigência da Lei nº 9.311, de 24 de outubro de 1996, e suas alterações.

§ 2º. Do produto da arrecadação da contribuição social de que trata este artigo será destinada a parcela correspondente à alíquota de:

I – vinte centésimos por cento ao Fundo Nacional de Saúde, para financiamento das ações e serviços de saúde;

II – dez centésimos por cento ao custeio da previdência social;

III – oito centésimos por cento ao Fundo de Combate e Erradicação da Pobreza, de que tratam os arts. 80 e 81 deste Ato das Disposições Constitucionais Transitórias.

§ 3º. A alíquota da contribuição de que trata este artigo será de:

I – trinta e oito centésimos por cento, nos exercícios financeiros de 2002 e 2003;

II – oito centésimos por cento, no exercício financeiro de 2004, quando será integralmente destinada ao Fundo de Combate e Erradicação da Pobreza, de que tratam os arts. 80 e 81 deste Ato das Disposições Constitucionais Transitórias.

Art. 85. A contribuição a que se refere o art. 84 deste Ato das Disposições Constitucionais Transitórias não incidirá, a partir do trigésimo dia da data de publicação desta Emenda Constitucional, nos lançamentos:

I – em contas correntes de depósito especialmente abertas e exclusivamente utilizadas para operações de:

a) câmaras e prestadoras de serviços de compensação e de liquidação de que trata o parágrafo único do art. 2º da Lei nº 10.214, de 27 de março de 2001;

EMENDAS CONSTITUCIONAIS   N° 38

b) companhias securitizadoras de que trata a Lei n° 9.514, de 20 de novembro de 1997;
c) sociedades anônimas que tenham por objeto exclusivo a aquisição de créditos oriundos de operações praticadas no mercado financeiro;
II – em contas correntes de depósito, relativos a:
a) operações de compra e venda de ações, realizadas em recintos ou sistemas de negociação de bolsas de valores e no mercado de balcão organizado;
b) contratos referenciados em ações ou índices de ações, em suas diversas modalidades, negociados em bolsas de valores, de mercadorias e de futuros;
III – em contas de investidores estrangeiros, relativos a entradas no País e a remessas para o exterior de recursos financeiros empregados, exclusivamente, em operações e contratos referidos no inciso II deste artigo.

§ 1º. O Poder Executivo disciplinará o disposto neste artigo no prazo de trinta dias da data de publicação desta Emenda Constitucional.

§ 2º. O disposto no inciso I deste artigo aplica-se somente às operações relacionadas em ato do Poder Executivo, dentre aquelas que constituam o objeto social das referidas entidades.

§ 3º. O disposto no inciso II deste artigo aplica-se somente a operações e contratos efetuados por intermédio de instituições financeiras, sociedades corretoras de títulos e valores mobiliários, sociedades distribuidoras de títulos e valores mobiliários e sociedades corretoras de mercadorias.

Art. 86. Serão pagos conforme disposto no art. 100 da Constituição Federal, não se lhes aplicando a regra de parcelamento estabelecida no caput do art. 78 deste Ato das Disposições Constitucionais Transitórias, os débitos da Fazenda Federal, Estadual, Distrital ou Municipal oriundos de sentenças transitadas em julgado, que preencham, cumulativamente, as seguintes condições:
I – ter sido objeto de emissão de precatórios judiciários;
II – ter sido definidos como de pequeno valor pela lei de que trata o § 3º do art. 100 da Constituição Federal ou pelo art. 87 deste Ato das Disposições Constitucionais Transitórias;
III – estar, total ou parcialmente, pendentes de pagamento na data da publicação desta Emenda Constitucional.

§ 1º. Os débitos a que se refere o caput deste artigo, ou os respectivos saldos, serão pagos na ordem cronológica de apresentação dos respectivos precatórios, com precedência sobre os de maior valor.

§ 2º. Os débitos a que se refere o caput deste artigo, se ainda não tiverem sido objeto de pagamento parcial, nos termos do art. 78 deste Ato das Disposições Constitucionais Transitórias, poderão ser pagos em duas parcelas anuais, se assim dispuser a lei.

§ 3º. Observada a ordem cronológica de sua apresentação, os débitos de natureza alimentícia previstos neste artigo terão precedência para pagamento sobre todos os demais.

Art. 87. Para efeito do que dispõem o § 3º do art. 100 da Constituição Federal e o art. 78 deste Ato das Disposições Constitucionais Transitórias serão considerados de pequeno valor, até que se dê a publicação oficial das respectivas leis definidoras pelos entes da Federação, observado o disposto no § 4º do art. 100 da Constituição Federal, os débitos ou obrigações consignados em precatório judiciário, que tenham valor igual ou inferior a:
I – quarenta salários mínimos, perante a Fazenda dos Estados e do Distrito Federal;
II – trinta salários mínimos, perante a Fazenda dos Municípios.

Parágrafo único. Se o valor da execução ultrapassar o estabelecido neste artigo, o pagamento far-se-á, sempre, por meio de precatório, sendo facultada à parte exequente a renúncia ao crédito do valor excedente, para que possa optar pelo pagamento do saldo sem o precatório, da forma prevista no § 3º do art. 100.

Art. 88. Enquanto lei complementar não disciplinar o disposto nos incisos I e III do § 3º do art. 156 da Constituição Federal, o imposto a que se refere o inciso III do caput do mesmo artigo:
I – terá alíquota mínima de dois por cento, exceto para os serviços a que se referem os itens 32, 33 e 34 da Lista de Serviços anexa ao Decreto-Lei nº 406, de 31 de dezembro de 1968;
II – não será objeto de concessão de isenções, incentivos e benefícios fiscais, que resulte, direta ou indiretamente, na redução da alíquota mínima estabelecida no inciso I."

Art. 4º. Esta Emenda Constitucional entra em vigor na data de sua publicação.

Brasília, em 12 de junho de 2002.
Mesa da Câmara dos Deputados: Deputado Aécio Neves, Presidente – Mesa do Senado Federal: Senador Ramez Tebet, Presidente – DOU de 13.6.2002.

EMENDA CONSTITUCIONAL N° 38, DE 12.6.2002

Acrescenta o art. 89 ao Ato das Disposições Constitucionais Transitórias, incorporando os Policiais Militares do extinto Território Federal de Rondônia aos Quadros da União.

As Mesas da Câmara dos Deputados e do Senado Federal, nos termos do § 3º do art. 60 da Constituição Federal, promulgam a seguinte Emenda ao texto constitucional:

Art. 1º. O Ato das Disposições Constitucionais Transitórias passa a vigorar acrescido do seguinte art. 89:

"Art. 89. Os integrantes da carreira policial militar do ex-Território Federal de Rondônia, que comprovadamente se encontravam no exercício regular de suas funções prestando serviços àquele ex-Território na data em que foi transformado em Estado, bem como os Policiais Militares admitidos por força de lei federal, custeados pela União, constituirão quadro em extinção da administração federal, assegurados os direitos e vantagens a eles inerentes, vedado o pagamento, a qualquer título, de diferenças remuneratórias, bem como ressarcimentos ou indenizações de qualquer espécie, anteriores à promulgação desta Emenda.

Parágrafo único. Os servidores da carreira policial militar continuarão prestando serviços ao Estado de Rondônia na condição de cedidos, submetidos às disposições legais e regulamentares a que estão sujeitas as corporações da respectiva Polícia Militar, observadas as atribuições de função compatíveis com seu grau hierárquico."

Art. 2º. Esta Emenda Constitucional entra em vigor na data de sua publicação.

Brasília, em 12 de junho de 2002.

Mesa da Câmara dos Deputados: Deputado Aécio Neves, Presidente – Mesa do Senado Federal: Senador Ramez Tebet, Presidente – DOU de 13.6.2002.

EMENDA CONSTITUCIONAL Nº 39, DE 19.12.2002

Acrescenta o art. 149-A à Constituição Federal (Instituindo contribuição para custeio do serviço de iluminação pública nos Municípios e no Distrito Federal).

(*) V. Súmula Vinculante 41 do STF.

As Mesas da Câmara dos Deputados e do Senado Federal, nos termos do § 3º do art. 60 da Constituição Federal, promulgam a seguinte Emenda ao texto Constitucional:

Art. 1º. A Constituição Federal passa a vigorar acrescida do seguinte art. 149-A:

"Art. 149-A. Os Municípios e o Distrito Federal poderão instituir contribuição, na forma das respectivas leis, para o custeio do serviço de iluminação pública, observado o disposto no art. 150, I e III.

Parágrafo único. É facultada a cobrança da contribuição a que se refere o caput, na fatura de consumo de energia elétrica."

Art. 2º. Esta Emenda Constitucional entra em vigor na data de sua publicação.

Brasília, em 19 de dezembro de 2002.

Mesa da Câmara dos Deputados: Deputado Efraim Morais, Presidente – Mesa do Senado Federal: Senador Ramez Tebet, Presidente – DOU de 20.12.2002.

EMENDA CONSTITUCIONAL Nº 40, DE 29.5.2003

Altera o inciso V do art. 163 e o art. 192 da Constituição Federal, e o caput do art. 52 do Ato das Disposições Constitucionais Transitórias.

As Mesas da Câmara dos Deputados e do Senado Federal, nos termos do § 3º do art. 60 da Constituição Federal, promulgam a seguinte Emenda ao texto constitucional:

Art. 1º. O inciso V do art. 163 da Constituição Federal passa a vigorar com a seguinte redação:

"Art. 163. (...)

V – fiscalização financeira da administração pública direta e indireta;

...." (NR)

Art. 2º. O art. 192 da Constituição Federal passa a vigorar com a seguinte redação:

"Art. 192. O sistema financeiro nacional, estruturado de forma a promover o desenvolvimento equilibrado do País e a servir aos interesses da coletividade, em todas as partes que o compõem, abrangendo as cooperativas de crédito, será regulado por leis complementares que disporão, inclusive, sobre a participação do capital estrangeiro nas instituições que o integram.

I a VIII – (revogados).

§§ 1º ao 3º. (Revogados)."

Art. 3º. O caput do art. 52 do Ato das Disposições Constitucionais Transitórias passa a vigorar com a seguinte redação:

"Art. 52. Até que sejam fixadas as condições do art. 192, são vedados:

...." (NR)

Art. 4º. Esta Emenda Constitucional entra em vigor na data de sua publicação.

Brasília, em 29 de maio de 2003.

Mesa da Câmara dos Deputados: Deputado João Paulo Cunha, Presidente – Mesa do Senado Federal: Senador José Sarney, Presidente – DOU de 30.5.2003.

EMENDA CONSTITUCIONAL Nº 41, DE 19.12.2003

Modifica os arts. 37, 40, 42, 48, 96, 149 e 201 da Constituição Federal, revoga o inciso IX do § 3º do art. 142 da Constituição Federal e dispositivos da Emenda Constitucional nº 20, de 15 de dezembro de 1998, e dá outras providências.

As Mesas da Câmara dos Deputados e do Senado Federal, nos termos do § 3º do art. 60 da Constituição Federal, promulgam a seguinte Emenda ao texto constitucional:

Art. 1º. A Constituição Federal passa a vigorar com as seguintes alterações:

"**Art. 37.** (...)

XI – a remuneração e o subsídio dos ocupantes de cargos, funções e empregos públicos da administração direta, autárquica e fundacional, dos membros de qualquer dos Poderes da União, dos Estados, do Distrito Federal e dos Municípios, dos detentores de mandato eletivo e dos demais agentes políticos e os proventos, pensões ou outra espécie remuneratória, percebidos cumulativamente ou não, incluídas as vantagens pessoais ou de qualquer outra natureza, não poderão exceder o subsídio mensal, em espécie, dos Ministros do Supremo Tribunal Federal, aplicando-se como limite, nos Municípios, o subsídio do Prefeito, e nos Estados e no Distrito Federal, o subsídio mensal do Governador no âmbito do Poder Executivo, o subsídio dos Deputados Estaduais e Distritais no âmbito do Poder Legislativo e o subsídio dos Desembargadores do Tribunal de Justiça, limitado a noventa inteiros e vinte e cinco centésimos por cento do subsídio mensal, em espécie, dos Ministros do Supremo Tribunal Federal, no âmbito do Poder Judiciário, aplicável este limite aos membros do Ministério Público, aos Procuradores e aos Defensores Públicos;

...." (NR)

"**Art. 40.** Aos servidores titulares de cargos efetivos da União, dos Estados, do Distrito Federal e dos Municípios, incluídas suas autarquias e fundações, é assegurado regime de previdência de caráter contributivo e solidário, mediante contribuição do respectivo ente público, dos servidores ativos e inativos e dos pensionistas, observados critérios que preservem o equilíbrio financeiro e atuarial e o disposto neste artigo.

§ 1º. Os servidores abrangidos pelo regime de previdência de que trata este artigo serão aposentados, calculados os seus proventos a partir dos valores fixados na forma dos §§ 3º e 17:

I – por invalidez permanente, sendo os proventos proporcionais ao tempo de contribuição, exceto se decorrente de acidente em serviço, moléstia profissional ou doença grave, contagiosa ou incurável, na forma da lei;

....

§ 3º. Para o cálculo dos proventos de aposentadoria, por ocasião da sua concessão, serão consideradas as remunerações utilizadas como base para as contribuições do servidor aos regimes de previdência de que tratam este artigo e o art. 201, na forma da lei.

....

§ 7º. Lei disporá sobre a concessão do benefício de pensão por morte, que será igual:

I – ao valor da totalidade dos proventos do servidor falecido, até o limite máximo estabelecido para os benefícios do regime geral de previdência social de que trata o art. 201, acrescido de setenta por cento da parcela excedente a este limite, caso aposentado à data do óbito; ou

II – ao valor da totalidade da remuneração do servidor no cargo efetivo em que se deu o falecimento, até o limite máximo estabelecido para os benefícios do regime geral de previdência social de que trata o art. 201, acrescido de setenta por cento da parcela excedente a este limite, caso em atividade na data do óbito.

§ 8º. É assegurado o reajustamento dos benefícios para preservar-lhes, em caráter permanente, o valor real, conforme critérios estabelecidos em lei.

....

§ 15. O regime de previdência complementar de que trata o § 14 será instituído por lei de iniciativa do respectivo Poder Executivo, observado o disposto no art. 202 e seus parágrafos, no que couber, por intermédio de entidades fechadas de previdência complementar, de natureza pública, que oferecerão aos respectivos participantes planos de benefícios somente na modalidade de contribuição definida.

....

§ 17. Todos os valores de remuneração considerados para o cálculo do benefício previsto no § 3º serão devidamente atualizados, na forma da lei.

§ 18. Incidirá contribuição sobre os proventos de aposentadorias e pensões concedidas pelo regime de que trata este artigo que superem o limite máximo estabelecido para os benefícios do regime geral de previdência social de que trata o art. 201, com percentual igual ao estabelecido para os servidores titulares de cargos efetivos.

§ 19. O servidor de que trata este artigo que tenha completado as exigências para aposentadoria voluntária estabelecidas no § 1º, III,"a", e que opte por permanecer em atividade fará jus a um abono de permanência equivalente ao valor da sua contribuição previdenciária até completar as exigências para aposentadoria compulsória contidas no § 1º, II.

§ 20. Fica vedada a existência de mais de um regime próprio de previdência social para os servidores titulares de cargos efetivos, e de mais de uma unidade gestora do respectivo regime em cada ente estatal, ressalvado o disposto no art. 142, § 3º, X." (NR)

"**Art. 42.** (...)

§ 2º. Aos pensionistas dos militares dos Estados, do Distrito Federal e dos Territórios aplica-se o que for fixado em lei específica do respectivo ente estatal." (NR)

"**Art. 48.** (...)

XV – fixação do subsídio dos Ministros do Supremo Tribunal Federal, observado o que dispõem os arts. 39, § 4º; 150, II; 153, III; e 153, § 2º, I." (NR)

"**Art. 96.** (...)

II – (...)

b) a criação e a extinção de cargos e a remuneração dos seus serviços auxiliares e dos juízos que lhes forem vinculados, bem como a fixação do subsídio de seus membros e dos juízes, inclusive dos tribunais inferiores, onde houver;

...." (NR)

"*Art. 149.* (...)

§ 1º. Os Estados, o Distrito Federal e os Municípios instituirão contribuição, cobrada de seus servidores, para o custeio, em benefício destes, do regime previdenciário de que trata o art. 40, cuja alíquota não será inferior à da contribuição dos servidores titulares de cargos efetivos da União.

...." (NR)

"*Art. 201.* (...)

§ 12. Lei disporá sobre sistema especial de inclusão previdenciária para trabalhadores de baixa renda, garantindo-lhes acesso a benefícios de valor igual a um salário mínimo, exceto aposentadoria por tempo de contribuição." (NR)

Art. 2º. (Revogado).

(*) Art. 2º revogado pela EC nº 103, de 12.11.2019 (com vigência a partir da data de publicação da lei de iniciativa do respectivo Poder Executivo que a referende integralmente).

(*) Redação anterior: *Art. 2º. Observado o disposto no art. 4º da Emenda Constitucional nº 20, de 15 de dezembro de 1998, é assegurado o direito de opção pela aposentadoria voluntária com proventos calculados de acordo com o art. 40, §§ 3º e 17, da Constituição Federal, àquele que tenha ingressado regularmente em cargo efetivo na Administração Pública direta, autárquica e fundacional, até a data de publicação daquela Emenda, quando o servidor, cumulativamente:*

I - tiver cinquenta e três anos de idade, se homem, e quarenta e oito anos de idade, se mulher; II - tiver cinco anos de efetivo exercício no cargo em que se der a aposentadoria; III - contar tempo de contribuição igual, no mínimo, à soma de: a) trinta e cinco anos, se homem, e trinta anos, se mulher; e b) um período adicional de contribuição equivalente a vinte por cento do tempo que, na data de publicação daquela Emenda, faltaria para atingir o limite de tempo constante da alínea "a" deste inciso. § 1º. O servidor de que trata este artigo que cumprir as exigências para aposentadoria na forma do caput terá os seus proventos de inatividade reduzidos para cada ano antecipado em relação aos limites de idade estabelecidos pelo art. 40, § 1º, III, "a", e § 5º da Constituição Federal, na seguinte proporção: I – três inteiros e cinco décimos por cento, para aquele que completar as exigências para aposentadoria na forma do caput até 31 de dezembro de 2005; II – cinco por cento, para aquele que completar as exigências para aposentadoria na forma do caput a partir de 1º de janeiro de 2006. § 2º. Aplica-se ao magistrado e ao membro do Ministério Público e de Tribunal de Contas o disposto neste artigo. § 3º. Na aplicação do disposto no § 2º deste artigo, o magistrado ou o membro do Ministério Público ou de Tribunal de Contas, se homem, terá o tempo de serviço exercido até a data de publicação da Emenda Constitucional nº 20, de 15 de dezembro de 1998, contado com acréscimo de dezessete por cento, observado o disposto no § 1º deste artigo. § 4º. O professor, servidor da União, dos Estados, do Distrito Federal e dos Municípios, incluídas suas autarquias e fundações, que, até a data de publicação da Emenda Constitucional nº 20, de 15 de dezembro de 1998, tenha ingressado, regularmente, em cargo efetivo de magistério e que opte por aposentar-se na forma do disposto no caput, terá o tempo de serviço exercido até a publicação daquela Emenda contado com o acréscimo de dezessete por cento, se homem, e de vinte por cento, se mulher, desde que se aposente, exclusivamente, com tempo de efetivo exercício nas funções de magistério, observado o disposto no § 1º. § 5º. O servidor de que trata este artigo, que tenha completado as exigências para aposentadoria voluntária estabelecidas no caput, e que opte por permanecer em atividade, fará jus a um abono de permanência equivalente ao valor da sua contribuição previdenciária até completar as exigências para aposentadoria compulsória contidas no art. 40, § 1º, II, da Constituição Federal. § 6º. Às aposentadorias concedidas de acordo com este artigo aplica-se o disposto no art. 40, § 8º, da Constituição Federal.

Art. 3º. É assegurada a concessão, a qualquer tempo, de aposentadoria aos servidores públicos, bem como pensão aos seus dependentes, que, até a data de publicação desta Emenda, tenham cumprido todos os requisitos para obtenção desses benefícios, com base nos critérios da legislação então vigente.

§ 1º. O servidor de que trata este artigo que opte por permanecer em atividade tendo completado as exigências para aposentadoria voluntária e que conte com, no mínimo, vinte e cinco anos de contribuição, se mulher, ou trinta anos de contribuição, se homem, fará jus a um abono de permanência equivalente ao valor da sua contribuição previdenciária até completar as exigências para aposentadoria compulsória contidas no art. 40, § 1º, II, da Constituição Federal.

§ 2º. Os proventos da aposentadoria a ser concedida aos servidores públicos referidos no caput, em termos integrais ou proporcionais ao tempo de contribuição já exercido até a data de publicação desta Emenda, bem como as pensões de seus dependentes, serão calculados de acordo com a legislação em vigor à época em que foram atendidos os requisitos nela estabelecidos para a concessão desses benefícios ou nas condições da legislação vigente.

Art. 4º. Os servidores inativos e os pensionistas da União, dos Estados, do Distrito Federal e dos Municípios, incluídas suas autarquias e fundações, em gozo de benefícios na data de publicação desta Emenda, bem como os alcançados pelo disposto no seu art. 3º, contribuirão para o custeio do regime de que trata o art. 40 da Constituição Federal com percentual igual ao estabelecido para os servidores titulares de cargos efetivos.

Parágrafo único. A contribuição previdenciária a que se refere o caput incidirá apenas sobre a parcela dos proventos e das pensões que supere:

I – cinquenta por cento* do limite máximo estabelecido para os benefícios do regime geral de previdência social de que trata o art. 201 da Constituição Federal, para os servidores inativos e os pensionistas dos Estados, do Distrito Federal e dos Municípios;

II – sessenta por cento* do limite máximo estabelecido para os benefícios do regime geral de previdência social de que trata o art. 201 da Constituição Federal, para os servidores inativos e os pensionistas da União.

♦ A ADI nº 3.105-8 declarou a inconstitucionalidade das expressões "cinquenta por cento" e "sessenta por cento", contidas, respectivamente, nos incisos I e II do parágrafo único do art. 4º da EC nº 41/2003, pelo que se aplica, então, à hipótese do art. 4º da EC nº 41/2003, o § 18 do art. 40 do texto permanente da Constituição, introduzido pela mesma EC. (Julgado em 18.8.2004)

Art. 5º. O limite máximo para o valor dos benefícios do regime geral de previdência social de que trata o art. 201 da Constituição Federal é fixado em R$ 2.400,00 (dois mil e quatrocentos reais), devendo, a partir da data de publicação desta Emenda, ser reajustado de forma a preservar, em caráter permanente, seu valor real, atualizado pelos mesmos índices aplicados aos benefícios do regime geral de previdência social.

Art. 6º. (Revogado).
(*) Art. 6º revogado pela EC nº 103, de 12.11.2019 (com vigência a partir da data de publicação da lei de iniciativa do respectivo Poder Executivo que a referende integralmente).
(*) Redação anterior: *Art. 6º. Ressalvado o direito de opção à aposentadoria pelas normas estabelecidas pelo art. 40 da Constituição Federal ou pelas regras estabelecidas pelo art. 2º desta Emenda, o servidor da União, dos Estados, do Distrito Federal e dos Municípios, incluídas suas autarquias e fundações, que tenha ingressado no serviço público até a data de publicação desta Emenda poderá aposentar-se com proventos integrais, que corresponderão à totalidade da remuneração do servidor no cargo efetivo em que se der a aposentadoria, na forma da lei, quando, observadas as reduções de idade e tempo de contribuição contidas no § 5º do art. 40 da Constituição Federal, vier a preencher, cumulativamente, as seguintes condições: I – sessenta anos de idade, se homem, e cinquenta e cinco anos de idade, se mulher; II – trinta e cinco anos de contribuição, se homem, e trinta anos de contribuição, se mulher; III – vinte anos de efetivo exercício no serviço público; e IV – dez anos de carreira e cinco anos de efetivo exercício no cargo em que se der a aposentadoria.
Parágrafo único. (Revogado).*

Art. 6º-A. (Revogado).
(*) Art. 6º-A revogado pela EC nº 103, de 12.11.2019 (com vigência a partir da data de publicação da lei de iniciativa do respectivo Poder Executivo que a referende integralmente).
(*) Redação anterior: *Art. 6º-A. O servidor da União, dos Estados, do Distrito Federal e dos Municípios, incluídas suas autarquias e fundações, que tenha ingressado no serviço público até a data de publicação desta Emenda Constitucional e que tenha se aposentado ou venha a se aposentar por invalidez permanente, com fundamento no inciso I do § 1º do art. 40 da Constituição Federal, tem direito a proventos de aposentadoria calculados com base na remuneração do cargo efetivo em que se der a aposentadoria, na forma da lei, não sendo aplicáveis as disposições constantes dos §§ 3º, 8º e 17 do art. 40 da Constituição*

Federal. Parágrafo único. Aplica-se ao valor dos proventos de aposentadorias concedidas com base no caput o disposto no art. 7º desta Emenda Constitucional, observando-se igual critério de revisão às pensões derivadas dos proventos desses servidores.

Art. 7º. Observado o disposto no art. 37, XI, da Constituição Federal, os proventos de aposentadoria dos servidores públicos titulares de cargo efetivo e as pensões dos seus dependentes pagos pela União, Estados, Distrito Federal e Municípios, incluídas suas autarquias e fundações, em fruição na data de publicação desta Emenda, bem como os proventos de aposentadoria dos servidores e as pensões dos dependentes abrangidos pelo art. 3º desta Emenda, serão revistos na mesma proporção e na mesma data, sempre que se modificar a remuneração dos servidores em atividade, sendo também estendidos aos aposentados e pensionistas quaisquer benefícios ou vantagens posteriormente concedidos aos servidores em atividade, inclusive quando decorrentes da transformação ou reclassificação do cargo ou função em que se deu a aposentadoria ou que serviu de referência para a concessão da pensão, na forma da lei.

Art. 8º. Até que seja fixado o valor do subsídio de que trata o art. 37, XI, da Constituição Federal, será considerado, para os fins do limite fixado naquele inciso, o valor da maior remuneração atribuída por lei na data de publicação desta Emenda a Ministro do Supremo Tribunal Federal, a título de vencimento, de representação mensal e da parcela recebida em razão de tempo de serviço, aplicando-se como limite, nos Municípios, o subsídio do Prefeito, e nos Estados e no Distrito Federal, o subsídio mensal do Governador no âmbito do Poder Executivo, o subsídio dos Deputados Estaduais e Distritais no âmbito do Poder Legislativo e o subsídio dos Desembargadores do Tribunal de Justiça, limitado a noventa inteiros e vinte e cinco centésimos por cento da maior remuneração mensal de Ministro do Supremo Tribunal Federal a que se refere este artigo, no âmbito do Poder Judiciário, aplicável este limite aos membros do Ministério Público, aos Procuradores e aos Defensores Públicos.

Art. 9º. Aplica-se o disposto no art. 17 do Ato das Disposições Constitucionais Transitórias aos vencimentos, remunerações e subsídios dos ocupantes de cargos, funções e empregos públicos da administração direta, autárquica e fundacional, dos membros de qualquer dos Poderes da União, dos Estados, do Distrito Federal e dos Municípios, dos detentores de mandato eletivo e dos demais agentes políticos e os proventos, pensões ou outra espécie remuneratória percebidos cumulativamente ou não, incluídas as vantagens pessoais ou de qualquer outra natureza.

Art. 10. Revogam-se o inciso IX do § 3º do art. 142 da Constituição Federal, bem como os arts. 8º e 10 da Emenda Constitucional nº 20, de 15 de dezembro de 1998.

Art. 11. Esta Emenda Constitucional entra em vigor na data de sua publicação.

Brasília, em 19 de dezembro de 2003.

Mesa da Câmara dos Deputados: Deputado João Paulo Cunha, Presidente – Mesa do Senado Federal: Senador José Sarney, Presidente – DOU de 31.12.2003.

EMENDA CONSTITUCIONAL Nº 42, DE 19.12.2003

Altera o Sistema Tributário Nacional e dá outras providências.

As Mesas da Câmara dos Deputados e do Senado Federal, nos termos do § 3º do art. 60 da Constituição Federal, promulgam a seguinte Emenda ao texto constitucional:

Art. 1º. Os artigos da Constituição a seguir enumerados passam a vigorar com as seguintes alterações:

"Art. 37. (...)

XXII – as administrações tributárias da União, dos Estados, do Distrito Federal e dos Municípios, atividades essenciais ao funcionamento do Estado, exercidas por servidores de carreiras específicas, terão recursos prioritários para a realização de suas atividades e atuarão de forma integrada, inclusive com o compartilhamento de cadastros e de informações fiscais, na forma da lei ou convênio.

...." (NR)

"Art. 52. (...)

XV – avaliar periodicamente a funcionalidade do Sistema Tributário Nacional, em sua estrutura e seus componentes, e o desempenho das administrações tributárias da União, dos Estados e do Distrito Federal e dos Municípios.

...." (NR)

"Art. 146. (...)

III – (...)

d) definição de tratamento diferenciado e favorecido para as microempresas e para as empresas de pequeno porte, inclusive regimes especiais ou simplificados no caso do imposto previsto no art. 155, II, das contribuições previstas no art. 195, I e §§ 12 e 13, e da contribuição a que se refere o art. 239.

Parágrafo único. A lei complementar de que trata o inciso III, "d", também poderá instituir um regime único de arrecadação dos impostos e contribuições da União, dos Estados, do Distrito Federal e dos Municípios, observado que:

I – será opcional para o contribuinte;

II – poderão ser estabelecidas condições de enquadramento diferenciadas por Estado;

III – o recolhimento será unificado e centralizado e a distribuição da parcela de recursos pertencentes aos respectivos entes federados será imediata, vedada qualquer retenção ou condicionamento;

IV – a arrecadação, a fiscalização e a cobrança poderão ser compartilhadas pelos entes federados, adotado cadastro nacional único de contribuintes." (NR)

"Art. 146-A. Lei complementar poderá estabelecer critérios especiais de tributação, com o objetivo de prevenir desequilíbrios da concorrência, sem prejuízo da competência de a União, por lei, estabelecer normas de igual objetivo."

"Art. 149. (...)

§ 2°. (...)

II – incidirão também sobre a importação de produtos estrangeiros ou serviços;

...." (NR)

"Art. 150. (...)

III – (...)

c) antes de decorridos noventa dias da data em que haja sido publicada a lei que os instituiu ou aumentou, observado o disposto na alínea "b";

....

§ 1°. A vedação do inciso III, "b", não se aplica aos tributos previstos nos arts. 148, I, 153, I, II, IV e V; e 154, II; e a vedação do inciso III, "c", não se aplica aos tributos previstos nos arts. 148, I, 153, I, II, III e V; e 154, II, nem à fixação da base de cálculo dos impostos previstos nos arts. 155, III, e 156, I.

...." (NR)

"Art. 153. (...)

§ 3°. (...)

IV – terá reduzido seu impacto sobre a aquisição de bens de capital pelo contribuinte do imposto, na forma da lei.

§ 4°. O imposto previsto no inciso VI do caput:

I – será progressivo e terá suas alíquotas fixadas de forma a desestimular a manutenção de propriedades improdutivas;

II – não incidirá sobre pequenas glebas rurais, definidas em lei, quando as explore o proprietário que não possua outro imóvel;

III – será fiscalizado e cobrado pelos Municípios que assim optarem, na forma da lei, desde que não implique redução do imposto ou qualquer outra forma de renúncia fiscal.

...." (NR)

"Art. 155. (...)

§ 2°. (...)

X – (...)

a) sobre operações que destinem mercadorias para o exterior, nem sobre serviços prestados a destinatários no exterior, assegurada a manutenção e o aproveitamento do montante do imposto cobrado nas operações e prestações anteriores;

....

d) nas prestações de serviço de comunicação nas modalidades de radiodifusão sonora e de sons e imagens de recepção livre e gratuita;

....

§ 6°. O imposto previsto no inciso III:

I – terá alíquotas mínimas fixadas pelo Senado Federal;

II – poderá ter alíquotas diferenciadas em função do tipo e utilização." (NR)

"Art. 158. (...)

II – cinquenta por cento do produto da arrecadação do imposto da União sobre a propriedade territorial rural, relativamente aos imóveis neles situados, cabendo a totalidade na hipótese da opção a que se refere o art. 153, § 4°, III;

...." (NR)

"Art. 159. (...)

III – do produto da arrecadação da contribuição de intervenção no domínio econômico prevista no art. 177, § 4°, vinte e cinco por cento para os Estados e o Distrito Federal, distribuídos na forma da lei, observada a destinação a que refere o inciso II, "c", do referido parágrafo.

....

§ 4°. Do montante de recursos de que trata o inciso III que cabe a cada Estado, vinte e cinco por cento serão destinados aos seus Municípios, na forma da lei a que se refere o mencionado inciso." (NR)

"Art. 167. (...)

IV – a vinculação de receita de impostos a órgão, fundo ou despesa, ressalvadas a repartição do produto da arrecadação dos impostos a que se referem os arts. 158 e 159, a destinação de recursos para as ações e serviços públicos de saúde, para manutenção e desenvolvimento do ensino e para realização de atividades da administração tributária, como determinado, respectivamente, pelos arts. 198, § 2°, 212 e 37, XXII, e a prestação de garantias às operações de crédito por antecipação de receita, previstas no art. 165, § 8°, bem como o disposto no § 4° deste artigo;

...." (NR)

"Art. 170. (...)

VI – defesa do meio ambiente, inclusive mediante tratamento diferenciado conforme o impacto ambiental dos produtos e serviços e de seus processos de elaboração e prestação;

...." (NR)

"**Art. 195.** (...)
IV – do importador de bens ou serviços do exterior, ou de quem a lei a ele equiparar.
....
§ 12. A lei definirá os setores de atividade econômica para os quais as contribuições incidentes na forma dos incisos I, b; e IV do caput, serão não cumulativas.
§ 13. Aplica-se o disposto no § 12 inclusive na hipótese de substituição gradual, total ou parcial, da contribuição incidente na forma do inciso I,"a", pela incidente sobre a receita ou o faturamento." (NR)
"**Art. 204.** (...)
Parágrafo único. É facultado aos Estados e ao Distrito Federal vincular a programa de apoio à inclusão e promoção social até cinco décimos por cento de sua receita tributária líquida, vedada a aplicação desses recursos no pagamento de:
I – despesas com pessoal e encargos sociais;
II – serviço da dívida;
III – qualquer outra despesa corrente não vinculada diretamente aos investimentos ou ações apoiados." (NR)
"**Art. 216.** (...)
§ 6º. É facultado aos Estados e ao Distrito Federal vincular a fundo estadual de fomento à cultura até cinco décimos por cento de sua receita tributária líquida, para o financiamento de programas e projetos culturais, vedada a aplicação desses recursos no pagamento de:
I – despesas com pessoal e encargos sociais;
II – serviço da dívida;
III – qualquer outra despesa corrente não vinculada diretamente aos investimentos ou ações apoiados." (NR)
Art. 2º. Os artigos do Ato das Disposições Constitucionais Transitórias a seguir enumerados passam a vigorar com as seguintes alterações:
"**Art. 76.** É desvinculado de órgão, fundo ou despesa, no período de 2003 a 2007, vinte por cento da arrecadação da União de impostos, contribuições sociais e de intervenção no domínio econômico, já instituídos ou que vierem a ser criados no referido período, seus adicionais e respectivos acréscimos legais.
§ 1º. O disposto no caput deste artigo não reduzirá a base de cálculo das transferências a Estados, Distrito Federal e Municípios na forma dos arts. 153, § 5º; 157, I; 158, I e II; e 159, I, "a" e "b"; e II, da Constituição, bem como a base de cálculo das destinações a que se refere o art. 159, I, "c", da Constituição.
...." (NR)
"**Art. 82.** (...)
§ 1º. Para o financiamento dos Fundos Estaduais e Distrital, poderá ser criado adicional de até dois pontos percentuais na alíquota do Imposto sobre Circulação de Mercadorias e Serviços – ICMS, sobre os produtos e serviços supérfluos e nas condições definidas na lei complementar de que trata o art. 155, § 2º, XII, da Constituição, não se aplican-

do, sobre este percentual, o disposto no art. 158, IV, da Constituição.
...." (NR)
"**Art. 83.** Lei federal definirá os produtos e serviços supérfluos a que se referem os arts. 80, II, e 82, § 2º." (NR)
"**Art. 3º.** O Ato das Disposições Constitucionais Transitórias passa a vigorar acrescido dos seguintes artigos:
"**Art. 90.** O prazo previsto no caput do art. 84 deste Ato das Disposições Constitucionais Transitórias fica prorrogado até 31 de dezembro de 2007.
§ 1º. Fica prorrogada, até a data referida no caput deste artigo, a vigência da Lei nº 9.311, de 24 de outubro de 1996, e suas alterações.
§ 2º. Até a data referida no caput deste artigo, a alíquota da contribuição de que trata o art. 84 deste Ato das Disposições Constitucionais Transitórias será de trinta e oito centésimos por cento."
"**Art. 91.** A União entregará aos Estados e ao Distrito Federal o montante definido em lei complementar, de acordo com critérios, prazos e condições nela determinados, podendo considerar as exportações para o exterior de produtos primários e semielaborados, a relação entre as exportações e as importações, os créditos decorrentes de aquisições destinadas ao ativo permanente e a efetiva manutenção e aproveitamento do crédito do imposto a que se refere o art. 155, § 2º, X, a.
§ 1º. Do montante de recursos que cabe a cada Estado, setenta e cinco por cento pertencem ao próprio Estado, e vinte e cinco por cento, aos seus Municípios, distribuídos segundo os critérios a que se refere o art. 158, parágrafo único, da Constituição.
§ 2º. A entrega de recursos prevista neste artigo perdurará, conforme definido em lei complementar, até o imposto a que se refere o art. 155, II, tenha o produto de sua arrecadação destinado predominantemente, em proporção não inferior a oitenta por cento, ao Estado onde ocorrer o consumo das mercadorias, bens ou serviços.
§ 3º. Enquanto não for editada a lei complementar de que trata o caput, em substituição ao sistema de entrega de recursos nele previsto, permanecerá vigente o sistema de entrega de recursos previsto no art. 31 e Anexo da Lei Complementar nº 87, de 13 de setembro de 1996, com a redação dada pela Lei Complementar nº 115, de 26 de dezembro de 2002.
§ 4º. Os Estados e o Distrito Federal deverão apresentar à União, nos termos das instruções baixadas pelo Ministério da Fazenda, as informações relativas ao imposto de que trata o art. 155, II, declaradas pelos contribuintes que realizarem operações ou prestações com destino ao exterior."
"**Art. 92.** São acrescidos dez anos ao prazo fixado no art. 40 deste Ato das Disposições Constitucionais Transitórias."
"**Art. 93.** A vigência do disposto no art. 159, III, e § 4º, iniciará somente após a edição da lei de que trata o referido inciso III."
"**Art. 94.** Os regimes especiais de tributação para microempresas e empresas de pequeno porte pró-

prios da União, dos Estados, do Distrito Federal e dos Municípios cessarão a partir da entrada em vigor do regime previsto no art. 146, III, "d", da Constituição."

Art. 4º. Os adicionais criados pelos Estados e pelo Distrito Federal até a data da promulgação desta Emenda, naquilo em que estiverem em desacordo com o previsto nesta Emenda, na Emenda Constitucional nº 31, de 14 de dezembro de 2000, ou na lei complementar de que trata o art. 155, § 2º, XII, da Constituição, terão vigência, no máximo, até o prazo previsto no art. 79 do Ato das Disposições Constitucionais Transitórias.

Art. 5º. O Poder Executivo, em até sessenta dias contados da data da promulgação desta Emenda, encaminhará ao Congresso Nacional projeto de lei, sob o regime de urgência constitucional, que disciplinará os benefícios fiscais para a capacitação do setor de tecnologia da informação, que vigerão até 2019 nas condições que estiverem em vigor no ato da aprovação desta Emenda.

Art. 6º. Fica revogado o inciso II do § 3º do art. 84 do Ato das Disposições Constitucionais Transitórias.

Brasília, em 19 de dezembro de 2003.

Mesa da Câmara dos Deputados: Deputado João Paulo Cunha, Presidente – Mesa do Senado Federal: Senador José Sarney, Presidente – DOU de 31.12.2003.

EMENDA CONSTITUCIONAL Nº 43, DE 15.4.2004

Altera o art. 42 do Ato das Disposições Constitucionais Transitórias, prorrogando, por 10 (dez) anos, a aplicação, por parte da União, de percentuais mínimos do total dos recursos destinados à irrigação nas regiões Centro-Oeste e Nordeste.

As Mesas da Câmara dos Deputados e do Senado Federal, nos termos do § 3º do art. 60 da Constituição Federal, promulgam a seguinte Emenda ao texto constitucional:

Art. 1º. O *caput* do art. 42 do Ato das Disposições Constitucionais Transitórias passa a vigorar com a seguinte redação:

"*Art. 42. Durante vinte e cinco anos, a União aplicará, dos recursos destinados à irrigação:*
...." *(NR)*

Art. 2º. Esta Emenda Constitucional entra em vigor na data de sua publicação.

Brasília, em 15 de abril de 2004.

Mesa da Câmara dos Deputados: Deputado João Paulo Cunha, Presidente – Mesa do Senado Federal: Senador José Sarney, Presidente – DOU de 16.4.2004.

EMENDA CONSTITUCIONAL Nº 44, DE 30.6.2004

Altera o Sistema Tributário Nacional e dá outras providências.

As Mesas da Câmara dos Deputados e do Senado Federal, nos termos do § 3º do art. 60 da Constituição Federal, promulgam a seguinte Emenda ao texto constitucional:

Art. 1º. O inciso III do art. 159 da Constituição passa a vigorar com a seguinte redação:

"*Art. 159. (...)*
III – do produto da arrecadação da contribuição de intervenção no domínio econômico prevista no art. 177, § 4º, 29% (vinte e nove por cento) para os Estados e o Distrito Federal, distribuídos na forma da lei, observada a destinação a que se refere o inciso II,"c", do referido parágrafo.
...." *(NR)*

Art. 2º. Esta Emenda à Constituição entra em vigor na data de sua publicação.

Brasília, em 30 de junho de 2004.

Mesa da Câmara dos Deputados: Deputado João Paulo Cunha, Presidente – Mesa do Senado Federal: Senador José Sarney, Presidente – DOU de 1º.7.2004.

EMENDA CONSTITUCIONAL Nº 45, DE 30.12.2004

Altera dispositivos dos arts. 5º, 36, 52, 92, 93, 95, 98, 99, 102, 103, 104, 105, 107, 109, 111, 112, 114, 115, 125, 126, 127, 128, 129, 134 e 168 da Constituição Federal, e acrescenta os arts. 103-A, 103-B, 111-A e 130-A, e dá outras providências.

(*) *V. ADI nºs 3.392 (improcedente, com trânsito em julgado em 26.6.2020) e 3.432 (improcedente, com trânsito em julgado em 5.8.2020).*

As Mesas da Câmara dos Deputados e do Senado Federal, nos termos do § 3º do art. 60 da Constituição Federal, promulgam a seguinte Emenda ao texto constitucional:

Nº 45 EMENDAS CONSTITUCIONAIS

Art. 1º. Os arts. 5º, 36, 52, 92, 93, 95, 98, 99, 102, 103, 104, 105, 107, 109, 111, 112, 114, 115, 125, 126, 127, 128, 129, 134 e 168 da Constituição Federal passam a vigorar com a seguinte redação:

"**Art. 5º.** (...)

LXXVIII – a todos, no âmbito judicial e administrativo, são assegurados a razoável duração do processo e os meios que garantam a celeridade de sua tramitação.

....

§ 3º. Os tratados e convenções internacionais sobre direitos humanos que forem aprovados, em cada Casa do Congresso Nacional, em dois turnos, por três quintos dos votos dos respectivos membros, serão equivalentes às emendas constitucionais.

§ 4º. O Brasil se submete à jurisdição de Tribunal Penal Internacional a cuja criação tenha manifestado adesão." (NR)

"**Art. 36.** (...)

III – de provimento, pelo Supremo Tribunal Federal, de representação do Procurador-Geral da República, na hipótese do art. 34, VII, e no caso de recusa à execução de lei federal.

IV – (revogado).

...." (NR)

"**Art. 52.** (...)

II – processar e julgar os Ministros do Supremo Tribunal Federal, os membros do Conselho Nacional de Justiça e do Conselho Nacional do Ministério Público, o Procurador-Geral da República e o Advogado-Geral da União nos crimes de responsabilidade;

...." (NR)

"**Art. 92.** (...)

I-A – o Conselho Nacional de Justiça;

....

§ 1º. O Supremo Tribunal Federal, o Conselho Nacional de Justiça e os Tribunais Superiores têm sede na Capital Federal.

§ 2º. O Supremo Tribunal Federal e os Tribunais Superiores têm jurisdição em todo o território nacional." (NR)

"**Art. 93.** (...)

I – ingresso na carreira, cujo cargo inicial será o de juiz substituto, mediante concurso público de provas e títulos, com a participação da Ordem dos Advogados do Brasil em todas as fases, exigindo-se do bacharel em direito, no mínimo, três anos de atividade jurídica e obedecendo-se, nas nomeações, à ordem de classificação;

II – (...)

c) aferição do merecimento conforme o desempenho e pelos critérios objetivos de produtividade e presteza no exercício da jurisdição e pela frequência e aproveitamento em cursos oficiais ou reconhecidos de aperfeiçoamento;

d) na apuração de antiguidade, o tribunal somente poderá recusar o juiz mais antigo pelo voto fundamentado de dois terços de seus membros, conforme procedimento próprio, e assegurada ampla defesa, repetindo-se a votação até fixar-se a indicação;

e) não será promovido o juiz que, injustificadamente, retiver autos em seu poder além do prazo legal, não podendo devolvê-los ao cartório sem o devido despacho ou decisão;

III – o acesso aos tribunais de segundo grau far-se-á por antiguidade e merecimento, alternadamente, apurados na última ou única entrância;

IV – previsão de cursos oficiais de preparação, aperfeiçoamento e promoção de magistrados, constituindo etapa obrigatória do processo de vitaliciamento a participação em curso oficial ou reconhecido por escola nacional de formação e aperfeiçoamento de magistrados;

....

VII – o juiz titular residirá na respectiva comarca, salvo autorização do tribunal;

VIII – o ato de remoção, disponibilidade e aposentadoria do magistrado, por interesse público, fundar-se-á em decisão por voto da maioria absoluta do respectivo tribunal ou do Conselho Nacional de Justiça, assegurada ampla defesa;

VIII-A – a remoção a pedido ou a permuta de magistrados de comarca de igual entrância atenderá, no que couber, ao disposto nas alíneas "a", "b", "c" e "e" do inciso II;

IX – todos os julgamentos dos órgãos do Poder Judiciário serão públicos, e fundamentadas todas as decisões, sob pena de nulidade, podendo a lei limitar a presença, em determinados atos, às próprias partes e a seus advogados, ou somente a estes, nos casos nos quais a preservação do direito à intimidade do interessado no sigilo não prejudique o interesse público à informação;

X – as decisões administrativas dos tribunais serão motivadas e em sessão pública, sendo as disciplinares tomadas pelo voto da maioria absoluta de seus membros;

XI – nos tribunais com número superior a vinte e cinco julgadores, poderá ser constituído órgão especial, com o mínimo de onze e o máximo de vinte e cinco membros, para o exercício das atribuições administrativas e jurisdicionais delegadas da competência do tribunal pleno, provendo-se metade das vagas por antiguidade e a outra metade por eleição pelo tribunal pleno;

XII – a atividade jurisdicional será ininterrupta, sendo vedado férias coletivas nos juízos e tribunais de segundo grau, funcionando, nos dias em que não houver expediente forense normal, juízes em plantão permanente;

XIII – o número de juízes na unidade jurisdicional será proporcional à efetiva demanda judicial e à respectiva população;

XIV – os servidores receberão delegação para a prática de atos de administração e atos de mero expediente sem caráter decisório;

XV – a distribuição de processos será imediata, em todos os graus de jurisdição." (NR)

"**Art. 95.** (...)

Parágrafo único. Aos juízes é vedado:

IV – receber, a qualquer título ou pretexto, auxílios ou contribuições de pessoas físicas, entidades públicas ou privadas, ressalvadas as exceções previstas em lei;

V – exercer a advocacia no juízo ou tribunal do qual se afastou, antes de decorridos três anos do afastamento do cargo por aposentadoria ou exoneração." (NR)

"Art. 98. (...)

§ 1º. (antigo parágrafo único). (...)

§ 2º. As custas e emolumentos serão destinados exclusivamente ao custeio dos serviços afetos às atividades específicas da Justiça." (NR)

"Art. 99. (...)

§ 3º. Se os órgãos referidos no § 2º não encaminharem as respectivas propostas orçamentárias dentro do prazo estabelecido na lei de diretrizes orçamentárias, o Poder Executivo considerará, para fins de consolidação da proposta orçamentária anual, os valores aprovados na lei orçamentária vigente, ajustados de acordo com os limites estipulados na forma do § 1º deste artigo.

§ 4º. Se as propostas orçamentárias de que trata este artigo forem encaminhadas em desacordo com os limites estipulados na forma do § 1º, o Poder Executivo procederá aos ajustes necessários para fins de consolidação da proposta orçamentária anual.

§ 5º. Durante a execução orçamentária do exercício, não poderá haver a realização de despesas ou a assunção de obrigações que extrapolem os limites estabelecidos na lei de diretrizes orçamentárias, exceto se previamente autorizadas, mediante a abertura de créditos suplementares ou especiais." (NR)

"Art. 102. (...)

I – (...)

h) (revogada);

....

r) as ações contra o Conselho Nacional de Justiça e contra o Conselho Nacional do Ministério Público;

....

III – (...)

d) julgar válida lei local contestada em face de lei federal.

§ 2º. As decisões definitivas de mérito, proferidas pelo Supremo Tribunal Federal, nas ações diretas de inconstitucionalidade e nas ações declaratórias de constitucionalidade produzirão eficácia contra todos e efeito vinculante, relativamente aos demais órgãos do Poder Judiciário e à administração pública direta e indireta, nas esferas federal, estadual e municipal.

§ 3º. No recurso extraordinário o recorrente deverá demonstrar a repercussão geral das questões constitucionais discutidas no caso, nos termos da lei, a fim de que o Tribunal examine a admissão do recurso, somente podendo recusá-lo pela manifestação de dois terços de seus membros." (NR)

"Art. 103. Podem propor a ação direta de inconstitucionalidade e a ação declaratória de constitucionalidade:

....

IV – a Mesa de Assembleia Legislativa ou da Câmara Legislativa do Distrito Federal;

V – o Governador de Estado ou do Distrito Federal;

....

§ 4º. (Revogado)." (NR)

"Art. 104. (...)

Parágrafo único. Os Ministros do Superior Tribunal de Justiça serão nomeados pelo Presidente da República, dentre brasileiros com mais de trinta e cinco e menos de sessenta e cinco anos, de notável saber jurídico e reputação ilibada, depois de aprovada a escolha pela maioria absoluta do Senado Federal, sendo:

...." (NR)

"Art. 105. (...)

I – (...)

i) a homologação de sentenças estrangeiras e a concessão de exequatur às cartas rogatórias;

III – (...)

b) julgar válido ato de governo local contestado em face de lei federal;

....

Parágrafo único. Funcionarão junto ao Superior Tribunal de Justiça:

I – a Escola Nacional de Formação e Aperfeiçoamento de Magistrados, cabendo-lhe, dentre outras funções, regulamentar os cursos oficiais para o ingresso e promoção na carreira;

II – o Conselho da Justiça Federal, cabendo-lhe exercer, na forma da lei, a supervisão administrativa e orçamentária da Justiça Federal de primeiro e segundo graus, como órgão central do sistema e com poderes correicionais, cujas decisões terão caráter vinculante." (NR)

"Art. 107. (...)

§ 1º. (antigo parágrafo único). (...)

§ 2º. Os Tribunais Regionais Federais instalarão a justiça itinerante, com a realização de audiências e demais funções da atividade jurisdicional, nos limites territoriais da respectiva jurisdição, servindo-se de equipamentos públicos e comunitários.

§ 3º. Os Tribunais Regionais Federais poderão funcionar descentralizadamente, constituindo Câmaras regionais, a fim de assegurar o pleno acesso do jurisdicionado à justiça em todas as fases do processo." (NR)

"Art. 109. (...)

V-A – as causas relativas a direitos humanos a que se refere o § 5º deste artigo;

....

§ 5º. Nas hipóteses de grave violação de direitos humanos, o Procurador-Geral da República, com a finalidade de assegurar o cumprimento de obrigações decorrentes de tratados internacionais de direitos humanos dos quais o Brasil seja parte, poderá suscitar, perante o Superior Tribunal de Justiça, em qualquer fase do inquérito ou processo,

incidente de deslocamento de competência para a Justiça Federal." (NR)
"Art. 111. (...)
§ 1º. (Revogado).
§ 2º. (Revogado).
§ 3º. (Revogado)." (NR)
"Art. 112. A lei criará varas da Justiça do Trabalho, podendo, nas comarcas não abrangidas por sua jurisdição, atribuí-la aos juízes de direito, com recurso para o respectivo Tribunal Regional do Trabalho." (NR)
"Art. 114. Compete à Justiça do Trabalho processar e julgar:

I – as ações oriundas da relação de trabalho, abrangidos os entes de direito público externo e da administração pública direta e indireta da União, dos Estados, do Distrito Federal e dos Municípios;

II – as ações que envolvam exercício do direito de greve;

III – as ações sobre representação sindical, entre sindicatos, entre sindicatos e trabalhadores, e entre sindicatos e empregadores;

IV – os mandados de segurança, habeas corpus e habeas data, quando o ato questionado envolver matéria sujeita à sua jurisdição;

V – os conflitos de competência entre órgãos com jurisdição trabalhista, ressalvado o disposto no art. 102, I, "o";

VI – as ações de indenização por dano moral ou patrimonial, decorrentes da relação de trabalho;

VII – as ações relativas às penalidades administrativas impostas aos empregadores pelos órgãos de fiscalização das relações de trabalho;

VIII – a execução, de ofício, das contribuições sociais previstas no art. 195, I, "a", e II, e seus acréscimos legais, decorrentes das sentenças que proferir;

IX – outras controvérsias decorrentes da relação de trabalho, na forma da lei.

§ 1º. (...)

§ 2º. Recusando-se qualquer das partes à negociação coletiva ou à arbitragem, é facultado às mesmas, de comum acordo, ajuizar dissídio coletivo de natureza econômica, podendo a Justiça do Trabalho decidir o conflito, respeitadas as disposições mínimas legais de proteção ao trabalho, bem como as convencionadas anteriormente.

§ 3º. Em caso de greve em atividade essencial, com possibilidade de lesão do interesse público, o Ministério Público do Trabalho poderá ajuizar dissídio coletivo, competindo à Justiça do Trabalho decidir o conflito." (NR)

"Art. 115. Os Tribunais Regionais do Trabalho compõem-se de, no mínimo, sete juízes, recrutados, quando possível, na respectiva região, e nomeados pelo Presidente da República dentre brasileiros com mais de trinta e menos de sessenta e cinco anos, sendo:

I – um quinto dentre advogados com mais de dez anos de efetiva atividade profissional e membros do Ministério Público do Trabalho com mais de dez anos de efetivo exercício, observado o disposto no art. 94;

II – os demais, mediante promoção de juízes do trabalho por antiguidade e merecimento, alternadamente.

§ 1º. Os Tribunais Regionais do Trabalho instalarão a justiça itinerante, com a realização de audiências e demais funções de atividade jurisdicional, nos limites territoriais da respectiva jurisdição, servindo-se de equipamentos públicos e comunitários.

§ 2º. Os Tribunais Regionais do Trabalho poderão funcionar descentralizadamente, constituindo Câmaras regionais, a fim de assegurar o pleno acesso do jurisdicionado à justiça em todas as fases do processo." (NR)

"Art. 125. (...)

§ 3º. A lei estadual poderá criar, mediante proposta do Tribunal de Justiça, a Justiça Militar estadual, constituída, em primeiro grau, pelos juízes de direito e pelos Conselhos de Justiça e, em segundo grau, pelo próprio Tribunal de Justiça, ou por Tribunal de Justiça Militar nos Estados em que o efetivo militar seja superior a vinte mil integrantes.

§ 4º. Compete à Justiça Militar estadual processar e julgar os militares dos Estados, nos crimes militares definidos em lei e as ações judiciais contra atos disciplinares militares, ressalvada a competência do júri quando a vítima for civil, cabendo ao tribunal competente decidir sobre a perda do posto e da patente dos oficiais e da graduação das praças.

§ 5º. Compete aos juízes de direito do juízo militar processar e julgar, singularmente, os crimes militares cometidos contra civis e as ações judiciais contra atos disciplinares militares, cabendo ao Conselho de Justiça, sob a presidência de juiz de direito, processar e julgar os demais crimes militares.

§ 6º. O Tribunal de Justiça poderá funcionar descentralizadamente, constituindo Câmaras regionais, a fim de assegurar o pleno acesso do jurisdicionado à justiça em todas as fases do processo.

§ 7º. O Tribunal de Justiça instalará a justiça itinerante, com a realização de audiências e demais funções da atividade jurisdicional, nos limites territoriais da respectiva jurisdição, servindo-se de equipamentos públicos e comunitários." (NR)

"Art. 126. Para dirimir conflitos fundiários, o Tribunal de Justiça proporá a criação de varas especializadas, com competência exclusiva para questões agrárias.

...." (NR)

"Art. 127. (...)

§ 4º. Se o Ministério Público não encaminhar a respectiva proposta orçamentária dentro do prazo estabelecido na lei de diretrizes orçamentárias, o Poder Executivo considerará, para fins de consolidação da proposta orçamentária anual, os valores aprovados na lei orçamentária vigente, ajustados de acordo com os limites estipulados na forma do § 3°.

§ 5°. Se a proposta orçamentária de que trata este artigo for encaminhada em desacordo com os limites estipulados na forma do § 3°, o Poder Executivo procederá aos ajustes necessários para fins de consolidação da proposta orçamentária anual.

§ 6°. Durante a execução orçamentária do exercício, não poderá haver a realização de despesas ou a assunção de obrigações que extrapolem os limites estabelecidos na lei de diretrizes orçamentárias, exceto se previamente autorizadas, mediante a abertura de créditos suplementares ou especiais." (NR)

"Art. 128. (...)

§ 5°. (...)

I – (...)

b) inamovibilidade, salvo por motivo de interesse público, mediante decisão do órgão colegiado competente do Ministério Público, pelo voto da maioria absoluta de seus membros, assegurada ampla defesa;

....

II – (...)

e) exercer atividade político-partidária;

f) receber, a qualquer título ou pretexto, auxílios ou contribuições de pessoas físicas, entidades públicas ou privadas, ressalvadas as exceções previstas em lei.

§ 6°. Aplica-se aos membros do Ministério Público o disposto no art. 95, parágrafo único, V." (NR)

"Art. 129. (...)

§ 2°. As funções do Ministério Público só podem ser exercidas por integrantes da carreira, que deverão residir na comarca da respectiva lotação, salvo autorização do chefe da instituição.

§ 3°. O ingresso na carreira do Ministério Público far-se-á mediante concurso público de provas e títulos, assegurada a participação da Ordem dos Advogados do Brasil em sua realização, exigindo-se do bacharel em direito, no mínimo, três anos de atividade jurídica e observando-se, nas nomeações, a ordem de classificação.

§ 4°. Aplica-se ao Ministério Público, no que couber, o disposto no art. 93.

§ 5°. A distribuição de processos no Ministério Público será imediata." (NR)

"Art. 134. (...)

§ 1°. (antigo parágrafo único). (...)

§ 2°. Às Defensorias Públicas Estaduais são asseguradas autonomia funcional e administrativa e a iniciativa de sua proposta orçamentária dentro dos limites estabelecidos na lei de diretrizes orçamentárias e subordinação ao disposto no art. 99, § 2°." (NR)

"Art. 168. Os recursos correspondentes às dotações orçamentárias, compreendidos os créditos suplementares e especiais, destinados aos órgãos dos Poderes Legislativo e Judiciário, do Ministério Público e da Defensoria Pública, ser-lhes-ão entregues até o dia 20 de cada mês, em duodécimos, na forma da lei complementar a que se refere o art. 165, § 9°." (NR)

Art. 2°. A Constituição Federal passa a vigorar acrescida dos seguintes arts. 103-A, 103-B, 111-A e 130-A:

"Art. 103-A. O Supremo Tribunal Federal poderá, de ofício ou por provocação, mediante decisão de dois terços dos seus membros, após reiteradas decisões sobre matéria constitucional, aprovar súmula que, a partir de sua publicação na imprensa oficial, terá efeito vinculante em relação aos demais órgãos do Poder Judiciário e à administração pública direta e indireta, nas esferas federal, estadual e municipal, bem como proceder à sua revisão ou cancelamento, na forma estabelecida em lei.

§ 1°. A súmula terá por objetivo a validade, a interpretação e a eficácia de normas determinadas, acerca das quais haja controvérsia atual entre órgãos judiciários ou entre esses e a administração pública que acarrete grave insegurança jurídica e relevante multiplicação de processos sobre questão idêntica.

§ 2°. Sem prejuízo do que vier a ser estabelecido em lei, a aprovação, revisão ou cancelamento de súmula poderá ser provocada por aqueles que podem propor a ação direta de inconstitucionalidade.

§ 3°. Do ato administrativo ou decisão judicial que contrariar a súmula aplicável ou que indevidamente a aplicar, caberá reclamação ao Supremo Tribunal Federal que, julgando-a procedente, anulará o ato administrativo ou cassará a decisão judicial reclamada, e determinará que outra seja proferida com ou sem a aplicação da súmula, conforme o caso."

"Art. 103-B. O Conselho Nacional de Justiça compõe-se de quinze membros com mais de trinta e cinco e menos de sessenta e seis anos de idade, com mandato de dois anos, admitida uma recondução, sendo:

I – um Ministro do Supremo Tribunal Federal, indicado pelo respectivo tribunal;

II – um Ministro do Superior Tribunal de Justiça, indicado pelo respectivo tribunal;

III – um Ministro do Tribunal Superior do Trabalho, indicado pelo respectivo tribunal;

IV – um desembargador de Tribunal de Justiça, indicado pelo Supremo Tribunal Federal;

V – um juiz estadual, indicado pelo Supremo Tribunal Federal;

VI – um juiz de Tribunal Regional Federal, indicado pelo Superior Tribunal de Justiça;

VII – um juiz federal, indicado pelo Superior Tribunal de Justiça;

VIII – um juiz de Tribunal Regional do Trabalho, indicado pelo Tribunal Superior do Trabalho;

IX – um juiz do trabalho, indicado pelo Tribunal Superior do Trabalho;

X – um membro do Ministério Público da União, indicado pelo Procurador-Geral da República;

XI – um membro do Ministério Público estadual, escolhido pelo Procurador-Geral da República dentre os nomes indicados pelo órgão competente de cada instituição estadual;

XII – dois advogados, indicados pelo Conselho Federal da Ordem dos Advogados do Brasil;

XIII – dois cidadãos, de notável saber jurídico e reputação ilibada, indicados um pela Câmara dos Deputados e outro pelo Senado Federal.

§ 1º. O Conselho será presidido pelo Ministro do Supremo Tribunal Federal, que votará em caso de empate, ficando excluído da distribuição de processos naquele tribunal.

§ 2º. Os membros do Conselho serão nomeados pelo Presidente da República, depois de aprovada a escolha pela maioria absoluta do Senado Federal.

§ 3º. Não efetuadas, no prazo legal, as indicações previstas neste artigo, caberá a escolha ao Supremo Tribunal Federal.

§ 4º. Compete ao Conselho o controle da atuação administrativa e financeira do Poder Judiciário e do cumprimento dos deveres funcionais dos juízes, cabendo-lhe, além de outras atribuições que lhe forem conferidas pelo Estatuto da Magistratura:

I – zelar pela autonomia do Poder Judiciário e pelo cumprimento do Estatuto da Magistratura, podendo expedir atos regulamentares, no âmbito de sua competência, ou recomendar providências;

II – zelar pela observância do art. 37 e apreciar, de ofício ou mediante provocação, a legalidade dos atos administrativos praticados por membros ou órgãos do Poder Judiciário, podendo desconstituí-los, revê-los ou fixar prazo para que se adotem as providências necessárias ao exato cumprimento da lei, sem prejuízo da competência do Tribunal de Contas da União;

III – receber e conhecer das reclamações contra membros ou órgãos do Poder Judiciário, inclusive contra seus serviços auxiliares, serventias e órgãos prestadores de serviços notariais e de registro que atuem por delegação do poder público ou oficializados, sem prejuízo da competência disciplinar e correicional dos tribunais, podendo avocar processos disciplinares em curso e determinar a remoção, a disponibilidade ou a aposentadoria com subsídios ou proventos proporcionais ao tempo de serviço e aplicar outras sanções administrativas, assegurada ampla defesa;

IV – representar ao Ministério Público, no caso de crime contra a administração pública ou de abuso de autoridade;

V – rever, de ofício ou mediante provocação, os processos disciplinares de juízes e membros de tribunais julgados há menos de um ano;

VI – elaborar semestralmente relatório estatístico sobre processos e sentenças prolatadas, por unidade da Federação, nos diferentes órgãos do Poder Judiciário;

VII – elaborar relatório anual, propondo as providências que julgar necessárias, sobre a situação do Poder Judiciário no País e as atividades do Conselho, o qual deve integrar mensagem do Presidente do Supremo Tribunal Federal a ser remetida ao Congresso Nacional, por ocasião da abertura da sessão legislativa.

§ 5º. O Ministro do Superior Tribunal de Justiça exercerá a função de Ministro-Corregedor e ficará excluído da distribuição de processos no Tribunal, competindo-lhe, além das atribuições que lhe forem conferidas pelo Estatuto da Magistratura, as seguintes:

I – receber as reclamações e denúncias, de qualquer interessado, relativas aos magistrados e aos serviços judiciários;

II – exercer funções executivas do Conselho, de inspeção e de correição geral;

III – requisitar e designar magistrados, delegando-lhes atribuições, e requisitar servidores de juízos ou tribunais, inclusive nos Estados, Distrito Federal e Territórios.

§ 6º. Junto ao Conselho oficiarão o Procurador-Geral da República e o Presidente do Conselho Federal da Ordem dos Advogados do Brasil.

§ 7º. A União, inclusive no Distrito Federal e nos Territórios, criará ouvidorias de justiça, competentes para receber reclamações e denúncias de qualquer interessado contra membros ou órgãos do Poder Judiciário, ou contra seus serviços auxiliares, representando diretamente ao Conselho Nacional de Justiça."

"Art. 111-A. O Tribunal Superior do Trabalho compor-se-á de vinte e sete Ministros, escolhidos dentre brasileiros com mais de trinta e cinco e menos de sessenta e cinco anos, nomeados pelo Presidente da República após aprovação pela maioria absoluta do Senado Federal, sendo:

I – um quinto dentre advogados com mais de dez anos de efetiva atividade profissional e membros do Ministério Público do Trabalho com mais de dez anos de efetivo exercício, observado o disposto no art. 94;

II – os demais dentre juízes dos Tribunais Regionais do Trabalho, oriundos da magistratura de carreira, indicados pelo próprio Tribunal Superior.

§ 1º. A lei disporá sobre a competência do Tribunal Superior do Trabalho.

§ 2º. Funcionarão junto ao Tribunal Superior do Trabalho:

I – a Escola Nacional de Formação e Aperfeiçoamento de Magistrados do Trabalho, cabendo-lhe, dentre outras funções, regulamentar os cursos oficiais para o ingresso e promoção na carreira;

II – o Conselho Superior da Justiça do Trabalho, cabendo-lhe exercer, na forma da lei, a supervisão administrativa, orçamentária, financeira e patrimonial da Justiça do Trabalho de primeiro e segundo graus, como órgão central do sistema, cujas decisões terão efeito vinculante."

"Art. 130-A. O Conselho Nacional do Ministério Público compõe-se de quatorze membros nomeados pelo Presidente da República, depois de aprovada a escolha pela maioria absoluta do Senado Federal, para um mandato de dois anos, admitida uma recondução, sendo:

I – o Procurador-Geral da República, que o preside;
II – quatro membros do Ministério Público da União, assegurada a representação de cada uma de suas carreiras;
III – três membros do Ministério Público dos Estados;
IV – dois juízes, indicados um pelo Supremo Tribunal Federal e outro pelo Superior Tribunal de Justiça;
V – dois advogados, indicados pelo Conselho Federal da Ordem dos Advogados do Brasil;
VI – dois cidadãos de notável saber jurídico e reputação ilibada, indicados um pela Câmara dos Deputados e outro pelo Senado Federal.

§ 1º. Os membros do Conselho oriundos do Ministério Público serão indicados pelos respectivos Ministérios Públicos, na forma da lei.

§ 2º. Compete ao Conselho Nacional do Ministério Público o controle da atuação administrativa e financeira do Ministério Público e do cumprimento dos deveres funcionais de seus membros, cabendo-lhe:

I – zelar pela autonomia funcional e administrativa do Ministério Público, podendo expedir atos regulamentares, no âmbito de sua competência, ou recomendar providências;
II – zelar pela observância do art. 37 e apreciar, de ofício ou mediante provocação, a legalidade dos atos administrativos praticados por membros ou órgãos do Ministério Público da União e dos Estados, podendo desconstituí-los, revê-los ou fixar prazo para que se adotem as providências necessárias ao exato cumprimento da lei, sem prejuízo da competência dos Tribunais de Contas;
III – receber e conhecer das reclamações contra membros ou órgãos do Ministério Público da União ou dos Estados, inclusive contra seus serviços auxiliares, sem prejuízo da competência disciplinar e correicional da instituição, podendo avocar processos disciplinares em curso, determinar a remoção, a disponibilidade ou a aposentadoria com subsídios ou proventos proporcionais ao tempo de serviço e aplicar outras sanções administrativas, assegurada ampla defesa;
IV – rever, de ofício ou mediante provocação, os processos disciplinares de membros do Ministério Público da União ou dos Estados julgados há menos de um ano;
V – elaborar relatório anual, propondo as providências que julgar necessárias sobre a situação do Ministério Público no País e as atividades do Conselho, o qual deve integrar a mensagem prevista no art. 84, XI.

§ 3º. O Conselho escolherá, em votação secreta, um Corregedor nacional, dentre os membros do Ministério Público que o integram, vedada a recondução, competindo-lhe, além das atribuições que lhe forem conferidas pela lei, as seguintes:

I – receber reclamações e denúncias, de qualquer interessado, relativas aos membros do Ministério Público e dos seus serviços auxiliares;
II – exercer funções executivas do Conselho, de inspeção e correição geral;
III – requisitar e designar membros do Ministério Público, delegando-lhes atribuições, e requisitar servidores de órgãos do Ministério Público.

§ 4º. O Presidente do Conselho Federal da Ordem dos Advogados do Brasil oficiará junto ao Conselho.

§ 5º. Leis da União e dos Estados criarão ouvidorias do Ministério Público, competentes para receber reclamações e denúncias de qualquer interessado contra membros ou órgãos do Ministério Público, inclusive contra seus serviços auxiliares, representando diretamente ao Conselho Nacional do Ministério Público."

Art. 3º. A lei criará o Fundo de Garantia das Execuções Trabalhistas, integrado pelas multas decorrentes de condenações trabalhistas e administrativas oriundas da fiscalização do trabalho, além de outras receitas.

Art. 4º. Ficam extintos os Tribunais de Alçada, onde houver, passando os seus membros a integrar os Tribunais de Justiça dos respectivos Estados, respeitadas a antiguidade e classe de origem.

Parágrafo único. No prazo de cento e oitenta dias, contado da promulgação desta Emenda, os Tribunais de Justiça, por ato administrativo, promoverão a integração dos membros dos tribunais extintos em seus quadros, fixando-lhes a competência e remetendo, em igual prazo, ao Poder Legislativo, proposta de alteração da organização e da divisão judiciária correspondentes, asseguradas os direitos dos inativos e pensionistas e o aproveitamento dos servidores no Poder Judiciário estadual.

Art. 5º. O Conselho Nacional de Justiça e o Conselho Nacional do Ministério Público serão instalados no prazo de cento e oitenta dias a contar da promulgação desta Emenda, devendo a indicação ou escolha de seus membros ser efetuada até trinta dias antes do termo final.

§ 1º. Não efetuadas as indicações e escolha dos nomes para os Conselhos Nacional de Justiça e do Ministério Público dentro do prazo fixado no caput deste artigo, caberá, respectivamente, ao Supremo Tribunal Federal e ao Ministério Público da União realizá-las.

§ 2º. Até que entre em vigor o Estatuto da Magistratura, o Conselho Nacional de Justiça, mediante resolução, disciplinará seu funcionamento e definirá as atribuições do Ministro-Corregedor.

Art. 6º. O Conselho Superior da Justiça do Trabalho será instalado no prazo de cento e oitenta dias, cabendo ao Tribunal Superior do Trabalho regulamentar seu funcionamento por resolução, enquanto não promulgada a lei a que se refere o art. 111-A, § 2º, II.

Art. 7º. O Congresso Nacional instalará, imediatamente após a promulgação desta Emenda Constitucional, comissão especial mista, destinada a elaborar, em cento e oitenta dias, os projetos de lei necessários à regulamentação da matéria nela tratada, bem como promover alterações na legislação federal objetivando tornar mais amplo o acesso à Justiça e mais célere a prestação jurisdicional.

Art. 8º. As atuais súmulas do Supremo Tribunal Federal somente produzirão efeito vinculante após sua confirmação por dois terços de seus integrantes e publicação na imprensa oficial.

Art. 9º. São revogados o inciso IV do art. 36; a alínea "h" do inciso I do art. 102; o § 4º do art. 103; e os §§ 1º a 3º do art. 111.

Art. 10. Esta Emenda Constitucional entra em vigor na data de sua publicação.

Brasília, em 30 de dezembro de 2004.

Mesa da Câmara dos Deputados: Deputado João Paulo Cunha, Presidente – Mesa do Senado Federal: Senador José Sarney, Presidente – DOU de 31.12.2004.

EMENDA CONSTITUCIONAL Nº 46, DE 5.5.2005

Altera o inciso IV do art. 20 da Constituição Federal.

As Mesas da Câmara dos Deputados e do Senado Federal, nos termos do § 3º do art. 60 da Constituição Federal, promulgam a seguinte Emenda ao texto constitucional:

Art. 1º. O inciso IV do art. 20 da Constituição Federal passa a vigorar com a seguinte redação:

"*Art. 20. (...)*

IV – as ilhas fluviais e lacustres nas zonas limítrofes com outros países; as praias marítimas; as ilhas oceânicas e as costeiras, excluídas, destas, as que contenham a sede de Municípios, exceto aquelas áreas afetadas ao serviço público e a unidade ambiental federal, e as referidas no art. 26, II;

...." *(NR)*

Art. 2º. Esta Emenda Constitucional entra em vigor na data de sua publicação.

Brasília, em 5 de maio de 2005.

Mesa da Câmara dos Deputados: Deputado Severino Cavalcanti, Presidente – Mesa do Senado Federal: Senador Renan Calheiros, Presidente – DOU de 6.5.2005.

EMENDA CONSTITUCIONAL Nº 47, DE 5.7.2005

Altera os arts. 37, 40, 195 e 201 da Constituição Federal, para dispor sobre a previdência social, e dá outras providências.

(*) Vide EC nº 103, de 12.11.2019.

As Mesas da Câmara dos Deputados e do Senado Federal, nos termos do § 3º do art. 60 da Constituição Federal, promulgam a seguinte Emenda ao texto constitucional:

Art. 1º. Os arts. 37, 40, 195 e 201 da Constituição Federal passam a vigorar com a seguinte redação:

"*Art. 37. (...)*

§ 11. Não serão computadas, para efeito dos limites remuneratórios de que trata o inciso XI do caput deste artigo, as parcelas de caráter indenizatório previstas em lei.

§ 12. Para os fins do disposto no inciso XI do caput deste artigo, fica facultado aos Estados e ao Distrito Federal fixar, em seu âmbito, mediante emenda às respectivas Constituições e Lei Orgânica, como limite único, o subsídio mensal dos Desembargadores do respectivo Tribunal de Justiça, limitado a noventa inteiros e vinte e cinco centésimos por cento do subsídio mensal dos Ministros do Supremo Tribunal Federal, não se aplicando o disposto neste parágrafo aos subsídios dos Deputados Estaduais e Distritais e dos Vereadores." *(NR)*

"*Art. 40. (...)*

§ 4º. É vedada a adoção de requisitos e critérios diferenciados para a concessão de aposentadoria aos abrangidos pelo regime de que trata este artigo, ressalvados, nos termos definidos em leis complementares, os casos de servidores:

I – portadores de deficiência;

II – que exerçam atividades de risco;

III – cujas atividades sejam exercidas sob condições especiais que prejudiquem a saúde ou a integridade física.

....

§ 21. A contribuição prevista no § 18 deste artigo incidirá apenas sobre as parcelas de proventos de aposentadoria e de pensão que superem o dobro do limite máximo estabelecido para os benefícios do regime geral de previdência social de que trata o art. 201 desta Constituição, quando o beneficiário, na forma da lei, for portador de doença incapacitante." *(NR)*

"*Art. 195. (...)*

§ 9º. As contribuições sociais previstas no inciso I do caput deste artigo poderão ter alíquotas ou bases de cálculo diferenciadas, em razão da atividade econômica, da utilização intensiva de mão de obra, do porte da empresa ou da condição estrutural do mercado de trabalho.

...." *(NR)*

"*Art. 201. (...)*

§ 1º. É vedada a adoção de requisitos e critérios diferenciados para a concessão de aposentadoria aos beneficiários do regime geral de previdência social, ressalvados os casos de atividades exercidas sob condições especiais que prejudiquem a saúde ou a integridade física e quando se tratar de segurados portadores de deficiência, nos termos definidos em lei complementar.

§ 12. Lei disporá sobre sistema especial de inclusão previdenciária para atender a trabalhadores de baixa renda e àqueles sem renda própria que se dediquem exclusivamente ao trabalho doméstico no âmbito de sua residência, desde que pertencentes a famílias de baixa renda, garantindo-lhes acesso a benefícios de valor igual a um salário mínimo.

§ 13. O sistema especial de inclusão previdenciária de que trata o § 12 deste artigo terá alíquotas e carências inferiores às vigentes para os demais segurados do regime geral de previdência social." (NR)

Art. 2º. Aplica-se aos proventos de aposentadorias dos servidores públicos que se aposentarem na forma do *caput* do art. 6º da Emenda Constitucional nº 41, de 2003, o disposto no art. 7º da mesma Emenda.

Art. 3º. (Revogado).

(*) Art. 3º revogado pela EC nº 103, de 12.11.2019 (com vigência a partir da data de publicação da lei de iniciativa do respectivo Poder Executivo que a referende integralmente).

(*) Redação anterior: *Art. 3º. Ressalvado o direito de opção à aposentadoria pelas normas estabelecidas pelo art. 40 da Constituição Federal ou pelas regras estabelecidas pelos arts. 2º e 6º da Emenda Constitucional nº 41, de 2003, o servidor da União, dos Estados, do Distrito Federal e dos Municípios, incluídas suas autarquias e fundações, que tenha ingressado no serviço público até 16 de dezembro de 1998 poderá aposentar-se com proventos integrais, desde que preencha, cumulativamente, as seguintes condições: I - trinta e cinco anos de contribuição, se homem, e trinta anos de contribuição, se mulher; II - vinte e cinco anos de efetivo exercício no serviço público, quinze anos de carreira e cinco anos no cargo em que se der a aposentadoria; III - idade mínima resultante da redução, relativamente aos limites do art. 40, § 1º, inciso III, alínea "a", da Constituição Federal, de um ano de idade para cada ano de contribuição que exceder a condição prevista no inciso I do* caput *deste artigo. Parágrafo único. Aplica-se ao valor dos proventos de aposentadorias concedidas com base neste artigo o disposto no art. 7º da Emenda Constitucional nº 41, de 2003, observando-se igual critério de revisão às pensões derivadas dos proventos de servidores falecidos que tenham se aposentado em conformidade com este artigo.*

Art. 4º. Enquanto não editada a lei a que se refere o § 11 do art. 37 da Constituição Federal, não será computada, para efeito dos limites remuneratórios de que trata o inciso XI do *caput* do mesmo artigo, qualquer parcela de caráter indenizatório, assim definida pela legislação em vigor na data de publicação da Emenda Constitucional nº 41, de 2003.

Art. 5º. Revoga-se o parágrafo único do art. 6º da Emenda Constitucional nº 41, de 19 de dezembro de 2003.

Art. 6º. Esta Emenda Constitucional entra em vigor na data de sua publicação, com efeitos retroativos à data de vigência da Emenda Constitucional nº 41, de 2003.

Brasília, em 5 de julho de 2005.

Mesa da Câmara dos Deputados: Deputado Severino Cavalcanti, Presidente – Mesa do Senado Federal: Senador Renan Calheiros, Presidente – DOU de 6.7.2005.

EMENDA CONSTITUCIONAL Nº 48, DE 10.8.2005

Acrescenta o § 3º ao art. 215 da Constituição Federal, instituindo o Plano Nacional de Cultura.

As Mesas da Câmara dos Deputados e do Senado Federal, nos termos do art. 60 da Constituição Federal, promulgam a seguinte Emenda ao texto constitucional:

Art. 1º. O art. 215 da Constituição Federal passa a vigorar acrescido do seguinte § 3º:

"*Art. 215.* (...)

§ 3º. A lei estabelecerá o Plano Nacional de Cultura, de duração plurianual, visando ao desenvolvimento cultural do País e à integração das ações do poder público que conduzem à:

I – defesa e valorização do patrimônio cultural brasileiro;

II – produção, promoção e difusão de bens culturais;

III – formação de pessoal qualificado para a gestão da cultura em suas múltiplas dimensões;

IV – democratização do acesso aos bens de cultura;

V – valorização da diversidade étnica e regional." (NR)

Art. 2º. Esta Emenda Constitucional entra em vigor na data de sua publicação.

Brasília, em 10 de agosto de 2005.

Mesa da Câmara dos Deputados: Deputado Severino Cavalcanti, Presidente – Mesa do Senado Federal: Senador Renan Calheiros, Presidente – DOU de 11.8.2005.

EMENDA CONSTITUCIONAL Nº 49, DE 8.2.2006

Altera a redação da alínea "b" e acrescenta alínea "c" ao inciso XXIII do caput do art. 21 e altera a redação do inciso V do caput do art. 177 da Constituição Federal para excluir do monopólio da União a produção, a comercialização e a utilização de radioisótopos de meia-vida curta, para usos médicos, agrícolas e industriais.

(*) Vide EC nº 118, de 26.4.2022.

As Mesas da Câmara dos Deputados e do Senado Federal, nos termos do art. 60 da Constituição Federal, promulgam a seguinte Emenda ao texto constitucional:

Art. 1º. O inciso XXIII do art. 21 da Constituição Federal passa a vigorar com a seguinte redação:

"Art. 21. (...)
XXIII – (...)
b) sob regime de permissão, são autorizadas a comercialização e a utilização de radioisótopos para a pesquisa e usos médicos, agrícolas e industriais;
c) sob regime de permissão, são autorizadas a produção, comercialização e utilização de radioisótopos de meia-vida igual ou inferior a duas horas;
d) a responsabilidade civil por danos nucleares independe da existência de culpa;
...." (NR)

Art. 2º. O inciso V do caput do art. 177 da Constituição Federal passa a vigorar com a seguinte redação:

"Art. 177. (...)
V – a pesquisa, a lavra, o enriquecimento, o reprocessamento, a industrialização e o comércio de minérios e minerais nucleares e seus derivados, com exceção dos radioisótopos cuja produção, comercialização e utilização poderão ser autorizadas sob regime de permissão, conforme as alíneas "b" e "c" do inciso XXIII do caput do art. 21 desta Constituição Federal.
...." (NR)

Art. 3º. Esta Emenda Constitucional entra em vigor na data de sua publicação.

Brasília, em 8 de fevereiro de 2006.

Mesa da Câmara dos Deputados: Deputado Aldo Rebelo, Presidente – Mesa do Senado Federal: Senador Renan Calheiros, Presidente – DOU de 9.2.2006.

EMENDA CONSTITUCIONAL Nº 50, DE 14.2.2006

Modifica o art. 57 da Constituição Federal.

As Mesas da Câmara dos Deputados e do Senado Federal, nos termos do art. 60 da Constituição Federal, promulgam a seguinte Emenda ao texto constitucional:

Art. 1º. O art. 57 da Constituição Federal passa a vigorar com a seguinte redação:

"Art. 57. O Congresso Nacional reunir-se-á, anualmente, na Capital Federal, de 2 de fevereiro a 17 de julho e de 1º de agosto a 22 de dezembro.
....

§ 4º. Cada uma das Casas reunir-se-á em sessões preparatórias, a partir de 1º de fevereiro, no primeiro ano da legislatura, para a posse de seus membros e eleição das respectivas Mesas, para mandato de 2 (dois) anos, vedada a recondução para o mesmo cargo na eleição imediatamente subsequente.
....

§ 6º. A convocação extraordinária do Congresso Nacional far-se-á:
....

II – pelo Presidente da República, pelos Presidentes da Câmara dos Deputados e do Senado Federal ou a requerimento da maioria dos membros de ambas as Casas, em caso de urgência ou interesse público relevante, em todas as hipóteses deste inciso com a aprovação da maioria absoluta de cada uma das Casas do Congresso Nacional.

§ 7º. Na sessão legislativa extraordinária, o Congresso Nacional somente deliberará sobre a matéria para a qual foi convocado, ressalvada a hipótese do § 8º deste artigo, vedado o pagamento de parcela indenizatória, em razão da convocação.
...." (NR)

Art. 2º. Esta Emenda Constitucional entra em vigor na data de sua publicação.

Brasília, em 14 de fevereiro de 2006.

Mesa da Câmara dos Deputados: Deputado Aldo Rebelo, Presidente – Mesa do Senado Federal: Senador Renan Calheiros, Presidente – DOU de 15.2.2006.

EMENDA CONSTITUCIONAL Nº 51, DE 14.2.2006

Acrescenta os §§ 4º, 5º e 6º ao art. 198 da Constituição Federal.

As Mesas da Câmara dos Deputados e do Senado Federal, nos termos do art. 60 da Constituição Federal, promulgam a seguinte Emenda ao texto constitucional:

Art. 1º. O art. 198 da Constituição Federal passa a vigorar acrescido dos seguintes §§ 4º, 5º e 6º:

EMENDAS CONSTITUCIONAIS Nº 53

"Art. 198. (...)

§ 4º. Os gestores locais do sistema único de saúde poderão admitir agentes comunitários de saúde e agentes de combate às endemias por meio de processo seletivo público, de acordo com a natureza e complexidade de suas atribuições e requisitos específicos para sua atuação.

§ 5º. Lei federal disporá sobre o regime jurídico e a regulamentação das atividades de agente comunitário de saúde e agente de combate às endemias.

§ 6º. Além das hipóteses previstas no § 1º do art. 41 e no § 4º do art. 169 da Constituição Federal, o servidor que exerça funções equivalentes às de agente comunitário de saúde ou de agente de combate às endemias poderá perder o cargo em caso de descumprimento dos requisitos específicos, fixados em lei, para o seu exercício." (NR)

Art. 2º. Após a promulgação da presente Emenda Constitucional, os agentes comunitários de saúde e os agentes de combate às endemias somente poderão ser contratados diretamente pelos Estados, pelo Distrito Federal ou pelos Municípios na forma do § 4º do art. 198 da Constituição Federal, observado o limite de gasto estabelecido na Lei Complementar de que trata o art. 169 da Constituição Federal.

Parágrafo único. Os profissionais que, na data de promulgação desta Emenda e a qualquer título, desempenharem as atividades de agente comunitário de saúde ou de agente de combate às endemias, na forma da lei, ficam dispensados de se submeter ao processo seletivo público a que se refere o § 4º do art. 198 da Constituição Federal, desde que tenham sido contratados a partir de anterior processo de Seleção Pública efetuado por órgãos ou entes da administração direta ou indireta de Estado, Distrito Federal ou Município ou por outras instituições com a efetiva supervisão e autorização da administração direta dos entes da federação.

Art. 3º. Esta Emenda Constitucional entra em vigor na data da sua publicação.

Brasília, em 14 de fevereiro de 2006.

Mesa da Câmara dos Deputados: Deputado Aldo Rebelo, Presidente – Mesa do Senado Federal: Senador Renan Calheiros, Presidente – DOU de 15.2.2006.

EMENDA CONSTITUCIONAL Nº 52, DE 8.3.2006

Dá nova redação ao § 1º do art. 17 da Constituição Federal para disciplinar as coligações eleitorais.

As Mesas da Câmara dos Deputados e do Senado Federal, nos termos do § 3º do art. 60 da Constituição Federal, promulgam a seguinte Emenda ao texto constitucional:

Art. 1º. O § 1º do art. 17 da Constituição Federal passa a vigorar com a seguinte redação:

"Art. 17. (...)

§ 1º. É assegurada aos partidos políticos autonomia para definir sua estrutura interna, organização e funcionamento e para adotar os critérios de escolha e o regime de suas coligações eleitorais, sem obrigatoriedade de vinculação entre as candidaturas em âmbito nacional, estadual, distrital ou municipal, devendo seus estatutos estabelecer normas de disciplina e fidelidade partidária.

...." (NR)

Art. 2º. Esta Emenda Constitucional entra em vigor na data da sua publicação, aplicando-se às eleições que ocorrerão no ano de 2002.

(*) V. ADI nº 3.685-8: O STF, por maioria, julgou precedente a ação para fixar que o § 1º do art. 17 da CF, com redação dada pela EC nº 52, de 8.3.2006, não se aplica às eleições de 2006, remanescendo aplicável a tal eleição a redação original do mesmo artigo. (Acórdão 10.8.2006)

Brasília, em 8 de março de 2006.

Mesa da Câmara dos Deputados: Deputado Aldo Rebelo, Presidente – Mesa do Senado Federal: Senador Renan Calheiros, Presidente – DOU de 9.3.2006.

EMENDA CONSTITUCIONAL Nº 53, DE 19.12.2006

Dá nova redação aos arts. 7º, 23, 30, 206, 208, 211 e 212 da Constituição Federal e ao art. 60 do Ato das Disposições Constitucionais Transitórias.

As Mesas da Câmara dos Deputados e do Senado Federal, nos termos do § 3º do art. 60 da Constituição Federal, promulgam a seguinte Emenda ao texto constitucional:

Art. 1º. A Constituição Federal passa a vigorar com as seguintes alterações:

"Art. 7º. (...)

XXV – assistência gratuita aos filhos e dependentes desde o nascimento até 5 (cinco) anos de idade em creches e pré-escolas;

...." (NR)

"Art. 23. (...)

Parágrafo único. Leis complementares fixarão normas para a cooperação entre a União e os Estados, o Distrito Federal e os Municípios, tendo em vista o

equilíbrio do desenvolvimento e do bem-estar em âmbito nacional." (NR)
"Art. 30. (...)
VI – manter, com a cooperação técnica e financeira da União e do Estado, programas de educação infantil e de ensino fundamental;
...." (NR)
"Art. 206. (...)
V – valorização dos profissionais da educação escolar, garantidos, na forma da lei, planos de carreira, com ingresso exclusivamente por concurso público de provas e títulos, aos das redes públicas;
....
VIII – piso salarial profissional nacional para os profissionais da educação escolar pública, nos termos de lei federal.
Parágrafo único. A lei disporá sobre as categorias de trabalhadores considerados profissionais da educação básica e sobre a fixação de prazo para a elaboração ou adequação de seus planos de carreira, no âmbito da União, dos Estados, do Distrito Federal e dos Municípios." (NR)
"Art. 208. (...)
IV – educação infantil, em creche e pré-escola, às crianças até 5 (cinco) anos de idade;
...." (NR)
"Art. 211. (...)
§ 5º. A educação básica pública atenderá prioritariamente ao ensino regular." (NR)
"Art. 212. (...)
§ 5º. A educação básica pública terá como fonte adicional de financiamento a contribuição social do salário-educação, recolhida pelas empresas na forma da lei.
§ 6º. As cotas estaduais e municipais da arrecadação da contribuição social do salário-educação serão distribuídas proporcionalmente ao número de alunos matriculados na educação básica nas respectivas redes públicas de ensino." (NR)

Art. 2º. O art. 60 do Ato das Disposições Constitucionais Transitórias passa a vigorar com a seguinte redação:

"Art. 60. Até o 14º (décimo quarto) ano a partir da promulgação desta Emenda Constitucional, os Estados, o Distrito Federal e os Municípios destinarão parte dos recursos a que se refere o caput do art. 212 da Constituição Federal à manutenção e desenvolvimento da educação básica e à remuneração condigna dos trabalhadores da educação, respeitadas as seguintes disposições:

I – a distribuição dos recursos e de responsabilidades entre o Distrito Federal, os Estados e seus Municípios é assegurada mediante a criação, no âmbito de cada Estado e do Distrito Federal, de um Fundo de Manutenção e Desenvolvimento da Educação Básica e de Valorização dos Profissionais da Educação – FUNDEB, de natureza contábil;

II – os Fundos referidos no inciso I do caput deste artigo serão constituídos por 20% (vinte por cento) dos recursos a que se referem os incisos I, II e III do art. 155; o inciso II do caput do art. 157; os incisos II, III e IV do caput do art. 158; e as alíneas "a" e "b" do inciso I e o inciso II do caput do art. 159, todos da Constituição Federal, e distribuídos entre cada Estado e seus Municípios, proporcionalmente ao número de alunos das diversas etapas e modalidades da educação básica presencial, matriculados nas respectivas redes, nos respectivos âmbitos de atuação prioritária estabelecidos nos §§ 2º e 3º do art. 211 da Constituição Federal;

III – observadas as garantias estabelecidas nos incisos I, II, III e IV do caput do art. 208 da Constituição Federal e as metas de universalização da educação básica estabelecidas no Plano Nacional de Educação, a lei disporá sobre:

a) a organização dos Fundos, a distribuição proporcional de seus recursos, as diferenças e as ponderações quanto ao valor anual por aluno entre etapas e modalidades da educação básica e tipos de estabelecimento de ensino;

b) a forma de cálculo do valor anual mínimo por aluno;

c) os percentuais máximos de apropriação dos recursos dos Fundos pelas diversas etapas e modalidades da educação básica, observados os arts. 208 e 214 da Constituição Federal, bem como as metas do Plano Nacional de Educação;

d) a fiscalização e o controle dos Fundos;

e) prazo para fixar, em lei específica, piso salarial profissional nacional para os profissionais do magistério público da educação básica;

IV – os recursos recebidos à conta dos Fundos instituídos nos termos do inciso I do caput deste artigo serão aplicados pelos Estados e Municípios exclusivamente nos respectivos âmbitos de atuação prioritária, conforme estabelecido nos §§ 2º e 3º do art. 211 da Constituição Federal;

V – a União complementará os recursos dos Fundos a que se refere o inciso II do caput deste artigo sempre que, no Distrito Federal e em cada Estado, o valor por aluno não alcançar o mínimo definido nacionalmente, fixado em observância ao disposto no inciso VII do caput deste artigo, vedada a utilização dos recursos a que se refere o § 5º do art. 212 da Constituição Federal;

VI – até 10% (dez por cento) da complementação da União prevista no inciso V do caput deste artigo poderá ser distribuída para os Fundos por meio de programas direcionados para a melhoria da qualidade da educação, na forma da lei a que se refere o inciso III do caput deste artigo;

VII – a complementação da União de que trata o inciso V do caput deste artigo será de, no mínimo:

a) R$ 2.000.000.000,00 (dois bilhões de reais), no primeiro ano de vigência dos Fundos;

b) R$ 3.000.000.000,00 (três bilhões de reais), no segundo ano de vigência dos Fundos;

c) R$ 4.500.000.000,00 (quatro bilhões e quinhentos milhões de reais), no terceiro ano de vigência dos Fundos;

d) 10% (dez por cento) do total dos recursos a que se refere o inciso II do caput deste artigo, a partir do quarto ano de vigência dos Fundos;

VIII – a vinculação de recursos à manutenção e desenvolvimento do ensino estabelecida no art. 212 da Constituição Federal suportará, no máximo, 30% (trinta por cento) da complementação da União, considerando-se para os fins deste inciso os valores previstos no inciso VII do caput deste artigo;

IX – os valores a que se referem as alíneas "a", "b", e "c" do inciso VII do caput deste artigo serão atualizados, anualmente, a partir da promulgação desta Emenda Constitucional, de forma a preservar, em caráter permanente, o valor real da complementação da União;

X – aplica-se à complementação da União o disposto no art. 160 da Constituição Federal;

XI – o não cumprimento do disposto nos incisos V e VII do caput deste artigo importará crime de responsabilidade da autoridade competente;

XII – proporção não inferior a 60% (sessenta por cento) de cada Fundo referido no inciso I do caput deste artigo será destinada ao pagamento dos profissionais do magistério da educação básica em efetivo exercício.

§ 1º. A União, os Estados, o Distrito Federal e os Municípios deverão assegurar, no financiamento da educação básica, a melhoria da qualidade de ensino, de forma a garantir padrão mínimo definido nacionalmente.

§ 2º. O valor por aluno do ensino fundamental, no Fundo de cada Estado e do Distrito Federal, não poderá ser inferior ao praticado no âmbito do Fundo de Manutenção e Desenvolvimento do Ensino Fundamental e de Valorização do Magistério – FUNDEF, no ano anterior à vigência desta Emenda Constitucional.

§ 3º. O valor anual mínimo por aluno do ensino fundamental, no âmbito do Fundo de Manutenção e Desenvolvimento da Educação Básica e de Valorização dos Profissionais da Educação – FUNDEB, não poderá ser inferior ao valor mínimo fixado nacionalmente no ano anterior ao da vigência desta Emenda Constitucional.

§ 4º. Para efeito de distribuição de recursos dos Fundos a que se refere o inciso I do caput deste artigo, levar-se-á em conta a totalidade das matrículas no ensino fundamental e considerar-se-á para a educação infantil, para o ensino médio e para a educação de jovens e adultos 1/3 (um terço) das matrículas no primeiro ano, 2/3 (dois terços) no segundo ano e sua totalidade a partir do terceiro ano.

§ 5º. A porcentagem dos recursos de constituição dos Fundos, conforme o inciso II do caput deste artigo, será alcançada gradativamente nos primeiros 3 (três) anos de vigência dos Fundos, da seguinte forma:

I – no caso dos impostos e transferências constantes do inciso II do caput do art. 155; do inciso IV do caput do art. 158; e das alíneas "a" e "b" do inciso I e do inciso II do caput do art. 159 da Constituição Federal:

a) 16,66% (dezesseis inteiros e sessenta e seis centésimos por cento), no primeiro ano;

b) 18,33% (dezoito inteiros e trinta e três centésimos por cento), no segundo ano;

c) 20% (vinte por cento), a partir do terceiro ano;

II – no caso dos impostos e transferências constantes dos incisos I e III do caput do art. 155; do inciso II do caput do art. 157; e dos incisos II e III do caput do art. 158 da Constituição Federal:

a) 6,66% (seis inteiros e sessenta e seis centésimos por cento), no primeiro ano;

b) 13,33% (treze inteiros e trinta e três centésimos por cento), no segundo ano;

c) 20% (vinte por cento), a partir do terceiro ano." (NR)

§ 6º. (Revogado).

§ 7º. (Revogado)." (NR)

Art. 3º. Esta Emenda Constitucional entra em vigor na data de sua publicação, mantidos os efeitos do art. 60 do Ato das Disposições Constitucionais Transitórias, conforme estabelecido pela Emenda Constitucional nº 14, de 12 de setembro de 1996, até o início da vigência dos Fundos, nos termos desta Emenda Constitucional.

Brasília, em 19 de dezembro de 2006.

Mesa da Câmara dos Deputados: Deputado Aldo Rebelo, Presidente – Mesa do Senado Federal: Senador Renan Calheiros, Presidente – DOU de 20.12.2006.

EMENDA CONSTITUCIONAL Nº 54, DE 20.9.2007

Dá nova redação à alínea "c" do inciso I do art. 12 da Constituição Federal e acrescenta art. 95 ao Ato das Disposições Constitucionais Transitórias, assegurando o registro nos consulados de brasileiros nascidos no estrangeiro.

As Mesas da Câmara dos Deputados e do Senado Federal, nos termos do § 3º do art. 60 da Constituição Federal, promulgam a seguinte Emenda ao texto constitucional:

Art. 1º. A alínea "c" do inciso I do art. 12 da Constituição Federal passa a vigorar com a seguinte redação:

"Art. 12. (...)

I – (...)

c) os nascidos no estrangeiro de pai brasileiro ou de mãe brasileira, desde que sejam registrados em repartição brasileira competente ou venham a residir na República Federativa do Brasil e optem, em qualquer tempo, depois de atingida a maioridade, pela nacionalidade brasileira; (...)." (NR)

Art. 2º. O Ato das Disposições Constitucionais Transitórias passa a vigorar acrescido do seguinte art. 95:

"Art. 95. Os nascidos no estrangeiro entre 7 de junho de 1994 e a data da promulgação desta Emenda Constitucional, filhos de pai brasileiro ou mãe brasileira, poderão ser registrados em repartição diplomática ou consular brasileira competente ou em ofício de registro, se vierem a residir na República Federativa do Brasil."

Art. 3º. Esta Emenda Constitucional entra em vigor na data de sua publicação.

Brasília, em 20 de setembro de 2007.

Mesa da Câmara dos Deputados: Deputado Arlindo Chinaglia, Presidente – Mesa do Senado Federal: Senador Renan Calheiros, Presidente – DOU de 21.9.2007.

EMENDA CONSTITUCIONAL Nº 55, DE 20.9.2007

Altera o art. 159 da Constituição Federal, aumentando a entrega de recursos pela União ao Fundo de Participação dos Municípios.

As Mesas da Câmara dos Deputados e do Senado Federal, nos termos do § 3º do art. 60 da Constituição Federal, promulgam a seguinte Emenda ao texto constitucional:

Art. 1º. O art. 159 da Constituição Federal passa a vigorar com as seguintes alterações:

"Art. 159. (...)

I – do produto da arrecadação dos impostos sobre renda e proventos de qualquer natureza e sobre produtos industrializados quarenta e oito por cento na seguinte forma:

....

d) um por cento ao Fundo de Participação dos Municípios, que será entregue no primeiro decêndio do mês de dezembro de cada ano; (...)." (NR)

Art. 2º. No exercício de 2007, as alterações do art. 159 da Constituição Federal previstas nesta Emenda Constitucional somente se aplicam sobre a arrecadação dos impostos sobre renda e proventos de qualquer natureza e sobre produtos industrializados realizada a partir de 1º de setembro de 2007.

Art. 3º. Esta Emenda Constitucional entra em vigor na data de sua publicação.

Brasília, em 20 de setembro de 2007.

Mesa da Câmara dos Deputados: Deputado Arlindo Chinaglia, Presidente – Mesa do Senado Federal: Senador Renan Calheiros, Presidente – DOU de 21.9.2007.

EMENDA CONSTITUCIONAL Nº 56, DE 20.12.2007

Prorroga o prazo previsto no caput do art. 76 do Ato das Disposições Constitucionais Transitórias e dá outras providências.

As Mesas da Câmara dos Deputados e do Senado Federal, nos termos do § 3º do art. 60 da Constituição Federal, promulgam a seguinte Emenda ao texto constitucional:

Art. 1º. O caput do art. 76 do Ato das Disposições Constitucionais Transitórias passa a vigorar com a seguinte redação:

"Art. 76. É desvinculado de órgão, fundo ou despesa, até 31 de dezembro de 2011, 20% (vinte por cento) da arrecadação da União de impostos, contribuições sociais e de intervenção no domínio econômico, já instituídos ou que vierem a ser criados até a referida data, seus adicionais e respectivos acréscimos legais.

...." (NR)

Art. 2º. Esta Emenda Constitucional entra em vigor na data da sua publicação.

Brasília, em 20 de dezembro de 2007.

Mesa da Câmara dos Deputados: Deputado Arlindo Chinaglia, Presidente – Mesa do Senado Federal: Senador Garibaldi Alves Filho, Presidente – DOU de 21.12.2007.

EMENDA CONSTITUCIONAL Nº 57, DE 18.12.2008

Acrescenta artigo ao Ato das Disposições Constitucionais Transitórias para convalidar os atos de criação, fusão, incorporação e desmembramento de Municípios.

As Mesas da Câmara dos Deputados e do Senado Federal, nos termos do § 3º do art. 60 da Constituição Federal, promulgam a seguinte Emenda ao texto constitucional:

Art. 1º. O Ato das Disposições Constitucionais Transitórias passa a vigorar acrescido do seguinte art. 96:

"Art. 96. Ficam convalidados os atos de criação, fusão, incorporação e desmembramento de Municípios, cuja lei tenha sido publicada até 31 de dezembro de 2006, atendidos os requisitos estabelecidos na legislação do respectivo Estado à época de sua criação."

Art. 2º. Esta Emenda Constitucional entra em vigor na data de sua publicação.

Brasília, em 18 de dezembro de 2008.

301

EMENDAS CONSTITUCIONAIS — Nº 58

Mesa da Câmara dos Deputados: Deputado Arlindo Chinaglia, Presidente – Mesa do Senado Federal: Senador Garibaldi Alves Filho, Presidente – DOU de 18.12.2008 – Edição extra.

EMENDA CONSTITUCIONAL Nº 58, DE 23.9.2009

Altera a redação do inciso IV do caput do art. 29 e do art. 29-A da Constituição Federal, tratando das disposições relativas à recomposição das Câmaras Municipais.

As Mesas da Câmara dos Deputados e do Senado Federal, nos termos do § 3º do art. 60 da Constituição Federal, promulgam a seguinte Emenda ao texto constitucional:

Art. 1º. O inciso IV do *caput* do art. 29 da Constituição Federal passa a vigorar com a seguinte redação:

"*Art. 29. (...)*

IV – para a composição das Câmaras Municipais, será observado o limite máximo de:

a) 9 (nove) Vereadores, nos Municípios de até 15.000 (quinze mil) habitantes;

b) 11 (onze) Vereadores, nos Municípios de mais de 15.000 (quinze mil) habitantes e de até 30.000 (trinta mil) habitantes;

c) 13 (treze) Vereadores, nos Municípios com mais de 30.000 (trinta mil) habitantes e de até 50.000 (cinquenta mil) habitantes;

d) 15 (quinze) Vereadores, nos Municípios de mais de 50.000 (cinquenta mil) habitantes e de até 80.000 (oitenta mil) habitantes;

e) 17 (dezessete) Vereadores, nos Municípios de mais de 80.000 (oitenta mil) habitantes e de até 120.000 (cento e vinte mil) habitantes;

f) 19 (dezenove) Vereadores, nos Municípios de mais de 120.000 (cento e vinte mil) habitantes e de até 160.000 (cento e sessenta mil) habitantes;

g) 21 (vinte e um) Vereadores, nos Municípios de mais de 160.000 (cento e sessenta mil) habitantes e de até 300.000 (trezentos mil) habitantes;

h) 23 (vinte e três) Vereadores, nos Municípios de mais de 300.000 (trezentos mil) habitantes e de até 450.000 (quatrocentos e cinquenta mil) habitantes;

i) 25 (vinte e cinco) Vereadores, nos Municípios de mais de 450.000 (quatrocentos e cinquenta mil) habitantes e de até 600.000 (seiscentos mil) habitantes;

j) 27 (vinte e sete) Vereadores, nos Municípios de mais de 600.000 (seiscentos mil) habitantes e de até 750.000 (setecentos e cinquenta mil) habitantes;

k) 29 (vinte e nove) Vereadores, nos Municípios de mais de 750.000 (setecentos e cinquenta mil) habitantes e de até 900.000 (novecentos mil) habitantes;

l) 31 (trinta e um) Vereadores, nos Municípios de mais de 900.000 (novecentos mil) habitantes e de até 1.050.000 (um milhão e cinquenta mil) habitantes;

m) 33 (trinta e três) Vereadores, nos Municípios de mais de 1.050.000 (um milhão e cinquenta mil) habitantes e de até 1.200.000 (um milhão e duzentos mil) habitantes;

n) 35 (trinta e cinco) Vereadores, nos Municípios de mais de 1.200.000 (um milhão e duzentos mil) habitantes e de até 1.350.000 (um milhão e trezentos e cinquenta mil) habitantes;

o) 37 (trinta e sete) Vereadores, nos Municípios de 1.350.000 (um milhão e trezentos e cinquenta mil) habitantes e de até 1.500.000 (um milhão e quinhentos mil) habitantes;

p) 39 (trinta e nove) Vereadores, nos Municípios de mais de 1.500.000 (um milhão e quinhentos mil) habitantes e de até 1.800.000 (um milhão e oitocentos mil) habitantes;

q) 41 (quarenta e um) Vereadores, nos Municípios de mais de 1.800.000 (um milhão e oitocentos mil) habitantes e de até 2.400.000 (dois milhões e quatrocentos mil) habitantes;

r) 43 (quarenta e três) Vereadores, nos Municípios de mais de 2.400.000 (dois milhões e quatrocentos mil) habitantes e de até 3.000.000 (três milhões) de habitantes;

s) 45 (quarenta e cinco) Vereadores, nos Municípios de mais de 3.000.000 (três milhões) de habitantes e de até 4.000.000 (quatro milhões) de habitantes;

t) 47 (quarenta e sete) Vereadores, nos Municípios de mais de 4.000.000 (quatro milhões) de habitantes e de até 5.000.000 (cinco milhões) de habitantes;

u) 49 (quarenta e nove) Vereadores, nos Municípios de mais de 5.000.000 (cinco milhões) de habitantes e de até 6.000.000 (seis milhões) de habitantes;

v) 51 (cinquenta e um) Vereadores, nos Municípios de mais de 6.000.000 (seis milhões) de habitantes e de até 7.000.000 (sete milhões) de habitantes;

w) 53 (cinquenta e três) Vereadores, nos Municípios de mais de 7.000.000 (sete milhões) de habitantes e de até 8.000.000 (oito milhões) de habitantes; e

x) 55 (cinquenta e cinco) Vereadores, nos Municípios de mais de 8.000.000 (oito milhões) de habitantes;

...." (NR)

Art. 2º. O art. 29-A da Constituição Federal passa a vigorar com a seguinte redação:

"*Art. 29-A. (...)*

I – 7% (sete por cento) para Municípios com população de até 100.000 (cem mil) habitantes;

II – 6% (seis por cento) para Municípios com população entre 100.000 (cem mil) e 300.000 (trezentos mil) habitantes;

III – 5% (cinco por cento) para Municípios com população entre 300.001 (trezentos mil e um) e 500.000 (quinhentos mil) habitantes;

IV – 4,5% (quatro inteiros e cinco décimos por cento) para Municípios com população entre 500.001 (quinhentos mil e um) e 3.000.000 (três milhões) de habitantes;
V – 4% (quatro por cento) para Municípios com população entre 3.000.001 (três milhões e um) e 8.000.000 (oito milhões) de habitantes;
VI – 3,5% (três inteiros e cinco décimos por cento) para Municípios com população acima de 8.000.001 (oito milhões e um) habitantes.
...." (NR)

Art. 3º. Esta Emenda Constitucional entra em vigor na data de sua promulgação, produzindo efeitos:

I – o disposto no art. 1º, a partir do processo eleitoral de 2008; e

II – o disposto no art. 2º, a partir de 1º de janeiro do ano subsequente ao da promulgação desta Emenda.

Brasília, em 23 de setembro de 2009.

Mesa da Câmara dos Deputados: Deputado Michel Temer, Presidente – Mesa do Senado Federal: Senador José Sarney, Presidente – DOU de 24.9.2009.

EMENDA CONSTITUCIONAL Nº 59, DE 11.11.2009

Acrescenta § 3º ao art. 76 do Ato das Disposições Constitucionais Transitórias para reduzir, anualmente, a partir do exercício de 2009, o percentual da Desvinculação das Receitas da União incidente sobre os recursos destinados à manutenção e desenvolvimento do ensino de que trata o art. 212 da Constituição Federal, dá nova redação aos incisos I e VII do art. 208, de forma a prever a obrigatoriedade do ensino de quatro a dezessete anos e ampliar a abrangência dos programas suplementares para todas as etapas da educação básica, e dá nova redação ao § 4º do art. 211 e ao § 3º do art. 212 e ao caput do art. 214, com a inserção neste dispositivo de inciso VI.

As Mesas da Câmara dos Deputados e do Senado Federal, nos termos do § 3º do art. 60 da Constituição Federal, promulgam a seguinte Emenda ao texto constitucional:

Art. 1º. Os incisos I e VII do art. 208 da Constituição Federal, passam a vigorar com as seguintes alterações:

"*Art. 208.* (...)
I – educação básica obrigatória e gratuita dos 4 (quatro) aos 17 (dezessete) anos de idade, assegurada inclusive sua oferta gratuita para todos os que a ela não tiveram acesso na idade própria; (NR)
....
VII – atendimento ao educando, em todas as etapas da educação básica, por meio de programas suplementares de material didático-escolar, transporte, alimentação e assistência à saúde." (NR)

Art. 2º. O § 4º do art. 211 da Constituição Federal passa a vigorar com a seguinte redação:

"*Art. 211.* (...)
§ 4º. Na organização de seus sistemas de ensino, a União, os Estados, o Distrito Federal e os Municípios definirão formas de colaboração, de modo a assegurar a universalização do ensino obrigatório." (NR)

Art. 3º. O § 3º do art. 212 da Constituição Federal passa a vigorar com a seguinte redação:

"*Art. 212.* (...)
§ 3º. A distribuição dos recursos públicos assegurará prioridade ao atendimento das necessidades do ensino obrigatório, no que se refere a universalização, garantia de padrão de qualidade e equidade, nos termos do plano nacional de educação." (NR)

Art. 4º. O caput do art. 214 da Constituição Federal passa a vigorar com a seguinte redação, acrescido do inciso VI:

"*Art. 214.* A lei estabelecerá o plano nacional de educação, de duração decenal, com o objetivo de articular o sistema nacional de educação em regime de colaboração e definir diretrizes, objetivos, metas e estratégias de implementação para assegurar a manutenção e desenvolvimento do ensino em seus diversos níveis, etapas e modalidades por meio de ações integradas dos poderes públicos das diferentes esferas federativas que conduzam a:
....
VI – estabelecimento de meta de aplicação de recursos públicos em educação como proporção do produto interno bruto." (NR)

Art. 5º. O art. 76 do Ato das Disposições Constitucionais Transitórias passa a vigorar acrescido do seguinte § 3º:

"*Art. 76.* (...)
§ 3º. Para efeito do cálculo dos recursos para manutenção e desenvolvimento do ensino de que trata o art. 212 da Constituição, o percentual referido no caput deste artigo será de 12,5 % (doze inteiros e cinco décimos por cento) no exercício de 2009, 5% (cinco por cento) no exercício de 2010, e nulo no exercício de 2011." (NR)

Art. 6º. O disposto no inciso I do art. 208 da Constituição Federal deverá ser implementado progressivamente, até 2016, nos termos do Plano Nacional de Educação, com apoio técnico e financeiro da União.

Art. 7º. Esta Emenda Constitucional entra em vigor na data da sua publicação.

Brasília, em 11 de novembro de 2009.

Mesa da Câmara dos Deputados: Deputado Michel Temer, Presidente – Mesa do Senado Federal: Senador José Sarney, Presidente – DOU de 12.11.2009.

EMENDA CONSTITUCIONAL Nº 60, DE 11.11.2009

Altera o art. 89 do Ato das Disposições Constitucionais Transitórias para dispor sobre o quadro de servidores civis e militares do ex-Território Federal de Rondônia.
(*) V. Lei nº 13.681, de 18.6.2018.

As Mesas da Câmara dos Deputados e do Senado Federal, nos termos do § 3º do art. 60 da Constituição Federal, promulgam a seguinte Emenda ao texto constitucional:

Art. 1º. O art. 89 do Ato das Disposições Constitucionais Transitórias passa a vigorar com a seguinte redação, vedado o pagamento, a qualquer título, em virtude de tal alteração, de ressarcimentos ou indenizações, de qualquer espécie, referentes a períodos anteriores à data de publicação desta Emenda Constitucional:

"Art. 89. Os integrantes da carreira policial militar e os servidores municipais do ex-Território Federal de Rondônia que, comprovadamente, se encontravam no exercício regular de suas funções prestando serviço àquele ex-Território na data em que foi transformado em Estado, bem como os servidores e os policiais militares alcançados pelo disposto no art. 36 da Lei Complementar nº 41, de 22 de dezembro de 1981, e aqueles admitidos regularmente nos quadros do Estado de Rondônia até a data de posse do primeiro Governador eleito, em 15 de março de 1987, constituirão, mediante opção, quadro em extinção da administração federal, assegurados os direitos e as vantagens a eles inerentes, vedado o pagamento, a qualquer título, de diferenças remuneratórias.

§ 1º. Os membros da Polícia Militar continuarão prestando serviços ao Estado de Rondônia, na condição de cedidos, submetidos às corporações da Polícia Militar, observadas as atribuições de função compatíveis com o grau hierárquico.

§ 2º. Os servidores a que se refere o caput continuarão prestando serviços ao Estado de Rondônia na condição de cedidos, até seu aproveitamento em órgão ou entidade da administração federal direta, autárquica ou fundacional." (NR)

Art. 2º. Esta Emenda Constitucional entra em vigor na data de sua publicação, não produzindo efeitos retroativos.

Brasília, em 11 de novembro de 2009.

Mesa da Câmara dos Deputados: Deputado Michel Temer, Presidente – Mesa do Senado Federal: Senador José Sarney, Presidente – DOU de 12.11.2009.

EMENDA CONSTITUCIONAL Nº 61, DE 11.11.2009

Altera o art. 103-B da Constituição Federal, para modificar a composição do Conselho Nacional de Justiça.

As Mesas da Câmara dos Deputados e do Senado Federal, nos termos do § 3º do art. 60 da Constituição Federal, promulgam a seguinte Emenda ao texto constitucional:

Art. 1º. O art. 103-B da Constituição Federal passa a vigorar com a seguinte redação:

"Art. 103-B. O Conselho Nacional de Justiça compõe-se de 15 (quinze) membros com mandato de 2 (dois) anos, admitida 1 (uma) recondução, sendo:

I – o Presidente do Supremo Tribunal Federal;

....

§ 1º. O Conselho será presidido pelo Presidente do Supremo Tribunal Federal e, nas suas ausências e impedimentos, pelo Vice-Presidente do Supremo Tribunal Federal.

§ 2º. Os demais membros do Conselho serão nomeados pelo Presidente da República, depois de aprovada a escolha pela maioria absoluta do Senado Federal.

....*"* (NR)

Art. 2º. Esta Emenda Constitucional entra em vigor na data de sua publicação.

Brasília, em 11 de novembro de 2009.

Mesa da Câmara dos Deputados: Deputado Michel Temer, Presidente – Mesa do Senado Federal: Senador José Sarney, Presidente – DOU de 12.11.2009.

EMENDA CONSTITUCIONAL Nº 62, DE 9.12.2009

Altera o art. 100 da Constituição Federal e acrescenta o art. 97 ao Ato das Disposições Constitucionais Transitórias, instituindo regime especial de pagamento de precatórios pelos Estados, Distrito Federal e Municípios.

As Mesas da Câmara dos Deputados e do Senado Federal, nos termos do § 3º do art. 60 da Constituição Federal, promulgam a seguinte Emenda ao texto constitucional:

Art. 1º. O art. 100 da Constituição Federal passa a vigorar com a seguinte redação:

"**Art. 100.** Os pagamentos devidos pelas Fazendas Públicas Federal, Estaduais, Distrital e Municipais, em virtude de sentença judiciária, far-se-ão exclusivamente na ordem cronológica de apresentação dos precatórios e à conta dos créditos respectivos, proibida a designação de casos ou de pessoas nas dotações orçamentárias e nos créditos adicionais abertos para este fim.

§ 1º. Os débitos de natureza alimentícia compreendem aqueles decorrentes de salários, vencimentos, proventos, pensões e suas complementações, benefícios previdenciários e indenizações por morte ou por invalidez, fundadas em responsabilidade civil, em virtude de sentença judicial transitada em julgado, e serão pagos com preferência sobre todos os demais débitos, exceto sobre aqueles referidos no § 2º deste artigo.

§ 2º. Os débitos de natureza alimentícia cujos titulares tenham 60 (sessenta) anos de idade ou mais na data de expedição do precatório, ou sejam portadores de doença grave, definidos na forma da lei, serão pagos com preferência sobre todos os demais débitos, até o valor equivalente ao triplo do fixado em lei para os fins do disposto no § 3º deste artigo, admitido o fracionamento para essa finalidade, sendo que o restante será pago na ordem cronológica de apresentação do precatório.

§ 3º. O disposto no caput deste artigo relativamente à expedição de precatórios não se aplica aos pagamentos de obrigações definidas em leis como de pequeno valor que as Fazendas referidas devam fazer em virtude de sentença judicial transitada em julgado.

§ 4º. Para os fins do disposto no § 3º, poderão ser fixados, por leis próprias, valores distintos às entidades de direito público, segundo as diferentes capacidades econômicas, sendo o mínimo igual ao valor do maior benefício do regime geral de previdência social.

§ 5º. É obrigatória a inclusão, no orçamento das entidades de direito público, de verba necessária ao pagamento de seus débitos, oriundos de sentenças transitadas em julgado, constantes de precatórios judiciários apresentados até 1º de julho, fazendo-se o pagamento até o final do exercício seguinte, quando terão seus valores atualizados monetariamente.

§ 6º. As dotações orçamentárias e os créditos abertos serão consignados diretamente ao Poder Judiciário, cabendo ao Presidente do Tribunal que proferir a decisão exequenda determinar o pagamento integral e autorizar, a requerimento do credor e exclusivamente para os casos de preterimento de seu direito de precedência ou de não alocação orçamentária do valor necessário à satisfação do seu débito, o sequestro da quantia respectiva.

§ 7º. O Presidente do Tribunal competente que, por ato comissivo ou omissivo, retardar ou tentar frustrar a liquidação regular de precatórios incorrerá em crime de responsabilidade e responderá, também, perante o Conselho Nacional de Justiça.

§ 8º. É vedada a expedição de precatórios complementares ou suplementares de valor pago, bem como o fracionamento, repartição ou quebra do valor da execução para fins de enquadramento de parcela do total ao que dispõe o § 3º deste artigo.

§ 9º. No momento da expedição dos precatórios, independentemente de regulamentação, deles deverá ser abatido, a título de compensação, valor correspondente aos débitos líquidos e certos, inscritos ou não em dívida ativa e constituídos contra o credor original pela Fazenda Pública devedora, incluídas parcelas vincendas de parcelamentos, ressalvados aqueles cuja execução esteja suspensa em virtude de contestação administrativa ou judicial.

§ 10. Antes da expedição dos precatórios, o Tribunal solicitará à Fazenda Pública devedora, para resposta em até 30 (trinta) dias, sob pena de perda do direito de abatimento, informação sobre os débitos que preencham as condições estabelecidas no § 9º, para os fins nele previstos.

§ 11. É facultada ao credor, conforme estabelecido em lei da entidade federativa devedora, a entrega de créditos em precatórios para compra de imóveis públicos do respectivo ente federado.

§ 12. A partir da promulgação desta Emenda Constitucional, a atualização de valores de requisitórios, após sua expedição, até o efetivo pagamento, independentemente de sua natureza, será feita pelo índice oficial de remuneração básica da caderneta de poupança, e, para fins de compensação da mora, incidirão juros simples no mesmo percentual de juros incidentes sobre a caderneta de poupança, ficando excluída a incidência de juros compensatórios.

§ 13. O credor poderá ceder, total ou parcialmente, seus créditos em precatórios a terceiros, independentemente da concordância do devedor, não se aplicando ao cessionário o disposto nos §§ 2º e 3º.

§ 14. A cessão de precatórios somente produzirá efeitos após comunicação, por meio de petição protocolizada, ao tribunal de origem e à entidade devedora.

§ 15. Sem prejuízo do disposto neste artigo, lei complementar a esta Constituição Federal poderá estabelecer regime especial para pagamento de crédito de precatórios de Estados, Distrito Federal e Municípios, dispondo sobre vinculações à receita corrente líquida e forma e prazo de liquidação.

§ 16. A seu critério exclusivo e na forma de lei, a União poderá assumir débitos, oriundos de precatórios, de Estados, Distrito Federal e Municípios, refinanciando-os diretamente."

Art. 2º. O Ato das Disposições Constitucionais Transitórias passa a vigorar acrescido do seguinte art. 97:

"**Art. 97.** Até que seja editada a lei complementar de que trata o § 15 do art. 100 da Constituição Federal, os Estados, o Distrito Federal e os Municípios que, na data de publicação desta Emenda Constitucional, estejam em mora na quitação de precatórios vencidos, relativos às suas administrações direta e indireta, inclusive os emitidos durante o período de vigência do regime especial instituído por este artigo, farão esses pagamentos de acordo com as normas a seguir estabelecidas, sendo inaplicável o disposto no art. 100 desta Constituição Federal, exceto em seus §§ 2º, 3º, 9º, 10, 11, 12, 13 e 14, e sem prejuízo dos acordos de juízos conciliatórios já formalizados na data de promulgação desta Emenda Constitucional.

§ 1º. Os Estados, o Distrito Federal e os Municípios sujeitos ao regime especial de que trata este artigo optarão, por meio de ato do Poder Executivo:

I – pelo depósito em conta especial do valor referido pelo § 2º deste artigo; ou

II – pela adoção do regime especial pelo prazo de até 15 (quinze) anos, caso em que o percentual a ser depositado na conta especial a que se refere o § 2º deste artigo corresponderá, anualmente, ao saldo total dos precatórios devidos, acrescido do índice oficial de remuneração básica da caderneta de poupança e de juros simples no mesmo percentual de juros incidentes sobre a caderneta de poupança para fins de compensação da mora, excluída a incidência de juros compensatórios, diminuído das amortizações e dividido pelo número de anos restantes no regime especial de pagamento.

§ 2º. Para saldar os precatórios, vencidos e a vencer, pelo regime especial, os Estados, o Distrito Federal e os Municípios devedores depositarão mensalmente, em conta especial criada para tal fim, 1/12 (um doze avos) do valor calculado percentualmente sobre as respectivas receitas correntes líquidas, apuradas no segundo mês anterior ao mês de pagamento, sendo que esse percentual, calculado no momento de opção pelo regime e mantido fixo até o final do prazo a que se refere o § 14 deste artigo, será:

I – para os Estados e para o Distrito Federal:

a) de, no mínimo, 1,5% (um inteiro e cinco décimos por cento), para os Estados das regiões Norte, Nordeste e Centro-Oeste, além do Distrito Federal, ou cujo estoque de precatórios pendentes das suas administrações direta e indireta corresponder a até 35% (trinta e cinco por cento) do total da receita corrente líquida;

b) de, no mínimo, 2% (dois por cento), para os Estados das regiões Sul e Sudeste, cujo estoque de precatórios pendentes das suas administrações direta e indireta corresponder a mais de 35% (trinta e cinco por cento) da receita corrente líquida;

II – para Municípios:

a) de, no mínimo, 1% (um por cento), para Municípios das regiões Norte, Nordeste e Centro-Oeste, ou cujo estoque de precatórios pendentes das suas administrações direta e indireta corresponder a até 35% (trinta e cinco por cento) da receita corrente líquida;

b) de, no mínimo, 1,5% (um inteiro e cinco décimos por cento), para Municípios das regiões Sul e Sudeste, cujo estoque de precatórios pen-dentes das suas administrações direta e indireta corresponder a mais de 35% (trinta e cinco por cento) da receita corrente líquida.

§ 3º. Entende-se como receita corrente líquida, para os fins de que trata este artigo, o somatório das receitas tributárias, patrimoniais, industriais, agropecuárias, de contribuições e de serviços, transferências correntes e outras receitas correntes, incluindo as oriundas do § 1º do art. 20 da Constituição Federal, verificado no período compreendido pelo mês de referência e os 11 (onze) meses anteriores, excluídas as duplicidades, e deduzidas:

I – nos Estados, as parcelas entregues aos Municípios por determinação constitucional;

II – nos Estados, no Distrito Federal e nos Municípios, a contribuição dos servidores para custeio do seu sistema de previdência e assistência social e as receitas provenientes da compensação financeira referida no § 9º do art. 201 da Constituição Federal.

§ 4º. As contas especiais de que tratam os §§ 1º e 2º serão administradas pelo Tribunal de Justiça local, para pagamento de precatórios expedidos pelos tribunais.

§ 5º. Os recursos depositados nas contas especiais de que tratam os §§ 1º e 2º deste artigo não poderão retornar para Estados, Distrito Federal e Municípios devedores.

§ 6º. Pelo menos 50% (cinquenta por cento) dos recursos de que tratam os §§ 1º e 2º deste artigo serão utilizados para pagamento de precatórios em ordem cronológica de apresentação, respeitadas as preferências definidas no § 1º, para os requisitórios do mesmo ano e no § 2º do art. 100, para requisitórios de todos os anos.

§ 7º. Nos casos em que não se possa estabelecer a precedência cronológica entre 2 (dois) precatórios, pagar-se-á primeiramente o precatório de menor valor.

§ 8º. A aplicação dos recursos restantes dependerá de opção a ser exercida por Estados, Distrito Federal e Municípios devedores, por ato do Poder Executivo, obedecendo à seguinte forma, que poderá ser aplicada isoladamente ou simultaneamente:

I – destinados ao pagamento dos precatórios por meio do leilão;

II – destinados a pagamento a vista de precatórios não quitados na forma do § 6º e do inciso I, em ordem única e crescente de valor por precatório;

III – destinados a pagamento por acordo direto com os credores, na forma estabelecida por lei própria da entidade devedora, que poderá prever criação e forma de funcionamento de câmara de conciliação.

§ 9º. Os leilões de que trata o inciso I do § 8º deste artigo:

I – serão realizados por meio de sistema eletrônico administrado por entidade autorizada pela Comissão de Valores Mobiliários ou pelo Banco Central do Brasil;

II – admitirão a habilitação de precatórios, ou parcela de cada precatório indicada pelo seu detentor, em relação aos quais não esteja pendente, no âmbito do Poder Judiciário, recurso ou impugnação de qualquer natureza, permitida por iniciativa do Poder Executivo a compensação com débitos líquidos e certos, inscritos ou não em dívida ativa e constituídos contra devedor originário pela Fazenda Pública devedora até a data da expedição do precatório, ressalvados aqueles cuja exigibilidade esteja suspensa nos termos da legislação, ou que já tenham sido objeto de abatimento nos termos do § 9º do art. 100 da Constituição Federal;

III – ocorrerão por meio de oferta pública a todos os credores habilitados pelo respectivo ente federativo devedor;

IV – considerarão automaticamente habilitado o credor que satisfaça o que consta no inciso II;

V – serão realizados tantas vezes quanto necessário em função do valor disponível;

VI – a competição por parcela do valor total ocorrerá a critério do credor, com deságio sobre o valor desta;

VII – ocorrerão na modalidade deságio, associado ao maior volume ofertado cumulado ou não com o maior percentual de deságio, pelo maior percentual de deságio, podendo ser fixado valor máximo por credor, ou por outro critério a ser definido em edital;

VIII – o mecanismo de formação de preço constará nos editais publicados para cada leilão;

IX – a quitação parcial dos precatórios será homologada pelo respectivo Tribunal que o expediu.

§ 10. No caso de não liberação tempestiva dos recursos de que tratam o inciso II do § 1º e os §§ 2º e 6º deste artigo:

I – haverá o sequestro de quantia nas contas de Estados, Distrito Federal e Municípios devedores, por ordem do Presidente do Tribunal referido no § 4º, até o limite do valor não liberado;

II – constituir-se-á, alternativamente, por ordem do Presidente do Tribunal requerido, em favor dos credores de precatórios, contra Estados, Distrito Federal e Municípios devedores, direito líquido e certo, autoaplicável e independentemente de regulamentação, à compensação automática com débitos líquidos lançados por esta contra aqueles, e, havendo saldo em favor do credor, o valor terá automaticamente poder liberatório do pagamento de tributos de Estados, Distrito Federal e Municípios devedores, até onde se compensarem;

III – o chefe do Poder Executivo responderá na forma da legislação de responsabilidade fiscal e de improbidade administrativa;

IV – enquanto perdurar a omissão, a entidade devedora:

a) não poderá contrair empréstimo externo ou interno;

b) ficará impedida de receber transferências voluntárias;

V – a União reterá os repasses relativos ao Fundo de Participação dos Estados e do Distrito Federal e ao Fundo de Participação dos Municípios, e os depositará nas contas especiais referidas no § 1º, devendo sua utilização obedecer ao que prescreve o § 5º, ambos deste artigo.

§ 11. No caso de precatórios relativos a diversos credores, em litisconsórcio, admite-se o desmembramento do valor, realizado pelo Tribunal de origem do precatório, por credor, e, por este, a habilitação do valor total a que tem direito, não se aplicando, neste caso, a regra do § 3º do art. 100 da Constituição Federal.

§ 12. Se a lei a que se refere o § 4º do art. 100 não estiver publicada em até 180 (cento e oitenta) dias, contados da data de publicação desta Emenda Constitucional, será considerado, para os fins referidos, em relação a Estados, Distrito Federal e Municípios devedores, omissos na regulamentação, o valor de:

I – 40 (quarenta) salários mínimos para Estados e para o Distrito Federal;

II – 30 (trinta) salários mínimos para Municípios.

§ 13. Enquanto Estados, Distrito Federal e Municípios devedores estiverem realizando pagamentos de precatórios pelo regime especial, não poderão sofrer sequestro de valores, exceto no caso de não liberação tempestiva dos recursos de que tratam o inciso II do § 1º e o § 2º deste artigo.

§ 14. O regime especial de pagamento de precatório previsto no inciso I do § 1º vigorará enquanto o valor dos precatórios devidos for superior ao valor dos recursos vinculados, nos termos do § 2º, ambos deste artigo, ou pelo prazo fixo de até 15 (quinze) anos, no caso da opção prevista no inciso II do § 1º.

§ 15. Os precatórios parcelados na forma do art. 33 ou do art. 78 deste Ato das Disposições Constitucionais Transitórias e ainda pendentes de pagamento ingressarão no regime especial com o valor atualizado das parcelas não pagas relativas a cada precatório, bem como o saldo dos acordos judiciais e extrajudiciais.

§ 16. A partir da promulgação desta Emenda Constitucional, a atualização de valores de requisitórios, até o efetivo pagamento, independentemente de sua natureza, será feita pelo índice oficial de remuneração básica da caderneta de poupança, e, para fins de compensação da mora, incidirão juros simples no mesmo percentual de juros incidentes sobre a caderneta de poupança, ficando excluída a incidência de juros compensatórios.

§ 17. O valor que exceder o limite previsto no § 2º do art. 100 da Constituição Federal será pago, durante a vigência do regime especial, na forma prevista nos §§ 6º e 7º ou nos incisos I, II e III do § 8º deste artigo, devendo os valores dispendidos para o atendimento do disposto no § 2º do art. 100 da Constituição Federal serem computados para efeito do § 6º deste artigo.

§ 18. Durante a vigência do regime especial a que se refere este artigo, gozarão também da preferência a que se refere o § 6º os titulares originais de precatórios que tenham completado 60 (sessenta) anos de idade até a data da promulgação desta Emenda Constitucional."

Art. 3º. A implantação do regime de pagamento criado pelo art. 97 do Ato das Disposições Constitucionais Transitórias deverá ocorrer no prazo de até 90 (noventa dias), contados da data da publicação desta Emenda Constitucional.

Art. 4º. A entidade federativa voltará a observar somente o disposto no art. 100 da Constituição Federal:

I – no caso de opção pelo sistema previsto no inciso I do § 1º do art. 97 do Ato das Disposições Constitucionais Transitórias, quando o valor dos precatórios devidos for inferior ao dos recursos destinados ao seu pagamento;

II – no caso de opção pelo sistema previsto no inciso II do § 1º do art. 97 do Ato das Disposições Constitucionais Transitórias, ao final do prazo.

Art. 5º. Ficam convalidadas todas as cessões de precatórios efetuadas antes da promulgação desta Emenda Constitucional, independentemente da concordância da entidade devedora.

Art. 6º. Ficam também convalidadas todas as compensações de precatórios com tributos vencidos até 31 de outubro de 2009 da entidade devedora, efetuadas na forma do disposto no § 2º do art. 78 do ADCT, realizadas antes da promulgação desta Emenda Constitucional.

Art. 7º. Esta Emenda Constitucional entra em vigor na data de sua publicação.

Brasília, em 9 de dezembro de 2009.

Mesa da Câmara dos Deputados: Deputado Michel Temer, Presidente – Mesa do Senado Federal: Senador Marconi Perillo, 1º Vice-Presidente, no exercício da Presidência – DOU de 10.12.2009.

EMENDA CONSTITUCIONAL Nº 63, DE 4.2.2010

Altera o § 5º do art. 198 da Constituição Federal para dispor sobre piso salarial profissional nacional e diretrizes para os Planos de Carreira de agentes comunitários de saúde e de agentes de combate às endemias.

As Mesas da Câmara dos Deputados e do Senado Federal, nos termos do art. 60 da Constituição Federal, promulgam a seguinte Emenda ao texto constitucional:

Art. 1º. O § 5º do art. 198 da Constituição Federal passa a vigorar com a seguinte redação:

"Art. 198. (...)

§ 5º. Lei federal disporá sobre o regime jurídico, o piso salarial profissional nacional, as diretrizes para os Planos de Carreira e a regulamentação das atividades de agente comunitário de saúde e agente de combate às endemias, competindo à União, nos termos da lei, prestar assistência financeira complementar aos Estados, ao Distrito Federal e aos Municípios, para o cumprimento do referido piso salarial.

..." (NR)

Art. 2º. Esta Emenda Constitucional entra em vigor na data de sua publicação.

Brasília, em 4 de fevereiro de 2010.

Mesa da Câmara dos Deputados: Deputado Michel Temer, Presidente – Mesa do Senado Federal: Senador José Sarney, Presidente – DOU de 5.2.2010.

EMENDA CONSTITUCIONAL Nº 64, DE 4.2.2010

Altera o art. 6º da Constituição Federal, para introduzir a alimentação como direito social.

As Mesas da Câmara dos Deputados e do Senado Federal, nos termos do art. 60 da Constituição Federal, promulgam a seguinte Emenda ao texto constitucional:

Art. 1º. O art. 6º da Constituição Federal passa a vigorar com a seguinte redação:

"Art. 6º. São direitos sociais a educação, a saúde, a alimentação, o trabalho, a moradia, o lazer, a segurança, a previdência social, a proteção à maternidade e à infância, a assistência aos desamparados, na forma desta Constituição." (NR)

Art. 2º. Esta Emenda Constitucional entra em vigor na data de sua publicação.

Brasília, em 4 de fevereiro de 2010.

Mesa da Câmara dos Deputados: Deputado Michel Temer, Presidente – Mesa do Senado Federal: Senador José Sarney, Presidente – DOU de 5.2.2010.

EMENDA CONSTITUCIONAL Nº 65, DE 13.7.2010

Altera a denominação do Capítulo VII do Título VIII da Constituição Federal e modifica o seu art. 227, para cuidar dos interesses da juventude.

(*) V. Lei nº 12.852, de 5.8.2013 (Estatuto da Juventude)

As Mesas da Câmara dos Deputados e do Senado Federal, nos termos do art. 60 da Constituição Federal, promulgam a seguinte Emenda ao texto constitucional:

Art. 1º. O Capítulo VII do Título VIII da Constituição Federal passa a denominar-se: "Da Família, da Criança, do Adolescente, do Jovem e do Idoso".

(*) V. Lei nº 14.423, de 22.7.2022.

Art. 2º. O art. 227 da Constituição Federal passa a vigorar com a seguinte redação:

"Art. 227. É dever da família, da sociedade e do Estado assegurar à criança, ao adolescente e ao jovem, com absoluta prioridade, o direito à vida, à saúde, à alimentação, à educação, ao lazer, à profissionalização, à cultura, à dignidade, ao respeito, à liberdade e à convivência familiar e comunitária, além de colocá-los a salvo de toda forma de negligência, discriminação, exploração, violência, crueldade e opressão.

§ 1º. O Estado promoverá programas de assistência integral à saúde da criança, do adolescente e do jovem, admitida a participação de entidades não governamentais, mediante políticas específicas e obedecendo aos seguintes preceitos:

....

II – criação de programas de prevenção e atendimento especializado para as pessoas portadoras de deficiência física, sensorial ou mental, bem como de integração social do adolescente e do jovem portador de deficiência, mediante o treinamento para o trabalho e a convivência, e a facilitação do acesso aos bens e serviços coletivos, com a eliminação de obstáculos arquitetônicos e de todas as formas de discriminação.

....

§ 3º. (...)

III – garantia de acesso do trabalhador adolescente e jovem à escola;

....

VII – programas de prevenção e atendimento especializado à criança, ao adolescente e ao jovem dependente de entorpecentes e drogas afins.

....

§ 8º. A lei estabelecerá:

I – o estatuto da juventude, destinado a regular os direitos dos jovens;

II – o plano nacional de juventude, de duração decenal, visando à articulação das várias esferas do poder público para a execução de políticas públicas." (NR)

Art. 3º. Esta Emenda Constitucional entra em vigor na data de sua publicação.

Brasília, em 13 de julho de 2010.

Mesa da Câmara dos Deputados: Deputado Michel Temer, Presidente – Mesa do Senado Federal: Senador José Sarney, Presidente – DOU de 14.7.2010.

EMENDA CONSTITUCIONAL Nº 66, DE 13.7.2010

Dá nova redação ao § 6º do art. 226 da Constituição Federal, que dispõe sobre a dissolubilidade do casamento civil pelo divórcio, suprimindo o requisito de prévia separação judicial por mais de 1 (um) ano ou de comprovada separação de fato por mais de 2 (dois) anos.

As Mesas da Câmara dos Deputados e do Senado Federal, nos termos do art. 60 da Constituição Federal, promulgam a seguinte Emenda ao texto constitucional:

Art. 1º. O § 6º do art. 226 da Constituição Federal passa a vigorar com a seguinte redação:

"Art. 226. (...)

§ 6º. O casamento civil pode ser dissolvido pelo divórcio." (NR)

Art. 2º. Esta Emenda Constitucional entra em vigor na data de sua publicação.

Brasília, em 13 de julho de 2010.

Mesa da Câmara dos Deputados: Deputado Michel Temer, Presidente – Mesa do Senado Federal: Senador José Sarney, Presidente – DOU de 14.7.2010.

EMENDA CONSTITUCIONAL Nº 67, DE 22.12.2010

Prorroga, por tempo indeterminado, o prazo de vigência do Fundo de Combate e Erradicação da Pobreza.

As Mesas da Câmara dos Deputados e do Senado Federal, nos termos do § 3º do art. 60 da Constituição Federal, promulgam a seguinte Emenda ao texto constitucional:

Art. 1º. Prorrogam-se, por tempo indeterminado, o prazo de vigência do Fundo de Combate e Erradicação da Pobreza a que se refere o caput do art. 79 do Ato das Disposições Constitucionais Transitórias e, igualmente, o prazo de vigência da Lei Complementar nº 111, de 6 de julho de 2001, que "Dispõe sobre o Fundo de Combate e Erradicação da Pobreza, na forma prevista nos arts. 79, 80 e 81 do Ato das Disposições Constitucionais Transitórias".

Art. 2º. Esta Emenda Constitucional entra em vigor na data de sua publicação.

Brasília, em 22 de dezembro de 2010.

Mesa da Câmara dos Deputados: Deputado Marco Maia, Presidente – Mesa do Senado

EMENDAS CONSTITUCIONAIS N° 70

Federal Senador José Sarney, Presidente – DOU de 23.12.2010.

EMENDA CONSTITUCIONAL Nº 68, DE 21.12.2011

Altera o art. 76 do Ato das Disposições Constitucionais Transitórias.

As Mesas da Câmara dos Deputados e do Senado Federal, nos termos do § 3º do art. 60 da Constituição Federal, promulgam a seguinte Emenda ao texto constitucional:

Art. 1º. O art. 76 do Ato das Disposições Constitucionais Transitórias passa a vigorar com a seguinte redação:

"*Art. 76. São desvinculados de órgão, fundo ou despesa, até 31 de dezembro de 2015, 20% (vinte por cento) da arrecadação da União de impostos, contribuições sociais e de intervenção no domínio econômico, já instituídos ou que vierem a ser criados até a referida data, seus adicionais e respectivos acréscimos legais.*

§ 1º. O disposto no caput não reduzirá a base de cálculo das transferências a Estados, Distrito Federal e Municípios, na forma do § 5º do art. 153, do inciso I do art. 157, dos incisos I e II do art. 158 e das alíneas "a", "b" e "d" do inciso I e do inciso II do art. 159 da Constituição Federal, nem a base de cálculo das destinações a que se refere a alínea "c" do inciso I do art. 159 da Constituição Federal.

§ 2º. Excetua-se da desvinculação de que trata o caput a arrecadação da contribuição social do salário-educação a que se refere o § 5º do art. 212 da Constituição Federal.

§ 3º. Para efeito do cálculo dos recursos para manutenção e desenvolvimento do ensino de que trata o art. 212 da Constituição Federal, o percentual referido no caput será nulo." (NR)

Art. 2º. Esta Emenda Constitucional entra em vigor na data da sua publicação.

Brasília, 21 de dezembro de 2011.

Mesa da Câmara dos Deputados: Deputado Marco Maia, Presidente – Mesa do Senado Federal: Senador José Sarney, Presidente – DOU de 22.12.2011.

EMENDA CONSTITUCIONAL Nº 69, DE 29.3.2012

Altera os arts. 21, 22 e 48 da Constituição Federal, para transferir da União para o Distrito Federal as atribuições de organizar e manter a Defensoria Pública do Distrito Federal.

As Mesas da Câmara dos Deputados e do Senado Federal, nos termos do art. 60 da Constituição Federal, promulgam a seguinte Emenda ao texto constitucional:

Art. 1º. Os arts. 21, 22 e 48 da Constituição Federal passam a vigorar com a seguinte redação:

"*Art. 21. (...)*

XIII – organizar e manter o Poder Judiciário, o Ministério Público do Distrito Federal e dos Territórios e a Defensoria Pública dos Territórios;"

...." *(NR)*

"*Art. 22. (...)*

XVII – organização judiciária, do Ministério Público do Distrito Federal e dos Territórios e da Defensoria Pública dos Territórios, bem como organização administrativa destes;"

...." *(NR)*

"*Art. 48. (...)*

IX – organização administrativa, judiciária, do Ministério Público e da Defensoria Pública da União e dos Territórios e organização judiciária e do Ministério Público do Distrito Federal;"

...." *(NR)*

Art. 2º. Sem prejuízo dos preceitos estabelecidos na Lei Orgânica do Distrito Federal, aplicam-se à Defensoria Pública do Distrito Federal os mesmos princípios e regras que, nos termos da Constituição Federal, regem as Defensorias Públicas dos Estados.

Art. 3º. O Congresso Nacional e a Câmara Legislativa do Distrito Federal, imediatamente após a promulgação desta Emenda Constitucional e de acordo com suas competências, instalarão comissões especiais destinadas a elaborar, em 60 (sessenta) dias, os projetos de lei necessários à adequação da legislação infraconstitucional à matéria nela tratada.

Art. 4º. Esta Emenda Constitucional entra em vigor na data de sua publicação, produzindo efeitos quanto ao disposto no art. 1º após decorridos 120 (cento e vinte) dias de sua publicação oficial.

Brasília, 29 de março de 2012.

Mesa da Câmara dos Deputados: Deputado Marco Maia, Presidente – Mesa do Senado Federal: Senador José Sarney, Presidente – DOU de 30.3.2012.

EMENDA CONSTITUCIONAL Nº 70, DE 29.3.2012

Acrescenta art. 6º-A à Emenda Constitucional nº 41, de 2003, para estabelecer critérios para o cálculo e a correção dos proventos da aposentadoria por invalidez dos servidores públicos que ingressaram no serviço público até a data da publicação daquela Emenda Constitucional.

As Mesas da Câmara dos Deputados e do Senado Federal, nos termos do § 3º do art. 60 da Constituição Federal, promulgam a seguinte Emenda ao texto constitucional:

Art. 1º. A Emenda Constitucional nº 41, de 19 de dezembro de 2003, passa a vigorar acrescida do seguinte art. 6º-A:

"Art. 6º-A. O servidor da União, dos Estados, do Distrito Federal e dos Municípios, incluídas suas autarquias e fundações, que tenha ingressado no serviço público até a data de publicação desta Emenda Constitucional e que tenha se aposentado ou venha a se aposentar por invalidez permanente, com fundamento no inciso I do § 1º do art. 40 da Constituição Federal, tem direito a proventos de aposentadoria calculados com base na remuneração do cargo efetivo em que se der a aposentadoria, na forma da lei, não sendo aplicáveis as disposições constantes dos §§ 3º, 8º e 17 do art. 40 da Constituição Federal.

Parágrafo único. Aplica-se ao valor dos proventos de aposentadorias concedidas com base no caput o disposto no art. 7º desta Emenda Constitucional, observando-se igual critério de revisão às pensões derivadas dos proventos desses servidores."

Art. 2º. A União, os Estados, o Distrito Federal e os Municípios, assim como as respectivas autarquias e fundações, procederão, no prazo de 180 (cento e oitenta) dias da entrada em vigor, pensões delas decorrentes, concedidas a partir de 1º de janeiro de 2004, com base na redação dada ao § 1º do art. 40 da Constituição Federal pela Emenda Constitucional nº 20, de 15 de dezembro de 1998, com efeitos financeiros a partir da data de promulgação desta Emenda Constitucional.

Art. 3º. Esta Emenda Constitucional entra em vigor na data de sua publicação.

Brasília, 29 de março de 2012.

Mesa da Câmara dos Deputados: Deputado Marco Maia, Presidente – Mesa do Senado Federal: Senador José Sarney, Presidente – DOU de 30.3.2012.

EMENDA CONSTITUCIONAL Nº 71, DE 29.11.2012

Acrescenta o art. 216-A à Constituição Federal para instituir o Sistema Nacional de Cultura.

As Mesas da Câmara dos Deputados e do Senado Federal, nos termos do § 3º do art. 60 da Constituição Federal, promulgam a seguinte Emenda ao texto constitucional:

Art. 1º. A Constituição Federal passa a vigorar acrescida do seguinte art. 216-A:

"Art. 216-A. O Sistema Nacional de Cultura, organizado em regime de colaboração, de forma descentralizada e participativa, institui um processo de gestão e promoção conjunta de políticas públicas de cultura, democráticas e permanentes, pactuadas entre os entes da Federação e a sociedade, tendo por objetivo promover o desenvolvimento humano, social e econômico com pleno exercício dos direitos culturais.

§ 1º. O Sistema Nacional de Cultura fundamenta-se na política nacional de cultura e nas suas diretrizes, estabelecidas no Plano Nacional de Cultura, e rege-se pelos seguintes princípios:

I – diversidade das expressões culturais;

II – universalização do acesso aos bens e serviços culturais;

III – fomento à produção, difusão e circulação de conhecimento e bens culturais;

IV – cooperação entre os entes federados, os agentes públicos e privados atuantes na área cultural;

V – integração e interação na execução das políticas, programas, projetos e ações desenvolvidas;

VI – complementaridade nos papéis dos agentes culturais;

VII – transversalidade das políticas culturais;

VIII – autonomia dos entes federados e das instituições da sociedade civil;

IX – transparência e compartilhamento das informações;

X – democratização dos processos decisórios com participação e controle social;

XI – descentralização articulada e pactuada da gestão, dos recursos e das ações;

XII – ampliação progressiva dos recursos contidos nos orçamentos públicos para a cultura.

§ 2º. Constitui a estrutura do Sistema Nacional de Cultura, nas respectivas esferas da Federação:

I – órgãos gestores da cultura;

II – conselhos de política cultural;

III – conferências de cultura;

IV – comissões intergestores;

V – planos de cultura;

VI – sistemas de financiamento à cultura;

VII – sistemas de informações e indicadores culturais;

VIII – programas de formação na área da cultura; e

IX – sistemas setoriais de cultura.

§ 3º. Lei federal disporá sobre a regulamentação do Sistema Nacional de Cultura, bem como de sua articulação com os demais sistemas nacionais ou políticas setoriais de governo.

§ 4º. Os Estados, o Distrito Federal e os Municípios organizarão seus respectivos sistemas de cultura em leis próprias."

EMENDAS CONSTITUCIONAIS N° 74

Art. 2°. Esta Emenda Constitucional entra em vigor na data de sua publicação.

Brasília, 29 de novembro de 2012.

Mesa da Câmara dos Deputados: Deputado Marco Maia, Presidente – Mesa do Senado Federal: Senador José Sarney, Presidente – DOU de 30.11.2012.

EMENDA CONSTITUCIONAL N° 72, DE 2.4.2013

Altera a redação do parágrafo único do art. 7° da Constituição Federal para estabelecer a igualdade de direitos trabalhistas entre os trabalhadores domésticos e os demais trabalhadores urbanos e rurais.

As Mesas da Câmara dos Deputados e do Senado Federal, nos termos do § 3° do art. 60 da Constituição Federal, promulgam a seguinte Emenda ao texto constitucional:

Artigo único. O parágrafo único do art. 7° da Constituição Federal passa a vigorar com a seguinte redação:

"Art. 7°. (...)

Parágrafo único. São assegurados à categoria dos trabalhadores domésticos os direitos previstos nos incisos IV, VI, VII, VIII, X, XIII, XV, XVI, XVII, XIX, XXI, XXII, XXIV, XXVI, XXX, XXXI e XXXIII e, atendidas as condições estabelecidas em lei e observada a simplificação do cumprimento das obrigações tributárias, principais e acessórias, decorrentes da relação de trabalho e suas peculiaridades, os previstos nos incisos I, II, III, IX, XII, XVIII, XXV e XXVIII, bem como a sua integração à previdência social." (NR)

Brasília, 2 de abril de 2013.

Mesa da Câmara dos Deputados: Deputado Henrique Eduardo Alves, Presidente – Mesa do Senado Federal: Senador Renan Calheiros, Presidente – DOU de 3.4.2013.

EMENDA CONSTITUCIONAL N° 73, DE 6.6.2013

Cria os Tribunais Regionais Federais da 6ª, 7ª, 8ª e 9ª Regiões.

(*) A ADI nº 5.017, de 2013, questiona a constitucionalidade da EC nº 73, de 6.6.2013, sem decisão definitiva até a data de fechamento desta edição.

As Mesas da Câmara dos Deputados e do Senado Federal, nos termos do § 3° do art. 60 da Constituição Federal, promulgam a seguinte Emenda ao texto constitucional:

Art. 1°. O art. 27 do Ato das Disposições Constitucionais Transitórias passa a vigorar acrescido do seguinte § 11:

"Art. 27. (...)

§ 11. São criados, ainda, os seguintes Tribunais Regionais Federais: o da 6ª Região, com sede em Curitiba, Estado do Paraná, e jurisdição nos Estados do Paraná, Santa Catarina e Mato Grosso do Sul; o da 7ª Região, com sede em Belo Horizonte, Estado de Minas Gerais, e jurisdição no Estado de Minas Gerais; o da 8ª Região, com sede em Salvador, Estado da Bahia, e jurisdição nos Estados da Bahia e Sergipe; e o da 9ª Região, com sede em Manaus, Estado do Amazonas, e jurisdição nos Estados do Amazonas, Acre, Rondônia e Roraima." (NR)

Art. 2°. Os Tribunais Regionais Federais da 6ª, 7ª, 8ª e 9ª Regiões deverão ser instalados no prazo de 6 (seis) meses, a contar da promulgação desta Emenda Constitucional.

Art. 3°. Esta Emenda Constitucional entra em vigor na data de sua publicação.

Brasília, em 6 de junho de 2013.

Mesa da Câmara dos Deputados: Deputado André Vargas – 1° Vice-Presidente no exercício da Presidência – Mesa do Senado Federal: Senador Romero Jucá – 2° Vice-Presidente no exercício da Presidência – DOU de 7.6.2013.

EMENDA CONSTITUCIONAL N° 74, DE 6.8.2013

Altera o art. 134 da Constituição Federal.

As Mesas da Câmara dos Deputados e do Senado Federal, nos termos do § 3° do art. 60 da Constituição Federal, promulgam a seguinte Emenda ao texto constitucional:

Art. 1°. O art. 134 da Constituição Federal passa a vigorar acrescido do seguinte § 3°:

"Art. 134. (...)

§ 3°. Aplica-se o disposto no § 2° às Defensorias Públicas da União e do Distrito Federal."

Art. 2°. Esta Emenda Constitucional entra em vigor na data de sua publicação.

Brasília, em 6 de agosto de 2013.

Mesa da Câmara dos Deputados: Deputado Henrique Eduardo Alves, Presidente – Mesa do Senado Federal: Senador Renan Calheiros, Presidente – DOU de 7.8.2013.

EMENDA CONSTITUCIONAL Nº 75, DE 15.10.2013

Acrescenta a alínea "e" ao inciso VI do art. 150 da Constituição Federal, instituindo imunidade tributária sobre os fonogramas e videofonogramas musicais produzidos no Brasil contendo obras musicais ou literomusicais de autores brasileiros e/ou obras em geral interpretadas por artistas brasileiros bem como os suportes materiais ou arquivos digitais que os contenham.

As Mesas da Câmara dos Deputados e do Senado Federal, nos termos do § 3º do art. 60 da Constituição Federal, promulgam a seguinte Emenda ao texto constitucional:

Art. 1º. O inciso VI do art. 150 da Constituição Federal passa a vigorar acrescido da seguinte alínea "e":

"Art. 150. (...)

VI – (...)

e) fonogramas e videofonogramas musicais produzidos no Brasil contendo obras musicais ou literomusicais de autores brasileiros e/ou obras em geral interpretadas por artistas brasileiros bem como os suportes materiais ou arquivos digitais que os contenham, salvo na etapa de replicação industrial de mídias ópticas de leitura a laser.

...." (NR)

Art. 2º. Esta Emenda Constitucional entra em vigor na data de sua publicação.

Brasília, em 15 de outubro de 2013.

Mesa da Câmara dos Deputados: Deputado Henrique Eduardo Alves, Presidente – Mesa do Senado Federal: Senador Renan Calheiros, Presidente – DOU de 16.10.2013.

EMENDA CONSTITUCIONAL Nº 76, DE 28.11.2013

Altera o § 2º do art. 55 e o § 4º do art. 66 da Constituição Federal, para abolir a votação secreta nos casos de perda de mandato de Deputado ou Senador e de apreciação de veto.

As Mesas da Câmara dos Deputados e do Senado Federal, nos termos do § 3º do art. 60 da Constituição Federal, promulgam a seguinte Emenda ao texto constitucional:

Art. 1º. Os arts. 55 e 66 da Constituição Federal passam a vigorar com as seguintes alterações:

"Art. 55. (...)

§ 2º. Nos casos dos incisos I, II e VI, a perda do mandato será decidida pela Câmara dos Deputados ou pelo Senado Federal, por maioria absoluta, mediante provocação da respectiva Mesa ou de partido político representado no Congresso Nacional, assegurada ampla defesa.

...." (NR)

"Art. 66. (...)

§ 4º. O veto será apreciado em sessão conjunta, dentro de trinta dias a contar de seu recebimento, só podendo ser rejeitado pelo voto da maioria absoluta dos Deputados e Senadores.

...." (NR)

Art. 2º. Esta Emenda Constitucional entra em vigor na data de sua publicação.

Brasília, em 28 de novembro de 2013.

Mesa da Câmara dos Deputados: Deputado Henrique Eduardo Alves, Presidente – Mesa do Senado Federal: Senador Renan Calheiros, Presidente – DOU de 29.11.2013.

EMENDA CONSTITUCIONAL Nº 77, DE 11.2.2014

Altera os incisos II, III e VIII do § 3º do art. 142 da Constituição Federal, para estender aos profissionais de saúde das Forças Armadas a possibilidade de cumulação de cargo a que se refere o art. 37, inciso XVI, alínea "c".

As Mesas da Câmara dos Deputados e do Senado Federal, nos termos do § 3º do art. 60 da Constituição Federal, promulgam a seguinte Emenda ao texto constitucional:

Artigo único. Os incisos II, III e VIII do § 3º do art. 142 da Constituição Federal passam a vigorar com as seguintes alterações:

"Art. 142. (...)

§ 3º. (...)

II – o militar em atividade que tomar posse em cargo ou emprego público civil permanente, ressalvada a hipótese prevista no art. 37, inciso XVI, alínea "c", será transferido para a reserva, nos termos da lei;

III – o militar da ativa que, de acordo com a lei, tomar posse em cargo, emprego ou função pública civil temporária, não eletiva, ainda que da administração indireta, ressalvada a hipótese prevista no art. 37, inciso XVI, alínea "c", ficará agregado ao respectivo quadro e somente poderá, enquanto permanecer nessa situação, ser promovido por antiguidade, contando-se-lhe o tempo de serviço apenas para aquela promoção e transferência para a reserva, sendo depois de dois anos de afastamento, contínuos ou não, transferido para a reserva, nos termos da lei;

....

VIII – aplica-se aos militares o disposto no art. 7º, incisos VIII, XII, XVII, XVIII, XIX e XXV, e no art. 37, incisos XI, XIII, XIV e XV, bem como, na forma da lei e com prevalência da atividade militar, no art. 37, inciso XVI, alínea "c";

...." (NR)

Brasília, em 11 de fevereiro de 2014.

Mesa da Câmara dos Deputados: Deputado Henrique Eduardo Alves, Presidente – Mesa do Senado Federal: Senador Renan Calheiros, Presidente – DOU de 12.2.2014.

EMENDA CONSTITUCIONAL Nº 78, DE 14.5.2014

Acrescenta art. 54-A ao Ato das Disposições Constitucionais Transitórias, para dispor sobre indenização devida aos seringueiros de que trata o art. 54 desse Ato.

As Mesas da Câmara dos Deputados e do Senado Federal, nos termos do § 3º do art. 60 da Constituição Federal, promulgam a seguinte Emenda ao texto constitucional:

Art. 1º. O Ato das Disposições Constitucionais Transitórias passa a vigorar acrescido do seguinte art. 54-A:

"*Art. 54-A.* Os seringueiros de que trata o art. 54 deste Ato das Disposições Constitucionais Transitórias receberão indenização, em parcela única, no valor de R$ 25.000,00 (vinte e cinco mil reais)."

Art. 2º. A indenização de que trata o art. 54-A do Ato das Disposições Constitucionais Transitórias somente se estende aos dependentes dos seringueiros que, na data de entrada em vigor desta Emenda Constitucional, detenham a condição de dependentes na forma do § 2º do art. 54 do Ato das Disposições Constitucionais Transitórias, devendo o valor de R$ 25.000,00 (vinte e cinco mil reais) ser rateado entre os pensionistas na proporção de sua cota-parte na pensão.

Art. 3º. Esta Emenda Constitucional entra em vigor no exercício financeiro seguinte ao de sua publicação.

Brasília, em 14 de maio de 2014.

Mesa da Câmara dos Deputados: Deputado Henrique Eduardo Alves, Presidente – Mesa do Senado Federal: Senador Renan Calheiros, Presidente – DOU de 15.5.2014.

EMENDA CONSTITUCIONAL Nº 79, DE 27.5.2014

Altera o art. 31 da Emenda Constitucional nº 19, de 4 de junho de 1998, para prever a inclusão, em quadro em extinção da Administração Federal, de servidores e policiais militares admitidos pelos Estados do Amapá e de Roraima, na fase de instalação dessas unidades federadas, e dá outras providências.

(*) V. Lei nº 13.681, de 18.6.2018.

As Mesas da Câmara dos Deputados e do Senado Federal, nos termos do § 3º do art. 60 da Constituição Federal, promulgam a seguinte Emenda ao texto constitucional:

Art. 1º. O art. 31 da Emenda Constitucional nº 19, de 4 de junho de 1998, passa a vigorar com a seguinte redação:

"*Art. 31.* Os servidores públicos federais da administração direta e indireta, os servidores municipais e os integrantes da carreira policial militar dos ex-Territórios Federais do Amapá e de Roraima que comprovadamente encontravam-se no exercício regular de suas funções prestando serviços àqueles ex-Territórios na data em que foram transformados em Estados, os servidores e os policiais militares admitidos regularmente pelos governos dos Estados do Amapá e de Roraima no período entre a transformação e a efetiva instalação desses Estados em outubro de 1993 e, ainda, os servidores nesses Estados com vínculo funcional já reconhecido pela União integrarão, mediante opção, quadro em extinção da administração federal.

§ 1º. O enquadramento referido no caput para os servidores ou para os policiais militares admitidos regularmente entre a transformação e a instalação dos Estados em outubro de 1993 deverá dar-se no cargo em que foram originariamente admitidos ou em cargo equivalente.

§ 2º. Os integrantes da carreira policial militar a que se refere o caput continuarão prestando serviços aos respectivos Estados, na condição de cedidos, submetidos às disposições estatutárias a que estão sujeitas as corporações das respectivas Polícias Militares, observadas as atribuições de função compatíveis com seu grau hierárquico e o direito às devidas promoções.

§ 3º. Os servidores a que se refere o caput continuarão prestando serviços aos respectivos Estados e a seus Municípios, na condição de cedidos, até seu aproveitamento em órgão ou entidade da administração federal direta, autárquica ou fundacional." (NR)

Art. 2º. Para fins do enquadramento disposto no caput do art. 31 da Emenda Constitucional nº 19, de 4 de junho de 1998, e no caput do art. 89 do Ato das Disposições Constitucionais Transitórias, é reconhecido o vínculo funcional com a União, dos servidores regularmente admitidos nos quadros dos Municípios integrantes dos ex-Territórios do Amapá, de Roraima e de Rondônia em efetivo exercício na data de transformação desses ex-Territórios em Estados.

Art. 3º. Os servidores dos ex-Territórios do Amapá, de Roraima e de Rondônia incorporados a quadro em extinção da União serão enquadrados em cargos de atribuições equivalentes ou assemelhadas, integrantes de planos de cargos e carreiras da União, no nível de progressão alcançado, assegurados os direitos, vantagens e padrões remuneratórios a eles inerentes.

Art. 4º. Cabe à União, no prazo máximo de 180 (cento e oitenta) dias, contado a partir da data de publicação desta Emenda Constitucional, regulamentar o enquadramento de servidores estabelecido no art. 31 da Emenda Constitucional nº 19, de 4 de junho de 1998, e no art. 89 do Ato das Disposições Constitucionais Transitórias.

Parágrafo único. No caso de a União não regulamentar o enquadramento previsto no *caput*, o optante tem direito ao pagamento retroativo das diferenças remuneratórias desde a data do encerramento do prazo para a regulamentação referida neste artigo.

Art. 5º. A opção para incorporação em quadro em extinção da União, conforme disposto no art. 31 da Emenda Constitucional nº 19, de 4 de junho de 1998, e no art. 89 do Ato das Disposições Constitucionais Transitórias, deverá ser formalizada pelos servidores e policiais militares interessados perante a administração, no prazo máximo de 180 (cento e oitenta) dias, contado a partir da regulamentação prevista no art. 4º.

Art. 6º. Os servidores admitidos regularmente que comprovadamente se encontravam no exercício de funções policiais nas Secretarias de Segurança Pública dos ex-Territórios do Amapá, de Roraima e de Rondônia na data em que foram transformados em Estados serão enquadrados no quadro da Polícia Civil dos ex-Territórios, no prazo de 180 (cento e oitenta) dias, assegurados os direitos, vantagens e padrões remuneratórios a eles inerentes.

(*) *Vide art. 6º da EC nº 98, de 6.12.2017.*

Art. 7º. Aos servidores admitidos regularmente pela União nas Carreiras do Grupo Tributação, Arrecadação e Fiscalização de que trata a Lei nº 6.550, de 5 de julho de 1978, cedidos aos Estados do Amapá, de Roraima e de Rondônia são assegurados os mesmos direitos remuneratórios auferidos pelos integrantes das Carreiras correspondentes do Grupo Tributação, Arrecadação e Fiscalização da União de que trata a Lei nº 5.645, de 10 de dezembro de 1970.

(*) *Vide art. 5º da EC nº 98, de 6.12.2017.*

Art. 8º. Os proventos das aposentadorias, pensões, reformas e reservas remuneradas, originadas no período de outubro de 1988 a outubro de 1993, passam a ser mantidos pela União a partir da data de publicação desta Emenda Constitucional, vedado o pagamento, a qualquer título, de valores referentes a períodos anteriores a sua publicação.

Art. 9º. É vedado o pagamento, a qualquer título, em virtude das alterações promovidas por esta Emenda Constitucional, de remunerações, proventos, pensões ou indenizações referentes a períodos anteriores à data do enquadramento, salvo o disposto no parágrafo único do art. 4º.

Art. 10. Esta Emenda Constitucional entra em vigor na data de sua publicação.

Brasília, em 27 de maio de 2014.

Mesa da Câmara dos Deputados: Deputado Henrique Eduardo Alves, Presidente – Mesa do Senado Federal: Senador Renan Calheiros, Presidente – DOU de 28.5.2014.

EMENDA CONSTITUCIONAL Nº 80, DE 4.6.2014

Altera o Capítulo IV – Das Funções Essenciais à Justiça, do Título IV – Da Organização dos Poderes, e acrescenta artigo ao Ato das Disposições Constitucionais Transitórias da Constituição Federal.

As Mesas da Câmara dos Deputados e do Senado Federal, nos termos do § 3º do art. 60 da Constituição Federal, promulgam a seguinte Emenda ao texto constitucional:

Art. 1º. O Capítulo IV – Das Funções Essenciais à Justiça, do Título IV – Da Organização dos Poderes, passa a vigorar com as seguintes alterações:

"TÍTULO IV
DA ORGANIZAÇÃO DOS PODERES

CAPÍTULO IV
DAS FUNÇÕES ESSENCIAIS À JUSTIÇA

Seção III
Da Advocacia

Seção IV
Da Defensoria Pública

Art. 134. A Defensoria Pública é instituição permanente, essencial à função jurisdicional do Estado, incumbindo-lhe, como expressão e instrumento do regime democrático, fundamentalmente, a orientação jurídica, a promoção dos direitos humanos e a defesa, em todos os graus, judicial e extrajudicial, dos direitos individuais e coletivos, de forma integral e gratuita, aos necessitados, na forma do inciso LXXIV do art. 5º desta Constituição Federal.

....

§ 4º. São princípios institucionais da Defensoria Pública a unidade, a indivisibilidade e a independência funcional, aplicando-se também, no que couber, o disposto no art. 93 e no inciso II do art. 96 desta Constituição Federal." (NR)

Art. 2º. O Ato das Disposições Constitucionais Transitórias passa a vigorar acrescido do seguinte art. 98:

"**Art. 98.** O número de defensores públicos na unidade jurisdicional será proporcional à efetiva demanda pelo serviço da Defensoria Pública e à respectiva população.

§ 1º. No prazo de 8 (oito) anos, a União, os Estados e o Distrito Federal deverão contar com defensores públicos em todas as unidades jurisdicionais, observado o disposto no caput deste artigo.

§ 2º. Durante o decurso do prazo previsto no § 1º deste artigo, a lotação dos defensores públicos ocorrerá, prioritariamente, atendendo às regiões com maiores índices de exclusão social e adensamento populacional."

Art. 3º. Esta Emenda Constitucional entra em vigor na data de sua publicação.

Brasília, em 4 de junho de 2014.

Mesa da Câmara dos Deputados: Deputado Henrique Eduardo Alves, Presidente – Mesa do Senado Federal: Senador Renan Calheiros, Presidente – DOU de 5.6.2014.

EMENDA CONSTITUCIONAL Nº 81, DE 5.6.2014

Dá nova redação ao art. 243 da Constituição Federal.

As Mesas da Câmara dos Deputados e do Senado Federal, nos termos do § 3º do art. 60 da Constituição Federal, promulgam a seguinte Emenda ao texto constitucional:

Art. 1º. O art. 243 da Constituição Federal passa a vigorar com a seguinte redação:

"**Art. 243.** As propriedades rurais e urbanas de qualquer região do País onde forem localizadas culturas ilegais de plantas psicotrópicas ou a ex- ploração de trabalho escravo na forma da lei serão expropriadas e destinadas à reforma agrária e a programas de habitação popular, sem qualquer indenização ao proprietário e sem prejuízo de outras sanções previstas em lei, observado, no que couber, o disposto no art. 5º.

Parágrafo único. Todo e qualquer bem de valor econômico apreendido em decorrência do tráfico ilícito de entorpecentes e drogas afins e da exploração de trabalho escravo será confiscado e reverterá a fundo especial com destinação específica, na forma da lei." (NR)

Art. 2º. Esta Emenda Constitucional entra em vigor na data de sua publicação.

Brasília, em 5 de junho de 2014.

Mesa da Câmara dos Deputados: Deputado Henrique Eduardo Alves, Presidente – Mesa do Senado Federal: Senador Renan Calheiros, Presidente – DOU de 6.6.2014.

EMENDA CONSTITUCIONAL Nº 82, DE 16.7.2014

Inclui o § 10 ao art. 144 da Constituição Federal, para disciplinar a segurança viária no âmbito dos Estados, do Distrito Federal e dos Municípios.

As Mesas da Câmara dos Deputados e do Senado Federal, nos termos do § 3º do art. 60 da Constituição Federal, promulgam a seguinte Emenda ao texto constitucional:

Art. 1º. O art. 144 da Constituição Federal passa a vigorar acrescido do seguinte § 10:

"**Art. 144.** (...)

§ 10. A segurança viária, exercida para a preservação da ordem pública e da incolumidade das pessoas e do seu patrimônio nas vias públicas:

I – compreende a educação, engenharia e fiscalização de trânsito, além de outras atividades previstas em lei, que assegurem ao cidadão o direito à mobilidade urbana eficiente; e

II – compete, no âmbito dos Estados, do Distrito Federal e dos Municípios, aos respectivos órgãos ou entidades executivos e seus agentes de trânsito, estruturados em Carreira, na forma da lei." (NR)

Art. 2º. Esta Emenda Constitucional entra em vigor na data de sua publicação.

Brasília, em 16 de julho de 2014.

Mesa da Câmara dos Deputados: Deputado Henrique Eduardo Alves, Presidente – Mesa do Senado Federal: Senador Renan Calheiros, Presidente – DOU de 17.7.2014.

EMENDA CONSTITUCIONAL Nº 83, DE 5.8.2014

Acrescenta o art. 92-A ao Ato das Disposições Constitucionais Transitórias – ADCT.

As Mesas da Câmara dos Deputados e do Senado Federal, nos termos do § 3º do art. 60 da Constituição Federal, promulgam a seguinte Emenda ao texto constitucional:

Art. 1º. O Ato das Disposições Constitucionais Transitórias passa a vigorar acrescido do seguinte art. 92-A:

"Art. 92-A. São acrescidos 50 (cinquenta) anos ao prazo fixado pelo art. 92 deste Ato das Disposições Constitucionais Transitórias."

Art. 2º. Esta Emenda Constitucional entra em vigor na data de sua publicação.

Brasília, em 5 de agosto de 2014.

Mesa da Câmara dos Deputados: Deputado Henrique Eduardo Alves, Presidente – Mesa do Senado Federal: Senador Renan Calheiros, Presidente – DOU de 6.8.2014.

EMENDA CONSTITUCIONAL Nº 84, DE 2.12.2014

Altera o art. 159 da Constituição Federal para aumentar a entrega de recursos pela União para o Fundo de Participação dos Municípios.

As Mesas da Câmara dos Deputados e do Senado Federal, nos termos do § 3º do art. 60 da Constituição Federal, promulgam a seguinte Emenda ao texto constitucional:

Art. 1º. O art. 159 da Constituição Federal passa a vigorar com a seguinte redação:

"Art. 159. (...)

I – do produto da arrecadação dos impostos sobre renda e proventos de qualquer natureza e sobre produtos industrializados, 49% (quarenta e nove por cento), na seguinte forma:

...

e) 1% (um por cento) ao Fundo de Participação dos Municípios, que será entregue no primeiro decêndio do mês de julho de cada ano;

..." (NR)

Art. 2º. Para os fins do disposto na alínea "e" do inciso I do *caput* do art. 159 da Constituição Federal, a União entregará ao Fundo de Participação dos Municípios o percentual de 0,5% (cinco décimos por cento) do produto da arrecadação dos impostos sobre renda e proventos de qualquer natureza e sobre produtos industrializados no primeiro exercício em que esta Emenda Constitucional gerar efeitos financeiros, acrescentando-se 0,5% (cinco décimos por cento) a cada exercício, até que se alcance o percentual de 1% (um por cento).

Art. 3º. Esta Emenda Constitucional entra em vigor na data de sua publicação, com efeitos financeiros a partir de 1º de janeiro do exercício subsequente.

Brasília, em 2 de dezembro de 2014.

Mesa da Câmara dos Deputados: Deputado Henrique Eduardo Alves, Presidente – Mesa do Senado Federal: Senador Renan Calheiros, Presidente – DOU de 3.12.2014.

EMENDA CONSTITUCIONAL Nº 85, DE 26.2.2015

Altera e adiciona dispositivos na Constituição Federal para atualizar o tratamento das atividades de ciência, tecnologia e inovação.

As Mesas da Câmara dos Deputados e do Senado Federal, nos termos do § 3º do art. 60 da Constituição Federal, promulgam a seguinte Emenda ao texto constitucional:

Art. 1º. A Constituição Federal passa a vigorar com as seguintes alterações:

"Art. 23. (...)

...

V – proporcionar os meios de acesso à cultura, à educação, à ciência, à tecnologia, à pesquisa e à inovação;

..." (NR)

"Art. 24. (...)

...

IX – educação, cultura, ensino, desporto, ciência, tecnologia, pesquisa, desenvolvimento e inovação;

..." (NR)

"Art. 167. (...)

...

§ 5º. A transposição, o remanejamento ou a transferência de recursos de uma categoria de programação para outra poderão ser admitidos, no âmbito das atividades de ciência, tecnologia e inovação, com o objetivo de viabilizar os resultados de projetos restritos a essas funções, mediante ato do Poder Executivo, sem necessidade da prévia autorização legislativa prevista no inciso VI deste artigo." (NR)

EMENDAS CONSTITUCIONAIS N° 86

"Art. 200. (...)
V – incrementar, em sua área de atuação, o desenvolvimento científico e tecnológico e a inovação;
...." (NR)
"Art. 213. (...)
§ 2°. As atividades de pesquisa, de extensão e de estímulo e fomento à inovação realizadas por universidades e/ou por instituições de educação profissional e tecnológica poderão receber apoio financeiro do Poder Público." (NR)
"Capítulo IV
Da Ciência, Tecnologia e Inovação"
"Art. 218. O Estado promoverá e incentivará o desenvolvimento científico, a pesquisa, a capacitação científica e tecnológica e a inovação.
§ 1°. A pesquisa científica básica e tecnológica receberá tratamento prioritário do Estado, tendo em vista o bem público e o progresso da ciência, tecnologia e inovação.
....
§ 3°. O Estado apoiará a formação de recursos humanos nas áreas de ciência, pesquisa, tecnologia e inovação, inclusive por meio do apoio às atividades de extensão tecnológica, e concederá aos que delas se ocupem meios e condições especiais de trabalho.
....
§ 6°. O Estado, na execução das atividades previstas no caput, estimulará a articulação entre entes, tanto públicos quanto privados, nas diversas esferas de governo.
§ 7°. O Estado promoverá e incentivará a atuação no exterior das instituições públicas de ciência, tecnologia e inovação, com vistas à execução das atividades previstas no caput." (NR)
"Art. 219. (...)
Parágrafo único. O Estado estimulará a formação e o fortalecimento da inovação nas empresas, bem como nos demais entes, públicos ou privados, a constituição e a manutenção de parques e polos tecnológicos e de demais ambientes promotores da inovação, a atuação dos inventores independentes e a criação, absorção, difusão e transferência de tecnologia." (NR)
Art. 2°. O Capítulo IV do Título VIII da Constituição Federal passa a vigorar acrescido dos seguintes arts. 219-A e 219-B:
"Art. 219-A. A União, os Estados, o Distrito Federal e os Municípios poderão firmar instrumentos de cooperação com órgãos e entidades públicos e com entidades privadas, inclusive para o compartilhamento de recursos humanos especializados e capacidade instalada, para a execução de projetos de pesquisa, de desenvolvimento científico e tecnológico e de inovação(SNCTI), mediante contrapartida financeira ou não financeira assumida pelo ente beneficiário, na forma da lei."
"Art. 219-B. O Sistema Nacional de Ciência, Tecnologia e Inovação será organizado em regime de colaboração entre entes, tanto públicos quanto privados, com vistas a promover o desenvolvimento científico e tecnológico e a inovação.

§ 1°. Lei federal disporá sobre as normas gerais do SNCTI.
§ 2°. Os Estados, o Distrito Federal e os Municípios legislarão concorrentemente sobre suas peculiaridades."
Art. 3°. Esta Emenda Constitucional entra em vigor na data de sua publicação.
Brasília, em 26 de fevereiro de 2015.
Mesa da Câmara dos Deputados: Deputado Eduardo Cunha, Presidente – Mesa do Senado Federal: Senador Renan Calheiros, Presidente – DOU de 27.2.2015 – Republicação DOU de 3.3.2015.

EMENDA CONSTITUCIONAL N° 86, DE 17.3.2015

Altera os arts. 165, 166 e 198 da Constituição Federal, para tornar obrigatória a execução da programação orçamentária que especifica.

As Mesas da Câmara dos Deputados e do Senado Federal, nos termos do § 3° do art. 60 da Constituição Federal, promulgam a seguinte Emenda ao texto constitucional:
Art. 1°. Os arts. 165, 166 e 198 da Constituição Federal passam a vigorar com as seguintes alterações:
"Art. 165. (...)
....
§ 9°. (...)
....
III – dispor sobre critérios para a execução equitativa, além de procedimentos que serão adotados quando houver impedimentos legais e técnicos, cumprimento de restos a pagar e limitação das programações de caráter obrigatório, para a realização do disposto no § 11 do art. 166." (NR)
"Art. 166. (...)
....
§ 9°. As emendas individuais ao projeto de lei orçamentária serão aprovadas no limite de 1,2% (um inteiro e dois décimos por cento) da receita corrente líquida prevista no projeto encaminhado pelo Poder Executivo, sendo que a metade deste percentual será destinada a ações e serviços públicos de saúde.
§ 10. A execução do montante destinado a ações e serviços públicos de saúde previsto no § 9°, inclusive custeio, será computada para fins do cumprimento do inciso I do § 2° do art. 198, vedada a destinação para pagamento de pessoal ou encargos sociais.
§ 11. É obrigatória a execução orçamentária e financeira das programações a que se refere o § 9° deste artigo, em montante correspondente a 1,2% (um inteiro e dois décimos por cento) da

receita corrente líquida realizada no exercício anterior, conforme os critérios para a execução equitativa da programação definidos na Lei Complementar prevista no § 9º do art. 165.

§ 12. As programações orçamentárias previstas no § 9º deste artigo não serão de execução obrigatória nos casos dos impedimentos de ordem técnica.

§ 13. Quando a transferência obrigatória da União, para a execução da programação prevista no § 11 deste artigo, for destinada a Estados, ao Distrito Federal e a Municípios, independerá da adimplência do ente federativo destinatário e não integrará a base de cálculo da receita corrente líquida para fins de aplicação dos limites de despesa de pessoal de que trata o caput do art. 169.

§ 14. No caso de impedimento de ordem técnica, no empenho de despesa que integre a programação, na forma do § 11 deste artigo, serão adotadas as seguintes medidas:

I – até 120 (cento e vinte) dias após a publicação da lei orçamentária, o Poder Executivo, o Poder Legislativo, o Poder Judiciário, o Ministério Público e a Defensoria Pública enviarão ao Poder Legislativo as justificativas do impedimento;

II – até 30 (trinta) dias após o término do prazo previsto no inciso I, o Poder Legislativo indicará ao Poder Executivo o remanejamento da programação cujo impedimento seja insuperável;

III – até 30 de setembro ou até 30 (trinta) dias após o prazo previsto no inciso II, o Poder Executivo encaminhará projeto de lei sobre o remanejamento da programação cujo impedimento seja insuperável;

IV – se, até 20 de novembro ou até 30 (trinta) dias após o término do prazo previsto no inciso III, o Congresso Nacional não deliberar sobre o projeto, o remanejamento será implementado por ato do Poder Executivo, nos termos previstos na lei orçamentária.

§ 15. Após o prazo previsto no inciso IV do § 14, as programações orçamentárias previstas no § 11 não serão de execução obrigatória nos casos dos impedimentos justificados na notificação prevista no inciso I do § 14.

§ 16. Os restos a pagar poderão ser considerados para fins de cumprimento da execução financeira prevista no § 11 deste artigo, até o limite de 0,6% (seis décimos por cento) da receita corrente líquida realizada no exercício anterior.

§ 17. Se for verificado que a reestimativa da receita e da despesa poderá resultar no não cumprimento da meta de resultado fiscal estabelecida na lei de diretrizes orçamentárias, o montante previsto no § 11 deste artigo poderá ser reduzido em até a mesma proporção da limitação incidente sobre o conjunto das despesas discricionárias.

§ 18. Considera-se equitativa a execução das programações de caráter obrigatório que atenda de forma igualitária e impessoal às emendas apresentadas, independentemente da autoria." (NR)

"Art. 198. (...)
....
§ 2º. (...)
I – no caso da União, a receita corrente líquida do respectivo exercício financeiro, não podendo ser inferior a 15% (quinze por cento);
....
§ 3º. (...)
I – os percentuais de que tratam os incisos II e III do § 2º;
....
IV – (revogado).
...." (NR)

Art. 2º. (Revogado).
(*) Art. 2º revogado pela EC nº 95, de 15.12.2016 (Novo Regime Fiscal).

Art. 3º. As despesas com ações e serviços públicos de saúde custeados com a parcela da União oriunda da participação no resultado ou da compensação financeira pela exploração de petróleo e gás natural, de que trata o § 1º do art. 20 da Constituição Federal, serão computadas para fins de cumprimento do disposto no inciso I do § 2º do art. 198 da Constituição Federal.

Art. 4º. Esta Emenda Constitucional entra em vigor na data de sua publicação e produzirá efeitos a partir da execução orçamentária do exercício de 2014.

Art. 5º. Fica revogado o inciso IV do § 3º do art. 198 da Constituição Federal.

Brasília, em 17 de março de 2015.

Mesa da Câmara dos Deputados: Deputado Eduardo Cunha, Presidente – Mesa do Senado Federal: Senador Renan Calheiros, Presidente – DOU de 18.3.2015.

EMENDA CONSTITUCIONAL Nº 87, DE 16.4.2015

Altera o § 2º do art. 155 da Constituição Federal e inclui o art. 99 no Ato das Disposições Constitucionais Transitórias, para tratar da sistemática de cobrança do imposto sobre operações relativas à circulação de mercadorias e sobre prestações de serviços de transporte interestadual e intermunicipal e de comunicação incidente sobre as operações e prestações que destinem bens e serviços a consumidor final, contribuinte ou não do imposto, localizado em outro Estado.

As Mesas da Câmara dos Deputados e do Senado Federal, nos termos do § 3º do art. 60

EMENDAS CONSTITUCIONAIS

da Constituição Federal, promulgam a seguinte Emenda ao texto constitucional:

Art. 1º. Os incisos VII e VIII do § 2º do art. 155 da Constituição Federal passam a vigorar com as seguintes alterações:

"*Art. 155. (...)*

....

§ 2º. (...)

....

VII – nas operações e prestações que destinem bens e serviços a consumidor final, contribuinte ou não do imposto, localizado em outro Estado, adotar-se-á a alíquota interestadual e caberá ao Estado de localização do destinatário o imposto correspondente à diferença entre a alíquota interna do Estado destinatário e a alíquota interestadual;
a) (revogada);
b) (revogada);
VIII – a responsabilidade pelo recolhimento do imposto correspondente à diferença entre a alíquota interna e a interestadual de que trata o inciso VII será atribuída:
a) ao destinatário, quando este for contribuinte do imposto;
b) ao remetente, quando o destinatário não for contribuinte do imposto;
...." (NR)

Art. 2º. O Ato das Disposições Constitucionais Transitórias passa a vigorar acrescido do seguinte art. 99:

"*Art. 99. Para efeito do disposto no inciso VII do § 2º do art. 155, no caso de operações e prestações que destinem bens e serviços a consumidor final não contribuinte localizado em outro Estado, o imposto correspondente à diferença entre a alíquota interna e a interestadual será partilhado entre os Estados de origem e de destino, na seguinte proporção:*
I – para o ano de 2015: 20% (vinte por cento) para o Estado de destino e 80% (oitenta por cento) para o Estado de origem;
II – para o ano de 2016: 40% (quarenta por cento) para o Estado de destino e 60% (sessenta por cento) para o Estado de origem;
III – para o ano de 2017: 60% (sessenta por cento) para o Estado de destino e 40% (quarenta por cento) para o Estado de origem;
IV – para o ano de 2018: 80% (oitenta por cento) para o Estado de destino e 20% (vinte por cento) para o Estado de origem;
V – a partir do ano de 2019: 100% (cem por cento) para o Estado de destino."

Art. 3º. Esta Emenda Constitucional entra em vigor na data de sua publicação, produzindo efeitos no ano subsequente e após 90 (noventa) dias desta.

Brasília, em 16 de abril de 2015.

Mesa da Câmara dos Deputados: Deputado Eduardo Cunha, Presidente – Mesa do Senado Federal: Senador Renan Calheiros, Presidente – DOU de 17.4.2015.

EMENDA CONSTITUCIONAL Nº 88, DE 7.5.2015

Altera o art. 40 da Constituição Federal, relativamente ao limite de idade para a aposentadoria compulsória do servidor público em geral, e acrescenta dispositivo ao Ato das Disposições Constitucionais Transitórias.

As Mesas da Câmara dos Deputados e do Senado Federal, nos termos do § 3º do art. 60 da Constituição Federal, promulgam a seguinte Emenda ao texto constitucional:

Art. 1º. O art. 40 da Constituição Federal passa a vigorar com a seguinte alteração:

"*Art. 40. (...)*
....
§ 1º. (...)
....
II – compulsoriamente, com proventos proporcionais ao tempo de contribuição, aos 70 (setenta) anos de idade, ou aos 75 (setenta e cinco) anos de idade, na forma de lei complementar;
...." (NR)

Art. 2º. O Ato das Disposições Constitucionais Transitórias passa a vigorar acrescido do seguinte art. 100:

"*Art. 100. Até que entre em vigor a lei complementar de que trata o inciso II do § 1º do art. 40 da Constituição Federal, os Ministros do Supremo Tribunal Federal, dos Tribunais Superiores e do Tribunal de Contas da União aposentar-se-ão, compulsoriamente, aos 75 (setenta e cinco) anos de idade, nas condições do art. 52 Constituição Federal."*

Art. 3º. Esta Emenda Constitucional entra em vigor na data de sua publicação.

Brasília, em 7 de abril de 2015.

Mesa da Câmara dos Deputados: Deputado Eduardo Cunha, Presidente – Mesa do Senado Federal: Senador Renan Calheiros, Presidente – DOU de 8.5.2015.

EMENDA CONSTITUCIONAL Nº 89, DE 15.9.2015

Dá nova redação ao art. 42 do Ato das Disposições Constitucionais Transitórias, ampliando o prazo em que a União deverá destinar às regiões Centro-Oeste e Nordeste percentuais mínimos dos recursos destinados à irrigação.

As Mesas da Câmara dos Deputados e do Senado Federal, nos termos do art. 60 da Constituição Federal, promulgam a seguinte Emenda ao texto constitucional:

Art. 1º. O art. 42 do Ato das Disposições Constitucionais Transitórias passa a vigorar com a seguinte redação:

"*Art. 42. Durante 40 (quarenta) anos, a União aplicará dos recursos destinados à irrigação:*

I – 20% (vinte por cento) na Região Centro-Oeste;

II – 50% (cinquenta por cento) na Região Nordeste, preferencialmente no Semiárido.

Parágrafo único. Dos percentuais previstos nos incisos I e II do caput, no mínimo 50% (cinquenta por cento) serão destinados a projetos de irrigação que beneficiem agricultores familiares que atendam aos requisitos previstos em legislação específica." (NR)

Art. 2º. Esta Emenda Constitucional entra em vigor na data de sua publicação.

Brasília, em 15 de setembro de 2015.

Mesa da Câmara dos Deputados: Deputado Eduardo Cunha, Presidente – Mesa do Senado Federal: Senador Renan Calheiros, Presidente – DOU de 16.9.2015.

EMENDA CONSTITUCIONAL Nº 90, DE 15.9.2015

Dá nova redação ao art. 6º da Constituição Federal, para introduzir o transporte como direito social.

As Mesas da Câmara dos Deputados e do Senado Federal, nos termos do art. 60 da Constituição Federal, promulgam a seguinte Emenda ao texto constitucional:

Artigo único. O art. 6º da Constituição Federal de 1988 passa a vigorar com a seguinte redação:

"*Art. 6º. São direitos sociais a educação, a saúde, a alimentação, o trabalho, a moradia, o transporte, o lazer, a segurança, a previdência social, a proteção à maternidade e à infância, a assistência aos desamparados, na forma desta Constituição.*" (NR)

Brasília, em 15 de setembro de 2015.

Mesa da Câmara dos Deputados: Deputado Eduardo Cunha, Presidente – Mesa do Senado Federal: Senador Renan Calheiros, Presidente – DOU de 16.9.2015.

EMENDA CONSTITUCIONAL Nº 91, DE 18.2.2016

Altera a Constituição Federal para estabelecer a possibilidade, excepcional e em período determinado, de desfiliação partidária, sem prejuízo do mandato.

As Mesas da Câmara dos Deputados e do Senado Federal, nos termos do § 3º do art. 60 da Constituição Federal, promulgam a seguinte Emenda ao texto constitucional:

Art. 1º. É facultado ao detentor de mandato eletivo desligar-se do partido pelo qual foi eleito nos trinta dias seguintes à promulgação desta Emenda Constitucional, sem prejuízo do mandato, não sendo essa desfiliação considerada para fins de distribuição dos recursos do Fundo Partidário e de acesso gratuito ao tempo de rádio e televisão.

Art. 2º. Esta Emenda Constitucional entra em vigor na data de sua publicação.

Brasília, em 18 de fevereiro de 2016.

Mesa da Câmara dos Deputados: Deputado Eduardo Cunha, Presidente – Mesa do Senado Federal: Senador Renan Calheiros, Presidente – Dou de 19.2.2016.

EMENDA CONSTITUCIONAL Nº 92, DE 12.7.2016

Altera os arts. 92 e 111-A da Constituição Federal, para explicitar o Tribunal Superior do Trabalho como órgão do Poder Judiciário, alterar os requisitos para o provimento dos cargos de Ministros daquele Tribunal e modificar-lhe a competência.

As Mesas da Câmara dos Deputados e do Senado Federal, nos termos do § 3º do art. 60 da Constituição Federal, promulgam a seguinte Emenda ao texto constitucional:

Art. 1º. Os arts. 92 e 111-A da Constituição Federal passam a vigorar com as seguintes alterações:

"*Art. 92. (...)*

....

II-A – o Tribunal Superior do Trabalho;

...." (NR)

"*Seção V*
Do Tribunal Superior do Trabalho,
dos Tribunais Regionais do Trabalho
e dos Juízes do Trabalho

....

"Art. 111-A. O Tribunal Superior do Trabalho compor-se-á de vinte e sete Ministros, escolhidos dentre brasileiros com mais de trinta e cinco anos e menos de sessenta e cinco anos, de notável saber jurídico e reputação ilibada, nomeados pelo Presidente da República após aprovação pela maioria absoluta do Senado Federal, sendo:
....

§ 3º. Compete ao Tribunal Superior do Trabalho processar e julgar, originariamente, a reclamação para a preservação de sua competência e garantia da autoridade de suas decisões."
.............." (NR)

Art. 2º. Esta Emenda Constitucional entra em vigor na data de sua publicação.

Brasília, em 12 de julho de 2016.

Mesa da Câmara dos Deputados: Deputado Waldir Maranhão, 1º Vice-Presidente, no exercício da Presidência – Mesa do Senado Federal: Senador Renan Calheiros, Presidente – DOU de 13.7.2016.

EMENDA CONSTITUCIONAL Nº 93, DE 8.9.2016

Altera o Ato das Disposições Constitucionais Transitórias para prorrogar a desvinculação de receitas da União e estabelecer a desvinculação de receitas dos Estados, Distrito Federal e Municípios.

As Mesas da Câmara dos Deputados e do Senado Federal, nos termos do § 3º do art. 60 da Constituição Federal, promulgam a seguinte Emenda ao texto constitucional:

Art. 1º. O art. 76 do Ato das Disposições Constitucionais Transitórias passa a vigorar com a seguinte redação:

"Art. 76. São desvinculados de órgão, fundo ou despesa, até 31 de dezembro de 2023, 30% (trinta por cento) da arrecadação da União relativa às contribuições sociais, sem prejuízo do pagamento das despesas do Regime Geral da Previdência Social, às contribuições de intervenção no domínio econômico e às taxas, já instituídas ou que vierem a ser criadas até a referida data.

§ 1º. (Revogado).
§ 2º. (...).
§ 3º. (Revogado)." (NR)

Art. 2º. O Ato das Disposições Constitucionais Transitórias passa a vigorar acrescido dos seguintes arts. 76-A e 76-B:

"Art. 76-A. São desvinculados de órgão, fundo ou despesa, até 31 de dezembro de 2023, 30% (trinta por cento) das receitas dos Estados e do Distrito Federal relativas a impostos, taxas e multas, já instituídos ou que vierem a ser criados até a referida data, seus adicionais e respectivos acréscimos legais, e outras receitas correntes.

Parágrafo único. Excetuam-se da desvinculação de que trata o caput:

I – recursos destinados ao financiamento das ações e serviços públicos de saúde e à manutenção e desenvolvimento do ensino de que tratam, respectivamente, os incisos II e III do § 2º do art. 198 e o art. 212 da Constituição Federal;

II – receitas que pertencem aos Municípios decorrentes de transferências previstas na Constituição Federal;

III – receitas de contribuições previdenciárias e de assistência à saúde dos servidores;

IV – demais transferências obrigatórias e voluntárias entre entes da Federação com destinação especificada em lei;

V – fundos instituídos pelo Poder Judiciário, pelos Tribunais de Contas, pelo Ministério Público, pelas Defensorias Públicas e pelas Procuradorias-Gerais dos Estados e do Distrito Federal."

"Art. 76-B. São desvinculados de órgão, fundo ou despesa, até 31 de dezembro de 2023, 30% (trinta por cento) das receitas dos Municípios relativas a impostos, taxas e multas, já instituídos ou que vierem a ser criados até a referida data, seus adicionais e respectivos acréscimos legais, e outras receitas correntes.

Parágrafo único. Excetuam-se da desvinculação de que trata o caput:

I – recursos destinados ao financiamento das ações e serviços públicos de saúde e à manutenção e desenvolvimento do ensino de que tratam, respectivamente, os incisos II e III do § 2º do art. 198 e o art. 212 da Constituição Federal;

II – receitas de contribuições previdenciárias e de assistência à saúde dos servidores;

III – transferências obrigatórias e voluntárias entre entes da Federação com destinação especificada em lei;

IV – fundos instituídos pelo Tribunal de Contas do Município."

Art. 3º. Esta Emenda Constitucional entra em vigor na data de sua publicação, produzindo efeitos a partir de 1º de janeiro de 2016.

Brasília, em 8 de setembro de 2016.

Mesa da Câmara dos Deputados: Deputado Rodrigo Maia, Presidente – Mesa do Senado Federal: Senador Renan Calheiros, Presidente – DOU 9.9.2016 – Edição extra.

EMENDA CONSTITUCIONAL Nº 94, DE 15.12.2016

Altera o art. 100 da Constituição Federal, para dispor sobre o regime de pagamento de débitos públicos decorrentes de condenações judiciais; e acrescenta dispositivos ao Ato das Disposições Constitucionais Transitórias, para instituir regime especial de pagamento para os casos em mora.

As Mesas da Câmara dos Deputados e do Senado Federal, nos termos do § 3º do art. 60 da Constituição Federal, promulgam a seguinte Emenda ao texto constitucional:

Art. 1º. O art. 100 da Constituição Federal passa a vigorar com a seguinte redação:

"*Art. 100. (...)*

....

§ 2º. Os débitos de natureza alimentícia cujos titulares, originários ou por sucessão hereditária, tenham 60 (sessenta) anos de idade, ou sejam portadores de doença grave, ou pessoas com deficiência, assim definidos na forma da lei, serão pagos com preferência sobre todos os demais débitos, até o valor equivalente ao triplo fixado em lei para os fins do disposto no § 3º deste artigo, admitido o fracionamento para essa finalidade, sendo que o restante será pago na ordem cronológica de apresentação do precatório.

....

§ 17. A União, os Estados, o Distrito Federal e os Municípios aferirão mensalmente, em base anual, o comprometimento de suas respectivas receitas correntes líquidas com o pagamento de precatórios e obrigações de pequeno valor.

§ 18. Entende-se como receita corrente líquida, para os fins de que trata o § 17, o somatório das receitas tributárias, patrimoniais, industriais, agropecuárias, de contribuições e de serviços, de transferências correntes e outras receitas correntes, incluindo as oriundas do § 1º do art. 20 da Constituição Federal, verificado no período compreendido pelo segundo mês imediatamente anterior ao de referência e os 11 (onze) meses precedentes, excluídas as duplicidades, e deduzidas:

I – na União, as parcelas entregues aos Estados, ao Distrito Federal e aos Municípios por determinação constitucional;

II – nos Estados, as parcelas entregues aos Municípios por determinação constitucional;

III – na União, nos Estados, no Distrito Federal e nos Municípios, a contribuição dos servidores para custeio de seu sistema de previdência e assistência social e as receitas provenientes da compensação financeira referida no § 9º do art. 201 da Constituição Federal.

§ 19. Caso o montante total de débitos decorrentes de condenações judiciais em precatórios e obrigações de pequeno valor, em período de 12 (doze) meses, ultrapasse a média do comprometimento percentual da receita corrente líquida nos 5 (cinco) anos imediatamente anteriores, a parcela que exceder esse percentual poderá ser financiada, excetuada dos limites de endividamento de que tratam os incisos VI e VII do art. 52 da Constituição Federal e de quaisquer outros limites de endividamento previstos, não se aplicando a esse financiamento a vedação de vinculação de receita prevista no inciso IV do art. 167 da Constituição Federal.

§ 20. Caso haja precatório com valor superior a 15% (quinze por cento) do montante dos precatórios apresentados nos termos do § 5º deste artigo, 15% (quinze por cento) do valor deste precatório serão pagos até o final do exercício seguinte e o restante em parcelas iguais nos cinco exercícios subsequentes, acrescidas de juros de mora e correção monetária, ou mediante acordos diretos, perante Juízos Auxiliares de Conciliação de Precatórios, com redução máxima de 40% (quarenta por cento) do valor do crédito atualizado, desde que em relação ao crédito não penda recurso ou defesa judicial e que sejam observados os requisitos definidos na regulamentação editada pelo ente federado." (NR)

Art. 2º. O Ato das Disposições Constitucionais Transitórias passa a vigorar acrescido dos seguintes arts. 101 a 105:

"*Art. 101. Os Estados, o Distrito Federal e os Municípios que, em 25 de março de 2015, estiverem em mora com o pagamento de seus precatórios quitarão até 31 de dezembro de 2020 seus débitos vencidos e os que vencerão dentro desse período, depositando, mensalmente, em conta especial do Tribunal de Justiça local, sob única e exclusiva administração desse, 1/12 (um doze avos) do valor calculado percentualmente sobre as respectivas receitas correntes líquidas, apuradas no segundo mês anterior ao mês de pagamento, em percentual suficiente para a quitação de seus débitos e, ainda que variável, nunca inferior, em cada exercício, à média do comprometimento percentual da receita corrente líquida no período de 2012 a 2014, em conformidade com plano de pagamento a ser anualmente apresentado ao Tribunal de Justiça local.*

§ 1º. Entende-se como receita corrente líquida, para os fins de que trata este artigo, o somatório das receitas tributárias, patrimoniais, industriais, agropecuárias, de contribuições e de serviços, de transferências correntes e outras receitas correntes, incluindo as oriundas do § 1º do art. 20 da Constituição Federal, verificado no período compreendido pelo segundo mês anterior ao de referência e os 11 (onze) meses precedentes, excluídas as duplicidades, e deduzidas:

I – nos Estados, as parcelas entregues aos Municípios por determinação constitucional;

II – nos Estados, no Distrito Federal e nos Municípios, a contribuição dos servidores para custeio de seu sistema de previdência e assistência social e as receitas provenientes da compensação financeira referida no § 9º do art. 201 da Constituição Federal.

§ 2º. O débito de precatórios poderá ser pago mediante a utilização de recursos orçamentários próprios e dos seguintes instrumentos:

I – até 75% (setenta e cinco por cento) do montante dos depósitos judiciais e dos depósitos administrativos em dinheiro referentes a processos judiciais ou administrativos, tributários ou não tributários, nos quais o Estado, o Distrito Federal ou os Municípios, ou suas autarquias, fundações e empresas estatais dependentes, sejam parte;

II – até 20% (vinte por cento) dos demais depósitos judiciais da localidade, sob jurisdição do respectivo Tribunal de Justiça, excetuados os destinados à quitação de créditos de natureza alimentícia, mediante instituição de fundo garantidor composto pela parcela restante dos depósitos judiciais, destinando-se:

a) no caso do Distrito Federal, 100% (cem por cento) desses recursos ao próprio Distrito Federal;
b) no caso dos Estados, 50% (cinquenta por cento) desses recursos ao próprio Estado e 50% (cinquenta por cento) a seus Municípios;

III – contratação de empréstimo, excetuado dos limites de endividamento de que tratam os incisos VI e VII do art. 52 da Constituição Federal e de quaisquer outros limites de endividamento previstos, não se aplicando a esse empréstimo a vedação de vinculação de receita prevista no inciso IV do art. 167 da Constituição Federal."

"**Art. 102.** Enquanto viger o regime especial previsto nesta Emenda Constitucional, pelo menos 50% (cinquenta por cento) dos recursos que, nos termos do art. 101 deste Ato das Disposições Constitucionais Transitórias, forem destinados ao pagamento dos precatórios em mora serão utilizados no pagamento segundo a ordem cronológica de apresentação, respeitadas as preferências dos créditos alimentares, e, nessas, as relativas à idade, ao estado de saúde e à deficiência, nos termos do § 2º do art. 100 da Constituição Federal, sobre todos os demais créditos de todos os anos.

Parágrafo único. A aplicação dos recursos remanescentes, por opção a ser exercida por Estados, Distrito Federal e Municípios, por ato do respectivo Poder Executivo, observada a ordem de preferência dos credores, poderá ser destinada ao pagamento mediante acordos diretos, perante Juízos Auxiliares de Conciliação de Precatórios, com redução máxima de 40% (quarenta por cento) do valor do crédito atualizado, desde que em relação ao crédito não penda recurso ou defesa judicial e que sejam observados os requisitos definidos na regulamentação editada pelo ente federado."

"**Art. 103.** Enquanto os Estados, o Distrito Federal e os Municípios estiverem efetuando o pagamento da parcela mensal devida como previsto no caput do art. 101 deste Ato das Disposições Constitucionais Transitórias, nem eles, nem as respectivas autarquias, fundações e empresas estatais dependentes poderão sofrer sequestro de valores, exceto no caso de não liberação tempestiva dos recursos."

"**Art. 104.** Se os recursos referidos no art. 101 deste Ato das Disposições Constitucionais Transitórias para o pagamento de precatórios não forem tempestivamente liberados, no todo ou em parte:

I – o Presidente do Tribunal de Justiça local determinará o sequestro, até o limite do valor não liberado, das contas do ente federado inadimplente;

II – o chefe do Poder Executivo do ente federado inadimplente responderá, na forma da legislação de responsabilidade fiscal e de improbidade administrativa;

III – a União reterá os recursos referentes aos repasses ao Fundo de Participação dos Estados e do Distrito Federal e ao Fundo de Participação dos Municípios e os depositará na conta especial referida no art. 101 deste Ato das Disposições Constitucionais Transitórias, para utilização como nele previsto;

IV – os Estados reterão os repasses previstos no parágrafo único do art. 158 da Constituição Federal e os depositarão na conta especial referida no art. 101 deste Ato das Disposições Constitucionais Transitórias, para utilização como nele previsto.

Parágrafo único. Enquanto perdurar a omissão, o ente federado não poderá contrair empréstimo externo ou interno, exceto para os fins previstos no § 2º do art. 101 deste Ato das Disposições Constitucionais Transitórias, e ficará impedido de receber transferências voluntárias."

"**Art. 105.** Enquanto viger o regime de pagamento de precatórios previsto no art. 101 deste Ato das Disposições Constitucionais Transitórias, é facultada aos credores de precatórios, próprios ou de terceiros, a compensação com débitos de natureza tributária ou de outra natureza que até 25 de março de 2015 tenham sido inscritos na dívida ativa dos Estados, do Distrito Federal ou dos Municípios, observados os requisitos definidos em lei própria do ente federado.

Parágrafo único. Não se aplica às compensações referidas no caput deste artigo qualquer tipo de vinculação, como as transferências a outros entes e as destinadas à educação, à saúde e a outras finalidades."

Art. 3º. Esta Emenda Constitucional entra em vigor na data de sua publicação.

Brasília, 15 de dezembro de 2016.

Mesa da Câmara dos Deputados: Deputado Rodrigo Maia, Presidente – Mesa do Senado Federal: Senador Renan Calheiros, Presidente – DOU de 16.12.2016.

EMENDA CONSTITUCIONAL Nº 95, DE 15.12.2016

Altera o Ato das Disposições Constitucionais Transitórias, para instituir o Novo Regime Fiscal, e dá outras providências.

As Mesas da Câmara dos Deputados e do Senado Federal, nos termos do § 3º do art. 60 da Constituição Federal, promulgam a seguinte Emenda ao texto constitucional:

Nº 95 — EMENDAS CONSTITUCIONAIS

Art. 1º. O Ato das Disposições Constitucionais Transitórias passa a vigorar acrescido dos seguintes arts. 106, 107, 108, 109, 110, 111, 112, 113 e 114:

"**Art. 106.** Fica instituído o Novo Regime Fiscal no âmbito dos Orçamentos Fiscal e da Seguridade Social da União, que vigorará por vinte exercícios financeiros, nos termos dos arts. 107 a 114 deste Ato das Disposições Constitucionais Transitórias."

"**Art. 107.** Ficam estabelecidos, para cada exercício, limites individualizados para as despesas primárias:

I – do Poder Executivo;

II – do Supremo Tribunal Federal, do Superior Tribunal de Justiça, do Conselho Nacional de Justiça, da Justiça do Trabalho, da Justiça Federal, da Justiça Militar da União, da Justiça Eleitoral e da Justiça do Distrito Federal e Territórios, no âmbito do Poder Judiciário;

III – do Senado Federal, da Câmara dos Deputados e do Tribunal de Contas da União, no âmbito do Poder Legislativo;

IV – do Ministério Público da União e do Conselho Nacional do Ministério Público; e

V – da Defensoria Pública da União.

§ 1º. Cada um dos limites a que se refere o caput deste artigo equivalerá:

I – para o exercício de 2017, à despesa primária paga no exercício de 2016, incluídos os restos a pagar pagos e demais operações que afetam o resultado primário, corrigida em 7,2% (sete inteiros e dois décimos por cento); e

II – para os exercícios posteriores, ao valor do limite referente ao exercício imediatamente anterior, corrigido pela variação do Índice Nacional de Preços ao Consumidor Amplo – IPCA, publicado pelo Instituto Brasileiro de Geografia e Estatística, ou de outro índice que vier a substituí-lo, para o período de doze meses encerrado em junho do exercício anterior a que se refere a lei orçamentária.

§ 2º. Os limites estabelecidos na forma do inciso IV do caput do art. 51, do inciso XIII do caput do art. 52, do § 1º do art. 99, do § 3º do art. 127 e do § 3º do art. 134 da Constituição Federal não poderão ser superiores aos estabelecidos nos termos deste artigo.

§ 3º. A mensagem que encaminhar o projeto de lei orçamentária demonstrará os valores máximos de programação compatíveis com os limites individualizados calculados na forma do § 1º deste artigo, observados os §§ 7º a 9º deste artigo.

§ 4º. As despesas primárias autorizadas na lei orçamentária anual sujeitas aos limites de que trata este artigo não poderão exceder os valores máximos demonstrados nos termos do § 3º deste artigo.

§ 5º. É vedada a abertura de crédito suplementar ou especial que amplie o montante total autorizado de despesa primária sujeita aos limites de que trata este artigo.

§ 6º. Não se incluem na base de cálculo e nos limites estabelecidos neste artigo:

I – transferências constitucionais estabelecidas no § 1º do art. 20, no inciso III do parágrafo único do art. 146, no § 5º do art. 153, no art. 157, nos incisos I e II do art. 158, no art. 159 e no § 6º do art. 212, as despesas referentes ao inciso XIV do caput do art. 21, todos da Constituição Federal, e as complementações de que tratam os incisos V e VII do caput do art. 60, deste Ato das Disposições Constitucionais Transitórias;

II – créditos extraordinários a que se refere o § 3º do art. 167 da Constituição Federal;

III – despesas não recorrentes da Justiça Eleitoral com a realização de eleições; e

IV – despesas com aumento de capital de empresas estatais não dependentes.

§ 7º. Nos três primeiros exercícios financeiros da vigência do Novo Regime Fiscal, o Poder Executivo poderá compensar com redução equivalente na sua despesa primária, consoante os valores estabelecidos no projeto de lei orçamentária encaminhado pelo Poder Executivo no respectivo exercício, o excesso de despesas primárias em relação aos limites de que tratam os incisos II a V do caput deste artigo.

§ 8º. A compensação de que trata o § 7º deste artigo não excederá a 0,25% (vinte e cinco centésimos por cento) do limite do Poder Executivo.

§ 9º. Respeitado o somatório em cada um dos incisos de II a IV do caput deste artigo, a lei de diretrizes orçamentárias poderá dispor sobre a compensação entre os limites individualizados dos órgãos elencados em cada inciso.

§ 10. Para fins de verificação do cumprimento dos limites de que trata este artigo, serão consideradas as despesas primárias pagas, incluídos os restos a pagar pagos e demais operações que afetam o resultado primário no exercício.

§ 11. O pagamento de restos a pagar inscritos até 31 de dezembro de 2015 poderá ser excluído da verificação do cumprimento dos limites de que trata este artigo, até o excesso de resultado primário dos Orçamentos Fiscal e da Seguridade Social do exercício em relação à meta fixada na lei de diretrizes orçamentárias."

"**Art. 108.** O Presidente da República poderá propor, a partir do décimo exercício da vigência do Novo Regime Fiscal, projeto de lei complementar para alteração do método de correção dos limites a que se refere o inciso II do § 1º do art. 107 deste Ato das Disposições Constitucionais Transitórias.

Parágrafo único. Será admitida apenas uma alteração do método de correção dos limites por mandato presidencial."

"**Art. 109.** No caso de descumprimento de limite individualizado, aplicam-se, até o final do exercício de retorno das despesas aos respectivos limites, ao Poder Executivo ou ao órgão elencado nos incisos II a V do caput do art. 107 deste Ato das Disposições Constitucionais Transitórias que o descumpriu, sem prejuízo de outras medidas, as seguintes vedações:

I – concessão, a qualquer título, de vantagem, aumento, reajuste ou adequação de remuneração de membros de Poder ou de órgão, de servidores e empregados públicos e militares, exceto dos derivados de sentença judicial transitada em julgado ou de determinação legal decorrente de atos anteriores à entrada em vigor desta Emenda Constitucional;

II – criação de cargo, emprego ou função que implique aumento de despesa;

III – alteração de estrutura de carreira que implique aumento de despesa;

IV – admissão ou contratação de pessoal, a qualquer título, ressalvadas as reposições de cargos de chefia e de direção que não acarretem aumento de despesa e aquelas decorrentes de vacâncias de cargos efetivos ou vitalícios;

V – realização de concurso público, exceto para as reposições de vacâncias previstas no inciso IV;

VI – criação ou majoração de auxílios, vantagens, bônus, abonos, verbas de representação ou benefícios de qualquer natureza em favor de membros de Poder, do Ministério Público ou da Defensoria Pública e de servidores e empregados públicos e militares;

VII – criação de despesa obrigatória; e

VIII – adoção de medida que implique reajuste de despesa obrigatória acima da variação da inflação, observada a preservação do poder aquisitivo referida no inciso IV do caput do art. 7º da Constituição Federal.

§ 1º. As vedações previstas nos incisos I, III e VI do caput, quando descumprido qualquer dos limites individualizados dos órgãos elencados nos incisos II, III e IV do caput do art. 107 deste Ato das Disposições Constitucionais Transitórias, aplicam-se ao conjunto dos órgãos referidos em cada inciso.

§ 2º. Adicionalmente ao disposto no caput, no caso de descumprimento do limite de que trata o inciso I do caput do art. 107 deste Ato das Disposições Constitucionais Transitórias, ficam vedadas:

I – a criação ou expansão de programas e linhas de financiamento, bem como a remissão, renegociação ou refinanciamento de dívidas que impliquem ampliação das despesas com subsídios e subvenções; e

II – a concessão ou a ampliação de incentivo ou benefício de natureza tributária.

§ 3º. No caso de descumprimento de qualquer dos limites individualizados de que trata o caput do art. 107 deste Ato das Disposições Constitucionais Transitórias, fica vedada a concessão da revisão geral prevista no inciso X do caput do art. 37 da Constituição Federal.

§ 4º. As vedações previstas neste artigo aplicam-se também a proposições legislativas."

"Art. 110. Na vigência do Novo Regime Fiscal, as aplicações mínimas em ações e serviços públicos de saúde e em manutenção e desenvolvimento do ensino equivalerão:

I – no exercício de 2017, às aplicações mínimas calculadas nos termos do inciso I do § 2º do art. 198 e do caput do art. 212, da Constituição Federal; e

II – nos exercícios posteriores, aos valores calculados para as aplicações mínimas do exercício imediatamente anterior, corrigidos na forma estabelecida pelo inciso II do § 1º do art. 107 deste Ato das Disposições Constitucionais Transitórias."

"Art. 111. A partir do exercício financeiro de 2018, até o último exercício de vigência do Novo Regime Fiscal, a aprovação e a execução previstas nos §§ 9º e 11 do art. 166 da Constituição Federal corresponderão ao montante de execução obrigatória para o exercício de 2017, corrigido na forma estabelecida pelo inciso II do § 1º do art. 107 deste Ato das Disposições Constitucionais Transitórias."

"Art. 112. As disposições introduzidas pelo Novo Regime Fiscal:

I – não constituirão obrigação de pagamento futuro pela União ou direitos de outrem sobre o erário; e

II – não revogam, dispensam ou suspendem o cumprimento de dispositivos constitucionais e legais que disponham sobre metas fiscais ou limites máximos de despesas."

"Art. 113. A proposição legislativa que crie ou altere despesa obrigatória ou renúncia de receita deverá ser acompanhada da estimativa do seu impacto orçamentário e financeiro."

"Art. 114. A tramitação de proposição elencada no caput do art. 59 da Constituição Federal, ressalvada a referida no inciso V, quando acarretar aumento de despesa ou renúncia de receita, será suspensa por até vinte dias, a requerimento de um quinto dos membros da Casa, nos termos regimentais, para análise de sua compatibilidade com o Novo Regime Fiscal."

Art. 2º. Esta Emenda Constitucional entra em vigor na data de sua promulgação.

Art. 3º. Fica revogado o art. 2º da Emenda Constitucional nº 86, de 17 de março de 2015.

Brasília, em 15 de dezembro de 2016.

Mesa da Câmara dos Deputados: Deputado Rodrigo Maia, Presidente – Mesa do Senado Federal: Senador Renan Calheiros, Presidente – DOU de 15.12.2016.

EMENDA CONSTITUCIONAL Nº 96, DE 6.6.2017

Acrescenta o § 7º ao art. 225 da Constituição Federal para determinar que práticas desportivas que utilizem animais não são consideradas cruéis, nas condições que especifica.

As Mesas da Câmara dos Deputados e do Senado Federal, nos termos do § 3º do art. 60 da Constituição Federal, promulgam a seguinte Emenda ao texto constitucional:

Nº 97

Art. 1º. O art. 225 da Constituição Federal passa a vigorar acrescido do seguinte § 7º:

"Art. 225. (...)

§ 7º. Para fins do disposto na parte final do inciso VII do § 1º deste artigo, não se consideram cruéis as práticas desportivas que utilizem animais, desde que sejam manifestações culturais, conforme o § 1º do art. 215 desta Constituição Federal, registradas como bem de natureza imaterial integrante do patrimônio cultural brasileiro, devendo ser regulamentadas por lei específica que assegure o bem-estar dos animais envolvidos." (NR)

Art. 2º. Esta Emenda Constitucional entra em vigor na data de sua publicação.

Brasília, em 6 de junho de 2017.

Mesa da Câmara dos Deputados: Deputado Rodrigo Maia, Presidente – Mesa do Senado Federal: Senador Eunício Oliveira, Presidente – DOU de 7.6.2017.

EMENDA CONSTITUCIONAL Nº 97, DE 4.10.2017

Altera a Constituição Federal para vedar as coligações partidárias nas eleições proporcionais, estabelecer normas sobre acesso dos partidos políticos aos recursos do fundo partidário e ao tempo de propaganda gratuito no rádio e na televisão e dispor sobre regras de transição.

As Mesas da Câmara dos Deputados e do Senado Federal, nos termos do § 3º do art. 60 da Constituição Federal, promulgam a seguinte Emenda ao texto constitucional:

Art. 1º. A Constituição Federal passa a vigorar com as seguintes alterações:

"Art. 17. (...)

§ 1º. É assegurada aos partidos políticos autonomia para definir sua estrutura interna e estabelecer regras sobre escolha, formação e duração de seus órgãos permanentes e provisórios e sobre sua organização e funcionamento e para adotar os critérios de escolha e o regime de suas coligações nas eleições majoritárias, vedada a sua celebração nas eleições proporcionais, sem obrigatoriedade de vinculação entre as candidaturas em âmbito nacional, estadual, distrital ou municipal, devendo seus estatutos estabelecer normas de disciplina e fidelidade partidária.

§ 3º. Somente terão direito a recursos do fundo partidário e acesso gratuito ao rádio e à televisão, na forma da lei, os partidos políticos que alternativamente:

I – obtiverem, nas eleições para a Câmara dos Deputados, no mínimo, 3% (três por cento) dos votos válidos, distribuídos em pelo menos um terço das unidades da Federação, com um mínimo de 2%

(dois por cento) dos votos válidos em cada uma delas; ou

II – tiverem elegido pelo menos quinze Deputados Federais distribuídos em pelo menos um terço das unidades da Federação.

§ 5º. Ao eleito por partido que não preencher os requisitos previstos no § 3º deste artigo é assegurado o mandato e facultada a filiação, sem perda do mandato, a outro partido que os tenha atingido, não sendo essa filiação considerada para fins de distribuição dos recursos do fundo partidário e de acesso gratuito ao tempo de rádio e de televisão."(NR)

Art. 2º. A vedação à celebração de coligações nas eleições proporcionais, prevista no § 1º do art. 17 da Constituição Federal, aplicar-se-á a partir das eleições de 2020.

Art. 3º. O disposto no § 3º do art. 17 da Constituição Federal quanto ao acesso dos partidos políticos aos recursos do fundo partidário e à propaganda gratuita no rádio e na televisão aplicar-se-á a partir das eleições de 2030.

Parágrafo único. Terão acesso aos recursos do fundo partidário e à propaganda gratuita no rádio e na televisão os partidos políticos que:

I – na legislatura seguinte às eleições de 2018:

a) obtiverem, nas eleições para a Câmara dos Deputados, no mínimo, 1,5% (um e meio por cento) dos votos válidos, distribuídos em pelo menos um terço das unidades da Federação, com um mínimo de 1% (um por cento) dos votos válidos em cada uma delas; ou

b) tiverem elegido pelo menos nove Deputados Federais distribuídos em pelo menos um terço das unidades da Federação;

II – na legislatura seguinte às eleições de 2022:

a) obtiverem, nas eleições para a Câmara dos Deputados, no mínimo, 2% (dois por cento) dos votos válidos, distribuídos em pelo menos um terço das unidades da Federação, com um mínimo de 1% (um por cento) dos votos válidos em cada uma delas; ou

b) tiverem elegido pelo menos onze Deputados Federais distribuídos em pelo menos um terço das unidades da Federação;

III – na legislatura seguinte às eleições de 2026:

a) obtiverem, nas eleições para a Câmara dos Deputados, no mínimo, 2,5% (dois e meio por cento) dos votos válidos, distribuídos em pelo menos um terço das unidades da Federação, com um mínimo de 1,5% (um e meio por cento) dos votos válidos em cada uma delas; ou

b) tiverem elegido pelo menos treze Deputados Federais distribuídos em pelo menos um terço das unidades da Federação.

EMENDAS CONSTITUCIONAIS   N° 98

Art. 4°. Esta Emenda Constitucional entra em vigor na data de sua publicação.
Brasília, em 4 de outubro de 2017.

Mesa da Câmara dos Deputados: Deputado Rodrigo Maia, Presidente – Mesa do Senado Federal: Senador Eunício Oliveira, Presidente – DOU de 5.10.2017.

EMENDA CONSTITUCIONAL N° 98, DE 6.12.2017

Altera o art. 31 da Emenda Constitucional n° 19, de 4 de junho de 1998, para prever a inclusão, em quadro em extinção da administração pública federal, de servidor público, de integrante da carreira de policial, civil ou militar, e de pessoa que haja mantido relação ou vínculo funcional, empregatício, estatutário ou de trabalho com a administração pública dos ex-Territórios ou dos Estados do Amapá ou de Roraima, inclusive suas prefeituras, na fase de instalação dessas unidades federadas, e dá outras providências.
(*) V. Lei n° 13.681, de 18.6.2018.

As Mesas da Câmara dos Deputados e do Senado Federal, nos termos do § 3° do art. 60 da Constituição Federal, promulgam a seguinte Emenda ao texto constitucional:

Art. 1°. O art. 31 da Emenda Constitucional n° 19, de 4 de junho de 1998, passa a vigorar com as seguintes alterações:

"Art. 31. A pessoa que revestiu a condição de servidor público federal da administração direta, autárquica ou fundacional, de servidor municipal ou de integrante da carreira de policial, civil ou militar, dos ex-Territórios Federais do Amapá e de Roraima e que, comprovadamente, encontrava-se no exercício de suas funções, prestando serviço à administração pública dos ex-Territórios ou de prefeituras neles localizadas, na data em que foram transformados em Estado, ou a condição de servidor ou de policial, civil ou militar, admitido pelos Estados do Amapá e de Roraima, entre a data de sua transformação em Estado e outubro de 1993, bem como a pessoa que comprove ter mantido, nesse período, relação ou vínculo funcional, de caráter efetivo ou não, ou relação ou vínculo empregatício, estatutário ou de trabalho com a administração pública dos ex-Territórios, dos Estados ou das prefeituras neles localizadas ou com empresa pública ou sociedade de economia mista que haja sido constituída pelo ex-Território ou pela União para atuar no âmbito do ex-Território Federal, inclusive as extintas, poderão integrar, mediante opção, quadro em extinção da administração pública federal.

§ 1°. O enquadramento referido no caput deste artigo, para os servidores, para os policiais, civis ou militares, e para as pessoas que tenham revestido essa condição, entre a transformação e a instalação dos Estados em outubro de 1993, dar-se-á no cargo em que foram originariamente admitidos ou em cargo equivalente.

....

§ 3°. As pessoas a que se refere este artigo prestarão serviços aos respectivos Estados ou a seus Municípios, na condição de servidores cedidos, sem ônus para o cessionário, até seu aproveitamento em órgão ou entidade da administração federal direta, autárquica ou fundacional, podendo os Estados, por conta e delegação da União, adotar os procedimentos necessários à cessão de servidores a seus Municípios.

§ 4°. Para fins do disposto no caput deste artigo, são meios probatórios de relação ou vínculo funcional, empregatício, estatutário ou de trabalho, independentemente da existência de vínculo atual, além dos admitidos em lei:

I – o contrato, o convênio, o ajuste ou o ato administrativo por meio do qual a pessoa tenha revestido a condição de profissional, empregado, servidor público, prestador de serviço ou trabalhador e tenha atuado ou desenvolvido atividade laboral diretamente com o ex-Território, o Estado ou a prefeitura neles localizada, inclusive mediante interveniência de cooperativa;

II – a retribuição, a remuneração ou o pagamento documentado ou formalizado, à época, mediante depósito em conta-corrente bancária ou emissão de ordem de pagamento, de recibo, de nota de empenho ou de ordem bancária em que se identifique a administração pública do ex-Território, do Estado ou de prefeitura neles localizada como fonte pagadora ou origem direta dos recursos, assim como aquele realizado à conta de recursos oriundos de fundo de participação ou de fundo especial, inclusive em proveito do pessoal integrante das tabelas especiais.

§ 5°. Além dos meios probatórios de que trata o § 4° deste artigo, sem prejuízo daqueles admitidos em lei, o enquadramento referido no caput deste artigo dependerá de a pessoa ter mantido relação ou vínculo funcional, empregatício, estatutário ou de trabalho com o ex-Território ou o Estado que o tenha sucedido por, pelo menos, noventa dias.

§ 6°. As pessoas a que se refere este artigo, para efeito de exercício em órgão ou entidade da administração pública estadual ou municipal dos Estados do Amapá e de Roraima, farão jus à percepção de todas as gratificações e dos demais valores que componham a estrutura remuneratória dos cargos em que tenham sido enquadrados, vedando-se reduzi-los ou suprimi-los por motivo de cessão ao Estado ou a seu Município." (NR)

Art. 2°. Cabe à União, no prazo máximo de noventa dias, contado a partir da data de publicação desta Emenda Constitucional, regulamentar o disposto no art. 31 da Emenda Constitucional nº 19, de 4 de junho de 1998, a fim de que se exerça o direito de opção nele previsto.

§ 1º. Descumprido o prazo de que trata o *caput* deste artigo, a pessoa a quem assista o direito de opção fará jus ao pagamento de eventuais acréscimos remuneratórios, desde a data de encerramento desse prazo, caso se confirme o seu enquadramento.

§ 2º. É vedado o pagamento, a qualquer título, de acréscimo remuneratório, ressarcimento, auxílio, salário, retribuição ou valor em virtude de ato ou fato anterior à data de enquadramento da pessoa optante, ressalvado o pagamento de que trata o § 1º deste artigo.

Art. 3º. O direito à opção, nos termos previstos no art. 31 da Emenda Constitucional nº 19, de 4 de junho de 1998, deverá ser exercido no prazo de até trinta dias, contado a partir da data de regulamentação desta Emenda Constitucional.

§ 1º. São convalidados todos os direitos já exercidos até a data de regulamentação desta Emenda Constitucional, inclusive nos casos em que, feita a opção, o enquadramento ainda não houver sido efetivado, aplicando-se-lhes, para todos os fins, inclusive o de enquadramento, a legislação vigente à época em que houver sido feita a opção ou, sendo mais benéficas ou favoráveis ao optante, as normas previstas nesta Emenda Constitucional e em seu regulamento.

§ 2º. Entre a data de promulgação desta Emenda Constitucional e a de publicação de seu regulamento, o exercício do direito de opção será feito com base nas disposições contidas na Emenda Constitucional nº 79, de 27 de maio de 2014, e em suas normas regulamentares, sem prejuízo do disposto no § 1º deste artigo.

Art. 4º. É reconhecido o vínculo funcional com a União dos servidores do ex-Território do Amapá, a que se refere a Portaria nº 4.481, de 19 de dezembro de 1995, do Ministério da Administração Federal e Reforma do Estado, publicada no Diário Oficial da União de 21 de dezembro de 1995, convalidando-se os atos de gestão, de admissão, aposentadoria, pensão, progressão, movimentação e redistribuição relativos a esses servidores, desde que não tenham sido excluídos dos quadros da União por decisão do Tribunal de Contas da União, da qual não caiba mais recurso judicial.

Art. 5º. O disposto no art. 7º da Emenda Constitucional nº 79, de 27 de maio de 2014, aplica-se aos servidores que, em iguais condições, hajam sido admitidos pelos Estados de Rondônia até 1987, e do Amapá e de Roraima até outubro de 1993.

Art. 6º. O disposto no art. 6º da Emenda Constitucional nº 79, de 27 de maio de 2014, aplica-se aos servidores que, admitidos e lotados pelas Secretarias de Segurança Pública dos Estados de Rondônia até 1987, e do Amapá e de Roraima até outubro de 1993, exerciam função policial.

Art. 7º. As disposições desta Emenda Constitucional aplicam-se aos aposentados e pensionistas, civis e militares, vinculados aos respectivos regimes próprios de previdência, vedado o pagamento, a qualquer título, de valores referentes a períodos anteriores à sua publicação.

Parágrafo único. Haverá compensação financeira entre os regimes próprios de previdência por ocasião da aposentação ou da inclusão de aposentados e pensionistas em quadro em extinção da União, observado o disposto no § 9º do art. 201 da Constituição Federal.

Art. 8º. Esta Emenda Constitucional entra em vigor na data de sua publicação.

Brasília, em 6 de dezembro de 2017.

Mesa da Câmara dos Deputados: Deputado Rodrigo Maia, Presidente – Mesa do Senado Federal: Senador Eunício Oliveira, Presidente – DOU de 11.12.2017.

EMENDA CONSTITUCIONAL Nº 99, DE 14.12.2017

Altera o art. 101 do Ato das Disposições Constitucionais Transitórias, para instituir novo regime especial de pagamento de precatórios, e os arts. 102, 103 e 105 do Ato das Disposições Constitucionais Transitórias.

As Mesas da Câmara dos Deputados e do Senado Federal, nos termos do § 3º do art. 60 da Constituição Federal, promulgam a seguinte Emenda ao texto constitucional:

Art. 1º. O art. 101 do Ato das Disposições Constitucionais Transitórias passa a vigorar com as seguintes alterações:

"**Art. 101.** *Os Estados, o Distrito Federal e os Municípios que, em 25 de março de 2015, se encontravam em mora no pagamento de seus precatórios quitarão, até 31 de dezembro de 2024, seus débitos vencidos e os que vencerão dentro desse período,* atualizados pelo Índice Nacional de Preços ao Consumidor Amplo Especial (IPCA-E), ou por outro índice que venha a substituí-lo, depositando mensalmente em conta especial do Tribunal de Justiça local, sob única e exclusiva administração deste, 1/12 (um doze avos) do valor calculado percentualmente sobre suas receitas correntes líquidas apuradas no segundo mês anterior ao mês de pagamento, em percentual suficiente para a quitação de seus débitos e, ainda que variável, nunca inferior, em cada exercício, ao percentual praticado na data da entrada em vigor do regime especial a que se refere este artigo, em conformidade com plano de pagamento a ser anualmente apresentado ao Tribunal de Justiça local.

....

§ 2º. O débito de precatórios será pago com recursos orçamentários próprios provenientes das fontes de receita corrente líquida referidas no § 1º deste artigo e, adicionalmente, poderão ser utilizados recursos dos seguintes instrumentos:

I – até 75% (setenta e cinco por cento) dos depósitos judiciais e dos depósitos administrativos em dinheiro referentes a processos judiciais ou administrativos, tributários ou não tributários, nos quais sejam parte os Estados, o Distrito Federal ou os Municípios, e as respectivas autarquias, fundações e empresas estatais dependentes, mediante a instituição de fundo garantidor em montante equivalente a 1/3 (um terço) dos recursos levantados, constituído pela parcela restante dos depósitos judiciais e remunerado pela taxa referencial do Sistema Especial de Liquidação e de Custódia (Selic) para títulos federais, nunca inferior aos índices e critérios aplicados aos depósitos levantados;

II – até 30% (trinta por cento) dos demais depósitos judiciais da localidade sob jurisdição do respectivo Tribunal de Justiça, mediante a instituição de fundo garantidor em montante equivalente aos recursos levantados, constituído pela parcela restante dos depósitos judiciais e remunerado pela taxa referencial do Sistema Especial de Liquidação e de Custódia (Selic) para títulos federais, nunca inferior aos índices e critérios aplicados aos depósitos levantados, destinando-se:

....

b) no caso dos Estados, 50% (cinquenta por cento) desses recursos ao próprio Estado e 50% (cinquenta por cento) aos respectivos Municípios, conforme a circunscrição judiciária onde estão depositados os recursos, e, se houver mais de um Município na mesma circunscrição judiciária, os recursos serão rateados entre os Municípios concorrentes, proporcionalmente às respectivas populações, utilizado como referência o último levantamento censitário ou a mais recente estimativa populacional da Fundação Instituto Brasileiro de Geografia e Estatística (IBGE);

III – empréstimos, excetuados para esse fim os limites de endividamento de que tratam os incisos VI e VII do caput do art. 52 da Constituição Federal e quaisquer outros limites de endividamento previstos em lei, não se aplicando a esses empréstimos a vedação de vinculação de receita prevista no inciso IV do caput do art. 167 da Constituição Federal;

IV – a totalidade dos depósitos em precatórios e requisições diretas de pagamento de obrigação de pequeno valor efetuados até 31 de dezembro de 2009 e ainda não levantados, com o cancelamento dos respectivos requisitórios e a baixa das obrigações, assegurada a revalidação dos requisitórios pelos juízos dos processos perante os Tribunais, a requerimento dos credores e após a oitiva da entidade devedora, mantidas a posição de ordem cronológica original e a remuneração de todo o período.

§ 3º. Os recursos adicionais previstos nos incisos I, II e IV do § 2º deste artigo serão transferidos diretamente pela instituição financeira depositária para a conta especial referida no caput deste artigo, sob única e exclusiva administração do Tribunal de Justiça local, e essa transferência deverá ser realizada até sessenta dias contados a partir da entrada em vigor deste parágrafo, sob pena de responsabilização pessoal do dirigente da instituição financeira por improbidade.

§ 4º. No prazo de até seis meses contados da entrada em vigor do regime especial a que se refere este artigo, a União, diretamente, ou por intermédio das instituições financeiras oficiais sob seu controle, disponibilizará aos Estados, ao Distrito Federal e aos Municípios, bem como às respectivas autarquias, fundações e empresas estatais dependentes, linha de crédito especial para pagamento dos precatórios submetidos ao regime especial de pagamento de que trata este artigo, observadas as seguintes condições:

I – no financiamento dos saldos remanescentes de precatórios a pagar a que se refere este parágrafo serão adotados os índices e critérios de atualização que incidem sobre o pagamento de precatórios, nos termos do § 12 do art. 100 da Constituição Federal;

II – o financiamento dos saldos remanescentes de precatórios a pagar a que se refere este parágrafo será feito em parcelas mensais suficientes à satisfação da dívida assim constituída;

III – o valor de cada parcela a que se refere o inciso II deste parágrafo será calculado percentualmente sobre a receita corrente líquida, respectivamente, do Estado, do Distrito Federal e do Município, no segundo mês anterior ao pagamento, em percentual equivalente à média do comprometimento percentual mensal de 2012 até o final do período referido no caput deste artigo, considerados para esse fim somente os recursos próprios de cada ente da Federação aplicados no pagamento de precatórios;

IV – nos empréstimos a que se refere este parágrafo não se aplicam os limites de endividamento de que tratam os incisos VI e VII do caput do art. 52 da Constituição Federal e quaisquer outros limites de endividamento previstos em lei." (NR)

Art. 2º. O art. 102 do Ato das Disposições Constitucionais Transitórias passa a vigorar acrescido do seguinte § 2º, numerando-se o atual parágrafo único como § 1º:

"*Art. 102. (...)*

§ 1º. (...)

§ 2º. Na vigência do regime especial previsto no art. 101 deste Ato das Disposições Constitucionais Transitórias, as preferências relativas à idade, ao estado de saúde e à deficiência serão atendidas até o valor equivalente ao quíntuplo fixado em lei para os fins do disposto no § 3º do art. 100 da Constituição Federal, admitido o fracionamento para essa finalidade, e o restante será pago em ordem cronológica de apresentação do precatório." (NR)

Art. 3º. O art. 103 do Ato das Disposições Constitucionais Transitórias passa a vigorar acrescido do seguinte parágrafo único:

"*Art. 103. (...)*

Parágrafo único. Na vigência do regime especial previsto no art. 101 deste Ato das Disposições Constitucionais Transitórias, ficam vedadas desapropriações pelos Estados, pelo Distrito Federal e pelos Municípios, cujos estoques de precatórios ainda pendentes de pagamento, incluídos os precatórios a pagar de suas entidades da administração indireta, sejam superiores a 70% (setenta por cento) das respectivas receitas correntes líquidas, excetuadas as desapropriações para fins de necessidade pública nas áreas de saúde, educação, segurança pública, transporte público, saneamento básico e habitação de interesse social." (NR)

Art. 4º. O art. 105 do Ato das Disposições Constitucionais Transitórias passa a vigorar acrescido dos seguintes §§ 2º e 3º, numerando-se o atual parágrafo único como § 1º:

"*Art. 105. (...)*

§ 1º. (...)

§ 2º. Os Estados, o Distrito Federal e os Municípios regulamentarão nas respectivas leis o disposto no caput deste artigo em até cento e vinte dias a partir de 1º de janeiro de 2018.

§ 3º. Decorrido o prazo estabelecido no § 2º deste artigo sem a regulamentação nele prevista, ficam os credores de precatórios autorizados a exercer a faculdade a que se refere o caput deste artigo." (NR)

Art. 5º. Esta Emenda Constitucional entra em vigor na data de sua publicação.

Brasília, em 14 de dezembro de 2017

Mesa da Câmara dos Deputados: Deputado Rodrigo Maia, Presidente – Mesa do Senado Federal: Senador Eunício Oliveira, Presidente – DOU de 15.12.2017.

EMENDA CONSTITUCIONAL Nº 100, DE 26.6.2019

Altera os arts. 165 e 166 da Constituição Federal para tornar obrigatória a execução da programação orçamentária proveniente de emendas de bancada de parlamentares de Estado ou do Distrito Federal.

As Mesas da Câmara dos Deputados e do Senado Federal, nos termos do § 3º do art. 60 da Constituição Federal, promulgam a seguinte Emenda ao texto constitucional:

Art. 1º. Os arts. 165 e 166 da Constituição Federal passam a vigorar com as seguintes alterações:

"*Art. 165. (...)*

§ 9º. (...)

III – dispor sobre critérios para a execução equitativa, além de procedimentos que serão adotados quando houver impedimentos legais e técnicos, cumprimento de restos a pagar e limitação das programações de caráter obrigatório, para a realização do disposto nos §§ 11 e 12 do art. 166.

§ 10. A administração tem o dever de executar as programações orçamentárias, adotando os meios e as medidas necessários, com o propósito de garantir a efetiva entrega de bens e serviços à sociedade." (NR)

"*Art. 166. (...)*

§ 12. A garantia de execução de que trata o § 11 deste artigo aplica-se também às programações incluídas por todas as emendas de iniciativa de bancada de parlamentares de Estado ou do Distrito Federal, no montante de até 1% (um por cento) da receita corrente líquida realizada no exercício anterior.

§ 13. As programações orçamentárias previstas nos §§ 11 e 12 deste artigo não serão de execução obrigatória nos casos dos impedimentos de ordem técnica.

§ 14. Para fins de cumprimento do disposto nos §§ 11 e 12 deste artigo, os órgãos de execução deverão observar, nos termos da lei de diretrizes orçamentárias, cronograma para análise e verificação de eventuais impedimentos das programações e demais procedimentos necessários à viabilização da execução dos respectivos montantes.

I – (revogado);

II – (revogado);

III – (revogado);

IV – (revogado).

§ 15. (Revogado).

§ 16. Quando a transferência obrigatória da União para a execução da programação prevista nos §§ 11 e 12 deste artigo for destinada a Estados, ao Distrito Federal e a Municípios, independerá

da adimplência do ente federativo destinatário e não integrará a base de cálculo da receita corrente líquida para fins de aplicação dos limites de despesa de pessoal de que trata o caput do art. 169.

§ 17. Os restos a pagar provenientes das programações orçamentárias previstas nos §§ 11 e 12 poderão ser considerados para fins de cumprimento da execução financeira até o limite de 0,6% (seis décimos por cento) da receita corrente líquida realizada no exercício anterior, para as programações das emendas individuais, e até o limite de 0,5% (cinco décimos por cento), para as programações das emendas de iniciativa de bancada de parlamentares de Estado ou do Distrito Federal.

§ 18. Se for verificado que a reestimativa da receita e da despesa poderá resultar no não cumprimento da meta de resultado fiscal estabelecida na lei de diretrizes orçamentárias, os montantes previstos nos §§ 11 e 12 deste artigo poderão ser reduzidos em até a mesma proporção da limitação incidente sobre o conjunto das demais despesas discricionárias.

§ 19. Considera-se equitativa a execução das programações de caráter obrigatório que observe critérios objetivos e imparciais e que atenda de forma igualitária e impessoal às emendas apresentadas, independentemente da autoria.

§ 20. As programações de que trata o § 12 deste artigo, quando versarem sobre o início de investimentos com duração de mais de 1 (um) exercício financeiro ou cuja execução já tenha sido iniciada, deverão ser objeto de emenda pela mesma bancada estadual, a cada exercício, até a conclusão da obra ou do empreendimento." (NR)

Art. 2º. O montante previsto no § 12 do art. 166 da Constituição Federal será de 0,8% (oito décimos por cento) no exercício subsequente ao da promulgação desta Emenda Constitucional.

Art. 3º. A partir do 3º (terceiro) ano posterior à promulgação desta Emenda Constitucional até o último exercício de vigência do regime previsto na Emenda Constitucional nº 95, de 15 de dezembro de 2016, a execução prevista no § 12 do art. 166 da Constituição Federal corresponderá ao montante de execução obrigatória para o exercício anterior, corrigido na forma estabelecida no inciso II do § 1º do art. 107 do Ato das Disposições Constitucionais Transitórias.

Art. 4º. Esta Emenda Constitucional entra em vigor na data de sua publicação e produzirá efeitos a partir da execução orçamentária do exercício financeiro subsequente.

Brasília, em 26 de junho de 2019.

Mesa da Câmara dos Deputados: Deputado Rodrigo Maia, Presidente – Mesa do Senado Federal: Senador Davi Alcolumbre, Presidente – DOU de 27.6.2019.

EMENDA CONSTITUCIONAL Nº 101, DE 3.7.2019

Acrescenta § 3º ao art. 42 da Constituição Federal para estender aos militares dos Estados, do Distrito Federal e dos Territórios o direito à acumulação de cargos públicos prevista no art. 37, inciso XVI.

As Mesas da Câmara dos Deputados e do Senado Federal, nos termos do § 3º do art. 60 da Constituição Federal, promulgam a seguinte Emenda ao texto constitucional:

Art. 1º. O art. 42 da Constituição Federal passa a vigorar acrescido do seguinte § 3º:

"Art. 42. (...)

§ 3º. Aplica-se aos militares dos Estados, do Distrito Federal e dos Territórios o disposto no art. 37, inciso XVI, com prevalência da atividade militar." (NR)

Art. 2º. Esta Emenda Constitucional entra em vigor na data de sua publicação.

Brasília, em 3 de julho de 2019.

Mesa da Câmara dos Deputados: Deputado Rodrigo Maia, Presidente – Mesa do Senado Federal: Senador Davi Alcolumbre, Presidente – DOU de 4.7.2019.

EMENDA CONSTITUCIONAL Nº 102, DE 27.9.2019

Dá nova redação ao art. 20 da Constituição Federal e altera o art. 165 da Constituição Federal e o art. 107 do Ato das Disposições Constitucionais Transitórias.

As Mesas da Câmara dos Deputados e do Senado Federal, nos termos do § 3º do art. 60 da Constituição Federal, promulgam a seguinte Emenda ao texto constitucional:

Art. 1º. O § 1º do art. 20 da Constituição Federal passa a vigorar com a seguinte redação:

"Art. 20. (...)

§ 1º. É assegurada, nos termos da lei, à União, aos Estados, ao Distrito Federal e aos Municípios a participação no resultado da exploração de petróleo ou gás natural, de recursos hídricos para fins de geração de energia elétrica e de outros recursos minerais no respectivo território, plataforma continental, mar territorial ou zona

econômica exclusiva, ou compensação financeira por essa exploração.
...." (NR)

Art. 2º. O art. 165 da Constituição Federal passa a vigorar com a seguinte redação:

"**Art. 165.** (...)

§ 11. O disposto no § 10 deste artigo, nos termos da lei de diretrizes orçamentárias:

I – subordina-se ao cumprimento de dispositivos constitucionais e legais que estabeleçam metas fiscais ou limites de despesas e não impede o cancelamento necessário à abertura de créditos adicionais;

II – não se aplica nos casos de impedimentos de ordem técnica devidamente justificados;

III – aplica-se exclusivamente às despesas primárias discricionárias.

§ 12. Integrará a lei de diretrizes orçamentárias, para o exercício a que se refere e, pelo menos, para os 2 (dois) exercícios subsequentes, anexo com previsão de agregados fiscais e a proporção dos recursos para investimentos que serão alocados na lei orçamentária anual para a continuidade daqueles em andamento.

§ 13. O disposto no inciso III do § 9º e nos §§ 10, 11 e 12 deste artigo aplica-se exclusivamente aos orçamentos fiscal e da seguridade social da União.

§ 14. A lei orçamentária anual poderá conter previsões de despesas para exercícios seguintes, com a especificação dos investimentos plurianuais e daqueles em andamento.

§ 15. A União organizará e manterá registro centralizado de projetos de investimento contendo, por Estado ou Distrito Federal, pelo menos, análises de viabilidade, estimativas de custos e informações sobre a execução física e financeira." (NR)

Art. 3º. O art. 107 do Ato das Disposições Constitucionais Transitórias passa a vigorar com a seguinte redação:

"**Art. 107.** (...)

§ 6º. (...)

V – transferências a Estados, Distrito Federal e Municípios de parte dos valores arrecadados com os leilões dos volumes excedentes ao limite a que se refere o § 2º do art. 1º da Lei nº 12.276, de 30 de junho de 2010, e a despesa decorrente da revisão do contrato de cessão onerosa de que trata a mesma Lei.
...." (NR)

Art. 4º. Esta Emenda Constitucional entra em vigor na data de sua publicação e produzirá efeitos a partir da execução orçamentária do exercício financeiro subsequente, excetuada a alteração ao Ato das Disposições Constitucionais Transitórias, que terá eficácia no mesmo exercício de sua publicação.

Brasília, em 26 de setembro de 2019.

Mesa da Câmara dos Deputados: Deputado Rodrigo Maia, Presidente – Mesa do Senado Federal: Senador Davi Alcolumbre, Presidente – DOU de 27.9.2019.

EMENDA CONSTITUCIONAL Nº 103, DE 12.11.2019

Altera o sistema de previdência social e estabelece regras de transição e disposições transitórias.

As Mesas da Câmara dos Deputados e do Senado Federal, nos termos do § 3º do art. 60 da Constituição Federal, promulgam a seguinte Emenda ao texto constitucional:

Art. 1º. A Constituição Federal passa a vigorar com as seguintes alterações:

"**Art. 22.** (...)

XXI – normas gerais de organização, efetivos, material bélico, garantias, convocação, mobilização, inatividades e pensões das polícias militares e dos corpos de bombeiros militares;
...." (NR)

"**Art. 37.** (...)

§ 13. O servidor público titular de cargo efetivo poderá ser readaptado para exercício de cargo cujas atribuições e responsabilidades sejam compatíveis com a limitação que tenha sofrido em sua capacidade física ou mental, enquanto permanecer nesta condição, desde que possua a habilitação e o nível de escolaridade exigidos para o cargo de destino, mantida a remuneração do cargo de origem.

§ 14. A aposentadoria concedida com a utilização de tempo de contribuição decorrente de cargo, emprego ou função pública, inclusive do Regime Geral de Previdência Social, acarretará o rompimento do vínculo que gerou o referido tempo de contribuição.

§ 15. É vedada a complementação de aposentadorias de servidores públicos e de pensões por morte a seus dependentes que não seja decorrente do disposto nos §§ 14 a 16 do art. 40 ou que não seja prevista em lei que extinga regime próprio de previdência social." (NR)

"**Art. 38.** (...)

V - na hipótese de ser segurado de regime próprio de previdência social, permanecerá filiado a esse regime, no ente federativo de origem." (NR)

"**Art. 39.** (...)

§ 9º. É vedada a incorporação de vantagens de caráter temporário ou vinculadas ao exercício de função de confiança ou de cargo em comissão à remuneração do cargo efetivo." (NR)

"**Art. 40.** O regime próprio de previdência social dos servidores titulares de cargos efetivos terá caráter contributivo e solidário, mediante contribuição do respectivo ente federativo, de servidores ativos, de aposentados e de pensionistas, observados critérios que preservem o equilíbrio financeiro e atuarial.

§ 1º. O servidor abrangido por regime próprio de previdência social será aposentado:

I – por incapacidade permanente para o trabalho, no cargo em que estiver investido, quando insuscetível de readaptação, hipótese em que será obrigatória a realização de avaliações periódicas para verificação da continuidade das condições que ensejaram a concessão da aposentadoria, na forma de lei do respectivo ente federativo;

....

III – no âmbito da União, aos 62 (sessenta e dois) anos de idade, se mulher, e aos 65 (sessenta e cinco) anos de idade, se homem, e, no âmbito dos Estados, do Distrito Federal e dos Municípios, na idade mínima estabelecida mediante emenda às respectivas Constituições e Leis Orgânicas, observados o tempo de contribuição e os demais requisitos estabelecidos em lei complementar do respectivo ente federativo.

§ 2º. Os proventos de aposentadoria não poderão ser inferiores ao valor mínimo a que se refere o § 2º do art. 201 ou superiores ao limite máximo estabelecido para o Regime Geral de Previdência Social, observado o disposto nos §§ 14 a 16.

§ 3º. As regras para cálculo de proventos de aposentadoria serão disciplinadas em lei do respectivo ente federativo.

§ 4º. É vedada a adoção de requisitos ou critérios diferenciados para concessão de benefícios em regime próprio de previdência social, ressalvado o disposto nos §§ 4º-A, 4º-B, 4º-C e 5º.

§ 4º-A. Poderão ser estabelecidos por lei complementar do respectivo ente federativo idade e tempo de contribuição diferenciados para aposentadoria de servidores com deficiência, previamente submetidos a avaliação biopsicossocial realizada por equipe multiprofissional e interdisciplinar.

§ 4º-B. Poderão ser estabelecidos por lei complementar do respectivo ente federativo idade e tempo de contribuição diferenciados para aposentadoria de ocupantes do cargo de agente penitenciário, de agente socioeducativo ou de policial dos órgãos de que tratam o inciso IV do caput do art. 51, o inciso XIII do caput do art. 52 e os incisos I a IV do caput do art. 144.

§ 4º-C. Poderão ser estabelecidos por lei complementar do respectivo ente federativo idade e tempo de contribuição diferenciados para aposentadoria de servidores cujas atividades sejam exercidas com efetiva exposição a agentes químicos, físicos e biológicos prejudiciais à saúde, ou associação desses agentes, vedada a caracterização por categoria profissional ou ocupação.

§ 5º. Os ocupantes do cargo de professor terão idade mínima reduzida em 5 (cinco) anos em relação às idades decorrentes da aplicação do disposto no inciso III do § 1º, desde que comprovem tempo de efetivo exercício das funções de magistério na educação infantil e no ensino fundamental e médio fixado em lei complementar do respectivo ente federativo.

§ 6º. Ressalvadas as aposentadorias decorrentes dos cargos acumuláveis na forma desta Constituição, é vedada a percepção de mais de uma aposentadoria à conta de regime próprio de previdência social, aplicando-se outras vedações, regras e condições para a acumulação de benefícios previdenciários estabelecidas no Regime Geral de Previdência Social.

§ 7º. Observado o disposto no § 2º do art. 201, quando se tratar da única fonte de renda formal auferida pelo dependente, o benefício de pensão por morte será concedido nos termos de lei do respectivo ente federativo, a qual tratará de forma diferenciada a hipótese de morte dos servidores de que trata o § 4º-B decorrente de agressão sofrida no exercício ou em razão da função.

....

§ 9º. O tempo de contribuição federal, estadual, distrital ou municipal será contado para fins de aposentadoria, observado o disposto nos §§ 9º e 9º-A do art. 201, e o tempo de serviço correspondente será contado para fins de disponibilidade.

....

§ 12. Além do disposto neste artigo, serão observados, em regime próprio de previdência social, no que couber, os requisitos e critérios fixados para o Regime Geral de Previdência Social.

§ 13. Aplica-se ao agente público ocupante, exclusivamente, de cargo em comissão declarado em lei de livre nomeação e exoneração, de outro cargo temporário, inclusive mandato eletivo, ou de emprego público, o Regime Geral de Previdência Social.

§ 14. A União, os Estados, o Distrito Federal e os Municípios instituirão, por lei de iniciativa do respectivo Poder Executivo, regime de previdência complementar para servidores públicos ocupantes de cargo efetivo, observado o limite máximo dos benefícios do Regime Geral de Previdência Social para o valor das aposentadorias e das pensões em regime próprio de previdência social, ressalvado o disposto no § 16.

§ 15. O regime de previdência complementar de que trata o § 14 oferecerá plano de benefícios somente na modalidade contribuição definida, observará o disposto no art. 202 e será efetivado por intermédio de entidade fechada de previdência complementar ou de entidade aberta de previdência complementar.

....

§ 19. Observados critérios a serem estabelecidos em lei do respectivo ente federativo, o servidor titular de cargo efetivo que tenha completado as exigências para a aposentadoria voluntária e que opte por permanecer em atividade poderá fazer jus a um abono de permanência equivalente, no máximo, ao valor da sua contribuição previdenciária, até completar a idade para aposentadoria compulsória.

§ 20. É vedada a existência de mais de um regime próprio de previdência social e de mais de um órgão ou entidade gestora desse regime em cada ente federativo, abrangidos todos os poderes, órgãos e entidades autárquicas e fundacionais, que serão responsáveis pelo seu financiamento, observados os critérios, os parâmetros e a natureza jurídica definidos na lei complementar de que trata o § 22.

§ 21. (Revogado).

§ 22. Vedada a instituição de novos regimes próprios de previdência social, lei complementar federal estabelecerá, para os que já existam, normas gerais de organização, de funcionamento e de responsabilidade em sua gestão, dispondo, entre outros aspectos, sobre:

I – requisitos para sua extinção e consequente migração para o Regime Geral de Previdência Social;

II – modelo de arrecadação, de aplicação e de utilização dos recursos;

III – fiscalização pela União e controle externo e social;

IV – definição de equilíbrio financeiro e atuarial;

V – condições para instituição do fundo com finalidade previdenciária de que trata o art. 249 e para vinculação a ele dos recursos provenientes de contribuições e dos bens, direitos e ativos de qualquer natureza;

VI – mecanismos de equacionamento do deficit atuarial;

VII – estruturação do órgão ou entidade gestora do regime, observados os princípios relacionados com governança, controle interno e transparência;

VIII – condições e hipóteses para responsabilização daqueles que desempenhem atribuições relacionadas, direta ou indiretamente, com a gestão do regime;

IX – condições para adesão a consórcio público;

X – parâmetros para apuração da base de cálculo e definição de alíquota de contribuições ordinárias e extraordinárias." (NR)

"Art. 93. (...)

VIII – o ato de remoção ou de disponibilidade do magistrado, por interesse público, fundar-se-á em decisão por voto da maioria absoluta do respectivo tribunal ou do Conselho Nacional de Justiça, assegurada ampla defesa;

...." (NR)

"Art. 103-B. (...)

§ 4º. (...)

III – receber e conhecer das reclamações contra membros ou órgãos do Poder Judiciário, inclusive contra seus serviços auxiliares, serventias e órgãos prestadores de serviços notariais e de registro que atuem por delegação do poder público ou oficializados, sem prejuízo da competência disciplinar e correicional dos tribunais, podendo avocar processos disciplinares em curso, determinar a remoção ou a disponibilidade e aplicar outras sanções administrativas, assegurada ampla defesa;

...." (NR)

"Art. 109. (...)

§ 3º. Lei poderá autorizar que as causas de competência da Justiça Federal em que forem parte instituição de previdência social e segurado possam ser processadas e julgadas na justiça estadual quando a comarca do domicílio do segurado não for sede de vara federal.

...." (NR)

"Art. 130-A. (...)

§ 2º (...)

III – receber e conhecer das reclamações contra membros ou órgãos do Ministério Público da União ou dos Estados, inclusive contra seus serviços auxiliares, sem prejuízo da competência disciplinar e correicional da instituição, podendo avocar processos disciplinares em curso, determinar a remoção ou a disponibilidade e aplicar outras sanções administrativas, assegurada ampla defesa;

...." (NR)

"Art. 149. (...)

§ 1º. A União, os Estados, o Distrito Federal e os Municípios instituirão, por meio de lei, contribuições para custeio de regime próprio de previdência social, cobradas dos servidores ativos, dos aposentados e dos pensionistas, que poderão ter alíquotas progressivas de acordo com o valor da base de contribuição ou dos proventos de aposentadoria e de pensões.

§ 1º-A. Quando houver deficit atuarial, a contribuição ordinária dos aposentados e pensionistas poderá incidir sobre o valor dos proventos de aposentadoria e de pensões que supere o salário mínimo.

§ 1º-B. Demonstrada a insuficiência da medida prevista no § 1º-A para equacionar o deficit atuarial, é facultada a instituição de contribuição extraordinária, no âmbito da União, dos servidores públicos ativos, dos aposentados e dos pensionistas.

§ 1º-C. A contribuição extraordinária de que trata o § 1º-B deverá ser instituída simultaneamente com outras medidas para equacionamento do deficit e vigorará por período determinado, contado da data de sua instituição.

...." (NR)

"Art. 167. (...)

XII – na forma estabelecida na lei complementar de que trata o § 22 do art. 40, a utilização de recursos de regime próprio de previdência social, incluídos os valores integrantes dos fundos previstos no art. 249, para a realização de despesas distintas do pagamento dos benefícios previdenciários do respectivo fundo vinculado àquele regime e das despesas necessárias à sua organização e ao seu funcionamento;

XIII – a transferência voluntária de recursos, a concessão de avais, as garantias e as subvenções pela União e a concessão de empréstimos e de financiamentos por instituições financeiras federais aos Estados, ao Distrito Federal e aos Municípios na hipótese de descumprimento das regras gerais de organização e de funcionamento de regime próprio de previdência social.

.... (NR)

"Art. 194. (...)

Parágrafo único. (...)

VI – diversidade da base de financiamento, identificando-se, em rubricas contábeis específicas para cada área, as receitas e as despesas vinculadas a ações de saúde, previdência e assistência social, preservado o caráter contributivo da previdência social;

...." (NR)

"Art. 195. (...)

II – do trabalhador e dos demais segurados da previdência social, podendo ser adotadas alíquotas progressivas de acordo com o valor do salário de contribuição, não incidindo contribuição sobre aposentadoria e pensão concedidas pelo Regime Geral de Previdência Social;

....

§ 9º. As contribuições sociais previstas no inciso I do caput deste artigo poderão ter alíquotas diferenciadas em razão da atividade econômica, da utilização intensiva de mão de obra, do porte da empresa ou da condição estrutural do mercado de trabalho, sendo também autorizada a adoção de bases de cálculo diferenciadas apenas no caso das alíneas "b" e "c" do inciso I do caput.

....

§ 11. São vedados a moratória e o parcelamento em prazo superior a 60 (sessenta) meses e, na forma de lei complementar, a remissão e a anistia das contribuições sociais de que tratam a alínea "a" do inciso I e o inciso II do caput.

....

§ 13. (Revogado).

§ 14. O segurado somente terá reconhecida como tempo de contribuição ao Regime Geral de Previdência Social a competência cuja contribuição seja igual ou superior à contribuição mínima mensal exigida para sua categoria, assegurado o agrupamento de contribuições." (NR)

"Art. 201. A previdência social será organizada sob a forma do Regime Geral de Previdência Social, de caráter contributivo e de filiação obrigatória, observados critérios que preservem o equilíbrio financeiro e atuarial, e atenderá, na forma da lei, a:

I – cobertura dos eventos de incapacidade temporária ou permanente para o trabalho e idade avançada;

§ 1º. É vedada a adoção de requisitos ou critérios diferenciados para concessão de benefícios, ressalvada, nos termos de lei complementar, a possibilidade de previsão de idade e tempo de contribuição distintos da regra geral para concessão de aposentadoria exclusivamente em favor dos segurados:

I – com deficiência, previamente submetidos a avaliação biopsicossocial realizada por equipe multiprofissional e interdisciplinar;

II – cujas atividades sejam exercidas com efetiva exposição a agentes químicos, físicos e biológicos prejudiciais à saúde, ou associação desses agentes, vedada a caracterização por categoria profissional ou ocupação.

....

§ 7º. (...)

I – 65 (sessenta e cinco) anos de idade, se homem, e 62 (sessenta e dois) anos de idade, se mulher, observado tempo mínimo de contribuição;

II – 60 (sessenta) anos de idade, se homem, e 55 (cinquenta e cinco) anos de idade, se mulher, para os trabalhadores rurais e para os que exerçam suas atividades em regime de economia familiar, nestes incluídos o produtor rural, o garimpeiro e o pescador artesanal.

§ 8º. O requisito de idade a que se refere o inciso I do § 7º será reduzido em 5 (cinco) anos, para o professor que comprove tempo de efetivo exercício das funções de magistério na educação infantil e no ensino fundamental e médio fixado em lei complementar.

§ 9º. Para fins de aposentadoria, será assegurada a contagem recíproca do tempo de contribuição entre o Regime Geral de Previdência Social e os regimes próprios de previdência social, e destes entre si, observada a compensação financeira, de acordo com os critérios estabelecidos em lei.

§ 9º-A. O tempo de serviço militar exercido nas atividades de que tratam os arts. 42, 142 e 143 e o tempo de contribuição ao Regime Geral de Previdência Social ou a regime próprio de previdência social terão contagem recíproca para fins de inatividade militar ou aposentadoria, e a compensação financeira será devida entre as receitas de contribuição referentes aos militares e as receitas de contribuição aos demais regimes.

§ 10. Lei complementar poderá disciplinar a cobertura de benefícios não programados, inclusive os decorrentes de acidente do trabalho, a ser atendida concorrentemente pelo Regime Geral de Previdência Social e pelo setor privado.

....

§ 12. Lei instituirá sistema especial de inclusão previdenciária, com alíquotas diferenciadas, para atender aos trabalhadores de baixa renda, inclusive os que se encontram em situação de informalidade, e àqueles sem renda própria que se dediquem exclusivamente ao trabalho doméstico no âmbito de sua residência, desde que pertencentes a famílias de baixa renda.

§ 13. A aposentadoria concedida ao segurado de que trata o § 12 terá valor de 1 (um) salário mínimo.

§ 14. É vedada a contagem de tempo de contribuição fictício para efeito de concessão dos benefícios previdenciários e de contagem recíproca.

§ 15. Lei complementar estabelecerá vedações, regras e condições para a acumulação de benefícios previdenciários.

§ 16. Os empregados dos consórcios públicos, das empresas públicas, das sociedades de economia mista e das suas subsidiárias serão aposentados compulsoriamente, observado o cumprimento do tempo mínimo de contribuição, ao atingir a idade máxima de que trata o inciso II do § 1º do art. 40, na forma estabelecida em lei." (NR)

"Art. 202. (...)

§ 4º. Lei complementar disciplinará a relação entre a União, Estados, Distrito Federal ou Municípios, inclusive suas autarquias, fundações, sociedades de economia mista e empresas controladas direta ou indiretamente, enquanto patrocinadores de planos de benefícios previdenciários, e as entidades de previdência complementar.

§ 5º. A lei complementar de que trata o § 4º aplicar-se-á, no que couber, às empresas privadas permissionárias ou concessionárias de prestação de serviços públicos, quando patrocinadoras de planos de benefícios em entidades de previdência complementar.

§ 6º. Lei complementar estabelecerá os requisitos para a designação dos membros das diretorias das entidades fechadas de previdência complementar instituídas pelos patrocinadores de que trata o § 4º e disciplinará a inserção dos participantes nos colegiados e instâncias de decisão em que seus interesses sejam objeto de discussão e deliberação." (NR)

"Art. 239. A arrecadação decorrente das contribuições para o Programa de Integração Social, criado pela Lei Complementar nº 7, de 7 de setembro de 1970, e para o Programa de Formação do Patrimônio do Servidor Público, criado pela Lei Complementar nº 8, de 3 de dezembro de 1970, passa, a partir da promulgação desta Constituição, a financiar, nos termos que a lei dispuser, o programa do seguro-desemprego, outras ações da previdência social e o abono de que trata o § 3º deste artigo.

§ 1º. Dos recursos mencionados no caput, no mínimo 28% (vinte e oito por cento) serão destinados para o financiamento de programas de desenvolvimento econômico, por meio do Banco Nacional de Desenvolvimento Econômico e Social, com critérios de remuneração que preservem o seu valor.

....

§ 5º. Os programas de desenvolvimento econômico financiados na forma do § 1º e seus resultados serão anualmente avaliados e divulgados em meio de comunicação social eletrônico e apresentados em reunião da comissão mista permanente de que trata o § 1º do art. 166." (NR)

Art. 2º. O art. 76 do Ato das Disposições Constitucionais Transitórias passa a vigorar com a seguinte redação:

"Art. 76. (...)

§ 4º. A desvinculação de que trata o caput não se aplica às receitas das contribuições sociais destinadas ao custeio da seguridade social." (NR)

Art. 3º. A concessão de aposentadoria ao servidor público federal vinculado a regime próprio de previdência social e ao segurado do Regime Geral de Previdência Social e de pensão por morte aos respectivos dependentes será assegurada, a qualquer tempo, desde que tenham sido cumpridos os requisitos para obtenção desses benefícios até a data de entrada em vigor desta Emenda Constitucional, observados os critérios da legislação vigente na data em que foram atendidos os requisitos para a concessão da aposentadoria ou da pensão por morte.

§ 1º. Os proventos de aposentadoria devidos ao servidor público a que se refere o caput e as pensões por morte devidas aos seus dependentes serão calculados e reajustados de acordo com a legislação em vigor à época em que foram atendidos os requisitos nela estabelecidos para a concessão desses benefícios.

§ 2º. Os proventos de aposentadoria devidos ao segurado a que se refere o caput e as pensões por morte devidas aos seus dependentes serão apurados de acordo com a legislação em vigor à época em que foram atendidos os requisitos nela estabelecidos para a concessão desses benefícios.

§ 3º. Até que entre em vigor lei federal de que trata o § 19 do art. 40 da Constituição Federal, o servidor de que trata o caput que tenha cumprido os requisitos para aposentadoria voluntária com base no disposto na alínea "a" do inciso III do § 1º do art. 40 da Constituição Federal, na redação vigente até a data de entrada em vigor desta Emenda Constitucional, no art. 2º, no § 1º do art. 3º ou no art. 6º da Emenda Constitucional nº 41, de 19 de dezembro de 2003, ou no art. 3º da Emenda Constitucional nº 47, de 5 de julho de 2005, que optar por permanecer em atividade fará jus a um abono de permanência equivalente ao valor da sua contribuição previdenciária, até completar a idade para aposentadoria compulsória.

Art. 4º. O servidor público federal que tenha ingressado no serviço público em cargo efetivo até a data de entrada em vigor desta Emenda Constitucional poderá aposentar-se voluntariamente quando preencher, cumulativamente, os seguintes requisitos:

I – 56 (cinquenta e seis) anos de idade, se mulher, e 61 (sessenta e um) anos de idade, se homem, observado o disposto no § 1º;

II – 30 (trinta) anos de contribuição, se mulher, e 35 (trinta e cinco) anos de contribuição, se homem;

III – 20 (vinte) anos de efetivo exercício no serviço público;

IV – 5 (cinco) anos no cargo efetivo em que se der a aposentadoria; e

V – somatório da idade e do tempo de contribuição, incluídas as frações, equivalente a 86 (oitenta e seis) pontos, se mulher, e 96 (noventa e seis) pontos, se homem, observado o disposto nos §§ 2º e 3º.

§ 1º. A partir de 1º de janeiro de 2022, a idade mínima a que se refere o inciso I do *caput* será de 57 (cinquenta e sete) anos de idade, se mulher, e 62 (sessenta e dois) anos de idade, se homem.

§ 2º. A partir de 1º de janeiro de 2020, a pontuação a que se refere o inciso V do *caput* será acrescida a cada ano de 1 (um) ponto, até atingir o limite de 100 (cem) pontos, se mulher, e de 105 (cento e cinco) pontos, se homem.

§ 3º. A idade e o tempo de contribuição serão apurados em dias para o cálculo do somatório de pontos a que se referem o inciso V do *caput* e o § 2º.

§ 4º. Para o titular do cargo de professor que comprovar exclusivamente tempo de efetivo exercício das funções de magistério na educação infantil e no ensino fundamental e médio, os requisitos de idade e de tempo de contribuição de que tratam os incisos I e II do *caput* serão:

I – 51 (cinquenta e um) anos de idade, se mulher, e 56 (cinquenta e seis) anos de idade, se homem;

II – 25 (vinte e cinco) anos de contribuição, se mulher, e 30 (trinta) anos de contribuição, se homem; e

III – 52 (cinquenta e dois) anos de idade, se mulher, e 57 (cinquenta e sete) anos de idade, se homem, a partir de 1º de janeiro de 2022.

§ 5º. O somatório da idade e do tempo de contribuição de que trata o inciso V do *caput* para as pessoas a que se refere o § 4º, incluídas as frações, será de 81 (oitenta e um) pontos, se mulher, e 91 (noventa e um) pontos, se homem, aos quais serão acrescidos, a partir de 1º de janeiro de 2020, 1 (um) ponto a cada ano, até atingir o limite de 92 (noventa e dois) pontos, se mulher, e de 100 (cem) pontos, se homem.

§ 6º. Os proventos das aposentadorias concedidas nos termos do disposto neste artigo corresponderão:

I – à totalidade da remuneração do servidor público no cargo efetivo em que se der a aposentadoria, observado o disposto no § 8º, para o servidor público que tenha ingressado no serviço público em cargo efetivo até 31 de dezembro de 2003 e que não tenha feito a opção de que trata o § 16 do art. 40 da Constituição Federal, desde que tenha, no mínimo, 62 (sessenta e dois) anos de idade, se mulher, e 65 (sessenta e cinco) anos de idade, se homem, ou, para os titulares do cargo de professor de que trata o § 4º, 57 (cinquenta e sete) anos de idade, se mulher, e 60 (sessenta) anos de idade, se homem;

(*) Vide § 8º deste artigo.

II – ao valor apurado na forma da lei, para o servidor público não contemplado no inciso I.

§ 7º. Os proventos das aposentadorias concedidas nos termos do disposto neste artigo não serão inferiores ao valor a que se refere o § 2º do art. 201 da Constituição Federal e serão reajustados:

I – de acordo com o disposto no art. 7º da Emenda Constitucional nº 41, de 19 de dezembro de 2003, se cumpridos os requisitos previstos no inciso I do § 6º; ou

II – nos termos estabelecidos para o Regime Geral de Previdência Social, na hipótese prevista no inciso II do § 6º.

§ 8º. Considera-se remuneração do servidor público no cargo efetivo, para fins de cálculo dos proventos de aposentadoria com fundamento no disposto no inciso I do § 6º ou no inciso I do § 2º do art. 20, o valor constituído pelo subsídio, pelo vencimento e pelas vantagens pecuniárias permanentes do cargo, estabelecidos em lei, acrescidos dos adicionais de caráter individual e das vantagens pessoais permanentes, observados os seguintes critérios:

I – se o cargo estiver sujeito a variações na carga horária, o valor das rubricas que refletem essa variação integrará o cálculo do valor da remuneração do servidor público no cargo efetivo em que se deu a aposentadoria, considerando-se a média aritmética simples dessa carga horária proporcional ao número de anos completos de recebimento e contribuição, contínuos ou intercalados, em relação ao tempo total exigido para a aposentadoria;

II – se as vantagens pecuniárias permanentes forem variáveis por estarem vinculadas a indicadores de desempenho, produtividade ou situação similar, o valor dessas vantagens integrará o cálculo da remuneração do servidor público no cargo efetivo mediante a aplicação, sobre o valor atual de referência das vantagens pecuniárias permanentes variáveis, da média aritmética simples do indicador, proporcional ao número de anos completos de recebimento e de respectiva contribuição, contínuos ou intercalados, em relação ao tempo total exigido para a aposentadoria ou, se inferior, ao tempo total de percepção da vantagem.

§ 9°. Aplicam-se às aposentadorias dos servidores dos Estados, do Distrito Federal e dos Municípios as normas constitucionais e infraconstitucionais anteriores à data de entrada em vigor desta Emenda Constitucional, enquanto não promovidas alterações na legislação interna relacionadas ao respectivo regime próprio de previdência social.

§ 10. Estende-se o disposto no § 9° às normas sobre aposentadoria de servidores públicos incompatíveis com a redação atribuída por esta Emenda Constitucional aos §§ 4°, 4°-A, 4°-B e 4°-C do art. 40 da Constituição Federal.

Art. 5°. O policial civil do órgão a que se refere o inciso XIV do *caput* do art. 21 da Constituição Federal, o policial dos órgãos a que se referem o inciso IV do *caput* do art. 51, o inciso XIII do *caput* do art. 52 e os incisos I a III do *caput* do art. 144 da Constituição Federal e o ocupante de cargo de agente federal penitenciário ou socioeducativo que tenham ingressado na respectiva carreira até a data de entrada em vigor desta Emenda Constitucional poderão aposentar-se, na forma da Lei Complementar n° 51, de 20 de dezembro de 1985, observada a idade mínima de 55 (cinquenta e cinco) anos para ambos os sexos ou o disposto no § 3°.

(*) Vide § 3° deste artigo.

§ 1°. Serão considerados tempo de exercício em cargo de natureza estritamente policial, para os fins do inciso II do art. 1° da Lei Complementar n° 51, de 20 de dezembro de 1985, o tempo de atividade militar nas Forças Armadas, nas polícias militares e nos corpos de bombeiros militares e o tempo de atividade como agente penitenciário ou socioeducativo.

§ 2°. Aplicam-se às aposentadorias dos servidores dos Estados de que trata o § 4°-B do art. 40 da Constituição Federal as normas constitucionais e infraconstitucionais anteriores à data de entrada em vigor desta Emenda Constitucional, enquanto não promovidas alterações na legislação interna relacionada ao respectivo regime próprio de previdência social.

§ 3°. Os servidores de que trata o *caput* poderão aposentar-se aos 52 (cinquenta e dois) anos de idade, se mulher, e aos 53 (cinquenta e três) anos de idade, se homem, desde que cumprido período adicional de contribuição correspondente ao tempo que, na data de entrada em vigor desta Emenda Constitucional, faltaria para atingir o tempo de contribuição previsto na Lei Complementar n° 51, de 20 de dezembro de 1985.

Art. 6°. O disposto no § 14 do art. 37 da Constituição Federal não se aplica a aposentadorias concedidas pelo Regime Geral de Previdência Social até a data de entrada em vigor desta Emenda Constitucional.

Art. 7°. O disposto no § 15 do art. 37 da Constituição Federal não se aplica a complementações de aposentadorias e pensões concedidas até a data de entrada em vigor desta Emenda Constitucional.

Art. 8°. Até que entre em vigor lei federal de que trata o § 19 do art. 40 da Constituição Federal, o servidor público federal que cumprir as exigências para a concessão da aposentadoria voluntária nos termos do disposto nos arts. 4°, 5°, 20, 21 e 22 e que optar por permanecer em atividade fará jus a um abono de permanência equivalente ao valor da sua contribuição previdenciária, até completar a idade para aposentadoria compulsória.

Art. 9°. Até que entre em vigor lei complementar que discipline o § 22 do art. 40 da Constituição Federal, aplicam-se aos regimes próprios de previdência social o disposto na Lei n° 9.717, de 27 de novembro de 1998, e o disposto neste artigo.

§ 1°. O equilíbrio financeiro e atuarial do regime próprio de previdência social deverá ser comprovado por meio de garantia de equivalência, a valor presente, entre o fluxo das receitas estimadas e das despesas projetadas, apuradas atuarialmente, que, juntamente com os bens, direitos e ativos vinculados, comparados às obrigações assumidas, evidenciem a solvência e a liquidez do plano de benefícios.

§ 2°. O rol de benefícios dos regimes próprios de previdência social fica limitado às aposentadorias e à pensão por morte.

EMENDAS CONSTITUCIONAIS

§ 3º. Os afastamentos por incapacidade temporária para o trabalho e o salário-maternidade serão pagos diretamente pelo ente federativo e não correrão à conta do regime próprio de previdência social ao qual o servidor se vincula.

§ 4º. Os Estados, o Distrito Federal e os Municípios não poderão estabelecer alíquota inferior à da contribuição dos servidores da União, exceto se demonstrado que o respectivo regime próprio de previdência social não possui deficit atuarial a ser equacionado, hipótese em que a alíquota não poderá ser inferior às alíquotas aplicáveis ao Regime Geral de Previdência Social.

§ 5º. Para fins do disposto no § 4º, não será considerada como ausência de deficit a implementação de segregação da massa de segurados ou a previsão em lei de plano de equacionamento de deficit.

§ 6º. A instituição do regime de previdência complementar na forma dos §§ 14 a 16 do art. 40 da Constituição Federal e a adequação do órgão ou entidade gestora do regime próprio de previdência social ao § 20 do art. 40 da Constituição Federal deverão ocorrer no prazo máximo de 2 (dois) anos da data de entrada em vigor desta Emenda Constitucional.

§ 7º. Os recursos de regime próprio de previdência social poderão ser aplicados na concessão de empréstimos a seus segurados, na modalidade de consignados, observada regulamentação específica estabelecida pelo Conselho Monetário Nacional.

§ 8º. Por meio de lei, poderá ser instituída contribuição extraordinária pelo prazo máximo de 20 (vinte) anos, nos termos dos §§ 1º-B e 1º-C do art. 149 da Constituição Federal.

§ 9º. O parcelamento ou a moratória de débitos dos entes federativos com seus regimes próprios de previdência social fica limitado ao prazo a que se refere o § 11 do art. 195 da Constituição.

Art. 10. Até que entre em vigor lei federal que discipline os benefícios do regime próprio de previdência social dos servidores da União, aplica-se o disposto neste artigo.

§ 1º. Os servidores públicos federais serão aposentados:

I – voluntariamente, observados, cumulativamente, os seguintes requisitos:

a) 62 (sessenta e dois) anos de idade, se mulher, e 65 (sessenta e cinco) anos de idade, se homem; e

b) 25 (vinte e cinco) anos de contribuição, desde que cumprido o tempo mínimo de 10 (dez) anos de efetivo exercício no serviço público e de 5 (cinco) anos no cargo efetivo em que for concedida a aposentadoria;

II – por incapacidade permanente para o trabalho, no cargo em que estiverem investidos, quando insuscetíveis de readaptação, hipótese em que será obrigatória a realização de avaliações periódicas para verificação da continuidade das condições que ensejaram a concessão da aposentadoria; ou

III – compulsoriamente, na forma do disposto no inciso II do § 1º do art. 40 da Constituição Federal.

§ 2º. Os servidores públicos federais com direito a idade mínima ou tempo de contribuição distintos da regra geral para concessão de aposentadoria na forma dos §§ 4º-B, 4º-C e 5º do art. 40 da Constituição Federal poderão aposentar-se, observados os seguintes requisitos:

I – o policial civil do órgão a que se refere o inciso XIV do caput do art. 21 da Constituição Federal, o policial dos órgãos a que se referem o inciso IV do caput do art. 51, o inciso XIII do caput do art. 52 e os incisos I a III do caput do art. 144 da Constituição Federal e o ocupante de cargo de agente federal penitenciário ou socioeducativo, aos 55 (cinquenta e cinco) anos de idade, com 30 (trinta) anos de contribuição e 25 (vinte e cinco) anos de efetivo exercício em cargo dessas carreiras, para ambos os sexos;

II – o servidor público federal cujas atividades sejam exercidas com efetiva exposição a agentes químicos, físicos e biológicos prejudiciais à saúde, ou associação desses agentes, vedada a caracterização por categoria profissional ou ocupação, aos 60 (sessenta) anos de idade, com 25 (vinte e cinco) anos de efetiva exposição e contribuição, 10 (dez) anos de efetivo exercício de serviço público e 5 (cinco) anos no cargo efetivo em que for concedida a aposentadoria;

III – o titular do cargo federal de professor, aos 60 (sessenta) anos de idade, se homem, aos 57 (cinquenta e sete) anos, se mulher, com 25 (vinte e cinco) anos de contribuição exclusivamente em efetivo exercício das funções de magistério na educação infantil e no ensino fundamental e médio, 10 (dez) anos de efetivo exercício de serviço público e 5 (cinco) anos no cargo efetivo em que for concedida a aposentadoria, para ambos os sexos.

§ 3º. A aposentadoria a que se refere o § 4º-C do art. 40 da Constituição Federal observará adicionalmente as condições e os requisitos estabelecidos para o Regime Geral de Previdência Social, naquilo em que não conflitarem com as regras específicas aplicáveis ao regime próprio de previdência social da União, vedada a conversão de tempo especial em comum.

§ 4º. Os proventos das aposentadorias concedidas nos termos do disposto neste artigo serão apurados na forma da lei.

§ 5º. Até que entre em vigor lei federal de que trata o § 19 do art. 40 da Constituição Federal, o servidor federal que cumprir as exigências para a concessão da aposentadoria voluntária nos termos do disposto neste artigo e que optar por permanecer em atividade fará jus a um abono de permanência equivalente ao valor da sua contribuição previdenciária, até completar a idade para aposentadoria compulsória.

§ 6º. A pensão por morte devida aos dependentes do policial civil do órgão a que se refere o inciso XIV do *caput* do art. 21 da Constituição Federal, do policial dos órgãos a que se referem o inciso IV do *caput* do art. 51, o inciso XIII do *caput* do art. 52 e os incisos I a III do *caput* do art. 144 da Constituição Federal e dos ocupantes dos cargos de agente federal penitenciário ou socioeducativo decorrente de agressão sofrida no exercício ou em razão da função será vitalícia para o cônjuge ou companheiro e equivalente à remuneração do cargo.

§ 7º. Aplicam-se às aposentadorias dos servidores dos Estados, do Distrito Federal e dos Municípios as normas constitucionais e infraconstitucionais anteriores à data de entrada em vigor desta Emenda Constitucional, enquanto não promovidas alterações na legislação interna relacionada ao respectivo regime próprio de previdência social.

Art. 11. Até que entre em vigor lei que altere a alíquota da contribuição previdenciária de que tratam os arts. 4º, 5º e 6º da Lei nº 10.887, de 18 de junho de 2004, esta será de 14% (quatorze por cento).

§ 1º. A alíquota prevista no *caput* será reduzida ou majorada, considerado o valor da base de contribuição ou do benefício recebido, de acordo com os seguintes parâmetros:

I – até 1 (um) salário mínimo, redução de seis inteiros e cinco décimos pontos percentuais;

II – acima de 1 (um) salário mínimo até R$ 2.000,00 (dois mil reais), redução de cinco pontos percentuais;

III – de R$ 2.000,01 (dois mil reais e um centavo) até R$ 3.000,00 (três mil reais), redução de dois pontos percentuais;

IV – de R$ 3.000,01 (três mil reais e um centavo) até R$ 5.839,45 (cinco mil, oitocentos e trinta e nove reais e quarenta e cinco centavos), sem redução ou acréscimo;

V – de R$ 5.839,46 (cinco mil, oitocentos e trinta e nove reais e quarenta e seis centavos) até R$ 10.000,00 (dez mil reais), acréscimo de meio ponto percentual;

VI – de R$ 10.000,01 (dez mil reais e um centavo) até R$ 20.000,00 (vinte mil reais), acréscimo de dois inteiros e cinco décimos pontos percentuais;

VII – de R$ 20.000,01 (vinte mil reais e um centavo) até R$ 39.000,00 (trinta e nove mil reais), acréscimo de cinco pontos percentuais; e

VIII – acima de R$ 39.000,00 (trinta e nove mil reais), acréscimo de oito pontos percentuais.

§ 2º. A alíquota, reduzida ou majorada nos termos do disposto no § 1º, será aplicada de forma progressiva sobre a base de contribuição do servidor ativo, incidindo cada alíquota sobre a faixa de valores compreendida nos respectivos limites.

§ 3º. Os valores previstos no § 1º serão reajustados, a partir da data de entrada em vigor desta Emenda Constitucional, na mesma data e com o mesmo índice em que se der o reajuste dos benefícios do Regime Geral de Previdência Social, ressalvados aqueles vinculados ao salário mínimo, aos quais se aplica a legislação específica.

§ 4º. A alíquota de contribuição de que trata o *caput*, com a redução ou a majoração decorrentes do disposto no § 1º, será devida pelos aposentados e pensionistas de quaisquer dos Poderes da União, incluídas suas entidades autárquicas e suas fundações, e incidirá sobre o valor da parcela dos proventos de aposentadoria e de pensões que supere o limite máximo estabelecido para os benefícios do Regime Geral de Previdência Social, hipótese em que será considerada a totalidade do valor do benefício para fins de definição das alíquotas aplicáveis.

Art. 12. A União instituirá sistema integrado de dados relativos às remunerações, proventos e pensões dos segurados dos regimes de previdência de que tratam os arts. 40, 201 e 202 da Constituição Federal, aos benefícios dos programas de assistência social de que trata o art. 203 da Constituição Federal e às remunerações, proventos de inatividade e pensão por morte decorrentes das atividades militares de que tratam os arts. 42 e 142 da Constituição Federal, em interação com outras bases de dados, ferramentas e plataformas, para o fortalecimento de sua gestão, governança e transparência e o cumprimento das disposições estabelecidas nos incisos XI e XVI do art. 37 da Constituição Federal.

§ 1º. A União, os Estados, o Distrito Federal e os Municípios e os órgãos e entidades gestoras dos regimes, dos sistemas e dos programas a que se refere o *caput* disponibilizarão as informações necessárias para a estruturação do sistema integrado de dados e terão acesso ao compartilhamento das referidas informações, na forma da legislação.

§ 2º. É vedada a transmissão das informações de que trata este artigo a qualquer pessoa física ou jurídica para a prática de atividade não relacionada à fiscalização dos regimes, dos sistemas e dos programas a que se refere o *caput*.

Art. 13. Não se aplica o disposto no § 9º do art. 39 da Constituição Federal a parcelas remuneratórias decorrentes de incorporação de vantagens de caráter temporário ou vinculadas ao exercício de função de confiança ou de cargo em comissão efetivada até a data de entrada em vigor desta Emenda Constitucional.

Art. 14. Vedadas a adesão de novos segurados e a instituição de novos regimes dessa natureza, os atuais segurados de regime de previdência aplicável a titulares de mandato eletivo da União, dos Estados, do Distrito Federal e dos Municípios poderão, por meio de opção expressa formalizada no prazo de 180 (cento e oitenta) dias, contado da data de entrada em vigor desta Emenda Constitucional, retirar-se dos regimes previdenciários aos quais se encontrem vinculados.

§ 1º. Os segurados, atuais e anteriores, do regime de previdência de que trata a Lei nº 9.506, de 30 de outubro de 1997, que fizeram a opção de permanecer nesse regime previdenciário deverão cumprir período adicional correspondente a 30% (trinta por cento) do tempo de contribuição que faltaria para aquisição do direito à aposentadoria na data de entrada em vigor desta Emenda Constitucional e somente poderão aposentar-se a partir dos 62 (sessenta e dois) anos de idade, se mulher, e 65 (sessenta e cinco) anos de idade, se homem.

§ 2º. Se for exercida a opção prevista no *caput*, será assegurada a contagem do tempo de contribuição vertido para o regime de previdência ao qual o segurado se encontrava vinculado, nos termos do disposto no § 9º do art. 201 da Constituição Federal.

§ 3º. A concessão de aposentadoria aos titulares de mandato eletivo e de pensão por morte aos dependentes de titular de mandato eletivo falecido será assegurada, a qualquer tempo, desde que cumpridos os requisitos para obtenção desses benefícios até a data de entrada em vigor desta Emenda Constitucional, observados os critérios da legislação vigente na data em que foram atendidos os requisitos para a concessão da aposentadoria ou da pensão por morte.

§ 4º. Observado o disposto nos §§ 9º e 9º-A do art. 201 da Constituição Federal, o tempo de contribuição a regime próprio de previdência social e ao Regime Geral de Previdência Social, assim como o tempo de contribuição decorrente das atividades militares de que tratam os arts. 42 e 142 da Constituição Federal, que tenha sido considerado para a concessão de benefício pelos regimes a que se refere o *caput* não poderá ser utilizado para obtenção de benefício naqueles regimes.

§ 5º. Lei específica do Estado, do Distrito Federal ou do Município deverá disciplinar a regra de transição a ser aplicada aos segurados que, na forma do *caput*, fizerem a opção de permanecer no regime previdenciário de que trata este artigo.

Art. 15. Ao segurado filiado ao Regime Geral de Previdência Social até a data de entrada em vigor desta Emenda Constitucional, fica assegurado o direito à aposentadoria quando forem preenchidos, cumulativamente, os seguintes requisitos:

I – 30 (trinta) anos de contribuição, se mulher, e 35 (trinta e cinco) anos de contribuição, se homem; e

II – somatório da idade e do tempo de contribuição, incluídas as frações, equivalente a 86 (oitenta e seis) pontos, se mulher, e 96 (noventa e seis) pontos, se homem, observado o disposto nos §§ 1º e 2º.

§ 1º. A partir de 1º de janeiro de 2020, a pontuação a que se refere o inciso II do *caput* será acrescida a cada ano de 1 (um) ponto, até atingir o limite de 100 (cem) pontos, se mulher, e de 105 (cento e cinco) pontos, se homem.

§ 2º. A idade e o tempo de contribuição serão apurados em dias para o cálculo do somatório de pontos a que se referem o inciso II do caput e o § 1º.

§ 3º. Para o professor que comprovar exclusivamente 25 (vinte e cinco) anos de contribuição, se mulher, e 30 (trinta) anos de contribuição, se homem, em efetivo exercício das funções de magistério na educação infantil e no ensino fundamental e médio, o somatório da idade e do tempo de contribuição, incluídas as frações, será equivalente a 81 (oitenta e um) pontos, se mulher, e 91 (noventa e um) pontos, se homem, aos quais serão acrescidos, a partir de 1º de janeiro de 2020, 1 (um) ponto a cada ano para o homem e para a mulher, até atingir o limite de 92 (noventa e dois) pontos, se mulher, e 100 (cem) pontos, se homem.

§ 4º. O valor da aposentadoria concedida nos termos do disposto neste artigo será apurado na forma da lei.

Art. 16. Ao segurado filiado ao Regime Geral de Previdência Social até a data de entrada em vigor desta Emenda Constitucional fica assegurado o direito à aposentadoria quando preencher, cumulativamente, os seguintes requisitos:

I – 30 (trinta) anos de contribuição, se mulher, e 35 (trinta e cinco) anos de contribuição, se homem; e

II – idade de 56 (cinquenta e seis) anos, se mulher, e 61 (sessenta e um) anos, se homem.

§ 1º. A partir de 1º de janeiro de 2020, a idade a que se refere o inciso II do caput será acrescida de 6 (seis) meses a cada ano, até atingir 62 (sessenta e dois) anos de idade, se mulher, e 65 (sessenta e cinco) anos de idade, se homem.

§ 2º. Para o professor que comprovar exclusivamente tempo de efetivo exercício das funções de magistério na educação infantil e no ensino fundamental e médio, o tempo de contribuição e a idade de que tratam os incisos I e II do caput deste artigo serão reduzidos em 5 (cinco) anos, sendo, a partir de 1º de janeiro de 2020, acrescidos 6 (seis) meses, a cada ano, às idades previstas no inciso II do caput, até atingirem 57 (cinquenta e sete) anos, se mulher, e 60 (sessenta) anos, se homem.

§ 3º. O valor da aposentadoria concedida nos termos do disposto neste artigo será apurado na forma da lei.

Art. 17. Ao segurado filiado ao Regime Geral de Previdência Social até a data de entrada em vigor desta Emenda Constitucional e que na referida data contar com mais de 28 (vinte e oito) anos de contribuição, se mulher, e 33 (trinta e três) anos de contribuição, se homem, fica assegurado o direito à aposentadoria quando preencher, cumulativamente, os seguintes requisitos:

I – 30 (trinta) anos de contribuição, se mulher, e 35 (trinta e cinco) anos de contribuição, se homem; e

II – cumprimento de período adicional correspondente a 50% (cinquenta por cento) do tempo que, na data de entrada em vigor desta Emenda Constitucional, faltaria para atingir 30 (trinta) anos de contribuição, se mulher, e 35 (trinta e cinco) anos de contribuição, se homem.

Parágrafo único. O benefício concedido nos termos deste artigo terá seu valor apurado de acordo com a média aritmética simples dos salários de contribuição e das remunerações calculada na forma da lei, multiplicada pelo fator previdenciário, calculado na forma do disposto nos §§ 7º a 9º do art. 29 da Lei nº 8.213, de 24 de julho de 1991.

Art. 18. O segurado de que trata o inciso I do § 7º do art. 201 da Constituição Federal filiado ao Regime Geral de Previdência Social até a data de entrada em vigor desta Emenda Constitucional poderá aposentar-se quando preencher, cumulativamente, os seguintes requisitos:

I – 60 (sessenta) anos de idade, se mulher, e 65 (sessenta e cinco) anos de idade, se homem; e

II – 15 (quinze) anos de contribuição, para ambos os sexos.

§ 1º. A partir de 1º de janeiro de 2020, a idade de 60 (sessenta) anos da mulher, prevista no inciso I do caput, será acrescida em 6 (seis) meses a cada ano, até atingir 62 (sessenta e dois) anos de idade.

§ 2º. O valor da aposentadoria de que trata este artigo será apurado na forma da lei.

Art. 19. Até que lei disponha sobre o tempo de contribuição a que se refere o inciso I do § 7º do art. 201 da Constituição Federal, o segurado filiado ao Regime Geral de Previdência Social após a data de entrada em vigor desta Emenda Constitucional será aposentado aos 62 (sessenta e dois) anos de idade, se mulher, 65 (sessenta e cinco) anos de idade, se homem, com 15 (quinze) anos de tempo de contribuição, se mulher, e 20 (vinte) anos de tempo de contribuição, se homem.

§ 1º. Até que lei complementar disponha sobre a redução de idade mínima ou tempo de contribuição prevista nos §§ 1º e 8º do art. 201 da Constituição Federal, será concedida aposentadoria:

I – aos segurados que comprovem o exercício de atividades com efetiva exposição a agentes químicos, físicos e biológicos prejudiciais à saúde, ou associação desses agentes, vedada a caracterização por categoria profissional ou ocupação, durante, no mínimo, 15 (quinze), 20 (vinte) ou 25 (vinte e cinco) anos, nos termos do disposto nos arts. 57 e 58 da Lei nº 8.213, de 24 de julho de 1991, quando cumpridos:

a) 55 (cinquenta e cinco) anos de idade, quando se tratar de atividade especial de 15 (quinze) anos de contribuição;

b) 58 (cinquenta e oito) anos de idade, quando se tratar de atividade especial de 20 (vinte) anos de contribuição; ou

c) 60 (sessenta) anos de idade, quando se tratar de atividade especial de 25 (vinte e cinco) anos de contribuição;

II – ao professor que comprove 25 (vinte e cinco) anos de contribuição exclusivamente em efetivo exercício das funções de magistério na educação infantil e no ensino fundamental e médio e tenha 57 (cinquenta e sete) anos de idade, se mulher, e 60 (sessenta) anos de idade, se homem.

§ 2º. O valor das aposentadorias de que trata este artigo será apurado na forma da lei.

Art. 20. O segurado ou o servidor público federal que se tenha filiado ao Regime Geral de Previdência Social ou ingressado no serviço público em cargo efetivo até a data de entrada em vigor desta Emenda Constitucional poderá aposentar-se voluntariamente quando preencher, cumulativamente, os seguintes requisitos:

I – 57 (cinquenta e sete) anos de idade, se mulher, e 60 (sessenta) anos de idade, se homem;

II – 30 (trinta) anos de contribuição, se mulher, e 35 (trinta e cinco) anos de contribuição, se homem;

III – para os servidores públicos, 20 (vinte) anos de efetivo exercício no serviço público e 5 (cinco) anos no cargo efetivo em que se der a aposentadoria;

IV – período adicional de contribuição correspondente ao tempo que, na data de entrada em vigor desta Emenda Constitucional, faltaria para atingir o tempo mínimo de contribuição referido no inciso II.

§ 1º. Para o professor que comprovar exclusivamente tempo de efetivo exercício das funções de magistério na educação infantil e no ensino fundamental e médio serão reduzidos, para ambos os sexos, os requisitos de idade e de tempo de contribuição em 5 (cinco) anos.

§ 2º. O valor das aposentadorias concedidas nos termos do disposto neste artigo corresponderá:

I – em relação ao servidor público que tenha ingressado no serviço público em cargo efetivo até 31 de dezembro de 2003 e que não tenha feito a opção de que trata o § 16 do art. 40 da Constituição Federal, à totalidade da remuneração no cargo efetivo em que se der a aposentadoria, observado o disposto no § 8º do art. 4º; e

(*) Vide art. 4º, § 8º, desta EC nº 103, de 12.11.2019.

II – em relação aos demais servidores públicos e aos segurados do Regime Geral de Previdência Social, ao valor apurado na forma da lei.

§ 3º. O valor das aposentadorias concedidas nos termos do disposto neste artigo não será inferior ao valor a que se refere o § 2º do art. 201 da Constituição Federal e será reajustado:

I – de acordo com o disposto no art. 7º da Emenda Constitucional nº 41, de 19 de dezembro de 2003, se cumpridos os requisitos previstos no inciso I do § 2º;

II – nos termos estabelecidos para o Regime Geral de Previdência Social, na hipótese prevista no inciso II do § 2º.

§ 4º. Aplicam-se às aposentadorias dos servidores dos Estados, do Distrito Federal e dos Municípios as normas constitucionais e infraconstitucionais anteriores à data de entrada em vigor desta Emenda Constitucional, enquanto não promovidas alterações na legislação interna relacionadas ao respectivo regime próprio de previdência social.

Art. 21. O segurado ou o servidor público federal que se tenha filiado ao Regime Geral de Previdência Social ou ingressado no serviço público em cargo efetivo até a data de entrada em vigor desta Emenda Constitucional cujas atividades tenham sido exercidas com efetiva exposição a agentes químicos, físicos e biológicos prejudiciais à saúde, ou associação desses agentes, vedada a caracterização por categoria profissional ou ocupação, desde que cumpridos, no caso do servidor, o tempo mínimo de 20 (vinte) anos de efetivo exercício no serviço público e de 5 (cinco) anos no cargo efetivo em que for concedida a aposentadoria, na forma dos arts. 57 e 58 da Lei nº 8.213, de 24 de julho de 1991, poderão aposentar-se quando o total da soma resultante da sua idade e do tempo de contribuição e o tempo de efetiva exposição forem, respectivamente, de:

I – 66 (sessenta e seis) pontos e 15 (quinze) anos de efetiva exposição;

II – 76 (setenta e seis) pontos e 20 (vinte) anos de efetiva exposição; e

III – 86 (oitenta e seis) pontos e 25 (vinte e cinco) anos de efetiva exposição.

§ 1º. A idade e o tempo de contribuição serão apurados em dias para o cálculo do somatório de pontos a que se refere o *caput*.

§ 2º. O valor da aposentadoria de que trata este artigo será apurado na forma da lei.

§ 3º. Aplicam-se às aposentadorias dos servidores dos Estados, do Distrito Federal e dos Municípios cujas atividades sejam exercidas com efetiva exposição a agentes químicos, físicos e biológicos prejudiciais à saúde, ou associação desses agentes, vedada a caracterização por categoria profissional ou ocupação, na forma do § 4º-C do art. 40 da Constituição Federal, as normas constitucionais e infraconstitucionais anteriores à data de entrada em vigor desta Emenda Constitucional, enquanto não promovidas alterações na legislação interna relacionada ao respectivo regime próprio de previdência social.

Art. 22. Até que lei discipline o § 4º-A do art. 40 e o inciso I do § 1º do art. 201 da Constituição Federal, a aposentadoria da pessoa com deficiência segurada do Regime Geral de Previdência Social ou do servidor público federal com deficiência vinculado a regime próprio de previdência social, desde que cumpridos, no caso do servidor, o tempo mínimo de 10 (dez) anos de efetivo exercício no serviço público e de 5 (cinco) anos no cargo efetivo em que for concedida a aposentadoria, será concedida na forma da Lei Complementar nº 142, de 8 de maio de 2013, inclusive quanto aos critérios de cálculo dos benefícios.

Parágrafo único. Aplicam-se às aposentadorias dos servidores com deficiência dos Estados, do Distrito Federal e dos Municípios as normas constitucionais e infraconstitucionais anteriores à data de entrada em vigor desta Emenda Constitucional, enquanto não promovidas alterações na legislação interna relacionada ao respectivo regime próprio de previdência social.

Art. 23. A pensão por morte concedida a dependente de segurado do Regime Geral de Previdência Social ou de servidor público federal será equivalente a uma cota familiar de 50% (cinquenta por cento) do valor da aposentadoria recebida pelo segurado ou servidor ou daquela a que teria direito se fosse aposentado por incapacidade permanente na data do óbito, acrescida de cotas de 10 (dez) pontos percentuais por dependente, até o máximo de 100% (cem por cento).

§ 1º. As cotas por dependente cessarão com a perda dessa qualidade e não serão reversíveis aos demais dependentes, preservado o valor de 100% (cem por cento) da pensão por morte quando o número de dependentes remanescente for igual ou superior a 5 (cinco).

§ 2º. Na hipótese de existir dependente inválido ou com deficiência intelectual, mental ou grave, o valor da pensão por morte de que trata o *caput* será equivalente a:

I – 100% (cem por cento) da aposentadoria recebida pelo segurado ou servidor ou daquela a que teria direito se fosse aposentado por incapacidade permanente na data do óbito, até o limite máximo de benefícios do Regime Geral de Previdência Social; e

II – uma cota familiar de 50% (cinquenta por cento) acrescida de cotas de 10 (dez) pontos percentuais por dependente, até o máximo de 100% (cem por cento), para o valor que supere o limite máximo de benefícios do Regime Geral de Previdência Social.

§ 3º. Quando não houver mais dependente inválido ou com deficiência intelectual, mental ou grave, o valor da pensão será recalculado na forma do disposto no *caput* e no § 1º.

§ 4º. O tempo de duração da pensão por morte e das cotas individuais por dependente até a perda dessa qualidade, o rol de dependentes e sua qualificação e as condições necessárias para enquadramento serão aqueles estabelecidos na Lei nº 8.213, de 24 de julho de 1991.

§ 5º. Para o dependente inválido ou com deficiência intelectual, mental ou grave, sua condição pode ser reconhecida previamente ao óbito do segurado, por meio de avaliação biopsicossocial realizada por equipe multiprofissional e interdisciplinar, observada revisão periódica na forma da legislação.

§ 6º. Equiparam-se a filho, para fins de recebimento da pensão por morte, exclusivamente o enteado e o menor tutelado, desde que comprovada a dependência econômica.

§ 7º. As regras sobre pensão previstas neste artigo e na legislação vigente na data de entrada em vigor desta Emenda Constitucional poderão ser alteradas na formada lei para o Regime Geral de Previdência Social e para o regime próprio de previdência social da União.

§ 8º. Aplicam-se às pensões concedidas aos dependentes de servidores dos Estados, do Distrito Federal e dos Municípios as normas constitucionais e infraconstitucionais anteriores à data de entrada em vigor desta Emenda Constitucional, enquanto não promovidas alterações na legislação interna relacionada ao respectivo regime próprio de previdência social.

Art. 24. É vedada a acumulação de mais de uma pensão por morte deixada por cônjuge ou companheiro, no âmbito do mesmo regime de previdência social, ressalvadas as pensões do mesmo instituidor decorrentes do exercício de cargos acumuláveis na forma do art. 37 da Constituição Federal.

§ 1º. Será admitida, nos termos do § 2º, a acumulação de:

I – pensão por morte deixada por cônjuge ou companheiro de um regime de previdência social com pensão por morte concedida por outro regime de previdência social ou com pensões decorrentes das atividades militares de que tratam os arts. 42 e 142 da Constituição Federal;

II – pensão por morte deixada por cônjuge ou companheiro de um regime de previdência social com aposentadoria concedida no âmbito do Regime Geral de Previdência Social ou de regime próprio de previdência social ou com proventos de inatividade decorrentes das atividades militares de que tratam os arts. 42 e 142 da Constituição Federal; ou

III – pensões decorrentes das atividades militares de que tratam os arts. 42 e 142 da Constituição Federal com aposentadoria concedida no âmbito do Regime Geral de Previdência Social ou de regime próprio de previdência social.

§ 2º. Nas hipóteses das acumulações previstas no § 1º, é assegurada a percepção do valor integral do benefício mais vantajoso e de uma parte de cada um dos demais benefícios, apurada cumulativamente de acordo com as seguintes faixas:

I – 60% (sessenta por cento) do valor que exceder 1 (um) salário mínimo, até o limite de 2 (dois) salários mínimos;

II – 40% (quarenta por cento) do valor que exceder 2 (dois) salários mínimos, até o limite de 3 (três) salários mínimos;

III – 20% (vinte por cento) do valor que exceder 3 (três) salários mínimos, até o limite de 4 (quatro) salários mínimos; e

IV – 10% (dez por cento) do valor que exceder 4 (quatro) salários mínimos.

§ 3º. A aplicação do disposto no § 2º poderá ser revista a qualquer tempo, a pedido do interessado, em razão de alteração de algum dos benefícios.

§ 4º. As restrições previstas neste artigo não serão aplicadas se o direito aos benefícios houver sido adquirido antes da data de entrada em vigor desta Emenda Constitucional.

§ 5º. As regras sobre acumulação previstas neste artigo e na legislação vigente na data de entrada em vigor desta Emenda Constitucional poderão ser alteradas na forma do § 6º do art. 40 e do § 15 do art. 201 da Constituição Federal.

Art. 25. Será assegurada a contagem de tempo de contribuição fictício no Regime Geral de Previdência Social decorrente de hipóteses descritas na legislação vigente até a data de entrada em vigor desta Emenda Constitucional para fins de concessão de aposentadoria, observando-se, a partir da sua entrada em vigor, o disposto no § 14 do art. 201 da Constituição Federal.

§ 1º. Para fins de comprovação de atividade rural exercida até a data de entrada em vigor desta Emenda Constitucional, o prazo de que tratam os §§ 1º e 2º do art. 38-B da Lei nº 8.213, de 24 de julho de 1991, será prorrogado até a data em que o Cadastro Nacional de Informações Sociais (CNIS) atingir a cobertura mínima de 50% (cinquenta por cento) dos trabalhadores de que trata o § 8º do art. 195 da Constituição Federal, apurada conforme quantitativo da Pesquisa Nacional por Amostra de Domicílios Contínua (Pnad).

§ 2º. Será reconhecida a conversão de tempo especial em comum, na forma prevista na Lei nº 8.213, de 24 de julho de 1991, ao segurado do Regime Geral de Previdência Social que comprovar tempo de efetivo exercício de atividade sujeita a condições especiais que efetivamente prejudiquem a saúde, cumprido até a data de entrada em vigor desta Emenda Constitucional, vedada a conversão para o tempo cumprido após esta data.

§ 3º. Considera-se nula a aposentadoria que tenha sido concedida ou que venha a ser concedida por regime próprio de previdência social com contagem recíproca do Regime Geral de Previdência Social mediante o cômputo de tempo de serviço sem o recolhimento da respectiva contribuição ou da correspondente indenização pelo segurado obrigatório responsável, à época do exercício da atividade, pelo recolhimento de suas próprias contribuições previdenciárias.

Art. 26. Até que lei discipline o cálculo dos benefícios do regime próprio de previdência social da União e do Regime Geral de Previdência Social, será utilizada a média aritmética simples dos salários de contribuição e das remunerações adotados como base para contribuições a regime próprio de previdência social e ao Regime Geral de Previdência Social, ou como base para contribuições decorrentes das atividades militares de que tratam os arts. 42 e 142 da Constituição Federal, atualizados monetariamente, correspondentes a 100% (cem por cento) do período contributivo desde a competência julho de 1994 ou desde o início da contribuição, se posterior àquela competência.

§ 1º. A média a que se refere o *caput* será limitada ao valor máximo do salário de contribuição do Regime Geral de Previdência Social para os segurados desse regime e para o servidor que ingressou no serviço público em cargo efetivo após a implantação do regime de previdência complementar ou que tenha exercido a opção correspondente, nos termos do disposto nos §§ 14 a 16 do art. 40 da Constituição Federal.

§ 2º. O valor do benefício de aposentadoria corresponderá a 60% (sessenta por cento) da média aritmética definida na forma prevista no *caput* e no § 1º, com acréscimo de 2 (dois) pontos percentuais para cada ano de contribuição que exceder o tempo de 20 (vinte) anos de contribuição nos casos:

I – do inciso II do § 6º do art. 4º, do § 4º do art. 15, do § 3º do art. 16 e do § 2º do art. 18;

II – do § 4º do art. 10, ressalvado o disposto no inciso II do § 3º e no § 4º deste artigo;

III – de aposentadoria por incapacidade permanente aos segurados do Regime Geral de Previdência Social, ressalvado o disposto no inciso II do § 3º deste artigo; e

IV – do § 2º do art. 19 e do § 2º do art. 21, ressalvado o disposto no § 5º deste artigo.

§ 3º. O valor do benefício de aposentadoria corresponderá a 100% (cem por cento) da média aritmética definida na forma prevista no *caput* e no § 1º:

I – no caso do inciso II do § 2º do art. 20;

II – no caso de aposentadoria por incapacidade permanente, quando decorrer de acidente de trabalho, de doença profissional e de doença do trabalho.

§ 4º. O valor do benefício da aposentadoria de que trata o inciso III do § 1º do art. 10 corresponderá ao resultado do tempo de contribuição dividido por 20 (vinte) anos, limitado a um inteiro, multiplicado pelo valor apurado na forma do *caput* do § 2º deste artigo, ressalvado o caso de cumprimento de critérios de acesso para aposentadoria voluntária que resulte em situação mais favorável.

§ 5º. O acréscimo a que se refere o *caput* do § 2º será aplicado para cada ano que exceder 15 (quinze) anos de tempo de contribuição para os segurados de que tratam a alínea "a" do inciso I do § 1º do art. 19 e o inciso I do art. 21 e para as mulheres filiadas ao Regime Geral de Previdência Social.

§ 6º. Poderão ser excluídas da média as contribuições que resultem em redução do valor do benefício, desde que mantido o tempo mínimo de contribuição exigido, vedada a utilização do tempo excluído para qualquer finalidade, inclusive para o acréscimo a que se referem os §§ 2º e 5º, para a averbação em outro regime previdenciário ou para a obtenção dos proventos de inatividade das atividades de que tratam os arts. 42 e 142 da Constituição Federal.

§ 7º. Os benefícios calculados nos termos do disposto neste artigo serão reajustados nos termos estabelecidos para o Regime Geral de Previdência Social.

Art. 27. Até que lei discipline o acesso ao salário-família e ao auxílio-reclusão de que trata o inciso IV do art. 201 da Constituição Federal, esses benefícios serão concedidos apenas àqueles que tenham renda bruta mensal igual ou inferior a R$ 1.364,43 (mil, trezentos e sessenta e quatro reais e quarenta e três centavos), que serão corrigidos pelos mesmos índices aplicados aos benefícios do Regime Geral de Previdência Social.

§ 1º. Até que lei discipline o valor do auxílio-reclusão, de que trata o inciso IV do art. 201 da Constituição Federal, seu cálculo será realizado na forma daquele aplicável à pensão por morte, não podendo exceder o valor de 1 (um) salário mínimo.

§ 2º. Até que lei discipline o valor do salário-família, de que trata o inciso IV do art. 201 da Constituição Federal, seu valor será de R$ 46,54 (quarenta e seis reais e cinquenta e quatro centavos).

Art. 28. Até que lei altere as alíquotas da contribuição de que trata a Lei nº 8.212, de 24 de julho de 1991, devidas pelo segurado empregado, inclusive o doméstico, e pelo trabalhador avulso, estas serão de:

I – até 1 (um) salário mínimo, 7,5% (sete inteiros e cinco décimos por cento);

II – acima de 1 (um) salário mínimo até R$ 2.000,00 (dois mil reais), 9% (nove por cento);

III – de R$ 2.000,01 (dois mil reais e um centavo) até R$ 3.000,00 (três mil reais), 12% (doze por cento); e

IV – de R$ 3.000,01 (três mil reais e um centavo) até o limite do salário de contribuição, 14% (quatorze por cento).

§ 1º. As alíquotas previstas no *caput* serão aplicadas de forma progressiva sobre o salário de contribuição do segurado, incidindo cada alíquota sobre a faixa de valores compreendida nos respectivos limites.

§ 2º. Os valores previstos no *caput* serão reajustados, a partir da data de entrada em vigor desta Emenda Constitucional, na mesma data e com o mesmo índice em que se der o reajuste dos benefícios do Regime Geral de Previdência Social, ressalvados aqueles vinculados ao salário mínimo, aos quais se aplica a legislação específica.

Art. 29. Até que entre em vigor lei que disponha sobre o § 14 do art. 195 da Constituição Federal, o segurado que, no somatório de remunerações auferidas no período de 1 (um) mês, receber remuneração inferior ao limite mínimo mensal do salário de contribuição poderá:

I – complementar a sua contribuição, de forma a alcançar o limite mínimo exigido;

II – utilizar o valor da contribuição que exceder o limite mínimo de contribuição de uma competência em outra; ou

III – agrupar contribuições inferiores ao limite mínimo de diferentes competências, para aproveitamento em contribuições mínimas mensais.

Parágrafo único. Os ajustes de complementação ou agrupamento de contribuições previstos nos incisos I, II e III do *caput* somente poderão ser feitos ao longo do mesmo ano civil.

Art. 30. A vedação de diferenciação ou substituição de base de cálculo decorrente do disposto no § 9º do art. 195 da Constituição Federal não se aplica a contribuições que substituam a contribuição de que trata a alínea "a" do inciso I do *caput* do art. 195 da Constituição Federal instituídas antes da data de entrada em vigor desta Emenda Constitucional.

Art. 31. O disposto no § 11 do art. 195 da Constituição Federal não se aplica aos parcelamentos previstos na legislação vigente até a data de entrada em vigor desta Emenda Constitucional, sendo vedadas a reabertura ou a prorrogação de prazo para adesão.

Art. 32. Até que entre em vigor lei que disponha sobre a alíquota da contribuição de que trata a Lei nº 7.689, de 15 de dezembro de 1988, esta será de 20% (vinte por cento) no caso das pessoas jurídicas referidas no inciso I do § 1º do art. 1º da Lei Complementar nº 105, de 10 de janeiro de 2001.

Art. 33. Até que seja disciplinada a relação entre a União, os Estados, o Distrito Federal e os Municípios e entidades abertas de previdência complementar na forma do disposto nos §§ 4º e 5º do art. 202 da Constituição Federal, somente entidades fechadas de previdência complementar estão autorizadas a administrar planos de benefícios patrocinados pela União, Estados, Distrito Federal ou Municípios, inclusive suas autarquias, fundações, sociedades de economia mista e empresas controladas direta ou indiretamente.

Art. 34. Na hipótese de extinção por lei de regime previdenciário e migração dos respectivos segurados para o Regime Geral de Previdência Social, serão observados, até que lei federal disponha sobre a matéria, os seguintes requisitos pelo ente federativo:

I – assunção integral da responsabilidade pelo pagamento dos benefícios concedidos durante a vigência do regime extinto, bem como daqueles cujos requisitos já tenham sido implementados antes da sua extinção;

II – previsão de mecanismo de ressarcimento ou de complementação de benefícios aos que tenham contribuído acima do limite máximo do Regime Geral de Previdência Social;

III – vinculação das reservas existentes no momento da extinção, exclusivamente:

a) ao pagamento dos benefícios concedidos e a conceder, ao ressarcimento de contribuições ou à complementação de benefícios, na forma dos incisos I e II; e

b) à compensação financeira com o Regime Geral de Previdência Social.

Parágrafo único. A existência de *superavit* atuarial não constitui óbice à extinção de regime próprio de previdência social e à consequente migração para o Regime Geral de Previdência Social.

Art. 35. Revogam-se:

I – os seguintes dispositivos da Constituição Federal:

a) o § 21 do art. 40;

b) o § 13 do art. 195;

II – os arts. 9º, 13 e 15 da Emenda Constitucional nº 20, de 15 de dezembro de 1998;

III – os arts. 2º, 6º e 6º-A da Emenda Constitucional nº 41, de 19 de dezembro de 2003;

IV – o art. 3º da Emenda Constitucional nº 47, de 5 de julho de 2005.

Art. 36. Esta Emenda Constitucional entra em vigor:

I – no primeiro dia do quarto mês subsequente ao da data de publicação desta Emenda Constitucional, quanto ao disposto nos arts. 11, 28 e 32;

II – para os regimes próprios de previdência social dos Estados, do Distrito Federal e dos Municípios, quanto à alteração promovida pelo art. 1º desta Emenda Constitucional no art. 149 da Constituição Federal e às revogações previstas na alínea "a" do inciso I e nos incisos III e IV do art. 35, na data de publicação de lei de iniciativa privativa do respectivo Poder Executivo que as referende integralmente;

III – nos demais casos, na data de sua publicação.

Parágrafo único. A lei de que trata o inciso II do *caput* não produzirá efeitos anteriores à data de sua publicação.

Brasília, em 12 de novembro de 2019.

Mesa da Câmara dos Deputados: Deputado Rodrigo Maia, Presidente – Mesa do Senado Federal: Senador Davi Alcolumbre, Presidente – DOU de 13.11.2019.

EMENDA CONSTITUCIONAL Nº 104, DE 4.12.2019

Altera o inciso XIV do caput do art. 21, o § 4º do art. 32 e o art. 144 da Constituição Federal, para criar as polícias penais federal, estaduais e distrital.

As Mesas da Câmara dos Deputados e do Senado Federal, nos termos do § 3º do art. 60 da Constituição Federal, promulgam a seguinte Emenda ao texto constitucional:

Art. 1º. O inciso XIV do *caput* do art. 21 da Constituição Federal passa a vigorar com a seguinte redação:

"Art. 21. (...)

XIV – organizar e manter a polícia civil, a polícia penal, a polícia militar e o corpo de bombeiros militar do Distrito Federal, bem como prestar assistência financeira ao Distrito Federal para a execução de serviços públicos, por meio de fundo próprio;

.." (NR)

Art. 2º. O § 4º do art. 32 da Constituição Federal passa a vigorar com a seguinte redação:

"Art. 32. (...)

§ 4º. Lei federal disporá sobre a utilização, pelo Governo do Distrito Federal, da polícia civil, da polícia penal, da polícia militar e do corpo de bombeiros militar." (NR)

Art. 3º. O art. 144 da Constituição Federal passa a vigorar com as seguintes alterações:

"Art. 144. (...)

VI – polícias penais federal, estaduais e distrital.

...

§ 5º-A. Às polícias penais, vinculadas ao órgão administrador do sistema penal da unidade fede-

rativa a que pertencem, cabe a segurança dos estabelecimentos penais.

§ 6º. As polícias militares e os corpos de bombeiros militares, forças auxiliares e reserva do Exército subordinam-se, juntamente com as polícias civis e as polícias penais estaduais e distrital, aos Governadores dos Estados, do Distrito Federal e dos Territórios.

...." (NR)

Art. 4º. O preenchimento do quadro de servidores das polícias penais será feito, exclusivamente, por meio de concurso público e por meio da transformação dos cargos isolados, dos cargos de carreira dos atuais agentes penitenciários e dos cargos públicos equivalentes.

Art. 5º. Esta Emenda Constitucional entra em vigor na data de sua publicação.

Brasília, em 4 de dezembro de 2019.

Mesa da Câmara dos Deputados: Deputado Rodrigo Maia, Presidente – Mesa do Senado Federal: Senador Davi Alcolumbre, Presidente – DOU de 5.12.2019.

EMENDA CONSTITUCIONAL Nº 105, DE 12.12.2019

Acrescenta o art. 166-A à Constituição Federal, para autorizar a transferência de recursos federais a Estados, ao Distrito Federal e a Municípios mediante emendas ao projeto de lei orçamentária anual.

As Mesas da Câmara dos Deputados e do Senado Federal, nos termos do § 3º do art. 60 da Constituição Federal, promulgam a seguinte Emenda ao texto constitucional:

Art. 1º. A Constituição Federal passa a vigorar acrescida do seguinte art. 166-A:

"**Art. 166-A.** As emendas individuais impositivas apresentadas ao projeto de lei orçamentária anual poderão alocar recursos a Estados, ao Distrito Federal e a Municípios por meio de:

I – transferência especial; ou

II – transferência com finalidade definida.

§ 1º. Os recursos transferidos na forma do caput deste artigo não integrarão a receita do Estado, do Distrito Federal e dos Municípios para fins de repartição e para o cálculo dos limites da despesa com pessoal ativo e inativo, nos termos do § 16 do art. 166, e de endividamento do ente federado, vedada, em qualquer caso, a aplicação dos recursos a que se refere o caput deste artigo no pagamento de:

I – despesas com pessoal e encargos sociais relativas a ativos e inativos, e com pensionistas; e

II – encargos referentes ao serviço da dívida.

§ 2º. Na transferência especial a que se refere o inciso I do caput deste artigo, os recursos:

I – serão repassados diretamente ao ente federado beneficiado, independentemente de celebração de convênio ou de instrumento congênere;

II – pertencerão ao ente federado no ato da efetiva transferência financeira; e

III – serão aplicadas em programações finalísticas das áreas de competência do Poder Executivo do ente federado beneficiado, observado o disposto no § 5º deste artigo.

§ 3º. O ente federado beneficiado da transferência especial a que se refere o inciso I do caput deste artigo poderá firmar contratos de cooperação técnica para fins de subsidiar o acompanhamento da execução orçamentária na aplicação dos recursos.

§ 4º. Na transferência com finalidade definida a que se refere o inciso II do caput deste artigo, os recursos serão:

I – vinculados à programação estabelecida na emenda parlamentar; e

II – aplicados nas áreas de competência constitucional da União.

§ 5º. Pelo menos 70% (setenta por cento) das transferências especiais de que trata o inciso I do caput deste artigo deverão ser aplicadas em despesas de capital, observada a restrição a que se refere o inciso II do § 1º deste artigo."

Art. 2º. No primeiro semestre do exercício financeiro subsequente ao da publicação desta Emenda Constitucional, fica assegurada a transferência financeira em montante mínimo equivalente a 60% (sessenta por cento) dos recursos de que trata o inciso I do caput do art. 166-A da Constituição Federal.

Art. 3º. Esta Emenda Constitucional entra em vigor em 1º de janeiro do ano subsequente ao de sua publicação.

Brasília, em 12 de dezembro de 2019.

Mesa da Câmara dos Deputados: Deputado Rodrigo Maia, Presidente – Mesa do Senado Federal: Senador Davi Alcolumbre, Presidente – DOU de 13.12.2019.

EMENDA CONSTITUCIONAL Nº 106, DE 7.5.2020

Institui regime extraordinário fiscal, financeiro e de contratações para enfrentamento de calamidade pública nacional decorrente de pandemia.

(*) Vide Decreto Legislativo nº 6, de 20.3.2020.

Nº 106

EMENDAS CONSTITUCIONAIS

As Mesas da Câmara dos Deputados e do Senado Federal, nos termos do § 3º do art. 60 da Constituição Federal, promulgam a seguinte Emenda ao texto constitucional:

Art. 1º. Durante a vigência de estado de calamidade pública nacional reconhecido pelo Congresso Nacional em razão de emergência de saúde pública de importância internacional decorrente de pandemia, a União adotará regime extraordinário fiscal, financeiro e de contratações para atender às necessidades dele decorrentes, somente naquilo em que a urgência for incompatível com o regime regular, nos termos definidos nesta Emenda Constitucional.

Art. 2º. Com o propósito exclusivo de enfrentamento do contexto da calamidade e de seus efeitos sociais e econômicos, no seu período de duração, o Poder Executivo federal, no âmbito de suas competências, poderá adotar processos simplificados de contratação de pessoal, em caráter temporário e emergencial, e de obras, serviços e compras que assegurem, quando possível, competição e igualdade de condições a todos os concorrentes, dispensada a observância do § 1º do art. 169 da Constituição Federal na contratação de que trata o inciso IX do *caput* do art. 37 da Constituição Federal, limitada a dispensa às situações de que trata o referido inciso, sem prejuízo da tutela dos órgãos de controle.

Parágrafo único. Nas hipóteses de distribuição de equipamentos e insumos de saúde imprescindíveis ao enfrentamento da calamidade, a União adotará critérios objetivos, devidamente publicados, para a respectiva destinação a Estados e a Municípios.

Art. 3º. Desde que não impliquem despesa permanente, as proposições legislativas e os atos do Poder Executivo com propósito exclusivo de enfrentar a calamidade e suas consequências sociais e econômicas, com vigência e efeitos restritos à sua duração, ficam dispensados da observância das limitações legais quanto à criação, à expansão ou ao aperfeiçoamento de ação governamental que acarrete aumento de despesa e à concessão ou à ampliação de incentivo ou benefício de natureza tributária da qual decorra renúncia de receita.

Parágrafo único. Durante a vigência da calamidade pública nacional de que trata o art. 1º desta Emenda Constitucional, não se aplica o disposto no § 3º do art. 195 da Constituição Federal.

Art. 4º. Será dispensada, durante a integralidade do exercício financeiro em que vigore a calamidade pública nacional de que trata o art. 1º desta Emenda Constitucional, a observância do inciso III do *caput* do art. 167 da Constituição Federal.

Parágrafo único. O Ministério da Economia publicará, a cada 30 (trinta) dias, relatório com os valores e o custo das operações de crédito realizadas no período de vigência do estado de calamidade pública nacional de que trata o art. 1º desta Emenda Constitucional.

Art. 5º. As autorizações de despesas relacionadas ao enfrentamento da calamidade pública nacional de que trata o art. 1º desta Emenda Constitucional e de seus efeitos sociais e econômicos deverão:

I – constar de programações orçamentárias específicas ou contar com marcadores que as identifiquem; e

II – ser separadamente avaliadas na prestação de contas do Presidente da República e evidenciadas, até 30 (trinta) dias após o encerramento de cada bimestre, no relatório a que se refere o § 3º do art. 165 da Constituição Federal.

Parágrafo único. Decreto do Presidente da República, editado até 15 (quinze) dias após a entrada em vigor desta Emenda Constitucional, disporá sobre a forma de identificação das autorizações de que trata o *caput* deste artigo, incluídas as anteriores à vigência desta Emenda Constitucional.

Art. 6º. Durante a vigência da calamidade pública nacional de que trata o art. 1º desta Emenda Constitucional, os recursos decorrentes de operações de crédito realizadas para o refinanciamento da dívida mobiliária poderão ser utilizados também para o pagamento de seus juros e encargos.

Art. 7º. O Banco Central do Brasil, limitado ao enfrentamento da calamidade pública nacional de que trata o art. 1º desta Emenda Constitucional, e com vigência e efeitos restritos ao período de sua duração, fica autorizado a comprar e a vender:

I – títulos de emissão do Tesouro Nacional, nos mercados secundários local e internacional; e

II – os ativos, em mercados secundários nacionais no âmbito de mercados financeiros, de capitais e de pagamentos, desde que, no momento da compra, tenham classificação em categoria de risco de crédito no mercado local equivalente a BB- ou superior, conferida por pelo menos 1 (uma) das 3 (três) maiores agências internacionais de classificação de risco, e preço de referência publicado por entidade do mercado financeiro acreditada pelo Banco Central do Brasil.

§ 1º. Respeitadas as condições previstas no inciso II do *caput* deste artigo, será dada preferência à aquisição de títulos emitidos por microempresas e por pequenas e médias empresas.

§ 2º. O Banco Central do Brasil fará publicar diariamente as operações realizadas, de forma individualizada, com todas as respectivas informações, inclusive as condições financeiras e econômicas das operações, como taxas de juros pactuadas, valores envolvidos e prazos.

§ 3º. O Presidente do Banco Central do Brasil prestará contas ao Congresso Nacional, a cada 30 (trinta) dias, do conjunto das operações previstas neste artigo, sem prejuízo do previsto no § 2º deste artigo.

§ 4º. A alienação de ativos adquiridos pelo Banco Central do Brasil, na forma deste artigo, poderá dar-se em data posterior à vigência do estado de calamidade pública nacional de que trata o art. 1º desta Emenda Constitucional, se assim justificar o interesse público.

Art. 8º. Durante a vigência desta Emenda Constitucional, o Banco Central do Brasil editará regulamentação sobre exigências de contrapartidas ao comprar ativos de instituições financeiras em conformidade com a previsão do inciso II do *caput* do art. 7º desta Emenda Constitucional, em especial a vedação de:

I – pagar juros sobre o capital próprio e dividendos acima do mínimo obrigatório estabelecido em lei ou no estatuto social vigente na data de entrada em vigor desta Emenda Constitucional;

II – aumentar a remuneração, fixa ou variável, de diretores e membros do conselho de administração, no caso das sociedades anônimas, e dos administradores, no caso de sociedades limitadas.

Parágrafo único. A remuneração variável referida no inciso II do *caput* deste artigo inclui bônus, participação nos lucros e quaisquer parcelas de remuneração diferidas e outros incentivos remuneratórios associados ao desempenho.

Art. 9º. Em caso de irregularidade ou de descumprimento dos limites desta Emenda Constitucional, o Congresso Nacional poderá sustar, por decreto legislativo, qualquer decisão de órgão ou entidade do Poder Executivo relacionada às medidas autorizadas por esta Emenda Constitucional.

Art. 10. Ficam convalidados os atos de gestão praticados a partir de 20 de março de 2020, desde que compatíveis com o teor desta Emenda Constitucional.

Art. 11. Esta Emenda Constitucional entra em vigor na data de sua publicação e ficará automaticamente revogada na data do encerramento do estado de calamidade pública reconhecido pelo Congresso Nacional.

Brasília, em 7 de maio de 2020.

Mesa da Câmara dos Deputados: Deputado Rodrigo Maia, Presidente – Mesa do Senado Federal: Senador Davi Alcolumbre, Presidente – DOU de 8.5.2020.

EMENDA CONSTITUCIONAL Nº 107, DE 2.7.2020

Adia, em razão da pandemia da Covid-19, as eleições municipais de outubro de 2020 e os prazos eleitorais respectivos.

(*) Vide Decreto Legislativo nº 6, de 20.3.2020.

As Mesas da Câmara dos Deputados e do Senado Federal, nos termos do § 3º do art. 60 da Constituição Federal, promulgam a seguinte Emenda ao texto constitucional:

Art. 1º. As eleições municipais previstas para outubro de 2020 realizar-se-ão no dia 15 de novembro, em primeiro turno, e no dia 29 de novembro de 2020, em segundo turno, onde houver, observado o disposto no § 4º deste artigo.

§ 1º. Ficam estabelecidas, para as eleições de que trata o *caput* deste artigo, as seguintes datas:

I – a partir de 11 de agosto, para a vedação às emissoras para transmitir programa apresentado ou comentado por pré-candidato, conforme previsto no § 1º do art. 45 da Lei nº 9.504, de 30 de setembro de 1997♦;

♦ *Lei nº 9.504, de 30 de setembro de 1997, que estabelece normas para as eleições.*

II – entre 31 de agosto e 16 de setembro, para a realização das convenções para escolha dos candidatos pelos partidos e a deliberação sobre coligações, a que se refere o *caput* do art. 8º da Lei nº 9.504, de 30 de setembro de 1997♦;

♦ *Lei nº 9.504, de 30 de setembro de 1997, que estabelece normas para as eleições.*

III – até 26 de setembro, para que os partidos e coligações solicitem à Justiça Eleitoral o registro de seus candidatos, conforme disposto no *caput* do art. 11 da Lei nº 9.504, de 30 de setembro de 1997♦, e no *caput* do art. 93 da Lei nº 4.737, de 15 de julho de 1965♦♦;

♦ *Lei nº 9.504, de 30 de setembro de 1997, que estabelece normas para as eleições.*
♦♦ *Lei nº 4.737, de 15 de julho de 1965, que institui o Código Eleitoral.*

IV – após 26 de setembro, para o início da propaganda eleitoral, inclusive na internet, conforme disposto nos arts. 36 e 57-A da Lei nº 9.504, de 30 de setembro de 1997*, e no *caput* do art. 240 da Lei nº 4.737, de 15 de julho de 1965**;

♦ *Lei nº 9.504, de 30 de setembro de 1997, que estabelece normas para as eleições.*

♦♦ *Lei nº 4.737, de 15 de julho de 1965, que institui o Código Eleitoral.*

V – a partir de 26 de setembro, para que a Justiça Eleitoral convoque os partidos e a representação das emissoras de rádio e de televisão para elaborarem plano de mídia, conforme disposto no art. 52 da Lei nº 9.504, de 30 de setembro de 1997*;

♦ *Lei nº 9.504, de 30 de setembro de 1997, que estabelece normas para as eleições.*

VI – 27 de outubro, para que os partidos políticos, as coligações e os candidatos, obrigatoriamente, divulguem o relatório que discrimina as transferências do Fundo Partidário e do Fundo Especial de Financiamento de Campanha, os recursos em dinheiro e os estimáveis em dinheiro recebidos, bem como os gastos realizados, conforme disposto no inciso II do § 4º do art. 28 da Lei nº 9.504, de 30 de setembro de 1997*;

♦ *Lei nº 9.504, de 30 de setembro de 1997, que estabelece normas para as eleições.*

VII – até 15 de dezembro, para o encaminhamento à Justiça Eleitoral do conjunto das prestações de contas de campanha dos candidatos e dos partidos políticos, relativamente ao primeiro e, onde houver, ao segundo turno das eleições, conforme disposto nos incisos III e IV do *caput* do art. 29 da Lei nº 9.504, de 30 de setembro de 1997*.

♦ *Lei nº 9.504, de 30 de setembro de 1997, que estabelece normas para as eleições.*

§ 2º. Os demais prazos fixados na Lei nº 9.504, de 30 de setembro de 1997*, e na Lei nº 4.737, de 15 de julho de 1965**, que não tenham transcorrido na data da publicação desta Emenda Constitucional e tenham como referência a data do pleito serão computados considerando-se a nova data das eleições de 2020.

♦ *Lei nº 9.504, de 30 de setembro de 1997, que estabelece normas para as eleições.*

♦♦ *Lei nº 4.737, de 15 de julho de 1965, que institui o Código Eleitoral.*

§ 3º. Nas eleições de que trata este artigo serão observadas as seguintes disposições:

I – o prazo previsto no § 1º do art. 30 da Lei nº 9.504, de 30 de setembro de 1997*, não será aplicado, e a decisão que julgar as contas dos candidatos eleitos deverá ser publicada até o dia 12 de fevereiro de 2021;

♦ *Lei nº 9.504, de 30 de setembro de 1997, que estabelece normas para as eleições.*

II – o prazo para a propositura da representação de que trata o art. 30-A da Lei nº 9.504, de 30 de setembro de 1997*, será até o dia 1º de março de 2021;

♦ *Lei nº 9.504, de 30 de setembro de 1997, que estabelece normas para as eleições.*

III – os partidos políticos ficarão autorizados a realizar, por meio virtual, independentemente de qualquer disposição estatutária, convenções ou reuniões para a escolha de candidatos e a formalização de coligações, bem como para a definição dos critérios de distribuição dos recursos do Fundo Especial de Financiamento de Campanha, de que trata o art. 16-C da Lei nº 9.504, de 30 de setembro de 1997*;

♦ *Lei nº 9.504, de 30 de setembro de 1997, que estabelece normas para as eleições.*

IV – os prazos para desincompatibilização que, na data da publicação desta Emenda Constitucional, estiverem:

a) a vencer: serão computados considerando-se a nova data de realização das eleições de 2020;

b) vencidos: serão considerados preclusos, vedada a sua reabertura;

V – a diplomação dos candidatos eleitos ocorrerá em todo o País até o dia 18 de dezembro, salvo a situação prevista no § 4º deste artigo;

VI – os atos de propaganda eleitoral não poderão ser limitados pela legislação municipal ou pela Justiça Eleitoral, salvo se a decisão estiver fundamentada em prévio parecer técnico emitido por autoridade sanitária estadual ou nacional;

VII – em relação à conduta vedada prevista no inciso VII do *caput* do art. 73 da Lei nº 9.504, de 30 de setembro de 1997*, os gastos liquidados com publicidade institucional realizada até 15 de agosto de 2020 não poderão exceder a média dos gastos dos 2 (dois) primeiros quadrimestres dos 3 (três) últimos anos que antecedem ao pleito, salvo em caso de grave e urgente necessidade pública, assim reconhecida pela Justiça Eleitoral;

♦ *Lei nº 9.504, de 30 de setembro de 1997, que estabelece normas para as eleições.*

VIII – no segundo semestre de 2020, poderá ser realizada a publicidade institucional de atos e campanhas dos órgãos públicos municipais e de suas respectivas entidades da administração indireta destinados ao enfrentamento à pandemia da Covid-19 e à orientação da população quanto a serviços públicos e a outros temas afetados pela pandemia, resguardada a possibilidade de apuração de eventual conduta abusiva nos termos do art. 22 da Lei Complementar nº 64, de 18 de maio de 1990*.

♦ *Lei Complementar nº 64, de 18 de maio de 1990, que estabelece, de acordo com o art. 14, § 9º, da Constituição Federal, casos de inelegibilidade, prazos de cessação, e determina outras providências.*

§ 4º. No caso de as condições sanitárias de um Estado ou Município não permitirem a realização das eleições nas datas previstas no caput deste artigo, o Congresso Nacional, por provocação do Tribunal Superior Eleitoral, instruída com manifestação da autoridade sanitária nacional, e após parecer da Comissão Mista de que trata o art. 2º do Decreto Legislativo nº 6, de 20 de março de 2020*, poderá editar decreto legislativo a fim de designar novas datas para a realização do pleito, observada como data-limite o dia 27 de dezembro de 2020, e caberá ao Tribunal Superior Eleitoral dispor sobre as medidas necessárias à conclusão do processo eleitoral.

♦ *Decreto Legislativo nº 6, de 20 de março de 2020, que reconhece, para os fins do art. 65 da Lei Complementar nº 101, de 4 de maio de 2000, a ocorrência do estado de calamidade pública, nos termos da solicitação do Presidente da República encaminhada por meio da Mensagem nº 93, de 18 de março de 2020.*

§ 5º. O Tribunal Superior Eleitoral fica autorizado a promover ajustes nas normas referentes a:

I – prazos para fiscalização e acompanhamento dos programas de computador utilizados nas urnas eletrônicas para os processos de votação, apuração e totalização, bem como de todas as fases do processo de votação, apuração das eleições e processamento eletrônico da totalização dos resultados, para adequá-los ao novo calendário eleitoral;

II – recepção de votos, justificativas, auditoria e fiscalização no dia da eleição, inclusive no tocante ao horário de funcionamento das seções eleitorais e à distribuição dos eleitores no período, de forma a propiciar a melhor segurança sanitária possível a todos os participantes do processo eleitoral.

Art. 2º. Não se aplica o art. 16 da Constituição Federal ao disposto nesta Emenda Constitucional.

Art. 3º. Esta Emenda Constitucional entra em vigor na data de sua publicação.
Brasília, em 2 de julho de 2020.
Mesa da Câmara dos Deputados: Deputado Rodrigo Maia, Presidente – Mesa do Senado Federal: Senador Davi Alcolumbre, Presidente – DOU de 3.7.2020.

EMENDA CONSTITUCIONAL Nº 108, DE 26.8.2020

Altera a Constituição Federal para estabelecer critérios de distribuição da cota municipal do Imposto sobre Operações Relativas à Circulação de Mercadorias e sobre Prestações de Serviços de Transporte Interestadual e Intermunicipal e de Comunicação (ICMS), para disciplinar a disponibilização de dados contábeis pelos entes federados, para tratar do planejamento na ordem social e para dispor sobre o Fundo de Manutenção e Desenvolvimento da Educação Básica e de Valorização dos Profissionais da Educação (Fundeb); altera o Ato das Disposições Constitucionais Transitórias; e dá outras providências.

As Mesas da Câmara dos Deputados e do Senado Federal, nos termos do § 3º do art. 60 da Constituição Federal, promulgam a seguinte Emenda ao texto constitucional:

Art. 1º. A Constituição Federal passa a vigorar com as seguintes alterações:

"Art. 158. (...)
Parágrafo único. (...)
I – 65% (sessenta e cinco por cento), no mínimo, na proporção do valor adicionado nas operações relativas à circulação de mercadorias e nas prestações de serviços, realizadas em seus territórios;
II – até 35% (trinta e cinco por cento), de acordo com o que dispuser lei estadual, observada, obrigatoriamente, a distribuição de, no mínimo, 10 (dez) pontos percentuais com base em indicadores de melhoria nos resultados de aprendizagem e de aumento da equidade, considerado o nível socioeconômico dos educandos." (NR)

"Art. 163-A. A União, os Estados, o Distrito Federal e os Municípios disponibilizarão suas informações e dados contábeis, orçamentários e fiscais, conforme periodicidade, formato e sistema estabelecidos pelo órgão central de contabilidade da União, de forma a garantir a rastreabilidade, a comparabilidade e a publicidade dos dados coletados, os quais deverão ser divulgados em meio eletrônico de amplo acesso público."

"Art. 193. (...)
Parágrafo único. O Estado exercerá a função de planejamento das políticas sociais, assegurada, na forma da lei, a participação da sociedade nos processos de formulação, de monitoramento, de controle e de avaliação dessas políticas." (NR)

"Art. 206. (...)
IX – garantia do direito à educação e à aprendizagem ao longo da vida.
...." (NR)

"Art. 211. (...)
§ 4º. Na organização de seus sistemas de ensino, a União, os Estados, o Distrito Federal e os Municípios definirão formas de colaboração, de forma a assegurar a universalização, a qualidade e a equidade do ensino obrigatório.
....
§ 6º. A União, os Estados, o Distrito Federal e os Municípios exercerão ação redistributiva em relação a suas escolas.

§ 7º. O padrão mínimo de qualidade de que trata o § 1º deste artigo considerará as condições adequadas de oferta e terá como referência o Custo Aluno Qualidade (CAQ), pactuados em regime de colaboração na forma disposta em lei complementar, conforme o parágrafo único do art. 23 desta Constituição." (NR)

"Art. 212. (...)
§ 7º. É vedado o uso dos recursos referidos no caput e nos §§ 5º e 6º deste artigo para pagamento de aposentadorias e de pensões.

§ 8º. Na hipótese de extinção ou de substituição de impostos, serão redefinidos os percentuais referidos no caput deste artigo e no inciso II do caput do art. 212-A, de modo que resultem recursos vinculados à manutenção e ao desenvolvimento do ensino, bem como os recursos subvinculados aos fundos de que trata o art. 212-A desta Constituição, em aplicações equivalentes às anteriormente praticadas.

§ 9º. A lei disporá sobre normas de fiscalização, de avaliação e de controle das despesas com educação nas esferas estadual, distrital e municipal." (NR)

"Art. 212-A. Os Estados, o Distrito Federal e os Municípios destinarão parte dos recursos a que se refere o caput do art. 212 desta Constituição à manutenção e ao desenvolvimento do ensino na educação básica e à remuneração condigna de seus profissionais, respeitadas as seguintes disposições:

I – a distribuição dos recursos e de responsabilidades entre o Distrito Federal, os Estados e seus Municípios é assegurada mediante a instituição, no âmbito de cada Estado e do Distrito Federal, de um Fundo de Manutenção e Desenvolvimento da Educação Básica e de Valorização dos Profissionais da Educação (Fundeb), de natureza contábil;

II – os fundos referidos no inciso I do caput deste artigo serão constituídos por 20% (vinte por cento) dos recursos a que se referem os incisos I, II e III do caput do art. 155, o inciso II do caput do art. 157, os incisos II, III e IV do caput do art. 158 e as alíneas "a" e "b" do inciso I e o inciso II do caput do art. 159 desta Constituição;

III – os recursos referidos no inciso II do caput deste artigo serão distribuídos entre cada Estado e seus Municípios, proporcionalmente ao número de alunos das diversas etapas e modalidades da educação básica presencial matriculados nas respectivas redes, nos âmbitos de atuação prioritária, conforme estabelecido nos §§ 2º e 3º do art. 211 desta Constituição, observadas as ponderações referidas na alínea "a" do inciso X do caput e no § 2º deste artigo;

IV – a União complementará os recursos dos fundos a que se refere o inciso II do caput deste artigo;

V – a complementação da União será equivalente a, no mínimo, 23% (vinte e três por cento) do total de recursos a que se refere o inciso II do caput deste artigo, distribuída da seguinte forma:

a) 10 (dez) pontos percentuais no âmbito de cada Estado e do Distrito Federal, sempre que o valor anual por aluno (VAAF), nos termos do inciso III do caput deste artigo, não alcançar o mínimo definido nacionalmente;

b) no mínimo, 10,5 (dez inteiros e cinco décimos) pontos percentuais em cada rede pública de ensino municipal, estadual ou distrital, sempre que o valor anual total por aluno (VAAT), referido no inciso VI do caput deste artigo, não alcançar o mínimo definido nacionalmente;

c) 2,5 (dois inteiros e cinco décimos) pontos percentuais nas redes públicas que, cumpridas condicionalidades de melhoria de gestão previstas em lei, alcançarem evolução de indicadores a serem definidos, de atendimento e melhoria da aprendizagem com redução das desigualdades, nos termos do sistema nacional de avaliação da educação básica;

VI – o VAAT será calculado, na forma da lei de que trata o inciso X do caput deste artigo, com base nos recursos a que se refere o inciso II do caput deste artigo, acrescidos de outras receitas e de transferências vinculadas à educação, observado o disposto no § 1º e consideradas as matrículas nos termos do inciso III do caput deste artigo;

VII – os recursos de que tratam os incisos II e IV do caput deste artigo serão aplicados pelos Estados e pelos Municípios exclusivamente nos respectivos âmbitos de atuação prioritária, conforme estabelecido nos §§ 2º e 3º do art. 211 desta Constituição;

VIII – a vinculação de recursos à manutenção e ao desenvolvimento do ensino estabelecida no art. 212 desta Constituição suportará, no máximo, 30% (trinta por cento) da complementação da União, considerados para os fins deste inciso os valores previstos no inciso V do caput deste artigo;

IX – o disposto no caput do art. 160 desta Constituição aplica-se aos recursos referidos nos incisos II e IV do caput deste artigo, e seu descumprimento pela autoridade competente importará em crime de responsabilidade;

X – a lei disporá, observadas as garantias estabelecidas nos incisos I, II, III e IV do caput e no § 1º do

art. 208 e as metas pertinentes do plano nacional de educação, nos termos previstos no art. 214 desta Constituição, sobre:
a) a organização dos fundos referidos no inciso I do caput deste artigo e a distribuição proporcional de seus recursos, as diferenças e as ponderações quanto ao valor anual por aluno entre etapas, modalidades, duração da jornada e tipos de estabelecimento de ensino, observados as respectivas especificidades e os insumos necessários para a garantia de sua qualidade;
b) a forma de cálculo do VAAF decorrente do inciso III do caput deste artigo e do VAAT referido no inciso VI do caput deste artigo;
c) a forma de cálculo para distribuição prevista na alínea "c" do inciso V do caput deste artigo;
d) a transparência, o monitoramento, a fiscalização e o controle interno, externo e social dos fundos referidos no inciso I do caput deste artigo, assegurada a criação, a autonomia, a manutenção e a consolidação de conselhos de acompanhamento e controle social, admitida sua integração aos conselhos de educação;
e) o conteúdo e a periodicidade da avaliação, por parte do órgão responsável, dos efeitos redistributivos, da melhoria dos indicadores educacionais e da ampliação do atendimento;
XI – proporção não inferior a 70% (setenta por cento) de cada fundo referido no inciso I do caput deste artigo, excluídos os recursos de que trata a alínea "c" do inciso V do caput deste artigo, será destinada ao pagamento dos profissionais da educação básica em efetivo exercício, observado, em relação aos recursos previstos na alínea "b" do inciso V do caput deste artigo, o percentual mínimo de 15% (quinze por cento) para despesas de capital;
XII – lei específica disporá sobre o piso salarial profissional nacional para os profissionais do magistério da educação básica pública;
XIII – a utilização dos recursos a que se refere o § 5º do art. 212 desta Constituição para a complementação da União ao Fundeb, referida no inciso V do caput deste artigo, é vedada.
§ 1º. O cálculo do VAAT, referido no inciso VI do caput deste artigo, deverá considerar, além dos recursos previstos no inciso II do caput deste artigo, pelo menos, as seguintes disponibilidades:
I – receitas de Estados, do Distrito Federal e de Municípios vinculadas à manutenção e ao desenvolvimento do ensino não integrantes dos fundos referidos no inciso I do caput deste artigo;
II – cotas estaduais e municipais da arrecadação do salário-educação de que trata o § 6º do art. 212 desta Constituição;
III – complementação da União transferida a Estados, ao Distrito Federal e a Municípios nos termos da alínea "a" do inciso V do caput deste artigo.
§ 2º. Além das ponderações previstas na alínea "a" do inciso X do caput deste artigo, a lei definirá outras relativas ao nível socioeconômico dos educandos e aos indicadores de disponibilidade de recursos vinculados à educação e de potencial de arrecadação tributária de cada ente federado, bem como seus prazos de implementação.
§ 3º. Será destinada à educação infantil a proporção de 50% (cinquenta por cento) dos recursos globais a que se refere a alínea "b" do inciso V do caput deste artigo, nos termos da lei."

Art. 2º. O Ato das Disposições Constitucionais Transitórias passa a vigorar com as seguintes alterações:
"**Art. 60.** A complementação da União referida no inciso IV do caput do art. 212-A da Constituição Federal será implementada progressivamente até alcançar a proporção estabelecida no inciso V do caput do mesmo artigo, a partir de 1º de janeiro de 2021, nos seguintes valores mínimos:
I – 12% (doze por cento), no primeiro ano;
II – 15% (quinze por cento), no segundo ano;
III – 17% (dezessete por cento), no terceiro ano;
IV – 19% (dezenove por cento), no quarto ano;
V – 21% (vinte e um por cento), no quinto ano;
VI – 23% (vinte e três por cento), no sexto ano.
§ 1º. A parcela da complementação de que trata a alínea "b" do inciso V do caput do art. 212-A da Constituição Federal observará, no mínimo, os seguintes valores:
I – 2 (dois) pontos percentuais, no primeiro ano;
II – 5 (cinco) pontos percentuais, no segundo ano;
III – 6,25 (seis inteiros e vinte e cinco centésimos) pontos percentuais, no terceiro ano;
IV – 7,5 (sete inteiros e cinco décimos) pontos percentuais, no quarto ano;
V – 9 (nove) pontos percentuais, no quinto ano;
VI – 10,5 (dez inteiros e cinco décimos) pontos percentuais, no sexto ano.
§ 2º. A parcela da complementação de que trata a alínea "c" do inciso V do caput do art. 212-A da Constituição Federal observará os seguintes valores:
I – 0,75 (setenta e cinco centésimos) ponto percentual, no terceiro ano;
II – 1,5 (um inteiro e cinco décimos) ponto percentual, no quarto ano;
III – 2 (dois) pontos percentuais, no quinto ano;
IV – 2,5 (dois inteiros e cinco décimos) pontos percentuais, no sexto ano." (NR)
"**Art. 60-A.** Os critérios de distribuição da complementação da União e dos fundos a que se refere o inciso I do caput do art. 212-A da Constituição Federal serão revistos em seu sexto ano de vigência e, a partir dessa primeira revisão, periodicamente, a cada 10 (dez) anos."
"**Art. 107.** (...)
§ 6º. (...)
I – transferências constitucionais estabelecidas no § 1º do art. 20, no inciso III do parágrafo único do art. 146, no § 5º do art. 153, no art. 157, nos incisos I e II do caput do art. 158, no art. 159 e no § 6º do art. 212, as despesas referentes ao inciso XIV do caput do art. 21 e as complementações de que tratam os incisos IV e V do caput do art. 212-A, todos da Constituição Federal;

..." (NR)

Art. 3º. Os Estados terão prazo de 2 (dois) anos, contado da data da promulgação desta Emenda Constitucional, para aprovar lei estadual prevista no inciso II do parágrafo único do art. 158 da Constituição Federal.

Art. 4º. Esta Emenda Constitucional entra em vigor na data de sua publicação e produzirá efeitos financeiros a partir de 1º de janeiro de 2021.

Parágrafo único. Ficam mantidos os efeitos do art. 60 do Ato das Disposições Constitucionais Transitórias, conforme estabelecido pela Emenda Constitucional nº 53, de 19 de dezembro de 2006, até o início dos efeitos financeiros desta Emenda Constitucional.

Brasília, em 26 de agosto de 2020.

Mesa da Câmara dos Deputados: Deputado Rodrigo Maia, Presidente – Mesa do Senado Federal: Senador Davi Alcolumbre, Presidente – DOU de 27.8.2020.

EMENDA CONSTITUCIONAL Nº 109, DE 15.3.2021

Altera os arts. 29-A, 37, 49, 84, 163, 165, 167, 168 e 169 da Constituição Federal e os arts. 101 e 109 do Ato das Disposições Constitucionais Transitórias; acrescenta à Constituição Federal os arts. 164-A, 167-A, 167-B, 167-C, 167-D, 167-E, 167-F e 167-G; revoga dispositivos do Ato das Disposições Constitucionais Transitórias e institui regras transitórias sobre redução de benefícios tributários; desvincula parcialmente o superávit financeiro de fundos públicos; e suspende condicionalidades para realização de despesas com concessão de auxílio emergencial residual para enfrentar as consequências sociais e econômicas da pandemia da Covid-19.

As Mesas da Câmara dos Deputados e do Senado Federal, nos termos do § 3º do art. 60 da Constituição Federal, promulgam a seguinte Emenda ao texto constitucional:

Art. 1º. A Constituição Federal passa a vigorar com as seguintes alterações:

"*Art. 29-A. O total da despesa do Poder Legislativo Municipal, incluídos os subsídios dos Vereadores e os demais gastos com pessoal inativo e pensionistas, não poderá ultrapassar os seguintes percentuais, relativos ao somatório da receita tributária e das transferências previstas no § 5º do art. 153 e nos arts. 158 e 159 desta Constituição, efetivamente realizado no exercício anterior:*

...." (NR)

"*Art. 37. (...)*

§ 16. Os órgãos e entidades da administração pública, individual ou conjuntamente, devem realizar avaliação das políticas públicas, inclusive com divulgação do objeto a ser avaliado e dos resultados alcançados, na forma da lei." (NR)

"*Art. 49. (...)*

XVIII – decretar o estado de calamidade pública de âmbito nacional previsto nos arts. 167-B, 167-C, 167-D, 167-E, 167-F e 167-G desta Constituição." (NR)

"*Art. 84. (...)*

XXVIII – propor ao Congresso Nacional a decretação do estado de calamidade pública de âmbito nacional previsto nos arts. 167-B, 167-C, 167-D, 167-E, 167-F e 167-G desta Constituição.

...." (NR)

"*Art. 163. (...)*

VIII – sustentabilidade da dívida, especificando:

a) indicadores de sua apuração;

b) níveis de compatibilidade dos resultados fiscais com a trajetória da dívida;

c) trajetória de convergência do montante da dívida com os limites definidos em legislação;

d) medidas de ajuste, suspensões e vedações;

e) planejamento de alienação de ativos com vistas à redução do montante da dívida.

Parágrafo único. A lei complementar de que trata o inciso VIII do caput deste artigo pode autorizar a aplicação das vedações previstas no art. 167-A desta Constituição." (NR)

"*Art. 164-A. A União, os Estados, o Distrito Federal e os Municípios devem conduzir suas políticas fiscais de forma a manter a dívida pública em níveis sustentáveis, na forma da lei complementar referida no inciso VIII do caput do art. 163 desta Constituição.*

Parágrafo único. A elaboração e a execução de planos e orçamentos devem refletir a compatibilidade dos indicadores fiscais com a sustentabilidade da dívida."

"*Art. 165. (...)*

§ 2º. A lei de diretrizes orçamentárias compreenderá as metas e prioridades da administração pública federal, estabelecerá as diretrizes de política fiscal e respectivas metas, em consonância com trajetória sustentável da dívida pública, orientará a elaboração da lei orçamentária anual, disporá sobre as alterações na legislação tributária e estabelecerá a política de aplicação das agências financeiras oficiais de fomento.

....

§ 16. As leis de que trata este artigo devem observar, no que couber, os resultados do monitoramento e da avaliação das políticas públicas previstos no § 16 do art. 37 desta Constituição." (NR)

"*Art. 167. (...)*

XIV – a criação de fundo público, quando seus objetivos puderem ser alcançados mediante a vinculação de receitas orçamentárias específicas ou mediante a execução direta por programação orçamentária e financeira de órgão ou entidade da administração pública.

....

§ 4º. É permitida a vinculação das receitas a que se referem os arts. 155, 156, 157, 158 e as alíneas "a", "b", "d" e "e" do inciso I e o inciso II do caput do art. 159 desta Constituição para pagamento de débitos com a União e para prestar-lhe garantia ou contragarantia.

....

§ 6º. Para fins da apuração ao término do exercício financeiro do cumprimento do limite de que trata o inciso III do caput deste artigo, as receitas das operações de crédito efetuadas no contexto da gestão da dívida pública mobiliária federal somente serão consideradas no exercício financeiro em que for realizada a respectiva despesa." (NR)

"**Art. 167-A.** Apurado que, no período de 12 (doze) meses, a relação entre despesas correntes e receitas correntes supera 95% (noventa e cinco por cento), no âmbito dos Estados, do Distrito Federal e dos Municípios, é facultado ao Poder Executivo, Legislativo e Judiciário, ao Ministério Público, ao Tribunal de Contas e à Defensoria Pública do ente, enquanto permanecer a situação, aplicar o mecanismo de ajuste fiscal de vedação da:

I – concessão, a qualquer título, de vantagem, aumento, reajuste ou adequação de remuneração de membros de Poder ou de órgão, de servidores e empregados públicos e de militares, exceto dos derivados de sentença judicial transitada em julgado ou de determinação legal anterior ao início da aplicação das medidas de que trata este artigo;

II – criação de cargo, emprego ou função que implique aumento de despesa;

III – alteração de estrutura de carreira que implique aumento de despesa;

IV – admissão ou contratação de pessoal, a qualquer título, ressalvadas:

a) as reposições de cargos de chefia e de direção que não acarretem aumento de despesa;

b) as reposições decorrentes de vacâncias de cargos efetivos ou vitalícios;

c) as contratações temporárias de que trata o inciso IX do caput do art. 37 desta Constituição; e

d) as reposições de temporários para prestação de serviço militar e de alunos de órgãos de formação de militares;

V – realização de concurso público, exceto para as reposições de vacâncias previstas no inciso IV deste caput;

VI – criação ou majoração de auxílios, vantagens, bônus, abonos, verbas de representação ou benefícios de qualquer natureza, inclusive os de cunho indenizatório, em favor de membros de Poder, do Ministério Público ou da Defensoria Pública e de servidores e empregados públicos e de militares, ou ainda de seus dependentes, exceto quando derivados de sentença judicial transitada em julgado ou de determinação legal anterior ao início da aplicação das medidas de que trata este artigo;

VII – criação de despesa obrigatória;

VIII – adoção de medida que implique reajuste de despesa obrigatória acima da variação da inflação, observada a preservação do poder aquisitivo referida no inciso IV do caput do art. 7º desta Constituição;

IX – criação ou expansão de programas e linhas de financiamento, bem como remissão, renegociação ou refinanciamento de dívidas que impliquem ampliação das despesas com subsídios e subvenções;

X – concessão ou ampliação de incentivo ou benefício de natureza tributária.

§ 1º. Apurado que a despesa corrente supera 85% (oitenta e cinco por cento) da receita corrente, sem exceder o percentual mencionado no caput deste artigo, as medidas nele indicadas podem ser, no todo ou em parte, implementadas por atos do Chefe do Poder Executivo com vigência imediata, facultado aos demais Poderes e órgãos autônomos implementá-las em seus respectivos âmbitos.

§ 2º. O ato de que trata o § 1º deste artigo deve ser submetido, em regime de urgência, à apreciação do Poder Legislativo.

§ 3º. O ato perde a eficácia, reconhecida a validade dos atos praticados na sua vigência, quando:

I – rejeitado pelo Poder Legislativo;

II – transcorrido o prazo de 180 (cento e oitenta) dias sem que se ultime a sua apreciação; ou

III – apurado que não mais se verifica a hipótese prevista no § 1º deste artigo, mesmo após a sua aprovação pelo Poder Legislativo.

§ 4º. A apuração referida neste artigo deve ser realizada bimestralmente.

§ 5º. As disposições de que trata este artigo:

I – não constituem obrigação de pagamento futuro pelo ente da Federação ou direitos de outrem sobre o erário;

II – não revogam, dispensam ou suspendem o cumprimento de dispositivos constitucionais e legais que disponham sobre metas fiscais ou limites máximos de despesas.

§ 6º. Ocorrendo a hipótese de que trata o caput deste artigo, até que todas as medidas nele previstas tenham sido adotadas por todos os Poderes e órgãos nele mencionados, de acordo com declaração do respectivo Tribunal de Contas, é vedada:

I – a concessão, por qualquer outro ente da Federação, de garantias ao ente envolvido;

II – a tomada de operação de crédito por parte do ente envolvido com outro ente da Federação, diretamente ou por intermédio de seus fundos, autarquias, fundações ou empresas estatais dependentes, ainda que sob a forma de novação, refinanciamento ou postergação de dívida contraída anteriormente, ressalvados os financiamentos destinados a projetos específicos celebrados na forma de operações típicas das agências financeiras oficiais de fomento."

"**Art. 167-B.** Durante a vigência de estado de calamidade pública de âmbito nacional, decretado pelo Congresso Nacional por iniciativa privativa do Presidente da República, a União deve adotar regime extraordinário fiscal, financeiro e de contratações para atender às necessidades dele decorrentes, somente naquilo em que a urgência for incompatível com o regime regular, nos termos definidos nos arts. 167-C, 167-D, 167-E, 167-F e 167-G desta Constituição."

"**Art. 167-C.** Com o propósito exclusivo de enfrentamento da calamidade pública e de seus efeitos sociais e econômicos, no seu período de duração, o Poder Executivo federal pode adotar processos simplificados de contratação de pessoal, em caráter temporário e emergencial, e de obras, serviços e compras que assegurem, quando possível, competição e igualdade de condições a todos os concorrentes, dispensada a observância do § 1º do art. 169 na contratação de que trata o inciso IX do caput do art. 37 desta Constituição, limitada a dispensa às situações de que trata o referido inciso, sem prejuízo do controle dos órgãos competentes."

"**Art. 167-D.** As proposições legislativas e os atos do Poder Executivo com propósito exclusivo de enfrentar a calamidade e suas consequências sociais e econômicas, com vigência e efeitos restritos à sua duração, desde que não impliquem despesa obrigatória de caráter continuado, ficam dispensados da observância das limitações legais quanto à criação, à expansão ou ao aperfeiçoamento de ação governamental que acarrete aumento de despesa e à concessão ou à ampliação de incentivo ou benefício de natureza tributária da qual decorra renúncia de receita.

Parágrafo único. Durante a vigência da calamidade pública de âmbito nacional de que trata o art. 167-B, não se aplica o disposto no § 3º do art. 195 desta Constituição."

"**Art. 167-E.** Fica dispensada, durante a integralidade do exercício financeiro em que vigore a calamidade pública de âmbito nacional, a observância do inciso III do caput do art. 167 desta Constituição."

"**Art. 167-F.** Durante a vigência da calamidade pública de âmbito nacional de que trata o art. 167-B desta Constituição:

I – são dispensados, durante a integralidade do exercício financeiro em que vigore a calamidade pública, os limites, as condições e demais restrições aplicáveis à União para a contratação de operações de crédito, bem como sua verificação;

II – o superávit financeiro apurado em 31 de dezembro do ano imediatamente anterior ao reconhecimento pode ser destinado à cobertura de despesas oriundas das medidas de combate à calamidade pública de âmbito nacional e ao pagamento da dívida pública.

§ 1º. Lei complementar pode definir outras suspensões, dispensas e afastamentos aplicáveis durante a vigência do estado de calamidade pública de âmbito nacional.

§ 2º. O disposto no inciso II do caput deste artigo não se aplica às fontes de recursos:

I – decorrentes de repartição de receitas a Estados, ao Distrito Federal e a Municípios;

II – decorrentes das vinculações estabelecidas pelos arts. 195, 198, 201, 212, 212-A e 239 desta Constituição;

III – destinadas ao registro de receitas oriundas da arrecadação de doações ou de empréstimos compulsórios, de transferências recebidas para o atendimento de finalidades determinadas ou das receitas de capital produto de operações de financiamento celebradas com finalidades contratualmente determinadas."

"**Art. 167-G.** Na hipótese de que trata o art. 167-B, aplicam-se à União, até o término da calamidade pública, as vedações previstas no art. 167-A desta Constituição.

§ 1º. Na hipótese de medidas de combate à calamidade pública cuja vigência e efeitos não ultrapassem a sua duração, não se aplicam as vedações referidas nos incisos II, IV, VII, IX e X do caput do art. 167-A desta Constituição.

§ 2º. Na hipótese de que trata o art. 167-B, não se aplica a alínea "c" do inciso I do caput do art. 159 desta Constituição, devendo a transferência a que se refere aquele dispositivo ser efetuada nos mesmos montantes transferidos no exercício anterior à decretação da calamidade.

§ 3º. É facultada aos Estados, ao Distrito Federal e aos Municípios a aplicação das vedações referidas no caput, nos termos deste artigo, e, até que as tenham adotado na integralidade, estarão submetidos às restrições do § 6º do art. 167-A desta Constituição, enquanto perdurarem seus efeitos para a União."

"**Art. 168.** (...)

§ 1º. É vedada a transferência a fundos de recursos financeiros oriundos de repasses duodecimais.

§ 2º. O saldo financeiro decorrente dos recursos entregues na forma do caput deste artigo deve ser restituído ao caixa único do Tesouro do ente federativo, ou terá seu valor deduzido das primeiras parcelas duodecimais do exercício seguinte." (NR)

"**Art. 169.** A despesa com pessoal ativo e inativo e pensionistas da União, dos Estados, do Distrito Federal e dos Municípios não pode exceder os limites estabelecidos em lei complementar.

...." (NR)

Art. 2º. O Ato das Disposições Constitucionais Transitórias passa a vigorar com as seguintes alterações:

"**Art. 101.** Os Estados, o Distrito Federal e os Municípios que, em 25 de março de 2015, se encontravam em mora no pagamento de seus precatórios quitarão, até 31 de dezembro de 2029, seus débitos vencidos e os que vencerem dentro desse período, atualizados pelo Índice Nacional de Preços ao Consumidor Amplo Especial (IPCA-E), ou por outro índice que venha a substituí-lo, depositando mensalmente em conta especial do Tribunal de Justiça local, sob única e exclusiva administração deste, 1/12 (um doze avos) do valor calculado percentualmente sobre suas receitas correntes líquidas apuradas no segundo mês anterior ao mês de pagamento, em percentual suficiente para a quitação de seus débitos e, ainda que variável, nunca inferior, em cada exercício, ao percentual praticado na data da entrada em vigor do regime especial a que se refere este artigo, em conformi-

dade com plano de pagamento a ser anualmente apresentado ao Tribunal de Justiça local.
....

§ 4º. (Revogado).
I – (revogado);
II – (revogado);
III – (revogado);
IV – (revogado)." (NR)

"**Art. 109.** Se verificado, na aprovação da lei orçamentária, que, no âmbito das despesas sujeitas aos limites do art. 107 deste Ato das Disposições Constitucionais Transitórias, a proporção da despesa obrigatória primária em relação à despesa primária total foi superior a 95% (noventa e cinco por cento), aplicam-se ao respectivo Poder ou órgão, até o final do exercício a que se refere a lei orçamentária, sem prejuízo de outras medidas, as seguintes vedações:

I – concessão, a qualquer título, de vantagem, aumento, reajuste ou adequação de remuneração de membros de Poder ou de órgão, de servidores e empregados públicos e de militares, exceto dos derivados de sentença judicial transitada em julgado ou de determinação legal anterior ao início da aplicação das medidas de que trata este artigo;
....

IV – admissão ou contratação de pessoal, a qualquer título, ressalvadas:
a) as reposições de cargos de chefia e de direção que não acarretem aumento de despesa;
b) as reposições decorrentes de vacâncias de cargos efetivos ou vitalícios;
c) as contratações temporárias de que trata o inciso IX do caput do art. 37 da Constituição Federal; e
d) as reposições de temporários para prestação de serviço militar e de alunos de órgãos de formação de militares;
....

VI – criação ou majoração de auxílios, vantagens, bônus, abonos, verbas de representação ou benefícios de qualquer natureza, inclusive os de cunho indenizatório, em favor de membros de Poder, do Ministério Público ou da Defensoria Pública, de servidores e empregados públicos e de militares, ou ainda de seus dependentes, exceto quando derivados de sentença judicial transitada em julgado ou de determinação legal anterior ao início da aplicação das medidas de que trata este artigo;
....

IX – aumento do valor de benefícios de cunho indenizatório destinados a qualquer membro de Poder, servidor ou empregado da administração pública e a seus dependentes, exceto quando derivado de sentença judicial transitada em julgado ou de determinação legal anterior ao início da aplicação das medidas de que trata este artigo.

§ 1º. As vedações previstas nos incisos I, III e VI do caput deste artigo, quando acionadas as vedações para qualquer dos órgãos elencados nos incisos II, III e IV do caput do art. 107 deste Ato das Disposições Constitucionais Transitórias, aplicam-se ao conjunto dos órgãos referidos em cada inciso.

§ 2º. Caso as vedações de que trata o caput deste artigo sejam acionadas para o Poder Executivo, ficam vedadas:
....

§ 3º. Caso as vedações de que trata o caput deste artigo sejam acionadas, fica vedada a concessão da revisão geral prevista no inciso X do caput do art. 37 da Constituição Federal.

§ 4º. As disposições deste artigo:
I – não constituem obrigação de pagamento futuro pela União ou direitos de outrem sobre o erário;
II – não revogam, dispensam ou suspendem o cumprimento de dispositivos constitucionais e legais que disponham sobre metas fiscais ou limites máximos de despesas; e
III – aplicam-se também a proposições legislativas.

§ 5º. O disposto nos incisos II, IV, VII e VIII do caput e no § 2º deste artigo não se aplica a medidas de combate à calamidade pública nacional cuja vigência e efeitos não ultrapassem a sua duração." (NR)

Art. 3º. Durante o exercício financeiro de 2021, a proposição legislativa com o propósito exclusivo de conceder auxílio emergencial residual para enfrentar as consequências sociais e econômicas da pandemia da Covid-19 fica dispensada da observância das limitações legais quanto à criação, à expansão ou ao aperfeiçoamento de ação governamental que acarrete aumento de despesa.

§ 1º. As despesas decorrentes da concessão do auxílio referido no caput deste artigo realizadas no exercício financeiro de 2021 não são consideradas, até o limite de R$ 44.000.000.000,00 (quarenta e quatro bilhões de reais), para fins de:
I – apuração da meta de resultado primário estabelecida no caput do art. 2º da Lei nº 14.116, de 31 de dezembro de 2020;
II – limite para despesas primárias estabelecido no inciso I do caput do art. 107 do Ato das Disposições Constitucionais Transitórias.

§ 2º. As operações de crédito realizadas para custear a concessão do auxílio referido no caput deste artigo ficam ressalvadas do limite estabelecido no inciso III do caput do art. 167 da Constituição Federal.

§ 3º. A despesa de que trata este artigo deve ser atendida por meio de crédito extraordinário.

§ 4º. A abertura do crédito extraordinário referido no § 3º deste artigo dar-se-á independentemente da observância dos requisitos exigidos no § 3º do art. 167 da Constituição Federal.

§ 5º. O disposto neste artigo aplica-se apenas à União, vedada sua adoção pelos Estados, pelo Distrito Federal e pelos Municípios.

Art. 4º. O Presidente da República deve encaminhar ao Congresso Nacional, em até 6 (seis) meses após a promulgação desta

Emenda Constitucional, plano de redução gradual de incentivos e benefícios federais de natureza tributária, acompanhado das correspondentes proposições legislativas e das estimativas dos respectivos impactos orçamentários e financeiros.

§ 1º. As proposições legislativas a que se refere o *caput* devem propiciar, em conjunto, redução do montante total dos incentivos e benefícios referidos no *caput* deste artigo:

I – para o exercício em que forem encaminhadas, de pelo menos 10% (dez por cento), em termos anualizados, em relação aos incentivos e benefícios vigentes por ocasião da promulgação desta Emenda Constitucional;

II – de modo que esse montante, no prazo de até 8 (oito) anos, não ultrapasse 2% (dois por cento) do produto interno bruto.

§ 2º. O disposto no *caput* deste artigo, bem como o atingimento das metas estabelecidas no § 1º deste artigo, não se aplica aos incentivos e benefícios:

I – estabelecidos com fundamento na alínea "d" do inciso III do *caput* e no parágrafo único do art. 146 da Constituição Federal;

II – concedidos a entidades sem fins lucrativos com fundamento na alínea "c" do inciso VI do *caput* do art. 150 e no § 7º do art. 195 da Constituição Federal;

III – concedidos aos programas de que trata a alínea "c" do inciso I do *caput* do art. 159 da Constituição Federal;

IV – relativos ao regime especial estabelecido nos termos do art. 40 do Ato das Disposições Constitucionais Transitórias, às áreas de livre comércio e zonas francas e à política industrial para o setor de tecnologias da informação e comunicação e para o setor de semicondutores, na forma da lei;

(*) *Inciso IV com redação dada pela EC nº 121, de 10.5.2022.*

V – relacionados aos produtos que compõem a cesta básica; e

VI – concedidos aos programas estabelecidos em lei destinados à concessão de bolsas de estudo integrais e parciais para estudantes de cursos superiores em instituições privadas de ensino superior, com ou sem fins lucrativos.

§ 3º. Para efeitos deste artigo, considera-se incentivo ou benefício de natureza tributária aquele assim definido na mais recente publicação do demonstrativo a que se refere o § 6º do art. 165 da Constituição Federal.

§ 4º. Lei complementar tratará de:

I – critérios objetivos, metas de desempenho e procedimentos para a concessão e a alteração de incentivo ou benefício de natureza tributária, financeira ou creditícia para pessoas jurídicas do qual decorra diminuição de receita ou aumento de despesa;

II – regras para a avaliação periódica obrigatória dos impactos econômico-sociais dos incentivos ou benefícios de que trata o inciso I deste parágrafo, com divulgação irrestrita dos respectivos resultados;

III – redução gradual de incentivos fiscais federais de natureza tributária, sem prejuízo do plano emergencial de que trata o *caput* deste artigo.

Art. 5º. O superávit financeiro das fontes de recursos dos fundos públicos do Poder Executivo, exceto os saldos decorrentes do esforço de arrecadação dos servidores civis e militares da União, apurado ao final de cada exercício, poderá ser destinado:

(*) *Art. 5º, caput, com redação dada pela EC nº 127, de 22.12.2022.*

I – à amortização da dívida pública do respectivo ente, nos exercícios de 2021 e de 2022; e

(*) *Inciso I acrescido pela EC nº 127, de 22.12.2022.*

II – ao pagamento de que trata o § 12 do art. 198 da Constituição Federal, nos exercícios de 2023 a 2027.

(*) *Inciso II acrescido pela EC nº 127, de 22.12.2022.*

§ 1º. No período de que trata o inciso I do *caput* deste artigo, se o ente não tiver dívida pública a amortizar, o superávit financeiro das fontes de recursos dos fundos públicos do Poder Executivo será de livre aplicação.

(*) *§ 1º com redação dada pela EC nº 127, de 22.12.2022.*

§ 2º. Não se aplica o disposto no *caput* deste artigo:

I – aos fundos públicos de fomento e desenvolvimento regionais, operados por instituição financeira de caráter regional;

II – aos fundos ressalvados no inciso IV do art. 167 da Constituição Federal.

Art. 6º. Ficam revogados:

I – o art. 91 do Ato das Disposições Constitucionais Transitórias; e

II – o § 4º do art. 101 do Ato das Disposições Constitucionais Transitórias.

Art. 7º. Esta Emenda Constitucional entra em vigor na data de sua publicação, exceto quanto à alteração do art. 29-A da Constituição Federal, a qual entra em vigor a partir do início da primeira legislatura municipal após a data de publicação desta Emenda Constitucional.

Brasília, em 15 de março de 2021.

Mesa da Câmara dos Deputados: Deputado Arthur Lira, Presidente – Mesa do Senado Federal: Senador Rodrigo Pacheco, Presidente – DOU de 16.3.2021.

EMENDA CONSTITUCIONAL Nº 110, DE 12.7.2021

Acrescenta o art. 18-A ao Ato das Disposições Constitucionais Transitórias, para dispor sobre a convalidação de atos administrativos praticados no Estado do Tocantins entre 1º de janeiro de 1989 e 31 de dezembro de 1994.

As Mesas da Câmara dos Deputados e do Senado Federal, nos termos do § 3º do art. 60 da Constituição Federal, promulgam a seguinte Emenda ao texto constitucional:

Art. 1º. O Ato das Disposições Constitucionais Transitórias passa a vigorar acrescido do seguinte art. 18-A:

"**Art. 18-A.** Os atos administrativos praticados no Estado do Tocantins, decorrentes de sua instalação, entre 1º de janeiro de 1989 e 31 de dezembro de 1994, eivados de qualquer vício jurídico e dos quais decorram efeitos favoráveis para os destinatários ficam convalidados após 5 (cinco) anos, contados da data em que foram praticados, salvo comprovada má-fé."

Art. 2º. Esta Emenda Constitucional entra em vigor na data de sua publicação.

Brasília, em 12 de julho de 2021

Mesa da Câmara dos Deputados: Deputado Arthur Lira, Presidente – Mesa do Senado Federal: Senador Rodrigo Pacheco, Presidente – DOU de 13.7.2021.

EMENDA CONSTITUCIONAL Nº 111, DE 28.9.2021

Altera a Constituição Federal para disciplinar a realização de consultas populares concomitantes às eleições municipais, dispor sobre o instituto da fidelidade partidária, alterar a data de posse de Governadores e do Presidente da República e estabelecer regras transitórias para distribuição entre os partidos políticos dos recursos do fundo partidário e do Fundo Especial de Financiamento de Campanha (FEFC) e para o funcionamento dos partidos políticos.

As Mesas da Câmara dos Deputados e do Senado Federal, nos termos do § 3º do art. 60 da Constituição Federal, promulgam a seguinte Emenda ao texto constitucional:

Art. 1º. A Constituição Federal passa a vigorar com as seguintes alterações:

"*Art. 14. (...)*

§ 12. Serão realizadas concomitantemente às eleições municipais as consultas populares sobre questões locais aprovadas pelas Câmaras Municipais e encaminhadas à Justiça Eleitoral até 90 (noventa) dias antes da data das eleições, observados os limites operacionais relativos ao número de quesitos.

§ 13. As manifestações favoráveis e contrárias às questões submetidas às consultas populares nos termos do § 12 ocorrerão durante as campanhas eleitorais, sem a utilização de propaganda gratuita no rádio e na televisão." (NR)

"*Art. 17. (...)*

§ 6º. Os Deputados Federais, os Deputados Estaduais, os Deputados Distritais e os Vereadores que se desligarem do partido pelo qual tenham sido eleitos perderão o mandato, salvo nos casos de anuência do partido ou de outras hipóteses de justa causa estabelecidas em lei, não computada, em qualquer caso, a migração de partido para fins de distribuição de recursos do fundo partidário ou de outros fundos públicos e de acesso gratuito ao rádio e à televisão." (NR)

"*Art. 28. A eleição do Governador e do Vice-Governador de Estado, para mandato de 4 (quatro) anos, realizar-se-á no primeiro domingo de outubro, em primeiro turno, e no último domingo de outubro, em segundo turno, se houver, do ano anterior ao do término do mandato de seus antecessores, e a posse ocorrerá em 6 de janeiro do ano subsequente, observado, quanto ao mais, o disposto no art. 77 desta Constituição.*

..." (NR)

"*Art. 82. O mandato do Presidente da República é de 4 (quatro) anos e terá início em 5 de janeiro do ano seguinte ao de sua eleição.*" (NR)

Art. 2º. Para fins de distribuição entre os partidos políticos dos recursos do fundo partidário e do Fundo Especial de Financiamento de Campanha (FEFC), os votos dados a candidatas mulheres ou a candidatos negros para a Câmara dos Deputados nas eleições realizadas de 2022 a 2030 serão contados em dobro.

Parágrafo único. A contagem em dobro de votos a que se refere o *caput* somente se aplica uma única vez.

Art. 3º. Até que entre em vigor lei que discipline cada uma das seguintes matérias, observar-se-ão os seguintes procedimentos:

I – nos processos de incorporação de partidos políticos, as sanções eventualmente aplicadas aos órgãos partidários regionais e municipais do partido incorporado, inclusive as decorrentes de prestações de contas, bem como as de responsabilização de seus antigos dirigentes, não serão aplicadas ao partido incorporador nem aos seus novos dirigentes, exceto aos que já integravam o partido incorporado;

II – nas anotações relativas às alterações dos estatutos dos partidos políticos, serão objeto de análise pelo Tribunal Superior Eleitoral apenas os dispositivos objeto de alteração.

Art. 4º. O Presidente da República e os Governadores de Estado e do Distrito Federal eleitos em 2022 tomarão posse em 1º de janeiro de 2023, e seus mandatos durarão até à posse de seus sucessores, em 5 e 6 de janeiro de 2027, respectivamente.

Art. 5º. As alterações efetuadas nos arts. 28 e 82 da Constituição Federal constantes do art. 1º desta Emenda Constitucional, relativas às datas de posse de Governadores, de Vice-Governadores, do Presidente e do Vice-Presidente da República, serão aplicadas somente a partir das eleições de 2026.

Art. 6º. Esta Emenda Constitucional entra em vigor na data de sua publicação.

Brasília, em 28 de setembro de 2021.

Mesa da Câmara dos Deputados: Deputado Arthur Lira, Presidente – Mesa do Senado Federal: Senador Rodrigo Pacheco, Presidente – DOU de 29.9.2021.

EMENDA CONSTITUCIONAL Nº 112, DE 27.10.2021

Altera o art. 159 da Constituição Federal para disciplinar a distribuição de recursos pela União ao Fundo de Participação dos Municípios.

As Mesas da Câmara dos Deputados e do Senado Federal, nos termos do § 3º do art. 60 da Constituição Federal, promulgam a seguinte Emenda ao texto constitucional:

Art. 1º. O art. 159 da Constituição Federal passa a vigorar com a seguinte redação:

"Art. 159. (...)

I – do produto da arrecadação dos impostos sobre renda e proventos de qualquer natureza e sobre produtos industrializados, 50% (cinquenta por cento), da seguinte forma:

....

f) 1% (um por cento) ao Fundo de Participação dos Municípios, que será entregue no primeiro decêndio do mês de setembro de cada ano;

...." (NR)

Art. 2º. Para os fins do disposto na alínea "f" do inciso I do caput do art. 159 da Constituição Federal, a União entregará ao Fundo de Participação dos Municípios, do produto da arrecadação dos impostos sobre renda e proventos de qualquer natureza e sobre produtos industrializados, 0,25% (vinte e cinco centésimos por cento), 0,5% (cinco décimos por cento) e 1% (um por cento), respectivamente, em cada um dos 2 (dois) primeiros exercícios, no terceiro exercício e a partir do quarto exercício em que esta Emenda Constitucional gerar efeitos financeiros.

Art. 3º. Esta Emenda Constitucional entra em vigor na data de sua publicação e produzirá efeitos financeiros a partir de 1º de janeiro do exercício subsequente.

Brasília, em 27 de outubro de 2021

Mesa da Câmara dos Deputados: Deputado Arthur Lira, Presidente – Mesa do Senado Federal: Senador Rodrigo Pacheco, Presidente – DOU de 28.10.2021.

EMENDA CONSTITUCIONAL Nº 113, DE 8.12.2021

Altera a Constituição Federal e o Ato das Disposições Constitucionais Transitórias para estabelecer o novo regime de pagamentos de precatórios, modificar normas relativas ao Novo Regime Fiscal e autorizar o parcelamento de débitos previdenciários dos Municípios; e dá outras providências.

As Mesas da Câmara dos Deputados e do Senado Federal, nos termos do § 3º do art. 60 da Constituição Federal, promulgam a seguinte Emenda ao texto constitucional:

Art. 1º. Os arts. 100 e 160 da Constituição Federal passam a vigorar com as seguintes alterações:

"Art. 100. (...)

§ 9º. Sem que haja interrupção no pagamento do precatório e mediante comunicação da Fazenda Pública ao Tribunal, o valor correspondente aos eventuais débitos inscritos em dívida ativa contra o credor do requisitório e seus substituídos deverá ser

EMENDAS CONSTITUCIONAIS   Nº 113

depositado à conta do juízo responsável pela ação de cobrança, que decidirá pelo seu destino definitivo.
....

§ 11. É facultada ao credor, conforme estabelecido em lei do ente federativo devedor, com autoaplicabilidade para a União, a oferta de créditos líquidos e certos que originalmente lhe são próprios ou adquiridos de terceiros reconhecidos pelo ente federativo ou por decisão judicial transitada em julgado para:

I – quitação de débitos parcelados ou débitos inscritos em dívida ativa do ente federativo devedor, inclusive em transação resolutiva de litígio, e, subsidiariamente, débitos com a administração autárquica e fundacional do mesmo ente;

II – compra de imóveis públicos de propriedade do mesmo ente disponibilizados para venda;

III – pagamento de outorga de delegações de serviços públicos e demais espécies de concessão negocial promovidas pelo mesmo ente;

IV – aquisição, inclusive minoritária, de participação societária, disponibilizada para venda, do respectivo ente federativo; ou

V – compra de direitos, disponibilizados para cessão, do respectivo ente federativo, inclusive, no caso da União, da antecipação de valores a serem recebidos a título do excedente em óleo em contratos de partilha de petróleo.
....

§ 14. A cessão de precatórios, observado o disposto no § 9º deste artigo, somente produzirá efeitos após comunicação, por meio de petição protocolizada, ao Tribunal de origem e ao ente federativo devedor.
....

§ 21. Ficam a União e os demais entes federativos, nos montantes que lhes são próprios, desde que aceito por ambas as partes, autorizados a utilizar valores objeto de sentenças transitadas em julgado devidos à pessoa jurídica de direito público para amortizar dívidas, vencidas ou vincendas:

I – nos contratos de refinanciamento cujos créditos sejam detidos pelo ente federativo que figure como devedor na sentença de que trata o caput deste artigo;

II – nos contratos em que houve prestação de garantia a outro ente federativo;

III – nos parcelamentos de tributos ou de contribuições sociais; e

IV – nas obrigações decorrentes do descumprimento de prestação de contas ou de desvio de recursos.

§ 22. A amortização de que trata o § 21 deste artigo:

I – nas obrigações vencidas, será imputada primeiramente às parcelas mais antigas;

II – nas obrigações vincendas, reduzirá uniformemente o valor de cada parcela devida, mantida a duração original do respectivo contrato ou parcelamento." (NR)

"Art. 160. (...)
§ 1º. (...)
§ 2º. Os contratos, os acordos, os ajustes, os convênios, os parcelamentos ou as renegociações de débitos de qualquer espécie, inclusive tributários, firmados pela União com os entes federativos conterão cláusulas para autorizar a dedução dos valores devidos dos montantes a serem repassados relacionados às respectivas cotas nos Fundos de Participação ou aos precatórios federais." (NR)

Art. 2º. O Ato das Disposições Constitucionais Transitórias passa a vigorar com as seguintes alterações:

"Art. 101. (...)

§ 5º. Os empréstimos de que trata o inciso III do § 2º. deste artigo poderão ser destinados, por meio de ato do Poder Executivo, exclusivamente ao pagamento de precatórios por acordo direto com os credores, na forma do disposto no inciso III do § 8º do art. 97 deste Ato das Disposições Constitucionais Transitórias." (NR)

"Art. 107. (...)
§ 1º. (...)

II – para os exercícios posteriores, ao valor do limite referente ao exercício imediatamente anterior, corrigido pela variação do Índice Nacional de Preços ao Consumidor Amplo (IPCA), publicado pela Fundação Instituto Brasileiro de Geografia e Estatística, ou de outro índice que vier a substituí-lo, apurado no exercício anterior a que se refere a lei orçamentária.
....

§ 12. Para fins da elaboração do projeto de lei orçamentária anual, o Poder Executivo considerará o valor realizado até junho do índice previsto no inciso II do § 1º deste artigo, relativo ao ano de encaminhamento do projeto, e o valor estimado até dezembro desse mesmo ano.

§ 13. A estimativa do índice a que se refere o § 12 deste artigo, juntamente com os demais parâmetros macroeconômicos, serão elaborados mensalmente pelo Poder Executivo e enviados à comissão mista de que trata o § 1º do art. 166 da Constituição Federal.

§ 14. O resultado da diferença aferida entre as projeções referidas nos §§ 12 e 13 deste artigo e a efetiva apuração do índice previsto no inciso II do § 1º deste artigo será calculado pelo Poder Executivo, para fins de definição da base de cálculo dos respectivos limites do exercício seguinte, a qual será comunicada aos demais Poderes por ocasião da elaboração do projeto de lei orçamentária." (NR)

"Art. 115. Fica excepcionalmente autorizado o parcelamento das contribuições previdenciárias e dos demais débitos dos Municípios, incluídas suas autarquias e fundações, com os respectivos regimes próprios de previdência social, com vencimento até 31 de outubro de 2021, inclusive os parcelados anteriormente, no prazo máximo de 240 (duzentos e quarenta) prestações mensais, mediante autorização em lei municipal específica, desde que comprovem ter alterado a legislação do regime próprio de previdência social para atendimento das seguintes condições, cumulativamente:

I – adoção de regras de elegibilidade, de cálculo e de reajustamento dos benefícios que contemplem, nos termos previstos nos incisos I e III do § 1° e nos §§ 3° a 5°, 7° e 8° do art. 40 da Constituição Federal, regras assemelhadas às aplicáveis aos servidores públicos do regime próprio de previdência social da União e que contribuam efetivamente para o atingimento e a manutenção do equilíbrio financeiro e atuarial;

II – adequação do rol de benefícios ao disposto nos §§ 2° e 3° do art. 9° da Emenda Constitucional n° 103, de 12 de novembro de 2019;

III – adequação da alíquota de contribuição devida pelos servidores, nos termos do § 4° do art. 9° da Emenda Constitucional n° 103, de 12 de novembro de 2019; e

IV – instituição do regime de previdência complementar e adequação do órgão ou entidade gestora do regime próprio de previdência social, nos termos do § 6° do art. 9° da Emenda Constitucional n° 103, de 12 de novembro de 2019.

Parágrafo único. Ato do Ministério do Trabalho e Previdência, no âmbito de suas competências, definirá os critérios para o parcelamento previsto neste artigo, inclusive quanto ao cumprimento do disposto nos incisos I, II, III e IV do caput deste artigo, bem como disponibilizará as informações aos Municípios sobre o montante das dívidas, as formas de parcelamento, os juros e os encargos incidentes, de modo a possibilitar o acompanhamento da evolução desses débitos."

"**Art. 116.** Fica excepcionalmente autorizado o parcelamento dos débitos decorrentes de contribuições previdenciárias dos Municípios, incluídas suas autarquias e fundações, com o Regime Geral de Previdência Social, com vencimento até 31 de outubro de 2021, ainda que em fase de execução fiscal ajuizada, inclusive os decorrentes do descumprimento de obrigações acessórias e os parcelados anteriormente, no prazo máximo de 240 (duzentos e quarenta) prestações mensais.

§ 1°. Os Municípios que possuam regime próprio de previdência social deverão comprovar, para fins de formalização do parcelamento com o Regime Geral de Previdência Social, de que trata este artigo, terem atendido as condições estabelecidas nos incisos I, II, III e IV do caput do art. 115 deste Ato das Disposições Constitucionais Transitórias.

§ 2°. Os débitos parcelados terão redução de 40% (quarenta por cento) das multas de mora, de ofício e isoladas, de 80% (oitenta por cento) dos juros de mora, de 40% (quarenta por cento) dos encargos legais e de 25% (vinte e cinco por cento) dos honorários advocatícios.

§ 3°. O valor de cada parcela será acrescido de juros equivalentes à taxa referencial do Sistema Especial de Liquidação e de Custódia (Selic), acumulada mensalmente, calculados a partir do mês subsequente ao da consolidação até o mês anterior ao do pagamento.

§ 4°. Não constituem débitos dos Municípios aqueles considerados prescritos ou atingidos pela decadência.

§ 5°. A Secretaria Especial da Receita Federal do Brasil e a Procuradoria-Geral da Fazenda Nacional, no âmbito de suas competências, deverão fixar os critérios para o parcelamento previsto neste artigo, bem como disponibilizar as informações aos Municípios sobre o montante das dívidas, as formas de parcelamento, os juros e os encargos incidentes, de modo a possibilitar o acompanhamento da evolução desses débitos."

"**Art. 117.** A formalização dos parcelamentos de que tratam os arts. 115 e 116 deste Ato das Disposições Constitucionais Transitórias deverá ocorrer até 30 de junho de 2022 e ficará condicionada à autorização de vinculação do Fundo de Participação dos Municípios para fins de pagamento das prestações acordadas nos termos de parcelamento, observada a seguinte ordem de preferência:

I – a prestação de garantia ou de contragarantia à União ou os pagamentos de débitos em favor da União, na forma do § 4° do art. 167 da Constituição Federal;

II – as contribuições parceladas devidas ao Regime Geral de Previdência Social;

III – as contribuições parceladas devidas ao respectivo regime próprio de previdência social."

Art. 3°. Nas discussões e nas condenações que envolvam a Fazenda Pública, independentemente de sua natureza e para fins de atualização monetária, de remuneração do capital e de compensação da mora, inclusive do precatório, haverá a incidência, uma única vez, até o efetivo pagamento, do índice da taxa referencial do Sistema Especial de Liquidação e de Custódia (Selic), acumulado mensalmente.

Art. 4°. Os limites resultantes da aplicação do disposto no inciso II do § 1° do art. 107 do Ato das Disposições Constitucionais Transitórias serão aplicáveis a partir do exercício de 2021, observado o disposto neste artigo.

§ 1°. No exercício de 2021, o eventual aumento dos limites de que trata o caput deste artigo fica restrito ao montante de até R$ 15.000.000.000,00 (quinze bilhões de reais), a ser destinado exclusivamente ao atendimento de despesas de vacinação contra a covid-19 ou relacionadas a ações emergenciais e temporárias de caráter socioeconômico.

§ 2°. As operações de crédito realizadas para custear o aumento de limite referido no § 1° deste artigo ficam ressalvadas do estabelecido no inciso III do caput do art. 167 da Constituição Federal.

§ 3°. As despesas de que trata o § 1° deste artigo deverão ser atendidas por meio de créditos extraordinários e ter como fonte de recurso o produto de operações de crédito.

§ 4°. A abertura dos créditos extraordinários referidos no § 3° deste artigo dar-se-á independentemente da observância dos requisitos exigidos no § 3° do art. 167 da Constituição Federal.

§ 5º. O aumento do limite previsto no § 1º deste artigo será destinado, ainda, ao atendimento de despesas de programa de transferência de renda.

(*) § 5º acrescido pela EC nº 114, de 16.12.2021.

§ 6º. O aumento do limite decorrente da aplicação do disposto no inciso II do § 1º do art. 107 do Ato das Disposições Constitucionais Transitórias deverá, no exercício de 2022, ser destinado somente ao atendimento das despesas de ampliação de programas sociais de combate à pobreza e à extrema pobreza, nos termos do parágrafo único do art. 6º e do inciso VI do caput do art. 203 da Constituição Federal, à saúde, à previdência e à assistência social.

(*) § 6º acrescido pela EC nº 114, de 16.12.2021.

Art. 5º. As alterações relativas ao regime de pagamento dos precatórios aplicam-se a todos os requisitórios já expedidos, inclusive no orçamento fiscal e da seguridade social do exercício de 2022.

Art. 6º. Revoga-se o art. 108 do Ato das Disposições Constitucionais Transitórias.

Art. 7º. Esta Emenda Constitucional entra em vigor na data de sua publicação.

Brasília, em 8 de dezembro de 2021.

Mesa da Câmara dos Deputados: Deputado Arthur Lira, Presidente – Mesa do Senado Federal: Senador Rodrigo Pacheco, Presidente – DOU de 9.12.2021.

EMENDA CONSTITUCIONAL Nº 114, DE 16.12.2021

Altera a Constituição Federal e o Ato das Disposições Constitucionais Transitórias para estabelecer o novo regime de pagamentos de precatórios, modificar normas relativas ao Novo Regime Fiscal e autorizar o parcelamento de débitos previdenciários dos Municípios; e dá outras providências.

As Mesas da Câmara dos Deputados e do Senado Federal, nos termos do § 3º do art. 60 da Constituição Federal, promulgam a seguinte Emenda ao texto constitucional:

Art. 1º. Os arts. 6º, 100 e 203 da Constituição Federal passam a vigorar com as seguintes alterações:

"*Art. 6º. (...)*
Parágrafo único. Todo brasileiro em situação de vulnerabilidade social terá direito a uma renda básica familiar, garantida pelo poder público em programa permanente de transferência de renda, cujas normas e requisitos de acesso serão determinados em lei, observada a legislação fiscal e orçamentária." (NR)

"*Art. 100. (...)*
§ 5º. É obrigatória a inclusão no orçamento das entidades de direito público de verba necessária ao pagamento de seus débitos oriundos de sentenças transitadas em julgado constantes de precatórios judiciários apresentados até 2 de abril, fazendo-se o pagamento até o final do exercício seguinte, quando terão seus valores atualizados monetariamente.
...." (NR)

"*Art. 203. (...)*
VI – a redução da vulnerabilidade socioeconômica de famílias em situação de pobreza ou de extrema pobreza." (NR)

Art. 2º. O Ato das Disposições Constitucionais Transitórias passa a vigorar acrescido dos seguintes arts. 107-A e 118:

"*Art. 107-A.* Até o fim de 2026, fica estabelecido, para cada exercício financeiro, limite para alocação na proposta orçamentária das despesas com pagamentos em virtude de sentença judiciária de que trata o art. 100 da Constituição Federal, equivalente ao valor da despesa paga no exercício de 2016, incluídos os restos a pagar pagos, corrigido na forma do § 1º do art. 107 deste Ato das Disposições Constitucionais Transitórias, devendo o espaço fiscal decorrente da diferença entre o valor dos precatórios expedidos e o respectivo limite ser destinado ao programa previsto no parágrafo único do art. 6º e à seguridade social, nos termos do art. 194, ambos da Constituição Federal, a ser calculado da seguinte forma:
I – no exercício de 2022, o espaço fiscal decorrente da diferença entre o valor dos precatórios expedidos e o limite estabelecido no caput deste artigo deverá ser destinado ao programa previsto no parágrafo único do art. 6º e à seguridade social, nos termos do art. 194, ambos da Constituição Federal;
II – no exercício de 2023, pela diferença entre o total de precatórios expedidos entre 2 de julho de 2021 e 2 de abril de 2022 e o limite de que trata o caput deste artigo válido para o exercício de 2023; e
III – nos exercícios de 2024 a 2026, pela diferença entre o total de precatórios expedidos entre 3 de abril de dois anos anteriores e 2 de abril do ano anterior ao exercício e o limite de que trata o caput deste artigo válido para o mesmo exercício.
§ 1º. O limite para o pagamento de precatórios corresponderá, em cada exercício, ao limite previsto no caput deste artigo, reduzido da projeção para a despesa com o pagamento de requisições de pequeno valor para o mesmo exercício, que terão prioridade no pagamento.
§ 2º. Os precatórios que não forem pagos em razão do previsto neste artigo terão prioridade para pagamento em exercícios seguintes, observada a ordem cronológica e o disposto no § 9º deste artigo.

§ 3º. É facultado ao credor de precatório que não tenha sido pago em razão do disposto neste artigo, além das hipóteses previstas no § 11 do art. 100 da Constituição Federal e sem prejuízo dos procedimentos previstos nos §§ 9º e 21 do referido artigo, optar pelo recebimento, mediante acordos diretos perante Juízos Auxiliares de Conciliação de Pagamento de Condenações Judiciais contra a Fazenda Pública Federal, em parcela única, até o final do exercício seguinte, com renúncia de 40% (quarenta por cento) do valor desse crédito.

§ 4º. O Conselho Nacional de Justiça regulamentará a atuação dos Presidentes dos Tribunais competentes para o cumprimento deste artigo.

§ 5º. Não se incluem no limite estabelecido neste artigo as despesas para fins de cumprimento do disposto nos §§ 11, 20 e 21 do art. 100 da Constituição Federal e no § 3º deste artigo, bem como a atualização monetária dos precatórios inscritos no exercício.

§ 6º. Não se incluem nos limites estabelecidos no art. 107 deste Ato das Disposições Constitucionais Transitórias o previsto nos §§ 11, 20 e 21 do art. 100 da Constituição Federal e no § 3º deste artigo.

§ 7º. Na situação prevista no § 3º deste artigo, para os precatórios não incluídos na proposta orçamentária de 2022, os valores necessários à sua quitação serão providenciados pela abertura de créditos adicionais durante o exercício de 2022.

§ 8º. Os pagamentos em virtude de sentença judiciária de que trata o art. 100 da Constituição Federal serão realizados na seguinte ordem:

I – obrigações definidas em lei como de pequeno valor, previstas no § 3º do art. 100 da Constituição Federal;

II – precatórios de natureza alimentícia cujos titulares, originários ou por sucessão hereditária, tenham no mínimo 60 (sessenta) anos de idade, ou sejam portadores de doença grave ou pessoas com deficiência, assim definidos na forma da lei, até o valor equivalente ao triplo do montante fixado em lei como obrigação de pequeno valor;

III – demais precatórios de natureza alimentícia até o valor equivalente ao triplo do montante fixado em lei como obrigação de pequeno valor;

IV – demais precatórios de natureza alimentícia além do valor previsto no inciso III deste parágrafo;

V – demais precatórios."

"Art. 118. Os limites, as condições, as normas de acesso e os demais requisitos para o atendimento do disposto no parágrafo único do art. 6º e no inciso VI do caput do art. 203 da Constituição Federal serão determinados, na forma da lei e respectivo regulamento, até 31 de dezembro de 2022, dispensada, exclusivamente no exercício de 2022, a observância das limitações legais quanto à criação, à expansão ou ao aperfeiçoamento de ação governamental que acarrete aumento de despesa no referido exercício."

Art. 3º. O art. 4º da Emenda Constitucional nº 113, de 8 de dezembro de 2021, passa a vigorar acrescido dos seguintes §§ 5º e 6º:

"Art. 4º. (...)

§ 5º. O aumento do limite previsto no § 1º deste artigo será destinado, ainda, ao atendimento de despesas de programa de transferência de renda.

§ 6º. O aumento do limite decorrente da aplicação do disposto no inciso II do § 1º do art. 107 do Ato das Disposições Constitucionais Transitórias deverá, no exercício de 2022, ser destinado somente ao atendimento das despesas de ampliação de programas sociais de combate à pobreza e à extrema pobreza, nos termos do parágrafo único do art. 6º e do inciso VI do caput do art. 203 da Constituição Federal, à saúde, à previdência e à assistência social." (NR)

Art. 4º. Os precatórios decorrentes de demandas relativas à complementação da União aos Estados e aos Municípios por conta do Fundo de Manutenção e Desenvolvimento do Ensino Fundamental e de Valorização do Magistério (Fundef) serão pagos em 3 (três) parcelas anuais e sucessivas, da seguinte forma:

I – 40% (quarenta por cento) no primeiro ano;

II – 30% (trinta por cento) no segundo ano;

III – 30% (trinta por cento) no terceiro ano.

Parágrafo único. Não se incluem nos limites estabelecidos nos arts. 107 e 107-A do Ato das Disposições Constitucionais Transitórias, a partir de 2022, as despesas para os fins de que trata este artigo.

Art. 5º. As receitas que os Estados e os Municípios receberem a título de pagamentos da União por força de ações judiciais que tenham por objeto a complementação de parcela desta no Fundo de Manutenção e Desenvolvimento do Ensino Fundamental e de Valorização do Magistério (Fundef) deverão ser aplicadas na manutenção e desenvolvimento do ensino fundamental público e na valorização de seu magistério, conforme destinação originária do Fundo.

Parágrafo único. Da aplicação de que trata o caput deste artigo, no mínimo 60% (sessenta por cento) deverão ser repassados aos profissionais do magistério, inclusive aposentados e pensionistas, na forma de abono, vedada a incorporação na remuneração, na aposentadoria ou na pensão.

Art. 6º. No prazo de 1 (um) ano a contar da promulgação desta Emenda Constitucional, o Congresso Nacional promoverá, por meio de comissão mista, exame analítico dos atos, dos fatos e das políticas públicas com maior potencial gerador de precatórios e de sentenças judiciais contrárias à Fazenda Pública da União.

§ 1º. A comissão atuará em cooperação com o Conselho Nacional de Justiça e com o auxílio do Tribunal de Contas da União e poderá requisitar informações e documentos de órgãos e entidades da administração pública direta e indireta de qualquer dos Poderes da União, dos Estados, do Distrito Federal e dos

Municípios, buscando identificar medidas legislativas a serem adotadas com vistas a trazer maior segurança jurídica no âmbito federal.

§ 2º. O exame de que trata o *caput* deste artigo analisará os mecanismos de aferição de risco fiscal e de prognóstico de efetivo pagamento de valores decorrentes de decisão judicial, segregando esses pagamentos por tipo de risco e priorizando os temas que possuam maior impacto financeiro.

§ 3º. Apurados os resultados, o Congresso Nacional encaminhará suas conclusões aos presidentes do Supremo Tribunal Federal e do Superior Tribunal de Justiça, para a adoção de medidas de sua competência.

Art. 7º. Os entes da Federação que tiverem descumprido a medida prevista no art. 4º da Lei Complementar nº 156, de 28 de dezembro de 2016, e que optarem por não firmar termo aditivo na forma prevista no art. 4º-A da referida Lei Complementar poderão restituir à União os valores diferidos por força do prazo adicional proporcionalmente à quantidade de prestações remanescentes dos respectivos contratos, aplicados os encargos contratuais de adimplência e desde que adotem, durante o prazo de restituição dos valores para a União, as medidas previstas no art. 167-A da Constituição Federal.

Art. 8º. Esta Emenda Constitucional entra em vigor:

I – a partir de 2022, para a alteração do § 5º do art. 100 da Constituição Federal, constante do art. 1º desta Emenda Constitucional;

II – na data de sua publicação, para os demais dispositivos.

Brasília, em 16 de dezembro de 2021.

Mesa da Câmara dos Deputados: Deputado Arthur Lira, Presidente – Mesa do Senado Federal: Senador Rodrigo Pacheco, Presidente – DOU de 17.12.2021.

EMENDA CONSTITUCIONAL Nº 115, DE 10.2.2022

Altera a Constituição Federal para incluir a proteção de dados pessoais entre os direitos e garantias fundamentais e para fixar a competência privativa da União para legislar sobre proteção e tratamento de dados pessoais.

As Mesas da Câmara dos Deputados e do Senado Federal, nos termos do § 3º do art. 60 da Constituição Federal, promulgam a seguinte Emenda ao texto constitucional:

Art. 1º. O *caput* do art. 5º da Constituição Federal passa a vigorar acrescido do seguinte inciso LXXIX:

"*Art. 5º. (...)*

LXXIX – é assegurado, nos termos da lei, o direito à proteção dos dados pessoais, inclusive nos meios digitais.

.... *(NR)*

Art. 2º. O *caput* do art. 21 da Constituição Federal passa a vigorar acrescido do seguinte inciso XXVI:

"*Art. 21. (...)*

XXVI – organizar e fiscalizar a proteção e o tratamento de dados pessoais, nos termos da lei." *(NR)*

Art. 3º. O *caput* do art. 22 da Constituição Federal passa a vigorar acrescido do seguinte inciso XXX:

"*Art. 22. (...)*

XXX – proteção e tratamento de dados pessoais.

...." *(NR)*

Art. 4º. Esta Emenda Constitucional entra em vigor na data de sua publicação.

Brasília, em 10 de fevereiro de 2022.

Mesa da Câmara dos Deputados: Deputado Arthur Lira, Presidente – Mesa do Senado Federal: Senador Rodrigo Pacheco, Presidente – DOU de 11.2.2022.

EMENDA CONSTITUCIONAL Nº 116, DE 17.2.2022

Acrescenta § 1º-A ao art. 156 da Constituição Federal para prever a não incidência sobre templos de qualquer culto do Imposto sobre a Propriedade Predial e Territorial Urbana (IPTU), ainda que as entidades abrangidas pela imunidade tributária sejam apenas locatárias do bem imóvel.

As Mesas da Câmara dos Deputados e do Senado Federal, nos termos do § 3º do art. 60 da Constituição Federal, promulgam a seguinte Emenda ao texto constitucional:

Art. 1º. O art. 156 da Constituição Federal passa a vigorar acrescido do seguinte § 1º-A:

"*Art. 156. (...)*

§ 1º-A. O imposto previsto no inciso I do caput deste artigo não incide sobre templos de qualquer culto, ainda que as entidades abrangidas pela imunidade de que trata a alínea b do inciso VI do caput do art. 150 desta Constituição sejam apenas locatárias do bem imóvel.

...."*(NR)*

Art. 2º. Esta Emenda Constitucional entra em vigor na data de sua publicação.

Brasília, em 17 de fevereiro de 2022.

Mesa da Câmara dos Deputados: Deputado Arthur Lira, Presidente – Mesa do Senado Federal: Senador Rodrigo Pacheco, Presidente – DOU de 18.2.2022.

EMENDA CONSTITUCIONAL Nº 117, DE 5.4.2022

Altera o art. 17 da Constituição Federal para impor aos partidos políticos a aplicação de recursos do fundo partidário na promoção e difusão da participação política das mulheres, bem como a aplicação de recursos desse fundo e do Fundo Especial de Financiamento de Campanha e a divisão do tempo de propaganda gratuita no rádio e na televisão no percentual mínimo de 30% (trinta por cento) para candidaturas femininas.

As Mesas da Câmara dos Deputados e do Senado Federal, nos termos do § 3º do art. 60 da Constituição Federal, promulgam a seguinte Emenda ao texto constitucional:

Art. 1º. O art. 17 da Constituição Federal passa a vigorar acrescido dos seguintes §§ 7º e 8º:

"**Art. 17.** (...)

§ 7º. *Os partidos políticos devem aplicar no mínimo 5% (cinco por cento) dos recursos do fundo partidário na criação e na manutenção de programas de promoção e difusão da participação política das mulheres, de acordo com os interesses intrapartidários.*

§ 8º. *O montante do Fundo Especial de Financiamento de Campanha e da parcela do fundo partidário destinada a campanhas eleitorais, bem como o tempo de propaganda gratuita no rádio e na televisão a ser distribuído pelos partidos às respectivas candidatas, deverão ser de no mínimo 30% (trinta por cento), proporcional ao número de candidatas, e a distribuição deverá ser realizada conforme critérios definidos pelos respectivos órgãos de direção e pelas normas estatutárias, considerados a autonomia e o interesse partidário.*" (NR)

Art. 2º. Aos partidos políticos que não tenham utilizado os recursos destinados aos programas de promoção e difusão da participação política das mulheres ou cujos valores destinados a essa finalidade não tenham sido reconhecidos pela Justiça Eleitoral é assegurada a utilização desses valores nas eleições subsequentes, vedada a condenação pela Justiça Eleitoral nos processos de prestação de contas de exercícios financeiros anteriores que ainda não tenham transitado em julgado até a data de promulgação desta Emenda Constitucional.

Art. 3º. Não serão aplicadas sanções de qualquer natureza, inclusive de devolução de valores, multa ou suspensão do fundo partidário, aos partidos que não preencheram a cota mínima de recursos ou que não destinaram os valores mínimos em razão de sexo e raça em eleições ocorridas antes da promulgação desta Emenda Constitucional.

Art. 4º. Esta Emenda Constitucional entra em vigor na data de sua publicação.

Brasília, em 5 de abril de 2022.

Mesa da Câmara dos Deputados: Deputado Arthur Lira, Presidente – Mesa do Senado Federal: Senador Rodrigo Pacheco, Presidente – DOU de 6.4.2022.

EMENDA CONSTITUCIONAL Nº 118, DE 26.4.2022

Dá nova redação às alíneas "b" e "c" do inciso XXIII do caput do art. 21 da Constituição Federal, para autorizar a produção, a comercialização e a utilização de radioisótopos para pesquisa e uso médicos.

As Mesas da Câmara dos Deputados e do Senado Federal, nos termos do § 3º do art. 60 da Constituição Federal, promulgam a seguinte Emenda ao texto constitucional:

Art. 1º. As alíneas "b" e "c" do inciso XXIII do caput do art. 21 da Constituição Federal passam a vigorar com a seguinte redação:

"*Art. 21.* (...)

XXIII – (...)

b) sob regime de permissão, são autorizadas a comercialização e a utilização de radioisótopos para pesquisa e usos agrícolas e industriais;

c) sob regime de permissão, são autorizadas a produção, a comercialização e a utilização de radioisótopos para pesquisa e uso médicos;

...." (NR)

Art. 2º. Esta Emenda Constitucional entra em vigor na data de sua publicação.

Brasília, em 26 de abril de 2022.

Mesa da Câmara dos Deputados: Deputado Arthur Lira, Presidente – Mesa do Senado Federal: Senador Rodrigo Pacheco, Presidente – DOU de 27.4.2022.

EMENDA CONSTITUCIONAL Nº 119, DE 27.4.2022

Altera o Ato das Disposições Constitucionais Transitórias para determinar a impossibilidade de responsabilização dos Estados, do Distrito Federal, dos Municípios e dos agentes públicos desses entes federados pelo descumprimento, nos exercícios financeiros de 2020 e 2021, do disposto no caput do art. 212 da Constituição Federal; e dá outras providências.

As Mesas da Câmara dos Deputados e do Senado Federal, nos termos do § 3º do art. 60 da Constituição Federal, promulgam a seguinte Emenda ao texto constitucional:

Art. 1º. O Ato das Disposições Constitucionais Transitórias passa a vigorar acrescido do seguinte art. 119:

"**Art. 119.** Em decorrência do estado de calamidade pública provocado pela pandemia da Covid-19, os Estados, o Distrito Federal, os Municípios e os agentes públicos desses entes federados não poderão ser responsabilizados administrativa, civil ou criminalmente pelo descumprimento, exclusivamente nos exercícios financeiros de 2020 e 2021, do disposto no caput do art. 212 da Constituição Federal.

Parágrafo único. Para efeitos do disposto no caput deste artigo, o ente deverá complementar na aplicação da manutenção e desenvolvimento do ensino, até o exercício financeiro de 2023, a diferença a menor entre o valor aplicado, conforme informação registrada no sistema integrado de planejamento e orçamento, e o valor mínimo exigível constitucionalmente para os exercícios de 2020 e 2021."

Art. 2º. O disposto no caput do art. 119 do Ato das Disposições Constitucionais Transitórias impede a aplicação de quaisquer penalidades, sanções ou restrições aos entes subnacionais para fins cadastrais, de aprovação e de celebração de ajustes onerosos ou não, incluídas a contratação, a renovação ou a celebração de aditivos de quaisquer tipos, de ajustes e de convênios, entre outros, inclusive em relação à possibilidade de execução financeira desses ajustes e de recebimento de recursos do orçamento geral da União por meio de transferências voluntárias.

Parágrafo único. O disposto no caput do art. 119 do Ato das Disposições Constitucionais Transitórias também obsta a ocorrência dos efeitos do inciso III do caput do art. 35 da Constituição Federal.

Art. 3º. Esta Emenda Constitucional entra em vigor na data de sua publicação.

Brasília, em 27 de abril de 2022.

Mesa da Câmara dos Deputados: Deputado Arthur Lira, Presidente – Mesa do Senado Federal: Senador Rodrigo Pacheco, Presidente – DOU de 28.4.2022.

EMENDA CONSTITUCIONAL Nº 120, DE 5.5.2022

Acrescenta §§ 7º, 8º, 9º, 10 e 11 ao art. 198 da Constituição Federal, para dispor sobre a responsabilidade financeira da União, corresponsável pelo Sistema Único de Saúde (SUS), na política remuneratória e na valorização dos profissionais que exercem atividades de agente comunitário de saúde e de agente de combate às endemias.

As Mesas da Câmara dos Deputados e do Senado Federal, nos termos do § 3º do art. 60 da Constituição Federal, promulgam a seguinte Emenda ao texto constitucional:

Art. 1º. O art. 198 da Constituição Federal passa a vigorar acrescido dos seguintes §§ 7º, 8º, 9º, 10 e 11:

"**Art. 198.** (...)

§ 7º. O vencimento dos agentes comunitários de saúde e dos agentes de combate às endemias fica sob responsabilidade da União, e cabe aos Estados, ao Distrito Federal e aos Municípios estabelecer, além de outros consectários e vantagens, incentivos, auxílios, gratificações e indenizações, a fim de valorizar o trabalho desses profissionais.

§ 8º. Os recursos destinados ao pagamento do vencimento dos agentes comunitários de saúde e dos agentes de combate às endemias serão consignados no orçamento geral da União com dotação própria e exclusiva.

§ 9º. O vencimento dos agentes comunitários de saúde e dos agentes de combate às endemias não será inferior a 2 (dois) salários mínimos, repassados pela União aos Municípios, aos Estados e ao Distrito Federal.

§ 10. Os agentes comunitários de saúde e os agentes de combate às endemias terão também, em razão dos riscos inerentes às funções desempenhadas, aposentadoria especial e, somado aos seus vencimentos, adicional de insalubridade.

§ 11. Os recursos financeiros repassados pela União aos Estados, ao Distrito Federal e aos Municípios para pagamento do vencimento ou de qualquer outra vantagem dos agentes comunitários de saúde e dos agentes de combate às endemias não serão objeto de inclusão no cálculo para fins do limite de despesa com pessoal." (NR)

Art. 2º. Esta Emenda Constitucional entra em vigor na data de sua publicação.

Brasília, em 5 de maio de 2022.

Mesa da Câmara dos Deputados: Deputado Arthur Lira, Presidente – Mesa do Senado Federal: Senador Rodrigo Pacheco, Presidente – DOU de 6.5.2022.

EMENDA CONSTITUCIONAL Nº 121, DE 10.5.2022

Altera o inciso IV do § 2º do art. 4º da Emenda Constitucional nº 109, de 15 de março de 2021.

As Mesas da Câmara dos Deputados e do Senado Federal, nos termos do § 3º do art. 60 da Constituição Federal, promulgam a seguinte Emenda ao texto constitucional:

Art. 1º. O inciso IV do § 2º do art. 4º da Emenda Constitucional nº 109, de 15 de março de 2021, passa a vigorar com a seguinte redação:

"*Art. 4º. (...)*
§ 2º. (...)
IV – relativos ao regime especial estabelecido nos termos do art. 40 do Ato das Disposições Constitucionais Transitórias, às áreas de livre comércio e zonas francas e à política industrial para o setor de tecnologias da informação e comunicação e para o setor de semicondutores, na forma da lei;
.." (NR)

Art. 2º. Esta Emenda Constitucional entra em vigor na data de sua publicação.

Brasília, em 10 de maio de 2022.

Mesa da Câmara dos Deputados: Deputado Arthur Lira, Presidente – Mesa do Senado Federal: Senador Rodrigo Pacheco, Presidente – DOU de 11.5.2022.

EMENDA CONSTITUCIONAL Nº 122, DE 17.5.2022

Altera a Constituição Federal para elevar para setenta anos a idade máxima para a escolha e nomeação de membros do Supremo Tribunal Federal, do Superior Tribunal de Justiça, dos Tribunais Regionais Federais, do Tribunal Superior do Trabalho, dos Tribunais Regionais do Trabalho, do Tribunal de Contas da União e dos Ministros civis do Superior Tribunal Militar.

As Mesas da Câmara dos Deputados e do Senado Federal, nos termos do § 3º do art. 60 da Constituição Federal, promulgam a seguinte Emenda ao texto constitucional:

Art. 1º. Os arts. 73, 101, 104, 107, 111-A, 115 e 123 da Constituição Federal passam a vigorar com as seguintes alterações:

"*Art. 73. (...)*
§ 1º. (...)
I – mais de trinta e cinco e menos de setenta anos de idade;
.." (NR)

"*Art. 101. O Supremo Tribunal Federal compõe-se de onze Ministros, escolhidos dentre cidadãos com mais de trinta e cinco e menos de setenta anos de idade, de notável saber jurídico e reputação ilibada.*
.." (NR)

"*Art. 104. (...)*
Parágrafo único. Os Ministros do Superior Tribunal de Justiça serão nomeados pelo Presidente da República, dentre brasileiros com mais de trinta e cinco e menos de setenta anos de idade, de notável saber jurídico e reputação ilibada, depois de aprovada a escolha pela maioria absoluta do Senado Federal, sendo:
.." (NR)

"*Art. 107. Os Tribunais Regionais Federais compõem-se de, no mínimo, sete juízes, recrutados, quando possível, na respectiva região e nomeados pelo Presidente da República dentre brasileiros com mais de trinta e menos de setenta anos de idade, sendo:*
.." (NR)

"*Art. 111-A. O Tribunal Superior do Trabalho compõe-se de vinte e sete Ministros, escolhidos dentre brasileiros com mais de trinta e cinco e menos de setenta anos de idade, de notável saber jurídico e reputação ilibada, nomeados pelo Presidente da República após aprovação pela maioria absoluta do Senado Federal, sendo:*
.." (NR)

"*Art. 115. Os Tribunais Regionais do Trabalho compõem-se de, no mínimo, sete juízes, recrutados, quando possível, na respectiva região e nomeados pelo Presidente da República dentre brasileiros com mais de trinta e menos de setenta anos de idade, sendo:*
.." (NR)

"*Art. 123. (...)*
Parágrafo único. Os Ministros civis serão escolhidos pelo Presidente da República dentre brasileiros com mais de trinta e cinco e menos de setenta anos de idade, sendo:
.." (NR)

Art. 2º. Esta Emenda Constitucional entra em vigor na data de sua publicação.

Brasília, em 17 de maio de 2022.

Mesa da Câmara dos Deputados: Deputado Arthur Lira, Presidente – Mesa do Senado Federal: Senador Rodrigo Pacheco, Presidente – DOU de 18.5.2022.

EMENDA CONSTITUCIONAL Nº 123, DE 14.7.2022

Altera o art. 225 da Constituição Federal para estabelecer diferencial de competitividade para os biocombustíveis; inclui o art. 120 no Ato das Disposições Constitucionais Transitórias para reconhecer o estado de emergência decorrente da elevação extraordinária e imprevisível dos preços do petróleo, combustíveis e seus derivados e dos impactos sociais dela decorrentes; autoriza a União a entregar auxílio financeiro aos Estados e ao Distrito Federal que outorgarem créditos tributários do Imposto sobre Operações relativas à Circulação de Mercadorias e sobre Prestações de Serviços de Transporte Interestadual e Intermunicipal e de Comunicação (ICMS) aos produtores e distribuidores de etanol hidratado; expande o auxílio Gás dos Brasileiros, de que trata a Lei nº 14.237, de 19 de novembro de 2021; institui auxílio para caminhoneiros autônomos; expande o Programa Auxílio Brasil, de que trata a Lei nº 14.284, de 29 de dezembro de 2021; e institui auxílio para entes da Federação financiarem a gratuidade do transporte público.

As Mesas da Câmara dos Deputados e do Senado Federal, nos termos do § 3º do art. 60 da Constituição Federal, promulgam a seguinte Emenda ao texto constitucional:

Art. 1º. Esta Emenda Constitucional dispõe sobre o estabelecimento de diferencial de competitividade para os biocombustíveis e sobre medidas para atenuar os efeitos do estado de emergência decorrente da elevação extraordinária e imprevisível dos preços do petróleo, combustíveis e seus derivados e dos impactos sociais dela decorrentes.

Art. 2º. O § 1º do art. 225 da Constituição Federal passa a vigorar acrescido do seguinte inciso VIII:

"*Art. 225.* (...)
§ 1º. (...)
VIII – manter regime fiscal favorecido para os biocombustíveis destinados ao consumo final, na forma de lei complementar, a fim de assegurar-lhes tributação inferior à incidente sobre os combustíveis fósseis, capaz de garantir diferencial competitivo em relação a estes, especialmente em relação às contribuições de que tratam a alínea "b" do inciso I e o inciso IV do caput do art. 195 e o art. 239 e ao imposto a que se refere o inciso II do caput do art. 155 desta Constituição.
...." (NR)

Art. 3º. O Ato das Disposições Constitucionais Transitórias passa a vigorar acrescido do seguinte art. 120:

"*Art. 120.* Fica reconhecido, no ano de 2022, o estado de emergência decorrente da elevação extraordinária e imprevisível dos preços do petróleo, combustíveis e seus derivados e dos impactos sociais dela decorrentes.
Parágrafo único. Para enfrentamento♦ ou mitigação dos impactos decorrentes do estado de emergência reconhecido, as medidas implementadas, até os limites de despesas previstos em uma única e exclusiva norma constitucional observarão o seguinte:
♦ *Publicação oficial: "enfretamento".*
Entendemos que seria: "enfrentamento". (N.E.)

I – quanto às despesas:
a) serão atendidas por meio de crédito extraordinário;
b) não serão consideradas para fins de apuração da meta de resultado primário estabelecida no caput do art. 2º da Lei nº 14.194, de 20 de agosto de 2021, e do limite estabelecido para as despesas primárias, conforme disposto no inciso I do caput do art. 107 do Ato das Disposições Constitucionais Transitórias; e
c) ficarão ressalvadas do disposto no inciso III do caput do art. 167 da Constituição Federal;
II – a abertura do crédito extraordinário para seu atendimento dar-se-á independentemente da observância dos requisitos exigidos no § 3º do art. 167 da Constituição Federal; e
III – a dispensa das limitações legais, inclusive quanto à necessidade de compensação:
a) à criação, à expansão ou ao aperfeiçoamento de ação governamental que acarrete aumento de despesa; e
b) à renúncia de receita que possa ocorrer."

Art. 4º. Enquanto não entrar em vigor a lei complementar a que se refere o inciso VIII do § 1º do art. 225 da Constituição Federal, o diferencial competitivo dos biocombustíveis destinados ao consumo final em relação aos combustíveis fósseis será garantido pela manutenção, em termos percentuais, da diferença entre as alíquotas aplicáveis a cada combustível fóssil e aos biocombustíveis que lhe sejam substitutos em patamar igual ou superior ao vigente em 15 de maio de 2022.

§ 1º. Alternativamente ao disposto no caput deste artigo, quando o diferencial competitivo não for determinado pelas alíquotas, ele será garantido pela manutenção do diferencial da carga tributária efetiva entre os combustíveis.

§ 2º. No período de 20 (vinte) anos após a promulgação desta Emenda Constitucional, a lei complementar federal não poderá estabelecer diferencial competitivo em patamar inferior ao referido no caput deste artigo.

§ 3º. A modificação, por proposição legislativa estadual ou federal ou por decisão judicial com efeito *erga omnes*, das alíquotas aplicáveis a um combustível fóssil implicará automática alteração das alíquotas aplicáveis aos biocombustíveis destinados ao consumo final que lhe sejam substitutos, a fim de, no mínimo, manter a diferença de alíquotas existente anteriormente.

§ 4º. A lei complementar a que se refere o inciso VIII do § 1º do art. 225 da Constituição Federal disporá sobre critérios ou mecanismos para assegurar o diferencial competitivo dos biocombustíveis destinados ao consumo final na hipótese de ser implantada, para o combustível fóssil de que são substitutos, a sistemática de recolhimento de que trata a alínea "h" do inciso XII do § 2º do art. 155 da Constituição Federal.

§ 5º. Na aplicação deste artigo, é dispensada a observância do disposto no inciso VI do § 2º do art. 155 da Constituição Federal.

Art. 5º. Observado o disposto no art. 120 do Ato das Disposições Constitucionais Transitórias, a União, como únicas e exclusivas medidas a que se refere o parágrafo único do referido dispositivo, excluída a possibilidade de adoção de quaisquer outras:

I – assegurará a extensão do Programa Auxílio Brasil, de que trata a Lei nº 14.284, de 29 de dezembro de 2021, às famílias elegíveis na data de promulgação desta Emenda Constitucional, e concederá às famílias beneficiárias desse programa acréscimo mensal extraordinário, durante 5 (cinco) meses, de R$ 200,00 (duzentos reais), no período de 1º de agosto a 31 de dezembro de 2022, até o limite de R$ 26.000.000.000,00 (vinte e seis bilhões de reais), incluídos os valores essencialmente necessários para a implementação do benefício, vedado o uso para qualquer tipo de publicidade institucional;

II – assegurará às famílias beneficiadas pelo auxílio Gás dos Brasileiros, de que trata a Lei nº 14.237, de 19 de novembro de 2021, a cada bimestre, entre 1º de julho e 31 de dezembro de 2022, valor monetário correspondente a 1 (uma) parcela extraordinária adicional de 50% (cinquenta por cento) da média do preço nacional de referência do botijão de 13 kg (treze quilogramas) de gás liquefeito de petróleo (GLP), estabelecido pelo Sistema de Levantamento de Preços (SLP) da Agência Nacional do Petróleo, Gás Natural e Biocombustíveis (ANP), nos 6 (seis) meses anteriores, até o limite de R$ 1.050.000.000,00 (um bilhão e cinquenta milhões de reais), incluídos os valores essencialmente necessários para a implementação do benefício, vedado o uso para qualquer tipo de publicidade institucional;

III – concederá, entre 1º de julho e 31 de dezembro de 2022, aos Transportadores Autônomos de Cargas devidamente cadastrados no Registro Nacional de Transportadores Rodoviários de Cargas (RNTRC) até a data de 31 de maio de 2022, auxílio de R$ 1.000,00 (mil reais) mensais, até o limite de R$ 5.400.000.000,00 (cinco bilhões e quatrocentos milhões de reais);

IV – aportará à União, aos Estados, ao Distrito Federal e aos Municípios que dispõem de serviços regulares em operação de transporte público coletivo urbano, semiurbano ou metropolitano assistência financeira em caráter emergencial no valor de R$ 2.500.000.000,00 (dois bilhões e quinhentos milhões de reais), a serem utilizados para auxílio no custeio ao direito previsto no § 2º do art. 230 da Constituição Federal, regulamentado no art. 39 da Lei nº 10.741, de 1º de outubro de 2003 (Estatuto do Idoso), até 31 de dezembro de 2022;

V – entregará na forma de auxílio financeiro o valor de até R$ 3.800.000.000,00 (três bilhões e oitocentos milhões de reais), em 5 (cinco) parcelas mensais no valor de até R$ 760.000.000,00 (setecentos e sessenta milhões de reais) cada uma, de agosto a dezembro de 2022, exclusivamente para os Estados e o Distrito Federal que outorgarem créditos tributários do Imposto sobre Operações relativas à Circulação de Mercadorias e sobre Prestações de Serviços de Transporte Interestadual e Intermunicipal e de Comunicação (ICMS) aos produtores ou distribuidores de etanol hidratado em seu território, em montante equivalente ao valor recebido;

VI – concederá, entre 1º de julho e 31 de dezembro de 2022, aos motoristas de táxi devidamente registrados até 31 de maio de 2022, auxílio até o limite de R$ 2.000.000.000,00 (dois bilhões de reais);

VII – assegurará ao Programa Alimenta Brasil, de que trata a Lei nº 14.284, de 29 de dezembro de 2021, a suplementação orçamentária de R$ 500.000.000,00 (quinhentos milhões de reais).

§ 1º. O acréscimo mensal extraordinário de que trata o inciso I do *caput* deste artigo será complementar à soma dos benefícios previstos nos incisos I, II, III e IV do *caput* do art. 4º da Lei nº 14.284, de 29 de dezembro de 2021, e não será considerado para fins de cálculo do benefício previsto na Lei nº 14.342, de 18 de maio 2022.

§ 2º. A parcela extraordinária de que trata o inciso II do *caput* deste artigo será complementar ao previsto no art. 3º da Lei nº 14.237, de 19 de novembro de 2021.

§ 3º. O auxílio de que trata o inciso III do caput deste artigo observará o seguinte:

I – terá por objetivo auxiliar os Transportadores Autônomos de Cargas em decorrência do estado de emergência de que trata o caput do art. 120 do Ato das Disposições Constitucionais Transitórias;

II – será concedido para cada Transportador Autônomo de Cargas, independentemente do número de veículos que possuir;

III – será recebido independentemente de comprovação da aquisição de óleo diesel;

IV – será disponibilizada pelo Poder Executivo solução tecnológica em suporte à operacionalização dos pagamentos do auxílio; e

V – para fins de pagamento do auxílio, será definido pelo Ministério do Trabalho e Previdência o operador bancário responsável, entre as instituições financeiras federais, pela operacionalização dos pagamentos.

§ 4º. O aporte de recursos da União para os Estados, para o Distrito Federal e para os Municípios de que trata o inciso IV do caput deste artigo observará o seguinte:

I – terá função de complementariedade aos subsídios tarifários, subsídios orçamentários e aportes de recursos de todos os gêneros concedidos pelos Estados, pelo Distrito Federal e pelos Municípios, bem como às gratuidades e aos demais custeios do sistema de transporte público coletivo suportados por esses entes;

II – será concedido em observância à premissa de equilíbrio econômico-financeiro dos contratos de concessão do transporte público coletivo e às diretrizes da modicidade tarifária;

III – será repassado a qualquer fundo apto a recebê-lo, inclusive aos que já recebem recursos federais, ou a qualquer conta bancária aberta especificamente para esse fim, ressalvada a necessidade de que o aporte se vincule estritamente à assistência financeira para a qual foi instituído;

IV – será distribuído em proporção à população maior de 65 (sessenta e cinco) anos residente no Distrito Federal e nos Municípios que dispõem de serviços de transporte público coletivo urbano intramunicipal regular em operação;

V – serão retidos 30% (trinta por cento) pela União e repassados aos respectivos entes estaduais ou a órgão da União responsáveis pela gestão do serviço, nos casos de Municípios atendidos por redes de transporte público coletivo intermunicipal ou interestadual de caráter urbano ou semiurbano;

VI – será integralmente entregue ao Município responsável pela gestão, nos casos de Municípios responsáveis pela gestão do sistema de transporte público integrado metropolitano, considerado o somatório da população maior de 65 (sessenta e cinco) anos residente nos Municípios que compõem a região metropolitana administrada;

VII – será distribuído com base na estimativa populacional mais atualizada publicada pelo Departamento de Informática do Sistema Único de Saúde (DataSUS) a partir de dados da Fundação Instituto Brasileiro de Geografia e Estatística (IBGE); e

VIII – será entregue somente aos entes federados que comprovarem possuir, em funcionamento, sistema de transporte público coletivo de caráter urbano, semiurbano ou metropolitano, na forma do regulamento.

§ 5º. Os créditos de que trata o inciso V do caput deste artigo observarão o seguinte:

I – deverão ser outorgados até 31 de dezembro de 2022, podendo ser aproveitados nos exercícios posteriores;

II – terão por objetivo reduzir a carga tributária da cadeia produtiva do etanol hidratado, de modo a manter diferencial competitivo em relação à gasolina;

III – serão proporcionais à participação dos Estados e do Distrito Federal em relação ao consumo total de etanol hidratado em todos os Estados e no Distrito Federal no ano de 2021;

IV – seu recebimento pelos Estados ou pelo Distrito Federal importará na renúncia ao direito sobre o qual se funda eventual ação que tenha como causa de pedir, direta ou indiretamente, qualquer tipo de indenização relativa a eventual perda de arrecadação decorrente da adoção do crédito presumido de que trata o inciso V do caput deste artigo nas operações com etanol hidratado em seu território;

V – o auxílio financeiro será entregue pela Secretaria do Tesouro Nacional da Secretaria Especial do Tesouro e Orçamento do Ministério da Economia, mediante depósito, no Banco do Brasil S.A., na mesma conta bancária em que são depositados os repasses regulares do Fundo de Participação dos Estados e do Distrito Federal (FPE), da seguinte forma:

a) primeira parcela até o dia 31 de agosto de 2022;

b) segunda parcela até o dia 30 de setembro de 2022;

c) terceira parcela até o dia 31 de outubro de 2022;

d) quarta parcela até o dia 30 de novembro de 2022;

e) quinta parcela até o dia 27 de dezembro de 2022;

VI – serão livres de vinculações a atividades ou a setores específicos, observadas:

a) a repartição com os Municípios na proporção a que se refere o inciso IV do caput do art. 158 da Constituição Federal;

b) a inclusão na base de cálculo para efeitos de aplicação do art. 212 e do inciso II do caput do art. 212-A da Constituição Federal;

VII – serão entregues após a aprovação de norma específica, independentemente da deliberação de que trata a alínea "g" do inciso XII do § 2º do art. 155 da Constituição Federal; e

VIII – serão incluídos, como receita, no orçamento do ente beneficiário do auxílio e, como despesa, no orçamento da União e deverão ser deduzidos da receita corrente líquida da União.

§ 6º. O auxílio de que trata o inciso VI do caput deste artigo:

I – considerará taxistas os profissionais que residam e trabalhem no Brasil, comprovado mediante apresentação do documento de permissão para prestação do serviço emitido pelo poder público municipal ou distrital;

II – será regulamentado pelo Poder Executivo quanto à formação do cadastro para sua operacionalização, à sistemática de seu pagamento e ao seu valor.

§ 7º. Compete aos ministérios setoriais, no âmbito de suas competências, a edição de atos complementares à implementação dos benefícios previstos nos incisos I, II, III e IV do caput deste artigo.

Art. 6º. Até 31 de dezembro de 2022, a alíquota de tributos incidentes sobre a gasolina poderá ser fixada em zero, desde que a alíquota do mesmo tributo incidente sobre o etanol hidratado também seja fixada em zero.

Art. 7º. Esta Emenda Constitucional entra em vigor na data de sua publicação.

Brasília, em 14 de julho de 2022.

Mesa da Câmara dos Deputados: Deputado Arthur Lira, Presidente – Mesa do Senado Federal: Senador Rodrigo Pacheco, Presidente – DOU de 15.7.2022.

EMENDA CONSTITUCIONAL Nº 124, DE 14.7.2022

Institui o piso salarial nacional do enfermeiro, do técnico de enfermagem, do auxiliar de enfermagem e da parteira.

(*) V. ADI nº 7.222.

As Mesas da Câmara dos Deputados e do Senado Federal, nos termos do § 3º do art. 60 da Constituição Federal, promulgam a seguinte Emenda ao texto constitucional:

Art. 1º. O art. 198 da Constituição Federal passa a vigorar acrescido dos seguintes §§ 12 e 13:

"Art. 198. (...)

§ 12. Lei federal instituirá pisos salariais profissionais nacionais para o enfermeiro, o técnico de enfermagem, o auxiliar de enfermagem e a parteira, a serem observados por pessoas jurídicas de direito público e de direito privado.

§ 13. A União, os Estados, o Distrito Federal e os Municípios, até o final do exercício financeiro em que for publicada a lei de que trata o § 12 deste artigo, adequarão a remuneração dos cargos ou dos respectivos planos de carreiras, quando houver, de modo a atender aos pisos estabelecidos para cada categoria profissional." (NR)

Art. 2º. Esta Emenda Constitucional entra em vigor na data de sua publicação.

Brasília, em 14 de julho de 2022.

Mesa da Câmara dos Deputados: Deputado Arthur Lira, Presidente – Mesa do Senado Federal: Senador Rodrigo Pacheco, Presidente – DOU de 15.7.2022.

EMENDA CONSTITUCIONAL Nº 125, DE 14.7.2022

Altera o art. 105 da Constituição Federal para instituir no recurso especial o requisito da relevância das questões de direito federal infraconstitucional.

As Mesas da Câmara dos Deputados e do Senado Federal, nos termos do § 3º do art. 60 da Constituição Federal, promulgam a seguinte Emenda ao texto constitucional:

Art. 1º. O art. 105 da Constituição Federal passa a vigorar com as seguintes alterações:

"Art. 105. (...)

§ 1º. (...)

§ 2º. No recurso especial, o recorrente deve demonstrar a relevância das questões de direito federal infraconstitucional discutidas no caso, nos termos da lei, a fim de que a admissão do recurso seja examinada pelo Tribunal, o qual somente pode dela não conhecer com base nesse motivo pela manifestação de 2/3 (dois terços) dos membros do órgão competente para o julgamento.

§ 3º. Haverá a relevância de que trata o § 2º deste artigo nos seguintes casos:

I – ações penais;

II – ações de improbidade administrativa;

III – ações cujo valor da causa ultrapasse 500 (quinhentos) salários mínimos;
IV – ações que possam gerar inelegibilidade;
V – hipóteses em que o acórdão recorrido contrariar jurisprudência dominante do Superior Tribunal de Justiça;
VI – outras hipóteses previstas em lei." (NR)

Art. 2º. A relevância de que trata o § 2º do art. 105 da Constituição Federal será exigida nos recursos especiais interpostos após a entrada em vigor desta Emenda Constitucional, ocasião em que a parte poderá atualizar o valor da causa para os fins de que trata o inciso III do § 3º do referido artigo.

Art. 3º. Esta Emenda Constitucional entra em vigor na data de sua publicação.

Brasília, em 14 de julho de 2022.

Mesa da Câmara dos Deputados: Deputado Arthur Lira, Presidente – Mesa do Senado Federal: Senador Rodrigo Pacheco, Presidente – DOU de 15.7.2022.

EMENDA CONSTITUCIONAL Nº 126, DE 21.12.2022

Altera a Constituição Federal, para dispor sobre as emendas individuais ao projeto de lei orçamentária, e o Ato das Disposições Constitucionais Transitórias para excluir despesas dos limites previstos no art. 107; define regras para a transição da Presidência da República aplicáveis à Lei Orçamentária de 2023; e dá outras providências.

As Mesas da Câmara dos Deputados e do Senado Federal, nos termos do § 3º do art. 60 da Constituição Federal, promulgam a seguinte Emenda ao texto constitucional:

Art. 1º. A Constituição Federal passa a vigorar com as seguintes alterações:

"**Art. 155.** (...)
§ 1º. (...)
V – não incidirá sobre as doações destinadas, no âmbito do Poder Executivo da União, a projetos socioambientais ou destinados a mitigar os efeitos das mudanças climáticas e às instituições federais de ensino.
...." (NR)

"**Art. 166.** (...)
§ 9º. As emendas individuais ao projeto de lei orçamentária serão aprovadas no limite de 2% (dois por cento) da receita corrente líquida do exercício anterior ao do encaminhamento do projeto, observado que a metade desse percentual será destinada a ações e serviços públicos de saúde.

§ 9º-A. Do limite a que se refere o § 9º deste artigo, 1,55% (um inteiro e cinquenta e cinco centésimos por cento) caberá às emendas de Deputados e 0,45% (quarenta e cinco centésimos por cento) às de Senadores.
....

§ 11. É obrigatória a execução orçamentária e financeira das programações oriundas de emendas individuais, em montante correspondente ao limite a que se refere o § 9º deste artigo, conforme os critérios para a execução equitativa da programação definidos na lei complementar prevista no § 9º do art. 165 desta Constituição, observado o disposto no § 9º-A deste artigo.
....

§ 17. Os restos a pagar provenientes das programações orçamentárias previstas nos §§ 11 e 12 deste artigo poderão ser considerados para fins de cumprimento da execução financeira até o limite de 1% (um por cento) da receita corrente líquida do exercício anterior ao do encaminhamento do projeto de lei orçamentária, para as programações das emendas individuais, e até o limite de 0,5% (cinco décimos por cento), para as programações das emendas de iniciativa de bancada de parlamentares de Estado ou do Distrito Federal.
....

§ 19. Considera-se equitativa a execução das programações de caráter obrigatório que observe critérios objetivos e imparciais e que atenda de forma igualitária e impessoal às emendas apresentadas, independentemente da autoria, observado o disposto no § 9º-A deste artigo.
...." (NR)

Art. 2º. O Ato das Disposições Constitucionais Transitórias passa a vigorar com as seguintes alterações:

"**Art. 76.** São desvinculados de órgão, fundo ou despesa, até 31 de dezembro de 2024, 30% (trinta por cento) da arrecadação da União relativa às contribuições sociais, sem prejuízo do pagamento das despesas do Regime Geral de Previdência Social, às contribuições de intervenção no domínio econômico e às taxas, já instituídas ou que vierem a ser criadas até a referida data.
...." (NR)

"**Art. 107.** (...)
§ 6º-A. Não se incluem no limite estabelecido no inciso I do caput deste artigo, a partir do exercício financeiro de 2023:
I – despesas com projetos socioambientais ou relativos às mudanças climáticas custeadas com recursos de doações, bem como despesas com projetos custeados com recursos decorrentes de acordos judiciais ou extrajudiciais firmados em função de desastres ambientais;
II – despesas das instituições federais de ensino e das Instituições Científicas, Tecnológicas e de Inovação (ICTs) custeadas com receitas próprias, de doações ou de convênios, contratos ou outras fontes, celebrados com os demais entes da Federação ou entidades privadas;

III – despesas custeadas com recursos oriundos de transferências dos demais entes da Federação para a União destinados à execução direta de obras e serviços de engenharia.

§ 6º-B. Não se incluem no limite estabelecido no inciso I do caput deste artigo as despesas com investimentos em montante que corresponda ao excesso de arrecadação de receitas correntes do exercício anterior ao que se refere a lei orçamentária, limitadas a 6,5% (seis inteiros e cinco décimos por cento) do excesso de arrecadação de receitas correntes do exercício de 2021.

§ 6º-C. As despesas previstas no § 6º-B deste artigo não serão consideradas para fins de verificação do cumprimento da meta de resultado primário estabelecida no caput do art. 2º da Lei nº 14.436, de 9 de agosto de 2022.

...." (NR)

"**Art. 107-A.** Até o fim de 2026, fica estabelecido, para cada exercício financeiro, limite para alocação na proposta orçamentária das despesas com pagamentos em virtude de sentença judiciária de que trata o art. 100 da Constituição Federal, equivalente ao valor da despesa paga no exercício de 2016, incluídos os restos a pagar pagos, corrigido, para o exercício de 2017, em 7,2% (sete inteiros e dois décimos por cento) e, para os exercícios posteriores, pela variação do Índice Nacional de Preços ao Consumidor Amplo (IPCA), publicado pela Fundação Instituto Brasileiro de Geografia e Estatística, ou de outro índice que vier a substituí-lo, apurado no exercício anterior a que se refere a lei orçamentária, devendo o espaço fiscal decorrente da diferença entre o valor dos precatórios expedidos e o respectivo limite ser destinado ao programa previsto no parágrafo único do art. 6º e à seguridade social, nos termos do art. 194, ambos da Constituição Federal, a ser calculado da seguinte forma:

...." (NR)

"**Art. 111.** A partir do exercício financeiro de 2018, até o exercício financeiro de 2022, a aprovação e a execução previstas nos §§ 9º e 11 do art. 166 da Constituição Federal corresponderão ao montante de execução obrigatória para o exercício de 2017, corrigido na forma estabelecida no inciso II do § 1º do art. 107 deste Ato das Disposições Constitucionais Transitórias." (NR)

"**Art. 111-A.** A partir do exercício financeiro de 2024, até o último exercício de vigência do Novo Regime Fiscal, a aprovação e a execução previstas nos §§ 9º e 11 do art. 166 da Constituição Federal corresponderão ao montante de execução obrigatória para o exercício de 2023, corrigido na forma estabelecida no inciso II do § 1º do art. 107 deste Ato das Disposições Constitucionais Transitórias."

"**Art. 121.** As contas referentes aos patrimônios acumulados de que trata o § 2º do art. 239 da Constituição Federal cujos recursos não tenham sido reclamados por prazo superior a 20 (vinte) anos serão encerradas após o prazo de 60 (sessenta) dias da publicação de aviso no Diário Oficial da União, ressalvada reivindicação por eventual interessado legítimo dentro do referido prazo.

Parágrafo único. Os valores referidos no caput deste artigo serão tidos por abandonados, nos termos do inciso III do caput do art. 1.275 da Lei nº 10.406, de 10 de janeiro de 2002 (Código Civil), e serão apropriados pelo Tesouro Nacional como receita primária para realização de despesas de investimento de que trata o § 6º-B do art. 107, que não serão computadas nos limites previstos no art. 107, ambos deste Ato das Disposições Constitucionais Transitórias, podendo o interessado reclamar ressarcimento à União no prazo de até 5 (cinco) anos do encerramento das contas."

"**Art. 122.** As transferências financeiras realizadas pelo Fundo Nacional de Saúde e pelo Fundo Nacional de Assistência Social diretamente aos fundos de saúde e assistência social estaduais, municipais e distritais, para enfrentamento da pandemia da Covid-19, poderão ser executadas pelos entes federativos até 31 de dezembro de 2023."

Art. 3º. O limite estabelecido no inciso I do caput do art. 107 do Ato das Disposições Constitucionais Transitórias fica acrescido em R$ 145.000.000.000,00 (cento e quarenta e cinco bilhões de reais) para o exercício financeiro de 2023.

Parágrafo único. As despesas decorrentes do aumento de limite previsto no caput deste artigo não serão consideradas para fins de verificação do cumprimento da meta de resultado primário estabelecida no caput do art. 2º da Lei nº 14.436, de 9 de agosto de 2022, e ficam ressalvadas, no exercício financeiro de 2023, do disposto no inciso III do caput do art. 167 da Constituição Federal.

Art. 4º. Os atos editados em 2023 relativos ao programa de que trata o art. 2º da Lei nº 14.284, de 29 de dezembro de 2021, ou ao programa que vier a substituí-lo, e ao programa auxílio Gás dos Brasileiros, de que trata a Lei nº 14.237, de 19 de novembro de 2021, ficam dispensados da observância das limitações legais quanto à criação, à expansão ou ao aperfeiçoamento de ação governamental, inclusive quanto à necessidade de compensação.

Parágrafo único. O disposto no caput deste artigo não se aplica a atos cujos efeitos financeiros tenham início a partir do exercício de 2024.

Art. 5º. Para o exercício financeiro de 2023, a ampliação de dotações orçamentárias sujeitas ao limite previsto no inciso I do caput do art. 107 do Ato das Disposições Constitucionais Transitórias prevista nesta Emenda Constitucional poderá ser destinada ao atendimento de solicitações das comissões permanentes do Congresso Nacional ou de suas Casas.

§ 1º. Fica o relator-geral do Projeto de Lei Orçamentária de 2023 autorizado a apresentar emendas para a ampliação de dotações orçamentárias referida no caput deste artigo.

§ 2º. As emendas referidas no § 1º deste artigo:

I – não se sujeitam aos limites aplicáveis às emendas ao projeto de lei orçamentária;
II – devem ser classificadas de acordo com as alíneas "a" ou "b" do inciso II do § 4º do art. 7º da Lei nº 14.436, de 9 de agosto de 2022.

§ 3º. O disposto no caput deste artigo não impede os cancelamentos necessários à abertura de créditos adicionais.

§ 4º. As ações diretamente destinadas a políticas públicas para mulheres deverão constar entre as diretrizes sobre como a margem aberta será empregada.

Art. 6º. O Presidente da República deverá encaminhar ao Congresso Nacional, até 31 de agosto de 2023, projeto de lei complementar com o objetivo de instituir regime fiscal sustentável para garantir a estabilidade macroeconômica do País e criar as condições adequadas ao crescimento socioeconômico, inclusive quanto à regra estabelecida no inciso III do caput do art. 167 da Constituição Federal.

Art. 7º. O disposto nesta Emenda Constitucional não altera a base de cálculo estabelecida no § 1º do art. 107 do Ato das Disposições Constitucionais Transitórias.

Art. 8º. Fica o relator-geral do Projeto de Lei Orçamentária de 2023 autorizado a apresentar emendas para ações direcionadas à execução de políticas públicas até o valor de R$ 9.850.000.000,00 (nove bilhões oitocentos e cinquenta milhões de reais), classificadas de acordo com a alínea "b" do inciso II do § 4º do art. 7º da Lei nº 14.436, de 9 de agosto de 2022.

Art. 9º. Ficam revogados os arts. 106, 107, 109, 110, 111, 111-A, 112 e 114 do Ato das Disposições Constitucionais Transitórias após a sanção da lei complementar prevista no art. 6º desta Emenda Constitucional.

Art. 10. Esta Emenda Constitucional entra em vigor na data de sua publicação.

Brasília, em 21 de dezembro de 2022.

Mesa da Câmara dos Deputados: Deputado Arthur Lira, Presidente – Mesa do Senado Federal: Senador Rodrigo Pacheco, Presidente – DOU de 22.12.2022.

EMENDA CONSTITUCIONAL Nº 127, DE 22.12.2022

Altera a Constituição Federal e o Ato das Disposições Constitucionais Transitórias para estabelecer que compete à União prestar assistência financeira complementar aos Estados, ao Distrito Federal e aos Municípios e às entidades filantrópicas, para o cumprimento dos pisos salariais profissionais nacionais para o enfermeiro, o técnico de enfermagem, o auxiliar de enfermagem e a parteira; altera a Emenda Constitucional nº 109, de 15 de março de 2021, para estabelecer o superávit financeiro dos fundos públicos do Poder Executivo como fonte de recursos para o cumprimento dos pisos salariais profissionais nacionais para o enfermeiro, o técnico de enfermagem, o auxiliar de enfermagem e a parteira; e dá outras providências.

As Mesas da Câmara dos Deputados e do Senado Federal, nos termos do § 3º do art. 60 da Constituição Federal, promulgam a seguinte Emenda ao texto constitucional:

Art. 1º. O art. 198 da Constituição Federal passa a vigorar acrescido dos seguintes §§ 14 e 15:

"Art. 198. (...)

§ 14. Compete à União, nos termos da lei, prestar assistência financeira complementar aos Estados, ao Distrito Federal e aos Municípios e às entidades filantrópicas, bem como aos prestadores de serviços contratualizados que atendam, no mínimo, 60% (sessenta por cento) de seus pacientes pelo sistema único de saúde, para o cumprimento dos pisos salariais de que trata o § 12 deste artigo.

§ 15. Os recursos federais destinados aos pagamentos da assistência financeira complementar aos Estados, ao Distrito Federal e aos Municípios e às entidades filantrópicas, bem como aos prestadores de serviços contratualizados que atendam, no mínimo, 60% (sessenta por cento) de seus pacientes pelo sistema único de saúde, para o cumprimento dos pisos salariais de que trata o § 12 deste artigo serão consignados no orçamento geral da União com dotação própria e exclusiva." (NR)

Art. 2º. O Ato das Disposições Constitucionais Transitórias passa a vigorar com as seguintes alterações:

"Art. 38. (...)

§ 1º. (...)

§ 2º. As despesas com pessoal resultantes do cumprimento do disposto nos §§ 12, 13, 14 e 15 do art. 198 da Constituição Federal serão contabilizadas, para fins dos limites de que trata o art. 169 da Constituição Federal, da seguinte forma:

I – até o fim do exercício financeiro subsequente ao da publicação deste dispositivo, não serão contabilizadas para esses limites;

II – no segundo exercício financeiro subsequente ao da publicação deste dispositivo, serão deduzidas em 90% (noventa por cento) do seu valor;

III – entre o terceiro e o décimo segundo exercício financeiro subsequente ao da publicação deste dispositivo, a dedução de que trata o inciso II deste parágrafo será reduzida anualmente na proporção de 10% (dez por cento) do seu valor." (NR)

"Art. 107. (...)

§ 6º. (...)

VI – despesas correntes ou transferências aos fundos de saúde dos Estados, do Distrito Fede-

ral e dos Municípios, destinadas ao pagamento de despesas com pessoal para cumprimento dos pisos nacionais salariais para o enfermeiro, o técnico de enfermagem, o auxiliar de enfermagem e a parteira, de acordo com os §§ 12, 13, 14 e 15 do art. 198 da Constituição Federal.
...." (NR)

Art. 3º. O art. 5º da Emenda Constitucional nº 109, de 15 de março de 2021, passa a vigorar com as seguintes alterações:

"*Art. 5º. O superávit financeiro das fontes de recursos dos fundos públicos do Poder Executivo, exceto os saldos decorrentes do esforço de arrecadação dos servidores civis e militares da União, apurado ao final de cada exercício, poderá ser destinado:*

I – à amortização da dívida pública do respectivo ente, nos exercícios de 2021 e de 2022; e

II – ao pagamento de que trata o § 12 do art. 198 da Constituição Federal, nos exercícios de 2023 a 2027.

§ 1º. No período de que trata o inciso I do caput deste artigo, se o ente não tiver dívida pública a amortizar, o superávit financeiro das fontes de recursos dos fundos públicos do Poder Executivo será de livre aplicação.
...." (NR)

Art. 4º. Poderão ser utilizados como fonte para pagamento da assistência financeira complementar de que trata o § 15 do art. 198 da Constituição Federal os recursos vinculados ao Fundo Social (FS) de que trata o art. 49 da Lei nº 12.351, de 22 de dezembro de 2010, ou de lei que venha a substituí-la, sem prejuízo à parcela que estiver destinada à área de educação.

Parágrafo único. Os recursos previstos no caput deste artigo serão acrescidos ao montante aplicado nas ações e serviços públicos de saúde, nos termos da Lei Complementar nº 141, de 13 de janeiro de 2012, ou de lei complementar que venha a substituí-la, e não serão computados para fins dos recursos mínimos de que trata o § 2º do art. 198 da Constituição Federal.

Art. 5º. Esta Emenda Constitucional entra em vigor na data de sua publicação.

Brasília, em 22 de dezembro de 2022.

Mesa da Câmara dos Deputados: Deputado Arthur Lira, Presidente – Mesa do Senado Federal: Senador Rodrigo Pacheco, Presidente – DOU de 23.12.2022.

EMENDA CONSTITUCIONAL Nº 128, DE 22.12.2022

Acrescenta § 7º ao art. 167 da Constituição Federal, para proibir a imposição e a transferência, por lei, de qualquer encargo financeiro decorrente da prestação de serviço público para a União, os Estados, o Distrito Federal e os Municípios.

As Mesas da Câmara dos Deputados e do Senado Federal, nos termos do § 3º do art. 60 da Constituição Federal, promulgam a seguinte Emenda ao texto constitucional:

Art. 1º. O art. 167 da Constituição Federal passa a vigorar acrescido do seguinte § 7º:

"*Art. 167. (...)*

§ 7º. A lei não imporá nem transferirá qualquer encargo financeiro decorrente da prestação de serviço público, inclusive despesas de pessoal e seus encargos, para a União, os Estados, o Distrito Federal ou os Municípios, sem a previsão de fonte orçamentária e financeira necessária à realização da despesa ou sem a previsão da correspondente transferência de recursos financeiros necessários ao seu custeio, ressalvadas as obrigações assumidas espontaneamente pelos entes federados e aquelas decorrentes da fixação do salário mínimo, na forma do inciso IV do caput do art. 7º desta Constituição." (NR)

Art. 2º. Esta Emenda Constitucional entra em vigor na data de sua publicação.

Brasília, em 22 de dezembro de 2022.

Mesa da Câmara dos Deputados: Deputado Arthur Lira, Presidente – Mesa do Senado Federal: Senador Rodrigo Pacheco, Presidente – DOU de 23.12.2022.

EMENDA CONSTITUCIONAL Nº 129, DE 5.7.2023

Acrescenta o art. 123 ao Ato das Disposições Constitucionais Transitórias, para assegurar prazo de vigência adicional aos instrumentos de permissão lotérica.

As Mesas da Câmara dos Deputados e do Senado Federal, nos termos do § 3º do art. 60 da Constituição Federal, promulgam a seguinte Emenda ao texto constitucional:

Art. 1º. O Ato das Disposições Constitucionais Transitórias passa a vigorar acrescido do seguinte art. 123:

"*Art. 123. Todos os termos de credenciamentos, contratos, aditivos e outras formas de ajuste de permissão lotérica, em vigor, indistintamente, na data de publicação deste dispositivo, destinados a viabilizar a venda de serviços lotéricos, disciplinados em lei ou em outros instrumentos de alcance específico, terão assegurado prazo de vigência adicional, contado do término do prazo do instru-*

mento vigente, independentemente da data de seu termo inicial."

Art. 2º. Esta Emenda Constitucional entra em vigor na data de sua publicação.

Brasília, em 5 de julho de 2023.

Mesa da Câmara dos Deputados: Deputado Arthur Lira, Presidente – Mesa do Senado Federal: Senador Rodrigo Pacheco, Presidente – DOU de 6.7.2023.

EMENDA CONSTITUCIONAL Nº 130, DE 3.10.2023

Altera o art. 93 da Constituição Federal para permitir a permuta entre juízes de direito vinculados a diferentes tribunais.

As Mesas da Câmara dos Deputados e do Senado Federal, nos termos do § 3º do art. 60 da Constituição Federal, promulgam a seguinte Emenda ao texto constitucional:

Art. 1º. O art. 93 da Constituição Federal passa a vigorar com a seguinte redação:

"*Art. 93. (...)*

VIII-A – a remoção a pedido de magistrados de comarca de igual entrância atenderá, no que couber, ao disposto nas alíneas "a", "b", "c" e "e" do inciso II do caput deste artigo e no art. 94 desta Constituição;

VIII-B – a permuta de magistrados de comarca de igual entrância, quando for o caso, e dentro do mesmo segmento de justiça, inclusive entre os juízes de segundo grau, vinculados a diferentes tribunais, na esfera da justiça estadual, federal ou do trabalho, atenderá, no que couber, ao disposto nas alíneas "a", "b", "c" e "e" do inciso II do caput deste artigo e no art. 94 desta Constituição;

.." (NR)

Art. 2º. Esta Emenda Constitucional entra em vigor na data de sua publicação.

Brasília, em 3 de outubro de 2023.

Mesa da Câmara dos Deputados: Deputado Arthur Lira, Presidente – Mesa do Senado Federal: Senador Rodrigo Pacheco, Presidente – DOU de 4.10.2023.

EMENDA CONSTITUCIONAL Nº 131, DE 3.10.2023

Altera o art. 12 da Constituição Federal para suprimir a perda da nacionalidade brasileira em razão da mera aquisição de outra nacionalidade, incluir a exceção para situações de apatridia e acrescentar a possibilidade de a pessoa requerer a perda da própria nacionalidade.

As Mesas da Câmara dos Deputados e do Senado Federal, nos termos do § 3º do art. 60 da Constituição Federal, promulgam a seguinte Emenda ao texto constitucional:

Art. 1º. O art. 12 da Constituição Federal passa a vigorar com as seguintes alterações:

"*Art. 12. (...)*

§ 4º. (...)

I – tiver cancelada sua naturalização, por sentença judicial, em virtude de fraude relacionada ao processo de naturalização ou de atentado contra a ordem constitucional e o Estado Democrático;

II – fizer pedido expresso de perda da nacionalidade brasileira perante autoridade brasileira competente, ressalvadas situações que acarretem apatridia.

a) revogada;

b) revogada.

§ 5º. A renúncia da nacionalidade, nos termos do inciso II do § 4º deste artigo, não impede o interessado de readquirir sua nacionalidade brasileira originária, nos termos da lei." (NR)

Art. 2º. Esta Emenda à Constituição entra em vigor na data de sua publicação.

Brasília, em 3 de outubro de 2023.

Mesa da Câmara dos Deputados: Deputado Arthur Lira, Presidente – Mesa do Senado Federal: Senador Rodrigo Pacheco, Presidente – DOU de 4.10.2023.

EMENDA CONSTITUCIONAL Nº 132, DE 20.12.2023

Altera o Sistema Tributário Nacional.

As Mesas da Câmara dos Deputados e do Senado Federal, nos termos do § 3º do art. 60 da Constituição Federal, promulgam a seguinte Emenda ao texto constitucional:

Art. 1º. A Constituição Federal passa a vigorar com as seguintes alterações:

"*Art. 43. (...)*

§ 4º. Sempre que possível, a concessão dos incentivos regionais a que se refere o § 2º, III, considerará critérios de sustentabilidade ambiental e redução das emissões de carbono." (NR)

"*Art. 50. A Câmara dos Deputados e o Senado Federal, ou qualquer de suas Comissões, poderão convocar Ministro de Estado, quaisquer titulares de órgãos diretamente subordinados à Presidência da República ou o Presidente do Comitê Gestor do Imposto sobre Bens e Serviços para prestarem, pessoalmente, informações sobre assunto previamente determinado, importando crime de responsabilidade a ausência sem justificação adequada.*

.." (NR)

"Art. 105. (...)
I – (...)
j) os conflitos entre entes federativos, ou entre estes e o Comitê Gestor do Imposto sobre Bens e Serviços, relacionados aos tributos previstos nos arts. 156-A e 195, V;
...." (NR)
"Art. 145. (...)
§ 3º. O Sistema Tributário Nacional deve observar os princípios da simplicidade, da transparência, da justiça tributária, da cooperação e da defesa do meio ambiente.
§ 4º. As alterações na legislação tributária buscarão atenuar efeitos regressivos." (NR)
"Art. 146. (...)
III – (...)
c) adequado tratamento tributário ao ato cooperativo praticado pelas sociedades cooperativas, inclusive em relação aos tributos previstos nos arts. 156-A e 195, V;
d) definição de tratamento diferenciado e favorecido para as microempresas e para as empresas de pequeno porte, inclusive regimes especiais ou simplificados no caso dos impostos previstos nos arts. 155, II, e 156-A, das contribuições sociais previstas no art. 195, I e V, e § 12 e da contribuição a que se refere o art. 239.
§ 1º. (...)
§ 2º. É facultado ao optante pelo regime único de que trata o § 1º apurar e recolher os tributos previstos nos arts. 156-A e 195, V, nos termos estabelecidos nesses artigos, hipótese em que as parcelas a eles relativas não serão cobradas pelo regime único.
§ 3º. Na hipótese de o recolhimento dos tributos previstos nos arts. 156-A e 195, V, ser realizado por meio do regime único de que trata o § 1º, enquanto perdurar a opção:
I – não será permitida a apropriação de créditos dos tributos previstos nos arts. 156-A e 195, V, pelo contribuinte optante pelo regime único; e
II – será permitida a apropriação de créditos dos tributos previstos nos arts. 156-A e 195, V, pelo adquirente não optante pelo regime único de que trata o § 1º de bens materiais ou imateriais, inclusive direitos, e de serviços do optante, em montante equivalente ao cobrado por meio do regime único." (NR)
"Art. 149-A. Os Municípios e o Distrito Federal poderão instituir contribuição, na forma das respectivas leis, para o custeio, a expansão e a melhoria do serviço de iluminação pública e de sistemas de monitoramento para segurança e preservação de logradouros públicos, observado o disposto no art. 150, I e III.
...." (NR)
"Art. 149-B. Os tributos previstos nos arts. 156-A e 195, V, observarão as mesmas regras em relação a:
I – fatos geradores, bases de cálculo, hipóteses de não incidência e sujeitos passivos;
II – imunidades;
III – regimes específicos, diferenciados ou favorecidos de tributação;

IV – regras de não cumulatividade e de creditamento.
Parágrafo único. Os tributos de que trata o caput observarão as imunidades previstas no art. 150, VI, não se aplicando a ambos os tributos o disposto no art. 195, § 7º."
"Art. 149-C. O produto da arrecadação do imposto previsto no art. 156-A e da contribuição prevista no art. 195, V, incidentes sobre operações contratadas pela administração pública direta, por autarquias e por fundações públicas, inclusive suas importações, será integralmente destinado ao ente federativo contratante, mediante redução a zero das alíquotas do imposto e da contribuição devidos aos demais entes e equivalente elevação da alíquota do tributo devido ao ente contratante.
§ 1º. As operações de que trata o caput poderão ter alíquotas reduzidas de modo uniforme, nos termos de lei complementar.
§ 2º. Lei complementar poderá prever hipóteses em que não se aplicará o disposto no caput e no § 1º.
§ 3º. Nas importações efetuadas pela administração pública direta, por autarquias e por fundações públicas, o disposto no art. 150, VI, "a", será implementado na forma do disposto no caput e no § 1º, assegurada a igualdade de tratamento em relação às aquisições internas."
"Art. 150. (...)
VI – (...)
b) entidades religiosas e templos de qualquer culto, inclusive suas organizações assistenciais e beneficentes;
....
§ 2º. A vedação do inciso VI, "a", é extensiva às autarquias e às fundações instituídas e mantidas pelo poder público e à empresa pública prestadora de serviço postal, no que se refere ao patrimônio, à renda e aos serviços vinculados a suas finalidades essenciais ou às delas decorrentes.
...." (NR)
"Art. 153. (...)
VIII – produção, extração, comercialização ou importação de bens e serviços prejudiciais à saúde ou ao meio ambiente, nos termos de lei complementar.
....
§ 6º. O imposto previsto no inciso VIII do caput deste artigo:
I – não incidirá sobre as exportações nem sobre as operações com energia elétrica e com telecomunicações;
II – incidirá uma única vez sobre o bem ou serviço;
III – não integrará sua própria base de cálculo;
IV – integrará a base de cálculo dos tributos previstos nos arts. 155, II, 156, III, 156-A e 195, V;
V – poderá ter o mesmo fato gerador e base de cálculo de outros tributos;
VI – terá suas alíquotas fixadas em lei ordinária, podendo ser específicas, por unidade de medida adotada, ou ad valorem;
VII – na extração, o imposto será cobrado independentemente da destinação, caso em que a alí-

quota máxima corresponderá a 1% (um por cento) do valor de mercado do produto." (NR)
"Art. 155. (...)
§ 1º. (...)
II – relativamente a bens móveis, títulos e créditos, compete ao Estado onde era domiciliado o de cujus, ou tiver domicílio o doador, ou ao Distrito Federal;
....
VI – será progressivo em razão do valor do quinhão, do legado ou da doação;
VII – não incidirá sobre as transmissões e as doações para as instituições sem fins lucrativos com finalidade de relevância pública e social, inclusive as organizações assistenciais e beneficentes de entidades religiosas e institutos científicos e tecnológicos, e por elas realizadas na consecução dos seus objetivos sociais, observadas as condições estabelecidas em lei complementar.
....
§ 3º. À exceção dos impostos de que tratam o inciso II do caput deste artigo e os arts. 153, I e II, e 156-A, nenhum outro imposto poderá incidir sobre operações relativas a energia elétrica e serviços de telecomunicações e, à exceção destes e do previsto no art. 153, VIII, nenhum outro imposto poderá incidir sobre operações relativas a derivados de petróleo, combustíveis e minerais do País.
....
§ 6º. (...)
II – poderá ter alíquotas diferenciadas em função do tipo, do valor, da utilização e do impacto ambiental;
III – incidirá sobre a propriedade de veículos automotores terrestres, aquáticos e aéreos, excetuados:
a) aeronaves agrícolas e de operador certificado para prestar serviços aéreos a terceiros;
b) embarcações de pessoa jurídica que detenha outorga para prestar serviços de transporte aquaviário ou de pessoa física ou jurídica que pratique pesca industrial, artesanal, científica ou de subsistência;
c) plataformas suscetíveis de se locomoverem na água por meios próprios, inclusive aquelas cuja finalidade principal seja a exploração de atividades econômicas em águas territoriais e na zona econômica exclusiva e embarcações que tenham essa mesma finalidade principal;
d) tratores e máquinas agrícolas." (NR)
"Art. 156. (...)
§ 1º. (...)
III – ter sua base de cálculo atualizada pelo Poder Executivo, conforme critérios estabelecidos em lei municipal.
...." (NR)

"Seção V-A
Do Imposto de Competência Compartilhada entre Estados, Distrito Federal e Municípios
Art. 156-A. Lei complementar instituirá imposto sobre bens e serviços de competência compartilhada entre Estados, Distrito Federal e Municípios.

§ 1º. O imposto previsto no caput será informado pelo princípio da neutralidade e atenderá ao seguinte:
I – incidirá sobre operações com bens materiais ou imateriais, inclusive direitos, ou com serviços;
II – incidirá também sobre a importação de bens materiais ou imateriais, inclusive direitos, ou de serviços realizada por pessoa física ou jurídica, ainda que não seja sujeito passivo habitual do imposto, qualquer que seja a sua finalidade;
III – não incidirá sobre as exportações, assegurados ao exportador a manutenção e o aproveitamento dos créditos relativos às operações nas quais seja adquirente de bem material ou imaterial, inclusive direitos, ou serviço, observado o disposto no § 5º, III;
IV – terá legislação única e uniforme em todo o território nacional, ressalvado o disposto no inciso V;
V – cada ente federativo fixará sua alíquota própria por lei específica;
VI – a alíquota fixada pelo ente federativo na forma do inciso V será a mesma para todas as operações com bens materiais ou imateriais, inclusive direitos, ou com serviços, ressalvadas as hipóteses previstas nesta Constituição;
VII – será cobrado pelo somatório das alíquotas do Estado e do Município de destino da operação;
VIII – será não cumulativo, compensando-se o imposto devido pelo contribuinte com o montante cobrado sobre todas as operações nas quais seja adquirente de bem material ou imaterial, inclusive direito, ou de serviço, excetuadas exclusivamente as consideradas de uso ou consumo pessoal especificadas em lei complementar e as hipóteses previstas nesta Constituição;
IX – não integrará sua própria base de cálculo nem a dos tributos previstos nos arts. 153, VIII, e 195, I, "b", IV e V, e da contribuição para o Programa de Integração Social de que trata o art. 239;
X – não será objeto de concessão de incentivos e benefícios financeiros ou fiscais relativos ao imposto ou de regimes específicos, diferenciados ou favorecidos de tributação, excetuadas as hipóteses previstas nesta Constituição;
XI – não incidirá nas prestações de serviço de comunicação nas modalidades de radiodifusão sonora e de sons e imagens de recepção livre e gratuita;
XII – resolução do Senado Federal fixará alíquota de referência do imposto para cada esfera federativa, nos termos de lei complementar, que será aplicada se outra não houver sido estabelecida pelo próprio ente federativo;
XIII – sempre que possível, terá seu valor informado, de forma específica, no respectivo documento fiscal.

§ 2º. Para fins do disposto no § 1º, V, o Distrito Federal exercerá as competências estadual e municipal na fixação de suas alíquotas.

§ 3º. Lei complementar poderá definir como sujeito passivo do imposto a pessoa que concorrer para a realização, a execução ou o pagamento da operação, ainda que residente ou domiciliada no exterior.

§ 4º. Para fins de distribuição do produto da arrecadação do imposto, o Comitê Gestor do Imposto sobre Bens e Serviços:
I – reterá montante equivalente ao saldo acumulado de créditos do imposto não compensados pelos contribuintes e não ressarcidos ao final de cada período de apuração e aos valores decorrentes do cumprimento do § 5º, VIII;
II – distribuirá o produto da arrecadação do imposto, deduzida a retenção de que trata o inciso I deste parágrafo, ao ente federativo de destino das operações que não tenham gerado creditamento.

§ 5º. Lei complementar disporá sobre:
I – as regras para a distribuição do produto da arrecadação do imposto, disciplinando, entre outros aspectos:
a) a sua forma de cálculo;
b) o tratamento em relação às operações em que o imposto não seja recolhido tempestivamente;
c) as regras de distribuição aplicáveis aos regimes favorecidos, específicos e diferenciados de tributação previstos nesta Constituição;
II – o regime de compensação, podendo estabelecer hipóteses em que o aproveitamento do crédito ficará condicionado à verificação do efetivo recolhimento do imposto incidente sobre a operação com bens materiais ou imateriais, inclusive direitos, ou com serviços, desde que:
a) o adquirente possa efetuar o recolhimento do imposto incidente nas suas aquisições de bens ou serviços; ou
b) o recolhimento do imposto ocorra na liquidação financeira da operação;
III – a forma e o prazo para ressarcimento de créditos acumulados pelo contribuinte;
IV – os critérios para a definição do destino da operação, que poderá ser, inclusive, o local da entrega, da disponibilização ou da localização do bem, o da prestação ou da disponibilização do serviço ou o do domicílio ou da localização do adquirente ou destinatário do bem ou serviço, admitidas diferenciações em razão das características da operação;
V – a forma de desoneração da aquisição de bens de capital pelos contribuintes, que poderá ser implementada por meio de:
a) crédito integral e imediato do imposto;
b) diferimento; ou
c) redução em 100% (cem por cento) das alíquotas do imposto;
VI – as hipóteses de diferimento e desoneração do imposto aplicáveis aos regimes aduaneiros especiais e às zonas de processamento de exportação;
VII – o processo administrativo fiscal do imposto;
VIII – as hipóteses de devolução do imposto a pessoas físicas, inclusive os limites e os beneficiários, com o objetivo de reduzir as desigualdades de renda;
IX – os critérios para as obrigações tributárias acessórias, visando à sua simplificação.

§ 6º. Lei complementar disporá sobre regimes específicos de tributação para:
I – combustíveis e lubrificantes sobre os quais o imposto incidirá uma única vez, qualquer que seja a sua finalidade, hipótese em que:
a) serão as alíquotas uniformes em todo o território nacional, específicas por unidade de medida e diferenciadas por produto, admitida a não aplicação do disposto no § 1º, V a VII;
b) será vedada a apropriação de créditos em relação às aquisições dos produtos de que trata este inciso destinados a distribuição, comercialização ou revenda;
c) será concedido crédito nas aquisições dos produtos de que trata este inciso por sujeito passivo do imposto, observado o disposto na alínea "b" e no § 1º, VIII;
II – serviços financeiros, operações com bens imóveis, planos de assistência à saúde e concursos de prognósticos, podendo prever:
a) alterações nas alíquotas, nas regras de creditamento e na base de cálculo, admitida, em relação aos adquirentes dos bens e serviços de que trata este inciso, a não aplicação do disposto no § 1º, VIII;
b) hipóteses em que o imposto incidirá sobre a receita ou o faturamento, com alíquota uniforme em todo o território nacional, admitida a não aplicação do disposto no § 1º, V a VII, e, em relação aos adquirentes dos bens e serviços de que trata este inciso, também do disposto no § 1º, VIII;
III – sociedades cooperativas, que será optativo, com vistas a assegurar sua competitividade, observados os princípios da livre concorrência e da isonomia tributária, definindo, inclusive:
a) as hipóteses em que o imposto não incidirá sobre as operações realizadas entre a sociedade cooperativa e seus associados, entre estes e aquela e pelas sociedades cooperativas entre si quando associadas para a consecução dos objetivos sociais;
b) o regime de aproveitamento do crédito das etapas anteriores;
IV – serviços de hotelaria, parques de diversão e parques temáticos, agências de viagens e de turismo, bares e restaurantes, atividade esportiva desenvolvida por Sociedade Anônima do Futebol e aviação regional, podendo prever hipóteses de alterações nas alíquotas, nas bases de cálculo e nas regras de creditamento, admitida a não aplicação do disposto no § 1º, V a VIII;
V – operações alcançadas por tratado ou convenção internacional, inclusive referentes a missões diplomáticas, repartições consulares, representações de organismos internacionais e respectivos funcionários acreditados;
VI – serviços de transporte coletivo de passageiros rodoviário intermunicipal e interestadual, ferroviário e hidroviário, podendo prever hipóteses de alterações nas alíquotas e nas regras de creditamento, admitida a não aplicação do disposto no § 1º, V a VIII.

§ 7º. A isenção e a imunidade:
I – não implicarão crédito para compensação com o montante devido nas operações seguintes;
II – acarretarão a anulação do crédito relativo às operações anteriores, salvo, na hipótese da imunidade, inclusive em relação ao inciso XI do § 1º,

quando determinado em contrário em lei complementar.

§ 8º. Para fins do disposto neste artigo, a lei complementar de que trata o caput poderá estabelecer o conceito de operações com serviços, seu conteúdo e alcance, admitida essa definição para qualquer operação que não seja classificada como operação com bens materiais ou imateriais, inclusive direitos.

§ 9º. Qualquer alteração na legislação federal que reduza ou eleve a arrecadação do imposto:
I – deverá ser compensada pela elevação ou redução, pelo Senado Federal, das alíquotas de referência de que trata o § 1º, XII, de modo a preservar a arrecadação das esferas federativas, nos termos de lei complementar;
II – somente entrará em vigor com o início da produção de efeitos do ajuste das alíquotas de referência de que trata o inciso I deste parágrafo.

§ 10. Os Estados, o Distrito Federal e os Municípios poderão optar por vincular suas alíquotas à alíquota de referência de que trata o § 1º, XII.

§ 11. Projeto de lei complementar em tramitação no Congresso Nacional que reduza ou aumente a arrecadação do imposto somente será apreciado se acompanhado de estimativa de impacto no valor das alíquotas de referência de que trata o § 1º, XII.

§ 12. A devolução de que trata o § 5º, VIII, não será considerada nas bases de cálculo de que tratam os arts. 29-A, 198, § 2º, 204, parágrafo único, 212, 212- A, II, e 216, § 6º, não se aplicando a ela, ainda, o disposto no art. 158, IV, "b".

§ 13. A devolução de que trata o § 5º, VIII, será obrigatória nas operações de fornecimento de energia elétrica e de gás liquefeito de petróleo ao consumidor de baixa renda, podendo a lei complementar determinar que seja calculada e concedida no momento da cobrança da operação.

Art. 156-B. Os Estados, o Distrito Federal e os Municípios exercerão de forma integrada, exclusivamente por meio do Comitê Gestor do Imposto sobre Bens e Serviços, nos termos e limites estabelecidos nesta Constituição e em lei complementar, as seguintes competências administrativas relativas ao imposto de que trata o art. 156-A:
I – editar regulamento único e uniformizar a interpretação e a aplicação da legislação do imposto;
II – arrecadar o imposto, efetuar as compensações e distribuir o produto da arrecadação entre Estados, Distrito Federal e Municípios;
III – decidir o contencioso administrativo.

§ 1º. O Comitê Gestor do Imposto sobre Bens e Serviços, entidade pública sob regime especial, terá independência técnica, administrativa, orçamentária e financeira.

§ 2º. Na forma da lei complementar:
I – os Estados, o Distrito Federal e os Municípios serão representados, de forma paritária, na instância máxima de deliberação do Comitê Gestor do Imposto sobre Bens e Serviços;
II – será assegurada a alternância na presidência do Comitê Gestor entre o conjunto dos Estados e

o Distrito Federal e o conjunto dos Municípios e o Distrito Federal;
III – o Comitê Gestor será financiado por percentual do produto da arrecadação do imposto destinado a cada ente federativo;
IV – o controle externo do Comitê Gestor será exercido pelos Estados, pelo Distrito Federal e pelos Municípios;
V – a fiscalização, o lançamento, a cobrança, a representação administrativa e a representação judicial relativos ao imposto serão realizados, no âmbito de suas respectivas competências, pelas administrações tributárias e procuradorias dos Estados, do Distrito Federal e dos Municípios, que poderão definir hipóteses de delegação ou de compartilhamento de competências, cabendo ao Comitê Gestor a coordenação dessas atividades administrativas com vistas à integração entre os entes federativos;
VI – as competências exclusivas das carreiras da administração tributária e das procuradorias dos Estados, do Distrito Federal e dos Municípios serão exercidas, no Comitê Gestor e na representação deste, por servidores das referidas carreiras;
VII – serão estabelecidas a estrutura e a gestão do Comitê Gestor, cabendo ao regimento interno dispor sobre sua organização e funcionamento.

§ 3º. A participação dos entes federativos na instância máxima de deliberação do Comitê Gestor do Imposto sobre Bens e Serviços observará a seguinte composição:
I – 27 (vinte e sete) membros, representando cada Estado e o Distrito Federal;
II – 27 (vinte e sete) membros, representando o conjunto dos Municípios e do Distrito Federal, que serão eleitos nos seguintes termos:
a) 14 (quatorze) representantes, com base nos votos de cada Município, com valor igual para todos; e
b) 13 (treze) representantes, com base nos votos de cada Município ponderados pelas respectivas populações.

§ 4º. As deliberações no âmbito do Comitê Gestor do Imposto sobre Bens e Serviços serão consideradas aprovadas se obtiverem, cumulativamente, os votos:
I – em relação ao conjunto dos Estados e do Distrito Federal:
a) da maioria absoluta de seus representantes; e
b) de representantes dos Estados e do Distrito Federal que correspondam a mais de 50% (cinquenta por cento) da população do País; e
II – em relação ao conjunto dos Municípios e do Distrito Federal, da maioria absoluta de seus representantes.

§ 5º. O Presidente do Comitê Gestor do Imposto sobre Bens e Serviços deverá ter notórios conhecimentos de administração tributária.

§ 6º. O Comitê Gestor do Imposto sobre Bens e Serviços, a administração tributária da União e a Procuradoria-Geral da Fazenda Nacional compartilharão informações fiscais relacionadas aos tributos previstos nos arts. 156-A e 195, V, e atuarão com vistas a harmonizar normas, interpretações, obrigações acessórias e procedimentos a eles relativos.

§ 7º. O Comitê Gestor do Imposto sobre Bens e Serviços e a administração tributária da União poderão implementar soluções integradas para a administração e cobrança dos tributos previstos nos arts. 156-A e 195, V.

§ 8º. Lei complementar poderá prever a integração do contencioso administrativo relativo aos tributos previstos nos arts. 156-A e 195, V."

"Art. 158. (...)

III – 50% (cinquenta por cento) do produto da arrecadação do imposto do Estado sobre a propriedade de veículos automotores licenciados em seus territórios e, em relação a veículos aquáticos e aéreos, cujos proprietários sejam domiciliados em seus territórios;

IV – 25% (vinte e cinco por cento):
a) do produto da arrecadação do imposto do Estado sobre operações relativas à circulação de mercadorias e sobre prestações de serviços de transporte interestadual e intermunicipal e de comunicação;
b) do produto da arrecadação do imposto previsto no art. 156-A distribuída aos Estados.

§ 1º. As parcelas de receita pertencentes aos Municípios mencionadas no inciso IV, "a", serão creditadas conforme os seguintes critérios:
....

§ 2º. As parcelas de receita pertencentes aos Municípios mencionadas no inciso IV, "b", serão creditadas conforme os seguintes critérios:

I – 80% (oitenta por cento) na proporção da população;

II – 10% (dez por cento) com base em indicadores de melhoria nos resultados de aprendizagem e de aumento da equidade, considerado o nível socioeconômico dos educandos, de acordo com o que dispuser lei estadual;

III – 5% (cinco por cento) com base em indicadores de preservação ambiental, de acordo com o que dispuser lei estadual;

IV – 5% (cinco por cento) em montantes iguais para todos os Municípios do Estado." (NR)

"Art. 159. (...)

I – do produto da arrecadação dos impostos sobre renda e proventos de qualquer natureza e sobre produtos industrializados e do imposto previsto no art. 153, VIII, 50% (cinquenta por cento), da seguinte forma:
....

II – do produto da arrecadação do imposto sobre produtos industrializados e do imposto previsto no art. 153, VIII, 10% (dez por cento) aos Estados e ao Distrito Federal, proporcionalmente ao valor das respectivas exportações de produtos industrializados;

III – do produto da arrecadação da contribuição de intervenção no domínio econômico prevista no art. 177, § 4º, 29% (vinte e nove por cento) para os Estados e o Distrito Federal, distribuídos na forma da lei, observadas as destinações a que se referem as alíneas "c" e "d" do inciso II do referido parágrafo.
....

§ 3º. Os Estados entregarão aos respectivos Municípios 25% (vinte e cinco por cento) dos recursos que receberem nos termos do inciso II do caput deste artigo,observados os critérios estabelecidos no art. 158, § 1º, para a parcela relativa ao imposto sobre produtos industrializados, e no art. 158, § 2º, para a parcela relativa ao imposto previsto no art. 153, VIII.
........." (NR)

"Art. 159-A. Fica instituído o Fundo Nacional de Desenvolvimento Regional, com o objetivo de reduzir as desigualdades regionais e sociais, nos termos do art. 3º, III, mediante a entrega de recursos da União aos Estados e ao Distrito Federal para:

I – realização de estudos, projetos e obras de infraestrutura;

II – fomento a atividades produtivas com elevado potencial de geração de emprego e renda, incluindo a concessão de subvenções econômicas e financeiras; e

III – promoção de ações com vistas ao desenvolvimento científico e tecnológico e à inovação.

§ 1º. É vedada a retenção ou qualquer restrição ao recebimento dos recursos de que trata o caput.

§ 2º. Na aplicação dos recursos de que trata o caput, os Estados e o Distrito Federal priorizarão projetos que prevejam ações de sustentabilidade ambiental e redução das emissões de carbono.

§ 3º. Observado o disposto neste artigo, caberá aos Estados e ao Distrito Federal decidir quanto à aplicação dos recursos de que trata o caput.

§ 4º. Os recursos de que trata o caput serão entregues aos Estados e ao Distrito Federal de acordo com coeficientes individuais de participação, calculados com base nos seguintes indicadores e com os seguintes pesos:

I – população do Estado ou do Distrito Federal, com peso de 30% (trinta por cento);

II – coeficiente individual de participação do Estado ou do Distrito Federal nos recursos de que trata o art. 159, I, "a", da Constituição Federal, com peso de 70% (setenta por cento).

§ 5º. O Tribunal de Contas da União será o órgão responsável por regulamentar e calcular os coeficientes individuais de participação de que trata o § 4º."

"Art. 161. (...)

I – definir valor adicionado para fins do disposto no art. 158, § 1º, I;
........." (NR)

"Art. 167. (...)

§ 4º. É permitida a vinculação das receitas a que se referem os arts. 155, 156, 156-A, 157, 158 e as alíneas "a", "b", "d", "e" e "f" do inciso I e o inciso II do caput do art. 159 desta Constituição para pagamento de débitos com a União e para prestar-lhe garantia ou contragarantia.
........." (NR)

EMENDAS CONSTITUCIONAIS

"Art. 177. (...)
§ 4°. (...)
II – (...)
d) ao pagamento de subsídios a tarifas de transporte público coletivo de passageiros." (NR)
"Art. 195. (...)
V – sobre bens e serviços, nos termos de lei complementar.
....
§ 15. A contribuição prevista no inciso V do caput poderá ter sua alíquota fixada em lei ordinária.
§ 16. Aplica-se à contribuição prevista no inciso V do caput o disposto no art. 156-A, § 1°, I a VI, VIII, X a XIII, § 3°, § 5°, II a VI e IX, e §§ 6° a 11 e 13.
§ 17. A contribuição prevista no inciso V do caput não integrará sua própria base de cálculo nem a dos tributos previstos nos arts. 153, VIII, 156-A e 195, I, "b", e IV, e da contribuição para o Programa de Integração Social de que trata o art. 239.
§ 18. Lei estabelecerá as hipóteses de devolução da contribuição prevista no inciso V do caput a pessoas físicas, inclusive em relação a limites e beneficiários, com o objetivo de reduzir as desigualdades de renda.
§ 19. A devolução de que trata o § 18 não será computada na receita corrente líquida da União para os fins do disposto nos arts. 100, § 15, 166, §§ 9°, 12 e 17, e 198, § 2°." (NR)
"Art. 198. (...)
§ 2°. (...)
II – no caso dos Estados e do Distrito Federal, o produto da arrecadação dos impostos a que se referem os arts. 155 e 156-A e dos recursos de que tratam os arts. 157 e 159, I, "a", e II, deduzidas as parcelas que forem transferidas aos respectivos Municípios;
III – no caso dos Municípios e do Distrito Federal, o produto da arrecadação dos impostos a que se referem os arts. 156 e 156-A e dos recursos de que tratam os arts. 158 e 159, I, "b", e § 3°.
...." (NR)
"Art. 212-A. (...)
II – os fundos referidos no inciso I do caput deste artigo serão constituídos por 20% (vinte por cento):
a) das parcelas dos Estados no imposto de que trata o art. 156-A;
b) da parcela do Distrito Federal no imposto de que trata o art. 156-A, relativa ao exercício de sua competência estadual, nos termos do art. 156-A, § 2°; e
c) dos recursos a que se referem os incisos I, II e III do caput do art. 155, o inciso II do caput do art. 157, os incisos II, III e IV do caput do art. 158 e as alíneas "a" e "b" do inciso I e o inciso II do caput do art. 159 desta Constituição;
...." (NR)
"Art. 225. (...)
§ 1°. (...)
VIII – manter regime fiscal favorecido para os biocombustíveis e para o hidrogênio de baixa emissão de carbono, na forma de lei complementar, a fim de assegurar-lhes tributação inferior à inci-

dente sobre os combustíveis fósseis, capaz de garantir diferencial competitivo em relação a estes, especialmente em relação às contribuições de que tratam o art. 195, I, "b", IV e V, e o art. 239 e aos impostos a que se referem os arts. 155, II, e 156-A.
...." (NR)

Art. 2°. O Ato das Disposições Constitucionais Transitórias passa a vigorar com as seguintes alterações:
"Art. 76-A. São desvinculados de órgão, fundo ou despesa, até 31 de dezembro de 2032, 30% (trinta por cento) das receitas dos Estados e do Distrito Federal relativas a impostos, taxas e multas já instituídos ou que vierem a ser criados até a referida data, seus adicionais e respectivos acréscimos legais, e outras receitas correntes.
...." (NR)
"Art. 76-B. São desvinculados de órgão, fundo ou despesa, até 31 de dezembro de 2032, 30% (trinta por cento) das receitas dos Municípios relativas a impostos, taxas e multas, já instituídos ou que vierem a ser criados até a referida data, seus adicionais e respectivos acréscimos legais, e outras receitas correntes.
...." (NR)
"Art. 92-B. As leis instituidoras dos tributos previstos nos arts. 156-A e 195, V, da Constituição Federal estabelecerão os mecanismos necessários, com ou sem contrapartidas, para manter, em caráter geral, o diferencial competitivo assegurado à Zona Franca de Manaus pelos arts. 40 e 92-A e às áreas de livre comércio existentes em 31 de maio de 2023, nos níveis estabelecidos pela legislação relativa aos tributos extintos a que se referem os arts. 126 a 129, todos deste Ato das Disposições Constitucionais Transitórias.
§ 1°. Para assegurar o disposto no caput, serão utilizados, isolada ou cumulativamente, instrumentos fiscais, econômicos ou financeiros.
§ 2°. Lei complementar instituirá Fundo de Sustentabilidade e Diversificação Econômica do Estado do Amazonas, que será constituído com recursos da União e por ela gerido, com a efetiva participação do Estado do Amazonas na definição das políticas, com o objetivo de fomentar o desenvolvimento e a diversificação das atividades econômicas no Estado.
§ 3°. A lei complementar de que trata o § 2°:
I – estabelecerá o montante mínimo de aporte anual de recursos ao Fundo, bem como os critérios para sua correção;
II – preverá a possibilidade de utilização dos recursos do Fundo para compensar eventual perda de receita do Estado do Amazonas em função das alterações no sistema tributário decorrentes da instituição dos tributos previstos nos arts. 156-A e 195, V, da Constituição Federal.
§ 4°. A União, mediante acordo com o Estado do Amazonas, poderá reduzir o alcance dos instrumentos previstos no § 1°, condicionado ao aporte de recursos adicionais ao Fundo de que trata o § 2°, assegurada a diversificação das atividades econômicas e a antecedência mínima de 3 (três) anos.

§ 5º. Não se aplica aos mecanismos previstos no caput o disposto nos incisos III e IV do caput do art. 149-B da Constituição Federal.

§ 6º. Lei complementar instituirá Fundo de Desenvolvimento Sustentável dos Estados da Amazônia Ocidental e do Amapá, que será constituído com recursos da União e por ela gerido, com a efetiva participação desses Estados na definição das políticas, com o objetivo de fomentar o desenvolvimento e a diversificação de suas atividades econômicas.

§ 7º. O Fundo de que trata o § 6º será integrado pelos Estados onde estão localizadas as áreas de livre comércio de que trata o caput e observará, no que couber, o disposto no § 3º, I e II, sendo, quanto a este inciso, considerados os respectivos Estados, e no § 4º."

"Art. 104. (...)

IV – os Estados e o Comitê Gestor do Imposto sobre Bens e Serviços reterão os repasses previstos, respectivamente, nos §§ 1º e 2º do art. 158 da Constituição Federal e os depositarão na conta especial referida no art. 101 deste Ato das Disposições Constitucionais Transitórias, para utilização como nele previsto.

...." (NR)

"Art. 124. A transição para os tributos previstos no art. 156-A e no art. 195, V, todos da Constituição Federal, atenderá aos critérios estabelecidos nos arts. 125 a 133 deste Ato das Disposições Constitucionais Transitórias.

Parágrafo único. A contribuição prevista no art. 195, V, será instituída pela mesma lei complementar de que trata o art. 156-A, ambos da Constituição Federal."

"Art. 125. Em 2026, o imposto previsto no art. 156-A será cobrado à alíquota estadual de 0,1% (um décimo por cento), e a contribuição prevista no art. 195, V, ambos da Constituição Federal, será cobrada à alíquota de 0,9% (nove décimos por cento).

§ 1º. O montante recolhido na forma do caput será compensado com o valor devido das contribuições previstas no art. 195, I, "b", e IV, e a contribuição para o Programa de Integração Social a que se refere o art. 239, ambos da Constituição Federal.

§ 2º. Caso o contribuinte não possua débitos suficientes para efetuar a compensação de que trata o § 1º, o valor recolhido poderá ser compensado com qualquer outro tributo federal ou ser ressarcido em até 60 (sessenta) dias, mediante requerimento.

§ 3º. A arrecadação do imposto previsto no art. 156-A da Constituição Federal decorrente do disposto no caput deste artigo não observará as vinculações, repartições e destinações previstas na Constituição Federal, devendo ser aplicada, integral e sucessivamente, para:

I – o financiamento do Comitê Gestor do Imposto sobre Bens e Serviços, nos termos do art. 156-B, § 2º, III, da Constituição Federal;

II – compor o Fundo de Compensação de Benefícios Fiscais ou Financeiro-Fiscais do imposto de que trata o art. 155, II, da Constituição Federal.

§ 4º. Durante o período de que trata o caput, os sujeitos passivos que cumprirem as obrigações acessórias relativas aos tributos referidos no caput poderão ser dispensados do seu recolhimento, nos termos de lei complementar."

"Art. 126. A partir de 2027:

I – serão cobrados:

a) a contribuição prevista no art. 195, V, da Constituição Federal;

b) o imposto previsto no art. 153, VIII, da Constituição Federal;

II – serão extintas as contribuições previstas no art. 195, I, "b", e IV, e a contribuição para o Programa de Integração Social de que trata o art. 239, todos da Constituição Federal, desde que instituída a contribuição referida na alínea "a" do inciso I;

III – o imposto previsto no art. 153, IV, da Constituição Federal:

a) terá suas alíquotas reduzidas a zero, exceto em relação aos produtos que tenham industrialização incentivada na Zona Franca de Manaus, conforme critérios estabelecidos em lei complementar; e

b) não incidirá de forma cumulativa com o imposto previsto no art. 153, VIII, da Constituição Federal."

"Art. 127. Em 2027 e 2028, o imposto previsto no art. 156-A da Constituição Federal será cobrado à alíquota estadual de 0,05% (cinco centésimos por cento) e à alíquota municipal de 0,05% (cinco centésimos por cento).

Parágrafo único. No período referido no caput, a alíquota da contribuição prevista no art. 195, V, da Constituição Federal, será reduzida em 0,1 (um décimo) ponto percentual."

"Art. 128. De 2029 a 2032, as alíquotas dos impostos previstos nos arts. 155, II, e 156, III, da Constituição Federal, serão fixadas nas seguintes proporções das alíquotas fixadas nas respectivas legislações:

I – 9/10 (nove décimos), em 2029;

II – 8/10 (oito décimos), em 2030;

III – 7/10 (sete décimos), em 2031;

IV – 6/10 (seis décimos), em 2032.

§ 1º. Os benefícios ou os incentivos fiscais ou financeiros relativos aos impostos previstos nos arts. 155, II, e 156, III, da Constituição Federal não alcançados pelo disposto no caput deste artigo serão reduzidos na mesma proporção.

§ 2º. Os benefícios e incentivos fiscais ou financeiros referidos no art. 3º da Lei Complementar nº 160, de 7 de agosto de 2017, serão reduzidos na forma deste artigo, não se aplicando a redução prevista no § 2º-A do art. 3º da referida Lei Complementar.

§ 3º. Ficam mantidos em sua integralidade, até 31 de dezembro de 2032, os percentuais utilizados para calcular os benefícios ou incentivos fiscais ou financeiros já reduzidos por força da redução das alíquotas, em decorrência do disposto no caput."

"Art. 129. Ficam extintos, a partir de 2033, os impostos previstos nos arts. 155, II, e 156, III, da Constituição Federal."

"Art. 130. Resolução do Senado Federal fixará, para as esferas federativas, as alíquotas de referência dos tributos previstos nos arts. 156-A e 195, V, da Constituição Federal, observados a

EMENDAS CONSTITUCIONAIS

forma de cálculo e os limites previstos em lei complementar, de forma a assegurar:

I – de 2027 a 2033, que a receita da União com a contribuição prevista no art. 195, V, e com o imposto previsto no art. 153, VIII, todos da Constituição Federal, seja equivalente à redução da receita:

a) das contribuições previstas no art. 195, I, "b", e IV, e da contribuição para o Programa de Integração Social de que trata o art. 239, todos da Constituição Federal;

b) do imposto previsto no art. 153, IV; e

c) do imposto previsto no art. 153, V, da Constituição Federal, sobre operações de seguros;

II – de 2027 a 2033, que a receita dos Estados e do Distrito Federal com o imposto previsto no art. 156-A da Constituição Federal seja equivalente à redução:

a) da receita do imposto previsto no art. 155, II, da Constituição Federal; e

b) das receitas destinadas a fundos estaduais financiados por contribuições estabelecidas como condição à aplicação de diferimento, regime especial ou outro tratamento diferenciado, relativos ao imposto de que trata o art. 155, II, da Constituição Federal, em funcionamento em 30 de abril de 2023, excetuadas as receitas dos fundos mantidas na forma do art. 136 deste Ato das Disposições Constitucionais Transitórias;

III – de 2029 a 2033, que a receita dos Municípios e do Distrito Federal com o imposto previsto no art. 156-A seja equivalente à redução da receita do imposto previsto no art. 156, III, ambos da Constituição Federal.

§ 1º. As alíquotas de referência serão fixadas no ano anterior ao de sua vigência, não se aplicando o disposto no art. 150, III, "c", da Constituição Federal, com base em cálculo realizado pelo Tribunal de Contas da União.

§ 2º. Na fixação das alíquotas de referência, deverão ser considerados os efeitos sobre a arrecadação dos regimes específicos, diferenciados ou favorecidos e de qualquer outro regime que resulte em arrecadação menor do que a que seria obtida com a aplicação da alíquota padrão.

§ 3º. Para fins do disposto nos §§ 4º a 6º, entende-se por:

I – Teto de Referência da União: a média da receita no período de 2012 a 2021, apurada como proporção do PIB, do imposto previsto no art. 153, IV, das contribuições previstas no art. 195, I, "b", e IV, da contribuição para o Programa de Integração Social de que trata o art. 239 e do imposto previsto no art. 153, V, sobre operações de seguro, todos da Constituição Federal;

II – Teto de Referência Total: a média da receita no período de 2012 a 2021, apurada como proporção do PIB, dos impostos previstos nos arts. 153, IV, 155, II e 156, III, das contribuições previstas no art. 195, I, "b", e IV, da contribuição para o Programa de Integração Social de que trata o art. 239 e do imposto previsto no art. 153, V, sobre operações de seguro, todos da Constituição Federal;

III – Receita-Base da União: a receita da União com a contribuição prevista no art. 195, V, e com o imposto previsto no art. 153, VIII, ambos da Constituição Federal, apurada como proporção do PIB;

IV – Receita-Base dos Entes Subnacionais: a receita dos Estados, do Distrito Federal e dos Municípios com o imposto previsto no art. 156-A da Constituição Federal, deduzida da parcela a que se refere a alínea "b" do inciso II do caput, apurada como proporção do PIB;

V – Receita-Base Total: a soma da Receita-Base da União com a Receita-Base dos Entes Subnacionais, sendo essa última:

a) multiplicada por 10 (dez) em 2029;

b) multiplicada por 5 (cinco) em 2030;

c) multiplicada por 10 (dez) e dividida por 3 (três) em 2031;

d) multiplicada por 10 (dez) e dividida por 4 (quatro) em 2032;

e) multiplicada por 1 (um) em 2033.

§ 4º. A alíquota de referência da contribuição a que se refere o art. 195, V, da Constituição Federal será reduzida em 2030 caso a média da Receita-Base da União em 2027 e 2028 exceda o Teto de Referência da União.

§ 5º. As alíquotas de referência da contribuição a que se refere o art. 195, V, e do imposto a que se refere o art. 156-A, ambos da Constituição Federal, serão reduzidas em 2035 caso a média da Receita-Base Total entre 2029 e 2033 exceda o Teto de Referência Total.

§ 6º. As reduções de que tratam os §§ 4º e 5º serão:

I – definidas de forma a que a Receita-Base seja igual ao respectivo Teto de Referência;

II – no caso do § 5º, proporcionais para as alíquotas de referência federal, estadual e municipal.

§ 7º. A revisão das alíquotas de referência em função do disposto nos §§ 4º, 5º e 6º não implicará cobrança ou restituição de tributo relativo a anos anteriores ou transferência de recursos entre os entes federativos.

§ 8º. Os entes federativos e o Comitê Gestor do Imposto sobre Bens e Serviços fornecerão ao Tribunal de Contas da União as informações necessárias para o cálculo a que se referem os §§ 1º, 4º e 5º.

§ 9º. Nos cálculos das alíquotas de que trata o caput, deverá ser considerada a arrecadação dos tributos previstos nos arts. 156-A e 195, V, da Constituição Federal, cuja cobrança tenha sido iniciada antes dos períodos de que tratam os incisos I, II e III do caput.

§ 10. O cálculo das alíquotas a que se refere este artigo será realizado com base em propostas encaminhadas pelo Poder Executivo da União e pelo Comitê Gestor do Imposto sobre Bens e Serviços, que deverão fornecer ao Tribunal de Contas da União todos os subsídios necessários, mediante o compartilhamento de dados e informações, nos termos de lei complementar."

"**Art. 131.** De 2029 a 2077, o produto da arrecadação dos Estados, do Distrito Federal e dos Municípios com o imposto de que trata o art. 156-A da Constituição Federal será distribuído a esses entes federativos conforme o disposto neste artigo.

§ 1º. Serão retidos do produto da arrecadação do imposto de cada Estado, do Distrito Federal e de cada Município apurada com base nas alíquotas de referência de que trata o art. 130 deste Ato das Disposições Constitucionais Transitórias, nos termos dos arts. 149-C e 156-A, § 4º, II, e § 5º, I e IV, antes da aplicação do disposto no art. 158, IV, "b", todos da Constituição Federal:

I – de 2029 a 2032, 80% (oitenta por cento);

II – em 2033, 90% (noventa por cento);

III – de 2034 a 2077, percentual correspondente ao aplicado em 2033, reduzido à razão de 1/45 (um quarenta e cinco avos) por ano.

§ 2º. Na forma estabelecida em lei complementar, o montante retido nos termos do § 1º será distribuído entre os Estados, o Distrito Federal e os Municípios proporcionalmente à receita média de cada ente federativo, devendo ser consideradas:

I – no caso dos Estados:

a) a arrecadação do imposto previsto no art. 155, II, após aplicação do disposto no art. 158, IV, "a", todos da Constituição Federal; e

b) as receitas destinadas aos fundos estaduais de que trata o art. 130, II, "b", deste Ato das Disposições Constitucionais Transitórias;

II – no caso do Distrito Federal:

a) a arrecadação do imposto previsto no art. 155, II, da Constituição Federal; e

b) a arrecadação do imposto previsto no art. 156, III, da Constituição Federal;

III – no caso dos Municípios:

a) a arrecadação do imposto previsto no art. 156, III, da Constituição Federal; e

b) a parcela creditada na forma do art. 158, IV, "a", da Constituição Federal.

§ 3º. Não se aplica o disposto no art. 158, IV, "b", da Constituição Federal aos recursos distribuídos na forma do § 2º, I, deste artigo.

§ 4º. A parcela do produto da arrecadação do imposto não retida nos termos do § 1º, após a retenção de que trata o art. 132 deste Ato das Disposições Constitucionais Transitórias, será distribuída a cada Estado, ao Distrito Federal e a cada Município de acordo com os critérios da lei complementar de que trata o art. 156-A, § 5º, I, da Constituição Federal, nela computada a variação de alíquota fixada pelo ente em relação à de referência.

§ 5º. Os recursos de que trata este artigo serão distribuídos nos termos estabelecidos em lei complementar, aplicando-se o seguinte:

I – constituirão a base de cálculo dos fundos de que trata o art. 212-A, II, da Constituição Federal, observado que:

a) para os Estados, o percentual de que trata o art. 212-A, II, será aplicado proporcionalmente à razão entre a soma dos valores distribuídos a cada ente nos termos do § 2º, I, "a", e do § 4º, e a soma dos valores distribuídos nos termos do § 2º, I e do § 4º;

b) para o Distrito Federal, o percentual de que trata o art. 212-A, II, será aplicado proporcionalmente à razão entre a soma dos valores distribuídos nos termos do § 2º, II, "a", e do § 4º, e a soma dos valores distribuídos nos termos do § 2º, II, e do § 4º,

considerada, em ambas as somas, somente a parcela estadual nos valores distribuídos nos termos do § 4º;

c) para os Municípios, o percentual de que trata o art. 212-A, II, será aplicado proporcionalmente à razão entre a soma dos valores distribuídos nos termos do § 2º, III, "b", e a soma dos valores distribuídos nos termos do § 2º, III;

II – constituirão as bases de cálculo de que tratam os arts. 29-A, 198, § 2º, 204, parágrafo único, 212 e 216, § 6º, da Constituição Federal, excetuados os valores distribuídos nos termos do § 2º, I, "b";

III – poderão ser vinculados para prestação de garantias às operações de crédito por antecipação de receita previstas no art. 165, § 8º, para pagamento de débitos com a União e para prestar-lhe garantia ou contragarantia, nos termos do art. 167, § 4º, todos da Constituição Federal.

§ 6º. Durante o período de que trata o caput deste artigo, é vedado aos Estados, ao Distrito Federal e aos Municípios fixar alíquotas próprias do imposto de que trata o art. 156-A da Constituição Federal inferiores às necessárias para garantir a retenções de que tratam o § 1º deste artigo e o art. 132 deste Ato das Disposições Constitucionais Transitórias."

"Art. 132. Do imposto dos Estados, do Distrito Federal e dos Municípios apurado com base nas alíquotas de referência de que trata o art. 130 deste Ato das Disposições Constitucionais Transitórias, deduzida a retenção de que trata o art. 131, § 1º, será retido montante correspondente a 5% (cinco por cento) para distribuição aos entes com as menores razões entre:

I – o valor apurado nos termos dos arts. 149-C e 156-A, § 4º, II, e § 5º, I e IV, com base nas alíquotas de referência, após a aplicação do disposto no art. 158, IV, "b", todos da Constituição Federal; e

II – a respectiva receita média, apurada nos termos do art. 131, § 2º, I, II e III, deste Ato das Disposições Constitucionais Transitórias, limitada a 3 (três) vezes a média nacional por habitante da respectiva esfera federativa.

§ 1º. Os recursos serão distribuídos, sequencial e sucessivamente, aos entes com as menores razões de que trata o caput, de maneira que, ao final da distribuição, para todos os entes que receberem recursos, seja observada a mesma a razão entre:

I – a soma do valor apurado nos termos do inciso I do caput com o valor recebido nos termos deste artigo; e

II – a receita média apurada na forma do inciso II do caput.

§ 2º. Aplica-se aos recursos distribuídos na forma deste artigo o disposto no art. 131, § 2º deste Ato das Disposições Constitucionais Transitórias.

§ 3º. Lei complementar estabelecerá os critérios para a redução gradativa, entre 2078 e 2097, do percentual de que trata o caput, até a sua extinção."

"Art. 133. Os tributos de que tratam os arts. 153, IV, 155, II, 156, III e 195-I, "b", e IV, e a contribuição para o Programa de Integração Social a que se refere o art. 239 não integrarão a base de cálculo do imposto de que trata o art. 156-A e da contribuição de que trata o art. 195, V, todos da Constituição Federal."

"**Art. 134.** Os saldos credores relativos ao imposto previsto no art. 155, II, da Constituição Federal, existentes ao final de 2032 serão aproveitados pelos contribuintes na forma deste artigo e nos termos de lei complementar.

§ 1º. O disposto neste artigo alcança os saldos credores cujo aproveitamento ou ressarcimento sejam admitidos pela legislação em vigor em 31 de dezembro de 2032 e que tenham sido homologados pelos respectivos entes federativos, observadas as seguintes diretrizes:

I – apresentado o pedido de homologação, o ente federativo deverá se pronunciar no prazo estabelecido na lei complementar a que se refere o caput;

II – na ausência de resposta ao pedido de homologação no prazo a que se refere o inciso I deste parágrafo, os respectivos saldos credores serão considerados homologados.

§ 2º. Aplica-se o disposto neste artigo também aos créditos reconhecidos após o prazo previsto no caput.

§ 3º. O saldo dos créditos homologados será informado pelos Estados e pelo Distrito Federal ao Comitê Gestor do Imposto sobre Bens e Serviços para que seja compensado com o imposto de que trata o art. 156-A da Constituição Federal:

I – pelo prazo remanescente, apurado nos termos do art. 20, § 5º, da Lei Complementar nº 87, de 13 de setembro de 1996, para os créditos relativos à entrada de mercadorias destinadas ao ativo permanente;

II – em 240 (duzentos e quarenta) parcelas mensais, iguais e sucessivas, nos demais casos.

§ 4º. O Comitê Gestor do Imposto sobre Bens e Serviços deduzirá do produto da arrecadação do imposto previsto no art. 156-A devido ao respectivo ente federativo o valor compensado na forma do § 3º, o qual não comporá base de cálculo para fins do disposto nos arts. 158, IV, 198, § 2º, 204, parágrafo único, 212, 212-A, II, e 216, § 6º, todos da Constituição Federal.

§ 5º. A partir de 2033, os saldos credores serão atualizados pelo IPCA ou por outro índice que venha a substituí-lo.

§ 6º. Lei complementar disporá sobre:

I – as regras gerais de implementação do parcelamento previsto no § 3º;

II – a forma pela qual os titulares dos créditos de que trata este artigo poderão transferi-los a terceiros;

III – a forma pela qual o crédito de que trata este artigo poderá ser ressarcido ao contribuinte pelo Comitê Gestor do Imposto sobre Bens e Serviços, caso não seja possível compensar o valor da parcela nos termos do § 3º."

"**Art. 135.** Lei complementar disciplinará a forma de utilização dos créditos, inclusive presumidos, do imposto de que trata o art. 153, IV, e das contribuições de que tratam o art. 195, I, "b", e IV, e da contribuição para o Programa de Integração Social a que se refere o art. 239, todos da Constituição Federal, não apropriados ou não utilizados até a extinção, mantendo-se, apenas para os créditos que cumpram os requisitos estabelecidos na legislação vigente na data da extinção de tais tributos, a permissão para compensação com outros tributos federais, inclusive com a contribuição prevista no inciso V do caput do art. 195 da Constituição Federal, ou ressarcimento em dinheiro."

"**Art. 136.** Os Estados que possuíam, em 30 de abril de 2023, fundos destinados a investimentos em obras de infraestrutura e habitação e financiados por contribuições sobre produtos primários e semielaborados estabelecidas como condição à aplicação do diferimento, regime especial ou outro tratamento diferenciado, relativos ao imposto de que trata o art. 155, II, da Constituição Federal, poderão instituir contribuições semelhantes, não vinculadas ao referido imposto, observado que:

I – a alíquota ou o percentual de contribuição não poderão ser superiores e a base de incidência não poderá ser mais ampla que os das respectivas contribuições vigentes em 30 de abril de 2023;

II – a instituição de contribuição nos termos deste artigo implicará a extinção da contribuição correspondente, vinculada ao imposto de que trata o art. 155, II, da Constituição Federal, vigente em 30 de abril de 2023;

III – a destinação de sua receita deverá ser a mesma das contribuições vigentes em 30 de abril de 2023;

IV – a contribuição instituída nos termos do caput será extinta em 31 de dezembro de 2043.

Parágrafo único. As receitas das contribuições mantidas nos termos deste artigo não serão consideradas como receita do respectivo Estado para fins do disposto nos arts. 130, II, "b", e 131, § 2º, I, "b", deste Ato das Disposições Constitucionais Transitórias."

"**Art. 137.** Os saldos financeiros dos recursos transferidos pelo Fundo Nacional de Saúde e pelo Fundo Nacional de Assistência Social, para enfrentamento da pandemia de Covid-19 no período de 2020 a 2022, aos fundos de saúde e assistência social estaduais, municipais e do Distrito Federal poderão ser aplicados, até 31 de dezembro de 2024, para o custeio de ações e serviços públicos de saúde e de assistência social, observadas, respectivamente, as diretrizes emanadas do Sistema Único de Saúde e do Sistema Único de Assistência Social."

Art. 3º. A Constituição Federal passa a vigorar com as seguintes alterações:

"**Art. 37.** (...)

§ 17. Lei complementar estabelecerá normas gerais aplicáveis às administrações tributárias da União, dos Estados, do Distrito Federal e dos Municípios, dispondo sobre deveres, direitos e garantias dos servidores das carreiras de que trata o inciso XXII do caput.

§ 18. Para os fins do disposto no inciso XI do caput deste artigo, os servidores de carreira das administrações tributárias dos Estados, do Distrito Federal e dos Municípios sujeitam-se ao limite aplicável aos servidores da União." (NR)

"**Art. 146.** (...)

III – (...)

Nº 132 EMENDAS CONSTITUCIONAIS

d) definição de tratamento diferenciado e favorecido para as microempresas e para as empresas de pequeno porte, inclusive regimes especiais ou simplificados no caso dos impostos previstos nos arts. 155, II, e 156-A e das contribuições previstas no art. 195, I e V.

..." (NR)

"Art. 153. (...)

V – operações de crédito e câmbio ou relativas a títulos ou valores mobiliários;

..." (NR)

"Art. 156-A. (...)

§ 1º. (...)

IX – não integrará sua própria base de cálculo nem a dos tributos previstos nos arts. 153, VIII, e 195, V;

..." (NR)

"Art. 195. (...)

§ 9º. As contribuições sociais previstas no inciso I do caput deste artigo poderão ter alíquotas diferenciadas em razão da atividade econômica, da utilização intensiva de mão de obra, do porte da empresa ou da condição estrutural do mercado de trabalho, sendo também autorizada a adoção de bases de cálculo diferenciadas apenas no caso da alínea "c" do inciso I do caput.

...

§ 17. A contribuição prevista no inciso V do caput não integrará sua própria base de cálculo nem a dos impostos previstos nos arts. 153, VIII, e 156-A.

...

§ 19. A devolução de que trata o § 18:

I – não será computada na receita corrente líquida da União para os fins do disposto nos arts. 100, § 15, 166, §§ 9º, 12 e 17, e 198, § 2º;

II – não integrará a base de cálculo para fins do disposto no art. 239." (NR)

"Art. 225. (...)

§ 1º. (...)

VIII – manter regime fiscal favorecido para os biocombustíveis e para o hidrogênio de baixa emissão de carbono, na forma de lei complementar, a fim de assegurar-lhes tributação inferior à incidente sobre os combustíveis fósseis, capaz de garantir diferencial competitivo em relação a estes, especialmente em relação à contribuição de que trata o art. 195, V, e aos impostos a que se referem os arts. 155, II, e 156-A.

..." (NR)

"Art. 239. A arrecadação correspondente a 18% (dezoito por cento) da contribuição prevista no art. 195, V, e a decorrente da contribuição para o Programa de Formação do Patrimônio do Servidor Público, criado pela Lei Complementar nº 8, de 3 de dezembro de 1970, financiarão, nos termos em que a lei dispuser, o programa do seguro-desemprego, outras ações da previdência social e o abono de que trata o § 3º deste artigo.

...

§ 3º. Aos empregados que percebam de empregadores que recolhem a contribuição prevista no art. 195, V, ou a contribuição para o Programa de Formação do Patrimônio do Servidor Público até 2 (dois) salários mínimos de remuneração mensal é assegurado o pagamento de 1 (um) salário mí-

nimo anual, computado neste valor o rendimento das contas individuais, no caso daqueles que já participavam dos referidos programas, até a data de promulgação desta Constituição.

..." (NR)

Art. 4º. A Constituição Federal passa a vigorar com as seguintes alterações:

"Art. 146. (...)

III – (...)

d) definição de tratamento diferenciado e favorecido para as microempresas e para as empresas de pequeno porte, inclusive regimes especiais ou simplificados no caso do imposto previsto no art. 156-A e das contribuições sociais previstas no art. 195, I e V.

..." (NR)

"Art. 150. (...)

§ 6º. Qualquer subsídio ou isenção, redução de base de cálculo, concessão de crédito presumido, anistia ou remissão, relativos a impostos, taxas ou contribuições, só poderá ser concedido mediante lei específica, federal, estadual ou municipal, que regule exclusivamente as matérias acima enumeradas ou o correspondente tributo ou contribuição.

..." (NR)

"Art. 153. (...)

§ 6º. (...)

IV – integrará a base de cálculo dos tributos previstos nos arts. 156-A e 195, V;

..." (NR)

"Art. 156-A. (...)

§ 1º. (...)

IX – não integrará sua própria base de cálculo nem a dos tributos previstos nos arts. 153, VIII, e 195, V;

..." (NR)

"Art. 159. (...)

§ 3º. Os Estados entregarão aos respectivos Municípios 25% (vinte e cinco por cento) dos recursos que receberem nos termos do inciso II do caput deste artigo, observados os critérios estabelecidos no art. 158, § 2º.

..." (NR)

"Art. 195. (...)

§ 17. A contribuição prevista no inciso V do caput não integrará sua própria base de cálculo nem a dos impostos previstos nos arts. 153, VIII, e 156-A.

..." (NR)

"Art. 212-A. (...)

II – (...)

c) dos recursos a que se referem os incisos I e III do caput do art. 155, o inciso II do caput do art. 157, os incisos II, III e IV do caput do art. 158 e as alíneas "a" e "b" do inciso I e o inciso II do caput do art. 159 desta Constituição;

..." (NR)

"Art. 225. (...)

§ 1º. (...)

VIII – manter regime fiscal favorecido para os biocombustíveis e para o hidrogênio de baixa emissão de carbono, na forma de lei complementar, a fim de assegurar-lhes tributação inferior à incidente sobre os combustíveis fósseis, capaz de garantir diferencial competitivo em relação a estes, especialmente em relação à contribuição de que trata o art. 195, V, e ao imposto a que se refere o art. 156-A.

...." (NR)

Art. 5º. O Ato das Disposições Constitucionais Transitórias passa a vigorar com as seguintes alterações:

"**Art. 82.** Os Estados, o Distrito Federal e os Municípios devem instituir Fundos de Combate à Pobreza, devendo os referidos Fundos ser geridos por entidades que contem com a participação da sociedade civil.

§ 1º. Para o financiamento dos Fundos Estaduais, Distrital e Municipais, poderá ser destinado percentual do imposto previsto no art. 156-A da Constituição Federal e dos recursos distribuídos nos termos dos arts. 131 e 132 deste Ato das Disposições Constitucionais Transitórias, nos limites definidos em lei complementar, não se aplicando, sobre estes valores, o disposto no art. 158, IV, da Constituição Federal.

§ 2º. (Revogado)." (NR)

"**Art. 104.** (...)

IV – o Comitê Gestor do Imposto sobre Bens e Serviços reterá os repasses previstos no § 2º do art. 158 da Constituição Federal e os depositará na conta especial referida no art. 101 deste Ato das Disposições Constitucionais Transitórias, para utilização como nele previsto.

...." (NR)

Art. 6º. Até que lei complementar disponha sobre a matéria:

I – o crédito das parcelas de que trata o art. 158, IV, "b", da Constituição Federal, obedecido o § 2º do referido artigo, com redação dada pelo art. 1º desta Emenda Constitucional, observará, no que couber, os critérios e os prazos aplicáveis ao Imposto sobre Operações relativas à Circulação de Mercadorias e sobre Prestação de Serviços de Transporte Interestadual e Intermunicipal e de Comunicação a que se refere a Lei Complementar nº 63, de 11 de janeiro de 1990, e respectivas alterações;

II – a entrega dos recursos do art. 153, VIII, nos termos do art. 159, I, ambos da Constituição Federal, com redação dada pelo art. 1º desta Emenda Constitucional, observará os critérios e as condições da Lei Complementar nº 62, de 28 de dezembro de 1989, e respectivas alterações;

III – a entrega dos recursos do imposto de que trata o art. 153, VIII, nos termos do art. 159, II, ambos da Constituição Federal, com redação dada pelo art. 1º desta Emenda Constitucional, observará a Lei Complementar nº 61, de 26 de dezembro de 1989, e respectivas alterações;

IV – as bases de cálculo dos percentuais dos Estados, do Distrito Federal e dos Municípios de que trata a Lei Complementar nº 141, de 13 de janeiro de 2012, compreenderão também:

a) as respectivas parcelas do imposto de que trata o art. 156-A, com os acréscimos e as deduções decorrentes do crédito das parcelas de que trata o art. 158, IV, "b", ambos da Constituição Federal, com redação dada pelo art. 1º desta Emenda Constitucional;

b) os valores recebidos nos termos dos arts. 131 e 132 do Ato das Disposições Constitucionais Transitórias, com redação dada pelo art. 2º desta Emenda Constitucional.

§ 1º. As vinculações de receita dos impostos previstos nos arts. 155, II, e 156, III, estabelecidas em legislação de Estados, Distrito Federal ou Municípios até a data de promulgação desta Emenda Constitucional serão aplicadas, em mesmo percentual, sobre a receita do imposto previsto no art. 156-A do ente federativo competente.

§ 2º. Aplica-se o disposto no § 1º deste artigo enquanto não houver alteração na legislação dos Estados, Distrito Federal ou Municípios que trata das referidas vinculações.

Art. 7º. A partir de 2027, a União compensará eventual redução no montante dos valores entregues nos termos do art. 159, I e II, em razão da substituição da arrecadação do imposto previsto no art. 153, IV, pela arrecadação do imposto previsto no art. 153, VIII, todos da Constituição Federal, nos termos de lei complementar.

§ 1º. A compensação de que trata o *caput*:

I – terá como referência a média de recursos transferidos do imposto previsto no art. 153, IV, de 2022 a 2026, atualizada:

a) até 2027, na forma da lei complementar;

b) a partir de 2028, pela variação do produto da arrecadação da contribuição prevista no art. 195, V, da Constituição Federal, apurada com base na alíquota de referência de que trata o art. 130 do Ato das Disposições Constitucionais Transitórias; e

II – observará os mesmos critérios, prazos e garantias aplicáveis à entrega de recursos de que trata o art. 159, I e II, da Constituição Federal.

§ 2º. Aplica-se à compensação de que trata o *caput* o disposto nos arts. 167, § 4º, 198, § 2º, 212, *caput* e § 1º, e 212-A, II, da Constituição Federal.

Art. 8º. Fica criada a Cesta Básica Nacional de Alimentos, que considerará a diversidade regional e cultural da alimentação do País e garantirá a alimentação saudável e nutrícionalmente adequada, em observância ao direito social à alimentação previsto no art. 6º da Constituição Federal.

Parágrafo único. Lei complementar definirá os produtos destinados à alimentação humana que comporão a Cesta Básica Nacional de Alimentos, sobre os quais as alíquotas dos tributos previstos nos arts. 156-A e 195, V, da Constituição Federal serão reduzidas a zero.

Art. 9º. A lei complementar que instituir o imposto de que trata o art. 156-A e a contribuição de que trata o art. 195, V, ambos da Constituição Federal, poderá prever os regimes diferenciados de tributação de que trata este artigo, desde que sejam uniformes em todo o território nacional e sejam realizados os respectivos ajustes nas alíquotas de referência com vistas a reequilibrar a arrecadação da esfera federativa.

§ 1º. A lei complementar definirá as operações beneficiadas com redução de 60% (sessenta por cento) das alíquotas dos tributos de que trata o caput entre as relativas aos seguintes bens e serviços:

I – serviços de educação;
II – serviços de saúde;
III – dispositivos médicos;
IV – dispositivos de acessibilidade para pessoas com deficiência;
V – medicamentos;
VI – produtos de cuidados básicos à saúde menstrual;
VII – serviços de transporte público coletivo de passageiros rodoviário e metroviário de caráter urbano, semiurbano e metropolitano;
VIII – alimentos destinados ao consumo humano;
IX – produtos de higiene pessoal e limpeza majoritariamente consumidos por famílias de baixa renda;
X – produtos agropecuários, aquícolas, pesqueiros, florestais e extrativistas vegetais in natura;
XI – insumos agropecuários e aquícolas;
XII – produções artísticas, culturais, de eventos, jornalísticas e audiovisuais nacionais, atividades desportivas e comunicação institucional;
XIII – bens e serviços relacionados a soberania e segurança nacional, segurança da informação e segurança cibernética.

§ 2º. É vedada a fixação de percentual de redução distinto do previsto no § 1º em relação às hipóteses nele previstas.

§ 3º. A lei complementar a que se refere o caput preverá hipóteses de:

I – isenção, em relação aos serviços de que trata o § 1º, VII;
II – redução em 100% (cem por cento) das alíquotas dos tributos referidos no caput para:
a) bens de que trata o § 1º, III a VI;
b) produtos hortícolas, frutas e ovos;
c) serviços prestados por Instituição Científica, Tecnológica e de Inovação (ICT) sem fins lucrativos;
d) automóveis de passageiros, conforme critérios e requisitos estabelecidos em lei complementar, quando adquiridos por pessoas com deficiência e pessoas com transtorno do espectro autista, diretamente ou por intermédio de seu representante legal ou por motoristas profissionais, nos termos de lei complementar, que destinem o automóvel à utilização na categoria de aluguel (táxi);
III – redução em 100% (cem por cento) da alíquota da contribuição de que trata o art. 195, V, da Constituição Federal, para serviços de educação de ensino superior nos termos do Programa Universidade para Todos (Prouni), instituído pela Lei nº 11.096, de 13 de janeiro de 2005;
IV – isenção ou redução em até 100% (cem por cento) das alíquotas dos tributos referidos no caput para atividades de reabilitação urbana de zonas históricas e de áreas críticas de recuperação e reconversão urbanística.

§ 4º. O produtor rural pessoa física ou jurídica que obtiver receita anual inferior a R$ 3.600.000,00 (três milhões e seiscentos mil reais), atualizada anualmente pelo Índice Nacional de Preços ao Consumidor Amplo (IPCA), e o produtor integrado de que trata o art. 2º, II, da Lei nº 13.288, de 16 de maio de 2016, com a redação vigente em 31 de maio de 2023, poderão optar por ser contribuintes dos tributos de que trata o caput.

§ 5º. É autorizada a concessão de crédito ao contribuinte adquirente de bens e serviços de produtor rural pessoa física ou jurídica que não opte por ser contribuinte na hipótese de que trata o § 4º, nos termos da lei complementar, observado o seguinte:

I – o Poder Executivo da União e o Comitê Gestor do Imposto de Bens e Serviços poderão revisar, anualmente, de acordo com critérios estabelecidos em lei complementar, o valor do crédito presumido concedido, não se aplicando o disposto no art. 150, I, da Constituição Federal; e

II – o crédito presumido de que trata este parágrafo terá como objetivo permitir a apropriação de créditos não aproveitados por não contribuinte do imposto em razão do disposto no *caput* deste parágrafo.

§ 6º. Observado o disposto no § 5º, I, é autorizada a concessão de crédito ao contribuinte adquirente de:

I – serviços de transportador autônomo de carga pessoa física que não seja contribuinte do imposto, nos termos da lei complementar;

II – resíduos e demais materiais destinados à reciclagem, reutilização ou logística reversa, de pessoa física, cooperativa ou outra forma de organização popular.

§ 7º. Lei complementar poderá prever a concessão de crédito ao contribuinte que adquira bens móveis usados de pessoa física não contribuinte para revenda, desde que esta seja tributada e o crédito seja vinculado ao respectivo bem, vedado o ressarcimento.

§ 8º. Os benefícios especiais de que trata este artigo serão concedidos observando-se o disposto no art. 149-B, III, da Constituição Federal, exceto em relação ao § 3º, III, deste artigo.

§ 9º. O imposto previsto no art. 153, VIII, da Constituição Federal não incidirá sobre os bens ou serviços cujas alíquotas sejam reduzidas nos termos do § 1º deste artigo.

§ 10. Os regimes diferenciados de que trata este artigo serão submetidos a avaliação quinquenal de custo-benefício, podendo a lei fixar regime de transição para a alíquota padrão, não observado o disposto no § 2º, garantidos os respectivos ajustes nas alíquotas de referência.

§ 11. A avaliação de que trata o § 10 deverá examinar o impacto da legislação dos tributos a que se refere o *caput* deste artigo na promoção da igualdade entre homens e mulheres.

§ 12. A lei complementar estabelecerá as operações beneficiadas com redução de 30% (trinta por cento) das alíquotas dos tributos de que trata o *caput* relativas à prestação de serviços de profissão intelectual, de natureza científica, literária ou artística, desde que sejam submetidas a fiscalização por conselho profissional.

§ 13. Para fins deste artigo, incluem-se:

I – entre os medicamentos de que trata o inciso V do § 1º, as composições para nutrição enteral ou parenteral e as composições especiais e fórmulas nutricionais destinadas às pessoas com erros inatos do metabolismo; e

II – entre os alimentos de que trata o inciso VIII do § 1º, os sucos naturais sem adição de açúcares e conservantes.

Art. 10. Para fins do disposto no inciso II do § 6º do art. 156-A da Constituição Federal, consideram-se:

I – serviços financeiros:

a) operações de crédito, câmbio, seguro, resseguro, consórcio, arrendamento mercantil, faturização, securitização, previdência privada, capitalização, arranjos de pagamento, operações com títulos e valores mobiliários, inclusive negociação e corretagem, e outras que impliquem captação, repasse, intermediação, gestão ou administração de recursos;

b) outros serviços prestados por entidades administradoras de mercados organizados, infraestruturas de mercado e depositárias centrais e por instituições autorizadas a funcionar pelo Banco Central do Brasil, na forma de lei complementar;

II – operações com bens imóveis:

a) construção e incorporação imobiliária;

b) parcelamento do solo e alienação de bem imóvel;

c) locação e arrendamento de bem imóvel;

d) administração e intermediação de bem imóvel.

§ 1º. Em relação às instituições financeiras bancárias:

I – não se aplica o regime específico de que trata o art. 156-A, § 6º, II, da Constituição Federal aos serviços remunerados por tarifas e comissões, observado o disposto nas normas expedidas pelas entidades reguladoras;

II – os demais serviços financeiros sujeitam-se ao regime específico de que trata o art. 156-A, § 6º, II, da Constituição Federal, devendo as alíquotas e as bases de cálculo ser definidas de modo a manter, em caráter geral, até o final do quinto ano da entrada em vigor do regime, a carga tributária decorrente dos tributos extintos por esta Emenda Constitucional incidente sobre as operações de crédito na data de sua promulgação, e a manter, em caráter específico, aquela incidente sobre as operações relacionadas ao fundo de garantia por tempo de serviço, podendo, neste caso, definir alíquota e base de cálculo diferenciadas e abranger os serviços de que trata o inciso I deste parágrafo, não se lhes aplicando o prazo previsto neste inciso.

§ 2º. O disposto no § 1º, II, em relação ao fundo de garantia do tempo de serviço, poderá, nos termos da lei complementar, ser estendido para outros fundos garantidores ou executores de políticas públicas previstos em lei.

Art. 11. A revogação do art. 195, I, "b", não produzirá efeitos sobre as contribuições incidentes sobre a receita ou o faturamento vigentes na data de publicação desta Emenda Constitucional que substituam a contribuição de que trata o art. 195, I, "a", ambos da Constituição Federal, e sejam cobradas com base naquele dispositivo, observado o disposto no art. 30 da Emenda Constitucional nº 103, de 12 de novembro de 2019.

Art. 12. Fica instituído o Fundo de Compensação de Benefícios Fiscais ou Financeiro-Fiscais do imposto de que trata o art. 155, II, da Constituição Federal, com vistas a compensar, entre 1º de janeiro de 2029 e 31 de dezembro de 2032, pessoas físicas ou jurídicas beneficiárias de isenções, incentivos e benefícios fiscais ou financeiro-fiscais relativos àquele imposto, concedidos por prazo certo e sob condição.

§ 1º. De 2025 a 2032, a União entregará ao Fundo recursos que corresponderão aos seguintes valores, atualizados, de 2023 até o ano anterior ao da entrega, pela variação acumulada do IPCA ou de outro índice que vier a substituí-lo:

I – em 2025, a R$ 8.000.000.000,00 (oito bilhões de reais);

II – em 2026, a R$ 16.000.000.000,00 (dezesseis bilhões de reais);

III – em 2027, a R$ 24.000.000.000,00 (vinte e quatro bilhões de reais);

IV – em 2028, a R$ 32.000.000.000,00 (trinta e dois bilhões de reais);

V – em 2029, a R$ 32.000.000.000,00 (trinta e dois bilhões de reais);

VI – em 2030, a R$ 24.000.000.000,00 (vinte e quatro bilhões de reais);

VII – em 2031, a R$ 16.000.000.000,00 (dezesseis bilhões de reais);

VIII – em 2032, a R$ 8.000.000.000,00 (oito bilhões de reais).

§ 2º. Os recursos do Fundo de que trata o *caput* serão utilizados para compensar a redução do nível de benefícios onerosos do imposto previsto no art. 155, II, da Constituição Federal, na forma do § 1º do art. 128 do Ato das Disposições Constitucionais Transitórias, suportada pelas pessoas físicas ou jurídicas em razão da substituição do referido imposto por aquele previsto no art. 156-A da Constituição Federal, nos termos deste artigo.

§ 3º. Para efeitos deste artigo, consideram-se benefícios onerosos as isenções, os incentivos e os benefícios fiscais ou financeiro-fiscais vinculados ao imposto referido no *caput* deste artigo concedidos por prazo certo e sob condição, na forma do art. 178 da Lei nº 5.172, de 25 de outubro de 1966 (Código Tributário Nacional).

§ 4º. A compensação de que trata o § 1º:

I – aplica-se aos titulares de benefícios onerosos referentes ao imposto previsto no art. 155, II, da Constituição Federal regularmente concedidos até 31 de maio de 2023, sem prejuízo de ulteriores prorrogações ou renovações, observados o prazo estabelecido no *caput* e, se aplicável, a exigência de registro e depósito estabelecida pelo art. 3º, II, da Lei Complementar nº 160, de 7 de agosto de 2017, que tenham cumprido tempestivamente as condições exigidas pela norma concessiva do benefício, bem como aos titulares de projetos abrangidos pelos benefícios a que se refere o art. 19 desta Emenda Constitucional;

II – não se aplica aos titulares de benefícios decorrentes do disposto no art. 3º, § 2º-A, da Lei Complementar nº 160, de 7 de agosto de 2017.

§ 5º. A pessoa física ou jurídica perderá o direito à compensação de que trata o § 2º caso deixe de cumprir tempestivamente as condições exigidas pela norma concessiva do benefício.

§ 6º. Lei complementar estabelecerá:

I – critérios e limites para apuração do nível de benefícios e de sua redução;

II – procedimentos de análise, pela União, dos requisitos para habilitação do requerente à compensação de que trata o § 2º.

§ 7º. É vedada a prorrogação dos prazos de que trata o art. 3º, §§ 2º e 2º-A, da Lei Complementar nº 160, de 7 de agosto de 2017.

§ 8º. A União deverá complementar os recursos de que trata o § 1º em caso de insuficiência de recursos para a compensação de que trata o § 2º.

§ 9º. Eventual saldo financeiro existente em 31 de dezembro de 2032 será transferido ao Fundo de que trata o art. 159-A da Constituição Federal, com a redação dada pelo art. 1º desta Emenda Constitucional, sem redução ou compensação dos valores consignados no art. 13 desta Emenda Constitucional.

§ 10. O disposto no § 4º, I, aplica-se também aos titulares de benefícios onerosos que, por força de mudanças na legislação estadual, tenham migrado para outros programas ou benefícios entre 31 de maio de 2023 e a data de promulgação desta Emenda Constitucional, ou estejam em processo de migração na data de promulgação desta Emenda Constitucional.

Art. 13. Os recursos de que trata o art. 159-A da Constituição Federal, com a redação dada pelo art. 1º desta Emenda Constitucional, corresponderão aos seguintes valores, atualizados, de 2023 até o ano anterior ao da entrega, pela variação acumulada do IPCA ou de outro índice que vier a substituí-lo:

I – em 2029, a R$ 8.000.000.000,00 (oito bilhões de reais);
II – em 2030, a R$ 16.000.000.000,00 (dezesseis bilhões de reais);
III – em 2031, a R$ 24.000.000.000,00 (vinte e quatro bilhões de reais);
IV – em 2032, a R$ 32.000.000.000,00 (trinta e dois bilhões de reais);
V – em 2033, a R$ 40.000.000.000,00 (quarenta bilhões de reais);
VI – em 2034, a R$ 42.000.000.000,00 (quarenta e dois bilhões de reais);
VII – em 2035, a R$ 44.000.000.000,00 (quarenta e quatro bilhões de reais);
VIII – em 2036, a R$ 46.000.000.000,00 (quarenta e seis bilhões de reais);
IX – em 2037, a R$ 48.000.000.000,00 (quarenta e oito bilhões de reais);
X – em 2038, a R$ 50.000.000.000,00 (cinquenta bilhões de reais);
XI – em 2039, a R$ 52.000.000.000,00 (cinquenta e dois bilhões de reais);
XII – em 2040, a R$ 54.000.000.000,00 (cinquenta e quatro bilhões de reais);
XIII – em 2041, a R$ 56.000.000.000,00 (cinquenta e seis bilhões de reais);
XIV – em 2042, a R$ 58.000.000.000,00 (cinquenta e oito bilhões de reais);
XV – a partir de 2043, a R$ 60.000.000.000,00 (sessenta bilhões de reais), por ano.

Art. 14. A União custeará, com posterior ressarcimento pelo Comitê Gestor do Imposto sobre Bens e Serviços de que trata o art. 156-B da Constituição Federal, as despesas necessárias para sua instalação.

Art. 15. Os recursos entregues na forma do art. 159-A da Constituição Federal, com a redação dada pelo art. 1º desta Emenda Constitucional, os recursos de que trata o art. 12 e as compensações de que trata o art. 7º não se incluem em bases de cálculo ou em limites de despesas estabelecidos pela lei complementar de que trata o art. 6º da Emenda Constitucional nº 126, de 21 de dezembro de 2022.

Art. 16. Até que lei complementar regule o disposto no art. 155, § 1º, III, da Constituição Federal, o imposto incidente nas hipóteses de que trata o referido dispositivo competirá:

I – relativamente a bens imóveis e respectivos direitos, ao Estado da situação do bem, ou ao Distrito Federal;

II – se o doador tiver domicílio ou residência no exterior:

a) ao Estado onde tiver domicílio o donatário ou ao Distrito Federal;

b) se o donatário tiver domicílio ou residir no exterior, ao Estado em que se encontrar o bem ou ao Distrito Federal;

III – relativamente aos bens do *de cujus*, ainda que situados no exterior, ao Estado onde era domiciliado, ou, se domiciliado ou residente no exterior, onde tiver domicílio o sucessor ou legatário, ou ao Distrito Federal.

Art. 17. A alteração do art. 155, § 1º, II, da Constituição Federal, promovida pelo art. 1º desta Emenda Constitucional, aplica-se às sucessões abertas a partir da data de publicação desta Emenda Constitucional.

Art. 18. O Poder Executivo deverá encaminhar ao Congresso Nacional:

I – em até 90 (noventa) dias após a promulgação desta Emenda Constitucional, projeto de lei que reforme a tributação da renda, acompanhado das correspondentes estimativas e estudos de impactos orçamentários e financeiros;

II – em até 180 (cento e oitenta) dias após a promulgação desta Emenda Constitucional, os projetos de lei referidos nesta Emenda Constitucional;

III – em até 90 (noventa) dias após a promulgação desta Emenda Constitucional, projeto de lei que reforme a tributação da folha de salários.

Parágrafo único. Eventual arrecadação adicional da União decorrente da aprovação da medida de que trata o inciso I do *caput* deste artigo poderá ser considerada como fonte de compensação para redução da tributação incidente sobre a folha de pagamentos e sobre o consumo de bens e serviços.

Art. 19. Os projetos habilitados à fruição dos benefícios estabelecidos pelo art. 11-C da Lei nº 9.440, de 14 de março de 1997, e pelos arts. 1º a 4º da Lei nº 9.826, de 23 de agosto de 1999, farão jus, até 31 de dezembro de 2032, a crédito presumido da contribuição prevista no art. 195, V, da Constituição Federal.

§ 1º. O crédito presumido de que trata este artigo:

I – incentivará exclusivamente a produção de veículos equipados com motor elétrico que tenha capacidade de tracionar o veículo somente com energia elétrica, permitida a associação com motor de combustão interna que utilize biocombustíveis isolada ou simultaneamente com combustíveis derivados de petróleo;

II – será concedido exclusivamente:

a) a projetos aprovados até 31 de dezembro de 2024 de pessoas jurídicas habilitadas à fruição dos benefícios estabelecidos pelo art. 11-C da Lei nº 9.440, de 14 de março de 1997, e pelos arts. 1º a 4º da Lei nº 9.826, de 23 de agosto de 1999, na data de promulgação desta Emenda Constitucional;

b) a novos projetos, aprovados até 31 de dezembro de 2025, que ampliem ou reiniciem a produção em planta industrial utilizada em projetos ativos ou inativos habilitados à fruição dos benefícios de que trata a alínea "a" deste inciso;

III – poderá ter sua manutenção condicionada à realização de investimentos produtivos e em pesquisa e desenvolvimento de inovação tecnológica;

IV – equivalerá ao nível de benefício estabelecido, para o ano de 2025, pelo art. 11-C da Lei nº 9.440, de 14 de março de 1997, e pelos arts. 1º a 4º da Lei nº 9.826, de 23 de agosto de 1999; e

V – será reduzido à razão de 20% (vinte por cento) ao ano entre 2029 e 2032.

§ 2º. Os créditos apurados em decorrência dos benefícios de que trata o *caput* poderão ser compensados com débitos próprios relativos a tributos administrados pela Secretaria Especial da Receita Federal do Brasil, nos termos da lei, e não poderão ser transferidos a outro estabelecimento da pessoa jurídica, devendo ser utilizados somente pelo estabelecimento habilitado e localizado na região incentivada.

§ 3º. O benefício de que trata este artigo será estendido a projetos de pessoas jurídicas de que trata o § 1º, II, "a", relacionados à produção de veículos tracionados por motor de combustão interna que utilize biocombustíveis isolada ou cumulativamente com combustíveis derivados de petróleo, desde que a pessoa jurídica habilitada:

I – no caso de montadoras de veículos, inicie a produção de veículos que atendam ao disposto no § 1º, I, até 1º de janeiro de 2028; e

II – assuma, nos termos do ato concessório do benefício, compromissos relativos:

a) ao volume mínimo de investimentos;

b) ao volume mínimo de produção; e

c) à manutenção da produção por prazo mínimo, inclusive após o encerramento do benefício.

§ 4º. A lei complementar estabelecerá as penalidades aplicáveis em razão do descumprimento das condições exigidas para fruição do crédito presumido de que trata este artigo.

Art. 20. Até que lei disponha sobre a matéria, a contribuição para o Programa de Formação do Patrimônio do Servidor Público, criado pela Lei Complementar nº 8, de 3 de dezembro de 1970, de que trata o art. 239 da Constituição Federal, permanecerá sendo cobrada na forma do art. 2º, III, da Lei nº 9.715, de 25 de novembro de 1998, e dos demais dispositivos legais a ele referentes em vigor na data de publicação desta Emenda Constitucional.

Art. 21.. Lei complementar poderá estabelecer instrumentos de ajustes nos contratos firmados anteriormente à entrada em vigor das leis instituidoras dos tributos de que tratam o art. 156-A e o art. 195, V, da Constituição Federal, inclusive concessões públicas.

Art. 22.. Revogam-se:

I – em 2027, o art. 195, I, "b" e IV, e § 12, da Constituição Federal;

II – em 2033:

a) os arts. 155, II, e §§ 2º a 5º, 156, III, e § 3º, 158, IV, "a", e § 1º, e 161,I, da Constituição Federal; e

b) os arts. 80, II, 82, § 2º, e 83 do Ato das Disposições Constitucionais Transitórias.

Art. 23.. Esta Emenda Constitucional entra em vigor:

I – em 2027, em relação aos arts. 3º e 11;

II – em 2033, em relação aos arts. 4º e 5º; e

III – na data de sua publicação, em relação aos demais dispositivos.

Brasília, em 20 de dezembro de 2023.

Mesa da Câmara dos Deputados: Deputado Arthur Lira, Presidente – Mesa do Senado Federal: Senador Rodrigo Pacheco, Presidente – DOU de 21.12.2023.

ÍNDICE REMISSIVO

(*) As indicações referem-se, em sua maioria, aos dispositivos da Constituição Federal, exceto quando diferentemente identificadas.

A
ABASTECIMENTO ALIMENTAR
– Organização: art. 23, VIII
ABUSO
– Contra criança e adolescente; punição: art. 227, § 4º
– Em caso de greve: art. 9º, § 2º
ABUSO DE PODER
– Direito de petição: art. 5º, XXXIV, "a"
– Eleições: art. 14, § 9º
– Habeas corpus; concessão: art. 5º, LXVIII
– Habeas data; concessão: art. 5º, LXXII
– Mandado de segurança; concessão: art. 5º, LXIX
ABUSO DE PODER ECONÔMICO
– Dominação dos mercados: art. 173, § 4º
– Eleições: art. 14, § 9º
– Impugnação de mandato eletivo: art. 14, § 10
ABUSO DE PRERROGATIVAS
– Deputados e Senadores: art. 55, § 1º
AÇÃO
– Crédito trabalhista: art. 7º, XXIX
– Penal: art. 37, § 4º
– Processo e julgamento pelo STF: art. 102, I, "n"
AÇÃO CIVIL PÚBLICA
– Função do MP: art. 129, III
AÇÃO DE GRUPOS ARMADOS
– Crime inafiançável: art. 5º, XLIV
AÇÃO DE INCONSTITUCIONALIDADE
– Apreciação: art. 103, §§ 1º ao 3º
– Declaração: art. 103, § 2º
– Defesa: art. 103, § 3º
– Direta de; competência do STF: art. 102, I, "a"
– Proposição: art. 103, I a IX

AÇÃO DECLARATÓRIA DE CONSTITUCIONALIDADE
– Eficácia de lei ou ato normativo federal; decisões definitivas de mérito do STF: art. 102, § 2º
– Processo e julgamento; competência: art. 102, I, "a"
– Proposição: art. 103, § 4º
AÇÃO DIRETA DE INCONSTITUCIONALIDADE
– Pedido de medida cautelar: art. 102, I, "p"
– Processo e julgamento: art. 102, I, "a"
AÇÃO PENAL
– Improbidade administrativa: art. 37, § 4º
AÇÃO PENAL PRIVADA
– Supletiva: art. 5º, LIX
AÇÃO PENAL PÚBLICA
– Promoção institucional do MP: art. 129, I
AÇÃO POPULAR
– Proposição: art. 5º, LXXIII
AÇÃO PÚBLICA
– Crimes, admissão de ação privada: art. 5º, LIX
– Ministério Público – competência privativa – penal e civil: art. 129, I, III e § 1º
AÇÃO RESCISÓRIA
– Processo e julgamento; competência STF: art. 102, I, "j"
– Processo e julgamento; competência STJ: art. 105, I, "e"
– Processo e julgamento; competência TRF: rt. 108, I, "b"
AÇÃO TRABALHISTA
– Prescrição; prazo: art. 7º, XXIX
ACESSO
– À ciência, à cultura, à educação; competência para proporcionar: art. 23, V

ACIDENTE DE TRABALHO
– Seguro em caso de: art. 7º, XXVIII
ACORDO COLETIVO DO TRABALHO
– Reconhecimento: art. 7º, XXVI
ACORDOS INTERNACIONAIS
Vide Atos Internacionais
ACRE
– Limites com Amazonas e Rondônia: ADCT, art. 12, § 5º
ACUMULAÇÃO DE CARGOS
– ADCT, art. 17, §§ 1º e 2º
ADICIONAIS TRABALHISTAS
– De remuneração para atividades penosas, insalubres e perigosas: art. 7º, XXIII
– Percebido em desacordo com a Constituição; redução: ADCT, art. 17
ADMINISTRAÇÃO INDIRETA
– Prazo para revisão de Estatutos: EC nº 19, art. 26
ADMINISTRAÇÃO PÚBLICA:
– arts. 37 a 43; e EC nº 19
– Administração fazendária; áreas de ação: arts. 37, XVIII; e 144, § 1º, II
– Aplicação do inciso XI na administração indireta: art. 37, § 9º, parte final
– Atos, fiscalização e controle: art. 49, X
– Atos ilícitos contra o erário; prescrição; lei: art. 37, § 5º
– Autonomia gerencial, orçamentária e financeira: art. 37, § 8º
– Cargos, empregos e funções: arts. 37, I, II e IV; 48, IX; e 61, § 1º, II, "a"
– Cargos em comissão e funções de confiança: art. 37, V
– Cargos ou empregos; acumulação: art. 37, XVI e XVII; e ADCT, art. 17, §§ 1º e 2º
– Contas; fiscalização; controle externo: art. 71; e EC nº 106

ADO

- Contas; prestação de; pessoa física ou entidade pública: art. 70, parágrafo único
- Contratos; licitação: arts. 22, XXVII; 37, XXI; e EC n° 106
- Cumulação de cargos ou empregos da saúde: art. 37, XVI, "c"
- Despesa; aumento de: art. 63, I
- Despesa com pessoal: art. 169; e ADCT, art. 38, parágrafo único
- Disposições aplicáveis aos servidores públicos em exercício de mandato eletivo: art. 38
- Disposições gerais da administração pública: arts. 37 e 38
- Entidades sob intervenção ou liquidação extrajudicial; créditos – correção monetária: ADCT, art. 46, caput, e parágrafo único, IV
- Equilíbrio regional: art. 43
- Federal; metas e prioridades: art. 165, § 2°
- Federal; Ministro de Estado – competência: art. 87, parágrafo único, I a IV
- Federal; organização e funcionamento; competência privativa do Presidente da República: art. 84
- Federal; plano plurianual; diretrizes, objetivos e metas: art. 165
- Finanças; legislação: arts. 163 e 164
- Fiscalização; controle externo e interno: art. 70
- Gestão e consulta da documentação governamental: art. 216, § 2°
- Gestão financeira e patrimonial; normas: art. 165, § 9°, II; ECR 1, art. 1°; e ADCT, art. 35, § 2°
- Improbidade administrativa: art. 37, § 4°
- Informações privilegiadas, acesso a: art. 37, § 7°
- Inspeções e auditorias; Tribunal de Contas da União: art. 71, IV
- Investimento; plano plurianual – inclusão: art. 167, § 1°
- Médico militar; acúmulo de cargos: ADCT, art. 17, § 1°
- Ministério e outros órgãos – criação, estruturação e atribuições: arts. 48, X; e 61, § 1°, II, "e"
- Moralidade administrativa; ação popular: art. 5°, LXXIII
- Orçamento fiscal, de investimento e da seguridade social: arts. 165, § 5°; e 167, VIII
- Pessoal; atos – apreciação da legalidade: art. 71, III
- Pessoal; cargos de confiança; estabilidade: ADCT, art. 19
- Pessoal da administração direta; vencimentos – isonomia: art. 39, § 1°
- Prestação de contas; pessoa física ou entidade pública: art. 70, parágrafo único
- Princípios, acesso, garantias e vedações: art. 37, caput, I a XXI, e § 9°
- Publicidade dos atos de órgãos públicos: art. 37, § 1°
- Punição de autoridade: art. 37, § 2°
- Reclamação de serviços públicos: art. 37, § 3°, I
- Reforma Administrativa; regime e planos de carreira: art. 39, caput; ADCT, art. 24; e EC n° 19
- Regiões: art. 43
- Responsabilidade por danos: art. 37, § 6°
- Serviços Públicos; licitação: art. 175, caput; e EC n° 106
- Serviços Públicos; taxas: art. 145, II
- Servidores públicos civis: arts. 39 a 41
- Servidores públicos militares: art. 42, §§ 1° e 2°
- Sistema de controle interno, finalidade: art. 74, II

Vide *Poder Público*

ADOÇÃO

- Assistência pelo Poder Público: art. 227, § 5°
- Filhos adotivos; igualdade de direitos: art. 227, § 6°
- Por estrangeiros: art. 227, § 5°

ADOÇÃO DE MEDIDA PROVISÓRIA

- Vedação: art. 246; e EC n° 6

ADOLESCENTE

Vide *Menor*

ADVOCACIA E DEFENSORIA PÚBLICA: arts. 133 a 135

- Princípios aplicáveis a: arts. 37, XII; 39, § 1°; e 135

ADVOCACIA GERAL DA UNIÃO: arts. 131 e 132

- Atividades, organização e funcionamento: ADCT, art. 29, caput e § 1°
- Carreira; ingresso; conceito: art. 131, § 2°
- Chefia; nomeação: arts. 131, § 1°; e 84, XVI
- Defesa de ato ou texto impugnado: art. 103, § 3°
- Definição de competência: art. 131, caput
- Delegação de atribuições: art. 84, parágrafo único
- Nomeação: art. 84, XVI
- Processo e julgamento: art. 52, II
- Representação judicial e consultoria jurídica: art. 132
- Representação judicial e extrajudicial da União: art. 131

- Representação na execução de dívida ativa; natureza tributária: art. 131, § 3°

ADVOCACIA PÚBLICA: arts. 131 e 132

Vide *Advocacia Geral da União*

ADVOGADO

- Assistência ao preso: art. 5°, LXIII
- Assistência jurídica e defesa dos necessitados: art. 134
- Crime de responsabilidade; processo e julgamento: art. 52, II e parágrafo único
- Geral da União; ato impugnado; defesa prévia: art. 103, § 3°
- Indispensabilidade para a administração da justiça: art. 133
- Inviolabilidade por atos e manifestações: art. 133
- Na composição do STM: art. 123, parágrafo único, I
- Na composição do TSE: art. 119, II
- Na composição dos TRE: art. 120, § 1°, III
- Na composição dos TRF: arts. 94; e 107, I
- Na composição dos Tribunais do DF, dos Estados e dos Territórios; quinto constitucional: art. 94, parágrafo único
- Necessidade na administração da Justiça: art. 133
- Organização da defensoria pública; cargos de carreira; arts. 134 e 135
- Poder do Conselho da OAB para proposição de ação declaratória de inconstitucionalidade: art. 103, VII

AEROPORTO

- Competência da União; exploração; infraestrutura: art. 21, XII, "c"

AGÊNCIAS FINANCEIRAS

- Oficiais de fomento; política de aplicação: art. 165, § 2°

AGRESSÃO ESTRANGEIRA

Vide *Forças Estrangeiras*

AGROPECUÁRIA

- Fomento; competência comum da União, Estados, Distrito Federal e Municípios: art. 23, VIII

AGROTÓXICOS

- Propaganda: art. 220, § 4°

ÁGUAS

- Bens dos Estados: art. 26, I
- Competência para fiscalização de águas para consumo humano: art. 196, VI
- Legislação; competência privativa da União: art. 22, IV

Vide *Recursos Hídricos*

ÍNDICE REMISSIVO ASS

ÁLCOOL CARBURANTE
- Venda e revenda: art. 238

ALIENAÇÕES
- Contratadas mediante licitação pública: art. 37, XXI; e EC nº 106

ALIMENTOS / ALIMENTAÇÃO
- Abastecimento: art. 23, VIII
- Competência do SUS para fiscalizar e inspecionar alimentos: art. 200, VI
- Competência para fomentar e organizar o abastecimento: art. 23, VIII
- Créditos de natureza alimentícia; exclusão da obrigação de apresentação de precatórios: art. 100, caput
- Inspeção: art. 200, VI
- Prisão civil por dívida alimentícia: art. 5º, LXVII
- Programas suplementares de alimentação e assistência à saúde: art. 212, § 4º

ALÍQUOTA DE CONTRIBUIÇÃO
- Contribuição provisória sobre movimentação ou transmissão de valores e de créditos e direitos de natureza financeira: ADCT, art. 74, § 1º; e EC nº 12
- Faculdade do Poder Executivo para alterá-las: art. 153, § 1º

ALISTAMENTO ELEITORAL
- Condição de elegibilidade: art. 14, § 3º
- Facultativo: art. 14, § 1º, II
- Inalistáveis: art. 14, § 4º
- Obrigatório: art. 14, § 1º, I

AMAMENTAÇÃO
- Condições de permanência junto aos filhos para: art. 5º, L

AMAPÁ
- Transformação do território em Estado: ADCT, art. 4, §§ 1º ao 4º

AMAZONAS
- Limites do Estado com o Acre: ADCT, art. 12, § 5º

AMEAÇA DE DIREITO
- Apreciação pelo Judiciário: art. 5º, XXXV

AMÉRICA LATINA
- Integração da: art. 4º, parágrafo único

AMPLA DEFESA
- Aos litigantes e acusados em geral: art. 5º, LV
- Deputado e Senador: art. 55, §§ 2º e 3º
- Magistrado: art. 93, VIII
- Membros do MP: art. 128, § 5º, I, "b"
- Servidor Público: art. 41, § 1º

ANALFABETISMO
- Erradicação: art. 214, I; e ADCT, art. 60, caput

ANALFABETO
- Alistamento eleitoral e voto facultativo: art. 14, § 1º, II, "a"
- Inelegibilidade: art. 14, § 4º

ANIMAIS
- Práticas cruéis não consideradas: art. 225, § 7º

ANISTIA
- Concessão: atribuição do Congresso Nacional: art. 48, VIII
- Concessão; competência da União: art. 21, XVII
- Dirigentes e representantes sindicais e trabalhadores; benefícios: ADCT, art. 8º, § 2º
- Empregados; administração direta e indireta: ADCT, art. 8º, § 5º
- Servidores Públicos civis e militares: ADCT, art. 8º

ANONIMATO
- Proibição na livre manifestação do pensamento: art. 5º, IV

APOSENTADORIA
- Contagem de tempo; mandato eletivo; vereador: ADCT, art. 8º, § 4º
- Contagem recíproca; tempo de contribuição: art. 201, §§ 9º e 9º-A
- Custeio: art. 40, caput
- Direito adquirido: EC nº 41
- Direito do trabalhador: art. 7º, XXIV
- Ex-combatentes; proventos integrais: ADCT, art. 53, V
- Fundo criado pelo ente político para pagamento: art. 249
- Garimpeiro: art. 201, § 7º, II
- Gratificação natalina; aposentados e pensionistas: art. 201, § 6º
- Homem: art. 40, III
- Juízes togados; normas: ADCT, art. 21, parágrafo único
- Magistrados: art. 93, VI
- Mulher: art. 40, III
- Pescador artesanal: art. 201, § 7º, II
- Por idade, compulsória; servidor: art. 40, § 1º, II
- Por tempo de serviço e condições especiais: art. 40, § 1º, III
- Previdência social: EC nº 20 e EC nº 103
- Produtor rural: art. 201, § 7º, II
- Professores: art. 40, § 5º
- Proventos; limites: ADCT, art. 17, caput
- Servidor público: EC nº 20; EC nº 47; e EC nº 41
- Servidor público, condições: EC nº 47
- Servidor público, limite remuneratório: EC nº 47
- Servidor público, opção para: EC nº 47

- Servidor público civil: art. 40; e EC nº 103
- Servidor público civil; emprego temporário: art. 40, § 13
- Servidor público militar: art. 42, § 2º
- Sindicalizado; direito de voto: art. 8º, VII
- Tempo de serviço: art. 40, § 9º
- Trabalhadores urbanos e rurais: arts. 7º, XXIV; e 201, § 7º, II
- Vantagem posterior ao servidor: EC nº 41
- Voluntária, direito de opção: EC nº 41

Vide *Servidor Público Civil, EC nº 41*

APRENDIZ
- Proibição de trabalho noturno: art. 7º, XXXIII

ARMAS NACIONAIS
- Símbolos: art. 13, § 1º

ARRENDATÁRIO RURAL
- Contribuição: art. 195, § 8º

ARTES
- Criações artísticas; patrimônio cultural brasileiro: art. 216, I a V
- Liberdade de expressão: art. 5º, IX
- Reprodução de imagem e voz humana nas: art. 5º, XXVIII, "a"

Vide *Cultura, Obras*

ASILO POLÍTICO
- Concessão: art. 4º, X

ASSEMBLEIA LEGISLATIVA
- Competência: art. 27, § 3º
- Composição: art. 27, caput
- Composição em novos Estados: art. 235, I
- Constituição estadual; elaboração: ADCT, art. 11
- Estado de Tocantins: ADCT, art. 13, §§ 2º e 5º
- Estados-incorporação, subdivisão ou desmembramento: art. 48, VI
- Intervenção estadual: art. 36
- Poder para propor ação declaratória de inconstitucionalidade: art. 103, IV
- Processo legislativo; iniciativa popular: art. 27, § 4º

Vide *Deputados Estaduais*

ASSISTÊNCIA
- À família, pelo Estado: art. 226, § 8º
- Ao preso: art. 5º, LXIII
- Médica-hospitalar, gratuita aos ex-combatentes: ADCT, art. 53, IV

ASSISTÊNCIA JURÍDICA
- Competência para legislar sobre: art. 24, XIII
- Concessão aos necessitados: art. 5º, LXXIV
- Gratuita; ações de habeas corpus e habeas data: art. 5º, LXXVII

ASS — ÍNDICE REMISSIVO

- Gratuita a filhos e dependentes: art. 7º, XXV
- Guarda do menor: art. 227, § 3º, VI
- Legislação concorrente; competência: art. 24, XIII

ASSISTÊNCIA PÚBLICA
- Competência comum: art. 23, II

ASSISTÊNCIA RELIGIOSA
- Em entidades de internação coletiva; assegurada: art. 5º, VII

ASSISTÊNCIA SOCIAL
- Ações governamentais; definição e diretrizes: art. 204
- Independente de contribuição; a quem necessitar: art. 203, caput
- Instituição de contribuição para assistência social de seus servidores; Estados, Distrito Federal e Municípios: art. 149, caput e § 1º
- Instituições de; impostos; proibição: art. 150, VI, "c", e § 4º
- Objetivos: art. 203
- Organização; diretrizes: art. 204, I e II
- Seguridade Social: arts. 203 e 204
- Vide Seguridade Social

ASSOCIAÇÃO
- Atividade garimpeira: arts. 21, XXV; e 174, § 3º
- Colônias de pescadores: art. 8º, parágrafo único
- Criação: art. 5º, XVIII
- Desportiva; autonomia: art. 217, I
- Direito de denúncia: art. 74, § 2º
- Dissolução; compulsória ou suspensão de atividades: art. 5º, XIX
- Interferência estatal vedada: art. 5º, XVIII
- Lei; apoio e estímulo: art. 174, § 2º
- Liberdade de: art. 5º, XVII e XX
- Mandado de segurança coletivo; impetração por: art. 5º, LXX, "b"
- Profissional ou sindical: art. 8º
- Representação: art. 5º, XXI
- Representação; obras; aproveitamento econômico, fiscalização: art. 5º, XXVIII, "b"
- Sindical; servidor público: art. 37, VI

ASSOCIAÇÃO PROFISSIONAL OU SINDICAL
- Liberdade: art. 8º
- Proibição do militar: art. 142, § 3º, IV
- Servidor Público: art. 37, VI

ATIVIDADE
- Artística, científica, intelectual, de comunicação; liberdade de expressão: art. 5º, IX
- Desportiva; imagem e voz humanas: art. 5º, XXVIII, "a"
- Essenciais; definição: art. 9º, § 1º
- Garimpeira; favorecimento: art. 174, § 3º
- Nociva ao interesse nacional; cancelamento: art. 12, § 4º, I
- Nuclear; admissão; danos; responsabilidade civil: art. 21, XXIII, "a" e "c"
- Nuclear; competência para legislar sobre: art. 22, XXVI

ATIVIDADE ECONÔMICA
- Exploração pelo Estado: art. 173
- Livre exercício: art. 170, parágrafo único
- Princípios gerais: arts. 170 a 181

ATO DE EXCEÇÃO
- Anistia; condições de concessão: ADCT, art. 8º
- Cassação ou suspensão de direitos políticos; requerimento de revisão: ADCT, art. 9º

ATO JURÍDICO
- Perfeito; proteção: art. 5º, XXXVI

ATO NORMATIVO
- Do Poder Público; declaração de inconstitucionalidade pelos Tribunais: art. 97
- Federal ou Estadual; julgamento pelo STF: art. 102, I, "a"

ATOS INTERNACIONAIS
- Celebração; competência privativa do Presidente da República: art. 84, VIII
- Transporte internacional; acordo: art. 178; e EC nº 7
- Tratados e acordos; competência exclusiva do Congresso Nacional: art. 49, I
- Tratados ou convenções — crimes; processo e julgamento: art. 109, V
- Vide Estado Estrangeiro

ATOS PROCESSUAIS
- Publicidade; restrição: art. 5º, LX

AUDITORIA
- Vide Fiscalização Contábil

AUMENTO DE DESPESA
- Inadmissibilidade: art. 63

AUTARQUIA
- Acumulação de empregos e funções; proibição: art. 37, XVII
- Apuração de infrações contra a: art. 144, § 1º, I
- Cargos, empregos e funções; lei, iniciativa: art. 61, § 1º, II, "a"
- Causas; processo e julgamento; competência dos juízes federais: art. 109, I
- Criação: art. 37, XIX
- Dívida pública interna ou externa da; disposições: art. 163, II
- Federal; Procuradorias e Departamentos Jurídicos;

exercício das atividades: ADCT, art. 29
- Impostos sobre patrimônio, renda ou serviços das; proibição: art. 150, § 2º; e ADCT, art. 34, § 1º

AUTODETERMINAÇÃO DOS POVOS
- Princípio das relações internacionais: art. 4º, III

AUTONOMIA
- Administrativa e financeira do Poder Judiciário: art. 99
- Administrativa e funcional do MP: art. 127, § 2º
- Dos Partidos Políticos: art. 17, § 1º

AUTORES
- Vide Direito (autoral)

AUXÍLIO EMERGENCIAL:
- Regras Fiscais Compensatórias: EC nº 109

AVAIS
- Controle: art. 74, III

AVISO PRÉVIO
- Direito do trabalhador: art. 7º, XXI

B

BANCO
- Empréstimos concedidos; liquidação de débitos: ADCT, art. 47

BANCO CENTRAL
- Disponibilidade de caixa da União; depósitos no: art. 164, § 3º
- Emissão de moeda: art. 164, caput
- Empréstimos, vedação de: art. 164, § 1º
- Organização, funcionamento e atribuições: art. 192
- Presidente e diretores, escolha dos; competência do Senado Federal: art. 52, III, "d"
- Presidente e diretores, nomeação dos; competência do Presidente da República: art. 84, XIV
- Recursos, refinanciamento e repasse: ADCT, art. 47, § 6º
- Títulos de emissão do Tesouro Nacional, compra e venda de: art. 164, § 2º

BANCO DE DESENVOLVIMENTO DO CENTRO-OESTE
- Criação: ADCT, art. 34, § 11

BANDEIRA NACIONAL
- Símbolo nacional: art. 13, § 1º

BANIMENTO
- Aplicação da pena de: art. 5º, XLVII, "d"

BEBIDAS
- Alcoólicas; propaganda comercial: art. 220, § 4º
- Inspeção: art. 200, VI

BEM-ESTAR
- Equilíbrio e desenvolvimento do: art. 23, parágrafo único

ÍNDICE REMISSIVO   CÂM

- Promoção para todos; objetivo fundamental da República: art. 3°, IV
BENEFÍCIO
- Seguridade Social; reajustamento: art. 201, § 2°
- Social; limitado ao salário mínimo: art. 201, § 3°
BENEFÍCIOS
- Pagos pela Previdência Social, limite: art. 248
- Previdência, limite: EC n° 41
BENS
- Competência para legislar sobre responsabilidade por danos: art. 24, VIII
- Confisco; tráfico de drogas: art. 243
- Da União: arts. 20; e 176, *caput*
- De estrangeiro situados no País; sucessão regulada por lei brasileira: art. 5°, XXXI
- De valor histórico, artístico e cultural; proteção: art. 23, III e IV
- Do Distrito Federal: ADCT, art. 16, § 3°
- Dos Estados: art. 26
- Imóveis; imposto sobre transmissão *inter vivos*: art. 156, II e § 2°; e ADCT, art. 34, § 6°
- Indisponibilidade por improbidade administrativa: art. 37, § 4°
- Ocupações e uso temporário de; calamidade pública: art. 136, § 1°, II
- Ou direitos, impostos sobre a transmissão *causa mortis* e doação: art. 155, I e § 1°; e ADCT, art. 34, § 6°
- Perdimento: art. 5°, XLV e XLVI
- Privação dos: art. 5°, LIV
- Requisição na vigência do estado de sítio: art. 139, VII
- Tráfego de bens por meio de tributos; limitação ao, vedação: art. 150, V; e ADCT, art. 34, § 1°
BIOCOMBUSTÍVEIS
- Regime fiscal: art. 225, VIII
- Transitoriedade: ADCT, art. 120
BOMBEIROS
- Administração pública; disposições: art. 42, *caput*
- Competência para legislar sobre: art. 22, XXI
- Do DF: art. 32, § 4°
- Incumbência do Corpo de; órgão da segurança pública; subordinação do Corpo de: art. 144, V, e §§ 5° e 6°
- Organização e manutenção do Corpo de; competência: art. 21, XIV
- Processo e perda de posto e patente: art. 125, § 4°

BRASILEIRO
- Propriedade privativa de empresa jornalística e de radiodifusão: art. 222
BRASILEIROS
- Cargo público; acesso e investidura: art. 37, I, II e IV
- Conselho da República; participação: art. 89, VII
- Distinção ou preferência; proibição: art. 19, III
- Extradição proibida: art. 5°, LI
- Natos: art. 12, I
- Natos; cargos privativos: art. 12, § 3°
- Natos ou naturalizados: propriedade – empresa jornalística de radiodifusão: art. 222
- Naturalizados: art. 12, II
- Perda de nacionalidade: art. 12, § 4°
- Registro nos Consulados: ADCT, art. 95
Vide *Nacionalidade*
BUSCA E APREENSÃO
- Domiciliar: art. 139, V

C
CAÇA
- Competência concorrente para legislar sobre: art. 24, VI
CALAMIDADE
- Decretação do estado de defesa para atendimento de: art. 136, § 1°, II; EC n° 106; EC n° 107; e Decreto Legislativo n° 6
- Empréstimo compulsório para atender despesas extraordinárias decorrentes de: art. 148, I; e ADCT, art. 34, § 12
- Pandemia: EC n° 106, EC n° 107 e EC n° 109
- Planejamento e defesa permanente; competência da União: art. 21, XVIII
Vide *Estado de defesa, Estado de sítio*
CÂMARA DOS DEPUTADOS
- Comissão parlamentar de inquérito; criação e competência: art. 58, § 3°
- Comissões da, poder de convocação: art. 50
- Comissões permanentes e temporárias; composição e competência: art. 58
- Competência privativa: arts. 51; e 68, § 1°
- Composição e número: art. 45
- Conselho da República; participação no: art. 89, IV
- Convocação de Ministros ou titulares de órgãos da Presidência da República: art. 50, *caput*
- Deliberações: art. 47

- Elaboração do regimento interno: art. 51, III
- Eleição de membros do Conselho da República: art. 51, V
- Inspeções e auditorias; competência do Tribunal de Contas da União: art. 71, IV e VII
- Instauração de processo contra o Presidente e o Vice-Presidente da República e dos Ministros de Estado: art. 51, I
- Mesa; composição: art. 58, § 1°
- Mesa; eleição, sessões preparatórias: art. 57, § 4°
- Mesa; pedido de informação a Ministros: art. 50, § 2°; e ECR n° 2
- Organização, funcionamento, polícia, criação, transformação ou extinção de cargos: art. 51, IV
- Poder de convocação: art. 50; e ECR n° 2
- Presidente da República; admissibilidade de acusação; declaração: art. 86, *caput*
- Presidente da; cargo de brasileiro nato: art. 12, § 3°, II
- Presidente da; convocação extraordinária do Congresso Nacional: art. 57, § 6°, II
- Presidente da; participação nos Conselhos da República e de Defesa Nacional: arts. 89, II; e 91, II
- Presidente da; substituição do Presidente da República: art. 80
- Projeto de Lei rejeitado; reapresentação da matéria: art. 67
- Representação; Estados, Distrito Federal e Territórios: art. 45; e ADCT, art. 4°, § 2°
- Sessão conjunta: arts. 57, § 3°; e 66, § 4°
CÂMARA LEGISLATIVA
- Distrito Federal: art. 32, § 3°
CÂMARA MUNICIPAL
- Fiscalização e controle das contas do Município: art. 31
- Fixação da remuneração do Prefeito, Vice-Prefeito e Vereadores: art. 29; V
- Funções legislativas e fiscalizadoras; organização: art. 29, XI
- Lei orgânica: art. 29; e ADCT, art. 11, parágrafo único
- Plano diretor de desenvolvimento; aprovação: art. 182, § 1°
- Total de despesa do Poder Legislativo Municipal: art. 29-A
- Vereadores, número proporcional à população: art. 29, IV; e ADCT, art. 5°, § 4°

CÂMBIO
- Administração e fiscalização; competência da União: art. 21, VIII
- Disposições sobre; competência do Congresso Nacional: art. 48, XIII
- Impostos sobre: art. 153, V
- Operações; disposições sobre: art. 163, VI
- Política; legislação; competência privativa da União: art. 22, VII

CAPITAL
- Estrangeiro; instituições financeiras; regulamentação em lei complementar: art. 192
- Estrangeiro; investimentos; reinvestimentos; lucros: art. 172
- Social; empresa jornalística ou de radiodifusão; participação: art. 222, §§ 1º e 2º

CAPITAL FEDERAL
- Brasília: art. 18, § 1º

CAPITALIZAÇÃO
- Estabelecimento de; autorização e funcionamento: art. 192
- Fiscalização das operações; competência da União: art. 21, VIII

CARGOS PRIVATIVOS
- De brasileiros natos: art. 12, § 3º

CARGOS PÚBLICOS
- Acesso por meio de concurso: art. 37, I a IV
- Acumulação: art. 37, XVI e XVII; ADCT, art. 17, §§ 1º e 2º
- Cargos em comissão e funções de confiança; art. 37, V
- Contratação por tempo determinado: art. 37, IX; e EC nº 106
- Criação e remuneração; lei; iniciativa: art. 61, § 1º, II, "a"
- Criação; transformação e extinção: art. 48, X
- Federais; provimento e extinção: art. 84, XXV
- Militares, acumulação de: art. 42, § 3º
- Pessoas portadoras de deficiência; reserva de percentual de: art. 37, VIII

CARREIRA DIPLOMÁTICA
- Privativa de brasileiro nato: art. 12, § 3º, V

CARTAS ROGATÓRIAS
- Processo e julgamento; execução de: art. 109, X

CARTOGRAFIA
- Organização e manutenção de serviços de; competência da União: art. 21, XV
- Sistema cartográfico; legislação; competência privativa da União: art. 22, XVIII

CARTÓRIOS
Vide *Registros Públicos, Notariais*

CASA
- Asilo inviolável do indivíduo: art. 5º, XI

Vide *Domicílio*

CASAMENTO
- Civil; celebração gratuita: art. 226, § 1º
- Dissolução: art. 226, § 6º
- Reconhecimento da união estável: art. 226, § 3º
- Religioso; efeito civil: art. 226, § 2º
- Sociedade conjugal; igualdade de direitos e deveres: art. 226, § 5º

Vide *Família*

CASSAÇÃO
- De direitos políticos; caso de vedação: art. 15
- Política: ADCT, art. 9º

CAVIDADES NATURAIS E SÍTIOS ARQUEOLÓGICOS
- Bens da União: art. 20, X

CELEBRAÇÃO DA PAZ
- Competência da União: art. 21, II
- Opinião do Conselho de Defesa Nacional: art. 91, § 1º, I

CENSOR FEDERAL
- Aproveitamento: ADCT, art. 23

CENSURA
- De atividade intelectual, artística, científica e de comunicação: art. 5º, IX
- De natureza política, ideológica e artística; proibição: art. 220, § 2º

CERTIDÕES
- De repartições públicas: art. 5º, XXXIV, "b"
- Gratuidade: art. 5º, LXXVI

CIDADANIA
- Educação: art. 205
- Fundamento: art. 1º, II
- Gratuidade dos atos necessários ao exercício da: art. 5º, LXXVII
- Inviabilidade do exercício dos direitos; liberdades constitucionais e prerrogativas inerentes à; mandado de injunção: art. 5º, LXXI
- Legislação: art. 22, XIII
- Vedação à delegação sobre: art. 68, § 1º, II

CIDADÃO
- Direito de Denúncia: art. 74, § 2º

CIÊNCIA E TECNOLOGIA:
arts. 218 e 219
- Acesso à ciência, competência: art. 23, V
- Autonomia tecnológica, regulamentação nos termos da lei federal: art. 219
- Cientistas, professores e técnicos estrangeiros;

admissão: art. 207, § 1º; e EC nº 11, art. 1º
- Criações; patrimônio cultural brasileiro: art. 216, III
- Desenvolvimento científico, pesquisa e capacitação tecnológicas; promoção do Estado: art. 218
- Empresas; investimentos; incentivos e proteção: art. 218, § 4º
- Incentivo; viabilização: art. 219
- Instituições de pesquisa; autonomia: art. 207, § 2º; e EC nº 11, art. 1º
- Pesquisa, fomento: art. 218, § 5º
- Política agrícola; incentivo à pesquisa e à tecnologia: art. 187, III
- Recursos humanos; formação: art. 218, §§ 3º e 4º
- Sistema Único de Saúde; incremento: art. 200, V

CIENTISTAS
- Estrangeiros; admissão nas universidades: art. 207, §§ 1º e 2º
- Liberdade de expressão: art. 5º, IX

CIENTISTAS ESTRANGEIROS
- Admissão por universidades: art. 207, § 1º; e EC nº 11

COISA JULGADA
- Proteção: art. 5º, XXXVI

COLEGIADOS
- De órgãos públicos; participação de trabalhadores e empregadores: art. 10

COLÉGIO PEDRO II
- Manutenção na órbita federal: art. 242, § 2º

COLÔNIAS DE PESCADORES
- Livre associação: art. 8º, parágrafo único

COMBUSTÍVEIS
- Alíquotas: ADCT, art. 34, § 7º
- Monopólio da União: art. 177, I a IV, e §§ 1º ao 3º
- Outros tributos; vedação: art. 155, § 3º
- Venda e revenda, regulamentação: art. 238

COMÉRCIO
- Exterior e interestadual; legislação; competência privativa da União: art. 22, VIII
- Exterior; fiscalização e controle pelo Ministério da Fazenda: art. 237
- Importação e exportação; petróleo e gás natural; monopólio da União: art. 177, III
- Interestadual; competência para legislar sobre: art. 22, VIII
- Minérios e minerais nucleares; monopólio da União: art. 177, V
- Órgãos humanos; sangue e derivados; proibição: art. 199, § 4º

ÍNDICE REMISSIVO   CON

- Política agrícola; preços e garantia de comercialização: art. 187, II
COMISSÃO(ÕES)
- Congresso Nacional; mista, despesas não autorizadas: art. 72
- Congresso Nacional; mista, terras públicas: ADCT, art. 51
- Da Câmara dos Deputados ou Senado Federal, poder de convocação: ECR nº 2
- De estudos territoriais; criação, composição e finalidade: ADCT, art. 12
- Iniciativas de leis complementares e ordinárias: art. 61, caput
- Parlamentar de Inquérito; criação e competência: art. 58, § 3º
- Parlamentar de Inquérito; inspeções e auditorias – Tribunal de Contas da União: art. 71, IV
- Representativa do Congresso Nacional: art. 58, § 4º
COMOÇÃO GRAVE
- Decretação do Estado de Sítio: art. 137, I
COMPENSAÇÃO DE HORÁRIOS: art. 7º, XIII
COMPETÊNCIA
- Da Câmara dos Deputados: art. 51
- Da Justiça do Trabalho: arts. 113 e 114
- Da Justiça Federal: ADCT, art. 27, § 10
- Da Justiça Militar: arts. 124; e 125, § 4º
- Da Lei Federal: art. 220, § 3º
- Da Polícia Federal; Ferroviária e Rodoviária: art. 22, XXII
- Da União: arts. 21 a 24; 149; 153; e 184
- Das Assembleias Legislativas: art. 27, § 3º
- Das Forças Armadas: art. 143, § 1º
- De Ministro de Estado: art. 87, parágrafo único
- Do Congresso Nacional: arts. 48 e 49
- Do Conselho da República: art. 90
- Do Conselho de Defesa Nacional: art. 91, § 1º
- Do Distrito Federal: arts. 23; 24; 149, § 1º; e 155
- Do Juiz de Paz: art. 98, II
- Do Júri: art. 5º, XXXVIII, "d"
- Do Poder Executivo: art. 223
- Do Poder Público: arts. 194, parágrafo único; e 208, § 3º
- Do Presidente da República: art. 84
- Do Senado Federal: art. 52

- Do Serviço Único de Saúde: art. 200
- Do STF: arts. 96, II; e 102
- Do STJ: art. 105; ADCT, art. 27, § 10
- Do TCU: arts. 73 e 96
- Do TST: art. 111
- Dos Estados: arts. 23; 24; 125, § 2º; 149, § 1º; e 155
- Dos Juizados Especiais: art. 98, I
- Dos Juízes Eleitorais: art. 121, caput
- Dos Juízes Federais: art. 109
- Dos Municípios: arts. 23; 30; e 156
- Dos Tribunais: arts. 121; e 125, § 1º
- Dos Tribunais de Justiça: art. 96, II e III
- Dos Tribunais Regionais Federais: art. 108; e ADCT, art. 27, § 10
- Dos Tribunais Superiores: art. 96, III
- Em matéria tributária: art. 146, I
- Emissão de moeda: art. 164
- Questões agrárias: art. 126
COMPETIÇÕES ESPORTIVAS
- Recursos: art. 217, § 1º
COMUNICAÇÃO(ÕES)
- Empresa jornalística e de radiodifusão sonora e de sons e imagens; propriedade: art. 222
- Imprensa; radiodifusão e televisão; liberdade; restrições: art. 139, III
- Informação jornalística; liberdade: art. 220, § 1º
- Inviolabilidade: art. 5º, XII
- Liberdade de expressão da atividade de: art. 5º, IX
- Manifestação do pensamento, da criação e expressão; sem restrições: art. 220, caput, e §§ 1º e 2º
- Meios de comunicação social; monopólio e oligopólio; proibição: art. 220, § 5º
- Ordem judicial para violação da: art. 5º, XII
- Propaganda comercial; restrições legais, regulamentação: art. 220, § 4º; e ADCT, art. 65
- Publicação impressa; autorização: art. 220, § 6º
- Serviços de radiodifusão sonora e de sons e imagens; concessão, permissão e autorização: art. 223
- Serviços de; impostos: art. 155, II e § 2º, e ADCT, art. 34, §§ 6º e 8º
- Sigilo das; restrições: art. 139, III

- Sistema e forma de governo- -plebiscito; divulgação gratuita: ADCT, art. 2º, § 1º
- Social: arts. 220 a 224
- Telegráficas, telefônicas, de dados e correspondências; sigilo e inviolabilidade: arts. 5º, XII; 136, § 1º, I, "b" e "c"; e 139, III
COMUNIDADE LATINO- -AMERICANA DE NAÇÕES: art. 4º, parágrafo único
CONCESSÃO
- Anistia; concessão da: arts. 21, XVII; e 48, VIII
- Asilo político; relações internacionais: art. 4º, X
- Assistência Judiciária; Estado: art. 5º, LXXIV
- Do Poder Executivo; serviços de radiodifusão sonora e de sons e imagens: art. 223
- Energia Elétrica; exploração: art. 21, XII, "b"
- Gás canalizado: art. 25, § 2º
- Habeas corpus: art. 5º, LXVIII
- Habeas data: art. 5º, LXXII
- Incentivos fiscais; desenvolvimento regional: art. 151, I
- Mandado de segurança: art. 5º, LXIX
- Radiodifusão sonora; sons e imagens: art. 21, XI
- Terras públicas: art. 49, XVII
CONCURSO PÚBLICO
- Cargo público; acesso: art. 37, II
- Cargo público; Justiça, provimento: art. 96, I, "a"
- Estabilidade: art. 41, caput; e ADCT, art. 18
- Ingresso; magistério público: art. 206, V
- Juiz togado; estabilidade: ADCT, art. 21, caput
- Serviço Notarial e de Registro; ingresso: art. 236, § 3º
- Validade: art. 37, III
CONDECORAÇÕES
- E distinção honorífica; competência privativa do Presidente da República: art. 84, XXI
CONDENAÇÃO CRIMINAL OU PENAL
- Efeito: art. 15, III
- Estrangeiros naturalizados: art. 12, I, "b"
CONDENADO
- Indenização em caso de erro judiciário: art. 5º, LXXV
CONFLITOS
- De competência entre juízes federais vinculados aos TRF; processo e julgamento: art. 108, I, "e"
- De competência entre o 3TJ e outros tribunais, entre Tribunais

CON ÍNDICE REMISSIVO

Superiores, ou entre estes e outros Tribunais; processo e julgamento: art. 102, I, "o"
- De competência; matéria tributária; lei complementar: art. 146, I
- De competência; processo e julgamento pelo STJ; competência residual: art. 105, I, "d"
- Fundiários; decisão dos: art. 126
- Processo e julgamento pelo STF: art. 102, I, "f"
- Solução pacífica: art. 4°, VII

CONGRESSO NACIONAL: arts. 44 a 57
- Acompanhamento e fiscalização das medidas referentes ao estado de defesa e ao estado de sítio: art. 140
- Atribuições: arts. 48 a 50
- Comissões permanentes e temporárias: art. 58
- Competência exclusiva do: art. 49
- Composição do: art. 44
- Convocação do Ministro de Estado para prestar informações: art. 50, caput
- Convocação extraordinária: art. 57, § 6°, I e II
- Deliberações das Casas e Comissões: art. 47
- Prazo para elaboração de Lei de defesa de usuário do serviço público: EC n° 19, art. 27
- Presidência da Mesa: art. 57, § 5°
- Reuniões: art. 57

CÔNJUGES
- Caso de inelegibilidade: art. 14, § 7°
- Direitos e deveres referentes à sociedade conjugal: art. 226, § 5°

CONSCIÊNCIA
- Garantia de liberdade de: art. 5°, VI

CONSELHO DA JUSTIÇA FEDERAL
- Atividade: art. 105, parágrafo único, II

CONSELHO DA REPÚBLICA
- Competência: art. 90, I e II
- Convocação e presidência; competência privativa do Presidente da República: art. 84, XVIII
- Definição e composição: art. 89
- Eleição de Membros pela Câmara de Deputados: art. 51, V
- Eleição de Membros pelo Senado Federal: art. 52, XIV
- Estado de defesa; audiência do: art. 136, caput
- Estado de sítio; audiência do: art. 137
- Mandato dos integrantes: art. 89, VII
- Ministro de Estado; reunião; convocação: art. 90, § 1°
- Organização e funcionamento: art. 90, § 2°

CONSELHO DE COMUNICAÇÃO SOCIAL
- Instituição pelo Congresso Nacional: art. 224

CONSELHO DE DEFESA NACIONAL
- Competência: art. 91, § 1°
- Composição: art. 91
- Convocação e presidência; competência privativa do Presidente da República: art. 84, XVIII
- Definição e composição: art. 91, I a VII
- Estado de defesa; audiência: art. 136, caput
- Estado de sítio; audiência: art. 137
- Organização e funcionamento: art. 91, § 2°

CONSELHO FEDERAL DA OAB
- Proposição de ação de inconstitucionalidade: art. 103, VII

CONSELHO NACIONAL DE JUSTIÇA
- Competência: art. 103-B, § 4°
- Composição: art. 103-B
- Corregedor: art. 103-B, § 5°
- Nomeação: art. 103-B, §§ 2° e 3°; e EC n° 45, art. 5°
- Ouvidorias: art. 103-B, § 7°
- Presidência: art. 103-B, § 1°
- Quem oficia junto ao: art. 103-B, § 6°

CONSELHO NACIONAL DO MINISTÉRIO PÚBLICO
- Competência: art. 130-A, § 2°
- Composição: art. 130-A
- Corregedor nacional: art. 130-A, § 3°
- Indicação: art. 130-A, 1°; e EC n° 45, art. 5°
- Ouvidorias: art. 130-A, § 5°

CONSELHO SUPERIOR DA JUSTIÇA DO TRABALHO: art. 111-A, § 2°, II

CONSELHOS MUNICIPAIS
- Criação vedada: art. 31, § 4°

CONSERVAÇÃO DA NATUREZA
- Competência para legislar sobre: art. 24, VI

CONSÓRCIOS E SORTEIOS
- Legislação; competência privativa da União: art. 22, XX

CONSTITUIÇÃO ESTADUAL
- Ainda não promulgada; responsabilidades: art. 235, VIII
- Assembleia Legislativa; elaboração; prazo: ADCT, art. 11
- Disposição sobre os Tribunais de Contas Estaduais: art. 75, parágrafo único
- Provimento de cargos; nomeação; criação de Estado: art. 235, X

CONSTITUIÇÃO FEDERAL
- Competência para sua guarda: art. 102
- Competência para zelar pela: art. 23, I
- Compromisso de manter, defender e cumprir a: ADCT, art. 1°
- Edição popular; distribuição gratuita: ADCT, art. 64
- Emenda; processo legislativo, elaboração: arts. 59, I; e 60
- Emenda; proibição: art. 60, § 1°
- Emenda; promulgação: art. 60, § 3°
- Emenda; proposta; iniciativa; deliberação; tramitação: art. 60, I a III, e §§ 2° e 4°
- Emenda; proposta; rejeitada ou prejudicada: art. 60, § 5°
- Estados; organização e administração, observação dos princípios da: art. 25
- Guarda; competência comum da União, Estados, Distrito Federal e Municípios: art. 23, I
- Guarda; Supremo Tribunal Federal: art. 102
- Regulamentação; artigo da Medida Provisória, vedação: art. 246; EC n° 6; e EC n° 7
- Revisão: ADCT, art. 3°

CONSULTORIA JURÍDICA
- Vedada ao Ministério Público: art. 129, IX

CONSUMIDOR
- Código de Defesa do; elaboração: ADCT, art. 48
- Defesa do: arts. 5°, XXXII; 150, § 5°; e 170, V
- Direitos e serviços públicos: art. 175, parágrafo único, II
- Princípio da atividade econômica: art. 170, V
- Responsabilidade por dano ao; legislação concorrente: art. 24, VIII

CONSUMO
- Competência concorrente para legislar sobre: art. 24, V

CONTRABANDO
- E descaminho; prevenção e repressão: art. 144, § 1°, II

CONTRADITÓRIO
- Especial; processo judicial de desapropriação: art. 184, § 3°
- Garantia do: art. 5°, LV

CONTRATAÇÃO
- Competência da União para legislar sobre: art. 22, XXVII
- Por tempo determinado; de servidor: art. 37, IX

ÍNDICE REMISSIVO

CONTRIBUIÇÃO(ÕES)
- Compulsória; destinada às entidades privadas de serviço social: art. 240
- De melhoria; competência tributária concorrente: art. 145, III
- De melhoria, instituição: art. 145, III
- Instituição pelos Estados, DF e Municípios: art. 149, § 1º
- Para a previdência social: arts. 149; 195; e 201
- Para custeio de iluminação pública: art. 149-A
- Para serviço público: art. 37, IX
- Por licitação pública: art. 37, XXI
- Provisória; instituição: ADCT, arts. 74 e 75
- Provisória sobre operações financeiras: ADCT, arts. 74 e 75; EC nº 12; e EC nº 21
- Social: arts. 149 e 195; e ADCT, art. 34, § 1º
- Social: do produtor, parceiro, meeiro e arrendatário rural, garimpeiro e pescador artesanal: art. 195, § 8º
- Social; exigência: art. 195, § 6º
- Social; isentos da: art. 195, § 7º
- Subsídio ou isenção: art. 150, § 6º

CONTRIBUIÇÃO DE INTERVENÇÃO NO DOMÍNIO ECONÔMICO: art. 149
- Requisitos da lei: art. 177
- Vigência: ADCT, art. 93

CONTRIBUIÇÃO PROVISÓRIA
- Destino da arrecadação: ADCT, art. 74, § 3º; e EC nº 12
- Não incidência: ADCT, art. 85
- Prazo de cobrança: ADCT, art. 74, § 4º; e EC nº 12
- Prorrogação: ADCT, arts. 75 e 84
- Sobre créditos de natureza financeira: ADCT, art. 74; e EC nº 12
- Sobre movimentação ou transmissão de valores: ADCT, art. 74
- Sobre movimentação ou transmissão de valores e de créditos e direitos de natureza financeira, alíquota: ADCT, art. 74, § 1º; e EC nº 12

CONTRIBUIÇÃO PROVISÓRIA SOBRE MOVIMENTAÇÃO OU TRANSMISSÃO DE VALORES E DE CRÉDITOS E DIREITOS DE NATUREZA FINANCEIRA
- Alíquota: ADCT, art. 74, § 1º; e EC nº 12

CONTRIBUINTE
- Garantias do: arts. 145, § 1º; e 150, II
- Impostos; definição de: art. 155, § 2º, XII, "a"
- Municípios – contas; exame e apreciação: art. 31, § 3º
- Taxas; utilização de serviços públicos: art. 145, II
- Tratamento desigual; proibição: art. 150, II; e ADCT, art. 34, § 1º

CONTROLE EXTERNO
- Apoio: art. 74, IV
- Congresso Nacional; competência: art. 71
- Fiscalização; Município: art. 31

CONTROLE INTERNO
- Exercício integrado; finalidade: art. 74
- Fiscalização; Município: art. 31
- Irregularidade ou ilegalidade; ciência ou denúncia ao Tribunal de Contas da União: art. 74, §§ 1º e 2º

CONVENÇÃO COLETIVA DE TRABALHO
- Compensação de horários e redução de jornada, mediante: art. 7º, XIII
- Reconhecimento; direito dos trabalhadores: art. 7º, XXVI

CONVÊNIOS
- Entre Estados e Municípios: EC nº 33, art. 4º

CONVICÇÃO
- Filosófica e política; proibição de privação de direitos por motivo de: art. 5º, VIII

COOPERAÇÃO ENTRE OS POVOS
- Nas relações internacionais: art. 4º, IX

COOPERATIVA
- Atividade garimpeira: arts. 21, XXV; e 174, §§ 3º e 4º
- Criação e funcionamento: art. 5º, XVIII

COOPERATIVISMO
- Apoio e estímulo: art. 174, § 2º
- Política agrícola: art. 187, VI

COR
- País sem preconceito de: art. 3º, IV
- Proibição de distinção por motivo de: art. 7º, XXX

CORPO DE BOMBEIROS MILITAR
- Legislação sobre convocação e mobilização: art. 22, XXI
- Organização e manutenção; competência da União: art. 21, XIV; e EC nº 19, art. 25
- Subordinação: art. 144, § 6º
Vide *Bombeiros*

CORREÇÃO MONETÁRIA: ADCT, art. 47
- Casos sujeitos a: ADCT, art. 46
- Dos salários de contribuição: art. 201, § 3º

CORREIO AÉREO NACIONAL
- Manutenção; competência da União: art. 21, X

CORRENTES DE ÁGUA
- Bens da União: art. 20, III

CORRESPONDÊNCIA
- Inviolabilidade; restrições, estado de sítio: art. 139, III
- Sigilo: arts. 5º, XII; e 136, § 1º, I, "b"

CRECHE
- Dever do Estado: art. 208, IV
- Direito a: art. 7º, XXV

CRÉDITO(S)
- Abertura para atender despesas imprevisíveis e urgentes: art. 167, § 3º
- Competência da União para legislar sobre: art. 22, VII
- Especiais e extraordinários; vigência: art. 167, § 2º
- Fiscalização de operações; competência da União: art. 21, VIII
- Operações de; contratação; critérios: art. 165, § 8º
- Trabalhista; ação; direito dos trabalhadores: art. 7º, XXIX
- Trabalhista; prescrição: art. 7º, XXIX
- Vedação à abertura de crédito suplementar: art. 167, V e VII

CRENÇA
- Liberdade de: art. 5º, VI
- Religiosa; garantia de direito e exceção: art. 5º, VIII
- Serviço militar obrigatório; atribuição e serviço alternativo, em tempo de paz, aos que, alistados, alegarem imperativo de consciência decorrente de: art. 143, §§ 1º e 2º

CRIAÇÃO
- De Estados; normas básicas a serem observadas: art. 235
- De Estados; o que é vedado à União: art. 234
- De Município: art. 18, § 4º; e ADCT, art. 96
- De Partidos Políticos: art. 17
- De Territórios: art. 18, § 2º
- Industrial; proteção à: art. 5º, XXIX
- Liberdade de: art. 220

CRIANÇA
Vide *Menor*

CRIME
- Ação de grupos armados; crime inafiançável e imprescritível: art. 5º, XLIV
- Cometido a bordo de navio ou aeronave; processo e julgamento: art. 109, IX
- Comum e de responsabilidade; juízes e membros do MP; julgamento: art. 96, III
- Comum e de responsabilidade; juízes federais, militares, do trabalho e membros do MP: art. 108, I, "a"
- Comum e de responsabilidade; Tribunais Estaduais, Regionais, Municipais e MP; membro: art. 105, I, "a"

406

CRI — ÍNDICE REMISSIVO

- Comum; governadores dos Estados e do Distrito Federal: art. 105, I, "a"
- Conceito; prévia definição legal: art. 5°, XXXIX
- Contra a ordem constitucional e o Estado Democrático; inafiançável e imprescritível: art. 5°, XLIV
- Contra a organização do trabalho e a ordem econômico-financeira; processo e julgamento: art. 109, VI
- Contra o Estado; vigência; estado de defesa: art. 136, § 3°, I
- De ação pública; admissão de ação privada: art. 5°, LIX
- De responsabilidade; Advogado-Geral da União, Ministros do Supremo Tribunal Federal e Procurador-Geral da República: art. 52, II e parágrafo único
- De responsabilidade; investimento; não inclusão no plano plurianual: art. 167, § 1°
- De responsabilidade; membros dos Tribunais Superiores e do Tribunal de Contas da União, e os chefes de missão diplomática: art. 102, I, "c"
- De responsabilidade; Ministro de Estado: arts. 50, § 2°; 52, I e parágrafo único; e 102, I, "c"
- De responsabilidade; Presidente da República: arts. 52, I e parágrafo único; 85; 86, § 1°, II; e 102, I, "b"
- De responsabilidade; Vice-Presidente da República: art. 52, I e parágrafo único
- Doloso contra a vida; julgamento: art. 5°, XXXVIII, "d"
- Inafiançável; deputados e senadores: art. 53, §§ 1° ao 4°
- Inafiançável e imprescritível; prática do racismo: art. 5°, XLII
- Inafiançável; prática de tortura, tráfico ilícito de entorpecentes e terrorismo: art. 5°, XLIII
- Ingresso ou permanência irregular de estrangeiro; processo e julgamento: art. 109, X
- Militar; prisão: art. 5°, LXI
- Militar; processo e julgamento: arts. 124; e 125, § 4°
- Político; julgamento: arts. 102, II, "b"; e 109, IV
- Político ou de opinião; estrangeiro: art. 5°, LII
- Previsto em tratado ou convenção internacional; processo e julgamento: art. 109, V
- Retenção dolosa de salário: art. 7°, X
- Revisão criminal e ação rescisória; processo e julgamento; competência: arts. 102, I, "j"; 105, I; e 108, I, "b"

CRIME DE RESPONSABILIDADE
- Ministro de Estado: art. 50; e ECR n° 2
- Titular de órgão subordinado à presidência: art. 50; e ECR n° 2

CRIMES HEDIONDOS
- Prática de: art. 5°, XLIII

CRUELDADE
- Vedada a aplicação de penas cruéis: art. 5°, XLVII, "e"

CULTO RELIGIOSO
- Liberdade: art. 5°, VI
- Templos; proibição de instituição de impostos: art. 150, VI, "b"
- Vedada interferência governamental: art. 19, I

CULTURA
- Acesso; competência comum para proporcionar meios de: art. 23, V
- Afro-brasileira; proteção: art. 215, § 1°
- Bens e valores culturais; incentivos assegurados: art. 216, § 3°
- Cavidades naturais e sítios arqueológicos: art. 20, X
- Direitos Culturais; garantia: art. 215
- Legislação concorrente: art. IX
- Manifestações das culturas populares, indígenas e afro-brasileiras: art. 215, § 1°
- Patrimônio cultural; ato lesivo; ação popular: art. 5°, LXXIII
- Patrimônio cultural; danos e ameaças; punição: arts. 24, VII e VIII; e 216, § 4°
- Patrimônio cultural; promoção, proteção e competência comum do Poder Público: arts. 216, § 1°; e 23, III e IV
- Patrimônio cultural; proteção ou responsabilidade por dano; legislação concorrente: art. 24, VII a IX
- Patrimônio cultural; quilombos, tombamento: art. 216, § 5°
- Patrimônio cultural brasileiro: art. 216
- Patrimônio histórico-cultural; proteção pelo Município: art. 30, IX
- Patrimônio nacional; encargos ou compromissos gravosos; competência exclusiva do Congresso Nacional: art. 49, I
- Patrimônio nacional; Florestas e Matas: art. 225, § 4°
- Patrimônio nacional; mercado interno; desenvolvimento cultural e socioeconômico: art. 219
- Patrimônio público; conservação; competência comum da União, dos Estados, do Distrito Federal e dos Municípios: art. 23, I
- Patrimônio público e social; instauração de inquérito: art. 129, III
- Plano Nacional de: art. 215, § 3°

Vide *Artes, Obras*

CULTURAS ILEGAIS
- De plantas psicotrópicas; expropriação de glebas: art. 243

CUSTAS FORENSES
- Gratuidade; ação popular: art. 5°, LXXIII
- Gratuidade; ações de *habeas corpus* e *habeas data*: art. 5°, LXXVII
- Juízes; recebimento; proibição: art. 95, parágrafo único, II
- Legislação concorrente: art. 24, *caput*
- Serviços Forenses; competência para legislar sobre: art. 24, IV

D

DADOS PESSOAIS
- Proteção: arts. 5°, LXXIX; 21, XXVI; e 22, XXX

DANOS
- Ao patrimônio cultural; punição: art. 216, § 4°
- Material, moral ou à imagem; indenização: art. 5°, V e X
- Meio ambiente; reparação: art. 225, § 3°
- Nucleares; responsabilidade civil: art. 21, XXIII, "c"
- Reparação econômica; cidadãos atingidos pelas Portarias Reservadas do Ministério da Aeronáutica: ADCT, art. 8°, § 3°
- Reparação podendo se estender a sucessores: art. 5°, XLV
- Responsabilidade; pessoas jurídicas de direito público e privado por danos de seus agentes: art. 37, § 6°

DATAS COMEMORATIVAS
- Para os diferentes segmentos étnicos nacionais; disposição sobre: art. 215, § 2°

DÉBITOS
- De entidades de direito público; inclusão no orçamento: art. 100, § 1°
- Liquidação dos; empréstimos concedidos por bancos e instituições financeiras: ADCT, art. 47
- Seguridade Social; pessoa jurídica em débito; proibição de contratação com o Poder Público e recebimento de

ÍNDICE REMISSIVO — DEP

benefícios e incentivos fiscais: art. 195, § 3º
DÉCIMO-TERCEIRO SALÁRIO: art. 7º, VIII
- Dos aposentados e pensionistas: art. 201, § 6º

DECISÃO JUDICIAL
- Culpa; sentença penal condenatória: art. 5º, LVII
- Para dissolução compulsória ou suspensão de atividades de associações: art. 5º, XIX
- Recusa de execução de; intervenção: arts. 34, VI; 35, IV; e 36, II e § 3º
- Sentença; autoridade competente: art. 5º, LIII

DECISÕES
- Definitivas de mérito, proferidas pelo STF, eficácia: art. 102, § 2º
- Do Poder Judiciário; administrativas; fundamentação: art. 93, IX e X

DECLARAÇÃO DE GUERRA
- Conselho de Defesa Nacional; opinião no caso de: art. 91, § 1º, I

DECRETO
- Estado de defesa: art. 84, IX; e 136, § 1º
- Estado de sítio: arts. 84, IX; e 138, caput, e §§ 1º e 2º
- Expedição; competência privativa do Presidente da República: art. 84, IV, IX e X
- Intervenção federal: art. 84, X
- Legislativo; processo; elaboração: art. 59, VI
- Lei; apreciação; rejeição; prazo: ADCT, art. 25, §§ 1º e 2º

DEFENSORIA PÚBLICA: arts. 134 e 135
- Concorrência para legislar sobre: art. 24, XIII
- Defensor público; carreira – opção: art. 135; e ADCT, art. 22
- Do Distrito Federal e dos Territórios; organização judiciária; legislação; competência privada da União: arts. 21, XIII; e 22, XVII
- Dos Estados, do Distrito Federal e dos Territórios; organização; lei; iniciativa: art. 61, § 1º, II, "d"
- Incumbência, organização e prescrição de normas: art. 134, caput
- Opção pela carreira: ADCT, art. 22
- Organização administrativa e judiciária; disposição sobre: art. 48, IX
- Organização e manutenção: art. 21, XIII
- Organização judiciária: art. 22, XVII

DEFESA
- Aeroespacial, civil, territorial e marítima; legislação;

competência privativa da União: art. 22, XXVIII
- Ampla; litigantes e acusados: art. 5º, LV
- Civil; incumbência dos Corpos de Bombeiros Militares: art. 144, § 5º
- Civil; legislação sobre: art. 22, XXVIII
- Da Constituição: ADCT, art. 1º
- Da Pátria; competência das Forças Armadas: art. 142, caput
- Da paz; princípio das relações internacionais: art. 4º, VI
- De direitos; instrumentos de: art. 5º, LXVIII a LXXIII
- De direitos; petição e obtenção de certidões: art. 5º, XXXIV
- Do Consumidor; promoção pelo Estado: art. 5º, XXXII
- Do Estado e das instituições democráticas: arts. 136 a 144
- Do solo; competência para legislar: art. 24, VI
- Estado de: art. 136
- Garantia de sua plenitude: art. 5º, XXXVIII, "a"
- Nacional; competência para assegurar: art. 21, III
- Nacional; Conselho de Defesa: art. 91

DEFICIENTES
- Admissão em cargos e empregos públicos: art. 37, VIII
- Assistência: art. 227, § 1º, II
- Assistência Social; benefício de um salário mínimo mensal aos carentes: art. 203, V
- Assistência Social; habitação e reabilitação: art. 203, IV
- Competência para legislar sobre proteção e integração social dos: art. 24, XIV
- Ensino especializado: art. 208, III
- Físicos; competência para cuidar de: art. 23, II
- Igualdade de direitos no trabalho: art. 7º, XXXI
- Locomoção e acesso; facilidades; normas: arts. 227, § 2º; e 244
- Prevenção e atendimento especializado para os: art. 227, § 1º, II; e § 2º
- Proteção e garantias; competência concorrente: art. 23, II; e 24, XIV

DEFINIÇÕES
- Atividades essenciais: art. 9º, § 1º

DELEGADOS DE POLÍCIA
- Polícia judiciária: art. 144, § 4º

DEMARCAÇÃO DE TERRA
- Solicitação de: ADCT, art. 12, §§ 3º ao 5º

DEMISSÃO: art. 7º, I
- Vedada: ADCT, art. 10, II

DENÚNCIA
- Direito do cidadão, de associação, partido político ou sindicato perante o Tribunal de Contas da União: art. 74, § 2º

DEPARTAMENTO DE POLÍCIA FEDERAL
- Censor federal; atuais ocupantes do cargo; exercício das funções: ADCT, art. 23

DEPENDENTES
- De pessoas vitimadas por crime doloso; assistência pelo Poder Público: art. 245
- De seringueiros; reconhecidamente carentes; benefícios transferíveis: ADCT, art. 54, § 2º
- Direito ao salário-família: art. 7º, XII
- Do ex-combatente; pensão em caso de morte: ADCT, art. 53, III

DEPOSITÁRIO INFIEL
- Prisão civil: art. 5º, LXVII

DEPUTADOS DISTRITAIS: art. 32, § 3º
- Elegibilidade; idade mínima: art. 14, § 3º, VI, "c"
- Eleição: art. 32, § 2º
- Mandato eletivo; duração: art. 32, § 3º
- Número de: art. 32, § 3º
Vide Câmara Legislativa

DEPUTADOS E SENADORES: arts. 53 a 56

DEPUTADOS ESTADUAIS
- Elegibilidade, idade mínima: art. 14, § 3º, VI, "c"
- Estado de Tocantins; eleição e mandato: ADCT, art. 13, §§ 3º e 4º
- Incorporação às Forças Armadas: art. 27, § 1º
- Mandato eletivo; duração e perda: art. 27, § 1º
- No exercício da função de Prefeito: ADCT, art. 5º, § 3º
- Número de: art. 27, caput
- Prerrogativa e impedimentos: art. 27, § 1º
- Remuneração: art. 27, §§ 1º e 2º
Vide Assembleia Legislativa

DEPUTADOS FEDERAIS
- Atividades incompatíveis: art. 54
- Condições de elegibilidade: art. 14, § 3º, VI, "c"
- Crime inafiançável: art. 53, §§ 1º ao 4º
- Decoro parlamentar; incompatibilidade: art. 55, II e § 1º
- Elegibilidade; idade mínima: art. 14, § 3º, VI, "c"
- Eleição: art. 45
- Estado de Tocantins; ADCT, art. 13, §§ 3º e 4º
- Imunidades; exceção: art. 53, § 7º

408

ÍNDICE REMISSIVO

- Incorporação às Forças Armadas: art. 53, § 6º
- Investidos em outros cargos ou licenciados: art. 56, I, II e § 3º
- Inviolabilidade por opiniões, palavras e votos: art. 53, caput
- Legislatura: art. 44, parágrafo único
- Mandato; perda: art. 55
- Número de: art. 45, § 1º
- Posse: art. 57, § 4º
- Prerrogativas: art. 53
- Pronunciamento na vigência de estado de sítio: art. 139, parágrafo único
- Remuneração: art. 49, VII
- Renúncia; suspensão dos efeitos: art. 55, § 4º
- Suplente: art. 56, §§ 1º e 2º
- Testemunho facultativo: art. 53, § 6º
- Vice-prefeito, no exercício da função de prefeito: ADCT, art. 5º, § 3º
Vide *Poder Legislativo*, *Câmara dos Deputados*

DESAMPARADOS
- Assistência aos: art. 6º

DESAPROPRIAÇÃO
- Competência privativa da União para legislar sobre: art. 22, II
- De glebas com culturas ilegais: art. 243
- Imóvel rural; reforma agrária: arts. 184 e 185
- Imóvel urbano: art. 182, § 3º, e § 4º, III
- Indenização das benfeitorias: art. 184, § 1º
- Insuscetíveis de desapropriação para reforma agrária: art. 185
- Isenção de impostos: art. 184, § 5º
- Por necessidade; utilidade pública ou interesse social; procedimento: art. 5º, XXIV
- Processo judicial; procedimento contraditório: art. 184, § 3º

DESASTRE
- Flagrante delito ou prestação de socorro: art. 5º, XI

DESEMBARGADORES
- Na composição dos Tribunais Regionais Eleitorais: art. 120, § 1º, "a"

DESENVOLVIMENTO
- Científico; competência do SUS: art. 200, V
- Científico; promoção e incentivo do Estado: art. 218
- Nacional; equilíbrio: art. 23, parágrafo único
- Nacional; garantia: art. 3º, II
- Nacional; planejamento; diretrizes e bases: art. 174, § 1º
- Nacional e regional; planos; elaboração e execução; competência da União: art. 21, IX

- Nacional e regional; planos e programas: arts. 48, IV; e 58, § 2º, VI
- Regional; incentivos fiscais; concessão: art. 151, I
- Regional; irrigação; recursos da União: ADCT, art. 42
- Regional; planos e incentivos: art. 43, §§ 1º e 2º
- Regional; receitas tributárias; distribuição: art. 159, I, "c"; e ADCT, art. 34, §§ 1º, 10 e 11
- Regional; redução das desigualdades; ação da União: art. 43
- Urbano; diretrizes; competência da União: art. 21, XX
- Urbano; diretrizes; competência do Município: art. 182

DESIGUALDADES
- Regionais e sociais; redução: art. 3º, III

DESMEMBRAMENTO
- De Estado: art. 18, § 3º
- De Município: art. 18, § 4º; e ADCT, art. 96

DESPEDIDA ARBITRÁRIA
- Proteção contra: art. 7º, I
- Vedação: ADCT, art. 10, II

DESPESAS PÚBLICAS
- Aumento de; projeto; inadmissibilidade: art. 63
- Com pessoal: art. 169; e ADCT, art. 38
- Excedentes a créditos orçamentários ou adicionais; proibição: art. 167, II
- Extraordinárias; empréstimo compulsório: art. 148, I; e ADCT, art. 34, § 1º
- Ilegalidade de; procedimento do Tribunal de Contas da União: art. 71, VIII a XI, e §§ 1º ao 3º
- Não autorizadas; comissão mista permanente; procedimentos: art. 72

DESPORTO
- Atividade; reprodução da imagem e voz humanas: art. 5º, XXVIII, "a"
- Atuação do Poder Judiciário: art. 217, § 1º
- Entidades desportivas e associações: autonomia: art. 217, I
- Incentivo ao lazer pelo Poder Público: art. 217, § 3º
- Justiça Desportiva; prazo para decisão final: art. 217, § 2º
- Legislação concorrente; competência da União, Estados e Distrito Federal: art. 24, IX
- Manifestações desportivas; proteção e incentivo: art. 217, IV
- Práticas desportivas; fomento; dever: art. 217
- Recursos públicos: art. 217, II

- Tratamento diferenciado para desporto profissional e não profissional: art. 217, III
Vide *Justiça Desportiva*

DETENTO
Vide *Preso*

DETERMINAÇÃO JUDICIAL
- Para ingresso na casa: art. 5º, XI
- Para violação de sigilo: art. 5º, XII

DEVERES
- Individuais e coletivos: art. 5º, §§ 1º e 2º

DEVIDO PROCESSO LEGAL
- Necessidade do: art. 5º, LIV

DIFERENÇA TRIBUTÁRIA
- Vedação a: art. 152

DIGNIDADE DA PESSOA HUMANA: art. 1º, III

DILIGÊNCIAS INVESTIGATÓRIAS
- Requisição pelo MP: art. 129, VIII

DIPLOMATA
- Chefe de missão diplomática; escolha; aprovação prévia; competência privativa do Senado Federal: art. 52, IV
- Infração penal comum e crime de responsabilidade; processo e julgamento: art. 102, I, "c"
- Membro da carreira diplomática; cargo de brasileiro nato: art. 12, § 3º, V

DIREITO(S)
- À informação: art. 5º, XXXIII
- Adquirido; não aplicabilidade nos casos de vencimentos em desacordo com a Constituição; redução: ADCT, art. 17
- Adquirido; proteção: art. 5º, XXXVI
- Aeronáutico, legislação, competência privativa: art. 22, I
- Agrário; conflitos fundiários; decisão: art. 126
- Agrário; legislação, competência privativa: art. 22, I
- Ao contraditório e à ampla defesa: art. 5º, LV
- Associação: art. 5º, XVII a XX
- Autoral; aproveitamento econômico, fiscalização: art. 5º, XXVIII, "b"
- Autoral; assegurado: art. 5º, XXVII e XXVIII
- Autoral; autores, direito exclusivo: art. 5º, XXVII
- Autoral; imagem e voz humanas – reprodução, participação em obras coletivas: art. 5º, XXVIII, "a"
- Civil; legislação, competência privativa da União: art. 22, I
- Comercial; legislação, competência privativa: art. 22, I
- Constitucional; zelo e garantias: art. 129, II
- Consumidor: art. 5º, XXXII

ÍNDICE REMISSIVO — DIS — 409

- De associação: art. 5°, XVII a XX
- De greve: arts. 9°; e 37, VII
- De herança: art. 5°, XXX
- De petição: art. 5°, XXXIV, "a"
- De propriedade: art. 5°, XXII a XXVI
- De resposta: art. 5°, V
- De reunião: art. 5°, XVI
- Deveres e; individuais e coletivos; assegurados; adoção de princípios da Constituição e dos tratados internacionais; normas: art. 5°, §§ 1° e 2°
- Deveres e; individuais e coletivos; estado de sítio; medidas restritivas: art. 139
- Difusos; Ação civil pública; promoção pelo MP para proteção dos: art. 129, III
- Do consumidor: art. 5°, XXXII
- Do trabalhador: art. 7°
- Do trabalho: art. 5°, XIII
- Do trabalho; legislação, competência privativa: art. 22, I
- Econômico; legislação concorrente: art. 24, I
- Eleitoral; legislação: arts. 22, I; e 68, § 1°, II
- Espacial; legislação, competência privativa: art. 22, I
- Financeiro; finanças públicas: arts. 163 a 169
- Financeiro; legislação concorrente: art. 24, I
- Garantias Fundamentais: arts. 5° a 17
- Greve: arts. 9°; e 37, VII
- Herança: art. 5°, XXX
- Humanos: art. 4°, II
- Humanos; tribunal internacional: ADCT, art. 7°
- Individual; de tráfego; limitação por meio de tributos: art. 150, V; e ADCT, art. 34, § 1°
- Individual; dignidade da pessoa humana: art. 1°, III
- Individual; impostos; respeito ao: art. 145, § 1°
- Individual; legislação sobre – indelegabilidade: art. 68, § 1°, II
- Individual; lesão ou ameaça; apreciação pelo Poder Judiciário: art. 5°, XXXV
- Individual; suspensão ou interdição: art. 5°, XLVI, "e"
- Informação: art. 5°, XXXIII
- Liberdades Constitucionais e; Mandado de injunção: art. 5°, LXXI
- Marítimo; legislação, competência privativa: art. 22, I
- Obrigações e; Homens e mulheres; igualdade: art. 5°, I
- Penal; competência privativa: art. 22, I
- Penitenciário; legislação concorrente: art. 24, I
- Petição: art. 5°, XXXIV, "a"
- Políticos: arts. 14 a 16
- Políticos: soberania popular; exercício: art. 14, caput, I a III
- Políticos; legislação sobre – indelegabilidade: art. 68, § 1°, II
- Políticos; partidos políticos: art. 17
- Políticos; suspensão; improbidade administrativa; restabelecimento de direitos: arts. 15, V; e 37, § 4°; e ADCT, art. 9°
- Previdenciário; garantia de: art. 227, § 3°, II
- Processual; competência privativa: art. 22, I
- Processual; procedimentos, legislação concorrente: art. 24, XI
- Propriedade: art. 5°, XXII a XXVI
- Resposta: art. 5°, V
- Reunião: art. 5°, XVI
- Sociais; Assegurados: arts. 6° a 11
- Trabalhador: art. 7°
- Trabalho: art. 5°, XIII
- Trabalho; legislação, competência privativa: art. 22, I
- Tributário; legislação concorrente: art. 24, I
- Urbanístico; legislação concorrente: art. 24, I

DIREITOS HUMANOS
- Convenções Internacionais: art. 5°, § 3°
- Tratados Internacionais, equivalência a Emenda Constitucional: art. 5°, § 3°

DIRETRIZES ORÇAMENTÁRIAS
- Estabelecimento; metas e prioridades: art. 165, II, § 2°

DISCRIMINAÇÃO
- No trabalho: art. 7°, XXX e XXXI
- Racial; crime: art. 5°, XLII
- Vedação de: art. 3°, IV

DISPENSA ARBITRÁRIA: art. 7°, I
- Vedada: ADCT, art. 10, II

DISPOSIÇÕES CONSTITUCIONAIS
- Gerais: arts. 244 a 250
- Transitórias: ADCT

DISSÍDIOS INDIVIDUAIS E COLETIVOS
- Conciliação e julgamento: art. 114

DISTINÇÕES
- Entre brasileiros: art. 19, III
- Entre trabalho manual, técnico e intelectual; proibição: art. 7°, XXXII
- Igualdade perante a lei: art. 5°, caput

DISTRITO FEDERAL: art. 32 e §§
- Adicionais criados: EC n° 42, art. 4°
- Áreas ecológicas: art. 225, § 1°, III
- Assistência financeira ao, para execução de serviços públicos: art. 21, XIV

- Atuação prioritária no ensino fundamental e infantil: art. 211, § 3°; e EC n° 14
- Autonomia política e administrativa; competência legislativa: arts. 18, caput; e 32, § 1°
- Câmara legislativa; composição e atribuições: art. 32, § 3°
- Capital Federal: art. 18, § 1°
- Causas e conflitos com a União e os Estados; processo e julgamento: art. 102, I, "f"
- Competência comum com a União, Estados e Municípios: art. 23
- Contribuição: art. 149
- Contribuição de melhorias: ADCT, art. 60, § 4°
- Defensoria Pública; organização: arts. 21, XIII; 22, XVII; 48, IX; e 134
- Deputados distritais; número e duração do mandato: art. 32, § 3°
- Despesa com pessoal: art. 169; e ADCT, art. 38
- Disponibilidade de caixa; depósito: art. 164, § 3°
- Dívida mobiliária; limites e condições; competência privativa do Senado Federal: art. 52, IX
- Dívida Pública – renda; tributação; limites: art. 151, II
- Divisão em municípios – proibição: art. 32, caput
- Ensino; aplicação de recursos: arts. 211, § 3°; 213; e 218, § 5°
- Erradicação de Pobreza, criação de Fundo: ADCT, art. 82
- Fiscalização contábil, financeira, orçamentária, operacional e patrimonial: ADCT, art. 16, § 2°
- Fundo de participação do: arts. 159, I, "a"; 161, II, III e parágrafo único; ADCT, art. 34, § 2°, I; e 39, parágrafo único
- Governador e Vice-governador art. 32, § 2°
- Impostos; instituição e normas; vedada a retenção: arts. 155 e 160
- Impostos da União, arrecadação – repartição com: arts. 153, § 5°, I; 157; 159, I, "a", II, e §§ 1° e 2°; e 161; e ADCT, art. 34, § 2°
- Impostos municipais; competência do: art. 147
- Intervenção da União: art. 34
- Juizados especiais e justiça de paz; criação: art. 98, I e II
- Justiça Federal; organização: art. 110
- Legislação concorrente com a União e os Estados: art. 24
- Lei orgânica do: art. 32, caput

DIV   ÍNDICE REMISSIVO

- Litígio com Estado estrangeiro ou organismo internacional, processo e julgamento: art. 102, I, "e"
- Microempresa e empresa de pequeno porte; tratamento jurídico diferenciado: art. 179
- Ministério Público; organização; legislação: arts. 22, XVII; e 48, IX
- Operações cambiais; disposições: art. 163, VI
- Operações externas de natureza financeira; autorização; competência privativa do Senado Federal: art. 52, V
- Polícias civil, militar e corpo de bombeiros do; organização e manutenção: art. 21, XIV
- Polícias civil, militar e corpo de bombeiros militar; utilização: art. 32, § 4º
- Procurador-Geral do; nomeação e destituição: art. 128, §§ 3º e 4º
- Proibições às pessoas políticas: art. 19
- Quadro de pessoal: compatibilização: ADCT, art. 24
- Receitas tributárias da União – repartição com: arts. 153, § 5º, I; 157; 159, I, "a", II, e §§ 1º e 2º; e 160; e ADCT, art. 34, § 2º, II
- Recursos repassados pela União: arts. 71, VI; e 160
- Representação; do Senado Federal: art. 46
- Representação judicial e consultoria jurídica; exercício; procuradores: art. 132
- Representação proporcional; vedada a irredutibilidade; Câmara dos Deputados: art. 45; e ADCT, art. 4º, § 2º
- Seguridade Social; receita: art. 195, caput, e § 1º
- Servidor; estabilidade: art. 41; e ADCT, arts. 18 e 19
- Servidor; instituição do Conselho de política de administração e remuneração: art. 39, caput; e ADCT, art. 24
- Símbolos: art. 13, § 2º
- Sistema de ensino; organização: art. 211
- Terras públicas; reversão ao patrimônio: ADCT, art. 51, § 3º
- Tributos; arrecadação – divulgação e critérios de rateio: art. 162
- Tributos; diferença entre bens e serviços – proibição: art. 152
- Tributos; isenções pela União; limites e proibições: arts. 150; 151; e ADCT, art. 34, § 1º

DIVERSÕES PÚBLICAS
- Classificação; competência da União: art. 21, XVI

- E espetáculos públicos; regulamentação e informação: art. 220, § 3º, I

DÍVIDA AGRÁRIA
- Título; imóvel rural; indenização: art. 184, caput, e § 4º

DÍVIDA MOBILIÁRIA
- Dos Estados, do Distrito Federal e dos Municípios; limitação pelo Senado Federal: art. 52, IX

DÍVIDA PÚBLICA
- Agentes públicos – remuneração e proventos; tributação – limites: art. 151, II
- Competência do Congresso Nacional para dispor sobre: art. 48, II
- Consolidada – fixação; competência privativa do Senado Federal: art. 52, VI
- Externa; Congresso Nacional; exame analítico e pericial: ADCT, art. 26
- Externa e interna; lei complementar disporá: art. 163, II e IV
- Interna e externa; criação de Estado do: art. 234; e ADCT, art. 13, § 6º
- Suspensão do pagamento, intervenção: arts. 34, V, "a"; e 35, I
- Títulos – emissão e resgate; disposições: art. 163, II e IV
- Vedada tributação sobre: art. 151, II

DIVÓRCIO
- Direto: art. 226, § 6º

DOAÇÃO
- Competência dos Estados e Distrito Federal para instituir impostos sobre: art. 155, I e § 1º

DOCUMENTOS
- De natureza comercial; requisição por autoridade estrangeira; autorização: art. 181
- Históricos; competência para proteger: art. 23, III
- Proteção: arts. 23, III; e 216, IV, §§ 2º e 5º
- Públicos: art. 19, II

DOMÉSTICO
- Direitos do trabalhador: art. 7º, parágrafo único

DOMICÍLIO
- Busca e apreensão; estado de sítio: art. 139, V
- Casa; asilo inviolável: art. 5º, XI
- Eleitoral; condições de elegibilidade: art. 14, § 3º, IV
Vide Habitação

DOTAÇÕES ORÇAMENTÁRIAS
- Recursos relativos às; prazo de entrega: art. 168

DROGAS
- Crimes inafiançáveis, tráfico ilícito de: art. 5º, XLIII

- Extradição: art. 5º, LI
- Tráfico ilícito; apreensão de bens: art. 243, parágrafo único

DURAÇÃO DO TRABALHO:
art. 7º, XIII e XIV

E

ECLESIÁSTICOS
- Isenção do Serviço Militar: art. 143, § 2º

ECOLOGIA
Vide Meio Ambiente

ECONOMIA POPULAR
- Atos contra a; punição: art. 173, § 5º
- Proteção da; criação de fundo ou seguro: art. 192

ECOSSISTEMAS
- Naturais; proteção: art. 202, I

EDUCAÇÃO
- Acesso à; competência concorrente: art. 23, V
- Ambiental; promoção da: art. 225, § 1º, VI
- Analfabetismo; eliminação: art. 214, I
- Aplicação de recursos; limites mínimos: art. 212
- Atividades universitárias de pesquisa e extensão; apoio financeiro do poder público: art. 213, § 2º
- Bolsas de estudo; destinação de recursos para o ensino fundamental e médio: art. 213, § 1º
- Deficiente; atendimento especializado: art. 208, III
- Direito de todos e dever do Estado e da família; garantias; princípios: arts. 205, 206 e 208
- Ensino; acesso: art. 206, I; e 208, V, e §§ 1º e 2º
- Ensino; fomento: art. 218, § 5º
- Ensino; História do Brasil; contribuições de culturas e etnias: art. 242, § 1º
- Ensino; princípios: art. 206
- Ensino fundamental: arts. 208, I, VII e §§ 2º e 3º; 211, § 3º; e 212, § 5º; e ADCT, art. 60, caput e §§ 1º ao 5º
- Ensino médio; gratuidade; universalização: arts. 208, II e 211, § 3º
- Ensino noturno regular: art. 208, VI
- Ensino obrigatório; não oferecimento: art. 208, § 2º
- Ensino obrigatório; universalização: art. 211, § 4º
- Ensino particular; livre-iniciativa e condições: art. 209
- Ensino religioso; matrícula facultativa: art. 210, § 1º
- Escolas comunitárias, confessionais ou filantrópicas; recursos públicos: art. 213, I e II; e ADCT, art. 61

ÍNDICE REMISSIVO EMP

- Escolas públicas; recursos públicos: art. 213, *caput*
- Ex-combatentes; gratuidade: ADCT, art. 53, IV
- Fundamental e pré-escolar; prioridade do Município: art. 211, § 2º
- Instituições de; fundações de ensino e pesquisa; recursos públicos: ADCT, art. 61
- Instituições de; impostos; proibição: art. 150, VI, "c", e § 4º
- Instituições de pesquisa científica e tecnológica: art. 207, § 2º; e EC nº 11, art. 1º
- Instituições oficiais, estaduais ou municipais; recursos públicos: art. 242
- Língua Portuguesa, idioma obrigatório; garantia aos índios, línguas maternas: art. 210, § 2º
- Meta de aplicação: art. 214, VI
- Plano nacional de; metas: art. 214, I a V
- Princípios: art. 206
- Recursos públicos: art. 213
- Sistema de ensino; organização; assistência técnica e financeira da União: art. 211, § 1º
- Trabalhador adolescente; acesso: art. 227, § 3º, III
- Universidade; autonomia; princípios: art. 207

ELEIÇÃO
- Abuso do poder econômico; corrupção ou fraude: art. 14, § 10
- Antes do 2º turno; morte, desistência, impedimento: art. 77, § 4º
- Câmara Territorial; Territórios com mais de cem mil habitantes: art. 33, § 3º
- Cargo; vacância: arts. 78, parágrafo único; e 79 a 81
- Condição de elegibilidade: art. 14, § 3º
- Condição de inelegibilidade: art. 14, §§ 4º, 7º e 9º
- Deputado Distrital: art. 32, § 3º
- Deputado Federal: art. 45
- Desincompatibilização: art. 14, § 6º
- Governador e Vice-Governador de Estado: art. 28
- Governador e Vice-Governador do Distrito Federal; subsídios: art. 32, § 2º
- Maioria absoluta; votos: art. 77, § 2º
- Nova eleição: art. 77º, § 3º
- Prefeito e Vice-Prefeito: art. 29, I e II
- Presidente e Vice-Presidente da República: art. 77
- Presidente e Vice-Presidente da República; vacância: art. 81

- Processo Eleitoral; alteração: art. 16
- Senador: art. 46
- Vereador: art. 29, I

ELEITOR
- Alistamento: art. 14, § 1º
- Inalistáveis: art. 14, § 2º

EMBARCAÇÕES ESTRANGEIRAS
- Ordenação; condições: art. 178, parágrafo único

EMENDA CONSTITUCIONAL APÓS 1995
- Vedação de regulamentação por Medida Provisória: art. 246; e EC nº 32

EMENDAS À CONSTITUIÇÃO: art. 60
- Matéria não objeto de liberação para proposta: art. 60, § 4º
- Mediante proposta: art. 60
- Proibições: art. 60, § 1º
- Proposta da Câmara ou do Senado: art. 60, I
- Proposta do Presidente da República: art. 60, II
- Propostas das Assembleias Legislativas de todo o Brasil: art. 60, III
- Voto e discussão; dois turnos: art. 60, § 2º

EMIGRAÇÃO
- E imigração; legislação; competência privativa da União: art. 22, XV

EMPREGADO
Vide *Trabalhadores*

EMPREGADOR RURAL
- Comprovação de suas obrigações trabalhistas: arts. 7º, XXVIII; e ADCT, art. 10, § 3º

EMPREGADOR
- Colegiados dos órgãos públicos; participação: art. 10
- Contribuição Social: arts. 195, I; e 240
- Dissídios individuais e coletivos; conciliação e julgamento: art. 114
- Seguro e indenização; acidentes de trabalho: art. 7º, XXVIII

EMPREGO
- Gestante: art. 7º, XVIII; e ADCT, art. 10, II, "b"
- Pleno acesso ao; princípio da ordem econômica: art. 170, VIII
- Proteção; Lei complementar: art. 7º, I; e ADCT, art. 10
- Público; acesso e investidura: art. 37, I, II, IV e § 2º
- Público; criação e remuneração; iniciativa de lei: art. 61, § 1º, II, "a"
- Sistema nacional de organização; competência da União: art. 22, XVI

EMPRESA(S)
- Brasileira; exploração de recursos minerais e de energia hidráulica; requisitos; prazo: ADCT, art. 44
- Capital estrangeiro; aproveitamento, pesquisa e lavra de recursos minerais: art. 176, § 1º; e EC nº 6
- Concessionárias e permissionárias de serviços públicos: art. 21, XI e XII; e 175
- Estatais; licitação e contratação; legislação; competência da União: art. 22, XXVII
- Estatais; orçamento: art. 165, §§ 5º e 7º; e ADCT, art. 35, § 1º
- Estatais; serviço de gás canalizado; exploração: art. 25, § 2º
- Investimento em pesquisa e tecnologia: art. 218, § 4º
- Jornalística; propriedade: art. 222
- Lucros e gestão; participação do trabalhador: art. 7º, XI
- Micro e pequenas; definição; débitos; isenção de correção monetária: ADCT, art. 47
- Micro e pequenas; tratamento diferenciado: arts. 170, IX; e 179; e EC nº 6
- PIS/PASEP; contribuições: art. 239; e EC nº 103
- Pública; acumulação de emprego, proibição: art. 37, XVII; e ADCT, art. 17, §§ 1º e 2º
- Pública; apuração de infrações, bens, serviços e interesses; causas; juízes federais; processo e julgamento: arts. 144, § 1º, I; e 109, I
- Pública; criação: art. 37, XIX
- Pública; despesa com pessoal: art. 169; e ADCT, art. 38
- Pública; exploração de atividade econômica: art. 173, § 1º
- Radiodifusão sonora e de sons e imagens; propriedade: art. 222
- Representação de empregados: art. 11
- Salário-educação; empregados e dependentes, contribuição: art. 212, § 5º
- Sindicatos – serviço social e formação profissional; contribuições compulsórias: art. 240
- Supranacionais; fiscalização das contas nacionais; competência do Tribunal de Contas da União: art. 71, V

EMPRESA JORNALÍSTICA E DE RADIODIFUSÃO
- Propriedade privativa de brasileiro: art. 222

EMP — ÍNDICE REMISSIVO

EMPRESAS DE PEQUENO PORTE
- Regimes especiais: ADCT, art. 94
- Tratamento favorecido a: art. 170, IX

EMPRÉSTIMO AO TESOURO NACIONAL
- Vedação: art. 164, § 1°

EMPRÉSTIMO COMPULSÓRIO
- Instituição; finalidades e aplicação de recursos: art. 148; e ADCT, art. 34, § 1°

ENERGIA
- Atividades nucleares; legislação; competência privativa da União: art. 22, XXVI
- Elétrica; exploração; autorização; concessão ou permissão; competência da União: art. 21, XII, "b"
- Elétrica; Imposto sobre Circulação de Mercadorias; responsabilidade pelo pagamento: ADCT, art. 34, § 9°
- Elétrica; incidência de tributos; vedação: art. 155, § 3°
- Elétrica; participação assegurada nos resultados; aos Estados, Distrito Federal e Municípios: art. 20, § 1°
- Eletrificação rural; política agrícola: art. 187, VII
- Hidráulica; bens da União: art. 20, VIII
- Hidráulica; empresas brasileiras titulares de autorização; requisitos; prazo: ADCT, art. 44
- Hidráulica; exploração e aproveitamento: art. 176, caput, e § 1°
- Legislação; competência privativa da União: art. 22, IV
- Nuclear; iniciativa do Poder Executivo; aprovação; competência do Congresso Nacional: art. 49, XIV
- Nuclear; serviços e instalações; exploração; competência da União: art. 21, XXIII
- Potenciais energéticos; terras indígenas; exploração; autorização do Congresso Nacional: art. 231, § 3°
- Renovável de capacidade reduzida; livre aproveitamento: art. 176, § 4°
- Usina nuclear; localização: art. 225, § 6°

ENFITEUSE
- Em imóveis urbanos: ADCT, art. 49, §§ 1° ao 4°

ENSINO
- Intervenção Federal: art. 34, VII, "e"; e EC n° 29
- Vide *Educação*

ENSINO OBRIGATÓRIO
- Universalização: art. 211, § 4°; e EC n° 59

ENTIDADE DE CLASSE
Vide *Associação*

ENTORPECENTES E DROGAS AFINS
- Dependentes; menores: art. 227, § 3°, VII
- Plantas psicotrópicas; cultura; expropriação das terras: art. 243
- Prevenção e repressão ao tráfico: art. 144, § 1°, II
- Tráfico ilícito; bens confiscados: art. 243, parágrafo único
- Tráfico ilícito; crime inafiançável; extradição: art. 5°, XLIII e LI

ERRADICAÇÃO DA POBREZA
- Objetivo fundamental da República: art. 3°, III

ERRADICAÇÃO DE POBREZA, FUNDO DE
- Composição: ADCT, art. 80
- Criação de fundo: ADCT, art. 79
- Recursos: ADCT, art. 81

ERRO JUDICIÁRIO
- Indenização pelo Estado: art. 5°, LXXV

ESCOLAS PÚBLICAS
- Comunitárias, confessionais e filantrópicas; recursos: art. 213

ESPAÇO AÉREO E MARÍTIMO
- E limites do território nacional; atribuição do Congresso Nacional: art. 48, V

ESPETÁCULOS PÚBLICOS
- Competência de lei federal: art. 220, § 3°, I

ESTABILIDADE
- De servidores públicos: art. 41, caput; e ADCT, art. 19
- Extinção de efeitos jurídicos: ADCT, art. 18
- Juízes togados: ADCT, art. 21
- Membros dos MP do Trabalho e Militar: ADCT, art. 29, § 4°
- Perda do cargo pelo servidor com: art. 41, § 1°

ESTADO(S)
- Adicionais criados: EC n° 42, art. 4°
- Advogado-Geral da União; nomeação e destituição: art. 235, VIII
- Áreas — incorporação; subdivisão ou desmembramento: art. 18, § 3°
- Áreas ecológicas; definição e proteção: art. 225, § 1°, I
- Atuação prioritária no ensino fundamental e infantil: art. 211, § 3°; e EC n° 14
- Autonomia: art. 18
- Autorização para legislar sobre matérias de competência privativa da União: art. 22, parágrafo único
- Bens que são: art. 26
- Caso em que será vedada a sua interferência: art. 5°, XVIII
- Causas e conflitos com a União e o Distrito Federal; processo e julgamento: art. 102, I, "f"
- Competência: art. 25, § 1°
- Competência comum com a União, o Distrito Federal e os Municípios: art. 23
- Competência da Assembleia Legislativa: art. 27, § 3°
- Competência tributária: arts. 145 e 155
- Constituição de seção judiciária: art. 110
- Consultoria Jurídica e Procuradoria Geral ou Advocacia-Geral — órgãos distintos: ADCT, art. 69
- Contribuição de melhoria; previdenciárias; servidores; instituição; competência do: arts. 145 e 149; e ADCT, arts. 34, § 1°; 57; e 60, § 4°
- Criação; incorporação, desmembramento, normas básicas: arts. 18, § 3°; 234; e 235
- Defensoria Pública, organização: arts. 134; 135; e 235, VIII
- Demarcações; linhas divisórias litigiosas: ADCT, art. 12, § 2° ao 4°
- Deputados; mandato e número de: art. 27, caput e § 1°
- Desmembramento: art. 18, § 3°
- Despesa com pessoal: art. 169; e ADCT, art. 38
- Dever de educação: art. 208
- Dever quanto às pessoas idosas: art. 230
- Disponibilidade de caixa; depósito: art. 164, § 3°
- Dívida mobiliária; limites e condições; consolidada; fixação; competência do Senado Federal: art. 52, VI e IX
- Dívida pública dos — renda; tributação; proibição: art. 151, II
- Eleição de Governador e Vice: art. 28
- Ensino; aplicação de recursos: arts. 211, § 3°; e 212
- Ensino; pesquisa científica e tecnológica: art. 218, § 5°
- Erradicação de Pobreza, criação de Fundo: ADCT, art. 82
- Exploração de petróleo ou gás natural, recursos hídricos e minerais; participação no resultado: art. 20, § 1°
- Exploração direta ou por concessão pelos: art. 25, § 2°; e EC n° 5
- Federado: arts. 25 a 28
- Finanças; intervenção da União, reorganização das finanças: art. 34, V
- Fiscalização, incentivo e planejamento; atividade econômica: art. 174, §§ 1° ao 4°

ÍNDICE REMISSIVO — EST

- Fundo de participação dos: arts. 159, I, "a"; 161, II, III e parágrafo único; e ADCT, art. 34, § 2º, II
- Gás canalizado; exploração do serviço: art. 25, § 2º
- Governadores, reeleição: art. 14, § 5º
- Governadores de, subsídios: art. 28, § 2º
- Igualdade entre os; princípio das relações internacionais: art. 4º, V
- Impostos; arrecadação; distribuição aos municípios: arts. 158, III, IV e parágrafo único; 159, § 3º; e 160
- Impostos; instituição e normas: art. 155
- Impostos; vedada a retenção: art. 160
- Impostos da União; arrecadação; repartição com: arts. 153, § 5º, I; 157; 159, I, "a", II, e §§ 1º e 2º; 160; 161, II, III e parágrafo único; e ADCT, art. 34, § 2º, II
- Impostos que pertencem aos: arts. 155 e 157
- Incorporação; desmembramento ou fusão: arts. 18, § 3º; e 235
- Iniciativa popular no processo legislativo: art. 27, § 4º
- Instituição de contribuições: art. 149
- Instituição de impostos pelos: art. 155
- Instituição de regiões metropolitanas: art. 25, § 3º
- Intervenção da União, nos: art. 34
- Intervenção nos municípios, pelo: art. 35
- Juizados especiais; justiça de paz; criação: art. 98
- Justiça; organização: art. 125
- Legislação concorrente com a União: art. 24
- Litígio com Estado estrangeiro ou organismo internacional; competência do STF: art. 102, I, "e"
- Mandato do Governador e Vice: art. 28
- Microempresa e empresa de pequeno porte; tratamento jurídico diferenciado: art. 179
- Número de Senadores: art. 46, § 1º
- Operações cambiais; disposições: art. 163, VI
- Operações externas financeiras; autorização; competência privativa do Senado Federal: art. 52, V
- Organização de sistemas de ensino: art. 211, § 4º; e EC nº 14
- Organização e administração; normas: arts. 25; e 211, § 4º

- Perda de mandato do Governador: art. 28, § 1º
- Pobreza, criação de Fundo da Erradicação: ADCT, art. 82
- Poder do Governador para propositura de ação de inconstitucionalidade: art. 103, V
- Procurador-Geral do; destituição: arts. 128, §§ 3º e 4º; e 235, VIII
- Proibições: art. 19
- Quadro de pessoal; compatibilização: ADCT, art. 24
- Receitas Tributárias da União – repartição: arts. 153, § 5º, I; 157; 159, I, "a", §§ 1º e 2º; 160; 161, II, III e parágrafo único; ADCT, arts. 34, § 2º, I e II; e 39
- Recursos e responsabilidades, distribuição: ADCT, art. 60, caput e I
- Recursos repassados pela União; fiscalização: arts. 71, VI; e 160
- Regiões metropolitanas; aglomerações urbanas e microrregiões; instituição: art. 25, § 3º
- Reintegração de Território: art. 18, § 2º
- Representação; Senado Federal: art. 46
- Representação judicial e consultoria jurídica; exercício: art. 132
- Representação proporcional; Câmara dos Deputados: art. 45; e ADCT, art. 4º, § 2º
- Secretários dos, subsídios: art. 28, § 2º
- Seguridade social; recursos dos: art. 195, caput e § 1º
- Servidor; estabilidade: art. 41; ADCT, arts. 18 e 19
- Servidor; política de administração e remuneração: art. 39, caput; e ADCT, art. 24
- Símbolos próprios: art. 13, § 2º
- Sistema de ensino; organização: art. 211, caput
- Subdivisão: art. 18, § 3º
- Terras devolutas do arrecadadas; indisponibilidade para proteção dos ecossistemas naturais: art. 225, § 5º
- Terras públicas; reversão ao patrimônio do: ADCT, art. 51, § 3º
- Tribunais de Justiça: art. 125, §§ 1º ao 4º
- Tributos; arrecadação; divulgação e critérios de rateio: art. 162
- Tributos; diferenças entre bens e serviços; proibição: art. 152
- Tributos; isenções pela União: art. 151, III

- Tributos; limites e proibições: arts. 150 e 151; e ADCT, art. 34, § 1º
- União indissolúvel com os Municípios e Distrito Federal: art. 1º, parágrafo único
- Vedações: art. 19
- Vices-governadores de, subsídios: art. 28, § 2º

ESTADO DE DEFESA
- Aprovação ou suspensão; competência exclusiva: art. 49, IV
- Áreas abrangidas: art. 136, § 1º
- Cessação do: arts. 136, § 7º; e 141
- Comissão do Congresso Nacional; atuação: art. 140
- Congresso em recesso; convocação extraordinária: arts. 57, § 6º; e 136, §§ 5º e 6º
- Conselhos da República e de Defesa Nacional; pronunciamento: arts. 90, I; e 91, § 1º, II
- Crimes contra o Estado durante a vigência do: art. 136, § 3º
- Decretação: arts. 21, V; 84, IX; e 136, caput, § 1º
- Decreto; apreciação; aprovação ou rejeição pelo Congresso Nacional: art. 136, §§ 4º ao 7º
- Duração: art. 136, § 2º
- Execução das medidas; acompanhamento e fiscalização: art. 140
- Ineficácia do; decretação do estado de sítio: art. 137, I
- Medidas coercitivas: art. 136, § 1º, I
- Ministros, nacionalidade: art. 12, § 3º, VII
- Ministros, processo e julgamento: arts. 52, I; 102, I, "c"; e 105, I, "b"
- Pessoas atingidas na vigência do; relação nominal: art. 141, parágrafo único
- Prazo para recebimento de decreto: art. 136, § 6º
- Preso; direito: art. 136, § 3º, IV
- Regras na sua vigência: art. 136, II e § 3º
- Segurança pública: art. 144
- Tempo de duração: art. 136, §§ 1º e 2º

ESTADO DE EMERGÊNCIA
Vide Estado de Defesa

ESTADO DE GUERRA
- Declaração; decretação do Estado de Sítio: art. 137, II

ESTADO DE SÍTIO
- Acompanhamento e fiscalização pelo Congresso Nacional: art. 140
- Aprovação ou suspensão; competência exclusiva do Congresso Nacional: art. 49, IV

EST ÍNDICE REMISSIVO

- Áreas abrangidas, duração, normas e garantias constitucionais: art. 138, *caput* e § 1º
- Autorização para decretação: art. 137
- Casos para decretação: art. 137, I, II e parágrafo único
- Cessação do: art. 141
- Competência para decretação: art. 21, V
- Congresso Nacional – convocação extraordinária: arts. 57, § 6º; e 138, §§ 2º e 3º
- Conselhos da República e de Defesa Nacional; pronunciamento: arts. 90, I; e 91, § 1º, II
- Decretação: arts. 21, V; 84, IX; e 137
- Decreto do Estado de Sítio; normas; duração: art. 138
- Execução das medidas; acompanhamento e fiscalização: art. 140
- Facultatividade do Presidente da República: art. 137
- Imunidades dos Deputados e Senadores: art. 53, § 7º
- Na vigência do; medidas que podem ser tomadas contra as pessoas: art. 139, parágrafo único
- Prazo: art. 138, *caput* e § 1º
- Solicitação de autorização; reunião do Congresso; prazo: art. 138, §§ 2º e 3º
- Tempo de duração: art. 138, §§ 1º e 2º

ESTADO DEMOCRÁTICO
- Fundamentos: art. 1º
- Inafiançabilidade do crime contra o: art. 5º, XLIV

ESTADO ESTRANGEIRO
- Cartas rogatórias e homologação de sentenças estrangeiras: art. 105, I, "i"
- Causas com a União: art. 109, III
- Causas com Municípios ou pessoas residentes no País; julgamentos: arts. 105, II, "c"; e 109, II
- Extradição solicitada; processo e julgamento: art. 102, I, "g"
- Litígio; processo e julgamento: art. 102, I, "e"
- Relações com; manutenção; competência privativa do Presidente da República: arts. 21, I; e 84, VII
- Relações com; participação em organizações internacionais; competência da União: art. 21, I

Vide *Atos Internacionais*

ESTATÍSTICA
- Organização e manutenção de serviços; competência da União: art. 21, XV
- Sistema estatístico nacional; legislação; competência da União: art. 22, XVIII

ESTATUTO DA MAGISTRATURA
- Princípios; lei complementar; iniciativa do STF: art. 93

ESTATUTO DE PARTIDO POLÍTICO: art. 17, § 2º

ESTATUTO DO MINISTÉRIO PÚBLICO
- Atribuições: art. 128, § 5º

ESTRANGEIRO
- Adoção de menores: art. 227, § 5º
- Emigração, imigração; entrada; extradição e expulsão; competência privativa: art. 22, XV
- Extradição; não concessão por crime político ou de opinião: art. 5º, LII
- Inalistável como eleitor: art. 14, § 2º
- Inviolabilidade de seus direitos: art. 5º, *caput*
- Naturalização: arts. 12, II, "b"; e 22, XIII; e ECR nº 3
- Pessoa física ou jurídica; propriedade rural: art. 190
- Professores, cientistas e técnicos; admissão em universidades: art. 207, § 1º; EC nº 11, art. 1º
- Sucessão de bens: art. 5º, XXXI

Vide *Nacionalidade*

EXECUÇÃO
- De sentença; processo e julgamento pelo STF: art. 102, I, "m"
- Orçamentária; publicações de relatório: art. 165, § 3º

EXECUTIVO
- Poder: arts. 76 a 91
- Poder da União: art. 2º

EXECUTORES
- De crime: art. 5º, XLIII

EXEQUATUR
- Competência do STF para concessão: art. 102, I, "i"

EXERCÍCIO PROFISSIONAL
- Informação; direito: art. 5º, XIV

EXPORTAÇÃO
- Exclusão de incidência de imposto: art. 155, § 2º, XII, "e"
- Imposto; instituição: art. 153, II

EXPRESSÃO
- Liberdade de: arts. 5º, IX; e 220

EXPROPRIAÇÃO
- De glebas; culturas ilegais de plantas psicotrópicas: art. 243

EXPULSÃO
- Competência para legislar sobre: art. 22, XV

EXTINÇÃO
- De partidos políticos: art. 17

EXTRADIÇÃO
- Competência para legislar sobre: art. 22, XV
- De brasileiro: art. 5º, LI
- De estrangeiro: arts. 5º, LI e LII; e 22, XV
- Requisitada por Estado estrangeiro; processo e julgamento: art. 102, I, "g"

F

FAIXA DE FRONTEIRA
- Definição: art. 20, § 2º

FAMÍLIA
- Adoção: art. 227, § 5º
- Assistência do Estado: art. 226, § 8º
- Assistência Social; proteção: art. 203, I
- Crianças e adolescentes; dever da: art. 205
- Dever da: art. 227
- Dever quanto às pessoas idosas: art. 230
- Deveres dos pais: art. 229
- Entidade familiar: art. 226, §§ 3º e 4º
- Filhos; discriminação relativa à filiação; proibição: art. 227, § 6º
- Filhos maiores; amparo aos pais: art. 229
- Filhos menores; assistência: art. 229
- Inimputabilidade penal dos menores de dezoito anos: art. 228
- Pessoas idosas; amparo: art. 230
- Planejamento familiar: art. 226, § 7º
- Proteção do Estado: art. 226, § 8º
- Violência familiar; mecanismos do Estado para coibir: art. 226, § 8º

Vide *Casamento*

FAUNA E FLORA

Vide *Meio Ambiente*

FAZENDA DISTRITAL
- Condições para pagamento de débitos: ADCT, art. 86

FAZENDA ESTADUAL
- Condições para pagamento de débitos: ADCT, art. 86

FAZENDA FEDERAL
- Condições para pagamento de débitos: ADCT, art. 86

FAZENDA FEDERAL, ESTADUAL E MUNICIPAL
- Pagamentos devidos pela: art. 100; ADCT, art. 33; e EC nº 3, art. 5º

FAZENDA MUNICIPAL
- Condições para pagamento de débitos: ADCT, art. 86

ÍNDICE REMISSIVO

FÉRIAS
- Magistrados; concessão: art. 96, I, "f"
- Servidores Públicos: art. 39, § 3º
- Trabalhadores: art. 7º, XVII

FIANÇA
- Crimes em que não cabe o pagamento de: art. 5º, XLII a XLIV
- Liberdade provisória: art. 5º, LXVI

FILHOS
- Direitos e qualificações: art. 227, § 6º

FILIAÇÃO PARTIDÁRIA
- Juízes; vedação: art. 95, parágrafo único, III
- Militares em serviço ativo; vedada: art. 142, § 3º, V
- MP; vedação: art. 128, § 5º, II, "e"

FINANÇAS PÚBLICAS: arts. 163 a 169
- Abertura de crédito extraordinário: art. 167, § 3º
- Banco Central do Brasil: art. 164, §§ 1º ao 3º
- Competência; exercício; para emissão de moeda: art. 164
- Créditos especiais e extraordinários; vigência: art. 167, § 2º
- Despesa com pessoal: art. 169
- Disponibilidade de caixa da União: art. 164, § 3º
- Dotações orçamentárias; recursos; destinação: art. 168
- Gestão: art. 165, § 9º, II; ADCT, art. 35, § 2º; e ECR nº 1, art. 1º
- Investimento; início vedado: art. 167, § 1º
- Lei de diretrizes orçamentárias: arts. 165 e 166
- Lei orçamentária anual; conteúdo: art. 165, §§ 5º, 7º e 8º
- Normas gerais: arts. 163 e 164
- Orçamento: arts. 165 a 169
- Plano plurianual: art. 165, I e § 1º
- Plano plurianual; a quem será enviado o projeto: art. 166, § 6º
- Proibições: art. 164, § 1º

FISCALIZAÇÃO CONTÁBIL, ORÇAMENTÁRIA E FINANCEIRA: arts. 70 a 75
- Aplicabilidade; normas à organização e fiscalização dos TCE, do DF, dos TCCM: art. 75
- Auditor; direitos: art. 73, § 4º
- Auditoria e inspeção: competência do Tribunal de Contas da União: art. 71, IV e VII
- Comissão mista permanente; pedidos de esclarecimento à autoridade governamental: art. 72, caput e § 1º
- Competência do Tribunal de Contas da União: art. 71, I a XI
- Competência para exercê-la: art. 70
- Composição do Tribunal de Contas da União: art. 73
- Constituição Estadual; disposição sobre Tribunal de Contas: art. 75 e parágrafo único
- Constituições Estaduais; número de Conselheiros: art. 175 e parágrafo único
- Contábil, financeira e orçamentária: exercício: art. 70
- Contrato; sustação: art. 71, §§ 1º e 2º
- Controle externo: art. 71
- Controle interno; ciência pelos responsáveis ao Tribunal de Contas da União: art. 74, § 2º
- Decisões do Tribunal; título executivo: art. 71, § 3º
- Denúncia; parte legítima: art. 74, § 2º
- Despesas não autorizadas; prestação de esclarecimentos: art. 72, §§ 1º e 2º
- Integração dos Três Poderes; finalidade: art. 71, I a IV
- Irregularidade ou ilegalidade; não ciência; penalidade: art. 74, § 1º
- Ministros do Tribunal de Contas da União equiparados aos Ministros do Superior Tribunal de Justiça: art. 73, § 3º
- Para escolha: art. 73, § 2º
- Para nomeação, requisitos: art. 73, § 1º
- Relatório do Tribunal ou Congresso: art. 71, § 4º
- Sustação: art. 72, § 2º
- Tribunal de Contas; composição, jurisdição, atribuições: art. 73

FLAGRANTE DELITO
- Prisão mediante: art. 5º, LXI
- Violabilidade da casa em caso de: art. 5º, XI

FLORA E FAUNA
Vide Meio Ambiente

FLORESTA(S)
- Legislação concorrente: art. 24, VI
- Patrimônio nacional: art. 225, § 4º
- Preservação; competência concorrente: art. 23, VII

FORÇAS ARMADAS
- Comando supremo; competência privativa do Presidente da República; art. 84, XIII
- Competência: art. 143, § 1º
- Constituição e destinação: art. 142
- Denominação: art. 142, § 3º; e EC nº 18

- Deputados Estaduais, Federais e Senadores, incorporação: arts. 27, § 1º; e 53, § 7º
- Deveres e direitos: art. 142, § 3º; e EC nº 18
- Direitos remuneratórios: art. 142, § 3º, VIII
- Eclesiásticos; serviço militar: art. 143, § 2º
- Efetivos; fixação e modificação; iniciativa do Presidente da República e competência do Congresso Nacional: arts. 48, III; e 61, § 1º, I
- Ingresso, disposição legal: art. 142, § 3º, X
- Isenção do Serviço Militar: art. 143, § 2º
- Militar para a reserva: EC nº 18
- Mulheres; serviço militar: art. 143, § 2º
- Normas sobre militar: art. 142, § 3º
- Obrigatoriedade do Serviço Militar: art. 143, caput
- Oficial das; cargo de brasileiro nato: art. 12, § 3º, VI e VII
- Oficial das, perda de patente: art. 142, § 3º, VI
- Organização; normas e destinação: art. 142, § 1º
- Patentes: art. 142, § 3º, I
- Punições disciplinares; habeas corpus: art. 142, § 2º
- Serviços alternativos; alistados em tempo de paz: art. 143, § 1º
Vide Militar

FORÇAS ESTRANGEIRAS
- Agressão armada; decretação de estado de sítio: art. 137, II
- Trânsito ou permanência em território nacional: arts. 21, IV; 49, II; e 84, XXII

FORMA DE GOVERNO
- Definição por plebiscito: EC nº 2

FORO JUDICIAL
- Serventias; estatização: ADCT, art. 31

FRONTEIRAS
- Faixa de; ocupação e utilização: arts. 20, § 2º; e 91, § 1º, III
- Faixa de; pesquisa, lavra e aproveitamento de potenciais de energia hidráulica: art. 176, § 1º
- Nacionais; serviços de transporte; exploração; competência da União: art. 21, XII, "d"
Vide Limites

FUNÇÃO PÚBLICA
- Perda da: art. 37, § 4º

FUNÇÃO SOCIAL
- Imóvel rural; desapropriação: art. 184
- Política urbana; desenvolvimento da: art. 182
- Propriedade; atendimento à: art. 5º, XXIII

FUN — ÍNDICE REMISSIVO

- Propriedade produtiva; normas: art. 185, parágrafo único
- Propriedade rural; requisitos: art. 186
- Propriedade urbana; cumprimento da: art. 182, § 2°

FUNCIONÁRIO PÚBLICO
Vide *Servidor Público*

FUNÇÕES ESSENCIAIS DA JUSTIÇA: arts. 127 a 135
- Advocacia e defensoria pública: arts. 133 a 135
- Advocacia-Geral da União: arts. 131 e 132
- MP: arts. 127 a 130-A

FUNDAÇÃO PÚBLICA
- Acumulação de empregos e funções; proibição: art. 37, XVII
- Contas; atos de admissão de pessoal; inspeções e auditorias: art. 71, II, III e IV
- Criação: art. 37, XIX
- Despesa com pessoal: art. 169; e ADCT, art. 38
- Dívida pública interna e externa; disposições: art. 163, II
- Impostos sobre patrimônio, renda ou serviços; proibição: art. 150, § 2°
- Licitação e contratação; legislação; competência privativa da União: art. 22, XXVII
- Servidor; anistia; estabilidade: ADCT, arts. 8°, § 5°; 18 e 19
- Subsidiárias: art. 37, XX

FUNDAÇÕES EDUCACIONAIS
- Recursos públicos: ADCT; art. 61

FUNDO(S)
- De participação dos Estados, do Distrito Federal, dos Territórios e Municípios: arts. 159, I, "a" e "b"; 161, II, III e parágrafo único; ADCT, arts. 34, § 2°; e 39
- Instituição e funcionamento: arts. 165, § 9°, II; 167, IX; ADCT, arts. 35, § 2°; e ECR n° 1, art. 1°
- Integrados para pagamento de aposentadoria pelo ente político: art. 249
- Orçamento anual: art. 165, § 5°, I e III
- Partidário; dos partidos políticos: art. 17, § 3°
- Ratificação pelo Congresso Nacional; prazo: ADCT, art. 36
- Social de emergência; composição: ADCT, arts. 72 e 73

FUNDO DE ESTABILIZAÇÃO FISCAL
- ADCT, arts. 71 a 73

FUNDO DE GARANTIA POR TEMPO DE SERVIÇO
- Trabalhadores: art. 7°, III

FUNDO(S) SOCIAL DE EMERGÊNCIA
- Integram o: ADCT, art. 72; e ECR n° 1
- Regulação: ADCT, art. 73; e ECR n° 1

FUSÃO
- De Partidos Políticos: art. 17
- De Municípios: ADCT, art. 96

G

GARANTIA DA UNIÃO
- Disposição pelo Senado Federal: art. 52, VIII

GARANTIA DE FORNECIMENTO DE PETRÓLEO: art. 177, § 2°; e EC n° 9

GARANTIAS
- Controle: art. 74, III
- Do Ministério Público: art. 128, § 5°, I
- Dos juízes: art. 95
- Fundamentais; aplicação imediata das normas: art. 5°, §§ 1° e 2°
- Pelas entidades públicas; concessão: art. 163, III

GARIMPAGEM
- Áreas e condições; competência da União para legislar sobre: art. 21, XXV
- Atividade garimpeira; competência da União para legislar sobre: art. 22, XII
- Delimitação de área e condições para: art. 21, XXV
- Em cooperativas; organização favorecida pelo Estado: art. 174, §§ 3° e 4°
- Organização em cooperativas: art. 174, §§ 3° e 4°

GARIMPEIRO
- Aposentadoria: art. 201, § 7°, II
- Contribuição: art. 195, § 8°

GÁS CANALIZADO
- Concessão: art. 25, § 2°; e EC n° 5
- Exploração pelos Estados ou mediante concessão: art. 25, § 2°

GÁS NATURAL
- Exploração; participação: art. 20, § 1°
- Monopólio da União: art. 177, I

GEOGRAFIA
- Organização e manutenção de serviços oficiais; competência da União: art. 21, XV

GEOLOGIA
- Organização e manutenção de serviços oficiais; competência da União: art. 21, XV
- Sistema nacional de; legislação; competência privativa da União: art. 22, XVIII

GESTANTE
- Direito de licença: art. 7°, XVIII
- Dispensa: ADCT, art. 10, II, "b"

GOIÁS
- Débitos; liberação: ADCT, art. 13, § 7°

GOVERNADORES
- De Estado; eleição, posse, mandato e perda de mandato: art. 28; e ADCT, art. 4°, § 3°
- De Estado, subsídio: art. 28, § 2°
- De Estado e do Distrito Federal; processo e julgamento nos crimes comuns; competência do STJ: art. 105, I, "a"
- De Território; escolha; aprovação prévia; competência privativa do Senado Federal: art. 52, III, "c"
- De Território; nomeação; competência privativa do Presidente da República: art. 84, XIV
- Do Distrito Federal; eleição: art. 32, § 2°
- Elegibilidade; idade mínima: art. 14, § 3°, VI, "b"
- Eleição, mandato, posse: art. 28
- Inelegibilidade de e do cônjuge e parentes dos: art. 14, §§ 6° e 7°
- Perda de mandato,com ressalva: art. 28, § 1°
- Proposição de ação de inconstitucionalidade: art. 103, V
- Provimento de cargo; nomeações; competência do; criação de Estado: art. 235, V a VIII
- Reeleição e concorrência a outros cargos: art. 14, §§ 5° e 6°
- Subsídios: art. 28, § 2°

GRATIFICAÇÃO NATALINA
- Dos aposentados e pensionistas: art. 201, § 6°
- Trabalhadores: art. 7°, VIII

GRAVE COMOÇÃO
- Decretação de Estado de Sítio: art. 137, I

GREVE
- Abusos cometidos; penalidades: art. 9°, § 2°
- Direito de; trabalhadores: art. 9°
- Serviços ou atividades essenciais: art. 9°, § 1°
- Servidor público civil; direito de: art. 37, VII
- Servidor público militar: art. 142, § 3°, IV

GRUPOS ARMADOS
- Crime inafiançável e imprescritível: art. 5°, XLIV

GUARDAS MUNICIPAIS
- Constituição: art. 144, § 8°

GUERRA
- Declaração; agressão estrangeira; competência privativa do Presidente da República: art. 84, XIX

ÍNDICE REMISSIVO   IMP

- Declaração; autorização; competência exclusiva do Congresso Nacional: art. 49, II
- Declaração; competência: arts. 21, II; e 84, XIX
- Declaração; Conselho de Defesa Nacional; pronunciamento: art. 91, § 1º, I
- Estado de sítio; decretação e duração: arts. 137, II; e 138, § 1º
- Externa; despesa extraordinária; empréstimo compulsório: art. 148, I; e ADCT, art. 34, § 1º
- Externa; impostos extraordinários: art. 154, II
- Pena de morte: art. 5º, XLVII, "a"
- Requisições civis e militares; legislação; competência privativa da União: art. 22, III

H
HABEAS CORPUS
- Concessão: art. 5º, LXVIII
- Gratuidade: art. 5º, LXXVII
- Julgamento em recurso ordinário; competência do STF: art. 102, II, "a"
- Julgamento em recurso ordinário; competência do STJ: art. 105, II, "a"
- Mandado de segurança; direito não amparado por: art. 5º, LXIX
- Processo e julgamento; competência do STF: art. 102, I, "d" e "i"
- Processo e julgamento; competência do STJ: art. 105, I, "c"
- Processo e julgamento; competência dos TRF e seus juízes: arts. 108, I, "d"; e 109, VII
- Punições disciplinares militares; não caberá: art. 142, § 2º
- Recurso em caso de denegação pelo TRE: art. 121, § 4º, V
- Recurso ordinário; processo e julgamento: art. 102, II, "a"

HABEAS DATA
- Concessão: art. 5º, LXXII
- Gratuidade: art. 5º, LXXVII
- Julgamento em recurso ordinário; competência do STF: art. 102, II, "a"
- Mandado de segurança; direito não amparado por: art. 5º, LXIX
- Processo e julgamento; competência do STF: art. 102, I, "d"
- Processo e julgamento; competência do STJ: art. 105, I, "b"
- Processo e julgamento; competência dos TRFs e seus juízes: arts. 108, I, "c"; e 109, VIII

- Recurso em caso de denegação pelo TRE: art. 121, § 4º, V
- Recurso ordinário; processo e julgamento: art. 102, II, "a"
HABITAÇÃO
- Diretrizes; competência da União: art. 21, XX
- Programas de; competência concorrente: art. 23, IX
- Trabalhador rural: art. 187, VIII
Vide *Domicílio*
HARMONIA
- Dos Poderes: art. 2º
HERANÇA
- De bens de estrangeiro situados no Brasil: art. 5º, XXXI
- Direito assegurado: art. 5º, XXVII e XXX
- Poder público; assistência aos herdeiros e carentes: art. 245
HERDEIROS
- De autores: art. 5º, XXVII
- Dependentes carentes de pessoas vitimadas por crime doloso; assistência pelo Poder Público: art. 245
- Garantia do direito de herança: art. 5º, XXX
HIDROCARBONETOS FLUIDOS
- Monopólio da União: art. 177, I
HIGIENE E SEGURANÇA DO TRABALHO
- Direito assegurado aos trabalhadores: art. 7º, XXII
HINO NACIONAL
- Símbolo: art. 13, § 1º
HISTÓRIA DO BRASIL
- Ensino da: art. 242, § 1º
HOMENS E MULHERES
- Igualdade de direitos e obrigações: art. 5º, I
HONRA
- Inviolabilidade: art. 5º, X
HORA EXTRA
- Remuneração: art. 7º, XVI
HORÁRIO DE TRABALHO
- Art. 7º, XIII
HUMANIDADE
- Cooperação entre os povos para o progresso: art. 4º, IX

I
IDADE
- Preconceito de: art. 3º, IV
- Proibição de distinção em razão de: art. 7º, XXX
IDENTIFICAÇÃO CRIMINAL
- Hipóteses previstas em lei: art. 5º, LVIII
IDIOMA OFICIAL
- Língua portuguesa: art. 13
IGREJA
Vide *Culto Religioso*
IGUALDADE
- De direitos; trabalhadores: art. 7º, XXX a XXXII e XXXIV
- De direitos e obrigações; homens e mulheres: art. 5º, I

- Entre Estados; relações internacionais: art. 4º, V
- Perante a lei; direito assegurado: art. 5º
- Regional e social: arts. 3º, III; 43; e 170, VII
ILEGALIDADE
- Defesa em caso de: art. 5º, XXXIV, "a"
ILHAS
- Bens da União: art. 20, IV
- Bens dos Estados: art. 26, II e III
ILUMINAÇÃO PÚBLICA
- Contribuição para custeio: art. 149-A
IMAGEM
- Das pessoas; inviolabilidade: art. 5º, X
- Garantia de indenização em caso de dano à: art. 5º, V
- Humana; reprodução: art. 5º, XXVIII, "a"
IMIGRAÇÃO
- Legislação; competência privativa da União: art. 22, XV
IMÓVEIS PÚBLICOS
- Usucapião; vedado: art. 183, § 3º
IMÓVEL
Vide *Propriedade*
IMPORTAÇÃO
- Pessoa natural equiparada a pessoa jurídica: art. 149, § 3º
- Produtos estrangeiros; imposto: arts. 150, § 1º; 153, I
IMPOSTO(S)
- Alíquota, repasse pela União aos Municípios: EC nº 17, art. 3º
- Aplicação de recursos no desenvolvimento regional: condições: ADCT, art. 34, § 1º
- Características: art. 145, § 1º
- Competência concorrente para instituir os: art. 145, caput
- Competência tributária da União: arts. 153 e 154
- Competência tributária dos Estados e do Distrito Federal: art. 155
- Competência tributária dos Municípios: art. 156; e ADCT, art. 34, § 6º
- Da União; arrecadação – distribuição: arts. 153, § 5º; 157, 158, I e II; 159, 160, 161, II, III e parágrafo único; e ADCT, arts. 34, § 2º; e 39, parágrafo único
- Deputados federais; remuneração: art. 49, VII
- Do Distrito Federal: art. 155
- Dos Estados: art. 155
- Dos Estados; arrecadação – distribuição aos municípios: arts. 158, III, IV e parágrafo único; 159, § 3º; e 161, I
- Dos Municípios: art. 156

IMP ÍNDICE REMISSIVO

- Dos Territórios; estaduais e municipais no; competência da União: art. 147
- Energia elétrica, combustíveis e minerais; exceção: art. 155, § 3º
- Estaduais; receita; ensino; manutenção e desenvolvimento; art. 34, VII, "e"
- Extraordinários; instituição pela União: art. 154, II
- Graduação segundo a capacidade econômica do contribuinte: art. 145, § 1º
- Instituição e cobrança: arts. 150, VI, e § 1º; 153, 154; e ADCT, art. 34, § 1º
- Isenção; fins de reforma agrária: art. 184, § 5º
- Isenção; templos de qualquer culto: art. 156, § 1º-A
- Livros, jornais, periódicos e papel; proibição: art. 150, VI, "e"; e ADCT, art. 34, § 1º
- Ouro – como ativo financeiro ou instrumento cambial; normas: arts. 153, § 5º; e 155, § 2º, X, "c"
- Patrimônio, renda ou serviços, proibição e exceções: art. 150, VI, "a" e "c", §§ 2º ao 4º; e ADCT, art. 34, § 10
- Produto de arrecadação do imposto de renda da União, pertencente aos Estados e DF: art. 157, I e II
- Produto de arrecadação do imposto de renda, pertencente aos Municípios: art. 158
- Recursos; desenvolvimento regional; condições: ADCT, art. 34, § 10
- Repasse pela União aos Municípios: EC nº 17, art. 3º
- Senadores; remuneração: art. 49, VII
- Sobre circulação de mercadorias; empresa distribuidora de energia elétrica; responsabilidade pelo pagamento: ADCT, art. 34, § 9º
- Sobre circulação de mercadorias – valor adicionado; definição: art. 161, I
- Sobre circulação de mercadorias e serviços; competência dos Estados e DF; instituição e normas: art. 155, II e § 2º; e ADCT, art. 34, §§ 6º, 8º e 9º
- Sobre combustíveis líquidos e gasosos; exceções: art. 155, § 3º
- Sobre exportação; alíquotas; alteração: art. 153, § 1º
- Sobre exportação; instituição e cobrança; arts. 150, § 1º; e 153, II
- Sobre grandes fortunas; instituição: art. 153, caput, e VII

- Sobre importação; instituição e cobrança; alíquotas: arts. 150, § 1º; 153, I e § 1º
- Sobre lubrificantes; exceções: art. 155, § 3º
- Sobre mercadorias e serviços – incidência; consumidor; defesa: art. 150, § 5º
- Sobre minerais; exceções: art. 155, § 3º
- Sobre operações de crédito, câmbio e seguro, ou relativas a títulos e valores mobiliários; alíquotas; alteração: art. 153, § 1º
- Sobre operações de crédito, câmbio e seguro, ou relativas a títulos ou valores mobiliários; instituição, cobrança e repartição: 153, V e § 5º; e ADCT, art. 34, § 1º
- Sobre operações relativas à circulação de mercadorias e sobre prestação de serviços de transporte interestadual e intermunicipal e de comunicação: art. 158, IV; e EC nº 108
- Sobre prestação de serviços; alíquotas; consumidor final localizado em outro Estado; Instituição: arts. 155, VI e VII; 156, III
- Sobre produtos industrializados; instituição; competência da União; não incidência; entrega pela União; alíquotas, alteração: arts. 150, § 1º; 153, caput, IV, § 3º, III; 159, II; e ADCT, art. 34, §§ 1º e 2º, I
- Sobre propriedade de veículos automotores; instituição; competência dos Estados e do DF: art. 155, III
- Sobre propriedade predial e territorial urbana; instituição pelos Municípios: art. 156, I, § 1º
- Sobre propriedade territorial rural; instituição e normas: art. 153, caput, VI e § 4º; e ADCT, art. 10, § 2º
- Sobre renda e proventos de qualquer natureza; distribuição pela União: art. 159, I, §§ 1º e 2º
- Sobre renda e proventos de qualquer natureza; instituição e normas: art. 153, caput, III, § 2º
- Sobre renda e proventos de qualquer natureza; pagos dos Estados e DF: art. 157, I e II; ADCT, art. 72
- Sobre renda e proventos de qualquer natureza; pagos por autarquias e fundações dos Municípios: art. 158, I e II; ADCT, art. 72

- Sobre serviços de qualquer natureza; instituição pelos Municípios: art. 156, III, § 3º
- Sobre transmissão causa mortis e doação; instituição pelos Estados e DF; alíquota máxima; fixação: art. 155, § 1º, I, III, "a" e "b" e IV
- Sobre transmissão inter vivos; competência de instituição pelos Municípios: art. 156, II, § 2º
- Solo urbano; aproveitamento inadequado: art. 182, § 4º, II
- Templos; proibição: art. 150, VI, "b" e § 4º; e ADCT, art. 34, § 1º
- Vedações: art. 150

IMPRENSA
Vide Comunicações

IMPROBIDADE ADMINISTRATIVA
- Ação Penal: art. 37, § 4º
- Efeito: art. 15, V

IMPUGNAÇÃO DE MANDATO ELETIVO: art. 14, § 10

IMUNIDADES
- Deputados e Senadores: art. 53, § 7º

INCENTIVOS FISCAIS
- Desenvolvimento socioeconômico regional; admitidos: art. 151, I
- Não confirmados por lei; revogação sem prejuízo dos direitos adquiridos: ADCT, art. 41, §§ 1º e 2º
- Por convênio entre Estados; reavaliação e reconfirmação: ADCT, art. 41, § 3º
- Setoriais; reavaliação: ADCT, art. 41, caput
- Subsídios; concessão; guarda de menor: art. 227, § 3º, VI
- Zona Franca de Manaus: ADCT, art. 40

INCONSTITUCIONALIDADE
- Ação de: arts. 103 e 129, IV
- De lei; suspensão da execução; competência privativa do Senado Federal: art. 52, X
- De lei ou ato normativo; declaração pelos Tribunais: art. 97
- De lei ou ato normativo; processo e julgamento: art. 102, I, "a"
- De leis ou atos normativos estaduais ou municipais; representação; competência dos Estados: art. 125, § 2º
- Julgamento; recurso extraordinário: art. 102, III
- Propositura de ação de, quem pode: art. 103
Vide Constituição Federal

INCORPORAÇÃO
- De Estados; plebiscito: art. 18, § 3º
- De Municípios: art. 18, § 4º; e ADCT, art. 96
- De Partidos Políticos: art. 17

INDENIZAÇÃO
- Acidente do trabalho: art. 7º, XXVIII
- Dano material, moral ou à imagem: art. 5º, V e X
- Desapropriação: art. 5º, XXIV
- Despedida arbitrária ou sem justa causa: art. 7º, I
- Em dinheiro; desapropriação rural; benfeitorias: art. 184, § 1º
- Em dinheiro; imóvel urbano; desapropriação: art. 182, § 3º
- Em título da dívida agrária; imóvel rural: art. 184, *caput*
- Em título da dívida pública; imóvel urbano; desapropriação: art. 182, § 4º, III
- Erro judiciário: art. 5º, LXXV
- Propriedade particular; uso por autoridade; danos: art. 5º, XXV

INDEPENDÊNCIA
- Dos Poderes: art. 2º
- Funcional do MP: art. 127, § 1º
- Nacional; discussão sobre: art. 91, § 1º, IV
- Princípio regente das relações internacionais: art. 4º, I

ÍNDIOS
- Competência para processar e julgar direito dos: art. 109, XI
- Costumes, língua, crenças, organização social e tradições: art. 231
- Demarcação de terras, proibição, nulidade: art. 231
- Ensino fundamental; língua materna: art. 210, § 2º
- Função institucional do MP: defender judicialmente os direitos e interesses dos: art. 129, V
- Grupos indígenas; remoção: art. 231, § 5º
- Inaplicabilidade dos arts. 174, §§ 3º e 4º; 231, § 7º
- Ingresso em juízo: art. 232
- Legislação sobre: art. 22, XIV
- População; defesa judicial: art. 129, V
- Terras dos; demarcação; proteção; ocupação ou exploração; usufruto exclusivo das riquezas: art. 231, *caput*, e § 2º e 6º; e ADCT, art. 67
- Terras dos; pesquisa, lavra e aproveitamento de potenciais de energia hidráulica: art. 176, § 1º
- Terras dos; recursos hídricos e riquezas minerais; exploração; autorização: arts. 49, XVI; e 231, § 3º
- Terras ocupadas pelos; bens da União: art. 20, XI

INDISPONIBILIDADE DOS BENS
- Ato de improbidade administrativa: art. 37, § 4º

INDIVIDUALIDADE DA PENA: art. 5º, XLV

INDIVISIBILIDADE
- Do MP: art. 127, § 1º

INDULTO
- Competência do Presidente da República; concessão: art. 84, XII

INELEGIBILIDADE
- Casos: art. 14, § 9º; e ECR nº 4
- Prazos: art. 14, § 9º; e ECR nº 4
Vide *Eleição*

INFÂNCIA
- Competência para legislar sobre; proteção: art. 24, XV
- Direito de proteção à: art. 6º
Vide *Menor*

INFORMAÇÕES
- Comercial; requisitada por autoridade estrangeira: art. 181
- De interesse particular; recebimento de: art. 5º, XXXIII
- Direito de todos: art. 5º, XIV, XXVIII
- Fonte das; sigilo: art. 5º, XIV
- Liberdade de: art. 220
- Pessoais; acesso ao registro de bancos de dados e direito à ratificação: art. 5º, LXXII
- Prestação de; fiscalização contábil, financeira, orçamentária, operacional, patrimonial e resultados de auditorias e inspeções: art. 71, VII
- Prestação de; restrições; estado de sítio: art. 139, III
- Sob qualquer forma, processo ou veiculação: art. 220, *caput*, e § 1º

INFORMÁTICA
- Competência privativa da União para legislar sobre: art. 22, IV

INFRAÇÃO PENAL
- Comum; processo e julgamento: arts. 86, § 1º, I; e 102, I, "b" e "c"
- E outras; apuração: art. 144, §§ 1º e 4º
- Processo e julgamento; competência dos juízes federais: art. 109, IV

INICIATIVA POPULAR: arts. 27, § 4º; 29, XIII; e 61, § 2º

INQUÉRITO
- Civil e ação civil pública: art. 129, III
- Policial; instauração: art. 129, VIII

INSALUBRIDADE
- Adicional de: art. 7º, XXIII

INSPEÇÃO DO TRABALHO
- Competência da União: art. 21, XXIV

INSTABILIDADE INSTITUCIONAL
- Estado de defesa; decretação: art. 136, *caput*

INSTALAÇÕES NUCLEARES
- Exploração e serviços: art. 21, XXIII, "a", "b" e "c"

INSTITUIÇÃO DO JÚRI
- Reconhecimento: art. 5º, XXXVIII

INSTITUIÇÃO PRIVADA
- Assistência à saúde; recursos públicos; proibição: art. 199, *caput*, e § 2º
- Sistema Único de Saúde; participação: art. 199, § 1º

INSTITUIÇÕES DEMOCRÁTICAS
- Competência para zelar pelas: art. 23, I
- Estabilidade; Conselho da República – pronunciamento: art. 90, II
- Guarda; competência comum da União, dos Estados, do Distrito Federal e dos Municípios: art. 23, I

INSTITUIÇÕES FINANCEIRAS
- Agências financeiras oficiais; lei de diretrizes orçamentárias; política de aplicação: art. 165, § 2º
- Aumento do percentual de participação das pessoas físicas ou jurídicas residentes no exterior; proibição: ADCT, art. 52, II
- Disposição sobre; competência do Congresso Nacional: art. 48, XIII
- Domiciliada no exterior; instalação no País – proibição: ADCT, art. 52, I e parágrafo único
- Empréstimos concedidos; liquidação dos débitos: ADCT, art. 47
- Estrangeiras; disposições: ADCT, art. 52
- Fiscalização: art. 163, V
- Oficial; disponibilidade de caixa; agente depositário: art. 164, § 3º
- Organização do sistema financeiro nacional: art. 192

INSTITUTO BRASILEIRO DE GEOGRAFIA E ESTATÍSTICA
- Prestação de serviços quando da definição de limites do Estado do Acre com os Estados do Amazonas e Rondônia: ADCT, art. 12, § 5º

INSTRUÇÃO PROCESSUAL PENAL
- Violação de sigilo: art. 5º, XII

INTEGRAÇÃO
- Política social e cultural dos povos da América Latina: art. 4º, parágrafo único
- Social – setores desfavorecidos; competência comum da União, dos Estados, do Distrito Federal e dos Municípios: art. 23, X

ÍNDICE REMISSIVO

INTEGRIDADE FÍSICA E MORAL
- Do preso: art. 5°, XLIX

INTERDIÇÃO DE DIREITOS
- Aplicação da pena de: art. 5°, XLVI, "e"

INTERESSES
- Sociais; restrição de publicidade dos atos processuais por exigência de: art. 5°, LX
- Sociais e individuais; defesa pelo MP: art. 127

INTERFERÊNCIA ESTATAL
- Caso de vedação à: art. 5°, XVIII

INTÉRPRETES
- Aproveitamento econômico de obras: art. 5°, XXVIII, "b"

INTERROGATÓRIO POLICIAL
- Direito do preso no caso de: art. 5°, LXIV

INTERVENÇÃO
- Cessação da: art. 36, § 4°
- Da União nos Estados e Municípios: arts. 21, V; 34; e 84, X
- Dos Estados nos Municípios: art. 35
- Federal; Congresso Nacional; convocação extraordinária: art. 57, § 6°, I
- Federal; Conselhos da República e de Defesa Nacional; pronunciamento: arts. 90, I; 91, § 1°, II
- Nas empresas de serviços públicos: art. 139, VI
- Será decretada por: art. 36

INTERVENÇÃO FEDERAL
- Aplicação no ensino: art. 34, VII, "e"

INTIMIDADE
- Defesa e inviolabilidade da: art. 5°, LX e X

INVENTOS INDUSTRIAIS
- Privilégios: art. 5°, XXIX

INVESTIGAÇÃO
- Criminal; violação de sigilo: art. 5°, XII
- Diligências pelo MP: art. 129, VIII

INVESTIMENTOS ESTRANGEIROS: art. 172

INVIOLABILIDADE
- Da intimidade: art. 5°, X
- De vereadores: art. 29, VI
- Do advogado: art. 133
- Do domicílio: art. 5°, XI
- Do sigilo da correspondência; das comunicações telefônicas, telegráficas e de dados: arts. 5°, XII; 136, § 1°, I, "b" e "c"; 139, III
- Dos deputados: art. 27, § 1°
- Dos direitos concernentes à vida, à liberdade e à imagem: art. 5°, X
- Dos vereadores: art. 29, VIII

IRREDUTIBILIDADE DE SALÁRIOS: art. 7°, VI

IRRETROATIVIDADE DA LEI PENAL: art. 5°, XL

IRRIGAÇÃO
- Aplicação de recursos; distribuição: ADCT, art. 42
- Política agrícola: art. 187, VII

ISENÇÃO DE IMPOSTOS: art. 150, § 6°
- IPTU sobre templos de qualquer culto: art. 156, § 1°-A

J

JAZIDAS
- A quem pertence: art. 176, § 1° ao 4°
- De gás natural e de petróleo; monopólio da União: art. 177, I
- De minerais; prioridades das cooperativas: art. 174, § 4°
- Legislação sobre: art. 22, XII

JORNADA DE TRABALHO
- Em turnos: art. 7°, XIV
- Redução: art. 7°, XIII

JORNAIS
- Instituição de impostos sobre; vedação: art. 150, VI, "d"

JORNALISMO
- Embaraço à plena liberdade de informação: art. 220, I

JOVEM
Vide *Menor*

JUIZADOS
- De pequenas causas; legislação concorrente: art. 24, X
- Especiais; criação: art. 98, I
- Especiais Federais: art. 98, § 1°

JUIZADOS ESPECIAIS
- Justiça Federal: art. 98, § 1°

JUÍZES
- Ação de interesse dos membros da magistratura; processo e julgamento; competência do STF: art. 102, I, "n"
- Aposentadoria: art. 93, VI
- Concurso público; Ordem dos Advogados do Brasil; participação: art. 93, I
- Crimes comuns e de responsabilidade; julgamento; competência do TJ: art. 96, III
- Cursos oficiais de preparação e aperfeiçoamento: art. 93, IV
- De carreira; provimento de cargo: art. 96, I, "e"
- Disponibilidade: art. 93, VIII
- Federais; processo e julgamento; competência: art. 109, I a XI
- Federais; Tribunal Regional Federal – composição; nomeação, remoção ou permuta: art. 107; e ADCT, art. 27, §§ 7° e 9°
- Garantias: art. 95, I a III
- Inamovibilidade: art. 95, II
- Ingresso na carreira: art. 93, I

- Magistrado; escolha; aprovação prévia; competência privativa do Senado Federal: art. 52, III, "a"
- Magistrado; nomeação; competência privativa do Presidente da República: art. 84, XVI
- Proibições: art. 95, parágrafo único
- Promoções: art. 93, II
- Remoção ou disponibilidade: art. 93, VIII, VIII-A e VIII-B
- Substituto; titularidade de varas: ADCT, art. 28
- Territoriais Federais; jurisdição e atribuições: art. 110, parágrafo único
- Titular; residência: art. 93, VII
- Togado; estabilidade; aposentadoria; quadro em extinção: ADCT, art. 21
- Tribunal de 2° grau – acesso: art. 93, III
- Vedações: art. 95, parágrafo único
- Vencimento e remuneração; critérios: arts. 93, V; e 95, III
- Vitaliciedade: art. 95, I

JUÍZES DO TRABALHO: arts. 111 a 116
- Processo e julgamento dos: art. 108, I, "a"

JUÍZES DOS ESTADOS: arts. 125, §§ 1° ao 4°; e 126

JUÍZES ELEITORAIS: arts. 118 a 121
Vide *Justiça Eleitoral, Tribunal Superior Eleitoral*

JUÍZES FEDERAIS: arts. 106 a 110
- Competência para processar e julgar: art. 109
- Na composição dos TRF: art. 107
- Processo e julgamento dos: art. 108, I, "a"
- Seção judiciária; jurisdição; atribuições: art. 110, parágrafo único

JUÍZES MILITARES: arts. 122 a 124
- Processo e julgamento dos: art. 108, I, "a"

JUÍZO
- De exceção: art. 5°, XXXVII

JULGAMENTOS
- Dos crimes dolosos contra a vida: art. 5°, XXXVIII, "d"
- Publicidade: art. 93, IX

JUNTAS COMERCIAIS
- Legislação concorrente: art. 24, III

JUNTAS ELEITORAIS
- Garantias dos membros das: art. 121, § 1°
- Órgãos da Justiça Eleitoral: art. 118, IV

ÍNDICE REMISSIVO   LEI   421

JÚRI
- Instituição; reconhecimento: art. 5°, XXXVIII

JUROS
- Desenvolvimento regional; atividades prioritárias; financiamento: art. 43, § 2°, II
- Taxa de controle: art. 164, § 2°

JUSTIÇA
- Funções essenciais à: arts. 127 a 135
- Gratuita: art. 5°, LXXIV

JUSTIÇA DE PAZ
- Criação e competência: art. 98, II
- Juízes de paz; direitos e atribuições: ADCT, art. 30
- Juízes de paz; elegibilidade; idade mínima: art. 14, § 3°, VI, "c"

JUSTIÇA DESPORTIVA
- Competições desportivas; ações; julgamento: art. 217, §§ 1° e 2°
Vide *Desporto*

JUSTIÇA DO TRABALHO
- Competência: art. 114
- Empregador Rural; obrigações perante a: ADCT, art. 10, § 3°
- Juízes Federais da; crimes comuns e de responsabilidade; processo e julgamento: art. 108, I, "a"
- Negociação coletiva e arbitragem: art. 114, § 1°
- Organização e funcionamento: arts. 111 a 116
- Órgãos: art. 111, I a III
- Órgãos; constituição; investidura; jurisdição, competência, garantias e condições de exercício: art. 113
- Tribunais Regionais do Trabalho; instituição em cada Estado e no DF: art. 112
- Tribunais Regionais do Trabalho; membros; crimes comuns e de responsabilidade; processo e julgamento: art. 105, I, "a"
- Tribunal Superior do Trabalho; composição e competência: arts. 111 e 111-A
- Varas do trabalho: art. 112

JUSTIÇA ELEITORAL
- Composição: arts. 119 e 120
- Crimes comuns e de responsabilidade; julgamento: art. 96, III
- Crimes políticos e infrações penais; processo e julgamento: art. 109, IV
- Mandato eletivo; impugnação: art. 14, §§ 10 e 11
- Órgãos da: art. 118
- Tribunais; juízes de direito e juntas; organização; competência e garantias: art. 121, *caput*, §§ 1° e 2°

- Tribunal Regional Eleitoral; composição: art. 120, § 1°
- Tribunal Regional Eleitoral; decisões; recurso: art. 121, § 4° e incisos
- Tribunal Regional Eleitoral; Estados e DF; instituição: art. 120, *caput*
- Tribunal Regional Eleitoral; membros; crimes comuns e de responsabilidade; processo e julgamento: art. 105, I, "a"
- Tribunal Regional Eleitoral; Presidente e Vice-presidente – eleição: art. 120, § 2°
- Tribunal Superior Eleitoral; composição; membros; eleição e nomeação: art. 119
- Tribunal Superior Eleitoral; decisões irrecorríveis: art. 121, § 3°

JUSTIÇA ESTADUAL
- Causas; aforamento: art. 109, § 3°
- Consultoria jurídica e Procuradoria-Geral; órgãos distintos: ADCT, art. 69
- Organização: art. 125
- Organização; criação de Estado: art. 235
- Representação de inconstitucionalidade: art. 125, § 2°
- Tribunais Estaduais; competência: art. 125, § 1°
- Tribunais Estaduais e do DF; membros; crimes comuns e de responsabilidade: arts. 96, III; e 105, I, "a"
- Tribunal de Justiça; competência privativa: art. 96, II
- Tribunal de Justiça; conflitos fundiários: art. 126, parágrafo único
- Tribunal de Justiça; intervenção em município: art. 35, IV
- Tribunal de Justiça; julgamento do prefeito: art. 29, X
- Tribunal de Justiça; organização judiciária; lei; iniciativa: art. 125, § 1°

JUSTIÇA FEDERAL
- Competência: ADCT, art. 27, § 10
- Conselho da; funcionamento e competência: art. 105, parágrafo único, II
- Juizados especiais: art. 98, I
- Órgãos da: art. 106
- Seção judiciária e varas; localização: art. 110

JUSTIÇA MILITAR
- Competência; organização e funcionamento: art. 124, parágrafo único
- Crimes cometidos a bordo de navios ou aeronaves: art. 109, IX

- Crimes políticos e infrações penais: art. 109, IV
- Estadual; criação: art. 125, § 3°
- Estadual; processo e julgamento; policiais e bombeiros militares: art. 125, § 4°
- Juízes federais da; crimes comuns e de responsabilidade; processo e julgamento: art. 108, I, "a"
- Órgãos da: art. 122
- Superior Tribunal Militar; composição: art. 123
- Superior Tribunal Militar; Ministros; escolha e nomeação: art. 123

JUVENTUDE
Vide *Menor*

L

LAGOS
- Bens da União: art. 20, III

LAZER
- Incentivo pelo Poder Público: art. 217, § 3°

LEGISLATIVO
- Poder da União: art. 2°
Vide *Poder Legislativo*

LEGISLATURA
- Duração: art. 44, parágrafo único

LEI: arts. 61 a 69
- Alteradora do processo eleitoral; vigência: art. 16
- Aumento de despesa; inadmissibilidade: art. 63
- Declaração de inconstitucionalidade: art. 97
- Emendas do Senado Federal; apreciação pela Câmara dos Deputados: art. 64, § 3°
- Estadual; ação direta de inconstitucionalidade; processo a julgamento: art. 102, I, "a"
- Estadual; criação, desmembramento, fusão e incorporação de municípios: art. 18, § 4°
- Falta de sanção do Presidente; consequência: art. 66, §§ 3° e 7°
- Federal; ou estadual; julgamento pelo STF, de ação direta de inconstitucionalidade: art. 102, I, "a"
- Igualdade: art. 5°, *caput*
- Iniciativa: art. 61
- Medidas Provisórias; adoção pelo Presidente da República e eficácia: art. 62
- Nova; aplicação para benefício do réu: art. 5°, XL
- Obrigatoriedade: art. 5°, II
- Projeto de Lei; iniciativa da Presidente da República: art. 64, *caput*
- Projeto de Lei; veto; apreciação: art. 66, §§ 4° e 6°

LEI — ÍNDICE REMISSIVO

- Projeto de Lei; veto não mantido; promulgação: art. 66, §§ 5º e 7º
- Projeto de Lei; veto parcial: art. 66, § 2º
- Projeto de Lei; votação concluída; envio à sanção: art. 66, § 1º e 7º
- Projeto de Lei aprovado por uma Casa Legislativa; revisão pela outra: art. 65
- Projeto de Lei emendado: art. 65, parágrafo único
- Projeto de Lei rejeitado; novo projeto: art. 67
- Promulgação da lei; prazo: art. 66, § 7º
- Resolução do Congresso Nacional; delegação ao Presidente da República: art. 68, §§ 2º e 3º
- Zelo pela guarda da; competência concorrente: art. 23, I
Vide *Inconstitucionalidade*

LEI COMPLEMENTAR
- Administração Pública – despesa com pessoal: art. 169; e ADCT, art. 38
- Advocacia-Geral da União: art. 131
- Aprovação: art. 69
- Criação de Estado: art. 18, § 2º
- Defensoria Pública da União, dos Estados, do DF e dos Territórios; organização: art. 134
- Desenvolvimento e bem-estar nacional; fixação de normas: art. 23, parágrafo único
- Elaboração, redação, alteração e consolidação das leis: art. 59, parágrafo único
- Emprego; indenização; despedida arbitrária e sem justa causa: art. 7º I; e ADCT, art. 10, I
- Emprego; proteção: ADCT, art. 10, II
- Empréstimo compulsório; instituição: art. 148; e ADCT, art. 34, § 1º
- Estados; autorização para legislar sobre as matérias de competência privativa da União: art. 22, parágrafo único
- Estados; criação; incorporação, desmembramento: art. 18, § 3º
- Estadual; municípios; criação, incorporação, fusão e desmembramento: art. 18, § 4º
- Estatuto da Magistratura; princípios: art. 93
- Finanças públicas: art. 163, I
- Forças Armadas; normas gerais: art. 142, § 1º
- Forças Estrangeiras; trânsito ou permanência em território nacional: arts. 21, IV; 49, II; e 84, XXII

- Gestão financeira e patrimonial; fixação de normas: art. 165, § 9º, II; e ADCT, arts. 35, § 2º; e 71
- Impostos; instituição; União: art. 154, I; e ADCT, art. 34, § 1º
- Impostos; normas gerais: art. 155, § 2º, XII
- Impostos sobre grandes fortunas: art. 153, VII
- Impostos sobre serviços de qualquer natureza; definição e normas: art. 156, III e § 3º
- Imposto sobre transmissão *causa mortis* e doação; casos especiais de regulamentação; cobrança: art. 155, § 1º, III; e ADCT, art. 34, § 6º
- Inelegibilidade; casos e prazos: art. 14, § 9º
- Iniciativa: art. 61
- Matéria de; indelegabilidade: art. 68, § 1º
- Ministério Público; atividade policial; controle externo; procedimentos administrativos; notificação: art. 129, VI e VII
- Número de Deputados; proporcionalidade. art. 45, § 1º
- Orçamento – disposição: arts. 165, § 9º; 166, § 6º; e ADCT, art. 35, § 2º
- Processo judicial; desapropriação: art. 184, § 3º
- Processo legislativo; elaboração: arts. 59, II e parágrafo único; e 61
- Procurador-Geral; Estados, DF e Territórios; destituição: art. 128, § 4º
- Produtos semielaborados; definição: art. 155, § 2º, X, "a"
- Reavaliação de recursos na saúde: art. 198
- Recursos aos Poderes Legislativo e Judiciário e ao Ministério Público; prazo de entrega: art. 168
- Regiões em desenvolvimento; normas: art. 43, § 1º
- Regiões metropolitanas, aglomerações urbanas e microrregiões; instituição: art. 25, § 3º
- Seguro-desemprego; contribuição: art. 239
- Servidor público; aposentadoria voluntária; exceções: art. 40, § 1º
- Sistema Financeiro Nacional; estruturação: art. 192
- Terras indígenas – ocupação ou exploração; relevante interesse público da União: art. 231, § 6º
- Territórios; criação; transformação; reintegração: art. 18, § 2º
- Tribunais; juízes e juntas eleitorais; organização e competência: art. 121

- Tributos; conflitos de competência entre a União, os Estados, o DF, os Territórios e os Municípios: art. 146, I
- Tributos; distribuição; regulamentação: art. 161; e ADCT, art. 39, parágrafo único
- Tributos; legislação; normas gerais; limitações constitucionais: art. 146, II e III
- União e Estados; iniciativa – Procuradores-Gerais: art. 128, § 5º
- Vice-Presidente – atribuições: art. 79, parágrafo único

LEI DE DIRETRIZES ORÇAMENTÁRIAS
- Emendas ao projeto de: art. 166, § 4º
- Instituição; art. 165, II e § 2º
Vide *Diretrizes Orçamentárias*

LEI DELEGADA
- Processo de Elaboração da: art. 68
- Processo Legislativo – elaboração: art. 59, IV

LEI ORÇAMENTÁRIA
- Conteúdo: art. 165, § 8º
- O que compreenderá: art. 165, § 5º
- Projeto de Lei; o que o acompanhará: art. 165, § 6º
- Vedação: art. 167
Vide *Diretrizes Orçamentárias, Orçamentos*

LEI ORGÂNICA
- Do Distrito Federal: art. 32
- Dos Municípios: arts. 29 e 29-A; e ADCT, art. 11, parágrafo único

LEI PENAL
- Anterioridade da: art. 5º, XXXIX
- Irretroatividade da: art. 5º, XL

LEIS ORDINÁRIAS
- Elaboração: art. 59, III
- Iniciativa: art. 61

LESÃO OU AMEAÇA A DIREITO
- Apreciação: art. 5º, XXXV

LIBERDADE
- De ação: art. 5º, II
- De acesso à informação: art. 5º, XIV
- De associação: art. 5º, XVII e XX
- De consciência, de crença e de culto religioso: art. 5º, VI
- De crença; garantia: art. 5º, VI
- De expressão da atividade intelectual, artística, científica e de comunicação: arts. 5º, IX; e 206, II
- De imprensa, radiodifusão e televisão, restrita: art. 139, III
- De iniciativa: arts. 1º, IV; e 170
- De locomoção; restrições: arts. 5º, XV e LXVIII; e 139, I
- De manifestação do pensamento: arts. 5º, IV; e 206, II

ÍNDICE REMISSIVO MED

- De reunião; suspensão e restrições: arts. 5°, XVI; 136, § 1°, I, "a"; e 139, IV
- De trabalho, ofício ou profissão; exercício: art. 5°, XIII
- Discriminação aos direitos e liberdades fundamentais; punição: art. 5°, XLI
- Privação da: art. 5°, XLVI, "a"; e LIV
- Provisória; admissão: art. 5°, LXVI

LIBERDADES FUNDAMENTAIS
- Punição pela discriminação: art. 5°, XLI

LICENÇA
- À gestante: arts. 7°, XVIII; e 201, II
- Dos Magistrados; competência para concessão: art. 96, I, "f"
- Paternidade: arts. 7°, XIX; e ADCT, art. 10, § 1°

LICITAÇÃO
- Exigência: art. 37, XXI, § 2°
- Legislação sobre: art. 22, XXVII

LIMITAÇÃO DO PODER DE TRIBUTAR: arts. 150 a 152

LIMITES
- Com outros países; lagos e rios; bens da União: art. 20, III
- Com outros países; linhas fluviais e lacustres; bens da União: art. 20, IV
- Demarcação: linhas divisórias litigiosas; Estados e Municípios: ADCT, art. 12, § 2°
- Do território nacional competência do Congresso Nacional: art. 48, VI
- Estado do Acre: ADCT, art. 12, § 5°
- Estado do Tocantins: ADCT, art. 13, § 1°

Vide *Fronteiras*

LÍNGUA NACIONAL
- Português: art. 13, *caput*

LITIGANTES
- Contraditório e defesa ampla: art. 5°, LV

LITÍGIOS
- Competência do STF para processo e julgamento: art. 102, I, "e"

LIVROS
- Vedada instituição de impostos: art. 150, VI, "d"

LOCAIS DE CULTO
- Proteção aos: art. 5°, VI

LOCOMOÇÃO
- Liberdade em tempo de paz: art. 155, § 2°, X, "b"

LUCROS
- Participação dos trabalhadores nos: art. 7°, XI

M

MAGISTÉRIO
- Exercício pelos magistrados: art. 95, parágrafo único, I

Vide *Educação*

MAGISTRADO
Vide *Juízes*

MAGISTRATURA
- Disposições do Estatuto da: art. 93
- Escolha pelo Senado Federal: art. 52, III, "a"
- Nomeação: art. 84, XVI

MAIORES
- De 16 anos; voto: art. 14, § 1°, II, "c"
- De 18 anos; voto: art. 14, § 1°, I
- De 65 anos; transporte gratuito: art. 230, § 2°
- De 70 anos; voto: art. 14, § 1°, II, "b"

MANDADO DE SEGURANÇA
- Coletivo: art. 5°, LXX
- Concessão: art. 5°, XLIX
- Decisões denegatórias: art. 121, § 3°
- Julgamento em recurso ordinário; competência do STF: art. 102, II, "a"
- Julgamento em recurso ordinário; competência do STJ: art. 105, II, "b"
- Processo e julgamento; competência do STF: art. 102, I, "d"
- Processo e julgamento; competência do STJ: art. 105, I, "b"
- Processo e julgamento; competência dos TRF e seus juízes: arts. 108, I, "c"; e 109, VIII

MANDADO DE SEGURANÇA COLETIVO
- Impetração por associação sindical: art. 5°, LXX, "b"
- Impetração por partido político: art. 5°, LXX, "a"

MANDANTE DE CRIME: art. 5°, XLIII

MANDADO DE INJUNÇÃO
- Concessão: art. 5°, LXXI
- Julgamento em recurso ordinário; competência do STF: art. 102, I, "q", II, "a"
- Processo e julgamento pelo STF: art. 102, I, "q"
- Processo e julgamento pelo STJ: art. 105, I, "h"
- Recurso em caso de denegação por TRE: art. 121, § 4°, V

MANDATO ELETIVO
- Condenação criminal; perda do: art. 55, VI
- De Deputado Distrital: art. 32, §§ 2° e 3°
- De Deputado e Senador; compatibilidade; investidura em outros cargos; não perderá o: art. 56, I e II
- De Deputado Estadual; duração e normas: art. 27, § 1°

- De Deputado Federal; duração e normas: art. 44, parágrafo único
- De Governador de Estado e Vice; duração, normas e perda do: art. 28; e ADCT, art. 4°, § 3°
- De Parlamentar; investidura em outros cargos, compatibilidade; licenciado: art. 56, I e II
- De Parlamentar; perda do: art. 55
- De Prefeito, Vice-Prefeito e Vereadores; duração; normas e perda do: art. 29, I, II, IX e XIV; e ADCT, art. 4°, § 4°
- De Presidente da República; duração: art. 82
- De Senador; duração: art. 46, § 1°
- De servidor público: art. 38
- Impugnação; Justiça Eleitoral: art. 14, §§ 10 e 11
- Perda do mandato por Deputado e Senador; condenação: art. 55, VI
- Renúncia; suspensão de efeitos: art. 55, § 4°

MANDATO PARLAMENTAR
- Perda: art. 55, § 4°; e ECR n° 6

MANIFESTAÇÃO DO PENSAMENTO
- Liberdade de: arts. 5°, IV; e 220

MAR TERRITORIAL
- Bem da União: art. 20, VI

MARCAS
- Garantia de propriedade: art. 5°, XXIX

MARGINALIZAÇÃO
- Combate aos fatores de: art. 23, X
- Erradicação: art. 3°, III

MATA ATLÂNTICA
- Patrimônio nacional: art. 225, § 4°

MATÉRIA
- Processual; competência para legislar sobre: art. 24, XI
- Tributária; competência: art. 146, I

MATERIAL BÉLICO
- Comércio e produção; autorização e fiscalização; competência da União: art. 21, VI
- Legislação; competência privativa da União: art. 22, XXI

MATERIAL RADIOATIVO
- Transporte e utilização: art. 177, § 3°

MATERNIDADE
- Proteção: arts. 6°; 201, II; e 203, I

MEDICAMENTOS
- Controle; fiscalização e produção: art. 200, *caput*, I
- Propaganda comercial: art. 220, § 4°

MÉD — ÍNDICE REMISSIVO

MÉDICO MILITAR
- Cumulação de cargos: ADCT, art. 17, § 1º

MEDIDA CAUTELAR
- Ações diretas de inconstitucionalidade; processo e julgamento: art. 102, I, "p"

MEDIDA(S) PROVISÓRIA(S)
- Adoção de: arts. 62, e 84, XXVI
- Adoção de, vedação: art. 246; e EC nº 32
- Edição de: art. 84, XXVI
- Eficácia: art. 62, § 3º
- Elaboração prevista de: art. 59, V
- Estados; edição vedada de: art. 25, § 2º
- Regulação do Fundo Social de Emergência; utilização das: ADCT, art. 73
- Regulamentação de artigo da CF; vedação: art. 246; e EC nº 32
- Vigência por prazo indeterminado: EC nº 32, art. 2º

MEDIDAS
- Sistema de; legislação; competência privativa da União: art. 22, VI

MEEIRO RURAL
- Contribuição: art. 195, § 8º

MEIO AMBIENTE
- Ato lesivo; ação popular: art. 5º, LXXIII
- Ato lesivo; sanções penais: art. 225, § 3º
- Defesa; princípio da ordem econômica: art. 170, VI
- Defesa e preservação; Poder Público e coletividade: art. 225
- Floresta; fauna e flora; preservação e proteção: arts. 23, VII; e 225, § 1º, VII
- Legislação concorrente: art. 24, VI e VIII
- Patrimônio genético; preservação: art. 225, § 1º, II
- Patrimônio nacional; preservação: art. 225, § 4º
- Poluição; controle da; legislação concorrente: art. 24, VI
- Proteção; atividade garimpeira: art. 174, § 3º
- Proteção; combate à poluição; competência concorrente: art. 23, VI
- Proteção pelo MP; inquérito e ação civil pública: art. 129, III
- Proteção pelo Sistema Único de Saúde: art. 200, VIII
- Recursos minerais; exploração; recuperação do: art. 225, § 2º
- Sítios ecológicos; patrimônio cultural brasileiro: art. 216, V
- Terras devolutas; indisponíveis; necessárias à proteção dos ecossistemas: art. 225, § 5º
- Usinas nucleares; condições para instalação: art. 225, § 6º

MEIOS DE COMUNICAÇÃO SOCIAL
- Vedação a monopólio ou oligopólio: art. 220, § 5º

MENOR
- Adolescente; abuso, violência e exploração sexual: art. 227, § 4º
- Adolescente; assistência à saúde: art. 227, § 1º
- Adolescente; atos infracionais; proteção especial – direito: art. 227, § 3º
- Adolescente; direitos assegurados: art. 227, caput, e § 1º
- Aprendiz: art. 7º, XXXIII
- Assistência pelos pais: art. 229
- Criança; abuso, violência e exploração sexual; punição: art. 227, § 4º
- Criança; assistência à saúde: art. 227, § 1º
- Criança; assistência social: arts. 203, I e II; e 227, § 7º
- Criança; creche e pré-escola: arts. 7º, XXV; e 208, IV
- Criança; direitos: art. 227, caput
- De 18 anos; inimputabilidade: art. 228
- De 18 anos e maior de 16 anos; voto facultativo: art. 14, § 1º, II, "c"
- Dependente de entorpecente ou drogas afins: art. 227, § 3º, VII
- Direitos trabalhistas e previdenciários: art. 227, § 3º, II
- Estatuto da Juventude: art. 227, § 8º
- Família, criança, idoso e adolescente: arts. 226 a 230
- Jovem: art. 227, § 8º
- Juventude: art. 227, § 8º
- Legislação concorrente: art. 24, XV
- Órfão ou abandonado; guarda: art. 227, § 3º, VI
- Proteção especial: arts. 203, I; e 227, § 3º
- Trabalho; casos de proibição: art. 7º, XXXIII

MENSAGEM PRESIDENCIAL
- Ao Congresso Nacional; relatório quando em estado de defesa: art. 141, parágrafo único
- E plano de governo; remessa ao Congresso Nacional: art. 84, XI

MERCADO INTERNO
- Ciência e tecnologia; incentivo: art. 219

MESA DA ASSEMBLEIA LEGISLATIVA
- Poder para propor ação de constitucionalidade e inconstitucionalidade: art. 103, IV

MESA DA CÂMARA DOS DEPUTADOS
- Poder para propor ação de constitucionalidade e inconstitucionalidade: art. 103, caput, III

MESA DO SENADO FEDERAL
- Poder para propor ação de constitucionalidade e inconstitucionalidade: art. 103, caput, II

METAIS
- Título e garantia; legislação; competência privativa da União: art. 22, VI

METALURGIA
- Legislação; competência privativa da União: art. 22, XII

MICROEMPRESAS
- Regimes especiais: ADCT, art. 94
- Tratamento diferenciado: arts. 146, "d"; e 179

MILITAR
- Anistia: ADCT, art. 8º
- Cargo público civil; acesso: art. 142, § 3º, II e III
- Condições de elegibilidade: art. 14, § 8º, I e II
- Crime; prisão: art. 5º, LXI
- Distrito Federal; militar e corpo de bombeiro: art. 42, caput
- Estadual; polícia militar e corpo de bombeiro militar: art. 42, caput
- Inatividade; proventos: art. 42, § 1º; e art. 40, § 4º
- Inatividade; transferência: arts. 42, § 1º; e 61, § 1º, I e II, "f"
- Oficial-general; promoção e nomeação: art. 84, XIII
- Partidos políticos; proibida a filiação: art. 142, § 3º, V
- Patentes, concessão: art. 142, § 3º, I
- Patentes e postos, perda: art. 142, § 3º, VI
- PIS/PASEP: art. 239
- Punições disciplinares; habeas corpus; não cabimento de: art. 142, § 2º
- Remuneração: art. 142, § 3º, X
- Sindicalização e greve; vedação: art. 142, § 3º, IV
- Territórios: art. 42, caput
- Vencimentos: art. 142, VIII; e 37, XV

Vide *Forças Armadas*

MILITARES
- Do Distrito Federal, denominação alterada: EC nº 18, art. 2º
- Dos Estados, denominação alterada: EC nº 18, art. 2º
- Normas sobre: art. 142, § 3º

MINAS
- Competência para legislar sobre: art. 22, XII

Vide *Recursos Minerais e Naturais*

ÍNDICE REMISSIVO MIN

MINERAIS
- A quem pertence os recursos: art. 176
- Competência para legislar sobre: art. 22, XII
- Derivados de; incidência de tributos sobre: art. 155, § 3°
- Nucleares; exploração; competência: art. 21, XXIII
- Nucleares; monopólio da União: art. 177, V
- Pesquisa e exploração; fiscalização; competência: art. 23, XI

MINÉRIOS
Vide *Minerais*

MINISTÉRIO DA FAZENDA
- Atuação quanto ao comércio exterior: art. 237

MINISTÉRIO PÚBLICO:
arts. 127 a 130-A
- Abrangência; MP da União e dos Estados: art. 128, I e II
- Ação civil pública; promoção: art. 129, III
- Ação de inconstitucionalidade; promoção: art. 129, IV
- Ação penal pública; promoção: art. 129, I
- Ações civis; legitimação: art. 129, § 1°
- Atividade policial; controle: art. 129, VII
- Autonomia funcional e administrativa: art. 127, § 2°
- Chefia: art. 128, § 1°
- Conceito e competência: art. 127, *caput*
- Consultaria jurídica vedada: art. 129, IX
- Crimes comuns e de responsabilidade de seus membros; julgamento pelos Tribunais de Justiça: art. 96, III
- Da União; membros; crimes comuns e de responsabilidade; processo e julgamento: art. 108, I, "a"
- Da União; Procurador-Geral da República; nomeação: art. 128, § 1°
- Defesa da população indígena; intervenção: arts. 129, V; e 232
- Destituição do Procurador-Geral da República: art. 128, § 2°
- Diligências investigatórias; requisição: art. 129, VIII
- Do DF; organização judiciária: arts. 22, XVII; e 48, IX
- Dos Estados, DF e Territórios; organização e normas; competência privativa do Presidente da República: art. 61, § 1°, II, "d"
- Escolha do Procurador-Geral do Distrito Federal, dos Estados e dos Territórios: art. 128, § 3°

- Estatuto; princípios: arts. 93, II e VI
- Federal; na composição dos Tribunais Regionais Federais: art. 107, I
- Funções institucionais: art. 129
- Garantias: art. 128, § 5°, I, "a" a "c"
- Ingresso na carreira; concurso público: art. 129, § 3°
- Inquérito civil; promoção: art. 129, III
- Inquérito policial; instauração: art. 129, VII
- Membro do MP na composição de Tribunais: art. 94, parágrafo único
- Membro do MP na composição do STM: art. 123, parágrafo único, II
- Membros; funções; exercício; residência: art. 129, § 2°
- Membros; garantias e vedações: art. 128, § 5°
- Membros; processo e julgamento nos crimes comuns e de responsabilidade: art. 105, I, "a"
- Membros; promoção e aposentadoria; Lei Complementar: art. 129, § 4°
- Membros; Tribunais de Contas; direitos, vedações e investidura: art. 130
- Notificações; expedição: art. 129, VI
- Organização; atribuições e estatuto; Lei Complementar: art. 128, § 5°
- Organização; lei; indelegabilidade: art. 68, § 1°, I
- Organização administrativa; projeto sobre aumento de despesas; não admissão: art. 63, II
- Organização administrativa e judiciária; atribuição do Congresso Nacional: art. 48, IX
- Organização e manutenção; competência da União: art. 21, XIII
- Organização judiciária; competência para legislar sobre: art. 22, XVII
- Princípios institucionais: art. 127, § 1°
- Procurador-Geral da República; nomeação e destituição: art. 128, §§ 1° e 2°
- Procuradores-Gerais dos Estados, do DF e Territórios; nomeação e destituição: art. 128, §§ 3° e 4°
- Proposta orçamentária; elaboração: art. 127, § 3°
- Recursos; dotação orçamentária; prazo de entrega: art. 168

- Territórios; mais de cem mil habitantes; estrutura: art. 33, § 3°
- Territórios; organização administrativa e judiciária: arts. 22, XVII; e 48, IX
- Vedações: art. 128, § 5°, II, "a" a "e"

MINISTÉRIO(S)
- Criação; estruturação e atribuições: arts. 48, XI; e 88

MINISTRO DE ESTADO DA DEFESA
- Nacionalidade: art. 12, § 3°, VII
- Processo e julgamento: arts. 52, I; 102, I, "c"; e 105, I, "b"

MINISTROS
- Do Supremo Tribunal Federal, fixação do subsídio dos: art. 48, XV

MINISTROS CIVIS
- No STM, escolha: art. 123, parágrafo único

MINISTROS DE ESTADO:
arts. 87 e 88
- Comparecimento voluntário perante comissões ou plenário da Câmara dos Deputados ou do Senado Federal: art. 50, § 1°
- Competência dos: art. 87, parágrafo único
- Competência para processo e julgamento: art. 102, I, "c"
- Conselho da República; reunião; participação: art. 90, § 1°
- Convocação pela Câmara dos Deputados, Senado Federal ou Comissões: arts. 50, *caput*, e 58, § 2°, III
- Criação, estruturação e atribuições dos Ministérios: art. 88
- Crime de responsabilidade: art. 50, *caput*, § 2°
- Crime de responsabilidade; processo e julgamento; competência privativa do Senado Federal: art. 52, I e parágrafo único
- Da Justiça; Conselhos da República e de Defesa Nacional; participação: arts. 89, VI; e 91, IV
- Das Relações Exteriores; Conselho de Defesa Nacional; participação: art. 91, VI
- Descrição de atribuições: art. 84
- Do Planejamento; Conselho de Defesa Nacional; participação: art. 91, VII
- Escolha; condições: art. 87, *caput*
- Instauração de processo; competência privativa da Câmara de Deputados; autorização: art. 51, I

MIN

ÍNDICE REMISSIVO

- Militares; Conselho de Defesa Nacional; participação: art. 91, V
- Nomeação e exoneração; competência privativa do Presidente da República: art. 84, I
- Processo e julgamento por crimes de responsabilidade: art. 52, I
- Remuneração; fixação; competência exclusiva do Congresso Nacional: art. 49, VIII

MINISTROS DO SUPREMO TRIBUNAL FEDERAL
- Cargo privativo de brasileiro nato: art. 12, § 3º, IV
- Competência do STF para processo e julgamento dos: art. 102, I, "b"
- Nomeação: art. 84, XIV
- Processo e julgamento; competência privativa do Senado Federal: art. 52, II

MINISTROS DO TRIBUNAL DE CONTAS DA UNIÃO
- Aprovação da escolha pelo Senado Federal; nomeação pelo Presidente da República: arts. 52, III, "b"; e 84, XV
- Requisitos para escolha e nomeação: art. 73, §§ 1º e 2º

MISSÃO DIPLOMÁTICA
- Competência do STF para processo e julgamento de seus chefes: art. 102, I, "c"
- Escolha do chefe: art. 52, IV
Vide *Diplomata*

MOBILIZAÇÃO NACIONAL
- Decretação; competência privativa do Presidente da República: art. 84, XIX
- Legislação; competência privativa da União: art. 22, XXVIII

MOEDA
- Emissão; competência da União: arts. 21, VII; e 164, *caput*
- Emissão; limites; competência do Congresso Nacional: art. 48, XIV
- Emissão de curso forçado: art. 48, II
- Oferta; controle: art. 164, § 2º
- Sistema monetário; legislação: arts. 22, VI; e 48, XIII

MONOPÓLIO
- Da União: art. 177
- Da União; órgão regulador: art. 177, § 2º; e EC nº 9
- Estatal; minérios nucleares; princípios e condições: art. 21, XXIII

MONUMENTOS HISTÓRICOS
- Competência para proteção: art. 23, III

MORADIAS
- Competência para promover programas de construção: art. 23, IX

MORALIDADE ADMINISTRATIVA
- Princípio: art. 37
- Proteção; ação popular; art. 5º, LXXIII

MULHER
- Gestante; licença e dispensa: art. 7º, XVIII
- Igualdade de direitos: art. 5º, I
- Isenção do serviço militar: art. 143, § 2º
- Mercado de trabalho; proteção: art. 7º, XX

MULTA
- Penalidade: art. 5º, XLVI, "c"

MUNICÍPIOS: arts. 29 a 31
- Associação representativa; planejamento municipal: art. 29, XII
- Autonomia: art. 18
- Câmara; organização: art. 29, XI
- Competência: art. 30
- Competência concorrente. art. 23
- Competência tributária: arts. 145 e 156
- Contas; fiscalização: art. 31
- Contas; não prestação; intervenção: art. 35, II
- Contas do prefeito: art. 31, § 2º
- Contas dos: art. 31, § 3º
- Contribuição; servidores; instituição; competência dos: art. 149
- Controle externo da Câmara Municipal: art. 31, § 1º
- Criação; incorporação; fusão e desmembramento: art. 18, § 4º; e ADCT, art. 96
- Criação de: art. 18, § 4º; EC nº 15; e ADCT, art. 96
- Desmembramento: art. 18, § 4º; EC nº 15
- Despesa com pessoal ativo e inativo: art. 169
- Disponibilidade de caixa; depósito: art. 164, § 3º
- Distrito; criação; organização e supressão: art. 30, IV
- Dívida consolidada; fixação; competência privativa do Senado Federal: art. 52, VI
- Dívida mobiliária; limites e condições; competência privativa do Senado Federal: art. 52, IX
- Dívida pública dos; renda; vedação de tributação: art. 151, II
- Eleição do prefeito e vice: art. 29, I e II
- Eleição dos vereadores: art. 29, I
- Ensino; aplicação de recursos: art. 212

- Ensino fundamental e pré-escolar: arts. 30, VI; e 211, § 2º
- Erradicação de Pobreza, criação de Fundo: ADCT, art. 82
- Exploração de petróleo ou gás natural, recursos hídricos e minerais; participação no resultado: art. 20, § 1º; e EC nº 102
- Fiscalização dos: art. 31
- Fundo de participação dos: arts. 159, I, "b"; e 161, II e III, e parágrafo único
- Fusão: art. 18, § 4º; e EC nº 15; ADCT, art. 96
- Guardas municipais; criação e atribuições: art. 144, § 8º
- Impostos: ADCT art. 88
- Impostos; instituição e normas: art. 156
- Impostos; vedada a retenção: art. 160, *caput*
- Impostos da União; arrecadação; distribuição aos: arts. 153, § 5º, II; 158, I e II; 159, I, "b" e § 1º; 160; e 161, II e parágrafo único
- Impostos dos Estados; arrecadação; distribuição aos: arts. 158, III, IV e parágrafo único, I e II; 159, § 3º; 160; e 161, I
- Impostos sobre propriedade predial e territorial e urbana; instituição: art. 156, I e § 1º
- Impostos sobre transmissão *inter vivos*; instituição: art. 156, II e § 2º, I e II
- Incorporação: art. 18, § 4º; ADCT, art. 96; e EC nº 15
- Instituição de contribuições sociais: art. 149, *caput*
- Inviolabilidade dos vereadores: art. 29, VIII
- Julgamento do prefeito perante o TJ: art. 29, X
- Legislação; competência: art. 30, I e II
- Legislativo, total de despesa do poder: art. 29-A
- Lei orgânica dos: art. 29
- Microempresa e empresa de pequeno porte; tratamento jurídico diferenciado: art. 179
- Operações cambiais; disposições: art. 163, VI
- Operações externas financeiras; autorização; competência privativa do Senado Federal: art. 52, V
- Organização de sistemas de ensino: art. 211, § 4º; e EC nº 59
- Organização político-administrativa do Estado; autonomia: art. 18
- Planejamento Municipal: art. 29, XII
- Plano diretor; elaboração obrigatória: art. 182, § 1º

ÍNDICE REMISSIVO ORÇ

- Pobreza; criação de Fundo da Erradicação: ADCT, art. 82
- Poder Público; política de desenvolvimento urbano: art. 182
- Proibições: art. 19
- Projetos de lei; iniciativa popular: art. 29, XIII
- Receitas tributárias da União e dos Estados; repartição com os: arts. 158, 159, I, "b"; e 160
- Recursos repassados pela União; aplicação; fiscalização pelo Tribunal de Contas da União: art. 71, VI
- Recursos repassados pela União e pelos Estados; vedada a retenção: art. 160, caput
- Repasse pela União de imposto: EC nº 17, art. 3º
- Seguridade Social; receita: art. 195, caput, § 1º
- Servidor; estabilidade: art. 41, caput
- Servidor; política de administração e remuneração de pessoal: art. 39
- Símbolos: art. 13, § 2º
- Sistema de ensino; organização e prioridades: art. 211, caput, § 2º
- Total de despesa do poder legislativo municipal: art. 29-A
- Tribunais; Conselhos ou Órgãos de Contas Municipais; proibida a criação: art. 31, § 4º
- Tributos; arrecadação; divulgação e critérios de rateio: art. 162
- Tributos; diferença entre bens e serviços; proibição: art. 152
- Tributos; proibições e limites: arts. 150 a 152
- Vereador; fixação de número: art. 29, IV

Vide Câmara Municipal, Prefeitos, Vereadores

N

NACIONALIDADE
- Brasileira: art. 12; ADCT, art. 95
- Brasileira; condições de elegibilidade: art. 14, § 3º, I
- Causas judiciais; processo e julgamento: art. 109, X
- Legislação, competência: arts. 22, XIII; e 68, § 1º, II
- Perda da: art. 12, § 4º
- Prerrogativas; mandado de injunção: art. 5º, LXXI
- Símbolos da República: art. 13, § 1º
- Símbolos próprios dos Estados, do Distrito Federal e dos Municípios: art. 13, § 2º

Vide Estrangeiro, Brasileiros, Portugueses

NACIONALIDADE BRASILEIRA
- Estrangeiros, residentes no Brasil: art. 12; e ECR nº 3
- Nascidos no estrangeiro de pai ou mãe brasileira: art. 12; e ECR nº 3
- Portugueses: art. 12; e ECR nº 3

NASCIMENTO
- Gratuidade do registro de: art. 5º, LXXVI, "a"

NATURALIZAÇÃO
- Causas judiciais; processo e julgamento: art. 109, X
- Legislação; competência privativa da União: art. 22, XIII
- Perda; efeitos: art. 12, § 4º; e 15, I

NATUREZA
- Conservação da; competência para legislar: art. 24, VI

NAVEGAÇÃO
- Aérea, aeroespacial, fluvial, lacustre e marítima; legislação: art. 22, X
- Aérea e aeroespacial; exploração; competência da União: art. 21, XII, "c"
- De cabotagem e interior; privativa de embarcações nacionais: art. 178, parágrafo único
- Fluvial; lacustre e marítima; legislação: art. 22, X
- Interior por embarcações estrangeiras: art. 178, parágrafo único
- Lacustre; competência para legislar sobre: art. 22, X
- Marítima; competência para legislar sobre: art. 22, X
- Transporte marítimo internacional; acordos: art. 178, caput

Vide Transporte

NECESSITADOS
- Garantia de assistência jurídica gratuita: art. 5º, LXXIV

NEGOCIAÇÕES COLETIVAS
- Participação de sindicato: art. 8º, VI

NOMES DE EMPRESAS
- Proteção à propriedade de: art. 5º, XXIX

NOTÁRIOS
- Responsabilidade civil e criminal: art. 236, § 1º

O

ÓBITO
- Gratuidade da certidão de: art. 5º, LXXVI, "b"

OBJETIVOS FUNDAMENTAIS DA REPÚBLICA: art. 3º, I a IV

OBRAS
- Coletivas; participação individual: art. 5º, XXVIII, "a"

- Criadores e intérpretes; aproveitamento econômico; fiscalização: art. 5º, XXVIII, "b"
- De valor histórico, artístico e cultural; proteção: art. 23, III e IV
- Direitos do autor e de herdeiros: art. 5º, XXVII
- Meio ambiente-degradação; estudo prévio: art. 225, § 1º, IV

OBRAS PÚBLICAS
- Contratação: art. 37, XXI
- Contribuição de melhoria: art. 145, III

OBRIGAÇÃO ALIMENTÍCIA
- Prisão por dívida: art. 5º, LXVII

OFICIAIS DE REGISTRO
- Responsabilidade civil e criminal: art. 236, § 1º

OFICIAIS-GENERAIS
- Promoção e nomeação: art. 84, XIII

OFICIAL DAS FORÇAS ARMADAS
- Cargo privativo de brasileiro nato: art. 12, § 3º, VI

OFÍCIO
- Liberdade do exercício de: art. 5º, XIII

OLIGOPÓLIOS
- Repressão: art. 173, §§ 4º e 5º

OPERAÇÕES DE CRÉDITO
- Competência e fiscalização: art. 21, VIII
- Competência privativa do Senado Federal; dispor sobre limites de: art. 52, VII
- Controle: art. 74, III

OPERAÇÕES EXTERNAS
- Competência privativa do Senado Federal; autorização: art. 52, V

OPERAÇÕES FINANCEIRAS
- Competência para fiscalização: art. 21, VIII
- Externas; autorização: art. 52, V

OPINIÃO
- Estrangeiro; crime de: art. 5º, LII

ORÇAMENTOS: arts. 165 a 169
- Anuais; estabelecimento: art. 165, III
- Condições para realizar concessão de vantagens ou aumento de remuneração: art. 169, § 1º
- Diretrizes Orçamentárias: arts. 165, I, § 2º
- Emendas aos projetos: art. 166, §§ 3º e 4º
- Execução obrigatória (programação proveniente de emendas parlamentares): arts. 165, § 9º, III, e 10; 166, §§ 12 a 20.
- Legislação concorrente: art. 24, II
- Mensagem do Presidente da República ao Congresso;

ORD ÍNDICE REMISSIVO

modificação nos projetos:
art. 166, § 5º
- Orçamentos anuais:
art. 165, §§ 6º ao 8º
- Plano plurianual: art. 165, I, § 1º
- Planos e programas nacionais: art. 165, § 4º
- Prazo de entrega dos recursos: art. 168
- Proibições: art. 167
- Projetos de Leis: art. 166, § 1º
- Recursos: art. 166, § 8º
- Vinculação de receitas próprias: art. 167, IX, § 4º

ORDEM CONSTITUCIONAL
- Crime contra a; inafiançabilidade do crime: art. 5º, XLIV

ORDEM DOS ADVOGADOS DO BRASIL – OAB
- Participação em concursos: art. 93, I

ORDEM ECONÔMICA E FINANCEIRA: arts. 170 a 192
- Atos contra a; punição: art. 173, § 5º
- Autorização de pesquisa; prazo determinado: art. 176, § 3º
- Cooperativa; prioridade: art. 174, § 4º
- Finalidade: art. 170
- Funções do Estado: art. 174
- Garantia: art. 170, parágrafo único
- Monopólio da União: art. 177
- Ordenação dos transportes; condições; cabotagem: art. 178, parágrafo único
- Política agrícola e fundiária, e reforma agrária: arts. 184 a 191
- Política urbana: arts. 182 a 183
- Princípios gerais: arts. 170 a 181
- Sistema financeiro nacional: art. 192

ORDEM JUDICIAL
- Para ingresso na casa: art. 5º, XI
- Para violação de sigilo: art. 5º, XII
- Prisão em caso de: art. 5º, LXI

ORDEM POLÍTICA E SOCIAL
- Apuração de infrações contra a: art. 144, § 1º, I
- Ordem social; fundamento e objetivos: art. 193

ORDEM PÚBLICA
- Comoção grave; decretação de estado de sítio: art. 137, I
- Comprometimento; intervenção da União: art. 34, III
- E paz social; preservação e restabelecimento da: art. 136, *caput*
- Garantia; competência das Forças Armadas: art. 142, *caput*
- Preservação da: art. 144

ORGANISMO INTERNACIONAL
- Causas entre municípios ou pessoa residente no País: arts. 105, II, "c"; e 109, II
- Litígio; processo e julgamento; competência do STF: art. 102, I, "e"

ORGANIZAÇÃO ADMINISTRATIVA
- Competência para legislar sobre: art. 22, XVII

ORGANIZAÇÃO DO ESTADO
- Administração Pública: arts. 37 a 43
- Distrito Federal: art. 32
- Estados federados: arts. 25 a 28
- Intervenção: arts. 34 a 36
- Municípios: arts. 29 a 31
- Político-administrativa: arts. 18 e 19
- Territórios: art. 33
- União: arts. 20 a 24

ORGANIZAÇÃO DOS PODERES: arts. 44 a 135
Vide *Poder*

ORGANIZAÇÃO PARAMILITAR
- Vedada aos partidos políticos: art. 17, § 4º

ORGANIZAÇÃO SINDICAL
- Criação; vedação de mais de uma: art. 8º, II
- Impetração de mandado de segurança coletivo: art. 5º, LXX, "b"
- Liberdade de criação: art. 8º, *caput*

ORGANIZAÇÕES INTERNACIONAIS
- Participação; competência da União: art. 21, I

ÓRGÃO PÚBLICO
Vide *Poder Público*

ÓRGÃOS HUMANOS: art. 199, § 4º

OURO
- Ativo financeiro ou instrumento cambial; impostos; normas: arts. 153, § 5º; e 155, § 2º, X, "c"

P

PAGAMENTO
- Precatórios Judiciais; forma; ordem de apresentação de: art. 100; e ADCT, art. 33

PAIS
- Deveres: art. 229

PAISAGENS NATURAIS
- Proteção; competência legislativa: art. 23, III

PANDEMIA: EC nº 106, EC nº 107 e EC nº 109

PANTANAL MATOGROSSENSE
- Patrimônio Nacional: art. 225, § 4º

PAPEL
- Instituição de imposto sobre: art. 150, VI, "d"

PARENTES CONSANGUÍNEOS
- Inelegibilidade: art. 14, § 7º

PARLAMENTAR
- Processo para perda de mandato: art. 55, § 4º; e ECR nº 6

PARTICIPAÇÃO NOS LUCROS E RESULTADOS: art. 7º, XI

PARTIDOS POLÍTICOS
- Acesso gratuito ao rádio e televisão: art. 17, § 3º
- Aplicação dos recursos partidários: art. 17, § 7º
- Autonomia: art. 17, § 1º
- Com representação no Congresso Nacional; poder para propor ação de inconstitucionalidade: art. 103, VIII
- Criação; fusão; incorporação; extinção: art. 17
- Direito de denúncia: art. 74, § 2º
- Estatuto; registro no STE: art. 17, § 2º
- Filiação; condição de elegibilidade: art. 14, § 3º, V
- Fundo Especial de Financiamento de Campanha: art. 17, § 8º
- Fundo partidário: art. 17, § 3º
- Impetração de mandado de segurança coletivo: art. 5º, LXX, "a"
- Impostos sobre patrimônio, renda ou serviços; proibição: art. 150, VI, "c" e § 4º
- Mandado de segurança: art. 5º, LXX, "a"
- Militar; filiação a; vedação: art. 142, IV
- Organização paramilitar; vedação: art. 17, § 4º
- Personalidade jurídica: art. 17, § 2º
- Pluripartidarismo: art. 17, *caput*
- Preceitos: art. 17, I e IV
- Prestação de contas à Justiça Eleitoral: art. 17, III
- Recursos do fundo partidário: art. 17, § 3º
- Recursos financeiros; recebimento; restrições: art. 17, II
- Representação proporcional; Mesas e Comissão do Congresso Nacional: art. 58, § 1º
- Servidor público militar; na ativa; vedação de filiação: art. 142, § 3º, V
Vide *Mandato Eletivo*

PATRIMÔNIO
- Lesão ao; ação popular: art. 5º, LXXIII

ÍNDICE REMISSIVO

PATRIMÔNIO CULTURAL
- Artístico, cultural, histórico, paisagístico; competência para legislar sobre: art. 24, VII
- Brasileiro; disposições: art. 216
Vide *Cultura*

PATRIMÔNIO NACIONAL
- Atos gravosos ao: art. 49, I
- Encargos ou compromissos gravosos; competência exclusiva do Congresso Nacional: art. 49, I
- Floresta Amazônica, Mata Atlântica, Serra do Mar, Pantanal Matogrossense e Zona Costeira: art. 225, § 4º
- Mercado interno; desenvolvimento cultural e socioeconômico: art. 219

PATRIMÔNIO PÚBLICO
- Conservação; competência comum: art. 23, I
- E social; instauração de inquérito: art. 129, III

PAZ
- Celebração: arts. 21, II; 49, II; e 84, XX
- Celebração, opinião do Conselho de Defesa Nacional, art. 91, § 1º
- Defesa da: art. 4º, VI
- Social, preservação e restabelecimento da: art. 136, *caput*
- Solução pacífica de: art. 4º, VII

PENAS
- Comutação das; competência privativa do Presidente da República: art. 84, XII
- Cruéis: art. 5º, XLVII, "e"
- Cumprimento das; estabelecimentos distintos: art. 5º, XLVIII
- De banimento; vedação: art. 5º, XLVII, "d"
- De caráter perpétuo: art. 5º, XLVII, "b"
- De morte; vedação; salvo exceção: art. 5º, XLVII, "a"
- De multa: art. 5º, XLVI, "c"
- De reclusão; por prática do racismo: art. 5º, XLII
- De trabalhos forçados: art. 5º, XLVII, "c"
- Individualização das; regulamentação: art. 5º, XLVI
- Interdição de direitos: art. 5º, XLVI, "e"
- Limite da: art. 5º, XLV
- Local do cumprimento da: art. 5º, XLVIII
- Perda de bens: arts. 5º, XLVI, "b"; e 243, parágrafo único
- Personalização das: art. 5º, XLV
- Prestação social alternativa: art. 5º, XLVI, "d"
- Prévia; definição legal: art. 5º, XXXIX

- Prisão perpétua; vedação: art. 5º, XLVII, "b"
- Privação ou restrição da liberdade: art. 5º, XLVI, "a"

PENHORA
- Da pequena propriedade; impedimento da: art. 5º, XXVI

PENSAMENTO
- Liberdade de manifestação: art. 5º, IV

PENSÃO
- Alimentícia; inadimplência; prisão civil: art. 5º, LXVII
- Cônjuge ou companheiro e dependentes: art. 201, V
- Ex-combatente da Segunda Guerra Mundial: ADCT, art. 53
- Imposto; não incidência sobre rendimentos de: art. 153, § 4º, II
- Seringueiros; benefício: ADCT, art. 54
- Servidor público civil; concessão e custeio: art. 40, §§ 5º e 6º
- Servidor público civil; valor: art. 40
- Servidor público militar; concessão e custeio: art. 42

PENSIONISTAS
- Gratificação de natal dos aposentados e pensionistas: art. 201, § 6º

PEQUENA PROPRIEDADE RURAL
- Caso de não desapropriação: art. 185, I

PERDA
- Da nacionalidade: art. 12, § 4º
- De bens: art. 5º, XLV e XLVI, "b"
- Dos direitos políticos: art. 15

PERICULOSIDADE
- Adicional de: art. 7º, XXIII

PERIÓDICOS
- Instituição de Imposto sobre: art. 150, VI, "d"

PESCA
- Colônias de pescadores: art. 8º, parágrafo único
- Embarcações; utilização: art. 178
- Legislação concorrente: art. 24, VI

PESCADOR ARTESANAL
- Aposentadoria: art. 202, § 7º, II
- Contribuição: art. 195, § 8º

PESQUISA
- Científica e tecnológica: arts. 207, § 2º; e 218
- Direitos de; registro, acompanhamento e fiscalização; competência concorrente: art. 23, XI
- E lavra de minérios e minerais nucleares; monopólio da União: art. 21, XXIII
- E lavra de riquezas minerais; terras indígenas: art. 231, § 3º
- E uso de radioisótopos: art. 21, XXIII, "b" e "c"

- Órgãos, tecidos e substâncias humanas: art. 199, § 4º
- Política agrícola; incentivo a: art. 187, III
- Universitária; apoio financeiro do Poder Público: art. 213, § 2º

PESSOA JURÍDICA DE DIREITO PRIVADO E PÚBLICO
- Responsabilidade: art. 37, § 6º
- TRF: art. 108, I, "b"

PESSOAS IDOSAS:
- arts. 226 a 230
- Alistamento eleitoral e voto facultativo: art. 14, § 1º, II, "b"
- Assistência: arts. 203, I; 229; e 230
- Dever de amparo às: art. 230
- Garantia de salário mínimo ao carente: art. 203, V
- Programas de amparo ao: art. 230, § 1º
- Transporte; gratuidade: art. 230, § 2º

PETIÇÃO
- Direito de: art. 5º, XXXIV, "a"

PETRÓLEO
- Combustíveis; álcool carburante; venda e revenda: art. 238
- Derivados; incidência de tributo sobre: art. 155, § 3º
- E gás natural; monopólio da União: art. 177
- Exploração; participação assegurada aos Estados, DF e Municípios: art. 20, § 1º
- Garantia de fornecimento: art. 177, § 2º; e EC nº 9
- Pesquisa; contrato de risco em vigor: ADCT, art. 45, parágrafo único
- Refinarias; monopólio da União; casos de exclusão: ADCT, art. 45

PIS/PASEP
- Arrecadação; aplicação: art. 239

PISO SALARIAL
- Direito do trabalhador: art. 7º, V

PLANEJAMENTO FAMILIAR
- Livre decisão do casal: art. 226, § 7º

PLANO NACIONAL DE CULTURA: art. 215, § 3º

PLANOS DE PREVIDÊNCIA SOCIAL
- Atendimento a: art. 201, §§ 1º a 16

PLANOS E PROGRAMAS DE GOVERNO
- E mensagem; remessa ao Congresso Nacional; competência privativa do Presidente da República: art. 84, XI
- E projetos não incluídos na lei orçamentária anual; vedação: art. 167, I
- Elaboração e apreciação; competência exclusiva do

430

PLA — ÍNDICE REMISSIVO

Congresso Nacional: arts. 165, § 4°; e 166, § 1°, I e II
- Elaboração e execução: art. 21, IX
- Nacional de Educação: art. 214
- Plurianual; encaminhamento; competência privativa do Presidente da República: ADCT, arts. 35, § 2°; e 84, XXIII
- Plurianual; instituição e regramento: art. 165
- Plurianual; prestação de contas: art. 84, XXIV
- Plurianual; projetos; envio: art. 166, § 6°
- Plurianual; sistema de controle interno: art. 74, I
- Relatórios; apreciação; competência exclusiva do Congresso Nacional: art. 49, IX

PLANTAS PSICOTRÓPICAS
- Expropriação de glebas com cultura de: art. 243

PLATAFORMA CONTINENTAL
- Recursos minerais; participação na exploração: art. 20, § 1°
- Recursos naturais; bens da União: art. 20, V

PLEBISCITO
- Autorização; competência exclusiva do Congresso Nacional: art. 49, XV
- Criação, transformação em Estado ou reintegração ao Estado de origem de territórios: art. 18, § 2°
- Criação de Municípios: art. 18, § 4°
- Definição de sistema de governo: EC n° 2
- Incorporação; subdivisão ou desmembramento de Estados: art. 18, § 3°
- Soberania popular; exercício: art. 14, I

PLENITUDE DE DEFESA
- Assegurada no Tribunal do Júri: art. 5°, XXXVIII, "a"
- Em processo administrativo ou judicial: art. 5°, LV

PLURALISMO POLÍTICO: art. 1°, V

POBREZA
- Ação de erradicação, recursos: ADCT, art. 81
- Combate às causas: art. 23, X
- Composição do fundo: ADCT, art. 80
- Criação de Fundo de Erradicação da: ADCT, art. 79
- Erradicação: art. 3°, III

PODER
- De tributar; limitações: arts. 146, II; e 150 a 152
- Do povo: art. 1°, parágrafo único
- Econômico; abuso de; repressão: art. 173, § 4°

PODER EXECUTIVO: arts. 76 a 91
- Atos; fiscalização e controle; competência exclusiva do Congresso Nacional: art. 49, X
- Atos normativos; sustação; competência exclusiva do Congresso Nacional: art. 49, V
- Atribuições do Presidente da República: art. 84
- Conselho da República: arts. 89 e 90
- Conselho de Defesa Nacional: art. 91
- Controle interno; finalidade: art. 74
- Eleição: art. 77
- Exercício do: art. 76
- Impostos; alíquotas; alteração: art. 153, § 1°
- Iniciativa de leis; orçamentos: art. 165, I a III
- Inspeções e auditorias; Tribunal de Contas da União; requerimento: art. 71, I e IV
- Ministérios; criação; reestruturação e atribuições: art. 88
- Ministros de Estado: arts. 87 e 88
- Municipal; fiscalização das contas; controles interno e externo: art. 31, caput
- Orçamento fiscal; lei orçamentária anual: art. 165, § 5°, I
- Pessoal; vencimentos; isonomia: arts. 37, XII e XIII; 39, § 1°; e 135
- Presidente e Vice-Presidente da República: arts. 76 a 83
- Responsabilidade do Presidente da República: arts. 85 e 86
- Serviço de radiodifusão sonora de sons e imagens; concessão; permissão e autorização; competência: art. 223

PODER JUDICIÁRIO: arts. 92 a 126; e EC n° 19
- Acesso da magistratura aos Tribunais de segundo grau: art. 93, III
- Ações relativas à disciplina e às competições desportivas: art. 217 e § 1°
- Aposentadoria: art. 93, VI
- Apreciação; lesão ou ameaça a direito: art. 5°, XXXV
- Assistência jurídica aos necessitados: art. 5°, LXXIV
- Atribuições do Congresso Nacional: arts. 48 a 50
- Autonomia administrativa e financeira: art. 99, caput
- Câmara dos Deputados: art. 51
- Cargos; secretarias e serviços auxiliares; criação e extinção: art. 96, II, "b"
- Comissões: art. 58

- Controle interno; finalidade: art. 74
- Declaração de inconstitucionalidade; tribunais: art. 97
- Deputados e Senadores: arts. 53 a 56
- Estatuto da Magistratura; princípios: art. 93
- Fiscalização contábil, financeira e orçamentária: arts. 70 a 75
- Ingresso na carreira: art. 93, I
- Inspeções e auditorias; Tribunal de Contas da União; requerimento: art. 71, IV
- Juízes substitutos; ingresso na carreira: art. 93, I
- Julgamento dos órgãos do: art. 93, IX
- Justiça Federal; seção judiciária e varas; localização: art. 110
- Magistrados; nomeação; competência privativa do Presidente da República: art. 84, XVI
- Matéria processual; legislação; procedimentos; legislação concorrente: art. 24, XI
- Orçamento fiscal; lei orçamentária anual: art. 165, § 5°, I
- Organização; legislação; indelegabilidade: art. 68, § 1°, I
- Organização e manutenção; competência da União: art. 21, XIII
- Órgãos do: art. 92, I a VII
- Pessoal; vencimentos; isonomia: arts. 37, XII e XIII; 39, § 1°; e 135
- Preparação e aperfeiçoamento: art. 93, IV
- Prisão; autorização: art. 136, § 3°, III
- Processo legislativo; emendas à Constituição: art. 60, §§ 1° ao 5°
- Propostas orçamentárias: art. 99
- Recursos; dotação orçamentária; prazo de entrega: art. 168
- Residência do juiz titular: art. 93, VII
- Reuniões: art. 57, §§ 1° ao 8°
- Senado Federal; competência: art. 52, parágrafo único
- Serviços forenses; custas; legislação concorrente: art. 24, IV
- Serviços notariais e de registros: art. 236
- Superior Tribunal de Justiça: arts. 104 e 105
- Supremo Tribunal Federal: arts. 101 a 103-B
- Territórios Federais; mais de cem mil habitantes: art. 33, § 3°
- Tribunais; decisões administrativas: art. 93, X

ÍNDICE REMISSIVO   POL   431

- Tribunais; propostas orçamentárias; elaboração e encaminhamento: art. 99
- Tribunais e Juízes do Trabalho: arts. 111 a 116
- Tribunais e Juízes dos Estados: arts. 125 e 126
- Tribunais e Juízes Eleitorais: arts. 118 a 121
- Tribunais e Juízes Militares: arts. 122 a 124
- Tribunais inferiores; criação ou extinção: art. 96, II, "c"
- Tribunais Regionais Federais e Juízes Federais: arts. 106 a 110
- Varas judiciárias; propostas de criação: art. 96, I, "d"
- Vencimentos; isonomia: art. 37, XII

PODER LEGISLATIVO:
- arts. 44 a 75; e EC nº 19
- Câmara dos Deputados: art. 51
- Comissões: art. 58
- Congresso Nacional; atribuições: arts. 48 a 50
- Deputados e Senadores: arts. 53 a 56
- Disposição Geral: art. 59
- Emenda à Constituição Federal: art. 60
- Exercício do: art. 44
- Fiscalização contábil, financeira e orçamentária: arts. 70 a 75
- Leis: arts. 61 a 69
- Poder Legislativo, total de despesa com o: art. 29-A
- Processo legislativo: arts. 59 a 69
- Reuniões: art. 57
- Senado Federal: art. 52
- Vencimentos dos cargos do: art. 37, XII

PODER PÚBLICO
- Abuso de autoridade; mandado de segurança: art. 5º, LXIX
- Ações e serviços de saúde; regulamentação, fiscalização e controle: art. 197
- Adoção por estrangeiros; assistência: art. 227, § 5º
- Analfabetismo – eliminação; recursos do: art. 214, I; e ADCT, art. 60, caput
- Assistência a herdeiros dependentes e carentes de pessoas vitimadas por crime doloso: art. 245
- Atividade econômica; autorização por exceção: art. 170, parágrafo único
- Atividades universitárias; fomento à inovação: art. 213, § 2º
- Autarquias e fundações; patrimônio, renda e serviços; impostos, proibição: art. 150, § 2º; e ADCT, art. 34, § 1º
- Débitos – liquidação; sem ônus para o: ADCT, art. 47, § 6º

- Direitos de petição e obtenção de certidões: art. 5º, XXXIV, "a" e "b"
- Diversões e espetáculos públicos; informações: art. 220, § 3º, I
- Ensino; iniciativa privada; autorização e avaliação: art. 209, II
- Ensino fundamental; universalidade; recursos do: ADCT, art. 60, caput
- Ensino obrigatório; não oferecimento ou oferta irregular: art. 208, § 2º
- Herdeiro e dependentes carentes; assistência: art. 245
- Incentivos regionais: art. 43, §§ 2º e 3º
- Inconstitucionalidade; ato normativo; declaração dos tribunais: art. 97
- Lazer; incentivo: art. 217, § 3º
- Meio Ambiente; defesa e preservação: art. 225
- Menor: Órfão ou abandonado; estímulo; acolhimento: art. 227, § 3º, VI
- Municipal; política de desenvolvimento urbano: art. 182
- Órgãos e entidades públicas; operações cambiais; disposições: art. 163, VI
- Órgãos públicos; prestação de informações: art. 5º, XXXIII
- Órgãos públicos – colegiados; participação dos trabalhadores e empregadores: art. 10
- Patrimônio cultural brasileiro; promoção e proteção: art. 216, § 1º
- Recenseamento; educandos; ensino fundamental; art. 208, § 3º
- Rede local de ensino; obrigatoriedade de investimento prioritário: art. 213, § 1º
- Seguridade social; débito de pessoa jurídica; consequência: art. 195, § 3º
- Seguridade social – organização e objetivos: art. 194
- Serviços notariais e de registros; delegação: art. 236, caput; e ADCT, art. 32
- Serviços públicos; prestação e licitação: art. 175
- Sindicatos; interferência e intervenção; proibição: art. 8º, I
- Subvenção, auxílio; previdência privada; proibição: art. 201, § 8º
- Vias – conservação; pedágio: art. 150, V; e ADCT, art. 34, § 1º
Vide Administração Pública

PODERES
- Da União: art. 2º

- Do povo: art. 1º, parágrafo único
POLÍCIA AÉREA
- Competência da União: art. 21, XXII
- Exercício da função: art. 144, § 1º, III
POLÍCIA CIVIL
- Direção e competência: art. 144, § 4º
- Do Distrito Federal: art. 32, § 4º
- Do DF e Territórios; organização e manutenção; competência da União: art. 21, XIV
- Organização; garantias; direitos e deveres; legislação concorrente: art. 24, XVI
- Órgão da Segurança Pública: art. 144, IV
POLÍCIA DE FRONTEIRA
- Competência da União: art. 21, XXII
- Exercício da função: art. 144, § 1º, III
POLÍCIA FEDERAL
- Instituição e atribuições: art. 144, § 1º, I a IV
- Legislação; competência privativa da União: art. 22, XXII
- Organização; manutenção; competência da União: art. 21, XIV
POLÍCIA FERROVIÁRIA FEDERAL
- Atribuições: art. 144, III e § 3º
- Legislação; competência privativa da União: art. 22, XXII
- Organização e manutenção; competência da União: art. 21, XIV
POLÍCIA JUDICIÁRIA DA UNIÃO
- Competência exclusiva da Polícia Federal: art. 144, § 1º, IV
POLÍCIA MILITAR
- Atribuições e subordinações: art. 144, §§ 5º e 6º
- Do Distrito Federal; utilização: art. 32, § 4º
- Do DF e Territórios; organização e manutenção; competência da União: art. 21, XIV
- Normas gerais; legislação; competência privativa da União: art. 22, XXI
- Perda do posto e patente; processo e julgamento: art. 125, § 4º
POLÍCIA PENAL: art. 21, XIV; art. 32, § 4º; art. 144, VI, § 5º-A e § 6º.
POLÍCIA RODOVIÁRIA FEDERAL
- Atribuições: art. 144, § 2º
- Legislação; competência privativa da União: art. 22, XXI, XXII
- Organização e manutenção; competência da União: art. 21, XIV

POL — ÍNDICE REMISSIVO

POLICIAIS
- Integrantes da carreira do ex-Território de Rondônia: ADCT, art. 89
- Remuneração dos integrantes relacionados: art. 144, § 9°

POLÍTICA AGRÍCOLA
- Assistência técnica e extensão rural: art. 187, IV
- Atividades agroindustriais, agropecuárias, pesqueiras e florestais: art. 187, § 1°
- Ocupação produtiva de imóvel rural: art. 191
- Planejamento e execução: art. 187
- Produção agropecuária; fomento e organização do abastecimento alimentar; competência concorrente: art. 23, VIII
- Reforma agrária; compatibilização: art. 187, § 2°
- Reforma agrária; desapropriação: arts. 184, 185 e 186
- Reforma agrária; distribuição de imóveis rurais: art. 189
- Terras públicas e devolutas; destinação: art. 188, caput

POLÍTICA DE CRÉDITO
- Competência para legislar sobre: art. 22, VII

POLÍTICA URBANA:
- arts. 182 e 183
- Competência municipal: art. 30, VIII
- Desenvolvimento urbano; diretrizes: art. 182
- E fundiária, e reforma agrária: arts. 184 a 191
- Objetivo: art. 182 e §§ 1° ao 4°
- Penalidades pelo não aproveitamento adequado do solo urbano não edificado: art. 182, § 4°, I a III
- Prazo para ocorrer usucapião: art. 183
- Usucapião; imóveis públicos: art. 183, § 3°

POLUIÇÃO
Vide Meio Ambiente

POPULAÇÕES INDÍGENAS
- Competência para legislar sobre: art. 22, XIV

PORTOS
- Brasileiros; serviços de transportes; exploração: art. 21, XII, "d"
- Marítimos; fluviais e lacustres; exploração: art. 21, XII, "f"
- Regime dos; legislação; competência privativa da União: art. 22, X

PORTUGUÊS
- Língua oficial: art. 13

PORTUGUESES
- Direitos inerentes aos brasileiros; condições: art. 12, § 1°
Vide Nacionalidade

POUPANÇA
- Critérios de transferência entre regiões: art. 192
- Sistema de; legislação; captação e garantia; competência privativa da União: art. 22, XIX

POVO(S)
- Autodeterminação dos: art. 4°, III
- Cooperação entre os: art. 4°, IX
- Poder do: art. 1°, parágrafo único

PRAIAS
- Fluviais e Marítimas; bens da União: art. 20, III e IV

PRAZO
- Concurso público; validade: art. 37, III
- Convocação do Congresso Nacional; apreciação do ato de decretação do Estado de Sítio: art. 138, § 2°
- Duração do decreto do Estado de Sítio: art. 138, § 1°
- Emendas do Senado Federal; apreciação: art. 64, § 3°
- Ilícitos; prescrição: art. 37, § 5°
- Impugnação de mandato eletivo: art. 14, 10
- Irrigação; aplicação de recursos: ADCT, art. 42, I e II
- Lei orçamentária anual; cumprimento: ADCT, art. 35
- Licença-paternidade; prazo até que se lhe discipline: ADCT, art. 10, § 1°
- Limite de prisão ou detenção quando do estado de defesa: art. 136, § 3°, III
- Mandato de Deputados Estaduais: art. 27, § 1°
- Mandato de Prefeito, Vice e Vereadores: art. 29, I
- Para o Congresso Nacional apreciar decretação do estado de sítio: art. 136, § 6°
- Para o Presidente da República submeter o ato de decretação do estado de defesa ao Congresso Nacional: art. 136, § 4°
- Para o STF decidir sobre o reconhecimento de direitos e vantagens interrompidos por suspensão temporária de direitos políticos: ADCT, art. 9°, parágrafo único
- Posse do Presidente da República: art. 78, parágrafo único
- Recesso do Congresso Nacional: art. 64, § 4°
- Sanção de lei: art. 66, § 3°

- Vigência de lei alteradora do processo eleitoral: art. 16

PRÉ-ESCOLA
- Atuação municipal: art. 212, § 2°
- Trabalhadores; assistência gratuita aos filhos e dependentes dos: art. 7°, XXV

PRECATÓRIOS
- Entidades devedoras; emissão de títulos da dívida pública; forma de pagamento: ADCT, art. 33, parágrafo único
- Expedição complementar ou suplementar, vedação: ADCT, art. 100, § 4°
- Natureza alimentícia: art. 100, §§ 1° e 2°
- Ordem de apresentação: art. 100, § 2°
- Pequeno valor: ADCT, arts. 78 e 87

PRECEITO FUNDAMENTAL
- Arguição de descumprimento; julgamento pelo STF: art. 102, § 1°

PRECONCEITO
- Pais sem; objetivo fundamental da República: art. 3°, IV
Vide Discriminação

PREFEITO
- Contas; prestação: art. 31, § 2°
- Elegibilidade; idade mínima: art. 14, § 3°, VI, "c"
- Eleições e mandato: art. 29, I e II
- Inelegibilidade do cônjuge e parentes do: art. 14, § 7°
- Julgamento: art. 29, X
- Perda do mandato: art. 29, XIV
- Planejamento municipal: art. 29, XII
- Posse: art. 29, III
- Prazo para renúncia para concorrer a outro cargo: art. 14, § 5°
- Reeleição: art. 14, § 5°
- Remuneração: art. 29, V
- Servidor público; afastamento de: art. 38, II
Vide Municípios

PREPOSTO DOS OFICIAIS DE REGISTRO
- Responsabilidade do: art. 236, § 1°

PRERROGATIVAS
- Abuso: art. 55, § 1°

PRESCRIÇÃO
- Ação de grupos armados, civis ou militares; crime imprescritível: art. 5°, XLIV
- Crime de racismo: art. 5°, XLII
- Do direito de ação trabalhista (rural e urbano): art. 7°, XXIX
- Ilícitos administrativos: art. 37, § 5°

PRESIDENTE DA CÂMARA DOS DEPUTADOS
- Cargo privativo de brasileiro nato: art. 12, § 3°, II
- Participação nos Conselhos da República e de Defesa Nacional: arts. 89, II; e 91, II

PRESIDENTE DA REPÚBLICA: arts. 76 a 83
- Atribuições e competências privativas: art. 84, parágrafo único
- Ausência do País; autorização; competência exclusiva do Congresso Nacional: arts. 49, III e 83
- Autoridade suprema; Forças Armadas: art. 142, caput
- Cargo; vacância: art. 78, parágrafo único
- Cargo; vacância; eleição: art. 81
- Cargo; vacância por impedimento; substituto: art. 80
- Cargo de brasileiro nato: art. 12, § 3°, I
- Cessação de seu afastamento: art. 86, § 2°
- Competência privativa: art. 84
- Compromisso: ADCT, art. 1°
- Conselho da República; órgão de consulta do: art. 89, caput
- Conselho de Defesa Nacional; órgão de consulta do: art. 91
- Contas do: arts. 49, IX; 51, II; 71, I; 84, XXIV; e 166, § 1°, I
- Convocação de Ministro de Estado; reunião; Conselho da República: art. 90, § 1°
- Convocação extraordinária do Congresso Nacional: art. 57, § 6°, II
- Crime de responsabilidade; admissibilidade da acusação: art. 85
- Crime de responsabilidade; processo e julgamento: arts. 52, I, parágrafo único; e 86
- Decretação do Estado de Defesa: art. 136, §§ 1° ao 7°
- Defesa de ato ou texto impugnado; inconstitucionalidades: art. 103, § 3°
- Elegibilidade; idade mínima: art. 14, § 3°, VI, "a"
- Eleição: art. 77
- Eleição em caso de vaga do cargo de: art. 81
- Exercício do Poder Executivo: art. 76
- Forças estrangeiras; trânsito e permanência no território nacional: art. 49, II
- Guerra; declaração; competência exclusiva com autorização do Congresso Nacional: arts. 49, II; e 84, XIX
- Impedimento; sucessão: art. 80
- Inelegibilidade do cônjuge e parentes do: art. 14, § 7°
- Infração penal comum; processo e julgamento: arts. 86, §§ 1° e 3°; e 102, I, "b"
- Iniciativa de leis: art. 61, § 1°
- Início de mandato: art. 82
- Instauração de processo contra o; autorização; competência privativa da Câmara dos Deputados: art. 51, I
- Julgamento; competência do STF e do Senado Federal: art. 86
- Lei; iniciativa privativa do: art. 61, § 1°, I, II, "a" a "f"
- Lei; promulgação; competência do: arts. 66, §§ 5° e 7°; e 84
- Lei; sanção; competência do: arts. 48, 66, caput, e § 3°; e 84
- Lei delegada; elaboração: art. 68
- Limite de responsabilidade: art. 86, § 4°
- Mandato; duração: art. 82
- Medidas provisórias com força de lei; competência do: arts. 62; e 84, XXVI
- Mensagem ao Congresso Nacional; relatório de medidas aplicadas na vigência do estado de sítio e do estado de defesa: art. 141, parágrafo único
- Paz; celebração; competência do; com autorização do Congresso Nacional: arts. 49, II; e 84, XX
- Plano de Governo; apreciação de relatórios; competência exclusiva do Congresso Nacional: art. 49, IX
- Poder Executivo; exercício: art. 76, caput
- Poder para propor ação declaratória de constitucionalidade e ação de inconstitucionalidade: art. 103, I
- Posse; compromisso: arts. 57, § 3°, III, e § 6°, I; e 78
- Prazo de mandato: art. 82; e ECR n° 5
- Prazo para posse: art. 78, parágrafo único
- Prazo para renúncia para concorrer a outro cargo: art. 14, § 6°
- Prisão: art. 86, § 3°
- Processo contra o; competência para instauração: art. 51, I
- Processo e julgamento dos crimes de responsabilidade do: arts. 52, I; e 85, parágrafo único
- Projeto de lei; veto total ou parcial: arts. 66 e §§; e 84, V
- Projeto de lei dos orçamentos; encaminhamento ao Congresso Nacional: art. 166, § 5°
- Reeleição: art. 14, § 5°
- Remuneração; fixação; competência exclusiva do Congresso Nacional: art. 49, VIII
- Substituição ou sucessão pelo Vice-Presidente: art. 79, caput
- Suspensão de suas funções: art. 86, § 1°
- Tempo de mandato: art. 82
- Vacância do cargo: art. 81

PRESIDENTE DO BANCO CENTRAL
- Escolha: art. 52, III, "d"
- Nomeação: art. 84, XIV

PRESIDENTE DO SENADO FEDERAL
- Cargo de brasileiro nato: art. 12, § 3°, III

PRESIDENTE DO SUPREMO TRIBUNAL FEDERAL
- Compromisso: ADCT, art. 1°

PRESIDIÁRIA
- Condição para permanência com filho durante amamentação: art. 5°, L

PRESO
- Assistência de familiar e de advogado: art. 5°, LXIII
- Direitos: arts. 5°, LXII, LXIII, LXIV, LXVI; e 136, § 3°
- Erro judiciário; indenização: art. 5°, LXXV
- Incomunicabilidade no Estado de Defesa; vedação: art. 136, § 3°, IV
- Integridade física e moral: art. 5°, XLIX
- Relaxamento da prisão ilegal: art. 5°, LXV
- Vide Prisão, Reclusão

PRESTAÇÃO SOCIAL ALTERNATIVA
- Aplicação da pena de: art. 5°, XLVI, "d"

PRESUNÇÃO DE INOCÊNCIA
- Culpa e sentença penal condenatória: art. 5°, LVII

PREVIDÊNCIA PRIVADA
- Caráter complementar: art. 202, caput
- Fiscalização; competência da União: art. 21, VIII
- Planos de benefícios: art. 6°; e EC n° 20

PREVIDÊNCIA SOCIAL:
arts. 201 e 202
- Aposentadoria: EC n° 103
- Aposentadoria; contagem de tempo; vedação: art. 201, § 14
- Contribuição e benefícios: art. 201
- Correção dos salários de contribuição: art. 201, § 3°
- Direito a: art. 6°
- Gratificação natalina dos aposentados e pensionistas: art. 201, § 6°
- Instituição pelos Estados, DF e Municípios: art. 149, § 1°
- Legislação concorrente: art. 24, XII

- Limite de benefícios: art. 248; e EC nº 103
- Livre participação: art. 201, § 1º
- Menor: art. 227, § 3º, II
- Pagamento de benefícios: art. 250
- Planos; atendimento: art. 201, I a V
- Seguridade social; direito assegurado: art. 194
- Seguro coletivo: art. 201, § 7º
- Servidor público: art. 38, V
- Trabalhadores domésticos; integração à: art. 7º, parágrafo único
- Valor mínimo: art. 201, § 5º

PRINCÍPIOS
- Da igualdade: art. 5º
- Do contraditório: art. 5º, LV
- Fundamentais: arts. 1º ao 4º
- Gerais da atividade econômica: art. 170 a 181
- Regentes das relações internacionais: art. 4º

PRISÃO
- Civil por dívida e do depositário inficl: art. 5º, LXVII
- Comunicação ao Juiz e à família: art. 5º, LXII
- Concessão de liberdade: art. 5º, LXII
- Crime contra o Estado: art. 136, § 3º, I
- De bens; necessidade do devido processo legal para: art. 5º, LIV
- Direito à identificação dos responsáveis pela: art. 5º, LXIV
- Dos Deputados e Senadores: art. 53, § 1º
- Flagrante delito ou ordem judicial: art. 5º, LXI
- Ilegal; relaxamento: art. 5º, LXV
- Liberdade provisória: art. 5º, LXVI
- Perpétua; vedação; aplicação da pena de: art. 5º, XLVII, "b"

Vide *Reclusão*, *Preso*

PRIVAÇÃO DE LIBERDADE
- Aplicação da pena: art. 5º, XLVI, "a"
- Necessidade do devido processo legal: art. 5º, LIV

PROBIDADE ADMINISTRATIVA: art. 14, § 9º; e ECR nº 4

PROCESSO
- Para perda de mandato parlamentar: art. 55, § 4º; e ECR nº 6

PROCESSO ADMINISTRATIVO
- Direito de contraditar e de ampla defesa: art. 5º, LV
- Perda do cargo: art. 41, § 1º

PROCESSO ELEITORAL
- Lei alteradora: art. 16; EC nº 4; e EC nº 107
- Vigência de lei alteradora: art. 16; EC nº 4; e EC nº 107

PROCESSO JUDICIAL
- Autoridade competente: art. 5º, LIII
- Direito ao contraditório e à ampla defesa: art. 5º, LV
- Provas ilícitas: art. 5º, LVI

PROCESSO LEGISLATIVO: arts. 59 a 69
- Aumento da despesa; inadmissibilidade: art. 63
- Da emenda à Constituição: art. 60, §§ 1º ao 5º
- Disposição geral: art. 59, parágrafo único
- Emendas do Senado Federal; apreciação pela Câmara dos Deputados: art. 64, § 3º
- Estadual; iniciativa popular: art. 27, § 4º
- Falta de sanção do Presidente; consequência: art. 66, §§ 3º e 7º
- Início do; casos previstos; competência privativa do Presidente da República: art. 84, III

PROCURADOR GERAL DA REPÚBLICA
- Ações de inconstitucionalidade e processo de competência do Supremo Tribunal; proposição e parecer prévio: art. 103, VI, § 1º
- Aprovação de seu nome: art. 128, § 1º
- Atos do; mandado de segurança e *habeas data*; processo e julgamento: art. 102, I, "d"
- Chefia do MP da União: art. 128, § 1º
- Competência: ADCT, art. 29, § 5º
- Crime de responsabilidade; processo e julgamento; competência privativa do Senado Federal: art. 52, II, parágrafo único
- Delegação de atribuições: art. 84, parágrafo único
- Destituição: art. 128, § 2º
- Escolha: art. 52, III, "e"
- Exoneração; aprovação; competência privativa do Senado Federal: art. 52, XI
- Indicação; aprovação pelo Senado Federal: arts. 52, III, "e"; e 128, § 1º
- Infração penal comum; processo e julgamento: art. 102, I, "b"
- Intervenção estadual; representação: art. 36, III
- Mandato: art. 128, § 1º
- Nomeação e destituição: arts. 84, XIV; e 128, §§ 1º e 2º
- Processo e julgamento: art. 52, II

PROCURADORES DA REPÚBLICA
- Opção: ADCT, art. 29, § 2º

PROCURADORES DOS ESTADOS E DO DISTRITO FEDERAL
- Representação judicial e consultoria jurídica: art. 132

PROCURADORIA GERAL DA FAZENDA NACIONAL
- Execução da dívida ativa; representação: art. 131, § 3º; e ADCT, art. 29, § 5º

PROCURADORIAS
- E departamentos jurídicos de autarquias federais: ADCT, art. 29
- Gerais; consultorias jurídicas separadas das: ADCT, art. 69

PRODUÇÃO
- Agropecuária; competência para fomentar: art. 23, VIII
- Competência para legislar sobre: art. 24, V

PRODUTOR RURAL
- Aposentadoria: art. 201, § 7º, II
- Classificação: ADCT, art. 47, § 2º
- Contribuição: art. 195, § 8º
- Míni, pequeno e médio; liquidação de débitos; correção monetária: ADCT, art. 47, II

PRODUTOS INDUSTRIALIZADOS
- Destinados ao exterior; imposto: art. 153, § 3º, III
- Impostos sobre: art. 153, IV e § 3º

PROFESSOR(ES)
- Aposentadoria: art. 201, § 8º
- De nível superior: ADCT, art. 19, § 3º
- Estrangeiros; admissão nas universidades: art. 207, §§ 1º e 2º; e EC nº 11

PROFISSÃO
- Exercício; legislação; competência privativa da União: art. 22, XVI
- Liberdade de: art. 5º, XIII

PROGRAMA DE FORMAÇÃO DO PATRIMÔNIO DO SERVIDOR PÚBLICO
- Contribuições; destinação: art. 239 e §§ 1º ao 4º

Vide *PIS/PASEP*

PROGRAMA DE INTEGRAÇÃO SOCIAL
- Contribuições; destinação: art. 239 e §§ 1º ao 4º

Vide *PIS/PASEP*

PROGRAMAS DE FINANCIAMENTO
- Arrecadação de impostos e entrega, pela União, às Regiões Norte, Nordeste e Centro--Oeste: art. 159, I, "c", e § 1º

ÍNDICE REMISSIVO

PROGRAMAS DE RÁDIO E TELEVISÃO
- Competência para classificação: art. 21, XVI
- Defesa das pessoas e famílias: art. 220, § 3º, II

PROGRAMAS NACIONAIS
- Elaboração: art. 165, § 4º

PROGRESSO DA HUMANIDADE
- Cooperação entre os povos para o: art. 4º, IX

PROJETO DE LEI
- De diretrizes orçamentárias; aprovação: arts. 57, § 2º; 84, XXIII; e 166, § 4º
- Dos orçamentos; apreciação e tramitação: arts. 165, § 9º, I; 166; e ADCT, art. 35, § 2º
- Dos orçamentos; emendas: art. 166, §§ 2º ao 5º
- Dos orçamentos; encaminhamento ao Congresso Nacional: art. 166, § 6º
- Inconstitucional ou contrário ao interesse público: art. 66, § 1º
- Iniciativa do Presidente da República, do STF e dos Tribunais Superiores; tramitação: art. 64
- Orçamentário; demonstrativo: art. 165, § 6º
- Orçamentário; recursos sem despesas correspondentes: art. 166, § 8º
- Promulgação: arts. 66, §§ 5º e 7º; e 84, IV
- Rejeição; reapresentação da matéria: art. 67
- Sanção pelo Presidente da República: arts. 48, caput; 66, caput, § 3º; e 84, IV
- Tramitação: art. 65, parágrafo único
- Veto total ou parcial; procedimento: arts. 66, §§ 1º ao 6º; e 84, V

PROMOÇÃO
- Do bem comum; objetivo fundamental da República: art. 3º, IV
- Dos Magistrados: art. 93, II

PROPAGANDA
- Legislação sobre: arts. 22, XXIX; e 220, § 4º
- Produtos, práticas e serviços nocivos à saúde e ao meio ambiente: art. 220, § 3º, II e § 4º

PROPRIEDADE
- De empresa jornalística e de radiodifusão sonora e de som e imagem: art. 222
- Desapropriação por necessidade, utilidade pública ou interesse social: art. 5º, XXIV
- Direito de: art. 5º, XXII
- Função social: arts. 5º, XXIII; e 170, III

- Marcas, nomes de empresas e outros signos distintivos: art. 5º, XXIX
- Particular; uso por autoridade competente: art. 5º, XXV
- Penhora da pequena: art. 5º, XXVI
- Privada; princípio da ordem econômica: art. 170, II

PROPRIEDADE RURAL
- Aquisição ou arrendamento por pessoa física ou jurídica estrangeira: art. 190
- Beneficiário; reforma agrária: art. 189
- Desapropriação por interesse social: art. 184
- Função social; requisitos: art. 186
- Impenhorabilidade: art. 5º, XXVI
- Ocupação produtiva; tratamento especial: art. 185, II e parágrafo único
- Ocupação produtiva; usucapião: art. 191
- Pequena e média; desapropriação; vedação: art. 185, I
- Pequena e média; irrigação; incentivos regionais: art. 43, § 2º, IV e § 3º

PROPRIEDADE URBANA
- Desapropriação; indenização: art. 182, §§ 3º e 4º
- Domínio; aquisição: art. 183, §§ 1º e 2º
- Função social: art. 182, § 2º
- Imposto predial e territorial urbano: art. 156, I e § 1º
- Instituto da enfiteuse; regulamentação: ADCT, art. 49
- Solo urbano; aproveitamento inadequado; penalidades: art. 182, § 4º
- Usucapião: art. 183

PROTEÇÃO À INFÂNCIA
- Competência para regular sobre: art. 24, XV

PROTEÇÃO À MATERNIDADE
- Direito de: art. 6º

PROVAS
- Inadmissíveis; ilícitas: art. 5º, LVI

PROVENTOS
- Aposentadoria: EC nº 103

PUBLICAÇÕES DE OBRAS
- Direitos dos autores: art. 5º, XXVII

PUBLICIDADE
- Atos processuais; restrição: art. 5º, LX
- Órgãos públicos; atos, programas, obras: art. 37, § 1º

Q

QUESTÕES AGRÁRIAS
- Varas especializadas em: art. 126

QUILOMBOS
- Terras ocupadas pelos; assegurada propriedade definitiva: ADCT, art. 68
- Tombamento dos documentos e sítios com reminiscências históricas dos: art. 216, § 5º

R

RAÇA
- País sem preconceito de: art. 3º, IV

RACISMO
- Crime imprescritível e inafiançável: art. 5º, XLII
- Repúdio ao: art. 4º, VIII
- Vide Discriminação

RÁDIO(S)
- Acesso dos Partidos Políticos: art. 17, § 3º
- Concessão de exploração: art. 223 e §§ 1º ao 5º
- Programas; competência para classificação: art. 21, XVI
- Programas; princípios: art. 221
- Programas de; defesa das pessoas e famílias: art. 220, § 3º, II

RADIODIFUSÃO SONORA E DE SONS E IMAGENS
- Legislação; competência privativa da União: art. 22, IV
- Programas de; classificação; competência da União: art. 21, XVI
- Serviços; exploração; competência da União: art. 21, XII, "a"
- Serviços; concessão, permissão e autorização: art. 223 e §§ 1º ao 5º
- Vide Comunicações

RECEITA
- Arrecadação; divulgação: art. 162, parágrafo único
- Entrega pela União art. 159; e ADCT, arts. 60, § 2º; e 72, §§ 2º e 4º
- Estadual; entrega aos Municípios: art. 159, § 3º
- Estadual; entrega aos Municípios; intervenção da União: art. 34, V, "b"
- Lei complementar: art. 161
- Municipal; aplicação no ensino; intervenção do Estado: art. 35, III
- Municipal; pertencente ao Município: arts. 158, parágrafo único; 161, I; e ADCT, arts. 60, § 2º; e 72, § 4º
- Tributária; repartição: arts. 153, § 5º, II; e 157 a 162
- Tributária; retenção: art. 160, parágrafo único
- Tributária; vinculação; proibição e ressalvas: art. 167, IV

ÍNDICE REMISSIVO

RECLAMAÇÃO
- Processo e julgamento pelo STF: art. 102, I, "l"
- Processo e julgamento pelo STJ: art. 105, I, "f"

RECLUSÃO
- Discriminação racial; pena de: art. 5º, XLII

Vide *Preso, Prisão*

RECURSO
- Das decisões do TSE: art. 121, § 3º
- Das decisões dos TRE: art. 121, § 4º
- Especial; julgamento pelo STJ: art. 105, III
- Extraordinário; julgamento pelo STF: art. 102, III
- Ordinário; julgamento pelo STF: art. 102, II
- Ordinário; julgamento pelo STJ: art. 105, II

RECURSOS
- Transferências vedadas: art. 167, X

RECURSOS FINANCEIROS
- Programas e projetos de caráter regional; depósito e aplicação: art. 192
- Repasse; fiscalização: art. 71, VI

RECURSOS HÍDRICOS
- Aproveitamento econômico e social; prioridade: art. 43, § 2º, IV
- Aproveitamento energético; exploração: art. 21, XII, "b"
- Aproveitamento energético; propriedade: art. 176
- Bens da União: art. 176; e EC nº 6
- Exploração; participação assegurada aos Estados, DF e Municípios: art. 20, § 1º
- Pesquisa e exploração; competência concorrente: art. 23, XI
- Potenciais de energia hidráulica; exploração ou aproveitamento: art. 176
- Sistema nacional de gerenciamento; competência da União: art. 21, XIX
- Terras indígenas; exploração; autorização do Congresso Nacional: art. 231, § 3º

Vide *Águas*

RECURSOS HUMANOS
- Áreas de ciência, pesquisa e tecnologia: art. 218, §§ 3º e 4º
- Sistema Único de Saúde: art. 200, III

RECURSOS MINERAIS E NATURAIS
- Bens da União: art. 20, V e IX
- Defesa dos; legislação concorrente: art. 24, VI
- Empresas brasileiras; lavras de recursos minerais; requisitos: art. 176
- Exploração; recuperação do meio ambiente: art. 225, § 2º
- Exploração e participação assegurada aos Estados, DF e Municípios: art. 20, § 1º
- Garimpagem associativa; áreas e condições: arts. 21, XXV; e 174, §§ 3º e 4º
- Incidência de tributos: art. 155, § 3º
- Jazidas de petróleo e gás natural; monopólio da União: art. 177
- Jazidas, minas e recursos naturais; exploração ou aproveitamento: art. 176
- Lavra; resultado; participação: art. 176, § 2º
- Legislação; competência privativa da União: art. 22, XII
- Minérios e minerais nucleares; monopólio da União: arts. 21, XXIII; e 177, V
- Pesquisa e exploração; competência concorrente; fiscalizar a concessão de direitos: art. 23, XI
- Pesquisa e lavra; prioridade às cooperativas: art. 174, § 4º
- Preservação e exploração; Conselho de Defesa Nacional; pronunciamento: art. 91, § 1º, III
- Terras indígenas; exploração; autorização; competência exclusiva do Congresso Nacional: arts. 49, XVI; e 231, § 3º

RECURSOS PÚBLICOS
- Aplicação; entidade de direito privado; sistema de controle interno: art. 74, II
- Assistência materno-infantil: art. 227, § 1º, I
- Déficit de empresas, fundações e fundos; vedada a utilização de: art. 167, VIII
- Desporto: art. 217, II
- Ensino; aplicação de: arts. 212 e 213
- Ensino; vedada a vinculação: art. 167, IV
- Instituição privada; vedada a destinação de; assistência à saúde: art. 199, § 2º
- Transposição, remanejamento ou transferência dos; vedação: art. 167, VI

REDUÇÃO DA JORNADA DE TRABALHO: art. 7º, XIII

REELEIÇÃO
- Possibilidade: art. 14, § 5º

REFERENDO
- Autorização; competência exclusiva do Congresso Nacional: art. 49, XV
- Soberania popular; exercício: art. 14, *caput*, e II

REFINAÇÃO DE PETRÓLEO
- Exclusão de monopólio estabelecido pelo art. 177, II; ADCT, art. 45
- Monopólio da União: art. 177, II

REFORMA AGRÁRIA: arts. 184 a 191
- Benfeitorias; indenização: art. 184, § 1º
- Desapropriação; proibição: art. 185
- Desapropriação por interesse social; competência da União: art. 184
- Imóveis rurais; título de domínio e concessão de uso; beneficiários: art. 189
- Impostos; isenção: art. 184, § 5º
- Política agrícola; compatibilização: art. 187, § 2º
- Propriedade rural; função social; requisitos: art. 186
- Propriedade rural; ocupação produtiva; aquisição: art. 191
- Terras públicas e devolutas; destinação: art. 188

REFORMA TRIBUTÁRIA: EC nº 42; e EC nº 132

REGIÃO
- Administração pública: art. 43, §§ 1º ao 3º
- De baixa renda; recursos hídricos; aproveitamento: art. 43, § 2º, IV e § 3º
- Desenvolvimento da; redução das desigualdades: arts. 43; e 170, VII
- Metropolitana; aglomeração urbana; microrregião; instituição: art. 25, § 3º

REGIME DE PREVIDÊNCIA
- Custeio: EC nº 41; e EC nº 103

REGIME DEMOCRÁTICO
- Defesa pelo MP: art. 127
- Resguardo do: art. 17

REGISTRO
- De estatuto de partido político: art. 17, § 2º
- Exercício dos serviços de: art. 236

REGISTRO CIVIL DE NASCIMENTO
- Gratuidade: art. 5º, LXXXVI, "a"
- Em Consulado: ADCT, art. 95

REGISTROS PÚBLICOS
- Competência para legislar sobre: art. 22, XXV
- Exceção: ADCT, art. 32

REGISTROS PÚBLICOS NOTARIAIS
- Atividades de; ingresso; concurso público: art. 236, § 3º
- Emolumentos; fixação: art. 236, § 2º
- Gratuidade aos necessitados: art. 5º, LXXVI

ÍNDICE REMISSIVO   SAÚ

- Legislação; competência privativa da União: art. 22, XXV
- Oficiais de; responsabilidade civil e criminal: art. 236, § 1º
REGULAMENTAÇÃO DE ARTIGO DA CONSTITUIÇÃO POR MEDIDA PROVISÓRIA
- Vedação: art. 246; e EC nº 32
REINTEGRAÇÃO
- De território ao Estado de origem: art. 18, § 2º
RELAÇÃO DE EMPREGO
- Protegida: art. 7º, I
RELAÇÕES INTERNACIONAIS
- Brasil; América Latina: art. 4º, parágrafo único
- Manutenção; competência privativa do Presidente da República: art. 84, VII
- Princípios: art. 4º
RELIGIÃO
- Crença religiosa; proibição de privação de direitos por motivo de: art. 5º, VIII
- Garantia de assistência religiosa nas entidades civis e militares de internação coletiva: art. 5º, VII
- Garantia de proteção ao livre exercício das liturgias e cultos religiosos: art. 5º, VI
- Garantia de proteção aos locais de cultos religiosos: art. 5º, VI
REMESSA DE LUCROS: art. 172
REMUNERAÇÃO
- De prefeito, vice-prefeito e vereadores: art. 29, V e VI
- De servidores públicos; revisão: art. 37, X e XI
- Dos deputados estaduais: art. 27, § 2º; e EC nº 1
- Hora extra: art. 7º, XVI
- Limites constitucionais: EC nº 19, art. 29
- Percebida em desacordo com a Constituição; redução: ADCT, art. 17
- Salário mínimo: art. 7º, IV e VII
- Trabalho noturno: art. 7º, IX
RENDA
- Da União, Estados, Distrito Federal e Municípios; proibição de instituir impostos: art. 150, VI, "a"
RENÚNCIA
- De Mandato Parlamentar: art. 55, § 4º; e ECR nº 6
REPARAÇÃO DE DANO
- Extensão de pena aos sucessores: art. 5º, XLV
REPARTIÇÃO DAS RECEITAS TRIBUTÁRIAS: arts. 157 a 162
- Retenção dos recursos: art. 160, parágrafo único
REPOUSO SEMANAL REMUNERADO
- Direito assegurado: art. 7º, XV

REPRESENTAÇÃO EXTRAJUDICIAL
- De associados: art. 5º, XXI
REPRESENTAÇÃO JUDICIAL
- De associados: art. 5º, XXI
- Vedada ao MP: art. 129, IX
REPRODUÇÃO DE OBRAS
- Direito dos autores: art. 5º, XXVII
REPÚBLICA FEDERATIVA DO BRASIL
- Formação do Governo: art. 1º, caput
- Fundamentos: art. 1º, I a V e parágrafo único
- Objetivos fundamentais: art. 3º, I a IV
- Organização político--administrativa: art. 18
- Relações internacionais; princípios: art. 4º, caput
REPÚDIO
- Ao racismo e ao terrorismo: art. 4º, VIII
REQUISIÇÃO
- De bens caso de estado de sítio: art. 139, VII
- De civis e militares; competência para legislar sobre: art. 22, III
RESERVAS CAMBIAIS
- Competência da União: art. 21, VIII
RESOLUÇÃO
- Apreciação de projeto pelo Congresso Nacional: art. 68, § 3º
- Delegação do Presidente da República ao Congresso Nacional: art. 68, § 2º
- Elaboração de; processo legislativo: art. 59, VII
- Impostos; alíquotas; aplicação: art. 155, § 2º, IV
RESPONSABILIDADE CIVIL
- Das pessoas jurídicas: art. 37, § 6º
- Dos notários: art. 236, § 1º
RESPONSABILIDADE CRIMINAL
- Dos notários: art. 236, § 1º
RESPOSTA
- Garantia do direito de: art. 5º, V
RESTRIÇÃO DE LIBERDADE
- Aplicação da pena de: art. 5º, XLVI, "a"
RESULTADOS DA EMPRESA
- Participação nos; direito dos trabalhadores: art. 7º, XI
RÉU
- Benefício da lei nova: art. 5º, XL
- Culpado: art. 5º, LVII
REUNIÃO
- Direito de: art. 5º, XVI
- Direito de; restrições; estado de defesa: art. 136, § 1º, I, "a"
- Direito de; suspensão; estado de sítio: art. 139, IV
- Poder Legislativo: art. 57

REVISÃO CONSTITUCIONAL: ADCT, art. 3º
REVISÃO CRIMINAL
- Pelo STF: art. 102, I, "j"
- Pelo STJ: art. 105, I, "e"
- Pelos TRF: art. 108, I, "b"
- Processo e julgamento: art. 108, I, "b"
RIOS
- Bens da União: art. 20, III
RISCOS DO TRABALHO
- Redução; direito dos trabalhadores: art. 7º, XXII
RONDÔNIA
- Limites com o Acre: ADCT, art. 12, § 5º
RORAIMA
- Transformação em Estado: ADCT, art. 14, §§ 1º ao 4º

S
SALÁRIO(S)
- Adicional de insalubridade e periculosidade: art. 7º, XXIII
- De contribuição; previdência social: arts. 201, § 3º ao 5º; e 202, caput
- De trabalho noturno; superior ao diurno: art. 7º, IX
- Décimo-terceiro: art. 7º, VIII
- Educação; contribuição de empresas e aplicação no ensino: art. 212, § 5º
- Família: art. 7º, XII
- Férias anuais remuneradas: art. 7º, XVII
- Irredutibilidade: art. 7º, VI
- Licença à gestante, sem prejuízo do: art. 7º, XVIII
- Mínimo; assistência social; beneficio a deficiente e ao idoso: art. 203, V
- Mínimo; garantia de: art. 7º, IV, VII
- Piso salarial: art. 7º, V
- Proibição de diferença de; e por discriminação: art. 7º, XXX e XXXI
- Retenção dolosa; crime: art. 7º, X
SANEAMENTO BÁSICO
- Competência concorrente: art. 23, IX
- Diretrizes de; competência da União: art. 21, XX
- Sistema Único de Saúde; participação: art. 200, IV
SANGUE
- Coleta; processamento e transfusão; vedação de comercialização: art. 199, § 4º
- Hemoderivados; produção; Sistema Único de Saúde: art. 200, I
SAÚDE
- Ações e serviços de: arts. 197 e 198
- Aplicação anual de recursos: art. 198, § 2º

SEC — ÍNDICE REMISSIVO

- Assistência à; empresas ou capitais estrangeiros; vedada a participação: art. 199, § 3°
- Assistência à; iniciativa privada; livre participação: art. 199, caput
- Assistência à criança e ao adolescente: art. 227, § 1°
- Assistência ao educando; recursos: art. 212, § 4°
- Assistência ao ex-combatente; gratuita: ADCT, art. 53
- Assistência materno-infantil; recursos: art. 227, § 1°, I
- Competência concorrente: art. 23, II
- Cumulação de cargos privativos: art. 37, XVI, "c"
- Direitos de todos e dever do Estado: art. 196
- Instituição privada; vedada destinação de recursos públicos: art. 199, § 2°
- Municípios; serviços de atendimento: art. 30, VII
- Porcentagem do orçamento da seguridade social destinado ao setor da: ADCT, art. 55
- Proteção e defesa da; legislação concorrente: art. 24, XII
- Recursos mínimos: ADCT, art. 77
- Relevância Pública: art. 197
- Seguridade social: arts. 196 a 200
- Sistema Único de Saúde; financiamento: art. 198, § 1°
- Trabalho; norma de proteção à: art. 7°, XXII
- Transplante de órgãos humanos; transfusão de sangue: art. 199, § 4°

Vide *Sistema Único de Saúde*

SECAS
- Planejamento e promoção da defesa; competência da União: art. 21, XVIII
- Regiões de baixa renda; incentivos: art. 43, § 2°, IV e § 3°

SECRETARIAS
- Novos Estados; limite: art. 235, II

SECRETÁRIOS
- Dos Estados, subsídios: art. 28, § 2°

SECRETÁRIOS ESTADUAIS
- Subsídios: art. 28, § 2°

SEGUNDA GUERRA MUNDIAL
- Ex-combatente; direitos: ADCT, art. 53

SEGURANÇA DE TRÂNSITO
- Implantação de política de; competência: art. 23, XII

SEGURANÇA NACIONAL
- Áreas de; utilização: art. 91 e § 1°, III

- Defesa; competência da União: art. 21, III
- Defesa aeroespacial, marítima, civil e territorial; legislação; competência privativa da União: art. 22, XXVIII

SEGURANÇA NO TRABALHO: art. 7°, XXII

SEGURANÇA PÚBLICA
- Dever do Estado, direito e responsabilidade de todos: art. 144, caput
- Direito à: art. 6°
- Órgãos de; atribuições: art. 144, I a V, e §§ 1° ao 5°
- Órgãos de; organização e funcionamento: art. 144, § 7°

SEGURIDADE SOCIAL
- Contribuição: art. 195, I a III, e §§ 6° ao 8°; e art. 240
- Criação de benefícios ou serviços; fontes de custeio: art. 195, § 5°
- Débito de pessoa jurídica; consequências: art. 195, § 3°
- Entidades beneficentes; isenção: art. 195, § 7°
- Entidades filantrópicas e sem fins lucrativos, complementar do SUS – preferência: art. 199, § 1°
- Estados, Distrito Federal e Municípios; receita: art. 195, § 1°
- Legislação; competência privativa da União: art. 22, XXIII
- Orçamento: arts. 165, § 5°, III; 195, § 2°; 204, caput; e ADCT, art. 55
- Organização; planos de custeio e de benefício, implantação: ADCT, art. 59
- Receita; FINSOCIAL: ADCT, art. 56
- Recursos: art. 195, caput, e § 4°
- Saúde, previdência e assistência social, direitos assegurados: art. 194
- Sistema Único de Saúde (SUS); recursos da: art. 198; e ADCT, art. 55

Vide *Assistência Social*

SEGURO
- Acidente de trabalho: art. 7°, XXVIII
- Agrícola: art. 187, V
- Coletivo; previdência social: art. 201
- Desemprego: arts. 7°, II; e 239, caput
- Estabelecimento de; autorização e funcionamento: art. 192
- Fiscalização das operações de; competência da União: art. 21, VIII
- Política de; legislação; competência privativa da União: art. 22, VII

SEGURO COLETIVO
- Contribuições adicionais: art. 201

SEGURO-DESEMPREGO
- Contribuição adicional: art. 239, caput, e § 4°
- Direito dos trabalhadores: art. 7°, II

SEGUROS DE PREVIDÊNCIA PRIVADA
- Competência para administrar e fiscalizar: art. 21, VIII

SELO NACIONAL
- Símbolo: art. 13, § 1°

SENADO FEDERAL
- Comissão Parlamentar de Inquérito; criação e competência: art. 58, § 3°
- Comissões da Câmara dos Deputados, poder de convocação: art. 50
- Comissões permanentes e temporárias; competência: art. 58
- Competência privativa: arts. 52; e 68, § 1°
- Composição e número: art. 46
- Convocação de Ministros: art. 50, caput, e § 2°
- Deliberações: art. 47
- Eleições dos senadores: art. 46
- Impostos; alíquotas; fixação: art. 155, § 1°, IV, e § 2°, IV e V
- Indelegabilidade: art. 68, § 1°
- Inspeções e auditorias; competências do TCU: art. 71, IV e VII
- Líderes da maioria e da minoria; Conselho da República; participação: art. 89, V
- Membros; maioria; convocação extraordinária do Congresso Nacional: art. 57, § 6°, II
- Mesa; composição: art. 58, § 1°
- Mesa; eleição; sessões preparatórias: art. 57, § 4°
- Mesa; pedido de informações a ministros: art. 50, § 2°
- Ministros de Estado; convocação e comparecimento voluntário: art. 50, caput, e § 1°
- Ministros e outras autoridades; aprovação da escolha: arts. 73, § 2°, I; 84, XIV; e 101, parágrafo único
- Organização e funcionamento: arts. 52, XIII; e 63, II
- Poder de convocação: art. 50; e ECR n° 2
- Presidente da República; crime de responsabilidade; julgamento: art. 86, caput, e § 1°, II
- Presidente do; cargo de brasileiro nato: art. 12, § 3°, III
- Presidente do; Conselhos da República e de Defesa Nacional; participação: arts. 89, III; e 91, III

ÍNDICE REMISSIVO	SER

- Presidente do; convocação extraordinária do Congresso Nacional: arts. 57, § 6º, I; e 138, § 2º
- Presidente do; exercício da Presidência da República: art. 80
- Presidente ou Vice--Presidente do; promulgação de lei: art. 66, § 7º
- Projeto de lei; emendas; apreciação: art. 64, § 3º
- Projeto de lei rejeitado; reapresentação da matéria: art. 67
- Proposta pela mesa de ação declaratória de inconstitucionalidade: art. 103, II
- Regimento interno; elaboração: art. 52, XII
- Sessão conjunta: arts. 57, § 3º; e 66, § 4º
- Títulos da dívida pública; emissão; aprovação: art. 182, § 4º, III

Vide *Poder Legislativo* e *Senadores*

SENADORES
- Atividades incompatíveis: art. 54
- Crime inafiançável: art. 53, § 2º
- Decoro parlamentar; incompatibilidade: art. 55, II e § 1º
- Elegibilidade; idade mínima: art. 14, § 3º, VI, "a"
- Eleição: art. 46
- Imunidades; subsistência durante o estado de sítio: art. 53, § 8º
- Incorporação às Forças Armadas: art. 53, § 7º
- Investidos em outros cargos ou licenciados: art. 56, I, II, e § 3º
- Inviolabilidade por opiniões, palavras e votos: art. 53, *caput*
- Mandato; perda do: art. 55
- Posse: art. 57, § 4º
- Prerrogativas: art. 53
- Pronunciamento na vigência do estado de sítio; difusão: art. 139, parágrafo único
- Remuneração; fixação: art. 49, VII
- Suplente: arts. 46, § 3º; e 56, §§ 1º e 2º
- Testemunho facultativo: art. 53, § 6º

Vide *Senado Federal*

SENTENÇA
- Autoridade competente: art. 5º, LIII
- Estrangeira: art. 109, X
- Execução de; processo e julgamento: art. 102, I, "m"
- Judicial; servidor público civil; perda e reintegração no cargo: art. 41, §§ 1º e 2º
- Penal condenatória: art. 5º, LVII

SEQUESTRO
- Em caso de débito: art. 100, § 2º

SERINGUEIROS
- Pensão mensal vitalícia: ADCT, art. 54, *caput*

SERRA DO MAR
- Patrimônio Nacional: art. 225, § 4º

SERVENTIAS
- Foro Judicial; estatização: ADCT, art. 31

SERVIÇO EXTRAORDINÁRIO
- Remuneração: art. 7º, XVI

SERVIÇO MILITAR
- Conscritos; inalistáveis como eleitores: art. 14, § 2º
- Mulheres e eclesiásticos; isenção: art. 143, § 2º
- Obrigatoriedade: art. 143, *caput*
- Serviço alternativo: art. 143, § 1º

SERVIÇO NACIONAL DE APRENDIZAGEM PENAL – SENAR
- Criação: ADCT, art. 62

SERVIÇO POSTAL
- Legislação; competência privativa da União: art. 22, V
- Manutenção; competência da União: art. 21, X

SERVIÇO PÚBLICO
- Lei de defesa de usuário: EC nº 19, art. 27

SERVIÇO SOCIAL
- Contribuições; ressalva: art. 240

SERVIÇOS
- Contratação mediante licitação: art. 37, XXI
- Essenciais: art. 9º, § 1º
- Forenses; competência para legislar sobre; custas de: art. 24, IV

SERVIÇOS DE RADIODIFUSÃO SONORA E DE SONS E IMAGENS
- Exploração pela União: art. 21, XII, "a"; e EC nº 8

SERVIÇOS OFICIAIS
- De cartografia; legislação sobre o sistema cartográfico; competência: art. 22, XVIII
- De cartografia; organização e manutenção; competência: art. 21, XV
- De estatística; legislação sobre sistema estatístico; competência: art. 22, XVIII
- De estatística; organização e manutenção; competência: art. 21, XV
- De geografia; legislação sobre sistemas de; competência: art. 22, XVIII

- De geologia; organização e manutenção; competência: art. 21, XV

SERVIÇOS PÚBLICOS
- Concessões; manutenção: ADCT, art. 66
- Contratação por licitação: arts. 37, XXI; e 175
- De energia elétrica: art. 21, XII, "b"
- De gás canalizado; exploração pelos Estados: art. 25, § 2º
- De navegação aérea e aeroespacial: art. 21, XII, "c"
- De radiodifusão; concessão; competência: art. 223, §§ 1º ao 5º
- De radiodifusão; exploração; competência: art. 21, XII, "a"
- De registro: art. 236
- De registro; inaplicabilidade do art. 236: ADCT, art. 32
- De transmissão de dados: art. 21, XI
- De transporte aquaviário e ferroviário; exploração; competência: art. 21, XII, "d"
- De transporte rodoviário; exploração; competência: art. 21, XII, "e"
- Empresas concessionárias e permissionárias: art. 175, parágrafo único, I
- Empresas de; intervenção em caso de estado de sítio: art. 139, VI
- Municipais; organização e prestação dos: art. 30, V
- Ocupação e uso temporário; calamidade pública: art. 136, § 1º, II
- Prestação de; concessão ou permissão: art. 175
- Prestação de; reclamação disciplinada em lei: art. 37, § 3º, I
- Prestação de; responsabilidade por danos: art. 37, § 6º
- Taxas; utilização dos: art. 145, II
- Telefônicos e telegráficos; exploração: art. 21, XI

SERVIDOR PÚBLICO: EC nº 19
- Aposentadoria: EC nº 47
- Aposentadoria, condições: EC nº 47
- Aposentadoria, limite remuneratório: EC nº 47
- Aposentadoria por tempo de contribuição: EC nº 20, art. 4º
- Concessão de aposentadoria e pensão, direito adquirido: EC nº 20
- Custeio da previdência: EC nº 41
- Denominação alterada: EC nº 18, art. 2º
- Direito adquirido, aposentadoria: EC nº 41

SER — ÍNDICE REMISSIVO

- Direito de opção para aposentadoria voluntária: EC n° 41
- Disposições aplicáveis: art. 38
- Estabilidade: ADCT, art. 19, § 1° ao 3°
- Limites pecuniários: EC n° 19, art. 29
- Não estáveis: EC n° 19, art. 33
- Opção para aposentadoria: EC n° 47
- Perda de cargo, garantias e critérios especiais: art. 247
- Vantagem posterior à aposentadoria: EC n° 41

SERVIDOR PÚBLICO CIVIL: arts. 39 a 41
- Acréscimos pecuniários: art. 37, XIV
- Acumulação de cargos; proibição: art. 37, XVI e XVII
- Anistia: ADCT, art. 8°
- Aposentadoria: arts. 40; e 71, III
- Aposentadoria; proventos; revisão: ADCT, art. 17, caput
- Da União e Territórios; lei de iniciativa do Presidente da República: art. 61, § 1°, II, "c"
- Despesa pela criação de Estado: art. 235, IX, "a", "b" e XI
- Disponibilidade: art. 41, § 3°
- Estabilidade: art. 41
- Estável; perda do cargo: art. 247
- Extinção de cargo: art. 41, § 3°
- Greve; direito de: art. 37, VII
- Mandato eletivo: art. 38
- Pensão; concessão: EC n° 103
- PIS/PASEP: art. 239
- Planos de carreira; União, Estados, Distrito Federal e Municípios: art. 39
- Professor de nível superior; estabilidade: ADCT, art. 19, § 3°
- Quadro de pessoal; critérios: ADCT, art. 24
- Reforma Administrativa; prazo: ADCT, art. 24; EC n° 19;
- Regime jurídico único; União, Estados, Distrito Federal e Municípios: art. 39
- Reintegração: art. 41, § 2°
- Remuneração: arts. 37, X a XV; e 39, § 2°
- Sindicalização: art. 37, VI
- Vencimentos; irredutibilidade: art. 37, XV;
- Vencimentos; isonomia: arts. 37, XII e XIII; 39, § 1°; e 135

Vide *Aposentadoria*, *Cargos Públicos*

SERVIDOR PÚBLICO MILITAR
- Aposentadoria; proventos: EC n° 41
- Aposentadorias e pensões: EC n° 41
- Condenação na Justiça Comum; julgamento: art. 142, § 3°, VII
- Da ativa; emprego ou função temporária; promoção: art. 142, § 3°, III
- Em serviço; não filiação partidária: art. 142, § 3°, V
- Estabilidade: art. 142, § 3°, X
- Limite de idade: art. 142, § 3°, X
- Patentes, prerrogativas, direitos e deveres; quem as conferirá: art. 142
- Pensão por morte: EC n° 41
- Perda do posto e da patente: art. 142, § 3°, VI
- Sindicalização e greve: art. 142, § 3°, IV
- Transferência para a reserva: art. 142, § 3°, II

Vide *Militares*

SERVIDORES DOS TRIBUNAIS
- Férias, licenças e afastamentos; concessão: art. 96, I, "f"

SEXO
- Preconceito: art. 3°, IV

SIGILO
- Da correspondência e das comunicações telegráficas, telefônicas e de dados; inviolabilidade e restrições: arts. 5°, XII; 136, § 1°, I, "b", "c"; e 139, III
- Da fonte de informação: art. 5°, XIV
- Das comunicações; inviolabilidade: art. 5°, XII
- Das votações no tribunal do júri: art. 5°, XXXVIII, "b"

SIGNOS
- Proteção à propriedade de: art. 5°, XXIX

SILÊNCIO DO PRESO
- Direito de: art. 5°, LXIII

SILVÍCULAS

Vide *Índios*

SÍMBOLOS
- Dos Estados, DF e Municípios: art. 13, § 2°
- Nacionais; bandeira, hino, armas da República e selo nacionais: art. 13, § 1°

SINDICALIZAÇÃO
- Liberdade de; direito dos servidores públicos civis: art. 37, VI
- Liberdade de; direito dos trabalhadores: art. 8°
- Proibição aos servidores públicos militares: art. 142, § 3°, IV

SINDICATOS
- Aposentadoria; direito de votar e ser votado: art. 8°, VII
- Cargo de direção ou representação; candidato ou ocupante; proibição de dispensa: art. 8°, VIII
- Contribuição: art. 8°, IV

- Criação: art. 8°, I e II
- Defesa de categoria: art. 8°, III
- Direito de denúncia: art. 74, § 2°
- Dissídio coletivo; ajuizamento: art. 114, § 3°
- Dos trabalhadores; impostos; proibição: art. 150, VI, "c" e § 4°
- Filiação opcional: art. 8°, V
- Mandado de segurança coletivo: art. 5°, LXX, "b"
- Negociações coletivas; participação obrigatória: art. 8°, VI
- Obras; aproveitamento econômico; fiscalização: art. 5°, XXVIII, "b"
- Rurais; custeio de atividades: ADCT, art. 10, § 2°
- Rurais e coloniais de pescadores: art. 8°, parágrafo único

SISTEMA(S)
- De consórcios; competência para legislar sobre: art. 22, XX
- De medidas; competência para legislar sobre: art. 22, VI
- Federal de Ensino; organização e financiamento: art. 211, § 1°

SISTEMA DE GOVERNO
- Definição por plebiscito: EC n° 2

SISTEMA FINANCEIRO NACIONAL: art. 192
- Objetivos: art. 192

Vide *Imposto(s)*

SISTEMA MONETÁRIO
- Competência para legislar sobre: art. 22, VI

Vide *Moeda*

SISTEMA NACIONAL
- De emprego; competência para legislar sobre: art. 22, XVI
- De viação; princípios e diretrizes; competência: art. 21, XXI

SISTEMA TRIBUTÁRIO NACIONAL: arts. 145 a 162
- Créditos e saldos financeiros: ADCT, art. 134 a 137
- Fato gerador presumido: art. 150, § 7°
- Imposto de competência compartilhada entre Estados, Distrito Federal e Municípios: arts. 156-A e 156-B
- Impostos da União: arts. 153 e 154
- Impostos dos Estados e DF: art. 155
- Impostos dos Municípios: art. 156
- Limitações do poder de tributar: arts. 150 a 152
- Princípios gerais: arts. 145 a 149-A
- Repartição das receitas tributárias: arts. 157 a 162
- Transição; critérios: ADCT, arts. 124 a 133
- Vigência: ADCT, art. 34

SISTEMA ÚNICO DE SAÚDE – SUS
- Alimentos, bebidas e águas; fiscalização: art. 200, VI
- Competência: art. 200
- Constituição, organização e financiamento: art. 198
- Desenvolvimento científico e tecnológico; incremento: art. 200, V
- Financiamento: art. 198, § 1º
- Medicamentos; equipamentos; imunobiológicos e hemoderivados; produção: art. 200, I
- Meio ambiente; proteção: art. 200, VIII
- Produtos psicoativos, tóxicos e radioativos; controle e fiscalização: art. 200, VII
- Produtos, substâncias e procedimentos; saúde; controle e fiscalização: art. 200, I
- Recursos humanos; formação: art. 200, III
- Saneamento básico; participação: art. 200, IV
- Transferência de recursos: art. 195, § 10
- Vigilância sanitária; epidemiológica e de saúde: art. 200, II

SÍTIOS ARQUEOLÓGICOS E PRÉ-HISTÓRICOS
- Bens da União: art. 20, X

SOBERANIA
- Nacional; princípios da ordem econômica: art. 170, I
- Popular; exercício: art. 14, I a III
- Prerrogativas; mandado de injunção: art. 5º, LXXI
- República Federativa do Brasil; fundamentos: art. 1º

SOBERANIA DOS VEREDICTOS NO JÚRI
- Garantia da: art. 5º, XXXVIII, "c"

SOCIEDADE
- Dever da quanto aos idosos: art. 230
- Justa, livre e solidária; objetivo da República: art. 3º, I

SOCIEDADE CONJUGAL
- Direitos e deveres: art. 226, § 5º

SOCIEDADE DE ECONOMIA MISTA
- Acumulação de empregos e funções; proibição: art. 37, XVII
- Criação de autarquia: art. 37, XIX
- Exploração de atividades econômicas: art. 173
- Subsidiária: art. 37, XX

SOCORRO
- Prestação de; violabilidade da casa: art. 5º, XI

SOLO
- Defesa do; legislação e competência concorrentes: art. 24, VI

- Urbano; ocupação; municípios: art. 30, VIII
- Urbano; parcelamento ou edificação: art. 182, § 4º, I

SOLUÇÃO PACÍFICA DOS CONFLITOS
- Princípio das relações internacionais: art. 4º, VII

SORTEIOS
- Sistemas de; legislação; competência privativa da União: art. 22, XX

SUBDIVISÃO
- De Estados: art. 18, § 3º

SUBSTÂNCIAS E PRODUTOS PSICOATIVOS, TÓXICOS E RADIOATIVOS
- Controle e fiscalização; competência: art. 200, VII

SUCESSÃO
- De bens de estrangeiros: art. 5º, XXXI
- Garantia do direito de: art. 5º, XXX
- Vide *Herança*

SUCESSORES
- Dano, reparação pelos: art. 5º, XLV

SUCUMBÊNCIA
- Ação popular: art. 5º, LXXIII

SUPERIOR TRIBUNAL DE JUSTIÇA – STJ
- Ações rescisórias; julgamento: ADCT, art. 27, § 10
- Aprovação da escolha de seus membros: art. 104, parágrafo único
- Competência; processo e julgamento originário: art. 105, I
- Competência; recurso ordinário e especial: art. 105, II e III
- Composição, nomeação e escolha de ministros; requisitos: arts. 84, XIV; e 104
- Conflitos de atribuições; autoridades administrativas e judiciárias; processo e julgamento: art. 105, I, "g"
- Conselho de Justiça Federal; funcionamento conjunto: art. 105, parágrafo único
- Julgamento do Prefeito perante o: art. 29, X
- Julgamento, em recurso ordinário, das causas em que forem partes Estado estrangeiro e Município ou pessoa residente no País: art. 105, II, "c"
- Julgamento, em recurso ordinário, de *habeas corpus*: art. 105, II, "a"
- Julgamento, em recurso ordinário, de mandado de segurança: art. 105, II, "b"
- Jurisdição: art. 92
- Ministros do TRF: ADCT, art. 27, §§ 3º e 4º

- Nomeação de membros do: arts. 84, XIV; e 104, parágrafo único
- Órgão do Poder Judiciário: art. 92
- Processo e julgamento de ações rescisórias: art. 105, I, "e"
- Processo e julgamento de reclamação: art. 105, I, "f"
- Processo e julgamento de revisões criminais: art. 105, I, "e"
- Processo e julgamento do *habeas corpus*: art. 105, I, "c"
- Processo e julgamento do *habeas data*: art. 105, I, "b"
- Processo e julgamento do mandado de injunção: art. 105, I, "h"
- Processo e julgamento do mandado de segurança: art. 105, I, "b"
- Processo e julgamento dos conflitos de competência: art. 105, I, "d"
- Sede: art. 92, § 1º

SUPERIOR TRIBUNAL MILITAR – STM
- Advogados na sua composição: art. 124, parágrafo único, I
- Aprovação na indicação de seus membros: art. 123
- Competência da Justiça Militar: art. 124, parágrafo único
- Composição: art. 123
- Escolha dos Ministros Civis: art. 123, parágrafo único
- Juízes auditores na sua composição: art. 123, parágrafo único, II
- Membros do MP na sua composição: art. 123, parágrafo único, II
- Organização, funcionamento e competência da Justiça Militar: arts. 123 e 124
- Órgão da Justiça Militar: art. 122
- Vide *Justiça Militar*

SUPLENTE
- Convocação: art. 56, §§ 1º e 2º

SUPREMO TRIBUNAL FEDERAL – STF:
arts. 101 a 103-B
- Ação de inconstitucionalidade; proposta: art. 103
- Ações declaratórias de inconstitucionalidade de lei ou ato normativo federal; decisões definidas de mérito; eficácia: art. 103, § 2º
- Aprovação de súmulas vinculantes: art. 103-A; e EC nº 45, art. 8º
- Arguição de descumprimento de preceito fundamental; apreciação: art. 102, § 1º
- Cargos; criação o extinção: art. 96, II, "b"

SUS ÍNDICE REMISSIVO

- Competência; recurso extraordinário; julgamento: art. 102, III
- Competência; recurso ordinário; julgamento: art. 102, II
- Competência originária; processo e julgamento: art. 102, I
- Competência privativa: art. 96, II
- Composição: art. 101
- Compromisso do Presidente: ADCT, art. 1º
- Conflitos de competência; processo e julgamento: art. 102, I, "o"
- Decisões definidas no mérito: art. 102, § 2º
- Escolha de seus membros: art. 101
- Estatuto da Magistratura; lei complementar; iniciativa do: art. 93, caput
- Fixação do subsídio dos ministros: art. 48, XV
- Intervenção estadual; requisição: art. 36, I e II
- Jurisdição: art. 92
- Ministros do; cargo de brasileiro nato: art. 12, § 3º, IV
- Ministros do; crimes de responsabilidade; processo e julgamento; competência privativa do Senado Federal: art. 52, II e parágrafo único
- Ministros do; escolha e nomeação: arts. 84, XIV; e 101, parágrafo único
- Nomeação de seus membros: art. 101, parágrafo único
- Organização e divisão judiciárias; proposta de alteração: art. 96, II, "d"
- Órgão do Poder Judiciário: art. 92
- Prazo para decidir sobre reconhecimento de direitos e vantagens interrompidos por suspensão temporária de direitos públicos: ADCT, art. 9º
- Presidente do; casos em que atua como Presidente do Senado Federal: art. 52, parágrafo único
- Presidente do; substituição do Presidente da República: art. 80
- Propositura da ação declaratória de constitucionalidade: art. 102, I, "a"
- Reclamação; preservação de competência; processo e julgamento: art. 102, I
- Sede: art. 92, § 1º
- Tribunais inferiores; criação e extinção; proposta: art. 96, II, "c"
- Tribunais inferiores; proposta de alteração do número de seus membros: art. 96, II, "a"
- Vencimentos: arts. 48, XV; e 96, II, "b"

SUSPENSÃO
- De direitos: art. 5º, XLVI, "e"
- De direitos políticos: art. 15; e ADCT, art. 9º

T
TABACO
- Propaganda comercial: art. 220, § 4º

TAXAS
- Anistia ou remissão art. 150, § 6º
- Base de cálculo: art. 145, § 2º
- Competência concorrente: art. 145, II
- Pedágio; cobrança: art. 150, V
- Subsídio ou isenção: art. 150, § 6º
- Vide Impostos, Tributos

TÉCNICOS ESTRANGEIROS
- Admissão por universidades: art. 207, § 1º; e EC nº 11

TECNOLOGIA
- Ciência e: arts. 218 a 219-B
- Vide Ciência e Tecnologia

TECNOLOGIA DA INFORMAÇÃO
- Benefícios ao setor: art. 179

TELECOMUNICAÇÕES
- Disposição sobre; competência do Congresso Nacional: art. 48, XII
- Legislação; competência privativa da União: art. 22, IV
- Programas de rádio e televisão; classificação; competência da União: art. 21, XVI
- Rádio e televisão; concessão e renovação: arts. 49, XII; 223, § 5º
- Rádio e televisão; produção e programação; princípios: arts. 220, § 3º, II; e 221
- Serviços; exploração; competência da União: art. 21, XI e XII, "a"
- Serviços Públicos; concessão mantida: ADCT, art. 66
- Televisão e radiodifusão; liberdade: art. 139, III
- Vide Radiodifusão Sonora e de Sons e Imagens, Comunicação(ões)

TELEVISÃO
- Acesso dos partidos políticos: art. 17, §§ 3º e 5º
- Competência para classificação de programas: art. 21, XVI
- Concessão e participação: art. 223, §§ 1º ao 5º
- Programas; princípios: art. 221
- Programas de; defesa das pessoas e famílias: art. 220, § 3º, II

TEMPLOS DE QUALQUER CULTO
- Vedada a instituição de impostos sobre: art. 150, VI, "b"; art. 156, § 1º-A

TERAPIAS
- Propaganda comercial: art. 220, § 4º

TERRAS
- Arrecadadas pelos Estados; indisponibilidade: art. 225, § 5º
- Ocupadas por remanescentes das comunidades dos quilombos; propriedade: ADCT, art. 68

TERRAS DEVOLUTAS
- Bens da União: art. 20, II
- Bens Estaduais: art. 26, IV
- Destinação: art. 188 e §§ 1º e 2º
- Indisponibilidade: art. 225, § 5º

TERRAS INDÍGENAS
- Bens da União: art. 20, XI
- Demarcação: ADCT, art. 67
- Disposições gerais; demarcação: art. 231 e §§ 1º ao 7º
- Domínio e posse; atos nulos e extintos: art. 231, § 6º
- Exploração de recursos hídricos e pesquisa e lavra mineral em; autorização do Congresso Nacional: art. 49, XVI; e 231, § 3º
- Inalienabilidade e indisponibilidade: art. 231, § 4º
- Posse permanente e usufruto de seus bens: art. 231, § 2º
- Prazo para conclusão de demarcação: ADCT, art. 67
- Recursos hídricos: art. 231, § 3º
- Remoção dos grupos indígenas: art. 231, § 5º
- Tradicionalmente ocupadas pelos índios; conceito: art. 231, § 1º

TERRAS PÚBLICAS
- Alienação ou concessão; competência do Congresso Nacional: arts. 49, XVII; e 188
- Devolutas; bens da União e dos Estados: arts. 20, II; e 26, IV
- Devolutas; destinação: art. 188
- Devolutas; proteção dos ecossistemas naturais: art. 225, § 5º

TERRENOS DA MARINHA
- Bens da União: art. 20, III e VII
- Enfiteuse: ADCT, art. 49, § 3º

TERRENOS MARGINAIS
- Bens da União: art. 20, III

TERRITÓRIO FEDERAL DE FERNANDO DE NORONHA
- Extinção: ADCT, art. 15

TERRITÓRIOS
- Áreas; incorporação; subdivisão ou desmembramento; autorização: art. 48, VI
- Câmara Territorial; eleições: art. 33, § 3º
- Contas dos; apreciação: art. 33, § 2º
- Criação; transformação; reintegração: art. 18, §§ 2º e 3º

- Defensoria Pública; organização e manutenção: arts. 21, XIII; e 134
- Deputados: art. 45, § 2º
- Divisão em Municípios: art. 33, § 1º
- Governador de; competência privativa do Senado Federal para aprovação da escolha: art. 52, III, "c"
- Impostos; competência da União: art. 147
- Impostos da União; arrecadação; distribuição aos: arts. 153, § 5º, I; 158, parágrafo único, II; e 161, III
- Juizados especiais; justiça de paz; criação: art. 98
- Jurisdição e atribuições dos juízes federais: art. 110, parágrafo único
- Justiça Federal; jurisdição e atribuições: art. 110
- Litígio com Estado estrangeiro ou organismo internacional: art. 102, I, "e"
- Municípios; intervenção da União: art. 35
- Nomeação do Governador: art. 84, XIV
- Número de deputados que elegerá: art. 45, § 2º
- Operações externas financeiras; autorização: art. 52, V
- Orçamento dos; lei; iniciativa: art. 61, § 1º, II, "b"
- Organização: art. 33
- Organização judiciária e administrativa; competência privativa da União: art. 22, XVII
- Pessoal da administração; lei; iniciativa: art. 61, § 1º, II, "b" e "c"
- Poder Judiciário; MP e Defensoria Pública; organização: arts. 21, XIII; 22, XVII; 33, § 3º; e 48, IX
- Polícias civil, militar e corpo de bombeiros militar; organização e manutenção: art. 21, XIV
- Procurador-Geral dos; nomeação; destituição: art. 128, §§ 3º e 4º
- Representação na Câmara dos Deputados: art. 45, § 2º
- Serviços públicos dos; lei; iniciativa: art. 61, § 1º, II, "b"
- Sistema de ensino; organização e financiamento da União: art. 211, § 1º
- Tributos dos; lei; iniciativa: art. 61, § 1º, II, "b"

TERRORISMO
- Crime inafiançável: art. 5º, XLIII e XLIV
- Repúdio ao: art. 4º, VIII

TÍTULO DE DOMÍNIO
- Área urbana; posse: art. 183, caput, o § 1º

- Imóvel rural: art. 189, parágrafo único

TÍTULOS DA DÍVIDA AGRÁRIA
- Fixação do volume no orçamento: art. 184, § 4º
  Vide Dívida Pública

TÍTULOS DA DÍVIDA PÚBLICA
- Emissão e resgate: art. 163, IV
  Vide Dívida Pública

TÍTULOS DE EMISSÃO DO TESOURO NACIONAL
- Compra e venda pelo Banco Central: art. 164, § 2º

TOCANTINS
- Criação do Estado: ADCT, art. 13

TOMBAMENTO: art. 216, §§ 1º e 5º

TORTURA
- Crime inafiançável: art. 5º, XLIII
- Proibição: art. 5º, III

TÓXICOS
- Controle e fiscalização: art. 200, VII
- Crime de tráfico ilícito de: art. 5º, XLIII
- Extradição de brasileiro naturalizado em caso de tráfico de: art. 5º, LI
- Tráfico ilícito; apreensão de bens e confisco: art. 243, parágrafo único

TRABALHADORES
- Avulsos; direitos: art. 7º, XXXIV
- Domésticos; direitos: art. 7º, parágrafo único
- Participação nos colegiados dos órgãos públicos: art. 10
- Prescrição do direito de ação: art. 7º, XXIX, "a" e "b"
- Urbanos e rurais; direitos: art. 7º
  Vide Justiça do Trabalho, Sindicatos, Trabalho

TRABALHO
- Com vínculo empregatício e avulso; igualdade de direitos: art. 7º, XXXIV
- Compensação de horários: art. 7º, XIII
- Da mulher; proteção do mercado: art. 7º, XX
- Duração: art. 7º, XIII
- Em turnos: art. 7º, XIV
- Forçado; não haverá aplicação da pena de: art. 5º, XLVII, "c"
- Fundo de garantia das execuções: EC nº 45, art. 3º
- Intelectual e manual; distinção proibida: art. 7º, XXXII
- Jornada de seis horas: art. 7º, XIV
- Liberdade de: art. 5º, XIII
- Noturno; proibição para menores: art. 7º, XXXIII
- Noturno; remuneração: art. 7º, IX
- Redução de jornada: art. 7º, XIII
- Técnico; distinção proibida: art. 7º, XXXII
- Valores sociais: art. 1º, IV

TRÁFEGO
- De pessoas ou bens; limitações; proibição: art. 150, V

TRÁFICO ILÍCITO
- De entorpecentes e drogas afins; crime inafiançável: art. 5º, XLIII
- Extradição: art. 5º, LI
- Prevenção e repressão: art. 144, § 1º, II

TRANSFERÊNCIA DE VALORES
- Competência para legislar sobre: art. 22, VII

TRANSFERÊNCIAS DE RECURSOS
- Vedação: art. 167, X

TRANSFORMAÇÃO
- De Território em Estado: art. 18, § 2º

TRANSGRESSÃO MILITAR
- Não cabimento de habeas corpus e punições disciplinares militares: art. 142, § 2º
- Prisão em caso de: art. 5º, LXI

TRÂNSITO
- Legislação; competência privativa da União: art. 22, XI
- Segurança; política de educação; competência concorrente: art. 23, XII

TRANSPLANTES
- Remoção de órgãos; tecidos e substâncias humanas; regulamentação: art. 199, § 4º

TRANSPORTE
- Aéreo; marítimo e terrestre: art. 178
- Aquaviário e ferroviário; serviços de; exploração; competência da União: art. 21, XII, "d"
- Coletivo; deficiente; acesso adequado: arts. 227, § 2º; e 244
- Interestadual e intermunicipal; impostos; instituição e normas: art. 155, II e § 2º
- Internacional: art. 178
- Legislação; competência privativa da União: art. 22, XI
- Material radioativo: arts. 177, § 2º; e 200, VII
- Petróleo e gás natural; monopólio da União: art. 177, IV
- Política nacional de; diretrizes; legislação; competência privativa da União: art. 22, IX
- Rodoviário de passageiros; serviços e exploração; competência da União: art. 21, XII, "e"
- Sistema nacional de viação; princípios e diretrizes; competência da União: art. 21, XXI
- Urbano; diretrizes de; competência da União: art. 21, XX

ÍNDICE REMISSIVO

- Urbano; gratuidade; idosos: art. 230, § 2°
- **TRATADO**
  - Declaração de inconstitucionalidade; julgamento pelo STF: art. 102, III, "b"
- **TRATADOS INTERNACIONAIS**
  - E os direitos e garantias expressos na Constituição: art. 5°, § 2°
  Vide *Atos Internacionais*
- **TRIBUNAIS**
  - Afastamento; concessão: art. 96, I, "f"
  - Competência privativa: art. 96
  - Créditos de natureza alimentícia: art. 100, § 1°
  - Criação de varas judiciárias: art. 96, I, "d"
  - De contas municipais; vedada a criação pelos Municípios: art. 31, § 4°
  - Declaração de inconstitucionalidade de lei ou ato normativo: art. 97
  - Férias, licença; concessão: art. 96, I, "f"
  - Juízes vinculados: art. 96, I, "b"
  - Pagamentos devidos pela Fazenda Pública: art. 100
  - Proposta orçamentária: art. 99, §§ 1° e 2°
  - Provimento de cargos: art. 96, I, "c" e "e"
  - Regimento interno: art. 96, I, "a"
  - Secretarias; serviços auxiliares: art. 96, I, "b"
  Vide *Poder Judiciário, Juízes*
- **TRIBUNAIS DE ALÇADA**
  - Extinção: EC n° 45, art. 4°
- **TRIBUNAIS DO DISTRITO FEDERAL**
  - Composição; escolha: art. 94, parágrafo único
- **TRIBUNAIS E JUÍZES DO TRABALHO:** arts. 111 a 116
  - Órgãos da Justiça do Trabalho: art. 111
  Vide *Justiça do Trabalho*
- **TRIBUNAIS E JUÍZES DOS ESTADOS:** arts. 125 e 126
  - Competência da Justiça Militar Estadual: art. 125, § 4°
  - Competência dos Tribunais: art. 125, § 1°
  - Composição e escolha: art. 94, parágrafo único
  - Conflitos fundiários: art. 126, parágrafo único
  - Criação da Justiça Militar: art. 125, § 3°
  - Organização da Justiça nos Estados: art. 125
  - Órgãos do Poder Judiciário: art. 92
  - Representação de inconstitucionalidade; instituição pelos Estados: art. 125, § 2°
  Vide *Justiça Estadual*
- **TRIBUNAIS E JUÍZES ELEITORAIS:** arts. 118 a 121
  - Órgãos da Justiça Eleitoral: art. 118
  Vide *Justiça Eleitoral*
- **TRIBUNAIS E JUÍZES MILITARES:** arts. 122 a 124
  - Garantias dos membros dos: art. 121, § 1°
  - Órgãos da Justiça Militar: art. 122
  Vide *Justiça Militar*
- **TRIBUNAIS REGIONAIS DO TRABALHO**
  - Composição: art. 115
  - Criação das varas do trabalho: art. 112
  - Juízes; nomeação; requisitos: art. 115
- **TRIBUNAIS REGIONAIS ELEITORAIS**
  - Advogado na composição dos: art. 120, § 1°, III
  - Composição: art. 120, § 1°
  - Desembargadores na composição dos: art. 120, § 1°, "a"
  - Eleição de seus Presidente e Vice-Presidente: art. 120, § 2°
  - Garantias dos juízes: art. 121, § 1°
  - Juiz do TRF na composição dos: art. 120, § 1°, II
  - Juiz Federal na composição dos: art. 120, § 1°, II
  - Juízes de direito na composição dos: art. 120, § 1°, "b"
  - Localização e instalação: art. 120
  - Órgãos da Justiça Eleitoral: art. 118
  - Recursos das decisões dos: art. 121, § 4°
  - Tempo de Serviço: art. 121, § 2°
- **TRIBUNAIS REGIONAIS FEDERAIS:** arts. 106 a 110
  - Aforamento das causas: art. 109, §§ 1° e 2°
  - Causas decididas; julgamento em grau de recurso pelos juízes federais e estaduais: art. 108, II
  - Causas decididas; julgamento em recurso especial pelo STJ: art. 105, III
  - Competência: art. 108
  - Competência dos Juízes Federais: art. 109
  - Competência dos Tribunais Regionais Federais: art. 108
  - Composição: arts. 94 e 107
  - Criação: ADCT, art. 27, § 6°
  - Escolha: art. 94, parágrafo único
  - Juízes federais; crimes comuns e de responsabilidade; processo e julgamento: art. 108, I, "a"
  - Membros; processo e julgamento nos crimes comuns e de responsabilidade;
  competência do STJ: art. 105, I, "a"
  - Órgãos da Justiça Federal: art. 106
  - Órgãos do Poder Judiciário: art. 92
  - Previdência Social; causas; aforamento e recursos: art. 109, §§ 3° e 4°
  - Sessão judiciária e varas; Estados e DF: art. 110
  - Territórios Federais; juízes; atribuições: art. 110, parágrafo único
- **TRIBUNAL DE EXCEÇÃO**
  - Não haverá: art. 5°, XXXVII
- **TRIBUNAL DE JUSTIÇA**
  - Competência privativa: art. 96, III
  - Composição na criação de Estado: art. 235, IV
  - Conflitos fundiários: art. 126
  - Julgamento de Prefeito: art. 29, X
  Vide *Justiça Estadual*
- **TRIBUNAL DO JÚRI**
  - Competência: art. 5°, XXXVIII
  - Plenitude da defesa: art. 5°, XXXVIII, "a"
  - Reconhecimento da instituição: art. 5°, XXXVIII
  - Sigilo das votações: art. 5°, XXXVIII, "b"
  - Soberania dos veredictos: art. 5°, XXXVIII, "c"
- **TRIBUNAL FEDERAL DE RECURSOS – TFR:** ADCT, art. 27, §§ 3° e 4°
- **TRIBUNAL INTERNACIONAL**
  - De direitos humanos, formação: ADCT, art. 7°
- **TRIBUNAL PENAL INTERNACIONAL**
  - Submissão à Jurisdição: art. 5°, § 4°
- **TRIBUNAL SUPERIOR DO TRABALHO**
  - Composição: arts. 111 e 111-A
  - Julgamento de seus membros: art. 102, I, "c"
  - Jurisdição: art. 92
  Vide *Justiça do Trabalho*
- **TRIBUNAL SUPERIOR ELEITORAL – TSE**
  - Composição por eleição para: art. 119, I, "a" e "b", II e parágrafo único
  - Decisões irrecorríveis: art. 121, § 3°
  - Garantia dos juízes: art. 121, § 1°
  - Intervenção estadual; requisição: art. 36, II
  - Organização e competência: art. 121, §§ 1° ao 4°
  - Órgãos da Justiça Eleitoral: art. 118, I
  - Partido político; registro: art. 17, § 2°
  - Tempo de serviço: art. 121, § 2°

ÍNDICE REMISSIVO

TRIBUNAL(IS) DE CONTAS
- Composição; criação de Estado: art. 235, III
- Constituição Estadual; disposição sobre: art. 75, parágrafo único
- Da União; atividades; relatório: art. 71, § 4º
- Da União; auditor; substituição a ministro: art. 73, § 4º
- Da União; cálculo de quotas referentes ao Fundo de Participação: art. 161, parágrafo único
- Da União; composição; sede e jurisdição: art. 73, caput, e §§ 1º ao 4º
- Da União; Congresso Nacional; controle externo pelo: art. 71
- Da União; controle interno; ciência pelos responsáveis: art. 74, § 2º
- Da União; despesas; exclusão: ADCT, art. 35, § 1º, IV
- Da União; dívida externa; exame; auxílio do: ADCT, art. 26, § 1º
- Da União; eficácia de suas decisões: art. 71, § 3º
- Da União; escolha de dois terços dos membros pelo Congresso Nacional: art. 49, XIII
- Da União; escolha dos membros do; aprovação: art. 52, III, "b"
- Da União; membros; infrações penais comuns; julgamento: art. 102, I, "c"
- Da União; ministros; direitos: art. 73, § 3º
- Da União; ministros; escolha: art. 73, § 2º
- Da União; ministros; nomeação: arts. 73, § 1º; e 84, XV
- Da União; poderes Legislativo, Executivo e Judiciário; controle interno; ciência de irregularidade ou ilegalidade ao: art. 74, § 1º
- Da União; Territórios; contas do governo; parecer prédio do: art. 33, § 2º
- Estados; controle externo; Municípios: arts. 31, § 1º; e 75
- Estados; disposição por Constituição própria: art. 75, parágrafo único
- Estados e DF; membros; crimes comuns e de responsabilidade; processo e julgamento: art. 105, I, "a"
- Estados e DF; número de conselheiros: art. 75, parágrafo único
- Estados e DF; organização, fiscalização e composição: art. 75
- Fiscalização pelos: ADCT, art. 16, § 2º
- Julgamento dos membros; competência: art. 105, I, "a"

- Municipais; apreciação: art. 31, § 4º
- Normas aplicáveis: art. 75, parágrafo único
- Organização, composição e fiscalização: art. 75
- Quotas referentes aos fundos de participação; cálculo pelo: art. 161, parágrafo único

TRIBUTAÇÃO E ORÇAMENTO:
arts. 145 a 169
- Finanças públicas: arts. 163 a 169
- Sistema Tributário Nacional: arts. 145 a 162
Vide Orçamentos

TRIBUTOS
- Contribuição de Intervenção no domínio econômico: ADCT, arts. 93
- Critérios especiais: art. 146-A
Vide Impostos, Taxas

TURISMO
- Patrimônio turístico e paisagístico; proteção; responsabilidade por dano; legislação concorrente: art. 24, VII e VIII
- Promoção e incentivo; competência concorrente: art. 180

U
UNIÃO: arts. 20 a 24
- Advocacia-Geral da; representação: art. 131, caput
- Atividade econômica; agente normativo e regulador: art. 174
- Atividade econômica; exploração: art. 173
- Autonomia: art. 18
- Bens da: arts. 20, I a XI; e 176
- Bens e valores públicos; prestação de contas; art. 70, parágrafo único
- Bens, serviços e interesses da; apuração de infrações: art. 144, § 1º, I
- Causas; aforamento: art. 109, §§ 1º e 2º
- Causas; juízes federais; processo e julgamento: art. 109, I
- Causas e conflitos com os Estados e DF; processo e julgamento: art. 102, I, "f"
- Competência: art. 21
- Competência comum e concorrente: arts. 23 e 24
- Competência para desapropriação: art. 184
- Competência privativa para legislar: art. 22
- Competência tributária: arts. 145, 153 e 154
- Contribuições; instituição; competência exclusiva: art. 149, caput

- Criação de Estado; vedação de assumir encargos: art. 234
- Criação de impostos: arts. 153, I a VII; e 154, I e II
- Criança e adolescente; direitos assegurados: art. 227, caput, e § 1º
- Crime contra a; vigência do estado de defesa: art. 136, § 3º, I
- Cultura; garantia; apoio e incentivo: art. 215, caput
- Cultura popular, indígena e afro-brasileira: art. 215, §§ 1º e 2º
- Defensoria Pública; organização; lei complementar: art. 134
- Defesa da ordem jurídica; regime democrático; interesses sociais e individuais indisponíveis: art. 127
- Demarcação e proteção de terras indígenas: art. 231
- Desapropriação por interesse social; reforma agrária: art. 184
- Desenvolvimento regional; redução das desigualdades: art. 43
- Despesa com pessoal: art. 169
- Desvinculação de arrecadação: ADCT, art. 76
- Disponibilidade de caixa; depósito: art. 164, § 3º
- Dívida consolidada; limites; fixação; competência privativa do Senado Federal: art. 52, VI
- Educação; dever da: arts. 205 e 208
- Empresas; maioria do capital social; orçamento de investimento: art. 165, § 5º, II
- Empréstimo compulsório; instituição; competência da: art. 148
- Ensino; aplicação de recursos: art. 212
- Família; proteção: art. 226, caput, e § 8º
- Fiscalização; controle externo; Congresso Nacional: arts. 70 e 71
- Governo Federal; sede; transferência: art. 48, VII
- Idosos; amparo: art. 230
- Impostos; estaduais e municipais dos Territórios; competência da: art. 147
- Impostos; instituição: arts. 153 e 154
- Impostos arrecadados; distribuição: arts. 153, § 5º; 157, 158, I e II; e 159
- Intervenção nos Estados e DF; excepcionalidade: arts. 34 e 36
- Intervenção nos Municípios em Território Federal: art. 35

ÍNDICE REMISSIVO

- Juizados especiais e justiça de paz; criação nos Estados, DF e Territórios: art. 98
- Legislação concorrente: art. 24
- Litígio com Estado estrangeiro ou organismo internacional; processo e julgamento: art. 102, I, "c"
- Microempresa e empresa de pequeno porte; tratamento jurídico diferenciado: art. 179
- Moeda; emissão; competência da: art. 164
- Monopólio; minérios e minerais nucleares: art. 177, V, § 2º
- Monopólio; petróleo e derivados: art. 177, I a IV e § 1º
- Operações cambiais; disposições sobre: art. 163, VI
- Operações externas de natureza financeira; autorização; competência privativa do Senado Federal: art. 52, V
- Operações financeiras; sistema de controle interno; finalidade: art. 74, III
- Orçamento; execução; sistema de controle interno: art. 74, I
- Pesquisa científica; tratamento prioritário: art. 218, § 1º
- Pesquisa de lavra de recursos minerais e aproveitamento de potenciais de energia hidráulica; autorização e concessão: art. 176 e § 1º
- Planejamento familiar; recursos educacionais e científicos: art. 226, § 7º
- Poderes; Legislativo, Executivo e Judiciário: art. 2º
- Práticas desportivas; fomento: art. 217, I a IV
- Programas e projetos de caráter regional; recursos financeiros: art. 192
- Proibições: arts. 19, 150 e 151
- Recursos; distribuição; condições: art. 160
- Recursos; proibição; fundo ou seguro: art. 192
- Recursos humanos; áreas de ciências e pesquisa e tecnologia; apoio: art. 218, § 3º
- Repasse aos Municípios de imposto: EC nº 17, art. 3º
- Repasse de recursos aos Estados, DF e Municípios; fiscalização pelo TCU: art. 71, VI
- Segurança pública; dever da: art. 144
- Seguridade social; recursos: art. 195, caput
- Serviços públicos e bens da; calamidade pública; responsabilidade por danos: art. 136, § 1º, II
- Servidor; lei; iniciativa: art. 61, § 1º, II, "c"
- Servidor; regime jurídico único e planos de carreira: art. 39, caput
- Sistema de ensino; organização e financiamento: art. 211, caput e § 1º
- Territórios Federais; partes integrantes da: art. 18, § 2º
- Tributos; limites e proibições: arts. 150 e 151
- Tributos; arrecadação; divulgação e critérios de rateio: art. 162

UNIÃO ESTÁVEL
- Reconhecimento da: art. 226, § 3º

UNIÃO INDISSOLÚVEL
- Dos Estados, Municípios e Distrito Federal: art. 1º

UNIVERSIDADES
- Admissão de cientistas estrangeiros: art. 207, § 1º; e EC nº 11
- Admissão de professores estrangeiros: art. 207, § 1º; e EC nº 11
- Admissão de técnicos estrangeiros: art. 207, § 1º; e EC nº 11
- Autonomia: art. 207, caput
- Pesquisa e extensão com o apoio do Poder Público: art. 213, § 2º

USINA NUCLEAR
- Localização: art. 225, § 6º

USUCAPIÃO
- De área urbana: art. 183, §§ 1º ao 3º
- De imóveis públicos: arts. 183, § 3º; e 191, parágrafo único
- De imóvel rural: art. 191

V

VALORES
- E bens da União; prestação de contas: art. 70, parágrafo único
- Sociais: art. 1º, IV
- Transferência; legislação; competência privativa da União: art. 22, VII

VANTAGENS
- Percebidas em desacordo com a Constituição: ADCT, art. 17

VARAS JUDICIÁRIAS
- Criação: art. 96, I, "d"

VEÍCULOS
- Adaptação para deficientes físicos: arts. 227, § 2º; e 244
- Imposto sobre a propriedade de: art. 155, III

VELHICE
Vide Pessoa idosa

VENCIMENTOS
- Dos cargos dos Poderes Legislativo e Judiciário: art. 37, XII
- Dos Magistrados: art. 93, V

VEREADORES
- Controle externo da Câmara: art. 31, § 1º
- Elegibilidade; idade mínima: art. 14, § 3º, VI, "d"
- Eleição: art. 29, I
- Inviolabilidade: art. 29, VIII
- Mandato: art. 29, I
- Número por município: art. 29, IV
- Organização da Câmara: art. 29, XI
- Proibições e incompatibilidade: art. 29, VII e IX
- Remuneração, total de despesa: art. 29, VII; e EC nº 1
- Remuneração/ subsídio: art. 29, V
- Servidor Público: art. 38, III

Vide Câmara Municipal, Municípios

VEREDICTOS NO JÚRI
- Soberania dos: art. 5º, XXXVIII, "c"

VETO
- Deliberação; Congresso Nacional: art. 57, § 3º, IV
- Projetos de lei; competência privativa do Presidente da República: art. 84, V

VIAÇÃO
- Sistema nacional de; princípios e diretrizes: art. 21, XXI

VICE-GOVERNADOR
- De Estado e do DF; eleição e posse: arts. 28 e 32, § 2º
- Dos Estados, subsídios: art. 28, § 2º
- Elegibilidade; idade mínima: art. 14, § 3º, VI, "b"
- Mandato: art. 28
- Subsídio: art. 28, § 2º

Vide Governadores

VICE-PREFEITO
- Elegibilidade; idade mínima: art. 14, § 3º, VI, "c"
- Eleição; mandato; posse: art. 29, I, II e III
- Remuneração: art. 29, V

Vide Prefeito, Municípios

VICE-PRESIDENTE DA REPÚBLICA
- Atribuições: art. 79, parágrafo único
- Ausência do País; autorização; competência exclusiva do Congresso Nacional: arts. 49, III; e 83
- Cargo; vacância: arts. 78, parágrafo único; 80 e 81
- Cargo de brasileiro nato: art. 12, § 3º, I
- Crime de responsabilidade; processo e julgamento: art. 52, I, e parágrafo único
- Elegibilidade; idade mínima: art. 14, § 3º, VI, "a"
- Eleição: art. 77 e §§ 1º ao 5º
- Impedimentos; sucessor: art. 80
- Infração penal comum; processo e julgamento: art. 102, I, "b"
- Instauração de processo contra; autorização; competência

privativa da Câmara dos
Deputados: art. 51, I
- Posse; compromisso:
  arts. 57, § 3º, III, § 6º, I; e 78
- Remuneração; fixação;
  competência exclusiva
  do Congresso Nacional:
  art. 49, VIII
- Substituição ou sucessão
  do Presidente da
  República: art. 79, *caput*
Vide *Presidente da República*
VIDA PRIVADA
- Inviolabilidade: art. 5º, X

VIGÊNCIA
- De lei alteradora do
  processo eleitoral:
  art. 16; e EC nº 107
VIOLÊNCIA FAMILIAR
- Criação de mecanismos
  para coibir a: art. 226, § 8º
VOTO
- Direito de: art. 14
- Direto e secreto: art. 14, *caput*
- Facultativo: art. 14, § 1º, II
- Obrigatório: art. 14, § 1º, I
- Soberania popular
  através do: art. 14

VOZ HUMANA
- Reprodução: art. 5º,
  XXVII, "a"

Z
ZONA COSTEIRA
- Patrimônio nacional:
  art. 225, § 4º
ZONA FRANCA
- Prazo acrescido:
  ADCT, art. 92
**ZONA FRANCA
DE MANAUS**
- Manutenção: ADCT, art. 40

Este livro foi impresso pela BMF Gráfica e Editora
em fonte Arial sobre papel Offset 70 g/m²
para a Edipro.